1991年3月钱学森同志（前排左九）来参加沙产业学会成立大会

2011年12月庆宋健院长（前排左四）八十大寿——新老院长在一起

1	
2	3
4	

1. 2002年中国工程院第二届领导
2. 2008年与徐匡迪院士在三峡船上
3. 2004年与钱正英院士一同在东北考察
4. 2004年与朱光亚老院长（前排左二）和钱正英院士（前排左一）、侯祥麟老院士（前排左三）在一起

[人生历程]

1. 1952年留学苏联与同学合影
2. 1954年春已学习三年，可以反过来给苏联同学讲解课程
3. 1986年担任校长不久作报告
4. 1993年5月当选中国林学会理事长（厦门）

1	2
3	4
5	

1. 1997年3月获全国“五一”劳动奖章、首都劳动奖章（北京大北摄影）
2. 1998年当选中国工程院副院长
3. 2003年在全国政协大会上
4. 2010年7月在光华奖授奖大会上
5. 2009年绿色焦点人物——布赫副委员长（左二）授奖

[社会活动]

1	
2	3
4	5

1. 1985年在墨西哥参加世界林业大会
2. 1990年在巴黎参加世界林业大会
3. 1992年10月北京林业大学四十周年校庆
4. 1994年访问美国林学会总部与其副会长交谈
5. 1997年在台北中央研究院作报告

1. 1999年国庆五十周年在天安门观礼台上
2. 2001年代表中国工程院与德国代表团签合作协定
3. 2001年在芬兰植云杉苗造林
4. 2001年访问美国工程院后在爱因斯坦巨像前留影
5. 2003年在全国政协小组会上

1. 2004年为浙江省院士之家授牌
2. 2004年在全国政协会上
3. 2004年中国工程院第三届领导与美国工程院武尔夫院长商谈合作事宜
4. 2005年参加部长植树活动
5. 2005年代表中国工程院主持工程论坛

1. 2006年8月参加中国环境与发展国际合作委员会高层课题组会议
2. 2008年《森林培育学》修订会议合影
3. 2009年在人民大会堂举行的院士专家新年联欢会上唱歌

[国内考察]

1. 1984年新疆天山天池
2. 1988年湖南张家界
3. 1990年山西壶口
4. 1991年考察朗乡林业局实习基地
5. 1991年与老友齐宗庆（左二）一起考察门头沟大村山地

1	2
3	
4	

1. 1994年与老友任宪威（左二）等共游司马台长城
2. 1994年山西关帝山庞泉沟自然保护区
3. 1996年考察大兴安岭火烧迹地上的落叶松人工更新
4. 1996年贵州黄果树瀑布

1	
2	3

1. 1996年海南尖峰岭自然保护区
2. 1996年察看1957年引种的欧洲赤松
3. 1996年四川九寨沟

1	2
3	

1. 1996年北京妙峰山林场
2. 1997年考察贵州毕节的石漠化山区农业
3. 1999年甘肃敦煌考察

1. 2002年在陕北吴旗县考察退耕还林
2. 2002年在浙江安吉竹林中考察
3. 2005年考察黑龙江伊春林区
4. 2004年考察潮白河林场加杨人工林

1. 2005年考察三江平原湿地
2. 2005年考察海南红树林
3. 2005年考察在建中的三峡大坝
4. 2007年考察广东桉树中心的桉树新品种

1. 2009年考察松江河林业局水曲柳母树林
2. 2009年终于爬上了长白山天池
3. 2011年苏州太湖边
4. 2011年沈国舫1956年引种的红栎长这么大了

[国外考察]

1	2
3	
4	5

1. 1981年泰国曼谷
2. 1982年在中国驻菲律宾马尼拉大使馆内
3. 1983年与中国林业代表团一起在中国驻加拿大使馆前
4. 1985年西雅图，与华盛顿大学林学院副院长Waggner教授在一起
5. 1989年考察日本京都北山柳杉人工林

1. 1998年美国纽约世贸大厦前
2. 2000年法兰克福美因河畔
3. 2000年在罗马FAO总部楼上
4. 2000年日本富士山前
5. 2001年芬兰的湖边

1	2
3	4
5	

1. 2001年维也纳美泉宫
2. 2002年新西兰奥克兰海边
3. 2003年在悉尼游船上
4. 2004年越南下龙湾
5. 2004年5月回到母校——列宁格勒林学院

1. 2005年游览印度泰姬陵
2. 2005年美国芝加哥
3. 2006年韩国首尔
4. 2006年比利时王宫前

1	
2	3
4	

1. 2006年荷兰民俗村
2. 2008年考察美国Colorado大峡谷
3. 2008年考察美国黄石公园
4. 2008年考察美国落基山森林

1	
2	3
4	

1. 2008年在夏威夷与倪维斗院士等合影
2. 2009年丹麦哥本哈根
3. 2011年Paris Vicent Forest Park
4. 2011年美国旧金山Muir Wood巨大的红杉

1	
2	3
4	

1. 2011年与汉森博士一起考察加拿大森林
2. 2011年考察加拿大温哥华岛上的森林
3. 2011年那里的西特卡云杉能长这么高
4. 2011年重访华盛顿大学林学院

[友谊长存]

1	
2	3
4	5

1. 1990年与吴中伦（前排右三）在博士学位答辩会上
2. 1993年学生们来祝沈国舫六十岁生日
3. 1995年与以郭宝章教授（前排左二）为首的台湾林学界代表团合影
4. 1997年与贺庆堂（右一）一起接待UW的Waggner教授（右二）
5. 1998年与张昂和（左三）、谌漠美（左一）夫妇在旧金山

1. 1998年与老院长卢良恕院士（左一）在一起
2. 1998年与学生们在一起
3. 1998年与俞新妥教授（前排左一）共赏香山红叶
4. 2004年两会期间与师弟刘于鹤（左一）合影

1	2
3	4
5	

1. 2000年北京林业大学的四院士（左起：孟兆祯、陈俊愉、关君蔚、沈国舫）
2. 2006年与张启翔（左一）等园林界人士一起在北京植物园赏梅
3. 2009年10月24日沈国舫看望徐燕千老教授（前排左二）
4. 2010年10月四川雅安与李文华院士（右一）在一起
5. 2010年12月与学生们在一起

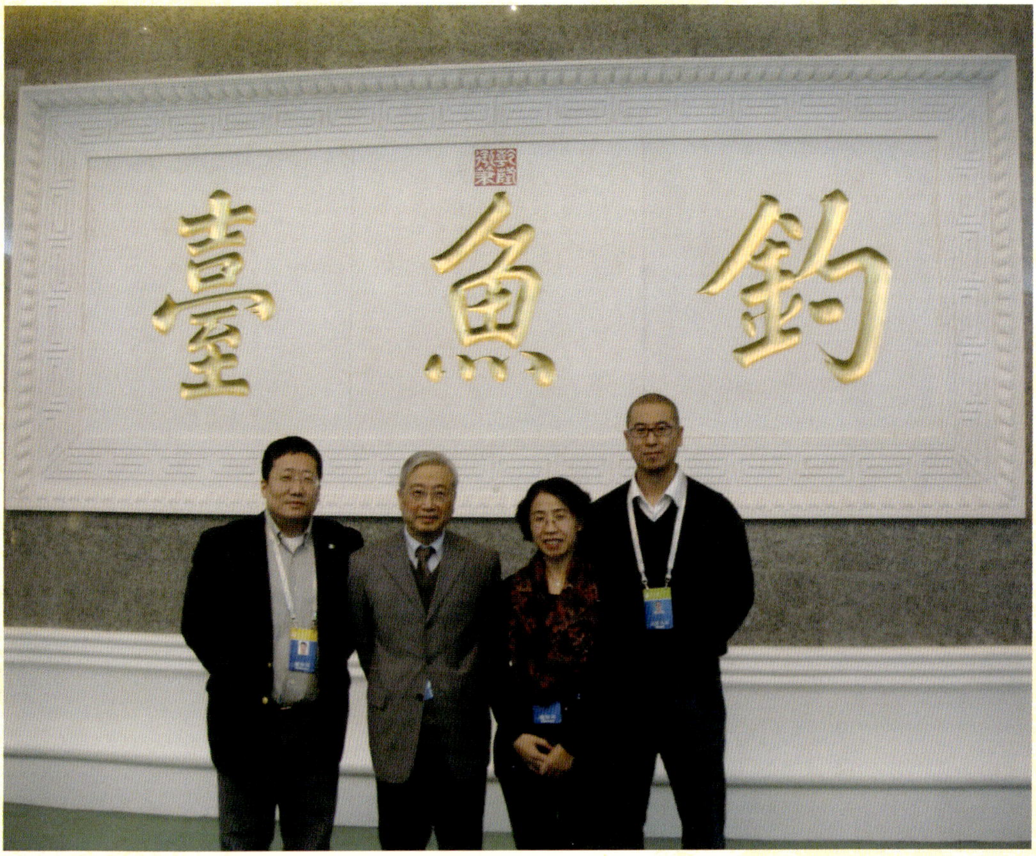

1
2 3

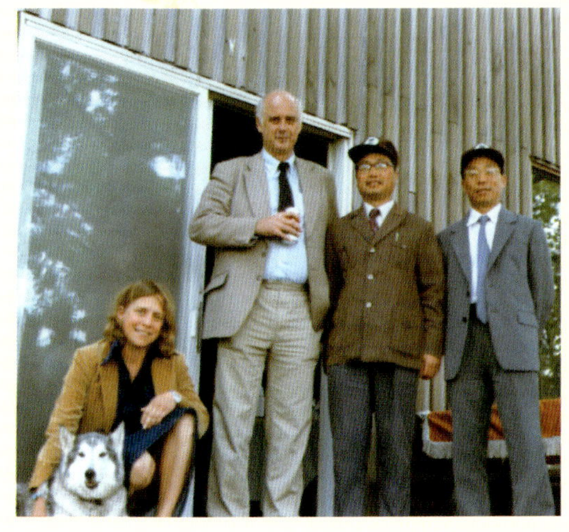

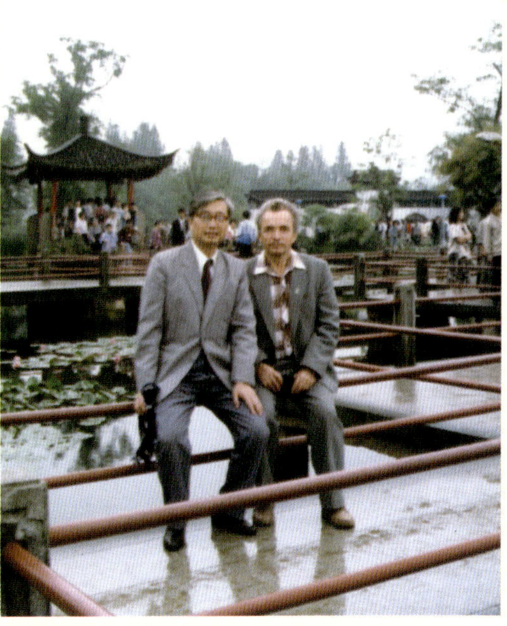

1. 2011年钓鱼台国合会年会与张建宇（左一）等人在一起
2. 1985年与耶鲁大学林学院Gorden院长（左二）在一起
3. 1989年与俄国列契柯教授（右一）一起在杭州

1	2
3	4
5	
6	

1. 1994年在瑞典与Anderson教授（右一）一起考察施肥实验林
2. 1995年与日本东京大学佐佐木教授（左三）等在一起
3. 1998年与加拿大UBC大学Kimmins教授（左一）在一起
4. 1998年与J.Helmes教授（左一）一起交谈
5. 1998年访问U.C.Berkeley自然资源学院
6. 1998年与加拿大UOT大学林学院院长Nordin教授（右一）一起在游船上

[幸福家庭]

1	2
3	4
5	6

1. 1965年北京动物园合影
2. 1976年一家四口
3. 1997年在十六楼新家
4. 2001年在南戴河
5. 2004年全家福
6. 2004年在柏儒苑新家

1	2
3	4
5	6

1. 1956年沈国舫毕业回国前
2. 1959年夫人毕业回国后的第一个国庆节
3. 1992年北京香山饭店
4. 1995年日本大阪的展览馆前
5. 1998年Ottawa 加拿大议会大厦
6. 1998年美国雷尼尔雪山下

1. 1998年旧金山Golden Gate Bridge
2. 2003年瑞雪新年
3. 2004年在中国工程院春节联欢会上
4. 2010年10月在浙江天目山的大柳杉旁
5. 2010年12月金婚庆祝聚会时

1. 1989年在北京大觉寺玉兰盛开时
2. 2003年在北京林业大学校园里
3. 2009年3月全家福
4. 2011年在日本神户

YIGE SHIZHIBUYU DE YULINREN
SHENGUOFANG

一个矢志不渝的育林人
——沈国舫

本书编委会 编

中国林业出版社

图书在版编目(CIP)数据

一个矢志不渝的育林人——沈国舫 / 本书编委会编. —北京：中国林业出版社，2012.9

ISBN 978-7-5038-6754-5

Ⅰ. ①一… Ⅱ. ①本… Ⅲ. ①沈国舫-生平事迹 Ⅳ. ①K826. 3

中国版本图书馆 CIP 数据核字(2012)第 222069 号

中国林业出版社·自然保护图书出版中心

责任编辑：刘家玲　温　晋　周军见　张　锴

出　版：中国林业出版社(100009 北京西城刘海胡同 7 号)

E-mail：wildlife_ cfph@163. com　　电话：83225836

发　行：新华书店北京发行所

印　刷：北京中科印刷有限公司

版　次：2012 年 9 月第 1 版

印　次：2012 年 9 月第 1 次

开　本：787mm×1092mm　1/16

字　数：1100 千字

彩　插：32P

印　张：47

定　价：268.00 元

编委会

《中国工程院院士文集》总序

二〇一二年暮秋，中国工程院开始组织并陆续出版《中国工程院院士文集》系列丛书。《中国工程院院士文集》收录了院士的传略、学术论著、中外论文及其目录、讲话文稿与科普作品等。其中，既有早年初涉工程科技领域的学术论文，亦有成为学科领军人物后，学术观点日趋成熟的思想硕果。卷卷《文集》在手，众多院士数十载辛勤耕耘的学术人生跃然纸上，透过严谨的工程科技论文，院士笑谈宏论的生动形象历历在目。

中国工程院是中国工程科学技术界的最高荣誉性、咨询性学术机构，由院士组成，致力于促进工程科学技术事业的发展。作为工程科学技术方面的领军人物，院士们在各自的研究领域具有极高的学术造诣，为我国工程科技事业发展做出了重大的、创造性的成就和贡献。《中国工程院院士文集》既是院士们一生事业成果的凝练，也是他们高尚人格情操的写照。工程院出版史上能够留下这样丰富深刻的一笔，余有荣焉。

我向来以为，为中国工程院院士们组织出版《院士文集》之意义，贵在"真、善、美"三字。他们脚踏实地，放眼未来，自朴实的工程技术升华至引领学术前沿的至高境界，此谓其"真"；他们热爱祖国，提携后进，具有坚定的理想信念和高尚的人格魅力，此谓其"善"；他们治学严谨，著作等身，求真务实，科学创新，此谓其"美"。《院士文集》集真、善、美于一体，辩而不华，质而不俚，既有"居高声自远"之澹泊意蕴，又有"大济于苍生"之战略胸怀，斯人斯事，斯情斯志，令人阅后难忘。

读一本文集，犹如阅读一段院士的"攀登"高峰的人生。让我们翻开《中国工程院院士文集》，进入院士们的学术世界。愿后之览者，亦有感于斯文，体味院士们的学术历程。

徐匡迪

2012年7月

挚友沈国舫(代序)

我将友谊的最高级别定为“挚友”，其条件是：在治学、处事和为人方面都有共同语言。沈国舫同志就是我在中国工程院认识的一位挚友。

我是在1999年中国工程院启动“中国可持续发展水资源战略研究”咨询项目时与他认识的。这个项目原来是张光斗院士提出，并由他任组长，我进入工程院后，他邀请我任组长，他退任副组长。各课题组的设置和负责人的名单都是他提出并出面邀请的，沈国舫院士任“生态环境建设与水资源开发利用”课题组组长就是他提出的。这个课题研究的主要内容是生态建设，特别是以林为主的植被建设与水资源的关系。在这个问题上，林业界和水利界有相当大的认识差距，主要分歧是：如何评价森林植被的水源涵养和水土保持作用；如何评价和对待森林植被对水资源的消耗。

老实说，我过去在行政岗位时，接触一些林业部门的行政负责人，感到他们不具体分析森林对水源涵养的作用，片面夸大森林对防洪和抗旱的作用，因此，对林业部门的同志有些反感，往往敬而远之。这次接触到沈国舫，感到他确实是一位有水平的科学家，他虚心听取各方面的意见后，对这个问题做出全面、客观、令人信服的评价，不仅纠正了林业界的某些片面认识，也纠正了水利界的片面认识。

从青海、新疆一些内陆河流的断流，使我看到，由于水利部门在水资源的开发利用中，没有注意保留一定的生态用水，造成一些内陆河流终端的湖泊干涸、以胡杨林为主的植被衰亡，严重损害了当地的生态与环境。在总结各地的正反面经验后，我们一致提出，内陆河流必须保留50%的下游生态用水。

从我们团队的第二个项目即2001年的西北地区项目起，张光斗院士因病退休。沈国舫同志当时是工程院的副院长，听说他这位副院长是经过农林两界慎重推荐产生的，我请他任项目组的第一副组长。到2011年浙江项目结束，我们建立了长达10年的愉快的工作“搭档”。他比我年轻10岁，我们戏称我是“80后”(80多岁)，他是“70后”。我所以能坚持工作到88岁，很重要的因素是有沈国舫同志为我承担了一切行政事务。10年来，我完全是个“甩手掌柜”，至今我都不知道我们的每一个项目花了多少钱，这些经费又是从哪里筹集、如何通过每年审计的。由于我的听力较差，每次的项目组会议都请国舫同志主持。在参加国务院召开的汇报会或外地的会议时，他都坐在我的旁边，帮我应对。我们之间的工作关系可以说是“零对接”。

我们之间愉快合作的基础是我们的共同做人原则，就是陈云同志概括的：“不唯上、不唯书、只唯实。”对我印象最深刻的一个实例是：有一次，他不同意朱镕基总理关于林业的一个批示，向朱总理上书，其中有一句话是：“您虽然是总理，但您是学电机的，对林业科学不够了解……”他把信稿给我看了，使我这种大胆直言的人都很吃惊。

我为我们国家有这样敢于直言的科学家和鼓励这样直言的总理而感到自豪！

钱正英

2012年6月

自 序

早在2003年我70岁的时候，我的学生们就提出要帮我出我名下的文集，当时我认为自己还在中国工程院一线工作，出文集为时尚早。到了2008年我75岁的时候此事又重提，这一年我认为时机可能差不多了，但还不必着急。我的目标是工作到80岁，进入“资深院士”后才可做人生总结。没想到80岁的期限这么快就要到了，于是我自己也为此文集的出版开始操劳起来，因为没有我自己的投入，文集的出版是会有很多困难的。

正式考虑到要出文集，首先想到的是出什么样的文集，是第一人称还是第三人称？是纯粹的论文选集，还是再加些什么别的？我首先想到的是要有用，不浪费纸张。怎么才能有用？我工作的时间长达半个多世纪，把一些老古董都搬出来还有参考价值吗？还是只作为对我自己心灵的慰藉以及我的学生们对我的敬意的标志？如果仅是这样，确实没有必要出集。但受到今年来各种媒体以及在校青年学生们(包括研究生们)对我采访发问的内容启发，尤其是受到中央教育电视台要为我留下人生足迹的长时间访谈的启发，我想我这一生的行踪和作为，也许对我们的下一代，尤其是对有志于从事绿色事业的年轻人可能会有所帮助。我认为可能有用的主要有两点：一是为什么我这么一个典型大城市出身的人能以高分第一志愿走进“林家大院”；二是我这么一个本来不起眼的林业系大学生怎么会成长为一个科学技术界最高层次的一份子——当选为院士，还当上了中国工程院分管农林水气和环境领域的副院长。我的业务轨迹经历了从学习模仿到自主创新，从粗浅原始到跟上科学发展的时代脉搏，从比较狭义的造林学到比较宽泛的生态保护和环境建设的大领域，在有些方面还对中央领导的民主和科学决策做出贡献，这条轨迹还需要延伸，还需要加强。希望年青一代能从我走过的人生轨迹中有所启发，有所收获。如果能这样，那么我这个人生中可能是最后一把努力才算不是白费，我期望着读者们对这一片苦心的理解。这就是为什么我愿把这本集子的名称定在现在这个样子："一个矢志不渝的育林人"。感谢中国工程院领导和前辈们对我的一贯支持，也感谢我的朋友们和学生们为这个集子的出版付出的辛勤劳动。

沈国舫

2012年3月12日

编者说明

沈国舫先生长期从事林业教育、科学研究和学术管理，在国内外业界影响巨大的著述颇丰。值此先生80华诞即将到来之际，我们对这些著作进行了初步梳理，并增加先生传略，编纂专辑以为记述。出版本书的目的在于追溯先生的人生轨迹，弘扬先生的学术思想，彰显先生的人格魅力，展示先生的创新精神，以激励青年育林人茁壮成长，鼓励林业工作者的奉献和奋斗精神，并为促进林业科学及生态文明建设做出贡献。

本书的编纂由沈先生的弟子们倡议并完成，期间沈先生围绕文集的编排形式及内容选择付出了大量辛劳。全书共分为五大部分：第一部分为传略及报道，从不同视角再现了沈先生从一名优秀中学生，到考入北京林学院，留学苏联、学成回国并回校任教，直到当选北京林业大学校长、中国工程院院士及副院长的人生历程；第二部分为学术论文与著作，展示了沈先生从初出茅庐的青年学者，成长为森林培育学术权威及国际著名林学家，进而跻身国家战略科学家的学术历程；第三部分为高等教育与教学研究论文，回顾了沈先生作为著名林业教育家，为林学(尤其是森林培育学)教材倾注大量心血，对中国特色林业高等教育的真知灼见；第四部分为科普及其他作品，展示了沈先生高尚的科学素养和广阔的学术视野，身体力行为中国科普事业做出的突出贡献；第五部分为外文著述选编，说明沈先生代表中国林学界在国际交流中发挥的重大作用。书中还收集了反映沈先生工作、生活和社会活动的大量照片。附录部分收录了所有论文及著作的目录。

我们相信本文集能够使读者较为全面地认识沈国舫先生的成长历程，深切体味一代学术大师坚持信念、执著追求、勇攀高峰的学术人生，并能从中受到启迪。

谨以此书向沈国舫先生80华诞表示祝贺！

适逢北京林业大学60周年校庆之际，谨以此书作为献礼！

本书编委会

2012年9月

目录

本部分主要选登了包括在《中国科学技术专家传略》、《中国工程院院士自述》等专著和报纸杂志上发表的有关沈国舫的简介及报道文章，以及领导、同行、朋友及弟子们心目中的沈国舫的文章，让读者可以从不同视角全方位地了解从“林家大院”走出的院士——沈国舫，从一名优秀中学生，到考入北京林学院、留学，再到学成回来报效祖国，直到当选中国工程院院士、中国工程院副院长的历程。

本部分依据沈国舫工作及学术发展进程分上、中、下三篇,分别选登了早期(1958~1986)、中期(1987~1995)、后期(1996~2012)各个时期有代表性的论著。

这里选登的论文发表于1958年(第一篇论文正式发表)至1986年(开始担任北京林业大学校长)。从这些论文中可以看到沈国舫从初出茅庐到走向成熟的过程,从书本知识到理论与实践的完美结合的过程。改革开放后的头几年是他的论著丰收年,这些论著奠定了他在中国森林培育学中重要地位的基础。

这里选登的论文发表于沈国舫担任校长之后(1986)到当选中国工程院院士之前。这些论文表明他一方面带领他的学生们继续深入森林培育学的一些研究领域，另一方面又大大扩展了林业研究工作的面，为一系列国家级林业工程(大兴安岭火灾后恢复重建、太行山绿化工程、速生丰产林工程、城市林业及林业可持续发展研究)服务。这期间也是沈国舫在国际林业界活动较多的一个重要阶级，在论文中有所反映。

这里选登的论文都是在沈国舫当选为中国工程院院士，特别是在当选为中国工程院副院长(1998)之后发表的。这些论文的内容大多已超出林业研究的范畴，而涉及了农业、水资源、生态保护和建设、环境保护等广阔领域的战略咨询研究。论文反映了他在推动天然林保护工程、退耕还林工程、水资源可持续利用及环境保护工程等方面所发挥的重要作用。有一些未曾公开发表的关键性文字以论文的附件形式刊出，更能说明问题。这些论文也显示了沈国舫从一名林学家发展成为一名农林水环大领域的战略科学家的历程。

森林培育学的教材建设是沈国舫学术生涯中的重头戏。他从 1961 年起参与并主导了三代森林培育学教材的编撰工作(1961，1981 及 2001～2011)。这里特意选登了早期(1961)教材的一章，1974 年发表的林业技术讲座和最新森林培育学教材的绪论(2011)来展示教材发展的历史进程。此外，作为曾经担任北京林业大学校长的林业教育家，他也在一些教育论文中显示了自己对于发展林业高等教育的一些观点。

第四部分　科普作品及其他作品选登

科技工作者应该重视科学普及工作。沈国舫历来对科普有着浓厚的兴趣，在1962年《人民日报》上连续发表了两篇科普文章，展示了他这方面的才华。他在担任中国林学会理事长期间，曾经兼任了科普杂志《森林与人类》的主编，后来改为名誉主编一直至今。除了在北京林业大学之外，他还在北京大学、清华大学、中国科协、北京科协等单位作过一系列带有科普性质的学术报告，对相当广泛的听者都有启示意义。

第五部分　外文著述选登

沈国舫曾经用外文写过多篇论文，他用俄文写的毕业论文“卡拉库姆大运河的治沙经验及其应用”曾经拿到列宁格勒市去展览。在20世纪八九十年代，他参加了一系列世界林业大会、国际林联世界大会、欧盟及联合国粮农组织召开的学术会议，都有所贡献。这里选登其中4篇英文论文，说明他代表中国林学界在国际交流中所发挥的作用。

附录　论文及著作目录

本部分收录了沈国舫发表所有论文及著作的目录，包括期刊目录163条，所指导的学位论文及学术论文67条，报刊文章49条，著作25条，主要译作8条。每类均按时间顺序排列。

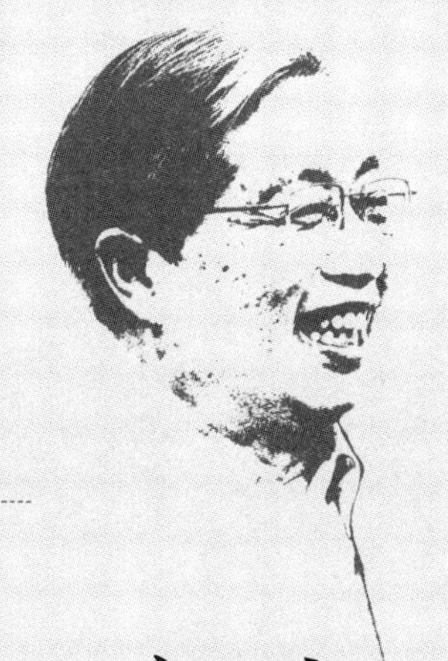

第一部分 传略及报道选登

本部分主要选登了包括在《中国科学技术专家传略》、《中国工程院院士自述》等专著和报纸杂志上发表的有关沈国舫的简介及报道文章，以及领导、同行、朋友及弟子们心目中的沈国舫的文章，让读者可以从不同视角全方位地了解从“林家大院”走出的院士——沈国舫，从一名优秀中学生，到考入北京林学院、留学，再到学成回来报效祖国，直到当选中国工程院院士、中国工程院副院长的历程。

沈国舫简介

沈国舫，男，汉族，1933 年 11 月 15 日(农历九月二十八日)出生于上海市，原籍浙江省嘉善县。1950 年夏毕业于上海市上海中学(理科)，以第一志愿考入北京农业大学森林系后，到北京农大就读一年，于 1951 年 8 月由国家保送到苏联列宁格勒林业技术学院林业系学习。1956 年 7 月以优异成绩毕业，获得林业工程师(优秀级)文凭。

1956 年 8 月由国家分配到北京林学院(今北京林业大学)工作，安排在造林教研组，初为助教，1960 年晋升讲师，1980 年晋升副教授，1986 年晋升教授，同年由国务院学位委员会学科评议组通过成为博士生导师。1960 年起担任造林教研组副主任，1981 年提升为北京林学院副教务长，兼任计算中心主任及外语培训中心主任，有一段时间曾兼任生态研究室主任及《北京林学院学报》主编。1984 年晋升为北京林学院副院长，1986 年 2 月被任命为北京林业大学校长，直到 1993 年 7 月卸任。1993 年 5 月当选为中国林学会理事长，任期至 1997 年。在 20 世纪 90 年代，曾同时担任北京林学会理事长及中国林学会造林分会理事长，从 1993 年至 2008 年担任全国政协八、九、十届委员，从 1998 年起兼任全国政协人口资源环境委员会委员。另外还曾任两届国务院学位委员会学科评议组成员(林学评议组召集人)，一届中国科协委员。从 1995 年至今担任《林业科学》主编。

沈国舫 1995 年当选中国工程院院士，1998 年当选并被国务院任命为中国工程院副院长。到 2006 年两个任期结束后又按章程担任了一届中国工程院主席团成员(2006~2010)。从 2002 年开始担任中国环境和发展国际合作委员会(国合会)委员，从 2004 年起担任国合会的首席顾问。

沈国舫长期从事森林培育学(原名造林学)及森林生态学的教学和科学研究工作，是国家级重点学科森林培育学的学科带头人。曾主编全国统编教材《造林学》(1961)，干部培训教材《林学概论》(1989)及 21 世纪教材《森林培育学》(2001，2011 各一版)。研究领域涉及森林立地评价与分类，适地适树、混交林营造，速生丰产用材林，干旱半干旱地区造林，城市林业等多个方向。20 世纪 90 年代以后更致力于森林可持续经营的探索及生态保护和建设事业的发展。

当选中国工程院院士以后从事过多项工程科技战略咨询研究，内容涉及农业、环境、生态建设中的一些重大问题。特别是在配合钱正英院士进行水资源及区域发展战略系列咨询研究工作中（任项目组副组长）以及配合徐匡迪院士进行环境宏观战略研究及三峡工程阶段性评估工作中（任专家组组长）取得显著成绩。这些项目曾多次直接向中央领导同志汇报并得到充分肯定。

沈国舫曾发表论文150多篇，出版教材及专著（含研究报告集）20多部。多次获得奖励和荣誉。曾获国家级科技进步一等奖一项（集体，级别：突出贡献），省部级科技进步一等奖两项（主要参与），二等奖三项（主持及共同主持），三等奖三项（主持），优秀教材奖一项（主编），优秀图书奖一项（主编）。1996年被授予首都劳动奖章及全国“五一”劳动奖章各一枚。2010年被评为绿色中国年度焦点人物（突出贡献），同年获中国工程院光华工程科技奖。

沈国舫*

◉北京林业大学/铁铮

沈国舫，1933 年 11 月 15 日生于上海，原籍浙江嘉善。中学时代他是在名牌中学上海中学度过的。他聪颖好学，成绩优秀。中学毕业后，考入北京农业大学。

1951 年 7 月，他被选派为新中国成立后第一批公派出国留学生，专业方向定为造林。8 月中旬，周总理亲自设宴为他们饯行。到苏联之后，他被派到著名的列宁格勒林学院学习。只身一人，又不懂俄语，生活、学习都面临着很大困难。他边学俄语，边跟班上课，每天学习时间长达 13 个小时以上。2 年过后，他完全跟上了学习进度。在这种环境中，他产生了作为一个中国学生的荣誉感和为祖国社会主义建设而努力学习的强烈责任感。经过刻苦努力，他成了班上学习尖子，5 年中全部课程的学习成绩均为优秀，他完成的固沙造林的毕业论文，被作为优秀论文选送到列宁格勒市参展。学业期满后，于 1956 年 7 月回到了祖国。

回国后，他被分配到北京林学院（现北京林业大学）工作，在造林教研组任助教。他积极熟悉国内情况，了解学科发展前沿，钻研基础理论，参加生产实践，同时开展科学研究。1960 年晋升为讲师，担任了教研组副主任，开始带研究生。1961 年初，他被委任为中国第一本全国通用统编教材《造林学》的编写组组长，在较短时间内出色地完成了任务。“文化大革命”期间，他坚信祖国需要绿化、绿化需要人才，继续钻研业务、学习外语、参加生产实践和调查研究，从没有荒废光阴。

1979 年，他考入英语培训班，次年参加了国家科学技术委员会在香港组织的微机培训班。他以造林学科理论和造林生产实践所需要解决的关键问题为突破口，在立地分类、适地适树、混交林营造、造林密度、抚育间伐、速生丰产林、石质山地造林技术和城市林业等许多方面，都取得了可喜成绩。“华北石质山地立地分类评价和树种选择的研究”、“油松混交林的研究”、“树种抗旱特性及其机理的研究”等

---

* 本文来源：中国科学技术协会．中国科学技术专家传略农学编林业卷 2. 北京：中国农业出版社，1999：438 - 447.

多项科研成果获得了奖励。他主持制定发展速生丰产用材林的技术政策，确定了太行山绿化方针，主持起草了《大兴安岭特大火灾区恢复森林资源和生态环境的考察报告》等。1980年他晋升为副教授、1986年任教授，担任了博士生导师，为中国指导了一批造林学博士，为祖国的林业建设培养了大批高层次的科研、教学人才。从1986年起，沈国舫担任了北京林业大学校长。他注重师资队伍建设和学科建设，使北京林业大学走在了同类院校的前列。沈国舫1993年当选为中国林学会的理事长；1995年，被选为中国工程院院士；1998年，当选为中国工程院副院长。作为全国第八、九届政治协商会议委员会委员，他积极参政议政，对中国生态环境建设提出了许多建设性的意见。在林业发展战略及宏观决策研究方面，对林业建设起到了重要的推动作用。1992年至今他是国务院学位委员会学科评议组成员；1997年至今是国家科学技术委员会(现国家科学技术部)中国农业及农村科学技术专家咨询委员会委员；1996年至今为中国科学技术协会全国委员会委员；1986年至今为林业部科学技术委员会常委；1987～1996年为北京市人民政府专业顾问。他还担任了《林业科学》、《森林与人类》、《北京林业大学学报》(英文版)主编。

由于沈国舫在教学、科研、管理中做出了突出贡献，获得了多项奖励和荣誉。获得了国家级科技进步一等奖1项，部省级科技进步一等奖1项、二等奖2项、三等奖2项，国家教育委员会(现国家教育部)优秀教材奖、国家优秀科技图书奖各1项。据不完全统计，他已经发表论文110多篇，出版著作6部。1987年他被授予林业部有突出贡献中青年科技专家称号、1991年被授予国家级有突出贡献中青年科技专家称号，享受政府特殊津贴，1996年还荣获了首都劳动奖章及全国“五一”劳动奖章。

一、为创建有中国特色的造林学做出重大贡献

1956年夏，沈国舫开始在北京林学院工作的时候，造林学科正处在全面学习苏联的阶段，国内正有一位苏联造林学专家在学校讲学，全国各地都派人来听课，由于缺乏中国自己的研究资料，当时造林方面的书籍也几乎是各种俄译中专著的一统天下。各高校的造林学教学不仅在体系上，而且在内容上都深受苏联的影响。讲课离不开苏联的例子，甚至用欧洲赤松造林作为讲造林学各论的范例。虽然这对中国的林业科技发展起到了一定作用，但造林学是有明显地域性的，机械照搬别国的理论和方法，必然会出现与本国国情格格不入的情况。

沈国舫在回国的头几年，除了完成教学任务之外，还积极开展对中国特色的造林技术的研究。他结合当时正在开展的北京西山绿化活动，确定了以造林技术上最难对付的华北石质山地为主要研究对象，以便找到普遍的造林技术规律，从而充实造林学科的内容。他深入全国各主要林区进行专业调查，北到小兴安岭林海，南下热带南海沿岸，西进干瘠黄土高原，不断增进对中国复杂多样的地理环境和林业生产的认识。他只身一人到林场和工人一起造林，收集整理工人群众和基层技术人员

的经验。通过几年的磨炼，于 1961 年以编写组组长身份主持编写了第一本《造林学》全国统编教材，该书当年就由农业出版社出版发行，受到国内林学界的普遍欢迎。这本《造林学》是实现中国化造林技术第一步目标的重要标志，不仅在体系上与苏联的造林学相比有许多改进，而且在内容上反映了中国造林技术的进展，突出了中国大面积山地造林的特点。在此之后，他还参加了第二代造林学教材及"干训班"教材《林学概论》的编写工作。

他作为郑万钧先生的主要助手，参加了《中国主要树种造林技术》一书的编纂工作，经过 2 年多的努力，于 1978 年正式出版。1993 年，他又和黄枢同志一起主编了《中国造林技术》一书，并撰写了总论部分。该书正式出版后受到普遍好评，被评为国家级优秀科技图书二等奖。此后，他还主持编写重点教材《森林培育学》，并与同事和学生们一起组织编写系列专著，为发展中国林学学科做出新的贡献。

二、将适地适树研究推进到定量阶段

沈国舫从一开始就十分重视适地适树方面的研究工作。他一方面进行大面积人工林调查，探索树种适生立地的现实表现，另一方面又在立地研究、树种生态习性研究及定位造林试验等方面做了大量基础性工作。在造林地的立地评价和分类研究方面，他从最初介绍的乌克兰学派波氏学说并使之与中国实际相结合的研究，到应用多元回归等统计分析方法，以树木生长效果来评价立地的研究工作，这就把立地研究推进了一大步。早在 70 年代末，他就与同事和学生们一起完成了"北京西山地区适地适树的研究"，从立地分析和评价开始到立地分类和按类型选择树种为止，充分利用长达 20 多年观察积累的资料，又通过大面积调查取得的多个树种，在不同立地条件下生长效果的丰富数据，再应用先进的统计分析方法，得出了符合实际、适于推广的结论。在当时，这项工作是使适地适树研究实现从定性的经验阶段向定量的科学阶段发展的一个突破，在国内同类研究中堪称范例，使中国的研究水平大大接近了当时西方发达国家的同类研究水平，这项研究成果曾广泛被国外文献检索体系所引用。

在 80 年代，沈国舫进行了多树种立地评价和适地适树研究工作，并对太行山区的主要造林树种，进行了抗旱生理生态特性的研究，为适地适树提供了坚实的科学基础。除此之外，他在适地适树的理论认识方面，特别是在总结国内大量造林生产经验和教训的基础上，对适地适树从认识论和辩证思维的角度进行了深入探讨，得到了同行的广泛赞同。

三、混交林营造和造林密度研究的领路者

他在 50 年代就在北京西山布置了一批混交林试验点。从 60 年代到 70 年代中期，开始对西山地区试验性和生产性的人工混交林进行了广泛的调查研究。这项工

作具有观测期长、内容广泛和结论可靠、实用等特点，在当时处于国内领先水平。此后，他又带领学生们对华北地区一些主要混交类型，进行了更深入的研究，特别是把混交林的生物量和养分循环方面的研究提高到了生态系统研究的水平。1993年，他又主持了国家自然科学基金重点项目，进行混交林树种间相互关系机制的研究，探讨树种间的互补竞争以及生物化学关系，展示了混交林树种间关系的复杂性和综合性。

在他的主持下，北京林业大学和东北林业大学合作对混交林进行了更加深入的研究，以杨树、刺槐混交林为主体，研究用材林树种和固氮树种间的关系；以落叶松和水曲柳混交为主体，研究针叶树种和阔叶树种混交关系。他主持召开了全国混交林与树种间关系的学术讨论会，并与他人共同主编了《混交林研究》一书。研究取得了许多突破，使得中国混交林的研究向世界先进水平靠拢，为指导生产提供了依据。此外，他们还从根系分泌物中分析到了60多种生化物质，并初步揭示了部分物质对种间关系发生的作用。

1965年，他和学生一起发表的《丛生油松穴内间伐问题的研究》，以油松幼林中的密度作用规律为例，系统地说明了如何正确认识种内个体间相互关系的实质，澄清了当时存在的一些模糊观念，对正确处理造林密度问题起到了促进作用。他在造林密度领域的贡献还在于，广泛收集了中外各种造林密度试验结果材料，进行了综合分析。他对人工林中密度作用规律及确定造林密度的原则作了详尽精辟的分析，这些观点已写进了造林学教材的有关章节。1978～1981年间，他带领学生做了"北京西山地区油松人工林抚育间伐的研究"，其成果为北京市林业局采纳，作为北京山区油松人工林抚育间伐的技术指导依据。他对从日本引进的密度效果研究、密度管理图制作技术及以此导出的系列研究，既采取了热情支持的态度，又保持了冷静的头脑，提出要以实践为检验标准。在他的关心下，有关同志在日本的密度管理理论的基础上，进行了试验研究，纠正了原来的某些缺陷，发展了合理密度的新观点。

四、提出林木速生丰产指标的第一人

他从60年代开始就研究和探讨了林木速生丰产指标这个造林学中的重大问题。经过10多年的资料收集、实地调查和理论思考，在1973年的全国造林工作会议上，他首次提出了分区域的林木速生丰产低限指标，即平均生长量达到每年每亩①$0.3m^3$（华北山地）、$0.5m^3$（东北山地）和$0.7m^3$（南方山地），简称3-5-7指标。1979年他又对华北中原平原补充提出了平均生长量达到每年每亩$1.0m^3$的丰产指标，并对这套指标进行了认真的分析论证，对相应的技术措施作了深入的论述。这些建议和论述对于后来造林技术规程的制订、发展速生丰产林的规划，都产生了良好的

① 1亩=1/15公顷，下同。

影响。

1983年，国家科学技术委员会、国家计划委员会、国家经济委员会联合主持制定12个重大领域技术政策，他被指定为其中发展速生丰产用材林技术政策的主要起草人。他主持起草的《发展速生丰产用材林技术政策》及其背景材料在专家论证中得到通过，1985年以国家科学技术委员会蓝皮书的形式予以公布。这项技术政策，深刻地论述了在中国发展速生丰产用材林的必要性、可能性、生产潜力、丰产指标、地区布局、技术措施及经济政策等问题，对“七五”、“八五”期间发展速生丰产用材林的计划立项和实施、对有关林木速生丰产的科研攻关课题的立项和实施，都起到了积极的促进作用。这项成果和其他技术政策一起，获得了国家科学技术进步一等奖，他在其中做出了突出贡献。

五、探索中国林业发展战略和倡导城市林业研究

沈国舫从90年代开始，越来越着重于对林业宏观问题的探索。他在1990年参加了在蒙特利尔召开的国际林业研究组织联盟第十九届世界大会，1991年参加了在巴黎召开的第十届世界林业大会，撰写了多篇文章介绍分析了世界林业科技发展趋势。1993年他组织了新一轮林业发展战略的讨论，主编出版了《中国林业如何走向21世纪》论文集。1993年秋他参加了在蒙特利尔召开的北方和温带森林可持续发展国际会议，这次会议成为国际林业界有名的“蒙特利尔进程”的发端。会后，他积极从事林业可持续发展问题的宣传普及和探索论证工作。1995年他应国家教育委员会邀请作了《走向21世纪的林业学科发展趋势及高等人才的培养》的专题报告，其中对林业的位置变化及林业学科的发展趋势，做了精辟的分析，得到了广泛赞誉。他在1996年及1998年两届中国工程院院士大会上连续作了《中国森林可持续发展问题的探讨》及《现代高效持续林业——中国林业发展道路的抉择》的学术报告，从战略的高度分析了当前中国林业的形势，提出了中国林业发展的方向和指导方针，在林业宏观决策方面具有重大的参考价值，得到了多方面的高度评价。在1997年由中国林学会和加拿大林学会联合召开的“面向21世纪的林业”国际学术讨论会上，他的报告得到了与会人士的充分肯定。此外，他作为山区综合开发专家委员会顾问及结合中国工程院咨询项目工作需要，撰写的《山区综合开发治理和林业可持续发展》、《西南资源金三角生态环境建设探析》、《把营林工作的重点转移到以提高森林生产力为中心的基础上来》等文章，都从不同角度为林业宏观决策提供了科学依据。

沈国舫从90年代初就开始倡导城市林业的研究，主持召开了全国第一次城市林业学术讨论会，并在会上作了重要发言，促成了中国林学会城市森林研究会的成立，并支持各地进一步开展城市林业研究工作。他本人从1996年开始主持了北京城市林业研究项目，与学生们一起共同探讨城市林业发展的特殊规律。他所做的这些富有成效的工作，为建立具有中国特色的城市林业分支打下了良好的基础。

六、治学严谨　师者风范

在中国林学界，沈国舫以治学严谨而著称。他刻苦读书，认真钻研，不断探索，执著追求。早在留学期间，他就养成了良好的学习习惯，他不只看一本书，而是广泛涉猎专著和林业刊物。早在 50 ~ 60 年代，他读遍了所有当时可能得到的本领域业务书刊。为了扩大知识面，打好基础，他还读了不少自然地理、地植物学、植物生理学和农业科学方面的书籍，他总是将博览群书作为一种人生高级享受和追求。在“文化大革命”逆境中，他利用空闲时间，逐字逐句读完了世界林学名著《实用育林学》、《森林生物地理群落学原理》，并通读了一大批俄文、英文的文学名著。从 80 年代他担任了学校领导职务以来，教学、科研、行政管理工作十分繁忙，但他一如既往，继续努力钻研。广博的知识、开阔的眼界，使得他在工作和研究中得心应手。

作为一位著名的林业教育家，他十分热爱教书育人的事业，把自己的主要精力都投入到了树人的工作之中。对教学工作，他一贯认真负责，许多研究也是与教学工作密切配合进行的。虽然肩上的行政管理担子越来越重、时间越来越紧，但他一直坚持在教学第一线工作。

他之所以能在事业上取得成功，除了时代所提供的机遇之外，主要取决于他全面发展的素质和无私奉献的精神。早在 1949 年，他就加入了共青团，1961 年加入了中国共产党，他始终抱着坚定的政治信念，具有崇高的理想，并能够把自己的命运和国家、人民的命运紧密地联系在一起。在漫长的岁月里，他总是严于律己、正直无私、积极进取、淡泊名利，不断地追求高尚的人生境界。在工作中，他始终保持着高昂的热情，既敢于大胆负责，又善于团结群众协作共事。在思想方法和工作方法上，他讲究科学思维、实事求是，有很强的逻辑性、系统性和计划性，能把原则性和灵活性较好的结合。他自觉全面发展自己的素质，在口才、文采、外语、文体爱好等诸方面都很突出。在中国林学界，他是一个突出的代表人物，享有很高声望。

沈国舫自述*

沈国舫　林学专家。1933年11月15日生于上海，原籍浙江嘉善。1956年毕业于苏联列宁格勒林学院。北京林业大学教授。兼任中国林学会学术期刊《林业科学》主编。1995年当选为中国工程院院士。1998年当选为中国工程院副院长。长期从事造林学和森林生态学的教学与研究，是国家重点学科造林学科带头人。主编了我国第一部通用统编教材《造林学》。主持起草的《发展速生丰产用材林技术政策》列入国家科委蓝皮书。第一个提出分地区的林木速生丰产指标。较早地应用立地因子—树种生长关系多元统计分析方法，创造性地进行了多树种平行研究，使我国造林技术得到很大提高。主持起草的《大兴安岭特大火灾后恢复森林资源和生态环境的考察报告》，对火灾后的森林资源和生态环境恢复工程的确立起到了关键的指导作用。

我出生和成长在上海弄堂环境之中，可能正是由于这种城市环境太拥挤憋闷，反使我从小就向往大自然，喜欢绿树青山。1950年我高中临毕业前，正值新中国建立后第一个春天，祖国百废待兴，为我们青年人展示了美好的明天。我在上海一所名牌中学(上海中学)上学，按平时的学习成绩，选考名牌大学和专业一般不存在什么问题。我的同学们大多报考清华、北大、交大等理工科院校，而我却别出心裁地以当时刚组合成立的北京农业大学的森林系(以原北大农学院森林系为基础)作为我的首选志愿。我看过一两本讲述森林作用的小册子，对我有一定的影响。在报刊上曾看到的有关苏联防护林建设(从1948年开始)的材料激励了我，加上平时对大自然的爱好，就毅然做出了报考林业的决定。至于这个行业的发展前途如何，工作环境是否艰苦等问题，当时连想都没有想过，知道这是国家建设所需要的，这就够了。我以相当高的考分考上了我的第一志愿，这年秋天就兴冲冲地北上到向往已久的首都北京，到北京农业大学森林系报到入学，从此进入了“林家大院”，开始了我一生与树木打交道的历程。

---

* 本文来源：中国工程院学部工作部．中国工程院院士自述．上海：上海教育出版社，1998：706－708.

在北京农业大学一年级(当时大一部集中在学校卢沟桥农场)的学习生活是艰苦的，也是新鲜的、热烈的。我们除了上一些基础课外，要参加农耕实习，还到附近农村办夜校，教农民识字认数和宣传先进农业技术。特别是那年正开始了"抗美援朝"运动，学习、宣传、参军、参干，搞得轰轰烈烈。我当时已被选为大一部的团总支委员，政治活动更多，业务学习上靠着老底子也还取得不错的成绩，但对于林业是怎么回事还是不甚了解。

1951 年 7 月，突然收到校本部通知，要我去面谈，而由校领导亲自和我谈话的内容，竟是要我立即去燕京大学(即现北大校址)集中，准备去苏联留学。为了培养社会主义建设的专门人才，中央做出了提前抽派出国留学生的决定，甚至不等我们作好语言准备(我们中大多数原来都是学英语的)就要派出。我是作为高等教育部派出的生员，给我规定的具体专业方向就是造林。经过一阵忙乱的集训、置装、办护照等活动，8 月中旬的一个晚上，周恩来总理亲自在北京饭店设宴为我们饯行，第二天我们这些解放后第一批国家公派的 300 多名留学生就从前门老北京站出发，登上专列踏上了去莫斯科的旅程。记得送我们去火车站的汽车经过天安门广场的时候，大家情不自禁地唱起了当时流行的《歌唱祖国》，唱得是如此不同寻常，高亢热情，至今犹在耳边。

到了莫斯科以后，我被分配到以历史悠久、学术水平很高而著名的列宁格勒林学院上学。单身一人，又不懂俄语，就这样被送到了学校，连入学注册都出现了困难，临时只能请位英语教师来帮忙。来苏联前高教部曾给我们打过招呼，可以在苏联先学一年俄语，但我们这批人中几乎没有一个是这样做的，都是一面学俄语，一面跟着上课。听不懂就根据公式、图像、符号去猜，靠翻字典去抠，用一天不少于 13 小时纯学习时间去拼，到学期结束时和苏联同学一样去参加考试。这样，两年下来就完全跟上了学习进度，以后就比较自如了。我上的林学专业那个年级大班有近 150 名同学，其中除苏联同学外还有不少来自东欧和亚洲的留学生。我在这国际环境中产生的我是中国学生的荣誉感和为祖国社会主义建设而努力学习的强烈责任感，成了我好好学习的强大动力。我成了班上的学习尖子，我的照片年年都贴在学校的光荣榜上，我也成了学生中多项活动的积极分子，深得苏联同学的拥戴。五年学习中我的全部课程成绩优秀，我的关于固沙造林的毕业论文也被作为优秀论文选送到列宁格勒市参展。怀着参加祖国第一个五年计划建设的冲动和为祖国山河治理、大地绿化而献身的崇高愿望，1956 年 7 月我又搭乘横穿西伯利亚的火车回到了阔别五年的北京。

回国后，我被分配到北京林学院(即今北京林业大学)工作，这实际上是我的母校，因为她是以北京农业大学森林系为基础联合其他学校的同类教学单位组合建成的。因为留学前给我规定的专业方向是造林，我就被顺理成章地分到了造林教研组当上了一名助教。我还是用在苏联留学时同样的热情投入了工作：熟悉国内情况，了解发展前沿，钻研基础理论，参加生产实践，讲好每一堂课，同时开展一定的科学研究工作。在起步的头几年里，虽然也有过不如意的遭遇，如在 1958 年就差点被当做“白专道路”的典型而成为批判对象，但我以我的执著、我的热情、我的刻苦、我的工作效率终于得到了大家的承认。1960 年我顺利地晋升为讲师，当上了教研组副主任，而且开始带研究生。1961 年初在我才 27 岁的时候就被委任为我国第一本全国通用统编教材《造林学》的编写组组长，并在较短时间内出色地完成了这项任务。1963 年我被《光明日报》公开表扬为有希望的中层骨干教师，在校内也由于教学效果、科研成果多而享有一定声望。谁知这一切却成为后来“文革”初期被扣上“修正主义苗子”、“镀过银的小权威”等帽子的根由。

“文革”是一场噩梦，给我们大家都带来了不小的冲击，但我清醒得比较早。从 1967 年下半年始，我又偷偷地钻研起了业务，因为我坚信，祖国需要绿化，国家需要人才，“知识越多越反动”是混账逻辑，我们的知识不是多了而是少了，有了知识将来总会有用武之地。利用“文革”中的空闲时间，我重新学起了英文，细啃了几本原来没有足够时间阅读的大部头书，进行了不少生产实践的调查研究。工夫不负有心人，等到“四人帮”被打倒雨过天晴的时候，我已经成为林学界小有名气的中年专家了。

改革开放后的大好时光给了我充分发挥自己的环境和机会。1979 年上了一年“四会”英语班。1980 年参加了国家科委组织在香港举办的微机培训班，使我如虎添翼。在林业工作迅速发展的强烈需求下，在我的前期工作长期积累的基础上，我的科研进度大大加速，科研成果也不断涌现。“华北石质山地立地分类评价和树种选择的研究”，“树种抗旱特性及其机理的研究”等，一项项成果完成并发表；制订发展速生丰产用材林的技术政策，确定太行山绿化方针，编写《大兴安岭特大火灾区恢复森林资源和生态环境的考察报告》等一项项任务的顺利完成，也逐渐地把我推到了全国造林界学术带头人的地位上来。同时我的专业职称由副教授而教授及博导，行政职务也由教研组主任上升到教务长、副院长直到大学校长。“双肩挑”的重担我一直挑了十几年。当 1993 年我因年龄及健康原因而从北京林业大学校长的位置上退下来的时候，我又被选为林学界最大的学术群团组织——中国林学会的理事长。1995 年我荣幸当选为我国工程技术界最高学术机构——中国工程院的院士，达到了我的学术生涯的高峰。但我不满足于已取得的成绩，愿继续学习进取，发挥作用，为祖国的林业工程技术的发展贡献我微薄的力量。

从 1956 年算起，我在林业工作岗位上已超过了 40 年。林业工作的艰辛，林业工作在一定时期内不被人重视，搞林业的人有时还被人看不起，认为没学问，这些景遇我都亲自经历过。但我对自己进入“林家大院”从来不悔。在国家建设中林业不可缺少，在维护人类生存环境中林业非常重要。要完成祖国绿化大业，真正改善国土面貌，还要进行世纪性的努力。这件大事需要有人去做，也需要有才华的人为之操劳。我在这件大事上献出了自己毕生的精力，是很值得的。

附件

我为什么会选择学林

——对2011年北京林业大学研究生记者团及中央教育电视台访谈答问的汇总稿

经常有人问我这个问题，而且好像是对这个问题的兴趣越来越浓厚了。我以前也曾几次，包括在院士自述中，回答过这个问题，但都比较简单。现在到了人生的暮年，再回头看这个问题，我感到不能再简单地说说了，而要从我这个人的历史和社会背景出发作些分析说明。

人们为什么对这个问题感兴趣，因为学林务林无论在当时还是在现在来看都比较走偏：条件艰苦，待遇偏低，学问不高，前途不大。为什么你这个出身名牌中学，学习成绩还不错，当时完全能够考上清华、北大等名校的中学毕业生，却独出心裁的以第一志愿报考了偏冷的北京农业大学森林系？回想起来，要理解这一点，不能脱离开我当时所处的历史和社会背景，当然还有我本人的一些特点。

我出生于1933年的上海市，我能记起的人生中最初的事就是到故乡(浙江省嘉善县)逃难。1937年八一三事变后，为了逃避日本帝国主义侵略战争(当时我家住在上海南市区)的炮火，我父亲把我母亲和五个子女(我排行老三)送回老家暂住。老家的江南水乡秀丽风光在我记忆中犹在，还有的就是对日本人要到来的心理恐惧。1938年春，父亲(当时是一个家具店的店员)把我们又从嘉善老家搬回了上海，先住在英租界(又称公共租界)，后又搬到法租界。童年的记忆中又增加了外国巡捕(包括“印度阿三，安南巡捕”在内)的印象，到了1941年，太平洋战争爆发，日本军队整个控制了上海市，日本兵的凶残形象又进入了我抹不掉的记忆中，我也不知道什么时候，当时还是小学生的我就偷偷地学会了唱《义勇军进行曲》和《松花江上》这样的抗日救亡歌曲。

好不容易等来了抗日的胜利。1945年我当时已经是初中二年级的学生，把蒋介石当做民族英雄那样崇拜。我的中学[①]又搬回沪闵路吴家巷原址办学，我也成了一个住校生。可是没过多久，国民党又打起了内战，而且接收大员，贪污腐化，经济不振，金融危机，物价一日三涨，民不聊生，路有冻死骨是亲眼所见。所有这一切都不断刺激我一个中学生的心灵。我家虽在当时经济上不大困难，但社会不稳，国家多难，列强欺侮，出路何在？由于当时学校严格控制，我接触不到进步的书刊和人物，内心苦闷，对国民党统治当局不满，从而艰难求索救国之道。当时作为一个中学生最容易产生的就是科学救国的思想。进入高中后我们一帮同学课余聚在一起，叙谈救国宏志，各选救国途径，有要搞原子能的，有要造飞机的，还有要开采

① 江苏省立上海中学在抗战时不得已搬出在郊区的原址更名沪新中学在市内办学。

石油的(后来他们许多人都如愿以偿)，而我却独树一帜，宣称要搞农业，解救中国最苦难的农民大众。我们当时还出了一本自己油印的小刊物，名叫《摸索》，意在黑暗中摸索前进。

为什么我当时会选择农业，幼年时农村风光的记忆(中学时代还回去过)，学校附近(当时学校周围都是农村)的农村情景，再加上我性格外向，喜欢自然，看了一些课外读物，有了点粗浅知识，觉得学农也是救国所需要的，又可以和同学们不重样。当时学校功课很重，我们的主要精力还是放在学习上。就这样懵懵懂懂地迎来了上海的解放，那时我 15 岁，上高二。

我的家是在 1949 年 5 月 25 日解放的，清晨出门，见解放军战士在大街屋檐下休息，秋毫无犯，给了我很好的印象。接着有机会读到一些进步书刊，什么《新民主主义论》、《中国革命与中国共产党》、《大众哲学》等，我如饥似渴地读着，觉得顿开茅塞，原来救国的道路就在这里。我很快成了班里的积极分子，是学校建团时第一批团员，一入团就任支部委员。在班里各项政治活动都走在前头。在临近中学毕业前，我又重新考虑了上大学报考志愿问题。我当时因为在阅读一些农业课外读物时，也读了几本有关林业基础知识的小册子。小册子中讲到了一些森林的功能，讲到了森林有改善气候、保持水土、涵养水源、保护农业生产的作用。正好在这时，苏联于 1948 年开始的农田防护林建设计划(当时称为斯大林改造大自然计划)传到中国，在画报上看到了这方面的报道，使我很兴奋。我感到学习林业更符合我的心性所向。于是在报考大学时毫不犹豫地以第一志愿报考了北京农业大学森林系。报考北农大是因为我向往作为中华人民共和国首都的北京，而报考林业是因为认定它对建设新中国有用，我自己也感兴趣。根本没有考虑是否艰苦，是否个人有前途。你问我当时上海中学的校歌是怎么唱的，看来你们教育台还真做过一些调查研究。上海中学的校歌不知是 30 年代哪位文人写的，反映了民族情绪和进步思想，我至今仍会唱。记得前一半歌词是：“龙门[①]发展进无疆，一柱中流海上，桥首太平洋，国运艰难，舍我谁安攘，抚松沪战创，戡不平约章，涌心头热血潮千丈!”歌词以“勇往！上中青年勇往！重光！炎黄神胄重光!”结束。我就是在这样的爱国情操下度过我的少年时代的。新中国成立后，更进了一步，我要为建设新中国而奋斗了。考大学选专业根本没有考虑自己的利益。只要国家有用，就是好的，就这么简单。

1950 年 9 月我到北京农业大学报到上学，还不到 17 岁，到那时我才知道我的入学分数很高(当年是不公布的)，大概高出第二名录取者 50 分左右，但我并不在意。我接着当了团支部委员，后来又当选了大一部的团总支委员。当时大一部不在校本部(原为北京大学农学院的罗道庄校址)，而在卢沟桥农场。我们一边学习基础课，一边进行为期一年的农耕实习。农场的办学条件很差，宿舍教室部很挤，还要从事农业劳动，包括挑大粪。晚上还要下附近农村(我去的是丰台区五里店村)帮农

① 上海中学的前身是龙门师范。

民识字。当年政治运动一个接一个，土地改革、抗美援朝、参军参干、学习宣传，红红火火。我作为团干部事事带头。当时很多同学闹专业思想，不想学农学林，他们大多是因为分数不够，迫不得已来农大上学的。而我在这样的环境下不但自己没有动摇，反而要做同学们的思想工作，坚定他们学农学林的理想和信心。就这样到了1950年8月，突然接到校本部通知，要我准备去苏联留学。这件事办得非常快，从到燕京大学（现北京大学校本部）集中报到起，考试、照相、做护照、量制衣服，不到二十天，就要准备上路。出发的头天晚上周恩来总理在北京饭店为全体留学生饯行，一番鼓励叮咛，要为建设新中国而学好本领，我们都铭记在心。第二天几辆大车送我们去前门火车站，在大车经过天安门时，大家不约而同地唱起了新学会的《歌唱祖国》。“五星红旗迎风飘扬，胜利的歌声多么响亮，歌唱我们伟大的祖国，从今走向繁荣富强……”歌唱得特别响亮，调起高了，但大家都唱上去了。再见，祖国！我们要出去学本领，回来把您建设得更美好！我是学林的，将来一定也会有用武之地。

我为什么要学林，这问题不是太奇怪了吗？

图书馆和我的读书生活*

◉北京林业大学教授/沈国舫

我对图书馆始终有一种亲切的感情，因为她过去曾经哺育我成长，现在仍是我向往的地方。虽然由于种种原因，我近来“跑”或者“泡”图书馆的机会少了，但她与我仍有着许多密切的联系。

我这个人“混”到现在这个地步，也算是个不大不小的知识分子了。一个知识分子最基本的特征是要有知识。知识来源于实践，这是非常明白的道理，为此我也曾亲自参加过不少生产和科研的实践活动。但是作为一个具体的人不可能什么都依靠自己去实践，大量的知识还是要靠间接的途径来获得，也就是要靠前人和旁人的实践积累起来而通过某些媒介传递给后人或他人的。迄今为止，书(在这里包括期刊和报纸)仍是知识传递的最好媒介，而书的集中地方就是图书馆。当然，以后随着科技的发展进步，会出现新的知识传递媒介，如电子书报、声像乃至多媒体材料等，这些媒介材料也都要以图书馆作为自己主要的落脚地。因此，当个知识分子就要多“泡”图书馆，这是理所当然的。

还在我当大学生(50 年代初在苏联列宁格勒林学院)的时候，我就养成了充分利用图书馆的条件，在那里借阅书籍、复习温课和浏览新出期刊的习惯。记得在四年级森林学考试(口试方式)后，主考的考尔毕柯夫教授(1957 年曾到我国讲过学)问我，你的答题已超出了我教的范围，你是从哪里学来的？我如实回答，我并不只看一本教科书和一本课堂笔记，我在学习过程中至少通读了三本专著(指特卡钦柯，聂斯捷洛夫和考尔毕柯夫的三本森林学专著)和许多林业杂志上的文章。我的回答得到了老教授的嘉许。而我很清楚，这一切是离不开那个处在学校主楼一隅的图书馆的。

参加工作以后，我的教学科研活动使我离不开图书馆，虽然我也根据自己的经济条件在不断充实自己的小书库。编教材要看大量的书，搞科研也要看大量的书，

---

* 本文来源：《林业图书情报工作》，1995(2)：5－7.

光看自有的书当然是不够的。我现在敢说，在五六十年代我是读遍了所有在我的业务领域内当时可及的书刊的。不仅如此，为了扩大知识面，打好基础底，我还读了不少自然地理、地植物学、植物生理学和农业科学方面的书籍。我总是把能“博览群书”作为一种人生高级享受和追求的目标，也因此经常为自己的时间不够用（当时我的教学工作量大，社会工作也不少）不能尽兴阅读自己想看的书而感到遗憾。除了专业书籍以外，我也爱看文学作品。为了满足这方面的需求，也为了巩固和促进我的外语水平，在“文革”前我曾通读了原文的托尔斯泰的《战争与和平》、肖洛霍夫的《静静的顿河》等巨著，也曾读了10多本简写本的英文小说（限于当时的英语水平只能读简写本）。这些书中的大部分是从学校图书馆借来的。

一场“文革”浩劫打断了我的读书生活。在那时，《毛主席语录》和老三篇读过了不知多少遍，毛选四卷我也早在学生时代就通读过了（第四卷是工作以后读的），总得再读点别的什么。起初时，对业务书籍不敢公开沾，因为本来就在“批判”我处理红专关系上有问题。但尽管如此，我还是偷偷地把“文革”前刚到手的苏卡巧夫院士的生平学术总结性巨著 *ОсноВы Биогеоценология*《生物地理群落学原理》啃了下来。另外，我又乘机把原文高尔基全集（共30集）中的前11集通读了一遍，因为高尔基当时不在挨批之列。到了1971年末“斗批改”发展到了“斗批散”以后，人们闲着没事学烹调，搞缝纫，做木工。这些我也略有所沾，但主要的富余时间我花在两件事上，一件是抽空到云南省（当时随学校下放到云南）一批国营林场跑一圈，另一件就是把手头有的可看的书找出来看。我当时看的主要的一本书就是美国耶鲁大学D. Smith 教授继承 R. Hawley 教授的传世之作而重新撰写的林学名著 *The Practice of Silviculture*。好在当时有的是时间，我就对这本书逐字逐句地抠，把全书抠完了，我的专业英语阅读水平也就提高了一大步。当时我还没想到日后我还会与这位老教授多次相遇，共同切磋，并主持了他这本书的翻译工作。

1973年学校总算集中到了昆明市郊的安宁县楸木园。秋季，第一批工农兵学员开始入学。尽管当时还在“文革”的政治气氛下，但学校的资料室和图书馆还是相继开张了。从此，我就成了楸木园中这小小的图书馆和资料室的常客。当时很少有新书出版，但各省编了不少林业科技通讯性质的资料，其中反映了各地林业生产的一些实际情况。这些资料也就成了我当时主要的广泛阅读对象，通过这些掌握各地在不同地理区域条件下的林业科技信息，也使我受益匪浅。在晚些时候（1976～1977）我利用到南京林学院及中国农科院参加《中国主要树种造林技术》一书统编工作的机会，把南林老院长马大浦教授的自有藏书及放在农科院（当时称中国农林科学院）图书馆内的全部原中国林科院藏书翻了一个遍。这时在挪威召开的第十六届国际林联（IUFRO）世界大会的一套论文集来到了楸木园图书馆，我有幸成为这套书的第一批读者之一。对于一个长期处于闭塞状态下的知识分子，突然见到了这一套承载了境外最新科技信息的书籍，其如饥似渴的阅读冲动是可想而知的。这套书中有一篇美国学者写的有关西铁杉立地评价的论文给了我很大的启发，为我展示了运用多元统计分析方法研究适地适树问题的前景。这就促成了我带一批学生于1978

年为总结北京西山林场造林技术经验而进行的大量调查研究工作，其成果对后来的造林研究工作起了不小的促进作用。

改革开放的好日子终于来到了。1979 年我在编写新教材的同时学习了一年英语，1980 年我在境内外学了一年电子计算机应用，这一切活动都是离不开大量读书的。从 1981 年下半年起林业部领导决定让我出来担任学校行政领导工作，先是副教务长，以后则是副院长（1984）、校长（1986），一直延续到了我进入花甲之年的 1993 年。我成了货真价实的“双肩挑”干部。在搞学校行政领导工作的同时，我没有停止过自己的教学科研活动：我还继续上课，带硕士生、博士生，主持和承担科研课题，因此还是离不开书，离不开图书馆。只不过我的空余时间越来越少了，直接跑图书馆的机会也越来越少了。但是尽管如此，我还是和图书馆保持着密切的联系，一是通过青年教师和研究生到图书馆查询和阅读文献资料，我可间接受益；二是利用我自己的方便条件为图书馆收集文献资料，十几年来仅从我这里赠送给图书馆的书籍资料总数不下数十本，有些还是珍贵的版本；还有第三条途径，那就是在我当校长的职权范围内尽量为学校图书馆创造较宽松的条件。这几年学校经费一直很紧张，就在这种条件下，宽敞明亮的新图书馆楼还是建成了，图书储量还大大地扩充了（达到了 60 万册），国内外一些重要的专业杂志还是坚持续订了。这里面也有我的一份情意和心血。另外，我还主持为图书馆工作人员及时合理地授予相应技术职称，支持他们做文献资料方面的研究工作，分内分外也尽了一片心。

这几年出了那么多新书，其中有不少好书。我一直梦想自己有一个充满好书的工作室，这个梦想也近乎实现了。我的办公室里有 6 个大书柜，柜中塞满了各类图书。我的家里还有 4 个书柜（架）的书。同时，学校图书馆的条件也大大地改善了。应该说，要读书的客观条件是具备了。可惜的是，我却因为人进入了老年而精力有限，教学科研及社会工作负担一再加重而余暇时间所剩无几。现在我没有足够的时间去浏览或阅读大量书刊，只能结合手头任务（调研任务、写作任务等）有选择地阅读有关书籍和文章。我多么希望有朝一日我还能有较宽松的时间，以一杯清茶做伴去漫游书林，尽情“享用”我所喜爱的专业和文艺书刊，我也多么希望我还能有空再去尝尝“泡”图书馆的乐趣。我实在为有些青年不珍惜自己的青春，把时间浪费在闲侃、搓麻等无聊活动之中而感到可惜。图书馆里有多少好书在向我们招手，我们怎能无动于衷呢！

我和西山林场(代序)*

◉中国工程院院士、北京林业大学教授/沈国舫

北京市西山林场是华北地区建立最早、造林成效最显著的国营林场之一。我的最初的学林生涯与西山林场有着密不可分的联系。

回想当年(1950)我刚进入北京农业大学森林系学习的时候，第一年就在卢沟桥农场进行农耕实习和基础课学习。那年冬天，我曾和几个同学从卢沟桥一直往北步行，过了八宝山走到了西山的脚下，只见西山上荒草遍野，碎石裸露，真是为何时才能把这些荒山绿化而着急。也在那年冬末春初，从卢沟桥农场遥望西山，看到了大面积山火焚烧，一片浓烟，更加深了内心的焦虑。事实上那个时候西山地区只有在香山和大召山(原林业研究所所在地)上还有一些树，别的地方全是秃岭荒山啊。

1951 年我被选送去苏联学习林业，1956 年回国后分配在北京林学院(即今北京林业大学)造林教研组工作。当时我的首要任务就是赶快熟悉我国自己的林业，特别是富有中国特色的山地造林工作，以便胜任要我承担的造林学教学任务。1956 年秋我利用协助苏联专家指导研究生的机会到全国各地林区转了一圈，1957 年春我就要开始定下来学习研究一些中国的造林问题，西山林场自然成为我的第一个学习和研究的对象。当时北京建立了专为绿化西山而设的西山造林事务所(今西山林场前身)，在朱德同志的亲自号召下，在广大解放军战士积极参与下，已经开展了轰轰烈烈的绿化西山的人工造林工作，连续造了几年，积累了一些经验和教训，在整个华北石质山区的绿化工作中先行了一步。我那时就和同教研组的郑文卓先生一起，去了西山造林事务所，和当时担任主要技术指导任务的史璋、尚世俊、邢北任以及林业研究所(中国林业科学研究院前身)的张化超等在一起组织了一个研究小组，在时任林业研究所副所长的侯治溥研究员指导下，开展新造幼林的成活和生长的调查工作，同时还开展了一些不同整地方式、不同造林方式、不同混交方式的试验造林工作。这项研究工作，没有专门的立项程序，也没有运行经费，全靠各人的自愿参

---

* 本文来源：甘敬，周荣伍主编．北京西山森林培育理论与技术研究．北京：中国环境科学出版社，2010.

与来开展的。那时我每周都要骑自行车从北林去西山一两次，把车放在西山造林事务所(今万安公墓旁)院内，然后立即上山开展调研工作，长期坚持，从不间断，跑遍了当时西山上所有的造林地。这项工作的外业一直到1958年夏季才告一段落，然后由郑文卓等人执笔写出了《北京小西山造林技术经验初步总结》的研究报告。我当时因有去外地指导学生毕业实习的任务，没有参与报告的最后编撰工作。这是西山地区造林经验的第一次完整的总结，用现在眼光看来虽然显得很粗糙，甚至原始，但却是实实在在我们自己闯出来的实践基础。我们造林学后续的许多研究工作不就是从这里起步的吗？我这样详细地回顾了这一段工作，目的就是想强调北京西山的绿化造林工作确实在全国特别是华北石质山区的造林工作中具有突出的领先地位，也想说明为了获得我们国家自己的最基本的一些造林技术经验我们当时曾经付出了多么艰辛的劳动。

我与西山造林工作从此结下了不解之缘。我们学校自己的妙峰山林场是西山林场的邻居，我们在这两个林场的造林工作研究经常是联系在一起的。我也经常以西山林场作为我们的造林学教学实习的基地。1959年秋我曾带所有林业系的新生到西山上进行入学参观实习，今天的徐冠华、唐守正、寇文正等林业界名人当时就在这批新生行列之内。这都是可以留作佳话的资料。我自己也以西山林场为基地开展研究工作，指导了许多学生写出了毕业论文，也带出了好几个研究生(富裕华、翟明普等)。1962年的一个夏季雨天，我为了亲自体验雨季造林的特点，一个人跑到了西山林场的卧佛寺造林队，与工人们一起挑苗上山植树。卧佛寺山后那片白皮松林就是那时造林的成果。后来那片白皮松林中间疏出不少白皮松作为绿化大苗出售，成为了当时西山林场的一笔财富。1965年冬北京林学会组织了一次重要的学术报告会，我以《北京西山油松灌木混交林研究》为题作了报告，取得了很好的效果。可惜限于当时条件，此报告没有正式印刷出版(只有油印稿)，而这正是我从事混交林研究的第一个研究成果。

“文化大革命”中断了我在西山林场的研究活动，学校搬迁云南更使我和西山林场远离，但我的心远没有离开这片我曾亲自参与绿化起来的大山，1975～1976年我利用回京探亲之便，又到西山对当时已接近20年树龄的人工林进行了调查研究。1978年我和关玉秀先生等人一起还带了一批学生在西山林场进行毕业前的生产实践，对当时的人工林几乎做了一次普查，还设置了一组油松人工林抚育间伐的标准地(这组抚育标准地就成了后来1981年甘敬同志做毕业论文的研究对象)。在这个基础上我们采用了当时国际上刚开始应用的多元统计分析方法，对西山地区的立地条件和适地适树问题进行了较为深入的研究，并写出了研究报告刊登于刚回迁京城的北京林学院的新出版的学报上。同时，在原来对油松人工混交林调查研究的基础上，带了一批研究生(翟明普、姚延梼、刘春江等)对混交林做了一系列逐步深入的调查研究。另外，针对80年代初西山上大量刺槐人工林死亡的现象，又指导了我的学生马履一、吴国利做了这方面的调查研究工作。总之，80年代前期我对西山林场造林的研究工作一直没有停下来。

1986年以后，我担任了北京林业大学校长之职，行政事务繁忙起来了，我对西山林场研究工作参与也少了起来。而我过去的学生们，包括翟明普、尹伟伦、阎海平等就接续了我这方面的工作，取得了很多成果。但是我对西山林场的发展和变化一直很关心，由于西山林场的人工林作为风景林的功能越来越受重视，90年代末我还曾让我的博士生陈鑫峰以西山林场为主要据点专门研究风景游憩林的评价和改进问题，我在后期的其他研究工作及教材编写工作中也经常以西山林场的研究成果作为重要的例证。

我和西山林场已经有了超过半个世纪的因缘了。北京市西山林场从一片荒山变成了一片茁壮的绿林，进而又成为了北京市民喜爱的游憩之地，我亲眼目睹、亲身参与也亲自享受。西山林场的立地条件基础并不好，但它有它的区位优势、人才优势和历史积累，相信它一定会在国家兴旺发达、人民逐步富裕、游憩要求越来越高的新时代变得更加浓绿，更加绚丽，永葆青春！

2007年3月6日

我参与中国工程院咨询研究工作的几点体会*

◉沈国舫

我从1995年当选中国工程院院士以来，已经前后参加了10多项由工程院组织的咨询研究工作，在这些咨询性研究活动中，有时担任项目组长(负责人)或副组长，有时担任课题组组长，也有时担任首席专家或顾问，不同的身份有不同的参与程度和研究角度。通过这些咨询研究活动我学到了很多东西，大大扩展了我的知识领域和认识视野，提高了自己的政策水平，也积累了一定的经验和体会，今扼要写下来供今后参与类似研究工作的人参考。

我这些年主持或参加的工程院咨询研究项目，大大小小10多个，归纳起来有以下4种类型：

一是协助钱正英院士主持完成的有关水资源及区域综合开发的系列重大咨询项目，共计有5项，即(简称)全国水资源(1999～2001)、西北水资源(2001～2003)、东北水土资源(2004～2006)、江苏沿海地区综合开发(2006～2008)及新疆水资源(2007～2009)。在这些项目中，我主要担任项目组副组长，有时兼任相关课题组组长和顾问。

二是代表工程院农业学部主持或参与有关农业的咨询项目，共计也有5项，即(简称)西南金三角农业综合开发(1996～1998)、黄土高原生态建设(1999～2000)、"十一五"期间我国农业发展(2003～2004)、中国农业可持续发展若干战略问题的研究(2005～2007，含区域农业发展战略及农业机械化发展战略两个亚项)及三峡库区水污染防治(2005～2008)。这些项目中我大多担任项目组组长，但有些项目(如农业机械化及水污染防治)主要依靠相关专业的院士副组长。

三是作为专家组组长组织完成所委托咨询项目有2项，即国务院三峡建设委员会委托的"三峡工程阶段性评估"(2008～2009)及环境保护部委托的"我国环境保护宏观战略研究"(2007～2009)。在这些项目中我主要在领导小组指导下对项目内多

---

* 本文来源：《中国工程院院士通讯》，2009(12)：40-41.

课题的咨询研究起组织协调及形成最后综合报告的作用。

四是为工程院自身发展服务的咨询研究项目若干项，有如院士队伍建设、高层次工程科技人才成长规律研究、工程学科分类标准研究等，我都曾以分管副院长的身份主持研究项目。

此外，在此期间，我还参与了由国家林业局主持的"中国可持续发展林业战略研究"(2001～2002)，任项目的首席专家之一及第三部分的首席专家，由中国环境发展国际合作委员会(国合会)委托的"林草发展课题"(2001～2002)及"环境与发展回顾与展望课题"(2005～2006)的研究工作均任课题组组长。

这十几年我所参与的咨询研究项目都不同程度上取得了良好的效果。如有关水资源的系列咨询研究，都引领了当时水资源管理方面的战略思考，提出了节水优先、治污为本的建设节水型社会的方针，提出了人和自然(包括江河流域)必须和谐共处的理念和保障生态用水的需求，也为一些大型水利工程(防洪工程、南水北调工程等)及区域水利和土地开发工程提供了科学的论证和决策依据。又如在农业方面的系列咨询研究，早期的西南金三角农业综合开发和黄土高原项目，不但直接为当时的区域农业综合开发提供依据，也提出了退耕还林、建设水平梯田、植被保护(天然林保护)及发展草畜业等紧迫要求，为后期国家相关工程和政策的出台提供了依据。后来的农业可持续发展若干战略研究更是进一步在保障粮食安全，保护基本农田，防控农业污染及农业机械化发展等方面为国家战略决策提供了依据。"环境保护宏观战略研究"和"三峡工程阶段性评估"两个项目的研究成果也为国家在相关领域的宏观决策提供了科学依据。这些战略咨询研究都得到了国家高层领导的重视和高度评价。在多数情况下，国务院领导(总理或主管副总理)都亲自听取了项目研究成果的汇报。仅水资源系列咨询项目研究就一共直接向温家宝同志(当时担任主管副总理或总理)汇报达6次之多，每次温总理都给予了很高的评价，并指示相关部门将主要建议吸收纳入国家计划，最近一个实例就是把江苏省沿海地区的开发纳入了国家计划的框架。

通过这些战略咨询研究我对这项工作有了一些亲身体会，归纳起来，有以下几点：

一、提高认识，积极有效投入

咨询研究对许多院士来说都是一项新任务，对我也不例外。过去我们习惯于对某一具体事物的研究，面比较窄而技术性(科学性)比较强。而工程院的咨询研究强调综合性、宏观性、战略性，刚开始时我们不大适应。在这里需要综合运用前人已经积累的科学知识，需要多学科专家的通力合作，需要在综合层面上的认识提升和战略思考，这对我们原有的科技知识领域和水平都提出了挑战。为了充分发挥中国工程院思想库的咨询作用，也为了我们的知识能更直接服务于国家决策和工程实践，我们应当责无旁贷地接受这个咨询工作需求的挑战，扩大自己的知识领域，提升自己的政策水平，学会与许多不同学科专家合作共事，努力把自己提升到在一定领域的战略科学家的行列，这也是时代对我们的要求。我们应该在这方面主动付出必要的时间和精力。

二、选准项目，组织精干队伍

咨询项目有主动咨询的，也有委托咨询的。不管属于哪一种，都有一个选准项目的问题，即选择或接受那些确实属于国家(或区域)有紧迫需求，有战略性意义，需要发挥多学科专家的集体智慧，适合于由中国工程院来承担的咨询项目。这里需要有对客观需求的透彻了解，有战略性眼光对问题的认识见解。项目确定之后，组织咨询研究队伍是关键的一步。这个队伍中需要有关领域的高层专家，包括院士和非院士，也要有在一线实际工作的有充沛活力的中青年专家，既要有好的智囊级的领军人物，也要有较强执行能力的工作班子。一般把一个大的咨询项目分解为若干个课题，课题之下可根据需要再设专题。分层研究，逐级汇总，统一调度，系统集成，咨询工作的进展要靠这支结构良好的专家队伍。

三、深入研究，发挥专家特长和集体智慧

咨询研究和一般研究工作不一样，它通常不要求从头开始做科学实验或实性研究，而是充分利用已有知识积累，加以必要的补充调查或考察，把知识和对象结合起来进行综合分析研究。因此发挥各专家特长，利用他们已有的知识积累，就成为重要的基础。当然，专家的知识还需要扩充，为此要组织必要的调研和考察，座谈和研讨。咨询项目的宏观性和战略性要求不同学科专家通力合作，发挥集体智慧，把认识提高到战略层面。为此要组织好项目内不同层次(专题、课题和项目)的讨论会，交流研究成果，互相切磋启发，形成战略共识，一般一个大的咨询研究项目综合报告的形成，都要经过四五次，甚至六七次的研讨、修改，才能定稿，这个过程就是自下而上又自上而下反复研讨的过程，也是提升认识、形成共识的过程。

四、突出重点，为战略决策提供有力依据

战略咨询研究，必须站在国家利益高度，超脱部门及区域利益的局限；必须有实事求是的勇气，敢于提出当前客观上存在的问题；必须有前瞻的眼光，不能局限于对现有方针政策的诠释；必须有战略思维，能提出改进现有格局的前进方向和措施建议，这些要求都是很高的。在这方面，我体会需要有战略科学家的重要性。应该说，水资源系列重大咨询项目的成功，是与钱正英院士这样的战略科学家把握掌舵密切相关的。钱正英院士以其深厚的长期在领导岗位上的阅历为背景，以其广博的知识面和热心好学、汲取新生事物为特色，以其知人善任，作风民主，善于发挥集体智慧为支撑，领导一个不小的院士专家班子，出色地完成了这个系列的咨询任

务。这是值得每一个从事咨询研究的院士学习的榜样。

五、中央领导层决策科学化、民主化的作风是咨询研究能取得实效的关键

通过这十几年的咨询研究工作，我深刻地体会到中央领导层决策科学化、民主化的作风确实是我们的咨询研究能够取得实效的关键。我们看到这10多年来中央领导层在决策科学化、民主化方面确实有很大进步，党中央和国务院的学习制度得到坚持，国务院领导多次听取中国工程院的咨询研究成果汇报就是明证。如果没有这一点，我们的咨询研究成果只能成为摆设，或束之高阁，或只是出版一本书了事，起不到真正的实效。

现在，国家整个发展形势是很好的，21世纪中国复兴大业必然要求中国兴起伟大的工程建设，要有先进的工程科技来支撑，也就要求中国工程院更好地发挥国家思想库的作用，做好战略咨询研究工作是其中重要的一环。

附件1

参加水资源系列咨询研究活动对我的专业领域一些认识的影响

从1999年一开始我就参加了中国工程院组织的水资源系列咨询研究活动（共有6项），开始时作为课题组组长，从第二项（西北水资源）起担任项目组副组长，协助钱正英院士组织领导项目组的咨询研究工作。关于参加咨询研究工作中的体会，我已写过一篇文章，登在《院士通讯》2009年12期上。现在我要进一步追忆分析我通过水资源系列咨询研究工作对我自己的专业领域一些认识的影响，从这一侧面也可看出水资源系列咨询研究工作所起的重要作用。

（一）

我的专业领域原本局限于林学及林业，偏重于森林培育学。随着年龄阅历的增长及客观对我的需求（特别是在当选中国工程院院士以后），逐渐扩展到宏观林业及生态学和生态建设的领域。当第一次应邀到钱正英院士主持的“中国可持续发展水资源战略研究”项目中参加工作时，我被分配担任“中国生态环境建设与水资源保护利用”课题组组长，由北京林业大学的王礼先教授担任副组长，共同主持这方面的研究工作。这个课题研究的主要内容是生态建设，特别是以林为主的植被建设与水资源的关系，在这个问题上学术界是有些不同看法的，尤其是林业界与水利界对一些问题上的看法有相当大的差距。主要分歧有两点：一是如何科学客观地评价森林植被的水源涵养和水土保持作用，二是如何评价和对待森林植被对水资源的消耗。当时正是1998年特大洪灾之后的阴影期。我作为林学家，对森林的水源涵养作用推崇有加，认为川西—滇西北森林的破坏消失是长江发大洪水的重要原因。但是在

和以钱正英院士为首的一些水利专家讨论研究中，我逐渐认识到不能过高强调森林的防洪作用，而要看到暴雨集中持续，各支流洪峰的叠加以及缺乏蓄洪的水利设施等都是造成1998年洪灾的重要原因。森林的水源涵养作用有一个量的极限，对超过这个极限的集中暴雨，森林也是无能为力的。至于森林植被的水土保持作用当然是要肯定的，但这要求森林要有良好的密度和结构，特别是要有良好的下木和地被层，没有良好地被层的稀疏森林是控制不住水土流失的。要培育良好的森林植被，肯定要消耗一部分天然降水，从而减少地表径流量，这是树木的生物学特性使然。这在一定的条件下(湿润半湿润地区)是必要的，是有用的代价，为此在水资源平衡中要留出一定量的生态水。而在另一些条件下(如干旱半干旱地区)就要考虑改用灌木及草本植物建设植被以减少水资源的消耗并保证植被本身的稳定性。根据这些经过讨论得出的共识，我们对森林等植被对水资源的作用做了全面、客观的评价，写出了《中国生态环境建设与水资源保护利用》的研究报告，作为水资源咨询研究报告的组成部分，向国务院领导作了汇报，得到了充分的肯定。这个报告中提出：在水资源利用中要留出足够“生态水”的认识和建议，在当时来说是很有创新性的。

正巧就在这个时期发生了一件事，使我在“林”和“水”的关系问题上更加挑明了观点。当时有一名外籍华人通过新华社记者向中央领导呈送了一份报告，登在“内参”上，内容主要是认为森林可以增加降水，在大西北只要多造林就能改变当地的干旱面貌，称之为“森林引水论”。这个报告引起了朱镕基总理的注意，批示要求当时的水利部、林业部及环保总局提供评价意见。当时林业部的部分领导看到这个批示后很兴奋，认为这是一个宣传森林作用的大好时机。但我看到以后感到这个报告内容明显缺乏科学依据，可能误导国家领导，做出不正确的判断和决策。我和钱正英院士就此交换了意见，在她的鼓励下，我写了一篇言辞锋利的意见书，由钱正英院士代转直呈朱镕基总理。总理把我的意见书又批给上述三部局征求他们的看法。结果是水利部、环保总局完全支持我的意见，否定了那位外籍华人的报告内容，而林业部只作了一个态度暧昧的表态，实际上很不情愿。这件事就这样算过去了。听说通过这件事水利界的人对我大有好感，认为我能坚持科学态度，公正处事；而林业部的部分领导，却对我有了戒心，甚至有人底下说我背叛了林业界的利益。但我自己为发表了逆耳忠言而问心无愧。这种实事求是的科学态度是和我当时刚好完成的水资源战略咨询研究的工作精神是一脉相承的。从这个时期开始，我在各个场合都做出了努力，使林业界和水利界的人士消除了不必要的相关误解，促使达成了更多的共识。

（二）

第一个“中国可持续发展水资源战略研究”项目顺利完成以后，所有参加项目研究的院士专家都很兴奋。一方面觉得知识有了用武之地，可为国家战略决策提供咨询服务；另一方面又觉得这么多不同领域的专家在一起研究讨论，互相启发，很有好处，这支研究队伍不应就此散了，咨询研究还可以再继续做下去。根据当时的形势(西部大开发及东北老工业基地振兴)需要，在钱正英院士的倡导下，先后开展了“西北地区水资源配置、生态环境建设和可持续发展战略研究”(2001~2003)及“东北地区有关水土资源配置、生态与环境保护和可持续发展的若干战略问题研究”(2004~2006)两个项目的研究工作。从这两个项目开始，我就担任起项目组第一副组长的工作。在这两个项目中，除了协助钱正英院士承担起管理项目研究中事务性工作外，我主要参与有关生态建设及林业课题组的工作。

西北地区自然地理上还包括内蒙古中西部地区，集中了我国主要的干旱半干旱地区，干旱少雨，生态脆弱。在西部大开发中如何保护和建设好生态和环境，问题十分突出，要求十分迫切。我在这个项目中主要作了当时正开始进行的“天然林资源保护工程”和“退耕还林(草)工程”的调研工作。刘东生院士当时也参加了这个咨询项目的研究工作，他和他的团队对西北地区的自然地理，包括风沙地区和黄土高原，作了深刻的调查和分析，对我们研究生态保护和建设的人深有启发；而钱正英院士在大家集体讨论研究的基础上，提出了“人和自然和谐”的原则成为了整个项目研究的指导思想和灵魂，在当时引领了思想认识之先，对中央的科学发展观的形成也做出了一定的贡献。人和自然和谐的思想，对于我的专业观点来说，既起到了拨乱反正的作用，也起到了画龙点睛的作用。我本来是搞森林培育出身的，对于在中国搞人工造林情有独钟。当然，对于中国这样一个原始植被经历了长期破坏已所剩无几，亟须人工恢复的国家来说，这也没错。但是不是到处都要人工造林？造什么样的林才算有效，到了新世纪已经出现了不少反面案例的时候，确实需要进行一下反思了，而进行“西北水资源”咨询研究项目却是一个反思的好机会。过去我也知道自然规律客观存在，是不应该违背的，人们需要师法自然，向大自然学习解决问题的手段，利用大自然的自我修复能力，这些认识只有在提高到用“人和自然和谐”的观点去认识判断的时候，才能和我的人工培育知识充分协调起来。乔灌结合，林草协调，人工培育与自然修复的配合，从此在我的思想中更好地确立了起来。这些都是我通过“西北水资源”咨询研究项目所取得的巨大专业收获。

“东北地区有关水土资源配置、生态与环境保护和可持续发展的若干战略问题研究”咨询项目，题目中在“水”之后又加上了“土”字，突出了东北地区农林事业的重要地位。东北有大兴安岭、小兴安岭和长白山三大林区，曾经是中国林业的半壁江山，但由于长期不合理的过量采伐利用，到了20世纪90年代，已经沦落到了“资源危机、经济危机”的两危境地。在研究东北地区可持续发展中把林业作为了重点之一，单独设立了课题组，专门组织了对林区的综合考察。我和林业课题组的专家们一起，在钱正英院士的支持和鼓舞下，一反林区单纯依靠国家天然林保护工程资助勉强应付的悲观情绪，分析了东北林区的优势所在，强调了需要20~40年的时间努力，提高森林培育和经营水平来重建优质森林资源，以发挥林区的生态、经济、社会三方面的巨大功能效益，重振东北林区雄风。与此同时，我们还充分注意到一些林业局就业不充分、工资水平低、居住条件简陋等困难，不仅在钱正英院士的带头下主动捐助，而且在向中央汇报时也加以陈述。“东北水土资源”咨询研究项目成果和“西北水资源”项目成果一样也都向国务院领导直接作了汇报，正面影响了中央的决策。仅就林业范畴而言，中央决定延续天然林保护工程的实施已成事实；

国家林业局要强化森林经营的政策也得到了中央支持而上了国家项目；林区棚户改造已经启动三年而大受群众欢迎。就连我们提出的东北农区中农田林网建设可以兼顾用材和农民收益的建议也得到了广泛的赞同而纳入地方政策。

在“东北地区水土资源”咨询研究项目结束后，由于工作需要又先后启动了两个咨询研究项目，其中之一就是“新疆可持续发展中有关水资源的战略研究”(2007～2010)。这个项目实质上是“西北水资源”项目的延续，以新疆为主要对象，是由新疆人民政府委托进行的。我由于在此同时承担了“三峡工程论证及可行性研究结论的阶段性评估”项目的专家组组长工作，因而在钱正英院士的允许下直接参与新疆项目的活动不多，主要考察了新疆伊犁地区西天山林区的天然林保护工作及南疆和田地区的绿洲林业及周边防沙治沙工作。关于西天山林区的天然林保护工作，就考察中看到的问题，写了专门报告，报到了国家林业局，得到了局领导的重视，对于改善当地天然林保护工作，促进风倒木的尽快清理，起到了一定作用。

以上这 3 项咨询研究项目，都是以水资源的管理利用为主题，加上与水资源有关的各项事业，共同探讨区域性可持续发展的重大战略。林业和生态保护建设都是这些区域可持续发展的重要内容。通过这些项目的咨询研究也使我能跟上时代节拍，掌握客观政策，发挥我的专业所长，也大大提高了我做战略咨询工作的能力。

（三）

从 2006 年开始到 2010 年先后启动了“江苏沿海地区综合开发战略研究”和“浙江沿海及海岛综合开发战略研究”两个咨询研究项目。这两个项目都是受当地省人民政府委托，由中国工程院会同国家开发银行和当地省人民政府三家共同主持的。这两个项目中水资源问题虽仍很重要，但已不再居于中心位置了，而根据区域的自然和社会经济特点，探索综合发展的战略是咨询研究的核心，新能源发展及土地(含滩涂)和水域的开发利用成为研究的重点，生态和环境问题作为发展的制约因素当然也是重要的一环。这两项咨询研究中我除了继续担任项目副组长，协助钱正英组长进行项目研究的日常组织管理外，重点关注生态保护和建设有关问题。在浙江项目中，还兼任了“生态保育”课题组组长。在江苏和浙江两省进行考察调研过程中使我进一步认识到生态保护和建设问题，如苏北地区的平原造林问题和沿海自然保护区的保存发展问题，浙江沿海防护林建设及湿地保护问题，都是综合发展战略不可或缺的组成部分。在滩涂开发中要保持一个科学合理的开发速度和布局，还要关注开发后的土地利用结构问题。必须要留够生态保护用地，包括湿地、林地及公用绿地，同时还要根据当地条件适当安排工业、交通、城建用地和农业用地的合理布局，以形成生态良好、环境安全、经济发达、社会稳定的新开发区。参加这两项咨询研究使我更能自觉地把生态保护和建设放在宏观战略决策中的一个适当的位置，以保障区域宏观战略得以健康地实施和奏效。在这两个咨询研究项目中工作的各领域专家都很明确各自在宏观战略决策中的地位和该起的作用。这样一个服从总体战略要求的团队精神，也是战略咨询研究成果的重要保证。

总之，十几年来，我参加了大小 10 多个中国工程院及其他相关部门组织的咨询研究项目，其中特别是参加了以钱正英院士为首主持的 6 个咨询研究项目，可以说占用了我1995年当选中国工程院院士以来的大部分精力，同时也取得了巨大的收获。这些工作使我从一个专业面相对狭窄的林学专家提升到了一个专业面相对宽阔，具有一定战略视野的生态和环境领域的专家。我也为所从事的这些咨询研究工作得以为国家和地方战略决策提供有力支持所取得的成绩而感到欣慰。

2011年4月24日

附件2

1995年当选院士后参与的咨询研究项目一览表

序号	咨询项目名称	项目类别	运作年份	项目(课题)负责人	备注
1	云贵川资源金三角农业发展战略和对策研究	院级	1996~1998	沈国舫	总顾问：卢良恕
2	黄土高原生态环境建设与农业可持续发展战略研究	院级	1998~2000	沈国舫、山仑	
3	中国可持续发展水资源战略研究	院重大项目	1999~2001	钱正英、张光斗	沈国舫、王礼先为生态环境课题组组长
4	西北地区水资源配置、生态环境建设和可持续发展战略研究	院重大项目	2001~2003	钱正英、沈国舫、潘家铮	
5	东北地区有关水土资源配置、生态环境保护和可持续发展若干战略研究	院重大项目	2004~2006	钱正英、沈国舫、石玉林	
6	中国农业可持续发展若干战略问题研究： 1. 区域农业项目 2. 农业机械化发展战略	院重大项目	2005~2007	1. 沈国舫、石玉林 2. 沈国舫、汪懋华	
7	江苏沿海地区综合开发战略研究	中国工程院、国家开发银行、江苏省人民政府合作项目	2006~2008	钱正英、沈国舫、石玉林、王大用、左来佑、毛伟明	
8	新疆水资源合理配置及可持续发展战略研究	新疆人民政府委托院重大项目	2007~2009	钱正英、沈国舫、石玉林	
9	中国环境保护宏观战略研究	环保部委托工程院与环保部合作项目	2007~2009	徐匡迪、周生贤等为领导小组组长	沈国舫为专家组组长
10	三峡库区及其上游水污染防治战略咨询研究	院重大项目	2005~2008	沈国舫、魏复盛	
11	三峡工程论证阶段性评估	三建委委托院重大项目	2008~2009	徐匡迪、汪啸风等为领导小组组长	沈国舫为专家组组长

（续）

序号	咨询项目名称	项目类别	运作年份	项目（课题）负责人	备注
12	浙江沿海及海岛地区综合开发战略研究	中国工程院与国家开发银行、浙江省人民政府合作研究项目	2010～2011	钱正英担任组长，沈国舫、潘家铮、左来佑、陈敏尔、石玉林担任副组长	2011年4月1日向温家宝总理、李克强副总理作研究成果汇报
13	中国工程科技中长期发展战略研究	中国工程院与国家自然科学基金委员会合作项目	2009～2012	潘云鹤、孙家广等为项目组组长	沈国舫任生物碳汇专题组组长
14	应对气候变化战略研究	中国工程院受国家发改委委托的重大项目	2011～2012	杜祥琬任项目组组长	沈国舫任生物碳汇专题组组长
15	淮河流域环境与发展问题研究	中国工程院、清华大学工程科技战略研究院的重大项目	2011～	沈国舫、陈吉宁、钱易、宁远任项目组正、副组长	
院外承担的咨询研究项目					
16	中国可持续发展林业战略研究	国家林业局重大项目	2001～2002	周生贤、江泽慧等	沈国舫为项目首席专家之一及第三部分首席专家
17	林草发展课题组	国合会政策研究课题	2001～2002	沈国舫	
18	中国环境发展回顾与展望高层课题组	国合会政策研究课题	2005～2006	宋健、沈国舫	
中国工程院自身建设所需咨询研究项目					
19	院士队伍建设	院级项目	2002～2003	沈国舫	
20	高层次工程科技人才成长规律研究	院级项目	2003～2004	沈国舫	
21	工程学科分类标准	院级项目	2004	沈国舫	

把一生献给林业事业*

——记全国“五一”劳动奖章获得者沈国舫

◉北京林业大学工会

沈国舫，是北京林业大学教授，博士生导师，全国政协委员，中国工程院院士，国家级有突出贡献的专家。曾任北京林业大学校长。

1956 年从苏联列宁格勒林学院毕业后一直在北京林业大学(原北京林学院)从事造林学教学和科研工作。40 年如一日，辛勤耕耘在林业事业的沃土上。

1. 为我国林业事业做出突出贡献

沈教授是国家重点学科造林学科的创始人之一和主要学术带头人，长期致力于林业教学与科学研究，尤其是在造林学和生态学方面颇有建树。多次代表我国参加世界林业大会和其他专业会议、学术会议，多次应邀赴国外讲学，在国外有一定知名度，把我国林业成就和科学研究成果介绍给国外，扩大了我国在世界的影响；多次参加我国林业建设重大项目，如三北、太行山、长江中上游、大兴安岭火烧迹地等的考察和论证，并担任总起草人，为我国林业建设的宏观决策提出了许多方向性的意见和建议；主持国家科技攻关、林业部重点、自然科学基金等科研项目多项，获得国家科技进步奖一等奖 1 项，国家优秀教材奖 1 项，部省级科技进步一等奖 1 项，科技进步二等奖和三等奖各 2 项。这些成果产生了十分显著的经济效益、生态效益和社会效益。

2. 为学科建设做出重大贡献

首先注重理论和实践的结合。他长期坚持深入林区，在实践中学习，探索出了具有中国特色的造林学教学与科研道路。其次始终把握学科的前沿进行科学研究，其中既有森林培育学科与生态学生理生化微观领域的内容，也有技术经济政策等宏观领域的内容。他非常注重学科的渗透，刻意培养学科生长点，在立地分类、适地适树、混交林营造及其机理等方面的研究居国内领先水平。新近开展的持续发展和

* 本文来源：《北京教工》，1996(4)：28-29.

城市林业的研究又一次推动了本学科的发展。第三，注重教材建设。在1961年和1981年出版的《造林学》中分别担任正、副主编，这两部教材始终作为我国农林院校教学的主要教材，获国家优秀教材奖，在我国林学界影响很大；主编了非生物类专业教材《林学概论》，组织青年教师翻译出版世界造林学名著《实用育林学》，亲自担任审校，1994年又主编了我国造林技术全国系统概括的专著《中国造林技术》，对学科发展起到巨大推动作用；他作为带头人的北京林业大学造林学学科点是我国国家级重点学科，也是目前同类学科唯一的国家重点学科，在学科的建设发展和学术队伍培养上，他倾注了大量心血。作为全国林业系统的最高学术团体中国林学会的理事长，他为团结全国林业科技工作者共同奋斗、促进中国林业科技事业的发展起到了不可替代的作用。

3. 治学严谨，教书育人

繁忙的教学、科研工作的同时，他长期担任教育管理工作，为发展具有中国特色的林业高等教育做出了重大贡献。在担任国家唯一的重点林业高校北京林业大学校长期间，为学校的改革和发展做了大量卓有成效的工作。无论是职务多高，工作多么繁忙，他始终奋斗在教学和科研第一线，为祖国培养出了一大批高素质的林业建设人才。1978年以来共培养硕士研究生14名，博士研究生9名，博士后1名，这些高层次的学生都已经成长为林学界的优秀人才。他备课认真，注重讲授方式方法，受到学生普遍好评。他对研究生在业务和政治上严格要求，生活上热情关心。他教育研究生和青年教师不仅要在专业知识上不断进取，攀登新的高峰，在政治上也要严格要求，使他们从德智体三方面都有了很大提高。他还为我国各地培训了大量的林业技术人员、管理干部和专业人才。在他的带动和培养下，造林学科点的学风浓厚，并以严格著称，在师生及同行中的威信很高。

4. 踏实肯干，无私奉献

他是新中国成立后选派的第一批留苏学生。学成归国后始终以振兴中国林业为己任，几十年如一日无私奉献着自己的全部力量。无论是在高山林海，还是在沟壑江畔，无论是在校园教室，还是在祖国各地，他克服许多难以想象的困难，或风餐露宿，或昼夜兼程，或加班加点，或带病坚持工作，从来不计个人得失，不图名利地位，全心全意为党、为人民、为祖国林业事业而工作，表现出了一个优秀共产党员和模范知识分子的高尚品德和优良作风，在全校乃至全国林业系统享有很高声誉，是公认的各方面都十分突出的先进工作者。

绿色浸染的岁月*

◉北京林业大学/铁铮

1995 年，沈国舫得知自己当选中国工程院院士的消息时，正在北医三院里和高血压较量。那是中国工程院首次以投票的方式正式选举产生院士。

躺在病榻上，他心里高兴，但并没有特别地在意。当时，社会对院士还不大了解，也没有太多的溢美之词。就连他也以为，院士称号是科学技术界的终身成就认同，属于荣誉之类的。到底会给自己带来什么，自己到底能做什么，都不是很清楚。

但他知道，在自己的人生旅途中，又迎来了新的被绿色浸染的岁月。

几年之后，他走上了中国工程院副院长的领导岗位。工作越来越忙了，活动越来越频繁了，应酬越来越多了。他不再只是一位林学家，而是一位更广泛意义上的科学家。他不仅仅是一位科学家，而且还是一位高级领导干部。

沈院士过去是我的领导，是我的师长。尽管他的职务越来越高，名气越来越大，但许多作风没有变。比如严谨，比如仗义执言，比如谦逊，再比如认真。

就说这次采访吧，我是他的学生、下级，他完全可以简单应付一下。但他不，百忙之中，他不但认真总结回顾了自己走过的道路，而且还写出了谈话的大纲。

我还在他那里看到了这样一份宝贵的材料，那是他一笔一画写出来的。从 1956 年留学归国后开始到现在，他发表的科研论文及论著情况。题目、书名，出版单位、发表刊物名称及时间等一一列表。看着这一个个题目和标题，我似乎看到了 46 年来，他那被绿色浸染的岁月。

数字有时可以说明许多问题。他当院士之前的 39 年间，发表论著 92 篇。而这 6 年，他在繁忙的工作之余，发表的论著多达 67 篇。这每一字每一句，都是无数心血的结晶。

他当过北京林业大学的校长，当过中国林学会的理事长，被选为中国工程院院

---

* 本文来源：吕焕卿主编．祖国以你为荣．北京：中国林业出版社，2002：24-42.

士，又选为中国工程院副院长。作为全国第八、九届政治协商会议委员会委员，他对中国生态环境建设提出了许多建设性的意见。在林业发展战略及宏观决策研究方面，他对林业建设起到了重要的推动作用。他还担任过许多重要的职务：国务院学位委员会学科评议组成员、国家科委中国农业及农村科学技术专家咨询委员会委员、中国科协委员、林业部科技委常委、北京市人民政府林业顾问组组长。他还担任《林业科学》、《森林与人类》、《北京林业大学学报》(英文版)的主编。

在他前进的路上，洒满了汗水，也开满了鲜花。他获得了国家级科技进步一等奖 1 项，部省级科技进步一等奖 1 项、二等奖 2 项、三等奖 2 项，国家教育委员会优秀教材奖 1 项，国家优秀科技图书奖 2 项。他被授予国家级、部级有突出贡献中青年科技专家称号，享受政府特殊津贴，还荣获了首都劳动奖章及全国“五一”劳动奖章。

一、艰辛只有他知道

浙江嘉善，一个美丽的地方，那是沈国舫的原籍。他的中学时代，是在著名的上海中学度过的。1950 年考大学时，他选择了一农一林两个专业。结果，他被报考的两所学校同时录取，最终还是选择了北京农业大学森林系。学林，在当时，在他的学校，的确是一件与众不同的事情。他却怀着绿色的理想，义无反顾地走上了献身绿色事业的道路。

异乡留学的时光

第二年，他被选为新中国成立后的第一批公派出国留学生。周恩来总理亲自在北京饭店举行送行宴会，为他们壮行。怀着远大的理想和抱负，他登上了开往满洲里的专列，然后又从那里直奔莫斯科。

在异国他乡，他的心中装满了自己的祖国。当时，600 多名同学中，只选了两个人留学。他感到十分的幸运，特别珍惜这难得的机会。语言不通，是他面临的最大障碍。当时，他俄文一窍不通，既不会写，也不会说。他没有按当初校方的建议那样，先用一年的时间专门学习俄语，而是跳进水里就开始学游泳：一边跟班听课，一边学习俄语。

艰辛只有自己知道。别人只知道，第一学年结束时，他全部课程都得了5分。很快，他成了学习的尖子。5年中全部课程的学习成绩都是优秀。他完成的固沙造林方面的毕业论文，送到了列宁格勒市参展。他的照片上了学校的光荣榜，从二年级一直挂到了毕业之后。

1956年，他珍藏起了写满“优秀”的成绩册，打点行李，急不可待地回到了祖国。他走进了北京林学院的大门，在造林教研室当了助教。从那时算起，46年过去了。人生最好的年华过去了。

在这46年里，发生了多少故事？青春像小鸟一样飞走了，中年如流水不再回，老年的日子依然似箭如梭。但他没有虚度，所以无悔。

二、祖国，最适合自己的土壤

在祖国的阳光、雨露哺育下，他像一棵小树茁壮地成长。积极熟悉国内情况，了解学科发展前沿，钻研基础理论，参加生产实践，开展科学研究，把一本本人生日记写得满满的。

他说，祖国的土壤，最适合自己成长。

适地适树，是造林的关键。他特别重视这方面的研究：一方面进行大面积人工林调查，探索树种适生立地的现实表现；一方面在立地研究、树种生态习性研究及定位造林试验等方面做了大量基础性工作。

在造林地的立地评价和分类研究方面，他积极介绍乌克兰学派波氏学说，然后又结合中国实际开展研究，应用多元回归等统计分析方法，用树木生长效果来评价立地的研究工作。这就把立地研究推进了一大步。

北京的西山地区，他最熟悉。早在70年代末，他就与同事们一起，完成了“北京西山地区适地适树的研究”。在当时，这项工作使适地适树研究，实现了从定性的经验阶段向定量的科学阶段发展的突破，在国内同类研究中堪称范例。这一努力，使中国的研究水平大大接近了当时西方发达国家的同类研究水平。

研究中，充分利用长达20多年的观察积累资料，从立地分析、评价，到立地分类和按类型选择树种，通过大面积调查取得的多个树种，在不同立地条件下生长效果的丰富数据，应用先进的统计分析方法，得出了符合实际、适于推广的结论。这项研究成果曾广泛被国外文献检索体系所引用。

80年代，处于事业盛期的他，和他的学生们一起，进行了多树种立地评价和适地适树研究。在太行山区，对主要造林树种的抗旱生理生态特性，进行了深入研究，为适地适树提供了坚实的科学基础。在总结国内大量造林生产经验和教训的基础上，对适地适树从认识论和辩证思维的角度进行了深入探讨，丰富了适地适树的理论，得到了同行的广泛赞同。

三、凸显中国自己的特色

沈国舫刚回国时，中国的造林学科正处在全面学习苏联的阶段。苏联造林学专家在学校讲学，各地都派人来听。造林书籍也几乎是俄译本专著的一统天下。各校的造林学教学，在体系上和内容上都深受苏联的影响。

尽早建立起有中国特色的造林学，成了他奋斗的目标。

在繁忙的教学任务之余，他在研究中国特色造林技术的研究领域耕耘。他结合当时正在开展的北京西山绿化活动，以造林技术上最难对付的华北石质山地为主要研究对象，努力寻找普遍的造林技术规律，充实造林学科的内容。

小兴安岭林海，热带南海沿岸，干瘠黄土高原，都留下了他前行的足迹。在全国的各主要林区，都能看到他的身影。中国复杂多样的地理环境，在他的脑海里越来越清晰；对中国林业生产的认识，也不断的加深。他常常只身一人跑到林场，和工人一起植树造林，在工人群众和基层技术人员中汲取丰富的经验。

书中自有成才路

1961 年，他以编写组组长的身份，主持编写了我国第一本《造林学》全国统编教材。当年由农业出版社出版发行后，受到了国内林学界的欢迎。这本教材是实现中国化造林技术第一步目标的重要标志，不仅在体系上与苏联的造林学相比有许多改进，而且在内容上反映了中国造林技术的进展，突出了中国大面积山地造林的特点。

在此之后，他还参加了第二代造林学教材及“干训班”教材《林学概论》的编写工作。作为郑万钧先生的主要助手，参加了《中国主要树种造林技术》一书的编纂工作。

1993 年，他和黄枢同志一起主编了《中国造林技术》一书，并撰写了总论部分。

该书出版后被评为国家优秀科技图书二等奖。此后，他还主持编写国家级重点教材《森林培育学》，此书已于2001年正式出版，为发展中国造林学学科做出新的贡献。

北京林业大学的森林培育学科是国家重点学科。他作为学科带头人，为学科的奠基与发展做了大量的工作，保证了这棵常青树永葆青春。

四、绿色才是最美的

世界是丰富多彩的，但在沈院士的调色板上，绿色，才是最美丽的。

混交林营造和造林密度研究，是造林学的两个重要问题。早在50年代，他就在北京西山布置了混交林试验点。尔后，对西山地区试验性和生产性的人工混交林进行了广泛的调查研究。这项工作观测期长、内容广泛、结论可靠、有实用价值，在当时处于国内领先水平。他还带领学生们对华北地区一些主要混交类型进行研究，把混交林生物量和养分循环方面的研究，提高到了生态系统研究的水平。

1993年，他主持了国家自然科学基金重点项目，进行混交林树种间相互关系机制的研究，探讨树种间的互补竞争以及生物化学关系，展示了混交林树种间关系的复杂性和综合性。

在他的主持下，混交林的研究不断深入：以杨树、刺槐混交林为主体，研究用材林树种和固氮树种间的关系；以落叶松和水曲柳混交为主体，研究针叶树种和阔叶树种混交关系。他主持召开了全国混交林与树种间关系的学术讨论会，并与他人共同主编了《混交林研究》一书。这些工作使得中国混交林的研究，向世界先进水平靠拢，为指导生产提供了科学依据。

他完成了“丛生油松穴内间伐问题的研究”，以油松幼林中的密度作用规律为例，澄清了当时存在的一些模糊观念，对正确处理造林密度问题起到了促进作用。

在造林密度领域，他做出的贡献还在于，广泛收集了中外各种造林密度试验结果材料，进行了综合分析，对人工林中密度作用规律及确定造林密度的原则作了详尽精辟的分析。这些观点已写进了造林学教材的有关章节。

他和学生们一起完成的“北京西山地区油松人工林抚育间伐的研究”，成为这一地区林业发展的技术指导依据。他对从日本引进的密度效果研究、密度管理图制作技术及以此导出的系列研究，既采取了热情支持的态度，又保持了冷静的头脑，提出要以实践为检验标准。在他的关心下，有关同志在日本的密度管理理论的基础上，进行了试验研究，纠正了原来的某些缺陷，发展了合理密度的新观点。

五、像树那样速生丰产

沈院士是我国提出林木速生丰产指标的第一人。

从60年代开始，他就着手研究和探讨了林木速生丰产指标这个造林学中的重大问题。经过10多年的资料收集、实地调查和理论思考，在1973年的全国造林工作会议上，他首次提出了分区域的林木速生丰产低限指标。

1979 年他又对华北中原平原补充提出了平均生长量的丰产指标，并对这套指标进行了认真的分析论证，对相应的技术措施作了深入的论述。这些建议和论述对于后来造林技术规程的制订、发展速生丰产林的规划，都产生了良好的影响。

1983 年，国家科学技术委员会、国家计划委员会、国家经济委员会联合主持制定 12 个重大领域技术政策，他被指定为其中发展速生丰产用材林技术政策的主要起草人。他主持起草了《发展速生丰产用材林技术政策》及其背景材料。1985 年以国家科学技术委员会蓝皮书的形式予以公布。

这项技术政策，深刻地论述了在中国发展速生丰产用材林的必要性、可能性、生产潜力、丰产指标、地区布局、技术措施及经济政策等问题，对“七五”、“八五”期间发展速生丰产用材林的计划立项和实施、对有关林木速生丰产的科研攻关课题的立项和实施，都起到了积极的促进作用。这项成果和其他技术政策一起，获得了国家科学技术进步一等奖，他在其中做出了突出贡献。

他研究林木的速生丰产，自己也像树那样茁壮成长。

六、事业的天空更广阔

20 世纪 90 年代，世界已经进入了可持续发展的新阶段。沈院士的事业也步入了更广阔的领域。

从 90 年代开始，他越来越重视对林业宏观问题的探索。他多次飞抵世界学术盛会，积极参与国际重大活动。1990 年，蒙特利尔召开的国际林业研究组织联盟第十九届世界大会上，人们看到了他的身影。1991 年，巴黎召开的第十届世界林业大会上，专家们听到了他的声音。他撰写了多篇文章，介绍分析世界林业科技发展趋势，对未来林业的道路和前途做出了科学的展望。

在中国林业发展的关键时刻，他起到了关键的作用。

1993 年，他组织了新一轮林业发展战略的讨论，主编出版了《中国林业如何走向 21 世纪》论文集。同年秋天，参加了在蒙特利尔召开的北方和温带森林可持续发展国际会议，这次会议成为国际林业界有名的“蒙特利尔进程”的发端。会后，他积极开展林业可持续发展问题的宣传普及和探索论证工作。

1995 年，他应国家教育委员会邀请，作了《走向 21 世纪的林业学科发展趋势及高等人才的培养》的专题报告，其中对林业的位置变化及林业学科的发展趋势，做了精辟的分析。

当选院士之后，他在 1996 年及 1998 年两届中国工程院院士大会上，连续作了《中国森林可持续发展问题的探讨》及《现代高效持续林业——中国林业发展道路的抉择》的学术报告，从战略的高度分析了当前中国林业的形势，提出了中国林业发展的方向和指导方针，在林业宏观决策方面具有重大的参考价值。他的报告，在院士中间及学术界得到了广泛的好评。

1997年，中国林学会和加拿大林学会联合召开了“面向21世纪的林业”国际学术讨论会。他作的学术报告，得到了与会人士的充分肯定。

他作为山区综合开发专家委员会顾问及结合中国工程院咨询项目工作需要，撰写了《山区综合开发治理和林业可持续发展》、《西南资源金三角生态环境建设探析》、《把营林工作的重点转移到以提高森林生产力为中心的基础上来》等文章，从不同角度为林业宏观决策提供了科学依据。

从90年代初，他开始倡导城市林业的研究，主持召开了全国第一次城市林业学术讨论会，并作了重要发言，促成了中国林学会城市森林研究会的成立，支持各地进一步开展城市林业研究工作。他从1996年开始主持了北京城市林业研究项目，与学生们一起共同探讨城市林业发展的特殊规律。他所做的这些富有成效的工作，为建立具有中国特色的城市林业分支奠定了坚实的基础。

七、人生新的一页

当选中国工程院院士之后，他的学术生涯又翻开了新的一页。

院士咨询活动，是中国工程院最重要的活动之一。他参加了“西南金三角地区的考察”，从农业综合开发的角度，对当地的建设和干热河谷的开发利用，提出了重要的建议。他除了担任组长，负责整个工作的组织之外，还亲自主持了西南生态环境建设的课题。当地是石漠化比较严重的地方。他在考察中发现了生态环境中存在的问题，较早地提出了天然林保护和退耕还林还草的建议。

政协会上畅所欲言

1998年，他走上了黄土高坡，为黄土高原农业可持续发展和生态环境建设项目提供了咨询。当时，有人提出来想让黄土高原成为第二个粮食生产基地，建设大片的机械化水平梯田。走在光秃秃的高原上，他的心情久久不能平静。他十分清楚，这是我国生态环境最脆弱的地方，如大面积用来生产粮食不但会破坏生态环境，而且干旱缺雨，生产也受局限。

尽管当时在有些人的眼里，发展农业基本上是已经定性的东西了，但他还是大胆表明了自己的看法：从生态环境建设的角度讲，过多地强调发展粮食生产，会产生偏差。黄土高原不必强调粮食自给自足，而是应该以林果业、草地畜牧业为主。他提出，在这些地区，应该大力提倡退耕还林还草。

他见到了某省的领导同志，将自己的意见告诉了他们。他朗朗地说，这是为人民负责，为祖孙后代负责。

1999 年，全国政协副主席、中国工程院院士钱正英主持了水资源合理配置和可持续发展的战略性研究。他负责了其中的从生态角度研究的问题。他和其他专家一起考察了好几个地方，提出了许多重要结论引起了很大的震动。

他们完成的报告，送到中央和国务院，主管副总理批给有关部委组执行中参照执行。在温家宝副总理的主持下，所有的部长都来听汇报，计委、水利部等部门的主要领导当场表示，要将专家意见纳入今后水利发展建设的规划。

八、站在更高的峰巅上

科学家，首先要有科学的态度。

他清醒地意识到，自己已经不仅仅是一个林学家，不能只站在林业角度看问题，而应该站在整个生态环境的高度，站在全国大局的立场上。

生态环境建设与水资源的关系，牵涉一些部门的利益。森林到底能不能增加径流，在很长时间，都是一个焦点问题。一个科学家的良知告诉他，森林植被对河川径流是增加还是减少，不能仅凭主观想象，更不能随意夸大，因为这直接影响到国家的决策。对于森林的作用，应该有科学的认识，要科学地给以回答。森林在某些方面像个水库，但水库可以放水，森林却不行。在一定程度上，森林具有一定的作用，但超过一定的量就不行了。

他从林业的角度，对水土保持的作用给予了充分的肯定。黄河断流，并不是因为水土保持的原因，不是因为植树种草保持了水土，才使下游的水变少了。主要原因是降水量少了，用水量增加了。而且还有个究竟黄河的水应该由谁来用的问题。他的观点在学术界得到了普遍的肯定。著名水利学家张光斗说，就是把当地所有的降水，都用在了黄土高原上，也是应该的。如今，经过合理调整，黄河断流的问题初步得到解决。

沈院士不是那种只动嘴不动手的人。多年来，他始终坚持自己动手干、自己动手写。论文、讲话、报告等，都是如此。这样虽然更加繁忙，但他踏实，心里有底。

在林草争议中，国务院领导急需一份资料谈谈到底该还林还是该还草。他来不及找人商量，自己起草。这份材料引起了高度重视，专报书记处和政治局委员。

这样的例子比比皆是。钱正英副主席写一份重要报告的时候，急需了解西部开发和生态环境建设方面的情况。沈院士调动自己平时的大量积累，连夜写出了《生态环境建设与水资源的保护和利用》一文。时间虽紧，但并不粗糙。他探讨生态环境建设在水资源的保护和合理利用中的作用和影响；从植被建设、水土保持和荒漠化防治三个方面，阐明了它们在涵养保持水分、调节径流、防洪增枯、改善水质及本身的水分消耗对河川径流量的影响等作用和影响；充分肯定了生态环境建设的有利水文效益，也指出了应面对的水资源限制问题。从概念上和数量上，分析了生态环境用水的需求，强调了保证提供生态环境用水的迫切性。

他提出，在全国水资源开发利用的格局中，除了农业用水、工业用水、城市生活用水等重要项目外，生态环境用水也是重要的用水项目。广义上来讲，维持全球生物地理生态系统水分平衡所需用的水，都是生态用水。这部分用水，在水资源丰富的湿润地区并不构成问题，但在水资源短缺的干旱半干旱地区及季节性干旱的亚湿润地区，生态用水的保证成了严重的问题。

他认为，生态用水首先要保证干旱和半干旱地区保护和恢复自然植被及生态环境所需的水。在这些地区的水土保持工作，如能全面展开必将减少该地区进入河川的径流量。在这些地区，在水土保持范围之外的其他林草植被建设，也需要一定量的生态用水。维持河流水沙平衡及生态基流所需用的水也是生态用水。

九、为了全局利益仗义执言

没有任何的私利，没有一点杂念，但有些人却不理解。他坚信自己是按科学办事的、是客观的。他不会因为有这样那样的说法，就改变自己的观点。

他是天然林保护工程的直接倡导者之一。他在岷江上游考察时，看到了砍伐天然林的惨状，直言其弊端，通过全国政协反映到中央书记处，并抄送当时的林业部领导。紧接着，朱镕基总理亲自到西南地区考察。很快，国家就做出了天然林保护的重大决策。

2000 年，一位南美洲的外籍华人，提出了森林引水器的理论。认为，森林增加了降雨量，干旱地区需要多造林，多么诱人的理论呀。不但增加了植被覆盖率，而且还可以增加降雨。一位外行记者不明其理，写了一份内参。朱镕基总理看了以后做了批示，希望林业、水利和环保部门拿出意见来，说明其是否真有道理，应该怎样做。

这是一张严肃的考卷。当时，有人主张迎合这种观点，他不同意，他认为，一个科学家，就应该站在科学的立场上、从科学的角度说话。他找到了钱正英说，对于这个问题，我是有看法的。钱老鼓励和支持他说：“你把你的观点写成报告，我直接递给朱总理。”

他赶紧把自己的观点整理成文。朱总理十分重视，将他的报告批给温家宝副总理，并请林业、水利和环保部门拿出具体意见。当时，有些搞了多年林业的人，对此不大理解。他坚持说，降雨问题主要是大气环流造成的，森林的作用很有局限。

北京的森林覆盖率已经由解放初期的3%，增加到了现在的30%、40%，但降水量却没有增加反而降了。这是气候变化周期性的表现，而不是森林作用的后果。

他看到了许多问题，提出了自己的看法。他在黄土高原考察中见到了有1000多万亩的天然次生林。在那里，经过造林改造，形成了针阔混交林，森林覆盖率提高，蓄积量增加。本来就已经处于保护的状态，几年来各项指标都在增长。而现在，连正常的抚育伐、卫生伐都不能干了，刚刚建起来的纤维板厂没有原料也停了工。本来就不富裕的工人生活更加拮据。工作岗位不多，只得搞什么轮岗制。他大声疾呼，生态林的比例和经营方式定得太死，不利于林业事业的发展。

他的原则是，用自己所学的知识，用自己掌握的权力，为祖国建设服务，而不是为某一个部门服务、某个人服务，更不是为自己服务。

十、在工程院的领导岗位上

担任中国工程院副院长期间，他组织了烟台、厦门果树蔬菜加工和产业化国际研讨会、荣成大洋渔业博览会、农产品加工研讨会、西部开发研讨会等。果树、蔬菜、渔业，这些都是他原来没有涉猎过的领域。如今已经成了他的工作范畴。

为了适应这些工作的要求，他挤时间学习新的知识，一有机会就向有关人员请教。会前，总是认真准备。会议结束了，又抓紧总结整理。他不断地学习，向其他院士学习。向卢良恕院士学习农业，向任继周院士学习草业，兼容并蓄。他专门主持召开了香山会议，就西部生态环境问题进行探讨，让科学家自由交流，他自己也丰富了、充实了、提高了。

对于祖国西部，他怀有深厚的情感。他协同主持了“西北水资源合理配置、生态环境建设及可持续发展的战略性研究”。2001年，他还承担了“西北地区林草植被建设的研究”。他作为首席科学家，参加了林业发展战略研究。国务院有个环境与发展国际合作委员会，参加者都是国际知名专家、政府组织和非政府组织的官员。温家宝副总理任主任。2000年根据国内外专家建议，成立了林草课题组。他被任命为课题组的中方组长。

为此，他多次去西部地区进行调查研究工作。西北他去过，但为了完成新的项目，他又一次踏上了那片土地。陕西、宁夏、甘肃、新疆，都留下他的足迹。在考察报告中，他对当前执行中存在的一系列问题，提出了自己的看法。

他崇尚实干。不愿只担些名誉上的事情。他的状态仅用一个“忙”字，是难以概括的。他只能抓主要的，或者说是最重要的。自己的事情为院里的事情让路，业余的为本职的让路，个人的为他人的让路。他十分反感形式主义的东西，不能不拒绝一些，同时也不能不照顾一些。他不愿意让别人说，架子大了，请不动了。

有些地方，他是一定要去的，比如芬兰和新西兰。因为，那里的林业非常有特点，是我国制定林业发展战略的主要的参照系。

日子一年年过去。前些天，他再次当选连任中国工程院副院长，但这次，他成了班子里年龄最大的一位。按他的本意，他想从领导岗位退下来。但工作需要，他又愉快地留了下来。

十一、事业之树常青

这几年，是我国生态和环境建设发展的最好时机。作为一位科学家，一位高级领导干部，一位全国政协委员，能够有所作为，能够为这样一个时期的繁荣添砖加瓦，他感到非常值得。他也希望能够生活得轻松一些，悠闲一些，能够多享受一些天伦之乐，但他能够平静地对待繁忙，对待重负，对待紧张。

他看到了未来

把自己放在这个位子上，忙点他也就认了。他常说，每个人的命就一条，一定要用好。做好工程院的工作，对国家建设和科学技术进步有重大意义，累点也是值得的。

不断地提高自己，政治上、业务上，不断地与自己承担的任务相适应。这就需要做出牺牲。

夫人关心他。经常劝他，何必把自己搞得那么紧张呢？他知道，考察应该去，会议不开不行，文章还要自己来写。他不是不放手，而是感到只有自己动笔，才能更好地完整地把自己的意图体现出来。

联合国粮农组织一批专家来到中国，了解中国的林业情况。他用英语进行了简要而概括的介绍，赢得了大家的赞扬。邀请他参加在马来西亚召开的恢复森林植被的学术会议。他又加了几个夜车，用英文赶写出了论文。

无论工作多忙，他依然笔耕不辍。近年来以他为主完成的书就有好几部：《混交林研究》、《中国造林技术》、《中国森林资源与可持续发展》等。他还组织了《森林培育学》教材的编撰工作，不但担任主编，而且还亲自执笔写了其中的几章。

在众多的称呼中，他最喜欢的还是“老师”。作为一位著名的林业教育家，他十分热爱教书育人的事业，把自己的主要精力都投入到了树人之中。对教学工作，他发自内心的热爱。许多研究也是与教学工作紧密结合进行的。虽然肩上的担子越来越重、时间越来越紧，但他一直没有脱离教学第一线。

早在留学期间，他就养成了良好的学习习惯，他不只看一本书，而是广泛涉猎专著和林业刊物。20 世纪五六十年代，他读遍了所有当时可能得到的本领域业务书刊。为了扩大知识面，打好基础，他还读了不少自然地理、地植物学、植物生理学和农业科学方面的书籍，他总是将博览群书作为一种人生高级享受和追求。在“文化大革命”逆境中，他利用空闲时间，逐字逐句读完了世界林学名著《实用育林学》、《森林生物地理群落学原理》，并通读了一大批俄文、英文的文学名著。

他从来没尝过失落感的滋味。他总是有许多工作要做。他最遗憾的是，形式主义的东西太多了，耽误了许多宝贵的时间。他最希望的是，再多些时间。那样的话，看不完的书，可以静下心来读一下。早就买来的唱片，可以细细地欣赏一下。音乐，文学，多年已经疏远的老朋友，可以好好叙叙旧。

如果说，他的经历如同一轴画卷，那么每一幅画面的主题都是播洒春光。如果说，他的岁月如同一条河流，那么每一滴河水的色彩都是浸透了绿色。

那是生命之绿。那是事业之绿。

采写札记：

沈先生是我的老领导，更是我的老师，思想上、学业上都是。

他工作很忙。不但按照我的希望挤出了时间，还做了认真的准备，甚至写出了提纲。他把几十年发表论著的原始记录借给了我。我不但看到了他孜孜以求的足迹，还感到了一种信任。

他，我采访过多次，写过多次。要想写出新意来，需要了解新的情况。好在，他谈话的逻辑性很强、很严谨，再加上有精心的准备，所以，整个采访过程很顺利。

体会最深的是，他很快就完成了从林学家向更广义的科学家的跨越。他的谈话内容不再仅仅局限于森林培育学、林业的可持续发展，而是覆盖更广阔的领域。他热爱林业事业，但并不狭隘。考虑问题的出发点，不是部门利益、行业利益，而是整体利益、国家利益。

最打动我的一句话是，他很少有过失落感。因为，他有那么多的事情要做。没有时间忧愁。

我希望自己也能这样。

沈国舫："林家大院"走出的院士*

◉人民日报记者/孔晓宁

无数人生经历，都证明一个真谛：人生在世成功与否，兴衰几何，关系最大的就是看他的思维方式是否正确。当记者近日与全国政协委员、中国工程院副院长沈国舫初次见面，访谈不大一会儿，便从他那表面平实的话语中，感受到一种成熟的辩证思维的魅力。

一、看法与办法

"我正在起草一份书面发言，谈谈人与自然如何协调发展的问题，准备提交政协十届三次会议。"他在办公桌旁又笑着补充道："我的这个发言，是自己近几年参加全国水资源战略研究后形成的一些个人看法。"

原来，1998 年长江与嫩江发生特大洪涝灾害之后，中国工程院即组织 43 位两院院士和近 300 位院外各有关领域专家，开始着手对水资源问题进行专项调查研究，为国家从水资源合理配置入手，建设水资源节约型社会提供政策依据。该咨询项目组由前全国政协副主席钱正英担任组长，沈国舫与潘家铮院士等担任副组长。从 1999 年至今历时 6 年，他们先是拿出了《中国可持续发展水资源战略研究报告》，后又完成了西北与东北地区的调研，其中西北地区的报告已经公布，东北地区的报告正在最后形成阶段。

当社会各界感叹于项目组里一批年届古稀甚至耄耋的老科学家们不辞辛劳四处奔波的顽强精神时，沈国舫们更看重的是这些咨询成果的可操作性："中国水资源危机严重，这大家都知道；说要处理好人与自然协调发展的关系，也很容易。关键是如何做到，现实中不同人群对此看法就不同。"

"过去塔里木河上游把水用完了，下游胡杨林枯死，沙漠成片。这样的例子不

---

* 本文来源：《人民日报》(海外版)，2005-3-16(2).

少。因此我们在报告中提出了‘留够生态水’的新提法，它已经成为国家第十个五年计划的一个指导方针。还有的地方提出‘人进沙退’，为了植树造林，超采地下水，结果‘绿了一条线，黄了一大片’，这种简单化的认识和做法，都应予以改正和防止。”

“也有人反对在大江大河筑水坝发电，殊不知能源紧缺正是我国发展的瓶颈。水发电可以减少燃煤消耗，这也有对环境有利的一面。”

沈国舫强调说：“我们必须以科学发展观为指导，既不能以牺牲生态环境为代价只求发展，也不能因怕影响环境而放弃发展。环境保护与经济发展不能偏废任何一方，关键是要采取适当的方式和确定适当的度。”

据记者了解，沈国舫等专家正是照上述思路为各地解决水危机支“招”，因此引起中央与地方各级领导的高度重视。例如他们2004年经5次考察，提出东北地区以节水防污适当调水来支持中间城市带发展及保持湿地等方案之后，当地人们评价他们的咨询意见“为振兴东北老工业基地提供了新的视角”。

二、“不能把砍树当仇敌”

作为一位林业专家，沈国舫的话题自然转到“林”上来：“从事林业本身就是搞生态的，但是我的观点与一些人有差别。有的环保主义者反对砍树，这也不准动，那也不许动。如果林子越长越好，林区人越来越穷，那还是可持续发展吗?”

“国内有的人爱拿日本当例子，因为日本给人印象是只种树不砍树。”记者插话道。“那是只知其一，不知其二。”沈国舫接过话头说：“其实，现在日本林业界正在着急呢。他们那儿大量种植的柳杉，是做木结构房子的好材料，已经成熟了。可是日本人工贵，树砍下来的成本比直接进口木材还高，他们又不愿意引进劳力，只有干着急。其实树长成熟了，就得砍，否则就会倒掉。前年圣诞节前后法国一阵风砍倒的老树，相当于他们几年的砍伐量。我们的问题是过去砍得太多，伤了元气。现在实行天然林保护，有了喘息机会，待林子恢复起来，该利用还是要利用。”

三、从小弄堂奔向绿水青山

沈国舫1933年出生于上海，也许是对小弄堂的窄迫特别不习惯，他从小就向往绿水青山。1950年他以可以报考任何一所重点院校的优异成绩，以第一志愿被北京农业大学森林系录取，由此走进了“林家大院”。

大学只读1年，1951年7月，沈国舫被选拔前往苏联留学，成为新中国首批300多名留苏学生中的一员。他独自一人进了列宁格勒林学院，按计划完全可以先学1年俄语，再学专业。可他一面学俄语，一面跟着上专业课。听不懂就根据公式、图像、符号去猜，靠翻字典去抠，用一天不少于13个小时去拼。几年下来居然各科成绩优秀，关于固沙造林的毕业论文还被作为优秀论文被选送到市里参展。

1956 年，沈国舫再次乘坐横穿西伯利亚的火车回到了阔别 5 年的北京，被分配到北京林学院教书。他 27 岁即担任了我国第一本全国通用统编教材《造林学》的编写组组长；后又先后担任过北京林业大学的校长与林学界最大学术组织中国林学会的理事长。1995 年，又当选为我国工程技术界最高学术机构——中国工程院的院士。他是通过顺利完成一项项重大科研任务，而逐渐走上全国造林界学术带头人位置的。例如 1987 年大兴安岭发生特大火灾后，他奉命与几位学部委员及林业部官员一起前往考察。当时年龄与资历比较低浅的沈国舫，提出的处理过火林木和恢复森林资源的灾后重建思路与意见，得到了考察组其他成员的赞同，他因此顺理成章成为报告的起草人，又由他向国务院作了汇报。以后大兴安岭灾区林子的修复，一直就按上述报告的思路进行。

人的思路决定其命运与出路。善于辩证思维的沈国舫，以自己的人生经历再次为上述真理做出了注解。

造林权威催绿祖国河山*

——中国工程院副院长沈国舫

◉香港文汇报北京新闻中心记者/王珏

大半生穿行于各个林区、和树木打了半个世纪交道的沈国舫，堪称中国林学首席专家，他一手一锹参与造林，和绿化大军一起将荒芜的北京小西山变成满目葱绿；他主编中国第一本造林学统编教材，指导中国第一位造林学博士，并为国家林业建设培养了众多高级人才。沈国舫是中国工程院院士、全国政协委员，他作为林学界第一人担任中国工程院副院长达8年之久。沈国舫虽已73岁高龄，但依然不忘自己"绿化使者"的神圣职责，为催绿祖国秀美河山耕耘不辍……

沈国舫1933年出生于上海，少年时就读于沪上一所历史悠久的名校——上海中学。当时学校是全寄宿制，校址在郊区。他们这些城市中的孩子得以有机会接触到农民的生活以及秀美的自然河山。他另外还读到几本介绍森林及其作用的小册子，由衷发现林木对人类，对国家都至关重要，是一项很有意义的事业。

一、情系林业　报考北农大

1950年高中毕业报考大学，正逢国家宣传"斯大林改造大自然计划"（注：斯大林港译史太林，前苏联国家元首），那是一项通过建造护田林网，改造干旱草原、保护农田，防止水土流失的宏伟计划，是当时世界上最大的造林计划，牵涉几百万 hm^2 的造林。年轻的沈国舫被这项计划的宏伟气魄深深吸引，觉得这项计划也正是新中国所需要的。当时大多数同学都选择从事理工类研究，他却情系林业，以可以报考任何一所重点院校的优异成绩，第一志愿报考北京农业大学森林系，由此开始一生的林业生涯。

---

* 本文来源：《香港文汇报》，2006-2-27（A23）.

二、留苏苦读　各科成绩优

大学刚读1年，1951年7月，沈国舫被选拔到苏联留学，成为新中国首批300多名留苏学生中的一员。他独自一人进入列宁格勒(现名圣彼得堡)林学院，按计划完全可以先学1年俄语，再学专业。可是沈国舫一面学俄语，一面跟着上专业课。听不懂就根据公式、图像、符号猜想，靠翻字典领悟，用一天不少于13个小时钻研学问。几年下来，他各科成绩优秀，关于固沙造林的毕业论文更是获选送列宁格勒市参展。

留苏期间，他曾赴前苏联大阿那道尔林区考察草原造林，这令他更加怀念祖国的森林。1956年，获得林业工程师优秀级文凭的沈国舫谢绝了老师希望他继续攻读研究生的挽留，乘坐横穿西伯利亚的火车回到阔别5年的北京，沈国舫被分配到北京林学院(北京林业大学前身)任教。

三、挥锄西山　荒坡变茂林

那时，中国林业科学研究还刚刚起步，没有一套符合国情的造林技术。为了搞科研，他选中了京郊小西山作为实验基地。因为小西山土壤瘠薄，气候干燥，造林极不容易成活。沈国舫意识到，在小西山研究解决造林中的一系列理论和技术问题，可以推动整个华北地区的绿化，而且能提高造林学的学术水平。

然而，实践远没有理论模型那么美妙。繁忙的教学工作一结束，沈国舫便脚踏一辆半旧单车赶到西山试验林场，和工人们一起参加造林劳动，亲自体验造林工作的各个环节。他常冒着雨，挑着树苗上山。石质山区的造林整地不便使用机械，他就和工人一样挥锄刨坑，他体验到每抡一锄的代价和最佳的掘坑深度。在劳动中，他记下一个个数据，实地调查一座座山头，积累一页页资料。多少年来，只要一有空，他就往小西山跑，看一看哪棵树长高了，什么树旱死了……在他注视下，曾经荒芜的小西山如今满目翠绿、木秀林茂。

四、逆境耕耘　终成大家

1966年“文化大革命”开始，北京林学院迁至云南，沈国舫差点被打成“只钻学问，不闹革命”的典型。当时很多学者开始“逍遥”度日，但沈国舫不甘“沉沦”。在云南那几年的艰难岁月里，沈国舫时常告诫自己，任何时候都不能丧失对自己事业的信心，于是他重新捡起了荒废几年的英语，并走进了云南郁郁葱葱的森林。在那段时间，他踏遍云南山川，有计划地考察林业，写下多本笔记，这为他日后在学校开设云南林业课程，打下坚实基础。

五、科研领先　推动造林学

后来学校终于迁回北京，沈国舫也在默默钻研中步入中年。通过出色完成一项项重大科研任务，他逐渐走上中国造林界学术带头人位置。

他主持的“北京西山地区适地适树的研究”、“北京西山地区油松人工抚育采伐的研究”、“北京西山地区油松人工混交林的研究”等科研项目，分别荣获林业部科技进步奖，北京市林业科技成果奖；他主持完成的“北方主要树种抗旱机理的研究”等学术成果，处于国内领先水平，并获颁教育部科技进步奖。这些研究成果，不但对西山地区绿化起到指导和推动作用，而且还对整个造林学研究做出贡献。他长期关注中国速生丰产林的营造，并亲自调查研究。80 年代他主持起草发展速生丰产林技术政策，纳入国家科委的蓝皮书，并和其他方面的技术政策一起，荣获国家科技进步奖。此外他还主编中国第一本造林学统编教材和第一本《森林培育学》教科书，并先后担任北京林业大学的校长以及中国林学界最大学术组织中国林学会的理事长。

六、院士推举　当选副院长

1995 年，沈国舫凭突出的专业成就当选中国工程技术界最高学术机构——中国工程院的院士，1998 年，他又被 500 余名院士以无记名投票方式推选进入中国工程院第二届领导集体，担任该院副院长至今，从而成为林学界进入这一中国工程科技界最高学术机构领导层的第一人。此外他还是八届、九届、十届全国政协委员。

七、上书限伐木　一言救森林

1987 年大兴安岭发生特大火灾后，沈国舫奉命与几位著名专家学者及林业部官员一起前往灾区考察。当时年龄与资历还比较浅的沈国舫，提出的处理过火林木和恢复森林资源的灾后重建思路与意见，得到考察组成员的一致赞同，他因此顺理成章成为报告的起草人，又由他向国务院汇报。以后大兴安岭灾区树林的修复，一直遵循上述报告的思路。

八、造林万亩　平生立志愿

沈国舫多次教导学生“一个人工作二十几年，若能带领大家将一万亩荒山变为森林，便是大成就”，这也正是他为自己立下的志愿。成为工程院院士、副院长、全国政协委员后，他依然不忘自己“绿化使者”的职责。

1996 年春，沈国舫为中国工程院的一个咨询项目前往“西南资源金三角”即攀枝花、六盘水一带考察，发现四川西部的原始森林破坏得严重，看到运送木材的大卡车每天从森林开出，每辆车都装满着直径一米粗的原木，他的心隐隐作痛。“再过10年、20年，我们的子孙们还能看到这么粗的大树吗?”回来后，他就草拟一篇关于限制伐木、保护长江上游森林的书面材料，措辞颇为尖锐。全国政协接到材料后，非常重视，将其编入最高层次的“情况反映”，送达中央政治局和书记处并抄送林业部部长。这一问题引起中央和林业部的高度重视，并立项处理。书面材料还震动时任国务院总理的朱镕基，一个月后，朱镕基亲赴西南考察。1998年，举世瞩目的中国天然林保护工程启动。沈国舫对自己能为四川西部原始森林的保存尽一己之力，发挥政协委员民主参政以及院士决策咨询的作用深感欣慰。

九、七旬高龄　考察不畏险

近年来，他亦十分关注国家西部开发以及振兴东北的多项工作，多次到甘肃、云南、贵州、内蒙古、东北三省调研、考察。新世纪伊始，他又参加全国政协原副主席钱正英为组长的“中国水资源可持续研究”课题，并负责“生态环境建设和水资源的保护利用”调查报告，70多岁高龄的他依然像年轻时那样，攀险山越峻岭，实地考察森林河川。

“中国现代化的梦想将在这个世纪变为现实，但是，现代化不能与穷山恶水并存。因此，再造秀美山川需要我们每个人的努力。”沈国舫说。

领导、同行、朋友们眼中的沈国舫

我国发展速生丰产林的“总设计师”——沈国舫教授

我与沈国舫教授是同行和挚友，我们虽然南北各处一方，但共同为森林培育学科的发展耕耘了几十年。在同辈中，他是后起之秀，他的理论功底坚实，勤奋好学，思路超前，能充分利用有利的环境条件，以学科理论和生产实践需要解决的问题为切入口，不断系统试验研究，调查总结，综合论证，在学科几个重要领域如立地分类评价、适地适树、速生丰产林培育、混交林营造、干旱地区造林技术及宏观战略方面都取得了丰硕成果，填补了许多空白以至攀上了林学科学高峰，成为现代森林培育学学科的开拓者和领头人，为培养高层次人才及国家林业建设做出了重大贡献并被选进了国家最高学术殿堂。我为有这样突出的同行感到骄傲，也从他的学术成果里受到教益和鼓舞！值此他 80 寿辰之际，衷心祝愿他健康长寿，全家幸福！

沈国舫教授的学术成就和贡献是多方面的，下面仅就自己所知他在发展我国速生丰产林方面略述一二，借以表达对他学术成就的祝贺！

我国发展速生丰产林是 1958 年发起的，随后全国各地都不同程度地掀起营造速生丰产林热潮。当时由于对丰产林的含义不清，培育目标不明确，只盲目追求速生丰产，着重在技术措施上下力气，如大穴、深翻、施肥、密植等。虽然规模很大，但效果并不理想。据当时估计：南方用材林基地营造的杉木速生丰产林只有1/3生长较好，1/3 生长较差，1/3 失败。有鉴于此，沈国舫教授在多年收集资料和实地调查基础上，于 1973 年在全国造林工作会议上独创性地提出了分区域制定丰产林的低限指标，要求平均生产量每亩达到：华北 0. 3m^3、东北 0. 5m^3、南方山地 0. 7m^3。简称 3-5-7 指标。这套指标还进行了认真分析论证，对相应的技术措施作了深入论述。这些建议对后来全国造林技术规程的制定及速生丰产林的规划都起了良好的作用。随后又根据实践情况与 1978 年发表了《营造速生丰产林几个技术问题》

一文，对速生丰产林的概念、培育目标、生产力水平等进一步做出明确界定。澄清一些模糊观念。

1983年，他受国家科委等单位委托，主持制定“发展速生丰产用材林技术政策”。草案中全面深刻地论述了在中国发展速生丰产用材林的重要性、可能性、生产潜力、丰产指标、地区布局、技术措施及经济政策等。经过专家论证通过，于1985年以国家科委蓝皮书形式发布。这些技术政策的出台极大地推进了“七五”、“八五”发展速生丰产用材林计划的实施，为各地区制订主要用材林树种速生丰产技术标准提供了指导性意见。也为1989～2000年全国造林绿化规划中发展速生丰产林基地指出明确的技术路线。此后又针对发展速生丰产林存在不同观点及怀疑态度，于1992年在《世界林业研究》发表了《发展我国速生丰产林几个问题的思考》一文，在明确速生丰产林概念基础上，着重指出速生丰产林在我国的重要地位，澄清了国内外不同林业发展战略思路与速生丰产林的关系；并根据国内外发展速生丰产林的经验教训指出今后我国发展速生丰产林的道路和应注意的问题。

正是由于他长期系统地不断探索、研究论证，在战略和技术路线上的引导，使我国速生丰产林建设逐步走上健康发展的道路。我想，在回顾我国发展速生丰产林取得巨大成绩时，人们不会忘记沈国舫教授的杰出贡献！

福建农林大学教授、原福建林学院院长　俞新妥

森林培育学科的开拓者

沈国舫教授80大寿和文集出版是林学界的盛事、大事、喜事，值得庆贺！祝他健康长寿，家庭幸福！

我和沈国舫教授有半个多世纪的友谊，此时此刻，感慨万分！我第一次认识沈国舫教授是在北京林学院（现为北京林业大学）。1956年7月他刚从苏联留学回国，被分配到北京林学院造林教研组任助教，并担任苏联专家助手。1955～1957年我被河南农学院（现为河南农业大学）选派参加由苏联专家主讲的造林学进修班学习，和他相处整整一年，接触机会较多，有幸能得到他的亲自指导和帮助。他不仅具有丰富的造林学专业知识，而且善于思考，有进取心，热情有活力，这些都深深感染、激励着我们这些年轻的进修教师。他深知只有把自己留学苏联5年学到的先进理论和技术与中国林业实践相结合，才能发挥自己的专业特长，报效祖国。为此，他积极主动熟悉国内情况，了解学科发展前沿，钻研基础理论，参加生产实践，开展科学研究。此外，1979年还考入英语培训班学习，进一步提高英语水平，次年还参加了国家科学技术委员会在香港组织的微机培训班学习，得到了不断的充实和提高。他基础理论扎实，知识面广，外文水平高，口才好，文字表达能力强，为攀登科学

高峰和服务国家建设打下了坚实的基础。

沈国舫教授为创建具有中国特色的造林学科新体系，针对造林学中理论与关键技术问题开展科学研究。早在70年代末，主持完成了北京西山地区适地适树研究，利用长达20多年观察积累的资料，采用先进的统计分析方法，得出符合实际、适宜推广的结论，实现了从定性的经验阶段向定量的科学阶段的理论创新。对造林学中立地分类、造林密度、混交林营造、抚育间伐、速生丰产技术等方面进行了长期的、系统的研究，做出了具有开拓性和创造性的科研成果，获得国家、部级科技进步多项奖励。2001年他主编出版了具有中国特色的造林学科新体系统编教材《森林培育学》，为发展中国林业科学做出了重要贡献。

沈国舫教授胸怀全局，站得高，看得远，对林业宏观发展战略进行了有益的探索。1991年参加了在巴黎召开的第十届林业大会，撰写了多篇文章，介绍世界林业科技发展趋势；1995年，被选为中国工程院院士，1998年当选为中国工程院副院长。作为全国第八、九届政治协商会议委员会委员，他积极参政议政，对中国生态环境建设，提出了许多建设性的意见；主持起草了《发展速生丰产用材林技术政策》，主编出版了《中国林业如何走向21世纪》论文集；在1996年及1998年两届中国工程院院士大会上连续作了《中国森林可持续发展问题的探讨》及《现代高效持续林业——中国林业发展道路的抉择》的学术报告，从战略高度分析了当时林业的形势，提出了中国林业发展的方向和指导方针，在林业宏观决策方面具有重大的参考价值，得到了广泛的高度评价。

我和沈国舫教授尽管分住北京和郑州两地，但我们的心是相通的，都在各自的工作岗位上勤奋耕耘，默默奉献，都是从事森林培育学教学和科研工作，也都曾担任过本校的校长职务，工作经历也有许多相似的地方，他对我的指导、支持、帮助是多方面的。近几年来，他受聘河南农业大学兼职教授，经常来学校给林学院师生作学术报告，对学校的改革发展提出意见和建议，受到全校师生的好评。我和沈国舫教授几十年的师生情、同志情、母校情的友谊把我们紧紧地联系在一起。他为人正直，严于律己，刻苦学习，积极进取，学者风范，治学严谨，办事果断，讲究实效，一直是我学习的榜样。

沈国舫教授是我国森林培育学科学术带头人，在学术界、教育界享有很高的声望，他对中国林业事业发展的贡献激励着一代又一代"森林人"，让我们共同努力为祖国的林业事业做出更大的贡献！

河南农业大学教授、河南农业大学原校长　蒋建平

祝贺与祝福

在国舫同志文集出版之际，我在此表示热烈的祝贺！这本文集充分显示了国舫同志在学术领域中，几十年来孜孜不倦，情系林业，深入探索，才由一个教比较狭义的造林学的教师，成长为一位比较宽泛的生态环境建设的大师，也充分体现了他从一个爱国的知识青年成长为国家科学技术管理岗位上的高层领导人的轨迹，是他成长过程的总结，对众多后来人，特别是对情系绿色的学子们，必定有深刻的启发和帮助，值得祝贺！

我与国舫同志相识于 1956 年，他从苏联留学回来分配到当时的北京林学院工作后，他教造林学，我教政治经济学，在学习和工作上没有多少联系，也很少交往。从 80 年代初北京林学院从云南迁回北京复校后到 1993 年，在 10 多年的时间里，我们同在校领导班子中一起工作，接触和交往才多起来。他才思敏捷，勤奋好学，工作上思路清晰，踏实肯干，在同辈人当中是突出的。从副教务长、副校长到校长，他在坚持承担教学和科研任务的同时，以超人的毅力负担着繁重的教学和科研的行政领导工作，特别是在任校长的 6 年间，正是北京林学院北京复校后极其困难的时期，国舫同志坚持社会主义的办学方向，结合学校的实际确立了发展目标、思路和举措，并一再强调要办出特色，注重教书育人，提高教学质量，加强学科建设，加大人才培养力度等等，他都付出了艰辛的努力，并取得了显著的业绩，为后来的学校“211”、“985”评选打下了坚实的基础，这些都给我们在同一班子中工作的老同志留下了极为深刻的印象，也是国舫同志为北京林业大学做出的最突出的贡献。

国舫同志 1993 年退出北京林业大学校长岗位后，又继续在中国林学会及中国工程院新的岗位上，为国家的科技事业继续做出了新的贡献。

在国舫同志即将进入 80 寿诞，成为“资深院士”时，我在这里提前祝福他延年益寿！为我国的绿色事业继续发挥光和热，等到期颐之年，再为他办大寿！

北京林业大学原党委副书记　刘家骐

弟子们心目中的沈国舫

我心目中的导师沈国舫先生

值此我的导师沈国舫先生80华诞之际，回想40多年以来的师生情谊，思绪万千，谨以短文追忆往事，以表寸草之心。

一、沈先生带我步入林业科技与教育之门

1978年，当改革开放的春天到来之时，“文革”后首届研究生招生的喜讯传到我所工作的六盘山区，当时，我正在带领林区职工进行会战造林，绿化红军长征走过的六盘山和尚铺地区。我1968年本科毕业走到工作岗位，虽在校经历了5年的学校生涯（当时林业专业的学制为5年），但是，2年多的时间是在轰轰烈烈的“文化大革命”中度过的，专业课程学习的欠缺和基础知识的薄弱是我铭刻在心的缺憾，寻找机会弥补这一不足的渴望历久挥之不去。获知招收研究生的喜讯后，报考研究生选择学校和导师是当时面临的第一件事情。我的母校北京林学院当时已经搬迁云南，改名为云南林学院，但也理所当然是我首选，而本科就读期间老师们的音容笑貌和历历往事浮现在脑海之中，沈国舫先生的形象第一个凸显。这可追忆“文革”期间，当时我就读于林业系林业63-2班，沈先生下到我们班和我们在一起进行这个特殊时代的各项活动：学习、讨论……于是，我有幸认识了当时已闻名校内外的这位优秀的青年教师，他的知识和风范深深印在我的心目中，报考研究生导师的首选唯沈先生莫属。报考研究生后，在宁夏参加了初试，又赴云南接受了沈先生的面试。记得沈先生问了我的工作情况和若干专业问题，又拿出一本俄文期刊要我翻译，基本上肯定了我的成绩。1978年8月，我接到云南林学院的录取通知，以无比激动的心情奔赴位于昆明市安宁县温泉镇的云南林学院，这标志着沈先生已经把我

招致门下，把我作为他的研究生。踏入校园，除了喜悦还有苦涩。喜悦的是，能够在本科毕业后10年，由于沈先生能招收我作为他"文革"后的第一个研究生，使我成为国家在改革开放后的第一届研究生，又一次获得了进入大学学习的机会；苦涩的是，学校迁往云南山区后，实验室、教室、图书馆等办学条件受到致命打击和摧残，设备简陋不堪，远不如当初我们在北京本科学习期间的学习条件。离别母校的这10年，是母校流离失所的10年，也是办学条件大步倒退的10年，然而，学校处处呈现出百废待兴和积极向上的局面，夺回"文革"损失和浪费的时间，全力以赴投入林业事业成为当时林业院校的氛围。就是在这样一个特殊时代，沈先生引领我跨入研究生的门槛。

二、沈先生是我的学术启蒙教师与领路人

沈先生是我步入林学科学研究的启蒙人和领路人。进校不久，先生为我制定了培养计划，针对我的知识基础和工作经历，让我补充若干基础课程和专业课程，他强调林学研究必须具备扎实雄厚的基础知识，使我认识到从事林业科学研究工作必须具备的基本条件和未来的研究方向。使我真正理解"师者，所以传道授业解惑也"的深刻内涵，认识到导师是培养学生科学研究能力和创新能力的引导者和先行者，导师的人格魅力、学术创新能力以及工作态度都会给研究生极大的影响，这个影响是极其深远的，甚至是终身的。记得1979年回京伊始，在赤日炎炎的夏季，沈先生亲自带领我去北京市西山试验林场考察和选定试验地，讨论和确定我的科研思路与方法，为我拟就试验研究方案奠定了良好的、扎实的基础。读研期间，沈先生对我的学业非常关注，经常给我讲述有关科技知识，孜孜不倦地回答我学习中遇到的各种问题，无论是专业的还是外语的，理论的还是方法的。每当我遇到专业难题或者外文阅读方面的困难求教导师之后，最深刻的感觉就是"融会贯通，循循善诱"，"高屋建瓴，豁然开朗"，用"胜读十年书"来描述恰如其分。他对多个研究领域的全面了解和对学术前沿和发展方向的把握，在关键问题上的指引，对于我的学术进步和创新能力培养的作用是显而易见的。迄今，30多年过去了，读研期间导师的言传身教记忆犹新，辅导我学习的情景历历在目。导师对我的教诲是无声的命令，教我必须竭力把导师的学术思想和追求科学的精神渗透在我的教学和科学研究生涯中，并在我自己培养研究生工作中身体力行，使其得以延续。

当时确定的主要研究方向是树种间关系与混交林营造，并以北京市西山地区油松和元宝枫混交林为例进行研究。这个研究在补充若干调查研究的基础上，获得了北京市科学技术奖。混交林与树种间关系研究方向是我研究生毕业后相当长一段时间继续从事的研究方向，也是获得国家自然科学基金重点项目资助，在杨树刺槐混交林和落叶松水曲柳混交林研究方面取得重要成果的研究方向。以此项目为依托，召开了我国首届混交林学术研讨会，研制了我国第一台植物超微放光仪器并运用于混交林研究，对于推动全国的混交林研究发挥了不可低估的作用。通过这个研究方

向的实践，使我掌握了林业科学研究的基本方法，有此基础，可以举一反三，触类旁通，可以从事其他方向的科学研究。我的学生和我们学科学生们反映我要求严格，学术同行对于我的治学作风有口皆碑，回想起来，这种严格和严谨不是我与生俱来的，而是得益于沈先生的教诲和培养。先生在研究生培养的各个环节均严格要求，例如，在论文写作方面，先生对于我的论文初稿不厌其烦、逐字逐句地反复修改，其严谨之风贯穿于字里行间。正是先生的严谨的治学态度对于我一生的学术生涯产生了决定性作用。

三、先生的创新能力永远是我学习的榜样

回想我从师沈先生的学习过程，主要是培养自己创新能力的过程。

研究生的能力大体上可以分为3种，合格的人才必须同时具备这3种能力。第一是获取知识的能力，第二是解决实际问题的能力，第三是创新能力。三者之间相互渗透，有着密切的关系。获取知识的能力包括运用中外文的能力和运用计算机检索文献的能力，运用多种调查手段获取数据的能力，对于林科研究生而言，还应包括深入林区调查研究的能力等；解决实际问题的能力，就是能够根据实际需要提出解决本学科领域的科学研究和生产实践问题的方案和方法；创新能力就是不断探索，在前人工作的基础上有所前进，有所发现，不能生搬硬套他人的成果和方法，不能重走前人走过的老路。获取知识的能力，不但要“博览群书”，“学贯中西”，“通晓古今”，掌握本学科领域深厚的基础知识和专业技能，同时还需要具备相关学科一定的知识，这是具备解决实际问题能力和创新能力的条件和前提。

先生在这3个方面为我们树立了榜样。这方面的事例很多，只能列举一二。

第一，改革开放初期，计算机刚刚引进我国，经过严格的考试和选拔，他作为林业行业首批学员赴香港学习，学会后承担计算机教师培训各地的学员，这对于一个森林培育学教师而言难度可想而知，他能脱颖而出，既表明付出了艰辛，也表明他在学习新技术方面的超人才智和坚持不懈的创新能力。

第二，先生的外语水平之高人所共知，数理知识也相当雄厚，20世纪70年代末和80年代初，当立地条件数量化技术研究在国外出现不久，他就在北京、山西等地进行数量化立地分类和适地适树方面的研究，推动了我国该领域的科学研究水平和森林培育技术水平，其成果获得林业部科技进步奖。

第三，先生被遴选为中国工程院院士及其后进入中国工程院作为副院长后，创新能力和水平则得到更加充分的发挥，他在农林业和生态环境等领域的知识、水平和创新能力更加表现得超乎想象，我有幸参加他所主持的“西部地区水资源生态环境建设与可持续发展”等项目，有了继续学习的机会，我对先生创新能力的感受更加强烈。

先生的科学素质和工作作风对我的影响潜移默化，这种影响不仅是直接的知识传授，更重要的是言传身教，灌输科学研究的方法和理念，形成科学思维的方式。

在先生的影响和教诲下，我在教学和科学研究工作中身体力行，尽管很多方面还不尽人意，但是我是尽心尽力了。深刻认识到，我虽从师先生已历时30余载，但只是学到先生知识的皮毛，而学到精髓尚有待来日。

北京林业大学教授　翟明普

难忘往事

作为沈院士的弟子，从学生时代接受先生的耳提面命，到北京工作以后，先生又给予了一如既往的关怀与支持，有请必到，有问必答，对学生的工作给予了极大的支持和帮助。沈先生令人感动之事不胜枚举，为人师范堪称楷模。

为反映几代林业人科技兴林的成果和专家学者对林场发展给予的支持，2007年，我倡议西山林场的负责同志，将自20世纪50年代以来以西山林场为研究对象、公开发表的科技论文收集整理汇编，编辑一套取名为《北京市西山森林培育理论与技术研究》的西山试验林场科学论文集。文稿完成后，编委会成员一致决定请沈院士为文集作序，但又担心以他在行业内的地位不会答应。当我们认真草拟了一份序言，怀着忐忑不安的心情向75岁高龄的沈先生提出作序请求时，沈先生不仅没有拒绝，反而很热情地答应了我们的请求。沈先生没有在既成的序言上简单签名了事，而是将文集留下，认真阅读了相关文章，并结合自己多年来与西山林场的共同经历撰写了一篇感情真挚的序言。沈先生严谨的治学态度，对北京林业的深切关怀和对学生工作的鼎力扶持，充分展现了他作为我国林学泰斗的高尚人格魅力。

北京市园林绿化局党组成员、绿化办主任　甘敬

记沈先生二三事

我尊敬的导师沈国舫院士是我国著名的林学家、林业教育家，中国现代森林培育学的主要创建者和学科带头人。师从沈先生多年，留下许多难忘、珍贵的记忆。

一、香山科学会议的永恒记忆

第一个难忘的回忆是2000年底，我刚攻读博士不久，沈先生有一天亲自打电

话，通知我参加香山科学会议，并让我在会上就我国刚刚大规模推进的退耕还林问题作主题发言，我既倍感荣幸，又充满压力，因为香山科学会议是我国最高层次以自由探讨为特色的科学会议，参加会议的都是我国科学界的泰斗，我当时只是国家林业局退耕还林办公室的一名处长。

我以兴奋而忐忑的心情，参加了于2000年11月28～30日在北京香山饭店召开的以“西部大开发中的林草植被建设问题”为主题的香山科学会议第153次学术讨论会。本次会议旨在对我国西部地区林草植被建设中有争议和关键性的科学技术和管理方面的问题进行交流和探讨，吸收并借鉴新的学术思想和理论，对我国西部正在进行的各项生态环境建设工作提出具有指导性的科学理论依据及具体行动意见或建议。沈国舫院士、李文华院士和任继周院士担任会议执行主席。参加讨论会的有来自中国科学院、中国工程院、国家林业局、国家气象中心以及北京、内蒙古、陕西、甘肃、新疆、云南等省(区、市)高校、科研院所及政府机关的30余名科学家及管理专家。与会者既有来自长期从事科学研究的科学家，也有政府工作人员和在生产第一线的管理人员。这种政府工作人员、科研人员、管理人员共同参加的讨论会能够从不同的角度对同一问题做出更为客观的评述，使讨论的问题更加深入，更有利于指导生产实践。

会议首先由沈国舫院士作了题为《西部地区的林草植被建设问题》的中心评述报告。沈先生在报告中特别提到退耕还林还草的选向问题：“退耕还林还草科学问题很多，其中最突出的是退耕后如何进行植被建设：还林还是还草，还什么林，还什么草，采用什么手段还林还草，这些都是科技和政策导向上的大问题。退耕还林还草是国家目标，以追求生态效益为主，‘以粮食换生态’，改善生态环境是基本出发点。森林和草地的生态功能都因其种类(林种、树种、草种)、结构和生长状况而异，退耕后还林还是还草需要根据当地的自然条件、社会需求及适应的植被类型作具体分析。”这成为指导我博士论文研究的基本思路。

第一天下午，按照会议安排，我以《中西部地区退耕还林还草试点问题》为题作退耕还林还草专题评述报告，我以初生牛犊的精神，重点报告了7个方面的内容：一是实施退耕还林还草的重要意义，二是退耕还林还草工作的总体思路，三是实施退耕还林还草的基本原则，四是退耕还林还草的主要政策措施，五是退耕还林还草试点进展情况，六是退耕还林还草工作中要把握好的几个重大原则问题，七是退耕还林还草下步工作的对策措施。报告获得沈先生和与会专家的好评，我的心情才终于平静下来。

二、向总理汇报的难忘瞬间

2002年9月28日，北京中南海，时任国务院副总理温家宝亲自主持召开《中国可持续发展林业战略研究》项目阶段性成果汇报会，江泽慧代表项目组作汇报，沈先生作为项目组核心专家作重点发言：我参与了这项战略研究，同意其中的主要论点，愿在林业产业建设方面作些补充说明。一、中国林业发展要打生态大旗。提出“生态建设、生态安全和生态文明”的生态优先思想，我是同意的，但生态优先是林业的三大效益(生态、经济、社会)综合之中的优先，它并不排除林业是兼有从事生态建设的公益事业和从事物质生产的基础产业的基本属性。二、森林具有巨大的环境功能，这是全世界从20世纪中叶以来得到显著提升的认识成就，发挥好这个功能已经成为森林可持续经营的主要支柱。但同时我们也要看到，森林具有重要的物质生产功能，仍然得到世界各国的公认。三、林业产业是常青产业，不是夕阳产业，因为林业产业的基础是利用日光能转化为生物物质和生物能源的绿色产业，这项产业必然是常青的，前途无量；林产品丰富多彩，从森林果品蔬菜、饮料到工业原料生物能源和药材，是满足人民生产、生活多种需求的必需产品，这方面的进展方兴未艾；木材作为四大主要材料(钢材、水泥、木材和塑料)之一，具有自然性、可再生性、低能耗性和环境友好性的优势。四、处理好保护森林和利用森林之间的关系是世界各国林业发展面临的主要难题，在中国形势更为严峻，但也有解题可能。

先生一席话，胜读十年书。我作为项目组成员，有幸参与了项目的整个研究过程和这次会议，亲耳聆听了沈先生向总理汇报的真知灼见，那充满智慧、思辨、近乎完美的战略思想，已将林业问题上升到哲学高度，扩展到全球视野，令人无限敬佩。特别是我是项目统稿组成员、又是沈先生的关门弟子，汇报会前我曾主动承担了为沈先生提供发言素材的任务，我提供的是《关于森林培育与利用问题》，重点内容包括我国森林培育与利用的理论基础、遵循原则、重点内容、政策保障等，这与先生在会上讲的，无论是高度、广度，还是深度，均不可同日而语，令人终生难忘。这更促进了后来加快学习的决心。

《中国可持续发展林业战略研究》是温家宝副总理亲自倡导、国家林业局组织近300位院士专家研究完成的，研究提出了新世纪中国林业发展的总体战略思想是：确立以生态建设为主的林业可持续发展道路；建立以森林植被为主体的国土生态安全体系；建设山川秀美的生态文明社会。核心是：生态建设，生态安全，生态文明。战略指导方针是：“严格保护，积极发展，科学经营，持续利用。”总体目标是：经过50年的不懈努力，到21世纪中叶，基本建成资源丰富、功能完善、效益显著、生态良好的现代林业，最大限度地满足国民经济与社会发展对林业的生态、经济和社会需求，实现我国林业可持续发展。在研究成果的基础上，经提炼归纳，形成了2003年的中发9号文件，即《中共中央 国务院关于加快林业发展的决定》的核心内容。

国家林业局信息管理办公室主任　李世东

感受博大

人们说大学是博大的，我从沈先生身上真切地感受到了这一点。作为先生的弟子，森林培育是我的专业。心无旁骛、专心研究森林培育应该是先生对我们的期望，然而，由于工作需要或天性驱使，我在研究本行之外又开辟了第二领域，从系统角度研究人的创造力。这在很多人看来完全是不务正业，可我并不认同这种看法，因为我的职业是教师，教书育人是我的天职。而要教好学生，就要研究教育规律，我从系统角度研究人的创造力规律，恰恰是我的本职工作。我对自己的定位是：我首先是一名教师，其次才是一名研究人员。但是，舆论的力量是强大的，当不断有人说我是不务正业时，我感到了巨大压力。以至于当我拿着我的专著书稿《感悟创造：复杂系统创造论》去请先生给作序时，心中十分忐忑，不知道先生会说什么，我做好了挨骂的准备。没想到，先生不但没有责怪，反而在序言中给了我极大鼓励。可见先生并未被狭窄的专业所限，相反体现出博大的胸怀。在社会上普遍认为大学缺乏大师的今天，我想我是幸运的，我从先生身上真真切切地感受到了什么是大师、什么是大学，有此感受，此生值也！

北京林业大学教授　刘勇

宗师的风范

我怀着十分敬仰与渴望的心情，经不懈努力终于在1996年荣幸地成为了沈先生的学生。也就是从这时起，我也才算真正懂得了什么是导师，才真正领略了宗师的风范。所谓导师，首先是导，就是要给学生指出一条人生之路，并引导他前行；师则是率先垂范，为人师表。作为导师，恩师以其精深的学术造诣，为学生授业解惑，培育有用之才。作为学生，我每次向恩师请教，他都会运用渊博的知识，站在学科发展前沿，从国家、行业等不同层面，进行详细的教导，每次都会使我有种茅塞顿开的感觉，在知识得到提升的同时，心灵也会得到洗礼，崇敬之情再度激荡。沈先生虽贵为大家，且近80的高龄，但他仍在孜孜不倦几十年如一日地学习，仍在坚持勤奋不知疲倦地探索。这种为科学、为国家而献身的精神，那种事必躬亲、严谨克己的作风，使我真正感受到了一代宗师的风范。

中国林业科学研究院华北林业实验中心主任、研究员　孙长忠

我眼中的沈先生

沈国舫先生是我的研究生导师。

沈先生的学术成就是公认的，他是著名林学家、林业教育家、森林培育学家，曾经担任中国工程院副院长。他在森林培育方面的科研成果和生产实践以及在立地分类评价和适地适树、混交林营造、速生丰产林培育、干旱半干旱地区造林技术及城市林业等方面进行了大量研究和探索，填补了许多空白。另外他在担任北京林业大学校长期间，对学校建设做出了卓有成效的业绩，推动了全国林业高等教育的发展。他还着力于中国森林可持续发展及林业发展战略等宏观研究，对林业重大决策发挥了重要作用。我作为他的学生，在自己的工作中会一直向先生学习，努力工作，实现自己的价值。

沈先生为人谦和，风度儒雅，无论什么时候，看见先生都是一副沉静睿智的表情和谈吐。他有着中国传统知识分子的情怀，对民族、对这片土地有着深沉的赤子情怀。他经常处于忙碌的状态，只要国家需要，他都会奉献自己的学识，不辞辛苦，任劳任怨。

沈先生在生活中家庭幸福，生活美满，培养的孩子们事业有成。他和师母的感情甚笃，师母和我们学生的关系也是非常的好。师母虽然离开了我们，她的音容笑貌仍然让我记忆犹新。

沈先生不仅在学术上教导学生，也在生活中关心学生。他关心学生的工作，关心学生的生活，不仅先生关心学生，师母也同样关心这些学生，让我们学生感受到亲人一样的关怀。

沈先生是我学习的榜样，是我永远的导师！

北京林业大学教授　王忠芝

先生之风　山高水长

成为沈先生的弟子是我莫大的荣幸。

先生热爱林业，奉献林业，深深感动着我。曾与先生交流，为先生对北京西山沟沟坎坎的熟悉而折服，那是他50年代刚从苏联留学回来就一头扎进西山开展造林设计及工程实施所练就的功夫；先生是国内对森林风景游憩功能最先关注的学者，他从森林中看到了美，感受到了进入森林休闲的愉悦，建议我们为将城市居民引入森林区域休闲游憩而努力。没有对林业的热爱，奉献林业的一颗心，只把林业当成职业我想做不到如此行动和感悟。

先生前瞻林业，放眼全国，深深感染着我。早在1996年先生呼吁保护西南原始老林，促成天然林保护重点生态工程的建设；而当前在大家还在围绕天然林禁采禁伐时，先生又提出要提高天然林质量必须进行抚育经营的论断。近年，先生关注区域水资源状况、关注三峡工程、关注生态系统碳汇、关注区域可持续发展，已经不仅仅是个林学家了。

先生淡泊名利，积极积累，深深影响着我。先生当选中国工程院副院长时，学科同仁为他祝贺。当时沈先生告诫大家，不要去追名逐利，要努力工作、积极积累，机会来的时候才有可能抓住。先生始终都在林业等各个领域努力探索，先生在各个领域均有建树，一方面是先生睿智，更关键的是先生通过努力抓住了一次一次稍纵即逝的机会。

从先生那儿学到了很多很多，只能借一句古语表达心声："先生之风，山高水长"。

北京林业大学教授　贾黎明

求真务实　治学严谨

用自己的行动关注行业发展。对于行业发展，更多的专家学者可能会通过咨询会议提出自己的见解。然而，沈先生向来是先进行实地调查研究，然后提出相应的建议。记得在林业六大工程实施初期，为了促进重大林业工程的顺利实施，沈先生在百忙之中专门安排时间到陕、甘、宁三省区的黄土高原、六盘山区、黄龙山区进行调研。历经一周的时间，不辞辛苦，跋山涉水亲临林区现场考察，并走访基层林业干部、普通林业职工和退耕户，了解林业重大工程实施效果、执行过程中存在的问题，并及时反馈给国家林业局。在天然林保护工程进入二期后，针对天然林如何科学经营问题，沈先生不顾近80岁的高龄，根据基层反馈的信息，到西天山调研雪岭云杉林的经营状况、到黑龙江考察天然次生林经营效果、到吉林森工集团走访林产工业发展思路，又一次将考察结果及时反馈到国家林业局，提出了通过实地考察而形成的经营管理思路和建议。这种求实的精神、调查研究的观点、用行动时刻关注行业发展的意识是我们晚辈永远的典范。

治学严谨、为人低调，是学者的典范。有幸在1996年成为沈先生的一名弟子，这也是我在此之前最大的愿望。在自己求学的道路中，沈先生的治学严谨使我终生难忘。记得刚刚入学后，第一次预约与先生见面，先生就明确制定了我近期工作表——利用1个月的时间全面制定出自己的详细研究计划。当再次见面呈上自己的研究计划后，先生仔细推敲，逐一细节进行指导，再给我留有充分发挥空间的前提下，详细地向我说明了应该注意的问题，使我第一次体会了最高层次学者的风范。在毕业论文完成初稿后，先生不仅在整体结构合理性、论述观点和科学性给予了及时的指导，而且在语言表达的逻辑性、用词的正确性、标点符号使用的合理性细节上也进行了改正。这种严谨治学精神，至今难忘，也是时刻鼓励我走向严格治学之路的精神支柱。作为院士，多数学者会选择满天飞当专家、持续不断招学生。然而，沈先生在进入中国工程院以后，尤其是遴选工程院副院长以后，毅然关上招生大门，专心从事工程院管理、咨询等工作。这是何等胸怀！

北京林业大学教授　徐程扬

秘书们眼中的沈国舫

在秘书们的眼中，沈先生不仅仅是一位学者、一位老师，更是一位长者、一位人生的导师。

“对于工作的一丝不苟、事必躬亲是我们这些晚辈都难以企及的。”这是沈先生的第一任秘书刘宏文感受最深的一点。一次他陪同沈先生参加关于黄土高原周边地区的项目考察，大清早7点不到就从太原出发，沿途道路颠簸，还要深入林地采样考察，马不停蹄地跑了一天下来，到达临石县城已经是夜晚时分。用过晚饭已是10点左右了，沈先生还要抓紧时间翻阅当天的材料，准备第二天的发言。当时沈先生已经年近七旬，不顾一整天的车马劳顿，还必须整理完资料之后准备好发言才入睡，对林业事业是何等的投入，对工作又是何等的严谨认真。

四位秘书之中，徐程扬的专业也是森林培育，因此在一些学术项目方面能够和沈先生学到不少知识。他在博士学习阶段的研究相对微观，经历几年的秘书生涯后，在林业宏观问题的把握能力上有了长足的进步，这与沈先生的言传身教密不可分。作为专业出身的秘书，本应为沈先生承担更多的文秘工作，然而，沈先生向来都是亲自着笔，形成的材料完全是自己的思想，这种积极工作的精神可谓世之鲜有。不仅如此，先生处处为他人的前途着想，在培养人才上不遗余力。因此，当徐程扬被聘任博士研究生导师之后，大力支持他全力从事科研和教学工作。

深入到林场、环境监测站等第一线，不掌握第一手材料先生是绝不会罢休的。在秘书刘传义的办公室里，放着一张中国的地形图，每去一个地方，他都会标一个五角星。这张地图显示深绿色的部分说明是森林覆盖率高的地方，土黄色则是荒漠化严重的地方。地图上深绿色和土黄色的地方几乎全被五角星覆盖，说明先生基本上将中国的林区和荒漠化地带跑遍了。那些部分都是陪同先生考察去的，他去的目的正是为了深入了解我国林业的基本情况，无论是青山秀水还是荒山秃岭，先生总是要亲自去看一眼，获得第一手资料。

不能靠听，要靠自己走、自己看，这就是沈先生对待学术的态度。现任秘书杨金融回忆了这样一件小事，2012 年 5 月，先生去考察淮河流域的环境情况，主要内容围绕平原林业展开，当时先生已经是 79 岁高龄的老人了，他还精神矍铄地走在田间地头，不断询问当地农林复合技术的推广情况，时不时拿起手中的数码相机拍摄出自己需要的资料图片。在与当地县政府座谈的时候，先生开门见山，直言自己在考察之前以为造林的收益要大于农业，农民们造林的积极性应该还很高，但通过走访才发现恰恰相反。先生作为工程院的副院长，其学术造诣不可不谓之深厚，但即使被徒子徒孙称之为森林培育学的祖师爷，还在不断孜孜以求地学习新鲜知识，了解新的技术。在编写《森林培育学》(2011 版) 教材的时候，先生就直言不讳地提出，“我们不能拿上个版本的教材甚至是上个世纪的材料来教学生，老古董是没有生命价值的，要让学生，特别是研究生站在科技的前沿。”为此，沈先生还筹划要写一本研究生的拓展阅读教材，把当今世界林业前沿的问题囊括进去。对于知识的渴求和不倦的追求都是林业人需要好好学习的。

松挺柏直绿遍山河上下，
桃李满堂同贺八十春秋。

在沈先生八十大寿之际，作为秘书，我们以这篇小文恭贺先生健康幸福！

刘宏文(北京林业大学发展规划处处长)
徐程扬(北京林业大学教授)
刘传义(华北督查中心办公室副主任)
杨金融(北京林业大学党政办文秘科科长)

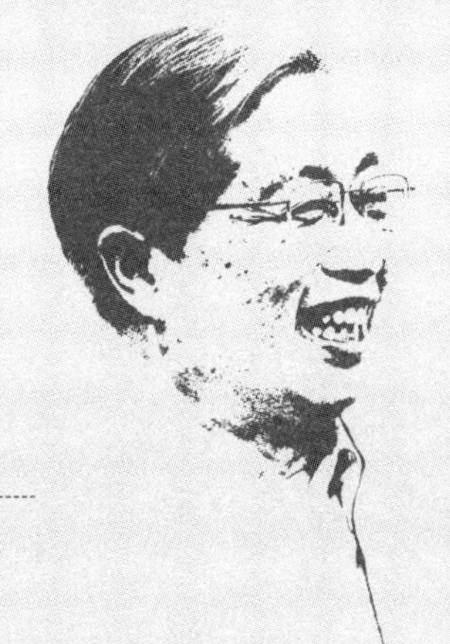

第二部分
学术论文与著作选登

本部分依据沈国舫工作及学术发展进程分上、中、下三篇，分别选登了早期（1958～1986）、中期（1987～1995）、后期（1996～2012）各个时期有代表性的论著。

上　篇
早期的学术论文（1958 ~1986）

这里选登的论文发表于1958年(第一篇论文正式发表)至1986年(开始担任北京林业大学校长)。从这些论文中可以看到沈国舫从初出茅庐到走向成熟的过程，从书本知识到理论与实践的完美结合的过程。改革开放后的头几年是他的论著丰收年，这些论著奠定了他在中国森林培育学中重要地位的基础。

编制立地条件类型表及制定造林类型的理论基础*

无论在苏联，或在我国，基本上都是以波氏林型学说作为编制立地条件类型表的理论基础。为使我们的工作具有更充分的科学性，在方向上不走弯路，在方法上能解决问题，就有必要深入体会这个理论基础，以作为我们工作中的指南。而且，也只有在深入了解它之后，才有可能更进一步地发展它，提出适用于我国的立地条件类型表来。为此，在这里对这个理论基础作简要介绍和探讨。

一、立地条件类型的定义

立地条件类型有时也称为森林植物条件类型。一般地说，立地条件类型的含义比森林植物条件类型较广，它除了林地之外还包括草地、草原、田地等其他植物所生长的地方。当我们把这两个术语用到林地(或宜林地)上来时，它们的含义就完全相同了。

有时把立地条件只理解为林地的土壤条件，但这种理解是片面的。立地条件应

---

* 本文来源：中华人民共和国林业部造林设计局．编制立地条件类型表及设计造林类型：造林设计资料汇编(第二辑)．北京：中国林业出版社，1958：17－25.

该是林地的土壤条件和气候条件的综合。这个观点是根据 П. С. 波格列勃涅克院士对立地所下的定义出发的。在他的经典著作《林型学基础》一书中曾为立地下过这样的定义(原书第 273 页)；“立地就是森林的内部环境，这里包括在林分范围内的土壤和大气，其下限为根系所能达到的土层，而上限为树冠的上部边界；不过同时应该理解到这些边界是不明显的，而且森林的外部环境和内部环境是在相互影响、相互转变的。林学家们应当把立地理解为广义的生态学的肥力等级，即气候肥力和土壤肥力。”

因此，可以给立地条件类型下这样的定义：立地条件类型(森林植物条件类型)为具有相同立地性能的地段的联合，这些地段具有相同的作用于植物群落的自然因子(气候、土壤等)。

二、划分立地条件类型的必要性

在造林以前必须先弄清楚造林地的立地条件，任何一块造林地的立地条件都是非常复杂的，影响它的因子很多，例如：大气候因子及小气候因子(光照、温度、湿度等)、地形地势(海拔、坡度、坡向、部位等)、植被(组成、多度、盖度、根系盘结度等)、地质土壤(基岩、细土层厚度、机械组成、生草化程度及流失程度、湿度等)以及人为因子等等。可以说，没有两块立地条件绝对相同的造林地。在这种情况下，有没有必要和可能在研究了各造林地的立地条件之后划分立地条件类型呢？我们以为既有必要又有可能。

划分立地条件类型的必要性在于它是一种科学的认识立地条件的方法。在科学上，为了认识一个复杂的自然体，一定要经过分析和归纳的步骤。植物和动物的分类是认识生物界的形形色色的必要武器；同样，为了认识各种不同的土壤，按各种不同的成土过程而确定的土壤分类就有非常重要的意义。立地条件类型的划分也具有相似的意义，主要的区别在于生物界的种与种之间，土壤方面的土类与土类之间有严密的发生学上的联系；而在立地条件类型之间虽然不能说完全没有这种联系，也只能说这方面的联系是较薄弱的。然而，大家不会否认，即使把完全没有或几乎没有发生学联系的复杂事物进行归纳分类(如矿物、岩石的分类)，这也是有其科学性和必要性的。划分了立地条件类型以后，我们对每一块造林地的立地条件的认识才不会是一切都从头开始的、繁琐的；而是建立在已有的科学分析归纳的基础之上。当然，划分立地条件类型的必要性还不单是为了便于认识立地条件，更重要的是为了便于造林工作的实施。为各种不同的类型提出各种不同的措施，这本来是重要工作方法之一，划分立地条件类型的意义也正在于此。

划分立地条件类型是可能的，因为首先立地条件本身的变化是有规律的，组成立地条件的各环境因子相互之间是有联系的，例如，大气温度和湿度随着地理位置、海拔高度、坡向等的不同而有规律性变化；土壤中养分的多少则取决于土壤的土层厚度、机械组成、发育程度和成土母质性状等等。在所有因子之间的复杂关系中还有几个主导的关系。只要我们有可能掌握这些关系，了解其变化的规律性，就有可能把错综复杂的事物用比较简单的形式表示出来。

如果说林型的分类在营林工作中起了巨大作用，那么，立地条件类型的划分对于造林工作也将有同等意义。这一点是在苏联 1950 年的林型会议上大家所公认的。

三、波氏林型学说的基本原理

为什么一定要以波氏林型学说作为划分立地条件类型、编制立地条件类型表的理论基础呢？这里，得先介绍一下波氏林型学说的基本原理。

波氏认为森林是“林分、它的所有的植物和动物与立地的互相渗透的统一体。森林是‘浸沉’在立地中间的林分”（同上 273 页）。在这一点上波氏与其他学者的观点没有太大差别。重要的在于波氏认为在这个辩证统一体中，立地是最主要、最基本的矛盾方面。在立地和林分两者之间，立地是较稳定的起决定性作用的方面，而林分是易变的，是立地的“函数”（这是根据我的理解）。所以他认为“当树种相同时，立地就最后决定该林型的组成和结构”。立地即是林分的稳定部分(方面)，因此在所有情况下它是森林分类的最重要的基础（同上，274 页）。

因此，波格列勃涅克院士继承了 E. B. 阿列克赛也夫的传统，就以划分立地条件作为划分林型的基础，于是作为划分林型的基础的地体网格表就可以用来作为无林地区立地条件类型表的基础。

波氏林型学说中立地条件类型的划分是以对于立地条件的生态分析作为基础的，也就是以威廉士院士对于绿色植物生活因子分析作为基础的。根据威廉士院士的论点，绿色植物所必需的主要生活因子可分成两大类，即宇宙因子(光和热)和土壤因子(水分和养分)。土壤肥力即是土壤在一定程度上满足植物同时对水分和养分要求的能力。兹用图 1 表示对立地条件的生态分析：

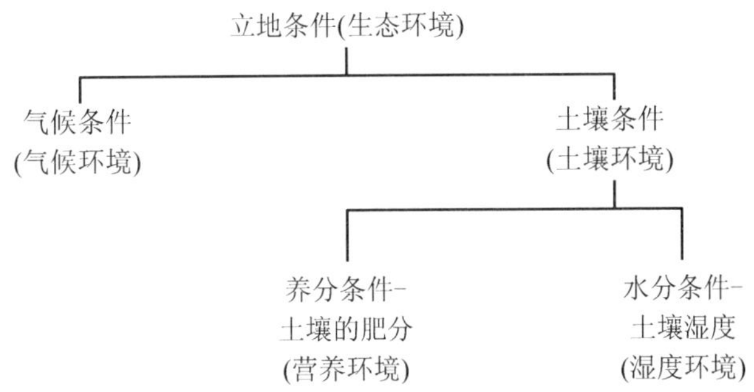

图 1　立地条件的生态分析

（上表引自 Д. Д. 拉夫列宁科著，冯宗炜译：乌克兰的林型分类，中国林业出版社 1958 年 1 月版第 16 页）

由上可得出这样的结论：同一立地条件类型应当有相同的气候条件和土壤条件。

每个局部地区内，其气候条件基本上是一致的。因此，为了区别开不同的气候条件，实际上只要把某一地理区域分为若干个气候条件基本上一致的森林气候分区就可以了。为此，波格列勃涅克院士为苏联欧洲平原部分确定了温湿度气候更替轴（自西北往东南）及大陆度气候更替轴（自西南往东北）。根据每个地区在这两根轴上的坐标位置确定它为不同的森林气候分区，在肯定分区的边界时还参考了一些主要树种在不同地区的分布和生长规律①。

因此，森林气候分区是比森林植物区更小一级的地理区划单位。在每一森林气候分区中气候条件基本上一致，因此只要土壤条件相同，其森林植物效果也就相同，即树种的生长速度、生产率、树种之间的相互关系等也相同。在不同的分区内，即使土壤条件相同，森林植物效果也不会相同。

当然，在山地的条件下，地形因子（主要是海拔高度和坡向）对局部气候条件有很大的影响。根据海拔高度，可以把山地分成几个垂直地带，它相当于平地上的森林气候分区。在划分立地条件类型时，对坡向因子应予以密切注意。

至于土壤条件的分类是通过下列的地体网格表（表 1）来表示的。

表 1　阿列克赛也夫—波格列勃涅克地体网格表

化学肥力等级（养分生境） 水分条件等级（水分生境）		特别贫瘠的土壤 A（松林）	比较贫瘠的土壤 B（亚松林）	比较肥沃的土壤 C（复层亚松林，亚橡林）	肥沃的土壤 D（橡林，云杉林，水青冈林）
极度干燥	0	A_0	B_0	C_0	D_0
干　燥	1	A_1	B_1	C_1	D_1
潮　润	2	A_2	B_2	C_2	D_2
湿　润	3	A_3	B_3	C_3	D_3
潮　湿	4	A_4	B_4	C_4	D_4
森林沼泽	5	A_5	B_5	C_5	D_5

表中 A、B、C、D 表示土壤化学肥力的等级，0、1、2、3、4、5 表示土壤水分条件的等级，一个字母和一个数字的结合如 A_1，B_2 就代表了广义的土壤肥力的等级。把这个 A_1 或 B_2 理解为具体在某一森林气候分区中的 A_1 或 B_2，这样就得到了完整的立地条件类型的概念。

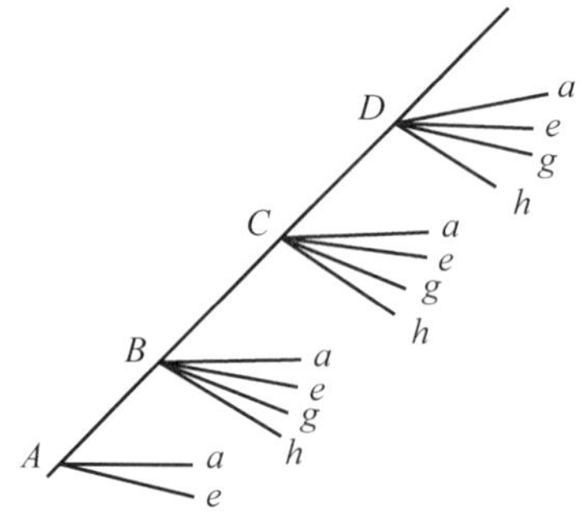

图 2　土壤肥力等级和地体变型间相互关系

A、B、C、D——土壤肥力等级
a—酸性变型　e—钙性变型
g—河滩变型　h—盐碱变型

但是单是 ABCD 还不能完全表示出形形色色的土壤养分条件。同一肥力等级可以以不同的形式存在。例如，尽管土壤肥力等级相同，但一为酸性反应，另一为石灰性反应，它们的森林植物效果仍然是不同的，首先生长在其上的树种组成就不同。因此波格列

① 参阅 Основол лесной тилогии. 46－49.

勃涅克继续发展了林型的地体分类学说，确定了每一肥力等级的变型，计有酸性变型、钙性变型、硝性变型、盐碱变型及河滩变型(图2)。

以上是波氏林型学说的基本内容。有人在表面上了解这个学说以后，往往会认为：波氏的林型学说主要建立在土壤条件的分析上，只要进行土壤调查，了解了土壤特性以后就可以肯定其林型或立地条件类型了。其实这是对波氏林型学说的误解。波氏虽然承认直接研究气候因子和土壤因子的必要性，而且土壤也的确能综合地反映出自然环境条件，但这不是最主要的手段。波氏始终强调植物，尤其是长期适应于当地立地条件的林木本身才能更全面、更正确地反应立地条件。在不同立地条件下、林木的组成、结构、生长速度、生产率等都不同，这些才是划分立地条件类型的主要指标。

在林型学说中，波格列勃涅克院士所采用的主要方法是比较生态学的方法，即Б. А. 凯来尔院士的生态排列法(Метод зкологических рядов)，其要点就是把植物群落按其对各种生态因子关系的不同来排队。用这种研究方法所得出的结论虽有其相对性，但也有其完全的现实性(真理性)。而且在生物学的领域内用这种研究方法还可以获得很多用直接测定法目前无法获得的结论。正是在这个方法的基础上，波氏研究了各种植物(包括乔木树种在内)对于立地条件的指示意义；用各指示植物的生态分布图、不同树种的林分的地位级分布图等来作为确定林型(立地条件类型)的工具。波氏地体网格表中的每一等级(A、B、C、D、0、1、2、3、4、5)不但是量的指标，而且也是质的指标，是生活条件的量的变化引起了森林植物效果(组成、结构、生长、相互关系等)上质的变化的结果。例如在苏联欧洲部分在A_1上没有桦树，在A_2上才开始有，这就是水分条件上量的变化引起了林木生长上质的差异的明证。

四、波氏林型学说在制定造林类型上的应用

波氏林型学说在苏联(尤其在苏联南方，因为南方造林事业较发达)造林及森林改良土壤工作中有很广泛的应用。因为首先波氏的林型学说能顺利地应用于无林地上，而无林地正是造林工作的对象。其次波氏的林型地体图表能正确地反应客观存在，简明易懂，造林部门易于接受，也容易在它的基础上总结造林经验。

然而波氏的林型地体图表可以说只是一个总表，一个模式。显而易见，在不同的森林植物地带中，在不同的景观上(山地、平原、砂地等)每一网格所代表的土壤及其指示植物是不同的。因此必须在这个总表的指导下为每一个森林植物地带，每一种景观编制具体的立地条件类型表。这在苏联许多地方已经做了，在我国也正在开始做。不过由于我们的研究地区基本上属于无林地区，因此在划分立地条件类型时不得不多做一些土壤性质的直接测定工作。即使如此，我们仍要尽力以植物(林木)生长指标，尤其是人工林的生长指标作为划分立地条件类型的主要依据。将来，还要营造实验林以求得验证。

编制立地条件类型表并不是我们的最终目的，我们的目的是要把造林工作放在科学的基础上。正确地设计造林类型是达到这个目的的关键，而编制立地条件类型表又是为正确设计造林类型所不可缺少的步骤。

为了正确设计造林类型首先必须确定造林地的立地条件，在这一方面立地条件类型表自然能起很大的作用。其次必须了解在该立地条件下适于某些树种生长，可与某些树种混交，怎样混交，并且要采用何种造林技术措施①。为此就要了解树种生物—生态学特性，要对当地的天然林和人工林进行调查研究，要进行造林技术经验总结，必要时还要进行试验造林。但是要把这些结果运用到别的造林地上去，就必须要有一个基础和媒介。因为每个经验和研究成果都具有立地条件的局限性，例如，某一地区的 A_2 上的造林经验不能机械地搬到 C_2 上去用；但是基本上可以用到同一地区的所有属于 A_2 类型的造林地上去（只要造林地种类也相同）。因此，立地条件类型就始终起着这种媒介作用。

只有根据立地条件类型来设计造林类型才能更好地满足适地适树适法的要求。苏联采用的造林类型表都是在波氏的立地条件类型基础上制订的，我们同样也应该这样做。

上面已经提到过，在不同的森林气候分区（森林植物亚区）内相同的立地条件类型（如 A_2 或 B_1）的森林植物效果是不同的。因此为某一立地条件类型所设计的造林类型只能适用于某一分区或相邻的几个分区。例如，洋槐、臭椿在太行山南部毫无问题可以培育成高干林木，但是在同一森林植物区（华北山地松栎混生林区）内的较北地段（热东一带），这两个树种就有挨冻的危险。因此在这两个亚区内即使在同一立地条件类型（严格一点说，这里不可能有两个相同的立地条件类型，因为立地条件概念本身中包含了气候因子）上所设计的造林类型也不可能相同。

由此我们可以得出这样的结论：一个立地条件类型表的使用范围是一个森林植物区（可能更广些），而造林类型的应用范围只能以亚区为单位。

确定森林植物区划和编制立地条件类型表是为各地编制合理的造林类型表的两个先决条件。在立地条件类型的基础上总结大量的造林经验，再经过理论的分析（有条件时还要经过试验的验证）提高，设计出正确的造林类型，指导生产。这一套工作是长期性的工作，同时也是目前迫不及待的工作，它正是我们手中为迅速完成绿化任务、提高造林质量的强大武器。

沈国舫
（北京林学院）

① 制订造林类型时一定还要根据林种要求和造林地区的经济条件，在这里我们主要在探讨生物学范畴的问题，因此经济方面问题暂时不谈。

油松造林技术的调查研究*

引　言

油松(*Pinus tabulaeformis* Carr.)为我国华北及西北等地主要造林树种之一，材质优良，耐腐，为重要的建筑或枕木等用材，此外由于油松的生物学特性能耐干旱气候和瘠薄的土壤，所以油松为华北及西北等地人工造林的重要用材林树种，又因为它的根系特别发达，可以在土层内向四周扩展，亦为营造水土保持林的良好树种。

关于油松造林技术方面，通过几年来生产实践的不断改进和提高，摸索到一些规律，如油松对立地条件的适应、造林方法(播种或栽苗)、苗木规格(质量和苗龄)、造林季节和山地育苗等。另外，还存在一些油松造林技术方面的问题，如混交类型、病虫害的防治等，尚须进一步的研究。

一、油松的生态习性及其对立地条件的要求

油松适生于温带，主要分布在黄河以北，东北辽东半岛以南，东至山东，西北达陕甘等地。油松的垂直分布，在华北主要分布在低山区，在河北和山西有残缺的油松天然林。在天然林区油松分布于云杉和落叶松林层以下，一般多与辽东栎、椴树、五角枫、桦木、山杨等成块状混交，山间有小片单纯林。

油松是喜光的阳性树，幼年生长较快，自然稀疏和天然整枝迅速，树冠横展，油松的针叶多生长于树冠外缘 2～3 年生的嫩枝上，以便大量受光，在北京西山娘娘府附近曾将油松栽植于柿树下，原计划油松长大后砍去柿树，但结果油松不耐柿树的庇荫，生长不良；又东陵林场曾于稀疏的洋槐林内补植油松，但不耐洋槐的庇荫，已呈垂死状态。

---

* 本文来源：中国林业科学研究院林研所，北京市农林局西山造林所，北京林学院造林教研组.《油松造林技术的调查研究：研究报告营林部第 6 号》. 北京：中国林业科学研究院科学技术情报室，1959.

油松耐干旱，它的根系在正常的情况下，有明显的主根深入土中，并有极发达的侧根形成水平根系向四周扩展，大部分侧根分布在土壤上层，如在干燥瘠薄含石砾较多的粗骨土中，油松的大侧根特别发达，向各方面扩展。常常看到油松生长在岩石上，它的根系蔓延深入到石缝中，以维持生活。如油松生长在无石缝未风化的硬砂岩上，而土层较薄的情况下，它的根系在较薄的土层中沿着水平方向伸展到很远的地方，如在大召山麓生长在半风化软砂岩上的油松，它的根系分布情况如表1。

表1　油松根系分布情况

树龄（年）	树高（m）	胸径（cm）	根长（cm）			根幅（cm）
			在土层中	在半风化砂岩中	合计	（在半风化砂岩中）
19	3.7	6.93	17	174	191	283

生长在斜坡上的油松，它的根系表现形式大部分侧根沿着山坡往下坡发展。油松的根系在幼苗期间主根很发达。据林业研究所苗圃1958年的调查材料，油松1年生苗主根深入土中达67cm，2年生苗主根深入土层为116cm。为了达到使用健壮和强大根系的苗木，用移植苗造林较好，因其根系健壮，栽植当时成活率高且栽后生长得快。当油松造林时如进行丛播或丛植，根据林业研究所在大召山于1953年利用半年生油松苗于雨季进行丛植，在1957年春调查了根系，发现在栽植后第五年时根系已开始连生（如本文后单株栽植及丛植项内照片附图3及附图4），对丛播或丛植的油松幼林，如能在根系连生后进行抚育时，保留一株最健壮的植株（剪去多余的植株），这样既达到人工选择的目的，又可以利用植生组的强大根系吸收养分和水分，以供给最后保留的油松幼林生长，当然会生长得特别健壮。同时我们也观察了在苗圃中的移植苗在造林地上栽植时，由于操作技术不良，使根系卷曲，或发生缠绕盘结等使根系变形的现象，严重地影响到造林的成活与生长。从以上分析可知根系与林木生活有极其重要的关系，这有待我们的深入研究。

油松对立地条件要求不严格，适生于低山区，北京西山一般海拔高度在700m以下，因此无论在山顶或山腹以至平地都可栽植油松。在河北雾灵山和小五台山油松天然林垂直分布高达海拔1500m。另外在大西山门头沟区沿河城乡的黄土咀村南山，曾于1952年在海拔1500m的高山区进行播种造林试验。据最近调查，除只是部分幼林受到兽害外，从保留下的油松幼林来看，已高达1m以上，并生长健壮，这说明了油松对海拔高度1500m高山区的气候条件还是能够适应的。

油松对坡向要求不严，过去认为阳坡适于侧柏，阴坡适宜栽植油松，但实际情况并不完全如此，在土质瘠薄的荒山坡上，阴坡土壤湿润肥沃，造林容易成活，幼林初期生长也较快，当林木生长壮大成林后，则显示出阳坡比阴坡生长良好。在大召山油松生长过程的调查，已初步得到这样的结果。油松造林阴坡比阳坡成活率高，林木生长较快的原因是土壤水分多少和土壤肥沃度的关系，所以在一般情况下还是阴坡生长得好，当林木郁闭后，阴坡与阳坡的土壤水分差别不大，特别是阳坡光照充足，地表温度亦较高，林内有机物的分解必然是阳坡比阴坡快。因此表现出如土壤肥沃度相差不大时成林后的林木生长阳坡亦较好。

油松对土壤条件的适应范围很广，能生长在瘠薄的坡地或含石砾较多的粗骨土上，另外在砂土或黄土地上也能生长。油松喜微酸性土壤(pH 值 5.5~6.5)，在花岗岩、片麻岩、砂岩等风化的质地疏松的土壤上生长良好。但在石灰岩山地，不怕土壤中含石砾多，只要土层较厚也能正常生长，在黏质土上常生长缓慢、弯曲，并多枝节，油松不耐盐碱，不适宜生长在过分黏重而又排水不良的土壤上。

油松幼年生长较快，在北京西山人工林中，株行距均为 1m。约在造林(用 2 年生苗)后 5~6 年就能郁闭，油松生长时期，高生长以每年春季 4~5 月迅速生长，以后则生长得非常缓慢，直径生长与高生长不同，是在开始的 5 月生长得缓慢，6~7月较快，8~10 月全在生长，10 月寒冷到来前生长停止。根据林业研究所在苗圃中和大召山上于 1958 年观察，油松 2 年生幼苗和山地幼林当年生长过程如图 1 所示。

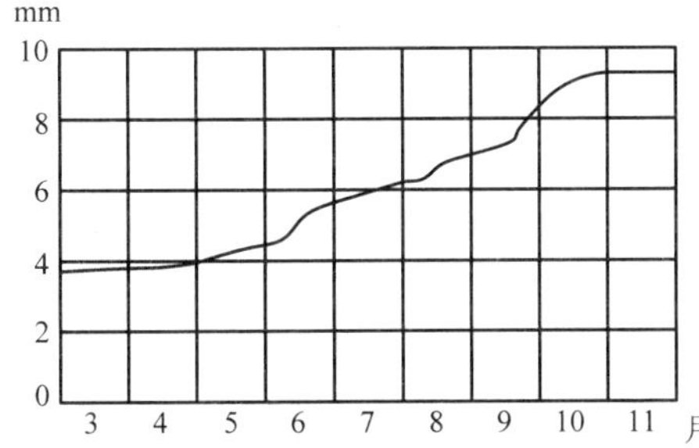

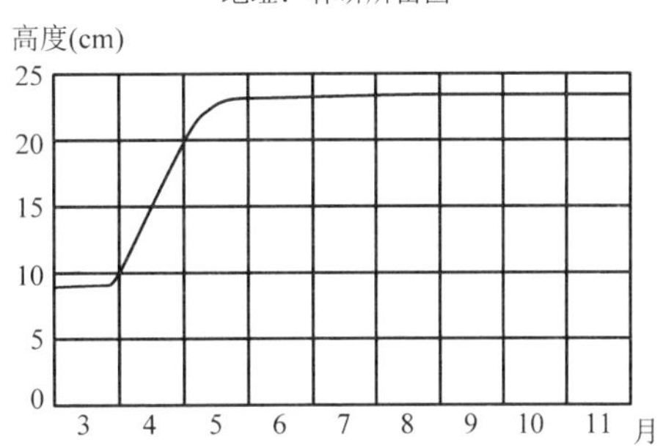

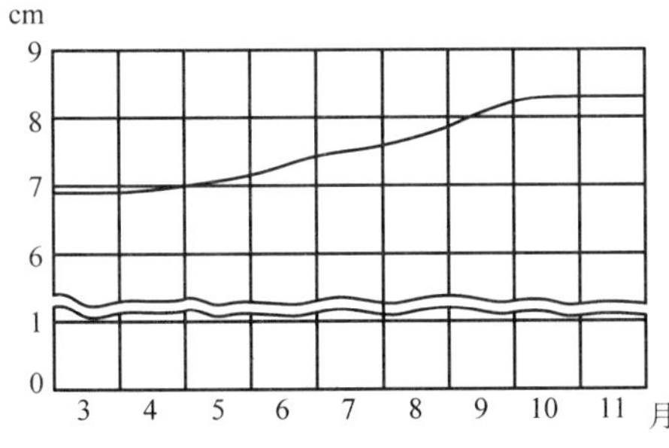

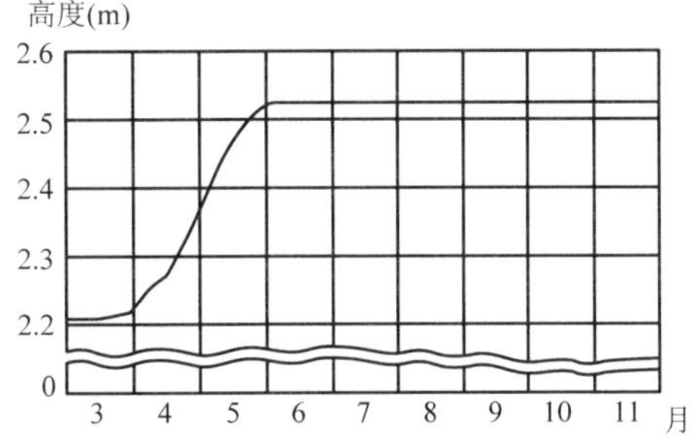

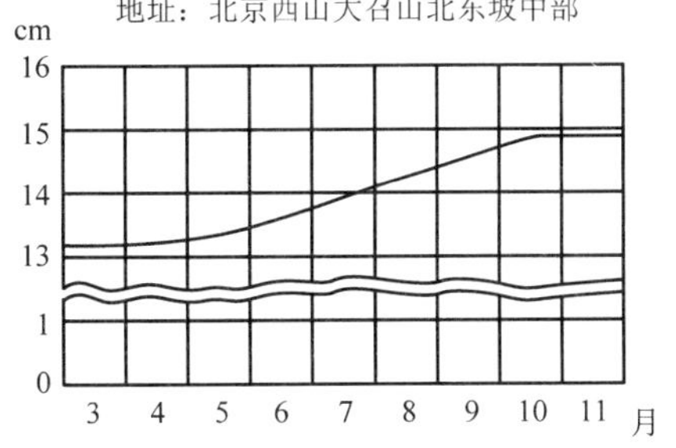

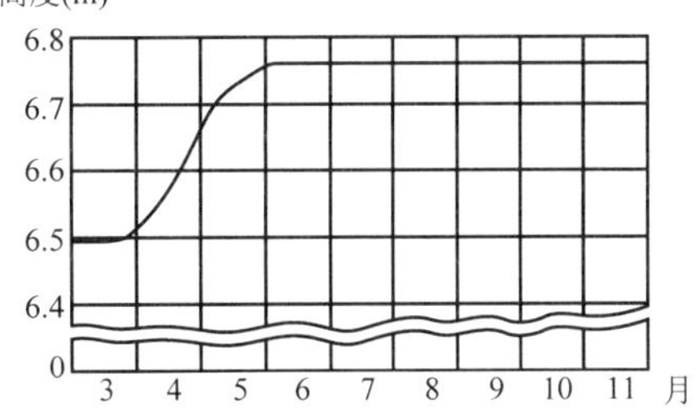

图 1 不同林龄油松当年生长过程

油松一般在8年生时就开始结实，在生长过程方面，高生长以10~30年生时为最快，直径生长最大生长量表现在30~50年，油松是长寿的树种，一般材积轮伐期可为40~50年。

二、油松的造林季节

根据北京西山的造林经验，关于油松的造林季节，在生长实践中已证明了，春、夏、秋三季均宜造林，唯各个季节有它各种不同的气候特点，从造林用的苗木来说，在春、夏、秋不同季节里，它的生理活动和生态现象也是不一样的，另外从造林的立地条件(高山或低山、阳坡或阴坡)、造林方法(播种或栽苗)、苗龄(小苗或大苗)和造林技术(单株或丛植丛播、带土或裸根、灌水或不灌水)等不同，对造林季节的选择亦应各有所异，每个季节都有它独特的优越条件，同时每个季节也都存在着各种不同程度的缺点，特别是在生产中大面积造林的情况下，对种苗的供应与施工方面劳力的安排，与造林季节有密切关系，因此造林季节的选择，是一项很复杂而又极为重要的问题。

(一)栽苗造林季节

1. 春季造林

一般认为春季是栽苗造林较好的季节，特别是早春解冻时，土壤中水分充足，而气温较低才开始逐渐上升，因此蒸发量较少，大气相对湿度也较高，这些条件对造林来说是非常有利的。过去北京西山栽植油松是在春季利用3.5~4.5年生的大苗带土块栽植，同时还必须于造林后灌几次水才能成活。其主要原因是由于华北气候的特点，春季干旱多风，根据北京地区春季4~6月间的降水量仅相当于全年降水量的20.9%(131.6mm)，而蒸发量达全年的43.8%(798.9mm)，大气相对湿度是全年中最低的季节，如4月的大气相对湿度仅为42%，5月47%，6月55%，详见下列北京地区各种气象图表(图2至图5)。

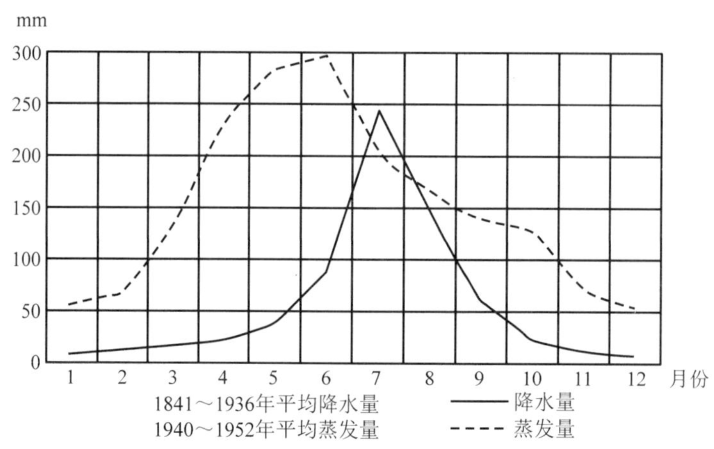

图2 降水量和蒸发量曲线

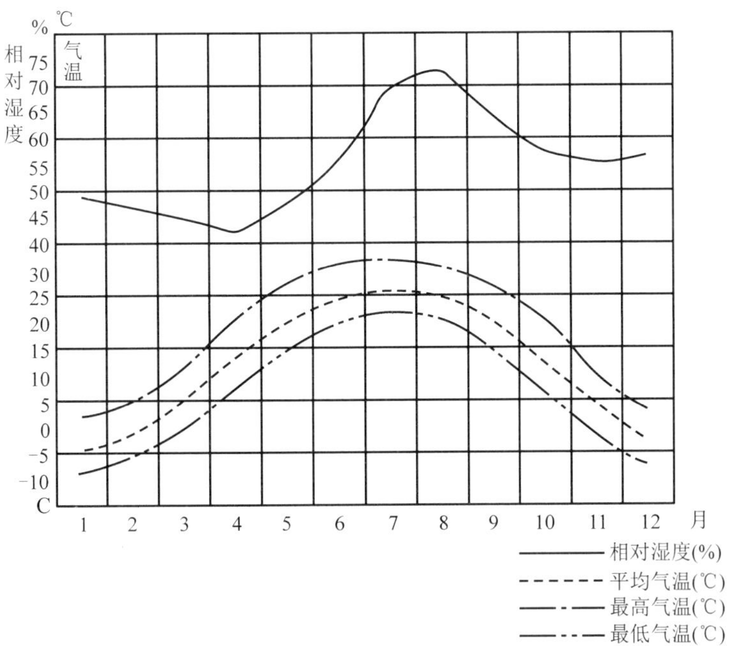

图 3 气温(平均、平均最高，平均最低)及平均相对湿度曲线

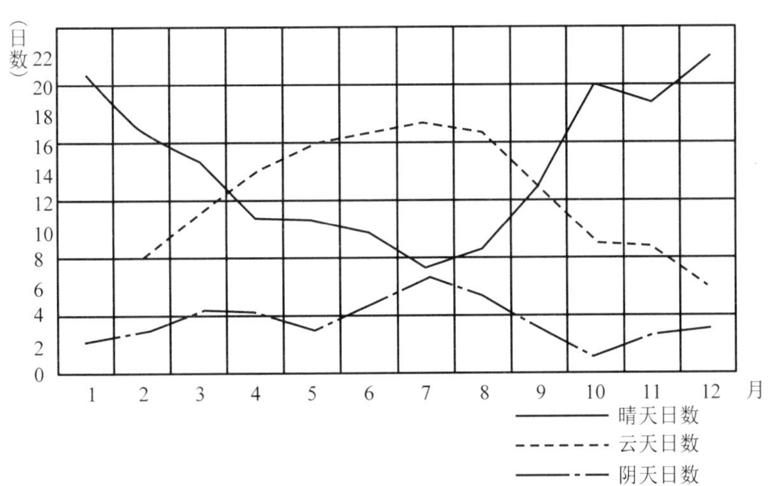

图 4 晴天、云天、阴天日数曲线

从以上气象表中，可以看出 4～6 月间降雨量少，蒸发量大，相对湿度低，阴天日数亦较少，而 4、5 月风多，因此也就必然会引起土壤干燥，参照北京西山年中土壤湿度变化图表。

从图 6 可以看出，每年 5 月间土壤含水量最低，阳坡只不过 8% 左右(阴坡较多)，而雨季里土壤含水量最高达 29%，说明了春季造林存在着一定的困难。

总结以上所述华北气候的特征，春季干旱多风，土壤又特别干燥，利用油松大苗带土块造林，在施工方面有一定的困难，根据目前造林事业大规模的开展，需要

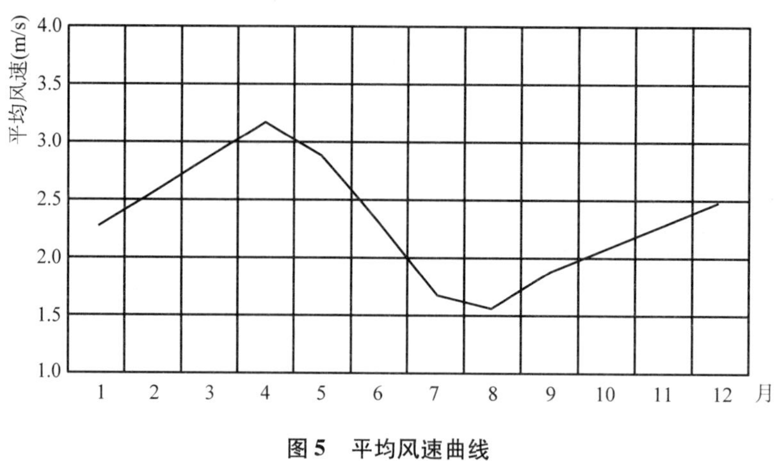

图 5　平均风速曲线

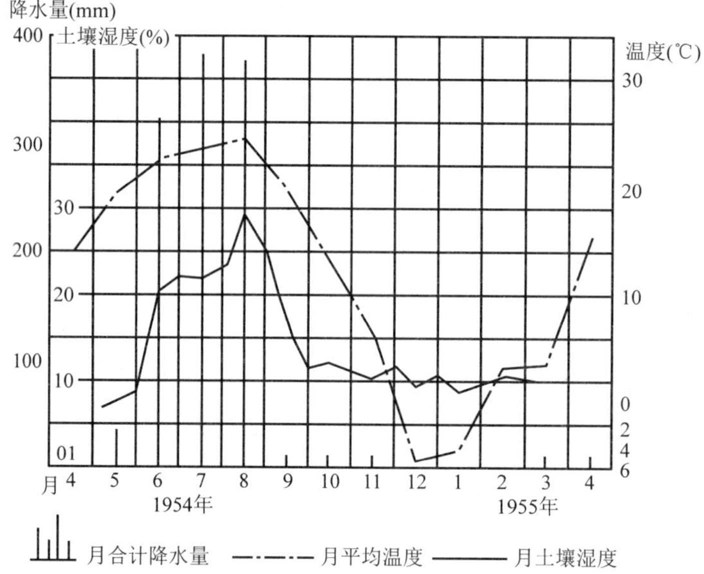

图 6　1954 年 4 月至 1955 年 4 月，月土壤湿度、月合计降水量、月平均温度曲线

在最短期间完成大面积造林任务的迫切要求，就需要根据劳力和种苗的情况，进行全年的安排，因此也就不能不要求改进造林技术措施，来争取进行春季造林。

春季干旱并不是整个春季自始至终都是一致的干旱特别严重，如能做到造林的前一年细致整地，早春造林，从气候和土壤水分条件来说对造林还是有利的。另外由于过去栽植油松都是用 4 年生的大苗，由于苗龄过大，也是不易成活的主要原因之一，再加春季干旱，土壤水分缺乏，造林就比较困难，但也不应该认为在西山的所有地方土壤干燥、湿度低都是一样的，为了争取在春、夏、秋三季都能造林，对上述各项问题就要进行试验研究。

1956 年春季，在西山象鼻子沟阴坡和半阴坡，用 1 年生和 1.5 年生油松小苗，栽植日期是 4 月 3 日、4 日，实行随起苗随栽植，并进行了严格选苗，根系稍带原土，放入筐内或湿的蒲包内，再运到造林地，随到随栽，在每长 3m、宽 40cm、深 30cm 的水平沟中，栽 6 丛，每丛栽植油松幼苗 2~3 株，栽植深度比苗木原土痕深 1cm，培土踏实，最后修正水平沟的外沿，并使外沿高出地面 8~10cm。

根据 1957 年 11 月 8 日的调查，1.5 年生苗比 1 年生苗成活率高，1.5 年生苗木的成活率是 79% 并生长良好(详见油松造林技术部分)。

于 1957 年春季又在温泉 9 林班 1 小班，用 2 年生油松苗木，分别在不同坡向进行了栽植造林试验，根据 1957 年 10 月 8 日的调查结果，东北坡成活率达 98.1%，而南坡的成活率为 30.9%(详见油松造林技术部分)。

从上述 1956 年和 1957 年两年春季造林试验的结果。说明了虽然华北气候春季干旱，如能争取早春造林，采用 2 年生苗，春季造林是可以成功的。

2. 雨季造林

根据华北气候的特点，春季干旱多风，虽然在早春选择条件较好的阴坡可以造林，但在一般的造林地上，尤其遇到干旱年份，有时春季造林成活率低，因而就不能不考虑到华北地区的降水量多集中在 7、8 两月的第二个特点，据中央气象局的气象资料统计，每年中 7、8 两月的降水量占全年降水量的 62.7%(395.5mm)，特别是在雨季里，由于阴雨连绵，不仅土壤湿度达 29%，大气相对湿度也升高到 70%~73%，当然蒸发量也必然急剧下降，这些气象因子，对雨季造林来说是极为有利的条件。

通过历年生产实践的经验证明，应该在头伏末二伏初，也就是下过透雨以后，及时造林，不宜过晚，在北京西山一般雨季造林成活率达 85%~90% 以上，此外无论 1.5 年生苗木或 2.5 年生苗木，阴坡或阳坡，成活率均很高。根据在北京西山 1955~1957 年三年间的雨季造林调查材料，可以证明(表 2)。

表 2　1955~1957 年三年间雨季造林调查情况

栽植日期	地点	坡向	整地时间	苗龄（年）	成活率（%）	生长状况(cm)		调查日期
						平均高度	平均地径	
1955 年 7 月中旬	景皇陵	南西	1955 年雨季前	2.5	85.8	31.4	1.69	1956 年 12 月 7 日
1955 年 7 月中旬	景皇陵	南	1955 年雨季前	2.5	91.0	31.4	1.65	1956 年 12 月 7 日
1955 年 7 月下旬	大召山老虎石	北北东	1955 年雨季前	1.5	88.3	27.9	0.94	1957 年 11 月 11 日
1956 年 7 月上旬	香山后坡	北	1955 年秋季	1.5	85.2	9.3	0.36	1957 年 5 月 28 日
1956 年 7 月中旬	魏家村后山	东	1955 年秋季	1.5	67.5	8.8	0.53	1957 年 11 月 18 日
1957 年 7 月下旬	天光寺	北西	1957 年春季	1.5	87.7	5.5	0.34	1958 年 4 月

北京西山造林经验证明，可以利用雨季栽植油松，从水分条件来看是一个较好的季节，但要注意雨季造林期限较短，不宜过晚，同时也必须做好造林前的准备工作，对起苗、包装、运输、假植等一系列工序，应紧密衔接，做到尽快栽植不积压苗木以保证成活。

3. 秋季造林

过去对春季造林由于干旱有时成活困难，雨季造林又由于每年夏季连雨日的情况不正常，因此有时遭到失败。华北的秋季比较长，而冬季又不甚严寒，虽一般认为早春是最好的造林季节，但具体到北京西山来说，大量的造林任务是在秋季，特别是阔叶树种，不宜雨季造林(个别树种例外)，最好是在秋季落叶后栽植，当然油松也可以秋季栽植。

在我国有的地区很少进行秋季造林，但在华北地区认为秋季是最好的造林季节，因为秋季树木落叶后已停止生长，油松虽不落叶，但基本上已停止生长，呈休眠状态过冬，据文献记载和实际观察，已发现根系的生长规律，在春、夏季之间开始生长，夏季最热阶段(7 月)根系生长稍微弱，到了秋季根系尚能出现第二次活跃生长阶段，至寒冷到来时停止，因此秋季造林后，苗木在土壤中生根过冬，并且能和土壤愈合到第二年春季，可以提高成活率。

秋季气温一天比一天降低，而树木对水分的蒸腾量也逐渐减少，此外土壤中的水分由于雨季的集中降水，因而不甚缺乏，这样就给秋季造林创造了有利的条件，特别是秋季里，最适宜的造林期限较长，可延续 1 个月以上，一般自 10 月下旬到 11 月中旬均宜造林，也就是自秋季树木落叶的开始，到土壤结冻前两周止，在此期间都可以造林，但秋季造林，也不宜过晚，过晚则苗木来不及在土壤中扎根，结果成为不良的假植状态过冬。而春季和雨季的最适宜造林期限较短，春季不宜超过 10 日，雨季不宜超过 20 日，否则会大大降低成活率。在今天大规模造林的跃进形势下，造林季节中的最适宜期限较长，对施工方面来说，是保证如期完成任务的优越条件。

据北京西山秋季栽植油松经验，一般成活率达 80% 以上，在造林技术方面最好是春季整地，经过雨季大量保蓄水分，有利于秋季造林，关于油松苗木规格，最好是 2 年生苗，平均苗高达 15cm 以上，地际直径 0.5 ~ 0.8cm，在每 3m 长的水平沟中，可栽 6 株，每株间距离为 50cm，秋季栽植后成活与否，当年秋季不显著，很大程度决定于第二年的干旱季节。总的秋季栽植后，当年秋天就在土壤中扎下了根，到了第二年春季，可以提早发芽生长，有效地利用土壤水分，增强了抗旱力，而提高成活率。

(二)播种造林季节

在华北的气候条件下，在北京西山进行人工造林时，根据油松的生物学特性，并通过生产实践的证明，认为播种造林宜在秋季，使种子在土壤中，处于湿润低温的条件下过冬，这样就可以达到种子催芽的作用，到了第二年春天，种子很快就发芽出土，充分利用早春土壤湿润的有利条件，等到春末干旱季节到来的时候，幼苗已生长健壮，有一定的抗旱力，但在秋季播种时，不宜过早或过晚。如过早则油松种子当年发芽，过冬时将遭受冻害；如过晚则播种后土壤即冻结，这样会降低种子催芽作用。

根据华北雨量集中在七八月、冬季又不甚严寒的气候特点，在立地条件较好的造林地上，可以利用雨季的有利条件进行播种造林，雨季造林可在雨季将临时，把种子播下，使种子在阴雨连绵时发芽出土，因此在其他造林季节感觉土壤湿度不够的造林地上，如利用雨季播种造林也可以成功。但雨季播种不可过晚，要求播种后要有2个月以上的生长期(指自发芽出土日期计算)，否则将遭受冻害。

过去一直认为华北春季干旱，在春季播种造林是有一定困难的，但没有考虑到寻找有利于播种造林的立地条件，争取春、夏、秋均能造林。北京西山造林所于1957年春季，在冷泉马武寨的4林班5小班进行了播种造林试验，试验地概况如下。

地形：海拔高度355m，坡向北北东，坡度20°，试验地设于山的上部接近分水岭。

土壤：褐色，土层厚65cm，含石砾较多，无碳酸盐反应，pH值6.1，质地较疏松湿润的中壤土，0~26cm处呈团粒结构。

植被：灌木有胡枝子、荆条，草本植物以大油芒、菅草、羊胡子草、铁扫帚、麻叶绣球为主。覆盖度为90%。

试验方法：播种面积为4亩，播种期1957年3月31日至4月1日，播种前用55℃温水进行了浸种，并同时进行水选，选出去浮在水面的空粒，经一昼夜的浸种后，将种子捞出装入潮湿的麻袋中，放置在温暖向阳处，每日用温水淘洗一次，经过4~5日后种子膨胀并微裂，为了防止鸟兽危害，用砒酸铅进行了拌种，用量是油松种子50kg用砒酸铅0.5kg，播种时是将经过催芽处理和药剂拌种的油松种子，播在前一年秋季整好的水平沟中，每3m长，播种6穴，即穴距50cm，每穴中放入种子20~30粒，覆土厚度1.5cm，稍加镇压，由于试验地是在土壤较湿润的阴坡，因此未盖草，如在土壤较干燥的阳坡则必须盖草，以保证成活，播种完了后尽量将水平沟面搂平并修整好沟堰。

在抚育管理方面，播种当年共进行了5次除草松土，为了防止发生病害，于5月下旬喷射1次浓度为1%的硫酸亚铁。

春季播种造林试验结果：于1957年3月31日至4月1日播种后，至4月18日开始发芽，发芽后经过1周即全部出齐，于1958年8月29日进行调查，成活率达83.8%。每穴幼苗株数平均7株，平均高生长达5.7cm，平均地际直径0.21cm，颜色正常，生长状况良好。

根据试验的初步结果，认为在造林立地条件较好的情况下，在一些山地可以在春季进行油松播种造林，应该选择阴坡或半阴坡，播种时间宜早，在土壤刚解冻趁土壤水分充足时及时播种，为了提早发芽，播种前一定要进行种子催芽，并通过了试验证明用砒酸铅拌种是防止鸟兽害的好办法，经过初步观察认为如能在早春播种经过催芽的种子，到5月份干旱期到来时，油松幼苗的根系已深入土中达15cm以上，可从土壤深处吸取水分，因此不致旱死。

三、油松的造林技术

（一）造林地的选择

北京西山地形变化复杂，在各种不同立地条件下，母岩、土壤与植被亦变化很大，一般山脊部多岩石裸露，植被稀疏，此外山坡的上部、中部和下部亦各不相同，阴坡和阳坡亦有显著差异，这些因子都直接地影响到造林的成活率和幼林的生长。

一般山坡上部坡度较陡，特别是阳坡土层较薄，约5～20cm，植被稀疏，土壤中腐殖质含量少，干燥贫瘠，多为轻壤土，无碳酸盐反应，有流失现象。而阴坡较厚，达60cm以上，由于人为的破坏较少，植被繁茂，土壤中腐殖质含量多，并较湿润，多为中壤土亦多为条件较好的造林地。

山腹部分由于采樵和放牧，遭受破坏较严重，植被覆盖度为40%～70%，一般土层厚度20～50cm，腐殖质含量较少，为棕褐色或灰褐色肥沃度中等的轻壤土，砂壤土较少，有弱度碳酸盐反应，pH值6.5～7.0，较湿润，油松的大部分造林地是属于这个类型。

山坡下部多为坡积土，并由于久远年代，长期水土流失切割成为沟谷和台地，可观察到含有大量石砾的断层，一般土层较深厚肥沃，植被覆盖度达60%～90%，在阳坡多荆条、山枣、鼠李、锦鸡儿等灌木，在阴坡多黄栌、胡枝子、蚂蚱腿子、野瑞香、薄皮木等灌木，一般多在这类土地上栽果树和特用经济林（胡桃、板栗），当然栽油松也更合适。

根据山地的特点，阳坡与阴坡有显著差异，对造林成活与幼林生长有很大影响，为了调查阳坡与阴坡的土壤水分差异，曾于1957年春季在温泉后山选定标地，进行了调查，标地的概况为：海拔高度40m，相对高度约60m，坡度24°，母岩为石灰岩，土壤为粗骨土的褐色土，石砾含量约30%，有强度碳酸盐反应，质地为轻砂壤土，土层厚度达75cm，pH值6.5，有土壤冲刷现象，经过调查对比，已初步得出阳坡与阴坡土壤湿度有显著差异（表3）。

表3　阳坡与阴坡土壤湿度对照表

测定日期	土壤湿度（%）	
	阳坡	阴坡
1957年4月4日	11.41	16.41
1957年4月19日	13.91	16.51
1957年5月6日	12.46	14.61
1957年5月20日	10.67	11.79
1957年6月10日	9.22	10.34
1957年6月26日	8.67	10.05
平　均	11.06	13.29

根据华北春季干旱的气候特点，无论春季造林或前一年的秋季造林，每年中的4～6月，是决定造林成活与否的重要关键时期。从表3中可以看出，阳坡与阴坡土壤湿度相差很大，在降雨量少的春季干旱季节里，4～6月，阳坡土壤平均湿度为11.06%，阴坡为13.29%，相差2.23%，为了进一步探讨阳坡与阴坡对造林成活的影响，于1957年春季3月25日，在试验地上用2年生油松苗木进行造林，据当年10月8日调查，成活率及幼林生长状况见表4。

表4 不同坡向对造林成活与幼林生长的影响

坡向	成活率(%)	幼林生长状况(cm)	
		平均高度	平均地径
北	89.4	11.6	0.64
南	30.9	9.5	0.46

从表4可以看出，阴坡栽植油松成活率高，幼树生长也较健壮，特别是春季造林，选择造林地时，不宜在阳坡山上部以免失败，阴坡成活率可达89.4%。

(二)苗龄及苗木规格

北京西山过去造林是利用3.5～4.5年生的移植苗，在生产实践中不断改进的结果，初步认为苗龄过大或过小均为不宜，并根据造林季节不同，所用的苗龄亦应不同。此外由于造林方法不同，对苗龄的要求也不同(指单株或丛植)，也有虽然苗龄相同，由于苗木规格(苗木高度、地际直径)不同，对造林的成活与林木生长亦有极密切的关系，根据北京西山造林所历年生产实践中的经验与林业研究所的试验研究材料所得初步结果列举如下。

1. 根据1956年春季，在象鼻子沟用油松1年生苗木(试验区1号)和1.5年生苗木(试验区2号)造林，以及1957年春季在温泉9林班1小班用2年生苗木(试验区3号)造林的成活率和幼林生长状况，调查结果见表5。

表5 1956年和1957年造林成活率和幼林生长状况调查

试验区号	坡向	苗龄(年)	成活率(%)	生长状况(cm)		栽植日期	调查日期
				平均高度	平均地径		
1	NE	1	65.6	13.3	0.56	1956年4月3日	1957年10月8日
2	NNE	1.5	79.5	20.3	0.86	1956年4月3日	1957年10月8日
3	NE	2	98.1	15.3	0.58	1957年3月25日	1957年10月8日

从表5可以看出，苗龄过小成活率较低，春季造林以2年生苗木为宜。在生产实践中亦发现苗龄过小，不仅不耐干旱，同时在过冬时，亦常遭受各种危害而死亡。

2. 雨季造林常用1.5年生或2.5年生苗木，在生产中证明如丛植可用1.5年生，如单株栽植最好用2.5年生苗木，不仅成活率高，同时也可以减免泥土淤积的危害，根据实际调查结果见表6。

表 6 各地不同苗龄苗木造林成活率及生长状况调查

地点	坡向	苗龄（年）	栽植日期	调查日期	成活率（%）	平均生长状况(cm)	
						高度	地际直径
香山后坡	N	1.5	1956 年 7 月	1957 年 6 月	85.2	9.3	0.36
魏家村后山	E	1.5	1956 年 7 月	1957 年 6 月	67.5	8.8	0.36
天光寺南山	NW	1.5	1957 年 7 月	1958 年 4 月	87.7	5.5	0.34
大召山老虎石	NNE	1.5	1955 年 7 月	1957 年 11 月	88.3	27.9	0.94
景皇陵北山	S	2.5	1955 年 7 月	1956 年 12 月	91.0	31.4	1.64

从表 6 可以看出雨季造林 2.5 年生比 1.5 年生苗木成活率高，同时也可以看出，雨季造林受坡向的影响较小，因此在春季造林不适宜的阳坡，可以利用雨季造林。

3. 秋季造林常用 2 年生苗木或 3 年生苗木，一般认为 2 年生移植苗最适用，当然也可以利用 3 年生移植苗单株栽植，造林成活率亦很高，但育苗费较多，根据初步调查结果见表 7。

表 7 不同坡向、坡位造林情况调查

地点	坡向	苗龄(年)	成活率(%)
冷泉西山上部	N	2	78.2
大召山前坡	S	2	92.7
大召山北东坡中部	NE	3	96.6

4. 根据造林时所用方法的不同，如单株栽植或丛植，所采用的苗木年龄亦应各异，一般丛植所用的苗木苗龄宜小，单株栽植苗龄可稍大些，最好是 2 年生苗木或 3 年生，但不宜过大。

5. 苗木规格是苗木质量的综合指标，为了选择优良苗木，提高造林成活率与加速林木生长，有必要制定苗木规格，作为育苗的奋斗目标与造林前鉴定苗木的标准，依照不同的造林季节，所采用的不同苗龄的苗木，制定油松苗木规格表(表 8)。

表 8 油松苗木规格表

栽植季节	苗龄(年)	苗木规格(cm)					
		根际直径			高度		
		1 级	2 级	级外	1 级	2 级	级外
春季	2	0.5 以上	0.3～0.5	0.3 以下	15 以上	10～15	10 以下
雨季	1.5	0.4 以上	0.25～0.4	0.25 以下	15 以上	10～15	10 以下
雨季	2.5	1.0 以上	0.5～1.0	0.5 以下	25 以上	15～25	15 以下
秋季	2	0.5 以上	0.3～0.5	0.3 以下	15 以上	10～15	10 以下
秋季	3	1.5 以上	0.8～1.5	0.8 以下	25 以上	15～25	15 以下

(三)造林前苗木的准备

苗木的质量，对造林成活与林木生长有密切关系，虽然在苗圃中培育出优良的苗木，但常常由于起苗、包装、运输和假植不当，而降低成活率。

1. 关于油松起苗带土坨问题，根据西山造林的实践经验，认为凡属于下列情形均宜带土坨：

(1)应用4~5年生的大苗造林，或在风景区栽植更大的油松时，必须带土坨，否则不易成活，过去北京市瑞王坟苗圃，曾于苗圃内移栽苗龄较大的油松苗木，以为在苗圃内随起随栽，无需带土坨，结果成活率甚低，为了使大油松苗木所带土坨不松散，应用蒲包草绳进行包装。

(2)在立地条件较坏的造林地，如阳坡土壤干燥瘠薄并含石砾较多的土地上造林时，如采取带土坨栽植的方法，可提高成活率。

(3)应用稍小苗木丛植时，最好带宿土(附图1，图略)，可用大包包装，如每包300株。

以上带土坨栽植方法，除运输方面有些不便外，对造林成活是有保证的。不带土坨时，为了保证成活率，在各个工序要及时迅速采用适合现地的处理方法，并保证工作质量。

2. 当苗木自苗圃起出后，经过选苗、捆束、包装、运输至供应站，然后再由种苗供应站分配到各造林地，一般自起苗到栽植为止，要经过相当长的时间，这主要是根据苗圃距造林地的远近、运输工具的种类、劳力组织和苗木供应计划的周密与否而决定，但应争取尽量缩短时间，使苗木不致受风吹日晒或堆积发热，甚至腐烂的不良影响，根据北京西山造林所在大规模生产实践中所进行的统计和调查研究，所得的结果见表9、表10(以下统计数字除有特殊记载外，都指不带土坨造林)。

表9　油松苗木自起苗至栽植间隔日期的长短与造林成活率的关系

间隔日期	苗龄(年)	经过情况	成活率(%)	备注
半日以内	2.5	起苗后即刻运至造林地在半日内栽完	91.0	除起苗后半日内或一日内栽完的苗木未进行任何保管处理外，其他间隔期在2日以上的苗木，无论是未出圃或在运输途中，或存放在供苗站，均用苗帘包装，上面用苇席遮荫，并每晚在苗木上洒水以防枯干
1日	2.5	起苗后即刻运至造林地当日栽完	90.5	
2日	2.5	起苗后当日运至供苗站第二日下午运至造林地栽植	84.2	
3日	2.5	起苗后第二日运至供苗站第三日运至造林地栽植	80.5	
4日	2.5	起苗后第三日运至供苗站第四日运至造林地栽植	69.4	
5日	2.5	起苗后第三日运至供苗站第四日在供苗站荫棚内存放，第五日运至造林地栽植	50.1	

表 10　上记试验的栽植前后气候状况附表

月　日	7月									8月					
	23	24	25	26	27	28	29	30	31	1	2	3	4	5	6
降水量(mm)	0.4	12.0	0.5	1.5	–	–	–	–	4.1	3.5	–	–	2.6	–	20.6
天气状况	●	●	●	◑	◒	○	○	○	◒	○	○	○	●	◑	◑
栽植日期				▬	▬	▬	▬	▬	▬						

注：1. 天气状况记号：●阴天，◑半阴天，◒有稀薄高云不多，○晴天；

2. 栽植日期栏内：▬▬▬▬加黑色线者，是指植树日期；

3. 间隔日期中：半日以内及1日的两个不同处理，是在同一日进行的。

从表9中可以看出，自苗圃中起苗后在半日内栽完者，成活率最高，达91.0%，而间隔5日者，成活率降低为50.1%，所以油松造林时，应该争取当日起苗当日栽完，使苗木不受影响，而提高造林成活率。

在运输苗木或存放苗木时，不宜大量堆积，以免发热，造成苗木死亡，并应经常检查，如发现包装苗木已发热，应及时解开，放在背荫凉爽地上，以扩散苗木的高温，这项工作最好在晚间进行，以免遭受风吹日晒使苗木枯干。

北京市农林局西山造林所，曾创造夜间起苗、包装运输，天明后就栽植的工作方法，大大地提高了造林成活率。

3. 当苗木运至造林地后，打开包装到放入穴中培土栽植，尚需一定时间，在这一段时间内，一般不再进行假植，常放在造林地上受到风吹日晒，或者有的当苗穴掘好后，就把苗木一一放入空穴中，待后面来人逐次栽植，虽然上述情况的间隔时间不算很长，但对苗木确有很大影响，为了探讨对苗木影响程度如何，曾进行了试验，其结果见表11。

表 11　油松苗木运至造林地后，自解开包装至植入穴内间隔时间的长短与造林成活率的关系

自解开包装至植入穴内的间隔时间	成活率(%)	备　注
当时栽植	89.4	当解开包装以后未能当时栽植的苗木，均放置在有遮荫处保管
放置2小时	89.1	
放置4小时	76.8	
放置8小时	40.9	
放置24小时	10.4	

注：苗龄2.5年生，栽植地区坡向SSE。

从表11中可知，当苗木运至造林地，解开包装后，根部在大气中暴露的时间不宜过久，即使很短的时间，对成活率亦有很大影响。最好是使用苗木桶，并在桶内放入苔藓类或水，用一株取一株，防止苗木枯干。

(四)水平沟整地

在华北山区，一般常用的整地方法中，主要的是水平沟、鱼鳞坑、穴状、块状等方法，在北京西山油松造林所应用的整地方法为水平沟整地。

水平沟的规格是长3m，宽40～60cm，深30～50cm，呈“品”字形交错排列，沿着山坡等高线横着也排列成行，沟与沟间横距为0.5m，沟与沟上下间之行距为1.2～1.5m。

整地方法，是用山镐按照所制定的规格刨沟，刨土时应随时拣出石块筑成外沿，以防水土流失，一般外沿高出地面15～20cm，并需踏实。

1. 为了探讨各种整地方法对土壤水分所发生的影响，于1954年(水平阶状和穴状是在1954年4月14～16日，水平沟状是在1954年7月12日)在西山二召山下坡，进行了水平沟、水平阶、穴状三种整地方法试验，本次试验整地规格如下：

(1)水平沟整地：按山地等高线呈水平方面排列，每条沟深0.3m，宽0.4m，长3m，行距2m(全按中心距离计算，以下同)。

(2)水平阶整地：先按山地等高线像梯田似的修出水平阶，但又做初步的整平，并不深耕整地，这个水平阶的规格是长15m，宽0.4m，整平后再在水平阶上整穴，穴径40cm，深30cm，穴与穴间之距离(即株距)为65～70cm，行距2m。

(3)穴状整地：穴径40cm，深30cm。株距65～70cm，行距2m。

2. 在上列整地试验区进行了土壤水分测定，测定结果如图7所示。

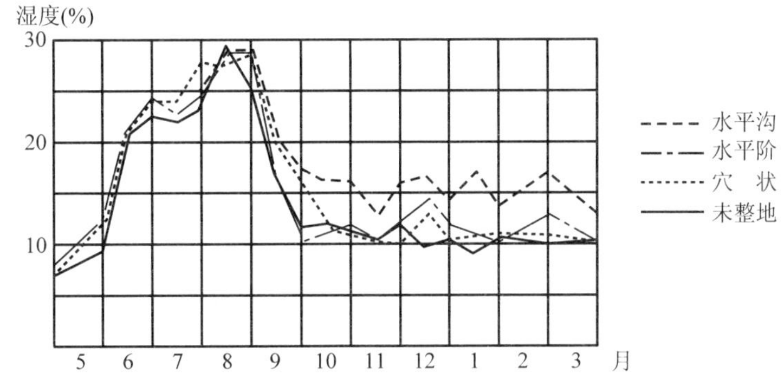

图7 水平沟、水平阶、穴状整地和未整地的对照区土壤湿度情况

同时在应用上列三种整地方法的试验地上，于1954年7月17～18日栽植了2.5年生油松苗木，至1957年11月18日进行了二次调查，其结果见表12。

表12 不同整地方法与油松幼林生长的比较

调查日期	整地方法	生长状况(cm)				
		高度	根茎	冠幅		
				株间	行间	平均
1956-11-29	穴　状	71.10	2.79	–	–	62.46
1956-11-29	水平阶	72.30	2.94	–	–	66.30
1956-11-29	水平沟	83.80	3.33	–	–	75.30
1957-11-18	穴　状	115.66	3.99	85.80	88.17	86.98
1957-11-18	水平阶	115.92	4.22	82.00	90.64	86.32
1957-11-18	水平沟	130.23	4.43	87.94	105.86	96.68

3. 从表12的整地及造林的试验来观察，因为油松虽然是阳性、有极发达的侧

根并有明显的主根深根性树种，而水分问题仍是主要问题，水平沟整地，因为除雨季外在春季及秋季皆为土壤水分含量最多的整地方法，所以对于促进油松生长是有重要意义的。

水平沟状提前整地，能去掉杂草草根，翻松土壤，能增加土壤通气性，整地时间若是在雪季前或雨季前，可保蓄更多的水分，并能改善土壤的物理化学性质。

华北地区春季油松造林要早，解冻前要有准备，要随解冻随植树，短期内植完，所以当年整地是来不及的，需要在前一年进行整地。雨季油松造林，也是需要提前准备好，一俟降一、二次透雨后，趁土壤湿、空气湿、连阴天的良好机会进行植树，所以也需要提前整地。秋季造林，也最好在春季整地，经过雨季蓄积更多的水分。根据本试验区及西山大召山地区的调查，如使用很好的蓄水保墒的整地方法并能运用雨季和雪季前这个良好时机来整地，是个很重要的问题。

在各种整地方法中，水平沟状整地是最适于油松山地造林的整地方法。如景皇陵西山应用水平沟状整地，油松造林 2 年后(1955 年雨季造林，1957 年 6 月)生长高达 60cm(附图 2，图略)，在雨季里各种不同整地方法的土壤湿度相差不甚大，但在较干旱的秋季和春季，用水平沟状整地方法所整的地，在土壤湿度方面，则高出于其他整地方法，这对于油松的成活与幼林生长有很大的影响。

(五)造林密度

培育树干通直、圆满、枝杈少的油松优质材，下列各项条件起着主要的作用：(1)土壤条件：土壤的厚度及肥沃度；(2)气候条件，尤其其中的风；(3)栽植密度：由于孤立木则树冠形扩大，林木则树干形高大，生长良好的情况也可观察到人工林如能保持适当的栽植密度，是对于优质材的生产及促进林木的生长，有很大关系的。

油松是喜光树种，它在幼龄期生长在过密和丛植地方，表现着自然稀疏状态，这在西山大召山上都是这样。

在立地条件良好，即山的中下部、土层厚的地方，生长良好，如西山山下部 94 年生树高度 26.4m、胸径 52cm，株行距皆为不整齐的 5m 距离。在石砾含量稍多及土壤条件不太好的大召山阴坡及阳坡上，2m 正方形植树，26 年生时，其中生长良好者，在阴坡高度 6.5m、胸径 15cm，较差者高度 3m、胸径 10cm。其生长不良原因，除土壤及气候条件稍差及昆虫危害外，与密度稀疏，关系很大。

栽植密度与郁闭和生长有直接的关系，为了观察油松不同的株间距离与生长之间的关系，在西山山区进行了定位试验及辅助试验区的调查。

1. 试验区概况

位于西山大召山前阳坡，坡向 SW，坡度 16°，海拔高度 100m，相对高度 32m，土壤为山地壤土质的淋溶褐色土，母岩为砂岩，A 层 0～14cm，淡栗色、腐殖质含量不多，含石砾 5%，B 层 14～36cm，棕褐色、石砾含量 15%，pH 值 7.0。植被：灌木有荆条、山枣，草本植物以营草、白草为主，生长状况中庸，高度一般约 50～80cm，覆盖度 65%。

2. 栽植及株行距离

本试验区之株行距离，共分三种，行距皆为1.2m，其详细情况见表13。

表13 栽植及株行距情况

试验区号	面积(m^2)	区内株数	栽植日期	栽植时苗龄(年)	株行距离(cm)	
					株间	行间
1	182.7	151	1955年7月27日	2.5	80	120
2	179.8	191	1955年7月19日	2.5	60	120
3	179.8	210	1955年7月17日	2.5	50	120

3. 生长及郁闭状况

1955年雨季栽植后，至1958年第四年生长停止时，株间已全部郁闭，但行间全未郁闭，生长情况见表14。

表14 1955年雨季栽植后苗木生长及郁闭情况

试验区号	1956年(cm)					1957年(cm)					1958年(cm)				
	平均地径	平均高度	平均冠幅			平均地径	平均高度	平均冠幅			平均地径	平均高度	平均冠幅		
			株间	行间	平均			株间	行间	平均			株间	行间	平均
1	1.64	28.5	–	–	29.4	2.53	56.8	54.4	50.7	52.6	3.74	92.1	80.5	82.4	81.5
2	1.65	31.4	–	–	28.9	2.55	60.2	52.2	52.9	52.6	3.79	99.3	70.4	78.4	74.4
3	1.71	31.7	–	–	31.2	2.64	64.5	49.5	51.9	50.7	3.85	107.5	62.0	80.9	71.5

4. 辅助试验区

为了作为栽植密度的参考材料，在西山象鼻子沟及大召山建立了一部分栽植密度辅助试验区，其生长及郁闭状况见表15。

表15 辅助试验区苗木生长及郁闭情况

地点	立地条件	栽植时期	栽植时苗龄(年)	栽植方法	株行距离(m)		郁闭时期	郁闭时生长状况(cm)			自栽植至郁闭所要年限(年)
					株间	行间		根径	高度	冠幅	
象鼻子沟西山	坡向NNE，坡度25°，海拔高度150m，土壤厚度57cm，潮润砂壤土，植被良好	1956年8月5日	2.5	移植苗单株栽植	0.3	0.3	1957年7月	1.64	30.7	30.9	1
大召山北坡	坡向N，坡度22°，海拔高度120m，土壤厚度100cm，潮润砂壤土，植被良好	1954年7月21日	0.5	原生苗丛植	0.5	0.5	1957年7月	1.30	44.5	52.1	3
大召山前下部	坡向SW，坡度15°，海拔高度110m，土壤厚度65cm，潮润的中壤土，植被良好	1952年7月	3.5	移植苗单株栽植	1.0	1.0	1956年6月	4.81	117.0	109.0	4

（续）

地点	立地条件	栽植时期	栽植时苗龄（年）	栽植方法	株行距离（m）		郁闭时期	郁闭时生长状况（cm）			自栽植至郁闭所要年限（年）
					株间	行间		根径	高度	冠幅	
大召山后坡中部	坡向W，坡度25°，海拔高度160m，土壤厚度30cm，较潮润的轻壤土，植被良好	1952年7月	3.5	移植苗单株栽植	1.0	1.0	1956年6月	4.68	109.0	105.0	4
大召山前坡中部	坡向SSE，坡度28°，海拔高度160m，土壤厚度60cm，潮润轻壤土，植被良好	1953年7月	3.5	移植苗单株栽植	0.83	2.4	1956年7月	（本区只株间郁闭）3.71	90.1	81.0	3

5. 根据以上几个试验区的观察，油松如使用2.5年生苗木、雨季造林，如株距50cm、行距120cm时，则植树后满2年株间即可郁闭，如第三区1955年雨季植树，1957年雨季株间郁闭，而株距60cm行距与上区相同者，植树后满2年时即1957年雨季只有部分郁闭，到1958年才达到株间郁闭，株距80cm区，也同时达到株间郁闭，比50cm区株间郁闭要晚1年。

如用2.5年生苗木雨季造林，株行距皆为30cm时，则栽植后满1年（即第二年）即可达到全部郁闭。

如用0.5年生苗木雨季丛植，株行距皆为0.5m时，则栽植后满3年可达全部郁闭。

如用苗龄较大的3.5年生苗木，株行距亦放大为1m时，需要栽植后满4年才达全部郁闭，如大召山前坡下部及大召山后坡中部两个辅助试验区。

如用苗龄较大的3.5年苗木，株距0.83m、行距2.4m时，则栽植后第三年株间已郁闭，行间尚未郁闭，如大召山前坡中部区。

从以上情况观察，油松还是适当的密植好，幼树时期稍密植，可以尽快提前郁闭，在株行距不同时还可以提前株间郁闭，因为早郁闭是个主要问题，可以促进高生长、树干通直、枝杈少、树形良好，还因为早郁闭，减少抚育（指除草松土）次数，可节省抚育费用。

油松幼龄期，可考虑栽植适当密度，由人工抚育管理如疏伐整枝等，也能促进其生长良好，不必栽植过密，依靠其自然稀疏和完全不整枝，如象鼻子沟西山区，株行距是30cm×30cm，栽植满1年后即可全面郁闭，是密了一些。

油松是生长较快的树种，尤其是立地条件较好地方，可以根据苗龄略有区别，但最低株距要在40cm，行距要在80cm以上。

6. 关于油松，我们参考以上情况，根据其幼时生长虽较快但又要求密植的树种特性，稍密植可以提前郁闭，树干通直，能促进其高生长几个原则，提出下列栽植密度意见（表16），供大家参考。

表 16 油松造林密度

苗木种类	苗龄(年)	株行距离(cm)		造林季节
		株间	行间	
原生苗	1.5~2	40~50	80~150	春、雨、秋
移植苗	2~2.5	50~60	100~150	春、雨、秋

(六)单株栽植及丛植

在天然林中常看到森林天然更新的情况，当大量林木种子落到林地上得到适当的发芽条件后，则呈群团状出现幼苗，逐渐形成植生组，通过自然选择和林木自然稀疏，最后保留下生长最健壮的植株。根据自然现象，植生组是森林天然更新、林木永续生存的保证，因此不能不考虑，天然植生组的自然规律应用于人工造林，即造林方法中的丛植。

于 1956 年雨季用 1.5 年生油松苗木，在香山后坡阴坡进行了单株栽植与丛植的比较试验，其结果如表 17。

表 17 单株栽植与丛植的成活率及生长状况

栽植方法	成活率(%)			生长状况(cm)			
				当年年末		第二年年末	
	当年年末	越冬后	第二年年末	根径	高度	根径	高度
单株	82.0	60.7	60.3	0.33	9.9	0.53	11.19
丛植	91.0	85.2	84.5	0.36	9.3	0.53	16.34

又于 1955 年春季曾用 1 年生油松苗木，在象鼻子沟南山进行了单株栽植及丛植的比较试验，经调查结果见表 18。

表 18 象鼻子沟南山单株栽植与丛植的成活率及保存率情况

栽植方法	坡向	成活率(%)	保存率(%)	备注
单株	NNE	74.7	27.7	保存率为栽植后第二年秋季调查
丛植	NE	87.4	65.6	

从表 17 和表 18 中可看出丛植比单株栽植成活率高，并生长良好，根据林业研究所调查大召山丛植油松的材料，用半年生苗木雨季丛植，5 年后已发现根系愈合(连生)现象(如附图 3 及附图 4，图略)，此外常见到在植生组中，最中央的一株生长高大，其他植株在四周起辅助作用，特别是丛植植生组比单株对外界不良条件(如寒害、寒风害、炎热、干旱“泥裤子”等)的抵抗力强，通过其自然选择和抚育伐，同时也进行人工选择，最后保存下来的植株是优良的植株，能长成丰产及林相优美的油松林。

一般丛植时苗龄不宜过大，以 1.5~2 年生苗木为宜，每丛株数少在 2~3 株，多在3~5株，栽植时应丛起丛植尽可能地带原土，并保持土坨不松散，而提高成活率。

但也要注意到用2年、2.5年、3年生苗木单株栽植的优点，因为单株栽时多用苗龄稍大的移植苗，因其根系壮大，抗旱害及其他各种灾害力强，栽植后成活率高，生长比起小苗来，生长迅速，如造速生用材林时，还是用2~2.5年生移植苗好。

（七）其他各项造林工作中的技术措施

1. 根据华北气候春季干旱，雨季多暴雨，雨量多集中在7~8月和一般石质山区土壤中石砾含量较多并干燥瘠薄的特点，在造林方法中，应以栽植造林为主，只有在条件较好的土层深厚肥沃的阴坡，才能进行播种造林。

2. 栽植造林时，应特别注意踏实土壤以防干旱，特别是春季或秋季造林，根据试验材料所得结果见表19。

表19　栽植油松时土壤踏实程度与成活率的关系

树种	苗龄（年）	整地方法	造林时踏实程度	成活率（%）
油松	2.5	水平沟状	栽植时仅覆土未经踏实	41.6
油松	2.5	水平沟状	栽植时覆土后用手轻轻镇压	70.9
油松	2.5	水平沟状	栽植时用脚踏实一次	86.3
油松	2.5	水平沟状	栽植时用脚踏实二次	93.1

造林时如不踏实土壤，成活率仅41.6%，在一切都相同的情况下，如用脚踏实二次，则成活率达93.1%，由此可知踏实土壤，对山地造林是多么重要，尤其是华北干旱地区。

3. 山地造林的特点，要通过整地、培土踏实和加强抚育等措施以防止干旱，以及根据华北暴雨集中的特点，应防止土壤冲刷或泥土淤积，因此整地时应尽量保护天然植被，在坡度较陡水土容易流失的地方，应施行水土保持工程措施，但经常在部分地区发生泥土淤积现象，也是不可避免的，特别是雨季利用稍小苗木造林，在坡度较大植被稀疏的地方容易发生，如不及时采取抢救措施，会使油松幼树因此遭致死亡，经常采取的措施有以下几项：

在25°以上的陡坡，常发生水土流失的造林地，应于造林前做好水土保持工程措施。每降暴雨后，应上山检查，如发现泥土淤积，要及时松土、去淤泥、扶苗重植的要踏实等措施。

当然在造林时就应该注意到，凡容易发生水土流失和泥土淤积地方，可以选用大苗栽植，栽植时踏实，并不宜栽植过深或过浅。

4. 北京西山近几年来，油松造林死亡的原因，在很大程度也是由于根系卷曲，特别是采用移植苗造林时，根系卷曲现象较严重，过去苗圃育苗时曾一度采用了用铁锹在苗床上开缝的双株移植法，结果造成了大量苗木根系卷曲，以致栽植后发生死亡，在广大面积的造林成活率调查中已发现有75%的油松幼林死亡原因是由于根系卷曲、变形、盘结，同时已看到由于根系卷曲虽然栽植当时能成活，如遇干旱等特殊情况，则根系卷曲的植株，必然首先死去。如西山二召山下在1958年7月调查了1958年春季(是10年来最干旱的年份)死亡植株(系1955年雨季造林)，其中75%是由于苗木移植和造林时栽植技术不良根系卷曲、变形而影响的(附图5和附图6，图略)。

5. 从历年北京西山造林成活率调查中，即以上情况可以看到由于造林培土不实和根系卷曲，是油松造林成活率低的主要原因，在大面积成活率调查和死亡原因的分析，发现栽植过深或过浅也是引起油松死亡原因之一。

因为北京地区春季干旱多风，栽植过浅，经风吹走部分表土会露出根系，如再经风吹动摇，则引起根部透风发生干旱而死亡，因此春季造林不宜过浅，一般栽植时，要掌握比原土痕深1.5cm左右。

夏季高温多雨，土壤中水分多温度高，而透气性不良，如雨季造林时，覆土过深会招致苗木根系腐烂，因此雨季造林不宜过深，应与春季和秋季造林在栽植深度方面略有所区别。

秋季造林时，将苗木栽植到造林地以后，要经过漫长的冬天，到了第二年的春季才开始发芽生长，北京山区冬季积雪较少，并每年中都有几次寒潮侵袭，特别是冬季西北风较强烈，因此秋季栽植油松时应适当加深，借以防寒防风。

除上述根据造林季节不同，栽植深度亦应有所差异外，由于造林用的苗龄不同，规格不同栽植深度也应不同，在栽植时大苗应适当深埋，小苗不宜栽植过深。

另外，依造林地立地条件不同，栽植深度也应因地制宜，如在干燥瘠薄、土壤疏松的阳坡上造林时应适当加深，而在土壤较湿润、黏紧阴坡上栽植油松时则不宜过深。

(八)幼林抚育(除草松土)

油松幼林的抚育工作，尤其在栽植当时，一方面为了保证成活，也要使它生长良好，抚育是重要措施之一。在西山山区对油松人工造林的抚育状况进行了调查及定位试验工作，结果如下。

1. 标准地概况

位于象鼻子沟西坡山上部，坡向NE，坡度23°，海拔高度160m，相对高度102m，土壤为山地壤土质的淋溶褐色土，母岩为砂岩，A层0~13cm，淡栗色，腐殖质含量不多，含石砾5%；AB层13~35cm，淡褐色，石砾含量40%，pH值6.7，植被有：荆条、山枣、小叶胡枝子、羊胡子草、菅草、白草等，生长状况较好，覆盖度85%。

2. 整地及栽植

1955年11月25~30日，水平带状整地(深30cm，宽40cm，长200cm)，1956年4月3~4日栽植的，苗木为1.5年生，株行距为0.5m×1.2m，在栽植的当年，曾抚育过三次。

3. 抚育方法次数和时期

于1957年春季划定试验区，进行抚育试验，抚育深度在树周围(约10cm直径)2.54cm，以外较远处4.15cm。

因地形及面积限制其抚育小区数、面积、次数和时期见表20。

表20 抚育面积次数及时间情况

小区号	面积(m^2)	抚育次数	抚育时期
1	85	未抚育对照区	—
2	76	2	5月10~11日，7月5日
3	200	3	5月10~11日，7月5日，8月15日
4	70	5	5月10~11日，6月10日，7月5日 7月31日，9月10日

4. 不同抚育次数生长状况及土壤水分状况(表21，表22)

表21 油松不同抚育次数生长状况调查表 单位：cm

未抚育对照区			抚育2次区			抚育3次区			抚育5次区		
根径生长	高生长	冠幅生长	根径生长	高生长	冠幅生长	根径生长	高生长	冠幅生长	根径生长	高生长	冠幅生长
0.84	19.1	14.4	0.90	22.2	14.7	0.93	23.3	15.5	1.00	24.1	16.6

表22 油松不同抚育次数试验区土壤水分状况表 单位:%

未抚育对照区				抚育2次区				抚育3次区				抚育5次区			
6月20日	7月20日	9月10日	10月10日	6月20日	7月20日	9月10日	10月10日	6月20日	7月20日	9月10日	10月10日	6月20日	7月20日	9月10日	10月10日
8.65	14.35	15.15	10.72	9.13	16.20	15.23	11.10	9.74	18.38	17.38	11.89	10.90	19.96	18.56	13.23

5. 抚育情况的分析

从以上试验区及西山的调查都可以看出，抚育对成活与生长影响很大，从试验区的结果可看出抚育次数要稍多，以抚育5次的生长为最好，根径1cm，高度24.1cm。以未抚育的对照区最差，根径0.84cm，高度19.1cm。由2次、3次至5次依次增加。

从土壤水分看来也同样，以抚育5次区土壤水分含量为最多，其他很明显的依次递减。

以上明显地看出，由于抚育次数的增多增加了土壤水分，在调查过程中也同样看到，由于抚育次数的增多，相对地减少了杂草，同时由于地表层被疏松，毛细管被切断，水分的蒸发受到一定的阻碍作用，而得到保留。这样减少了杂草对土壤中营养物质的吸收，增加了土壤水分，对幼树生长是有利的。

华北地区第一个特点是春季干旱，根据本试验区及西山其他地区调查，如系本年春季造林，需于植树后，当时将地表土疏松，如系前年植树，于春季解冻后不要过久(尤其阳坡)，即需进行第一次抚育。幼树如在干旱年份雨季前要再进行第二次抚育，土壤容易板结或降雨后要多增加抚育次数，在春季抚育主要目的为保墒附带起除草作用。

华北地区另一特点是雨量集中，在雨季过后，为使地表层疏松，减少土壤水分蒸发，并使土壤通气性良好，都需要进行抚育工作，同时雨季植树也常遇到少雨的年份，植树后不降雨，晴天温度继续上升，威胁油松成活，这种情况对油松来说，如能及时进行抚育(松土)工作，可以提高成活率，如西山天光寺南坡，1957 年 7 月 26 ~ 27 日用 1.5 年生油松苗造林，造林后遇晴天，直至 8 月 6 日才降雨，但因植树后及时进行了抚育，保持了较高的成活率，即当年年末 90.2%，越冬后 1959 年 4 月 10 日 87.7%。在春季或前年造林地上的杂草种子，多于每年 8、9、10 月成熟，为了防止来年杂草的滋长，要在杂草种子成熟前，结合松土工作同时进行，如 8 月进行抚育，既能松土又能除掉未成熟种子的杂草。

9 月起雨量急剧降低，10 月仍继续下降，而土壤水分亦因雨量减少而降低，而油松幼树仍在继续生长(主要指径向生长，高生长主要在 4 ~ 5 月)，及贮备来年所需要的营养物质，所以在这个阶段进行抚育，仍是蓄水保墒、除掉杂草、改善土壤的物理性，给幼树来年的生长发育创造良好条件。

在阳坡瘠薄、植被稀疏的造林地上，抚育次数要加多并要及时，在阴坡杂草繁茂地方，除松土外对杂草的清除在时间和次数上，皆需列为重点工作。

在西山调查的一些情况，凡是逐年按次完成抚育次数的地区，则保存率高，生长良好，反之则差。

抚育次数多，则生长速，郁闭快，相对地可减少抚育年限及劳动力的使用。

四、结论和建议

在前述各章，我们叙述了油松的生态特性及其对立地条件的要求和人工造林一些主要技术措施的效果，现在再来总结其中一些重要事实。

油松这个树种，材质优良、耐腐，为重要的建筑用材及枕木等用材，并有呈单一主干，高生长通直的性能可为重要用材林树种。

根系主侧根都特别发达，能在土壤表层内向四周扩展，也是营造水土保持林的主要树种。

四季常青，叶常年浓绿或淡绿色，树冠圆锥形或呈伞形，林相优美，同样是园林美化用的优良树种。

油松能耐干旱气候，适生于华北、西北各地，自平地起直至海拔 1500m，向南更高至 2500m，它是越向北海拔越低，越向南越高。

对坡向要求不严，能在阴阳坡同样生长良好，它具有最大的抗寒能力，所以虽在阴坡正当主风方向，也同样能保证成活率及稳定状态。

对气候条件来说适应性是相当强的。

油松对土壤要求不高，耐瘠薄，能生长在石砾较多的粗骨土上，砂土或黄土皆能生长，而以花岗岩、片麻岩、砂岩等风化的、质地疏松的土壤上生长良好，但以土层深厚、肥沃、潮润、微酸性的砂壤土，或轻壤土为最好。在石灰岩山地，如土层稍厚，不怕含石砾多，质地疏松也能生长。黏质土上生长缓慢，不耐盐碱，黏重又排水不良，或地下水位过高，过分潮湿的湿土地上生长不良。

油松的高生长，是在每年中的4~5月，6月以后生长极缓慢，等于停止，如遇雨季多雨和秋季气温又较高时，有的新枝又向高生长一段，或有的更生出中心顶枝及周围轮状侧枝，形成一年二阶状态，但这种情况是相当少的。直径生长5月很慢，6~7月稍快，8~10月继续生长，10月寒冷到来前停止。根系春夏季之间开始生长，夏季最热阶段生长稍微弱，秋季出现第二次活跃生长阶段，寒冷到来前停止。丛植者，一般栽植后第五年根系开始连生，随土地肥瘠程度虽稍有不同，但是连生是很多的。

造林方法，要以栽苗造林方法为主，只有在平地或阴坡条件较好地方用播种方法。

油松造林，要提前整地，春季造林要前1年整地，雨季也要前1年或春季整地，秋季造林要雨季前整地才好。一些方法中以水平沟(条)状整地为最好，因油松是深根性树种，其规格每条沟深30~50cm，土层较厚的坡地或平地可更深一些，宽40~60cm，长3~5m。无论用水平沟，或鱼鳞坑、块状、穴状整地都要注意：①清除草根；②蓄水、拦水保墒措施；③地表层的肥沃土要注意保存在沟或穴内，不可散失。

油松在春夏秋三季均宜造林，春季造林时，要提防春旱和每年5月土壤含水量最低的特点，除平地阴坡条件较好地区外，要随解冻随植树，越早越好，要注意前年秋冬季和本年春季降雨雪的状况。雨季是造林的好季节，不可开始过早，7月下旬8月上旬较好，要在充分降雨以后，赶阴雨天及时造林，运输工具要及时，晴天温度较高时要避免，秋季造林不宜过晚，结冻前两周要停止。

油松苗木，最好使用移植苗，其主根明显，根系发达，苗禾健壮，栽后生长迅速，成活率亦较高。其根系卷曲盘结的缺点，要在育苗时采取技术措施来解决。在造林同时，也同样在栽植技术上注意根系舒展，这在提高保存率和促进快速生长方面，都是很重要的。

苗龄在春秋季用2年生苗木为最好，秋季用较小苗木时，除丛植外，为了避免寒害，要另外培土。用原生苗要2~4株丛植，移植苗可单株栽植。雨季用1.5~2.5年生苗木，1.5年生苗木最好丛植。本文调查内容，虽包括有较小苗木，但不提倡用过小苗木。

油松如不受其他危害，树干能生长通直，为了促进其生长发育，尤其是高生长和迅速郁闭及树干通直要适当密植。

幼林抚育(除草松土)是成活与快速生长的保证，在下列情况下要抚育。

第一次主要为了松土，减少土壤水分蒸发，蓄水保墒，因为主要是为了春旱，需要于解冻后不久就要进行，约在4月。

第二次是为了除草，也同时结合松土保墒，在雨季前的5月下半月或6月上半月进行。

第三次为了除去杂草同时除掉未成熟杂草的种子、疏松雨季后的土壤表层，也是较重要的一次，在8月下半月9月上半月进行。

油松对抚育是非常显效的，如遇春旱、雨季造林后干旱不降雨、杂草茂密欺压，就需要及时并增加次数。

使用小苗或播种造林，次数更需多些。

以上就是我们这次提出的初步意见，也仅是我们在北京西山工作和在调查了小五台山与雾灵山部分地区后的一些看法，油松分布在华北、西北、东北的广大平原和山区，是今后造林的主要树种，还有很多问题要深入的调查研究，更有混交类型问题、速生丰产技术措施问题、各地方油松造林经验总结问题、瘠薄地区同样生产问题、有待今后进一步我们大家来共同研究。

中国林科院造林研究室
北京市农林局西山造林所
北京林学院造林教研组

从生油松穴内间伐问题的研究*

新中国成立以来用直播及小苗丛植方法营造的大面积丛生油松林有许多已经成长起来，生产上迫切要求解决油松穴内要不要间伐、什么时候间伐和怎样间伐等一系列技术问题，针对这些问题，我们于1961～1964年间进行了调查和试验工作。在工作过程中我们深深体会到，从生产的实际需要出发，与生产密切相结合地进行科学研究是一种多快好省的方法，而在科学研究工作中又必须时刻用毛泽东思想来指导，才能冲破教条主义的束缚，找到正确的方向。我们这项研究工作在一定程度上是“实践论”和“矛盾论”启发引导下的产物。

一、丛生油松的穴内需要间伐

丛生油松穴内要不要间伐，这个问题是有争论的。我们在1960年开始接触到这个问题，当时很多人认为丛生的油松长得好，可以依靠自然分化来培育优势株，丛生油松的根系容易连生，根系连生对生长有很大好处，应该等待根系连生，因此主张不间或缓间。这种论调在相当程度上是受种内无斗争论的影响的，我们当时思想上也受到一定的束缚，但是当我们带着问题研读了主席的著作“矛盾论”和“实践论”后，给予我们极大的启示，首先给种内无斗争论打了个问号。按照这个理论的说法，丛生群体内似乎只有和谐没有矛盾，植物丛生似乎只有有利作用而没有不利作用，可是我们却应该用“一分为二”的观点来观察丛生群体；此外我们体会到，实践是检验真理的唯一标准，要不要间伐这一问题只有从实践中去寻找答案。

为此我们曾到河北省东陵林场、北京市雾灵山林场及山西省古洞道经营所和安泽林场等地调查了大面积的丛生油松林。今列举几个资料加以说明（表1，表2）。表内生长指标都是各穴优势株的平均值，即使如此，在7～12年生时株数多的穴的平均生长指标仍小于单株穴（丛植）或株数少的穴。由此可见，到了一定年龄阶段后，油松多株丛生对其高生长不利，对其直径和冠幅生长更为不利，不能单纯依靠

* 本文来源：《林业科学》，1965，10(4)：292－298.

自然分化来克服多株丛生的不利作用。调查中我们发现，在丛植或直播的油松人工林中，有些穴幼林分化较好，但也有不少穴幼林分化不明显，这类穴的优势株生长往往大大地落后(表3)，迫切要求人为干涉。

表1 油松人工林丛植与单株生长情况 单位：cm

地点	年龄	丛生状况	平均大小					备注
			全高	全高(%)	当年高生长	直径	直径(%)	
东陵五花岭	8	单株	162	100.6	35	5.10	115.9	直径为地径，1961年秋调查
		丛生	161	100	32	4.40	100	
辽宁省热东山地	12	单株	271	108.8	—	3.18	123.7	直径为胸径，1958年春调查
		丛生	249	100	—	2.57	100	

表2 山西省关帝山郑家庄穴、簇播油松林生长情况(1962年7月调查)

造林时间及方法	穴(簇)内株数	平均地径(cm)	平均高生长量(cm)				备注
			1962年	1961年	1960年	1959年	
1953年穴播	1~5	5.90	41	31	28	25	10年生幼林
	6~11	4.83	38	30	31	29	
	14~15	3.35	34	29	29	26	
1956年簇播	<10	3.37	35	28	17	10	每簇内均取三株生长最好植株的平均值，7年生幼林
	11~20	2.43	29	22	20	9	
	21~30	2.39	31	22	21	10	
	31~40	2.36	30	23	22	13	
	41~50	2.10	27	29	22	8	

表3 油松分化明显、不明显的穴内植株生长情况 单位：cm

株号	分化明显		分化不明显		备注
	地径	高	地径	高	
1	6.17	332	4.28	273	安泽县兰村1952年秋穴播 1963年11月调查
2	4.08	252	4.44	233	
3	2.89	195	3.68	258	
4	2.28	159	3.28	252	
5	2.25	196	3.00	256	
6	1.47	170	2.27	186	
7	0.97	130	2.22	223	
8	0.63	72	1.67	169	
9	—	—	1.37	177	

为什么多株丛生的油松后期生长落后了呢？只能从每株树所得生活资料(光、土壤水分和养分)的不足来解释。我们在这方面观测的结果表明，8年生丛植油松树冠内的光照强度，在夏日晴天的一天内，比单株油松树冠内小5.7~19.6倍之多，丛生油松有相当部分树冠得不到充足的阳光，因而发育较差。从丛生穴内优势

株出现的位置也能说明一定问题。在雾灵山林场大石坎的11年生油松林中统计了600穴，其中有69.3%穴的优势株出现在向阳面，22.4%出现在阴面，只有8.3%出现在穴中央。当然，形成优势株的因素有很多，有内在的原因(遗传品质)，也有环境的作用。但这种情况至少可以说明光照营养对丛生油松是有重要意义的。另外，我们对整个生长季内油松丛下的土壤水分测定中发现，在幼年时(树高 $<1m$)，丛植油松穴内0~50cm深的土层，土壤水分较单株油松穴内略高，分别为12.62%和11.68%，而油松生长较大时(树高 $>1.5m$)，丛植穴内土壤水分在0~10cm深处比单株穴内高，分别是15.14%和12.54%，但是在10~50cm深处却比单株穴少，依次是12.51%和13.57%。我们认为所有这些观测连同对油松生长情况的分析可以说明，丛生油松的初期有利作用(抗高温、旱风、冲淤、杂草、兽害等不良环境因子)随油松的长大，逐渐退居次要地位，而油松丛内株数多，它们的生活资料不足逐渐成为主要矛盾。多株丛生油松的生长落后正是这一矛盾作用的结果。

至于根系连生问题，我们也做了一些调查和试验。结果表明丛生油松穴内根系连生是可能的，主要是在生长过程中挤压在一起的主根之间的连生。根系连生最早可从4年生时开始，但为数极少；5年生的幼林内(妙峰山林场普照院)在挖出的40穴中只有6处微弱的皮部连生；11年生幼林内(雾灵山林场大石坎)，在半挖的90穴中有67%有连生，但普遍属机械连生。我们在山西郑家庄车足坡21年生的穴播油松林内发现了生理连生(已有共同的年轮)的根系，解析结果表明生理连生的年龄是12年生时开始的。我还在北京林学院苗圃及妙峰山林场对7年生($1m^2$ 的留床苗)及10年生(四穴，丛植)有根系连生迹象的油松进行了同位素(P^{32})试验，结果表明在与施入株同穴的邻株上只有二处出现略高于本底的放射性(属于显著性差异)，但测得的脉冲数较施入 P^{32} 株相距甚远，小1106倍之多。这个试验再次证明了被观测丛内根系尚未达到真正的生理连生。至于根系达到生理连生后(据调查资料估计约在15年生后才会大量出现)，它对丛内优势株的生长是否有利，这是尚需研究的问题。我们对21年生根系已达生理连生的油松树干解析材料的分析表明，与优势株连生的被压木生长仍较强，连生后的优势株生长亦无显著增强，不能证明根系连生后有促进生长的有利作用。

通过以上实地调查和试验，我们认识到长期保持丛生对油松的生长是不利的。初期油松多株丛生以有利作用为主，这就使幼株成活和生长良好、稳定性得到保障；但到一定年龄阶段后就转化为不利作用为主，影响着植株的生长。在人工林中单纯依靠自然分化和自然稀疏不能顺利地克服这种不利作用，因此需要人为干涉。此外，油松根系生理连生大量开始的年龄来得较晚(约在15年生以后)，根系生理连生后对优势株生长有利尚未证实，况且在年龄较大时根系连生不仅在穴内可能产生，在穴间的根系之间也可能产生，所以等待根系生理连生后再进行间伐的论据显然是不充分的，无谓的等待只会使油松的生长受到不可弥补的损失。因此我们认为丛生油松的穴内需要间伐，这样做对油松林生长有好处，同时还能生产一部分小径材和薪炭材，这对华北山区的群众也有重要的意义。

二、穴内间伐的年龄和强度

通过到生产中大面积调查和试验，我们初步认识到了丛生油松穴内需要间伐，这是完成了从物质到精神的第一个飞跃；但是究竟间伐后好不好，什么时候怎样间代才好，还需要我们再回到生产中去通过实践来验证和发展，实现从精神到物质的第二个飞跃。

根据上一阶段研究工作中所得的认识，我们认为穴内间伐应当是在油松丛开始出现过密，生活资料的不足开始上升成为主要矛盾的时候进行。这个时候，油松丛内不但直径生长和冠幅生长显著落后，高生长也开始受抑制。我们也认识到，这个转折的临界年龄不是固定不变的，而是随林地的立地条件、穴的密度和保存率、穴内株数及分化程度等因素的变化而变化的，但在一定的条件下，这个临界年龄又是客观存在的。于是我们又到生产中去进行调查，下面仅以安泽林场的一套调查材料为例加以说明(表4，表5)。

表4 安泽林场华里沟5年生穴播油松林生长情况 单位：cm

穴内株数	地径	各年龄高度				优势株冠幅		备 注
		5	4	3	2	横幅	纵幅	
1~5	2.28	69	43	20	7	54	52	每穴均以优势株大小为准计算。以后数字均同此
6~10	2.04	85	54	24	8	41	46	
11~15	1.93	87	57	25	9	43	45	
16~20	2.04	93	62	29	10	53	42	
21~25	1.48	80	51	24	8	34	41	

调查日期：1963年10月。

表5 7和11年生穴播油松林生长情况 单位：cm

地点	年龄	穴内株数	地径	各年龄高及高生长量									优势株冠幅		备注
				11	10	9	8	7	6	5	4	3	横幅	纵幅	
安泽下桃曲	7	1	3.82	—	—	—	—	120 30	90 27	63 23	40 28	12	94	92	每格上面数字为全高，下面数字为当年高生长量
		2~4	3.28	—	—	—	—	121 32	89 29	60 26	34 22	12	78	77	
		5~7	2.75	—	—	—	—	125 35	90 32	58 27	31 18	13	70	65	
		>8	2.71	—	—	—	—	116 27	89 31	58 28	30 15	15	63	57	
安泽兰村	11	1	6.79	261 48	213 41	172 44	128 51	77 29	48 16	32 19	13	—	175	154	
		2~4	6.33	308 52	256 49	207 48	159 51	108 38	70 20	50 25	25	—	166	174	

（续）

地点	年龄	穴内株数	地径	各年龄高及高生长量									优势株冠幅		备注
				11	10	9	8	7	6	5	4	3	横幅	纵幅	
安泽兰村	11	5~7	5.54	319 53	266 49	217 49	168 52	116 37	79 25	54 26	28	—	181	154	
		>8	5.42	292 46	246 42	204 41	163 46	117 40	76 24	52 23	29	—	131	119	

调查日期：1963年10月。

从表中可见，在山地阴坡、半阴坡厚土的条件下，油松在4年生时(高50cm左右)每穴>20株即为过密，而在7~8年生时(高120~150cm)每穴>8株，即为过密，此时以每穴3~4株生长最好，这种情况可以一直延至11年生(高3m以上)，但在10~11年生时已可发现凡最粗大的植株大都是单株生长的(以前也是丛生的，后来因某种原因形成单株)，单株的平均生长指标所以较低，是因为其中有部分植株自幼就是单株，幼年时未曾享受丛生的有利作用，故生长细弱，形成被压木所致。上述这些调查材料可供我们作为确定间伐年龄及强度的参考。

除调查之外，我们又与妙峰山林场、雾灵山林场、九龙山林场等生产单位协作进行了间伐(定株)试验。今将穴播(表6至表8)及丛植(表9至表11)两套不同年龄间伐试验结果列举如下。

表6 普照院4龄油松林间伐试验地生长情况 单位：cm

调查日期	标准地类及t值	地径	高		优势株冠幅		备注
			全高	当年生长量	横幅	纵幅	
1962-07-07	对照区	1.16±0.10	52.6±2.50	—	24.0±4.26	21.2±2.51	$t_{0.95}=2.04$
	间伐区	1.14±0.06	57.2±2.83	—	37.8±3.67	25.3±2.28	对照区75穴
	t	0.18	1.22	—	3.05	1.25	间伐区141穴
1964-10-11	对照区	1.97±0.05	122.6±1.50	70.0	44.6±1.38	51.8±1.44	
	间伐区	2.40±0.06	113.6±2.29	56.4	66.5±1.76	71.7±1.81	$t_{0.95}=1.98$
	t	5.57	3.29	—	9.81	8.64	

表7 冷泉后山6龄油松林间伐试验地生长情况 单位：cm

调查日期	标准地类及t值	地径	高		优势株冠幅		备注
			全高	当年生长量	横幅	纵幅	
	对照区	1.72*	68.6±2.36	—	—	—	西山林场所设试验地
	间伐区	1.78*	77.1±1.73	—	—	—	
	t	—	2.91	—	—	—	对照区56穴
1963-09-03	对照区	2.28±0.08	87.9±2.54	18.2±0.72	55.6±2.22	61.0±2.51	间伐区66穴
	间伐区	2.37±0.09	92.9±0.90	17.1±0.74	60.9±1.90	48.8±1.79	$t_{0.95}=1.98$
	t	0.78	1.86	1.06	1.81	3.96	

注：据1963年毕业生王志英调查材料。

表 8　雾灵山 9 龄油松林间伐试验地生长情况　　单位：cm

调查日期	标准地类及 t 值	地径	高		优势株冠幅		备　注
			全　高	当年生长量	横　幅	纵　幅	
1962-09-24	对照区	5.36 ±0.07	207 ±2.20	—	109 ±1.29	111 ±1.40	
	间伐区	5.27 ±0.06	203 ±2.08	—	86 ±1.23	98 ±1.52	
	t	0.98	1.44	—	12.9	6.28	
1963-09-17	对照区	6.26 ±0.07	263	55.7 ±0.52	139 ±1.74	147 ±2.00	$t_{0.95}=1.98$
	间伐区	6.38 ±0.07	263	60.6 ±0.49	148 ±1.46	157 ±1.58	对照区 372 穴
	t	1.17	—	6.09	3.56	3.93	间伐区 436 穴
1964-09-11	对照区	7.00 ±0.08	328	65.5 ±0.51	172 ±1.84	177 ±1.97	
	间伐区	7.77 ±0.07	332	69.3 ±0.52	170 ±1.67	180 ±1.69	
	t	7.06	—	5.24	0.81	1.16	

表 9　普照院 5 龄油松林间伐试验地生长情况　　单位：cm

调查日期	标准地类及 t 值	地径	高		优势株冠幅		备　注
			全　高	当年生长量	横　幅	纵　幅	
1962-07-07	对照区	1.60 ±0.08	56.1 ±2.52	—	40.4 ±1.43	45.2 ±1.45	$t_{0.95}=2.01$
	间伐区	1.70 ±0.09	75.0 ±3.50	—	45.0 ±1.51	50.9 ±2.09	对照区 127 穴
	t	0.86	4.25	—	2.17	2.13	间伐区 88 穴
1964-10-12	对照区	2.32 ±0.08	132.6 ±2.20	76.4	54.6 ±2.55	61.7 ±2.74	
	间伐区	2.69 ±0.07	145.8 ±2.66	70.8	70.9 ±2.13	73.0 ±2.11	$t_{0.95}=1.98$
	t	3.56	3.86	—	4.91	3.27	

表 10　九龙山拉拉湖 6 龄油松林间伐试验地生长情况　　单位：cm

调查日期	标准地类及 t 值	地径	高		优势株冠幅		备　注
			全　高	当年生长量	横　幅	纵　幅	
1963-04	对照区	2.56 ±0.05	76.3 ±1.25	—	46.5 ±0.97	54.9 ±1.26	
	间伐区	2.72 ±0.06	85.9 ±1.35	—	49.6 ±0.85	59.2 ±1.03	
	t	2.20	5.22	—	2.43	2.62	
1963-11	对照区	3.11 ±0.07	99.1	22.8 ±0.45	57.3 ±0.95	59.8 ±1.42	
	间伐区	3.71 ±0.07	111.9	26.0 ±0.66	80.6 ±140	93.3 ±1.66	
	t	6.40	—	3.65	13.8	15.3	
1964-09	对照区	3.82 ±0.09	132.0 ±1.49	32.9	75.8 ±1.56	99.0 ±2.16	
	间伐区	4.66 ±0.08	138.0 ±1.99	26.1	87.0 ±1.72	120.4 ±1.94	
	t	7.26	2.42	—	4.83	7.40	

表 11　燕石沟 8 龄油松林间伐试验地生长情况　　单位：cm

调查日期	标准地类及 t 值	地径	高		优势株冠幅		备　注
			全　高	当年生长量	横　幅	纵　幅	
1963-04-03	对照区	3.15	129.5 ±3.37	—	—	—	$t_{0.95}=1.98$
	间伐区	3.19	126.2 ±3.01	—	87.1 ±2.06	77.2 ±1.92	对照区 125 穴
	t	—	0.67	—	—	—	间伐区 130 穴

（续）

调查日期	标准地类及 t 值	地径	高		优势株冠幅		备　注
			全　高	当年生长量	横　幅	纵　幅	
1963-08-30	对照区	3.46 ±0.12	156.2	26.7 ±0.87	81.5 ±3.14	101.6 ±2.84	$t_{0.95}=1.98$ 对照区 80 穴 间伐区 118 穴
	间伐区	3.97 ±0.10	157.4	31.2 ±0.93	92.5 ±2.18	100.3 ±2.41	
	t	3.22	—	3.55	2.88	0.35	
1964-10-09	对照区	4.06 ±0.13	194.5	38.3 ±0.82	85.0 ±2.89	113.5 ±3.64	
	间伐区	4.76 ±0.12	196.4	39.0 ±1.02	106.3 ±2.36	124.1 ±3.05	
	t	4.08	—	0.53	5.74	2.10	

从表 6 至表 8 可见，穴播油松 4～6 年生时（高 50～70cm）间伐定株虽能促进直径生长，但对高生长不利，而在 9 年生时间伐定株（高 2m 左右）能显著促进直径生长，对高生长也有利。

从表 9 至表 11 中可见，丛植油松 5～6 年生时（60～80cm）间伐定株也能促进直径生长和树冠生长，而对高生长无显著影响，8 年生时（高 120cm 以上）间伐定株对直径及高生长均有利。

综合上述调查及试验材料可见，为了使间伐对油松整个生长有利，又能获得一定的经济收益，在华北低山、中山阴坡中、厚土的条件下，穴播油松一般可在 7～8 年生（高 120～150cm）时进行穴内间伐，每穴留 2～3 株，到 10～11 年生时再进行定株。只有在播种量过大，穴内株数过多时（15～20 株以上）才可在 4～5 年生时间苗，每穴留 4～5 株。丛植油松可一次定株，亦可在 7～8 年生时进行。在确定开始间伐的年龄时还要参考幼林的高度，以减免不同立地条件的影响。

至于低山阳坡的丛生油松幼林的间伐时间和强度的确定问题，尚待进一步研究。因为一般的阳坡立地条件较差，植株生长缓慢，穴内产生过密而抑制生长的现象来得迟些，因此进行间伐的时间需晚些，强度也要小些。

在华北山区，幼林郁闭对其稳定生长具有重要的意义。上述初次间伐年龄的确定也已考虑到了在 7～8 年生时，株行距 1m×1.5m（保存率 85% 以上）的油松幼林一般已进入郁闭，此时间去一些弱株基本上仍能保证幼林继续保持郁闭，而保留株又能更充分地利用营养空间。在造林密度较小或保存率较低时，应适当推迟间伐年龄。出于同样的考虑，间伐和修枝最好不要同时进行，以免过度地破坏其郁闭。

间伐最好在冬春农闲时进行，在生长期内（尤其在前期）间伐会使幼林骤然改变环境，对幼林生长不利。间伐时要用锋利的刀斧等工具（幼小时也可用剪枝剪），留茬要尽量低，因为油松幼年在干基部有可能从休眠芽萌出新枝，像阔叶树的萌蘖条一样，徒然消耗地力。

通过再次的调查和试验，我们对丛生油松的穴内间伐问题得到了上述认识。但我们的认识过程还没有最后完成，生产上的情况是复杂的，而且还在发展，因此还需要通过循环往复的实践和认识使它继续得到丰富与提高。

沈国舫　富裕华　陈　义
（北京林学院）

北京西山地区油松人工混交林的研究*

油松(*Pinus tabulaeformis* Carr.)是我国北方的主要荒山造林树种。新中国成立以来已营造了大面积的油松人工林，绝大多数为纯林。油松纯林的火险性大、病虫害多、土壤改良性能较差。生产上迫切要求多造些混交林，但在这方面还缺乏经验。北京市西山林场及原北京林学院妙峰山教学试验林场从20世纪50年代开始就进行了营造混交林的试验，其中也营造了一定面积的各种油松混交林。在1962～1964年间，我们曾对这些混交林进行过一些调查研究，并作了初步报道。在1973年及1977年我们又再次对这些混交林进行了调查。现将调查结果介绍于后。

一、油松灌木混交林

北京市西山地区营造的油松灌木混交林面积较大，采用的混交灌木有紫穗槐(*Amorpha fruticosa* L.)、黄栌(*Cotinus coggygria* Scop.)、沙棘(*Hippophae rhamnoides* L.)、胡枝子(*Lespedeza bicolor* Turcz.)、卫矛(*Evonymus bungeana* Maxim.)等(以前三种为主)。都采用水平阶(条)整地，植苗(灌木截干)造林，行间混交的方法。行距1.2～1.5m。在8～9年生(均包括苗龄，下同)各混交林达到全面郁闭时的生长情况见表1。

表1　油松灌木混交林的生长情况

地点	立地条件	树种	年龄	平均生长指标			备　注
				树高(m)	地径(cm)	冠幅(m)	
亮甲店	低山北坡中下部，黄土母质，厚层轻壤土	油　松	10	2.42	7.0	1.74	紫穗槐每年平茬
		紫穗槐	8	2.37	1.8	0.80	
黑龙潭	低山东北坡下部，废梯田，厚层轻壤土	油　松	9	2.04	5.6	1.50	
		黄　栌	7	2.40	2.7	1.10	

* 本文来源：《林业科学》，1978(3)：12－20.

* 研究过程中有齐宗庆、王九龄、白俊仪同志和林58、林59、林60部分毕业生参加过工作。本文由沈国舫同志执笔，西山林场邢北任同志提供了宝贵意见，在此一并表示感谢。

（续）

地点	立地条件	树种	年龄	平均生长指标			备 注
				树高(m)	地径(cm)	冠幅(m)	
陈家洞	低山东坡中上部，凝灰砂岩，中层轻壤土	油 松 元宝枫 沙 棘	8 8 8	1.11 1.64 2.51	3.5 2.9 5.2	1.20 0.90 2.20	幼年时遭放牧危害
魏家村	低山东坡中下部，砂岩，中层轻壤土	油 松 胡枝子	9 7	1.60 1.20	4.2 —	1.80 1.40	胡枝子每年平茬
观材石沟	海拔600m，东南坡中上部，凝灰砂岩，厚层轻壤土	油 松 卫 矛	9 9	1.84 1.20	7.2 1.7	1.30 0.40	卫矛不分蘖

从表1可见，这些混交林的生长一般都很好，只有卫矛由于生长缓慢，冠幅狭窄，分蘖力弱，不能起到良好的混交作用。黄栌的高生长超出了油松，但并未影响油松生长，且可用平茬措施调节。沙棘在这个年龄阶段生长过旺，根蘖很多，在靠油松较近的地方，对油松有一定的压抑作用。

我们曾重点对油松×紫穗槐、油松×黄栌两种混交林进行了进一步的研究。观测表明，两种灌木在此阶段对油松树冠中下部能起很好的侧方遮荫作用，也起到抑制林下杂草生长的护土作用(表2)。黄栌的遮荫效果尤为明显。油松灌木混交林下只能透过全光的5%~10%，说明光能的利用是较充分的。

表2　不同混交灌木对林下光照强度的影响　　5月30日(晴天)中午测

类 别	灌木树冠内光照强度				油松树冠光照强度				林下植被情况（总盖度，种类及其多度，高度）
	下部*		中部**		下部*		中部**		
	Lux.	为全光之%	Lux.	为全光之%	Lux.	为全光之%	Lux.	为全光之%	
油松×黄栌	3050	5.3	3230	5.5	2980	5.5	9380	17.0	总盖度5%，多花胡枝子sp. 委陵菜un.，闭穗un.，平均高10~20cm
油松×紫穗槐	6190	10.3	52100	86.8	5530	13.0	16140	40.3	总盖度60%，多花胡枝子Cop[2]，羊胡子草Cop[2]，荆条Cop[1]，平均高35~50cm

*离地20cm。

**离地100cm。

对混交林下的枯落物量及其组成的调查结果(表3)表明，混交林下的枯落物总量与纯林下的接近或略少，这是由于油松落叶不易分解的结果。混交林下的灌木落叶及半分解枯落物的数量显著增多，这是混交灌木改良土壤作用的重要方面。据我们分析，紫穗槐落叶中的灰分含量达8.24%~10.10%，黄栌落叶中的灰分含量达9.03%，比油松落叶中的灰分含量(3.29%)高出许多。紫穗槐、沙棘有根瘤菌，其落叶中含氮量高是众所周知的。在灌木落叶的作用下，混交林下土壤得到改良。分析结果表明，8 年生灌木行下土壤 0～10cm 表层内腐殖质含量(久林法测定，3 次重复)比油松纯行下的同层含量高出 0.3%～0.5%，就是有力的证明。

表 3 不同林分下的枯落物量及其组成

林分组成	枯落物量(kg/hm^2)								
	总量	油松		混交灌木		杂草		半分解物	
		枯落物	%	枯落物	%	枯落物	%	枯落物	%
油松纯林	4694	3458	73.8	0	0	471	10.0	765	16.3
油松×紫穗槐	4197	2182	52.0	442	10.5	576	13.7	997	23.8
油松×黄栌	4087	1580	38.6	1196	29.3	295	7.2	1016	24.9

我们对混交林中根系的形态及根量调查表明，油松与灌木的根系并无相互排斥现象。相反，油松的侧根往往直接延伸到灌木丛下(图 1)。油松的吸收根群在灌木行内发育良好，紫穗槐行内油松的细根量(直径 <2mm)占总根量的 18.2%，黄栌行内相应为 15.8%，比紫穗槐及黄栌本身的细根量(9.8% 及 8.5%)要多出近 1 倍。我们还同时对比分析了油松混交林及纯林内油松(9 年生)的根量(表 4)。从表 4 中可见，混交林中单株油松的全根量比纯林中少，但细根量却比纯林中多得多。这与国外许多类似根量调查的结果是一致的，说明在混交林中有较好的根系营养条件。

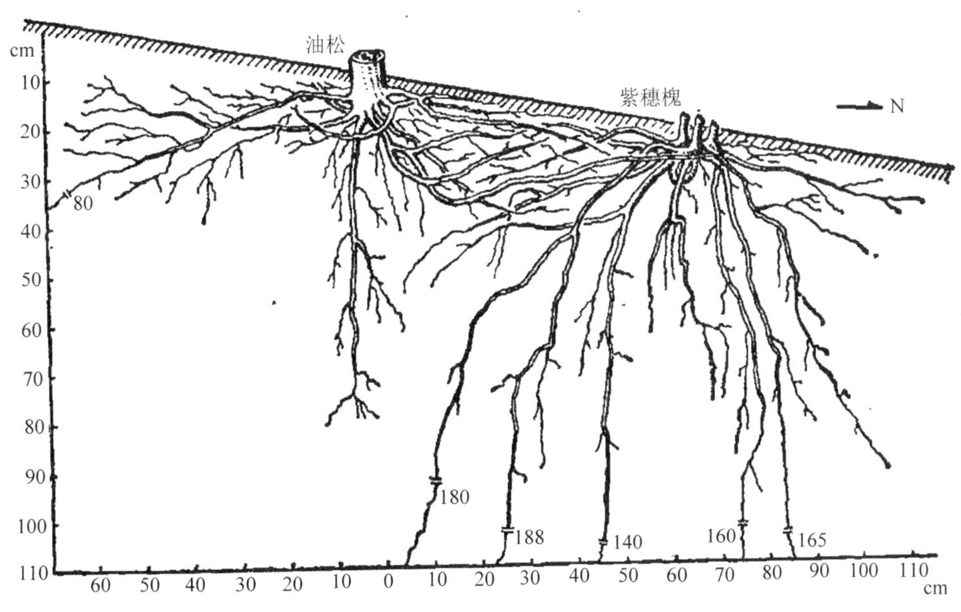

图 1 西山亮甲店 9 年生油松×紫穗槐根系纵断面图

表4 不同林分内单株油松的平均根量*

林分组成	全根量		其中细根量	
	克/株	%	克/株	%
油松纯林	642.4	100	122.5	100
油松×紫穗槐	591.0	92	203.1	165.5
油松×黄栌	620.4	97	231.1	188.5

*大骨骼根未计入内。

由于上述混交灌木的这些有利作用，使得油松在混交林中生长较纯林中为好(表5)。表5中，混交林和纯林的年龄、立地条件及造林技术均近似，但油松在混交林中的各项生长指标均有增多，近3年高生长量的增多尤为可观。我们用 t 值检验法[①]检验差异的可靠性，95%可靠性的 t 值为1.98，混交林及纯林中油松生长差异的 t 值均大于1.98，说明混交林的生长优势是显著的。表5中的数据还说明，一直到13年生时，混交灌木的有利作用还在不断增强。

表5 混交林及纯林中油松的生长比较

地点	林分组成	立地条件	年龄	油松平均生长				备注
				树高(m)	近三年高生长量(cm)	胸径或地径*(cm)	冠幅(m)	
黑龙潭	油松黄栌行间混交	低山西北坡中上部，砂岩，中层壤土	9	1.84	106	6.3*	1.50	$t_{0.95}=1.98$
白家疃	油松纯林	低山东坡中部，砂岩，中层壤土	9	1.74	94	5.7*	1.60	
混交林及纯林中油松生长差之 t 值				2.65	5.6	3.5	—	
大召山	油松紫穗槐行间混交	低山东北坡中下部，砂岩，中层轻壤土	13	3.53	112	5.4	2.50	$t_{0.95}=1.98$
昌化寺	油松纯林	低山东北坡下部，砂岩，中层轻壤土	14	2.53	90	3.9	—	
混交林及纯林中油松生长差之 t 值				15.2	10.2	11.2	—	

灌木的有利混交作用能够维持多久？这是一个值得关心的问题。我们对这些混交林的观察中断了一个时期。到1973年及1977年观察时，林分均已进入了杆材林时期，林相发生了很大变化(表6)。

① 因调查株数较多，均在100株以上，故用 $t=\dfrac{\overline{X}_1-\overline{X}_2}{\sqrt{\dfrac{s_1^2}{n_2}+\dfrac{s_2^2}{n_1}}}$ 公式求 t 值。

表 6 杆材林时期油松灌木混交林的生长情况

地点	林分组成	树种	年龄	树高(m)		胸径(cm)		林下灌木生长情况
				平均	最高	平均	最粗	
亮甲店	油×紫	油　松 紫穗槐	23 每年平茬	5.1 1.2	8.0 1.7	9.6 —	15.0 —	林下保留中等密度，条细，林中空地上生长旺盛
黑龙潭	油×黄	油　松 黄　栌	23 70 年平茬	5.0 0.4	7.0 —	9.1 —	14.3 —	林下仅有个别残存，极弱，林缘生长旺盛，高 5~6m
陈家洞	油×元×沙(原有 1952 年播的栓皮栎)	油　松 元宝枫 栓皮栎 沙　棘	21 21 25 21	4.6 6.8 9.4 2.4	6.0 9.0 11.0 —	8.4 9.0 12.0	12.4 10.5 17.2	仅林中空地有个别沙棘残存，长成小乔木状，林下还有稀疏荆条

调查结果表明，到了 20 年生以后，在油松林下黄栌及沙棘已基本消失，而紫穗槐尚能保存一定数量。据对紫穗槐在不同光照条件下的生长情况调查表明，在透光度 10% 的条件下紫穗槐尚能生存；在透光度 30% 左右时生长正常，其条子可供利用；在透光度 50% 以上时生长旺盛，且能开花结实。现在 20 年生以上的油松林大多经过间伐，平均株行距在 1.5m×2.5m，其林下透光情况与透光度 30% 左右的林况近似，紫穗槐仍可以继续在油松林冠下保存下去起改良土壤作用。沙棘在杆材林下消失是意料之中的，它消亡后在林下土内残留许多根(有根瘤)，对增加林地土壤肥力很有好处。陈家洞的混交林目前生长良好(尤其是栓皮栎)，与此有一定关系。对于黄栌，因其树冠较浓密，叶片较厚，过去认为其耐荫性可能比紫穗槐强，但因林下黄栌遭人为破坏未得证实。

混交林从 10 年生到 20 年生期间，有一个灌木逐渐转入林下，甚至逐渐消亡的过程。在这个过程中灌木起了促进油松自然整枝及调节密度的作用。由于灌木行的存在，保证了油松树冠有较大的营养空间，推迟了第一次间伐的起始年限，这在经营上无疑是有利的。

但有些油松灌木混交林在杆材林阶段的生长状况并不很理想。这主要由于：①油松在海拔 500m 以下的低山地带不甚适生；②林冠层上升后每年被扫去枯枝落叶，致使土壤板结，养分供应不足；③油松间伐强度还不够大。即使如此，在干旱瘠薄的石质山地上，这些混交林已起到了良好的绿化及保持水土的作用，并已能生产小径用材(椽材)。如今后加强管理，合理间伐，生产中径材的目标是可以达到的。

综上所述，油松与灌木混交具有很多优点，在华北岩质山地值得推广。混交灌木以紫穗槐较好。混交沙棘在保证油松初期不受压抑(较宽的行距或油松成带)的条件下也可取得良效。混交黄栌主要应用于风景区，今后应当采用带状混交方法，并要加强黄栌的病虫害防治工作。

二、油松元宝枫混交林

使用元宝枫(*Acer truncatum* Bge.)进行混交试验时，曾设想元宝枫为中等乔木，稍耐荫，可形成第二林层，起辅佐及改良土壤作用。故采用了株间行间混交方法。

我们曾对几片油松元宝枫混交林进行了定期的调查，观察种间关系的发展进程，今列举其典型阶段的生长状况于表7。分析表7中所列3片混交林的生长过程，可见：

(一)在杨家花园的低山阳坡上，1965年时混交林中的油松生长与纯林中相似，但已明显落后于元宝枫。到1973年，油松与元宝枫之间差距拉大了，油松生长次于纯林，实际上处于元宝枫树冠下。这片林中23年生油松仅高3.5m，这与立地条件差有关，也是元宝枫竞争作用的结果。在行距较小(1.3m)又是阳坡的条件下，油松与元宝枫对土壤水分的竞争是很激烈的。据我们观察，每逢旱年低山阳坡上的油松生长极差，针叶枯黄，甚至个别植株死亡，而元宝枫则能正常度过，表现出较强的抗旱性能。

(二)在燕石沟的低山阴坡上，1965年时混交林中油松的生长还比较正常，比阳坡的好，与同地纯林油松近似。但由于造林密度过大(每穴3株，加上天然更新的白蜡)，当时已感到相当拥挤。从1965年到1973年的9年间，元宝枫增高了3.11m，年平均34.6cm，而油松仅增高了1.14m，年平均12.7cm，油松严重受压，顶弯及顶枯的竟达50%。到1977年观察，混交林中油松已大部分枯死，形成了白蜡与元宝枫的混交林。

(三)在与燕石沟条件类似的金山沟阴坡上，行间混交的行距较大(1.8m)，油松树高虽低于元宝枫，却未曾受压，生长正常，21年生高达4.5m，在当地算是生长较好的。同样，在表6中所列的油松元宝枫沙棘混交林中，油松为双行带，元宝枫与油松之间有沙棘相隔，所以元宝枫生长虽快于油松，后者也无受压现象。可见在调节种间关系中，混交方法、缓冲树种及株行距均起重要作用。

(四)对混交林中元宝枫的根系调查说明，元宝枫的根系分布，无论在深度和广度上均远较油松强大，这是它具有较强竞争能力的重要因素。

总之，油松与元宝枫的种间关系是复杂的。元宝枫既有改良土壤(落叶量大，落叶中灰分含量达8.2%)等有利混交作用，也具有与油松剧烈竞争的作用。在20~25年生之前，元宝枫的高生长始终快于油松，且有逐渐拉大差距之势(图2)，在阳坡上尤为突出。西山林场的另一些生产林分中也有类似情况，如卧佛寺阳坡的油松元宝枫紫穗槐混交林中，元宝枫比油松晚造2年，造林用苗龄也小2年，共小4年，但12年生的元宝枫高4.8m，比16年生油松(高3.6m)还高出许多。油松与元宝枫在混交林中的这些相互关系是营造混交林当初没有预料到的，我们必须从中汲取经验教训。元宝枫的材质好，改良土壤性能好，抗旱性强，又是油料树种，今后仍可选用作为油松的混交树种。但要选用阴坡、半阴坡较好的立地条件，采用宽行

表7 油松元宝枫混交林的生长情况

地点	林分组成及株行距	树种	年龄	平均树高（m）	平均胸径（cm）	年平均生长量（cm）		备注
						树高	直径	
杨家花园	行间混交林 1m×1.3m	油　松	14	2.20	4.72*	15.7	0.34*	1965年调查 *号为地径
		元宝枫	12	3.90	6.70*	32.5	0.56*	
	纯　林	油　松	14	2.08	5.16*	14.9	0.37*	
	行间混交林 1m×1.3m	油　松	23	3.50	5.50	15.2	0.24	1973年调查
		元宝枫	21	6.30	8.10	30.0	0.39	
	纯　林	油　松	23	4.30	6.30	18.7	0.27	
燕石沟	穴间混交林，每穴3株，穴距1m×1.3m	油　松	11	1.96	4.08*	17.8	0.37*	1965年调查 *号为地径，白蜡为天然更新苗
		元宝枫	10	2.19	3.62*	21.9	0.36*	
		白　蜡	10	2.74	4.17*	27.4	0.42*	
	纯　林	油　松	10	1.78	3.33*	17.8	0.33	
	穴间混交林，每穴3株，穴距1m×1.3m	油　松	20	3.10	3.30	15.5	0.17	1973年调查 调查白蜡为天然更新苗
		元宝枫	19	5.30	6.30	27.9	0.33	
		白　蜡	19	5.10	5.20	26.8	0.27	
	纯　林	油　松	19	3.90	5.10	20.5	0.27	
金山沟	行间混行林 1m×1.8m	油　松	21	4.50	6.90	21.4	0.33	1973年调查
		元宝枫	20	6.00	8.40	30.0	0.42	

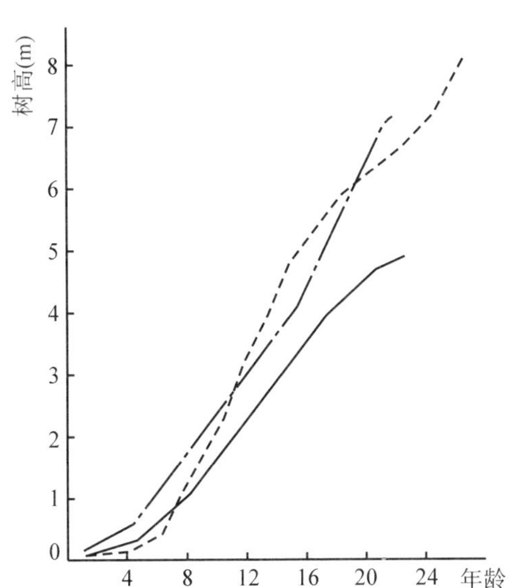

图2 混交林中油松、栓皮栎与元宝枫的高生长过程

——油松　－－－栓皮栎　－·－元宝枫

距的行间混交或带状混交，也可油松成带元宝枫成行(3∶1)地混交，才能保证油松不受压，保持混交格局，发挥混交的有利作用。

三、油松栓皮栎混交林

天然松栎混交林在华北山区颇为普遍。营造松栎混交林的主要意图是改良土壤，充分利用地力，同时生产两种用材，并降低森林的火险性及病虫危害程度。油松与栓皮栎(*Quercus variabilis* Bl.)都是第一林层树种，喜光，根系类型相似(栓皮栎的深根性更为突出)，生长节律不同，两者之间容易发生相互压抑的情况，为营造混交林带来一定困难。

妙峰山林场于1957年春在海拔600m的观材石沟阳坡进行了混交试验，油松用2年生苗，栓皮栎用1年生苗栽植造林，各3行带状混交。由于试验林地较窄，两侧为油松纯林包围，实际上则形成块状混交。据1973年及1977年两次调查，其生长情况见表8。

表8 油松栓皮栎带状混交林生长情况

林分组成	树种	年龄	树高(m)		胸径(cm)		备注
			平均	最高	平均	最粗	
带状松栎混交林	油松 栓皮栎	19 18	4.4 6.6	5.2 8.3	7.4 9.0	11.6 13.8	调查的油松以中行未受压部分为主
带状松栎混交林	油松 栓皮栎	23 22	5.2 8.5	6.5 9.5	9.8 14.0	13.7 15.8	栓皮栎1976年冬被间伐大部分，此为保留木生长情况
纯林	油松 油松	23 22	4.2 4.0	— 5.2	8.3 6.8	— 10.2	立地条件与混交林近似 立地条件稍差
混交林与纯林油松相差之t值			4.83~5.64	—	2.12~4.30	—	$t_{0.95}=2.02$

从表8可见，这片混交林的生长情况是良好的，而且20多年来没有发生过严重病虫害。栓皮栎10年后已明显高出油松，但由于是带状混交，仅对油松边行有不利影响，整个林分仍保持稳定的混交关系。据我们观测，22年生栓皮栎的冠幅达4.5~5.0m，其影响距离一般在3m之内。如1株栓皮栎高9.0m，胸径13.6cm，其一侧(水平方向)相距1m的油松高、径分别为2.5m及4.2cm，相距2m的相应为3.7m及6.4cm，相距3m的相应为4.5m及9.3cm。说明相距3m的已不受压。在山坡的上下方向栓皮栎的影响范围也差不多，它对下坡第一行油松的压抑作用较明显，而对上坡第一行油松的影响较小，其平均高为4.3m，平均胸径为7.2cm。而中行油松不但不受压，反可受其惠，其平均高达5.2m，平均胸径9.8cm，大于同条件下同龄的油松纯林(均属显著差异，见表8)。

松、栎混交林内油松自然整枝较好，19年生油松的枝下高达1.4m，而纯林中此时最低层侧枝仍贴近地表。混交林下形成了良好的枯落物层，在水平阶内，竟厚达5cm以上，比较松软，其下层的分解较好，表土层已形成许多土壤团粒。按样方采样粗略估算，林下枯落物总量约为每公顷3900kg，其中一半为油松小枝及落叶，另一半为栓皮栎落叶及半分解枯落物(9月采样，当年栓皮栎尚未落叶)。栓皮栎落叶量大，落叶中灰分含量达5.69%，比油松高2.2%，其改良土壤的作用是明显的。

在西山地区还有不少油松栓皮栎混交林，大多是在栓皮栎造林地上补植油松后形成的不规则的群团状混交林。如白土山1956年秋播栓皮栎，1961年补植2.5年生油松苗，1977年秋调查的生长情况见表9。从表9可见，油松局部有受压现象，而在群团中生长正常，林下有良好的枯落物层。

栓皮栎在华北石质山区头4~5年先扎根，蹲苗，5~6年后才加速地上部分生长。因此在营造油松栓皮栎混交林时，我们曾担心油松压抑栓皮栎。人工林的实际生长进程否定了这个假设(图2)。栓皮栎蹲苗时，油松生长也不快，且行间未郁闭，互不影响。当油松加速生长时(4~5年生后)，栓皮栎也加速生长，其生长速度远超过油松，一直领先，相反产生了栓皮栎压抑油松的现象。带状混交的最初意图是为了保护栓皮栎，恰倒过来成为保护油松的措施。在两者矛盾较大时，也可用间伐调节关系。1976年冬妙峰山林场对松栎混交林进行了间伐，主要伐去了栓皮栎，这样做是否妥当尚待商榷。伐后栓皮栎伐桩上大量萌蘖，平均每个桩上14条，最多42条，高达2m左右，基径1.5~2cm。只要选留其中健壮的加以培养，估计仍能保持混交林相。

表9 白土山油松栓皮栎混交林生长情况

树种	年龄	在林内所处位置	树高(m)		胸径(cm)		备注
			平均	最高	平均	最粗	
栓皮栎	21	上层林冠	5.5	6.5	6.5	10.2	林下有稀疏荆条
		在油松群团中	4.5	—	8.4	—	
油松	19	受栎侧方遮荫	3.4	—	6.1	—	
		单株在栎林冠下	2.4	—	—	—	平顶，枯梢

综上所述，油松和栓皮栎混交在华北低山地区是有前途的，但必须用带状或块状混交方法，考虑到生长趋势，带宽可由3行增加到5行(行距1.5m)。油松栓皮栎混交要避免在过于干旱瘠薄的正阳坡(油松长不起来)及当风的阴坡(栓皮栎越冬“烧条”冻害)。如选用其他栎类(槲栎、槲树、蒙古栎等)，要选用各自相应的适生立地条件。

四、油松侧柏混交林

西山地区的油松侧柏[*Platycladus orientalis*(L.)Franco.]混交林一般是在造林时混用苗木或交叉补植形成的。在这些林分的生长过程中，我们发现它具有一定优点。混交林的生长情况见表10。

表 10 西山地区油松侧柏混交林的生长情况

地点	立地条件	树种	年龄	平均树高（m）	平均胸径（cm）	平均冠幅（m）	备注
卧佛寺	低山南坡中下部，砂岩，薄层轻壤土	油松	9	2.00	6.40*	1.50	补植形成
		侧柏	11	12.18	4.64*	0.88	*号为地径
胜国寺沟	低山南坡上部，凝灰砂岩，中层壤土	油松	18	3.3	5.2	2.31	
		侧柏	18	4.3	5.3	1.49	
魏家村	低山北坡中下部，砂岩，中层壤土	油松	15～16	3.2	4.6	—	混植形成
		侧柏		3.5	3.2	—	
		油松	25～26	6.0	15.0	—	为优势株的生长指标
		侧柏		10.0	12.0	—	

上述调查材料说明，油松和侧柏是很好的混交伙伴。在混交林中，侧柏的高生长比油松快，后期更为明显。而油松的径生长比侧柏快，冠幅也大。油松高生长虽低于侧柏，但不受其压，因侧柏树冠上部很窄。

根系调查表明，这两个树种的根系属不同类型。油松根系深而广，而侧柏根系则较浅而细根密集。尤其突出的是在混交林中油松根系普遍具有较多的白色菌丝体，混交可能对菌根的形成有利，其实质尚有待于进一步研究。

油松侧柏混交林的混交方法以株间混交的效果更好些。这种混交林的郁闭紧密，枯枝落叶层保存较好，特别是病虫害较少，稳定性强，比油松纯林有较大的优越性，值得推广。尤其在低山干旱阳坡，油松纯林在 20 年生后普遍生长衰退，而油松侧柏混交林则生长正常，侧柏的生长更好，成为主要树种，避免了当初造油松林选地不当可能造成的损失。

五、几点认识

(1)华北石质山区的土壤干旱瘠薄，尤其在低山地区，造油松纯林有一系列缺点，生长不稳定，部分地区难以成材。营造混交林可在一定程度上起改良土壤、减少病虫害、增加稳定性、促进油松生长的作用，应积极提倡。

(2)混交林的优越性只有在正确采用混交技术的情况下才能发挥出来。不合理的混交措施必然导致失败，甚至不如纯林。合理混交的关键在于正确认识和处理混交树种之间的相互关系。这些关系是错综复杂的，是随混交树种、混交比例和方法、苗龄及造林先后、抚育措施等因素而变化的。必须深刻分析在各种具体条件下的种间关系，采取相应措施，才能造好混交林，发挥其最大效益。

(3)对混交林必须进行长期的观察。混交林在造林初期和后期的表现有很大差异，所以不能轻易地过早地下结论。我们在对油松混交林进行多年的研究过程中，就曾几次改变了看法。本文中的一些看法还不可能作为最后结论看待，尚需继续观察研究，逐步深入。但本文中探讨的一些看法已可作为今后营造油松混交林的参考。

云南林学院林业系
北京市西山试验林场

影响北京市西山地区油松人工林生长的立地因子*

一、引 言

北京市西山是首都的重点绿化地区。油松是西山地区最主要的造林树种，占全部造林面积的三分之一以上。由于采用了较为细致的造林技术，如水平条整地、大苗带土坨栽植、及时抚育等，油松在这个地区的初期生长是普遍良好的。这种状况曾经造成了一种假象，似乎在西山地区油松生长不受立地条件的限制。大约在 15 年生以后，林木生长因立地条件不同而产生的不同效应越来越明显。长期的春旱及瘠薄的土壤造成了一些地方的油松林生长停滞，对病虫害的抗性减弱，难于成材。个别旱年甚至还引起了局部地方的油松死亡。所以，研究立地因子对油松生长的影响，确定油松在西山地区的适生立地条件，以便更好地贯彻适地适树的原则，就成为刻不容缓的事情。1978 年上半年，北京林学院部分师生与北京市西山试验林场协作，进行了不同立地条件油松人工林生长情况的调查工作，本文是此项调查研究工作的成果之一。

二、方 法

主要采用典型抽样的方法在有代表性的油松人工林中设置标准地进行调查，即调查了油松纯林标准地 72 块，油松混交林标准地 47 块。本文主要利用纯林标准地材料作为分析依据。

标准地面积一般为 $400m^2$ ($20m \times 20m$)，最大的到 $600m^2$，最小的 $200m^2$，以标准地内至少包含 100 株油松为准。

在标准地上进行详细的地形、土壤、植被等各立地因子的调查，还采取了土壤

* 本文来源：《北京林学院学报》，1979(1)：96－104.

* * 参加本项调查研究工作的尚有本院的齐宗庆、冯令敏、陈义等同志，林 75 级部分学生及西山林场韩有钧、李平宜等同志。

样品作实验室分析之用。

对每块标准地进行详细的造林历史调查，按技术档案材料、访问职工及现场观测的综合结果记载。林分年龄按造林历史推定，苗龄计入在内。

林木生长调查方面除对胸径进行每木调查外，还抽取总株数的20%进行树高，近五年高生长量、胸径连年生长量(用生长锥)，冠幅、冠长等项目的调查。为每株树确定生长发育级(按五级划分)，其中Ⅰ级木(优势木)和Ⅱ级木(亚优势木)的平均树高为标准地的上层高。每个标准地还选一株优势木进行树干解析。材积计算按自编油松一元材积表进行。

据国内外研究证明，立木上层高(H_T)是对立地影响反应最敏锐，且受其他因素(如密度)干扰最少的一个生长指标，不少地方用一定年龄时的上层高作为立地指数。本文也以立木上层高作为主要指标，统计分析它与各立地因子之间的相关关系。首先逐个分析各立地因子对油松生长的影响，然后用多元逐步回归分析的方法综合分析立地因子的影响，配制按立地因子预测油松生长的多元回归方程式。

这次调查的油松人工林，大部分的年龄在23~25年之间。鉴于近几年油松高生长已较缓慢，平均年生长量仅10~20cm，故在分析单个立地因子的影响时，视作基本同龄。在进行多元回归分析时，则将各标准地的上层高，按照其近五年高生长量的测定材料，统一换算成25年生时的。

在统计分析过程中发现有些标准地受人为破坏或其他偶然因素影响，或年龄相差太大，不宜进入总体。故实际参与统计的油松纯林标准地为61块。

主要参与统计分析的立地因子及其分级标准见表1。

表1 主要立地因子及其分级标准

立地因子	符号	分级标准
海拔高度	EL	按200m间距分级，<200m为1，201~400m为2，401~600m为3，>601m为4
坡　向	Asp	先按8个方位分别统计，后按阳坡(S、SW、W，记作1)，半阴半阳坡(SE、E，记作2)，阴坡(NW、NE、N，记作3)分为三级
坡　度	SL	分缓、中、急、陡4级，<10°为1，11°~20°为2，21°~30°为3，>31°为4
坡形坡位	Pos	分上、中、下3级，上部(包括顶部、山脊)为1，中部为2，下部(包括山麓阶地及凹形地)为3
土层厚度	SD	按剖面细土层厚度分成深厚(>81cm)、厚层(51~80cm)、中层(31~50cm)及薄层(<30cm)四级，均为厘米数计
土壤肥力等级	SF	以土层厚度为基础，按腐殖质含量及成土母质状况进行调整，腐殖质含量少的降一级，疏松母质深厚的增一级，Ⅰ级记90，Ⅱ级记65，Ⅲ级记40，Ⅳ级记15

三、结　果

本地区年平均温度11.8℃，平均年降水量630mm，分布不均，春旱严重。冬春多干寒大风，易引起树木生理干旱。总的来说，本地气候适合于油松生长，但也有某些不利方面，其中季节性干旱是起主导作用的。在这个背景下我们先逐个分析各立地因子与油松生长的相关关系。

(一)海拔高度

海拔高度的变化能引起山地气候水热状况的规律性变化。西山地区山脚与平原接壤处的海拔高度为50m左右，最高峰达830m，这次调查的油松林分布在50～630m之间。

经分析，海拔高度对油松生长的影响是复杂的。从全部总体来看，海拔与油松上层高之间的相关系数不大，$r=0.1475$，说明相关不紧密。但这并不说明由海拔变化引起的气候变化对油松生长不起作用，而只说明它的作用被其他因素掩盖了。调查数据说明，在400m以下的低山带内，由于海拔相差不大，影响不明显，而把400m以下的与400m以上的相比，则有明显区别，这种区别因坡向而不同。在阳坡上，随海拔增高，土壤水分状况有明显改善，对油松生长有利。下面举一组数据作差异显著性分析以资说明(表2)。

表2 不同海拔高度对阳坡厚土油松林生长的影响

海拔高度(m)	标准地数量	标准地上层高(m)	平均值(m)	t值检验
<400	6	4.7，5.5，5.3，5.1，5.0，4.9	5.08	$t=4.80$
>400	3	6.7，6.5，5.6	6.27	$t_{0.05}=2.37$，$t_{0.01}=3.50$

由表2可见，在阳坡上，当土层厚度相同时，不同海拔对油松生长的影响是显著的，其显著性已超过了0.01的显著性水平(即结论可靠性达99%以上)。在半阴半阳坡上，我们同样可以看到这种影响，以东坡为例，海拔<400m的厚土层上有5块标准地，其上层高分别为5.0，4.9，4.8，5.0及5.4m，其平均值为5.02m，标准差S=0.204m，而同坡向同土厚级海拔>400m的一块标准地，其上层高达5.9m，处于低海拔处平均值加三倍标准差之外，其差异应该说是显著的(虽然差值要比阳坡上小)。但因高海拔的标准地太少，故暂不作具体结论。

在阴坡上，海拔高度对油松生长的影响有相反的趋势，也以一组数据为例加以说明(表3)。

表3 不同海拔高度对阴坡深厚土油松林生长的影响

海拔高度(m)	标准地数量	标准地上层高(m)	平均值(m)	t值检验
<400	3	6.8，6.9，6.6	6.77	$t=1.95$
>400	3	6.6，5.9，6.6	6.37	$t_{0.05}=2.45$

从表3可见，在阴坡上随海拔升高油松生长反而有下降趋势，但用t值检验说明这个差异是不显著的。

以上情况表明在不同坡向上海拔高度对油松生长有不同的作用，这些情况搅在一起就使得海拔高度在总体上(不分坡向，土厚)对油松生长就没有明显的相关性。

至于为什么在阴坡上海拔的作用不同于阳坡，我们举一组同地区(在妙峰山林场，与西山林场相邻)不同海拔、不同坡向的小气候观测材料以资说明(表4)。

表4　不同海拔不同坡向的小气候观测平均指标*

观测日期　1964年10月5~7日，晴

观测指标＼观测地点		胜国寺沟(海拔300m)		瓜打石沟(海拔580m)	
		阳坡S	阴坡N	阳坡S	阴坡N
地温(℃)	地表温度	29.9	7.9	18.1	6.4
	最　高	47.0	14.7	39.5	13.0
	最　低	6.2	1.6	1.8	1.4
	0~30cm处平均	21.9	8.9	14.9	7.9
气温(℃)	150cm处平均	17.2	14.7	13.7	12.9
	最　高	20.9	18.5	20.0	15.9
	最　低	3.2	9.8	-1.4	7.5
相对湿度(%)	(20~150cm处平均)	60.5	64.4	63.0	66.5

*此观测由北京林学院林、水61级同学执行。

从表4中的观测数据不难说明，从海拔300m升高到580m，在阳坡上气候变化很大，地温下降了7℃，气温下降了3.5℃，相对湿度则增加了2.5%；而在阴坡上小气候的变化却相对较小，地温下降了仅1℃，气温下降了仅1.8℃，相对湿度增加了2.1%。这虽然只是连续三昼夜的观测记录，却是有代表性的，可以用此说明油松的生长反应。在温暖干燥的阳坡上，随海拔升高而温度下降，湿度上升，正有利于改善油松生长的水分条件(作为主要矛盾)，而在阴坡上则随海拔升高气象因子的变化小，所以对油松生长影响小，而且本来阴坡上就是温度较低、水分矛盾不突出，当温度再降低时，即使对改善水分条件也有所补益，但毕竟热量因素(特别关系到生长期的长短)又对生长起了限制作用。阴坡上在10月初平均地温已低于10℃，可见再降低温度就更不合适了。日本、美国对日本落叶松和加州铁杉的生长研究都表明，海拔越高对这些树种的生长越为不利(负相关)。北京西山处于低海拔(<800m)较干旱地区，规律当有所不同，但其阴坡处在干旱阳坡与日、美的湿润山区的过渡地位，在这种情况下海拔升高对油松生长无明显影响(更确切地说应是促进和促退的两种因素相互抵消)应该是正常现象。

(二)坡向

经以往研究，在华北石质山区坡向是影响油松生长的重要立地因子。这次用西山地区的材料分析，坡向与油松上层高的总相关系数 $r=0.374$，如只计<400m的，则 $r=0.495$，表明是有相关性的，但还不够紧密，这也是由于其他因素的影响掺杂在里面的缘故。我们为隔离其他因素的影响，仅取海拔低于400m同属厚层土级的一组标准地共32块作进一步分析。如果按坡向的八个方位去分析，则个别方位标

准地太少，甚至没有，为此对八个方位进行组合。根据华北山区水分是影响树木生长的主导因子，而在北纬地区坡向的水分梯度是按下列次序排列的：

NE—N—NW—E—SE—W—S—SW

我们将八个方位截成三段，NE—N—NW 一段为阴坡，代号为 N，E—SE 为半阴半阳坡，代号为 E，W—S—SW 一段为阳坡，代号为 S。这里把西坡归并入阳坡，而没有归入半阴半阳坡，这是由于在西山地区西坡的立地条件很差，既干燥，又冲风，油松林的生长也证明这一点，西坡上的油松林生长有时还不如南坡。这样的坡向分组是否合理，我们用组内不同坡向油松生长的方差分析来验证(参见表 5)。

表 5 阴坡厚土三个方位油松上层高的方差分析

方差来源	平方和	自由度	均 方	F	显著性
组间	0.131	2	0.066	0.34	不显著
组内	3.087	15	0.193		$F_{0.01}=3.63$
总和	3.218	18			

$H_{T(NE)}$：5.3，5.3，6.2，6.2　　$\overline{H}_{T(NE)}=5.75m$

$H_{T(N)}$：5.3，6.0，6.4，6.4，6.2，5.4　　$\overline{H}_{T(N)}=5.95m$

6.3，5.4，5.7，6.3，6.1

$H_{T(NW)}$：6.3，5.4，5.7，6.0　　$\overline{H}_{T(NW)}=5.85m$

由表 5 可见这三个坡向的数据之间无明显差异，可以合成一组。其他二组因个别坡向(SE，SW)缺数据，不便于进行方差分析，但其分组原则是一致的。

八个方位归并成三个组后，这三个坡向组对油松的生长影响如何？我们还继续用这厚土级的数据进行方差分析，参见表 6。

表 6 三个坡向组厚层土油松上层高生长的方差分析

方差来源	平方和	自由度	均 方	F	显著性
组间	15.45	2	7.73	45.47	极显著
组内	5.07	29	0.17		$F_{0.01}=3.32$
总和	20.52	31			

$H_{T(S)}$：5.5，5.3，4.7，5.1，5.0，4.9　　$\overline{H}_{T(S)}=5.1m$

$H_{T(E)}$：6.1，5.0，4.9，4.8，5.0，5.4，5.9　　$\overline{H}_{T(E)}=5.3m$

$H_{T(N)}$：全部数据见表 5　　$\overline{H}_{T(N)}=5.9m$

从分析可见，油松在阴坡上的生长优于半阴半阳坡，更优于阳坡，而且这三个坡向组对油松生长的影响是极显著的。但这个显著性主要表现在阴坡与其他坡向之间。进一步用 t 值检验说明阴坡与半阴半阳坡油松上层高之差的 t 值为 3.04($t_{0.05}=2.06$，$t_{0.01}=2.80$)，阴坡与阳坡油松上层高之差的 t 值为 4.47($t_{0.05}=2.07$，$t_{0.01}=2.81$)，均属极显著差异；而半阴半阳坡与阳坡之间油松上层高之差的 t 值仅为 0.91($t_{0.05}=2.20$)，属不显著差异。因此，如果划分粗放一些的话，也可将半阴半阳坡全部归入阳坡，全部坡向只分阳坡(5 个方位)和阴坡(3 个方位)两组。低山地带不同坡向影响油松生长的原因，也可从前述表 4 中得到依据。

(三)其他地形因子

除了海拔与坡向以外，其他地形因子尚有坡度、坡形坡位等。坡度对油松生长有一定影响。坡缓对保存土壤和积聚水分有利，应对油松生长起促进作用。通过相关分析表明，坡度因子与油松上层高生长的相关系数 $r=0.2577$，也不够紧密，这主要是由于有人为活动的影响掺杂在内。西山地区有些缓坡上油松生长良好，但也有些缓坡过去经过垦耕后撂荒，细土大量流失，土壤变得很瘠薄，油松生长不良。而相反，有些在海拔较高处的阴坡上，虽然坡陡，但因人为活动稀少，保存住了植被和土壤，对油松生长有利。这些矛盾着的因素就降低了坡度影响油松生长的显著程度。

对于坡形坡位因子，也存在类似情况，它与油松上层高的总的相关系数 $r=0.1015$，是单个因子中最低的一个。在一般情况下，在同一个坡面上，坡下的油松长的比坡上好。如一片阳坡山麓的油松林(标准地 4～18)上层高达 5.3m，而同一坡面上部的油松林(标准地 4～14)上层高仅 4.4m。但这种规律性常被打破，许多坡脚山麓理应属于立地条件较好的地方，却因过去人为活动的破坏而变得瘠薄，也有一些山坡上部接近顶部(风口的梁脊除外)的地方却保存着未受破坏的厚土缓坡，再加上那些地方海拔也较高，出现了不少生长优良的油松林。因此，在西山地区的具体条件下，坡度和坡形坡位在总体上都不是影响油松生长的主导因子，它们在评价立地条件时，只能起参考作用。

(四)土壤因子

要确定哪些土壤因子对油松生长有显著影响，必须先对西山地区的土壤特点有一个了解。西山地区的母岩主要是砂岩、页岩和凝灰岩，其中砂岩面积 70% 以上，凝灰岩在高海拔地段出现，也有极少量的花岗岩和石灰岩分布，但这次调查的油松标准地上没有遇此类母岩。成土母质主要为砂岩，页岩的坡积、残积母质，局部地区有第四纪马兰黄土或第三纪红土覆盖。黄土覆盖层厚些，有时可达 1m 以上(如魏家村黄土坡、亮甲店一带)，红土层则较薄。由于本地区属于低山地带，在这些母质上发育的都是山地褐土，大部分为淋溶褐土，土壤 pH 值在 6.0～6.5 之间；少数阳坡地段出现典型褐土，B 层以下有石灰性反应；个别山麓阶地上出现碳酸盐褐土，往往已不属造林地范围。土壤质地一般以轻壤为主，也有中壤，只有少数剖面下部有红土出现的地方为重壤，既没有出现机械组成更黏重的土层，也没有更粗的。土层厚度一般较薄，在 50cm 上下的居多，有的地方土层只有 15cm 左右厚，土壤中石砾含量较多，尤其在坡积母质上发育的土壤中。发育完整的西山地区褐土中，盐基饱和度较高，养分元素含量也不少，表层腐殖质含量 2%～3%，阴坡植被好的地方可高达 5%。但相当多的土壤由于过去人为不合理活动的影响，表土流失严重，肥力大为降低，有的表土腐殖质含量降至1%左右。有些低山人工林的枯枝落叶层年年被扫尽利用，对土壤肥力也有严重不利影响。

从以上情况可见，西山地区的母岩差异不大，而成土母质有较大差异。有黄土母质出现的地方林木生长好，一般均归入厚层土(或深厚层)通过土壤厚度得到反映；红土的侵入不如黄土有利，但也没有发现明显不利影响；砂、页岩坡积母质分布最广，如坡积层深厚，油松根系可利用石缝间的土壤，以弥补土壤厚度的不足。土壤的机械组成、pH值差异也不大，而差异较大的是土壤厚度、腐殖质层厚度及腐殖质含量等因子。正是这些差异较大的因子对油松生长有较重要的影响。

在土壤一般较薄的石质山地上，土层厚度是影响土壤肥力(包括水分与养分)，因而也就是影响林木生长的主导因子。这一点在西山地区表现得也很明显。据这次调查材料的统计分析，土壤厚度与油松上层高成线性正相关，土越厚，油松生长越好，其回归方程式(平均24年生)为：

$$H_T = 3.892 + 0.0233SD \qquad r = 0.637$$

由此可见，在各个单因子中，土厚与油松生长的相关系数是最高的，已经接近0.7的紧密指标。

正像上面所分析的，土厚虽然重要，但还不是唯一的，腐殖质含量和成土母质状况对土壤肥力状况也有明显影响，但这两项因子在外业调查工作中很难使其数量化。如腐殖质含量问题既要看到腐殖质层厚度，也要看到单位体积(或重量)中的含量，而后者在外业工作中只能以土层颜色为标准，掺进了一定的主观成分。对母质状况既要看到坡积层深度，也要看到石砾的大小、含量及堆积方式，也有个主观判断问题。而且根据以往经验，这两个因素在不同土厚时的意义不同，腐殖质含量在土层较厚时影响明显，而母质状况则特别对薄层土壤意义重大。故这次工作中，我们仅把这两个因子作为参考因子，根据这两个因子的情况对按土厚分的等级进行升降调整。据此，对61块标准地中的11块的土厚级别进行了调整，调整后的级别称之为土壤肥力等级(*SF*)，为统计方便起见，仍以土厚级别的厘米数表示。用这个调整后的指标与油松上层高作相关分析，得出回归方程式(25年生)为：

$$H_T = 3.1797 + 0.0420SF \qquad r = 0.812^*$$

通过这一调整，大大提高了相关系数，达到了很紧密的程度。这说明以土壤肥力等级综合表达土厚、腐殖质、母质状况三个土壤因子，是符合实际情况的。土壤肥力等级是影响油松生长最主导的因子。

(五)多元逐步回归分析

在上面分析单个立地因子的影响的基础上，我们又进行了立地因子与油松上层高生长之间的多元逐步回归分析。今将多元逐步回归分析的主要结果列于表7。

---

* 土壤肥力等级与油松上层高生长之间基本上是线性关系。如用二次抛物线方程表达(24年生时)，则得 $H_T = 2.9325 + 0.0416SF - 0.000023SF^2$，$r = 0.823$，提高不多。

从表 7 的逐步回归分析过程中可见，对油松生长影响最大，因而最先进入方程式的因子是土壤肥力等级，然后依次为坡向、坡度与海拔。坡形坡位由于影响太小，已不能引入方程式。所以西山地区立地因子与油松(25 年生)上层高的多元回归式为：

$$H_T = 2.866 + 0.03827SF + 0.355Asp - 0.203SL + 0.111EL$$

表 7　立地因子与 25 年生油松上层高的多元逐步回归分析

立地因子变量	回归系数			
	I = 1	I = 2	I = 3	I = 4
海拔 EL				0. 111390046
坡向 Asp		0. 329530891	0. 345722194	0. 354581737
坡度 SL			-0. 191951484	-0. 203080731
坡位 Pos				
土肥 SF	0. 042044566	0. 040380797	0. 038948382	0. 038274820
bo	3. 17967226	2. 55370163	2. 99263145	2. 86560950
R	0. 81226836	0. 86072315	0. 87235522	0. 876448738

相关阵

	EL					
1. EI	1	Asp				
2. Asp	-0. 06524788	1	SL			
3. SL	0. 06382093	0. 07566910	1	Pos		
4. Pos	-0. 12475564	-0. 03150485	0. 02467282	1	SF	
5. SF	0. 12375474	0. 11214301	-0. 17991700	0. 16443827	1	H_T
6. H_T	0. 14754560	0. 37401236	-0. 25767217	0. 10154551	0. 81226838	1

复相关系数　$R = 0.8764$

偏相关系数　$R'_{SF} = 0.8289$

$R'_{Asp} = 0.5334$

$R'_{SL} = 0.2965$

$R'_{EL} = 0.1730$

上述方程式中各立地因子的偏相关系数的大小正好说明了各因子对油松生长的重要性。

根据上式就可以预测各种立地条件下的油松生长。从逐步回归分析过程中可见，在西山地区影响油松生长的主导因子是很明显的，即为土壤肥力等级；次主导因子也很明显，即为坡向。其他立地因子都不很重要，因此引入后不能使方程式的复相关系数有显著提高。因此在一般情况下只要用土壤肥力等级和坡向两个因子就可以比较有把握地预测油松生长(表 8)。

表8 西山地区25年生油松上层高生长预测表 单位：m

土壤肥力等级 SF	阳坡(S)	半阴半阳坡(E)	阴坡(N)
Ⅰ(>81cm)	6.25	6.58	6.91
Ⅱ(51~80cm)	5.50	5.83	6.16
Ⅲ(31~50cm)	4.49	4.82	5.15
Ⅳ(<30cm)	3.49	3.82	4.15

还有一点需要说明，海拔高度对油松生长是有明显影响的，但因为在不同坡向上有不同作用，因此总起来就降低了它的相关显著性。如我们有可能取得不同海拔高度的大量标准地材料，最好分别不同垂直地带进行统计分析，就能更符合真实情况。

四、结 论

(1)在北京市西山地区，油松生长与立地条件有密切的关系。影响油松生长的主导立地因子是土层厚度，如用土壤肥力等级取代土层厚度，则关系更为密切。次主导立地因子是坡向。坡度、坡形坡位等因子影响不大。海拔高度对油松生长有影响，但在不同坡向上它的作用是不同的。

(2)经多元回归分析得出西山地区立地因子与油松上层高生长的回归方程式为：

$$H_T = 2.866 + 0.03827SF + 0.355\mathrm{Asp} - 0.20SL + 0.111EL$$

$$R = 0.8764$$

此式可用于油松生长预测，以判定油松的适生立地条件。经分析，西山地区低山阳坡(也可包括半阳坡)Ⅲ级土以下，25年生时油松上层高不足5m，生长停滞，干形弯曲，病虫害多，已不适油松生长。从生长预测表可见，阴坡Ⅳ级土也不适油松生长，但实际上这种立地条件在西山是很少见的。

(3)我们的经验证明，应用各种数理统计的方法，尤其是应用多元逐步回归分析的方法，去统计分析立地条件与树种生长间的相互关系，是一种行之有效的方法。应用电子计算机有可能大大减轻这项工作中的繁重的计算工作量。这种方法也可为划分立地条件类型提供客观的数量依据。

沈国舫 关玉秀 周沛村 邢北任
(北京林学院) (北京市西山林场)

北京市西山地区适地适树问题的研究*

摘　要　本文总结了北京市西山试验林场30年来的造林经验。普遍调查了二十多个造林树种在各种立地条件下的生长情况，在此基础上，运用数理统计方法分析了各树种的生长与各立地因子之间的相互关系。以此为依据修改了西山林场的立地条件类型表，提出了新的方案，并为各立地类型组提出了适用造林树种的建议。

一、引　言

北京市西山林场位于首都西郊，距城区约20km，总面积12万余亩。西山的最高海拔823m，属低山地区。年平均温度11.8℃，平均年降水量630mm，分布不均，冬春干旱多风。土壤为山地褐色土，大部分为淋溶褐色土。成土母岩以硬砂岩为主。

西山造林工作中使用的造林树种较多，计有油松、侧柏、白皮松、华山松、樟子松、落叶松、桧柏、洋槐、栓皮栎、槲树、元宝枫、白蜡、黄波罗、臭椿、银杏、栾树、杨树、核桃、板栗、山杏、桑树、黄栌、紫穗槐、胡枝子等二十余种。当时由于缺乏造林经验，在树种安排上有一定的盲目性，但却为其后总结造林经验提供了良好的条件。1978～1979年由北京林学院部分师生和西山林场协作，进行了大量的调查工作，共调查了各树种人工林的标准地252块，还作了200多株树干解析和60多个土壤样品的理化分析工作。本文就是在统计分析这些调查材料的基础上得到的有关西山适地适树问题的基本认识。

二、各树种适生立地条件的探讨

（一）油松

油松（*Pinus tabulaeformis* Carr.）是西山地区最主要的造林树种之一。关于油松的适

* 本文来源：《北京林学院学报》，1980（1）：32－46.

生立地条件问题，我们已在“影响北京市西山地区油松人工林生长的立地因子”一文中(见《北京林学院学报》，1979，1)有过详尽的分析，我们在这里仅引用其主要的结论。

根据对72块油松人工纯林标准地的分析，影响油松生长的最主要的立地因子是土壤肥力等级(以土厚为基础，参考腐殖质层发育状况及母质状况)，其次是坡向。海拔高度对阳坡上的油松有明显影响，但对阴坡上的油松影响不显著，因而总的相关不很密切。坡度和坡位由于过去人为活动因素的干扰，在统计中显出对油松生长的影响不大。

经计算得出的立地因子与油松上层高生长(年龄为25年的)的多元回归式为：

$$H_T = 2.866 + 0.03827SF + 0.355As - 0.208SL \times 0.111EL$$

式中 H_T 为上层高，SF 为土肥等级，As 为坡向，SL 为坡度，EL 为海拔。

此式的复相关系数 $R = 0.8764$

各因子的偏相关系数 $R'_{SF} = 0.8289$

$R'_{AS} = 0.5334$

$R'_{SL} = 0.2965$

$R'_{EL} = 0.1730$

根据此式可对油松进行生长预测，并判定在海拔 <400m 的低山下带，阳坡、半阳坡上土壤次于Ⅱ级的地方不适于油松生长。

(二) 侧柏

侧柏[*Platycladus orientalis* (L.) Franco.]在西山造林中具有重要的地位，而且由于它稳定性强，树形美观，近年来还有扩大应用的趋势。这次调查了侧柏标准地共55块，其中30块为纯林，25块为与油松的混交林。

侧柏较油松喜温怕风，这一点在早期的总结中已为人们所认识。所以这次调查的侧柏人工林绝大部分都在低海拔地带的阳坡及半阴半阳坡。在 >400m 的阴坡上没有侧柏林生长，在 >400m 的阳坡上只有少量的侧柏人工林，大多处于山顶风口地段。由于可对比的标准地数量较少，难以做统计分析，但只从简单的生长指标对比也可以从中取得一定的认识(表1)。

表1 不同海拔阳坡侧柏人工林的生长比较(林龄：25年)

土厚 / 生长指标 / 海拔高度(m)	厚层土				中层土			
	平均高(m)	上层高(m)	平均胸径(cm)	单株材积(m^3)	平均高(m)	上层高(m)	平均胸径(cm)	单株材积(m^3)
<400	4.2	4.9	5.2	0.0070	3.6	4.5	4.2	0.0039
>400	3.6	4.3	4.2	0.0041	3.0	4.1	3.6	0.0028

由表1可见，随着海拔升高，侧柏的生长有所下降，在这方面温度的降低及风力的增强可能是起主导作用的。

从坡向这个角度分析，阳坡和半阴半阳坡之间侧柏生长没有显著差异，其上层高差异之 t 值仅为 0.178($t_{0.05} = 2.57$)。在半阴半阳坡与阴坡之间侧柏生长虽有不同

（表2），但经 t 值检验，差异也属不显著，这是因为阴坡现有的侧柏人工林大多处于较背风地段。只有个别人工林处于冲风地段（如冷泉后山），因受风的影响，死亡较多，已不成片，未作调查。从以上情况来看，除了冲风地段外，在西山的低海拔地带，坡向对侧柏的生长没有显著影响。

表2　不同坡向对中层土侧柏人工林生长的影响（林龄：25年）

坡向	标准地数量（个）	上层高（m）	平均值（m）	t 值检验
东南—东	5	4.9，4.3，3.8，5.0，4.5	4.5	$t=1.45$
北—东北	3	4.2，4.3，3.8	4.1	$t_{0.05}=2.45$

土厚以及土壤肥力等级对侧柏生长的作用极为明显。土壤肥力等级与侧柏林的上层高生长呈线形正相关，其回归式为：

$$H_T = 3.2545 + 0.0316SF \qquad r = 0.894$$

相关系数很高，接近于极紧密，说明侧柏生长基本上为土壤肥力（包括土厚、腐殖质含量及母质状况等）所控制，而受其他立地因子的影响较小。据此也可对25年生侧柏人工林进行生长推定（表3）。

表3　西山低山地带侧柏林上层高与立地条件的关系（林龄：25年）

项目	不分坡向			
土壤肥力等级	Ⅰ（>81cm）	Ⅱ（51～80cm）	Ⅲ（31～50cm）	Ⅳ（<30cm）
上层高（m）	6.10	5.31	4.52	3.73

从表3可见，侧柏对土壤肥力的反应也是很灵敏的。但值得注意的是在土壤瘠薄的林地上，侧柏虽生长较慢，但还比较稳定，受病虫害的影响也较少，这一点与阳坡上的油松比尤为突出。种种迹象说明侧柏比油松更为抗旱。

（三）其他针叶树种

1. 白皮松（*Pinus bungeana* Zucc. ex Endl.）

白皮松是个珍贵的观赏树种，但很少用来成片荒山造林。1957年雨季在卧佛寺后山用1.5年生小苗进行造林试验，成活率在90%以上，而且生长良好（表4）。

表4　白皮松人工林生长情况及其与油松林的生长比较

树种	立地条件	年龄	保存密度（株/hm²）	生长指标					备注
				平均高（m）	上层高（m）	近5年高生长量（m）	平均胸径（cm）	蓄积量（m³/hm²）	
白皮松	低山，东南坡Ⅲ级土	22	6400	4.8	5.5	1.39	5.5	50.62	病虫害少
	低山，南坡Ⅱ级土	22	3650	4.7	5.4	1.58	7.6	40.27	干形通直
油松	低山，东南坡Ⅲ级土	22	3900	3.6	4.3	0.59	5.2	21.30	病虫害多
	低山，南坡Ⅱ级土	24	2675	4.6	5.4	0.73	7.1	33.63	干形较差

从表4可见，在低山阳坡半阳坡上，白皮松与油松相比，有许多优点：抗旱性

强，生长稳定，病虫害少，干形通直。尤其突出的是，在这个年龄阶段，油松在低山阳坡上一般都开始平顶，高生长量很小，而白皮松却仍稳定生长，每年高生长达30cm左右，林相整齐。

过去一直认为白皮松是生长缓慢的树种，实际上这仅仅是幼年时期的现象。到20年生以后，白皮松的主要生长指标都已超出了油松，而且看来差距还要继续拉大。白皮松的观赏价值大大高于油松，其防护性能也毫无逊色。白皮松的木材物理力学性质较油松木材稍差，主要是抗弯曲及抗冲击的强度稍低，但轻软而易于加工却较油松略胜一筹。综观得失，可以认为白皮松在低山阳坡造林是很有希望的，尤其在营造风景林时，应该大力发展。

2. 华山松(*Pinus armandi* Franch)

西山林场从20世纪60年代初开始引种华山松，在不同立地条件下造林，目前的生长情况因地而异(表5)。

表5 华山松人工林的生长情况

地 点	立地条件	年龄	保存密度(株/hm^2)	生长指标			备注
				平均高(m)	近5年高生长量(m)	平均胸径(cm)	
黑龙潭	海拔455m，西北坡，Ⅲ级土	17	1200	3.0	1.16	4.3	上层高3.5m
卧佛寺	海拔120m，东北坡，Ⅲ级土	17	散生	2.6	0.85	4.4	
卧佛寺	海拔250m，东坡，Ⅱ级土	17	散生	3.0	1.39	6.0	大坑栽植
福寿岭	海拔155m，西南坡，Ⅲ级土	13	3750	1.9	0.88	2.4	

从表5可见，华山松在西山生长基本上还是正常的，由于它对于土壤水分条件有一定要求，因此在海拔较高处的阴坡上生长较好，在低山半阴坡土壤条件较好处生长也不错，但在低山阳坡干旱瘠薄处生长就差一些。由于华山松林分的年龄尚小，对其适生性能尚需作进一步观察。

华山松叶色嫩绿，树形美观，材质优良，如能引种成功，比油松有许多优点，值得继续试验。从目前生长情况看，应把它主要应用在土壤水肥条件较好的地方。在优越的立地条件下华山松有较大的生长潜力，如相邻的九龙山林场一小片土层深厚的山凹上的华山松，17年生时平均高4.4m，上层高5.6m，近五年高生长量达2.04m，平均胸径7.7cm(立木较稀)，超出了类似条件下的油松生长量。

3. 落叶松(*Larix* spp.)

1960年西山林场在打鹰洼引种落叶松(主要是长白落叶松)，当地海拔630m，东北坡，厚层轻壤土(Ⅱ级)。1978年春调查时(20年生)，平均高3.8m，上层高4.4m，平均胸径5.6cm，这个生长指标对落叶松来说是不够理想的。在黑龙潭五台山上类似立地条件上(海拔535m阴坡厚土)19年生油松平均高4.3m，上层高4.7m，平均胸径6.6cm。对比看来，落叶松的生长还不如油松。落叶松在当地生长不良是否有其他原因，由于缺乏连续的记载和观察，尚不清楚。但联系相邻九龙山林场、妙峰山林场的落叶松生长表现来看，海拔高度较低可能是西山林场的落叶松生长不良的主要原因。九龙山林场及妙峰山林场的落叶松都是在海拔800m以上才能取得过得去的生长效果，这一点可作借鉴。

(四)洋槐

洋槐(*Robinia pseudoacacia* L.)是西山林场造林面积较大的一个阔叶树种，这个树种由于在荒山上初期生长较快(平均年高生长量可达1m左右)，迅速郁闭成林，绿化效果显著，曾经受到重视。在50年代末期根据洋槐幼林的生长表现曾作过初步调查总结，主要得出两个结论：一是认为洋槐喜光怕风，易干梢，在阴坡迎风坡上造林效果不好；二是认为洋槐比较耐干旱瘠薄，在不同土壤上生长差别不大。

1978年调查了20~24年生*洋槐人工林，有32块标准地。从这些标准地的材料可对洋槐的适生立地条件作进一步的探讨。

首先，西山的洋槐人工林都集中在低海拔地带，最高一片洋槐林在海拔410m处，因为是在阳坡上，生长没有什么不正常。可以认为，洋槐在西山地区主要在低海拔地带造林是正确的，但从此还不能得出洋槐的适生海拔高限的结论。

从坡向来看，目前保存下来的洋槐林大多集中在阳坡半阳坡，阴坡上的洋槐林(尤其是冲风的阴破中上部)大多已死亡而由其他树种代替。少量阴坡下部、较背风的山麓地带(如黑龙潭、簸箕水一带)保存下来的洋槐林生长还是较好的，其生长指标比背风的东坡略低，但t值检验表明这个差异是不显著的(表6)。以阳坡(南)与半阴半阳坡(东)相比，其差别则更小。由此可见，坡向对洋槐生长的影响关键在于寒风所引起的干梢。如果都处于背风的情况下，则各坡向上洋槐生长的差别不大，阳坡上光照和热量充足一些，而阴坡上则土壤水分充足一些。

表6　不同坡向洋槐人工林的生长比较(林龄：20~24年)

土肥级	坡向	标准数量(个)	上层高(m)	平均值(m)	t值检验
Ⅰ	东	3	10.1，14.5，13.6	12.7	$t=0.752$
	北	4	11.2，11.9，11.1，13.5	11.9	$t_{0.05}=2.57$
Ⅱ	东	5	11.5，9.2，11.0，11.3，12.8	11.2	$t=0.306$
	南	4	13.8，11.0，9.0，9.9	10.9	$t_{0.05}=2.37$

以土层厚度为主的土壤肥力等级对于洋槐生长是有很大影响的，看来随着林龄的增长越来越明显。土壤瘠薄处的洋槐林长到平均高7~8m时，平均胸径6~8cm后，即生长停滞，成不了大材；而在深厚肥沃的土壤上，则同龄的洋槐林平均高可达11~12m，平均胸径可达12~14cm，最粗的达20~25cm，而且没有明显的生长停滞现象，有可能长成大材。如黑龙潭东坡山麓深厚土壤上的22年生洋槐林，平均高达11.3m，上层高14.5cm，最高18.5m，平均胸径13.8cm，最大胸径25.8cm，

* 因洋槐都是截干栽植造林，所以年龄均按干基的年龄计算。

每公顷蓄积量98.48m^3。附近另有一片类似的洋槐林，生长略小但保存密度较大，蓄积量达每公顷113.50m^3，是目前全林场单位面积蓄积量最高的一片人工林。但是如果从大量标准地的统计分析来看，规律却不像这样明显，原因是大多数洋槐林遭受人为破坏较为严重，不少地方生长较好的洋槐被伐去，因而干扰了一般生长规律。尽管如此，统计分析表明，一定的规律还是存在的。今以东坡不同土壤的13块标准地上层高的方差分析为例，参见表7。表7的材料表明，洋槐生长随土壤改善而递增，是有规律的，虽方差分析得到的F值不高，仍高出$F_{0.25}$而接近于$F_{0.10}$的指数，说明这种生长差别还是有一定的可靠性的。

表7　东坡不同土壤上的洋槐林上层高生长的方差分析(林龄：20~24年)

土肥级	标准地数量(个)	上层高(m)	平均值(m)
Ⅰ(>81)	3	10.1，14.5，13.6	12.7
Ⅱ(51~80)	5	11.5，9.2，12.8，11.0，11.3	11.2
Ⅲ(31~50)	3	10.5，9.3，10.6	10.1
Ⅳ(<30)	2	8.5，10.1	9.3

方差来源	平方和	自由度	均方	F	显著性
组间	17.17	3	5.72	2.6	不显著 $F_{0.10}=2.81$，$F_{0.25}=1.63$
组内	19.83	9	2.20		
总和	37.00	12			

如果不计坡向，将全部洋槐标准地的上层高与土肥级进行回归分析，则可得回归式：

$$H_T=8.611+0.03702SF \qquad \text{相关系数 } r=0.533$$

相关系数虽不很高，但已超出0.5，说明洋槐生长与土壤肥力之间确实存在着正相关。考虑到如果林子不受破坏，则此规律性应更为明显，值得在选择造林地时予以认真考虑。

(五)栓皮栎和槲树

西山林场在1955~1956年才开始用橡栎类树种造林。现在林龄都在22年生左右。由于一开始就掌握了橡栎类树种的特性，所以造林当时就因地制宜地用喜暖的栓皮栎(*Quercus variabilis* Bl.)在阳坡半阳坡造林，在阴坡上则用较耐寒的槲树(*Quercus dentata* Thunb.)造林，使造林基本获得成功。1978年共调查了栓皮栎标准地11块，槲树标准地2块。今选其中部分林分的生长情况列于表8，以供参考。

栓皮栎和槲树都是用直播方法造林的。如果种子质量合格，造林技术(包括播种季节)恰当，则可以获得较高的成活率。由于树种的生物学特性，幼年时期主要是扎根，地上部分生长较慢，局部地方还有枯死再萌现象。但大致在5年生以后，地上部分即加速生长，好的年份高生长可达70~100cm，其生长速度超过油松、侧柏而居于其上，阳坡上的栓皮栎尤为突出。栓皮栎比油松有更强的抗旱性，在干旱年份也能稳定生长，病虫害也较少，是阳坡上一个优良的造林树种。槲树对坡向选

表8 栓皮栎和槲树人工林生长情况

树种	地点	立地条件	年龄	保存密度（株/hm²）	生长指标 平均高（m）	上层高（m）	平均胸径（cm）	备注
栓皮栎	四平台	175m 东南坡下部Ⅱ级土	19	3367	5.7	7.0	5.3	废梯田
	正港沟	260m 西南坡中部Ⅱ级土	21	6100	5.2	6.2	4.5	
	狮子窝	200m 东坡中部Ⅱ级土	22	3360	5.4	6.3	6.2	
槲　树	冷泉后山	360m 东坡中上部Ⅰ级土	20	5250	4.9	5.7	5.0	山凹
	五台山	510m 东北坡上部Ⅱ级土	20	4650	4.3	4.9	4.6	

择不严，在低山地带可以主要用于阴坡（把阳坡让给栓皮栎），可作油松的伴生树种。

这两个树种对海拔高度的要求在西山林场还不易确定。栓皮栎主要在低海拔地带造林，但据在相邻的妙峰山林场观察，栓皮栎在阳坡600m处尚能顺利生长，个别植株达到海拔800m处（向阳山凹）。在西山林场槲树在海拔510m的阴坡尚能正常生长，再往上可能要逐步往阳坡转移。

与过去的一些认识相反，这两个树种对土壤肥力的要求并不很严。虽然仍可看出土壤肥力越高生长越好的趋势，但差距并不很大。栓皮栎在阳坡中层土上（Ⅱ级）仍然生长良好，21年生时上层高达到5.2m，比油松、侧柏都要快许多。

（六）元宝枫

元宝枫（*Acer truncatum* Bge.）是西山地区重要的风景树种和混交树种，近来发现，它也是一个良好的油料树种。元宝枫对造林地的适应性比较广泛，在西山地区不同海拔高度和各种坡向均能顺利生长（表9）。从表9所列情况来看，海拔高度对元宝枫生长没有显著影响，阴坡海拔240m和海拔480m的元宝枫生长很接近。但不同坡向的影响是明显的，阳坡元宝枫的生长显然不如阴坡。

表9 不同立地条件元宝枫人工林的生长情况

地点	立地条件	年龄	保存密度（株/hm²）	生长指标 平均高（m）	上层高（m）	平均胸径（cm）	蓄积量（m³/hm²）
桃盘岭	480m，东北坡，Ⅰ级土	23	3467	5.5	7.2	6.9	41.68
卧佛寺	240m，北坡，Ⅱ级土	24	3350	5.9	7.5	5.8	25.99
魏家村	275m，南坡，Ⅱ级土	24	4150	4.3	5.3	4.8	17.70
青龙桥－21	75，东坡下凹，Ⅰ级土	25	3367	9.6	10.8	7.1	70.50
青龙桥－22	120 东坡顶，Ⅱ级土	25	4580	7.0	7.4	7.1	54.40

元宝枫生长对土壤条件的反应也很明显。早在50年代末就已经观察到，同在塔庙一地的6年生元宝枫，厚层土上的平均年高生长量达64.3cm，而薄层土上的

仅42.1cm。1978年调查的青龙桥21、22两块标准地也在同一坡上，但山麓凹地好土的元宝枫的高生长指标要比山顶部(平坦地)土壤较差处的要高出很多(平均高达2.6m，上层高达3.4m)，在好土上的元宝枫林单位面积蓄积量也达到了较高的水平。元宝枫在混交林中也生长良好，其详细情况当专题另述。

元宝枫是中等乔木，不能期望培育成大径材，但从目前的生长情况来看，在土壤较好的地方培育成中径级材是没有问题的。在土壤较差的地方可培育成小径材及起美化及改良土壤的作用。不过当前天牛对元宝枫的危害很大，尤其在元宝枫纯林及较差的干旱立地条件下危害更严重，这个问题尚待研究解决。

(七)其他阔叶树种

1. 大叶白蜡(*Fraxinus rhynchophylla* Hance)

大叶白蜡是华北山区乡土树种，但在小西山少见天然分布。1954~1958年期间，在小西山曾经造了不少白蜡林，在1958年秋调查时已经发现它在不同立地条件下生长差别悬殊，生长好的只占极少数(约10%)，主要在山坡下部深厚肥沃的土壤上，大多数荒山上白蜡生长不良，在阴坡上部冲风处还有枯梢现象。1979年秋又补充调查了四块白蜡人工林标准地，其生长情况见表10。

表10 不同立地条件白蜡人工林生长情况

地点	立地条件	年龄	保存密度(株/hm^2)	生长指标			
				平均高(m)	上层高(m)	平均地径(cm)	平均胸径(cm)
卧佛寺	330m，东北坡，Ⅱ级土	23	5750	3.25	4.55	—	2.65
八叉沟	350m，山脊，Ⅳ级土	23	1705	1.05	—	1.67	—
黑山扈	170m，东坡，Ⅲ级土	23	2708	1.19	—	1.69	—
	同上近旁凹地	23	—	3.23	4.50	—	2.7

从表10可见，白蜡对土壤条件的反应是很敏感的。在土壤条件较差的地方生长极差，23年生还只有1m左右高，长成了小老树，而且有大量已经死亡，不得不在此补植或重造。目前林场中大部分白蜡林正是处于这种状态中。只有局部小面积白蜡林，在比较湿润肥沃的土壤上(阴坡半阴坡中下部或凹地，厚层土以上)，白蜡的生长才略有起色。但即使在这些地方，23年生白蜡的上层高只有4.5m，平均胸径还不到3cm，这样的生长情况是不能满足要求的。

在调查过程中还发现个别地方有单株的白蜡生长良好，如卧佛寺的白蜡林中有单株白蜡高达11m，胸径达8.2cm。为什么这样个别的单株生长如此突出，目前还找不到明确的答案。但从大量的现象来看，大叶白蜡要求条件很高，只有在湿润肥沃土壤上才能长得起来，一般造林地不宜再选用大叶白蜡作为造林树种。至于其他种白蜡树的适生性如何，尚待进一步试验观察。

2. 黄波罗(*Phellodendron amurense* Rupr.)

黄波罗主要是东北林区的珍贵阔叶树种，在华北中山地带也有少量自然分布，在西山地区则属引种范畴。1959年秋在黑龙潭造林队的北长岭阴坡厚土上栽植了黄波罗一年生苗，至今仍保存几小片。经调查其中生长较好的一片(土壤较好)，22年生时平均高达5.5m，最高6.5m，平均胸径6.1cm，最粗11.2cm，可以认为生长还是正常的。根据黄波罗的林学特性分析，这样的选地也是合适的，今后还可继续扩大引种试验。

3. 臭椿(*Ailanthus altissima* Swingle)

臭椿在本地有自然分布，多在荒山石缝之中，或在废梯田下沿，原来认为它是一个耐干旱瘠薄的树种，1954年秋用2年生截干苗在黑山扈和亮甲店一带造林，造林成活率很高，但生长很慢。1979年秋调查，在阳坡无论在厚层土上，还是在薄层土上，生长都很差，平均高1.02~1.21m，平均地径1.87~2.2cm，基本上也是长成小老树。个别生长较好的植株，25年生时平均高也只有2.86m，平均胸径2.95cm。臭椿在石质山地上长不起来的现象有一定的普遍性，北京市妙峰山林场及河北省一些林场也有类似现象。对臭椿长不起来的原因尚需继续进行研究探索，但目前不宜再用它来进行大面积荒山造林。

在西山地区造林失败的树种，除了臭椿以外，还有栾树、银杏、美杨等，这些树种都对土壤水肥条件有较高的要求，只宜于在沟谷附近零星植树，不宜在荒山坡上造片林。

4. 灌木树种

小西山造林中应用的灌木树种有紫穗槐(*Amorpha fruticosa* L.)、胡枝子(*Lespedeza bicolor* Turcz.)和黄栌(*Cotinus coggygria* var. *pabaseens* Engl.)，主要用来造混交林，其中黄栌作为红叶树种，也曾营造成纯林。紫穗槐、黄栌在西山地区的适应性都很强，不分海拔、坡向都能生长。土壤好坏当然对它们的生长都有影响，但它们对土壤瘠薄也都有一定的适应能力。

这三个树种中以紫穗槐的经济价值最高，应用也最普遍。黄栌如不加平茬，能长成高达6~7m小乔木，有良好的保持水土及点缀风景的作用，但干形不够通直，不易成材。

(八)经济林树种

西山林场应用的经济林树种主要有木本粮油树种核桃(*Juglans regia* L.)和板栗(*Castanea mollissima* Blume)。在解放初期发动群众造林时还曾用山杏(*Prunus armeniaca* L.)直播造林。此外，还曾引种了著名的药材树种杜仲(*Eucommia ulmoides* Oliv.)。

核桃、板栗主要集中在魏家村造林队的山麓缓坡、背风向阳的地方。在地形经过改造修整为梯田，土壤经常得到管理的条件下，生长良好(14年生平均地径13~15cm)，并且已经结实。而在一般的水平条整地、没有经常性土壤管理的地方，生长较差(平均地径6~7cm)，很少结实。

山杏对立地条件要求不太严格，在西山地区的阳坡、阴坡均宜生长，其中以阴坡或半阴坡上的生长较好，但绝大部分干形弯曲，不能成材，病虫害也较严重。目前，大部分山杏林已被逐渐淘汰而改用别的树种。少数山杏林经嫁接改造为大扁杏，但由于缺乏细致的管理，目前还没有显著的收益。

杜仲是1955年秋在卧佛寺后山上引种的。立地条件为阳坡中下部厚层轻壤土，24年生时平均高3.3m，最高4.6m，平均胸径3.1cm，最粗5.8cm。杜仲在这里表现出有一定的抗旱能力，生长稳定，可以认为引种基本上是成功的，还可进一步扩大试验。

三、西山地区的立地条件类型划分及适地适树意见

以上根据近年调查观察材料，就各个树种的适生立地条件分别进行了探讨，在这个基础上还必须将这些材料进行综合的分析，以期对今后造林工作提出合理的建议。

（一）立地条件类型划分

适地适树的原则要求在不同造林地上选用相应的不同造林树种。划分立地条件类型是便于贯彻适地适树原则的一项基础工作。西山林场曾在1954年由当时的北京市林业调查队进行过全面调查设计，在调查设计工作中曾参考苏联波氏林型网格表提出了西山林场的立地条件类型表，今附录于后，以供分析（表11）。

表11　西山林场立地条件类型表（1954年）

立地条件类型 / 土壤类型 / 土壤湿度		A型	B型	C型	D型
		植被25%以下	植被30%~50%	植被50%左右	植被50%以上
极干	0	A_0	B_0	C_0	—
干	1	A_1	B_1	C_1	D_1
湿	2	A_2	B_2	C_2	D_2
湿润	3	—	—	—	D_3

附土壤类型划分说明：

A型：土壤厚度小于30cm，含石砾30%以上，无腐殖质层，无结构。

B型：表层细土在10cm左右，下层为石质土深约30cm，含石砾30%左右，无结构。

C型：表层细土在15cm左右，有薄的腐殖质层，下层含石砾10%~30%，深15~20cm。

D型：土层深度大于50cm，含石砾，层次较明显，有腐殖质层，团粒较多。

这个立地条件类型表无疑曾起过良好的作用，根据这个立地条件类型表所进行的造林设计有相当一部分是应用到生产中去的，并且取得了良好的效果。但由于当时尚处解放初期，还缺乏造林经验的积累，在划分立地条件类型的方式和依据方面也存在许多不足之处，需做进一步的提高修正。

首先，这个立地条件类型没有反映山地立地条件的多样性和复杂性。如这个立地条件类型表中根本没有考虑海拔高度这个因素。就是在50年代后期应用的冀北山地的立地条件类型表中，也只按海拔800m为界把山地分为低山带和中山带。按此划分，西山林场全部山地都处于低山地带，因此实质上也没有考虑内部海拔高度不同引起的差异。现在看来，西山林场从海拔50m到800m的范围内是有明显差异的，在上面分析油松、侧柏、华山松、洋槐等树种时都提到了不同海拔高度所带来的影响（尤其在阳坡）。从树种分布及林木生长的实际情况出发，我们认为在西山林场再以海拔400m为界划分出两个垂直带是合适的，可名为低山下带（<400m简称L）及低山上带（400~800m，简称M），不同地带不同对待。

其次，像坡向这样一个重要立地因子在此立地条件类型表中也没有得到充分反映。此表的原意是通过土壤湿度（实际上应为水分级）来反映坡向上的差别，但并不很成功。这一方面由于坡向的不同不仅引起土壤水分条件的不同，而且引起一系列小气候因子（温度、生长期、风）的不同，只通过水分级是反映不了的。如阳坡下部浅凹地和阴坡上部可能属于同一个水分级，但前者温暖背风，可用喜温树种（栓皮栎、洋槐），甚至经济树种（核桃、板栗等），而后者只能选用耐寒抗风的油松、华山松、元宝枫等。我们在上面许多树种的分析中已充分论证了坡向对林木生长的巨大影响，而且坡向这个因子又是比较直观易于掌握的。所以，在现阶段，还是直接把坡向作为划分立地条件类型的因子之一为好。

在土壤肥力方面，这个立地条件类型表用了土壤类型和植被覆盖度两个因子。植被因子在划分立地条件类型时值得参考，但只用覆盖度这一个指标显然不够的。而且，自从西山林场大面积造林以来，植被覆盖度有了很大变化，它与土壤类型之间不再有紧密的相关关系，用它来作为确定肥力等级的指标是不大合适的。至于土壤类型的划分标准，其涉及的基本内容是可取的，但各类型之间缺乏连续性，B型和C型之间的差异不大，难以区分，四种类型还不能把西山林场中所遇到的各种土壤状况概括进去。如西山林场局部地区（阴坡上部平坦处及山麓有黄土沉积的地方）的土层可厚达80cm甚至1m以上，把这些都归入土厚50cm以上的D型是不合适的，因为显然这同一D型内的不同土壤会对林木生长有不同的影响。这个问题在后来提出的冀北山地立地条件类型表中同样存在。

根据以上评论及上述各树种适生立地条件的分析，建议在西山林场主要以海拔高度、坡向和土壤肥力等级三个主导因子来划分立地条件类型，标准如下：

海拔按400m以上及400m以下分成两个垂直带，低山下带（L）及低山上带（M）。

坡向把八个方位按其生态特点分为三组：南、西南、西为阳坡组（S），东、东南为半阴半阳坡组（E），北、东北、西北为阴坡组（N）。

土壤肥力等级，以土厚为基础，参考腐殖质层状况及成土母质状况划分为四级；在一般情况下，土厚大于81cm的为Ⅰ级土，土厚在51~80cm之间的为Ⅱ级土，土厚在31~50cm之间的为Ⅲ级土，土厚小于30cm的为Ⅳ级土；凡土层的石砾含量在70%以上的均不计入细土层厚度内；土厚51cm以上，但腐殖质层很薄(小于5cm)或腐殖质含量很少的(浅色流失土)均降一级；土厚50cm以下，但细土层下有深厚的坡积多裂隙母质或埋藏土层的升一级。

根据以上标准，提出西山林场的立地条件类型表(表12)。

表12 西山林场立地条件类型表(1979年)

海拔 \ 土壤肥力等级 \ 坡向		阳坡S (S-SW-W)	半阴半阳坡E (SE-E)	阴坡N (NW-NE-N)
低山上带M >400m	Ⅰ(>81cm)	M-S-Ⅰ	M-E-Ⅰ	M-N-Ⅰ
	Ⅱ(51~80cm)	M-S-Ⅱ	M-E-Ⅱ	M-N-Ⅱ
	Ⅲ(31~50cm)	M-S-Ⅲ	M-E-Ⅲ	M-N-Ⅲ
低山下带L <400m	Ⅰ(>81cm)	L-S-Ⅰ	L-E-Ⅰ	L-N-Ⅰ
	Ⅱ(51~80cm)	L-S-Ⅱ	L-E-Ⅱ	L-N-Ⅱ
	Ⅲ(31~50cm)	L-S-Ⅲ	L-E-Ⅲ	L-N-Ⅲ
	Ⅳ(<30cm)	L-S-Ⅳ	L-E-Ⅳ	L-N-Ⅳ

上述立地条件类型的划分是在研究了不同树种在不同立地条件下的生长反应后提出的，因此划分得较细。在实际应用时，还可根据需要将相似的立地条件类型归纳成立地类型组。根据前面的分析，在阴坡上海拔400m以上及以下两个带没有明显差别，可以合并；同一垂直带内阳坡与半阴半阳坡之间的差别也不大，也可合并；在土壤肥力等级方面也得将Ⅰ及Ⅱ级合成厚土组，Ⅲ及Ⅳ级合成薄土组。这样，西山林场的林地可以合并成6个立地类型组，每个组内包括若干个立地类型。这样的划分体系可适应生产科研不同精度的需要，一般粗线条安排生产时可用立地类型组，需要采用某些细致的措施时(如引种、造林试验、生长调查分析)则用立地类型。具体划分如下：

1. 低下阳坡厚土组包括L-S-Ⅰ，L-S-Ⅱ，L-E-Ⅰ，L-E-Ⅱ 4个类型；
2. 低下阳坡薄土组包括L-S-Ⅲ，L-S-Ⅳ，L-E-Ⅲ，L-E-Ⅳ 4个类型；
3. 阴坡厚土组包括L-N-Ⅰ，L-N-Ⅱ，M-N-Ⅰ，M-N-Ⅱ 4个类型；
4. 阴坡薄土组包括L-N-Ⅲ，L-N-Ⅳ，M-N-Ⅲ 3个类型；
5. 低上阳坡厚土组包括M-S-Ⅰ，M-S-Ⅱ，M-E-Ⅰ，M-E-Ⅱ 4个类型；
6. 低上阳坡薄土组包括M-S-Ⅱ，M-E-Ⅲ 2个类型。

(二)适地造树意见

根据以上所述可将西山地区几个主要造林树种的适生立地条件作以下的图面表示(图1及图2)。

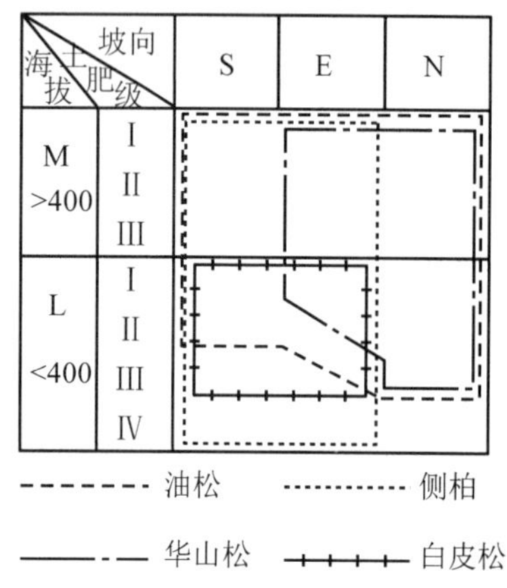

图1　西山地区几个针叶树种的适生范围

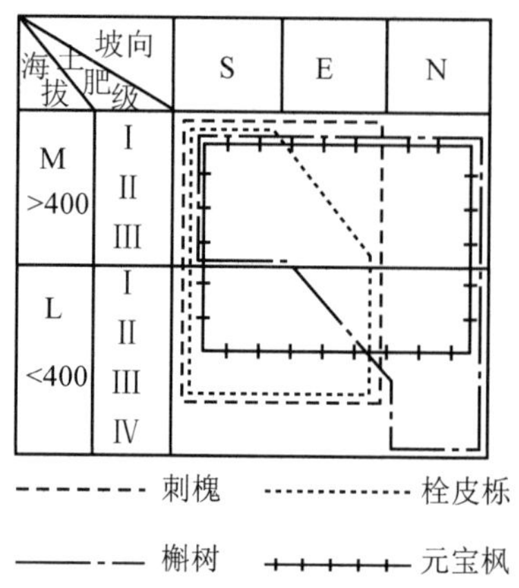

图2　西山地区几个阔叶树种的适生范围

根据各树种的适生条件，结合各树种的经济性状及西山林场的造林目的，对西山林场的造林树种安排有以下几点认识。

在低山下带阳坡，可用造林树种较多。除了在山麓缓坡厚土，经营条件较好的地方可发展以核桃、板栗为主的经济树种外，其余地方仍以营造风景林及用材林为主。为了明确造林树种，可仍用上层高为主要指标比较阳坡上不同树种的生长情况(表13)。

表13　低山下带阳坡不同树种的生长比较

造林树种	24年生时上层高				备注
	Ⅰ级土	Ⅱ级土	Ⅲ级土	Ⅳ级土	
油　松	5.89	4.97	4.02	3.09	按低山下带两因子
侧　柏	6.10	5.31	4.52	3.73	回归式计算25年生
白皮松	—	5.7	5.7	—	
洋　槐	12.7	11.2	10.1	9.3	
栓皮栎	—	8.3	7.0	—	按近年生长量推算

从表13可见，侧柏是阳坡上生长最稳定的针叶树种，而且林分郁闭紧密，树形美观，应当成为阳坡上的主要造林树种。油松在阳坡薄土上生长停滞，干形弯曲，病虫害多，不宜采用；而在阳坡厚土上生长尚可，且直径生长比侧柏快，蓄积量较大，今后仍可适当选用。白皮松在阳坡上有很多优点，生长稳定，树形美观，在营造风景林时应予推广，主要用于Ⅱ级以上的土壤上，从西山林场白皮松的优良干形来看，即使在营造用材林时也可以把白皮松作为试用树种之一。

洋槐仍是阳坡上生长较快的阔叶树种，但是它在薄土上生长不稳定，郁闭开放早，不符合风景林的要求，今后不宜大量采用。如营造用材林，则应选择较好的土壤条件才能保证它及时长成一定径级的材种。洋槐仍是西山目前单位面积蓄积量最高的树种，所以不能全盘否定它的应用。栓皮栎看来是阳坡上生长最稳定的一个阔叶树种，后期生长速度也较快，应当成为今后阳坡造林的主要树种之一，在Ⅲ级(中层)以上的土壤上应用。阳坡Ⅳ级土上除了侧柏能勉强正常生长外，其他树种都生长不够好，在这种地方造林应进行细致整地，改善立地条件，同时混交灌木。

在低山下带阴坡，油松是这里最主要的树种。在土壤条件较好处，可以选用华山松，在这样的条件下，华山松目前的生长不比油松差，而在树形、叶色等方面都比油松好，应继续扩大引种试验。在阔叶树种中，可用元宝枫和槲树，作为混交树种，也可造小片纯林。白蜡造林成功的地方很少，除在局部土壤湿润肥沃的地方继续试验外，一般应慎用。在阴坡山麓缓坡经营方便的地方，也可经营仁用杏及山里红等经济树种。

在海拔400m以上的低山上带，阳坡上除继续用侧柏外，可增加油松比重；阴坡上除继续用油松为主要树种外，可增加华山松的比重。落叶松只能再作试验，不能用来大面积造林。阔叶树种中可不论阴阳坡都可用槲树、槲栎及元宝枫。栓皮栎及洋槐在阳坡上还可继续应用，但随着海拔增高，要更注意选择背风向阳的地形。

除了上述常用树种外，还可继续引种一些树种，如樟子松、黄波罗、杜仲等。其中樟子松的引种应扩大立地范围，并向海拔较高的地段发展。

以上有关适地适树的意见，较之50年代末期第一次总结时已有了显著的提高，其依据也比较充分。但毕竟林木尚未完成一个生长周期，客观生产实践还在不断发展，因此我们还有必要继续不断地调查总结，提高认识。

沈国舫　关玉秀　齐宗庆　冯令敏　陈　义
（北京林学院）
邢北任　韩有钧　李平宜　张金生　薛守恩
（北京市西山试验林场）

京西山区油松人工林的适生立地条件及生长预测*

摘　要　本文是我们1978～1979年同类研究的延续。调查地区扩大到整个京西山区，在不同立地条件下新设油松人工林标准地66块，采用四种生长指标(上层高Ⅰ，上层高Ⅱ，五年高生长段Ⅰ，五年高生长段Ⅱ)对它们与各立地因子之间的关系进行单因子分析及多元回归分析，找出了影响油松生长的主导因子(土壤肥力等级)及次主导因子(海拔与坡向)，配制了多元回归方程，并以此编制了不同立地条件的油松人工林上层高和蓄积量(基准年龄25年)的生长预测表，判定了油松的最适生、一般适生及不适生的立地条件。

京西山区位于北京市西部，范围包括门头沟区、房山县、海淀区、石景山区及丰台区的山地部分，以及昌平县山地的西部(关沟以西)，总面积约500万亩。京西山区属于太行山脉，处于太行山的东北端与燕山接壤的地方，它是华北重要河流永定河和拒马河的上游山区，又是人口稠密、工农业发达的北京市平原地区的西部屏障，位置十分重要，风景名胜很多，按北京市林业区划确定为京西太行山防护林区，重点发展水源涵养林、水土保持林及风景林。

本区地势比较陡峭，相对高差大，既有许多与平原接壤的浅山丘陵(一般海拔500m以下)，又有不少千米以上的高峰，最高峰东灵山海拔2303m。本区年平均气温3(中山)～11.5℃(浅山)，年降水量500～600mm，土壤为山地褐土及棕壤。油松是本地区的主要乡土树种及造林树种，其造林面积居各树种造林面积之首，从低山丘陵到中山地带，从砂页岩地区到石灰岩地区均有分布。由于立地条件的巨大差别引起了油松人工林生长的显著差异。沈国舫、关玉秀等曾在1978～1979年对此问题作过研究，但当时的研究地区仅限于海拔低于800m的小西山地区。本次研究实为前次研究工作的扩大和延续。

---

* ①本文来源:《林业科学》，1985，21(1)：10－19.

②在调查期间得到北京市门头沟区、房山县、昌平县等区县林业局的帮助，在此一并致谢。

一、研究方法

为了研究工作的衔接，本次研究工作的方法基本上沿用1978～1979年的研究方法，即在各种典型立地条件下选择生长正常的油松人工林，设置面积为400m^{2}的标准地，量测各种所需生长指标，并详细调查记载各立地因子。对外业调查资料进行整理后，先逐个按单项立地因子分析它与油松生长的关系，然后用多元逐步回归分析方法(用自编BASIC程序计算)综合分析立地因子组合对油松生长的影响，并按此成果对油松人工林进行生长预测。

与上次研究方法略有不同的是增加了一些生长指标测定项目，旨在比较探求评价立地的最佳生长指标。在每块标准地上除了按常规方法测算平均胸径、平均树高及蓄积量等指标外，还专门测定了4种不同的高生长指标：①上层高Ⅰ，记作H_{T-1}，即标准地上4株(以每100m^{2}选一株计)最高树木的平均高；②上层高Ⅱ，记作H_{T-2}，即标准地上20%测高株中属Ⅰ、Ⅱ级木(按克拉夫特级)的平均树高；③5年高生长段Ⅰ，记作Ⅰ$_{5-1}$，即四株最高树的胸高以上第一树节之上的5年高生长段平均值；④5年高生长段Ⅱ，记作Ⅰ$_{5-2}$，即20%测高木中Ⅰ、Ⅱ级木的5年高生长段平均值。所有测高工作均以测竿为基本工具。

本次调查的油松人工林年龄大多在25～28年之间。为了与前次研究工作相衔接，仍确定以25年为基准年龄。在各立地条件抽查了204株树的近5年高生长量，用它配制了近5年高生长量($\triangle H$)与全树高(H)之间的回归方程：

$$\triangle H = 0.341 + 0.1326H \quad r = 0.6607$$

利用此方程把各标准地的现实上层高值都改算为25年生时的上层高值。

立地因子的调查分级标准基本上仍沿用以前的标准(表1)。

表1 主要立地因子及其分级标准

立地因子	符号	分级标准
海拔高度	EL	按400m间距分级，<400m为1，401～800m为2，801～1200m为3，1201～1600m为4
坡　向	ASP	先按八个方位分别统计，后按阳坡S(S，SW，记为1)，半阴半阳坡E(E，SE，W，记为2)，阴坡N(NW，NE，N，记为3)分三级
坡　度	SL	分为缓、中、急、陡四级，间距为10°，<10°为1，11°～20°为2，21°～30°为3，31°～40°为4
坡　位	POS	分上、中、下三级，上部(包括山顶、山脊)为1，中部为2，下部(包括山麓阶地及凹形地)为3
细土层厚度	SD	按剖面细土层厚度划分成薄层(<30cm，记为1)，中层(31～50cm，记为2)，厚层(51～80cm，记为3)，深厚层(>81cm，记为4)四级
土壤肥力等级	SF	以土层厚度为基础划为相应四级，深厚土为Ⅰ级土，记为4；厚层土为Ⅱ级土，记为3；中层土为Ⅲ级土，记为2；薄层土为Ⅳ级土，记为1。再按腐殖质含量及成土母质状况进行调整，腐殖质含量少(A_1层有明显流失，厚度小于5cm，有机质含量少于2%)的降一级，疏松母质深厚的升一级

本次调查的油松纯林标准地共66块，加上前次调查的72块，共计138块。由于前次调查材料只有H_{T-2}的数值，且又全部集中在海拔800m以下，不便于与本次调查材料合成一个总体作统计分析，所以这次统计分析工作只利用新调查材料，老材料只用作分析规律时的参考及低山区生长预测的验证。在66块新调查的标准地中，有6块标准地受人为破坏较重，不能真实反映立地因子的影响，所以没有参加统计，实际参加统计分析的标准地数为60块。

二、单项立地因子对油松生长的影响

以单个立地因子为自变量，控制住其他立地因子的变化，统计分析该因子与油松生长指标(因变量)之间的关系，可以得出有关油松适生立地条件的一些规律性认识。

(一)海拔高度

本次调查的油松人工林分布在海拔100～1600m之间。如此大的海拔高跨度对油松生长显示出了明显的影响，油松生长随海拔的升高而加快。以全部标准地为总体，海拔高度与油松各生长指标之间的相关系数都在0.5以上(表2)。如将海拔高度划分成4个等级，按此等级将油松上层高Ⅰ分成4组进行方差分析，方差比$F=17.86(F_{0.01}=4.13)$，差异极显著。

表2　海拔高度与油松各项高生长指标之间的相关系数(*r*)

高生长指标	H_{T-1}	H_{T-2}	I_{5-1}	I_{5-2}
相关系数 r	0.6297	0.6398	0.5236	0.5548

如果进一步控制住其他立地因子的影响，则海拔高度对油松生长的影响就更为显著。分别三个不同坡向在一定土厚范围内(只取中、厚土层的)计算出海拔高度与油松上层高之间的相关系数(表3)。从中可以看到两个现象：一个是各项相关系数都有显著提高，而且都在0.7以上；另一个是阳坡的相关系数显著地大于阴坡，说明在阳坡海拔高度对油松生长的影响更为突出。分别不同坡向配制的海拔高度与油松上层高Ⅰ的回归方程(见图1)也说明油松生长均随海拔高度的升高而升高，而在阳坡上随海拔升高而油松生长改善的速度更快，这再一次说明，在一定海拔高度范围内(<1600m)，随海拔升高而变化的温度条件和水分条件两者之间，水分条件对油松的生长是更为关键的。

表3　不同坡向中厚层土上海拔高度与油松上层高之间的相关系数(*r*)

上层高	阳坡 S	半阴半阳坡 E	阴坡 N
H_{T-1}	0.9022	0.8245	0.7413
H_{T-2}	0.8337	0.8202	0.7057

(二)坡向

坡向的变化影响水分和热量的再分配，在北京市西山地区具有重要的生态意义，对此沈国舫等(1979)和张孟周等(1983)曾作过具体的分析。这次调查在更大的范围内进行，其结果表明总的规律是相同的，即阴坡生长的油松，优于半阴半阳坡，更优于阳坡，即使在高海拔范围仍是如此，图1上的材料也可说明这一点。如以全部标准地为总体，坡向与油松生长之间的相关系数仅在0.3以上；如进一步排除其他因子的干扰，选择海拔600～1500m范围内中厚土层的油松标准地(29块)作总体，则相关系数达到0.6以上，是较紧密的(表4)。

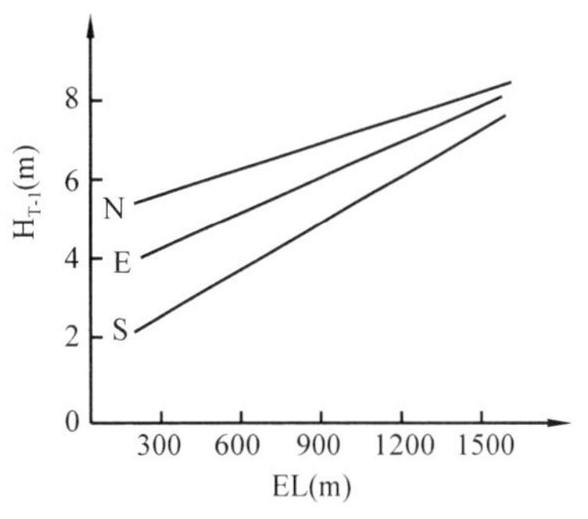

图1 不同坡向上海拔高度与油松上层高Ⅰ的相关关系

N: $H_{T-1}=4.68+0.00212EL$ $r=0.7413$

E: $H_{T-1}=2.94+0.00289EL$ $r=0.8245$

S: $H_{T-1}=1.14+0.00393EL$ $r=0.9022$

表4 坡向与油松高生长指标的相关系数(r)

范围 \ r \ 高生长指标	H_{T-1}	H_{T-2}	I_{5-1}	I_{5-2}
全部总体	0.3328	0.3213	0.3760	0.3398
海拔600～1300m，中厚土	0.6296	0.6249	0.6739	0.6860

把这29块标准地按8个不同方位作油松上层高Ⅰ的方差分析，则方差比$F=5.25$($F_{0.01}=3.76$)，达极显著水平，如进一步把8个方位归纳为三个坡向组再进行方差分析，则坡向组内不同方位之间的差异是不显著的，而三个不同坡向组间油松上层高差异极显著，$F=8.72$($F_{0.01}=5.53$)。这再次说明了划分三个坡向组来表示坡向对油松生长的显著影响是合理的。

与前次研究结果略有不同的是对于西坡的归属处理。在1979年我们曾根据Whttaker R. H. 提出的坡向的水分梯度序列：NE—N—NW—E—ES—W—S—SW，把西坡划归阳坡组(W—S—SW)。按小西山的调查材料论证，这样做是正确的。因为小西山的西坡油松标准地大多处在低山阳坡大地形的正西坡上，干热瘠薄，油松生长很差。但这次调查的西坡油松标准地大多分布在较高海拔地带的大地形为大阴坡的西向褶皱处，油松生长接近于半阴半阳坡，个别标准地上的生长甚至接近阴坡的水平。因此，这次把西坡归入半阴半阳坡(E—ES—W)组，方差分析表明组内无显著差异。两次研究中出现的西坡的不同归属问题，说明自然界的复杂性。坡向的生态意义不但取决于山坡本身的方位，还取决于山坡所处的大地形位置、周围的开旷度及其他因素。

(三)其他地形因子

除海拔与坡向之外的其他地形因子(坡度、坡位)对油松生长也有一定的影响，但总的相关系数都很低(表5)。其原因是受到严重的人为活动的干扰。如果只取同一地点的一组标准地来看，坡度大、坡位高的油松生长不如坡度缓、坡位低的，如门-15、17，19分别为同一地点(海拔1400m左右，深厚层土)坡度分别为5°、15°、25°的三块标准地，其上层高Ⅰ分别为9.41m，6.98m及6.88m，表现出明显的规律性。但在大范围内这种规律常被打破，在缓坡上由于水土流失常常出现薄层流失土；相反，在陡坡上部却因人为破坏少而保持着腐殖质层发育良好的厚层土。由于土壤状况对油松生长具有更强烈的作用，从而掩盖了坡度、坡位的作用。在百花山海拔1500m的陡坡(36°)上部，也长出了上层高Ⅰ达9.05m的好林子就是一个例证。

表5　坡度、坡位与油松高生长指标的相关系数(r)

地形因子 \ r \ 高生长指标	H_{T-1}	H_{T-2}	I_{5-1}	I_{5-2}
坡度	-0.1525	-0.1664	-0.1413	-0.1719
坡位	-0.0162	-0.0078	-0.0435	-0.0238

(四)土壤因子

京西山区也像整个华北石质山区一样，对树木生长起重要作用的土壤因子是细土层厚度、腐殖质层发育状况及母质层状况，这次研究结果再次证明了这一点。在石质山区，细土层厚度是最重要的因子，以全部标准地为总体，土厚与油松高生长指标均呈明显的线性相关，相关系数都在0.6以上，土层越厚油松生长越好(表6)。

表6　细土层厚度与油松高生长指标的回归方程

高生长指标	回归方程	相关系数
H_{T-1}	$H_{T-1}=3.744+0.8581SD$	0.6481
H_{T-2}	$H_{T-2}=3.306+0.8481SD$	0.6385
I_{5-1}	$I_{5-1}=1.186+0.2886SD$	0.6607
I_{5-2}	$I_{5-2}=1.078+0.2760SD$	0.6581

土壤腐殖质层的发育状况及成土母质状况在野外调查时难以作数量化处理，故仍然照原先的研究方法，把这两个因子作为参考因子，以细土层厚度为主划分土壤肥力等级，以这两个参考因子的好坏作升降处理(表1)。经这样调整确定的土壤肥力等级与油松生长之间的相关更为紧密，相关系数都在0.7以上，特别是与H_{T-1}的相关系数达到0.8044的极紧密程度(表7)。把H_{T-1}按不同肥力等级分组，进行方差分析，方差比$F=35.61$($F_{0.01}=4.13$)，差异极显著。

表7　土壤肥力等级与油松高生长指标的回归方程

高生长指标	回归方程	相关系数
H_{T-1}	$H_{T-1}=3.404+0.9724SF$	0.8044
H_{T-2}	$H_{T-2}=2.964+0.9127SF$	0.7942
I_{5-1}	$I_{5-1}=1.130+0.2913SF$	0.7658
I_{5-2}	$I_{5-2}=1.031+0.2763SF$	0.7366

这次调查中遇到的母岩情况比较复杂，有砂岩、页岩、板岩、凝灰岩、砾岩、石灰岩等，其中石灰岩山地的立地条件有很多特殊性，其上形成的土壤的pH值较高，达7.5~8.0，它对油松生长的影响值得重视。石灰岩的低山阳坡，土壤干旱瘠薄，母质少裂缝，明显地不适合油松生长，实际生产上也都不栽油松而以侧柏代替，所以这次调查中没有碰到这样的实例。在石灰岩山区这次调查到的油松人工林标准地主要分布在海拔600~850m之间，阴坡中厚层土上，在这种立地上油松林生长正常，经与其他母岩上生长的油松人工林作比较(其他条件近似)，无显著差异(表8)。由此可见，油松在石灰岩山地海拔较高的阴坡，土壤中等厚度以上的地方还是可以适生的。关于其他母岩的影响，经对中山阴坡4种不同母岩土生长的油松人工林生长指标进行方差分析，$F=1.726$($F_{0.05}=4.35$)，差异也是不显著的。在阳坡土薄的地方，母岩对油松生长有什么不同的影响，由于缺乏调查数据，尚不能予以确定。

表8　不同母岩对油松生长的影响

母岩	标准地上层高Ⅱ(m)	平均值	t值检验
石灰岩	4.79，4.80，6.64，6.12，5.9，6.9，6.9	5.96	$t=1.61$
凝灰岩	5.6，5.41，5.13，5.39，5.47，5.24	5.33	$t_{0.05}=2.20$

三、对油松生长影响的多变量分析

在上面逐个分析单项立地因子影响的基础上，又进行了多项立地因子与油松生长的多元逐步回归分析，计算是用自编BASIC程序在我院CCS-400型电子计算机上进行的。计算结果表明：只有三个立地因子，即土壤肥力等级、海拔高度和坡向进入了多元回归式，各高生长指标的回归方程及其复相关系数如下：

$$H_{T-1}=2.1049+0.6773SF+0.3917EL+0.4040ASP \quad R=0.8495$$

$$H_{T-2}=1.6293+0.6579SF+0.4139EL+0.4073ASP \quad R=0.8436$$

$$I_{5-1}=0.7310+0.2243SF+0.0883EL+0.1475ASP \quad R=0.7999$$

$$I_{5-2}=0.8467+0.2118SF+0.0905EL+0.1290ASP \quad R=0.7684$$

四项高生长指标中以上层高Ⅰ(H_{T-1})的复相关系数最高，说明它反映立地条件差异最灵敏。H_{T-2}的复相关系数也较高，说明它还是可以使用的。但这个指标的测定要比H_{T-1}复杂一些，而且在确定树木的生长发育级时往往带有主观性，因而不如

H_{T-1}的使用方便。以五年高生长段建立的多元回归方程也是可以成立的，但复相关系数稍低一些，说明其中还有一些干扰因素影响了它们对立地差异的反映。从理论上说，五年高生长段避开了胸高以下生长阶段非立地因子(如造林方法，抚育管理等)的影响，但它又带来了另一个重要干扰因素，即胸高以上的五年生长段对同一个林分的不同植株来说可能是在不同年份长成的，而不同年份的不同气候条件可以显著地影响生长段的大小。这可能是五年生长段与立地因子组合之间的复相关系数偏低的原因之一。但五年生长段的量测比较容易，尤以I_{5-1}的量测更为简单。在全树高的量测比较困难的情况下，用五年高生长段来代替上层高作为评价立地的生长指标仍是有前途的。各高生长指标之间关系极为密切，如：

$$H_{T-1}=0.5936+0.9765H_{T-2} \quad r=0.9858$$

$$H_{T-1}=3.3841I_{5-1}-0.5821 \quad r=0.9639$$

因此，各指标之间都可通过回归方程互相换算。

从以上分析可见，H_{T-1}是评价立地的最佳指标。今列举H_{T-1}的多元逐步回归分析过程的基本数据于后(表9，表10)。

表9 立地因子与25年生油松上层高I的多元逐步回归分析

立地因子变量	回归系数		
	I=1	I=2	I=3
海拔高度	—	0.27636	0.39173
坡向	—	—	0.40400
坡度	—	—	—
坡形坡位	—	—	—
土壤肥力等级	0.92739	0.80427	0.67725
常数项 b_0	3.40405	3.02513	2.10491
复相关系数 R	0.80447	0.82847	0.84950
决定系数 R^2	0.64727	0.68636	0.72165
标准差(m)	0.75406	0.71715	0.68161

注：偏相关系数：$R'_{SF}=0.6567$，$R'_{EL}=0.4378$，$R'_{ASP}=0.3354$。

表10 25年生油松上层高I的多元回归方差分析

变差来源	平方和	自由度	均方	方差比 F	显著性
回归	67.453	3	22.483	48.39	$F_{0.01}=4.13$
剩余	26.017	56	0.465		极显著
共计	93.470	59			

从表9及表10可见，多元回归方程的复相关系数是很高的，回归方程的F值也很高，属极显著。在各立地因子中，按其偏相关系数排列，土壤肥力等级是主导因子，海拔和坡向是次主导因子，其他因子不起显著作用。这个规律与上述单因子分析的结果是完全一致的。土肥级、海拔与坡向三个因子已可决定油松上层高生长的72%，而且这三个因子都比较易于测定，用这三个因子的组合来判断立地条件也

比较容易掌握，因此有较大的实用价值。

四、对油松的生长预测及适生条件判断

油松上层高与立地因子之间的多元回归方程可用于对油松上层高的生长预测。经计算，各种立地条件下的油松上层高见表11。

表11 京西地区油松上层高(H_{T-1})的生长预测表

海拔(m)	<400			400~800			800~1200			1200~1600		
土肥级 \ H_{T-1} \ 坡向	S	E	N	S	E	N	S	E	N	S	E	N
Ⅰ(>81cm)	5.61	6.01	6.42	6.00	6.41	6.81	6.39	6.80	7.20	6.78	7.19	7.59
Ⅱ(51~80cm)	4.93	5.34	5.74	5.32	5.73	5.13	5.72	6.12	6.52	6.11	6.51	6.92
Ⅲ(31~30cm)	4.26	4.66	5.06	4.65	5.05	5.45	5.04	5.44	5.85	5.43	5.83	6.42
Ⅳ(<30cm)	3.58	3.98	4.39	3.99	4.37	4.78	4.36	4.77	5.17	4.75	5.16	5.56

注：年龄为25年。

这张生长预测表与1999年为800m以下的小西山地区制订的生长预测表相比，不但规律一样，数值也是较接近的。

通过上层高Ⅰ还可预测油松人工林的平均高，其回归式为：

$\overline{H} = -1.1035 + 1.0232H_{T-1} \quad r = 0.9670$。

除了对高生长预测外，生产上还需要根据立地条件状况对林地生产力(蓄积量及年生长量)进行粗指标的预测。根据对郁闭度大于0.6的51块标准地材料统计分析，上层高Ⅰ与单位面积蓄积量之间呈线性相关，相关系数达0.8961。分析还表明，在人工林(25年生)的现有密度范围内(高生产力的每亩150~250株，低生产力的每亩200~400株)，林分单位面积蓄积量也随密度的增加而增加。每公顷蓄积量(M)与H_{T-1}及密度(N)的二元回归方程为：

$M = -95.107 + 21.8411H_{T-1} + 0.006038N$

复相关系数 $R = 0.9123$

偏相关系数 $R'_{HT} = 0.9011 \quad R'_{N} = 0.3849$

回归剩余标准差 $S = 1328m^3/hm^2$

据此式可对本地区25年生油松人工林的蓄积量进行预测(表12)。

表 12　京西山区油松人工林蓄积量预测表

N \ H_{T-1}	8.0	7.5	7.0	6.5	6.0	5.5	5.0	4.5	4.0
2000	91.70	80.78	69.86	58.94	48.02	37.09	26.17	—	—
3000	97.74	86.81	75.89	64.97	54.05	43.13	32.21	21.29	—
4000	—	92.85	81.93	71.01	60.09	49.17	38.25	27.33	16.41
5000	—	—	—	—	66.13	55.21	44.29	33.37	22.45
6000	—	—	—	—	—	—	50.33	39.41	28.48

注：此表只能在规定密度范围内应用，超过此范围则不能应用；年龄 25 年。

把表 11 与表 12 结合起来使用，就可以推算某一立地条件下的林地生产力。如在海拔 800～1200m 之间的阴坡Ⅱ级土上，查表 11 油松上层高为 6.52m。再查表 12 上层高 6.5m，密度为 3000 株/hm^2（中等）的油松人工林的蓄积量为 65m^3/hm^2，平均年生长量为 2.6m^3/hm^2，这大概可算作本区中上等油松林地的平均生产力水平。

根据油松生长预测，结合近几年（旱年）对油松死亡情况的观测，大致可以确定以下界限：25 年生油松上层高Ⅰ为 6.5m 以上的立地条件对油松最适生，但在此条件下栽落叶松可以比油松有更高的生产力（落叶松在此平均年生长量可达 5～8m^3/hm^2）；在上层高Ⅰ为 5.5～6.5m 之间的立地条件对油松一般适生，可以用来营造油松用材林及防护林；上层高Ⅰ在 5.5m 以下（相当于上层高Ⅱ在 5.0m 以下）的立地条件（在表 11 中粗线以下）对油松不适生，在这种条件下油松平顶弯曲，叶色黄绿，旱年常出现枯死现象，故一般不宜栽油松。如因营造风景林需要用油松时，应进行特殊整地，并与别的树种（侧柏、橡栎、灌木等）混交。上述三类立地条件所包含的具体内容（立地因子组合）在表 11 上是很容易查得的，此处不再赘述。

五、结　论

（1）在用于评价立地质量的四种生长指标中，以上层高Ⅰ（H_{T-1}）的效果为最佳，且量测容易，宜于推广。五年高生长段Ⅰ（I_{5-1}）也有量测容易的优点，且也能反映立地条件的差别，在测全树高比较困难的情况下，可作为代用指标。

（2）在京西山区影响油松人工林生长的主导立地因子是以细土层厚度为基础的土壤肥力等级，次主导因子依次为海拔高度及坡向。坡度、坡位、母岩性质等因子在调查地区范围内对油松生长没有明显影响。

（3）经多元逐步回归分析得出京西山区立地因子与油松上层高（H_{T-1}）的回归方程式为：

$$H_{T-1}=2.1049+0.6773SF+0.3917EL+0.4040ASP$$

$$R=0.8495 \qquad R'_{SF}=0.6567$$

$$R'_{EL}=0.4378 \qquad R'_{ASP}=0.3354$$

（4）上述多元回归方程式可用于油松生长预测。预测上层高Ⅰ之后还可以通过生长指标之间的相关性预测其他生长指标。在调查的密度范围内(2000~6000 株/hm^2)可用 H_{T-1} 和 N 两因子与蓄积量之间的二元回归式预测 25 年生油松人工林单位面积蓄积量。把上层高与蓄积量的两张生长预测表结合起来使用，可以粗略地判定各种立地条件的林地生产力水平，为林业生产规划提供依据。

(5)根据油松生长预测及近年对油松枯死情况的观测，可以确定三类对油松的不同适生立地范围，25 年生油松上层高大于 6.5m 的立地条件最适油松生长，但栽落叶松的效果会更好；上层高在 5.6~6.5m 之间的立地条件适合油松生长，上层高在 5.5m 以下的立地条件不适合油松生长。

沈国舫　杨敏生　韩明波

(北京林学院)

速生丰产林

一、发展速生丰产用材林的技术政策要点*

速生丰产用材林，是在自然条件和社会经济条件较优越的地区，选用经济价值较高的速生树种，在生产力较高的造林地上造林，通过集约经营，能够在较短期内达到成材标准并获得较高木材产量的人工林。

（一）发展速生丰产用材林的必要性

木材是用途非常广泛的原材料。我国森林资源贫乏，木材供需矛盾非常尖锐，对工农业生产的发展和人民生活的提高影响很大。据估算，即使仍按低消费水平，到2000年国家计划木材产量也必须大幅度增长，从现在的每年5000万m^3左右翻一番，达到1亿m^3以上。民用材的需求量也要相应增加，总的木材年消费量将要达到4亿m^3左右，森林资源的年消费量将要扩大5亿~6亿m^3之巨，这是我国现有森林资源无法承受的。进口木材可以部分满足沿海地区一些省市及某些部门（如造纸工业）的需求，减轻对我国森林资源的压力是很必要的。但国际市场上的木材资源（尤其是原木）有限，进口木材需要大量外汇，对港口及交通运输条件要求高，像我国这样一个木材需求量大而又比较穷的国家，只能把进口木材作为满足需求的补充途径。满足木材需求的主要途径仍然要靠自力更生，一方面开展大规模的植树造林不断扩大森林面积，同时开展森林的集约经营，努力提高单位面积生长量。发展速生丰产用材林就是这两者的综合体现。

我国现有宜林荒山荒地十几亿亩。利用这些宜林地大面积造林，既是生产木材的需要，又是保护和改善生产生活环境的需要。从生产木材的角度来看，仅仅大面积地进行一般造林，还是不能够在短期内提供足够数量的木材的。新中国成立以后

---

* 本文来源：国家科学技术委员会.《中国技术政策：农业》（国家科委蓝皮书第10号），北京：国家科学技术委员会，1985：335-358，359-374，467-468.

27 年所造 4.2 亿亩人工林的木材总蓄积量仅有 1.92 亿 m^3，如按此推算，则即使到 20 世纪末完成营造用材林 7 亿亩的任务，也只能提供年产木材 1120 万 m^3 的生产能力，远远满足不了增长的需求。因此，必须在大面积一般造林的同时，重点营造一部分速生丰产林，才能扭转木材供需矛盾尖锐的局面。国外已有许多通过营造速生丰产林改善木材生产状况的成功实例。新西兰靠 80 万 hm^2 以辐射松为主的人工速生丰产林年产木材 850 万 m^3，使新西兰从原来的木材进口国转变为木材出口国就是一个突出的例子。就是像森林资源丰富、木材产量很高的美国，也正在其南方大力营造速生丰产林以迎接未来增长的需求。从世界林业发展的总趋势来看，我国也必须走营造速生丰产林的道路，否则是没有出路的。发展速生丰产林不是一项权宜之计，而应该是我国发展林业生产的战略性方针。

（二）发展速生丰产用材林的目标和地区

近二十年来，世界上林木速生丰产的水平提高很快。林木成材年限（轮伐期）根据不同材种的需要已缩短到 7（如桉树纤维用材）~45 年（如花旗松锯材），林木年材积生长量一般都达到每年每公顷 $10m^3$（每亩 $0.67m^3$）以上，最高的达到每年每公顷 $50m^3$ 以上。我国也有少数人工林高额速生丰产的实例，但从大面积来看，总的水平还不高。从我国的实际情况出发，考虑到采用科学的集约栽培措施所能得到的增产效果，参考世界各国林木速生丰产方面的经验，初步确定，我国速生丰产用材林的成材年限或轮伐期，平原地区及南方山地应在 10~25 年范围内，北方山地则应在 15~40 年范围内。速生丰产林的年平均材积生长量应在每亩 $0.5m^3$（北方山地）、$0.7m^3$ 左右（南方山地）或 $1.0m^3$ 以上（平原地区）。林木速生丰产水平因地区条件、材种需求及树种特性而有很大差异。各地区可本着此精神因地制宜地确定自己的速生丰产目标。

营造速生丰产用材林重点要满足国家计划用材增长的需求，以增加年产量 3000 万~3500 万 m^3 木材为目标，到 2000 年为止，需建立国家商品用材林基地约 7000 万亩。同时还应营造一定数量的以生产民用材为主的速生丰产林，估计为 3000 万亩。两者总计为 1 亿亩，为到 2000 年为止计划扩大森林面积的十分之一，这个规模应该是可行的。全国各地凡有条件的地区都应营造速生丰产林，特别是我国东南半壁，包括东北小兴安岭长白山地区、松辽平原、华北中原平原、南方山地丘陵、长江中下游平原、华南热带及南亚热带地区、云贵高原山地等，自然条件比较好，更应积极营造速生丰产林。国家商品用材林基地要选择在自然条件优越、宜林地比较集中，确能在短期内提供商品用材的地区重点发展。南方山地丘陵及东北小兴安岭长白山地区应是建立国家商品用材林基地的重点地区，其他有条件地区也可适当发展。

（三）发展速生丰产用材林的技术措施

培养速生丰产用材林应当采用集约的栽培技术措施。主要包括：

(1)选择生产力较高或经过采取各种土壤改良措施后有较高生产潜力的造林地营造速生丰产林。

(2)根据木材用途去向及适地适树的原则，正确选择造林树种；以选用乡土树种为主，适当引用经过试验确实具有优良性能的外来树种；以选用速生树种为主，适当发展一定数量的珍贵用材树种；以选用针叶树种为主(尤其是山区)，鼓励扩大栽培阔叶树种的试验，避免造林树种单一化；树种配置要根据适地适树原则与造林地的立地条件变化相适应，提倡多树种小片纯林镶嵌配置，以发挥造林地的综合生产潜力，并且形成良好的生态环境。目前我国营造速生丰产用材林应用最广泛的树种有杉木、柳杉、各种松树(包括部分国外松)、落叶松、柏木(包括建柏)、杨树、泡桐、桉树、竹类等，鼓励试验应用其他具有速生丰产潜力的树种。

(3)普遍使用良种壮苗，在林木种子生产方面要切实消除种子来源不清、良莠混杂、生产技术不当等弊病，普遍建立各主要造林树种的母树林、种子园等良种基地，加强良种选育的试验研究工作，保证所有集约经营的速生丰产林在90年代南、北方先后全部使用相当于初级种子园水平所生产的良种，到2000年时更有所提高。在苗木生产方面要切实改变目前有些地区造林用苗规格太小、不够健壮、起苗运输贮存过程中严重损伤等现象。要求从“七五”时期开始全部速生丰产林都应当使用符合国家标准的一级苗木。在合适的地区适当增加使用容器苗的比重。

(4)进行合理的密度管理。要根据造林目的要求、造林树种的特性及造林地的立地条件，因地制宜地确定合理的造林初植密度及成林密度管理的指标，全部速生丰产林都应当采用有科学依据的造林密度，并及时进行成林抚育管理，保证及时成材并获得最大的总收获量。

(5)提高造林施工技术，整地、造林、幼林抚育环环紧扣，一丝不苟。要适时适法细致整地，既要充分改善造林地条件，又要照顾保持水土的需要，在可能条件下尽量实现整地作业的机械化。造林以植苗方法为主，适时种植、讲究质量。对幼林进行及时的抚育管理，包括推行化学灭草在内，减免与幼林的植物竞争，保证人工林有较高的成活率和保存率，迅速郁闭成林。速生丰产林达到郁闭时期的保存率都应达到90%以上。

(6)扩大人工林施肥和灌溉的面积。到2000年争取每年对速生丰产林造林面积的四分之一进行施肥。要做到科学施肥，讲求实效，同时还要利用间作绿肥等其他方法，努力培肥林地，促其持续高产。在可能的条件下，特别是在平原地区，应当积极对速生丰产林采用灌溉措施。

(7)加强病虫害防治工作，预防为主，综合防治，重点控制对速生丰产林威胁最大的几种病虫害(松毛虫、杨树蛀干害虫、落叶松早期落叶病等)，保证速生丰产林顺利成长。

鉴于我国广大地域内自然条件的巨大差异性，执行各项造林技术措施必须遵循因地制宜的原则。试行各项新的技术，都要经过试验才能推广。营造速生丰产林除培育通用材种外，还要培育某些专用材种，如坑木、纤维造纸材等。应当提倡营造专用用材林，建设专门的原料基地，造林技术上也应根据定向培育的原则采用相应措施。为了正确执行各项速生丰产技术措施，营造速生丰产用材林之前必须做造林调查设计工作，充分掌握造林地的特性，把各项措施落实到地块上。造林后还应进行严格的检查验收。

(四)发展速生丰产用材林的其他有关问题

(1)要通过综合农业区划及具体的土地利用规划，保证发展速生丰产用材林所需用地。在南方山地发展速生丰产用材林是解决我国木材供需问题的主要指望，应妥善解决好林牧争地，优先把优质的宜林地划归发展速生丰产用材林之用。在东北林区要解决发展农业侵占林地的矛盾，切实保证我国这一主要林区林业用地的连续性。在各平原地区还应确保营造农田防护林网所需用地。在群众对发展林业有迫切要求的地方，可以允许将少量低产农田退耕还林，作为经营小片速生丰产林之用。

(2)放宽林业政策，调动广大群众发展林业的积极性。国家、集体、个人都来发展，林业部门与用材部门共同出力。造林工作中要发展多种形式的生产责任制，巩固社队林场，发展造林专业户，同时鼓励个体户在自留山上造林，加快绿化速度，提高经济效益。

(3)千方百计保证营造速生丰产林所需资金来源。营造速生丰产林是一项需要大量投资的事业，而且短期内难以回收资金；同时营造速生丰产林又是一项有关人民长远利益的大业，而且从长期看具有良好的经济效益，必须下决心保证此项资金投入。资金来源可以有多种渠道，最主要的还是靠以林养林，建立林价制度，把营林成本纳入木材成本中去，合理调整木材价格，确保营林事业有利可图，销售林产品所得利润的主要部分应当用于扩大林业再生产。此外，还要健全育林基金制度，对营造速生丰产林实行专项资助，或提供长期无息(低息)贷款。

林业部科技司
北京林学院

二、发展速生丰产用材林技术政策的背景材料

(一)发展速生丰产用材林的必要性和可能性

1. 我国森林资源及木材供需的基本情况

我国是一个森林资源比较贫乏的国家[①]。全国森林覆盖率为12.7%，仅及世界森林覆盖率(22%)的一半左右。全国森林面积约18.3亿亩，人均不足2亩。在世界上160个国家和地区中，按森林覆盖率及人均占有森林面积排列，我国被排在

① 由于缺乏新的森林资源统计数据，本文中仍以“四五”期间(截至1976年)的森林资源统计数据为准。

120位及121位。全国活立木蓄积量(包括森林蓄积量、疏林地蓄积量及散生木和四旁树的蓄积量)为95.3亿m^3，人均$9m^3$左右，不到世界平均水平($65m^3$)的七分之一。

我国森林资源不但少，而且分布不均。大部分森林分布在边远及不便于开发利用的东北大、小兴安岭及西南高山峡谷地区，少量分布于东南各省区。华北、西北广大地区森林很少，有些省区(青海、宁夏、新疆等)的森林覆盖率不到1%。

我国森林资源的这种状况给国民经济和人民生活带来了许多困难。国土生态平衡失调，风沙及水土流失等自然灾害严重，木材及薪材供应的缺口很大，这反过来又促进了森林及其他植被资源的破坏，造成恶性循环。

木材是林业的主产品，也是国民经济各部门迫切需要的重要原材料。目前我国木材的生产和消费都是低水平的。每年国家计划生产木材5000万m^3左右，远远满足不了各行业、各地区的需求，是计划供应的短线。估计我国人均每年木材实际消费量约$0.2m^3$(包括国家计划内采伐、各级地方计划采伐、各种渠道的收购及乱砍滥伐的数量)，远低于世界平均消费水平(约$0.68m^3$)，与世界上发达国家的消费水平(在$1.0m^3$以上)更不能相比。随着我国的经济发展及人民物质和文化生活的提高，对木材的需求量必然越来越大。据国家物资部门测算，仅国家计划内用材，1990年最低需要7500万m^3，到2000年最低需要1亿多m^3。如加上民用材及薪炭材的消费在内，2000年的总需要量约为4亿m^3，按当时的计划人口约12亿计算，人均消费$0.33m^3$仍然是低水平的。但要维持这样一个低消费水平，仍然是我国林业生产的一个重大课题。据推算，在目前我国木材的实际消费水平下，森林资源的年消耗量(包括各种损耗在内)在2.9亿m^3左右，而我国森林蓄积的年生长量只有2.2亿m^3。这是一种入不敷出的局面，如不采取果断措施，会造成森林资源枯竭的严重后果。实际上，这种情况已经在许多过伐地区连续出现。如果国家计划木材生产要扩大到1亿m^3，则每年森林资源消耗量将扩大到6亿m^3之巨，问题将更为严重。

2. 解决木材供需矛盾的途径

从国家全局的角度来看，经营林业的主要目标既要满足国民经济和人民生活对木材及其他林产品的要求，又要保护并改善国土生态环境，发挥森林的各种环境效益，并为人民群众提供足够的游憩场所。这两方面的目标必须兼顾。过去林业部门把主要精力只放在木材生产当中，对森林的环境效益重视不够，这当然是不对的。但如果反过来，只讲森林的环境效益，不注意研究解决木材生产和需求方面的问题，也将是片面的。事实上，人民群众对木材和其他林产品的需求如果得不到一定的满足，要保护住现有森林资源将是极为困难的，也必将削弱森林的环境效益。

要解决当前和将来木材供需方面的矛盾，有以下几条主要途径：

(1)保护和经营好现有森林资源，使之青山常在，永续利用；(2)大力造林育林(包括封山育林、飞播造林在内)，扩大森林面积；(3)采取使林木速生丰产的措施，大幅度提高森林的单位面积生长量；(4)开展木材综合利用，寻找代用原材料及代用能源，节约森林资源，减少森林资源的消耗；(5)适当进口一定数量的木材及木制品。

如以在2000年需要生产1亿m^3国家计划用材为目标，据估计，通过全面铺开采伐面，合理开发利用现有成过熟林资源，最多只能达到每年生产6500万m^3的水平，再加上广泛开展对中幼龄林的抚育间伐，每年总共可生产7000万m^3。尚有3000万m^3的缺口。

木材进口数量近年来增加较快。从1979年的不到100万m^3，增加到1983年的计划600万m^3，如加上进口纸浆的折算，1983年的进口量将近1000万m^3。对未来的木材进口趋势要做出精确的估计，目前还有困难。我们在一定的历史时期内每年都要进口木材，以减轻木材供需矛盾的压力，这无疑是必要的。但有没有可能像西欧及日本等发达国家的目前做法那样，依靠大量进口木材来满足需求，并以外养内，保住本国的森林资源？这是值得研究的。初步分析，我国是个大国，又是一个穷国。一方面对木材的需要量大，另一方面要为进口木材付出高达数十亿美元的大量外汇，确有一定困难。而且大量进口木材还牵涉到世界木材市场上的供应来源问题及运输能力、港口设备等问题。在目前世界上森林资源日益枯竭的情况下，指望依靠大量进口来满足要求，即使从国内经济的角度可行，在实践中也是要冒很大的风险的。就是像日本这样的国家，也做出了50年后主要依靠本国资源满足需求的长远规划。因此，从我国的实际情况出发，只能把进口木材作为满足需求的补充来源，主要还得依靠发展本国的森林资源来解决问题。

大力造林育林扩大森林面积是解决木材供应问题的重要途径。与农业相比，林业方面扩大经营面积的潜力要大得多。全国现有十几亿亩宜林荒山地可供使用。按林业发展规划要求，到2000年森林覆盖率要从12.7%提高到20%，森林面积要增加10亿亩左右，这是一项十分艰巨的任务。造林育林的目的是多方面的，除了造用材林以外，还要扩大经济林、防护林、薪炭林、风景林的面积。在10亿亩扩大的森林面积中，至多只能有7亿亩可用于生产木材。据统计，新中国成立后27年造林保存面积共4.2亿亩，人工林总蓄积量仅1.92亿m^3。如果未来18年的造林生产还保持在这个水平上，则通过人工造林只能增加蓄积量3.2亿m^3。再按中幼龄林平均生长率5%计，则这部分人工林的年生长量为1600万m^3。在出材率70%的情况下，也只能增加木材生产1120m^3。这点增进虽不无补益，但仍解决不了木材供需的根本问题。从另一个角度分析也可得到类似结果。目前我国的森林平均单位面积蓄积量为5.24m^3/亩，如果今后只搞一般水平的造林，现有林的经营水平也不再提高，则随着高蓄积的成过熟林逐年被砍，补充的只是低蓄积的中幼龄林，则不但全国活立木总蓄积量不能提高，而且平均单位面积蓄积量反而可能会降低，木材供应的前景将是艰难的。由此可见，仅仅是一般水平的造林，即使能完成预期规划面积，对提高森林覆盖率、改善自然环境有利，但仍不能解决木材供应问题。这个问题只有在既扩大森林面积，又提高森林单位面积生长量及全国木材总生长量的情况下才能解决。这就是必须大力发展速生丰产用材林的基本理由。今后的造林工作应当坚持大面积一般造林与重点地区营造速生丰产林相结合的原则。

3. 发展速生丰产林解决木材供应问题的可能性

速生丰产林就是在较优越的自然条件和社会经济条件下，投入较多的资金和劳力，通过集约经营，能够较早成材并获得较高木材产量的林分。通过营造速生丰产用材林来解决木材供应问题，在国外已有良好的先例。如意大利有杨树丰产林 13 万 hm^2 及行状植树 6 万千米，仅占全国森林面积的 3%，每年却能提供商品用材 300 万~400 万 m^3，平均每公顷产材 15 ~ 20m^3，占全国商品材产量的一半。又如新西兰靠 80 万 hm^2 以辐射松为主的人工速生丰产林（占全国有林地面积的 11%），每年可生产木材 850 万 m^3（平均每公顷产材 10.6m^3），占全国木材产量的 95%，使新西兰从原来的木材进口国转变为木材出口国。这样的例子还有很多，如智利、阿根廷、南非等地也都是靠速生丰产人工林来解决木材供应问题的。甚至一些多林国家，如日本、美国、北欧诸国，苏联欧洲部分，也都在逐步增加人工林的比重，提高单位面积生长量，来迎接未来需求的挑战。据联合国粮农组织估计，到 1985 年全世界人工林面积将达 1.6 亿公顷，其中相当一部分为速生丰产林，以平均每公顷出材 5m^3 计，年产木材 8 亿 m^3，将达世界木材总产量的 15%~20%。

我国东南半侧国土的自然条件适合于森林生长，不少地区的热量条件、水分条件和土壤条件是比较优越的，是可以使林木速生丰产的。我国树种资源丰富，其中有不少速生丰产的树种，再加上已经积累了一定的营造速生丰产林的经验，创造出了一批速生丰产的典型。如东北的落叶松人工林，南方的杉木、马尾松（及国外松）、桉树人工林，西南地区的柳杉、华山松人工林、华北平原地区的杨树人工林等，都曾创造出平均年生长量超过每公顷 10m^3、20m^3 甚至 30m^3 的高产纪录，个别的人工林生长量甚至超过了每公顷 40m^3，比一般天然林的生长量高出几倍、十几倍，与国外类似地区类似树种的高产纪录不相上下或相差不多。这些人工丰产林存在的本身说明了生产潜力的巨大，也说明了可以通过营造速生丰产林大幅度提高木材产量的可能性。

国际上一般以每公顷平均年生长量达到 10m^3 以上作为丰产林的界限。就以此每公顷生长量 10m^3、折合产材量 7m^3 为标准，则如需增 3000 万 m^3 的木材年产量，就要有这种丰产林 428.6 万 hm^2，即 6429 万亩。也就是说，如果在未来 18 年新扩增的 7 亿亩以生产木材为主的森林中，只要有十分之一面积达到丰产林的标准，木材产量的目标就可以达到，以总面积的十分之九营造一般人工林来满足民用材及薪炭材的需求，而以总面积的十分之一营造速生丰产人工林来满足增加国家计划用材的需求，这种前景是可能实现的。

（二）发展速生丰产用材林的水平和布局

1. 林木速生丰产的水平

林木速生丰产的潜力很大。单个林分的最高生长量水平如下：

（1）温带寒温带针叶林（松、云杉、落叶松等）每年每公顷 8 ~ 16m^3。国外最高纪录：欧洲松（苏联）达11.1m^3/（hm^2·a），落叶松（苏联）达16.3m^3/（hm^2·a）。我国的纪录低一些，如红松达8.6m^3/（hm^2·a）（辽宁本溪），落叶松达13.9m^3/（hm^2·a）（辽宁新宾）。

（2）暖温带及亚热带针叶林（花旗松、柳杉等）每年每公顷20~30m^3。国外最高纪录：花旗松（美国）达23.4m^3/（hm^2·a），柳杉（日本）达30.4m^3/（hm^2·a）。我国的柳杉（四川洪雅）最高产的可达24.8m^3/（hm^2·a）。但我国暖温带缺乏湿润地区，山地针叶林生长量水平受干旱影响尚较低，华山松（云南宜良）达15.5m^3/（hm^2·a），华北山地的油松最高只有7~8m^3/（hm^2·a）。

（3）热带亚热带针叶林（南方松类、热带松类、杉木、柏木、南洋杉等）每年每公顷20~40m^3。国外最高纪录：湿地松（阿根廷）32m^3/（hm^2·a），展松（西孟加拉国）37m^3/（hm^2·a），加勒比松（沙巴）48.3m^3/（hm^2·a），柏木（哥伦比亚）18m^3/（hm^2·a）。我国杉木最高生长量达35.7m^3/（hm^2·a）（福建建阳），可与之媲美。柏木17.1m^3/（hm^2·a）（云南昆明）也相差不多。但我国引种的南方松类、热带松类的生长量水平比国际水平低不少，最高仅达16.9m^3/（hm^2·a）（广东湛江）。

（4）温带暖温带阔叶林（杨树、泡桐等）每年每公顷30~50m^3。国外杨树最高纪录达53.3m^3/（hm^2·a）（意大利）。我国杨树生长量水平过去达到30m^3左右（辽宁盖县），近引种一些速生杨树品种并经过集约栽培后，已达到了48.9m^3/（hm^2·a）的高水平（山东临沂）。

（5）热带亚热带阔叶林（桉树、木麻黄、团花、银合花等）每年每公顷30~50m^3。国外最高纪录：桉树达到48.5m^3/（hm^2·a）（印度），作为奇迹树的团花曾有过年生长量80~90m^3的报道（菲律宾），但不甚可靠。我国桉树产量水平还不高，最高纪录达20.6m^3/（hm^2·a）（广东雷州），其他热带阔叶树种受条件限制，产量水平也不高。

单个林分的最高生长量水平大多是在最优越的立地条件下采用了最适宜的栽培技术措施后达到的，大面积造林时，其平均生长量水平就不可能这么高，但集约经营的速生丰产林比粗放经营的一般人工林仍能高出许多。如美国东南部粗放经营的火炬松人工林，其大面积平均生长量为3.6m^3/（hm^2·a），而集约经营的火炬松人工林的平均生长量为12.5m^3/（hm^2·a），美国西北部太平洋沿岸地区粗放经营的花旗松人工林，其大面积平均生长量为8.3m^3/（hm^2·a）。而集约经营的花旗松人工林的平均生长量为17m^3/（hm^2·a）。这类集约经营的人工林都已达到了平均生长量超过10m^3/（hm^2·a）的丰产林水平。我国南方山地杉木中心产区的杉木人工丰产林的大面积平均生长量可达到0.7m^3/（年×亩）[10.5m^3/（hm^2·a）]的水平，加上集约栽培措施，可望达到0.8m^3/年×亩的水平。而杉木的一般产区和边缘产区的丰产林平均生长量只能达到0.6m^3/（年×亩）及0.5m^3/（年×亩）的水平。东北小兴安岭长白山地区的落叶松人工丰产林大面积平均生长量可达到0.4m^3/（年×亩）[6m^3/（hm^2·a）]，加上集约栽培措施，可望达到0.5m^3/（年×亩）的水平。可见不同地区不同树种的森林生产力是不同的。林业部颁布的造林技术规程（试行）中要求速生丰产林的平均生长量应在0.6m^3/(年×亩)[9m^3/(hm^2·a)]以上。为了发挥各个地区营造丰产林的积极性，可以在系统研究各地区森林生产力的基础上，为不同地区制定不同的林木丰产指标，作为规划速生丰产林的依据。

2. 发展速生丰产林的布局

发展速生丰产林需要有较优越的自然条件(气候、土壤等)和社会经济条件(交通、劳力等)。以各方面条件综合衡量，以下几个地区适合作为发展速生丰产林的重点地区：小兴安岭长白山山地、华北中原平原(包括汾渭平原)，南方山地丘陵、长江中下游平原、云贵高原山地、华南热带地区。在这几个地区中，按其潜力大小及重要性来看，最重要的是南方山地丘陵，其次是小兴安岭长白山山地，第三位是华北中原平原。在这三个地区搞好速生丰产林(包括速生丰产四旁植树)将对改善我国木材供应状况起决定性作用。

(1)南方山地丘陵

广义的南方山地丘陵包括秦岭、淮河以南、南岭以北(南岭本身在区内)、川西滇西北高山峡谷地区以东的广大地区，扣除其中一块长江中下游平原，总面积约为29.7亿亩，占全国总面积的五分之一。这个区地处亚热带湿润地区，山地面积所占比重较大，适于发展林业，土壤肥力较高，树种繁多，生长迅速，交通方便，劳力充足，有一定的经营林业的习惯，是理想的发展速生丰产林的地区。从20世纪60年代开始在这个地区内搞速生用材林基地建设，虽有过政策失误及技术措施欠妥当等问题而影响了效果，但毕竟打开了局面，积累了经验，为今后更有效地开展工作奠定了基础。在这个地区还有6亿多亩宜林荒山荒地及需改造的疏林地、灌丛地。如果按每年每亩0.7m^3(高产地区0.8m^3，一般地区0.6m^3)的生长量水平来要求，在这个地区再建立6000万亩(只占宜林地面积的十分之一)速生丰产林应该是有可能的。由于缺乏系统的宜林地评价数据，我们只能以森林资源清查数据来进行粗略的分析。在这个大区内有自然条件最优越、属于杉木中心产区(南岭、武夷山、雪峰山)范围内的宜林地约有1亿亩，其中30%适于作为速生丰产林用地；在自然条件一般、属于杉木一般产区(幕阜山、天目山、四川盆地周围、西江流域等)范围内的宜林地约有2.2亿亩，其中20%适于作为速生丰产林用地；在自然条件稍差属于杉木边缘产区(秦巴山地、大别山、桐柏山、湖赣浙丘陵、浙闽沿海等)范围内的宜林地约有2.9亿亩，其中10%适于作为速生丰产林用地。这样推算下来，实际上用于建立速生丰产林基地的宜林地约为10300万亩，超过了6000万亩的起码要求。当然在这里建立速生丰产林不一定都用杉木，应当宜杉则杉、宜松则松、宜阔则阔，因地制宜，以取得综合的高产效果。

还可以有另一个估计方法。在南方山地范围内有185个林业重点县，其中48个县林业基础最好(所谓“八三二五”县)。如在这48个县内要求以用材林使用面积的20%作为速生丰产林面积，则有2250万亩。在其余的110个县内要求以用材林使用面积的10%作为速生丰产林面积，则又有2400万亩。在大区内非林业重点的约500个山区县中，要求每个县平均拿出5万亩作为速生丰产林用地，共有2500万亩。这三项相加一共 7150 万亩，也是可以满足要求的。由此可见，要在这个地区建立 6000 万亩速生丰产林基地的潜力还是有的，问题在于认真做好土地利用规划，从国家的需要出发，确保在这个地区内一切优质宜林地都划归林业使用，并落实各项发展速生丰产林的政策和技术措施。

(2) 东北小兴安岭长白山山地

小兴安岭和长白山地区是我国重要的商品用材林基地。这里气候湿润、土壤肥沃，有利于树木生长，只是热量条件稍差，生长期偏短，使生长受到一定限制。这个地区的人工林一般要 40 ~ 60 年生时才能达到成材标准，而且平均生产力也难以达到每亩 0.7m^3 的指标，因此有人曾认为没有必要在这个地区发展速生丰产林。我们则认为在这个地区发展速生丰产林是永续利用客观形势的需要，而且面积辽阔、地形平缓、交通发达、林业工人较多、客观条件也是比较好的。人工林的平均生产力虽还不到每亩 0.7m^3 的标准，但要达到每亩 0.4 ~ 0.5m^3 还是有可能的，而这个水平比现有林的平均生产力水平要高出许多，还是值得大搞的。

在小兴安岭长白山地区内有约 5000 万亩宜林地，考虑到它的分布特点，可以把其中 2000 万亩宜林地作为速生丰产林用地。再加上把新中国成立以来在这个地区内已营造的 2000 万亩人工林经营好，就能形成一片约 4000 万亩的速生丰产林基地。如采取措施使之普遍达到每亩 0.4m^3 的生长量水平，平均出材率75%，可提供年产 1200 万 m^3 商品材的资源基础，可使这个地区的木材生产能力翻一番。估计到 2000 年时，一部分新中国成立初期营造的人工林(如落叶松)可以进入主伐期。必须使新造的速生丰产林能紧紧跟上，形成雄厚的后备资源。

(3) 华北中原平原

华北中原平原地区，加上汾渭平原地区在一起，总面积达 5.5 亿亩。这是我国主要的农业地区，对林业的要求主要是四旁绿化，营造护田林网、林粮间作(特别是泡桐)以及营造小片丰产林。这个地区由于热量充沛、土层深厚、水源方便，林木生长很快。杨树、泡桐等速生树种 10 ~ 20 年可成材，生长量水平也相当高，要达到每亩每年 1.0m^3 并不是很困难的。四旁绿化的潜力也很大。在这个地区能否发展速生丰产林的主要问题在于有没有足够的宜林地以及能否提供国家计划用材。过去一度曾把华北中原平原在林业方面的位置摆得过高，称之为“第二速生用材林基地”，超出了实际可能。近来似乎又有一种轻视这个地区的林业生产潜力的倾向。应该认真地对这个地区的林业生产潜力进行调查研究，做出科学的分析。这个地区现有林地面积为 1780 万亩，还有成片宜林地 1840 万亩，主要是河滩沙地，轻盐碱地及四旁隙地。利用这个地区充足的劳力资源及对木材的迫切需求，把一部分低产林地改造成为较高产的林地是有可能的。以四分之一计算就有 900 万亩，可造成速生丰产林。以山东临沂一个地区规划出 60 万亩丰产片林这个事实推算，这个估计还是合理的。

这个地区在册农田面积约有 3 亿多亩，实际上将近 4 亿亩。如实现农田林网化，以树木覆盖面积在 4% 左右为标准，农田林网所覆盖面积约 1600 万亩(一般四旁绿化规划覆盖率为总面积的3%。得到的覆盖面积为1650万亩，也是接近的)。这些树木生长在农田周围，条件较好，如经营管理措施跟上，大部分可望得到速生丰产的效果。以上两笔账共计面积2500万亩，如平均达到每亩0.7m^3的生长量水平(其中丰产片林应达到每亩1.0m^3生长量)平均出材率按70%计，则可年产材1225万m^3。除此以外，还有约5000万亩农田适于搞桐粮间作，现在已有4亿株泡桐，加强经营后，以单株材积平均年生长0.03~0.04m^3计，可生长泡桐木材1200万~1600万m^3，实际产材1000万m^3左右(目前年产材仅30万m^3)。总起来说，这个地区的林业生产潜力还是不小的。

在华北中原平原地区生长的木材，主要作为农用材满足当地的需求，这样可大大减轻对国家统配材的压力。同时，也不排除在局部宜林地较为集中的地区可生产纤维造纸材。由于这个地区是人口密集、缺材少柴的地区，因此无论这个地区将来能否提供国家统配用材，都应重视挖掘这个地区的林业生产潜力，加速农田林网化的步伐，发展速生丰产片林及桐粮间作，为提高农业产量和全面发展农村经济做出贡献。

(三)发展速生丰产用材林的技术措施

为了取得良好的经济效果，发展速生丰产用材林必须充分应用现有的林业科学技术知识，采用适于各地具体情况的集约栽培技术措施。主要的技术措施有以下六个方面：

1. 正确选择造林树种

营造速生丰产林首先要选择具有速生丰产潜力的树种。木材的用途不同，对树种的要求也不同，因此，选用树种还要能满足各种木材具体用途的要求，我国现有的商品材结构中，建筑用材是主要项目，约为三分之一。其他重要项目有坑木、铁道、国防军工及家具等。造纸用材目前占的比例还不大(7.3%)，但从世界上发达国家的用材趋势及我国今后的文化经济发展趋势来看，造纸材的需求量也将大幅度提高。营造速生丰产林的树种选择必须适应今后的用材结构要求。

我国的树种资源丰富，其中有不少既有速生丰产潜力，又有优良材性的树种。选择速生丰产林的造林树种应以我国乡土树种为主，适当引用确有优异性能的外来树种；速生树种为主，适当发展一定数量的珍贵用材树种，要避免树种单一化。根据世界各国的发展趋势及我国的具体情况，造林树种仍应以针叶树种为主(尤其是山区)，针阔叶树种保持适当比例；我国营造速生丰产用材林应用最广泛的树种有杉木、各种松树(包括部分国外松)、落叶松、柏木(包括建柏)、杨树、泡桐、桉树、竹类等。

各个树种必须在它的适生立地条件下生长才能发挥其速生丰产潜力，适地适树应当是营造速生丰产林的首选技术原则。过去有些地方在这个问题上注意不够或认识模糊，造成了大面积人工林保存率不高及生长不良的后果，当引以为训。造林地立地条件的地域变化很大，不同立地条件的造林地镶嵌分布，这是客观存在的现实，造林树种的地域分布必须适应这一现实，主观强求树种大面积连片一致是不可取的。为了更好地贯彻适地适树的原则，就要继续对主要造林树种的生态学特性及适生立地条件进行深入的研究，并迅速把研究的成果应用到生产中去。在造林前必须搞好造林规划设计、合理安排树种，这是贯彻好适地适树的关键。

2. 营造纯林为主，鼓励营造混交林

对于集约栽培的速生丰产林，究竟是营造纯林好，还是营造混交林好，尚无定论。目前世界上大部分国家的造林还是以纯林为主的，只有中欧、西欧少数国家造混交林占有显著的比重，我国目前也是以营造纯林为主，取其主要树种木材产量高及经营管理方便等优点。但生产实际已显示了营造纯林的许多缺点：病虫害多、地力减退、防护效果差等等，急待研究解决，营造混交林是解决这些问题的途径之一。

我国各地在营造混交林方面也曾进行过多种探索，总结出了如落叶松与水曲柳、油松与元宝枫(及其他阔叶乔灌木树种)、杨树与刺槐、杉木与马尾松、桉树与樟树(或相思)等成功的混交方案。但从全局来看，混交造林的研究还不够深入，造混交林的技术经验还很有限，大面积推广的把握性还不大。从当前科学知识积累及经营水平的实际情况出发，在今后可预见的一段时期内(如到2000年之前)我国营造速生丰产用材林仍要以纯林为主，同时鼓励开展营造各种混交林的试验，在适当的地区范围内推广已经证明有良好效果的混交类型。为了减少纯林的固有缺陷，还应采用小面积纯林(如面积在100亩以下)分散或镶嵌配置，人工林轮作、保住枯枝落叶层，病虫害综合防治及其他措施。

3. 普遍使用良种壮苗

良种对于农业增产的意义是众所周知的，对林业也不例外。一般认为使用良种可使林木增产15%~50%。目前我国造林工作中虽已使用了一定数量的良种，但从整体上来看，水平还是很低的。林木种子的种源不清、良莠混杂、生产技术不当等现象比比皆是，是林木速生丰产道路上的一大障碍。由于我国造林面积大，而建立林木良种基地工作尚属初创。很难在短期内全部满足造林所需良种的要求，但至少应该要求避免使用劣种。应规定一个较紧迫的期限，通过一定的立法，禁止劣种流通使用。在这个基础上要求所有集约经营的速生丰产林在20世纪90年代全部使用相当于初级种子园水平所生产的良种，到2000年力争有三分之一以上的速生丰产林能使用更高级的良种。

壮苗对于提高造林成活率和促进幼林生产有直接意义，要力争改变目前有些地区的造林用苗规格太小、不够健壮、起苗运输过程中严重损伤等现象。要求从“七五”时期开始，全部速生丰产林都应当使用符合国家标准的苗木。使用容器苗造林对提高成活率、延长造林期限、缩短缓苗期都有很大好处，应当逐步增加使用容器苗的比重(相对于裸根苗)，特别是在有季节性干旱的地区及用常绿阔叶树种造林的地区更应加快发展。可以设想到2000年时我国营造速生丰产林所用的苗木中，容器苗的比重可分地区达到10%~40%(相当于林业先进国家80年代初的水平)。在生长季节较短的寒冷地区还要推广工厂化的温室大棚育苗，以缩短育苗周期，提高劳动生产率，提供大量的规格苗木。

4. 进行合理的密度管理

人工林的造林初植密度大小及其后通过间伐进行密度调节的过程，对人工林的成材年限与丰产水平有很大影响。对于造林密度，新中国成立以来造林工作中曾几经摆动，有时候提倡稀，有时候提倡密，结果都不理想。实践证明，必须根据造林的目的要求、造林树种的特性及造林地的立地条件，因地制宜地确定合理的造林密度，对后期的密度调节也是同样的道理。目前，造林密度过大或过小的情况同时存在，在抚育间伐方面，既存在着大面积过密的中幼龄林得不到及时抚育间伐的问题，也存在着在某些交通方便地区间伐强度过大，可能导致降低收获期蓄积量的问题。可见，我们已有的知识还不能满足为各种不同条件下确定合理的密度管理标准的需要，这方面的研究工作必须加强。要力争从“七五”时期开始都能按合理的造林密度造速生丰产林，也能及时、科学地对之进行抚育间伐，调节密度和组成，促进人工林的速生丰产。

国外在70年代进行了用高密度短轮伐期方法营造能源林及纤维用材林的试验，目前尚未大面积推广。我国今后在这方面也可进行探索，可能对于营造纤维造纸用材林是可行的。

5. 提高造林施工技术

整地、造林、幼林抚育是造林施工的三大主要步骤。施工技术的高低对造林成果的好坏都有直接影响。细致整地是对营造速生丰产林的基本要求。但整地工程量并不一定越大越好，整地的方法和规格要因地制宜，还要兼顾水土保持的需要。在条件许可的情况下应力争使整地工作机械化，地势较平缓的东北林区、华北中原平原地区、粤桂沿海丘陵台地应首先做到机械化整地。

植苗造林是几种造林方法中最主要的方法。在二次世界大战后世界各国造林工作中都有逐步增加植苗造林比重的趋势（目前植苗造林比重：美国85%，芬兰77%，瑞典北部75%，瑞典南部90%）。这种趋势也适用于我国，特别是在营造速生丰产林时，除个别地区传统采用直播造林及分殖造林的树种外，更应强调以植苗造林为主。飞播造林虽是高度机械化的措施，但因它从造林技术角度来看是很粗放的，不能满足速生丰产林的要求，只能作为边远地区大面积荒山荒地的一般造林措施。

为了培育速生丰产林，及时进行科学的幼林抚育保护措施是必不可少的。适当的林粮间作既能起到以短养长的作用，又是保证幼林得到及时抚育的措施。在培育速生丰产林时应当大力推广。

6. 扩大人工林灌溉施肥的面积

灌溉和施肥对林木速生丰产有很大的促进作用，这是毋庸置疑的。问题在于在水资源和肥料都比较紧缺的情况下，如何合理估计对林木进行灌溉施肥的可能性，同时要解决林木合理灌溉及施肥的有关技术问题。

林地灌溉主要是对平原地区而言的。桐农间作的地方、水浇地周围的农田防护林及渠旁植树，都可以结合农田灌溉进行林地灌溉，这是这些地方林木能速生丰产的保证。村旁、宅旁小片丰产林的灌溉问题也不难解决。就是对在河滩砂地及轻盐碱地上造的片林，只要水源允许，还是应提倡灌溉。灌溉应是平原地区速生丰产林的必要措施，对此应持积极态度。

林地施肥在林业先进国家中应用较普遍，如日本每年林地施肥面积达 10 万 hm^2，西德 2 万 hm^2，北欧诸国、美国东南部及西北部速生丰产林集中的地区，林地施肥面积也都比较大，并已证明这是一项经济效益较高的措施。我国山东临沂地区杨树丰产林施肥的经济效益也是很高的，问题在于在农业上肥料还不够用的情况下，是否应该给林地施肥留出一定的肥料份额。答案应该是肯定的。因为从实质上看，我国林业上存在的问题的尖锐程度远比农业上突出，而且，木材供应问题如不解决，现有森林就保不住，森林保不住就必然影响农业生产的稳定性，从大农业生产系统来看，这是互相关联的问题。那种认为农业上还不够用，林业就谈不上的思想认识是片面的。当然，林地施肥要有一个合理的规模。日本在 20 世纪 70 年代末每年平均造林约 40 万 hm^2，林地施肥 10 万 hm^2，约为造林面积的四分之一。我国现在每年造林约 400 万 hm^2，如也按四分之一安排林地施肥面积，每年 100 万 hm^2，当前看来办不到，也没有这个必要，到 2000 年以后也许有此可能，如果不从全部造林面积出发，而是从全部速生丰产面积出发，每年速生丰产林 20 万~30 万公顷，每年林地施肥面积争取达到 5 万~7.5 万 hm^2，则是现实的。以每公顷用化肥 200kg 计，每年需化肥 1 万~1.5 万吨，仅为农业用肥的千分之一。即使再加上苗圃用肥和经济林用肥，整个林业用肥的份额要求并不大，不至于影响农业用肥的全局。

为了因地制宜地落实以上各项速生丰产技术措施，必须大力加强造林调查设计工作。应该严格规定，营造速生丰产林，在造林前必须进行调查设计工作，把各项措施落实到地块上；在造林后要进行严格的检查验收，确保造林技术措施得到正确的执行。只有严格按这个程序做的，才有可能得到国家的资助。

(四)发展速生丰产用材林的有关经济问题

1. 发展多种经济形式的积极性

现阶段我国林业上多种经济形式的存在是生产发展的客观需要。在发展速生丰产用材林时，要求国家、集体、个人一齐上，以国营造林为骨干，以集体造林为主体，以个人造林为补充，充分调动三者兴办林业的积极性。

我国现有 130 多个兼营木材生产和森林经营(包括更新)的国有林业(企业)局，还有 3900 多个以造林营林为主的国营林场。这些单位在全国林业生产中占有举足轻重的地位。新中国成立以来，国营林场做了大量造林、育林工作，经营起 3 亿多亩人工林及天然次生林，造林保存率较高，质量较好，在生产技术和经营管理方面起了典型示范的作用。在今后发展速生丰产用材林的工作中，仍要求国营单位起到骨干的作用。如拥有十个林业局的牧丹江林管局，根据其森林资源即将枯竭，永续利用难以维持的具体情况，利用其较为优越的自然条件，规划在完达山区营造200万亩速生丰产林，以期在20世纪末生产大量商品用材，缓和老企业的过伐矛盾，保护好后备森林资源，为实现永续利用开阔道路。当然，发展国营造林也要依靠当地群众，利用当地群众的劳力资源，搞好造林、护林工作，并以此来增加当地群众的经济收入。

发展速生丰产林涉及辽阔地区，任务艰巨，国营造林只能完成其中小部分，完成这项任务主要还要依靠集体经济，依靠八亿农民，社队林场是集体经营林业的方式之一，全国约有19万个社队林场，在发展林业营造速生丰产林方面曾经起过巨大的作用。目前社队林场存在一些问题，主要是大部分林场正处于营林阶段，当前收入少，林场人员劳动报酬难以解决，以致劳力不稳，人心不定。加之许多林场没有建立联产责任制，经济效益差。为了更好地发挥社队林场的作用，必须一方面贯彻“以林为主，多种经营，长短结合，以短养长”的经营方针；另一方面加强林场的经营管理，建立和健全场内部的责任制。社队承包给林场，林场承包到劳，实行联产计酬，定额计酬，或“大包干”，使林场不断巩固发展。对办得差，或现在办得好，但规模小，适合于以户经营的，可以承包到户，建立户办林场或联户办林场，湖南省慈利县赵家岗公社小塔林场就是这种联户办林场的好典型。这是1958年由五户社员办起来的。20多年来既抓林业生产，又从事农业生产；既发展用材林，又发展经济林。这个场不但没有要国家和社队投资，而且做到粮食自给，林业发展。现有松、杉、柏用材林逾1200亩，蓄积量逾9000m^3，人均300m^3，还有油桐、木梓、茶叶等经济林逾100亩，每年林业收入逾3000元，人均100多元。

1980年以来，尤其是林业“三定”工作全面开展以来，广大群众造林护林的积极性大有提高，各地出现了林业专业户、重点户、林业专业户联合户及联户承办林场等多种生产责任制形式，这对于加快造林进度，提高造林质量、降低造林成本起了促进作用。目前，造林专业户、重点户在许多省区已发展到几万、十几万户，具有旺盛的生命力。各地建立的专业户、重点户由于克服了“吃大锅饭”的弊病，使责、权、利得到了正确的结合，显示了巨大的优越性。如山西省壶关县黄角头大队社员路其昌一家承包荒山造林，不到两年时间造林587亩，相当于全大队30年造林保存面积的14倍多。又如湖南省湘潭地区林业局对12个造林专业户调查，1982年造林成活率都在90%以上，解决了过去造林不见林的老大难问题。林业专业户、重点户以及专业户联户等各种经济联合体是逐步向生产专业化、社会化发展的组织雏形。它将会使林业生产责任制进一步完善，促进林业生产的不断发展，应给予大力支持。同时，也要注意正确引导，使他们能正确处理国家、集体、个人三者关系，做到自觉接受国家计划指导，遵守党和政府的政策法令，坚持社会主义经营原则，信守各项经济合同，完成各项应当承担的义务。当前，还要帮助他们解决一些具体问题，如给承包一定的口粮田，发林业专业户证，在经费投资、技术培训和林产品流通等方面给予优惠等。把懂技术、善经营的人逐步吸引到林业专业化生产上来，靠政策致富、靠劳动致富、靠科学致富，并依靠他们吸引千家万户走共同富裕的道路。

另外，由于林业“三定”工作的深入开展，给更多的农户划分了自留山，至1982年9月全国已有4200多万户划定自留山2.6亿多亩。鼓励农户在自留山上造林也是发展速生丰产林的补充形式之一。近来，不少农户在连片的自留山上兴办小林场造林绿化，也是一种新的联合形式，既解决了实际问题，又巩固了“三定”成果，有利于科学造林，提高林业的经营管理水平。

2. 为发展速生丰产林筹集必需的资金

集约经营速生丰产林需要较大的投资，国家对此应给予经济扶持。世界上林业发达国家普遍采用对发展林业生产进行经济扶持的政策，如在巴西，造林企业吸收社会投资实行合营造林。巴西的所得税一般为盈利的一半。为了鼓励投资造林，政府规定造林所得税减半，国家只收盈利的25%，其余的25%留给企业用于扩大再生产。20世纪70年代以来，靠这一政策挪动了大量的社会资金投入造林，成为速生丰产林的基本财源。

另外一些林业发达国家对国有林还采取特惠待遇，国有林按企业方式经营，但不规定上缴利润任务。各项费用由国有林经营收入中支付，如入不敷出，不足部分由国家拨款，或由国家提供长期无息或低息贷款；如收大于支，盈余部分留给国有林经营机构使用；如有大量盈余，则部分上交，但不硬性规定上缴利润任务。对私有林则采取财政补贴和技术指导。

吸收国外林业先进国家的经验，结合我国的实际，今后国家应给林业增拨一定的资金，并从以下途径解决林业建设的资金。

(1)实行林价制度，提高育林基金标准，并全部或大部分留给生产单位。

建立我国的林价管理制度就是在计划经济指导下充分利用价值规律，发挥价格的调节作用，做到资金有偿占用，加强营林生产的经济核算，充分发挥投资的经济效果，从而把营林生产真正纳入商品生产的轨道上来，达到以收抵支，以林养林，森林资源永续利用的目的。

林价即立木价格，是由营林生产的成本和利润及税金组成。我国南方集体林1963年曾规定社队集体林平均林价为8元，1973年杉木价为9~11元，松木6~8元，1979年调价后杉木林价为14~17元，松木8~11元。平均林价1979年比1963年提高了1.1倍，十几年来我国南方社队集体林林价虽有所提高，但与其他国家相比，提高的速度还是缓慢的，幅度还是小的。如美国以花旗松为例，1976年与1960年相比提高了4.5倍，瑞典1976年比1966年增加了1.6倍，芬兰1974年比1965年增加了1.7倍，新西兰1977年比1951年增加了3.4倍，苏联1976年比1949年增加了1.5倍。

而且据各地典型调查，构成林价主要部分的营林成本见下页附注。

(2)利润基本应返回林业，少收税或减半收税，实行以林养林。

(3)国家银行对林业实行长期无息或低息贷款。

(4)从国内外补偿贸易，合资经营和由林业部门组织林产品出口、劳务出口，利用外资等解决部分资金。

(5)实行特殊政策，扶持林业发展。

总结我国过去30多年发展林业的教训是取之于林多，用之于林少，影响了国营、集体保护森林发展林业的积极性，这种局面必须改变。为了加快丰产林的建设，应根据具体情况采取些扶持政策。在少林无林地区(销区)进一步放宽政策，实行木材浮动价格，以扩大木材商品流通，促进造林事业的发展。如山东临沂地区，原有森林资源少，木材供需矛盾大，粮食产量不高，社员生活水平较低。70年代发展丰产林后，粮食增产，社员收入增加，由于允许木材进入集贸市场，实行浮动价格，群众有利可图，造丰产林积极性大大提高。同样，河南豫东地区原为有名的黄泛区，原来林木很少，60年代初营造泡桐为主的防护林和用材林，促进了农业发展，减少了风沙，改良了农田。安徽淮北地区原是个缺林区，现在变成余材区。

除此以外，采取国家和地方签订合同合资经营丰产林的办法也是很好的。近几年，林业部与江西、山东、辽宁等地签订合同，合资经营取得初步成效。由于责、权、利分明，不仅可以改变过去地方盲目要投资，不计效果，造林不见林的现象，调动林业部门和生产单位组织领导发展林业生产的积极性，还可使国家的有限资金用在刀刃上，使用合理，取得预期效果。

3. 要重视林业的经营问题

我国社会主义发展的现阶段还存在商品生产和商品交换，价值规律是客观存在并在起作用。因此，林业生产属于商品生产，培育丰产林的生产过程是商品生产过程，也有经营问题。经营是对商品生产全过程的管理，即对生产过程和流通过程的管理。而过去30年来，林业建设的指导思想沿袭着自然经济的经营思想，不计算林业生产的全部生产费用，不讲究林业的全社会经济效果，不把营林生产看成是商品生产，不承认价值规律对营林生产活动的调节作用。只知对森林进行无偿采伐利用，不知在价值形态和实物形态上作应有的补偿，致使森林资源再生产不仅不能日益扩大，而且连简单再生产也维持不了。因此，必须重视林业的经营问题，既要抓生产，也要抓流通。要根据国家、市场的需要，各地区的自然经济条件，实行丰产林的定向培育。

要加强经济核算，不断降低生产成本，在首先完成国家计划任务，保证国家利益前提下兼顾集体(企业)、个人的利益，允许基层生产单位根据市场、用户的需要进行林副产品综合加工利用，有权处理自己生产的林副产品，允许企业加价销售抚育间伐材，把产、供、销、林、工、商各环节紧密结合起来。这样不仅可以充分利用山林资源，生产更多的林产品满足社会需要，增加林业产值，取得更大的经济效益，还可以安排林区人员就业，把更多的劳动力吸引到林业生产建设中来。

附注：(1)福建省桃源林场1957年营造的杉木林至1976年底每亩实际成本120.30元，每立方米立木蓄积成本27.02元，1958年营造的杉木林至1976年底每亩实际成本57.09元，每立方米立木蓄积成本10.24元，1959年营造的杉木林至1976年底每亩实际成本57.04元，每立方米蓄积成本12.31元。

(2)黑龙江省伊春林管局落叶松15年生每立方米立木成本19.64元，20年生每立方米立木成本16.06元，25年生15.46元，40年生10.70元(如按年利4%复利计算，45年后成本为33.63元)。

(3)山东临沂地区小片杨树速生丰产林，莒县三个大队立木蓄积成本每立方米14.44~19.28元，费县祊河国营林场立木蓄积成本每立方米26.68~37.07元，郯城县清泉寺国营林场为17.6元，郯城县王场大队(农地)为9.28元。

以上几个树种活立木蓄积成本指的是实际成本，如果按复利计算则要高得多，说明现行部分林价虽经调整但价格偏离价值的现象还较严重，何况全国还未执行全面的林价制度，这对调动企业和社队营造速生丰产林，发展林业生产是不利的。

北京林学院

三、发展速生丰产林有关的几个问题

主要谈三个问题：

(一)木材进口与营造速生丰产林的关系

方毅同志在会议开幕式上谈到将来增加木材进口的可能性，我们听了是很高兴的。因为国家如有能力多进口些木材，就能更好地满足国需民用，减轻对我国森林资源的压力，有个休养生息的机会。这几年，我国森林资源的实际情况是越砍越少，越砍越小，越砍越次，迫切需要“养息”一下。但是增加进口木材是不能减轻我们发展速生丰产林的任务的。因为我国要扩大木材进口还是有许多限制因素的：①世界上木材资源有限，有些国家禁止原木出口；②交通运输能力及港口设备的限制；③资金的限制(每年需要几十亿美元的资金)；④对产材地区(特别是热带地区)保护生态环境的责任。因此，依靠木材进口有一定的风险性，要使我国木材进口量达到当前日本、西德的进口量(达到需要量的一半以上)是可能性不大的，只能作为木材供应的一个辅助途径。主要还要靠自己的生产能力。我国自己的能力如何？按林业部规划，到2000年需要生产国家统配木材1亿 m^3，其中6500万 m^3 靠现有森林资源的充分开发利用，500万 m^3 靠中幼林的间伐利用，3000万 m^3 靠新造的速生丰产林，但这三部分来源都还不是很落实。以速生丰产林来说，如果我们的工作做得好，到2000年营造7000万亩左右速生丰产林，形成年产3000万 m^3 木材的潜力是有可能的。但从现在到2000年只剩16年了，大部分新造速生丰产林到那时还达不到成材标准，或达不到最佳的采伐年龄，伐之可惜，还是需要进口木材来堵这个窟窿，等待新造速生丰产林最佳采伐利用年龄的到来。从这个角度看，扩大进口木材将有利于我国速生丰产林的经营发展，但不能代替它本身。

(二)保证宜林地面积是完成速生丰产林任务的前提

营造速生丰产林需要林地，而且是要生产力高的宜林地。经过分析，我国最适宜发展速生丰产林的有三个地区：南方山地、东北小兴安岭长白山地，华北中原平原。在这三个地区内如何保证有足够的好宜林地，都存在一定问题。问题最大是在南方山地，从发展我国新的木材生产基地来看，这是最适合、最关键的地区，但畜牧业的发展好像也看上了这个地区。我们说在这个地区有6亿亩宜林地，搞畜牧的同志说南方有几亿亩草山，说的是同一个地方。我们并不反对发展畜牧，也不大懂得所谓南方草山对发展畜牧业的适用程度，但是我们确实清楚南方山地在我国发展林业中的地位。可以毫不夸大地说，没有这个地区速生丰产林的发展，我国未来的木材供应前景将是暗淡的（还要多花几十亿美元去多进口木材），更不用说这个地区的生态环境上将有多大损失。从国家全面来说是要好好衡量一下的事情。我们认为南方山地应以发展林业为主，在适当的地方发展一些畜牧业。这个土地利用方向问题不解决好，许多速生丰产林的技术政策都是些空话。

（三）速生丰产林内容有良性的物质循环

长期以来，经营林业都不要求外源的物质投入，而是依靠森林生态系统内部的物质循环。这在长轮伐期、低利用率的古典林业来说是可行的，而对于轮伐期短、生物质利用率高的速生丰产林就不行了。每10～20年就要伐去木材，甚至利用枝叶，物质的外流无法靠生态系统本身来补偿，现在速生丰产林经营一代二代之后地力显著减退的现象是比较普遍的。必须要有新的物质投入。林木施肥已提到议事日程上来，不可避免。这个问题在我国还是一个新问题，林业部门要研究如何合理施肥，国家也要支持林木施肥，在肥料供应计划中有所保证。另外，在森林生态系统内部的物质循环中枯枝落叶是一个关键的环节。而农业上一提广开肥源就是向山林进军，把树叶打下来，把枯枝落叶扫光，大大降低了林地生产力，也会使生态环境恶化。我们希望在肥料政策中有所反映，不要再干那种蠢事了。

沈国舫
（北京林学院）

油松人工林养分循环的研究*

——Ⅰ. 营养元素的含量及分布

摘　要　油松人工林是华北地区重要的森林生态系统之一，具有较重要的林学地位。本文以河北隆化中山地区一片油松人工林作为研究对象，以化学分析的数据为基础，对营养元素在油松林木各器官、各部位的含量，分布状况及林分各部分的养分量进行了分析讨论。研究结果对油松人工林的营养诊断及其他营林措施具有参考价值。

关键词　油松；营养元素；林分；生物量

能量流动和物质循环是生态系统的基本功能。营养元素的循环与森林生态系统的生产力密切相关，循环速率受地理区域、立地条件和林分结构等多种因素的影响。研究一定立地条件下森林营养元素的循环，揭示出循环的特点及其与各种因素的相互关系，不仅丰富了生态系统的理论，更重要的是可以指导人们的生产实践，通过改善不良因子达到提高森林生产力的目的。近 30 年来，随着基础学科理论和方法在生态学中的运用，这一研究的广度和深度都达到了新的水平，积累了丰富的资料。在我国，20 世纪 50 年代侯学煜等做过一些研究，近几年，潘维俦、冯宗炜等对不同地区不同立地的杉木人工林生态系统的养分分布和循环做了比较全面的研究，其研究成果对于杉木人工林的经营有重要的参考价值。

油松(*Pinus tabulaeformis* Carr.)是华北地区的主要造林树种之一。该树种分布广泛，适应性强，在中山地区生长较快，适于建成商品用材林基地。在分布区中除少量的天然次生林外，主要的是 20 世纪 50 年代后营造的人工纯林，现林龄 20～30 年。在经营过程中遇到许多问题，如林地生产力与养分元素数量的关系；森林采伐或抚育间伐和除去林地枯落物对立地生产力的影响等。研究稳定林分营养元素分布规律和循环特点，为合理估价各种人为影响提供科学依据，对于人工林的经营和管

---

* 本文来源：《北京林学院学报》，1985(4)：1－14.

理以及森林的营养诊断均具有重要意义。

一、实验地概况

实验地点在河北省隆化县碱房林场大水泉作业点，位于东经117°09′，北纬41°44′。属华北冀北山地中山地区。该地气候为大陆性季风气候。多年平均年降水量500mm左右，主要集中于6~9月。年均温7℃。该地生长季较短，平均130天，霜冻期长达230多天，是油松生长的主要限制性气候因素。

实验在油松人工纯林中进行。该林分面积约35hm^2，系在20世纪50年代后期天然桦树纯林及桦树－山杨混交林等被破坏以后的弃耕地及灌丛植被上人工植苗营造而成。林龄28年。林地东北坡向，坡度10°~20°。海拔1260m。林分郁闭度0.6~0.7，叶面积指数4.5。林地枯落物保持完好，厚5~9cm。林下植被主要有披针苔草(*Carex lanceolata* Boott.)、地榆(*Sanguisorba officinalis* L.)、广布野豌豆(*Vicia cracca* L.)、榛子(*Corylus heterophylla* Fisch. ex Bess.)、胡枝子(*Lespedeza bicolor* Turcz.)等。固定标准地的测树指标及土壤理化性质分别列表1、表2。

标准地土壤为山地棕壤，母质为正长石斑岩风化坡积物。质地轻壤到中壤，土层较厚，一般都在50cm以上。剖面呈微酸性反应。黏粒明显下移聚积。

表1　固定标准地测树指标

标准地	面积(m^2)	年龄(yr)	密度(N/hm^2)	平均胸径(cm)	平均高(m)	胸高断面积(m^2/hm^2)	蓄积量(m^3/hm^2)
1	1200	28	2150	11.44	8.6	22.0994	106.4307
2	1200	28	2033	1.54	8.8	21.2637	104.7875

表2　固定标准地(2号地)土壤理化性质

层次	有机质	营养元素全量含量(元素的‰)					颗粒组成(%)		石砾含量	pH
(cm)	(%)	N	P	K	Ca	Mg	<0.01mm	<0.001mm	(%)	
0~10	3.53	1.51	0.43	8.60	5.38	4.05	20.71	9.13	0~3	6.6
10~20	2.40	1.38	0.43	7.95	4.71	3.67	28.82	13.20	0~5	6.5
20~40	1.35	0.93	0.35	7.12	4.36	3.11	31.08	24.87	3~5	6.5
40~60	0.76	0.35	0.24	7.10	3.67	2.99	39.60	18.33	5~15	6.6
60~80	0.58	0.21	0.20	7.03	3.16	2.38	39.12	18.51	15~40	6.7

注：表中元素含量是标准地中土壤多次测定的平均值。

二、研究方法

(一)林分生物量测定

林木地上部生物量：用分级标准木法测定。按常规测树指标将林木分成五级，各选一株标准木并加选林分平均木及优势木各一株。伐倒后按1m一个区分段，并分器官、年龄分别称量和取样，于90℃恒温下烘干，计算各组分的干重率，以此求出各组分及全株标准木的干物质重，用相对生长法将各株标准木及其组分的干物质重与D^2H建立回归方程，用以估算标准地各径级林木和各组分的生物量，最后得到全林分林木地上部的生物量及其在各组分中的分配。烘干样品留待分析时使用。

根生物量：选择3株林分平均标准木，按林分平均单株营养面积确定边界，全部挖出。根据3株平均木的平均值推算林分根生物量。以其中一株的根样留待分析使用。

林下植被生物量：小样方法测定，同时按种取样分析。

林分的养分量及其在各组分中的分配根据各部分的加权平均养分含量及生物量计算得到。

(二)养分元素分析

植物样品，氮用钠氏试剂比色法；磷用钒钼黄比色法；钾用火焰光度法；钙、镁用原子吸收分光光度计测定。

土壤全氮用定氮仪测定，磷、钾、钙、镁4种元素的测定同植物样品。土壤有机质用重铬酸钾法测定；电极法测pH值；比重计法测土壤的机械组成。

三、结果和讨论

(一)林木各器官营养元素含量的变化规律

1. 各器官的养分含量

油松各器官的养分含量因元素而异(表3)，依含量的高低，大致可以排成下列次序：

氮、磷、钾、镁：针叶>小根≤带叶枝>层外老叶>球果>树皮>大根≤不带叶枝>根颈>树干。

表3 油松各器官养分含量 单位:‰

名称/元素	N	P	K	Ca	Mg
针　叶	12.153	1.496	6.329	4.126	1.518
层外老叶*	5.385	0.723	2.497	5.746	1.504
带叶枝	5.715	0.829	3.570	4.028	1.179
不带叶枝	1.976	0.192	1.388	2.691	0.546
球　果	3.420	0.561	3.278	0.488	0.596
干　材	0.685	0.093	0.670	0.670	0.232
树　皮	2.378	0.336	1.642	4.087	0.699
小　根	2.456	0.837	3.737	3.243	1.134
大　根	1.103	0.248	1.509	0.883	0.364
根　颈	0.900	0.113	1.027	0.673	0.244

*层外老叶是指已形成离层，一摇动即脱离树体的针叶。

钙：层外老叶>针叶≤带叶枝≤树皮>小根>不带叶枝>大根>根颈>树干>球果。

2. 叶的养分含量

叶是植物的同化器官，叶接收光能合成有机物是植物其他一切生理过程的基础和出发点。对直接影响光合的矿质元素，叶是相当灵敏的指示器。因而，在营养诊断中，叶子常被用来作为指示样品。显然，了解叶在不同生长状况、不同空间位置及不同年龄时营养元素的含量，对营养诊断有重要意义。

（1）随叶龄的变化　油松针叶含氮量随叶龄增加而减小（表4）。1～2龄针叶含氮量差异不大，在被压木中甚至出现逆增现象。根据以前关于油松的研究成果以及本次的测定数据，油松针叶的平均寿命为3.0年，2年生针叶正处盛年，生理功能及代谢速率无明显衰退，可能是氮含量变化不大的主要原因。针叶中磷、钾的含量随叶龄增加等速递减。

表4　不同层次各龄针叶营养元素的含量　　单位:‰

叶龄	生长级	层次	营养元素的含量				
			N	P	K	Ca	Mg
一年生	被压木	上	12.71	1.69	8.16	2.10	1.45
		中	12.49	1.62	7.82	3.42	1.51
		下	12.23	1.54	7.89	3.23	1.61
		平均	12.48	1.62	7.95	2.92	1.52
	平均木	上	12.82	1.69	7.20	2.69	1.43
		中	12.73	1.67	7.55	3.23	1.55
		下	12.66	1.52	7.00	3.94	1.61
		平均	12.74	1.63	7.25	3.29	1.53
	优势木	上	13.23	1.73	7.84	2.17	1.41
		中	12.81	1.68	7.30	2.17	1.50
		下	12.81	1.55	7.04	2.64	1.63
		平均	12.95	1.66	7.39	2.33	1.52
	平均		12.72	1.63	7.53	2.84	1.52
二年生	被压木	上	12.46	1.62	6.21	3.71	1.46
		中	12.49	1.56	6.09	5.92	1.56
		下	12.83	1.50	6.25	5.70	1.69
		平均	12.59	1.56	6.18	5.11	1.57
	平均木	上	12.55	1.64	7.09	3.60	1.34
		中	12.37	1.50	6.15	5.66	1.60
		下	12.46	1.37	5.92	5.71	1.65
		平均	12.46	1.50	6.39	4.99	1.53
	优势木	上	12.76	1.59	7.62	2.63	1.32
		中	12.44	1.51	5.98	3.58	1.50
		下	12.51	1.41	4.98	4.59	1.60
		平均	12.57	1.50	6.19	3.60	1.48
	平均		12.54	1.52	6.25	4.57	1.53

（续）

叶龄	生长级	层次	营养元素的含量(元素的‰)				
			N	P	K	Ca	Mg
三年以上	被压木	上	10.96	1.37	5.15	3.79	1.42
		中	11.57	1.35	5.63	5.81	1.59
		下	11.34	1.27	4.48	6.13	1.56
		平均	11.29	1.33	5.08	5.24	1.52
	平均木	上	10.86	1.45	5.60	3.48	1.39
		中	11.12	1.30	5.46	6.08	1.49
		下	11.17	1.22	4.81	6.60	1.70
		平均	11.05	1.32	5.29	5.39	1.53
	优势木	上	11.05	1.38	5.90	3.29	1.37
		中	11.63	1.37	5.13	4.17	1.45
		下	11.07	1.32	4.69	5.37	1.60
		平均	11.25	1.35	5.24	4.27	1.47
	平均		11.20	1.34	5.20	4.97	1.51
全叶平均			12.15	1.50	6.33	4.13	1.52
层外老叶	被压木		6.80	0.80	3.92	6.16	1.51
	平均木		6.37	0.75	3.39	5.90	1.49
	优势木		5.98	0.62	3.18	5.18	1.51
	平均		6.38	0.72	3.50	5.75	1.50

针叶钙含量随叶龄增加而增加，表明了钙元素易于在老组织中累积的特性。不同年龄针叶中镁含量保持相对稳定，这与许多研究结果相悖。我们进一步比较当地山中孤立木及林中“霸王树”后发现，它们各个层次及各年龄针叶中的镁含量也是相对稳定的，并且其数值与林中各级林木相当。故可认为当地土壤的供镁能力基本上能满足林木生长需求。此外，层外老叶的镁含量基本上亦与各龄针叶相近，说明针叶脱落前镁元素回流很少或没有回流。

(2)随林木生长级的变化　不同生长级林木针叶的氮、磷、钾、镁含量差异很小(表4)。只要叶龄及层次相同，它们就基本上处于同一水准上，钙元素含量有随生长级增加而递减的趋势，但表现得不很明显。

(3)随层次的变化　针叶含氮量随层次变化很小，只在一龄针叶中出现了从上到下含量降低的一致趋势，但量值很小。2 龄和 3 龄针叶的氮含量基本上不随高度变化。1 龄针叶的磷含量，上、中部变异较小，下部明显变低。二三龄针叶的磷含量随高度降低均匀降低。磷是林木生长发育必不可少，但又普遍亏缺的元素，并且该元素的流动性较强，磷的垂直分布反映了竞争过程中养分的重新分配。优势木针叶中钾含量从上至下降低，在被压木和平均木上表现不明显。针叶钙含量明显呈上 < 中 < 下，表现了钙于中、下部的累积。镁与钙类似，无论那一级林木都是上 <

中 < 下。

(4)*层外老叶* 层外老叶的营养元素含量与树上老叶的差值，反映了针叶脱落时养分的回流量，进而间接地反映了林分中营养元素的供求关系。以此计算，针叶在脱落以前氮、磷、钾、钙、镁的平均回流率分别为 43%，46%，33%，－15%，0.2%。加取 10 株林木层外老叶及树上老叶分析计算回流率，数值与此基本一致。只是钾的回流率离差较大，这是钾元素易于被雨水淋洗的缘故。这个数值对林木的营养诊断有一定的意义，可以定性指示各元素的供需亏额。氮、磷有近一半回流，表明这两种元素供不应求。而层外老叶及枯落针叶(与层外老叶的含钙量相当，约为 6‰)中含钙量高于生活叶的现象，不但说明该立地钙元素供过于求，也反映了该元素本身在植物体中易于累积和泌出的特性。此外，从表 4 还可以看出，不同生长级林木层外老叶氮、磷、钾含量呈被压木 > 平均木 > 优势木，这表明林木生长级越高，合成有机物的速度越快，需要养分越多，回流量就越大。

(5)*随方位的变化* 林木上部一、二龄针叶的营养元素含量在 4 个方位基本都处于相同水准上(表 5)，即使个别值有所变动，但数量极微。鉴于林分环境条件的差异从上到下渐减，可知各方位针叶的养分含量是比较均一的。

表 5 油松上部不同方向一、二龄针叶营养元素的含量 单位:‰

叶龄	生长级	东			南			西			北		
		N	P	K	N	P	K	N	P	K	N	P	K
一龄	被压木	12.60	1.66	8.01	12.71	1.66	7.86	12.65	1.66	8.02	12.62	1.69	7.95
	平均木	12.74	1.68	8.04	12.74	1.65	7.92	12.70	1.67	7.96	12.73	1.67	7.97
	优势木	12.85	1.67	7.79	12.90	1.67	7.89	12.78	1.67	7.86	12.88	1.68	7.81
二龄	被压木	12.44	1.54	6.25	12.12	1.54	6.07	12.45	1.54	6.14	12.49	1.53	6.20
	平均木	12.18	1.58	6.80	12.28	1.59	6.79	12.30	1.59	6.83	12.27	1.57	6.66
	优势木	12.48	1.56	6.54	12.38	1.54	6.55	12.49	1.55	6.54	12.50	1.54	6.53

3. 枝的养分含量

对于叶来说，枝不但是叶子得到养分的渠道，而且是叶的临时“仓库”。在许多情况下枝叶的养分含量都会出现“互补”效应。

与叶相同，不同生长级同龄枝的氮、磷、钾、镁含量不存在明显差异。钙含量随生长级的增加而降低(图 1)。随着枝龄的增加，氮、磷、钾、镁的含量显著减小。各龄枝的平均含钙量变化相对较小，以二龄枝含量最高(图 2)。

枝条养分含量随高度的变化(图 1)，钾基本保持不变，一、二龄枝条的氮、磷、钙、镁含量随高度升高而降低，尤以钙为甚，显著地反映了枝叶养分的互补效应及钙元素在林木中、下层的累积现象。三龄以上的枝条及不带叶枝随高度变化很小或随高度的增加略有升高。

4. 干和树皮的养分含量

干中养分含量较低，其氮磷钾的含量随高度增加，到梢头部位突然升高(图 2)。各生长级林木中 3 个元素的含量差异很小，并且它们随高度变化的趋势也

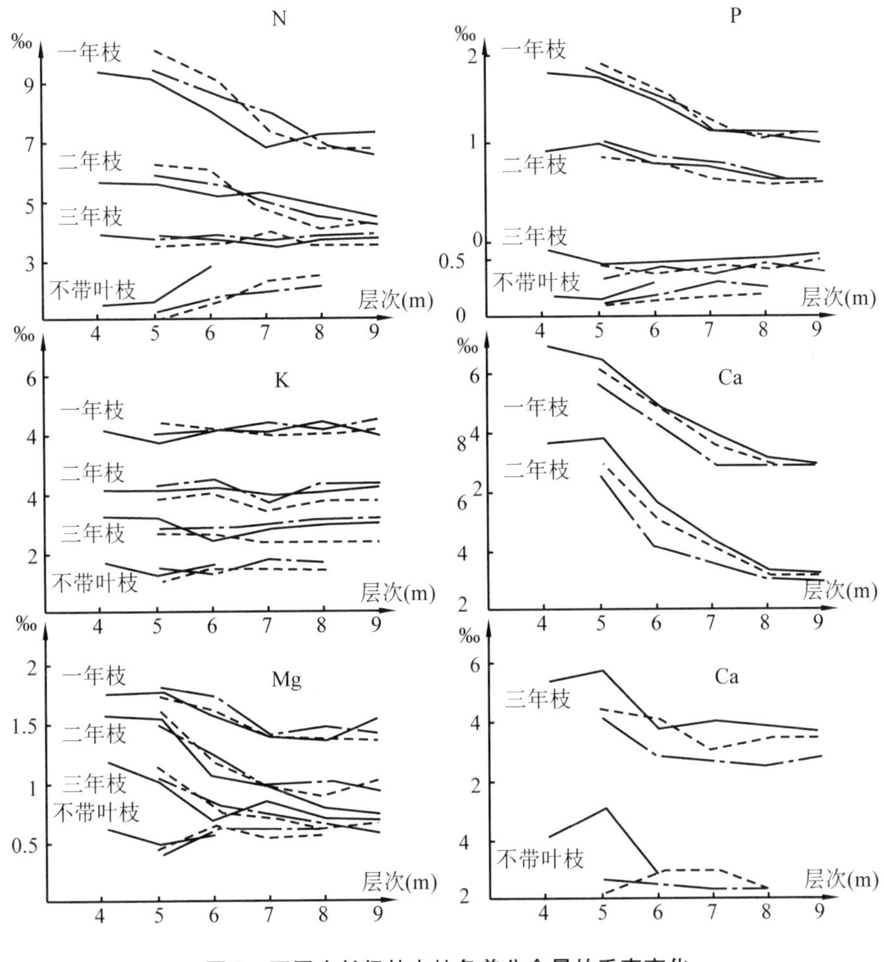

图1 不同生长级林木枝条养分含量的垂直变化

——被压木 －－－平均木 －·－·－·优势木

很相似(图3)。钙含量随高度变化很小，优势木中的含量明显的低，可能是其同化速度较快的缘故。干中镁含量随高度的变化规律与氮、磷、钾一致，只是被压木中的含量明显低于平均木和优势木。

皮中各元素含量显著高于干，其5种元素含量随林木高度变化的规律以及在不同生长级林木中的情况与干基本一致(图2)。

5. 根的养分含量

根系是植物的吸收器官，但油松根系本身的养分含量却较低(表3)。根系的养分含量随径级增加明显降低，显然这是因为根中木质成分比例的增大。

(二)林分营养元素的积累和分配

营养元素的积累，决定于生物量的积累以及生物量各组分中营养元素的含量。随着林龄的增加，树干的生物量不断累积，在林木生物量中占有较大比例，且随着年龄的增加而增加。实验林分干生物量(去皮)占全树生物量的45.8%。林木各器

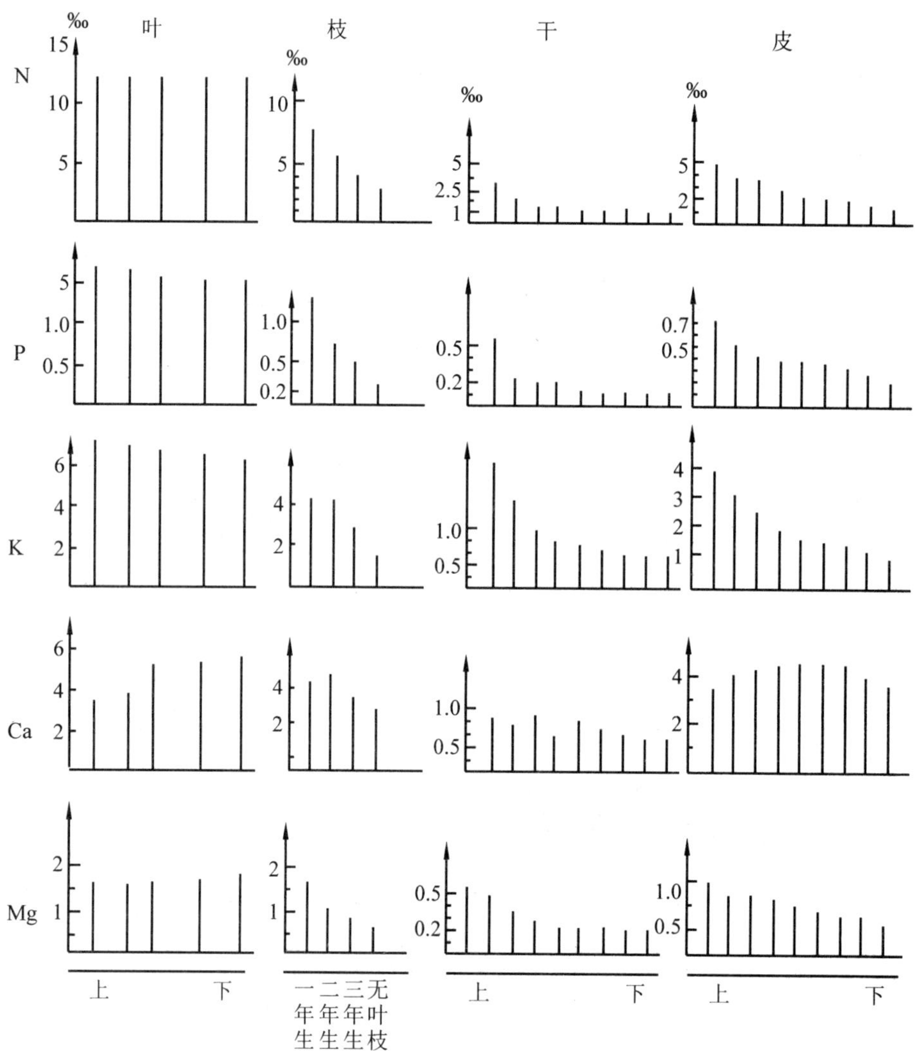

图 2　油松各器官营养元素含量的变化

官担负着不同的功能，所吸收的营养元素较大比例分配到同化器官或生理活性强及较年幼的部位，这就造成了养分分配与生物量的分配有较大的不同。

根据各层次不同年龄和器官的养分分析数据及对应的生物量计算，实验林分林木积累的5种主要营养元素总量为575.46kg/hm^2（表6）。从该表可以看出生物量与养分量于各器官中分配上的差异。针叶中养分量所占比例远远超出了其生物量所占的比例，特别是氮、磷，其所占11%的生物量中氮、磷量分别占全树氮、磷量的48.2%、44.8%。树干（去皮）的生物量占45.8%，包含的养分量仅为15.4%。干和皮中所含养分量为全树的28.7%，其中氮、磷仅占全树相应量的22.3%、23.3%。由此可知，只要不是全树集材，森林采伐造成的养分输出不大，不大可能对林地生产力产生重大影响。更值得注意的是，林木伐去后，环境条件改变对养分循环的途径和速率的影响。

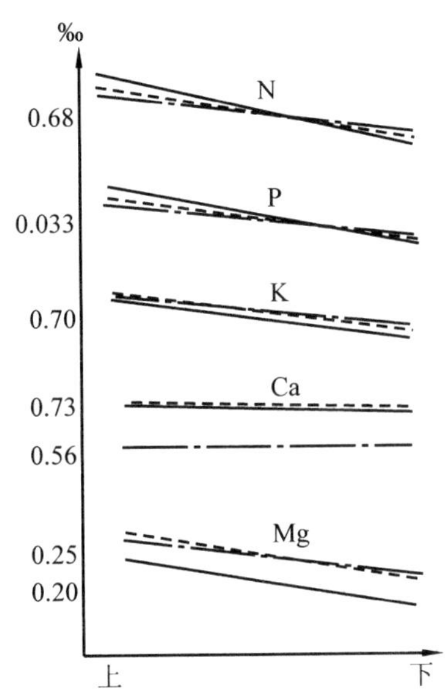

图 3 干养分含量随林木生长级和高度的变化规律

—被压木 ---平均木 -·-·-优势木

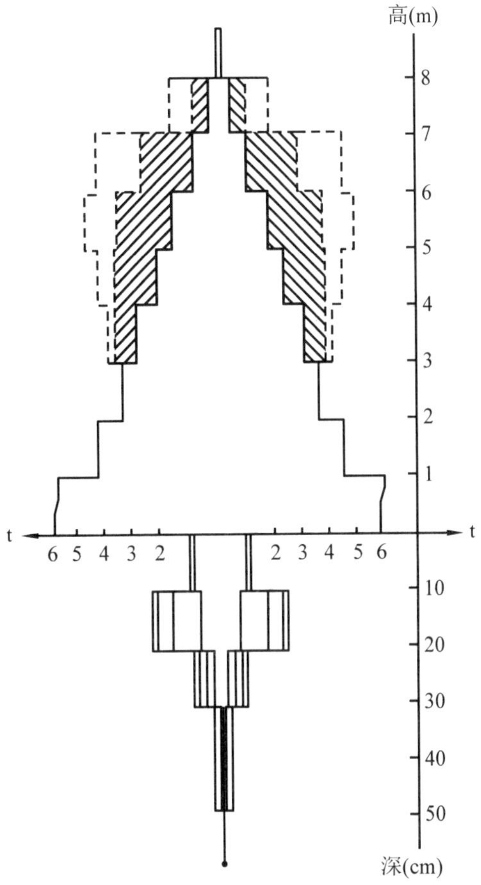

图 4 油松人工林生物量的空间配置

(地上部分：从内向外依次是各层的干和皮、枝、叶；地下部分：从内向外依次是各层次的根头、0~50cm、51~100cm、大于100cm的根量)

表 6 油松人工林的生物量及营养元素的积累和分配

分析组分	生物量	主要营养元素量(kg/hm²)					
	(t/hm²)	N	P	K	Ca	Mg	总计
针 叶	8.968	99.01	12.19	50.08	40.49	13.58	215.35
百分率(%)	10.894	48.24	44.78	35.74	25.47	30.95	37.42
一年生叶	1.980	25.19	3.23	14.91	5.63	3.01	51.97
二年生叶	2.026	25.41	3.08	12.67	9.25	3.09	53.50
三年以上叶	3.734	41.80	4.99	19.43	18.55	5.63	90.40
老叶(层外叶)	1.228	6.61	0.89	3.07	7.06	1.85	19.48
树 枝	14.682	42.68	4.81	28.54	44.97	10.08	131.08
百分率(%)	17.834	20.79	17.67	20.37	28.29	22.97	22.78
一年生枝	0.550	4.27	0.72	2.38	2.20	0.86	10.43
二年生枝	0.662	3.56	0.49	2.51	3.00	0.77	10.33
三年以上枝	4.076	16.29	1.80	10.61	14.49	3.32	46.51
不带叶枝	9.394	18.56	1.80	13.04	25.28	5.13	63.81

（续）

分析组分	生物量（t/hm²）	主要营养元素量（kg/hm²）					
		N	P	K	Ca	Mg	总计
干　材	37.694	25.83	3.52	25.24	25.24	8.73	88.56
百分率（%）	45.787	12.58	12.93	18.01	15.88	19.90	15.39
树　皮	8.410	20.00	2.83	13.81	34.37	5.88	76.89
百分率（%）	10.216	9.74	10.40	9.86	21.62	13.40	13.36
球　果	1.035	3.54	0.58	3.39	0.50	0.62	8.63
百分率（%）	1.257	1.72	2.13	2.42	0.31	1.41	1.50
地上部总计	70.789	191.06	23.93	121.06	145.57	38.89	520.51
百分率（%）	85.988	93.08	87.91	86.40	91.56	88.63	90.45
树　根	11.535	14.20	3.29	19.06	13.41	4.99	54.95
百分率（%）	14.012	6.92	12.09	13.60	8.44	11.37	9.55
细　根（<0.2cm）	0.916	2.54	0.82	3.73	4.21	1.31	12.61
小　根（0.2~0.5cm）	0.798	1.71	0.62	2.71	1.51	0.67	7.22
粗根（0.5~1cm）	2.520	3.11	0.86	4.80	2.70	1.18	12.65
大根（>1.0cm）	3.748	3.64	0.59	4.17	2.60	0.96	11.96
根　颈	3.553	3.20	0.40	3.65	2.39	0.87	10.51
全树合计	82.324	205.26	27.22	140.12	158.98	43.88	575.46
百分率（%）	100.00	100.00	100.00	100.00	100.00	100.00	100.00

注：该林分于1983年6月29日受雹灾，一、二年生枝、叶受损失，因而表中一、二年生枝叶量偏小。

林木生物量的空间配置，除了受种的生物学特性制约外，主要是受光照影响。油松是强阳性树种，枝的张开角较大，最大枝、叶量层出现在树冠的中部或稍偏上，枝量的要比叶量的低一层（图4）。不同生长级林木生物量的空间配置差别不大，优势木、平均木的枝叶量最大层次均是在树冠的中部，被压木略有偏上，但不明显。养分量的配置与生物量的空间配置有一定的差别，主要是干的生物量大而养分量小。林分生物量最大值分别出现在第一层和第六层，枝叶量最大值出现在第七层。5种元素的最大量层也是第七层，表明养分量的配置主要受枝叶量配置的影响。钙、镁与氮、磷、钾的区别是它们于无枝叶层次中有较多的量，并且它们在冠部的分布也比较均匀，不像氮、磷、钾元素那样陡变。虽然钙、镁的最大量层仍是第七层，但很明显，它们的重心较低（图5）。

油松根系形态属主根型，但随土壤厚度及水肥条件变化较大。实验林分中油松主根不够发达，50cm处已变得很细。侧根较发达，个别侧根可以延伸长至3m。根系生物量主要存在于土壤40cm以上，以根桩为中心，以50cm为半径的圆中。这部分根量（7.98t/hm²）占总根量的72%。林木单株细根（<0.2cm）生物量平均为0.45kg，于5个层次（从上到下：0~10，10~20，20~30，30~50，>50cm）的分配依次为10.4%，46.3%，20.4%，21.7%，1.2%。

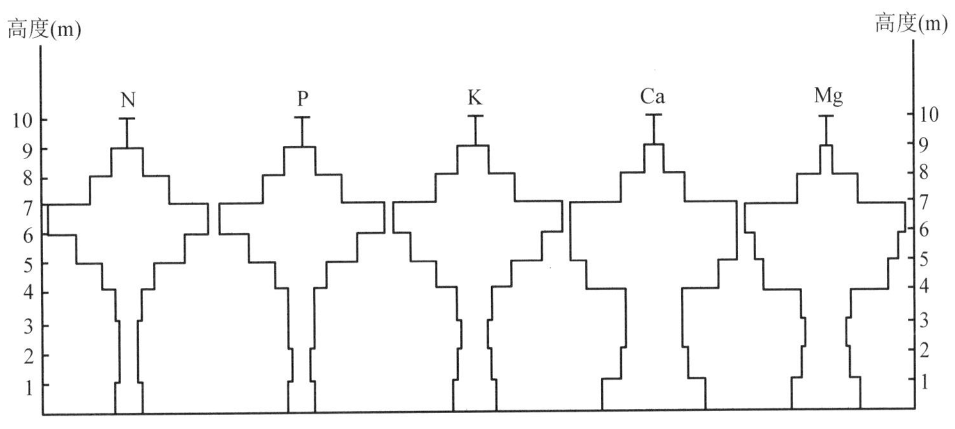

图 5 林木营养元素空间配置(按比例绘制)

(三)林分其他部分的生物量和养分量

1. 林下植被的生物量和养分量

林下植被主要是一些耐荫性种类。木质成分的比例一般都较低，养分含量较高，但因种类变化较大。林下植被生物量主要受枯落物保持情况及光照影响。实验林分枯落物保持良好，林下植被生物量很低，仅 160.44kg/hm^2，氮、磷、钾、钙、镁 5 种元素的量依次为 1.5kg/hm^2，0.3kg/hm^2，2.6kg/hm^2，3.2kg/hm^2，1.3kg/hm^2。

2. 林地枯落物总量和养分量

林地累积枯落物总量为 28.52t/hm^2。其中，叶、枝、果的比例均为 6∶1.6∶2.4。林地枯落物层中包含的营养元素量为 408.98kg/hm^2(其中 N：145.36kg/hm^2，P：19.68kg/hm^2，K：95.40kg/hm^2，Ca：124.78kg/hm^2，Mg：23.76kg/hm^2)，叶中包含有 342.17kg/hm^2，占 83.7%，枝果共占 16.3%。由上列数字可知，林地枯落物层是油松林分重要的养分库，所含养分占林分总养分量(土壤中贮量除外)的 41%。枯落物分解速率的高低在一定程度上制约着林分养分循环的速率。林地枯落物的去除，不仅造成了林分中养分的大量输出，而且将改变林地一系列物理化学过程。对此需要进一步的观察和测定才能准确评价。

3. 土壤中营养元素的贮量

土壤中营养元素的总量相当大，约有 159.3t/hm^2。仅表层(0～10cm)就有 21.92t/hm^2。比较之下，林分其他部分的养分累积显得微不足道。因此，通过改变林分结构和土壤的物理性状、促进土壤中无效和缓效养分的转化来提高森林生产力，是一条较为便利的途径。

四、结 论

(1)实验林分林木生物量为 82.3t/hm^2。于干、皮、枝、叶、果、根中的分配分别为45.8%，10.2%，17，8%，10.9%，1.1%，14.0%。林木中主要营养元素的积累量575.46kg/hm²（N：205.26kg/hm²，占35.8%；P：27.22kg/hm²，占4.7%；K：140.12kg/hm²，占24.3%；Ca：158.98kg/hm²，占27.6%；Mg：43.88%，占7.6%）。营养元素在林木各器官中的分配与生物量分配不同，有较大比例分配于同化器官，针叶占生物量10.9%，占有的养分量为37.4%，干皮的生物量为56.0%，占有的养分量仅为28.7%。只要不是全树集材，采伐所造成的养分直接输出并不大，不会对林地的生产力产生重大影响。

(2)油松各组分养分含量较低。它们因年龄和位置表现出一定的规律。不同方位的针叶氮、磷、钾含量无明显差异；不同生长级林木针叶的氮、磷、钾、镁含量亦无明显差异。随叶龄的增加，氮、磷、钾含量减小，钙相反，镁保持相对稳定。从上到下，针叶氮、磷、钾含量渐减，镁、钙相反。随着高度的改变，枝中钾含量不变，其他四种元素从上到下含量递增。干、皮中氮、磷、钾、镁四元素从上到下渐减，钙基本不变。

(3)林分累积的枯落物(28.52t/hm²)中包含养分量408.98kg/hm²，占林分总养分量(土壤中贮量除外)的41%。枯落物的去除不仅会造成林分营养元素的大量输出，而且将改变林地一系列物理化学过程，从而对林地生产力产生深刻的影响。

沈国舫　董世仁　聂道平

油松人工林养分循环的研究*

——Ⅱ. 油松人工林养分元素的动态特性

摘　要　本文以华北中山地区的油松人工林分作为研究对象，在林分各组分营养元素含量静态分布研究的基础上，对林分养分元素的动态特性进行了分析讨论，结果表明：①在一年中林木枝、叶、磷、钾、镁的含量因季节而异，其变化规律与林木的生长节律有关；②针叶凋落的年动态及其养分含量的变化，在一定程度上也受林木生长节律影响；③林地枯落物平均年干重损失率为14%，与其他林种相比，该立地上的油松林分林地枯落物分解较慢。

关键词　养分元素；动态；针叶；枯落物；油松

一、实验地概况

实验林分位于河北省隆化碱房林场大水泉作业点，海拔1260m，属华北中山地区。该地年均温7℃，生长季平均130天左右。年降水量约500mm，主要集中于6~9月。实验林分为28年生油松人工纯林，面积约为35hm^2，东北坡向，坡度10°~20°，密度为2100株/hm^2，郁闭度为0.6~0.7，平均光照透射率为15%~21%，叶面积指数4.5。土壤为山地棕壤，现平均胸径11.5cm，平均高8.8m，林分蓄积约105m^3/hm^2，林分林木生物量为82t/hm^2，生物量相对增长率为8.9%，林地累积枯落物总量约28.52t/hm^2，林分的凋落量为4.5t/(hm^2·a)。

二、研究方法

(1)样木的确定及取样　以林分的平均测树指标(误差限为±5%)为标准，选

* 本文来源：《北京林业大学学报》，1986(1)：11－22.

择三株生长正常的林木作为取样(不伐倒)的样木，取样的时间：生长季中每月一次，非生长季中每3月一次。为保证实验不受取样影响，各次取样量枝不超过50g，叶不超过20g。取样时，于树冠上、中、下三部分，分别取一年生、二年生叶及一、二年生枝条，烘干后分析各样品的元素含量。

(2)土壤养分动态，按一定时间间隔以剖面法取样、分析。

(3)针叶枯落量调查　于5块标准地内各设6个枯落物收集器，每半月收集一次并取样分析。收集器面积为$1m^2$(1m×1m)，四周挡板12cm高，底部是色彩鲜明的尼龙网，网的孔径约2mm。

(4)林地枯落物分解速率测定及其养分变化的观察　分解速率用尼龙网袋法测定。以孔径小于2mm的双层尼龙网做成20cm×20cm的袋子，将待测样品放入袋内，置于林地枯落物层中。同时另取样品(与待测样品完全相同)烘干测含水量。作为测试样品的含水量。烘干样品的养分含量作为枯落物分解样品的初始养分状态。按月取回分解样品，烘干称量，计算分解样品的干重损失量，然后进行分析，观察其养分变化情况。

为了观察枯落物在不同环境条件下的干重损失情况，设置三组林地枯落物分解样品分别位于林冠密闭、中度郁闭及林窗下，另设刚枯落的针叶、枯枝、球果各2组于林地中，观察各组分枯落物分解的干重损失速率。此外，将林地枯落物分成3个部分，以A、B、C表示，A代表尚未变色的部分；B代表虽已变色但仍保持完整原状的部分；C代表那些基本呈碎屑状或一触摸立刻碎断的部分，3部分分别设置双套样品于林地枯落物层它们本来所处的位置。以此观察枯落物在不同分解阶段中干重损失的特点。

(5)样品分析　氮用纳氏试剂比色法；磷用钒钼黄比色法；钾用火焰光度法；钙、镁用原子吸收分光光度计测定。

三、结果和讨论

(一)林木枝叶营养元素的动态

了解林木各器官养分含量随时间的变化，对于养分循环研究和营养诊断中取样时间的确定有重要意义。本次实验限于时间和工作量，取样的次数和数量都不够充分。仅就林木枝叶中磷、钾、镁三元素的变化特点进行了分析和讨论。

林木上层一、二龄针叶的含磷量，在9月停止生长后就基本上保持不变，到5月(或以前)开始下降，到6月以后保持相对稳定，一直到7月底以后，才逐渐上升到头年9月的水平，与叶相比，枝变化较小，只是一年枝在5~7月略有上升(图1)。

磷是细胞的一种成分，对糖类的形成和转化以及脂肪和蛋白质的形成均有重要作用。在一般情况下，磷都因供应不足成为生长的限制性元素。在环境长期供不应

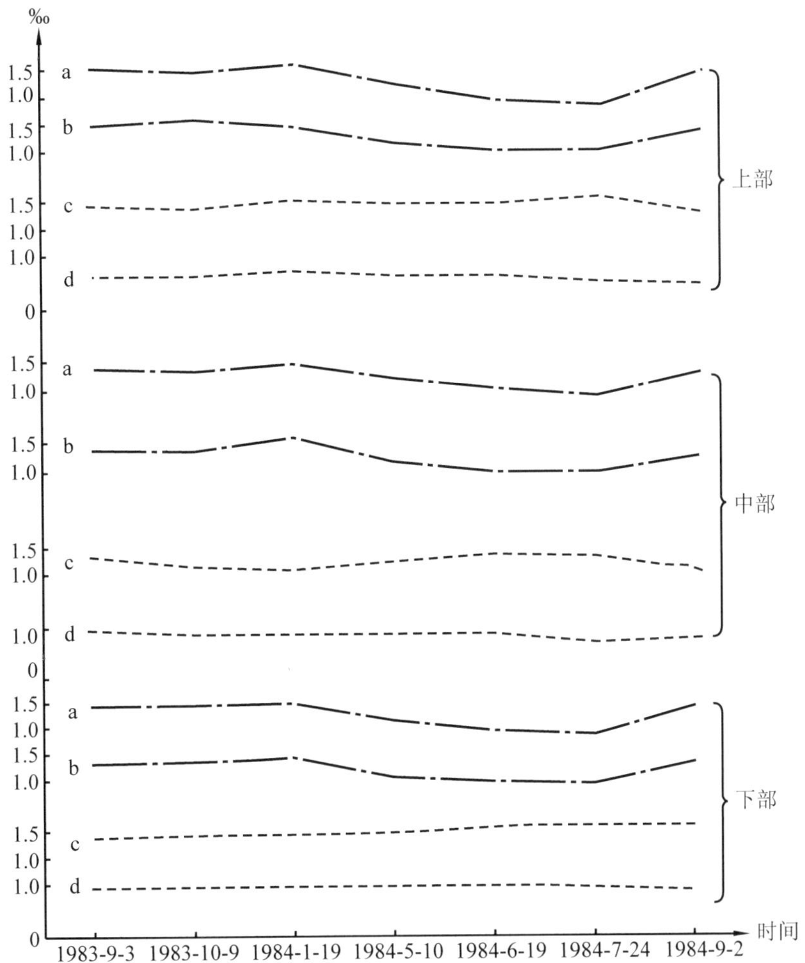

图 1　林木枝叶磷含量的动态变化

a 线为一年生叶；b 线为二年生叶；c 线为一年生枝；d 线为二年生枝

求的条件下，绝大多数植物对磷的利用率都很高，一旦被吸收就存于体内重复利用。我们在 10 月收集的油松生活针叶和枯落针叶含磷量分别为 1.5‰、0.7‰，这表明针叶脱落时，所含磷量的 1/2 已经回流。油松对磷的反复利用，在动态中也有表现。9 月，当地油松针叶已经停止光合作用或光合作用很弱，消耗很少，而吸收仍在继续，磷就在叶子里贮存起来，留待次年的利用。针叶的含磷量保持相对高水平。这种情况一直持续到次年林木树液开始活动(5 月初)。这时虽然气温已升高，但地下温度仍然较低，不但限制了根系的生理活性，而且土壤养分的有效性程度也很低，5 月份又恰是植物的耗营养高峰，这就使得根系的吸收不能满足叶子合成有机物质的需要。于是，贮存在针叶里的磷就被消耗，含量大大降低。到 6 月份，根系的吸收增加或者还有从老组织中转移来的磷一起与针叶物质生产耗磷达到平衡，就出现了叶的含磷量的相对稳定，并且一直维持到生长季末。8 月份，当地气温开始下降，光合作用开始变弱并渐趋停止，磷的消耗量减小。但这时温度变化并未影响到土壤的中、下部，根系活性仍然较强，保持着正常的吸收速率，磷就在叶中积累了起来。如此年复一年，叶中磷含量周期性地变化，并且随着叶龄增加而逐渐降低。这说明叶子不但是光合产物的生产车间，而且也是磷元素的临时“仓库”。

中、下部针叶磷含量的变化与上部一致。下部叶子在生长盛期变得更低，不仅是林木生长节律的反映，而且是生长过程中的竞争结果。

枝磷含量变化较平稳，在生长季中有所升高，根系吸收磷及叶面合成物质，运输中经过枝部是导致枝含磷量升高的原因之一。

枝、叶钾含量的变化与磷的变化规律基本一致(图2)。但变幅要大得多，这是钾元素本身易于流动的特点决定的。钾元素对植物诸多生理生化过程有重要作用，但本身并不是有机物的重要组成，针叶钾含量在生长季中显著降低，雨水的淋洗肯定是重要原因之一。

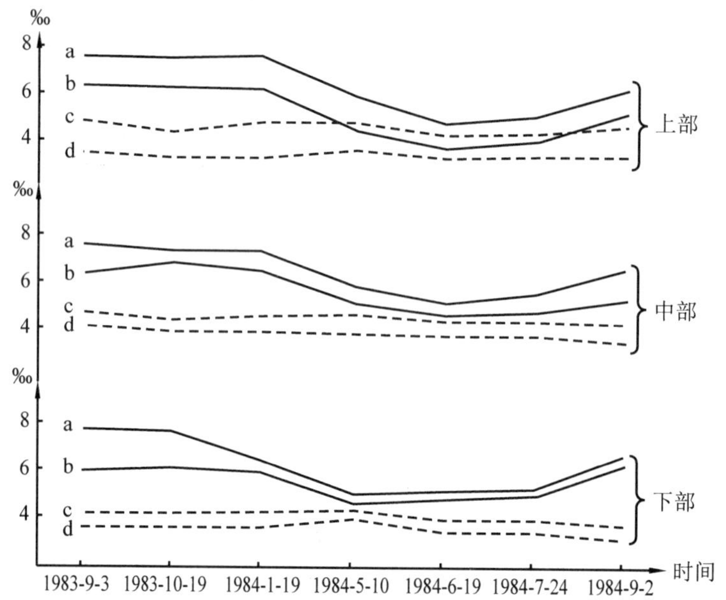

图2　林木枝叶钾含量的动态变化

a线为一年生叶；b线为二年生叶；c线为一年生枝；d线为二年生枝

镁含量的变化与磷、钾不同，总的说来，它们在一年的各时期比较稳定(图3)。镁元素流动性较强，缺镁时症状首先表现在老叶子上并引起叶子提前脱落。分析数据表明生活针叶与枯落针叶的镁含量相当(1.5‰左右)，该地针叶的平均叶龄略长于其他地区。这就可以证明该立地环境的供镁能力基本上能够满足林木的生长需求。

(二)土壤养分动态

土壤中蓄有大量的养分元素，其中40cm以上5种营养元素量就有61t/hm^2。比较之下，林分其他组分中的养分总量显得微不足道，还不到1t/hm^2，其中磷量仅占土壤磷量的3.4%。因此，林木等各组分一年的活动不大可能引起土壤养分全量的

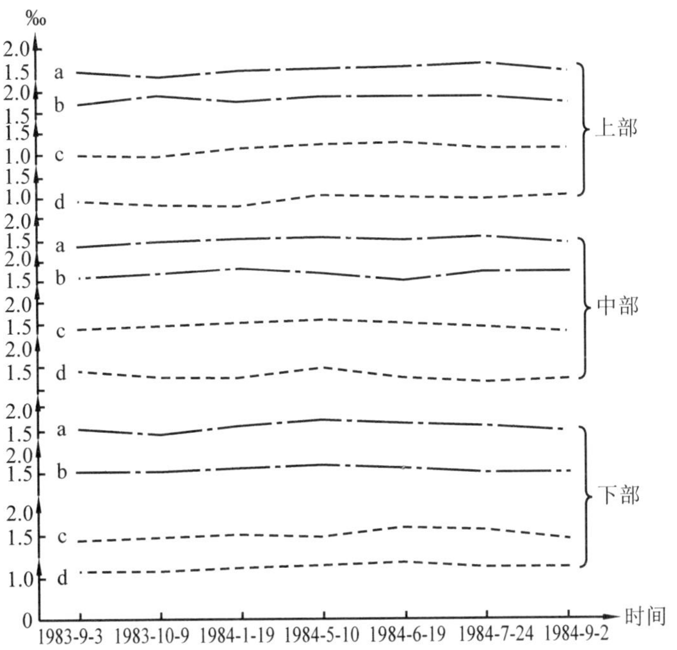

图3 林木枝叶镁含量的动态变化

a线为一年生叶；b线为二年生叶；c线为一年生枝；d线为二年生枝

明显变化。测定的结果正是这样，各个层次土壤中养分元素含量变化很小，尤其是磷和钾元素(图4列出磷变化曲线，其他元素大致相同)。

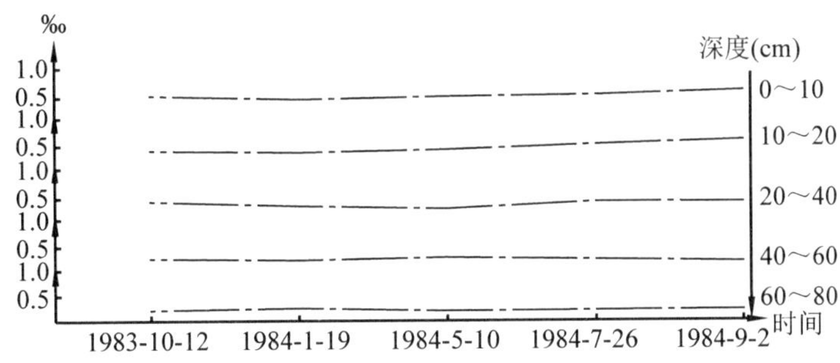

图4 各层次土壤含磷量随时间的变化

随着水、热的周期性变化以及生物的活动、林木的吸收、枯落物的分解归还等，土壤中的有效养分会发生有规律的变化。但目前在定点取样方面尚存在困难，否则，土壤养分动态变化的特征将会给养分循环研究带来积极的贡献。

(三)落叶中养分含量的变化

落叶中氮、磷、钾含量变化一致，9月最高，5月最低，10月至次年4月变化很小(图5)。最低值出现在5月是由于这时地温较低，根系吸收的养分不能满足生长和发育的需要，但这时恰是林木需求养分的高峰，生理活性旺盛的部位和器官夺取了老叶子的养分，并造成了叶子加速脱落(图6)。出现在四五月份的针叶枯落高峰与气候条件特别是水分条件有关。图5表明4月枯落针叶的氮、磷、钾含量开始降低，5月达最低，而这时林木对养分的需求量最大，大量的低养分的针叶枯落无疑给新生及活跃部位提供了额外的养分来源。这说明针叶枯落的季节动态及其养分含量的变化与林木的生长节律密切相关。在这个意义上，枯落针叶的养分动态与生活针叶的养分动态表现了相同的特点。

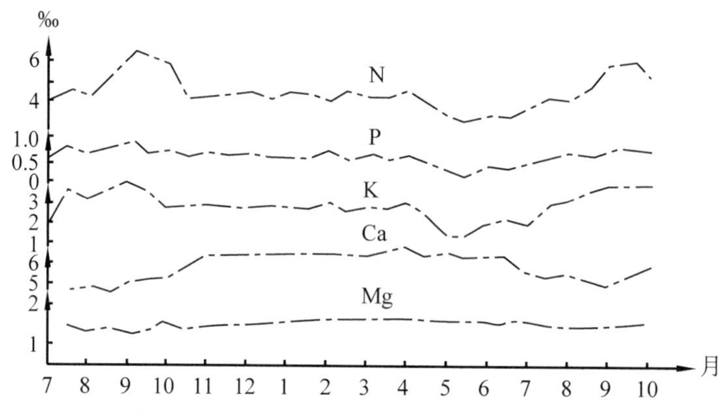

图5　落叶中养分含量的变化

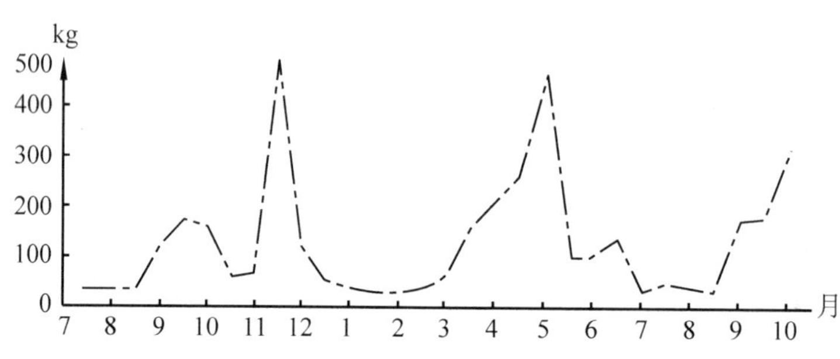

图6　针叶枯落的月变化

9月份出现最高值则是生长停止后继续吸收，养分积累的反映。钙、镁的含量变化呈另一种模式，八九月份最低，全年其他时间比较稳定。我们的结果与 James R. Gosz 等，(1972)的研究结果一致，他们分析了山毛榉(*Fagus*)、红桦(*Botula lutea* Michx)、糖槭(*Acer saccharum* Marsh)9～10月落叶的养分含量后发现，从9～10月，落叶中的氮、磷、钾含量一致降低，而钙、镁含量则升高。

(四)林地枯落物的动态

1. 干重损失

为了了解林地枯落物分解特性，我们根据枯落物分解的负指数模型；

$$X/X_0 = \mathrm{e}^{-kt}$$

计算分解速率参数 K、K' 及 $t_{0.5}$ 和 $t_{0.95}$。在此 X_0 表示最初枯落物重量(t_0 时，X 为分解一段时间(t)后枯落物的重量，K 为平均分解速率常数，$K'=1-X/X_0$ 为一定时间内干重部分损失率，$t_{0.5}$表示干重损失一半所需要的时间，$t_{0.95}$表示干重损失95%所需要的时间(表1)。

表1 枯落物分解速率参数

样品名称	时间(月)	$x_0(g)$	$x(g)$	k	k'	$t_{0.50}$	$t_{0.95}$
新落针叶	4	45.87	39.36	0.459	90.142	1.5	6.5
	9	37.44	30.44	0.276	0.187	2.5	10.9
	12	29.12	22.68	0.251	0.221	2.8	12.0
	15	34.31	25.43	0.240	0.259	2.9	12.5
枯　枝	4	44.00	41.89	0.147	0.048	4.7	20.4
	9	44.00	41.36	0.083	0.060	8.3	36.1
	12	44.00	40.89	0.073	0.071	9.5	41.1
	15	44.00	40.52	0.066	0.079	10.5	45.5
球　果	4	44.50	42.50	0.138	0.045	5.0	21.7
	9	44.50	41.92	0.080	0.058	8.7	37.5
	12	44.50	41.46	0.071	0.068	9.8	42.3
	15	44.50	40.81	0.069	0.083	10.0	43.5
A*	4	20.74	17.69	0.477	0.147	1.5	6.3
	9	20.74	17.01	0.264	0.180	2.6	11.4
	12	20.74	16.55	0.226	0.202	3.1	13.3
	15	20.74	15.93	0.181	0.232	3.8	16.6
B*	4	15.41	14.16	0.255	0.081	2.7	11.7
	9	15.41	13.99	0.129	0.092	5.4	23.3
	12	15.41	13.65	0.121	0.114	5.7	24.8
	15	15.41	13.28	0.119	0.138	5.8	25.2
C*	4	15.89	15.10	0.153	0.050	4.5	19.6
	9	15.89	14.52	0.120	0.086	5.8	25.0
	12	15.89	14.22	0.111	0.105	6.2	27.0
	15	15.89	13.89	0.108	0.126	6.4	27.8
密林下	4	39.27	35.97	0.264	0.084	2.6	11.4
	9	41.33	36.25	0.175	0.123	4.0	17.1
林地枯落物	12	45.16	39.02	0.146	0.136	4.7	20.5
	15	29.88	24.94	0.145	0.165	4.8	20.7
中度光照下	4	31.30	28.17	0.315	0.100	2.2	9.5
	9	28.74	25.12	0.180	0.126	3.9	16.7
林地枯落物	12	40.56	34.72	0.155	0.144	4.5	19.4
	15	33.47	27.68	0.152	0.173	4.6	19.7
林窗下	4	24.36	21.51	0.373	0.117	1.9	8.0
	9	37.81	32.21	0.214	0.148	3.2	14.0
林地枯落物	12	29.64	25.11	0.166	0.153	4.2	18.1
	14	34.73	28.43	0.160	0.181	4.3	18.8

* A、B、C 为林地枯落层中处于不同分解阶段的3个组分，A代表尚未变色的部分；B代表已变色但保持完整原状的部分；C代表已成碎屑状或一触动即成碎屑的部分。以下出现A、B、C同此。

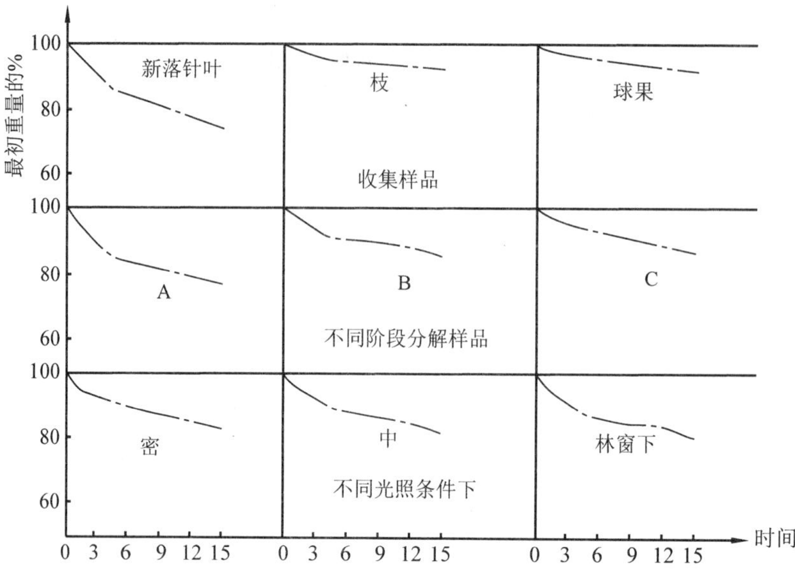

图7 分解枯落物的干重损失率

结果表明(图7)：新落针叶的分解速度较快，年干重损失率为22%，半分解时间为3年。枝、球果的分解速度较慢，年干重损失率为8%，半分解时间约为10年。究其原因，一是枝、球果组织中不易分解的物质如木质素、纤维素等含量较高，而糖类、蛋白质等易分解物质的比例较低，二是油松的枝和球果在枯死以后大多不立刻掉下，若无大风大雨及冰雹等灾害性天气，可以在树上宿存很久。M. J. Swift(1976)等在研究了几种林木枯枝在树上和林地中的分解情况后，宣称枝在枯落以前就已经失掉其原干重的40%了。这就是说，分解的最初阶段，易分解物质的失去是在树上进行的。枯落时，剩下的主要是难分解物质，分解速率测定没有包含在树上的分解阶段也是其分解速度远远低于针叶的原因之一。

同为针叶，在分解的不同阶段也有明显的差异。从图7中可以看出，年干重损失是A > B > C，同时期k值亦是A > B > C。这表明，在林地枯落物层中各部分从上到下，分解速度减小，亦即枯落物脱离树体后的分解，前期较快，中后期较慢，从而证明了枯落物分解速率参数k是不断变小的。

在尼龙网袋中的林地枯落物一年后干重损失为13.4%~15.3%。以林窗下最大，密林下最小。但差异不显著，可能是环境条件差异较小或时间较短。半分解时间为4.2~4.7年。比较国外同类研究表明该立地条件下油松枯落物的分解速率较小。

2. 营养元素含量的变化

分解过程中，随着有机物的降解，各种营养元素逐步被释放出来，归还土壤供植物再度利用。因而枯落物中养分总量总是减小的，当枯落物中某种元素的释放速率低于枯落物的干重损失时，就出现了含量上升的现象。

在林地枯落物的分解过程中，氮、磷、钙三元素的含量略有升高，钾含量迅速降低。氮元素含量在前 8 个月基本上无变化，说明这期间氮的释放和有机物的分解大致平衡。随后含量逐渐上升，一年后的氮含量是最初含量的 1.07 倍，氮总量减少了 8.4%(表 2)。磷在分解的前 4 个月，含量有所降低，以后略有上升，但都不大，变化值不过 1%~2%。1 年后磷总量减少了 12.3%。钙在分解的前 4 个月中，含量增加了 7%，1 年后增加了 12.4%，总量只减少了 3.3%，说明该元素在枯落物中释放得较慢。钾的流动性最强，易被雨水淋洗，许多研究结果都提到这一点。我们的实验与其他研究结果一致。在分解 4 个月后，钾含量仅为最初含量的 59%，总量则已失去了 46.5%，在此以后释放速度变慢，1 年后，含量为初始含量的 50%，总量失去了 56.6%。

表 2　分解枯落物养分含量和养分量的变化　　单位:‰

名称	时间（月）	N		P		K		Ca	
		含量	总量	含量	总量	含量	总量	含量	总量
林地枯落物	0	7.24	100.0	0.99	100.0	3.70	100.0	7.50	100.0
	4	7.15	89.6	0.97	88.2	2.18	53.5	8.07	97.7
	12	7.72	91.6	1.01	87.7	1.87	43.4	8.43	96.7
A	0	6.76	100.0	0.69	100.0	3.90	100.0	6.71	100.0
	2	7.01	85.4	0.73	90.2	2.34	51.1		
	12	7.27	87.0	0.77	88.7	1.94	39.7	8.00	95.2
B	0	7.51	100.0	0.79	100.0	2.84	100.0		
	2	7.90	96.7	0.79	93.1	2.30	74.5		
	12	8.24	94.7	0.80	89.8	2.03	63.4		
C	0	8.60	100.0	0.95	100.0	1.89	100.0		
	2	8.51	98.3	0.94	94.0	1.77	88.9		
	12	8.71	95.4	0.92	86.8	1.77	83.6		

注：养分总量变化以最初(0 个月)为 100 表示。

在枯落物分解过程中，元素释放速度的次序为：K > P > N > Ca。

以实测的干重损失率及营养元素释放量计算，该林分林地枯落物每年释放给土壤的养分量为：N 12.21kg/hm^2；P 2.42kg/hm^2；K 53.98kg/hm^2；Ca 4.12kg/hm^2。

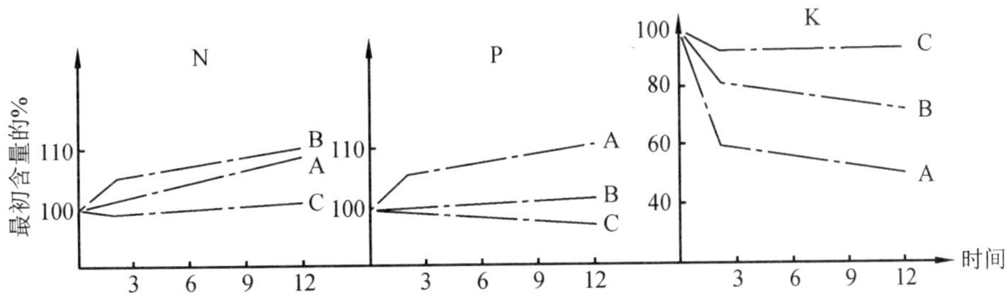

图 8　不同分解阶段枯落物元素含量的变化

不同分解阶段的林地枯落物营养元素变化有明显的区别(图8)。氮元素，A、B情况类似，1年后的含量是最初含量的1.09倍；C变化很小。A分解样品1年后的磷含量是初始含量的1.11倍；而钾含量则只有最初含量的50%，它们的变化在前2个月中较大，后10个月较小。B分解样品磷含量增加很小，仅为1.5%；钾含量减少了28%。C分解样品的磷含量减少了3%，钾含量减少了7%。由此可见，A样品的养分变化在幅度及速率(前两个月)上与B、C都有较大的差异。

综上所述：在分解的最初阶段由于枯落物干重损失较快。养分释放相对较慢，枯落物分解样品中养分含量往往上升(钾除外)，(A及B)在过了这个阶段以后，两者相等或相反，养分含量就不变或下降了(C及B)，这表明，决定养分含量变化的仍是枯落物的干重损失速率。

四、结　论

(1)林木枝叶中磷、钾含量随时间变化的规律大致类似。针叶于生长季末保持稳定高含量，在生长季中则降到最低值，生长季结束时又上升到原来水平。枝叶的镁含量在一年的各个时期变化较小。在养分循环和营养诊断等研究中，生长季末(9月底)是较合适的取样时间。

(2)林分针叶的凋落有两个高峰分别出现在10～11月、4～5月。其养分含量的变化，氮、磷、钾一致，9月最高，5月最低，10月至次年4月保持相对稳定。钙、镁的含量8～9月最低，全年其他时间变化较小。针叶枯落的年动态及其养分含量的变化与林木生长节律有一定联系。

(3)林地枯落物年干重损失率平均为14%。林地枯落物的分解是一个多阶段的过程，随着脱离树体以后的时间延长，分解速率参数k值不断变小。分解过程中，枯落物的养分含量变化因元素而异。氮、磷、钙含量升高，钾含量迅速降低。分解1年后，氮、磷、钾、钙的释放量依次为8.4%、12.3%、56.6%、3.3%。

董世仁　沈国舫　聂道平

油松人工林养分循环的研究*

——Ⅲ. 养分元素生物循环和林分养分的平衡

摘　要　在1983年4月至1984年10月两个生长季中，我们对河北隆化的一片油松人工林养分元素生物循环进行了研究，同时，实测了林分养分元素的输入、输出量。实验林分养分总积累量(5种元素总量为575.46kg/hm^2，林木年吸收量为122.72kg/hm^2，归还量为69.9kg/hm^2·年，养分归还主要是以枯落物形式到达林地，这部分占总归还量的86%。以归还/吸收作为循环速率参数，各元素平均为0.57。林分养分的输入、输出主要受降水和林地状况影响，由于实验地区年均降水量较小(<500mm)，近几年又连续受旱，大气输入养分量及林分输出养分量均较小。林分的养分平衡，氮、磷略有盈余，钾、钙、镁有少量亏损。

关键词　油松人工林；生物循环；林分养分；平衡；存留

本项研究的目的、意义以及研究地区和实验地的基本情况均已在前文中说明。本文旨在前面两篇研究报告中已阐明的油松人工林中养分元素的含量、分布及动态的基础上，进一步从数量和速率方面探索油松人工林中主要养分元素的生物循环状况及林分与外界环境之间的养分平衡状况。

一、研究方法

作为本项研究基础的林木生物量测定方法、枯落物收集及分解速率测定方法、各组分养分元素含量的测定方法等均已在前两篇报告中说明。为了更完整地了解林分中养分元素循环及输入、输出的状况，又采用了以下几项试验研究方法。

(一)林分生物量增量

林分生物量增量，根据生物量累积的年代差估算。即在生物量测定时同时作树

---

* 本文来源：《北京林业大学学报》，1986(2)：8－19.

干解析，以现实测定的生物量及各组分与 D^2H 的回归关系为依据，用解析得到的 D^2H 推算前一年林木及各组分生物量，以两年的生物量差值作为生物量年增长量。根系生物量增量根据地上部分按比例推算得到。

（二）大气输入

在距林缘 150m，相对位置高于林冠处设置 20 个广口聚乙酯丙酰塑料瓶（下列水样的收集皆用此类容器），接收降水输入的养分及漂尘输入。定期收集样品，分析计算全年的养分输入。

（三）降水养分输入和养分输出

降水量用通用雨量筒及自记雨量计测定。

林内雨用铁皮雨量槽（400cm × 10cm × 12cm）接收，每块地 6 只。

干流用反兜装置测定。

地表径流，设置小型径流场实测。

土壤渗漏利用简易渗漏测定仪测定。

二、结果和讨论

（一）生物循环

1. 林分营养元素的积累与分配

根据实测生物量数值及林木各组分营养元素的含量分析，计算得到营养元素在林木中的积累量及其在各器官中的分配。这是养分循环研究的基础数据之一。由计算结果得知，在每公顷全部林木生物量 82.324t 之中，主要养分元素含量总计达 575.46kg，其中氮 205.26kg，磷 27.22kg，钾 140.12kg，钙 158.98kg，镁 43.88kg。大量养分元素集中在较年幼的同化器官中，针叶仅占生物量的 10.9%，而所含的养分元素量则占总积累量的 37.4%。

林地枯落物层是林分另一个主要养分库，分析调查表明，28.52t/hm^2 的枯落物中包含营养元素量为 408.98kg/hm^2；其中氮 145.36kg/hm^2；磷 19.68kg/hm^2；钾 95.40kg/hm^2；钙 124.78kg/hm^2；镁 23.76kg/hm^2。在林分郁闭保持较好的条件下，林下植被生物量很小，仅 160.44kg/hm^2，其中所含氮、磷、钾、钙、镁的量依次为 1.5kg/hm^2，0.3kg/hm^2，2.6kg/hm^2，3.2kg/hm^2，1.3kg/hm^2。

土壤中富有大量的养分元素。80cm 以上土层的养分含量为 159.27t/hm^2，其中氮、磷、钾、钙、镁的量依次为 7.11t/hm^2，3.06t/hm^2，75.57t/hm^2，42.27t/hm^2，31.26t/hm^2。但该地土壤中除钙以外，其他几种元素能为植被吸收的有效养分含量都很低，仅为全量的 1%~3%。

2. 林分生物量增量及养分积累速率

林分营养元素的积累速率，依赖于林分生物量的增长量及其营养元素的含量。

根据林木生物量及各组分生物量与 D^2H 的回归关系计算得到，林木生物量增量为 7.31t/(hm² · a)(表1)，相对增长率为 8.9%。

表1　养分存留量　　单位：含量为‰，总量为 kg

组　分	生物量增量 [t/(hm²·a)]	N		P		K		Ca		Mg	
		含　量	总量	含量	总量	含量	总量	含量	总量	含量	总量
树　干	3.07	0.71	2.19	0.12	0.38	0.93	2.85	0.57	1.74	0.23	0.70
树　皮	0.59	2.38	1.40	0.34	0.20	1.64	0.97	4.09	2.41	0.70	0.41
一年生枝	0.04	7.77	0.31	1.31	0.05	4.32	0.17	4.00	0.16	1.56	0.06
多年生枝	1.36	2.72	3.70	0.29	0.39	1.85	2.52	3.03	4.12	0.65	0.89
枝总量	1.40		4.01		0.44		2.63		4.27		0.95
一年生枝	0.16	12.72	2.04	1.63	0.26	7.53	1.21	2.84	0.46	1.52	0.24
多年生枝	0.55	11.87	6.53	1.43	0.79	5.73	3.15	4.77	2.62	1.52	0.83
枝总量	0.71		8.57		1.05		4.36		3.08		1.07
球　果	0.52	3.42	1.78	0.56	0.29	3.28	1.70	0.49	0.25	0.60	0.31
地上部总量	6.29		7.95		2.37		12.56		11.76		3.45
小　根	0.07	2.77	0.19	0.89	0.06	4.08	0.29	4.60	0.32	1.43	0.10
细　根	0.06	2.14	0.13	0.78	0.05	3.40	0.20	1.89	0.11	0.84	0.05
粗　根	0.24	1.24	0.30	0.34	0.08	1.90	0.46	1.07	0.26	0.47	0.11
大　根	0.36	0.97	0.35	0.16	0.06	1.11	0.40	0.69	0.25	0.26	0.09
根　颈	0.29	0.90	0.26	0.11	0.03	1.03	0.30	0.67	0.20	0.24	0.07
全根系	1.02		1.23		0.28		1.64		1.14		0.42
全林合计	7.31		19.18		2.65		14.20		12.89		3.88

以各组分的生物量增量乘上其养分元素的含量并累加，求算出林分林木营养元素的年净积累量即为养分积累速率。它是养分平衡公式中的留存量指标(表2)。在进一步计算过程中，我们省略林下植被一项，而以林木养分积累速率代替林分养分积累速率。这是因为多数林下植物为一年生草本，部分多年生草本及灌木的富营养部分亦在当年归还。由于林下植被生物量很小，故我们在计算吸收和归还量时包括了林下植被项，而在存留量中则予以不计。结果表明，该油松林分营养元素的积累速率为 52.80kg/(hm² · a)。比较其他同类研究，该油松林分养分积累速率远低于 Hubbard Brook 的各种阔叶林及欧洲栎林的养分积累速率，亦低于杉木人工林分，而与天然班克松(*Pinus banksiana*)林分相近。

3. 营养元素的归还

林分的养分归还途径包括组织和器官的枯死、雨水淋洗树体表层。至于动物取食然后以粪便和残体形式的归还，因测定困难，时间较短，而予不计。显然森林枯落物是养分归还的主要途径。该林分年枯落物量为 4.558t/hm²(表2)。

表 2　各途径归还的养分量

枯落物组分	总量[t/(hm² · a)]	归还养分量[kg/(hm² · a)]					
		N	P	K	Ca	Mg	总计
枯　枝	0.50	1.12	0.16	0.50	1.69	0.27	3.74
针　叶	2.99	15.79	2.29	9.65	20.63	5.17	53.53
球　果	0.73	1.20	0.17	0.51	1.22	0.33	3.43
活地被	0.06	0.60	0.12	1.04	1.28	0.52	3.56
根　系	0.28	0.50	0.14	0.71	0.59	0.21	2.15
淋　洗		-0.18	0.10	2.74	0.39	0.45	3.49
总　计	4.558	19.02	2.98	15.15	25.80	6.95	59.90

林分归还的养分量总计 69.90kg/(hm^2 · a)，其中地上部以枯枝(果)落叶形式归还的量为 60.70kg/(hm^2 · a)，占总归还量的 86.8%。以枯落物归还的养分量，全年以 5 月、6 月和 9 月最高，仅这 3 个月就占约 47%，以 12 月至次年 4 月最低(表 3)。归还养分的季节变化，是由枯落物归还的季节变化，主要是由叶枯落的季节变化决定的。在一年中针叶的枯落有两个高峰分别出现在生长结束后和生长开始时(图 1)。第一个高峰是林木生态适应性的表现，第二个高峰是生长的准备。James R. Gosz 等(1972)在测定红果云杉(*Picea rubra* Link.)、胶冷杉(*Abies balsamea* A.)枯落物归还的季节变化时发现，红果云杉的归还亦有双峰出现，但 5 月出现的峰较小；同期测定的胶冷杉仅在 9～10 月出现归还的高峰。事实上，落叶的季节变化在很大程度上受气候的影响，特别是受水分条件的影响。该地连续几年受旱可能是 4～5月出现归还高峰的主要原因。我们在实验林分附近(10km 以内)的几个林分收集枯叶的数据也在 4～5 月有一个高峰出现，但峰值略低。从不同时期枯落针叶的养分分析中我们知道其中氮、磷、钾的含量在 5 月最低，此时正值林木需养高峰，这说明除受气候影响，枯落物归还量的季节动态及其针叶养分含量的变化也与林木的生长节律密切相关。经计算：5 月针叶枯落仅仅由于降低养分含量就给林木“额外”供应养分约 6kg/hm^2 氮，0.8kg/hm^2 磷，同时泌出钙 1.2kg/hm^2。

表 3　林木枯落物归还养分的季节变化

时间	营养元素量(kg/hm²)					
	N	P	K	Ca	Mg	合计
7～8 月	1.96	0.28	1.17	1.98	0.47	5.86
9 月	3.17	0.47	1.88	2.93	0.65	9.10
10～11 月	4.07	0.60	2.62	5.66	1.39	14.34
12 月至次年 4 月	3.70	0.53	2.10	4.75	1.16	12.24
5～6 月	5.22	0.75	2.89	8.21	2.09	19.16
全 年	18.12	2.63	10.66	23.53	5.76	60.70

到达林地的枯落物分解后释放出游离态的养分元素才能为林木再次利用。经测定，油松林分林地枯落物的年干重损失率为 14%。枯落物组分对分解速率影响较

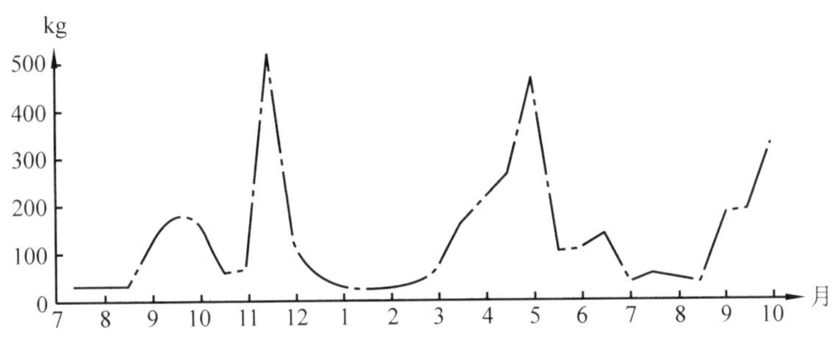

图1 针叶枯落的月变化

大，针叶的干重损失率远高于干枝和球果。同为针叶，刚落下时分解速度较快，随后逐渐变慢，表现出分解速率参数 K 值不断减小。

雨水淋洗归还的养分量很小(表2)，各元素以此途径归还的养分量占总归还量的1.5%~18.1%，钾最高，钙最少，氮为负值(表明有根外吸收发生)。比较其他同类研究，这个比例是很小的。Cole 和 Rapp(1980)根据全部 IBP 研究林分综合出了各途径归还量，其中雨水淋洗归还的5种元素占总归还量的15%(P)~59%(K)。这多半是因为他们在测定时，把树冠截持的漂尘量作为归还的一部分了。

4. 营养元素的生物循环

根据 Dengler(1930)的概念，以吸收等于存留加归还的平衡式来表述生物循环，并以归还/吸收作为养分循环速率参数进行各元素之间的比较，并与其他研究结果进行比较。结果表明，林分年吸收量为122.69kg/hm，归还量为69.9kg/(hm^2·a)。各元素的平均循环速率为0.57(表4)。这个值远高于杉木人工林林分而低于国外的一些研究结果。

表4 林分的生物循环 单位：kg/(hm^2·a)

元素	平衡参数						循环速率
	吸收	存留	归还				
			枯枝落叶	根及活地被	淋洗	小计	
N	38.19	19.17	18.11	1.10	-0.19	19.02	0.498
P	5.63	2.65	2.62	0.26	0.10	2.98	0.529
K	29.35	14.20	10.66	1.75	2.74	15.15	0.516
Ca	38.69	10.89	23.54	1.87	0.39	25.80	0.667
Mg	10.83	3.88	5.77	0.73	0.45	6.95	0.642
合计	122.69	52.80	60.70	5.71	3.49	69.90	0.570

根据上述结果，我们利用(年吸收养分量/年生物量增量)计算养分利用效率：每生产1t有机物质需要的养分量为：氮5.224kg，磷0.77kg，钾4.015kg，钙5.293kg，镁1.482kg。这个值要高于杉木人工林，说明油松人工林的养分利用效率要比杉木人工林低。以每吸收1kg氮生产有机物质作指标得到同样结果，油松，杉木人工林分别为191.4kg/kg氮，210kg/kg氮。

（二）林分养分平衡

1. 大气输入养分量

大气输入包括降水输入和漂尘输入。该地降水主要集中于夏季，我们实测了1983、1984 两年中 5～10 月的大气输入养分量及降水输入，并以推算冬半年的漂尘输入：漂尘输入 = $\sum_{i=1}^{n}$大气输入 − $\sum_{j=1}^{m}$降水输入（其中 $i=1$，2……n 为连续测定的次数；$j=1$，2……m 为该期间降水的次数）。最后得到：大气年输入的总养分量为 7.08kg/hm^2，各元素分别为：氮 3.0424kg/hm^2，磷 0.6088kg/hm^2，钾 0.7949kg/hm^2，钙 2.4343kg/hm^2，镁 0.1982kg/hm^2。比较世界其他地区的研究成果，这个数值偏小，可能是由于实验地区人口稀疏，距大城市较远的缘故。

2. 降水穿过林冠时营养元素含量的变化

（1）林外雨的营养元素含量

林外雨中营养元素的含量很低，氮、磷、钙、镁的浓度分别为 0.15～0.20，0.031～0.053，0.08～0.40，0.341～0.468，0.024～0.030（mg/kg）。氮、钾、钙三元素似乎有随降水量增加浓度降低的趋势，磷和镁则没有这种趋势。

（2）林内雨

降水经过树冠以后，5 种元素的含量都有所增加，其增加量为：氮 2～3 倍，磷 3～7 倍，钾 2～12 倍，钙 1 倍，镁 6 倍。这个增加是雨水淋洗林冠表层沉积的尘埃与林木器官分泌和吸收养分的综合表现。A. Carlisel（1966）等在研究一片栎林（*Quercus petraea*）时发现林内雨氮浓度降低，而其他几种元素的浓度都是升高的。由于雨水停留在林木表层的时间很短，一般下雨后 20min 就不再滴水，林木叶子在短时间内的吸收不至于会对改变雨水的养分含量产生大的影响（氮除外），因此，一般把浓度变化完全归于尘埃的作用。

（3）干流

雨水经过树体的养分变化主要是溶解了附着树体上的飘尘，变化的幅度因雨水经过树体的时间长短而异。显然，干流经过树体的时间要比林内雨长，因而浓度也应该更高。测定的结果正是如此，与林内雨相比，干流中的养分浓度增加量：氮：0.3～1倍，磷 2～3 倍，钾 1.5 倍，钙 0.5～1 倍，镁 1～2 倍。这与国外同类研究结果一致。与林内雨相同，干流中养分含量的高低，更大程度地依赖于距前一次降雨的时间。此外，同一次降雨中大小相同（直径）的不同树体，其干流量与养分含量呈反相关，这表明树体积累的尘埃量是一定的，不会因干流量加大而增加其中的养分。

降水经过林冠后即进入林地枯落物层。试验结果表明，雨水经过枯落物层后钾的浓度增加近 10 倍，这说明有大量钾被淋洗进入土壤，镁浓度也有所增加，但量较小。其他元素未检出浓度的变化。

3. 林分养分平衡

（1）林内雨和干流到达林地的养分

一次降水输入的养分量是以林内雨量、干流量分别乘上其养分含量并相加得到。全年的降水输入量是通过取6次大小不同降水中的水样进行分析计算，用所含养分总量与林外降水量建立回归方程，并以此方程计算全年各次降水中的养分量累加得到。从图2中可见各次降水中营养元素量与林外雨量存在较好的线性关系，因而估算精度较高。

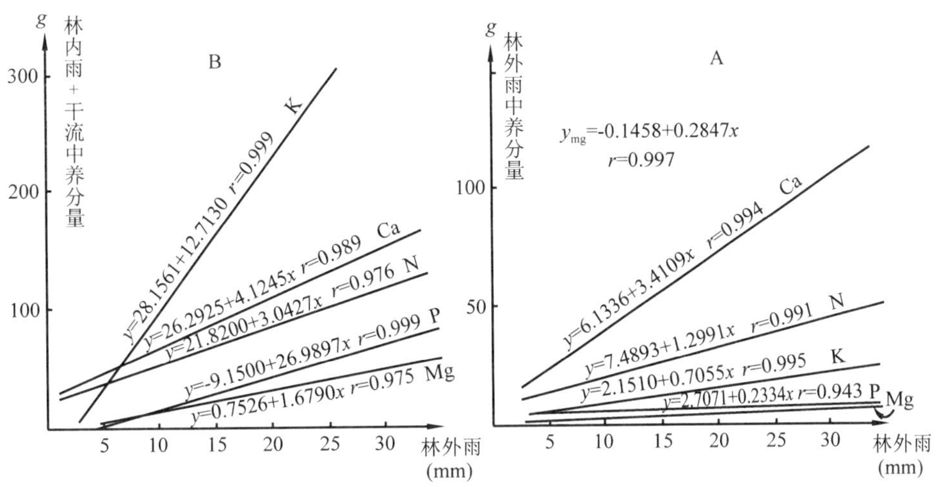

图2 养分量与降水量的关系

A：林外雨中养分量与林外雨量的关系

B：林内雨+干流中养分量与林外雨量的关系

表5 降水中的营养元素量 单位：kg/hm^2

元 素	N	P	K	Ca	Mg	合计
林外雨	0.83	0.21	0.35	1.50	0.09	2.98
林内雨+干流	2.19	0.59	3.40	2.54	0.62	9.33
差 值	1.36	0.38	3.05	1.04	0.53	6.35

根据图2中的方程及实测降水量数据，计算得到生长季中以林外雨，林内雨加干流形式到达林地的养分量(表5)。两者的差值是雨水经过林冠时淋洗树体沉积的尘埃(还有气溶胶。为简便起见，在此统称为尘埃)和树体分泌出养分的结果。为此需要计算雨水淋洗树体泌出的养分量。计算方法为：

$$漂尘输入 = \sum_{j=1}^{n} 大气输入 - \sum_{i=1}^{m} 降雨输入$$

($i=1$，2……n 连续测定次数；$j=1$，2……m 降雨次数)

林冠年截持漂尘量=漂尘输入量(年)×0.7 (0.7为林分郁闭度)

从树体淋洗量=(林内雨+干流中养分量)－林外雨中养分量－树冠年截持漂尘养分量

以上3式计算得到，漂尘年输入量：氮为2.2147kg/hm^2，磷为0.3993kg/hm^2，钾为0.4424kg/hm^2，钙为0.9393kg/hm^2，镁为0.1065kg/hm^2。雨水每年从树体淋洗出的养分量：氮为－0.1883kg/hm^2，磷为0.0963kg/hm^2，钾为2.7352kg/hm^2，钙

为 0. 3858kg/hm^2，镁为 0. 4508kg/hm^2。

雨水经过林冠淋洗出的养分量除钾以外均很低，氮经过林冠时每年被吸收 0. 1883kg/hm^2。

(2)地表径流

由于连续几年干旱，土壤墒情不好，在实验期间没有测出渗漏。因而，地表径流就是测定的养分唯一输出途径。结果表明实验林分的地表径流量很小，全生长季仅 3. 61mm(1984 年) - 4. 60mm(1983 年)。其中包含养分量：氮：0. 261kg/hm^2，磷：0. 357kg/hm^2，钾：2. 96kg/hm^2，钙：4. 249kg/hm^2，镁：1. 754kg/hm^2。

地表径流主要受坡度、活地被物及枯落物状况影响。实验林分保持完好的林地枯落物层是地表径流量小的主要原因之一。林外枯落物很少，但植被繁茂，地表径流量也很小。

(3)养分平衡

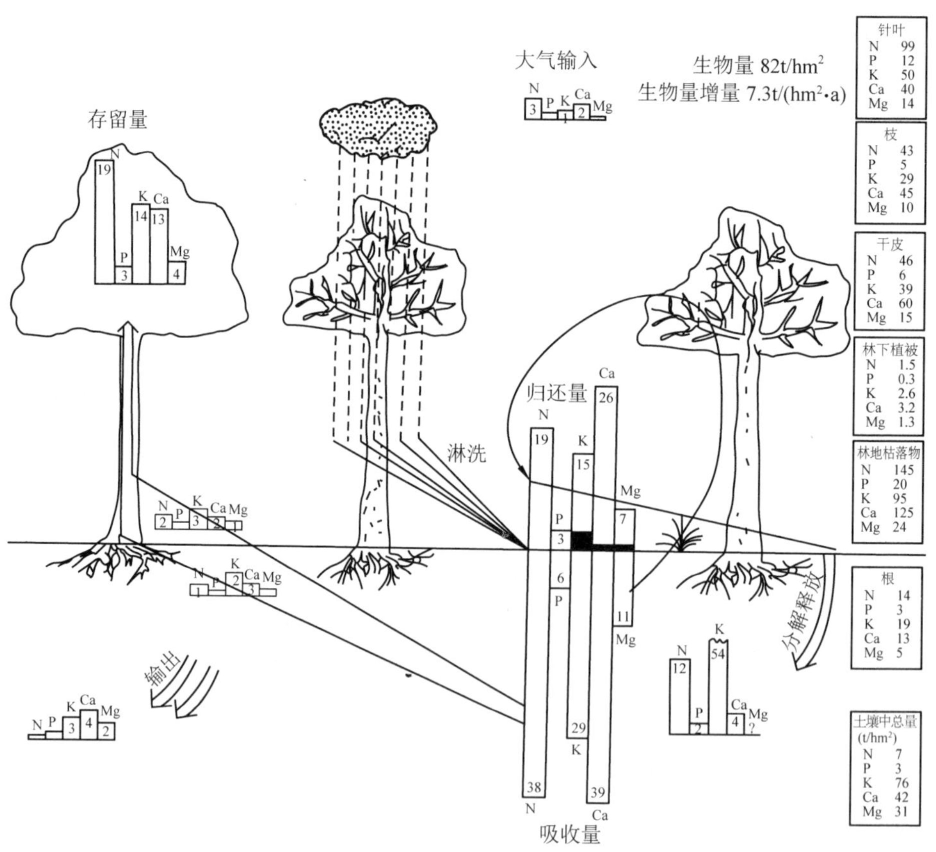

图 3　林分营养元素的分布和循环(单位：kg/hm^2)

表 6 林分养分的平衡 单位：kg/(hm^2·a)

元素	N	P	K	Ca	Mg	合计
输入	3.04	0.61	0.80	2.43	0.20	7.08
输出	0.26	0.36	2.96	4.25	1.75	9.58
平衡	+2.78	+0.25	-2.16	-1.82	-1.55	-2.50

从表 6 可见，氮、磷有盈余，钙、钾、镁亏损，但量都不大。虽然我们没有估计到母质的风化输入，但依据文献可推断这个亏损易于得到弥补。

至此，我们将测定和计算的 5 种元素的分布及流动情况列于图 3 中，提供了油松人工林养分循环的全貌。

4. 林分营养元素循环动态的模型

根据以上数据，可以模拟林分养分元素循环动态的数学模型。林分是一个连续时变系统，为简化计算当成连续定常系统处理，所得到的是近似结果。

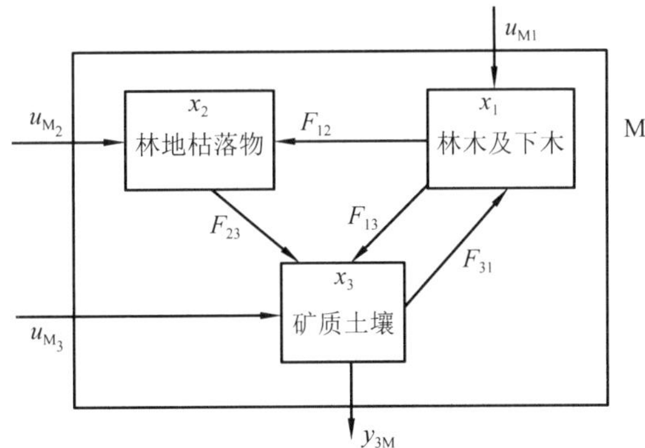

图 4 森林生态系营养元素循环动态流程方框图

在此把系统分成 3 个分室。(图 4) M 为环境，u_{M_i} 表示环境向系统 i 分室的输入，x_i 表示各分室中某元素总量(x_3 代表矿质土壤中的有效部分)，F_{ij} 代表元素流通率，表示单位时间里从 i 分室流入 j 分室的元素量，而以 $a_{ij}=F_{ij}/x_i$ 表示相对流通率，则系统某元素循环局部动态方程的一般形式为：

$$dx_i/dt=\sum_j a_{ji}x_j-\sum_i a_{ij}x_i+u_{M_i}$$

以矩阵表示这个连续定常系统就是：

$dx(t)/dt=Fx(t)+Gu(t)$，其中 F，G 为矩阵

根据实测及计算数字构造出氮、磷、钾和钙的数学模型依次为：

$$\text{N:}\begin{cases}dx_1/dt=-0.0931x_1+0.1873x_3+u_{M_1}\\dx_2/dt=0.0907x_1-0.0840x_2+u_{M_2}\\dx_3/dt=0.0024x_1+0.0840x_2-0.1886x_3\end{cases}$$

$$\text{P:}\begin{cases}dx_1/dt=-0.1083x_1+0.2040x_3\\dx_2/dt=0.0996x_1-0.1228x_2+u_{M_2}\\dx_3/dt=0.0870x_1+0.1228x_2-0.2134x_3\end{cases}$$

$$K:\begin{cases}dx_1/dt=-0.1062x_1+0.0344x_3\\ dx_2/dt=0.0820x_1-0.5660x_2+u_{M_2}\\ dx_3/dt=0.0242x_1+0.5660x_2-0.0379x_3\end{cases}$$

$$Ca:\begin{cases}dx_1/dt=-0.1590x_1+0.0076x_3\\ dx_2/dt=0.1530x_1-0.0330x_2+u_{M_2}\\ dx_3/dt=0.0060x_1+0.0330x_2-0.0084x_3\end{cases}$$

以氮为例，若以矩阵表示，则：

$$d\,x(t)/dt=Fx(t)+Gu(t)$$

$$F=\begin{pmatrix}-0.0931 & 0 & 0.1873\\ 0.0907 & -0.0840 & 0\\ 0.0024 & 0.0840 & -0.1886\end{pmatrix}\qquad G=\begin{pmatrix}1\\1\\0\end{pmatrix}$$

根据以上模型，只要给定一个初态 $x(t_0)$ 和输入 u 就可以计算出任何时刻的状态 $x(t)$ 和输出 $y(t)$，以及模拟出系统对不同输入及林分或土壤状态改变的反应。

三、结　论

(1)所研究的28年生油松人工林林木生物量为82.3t/hm^2。林木中营养元素(N、P、K、Ca、Mg)积累量为575.46kg/hm^2。营养元素在林木各器官中的分配与生物量分配不同，有较大的比例分配于同化器官(针叶)中。林地累积枯落物总量为28.52t/hm^2，营养元素量为408.98kg/hm^2。枯落物年凋落量为4.558t/hm^2，其中叶为2.988t/hm^2。分析数据表明枯落针叶的年动态及其养分含量的变化与林木生长节律有密切关系。林地枯落物在营养元素的循环上占有非常重要的地位。林地枯落物年干重损失率为14%，由此计算枯落物年分解量近似于枯落物年输入量，因此该林分枯落层是处于稳定状态。

(2)林木生物量增量为7.31t/(hm^2·a)，相对增长率为8.9%。营养元素的积累速率(存留量)为52.8kg/(hm^2·a)，归还量为69.9kg/(hm^2·a)，其中林木地上部枯落物为60.7kg/(hm^2·a)，占总归还量86%。从淋洗树体表面归还的养分量较少。吸收量为122.7kg/(hm^2·a)。若以归还/吸收作为循环速率，则各元素平均为0.57，5种元素依次为：Ca(0.667) > Mg(0.642) > P(0.529) > K(0.516) > N(0.498)。

(3)林分的养分平衡，氮、磷为正值，钾、钙、镁有一定的亏损，但其量值与林分营养元素循环速率和贮存相比较是次要的。

聂道平　沈国舫　董世仁

中　篇

中期的学术论文（1987～1995）

这里选登的论文发表于沈国舫担任校长之后(1986)到当选中国工程院院士之前。这些论文表明他一方面带领他的学生们继续深入森林培育学的一些研究领域，另一方面又大大扩展了林业研究工作的面，为一系列国家级林业工程(大兴安岭火灾后恢复重建、太行山绿化工程、速生丰产林工程、城市林业及林业可持续发展研究)服务。这期间也是沈国舫在国际林业界活动较多的一个重要阶级，在论文中有所反映。

关于大兴安岭北部特大火灾后恢复森林资源和生态环境的考察报告*

1987 年 5 月 6 日，在大兴安岭北部林区发生了特大森林火灾。对火灾后如何迅速恢复森林资源和防止生态环境恶化问题，举世瞩目，全国关心。国务院大兴安岭灾区恢复生产重建家园领导小组，根据田纪云副总理关于筹组专家组到大兴安岭灾区考察，研究提出近期加速恢复森林资源及改善生态环境的依据和建议的指示，组成以杨延森为组长，吴中伦、曾昭顺、沈国舫为副组长的多部门、多学科的专家综合考察组，共有气象、土壤、生态、水土保持、病虫害、营林造林、采运和林业经济等学科的专家 28 人(表 1)，于 1987 年 6 月 23 日至 7 月 23 日，到大兴安岭火灾区的塔河、阿木尔、图强、西林吉等 4 个林业局(北四局)和营林工作经验较为丰富的新林林业局，采取现场调查与利用已有资料、座谈访问相结合的办法，作了较为全面的实地考察。工作大体分 4 个步骤：首先是乘直升机从空中对火灾区森林受害

---

* 本文来源：国务院大兴安岭灾区恢复生产重建家园领导小组专家组(沈国舫主执笔). 大兴安岭特大火灾区恢复森林资源和生态环境考察报告汇编. 北京：中国林业出版社，1987：1～20.

情况作了全面考察；二是深入地面现场，行程800km，分别不同森林及火烧类型，从各个专业角度进行调查。在外业时共设各类标准地50多块，样方255个，观察土壤剖面30个，火烧木250多株，为研究问题取得了大量第一手资料；三是邀请在火灾区考察过的东北林业大学、中国科学院林业土壤研究所和大兴安岭林管局的专家教授以及在当地长期从事林业工作的科技人员进行座谈，广泛听取意见；四是在进行内业之前，与国务院大兴安岭灾区建设指挥部和大兴安岭林管局以及灾区4个林业局的负责同志，进行多次座谈讨论，交流情况。最后进行资料整理和分析论证。现将考察结果综合报告如下。

一、这次特大森林火灾对森林资源造成的损失估计

据林业部资源司航空调查概算结果，这场特大森林火灾范围133万hm^2，过火有林地和疏林地面积114万hm^2，其中受害面积87万hm^2；过火森林蓄积8025万m^3，其中烧死蓄积3960万m^3。

受害有林地疏林地面积中按不同火烧程度分：严重火烧35万hm^2，占40.2%；中度火烧21万hm^2，占24.1%；轻度火烧31万hm^2，占35.7%。

火烧区内受害用材林面积按龄组分：幼龄林13.4万hm^2，占23.2%；中龄林13.7万hm^2，占23.7%；成过熟林30.7万hm^2，占53.1%。

火烧区内受害用材林面积按优势树种分：落叶松45万hm^2，占77.9%；樟子松2.7万hm^2，占4.6%；白桦10.1万hm^2，占17.5%。

综合以上情况，可以看出这次火灾具有以下4个特点。

1. 过火面积大，损失蓄积多。过火有林地、疏林地面积及其受害面积，分别占火灾区4个林业局有林地、疏林地总面积的55.2%和42.1%。如把全部严重火烧林地划归无林地，则这个地区的森林覆盖率已由76.0%下降到61.5%。过火总蓄积和烧死木蓄积，分别占4个林业局活立木总蓄积的44.0%和21.7%。火烧范围几乎遍及各个林场。4个林业局39个林场中，除7个林场外均受到不同程度的火烧。其中有13个林场的施业区全部过火。这为火烧区内的林业局、场以至整个大兴安岭林管局实现森林多功能永续利用带来极为不利的影响。

2. 火烧强度大，且集中连片。主火带宽达10～20km，在主火带内，所有过火林木几乎全部被烧死。有的地方上无下种母树，下无更新幼树，无法及时天然更新。需要进行人工更新的面积占有相当大的比例，给迅速恢复森林资源增加了难度。

3. 中幼林损失惨重。火灾使大量中幼林及成过熟林内幼树烧毁死亡。这些林木的年龄大多在20～60年，有的已经进行过抚育间伐。从永续利用观点看，这批林子被烧毁的损失要比成过熟林被烧毁的损失影响更为深远。它改变了森林资源的龄组结构，使一些林场可能在今后一个时期内，木材采伐中断或大幅度减产，陷入困境。

4. 大量烧死木需要清理利用。火灾对树木可利用部分基本没有伤害。但由于烧死蓄积量大，并要在短期内及时清理利用，以利森林更新和防止木材变质降等，除道路、设备、资金、劳力有困难外，木材产量与运输能力的矛盾也十分突出。

二、这次特大火灾对林区生态环境造成的影响

这次空前的特大火灾必然会影响大兴安岭北部林区的生态环境。这个影响的面有多广，程度有多深，会带来什么后果，以及如何消除不良后果，这是广大人民所关心的大问题。我们通过这次考察，并运用过去已经积累的知识和经验，初步得出以下几点基本看法。

1. 这次火灾对大兴安岭北部林区的气候有一定的影响。由于地面烧焦形成暗色的、比较空旷的下垫面，使地温增高，风力加大，局部地区气温也有所增高，昼夜温差加大。火灾区 6 月气温比常年同期平均气温高 0.9 ~ 1.8℃，相对湿度比常年同期下降 6% ~12%，6 月 28 日出现了不寻常的晚霜，这些都是可能与这次火灾有关的。由于火灾后空气相对干燥，会影响雾和露的形成，使水平降水有所减少。随着林区地表植被的逐步恢复，上述火灾的不利影响也将逐步削弱。另一方面，也可以看到，火灾的这些影响都局限在一定的空间和程度范围内，到目前为止，还看不出火灾对整个大兴安岭地区的大气候有什么显著影响。这个地区的平均年降水量为 400 ~ 500mm，火灾前的 1986 年偏旱，年降水量仅 254 ~ 316mm，而火灾后的 1987 年 6 月降水量正常。据中央气象台及地方气象台预报，当地今年 7、8 月雨季降水量要高于常年。大气垂直降水主要决定于大气环流。据初步估计，这场火灾的规模和成灾程度还不足以对大气团的形成和运动产生显著影响。当然，火灾对气候的长期的、累计的影响如何，尚有待进一步观测分析。

2. 不同林地条件和火烧程度对林地土壤有不同的影响。在陡坡樟子松火烧地上烧去了全部凋落物层（A_{00}及 A_0 层）。在平缓坡及河谷两岸低湿落叶松火烧地上，烧去了全部未分解的凋落物层（A_{00}）及部分半分解的毡状凋落物层（A_0）。由于这次火灾爆发期较早，当时土壤刚开始解冻，因此大部分火烧地土壤上的半分解毡状凋落物层和腐殖质层（A_1）没有受到重大影响。只有在局部枝桠堆下、大树根部附近等可燃物较多的地方烧得较透，土壤有机质层全部烧成了灰，露出了心土（B）。火烧使表层土温增高，冻层下降，土壤表层 pH 值上升，土壤有机质的矿化速度加快。对于土温偏低、有机质分解速度较慢而且呈酸性的大兴安岭土壤来说，这种变化有利于植被的迅速恢复。但局部土壤表面有机质层的破坏，蓄水和抗蚀能力的减弱，则容易引起水土流失。

3. 过火地区林下植被的地上部分大多被烧死，但也由于当时土壤解冻浅以及火的蔓延速度快等原因，绝大部分林下植物以及阔叶树种的根系基本都还活着，这就为这些植物的萌发恢复创造了条件。据这次考察中所见，林下植被恢复很快，到 7 月上旬其盖度已达到 10% ~20%（陡阳坡）和 40% ~50%（平缓坡），部分过火河

谷地区已一片葱绿，植被盖度已达70%～80%。在萌发恢复的植被中，白桦、山杨的萌蘖条很多，可能成为许多过火林地天然更新的先锋。目前火烧地上恢复的植物种类大多是与火烧前的林下植物一致的，陡阳坡仍以中生植物为主；平缓坡上以中生及中湿生植物为主；低湿地上湿生植物占绝对优势。根据火烧迹地上植被演替的一般规律，今后几年，在林地未得到更新之前，地被植物的盖度还要增高，喜光草类会增多，越来越不利于天然更新。

4. 根据在火灾地区现场的综合观察，只有在部分陡阳坡上见有少数中旱生植物，有旱生化的趋势，但并不严重，不至于发展成为草原化，这种情况是与大兴安岭西坡不同的。一般过火林地上只出现生草化趋势。形成沙化(或称沙漠化)的条件在大兴安岭北坡火灾地区并不存在。第一，大兴安岭北坡在气候上属于寒温带湿润地区的属性没有改变；第二，这里没有大面积的沙源，绝大部分地表还保留有半分解的毡状凋落物层和腐殖质层；第三，火虽然烧去了原有的植被，但新的植被恢复得相当快；第四，这里的年平均风速和大风日数都不大。倒是在另一个方向上，即在平缓坡麓及河谷低湿地段，由于失去了树木的生理排水作用，如长期得不到树木更新，会有沼泽化的趋势。陡坡旱生化及低地沼泽化是最值得重视的两种趋势，它们的影响将不利于森林的更新和森林生产力的提高。

5. 由于火烧后林木防护作用的丧失及地表的裸露，在某些局部地形部位，特别是在陡阳坡上，形成了水土流失的条件。在火灾现场陡坡的下部，已见到雨后形成的轻度面蚀及细沟蚀，这对土层较薄的大兴安岭坡地土壤，是一种现实威胁。某些不合理的人为活动，如不合理的道路修筑、取土取石任意开坡，不合理的集材道布局及采金乱堆土等，也是造成水土流失的重要原因。据水文站观测，大兴安岭开发以来，暴雨后径流汇集时间已大为缩短，这次特大火灾后，林区水源涵养功能进一步受到削弱，洪灾的潜在危险增大，防洪任务加重。由于火灾区的河流都是直接流入黑龙江的，不会影响到松嫩平原。火灾范围在整个黑龙江流域中所占比重很小，且在火灾区仍保留有相当高的森林覆盖率(61.5%)，因此也不至于对黑龙江中下游有显著影响。现在看来，在大兴安岭北部林区，土壤侵蚀还只是局部现象，程度上也并不严重。由于林缘草地及河谷两岸沼泽地的阻隔过滤作用，河流中的泥沙量不大，流水还是清的。这里的侵蚀模数多年平均为3.6～5.5t/km^2，最高为13t/km^2。据估算，这次火灾后土壤侵蚀量有可能增加2倍，数值还不算大，只要能加速更新和加强管理，减少不合理的人为活动，土壤侵蚀可以得到控制。但如继续有人为破坏及反复发生火灾，则前景不堪设想。目前在大兴安岭北部火灾区，由于准平原化的影响，山低、谷宽、坡缓(局部有陡坡，但一般坡都很短)，沟道中没有大量疏松堆积物，地面有7个月的冻结期，暖季降水强度不大，植被恢复迅速等因素，预计发生大规模泥石流的可能性不大。

6. 火灾能杀死一些林木病虫害，但也为另一些病虫害的蔓延创造了一定条件。这次考察中发现有一些次期害虫，主要是落叶松八齿小蠹及云杉小黑天牛已经开始侵害新烧死木(韧皮部尚新鲜)及烧伤木，其中小蠹数量较多，主要侵害胸径10～

20cm 的中龄木，而天牛数量较少，主要侵害大径木。目前虫源地面积还不大，大多分布在贮木场、楞场及原采伐迹地附近。这些虫源地如不及时清理，待害虫数量繁殖增多，且烧死木不再具有可食韧皮部后，就可能蔓延到别的过火林地并侵害活立木。因此应当在近期内就清理掉虫源地的虫害木，并在一定时期内(3～5 年)清理掉全部烧死木，以保证活立木能健康生长。另外，据调查，林火也是间接地促进腐朽菌侵入立木的重要因素。大兴安岭林区原来就有较高的立木腐朽率，这次火灾后对灾区立木腐朽会更有所促进，应当引起注意。火灾可能直接杀伤当地的野生动物，并显著改变其栖息环境，迫使部分野生动物迁移它方。这些情况在这次火灾后也甚为明显，但目前还缺乏系统调查资料。

综上所述，这次火灾对大兴安岭北部林区生态环境的影响主要是局部性的。现在看来，不会对邻近的林区、草原区(如呼伦贝尔草原)及农业区(如松嫩平原)有显著的影响，当然更不会对遥远地区产生影响。但在火灾区范围内，生态环境各方面都受到了影响，虽然还没有达到灾难性的程度，但仍要注意旱期防火、雨季防洪、春秋季防霜冻，并要采取积极措施大力保护已经萌发起来的植被，迅速完成迹地更新。再加上其他有效办法，防止陡坡的水土流失及低湿地的沼泽化进展。

三、对这次特大火灾后火烧木清理的意见

这次特大火灾所造成的火烧木数量很大，仅烧死木即达 3960 万 m^3。如何清理这些火烧木，使之既能得到充分利用，又能为森林的迅速更新创造良好的条件，是一个现实的经济问题，也是一个重要的生态问题。

在过火地区经过火烧的林木，大致可分为 4 种状况：一为过火健康木，只是在树干基部有被地表火烧烤痕迹，不影响立木的健康生长；二为烧伤木，在相当高度内树皮被烧焦，部分树冠被烧(烤)死，但还保留 1/3 以上活树冠；三为濒死木，剩下活树冠不到 1/3，大多数只在顶部有少量活的新梢(这种现象以樟子松较多)，很有可能不久后死亡；四为烧死木，全部树冠烧(烤)死，树皮烧焦，但大多未烧及木质部，只有在极少数情况下(如处在火流旋涡中心部位的林木)，其主干才可能烧焦成炭成灰。需要说明的是，95% 以上烧死木的木质部仍完好，只要及时采伐运出，不会影响使用价值。但如不及时采伐运出，在林地上成为站杆，便成为风倒、风折、虫蛀、病腐的对象而降低其使用价值。据考察中观测所得，樟子松及白桦的耐腐及抗虫能力差，只能维持 2～3 年，而落叶松抗性较强，其站杆一般可维持 4～5 年，在高燥地上可维持 7～8 年，而不会显著降低其木材使用价值。

根据火烧木的实际情况及森林更新的迫切需要，考虑到火灾区 4 个林业局的木材生产能力及铁路、公路、水路的木材运输能力，经讨论研究，提出以下几项对火烧木清理的意见。

1. 对火烧木必须采取区别对待的原则。过火健康木和烧伤木都是活立木，必须严格保留作为下种母树及后备资源；濒死木只有在被确认无生还希望，或处在虫

源地附近时才可清除，在一般情况下应以继续保留一定时期为妥。烧死木原则上应全部清除，有经济利用价值的应尽量采伐运出，无利用价值的小径木，可在更新前根据更新要求清理(压倒、伐倒堆积或火烧清理等)。在清理火烧木同时，也要对在扑火中打防火隔离带时所伐倒的林木同时进行清理。

2. 对火烧木的采伐应采取拯救伐。拯救伐与卫生伐同类，本质上不属于主伐。拯救伐的目的，一方面是为了抢救尚有利用价值的烧死(或风倒、雪压及其他自然灾害致死)林木，另一方面是为了防止病虫害的蔓延，并为森林更新创造良好条件。拯救伐不受林龄的约束，其采伐方式可根据火烧实际情况采用大面积皆伐、带、块状皆伐或择伐。在进行拯救伐的前后，也需要像对待正常采伐那样进行伐区设计、拨交及验收等工作。

3. 根据火烧木的数量、分布、虫害传播和木材降等的速度以及林业局的木材采运及营林生产能力，我们认为火烧木清理的期限可暂定为5年。这样，火灾区4个林业局的木材年生产量，在近5年内不仅不能减少，反而要由原200万 m^3 左右增加到300万 m^3 左右。在火烧木清理结束后，再根据资源情况对各局木材产量进行调整。

4. 考虑到森林更新的要求及目前运材道路的布局，清理火烧木所进行的拯救伐应按下述顺序进行。①先在集中连片的重火烧迹地上作业，以后再在分散的中轻度火烧林地上作业；②先伐立地条件好(生产潜力大)、资源条件也好的火烧林地，后伐一般火烧林地；③先伐交通方便的火烧林地，以后随着运材道路的延伸再伐边远地区的火烧林地；④先伐白桦、樟子松，后伐落叶松。采伐陡坡上的樟子松时要注意保护植被、保持水土，应在冬季作业。采伐低湿地上的落叶松也以冬季作业为宜。

5. 为了给更新造林创造条件，无论采用何种采伐方式，林地上的活立木都要保留。林地上已有杨桦木萌蘖的幼树及其他植物也要视情况尽量保留。集材方式只要地形条件允许，可以拖拉机集材为主，集材道的安排以保证林地表层均匀受到压碾为原则，以促进天然下种更新，或为人工更新创造条件。

6. 运输能力是加快火烧木清理的限制因素。为了解决这个问题，在林业局内部要加快修建运材道路的进度，在林业局外部则主要设法扩大铁路运输能力，并适当增加水运数量。铁路运输是关键，要承担主要的木材外运任务。目前铁路运输能力仅为每年200万 m^3 左右，为了提高到每年300万 m^3 的运输能力，经与当地铁道部门再三研究，以增加两处会让站(哈源、伊南)，同时适当增加机车数量这一方案为宜。希望有关领导部门以生产救灾的精神从速裁决并付诸实施。

7. 对采伐出来的火烧木，除直接以原木和小杆形式外运外，急待加强综合利用。因为这次火灾烧了大量中幼林，有大量不符合规格的小径木，弃之可惜。综合利用可以采用建设人造板厂，增加小木加工设备，沟通造纸原料供应等多条渠道多种办法。同时亟须加强对桦木小径材综合利用的研究。

四、这次特大火灾后恢复森林资源的对策

恢复森林资源是这次特大火灾后的最重要的课题。林区生态环境的复原和改善，林业生产的延续和发展，无不仰赖于森林资源的及时恢复。

确定恢复森林资源的对策，首先要以这次火灾中森林被烧毁的程度及其自然恢复能力的客观估计为基础。通过这次实地考察可以得出如下基本概念，轻火烧林地主要出现在蔓延火烧地段，林地上活立木保存70%以上，林下植物(包括下木、幼树及活地被物)的地上部分虽多数被烧死，但除针叶树外，大多能迅速萌蘖恢复，森林环境依然存在，利用天然更新并加以适当管护，森林的自然恢复是比较容易实现的；中火烧林地上活立木保存30%～70%，林下植物的地上部分基本都被烧死，除针叶幼树外的其他植物也能萌蘖恢复，在烧死木被清理出去后，将出现大块林窗，由于还有相当数量的活母树存在，以及大兴安岭针叶树种所具有的强大天然更新能力，在采用适当的地表处理等促进天然更新措施之后，这些林窗可能得到良好的更新；重火烧林地(迹地)主要出现在主火带上，集中连片，林木及林下植物基本都被烧死，林下自然恢复的植被中，没有针叶幼树，少数未死立木处在风倒、虫害的威胁下，不能成为可靠的母树。这种重火烧迹地如不加人为措施，可能有两种发展前途：一种是被萌生的白桦、山杨所更替，发展成低价值的萌生桦杨林；另一种是树种更新不足，一些没有桦杨木的纯针叶重火烧林地，有可能发展成为生草荒坡或沼泽化土地。后者要经过长期自然演变，其中大部分才能重新成为林地，小部分陡坡及低湿地，如处理不当，可能降为砾石坡或沼泽地。总体来看，大兴安岭北坡的过火林地绝大部分是能够自然恢复更新的，主要矛盾在于速度和质量。为了加快更新速度和提高未来林分的质量，就必须加强人为措施。

针对大兴安岭北部林区火灾后的实际情况，根据本地区已经积累的实际经验，并参考国内外营林较先进地区的更新科技成就，我们提出以下几项恢复森林的对策。

1. 在大兴安岭北坡大面积火烧迹地上恢复森林是一项巨大复杂的工程，建设这项工程必须采用“分类指导、突出重点”的原则。分类指导就是要根据火烧迹地的不同火烧程度、原有林型及林木生长状况、周围环境、交通远近等情况，因地制宜地采用不同更新方式和措施。突出重点就是要以集中连片的重火烧迹地为重点，采取积极有效措施(包括人工促进天然更新及人工更新)，加快更新进度和提高更新成效。据调查估计，在重火烧迹地中有一半以上属全烧死类型，不但本身没有母树，邻近地方也没有母树，在这种情况下只能采用人工更新方式。为此，工程执行单位，既要充分利用大兴安岭林区主要树种所具有的优越的天然更新能力，又要把主要精力放在组织实现连片重火烧迹地的人工更新上来，使所有火烧迹地在今后7～10年内都能得到更新。

2. 这次受火灾的4个林业局都是建设不久的新局，特别是西三局(阿木尔、图

强、西林吉)开发历史更短，营林基础更为薄弱。要以这次火灾后恢复森林迫切任务为契机，大大提高这个地区的营林人员、管理、技术和装备的水平，强化营林组织和队伍，使之适应这项艰巨任务的要求，从粗放经营逐步向集约经营过渡，通过提高经营强度来实现保护、恢复和发展森林的目标。恢复森林要和保护森林密切配合，恢复森林要为发展森林创造条件。无论是天然更新还是人工更新起来的幼林，都要加强保护和管理。要通过栽针保阔、抚育诱导等措施，使之形成林相整齐、组成合理、密度适当的针阔混交林，以提高林地的生产力和森林的生态效益。在一些交通方便、立地优越的地方，可营造一批高产人工林，缩短培育周期，提高单位面积生长量及总生长量，为今后林区的扩大再生产打下基础。从长远来看，沼泽化土地在进行综合保护开发利用的前提下，在一些有条件的地方，开展排水造林，也是扩大林地面积和提高林地生产力的重要措施。为此，从现在起就可开展试验准备。

3. 恢复森林仍要以当地的乡土针叶树种——兴安落叶松和樟子松为主，在比例关系上可适当增加樟子松比重(与原有相比)。在某些杜鹃及草类落叶松林地上也可营造一些落叶松和樟子松混交林。在一些湿润河谷林地上，还可采用红皮云杉及甜杨人工更新。这次火灾后白桦的更新必将增多，可因势利导研究如何实现桦木的实生化、栽培化和良种化。赤杨作为一个改良土壤树种，也可试验其栽培应用。在各林业局还要开展引种外来优良树种的试验。

4. 适用的林木种子数量不足，是这次恢复森林工程的重要限制因素。要采取有效的组织措施及经济措施，尽量把在大兴安岭及小兴安岭北部可能采到的兴安落叶松、樟子松种子采到手。同时可在经过调查研究得到肯定结果的前提下，调用其他生境相近的种子(如河北围场赛罕坝的兴安落叶松、海拉尔红花尔基的樟子松)。大兴安岭地区的林业科技人员提出，用偏南种源的外来种子用于大兴安岭南部，以省出种子支援北部火灾区的办法，是个好主意，可以参用。组织采种时一定要保护好母树，并且不要在火烧迹地留作母树的活立木上采种。还要添置种子处理及贮藏设施，扩大和经营好母树林、种子园，积极防治球果虫害。总之，要从长期战略眼光来看待林木种子事业的建设问题。在国内近期种子来源不足时，还可考虑适当进口适用的林木种子。

5. 为了节约用种及提高更新成效，重火烧迹地的人工更新应以植苗造林为主，植苗造林与播种造林相结合。在有局部天然更新的地方，人工植苗的密度可适当降低，以节约用苗，并扩大更新能力。今后火灾区内的每个林业局都应形成每年人工更新5万~10万亩的生产能力。大量供应优质苗木是植苗更新的前提，目前灾区4个林业局的育苗规模和技术水平与需要极不适应。要以较快的速度开辟新苗圃，扩大育苗地，提高苗圃经营水平。要在开展露地育裸根苗的同时，积极建设一定规模的工厂化育苗基地，在塑料大棚或固定温室中培育容器苗，以缩短育苗周期(从2~3年缩短至1年)，节约林木种子，提高苗木产量和质量，延长造林季节的期限，提高更新效果。

6. 飞机播种是大兴安岭地区可能采用的更新方法之一。但目前由于一方面缺少种子，另一方面在本地区还没有飞播成功的技术经验(有关播种期、播种量、地面处理要求、种子处理方法、适用飞播立地等)，只能从今秋起积极开展人工模拟试验。待试验得到肯定效果，林木种子也得到充足供应时，才可开展大面积生产性飞播作业。在当前飞播工作中已有的种子大粒化(包衣丸粒)技术经验，可先在人工直播中应用。

总之，大兴安岭北部火灾地区的森林恢复尽管是艰难的，但还是可以实现的。现在主要的问题在于种苗供应不足、生产技术水平和组织领导能力(包括认识因素)不适应。这其中某一个环节解决得不好，就会拖延更新的进度和质量，就会出现大面积桦杨林更替及沼泽地扩大的局面，降低森林资源的价值，应当竭尽一切努力避免这样的后果。

五、对今后工作的几点建议

大兴安岭林区是我国仅存的一块面积较大的原始林区，它既具有巨大的生态防护作用，又是我国主要的商品材生产基地之一。经营好这个林区，使其长期发挥多种功效，是国家和人民的长远利益所在。这次大兴安岭北部林区特大火灾后，我们经过考察分析认为，目前灾区林业局的经营森林的水平，还难于满足科学营林的各项要求，如不采取一些非常措施，就无法完成特大火灾后所面临的一系列艰巨任务。为了从根本上改变这种局面，使恢复森林资源和改善生态环境的目标得以较快实现，特提出以下几方面建议，供领导参考。

1. 端正建设林区的指导思想。虽然在《中华人民共和国森林法》及政府文件中都对建设林区的指导思想有正确的表述，但在林区实际工作中体现却很不够。以营林为基础，往往只停留在口头上，对森林重取轻予，粗放经营，森林更新的数量不足、质量不高，使森林生产力只能维持在低水平上，这样的情况不能再继续下去了。看来，这个问题没有解决好的原因，不仅有认识问题，而且有经济政策和干部政策等执行中的问题。对林业企业，也和其他产业的企业同样以利润为核心来要求，是不符合林业生产特殊性的客观规律的。这个问题在全国有其普遍性，我们在这次考察中没有专门研究这个问题，仅是把它作为大兴安岭灾区恢复森林资源的先决条件之一，请有关领导认真研究解决。另外，大兴安岭林区建设在贯彻以林为主、多种经营、综合利用方面也有一些缺陷，往往把注意力只放在大径级木材的采伐利用上，而对林区其他资源(包括土地资源、水资源、野生动物及野生植物资源等)的保护、培育、开发和利用都做得不够，亟待加强，以提高整个林区生态系统的生态、经济和社会效益。

2. 加强领导，健全营林机构。这次火灾区恢复森林资源的任务特别艰巨。我们认为，按目前灾区 4 局的人员、组织状况去单独挑起这副重担是有困难的。为此，建议大大加强这方面的组织领导，像这次灾区恢复生产重建家园指挥部的形式，来集中领导恢复森林资源工作是可取的。而在整个林业管理局系统，要以改革精神，强化各级营林机构，提高营林地位，使之成为独立的经营森林的实体，提高人员素质，提高管理水平，给予必要的权利，明确应承担的责任，以适应完成艰巨任务的要求。

3. 对灾区实行经济优惠政策。在灾区恢复生产，包括恢复森林资源在内，需要巨大的投资，给予一定的经济优惠政策以保证可靠的资金来源是很必要的。建议把已定的销售火烧木的优惠政策，延长到1990年，并且在一定期限内(大致5年)把全部育林基金留在基层使用。同时，还应强调有效地使用销售火烧木所得利润及育林基金，使之和在营林抚育作业中所得的利润一起，真正用到恢复生产及森林资源方面，绝不能移作他用。对此要作出明确的强制性的规定，并加强监督检查。实行林价制度，是一种以价值规律为基础的较好地解决营林资金来源的重要措施。这是一个全局性的问题，应先行试点取得经验。可以考虑灾区4局在生产全面恢复以后，先进行林价制度的试点。

4. 搞好灾后生产规划。这次火灾后4个林业局要进行大量的火烧木清理及森林更新工作，需要有一个较为切合实际的规划。目前，对火灾中森林资源损失的多种估计都比较粗，难以成为生产规划的依据。因此，亟须加速森林资源调查的进度，要集中更多的调查规划力量，与当地的技术力量结合在一起，积极采用国内先进的技术手段，务必于明春之前完成资源清查及经营规划任务。鉴于火灾区的特殊情况，经营规划期可改定为5年(1988～1992年)。

5. 抓好当前急需解决的几项关键措施。为了搞好火烧木清理及森林更新工作，要采取一系列相互协调的技术、经济及组织措施，其中有几个方面是关键性的，必须抓紧抓好。这些方面是：①组织本年度的采种工作，落实外调种子来源及制订科学的种子调拨计划，并做好种子处理、运输及贮藏工作；②筹建开辟新苗圃，扩大育苗地及提高苗圃经营水平的有关措施；③扩大木材运输能力，特别是推进有关建设会让站以扩大铁路运输能力；④开展多种经营及综合利用，充分利用火烧小径木。以上这些方面的具体内容可参阅本报告前几部分及本书有关文章。此外，在吸取这次特大火灾惨痛教训的基础上，加强林火的研究，并重新制订防火规划，落实防火措施，是整个林业生产顺利开展的保证，应摆到战略性的重要地位上来。

6. 开展科学研究及智力引进。如何才能经营好大兴安岭这块很有特色的林区，如何保持和发展大兴安岭林区的生产潜力和多种生态效益，如何解决好火灾后的大规模森林更新问题，这里面有许多科学技术问题有待研究和解决。为此，建议在大兴安岭火灾地区开展一系列科学研究工作，主要有：①建设以小流域为范围的生态定位站，增设气象哨及水文站，对各类森林的多种生态效益及其在火灾后、更新后对生态环境影响的变化规律，做出定量估算和预测；②建立树木园、种子园及其他良种繁育基地，研究国内外优良树种的引种可能性，及各主要树种的良种繁育技术；③设立各种更新的样板试验区，试验研究以提高林木生长量为中心目标的森林更新、抚育和保护的技术和器械，营造高产人工林，开展沼泽化土地的改良利用综合试验；④开展专门的林火研究，研究火的预测预报，火的行为和生态，防火技术及计划用火技术；⑤研究充分利用林区资源开展多种经营、综合利用的门路和技术。为了搞好以上各项工作，需从速引进智力和技术。可组织中央或地方级科研、教学等人才集中的单位，到火灾地区进行技术咨询，科技攻关，或组织科技经济联合体。当前，需筹措或划拨一笔资金，以支持上述科学研究及智力引进等工作的开展。

最后，我们认为，这次大兴安岭北部的特大火灾震动了全国，中央对这个地区的灾后工作极为重视，全国人民对这个地区也十分关心。如能利用好这个大好时机，加强领导，理顺关系，尊重科学，广揽人才，提高经营管理水平，发挥广大职工群众的积极性，是可能把这个火灾地区建设成为青山常在、资源永续、繁荣发达的社会主义新林区的。

表1　国务院大兴安岭灾区恢复生产重建家园领导小组专家组名单

单　位	姓　名	年龄	性别	职　务	职　称	从事专业	备　注
林业部	杨延森	66	男	原副部长		林　业	
中国林业科学研究院	吴中伦	74	男	学部委员、原副院长 中国林学会理事长	研究员	林　学	
中国科学院林业土境研究所	曾昭顺	70	男	学部委员、原所长	研究员	土　壤	
北京林业大学	沈国舫	53	男	校　长	教　授	造林及生态	
中国科学院生态环境研究中心	冯宗炜	55	男	副主任、中国林学会副理事长	研究员	森林生态	
中国农业科学院	孙鸿良	58	女		副研究员	农业生态	
北京农业大学	王在德	63	男		教　授	农业生态	
中国林业科学研究院	袁嗣令	68	男		研究员	病　理	
中国林业科学研究院	王贵成	51	男		助理研究员	虫　害	
中国林业科学研究院	连友钦	52	男		副研究员	造林育苗	
北京林业大学	关君蔚	70	男		教　授	水土保持	
北京林业大学	陆鼎煌	53	男		副教授	森林气象	
北京林业大学	张洪江	32	男		讲　师	水土保持	
东北林业大学	陈乃全	62	男		副教授	造　林	
东北林业大学	施荫森	56	男		教　授	林业经济	
东北林业大学	何希豪	53	男		副教授	采运规划	
东北林业大学	方三阳	62	男		教　授	昆　虫	
东北林业大学	关继义	51	男		讲　师	土　壤	
林业部林业工业局	李树义	61	男		高级工程师	营　林	
林业部种子公司	李振誉	65	男		高级工程师	林木种子	
林业部计划司	徐长久	62	男		高级工程师	总体规划	
林业部规划院	汪祥森	55	男		高级工程师	森林更新	
林业部造林经营司	孟宪伦	65	男		工程师	飞播造林	
林业部林业工业局	孙庆民	53	女	副局长	工程师	营　林	
林业部林业工业局	姬　金	49	男	副处长	工程师	营　林	
林业部林业工业局	胡培兴	24	男	科　员		营　林	
林业部计划司	柏章良	30	男	主任科员	助理工程师	计　划	
林业部林产工业公司	张锡瀛	48	男	副处长	工程师	木材加工	

国务院大兴安岭灾区恢复生产重建家园领导小组专家组

加速绿化太行山学术考察报告*

自从中央领导同志提出加速绿化太行山的重要指示后，太行山区的各级政府积极行动起来，一场大规模的绿化太行山的运动正在蓬勃兴起。为配合上述活动的开展，中国林学会、林业部科学技术委员会组织有关专家15人，于1984年5、6月间到太行山区12个县(市)的数十个基层单位进行了考察，以本次考察所得，吸取前人在这方面的工作成果，针对有关加速绿化太行山的几个主要问题，提出报告供各级领导及有关人员参考。

一、加速绿化太行山的指导思想

为了明确绿化太行山的指导思想，首先要探讨摆正4个方面的关系。

(一)山地和平川的关系

绿化太行山无疑将在改善山区的生态环境、生产环境以及提高人民的生活水平方面起直接的作用。同时还必须看到，治理太行山对于京津两市在内的华北平原会起重要的安全保障、调节水源等作用。从国家全局来看，绿化太行山既要立足于山区本身，更要看到它对周围平川地区的作用。只有这样，才能把绿化太行山这项工作放到正确的位置上来，提高认识，明确方向，提供所需的条件。

(二)生态和经济的关系

绿化太行山既有直接的经济效益，又有间接的生态效益。从太行山区人民比较贫困的现状出发，强调直接的经济效益，以治穷致富是必要的。但必须同时看到，治理太行山的生态效益是带有全局性的和有长远意义的。对于山区本身来说，改善生态环境也是保持长期稳定的经济效益的基础。因此，应当坚持治山和致富相结合的原则，同时起步，长短结合、以短养长，在这种思想指导下因地制宜地确定合理

* 本文来源：中国林学会. 造林论文集. 北京：中国林业出版社，1987：10－16.

的林种比例和绿化进度。

（三）发展和养护的关系

治理太行山必须以植被建设为主，工程建设为辅。而在植被建设中，又必须处理好发展和养护的关系。造林种草是发展植被、提高覆盖率的积极措施；同时必须制止乱砍滥伐、陡坡开荒、超载放牧等严重破坏现有植被的现象。从某种意义上讲，保护现有植被，使之得以休养生息，是当前更为迫切需要解决的问题。

（四）造林和育草的关系

林和草是太行山植被建设的两大门类，林（包括乔木和灌木）和草的合理搭配可以显著改善太行山的生态环境、发挥太行山的生产潜力。但必须明确在太行山的植被建设中，林的比例应大于草，森林应当成为主要的植被类型。

在明确以上各点的基础上，我们认为绿化太行山的指导思想可以归纳为以下24个字，即"组织群众，造林种草，保护植被，改善生态，以短养长，富山保川。"

二、绿化太行山的标准与速度

绿化太行山应该达到什么样的标准？对这个问题的不同理解可能导致对绿化任务大小、绿化速度快慢的不同安排。

从客观上来看，太行山的绿化标准首先应当根据治理太行山的目的要求来制定。治理太行山首先就是为了治水，既要保证太行山区河川农业地带的安全，更要保证处于下游的华北平原地区免受洪灾，减少水库及河道泥沙淤积，尽可能多地提供工农业生产及生活用水。根据太行山区及其邻近地区一些小流域观测材料，要显著地削减洪峰，有效地调节径流，控制水土流失，山地小流域内的森林覆盖率应该达到70%左右。邢台县胡家楼大队的寺沟是山区治理的优异典型，曾经抗住了1973年8月的特大暴雨的侵袭（8天内总降水量达到1300mm），这个沟的森林覆盖率达到了88%。考虑到山地小流域和广大山区之间在土地结构上的差异，考虑到发展林业和牧业的需要和森林及草地植被的防蚀性能，参考《中华人民共和国森林法》及全国林业区划对本地区的森林覆盖率的要求，我们认为太行山区的森林覆盖率应该达到50%左右，草地覆盖率达到20%左右，总的林草覆盖率（也可称绿化率）达到70%左右。

要达到这样的覆盖率有没有可能呢？从典型县的情况来看是有可能的，地处太岳山中心的沁源县的现有森林覆盖率已经达到51.7%，总的林草覆盖率也接近70%的水平，初步实现了山清水秀。另外，从全太行山区的土地资源情况来看也是有可能的。太行山区105个县的山区总面积为1.7亿亩，其中农业用地18.7%；林业用地46.8%，牧业用地20.7%，其他用地13.8%。可见土地利用的结构是接近于需要绿化率水平的。在提高农业单产，发展多种经营的过程中会有部分土地逐步退耕还林、还草。另一方面，随着科学技术的发展，我们有可能把一部分原定的除地转变为有效植被覆盖面积。因此，总体来说，从土地利用面积的角度来看更不成问题。

太行山区的绿化标准还有一个质量问题。从水源涵养、水土保持的要求来看，应当要求片林有较高的郁闭度，多层结构，有足够数量的下木和活地被物，还要有良好的枯落物层，这应当是绿化太行山所追求的长期目标之一。同时对草地也要有质量要求，不管是天然还是人工起源草被，盖度在70%以上(含70%)的土地方能计入草地覆盖面积内。

根据上述数量和质量的标准来看，绿化太行山的任务是非常艰巨的。近期的目标如何规定要根据需要与可能来分析。太行山区绿化建设总面积7398万亩，其中造林育林面积5397万亩。按人均造林任务仅1.6亩，数量不算很大。但是必须看到这几年的造林成活率、保存率还不高，而且随着造林工作的不断推进，剩下的造林地的条件越来越差，要显著提高造林成活率和保存率还相当困难。因此在计划安排绿化进度时，还要把任务考虑得更艰难一些较为稳妥。根据现实情况，可以提出到2000年以前基本完成植树造林和种草育草的数量任务，大部分县的造林育草任务在1995年前完成，以后几年进行补植和抚育，使绿化太行山初见成效。至于长远的目标，达到有较高的生产力、良好的水源涵养功能以及风景旅游价值，还需要几代人的努力。

三、绿化太行山的方式和技术

(一)绿化方式

绿化太行山包括森林植被建设和草地建设两大部分。森林植被建设采取造、飞、封3种方式并举的方针。由于太行山大部分地方荒芜已久，水蚀严重，只有采取人工造林方式才能迅速建立森林植被，因此人工造林始终是一种主要的绿化方式。飞播造林经过近20年的试验证明在太行山区也是可以成功的。据统计，迄今为止飞播成功的面积保存率约为30%，考虑到飞播造林的速度快、成本低，今后仍不失为一种重要的绿化方式。但由于飞播造林对宜林地条件要求较严，它所占的面积比例就不能很大。而封山育林既是一种配合使用的措施，也是一种可以独立使用的绿化方式。一切人工新造林地及飞播林地都要严格封山，确保成果。作为独立的绿化方式，封山育林主要用于两种情况：一种是在深山远山、立地条件较好、有天然种源的地方，可以通过封山育林较快地恢复森林植被。另一种是在浅山丘陵、土薄石多难以人工造林的地方，可以通过封山措施恢复植被，先把荆条、酸枣等旱生灌木封育起来，适时开展经济利用，待林地条件得到显著改善后再在这类土地上营造乔木林。

草地植被建设实际上也可以像森林植被建设一样采取种、飞、封3种方式相结合的办法。但在太行山区人工种草和飞播种草的历史还较短，虽然得出的初步成果是可喜的，但还需对各种方式的适宜条件、适宜草种、管理方法等一系列问题继续进行探索，再过几年可望有一个较大的发展。

(二)造林技术

新中国成立以来，在太行山区的各类地方都进行了大规模的植树造林工作，积累了丰富的经验。虽然太行山区自然条件复杂、造林比较困难，但是，现在通过的造林技术对于完成绿化太行山的任务来说基本上是够用的，主要问题是在于如何因地制宜地严格执行。下面对太行山造林工作几个主要技术问题提出我们的看法。

1. 树种选择问题

太行山绿化造林工作中存在的较普遍的技术问题之一是造林树种单调。油松、洋槐以及杨树几乎占了造林面积的90%以上。大面积人工纯林的连续出现也带来了防护效益不高及病虫害蔓延等问题，亟待解决。从绿化太行山的目的要求及太行山区本身的自然条件来看，完全有必要也有可能采用多树种造林。扩大造林树种一方面可以从当地的乡土树种，特别是从残存的天然次生林中发掘，另一方面也可以从自然条件近似的地区引进外地优良树种，两条途径中应以第一条为主。

原来天然分布在海拔1800m以上亚高山地带的华北落叶松可以适当扩大到海拔800m(北部)~1200m(南部)以上的阴坡厚土地段。在这个地段水分条件较好的地方引种日本落叶松也可得到良好效果。在亚高山地带云杉(青杆、白杆)及冷杉的造林也应适当扩大规模。

在海拔800~1500m(南部为1000~1800m)的中山地带，以油松为主要造林树种是正确的，但不能搞得太单一。还可以用华山松、樟子松以及白皮松造林。在立地条件较好的中山地带，应适当增加阔叶树种成分，如桦木、山杨、辽东栎、鹅耳枥、五角枫、椴树、大叶白蜡、核桃楸等。

在海拔800m以下的低山丘陵地区，立地条件较差，目前大量应用洋槐造林，应当看做是正确的选择。但必须认识到洋槐纯林也有其缺点。因此有必要在低山丘陵也开展多树种造林。这里除了在近山缓坡通过坡面工程措施改良土壤为发展各种经济树种创造条件外，还有必要采用其他一些耐干旱瘠薄的乔灌木树种造林，如麻栎、栓皮栎、槲栎、槲树、侧柏、臭椿、黄连木、火炬树、山合欢、黄栌、紫穗槐、荆条、沙棘、酸枣等，在局部山凹及山麓土壤条件较好的地方还应发展一些较珍贵的树种，如毛白杨、楸树、泡桐、苦楝(太行山南部)、榆树、国槐等，这里特别值得指出的是几个橡栎类树种，它们根深抗旱，防护性能强，材质好，又是当地原有地带性植被中的主要树种，应该逐步恢复发展。

在太行山的沟谷盆川区发展以杨树为主的速生树种造林是正确的，问题是要区别杨树的不同种、类型和品种，经过区域性试验，栽培那些确实在当地表现出优良性能的杨树。另外还是应该配合发展一些其他速生树种，如旱柳、白榆、楸树、泡桐(太行山南部)等。

总之，要多想办法在太行山区扩大造林树种的种类，这是提高太行山区造林效益的重要途径之一。

2. 营造混交林问题

目前在太行山区基本上都是营造纯林。从涵养水源及保持水土的要求来看，在太行山区很有必要增加营造混交林的比例。在这方面认识是比较一致的。但由于缺乏经验及准备，这项工作还没有很好开展起来。

根据北京林学院（现北京林业大学）在北京市西山地区（太行山北端）的研究结果及其他地区的经验，我们建议推广应用以下几种混交类型：落叶松×云杉（桦木、油松）、油松×桦木（五角枫、侧柏、栎类）、栓皮栎（麻栎）×侧柏、刺槐×侧柏以及乔灌木的混交等。

目前情况下要在太行山区立即大面积推开营造混交林是不现实的，需要先作技术上及种苗上的准备，还要先在一些条件较成熟的地方（国营林场及造林专业户）进行试点。

3. 造林施工技术问题

造林施工包括整地、造林和幼林抚育等工序，必须采用正确的技术，讲究质量，前后连贯，才能保证造林的成功。在这方面，太行山区不少单位积累了丰富的经验，创造了许多成功的范例，如涞源县草厂大队的油松容器苗造林，沁县河滩地带营造杨树丰产林，邢台县低山丘陵用火药炸坑整地后造林等等，都很成功。推广应用这些先进典型的经验是当前绿化太行山的一项重要工作。

通过这次考察，我们的突出感受是造林技术必须认真细致，讲究质量。若能做到这点，即使在太行山区干旱土薄的地方要使造林成功也并不困难。壶关县川底大队的一位林业劳模王五全同志在土薄石多的荒山阳坡上营造油松林成功，所用的技术都是书本上早已有的常规技术，问题是他做得认真细致，肯动脑筋。如果大家造林时都像这位劳模那样认真和用心，太行山的绿化是指日可待的。

在严格认真执行常规技术的基础上再研究使用一些较新的技术，如保墒剂的应用，地膜的应用，根苗的药物处理，强吸水剂的应用等等，可以使造林技术更提高一步。

4. 人工林的合理经营问题

随着造林工作的不断开展，太行山区的人工林面积越来越大，如何合理经营好这些人工林，是当前摆在林业工作者面前的重要课题。目前在太行山区还存在着大面积人工林得不到及时定株及间伐等抚育管理，以及由于不合理的间伐利用而被破坏的人工疏林。同时，不少地方也存在着经济林管理粗放，林木病虫害（特别是杨树）正日趋严重等问题。

所有这些问题都需从科学研究、技术推广及组织生产等不同角度去着手解决。

四、绿化太行山的组织措施及经济政策

十一届三中全会以来各项农村经济政策的贯彻，对太行山绿化事业起了巨大的

推动作用。各地在绿化承包责任制的形式和内容方面都有许多新的创造，并在逐步完善。绿化工作的迅猛发展又提出了一系列新问题需要解决。

(一)加强领导问题

绿化太行山是一项地区性开发事业，具有综合性很强的特点。林业部门要加强与其他有关部门的横向联系。在省(市)范围内单靠林业部门也是很难做好工作的，必须要有省(市)委和政府的支持，也要做好横向协调工作。

加强对绿化太行山的领导，特别是县和乡两级领导，对推动工作具有关键性的意义。凡是绿化工作搞得好的地方，都是县、乡主要领导人员认识清楚，抓得具体的地方。有些地方还实行了领导分包责任制，如石家庄地区5个山区县的10名县委书记和县长分包责任区422480亩，123名山区乡的书记和乡长分包责任区333800亩，登记造册上报备案，地委、行署每年检查，重点检查一、二把手的责任区，检查结果印发通报，兑现奖惩、并作为干部的考核依据。这种做法效果很好，值得提倡。

(二)发展林业专业户问题

从太行山区当前的形势来看，林业两户，特别是林业专业户必将成为绿化太行山的主力。发展林业专业户，除了要继续放宽政策改善承包责任制等方面外，还必须解决好两方面的问题：一是搞好长短结合，以短养长，使专业户短期有收益，长期有盼头；另一是逐步扩大林业专业户的经营规模，使之真正成为能独立周转的专业经济单位(户办林场)。为此，还要鼓励在自愿的基础上成立各种形式的林业专业户联合体。

林业专业户经营的长短结合主要有两种形式：一种是发展经济林和防护林、用材林相结合，以短期有效益的经济林来支持荒山造林；另一种是利用山间河滩地发展速生林，以短期有效益的速生林来支持荒山绿化。即使如此，在造林的最初几年收入还是较少的，还需要根据当地条件寻找其他副业门路。国家或地方对荒山造林的资助也是保证专业户短期有效益，促使其巩固发展的重要条件。

(三)造林资助问题

太行山绿化造林迫切需要资助。太行山区多数地方土薄石多，又有季节性干旱，整地造林都比较费工，营造苗木价格高的经济林或速生林，投资就更大了。太行山区经济发展得不够快，多数林业专业户资金告竭，无力再继续开发，面临半途而废的境地。各级政府的造林资助正是在这个节骨眼上应当起作用。

此外，还必须看到，在太行山区造林，短期有收益的经济林和速生林毕竟只占小部分，一般不超过20%，大部分土地还是要营造10～20年内无收益的防护林和用材林，其造林目的主要还是着眼于生态效益，为下游平原地区服务。从这个角度看，给造林以资助是应该的，世界各国都有此惯例。从实际工作中看，凡是资助能兑现的地方，发动群众造林就相对比较容易。否则，群众为了解决温饱问题，不愿把劳力投到造林中去，而要继续开荒种粮，破坏水土保持。要解决这个问题，只靠禁止的法令是不够的，必须要有经济措施跟上去，把剩余劳动力吸引到其他生态效益和经济效益更好的门路上来。给造林以资助就是一项重要的经济措施，道理是显而易见的。与此相关，对缺粮的太行山区部分减少粮食征购任务，也是一项重要的经济措施。有些地区(如石家庄地区)这样做了，起到了很好的作用，使群众能更集中精力从事绿化建设。

造林资助所需资金来源可以由中央、地方及基层几方面集资。资助标准一般应不少于造林投资所需的一半，要使造林者有利可图资助应与绿化效果联系起来，以便促进造林质量的提高。资助方式可以多样化：一次性的或分期分批的，无偿的或有偿的(贷款性质的)，无息的或低息的，都要根据当地实际情况作出安排。

(四)技术推广和培训问题

要提高太行山绿化成效，就要把科学技术推广到群众中去应用，要加强基层人员的培训工作，特别是面向林业专业户的技术推广和培训工作就显得更为重要。要解决这个问题需要从多方面去努力，如建立林业技术推广机构，确定必要的编制，分配和招纳科技人员，落实知识分子政策，保持在山区工作的科技人员的稳定性等等。这项工作必须大力抓，及时抓，否则必将影响太行山的绿化进度和质量。

(五)发挥其他各部门造林积极性问题

绿化太行山不仅是林业一个部门的事情，而应当是在太行山区工作的各行各业共同关心的大事。农业、水利、交通、轻工业、煤炭及财贸等部门都应为绿化太行山发挥自己的作用。我们认为从国家的全局利益出发，对各产业部门造林应持积极态度，采取适当方式处理好部门利益和地方群众利益的关系，鼓励产业部门扩大造林规模，为绿化太行山事业多做贡献。

五、结束语

绿化太行山事业的成功与否将对整个华北地区经济文化的发展产生深刻的影响。我们不能想象在未来繁荣昌盛的社会主义国土上仍保持一架光秃秃的太行山。绿化太行山是一项宏伟壮丽的事业，有利当代，造福子孙。多少仁人志士、革命先辈都关心这项事业，几代林业工作者也曾为此立下了要使“黄河流碧水，赤地变青山”的誓言。在党的十一届三中全会以来的大好形势推动下，在党和政府领导同志的亲切关怀下，一场扎扎实实的绿化太行山运动正在掀起，实现太行山绿化的大好时机终于来到了。

沈国舫(执笔)
绿化太行山学术考察组

对世界造林发展新趋势的几点看法*

摘　要　本文以从第9届世界林业大会上所得信息为基础，结合部分最新期刊文献来源，对世界各国近年来的造林发展新趋势予以分析说明，主要内容包括造林的规模、造林的发展方向、树种选择、混交造林、种苗质量、造林施工技术及各项造林技术的配套问题等。

主题词　造林—述评；树种选择；育苗；森林种类

对世界造林的发展趋势过去有过多次估计，其中以1974年由当时的中国农林科学院科技情报研究所做的工作较为详尽，所分析的几种发展趋势至今仍有参考价值。但造林事业也像其他许多事业一样，近十几年来又发生了许多新的变化。我们需要不断更新所得的信息，跟上时代的发展，就要不断地做这方面的调查研究工作。我本人在这方面做的工作不多，仅就参加第9届世界林业大会(1985)及几次出国访问时的所见所闻为主要依据，结合阅读部分文献材料所得，对当前世界造林发展新趋势提出几点看法，供大家研究参考。

一、造林的规模

全世界人工造林面积不断扩大，人工更新在整个森林更新中的比重不断提高，这是第二次世界大战结束以来直到现在一直在延续着的一种趋势。据英国著名的造林专家J. Evans在第9届世界林业大会上所作的估计，当前热带地区每年约营造人工林100万~120万 hm^2(不包括中国)，这个造林规模相当于20世纪70年代的2倍。但热带地区每年森林消失面积约为1100万 hm^2，造林面积仅为其1/10，根本不能满足需要。

温带地区(包括寒温带)的造林规模缺乏全面统计数字，仅以几个主要国家的近年造林规模估计数字(中国以每年200万 hm^2 计，前苏联约120万 hm^2，美国约80

* 本文来源：《世界林业研究》，1988，1(1)：21－27.

万 hm^2，加拿大约 30 万 hm^2，日本约 20 万 hm^2* 等等）推算，是大大超过热带地区的造林面积的。从人工林保存面积的数字也可以说明这一点，世界热带地区（包括中国南部）人工林总面积约为 2500 万 hm^2，仅占全世界人工林总面积 1.2 亿～1.4 亿 hm^2 的一小部分。由于大多数发达国家都处在温带地区，这些国家的营林历史长久，资金雄厚，技术先进，一般都能保证采伐面积的及时更新。加拿大的营林在过去比较粗放，近年来急起直追，大大提高了人工更新比重，仅魁北克一省最近 5 年的育苗量即增了 3.7 倍。不少温带国家，由于大力造林，森林覆盖率有了明显的提高，如英国、匈牙利、法国、波兰等。从以上情况可见，虽然造林规模近年来还在不断扩大，但森林资源减缩的危险依然存在，主要问题出在热带地区，主要的障碍则是资金不足和技术落后等。

二、造林的发展方向

总体来说，世界造林是从单纯搞用材林向多林种综合经营的方向发展，但在这方面发达国家和发展中国家也有一定的差别。

地处温带的大多数发达国家近年来都纷纷提出森林的多目的经营，以美国的趋势最为明显。美国把相当大面积的森林划为水源林、国家森林公园及游憩林，像开发较早的美国东北部林区已不再是主要木材生产基地。这些地区的造林工作实际上是以发挥防护和游憩作用为主要目的，只是部分兼顾生产用材的要求。而另一方面，美国一些大林业公司（以惠好公司为代表）则把营造用材林的投资主要用于最容易得到高产收获的地方——东南各州及西北部太平洋沿岸地区。新西兰也是这方面的典范，集中力量搞速生丰产林（约占森林总面积的 14%）以解决用材问题，而其余大面积森林的经营则以发挥防护及游憩作用为主。这种集中力量在最有利的地区营造速生丰产林与其他地区的一般造林相结合的格局，对我国有重大的参考意义。

地处热带的大多数发展中国家的造林重点正在发生变化。从二次大战结束到 20 世纪 70 年代，这些国家是以营造用材林为主的，也取得了一定成绩。近年来，在多数国家（少数国家除外，如斯威士兰、巴西等），发展用材林的势头正在下降，主要是受政治环境、交通及市场状况等因素的限制，国际机构或财团在这方面的投资也在减少。取代用材林的是发展与当地人民群众利益关系更为密切的薪炭林、防护林及混农林业（agroforestry），有时用社会林业（social forestry）这个概念来概括。

能源林（energy tree crops）20 世纪是 70 年代以来异军突起的造林发展方向。巴西营造能源林取得了显著成绩，以栽培桉树为主，主要目的是为炼钢提供木炭。菲律宾也有一个较大的发展能源林计划，以栽培新银合欢为主，主要是用木材能源发电以节省原油消费。美国、加拿大、瑞典等国都在搞能源林试验，其中美国的短轮

---

* 日本战后造林最多时曾达每年 30 万 hm^2，近年由于经济及其他原因，有所缩减。据日本《林业统计要览》（1985）的统计，1983 年造林降至 13.4 万 hm^2。

伐期集约造林计划(SRIC)已持续了10年，以栽培杨树、糖槭、枫香、悬铃木及刺槐为主，取得了大量成果。他们的目的是要把木材转化为液态或气态燃料，以弥补矿质燃料的不足，估计在21世纪初可进入实用阶段。营造能源林的技术有其本身特点，但其总的研究及发展水平，无论在遗传育种方面，还是在栽培管理方面，都是最先进的。它的发展在技术上会对整个造林工作起带头作用。

三、几项造林技术的发展

近年来，各项造林技术都在原有基础上又有所发展，这个问题值得逐项进行详细的探讨。第9届世界林业大会的S. Grossnikle等人的论文可作为这方面的重要参考。本文限于篇幅只能对有选择的几项造林技术作概略性的说明。

(一)造林树种选择

正确的树种选择必须以正确的立地评价和分类为基础。目前，还不存在一个世界通用的立地评价方法和分类体系，各地区都在研究适合于本地区的做法。已有成果的覆盖面还不够广，其中大多数都是以立地指数指示立地的生产潜力，并使之与各立地因子建立数量化关系作为基本方法的。越来越深入的立地研究为更精确的适地适树提供了良好的基础。

在选择造林树种时，欧美国家强调要依据树种在一定立地条件下表现的三性：即高产性(productivity)、可靠性(reliability)和可行性(feasibility)。这种提法给我们以某种启示，即在对用材树种提出速生丰产要求的同时，必须强调可靠性(对灾害因子的抗性及复原能力)和可行性(营林技术可行及经济效益有利)，这是从造林历史经验中总结出来的要求。没有后二个性，树种的速生丰产潜力也发挥不出来，我国在这方面也有过不少教训。

在选用造林树种时，乡土树种和外引树种并重。在乡土树种中筛选出新的有用树种，这项工作在热带地区有较快的发展。把经过长期试验选出来的外引树种作为特定地区的主要造林树种，在世界各国有相当的普遍性，如新西兰的辐射松、巴西的桉树、英国的西脱卡云杉、匈牙利的刺槐、前西德的花旗松等。无论对乡土树种还是外引树种，都越来越讲究种源的选择及进一步利用良种繁育的成果。栽培与育种密切配合，这是必然的发展趋势。

(二)混交造林及地力衰退问题

世界上有一些国家提倡营造混交林。前苏联在这方面的研究较多，他们比较强调针阔混交对促进枯落物分解改良土壤的有利作用，如认为欧洲松人工林中合理混交桦木可提高林分生产率10%～12%，合理混交橡栎可提高23%。前西德、瑞士等国也提倡经营混交林，但据实地考察所见，他们的混交林大多数是依靠天然更新形成的。

就集约经营的速生丰产林而言，当前世界上许多国家还是以营造纯林为主。在Grossnikles等人的论文结尾中指出的当前世界上6个成功的造林工程，包括北欧、美国、加拿大、新西兰的著名造林工程，基本上都是造的纯林。这些集约经营的人工林主要靠林地施肥来调补土壤营养。在林木栽培中对固氮植物(桤木、刺槐、羽扇豆等)及高效菌根菌的应用是当前一个很受重视的研究领域。

人们普遍担忧，以纯林形式营造的速生丰产林，特别是针叶纯林，在经过一二代连作后会不会引起地力衰退，产量下降，这是不无道理的。但从二次大战以来的实践结果来看，纯林产量逐代递减的现象还并不普遍。出现这种现象往往是因为违反了适地适树原则(如前西德的云杉纯林连作)，或在整地、采伐过程中不合理的做法引起了水土流失。大面积人工纯林目前还没有受到严重的病虫害威胁，但已有迹象说明，第一和第二代没有受病虫危害的纯林“蜜月”期已过，今后的病虫危害可能成为严重问题。

(三)种苗质量问题

种苗是造林的物质基础，重视种苗质量是世界各国的共同认识。一项大的造林工程必须要有相应的育种计划相配合，应用育种成果必须区域化。良种基地既要保证林木种子有优良的遗传品质，又要有优良的播种品质，因此，种子的生产技术和管理也是重要的。瑞典的Hilleshög公司承担了全国大部分林木种子的生产任务，保证了种子的高质量，其生产工艺和成套设备值得借鉴。

提高苗木质量也是各国研究的重点，为此还开了专门的国际会议(新西兰，1979)。评价苗木质量已开始从形态指标深入到生理指标，只能用优质苗木来造林历来是强调的重点。近年来，容器苗在全部苗木中的比重有很大增长，特别是在北方寒冷地区(北欧、加拿大)及热带地区，如加拿大魁北克省计划把容器苗比重到1988年提高到73%，大棚育苗和自控温室育苗并重。瑞典有向高度自动化的工厂化育苗发展的趋势。

阔叶树种的无性繁殖技术近年来有很大发展。巴西的桉树无性繁殖，由于解决了幼化问题及生根技术，有了新的突破，大大促进了人工造林的良种化，也大大提高了单位面积林分生产量。

新技术在培育良种壮苗方面的应用有很广阔的前景，如用深度冷冻技术保存种质资源(种子或分生组织)、组培技术、人工种子、用含有除草剂及肥料的高分子化合物包裹种子的技术，用含有稀土元素的塑料薄膜覆盖温室(能吸收紫外线并使之转化红色光谱)等。

(四)造林施工技术

整地、栽植、抚育是造林的主要施工工序。合理的整地能显著提高造林成活率及促进幼林生长。近年来，可以看到进一步提高整地集约度的趋势。前苏联提出在清除伐根后进行宽带整地比原来用的窄带整地可使林木生物量提高1.5倍。集约整地很费工，因此世界各国都在努力提高整地作业机械化程度，设计了许多适合于当地条件的整地机械，如适合于美国东南部沿海平原的高垅整地机械，适合于苏格兰山地的带状加穴整地机械等。在整地前的林地清理中应用火或除草剂的技术也在不断提高。林地排水后造林在芬兰、前苏联及美国东南部都有相当的规模。

在造林工作中植苗造林的比重增大的趋势仍在发展，只有少数地方(如芬兰)在提高了种子保护技术的基础上又提出了发展播种造林可能性问题。虽然世界各国都在不断改进植树机的设计，而且出现了高度自动化的植容器苗的样机，但到目前为止栽植工序还是靠手工操作。发展了一系列手工植苗的辅助工具，如专用的盛苗袋(外为白色里为黑色的防高温保温的塑料袋)，为防裸根苗窝根的小工具，容器苗植苗枪等等。

以控制竞争为主要内容的幼林抚育工作是重要的造林工序。除传统的机械中耕抚育外，高选择性除草剂的应用越来越广。最近，美国伊利诺伊大学又推出了光敏性的除草剂，效率高，无残毒，很有前途。应用各种覆盖物，包括应用暗色塑料地膜，既能增温保水，又能抑制杂草的生长，越来越受到重视，但要克服价格昂贵的障碍。

四、造林技术的配套

把各项适合于一定立地条件的造林技术措施配套应用是近来一大进步，只有配套的技术才能取得生态经济的最大效益。在经营用材林时，美国的火炬松造林和花旗松造林可以作为这方面的典型例子。美国华盛顿州的双港地区，Ⅱ类立地的花旗松，轮伐期45年，未集约经营的年平均生长量为9.7m^3/hm^2，经用壮苗人工栽植、合理疏伐，可提高林分生产率43%，再经过施尿素(每公顷220kg)又可提高25%，综合效果年平均生长量可达到16.4m^3/hm^2。到1992年，可供应第一代改良种子，生产力还可进一步提高。美国北卡罗来纳州火炬松林地，立地指数70(英尺)(1英尺=0.3048米，下同)，轮伐期30年，未集约经营的林分年平均生长量为2.8m^3/hm^2，经人工壮苗栽植及合理疏伐可提高林分生产率112%，经排水、高垄整地结合施磷肥又可提高263%，再经使用第一代改良种子及施用尿素又可提高88%，总计配套措施效果可使年平均生长量增至15.9m^3/hm^2。1983年已开始提供第二代改良种子，林分生产率还可再提高12%。

造林技术的另一种配套可在混农林业的发展中得到体现。这种把林木栽培与农作物(包括粮食作物、蔬菜、油料、牧草、药用植物等)栽培结合起来，形成复合农林生态系统的做法，可以应用多样的配套技术，使之既能提供多种产品，又能发挥良好的生态效益。这是国际上近年来进行重点研究的一个方向。为此还在内罗毕成立了专门的国际混农林业研究委员会(ICRAF)。我国在这方面也积累了一定的经验，如桐农间作，综合防护林体系等，有相当大的国际影响。

沈国舫
(北京林业大学)

京西山区主要造林树种抗旱特性的研究(Ⅰ)*

京西山区位于太行山北段，严重的季节性干旱是影响该地区造林成活及林木生长的关键因子。20世纪50年代以来，该地区营造了大面积的人工林，当时人们认为油松、侧柏、刺槐、元宝枫等都是比较耐旱的树种，因此，在低山阳坡造林时大都选择它们作为主要造林树种。近10年来，尤其是1979~1985年，该地区遭受了多年不遇的连续大旱，这些树木的生长发育都由此而受到不同程度的影响，通过观察发现，油松、刺槐的受害较严重，而侧柏、栓皮栎、元宝枫则表现出较强的耐旱能力。这些宏观观察丰富了对这些树种生态生物学特性的认识，同时也提出了深入研究这些树木耐旱能力的问题。但仅仅从林木生长好坏来评价树木的耐旱能力，从树木的外在表现来判断树木的耐旱机理，已不能完满地回答生产上提出的问题，也不能满足干旱条件下适地适树的要求，还必须应用先进的实验手段和技术，研究这些树种的水分生理生态特点，以及它们的耐旱机制，为生产实际提供科学的理论依据。为此，我们从1984年开始了对京西山区主要造林树种的耐旱性及其机理的比较全面、系统的研究。先后投入研究的树种有油松、侧柏、栓皮栎、刺槐、元宝枫、白蜡、紫穗槐、沙棘等，本文仅以前3个树种的初步研究成果进行阐述。

一、材料与方法

油松和侧柏于1985年春在苗圃播种，1986年春移入塑料薄膜容器中，在温室及室外培养、恢复3个月以后进行干旱处理。栓皮栎是1986年9月直播在塑料薄膜容器中，一直在温室中生长发育，1987年春开始干旱处理。

部分油松、侧柏苗木是在人工气候室内模拟大气干旱条件下，通过每天浇水控制不同的土壤干旱梯度进行干旱处理的，栓皮栎和另一部分油松、侧柏苗木则是在

---

* 本文来源：中国林学会. 中国林学会造林学会第二届学术讨论会造林论文集. 北京：中国林业出版社，1990：3-12.

温室自然干燥条件下进行的干旱处理。

利用压力室测定苗木水势及 PV 曲线，以获得多种水分参数；在室内条件下取鲜叶后每隔一定时间称重，直到基本恒重为止以测定叶保水力；利用 GXH-201 型红外线光合作用测定仪测定光合作用；用 SF-30 植物生产力荧光计测定叶绿素 a 荧光强度；用 1/10000 电子天秤快速称重测定油松、侧柏苗木的蒸腾作用；用 QK-1 气孔计和 L_1-1600 气孔计测定栓皮栎苗木的蒸腾作用；土壤含水量用烘干法测定，土壤水势通过土壤水分特征曲线来查，土壤水分特征曲线用压力膜法测定。

二、结果与讨论

(一)油松、侧柏和栓皮栎苗木水分生理特征

1. 苗木水势与土壤水势的关系

在现代植物水分关系研究中，水势是最为普遍接受的植物水分状况指标。业已证明，植物水势都随土壤水势的降低而下降，但其下降趋势因树种不同而异。对油松、侧柏苗木来说，土壤水势的临界阈值为 -0.45MPa(1 MPa = 10bar)左右，当土壤水势在 -0.45 ~ -0.04MPa 时，油松、侧柏苗木水势没有多大变化，一旦土壤水势超过这个临界水势范围，油松、侧柏苗木水势就有较大幅度的下降。然而，我们从图 1 可以看出，当土壤水势低于 -0.10MPa 时，栓皮栎苗木水势就以 2.10MPa/MPa 的速度急剧下降，一直持续到土壤水势 -0.45MPa 左右，然后趋于平缓(下降速度降为 0.4MPa/MPa)。这表明栓皮栎苗木水势对土壤水势的反应较油松和侧柏都敏感，因而会较早地受到土壤干旱的影响。当土壤水势低于 -2.00 MPa 时，这 3 种苗木的水势又突然急剧下降，但侧柏和栓皮栎苗木水势的下降速度(侧柏为 5.40MPa/MPa；栓皮栎为 2.60MPa/MPa)都远大于油松(1.60MPa/MPa)。即使在相当严重的土壤干旱条件下(土壤水势低于 -3.30MPa)，油松都始终保持较高的苗木水势(-2.15MPa 左右)，而栓皮栎和侧柏的苗木水势则降得很低(栓皮栎为 -5.40MPa 左右，侧柏为 -5.60MPa 左右)，表明侧柏、栓皮栎属于低水势耐旱机理的树种，而油松则属于高水势耐旱机理的树种。这两种耐旱机理的主要差别是：低水势耐旱机理主要以保持膨胀和忍耐脱水为其耐旱特征，而高水势耐旱机理则主要以减少水分丧失和保持水分吸收为其耐旱特征。油松和侧柏苗木在耐旱机理上的差异已得到证实，而栓皮栎的耐旱机理虽然与侧柏同类，但由于针阔叶树种之间存在着众多的差异，因此，栓皮栎的耐旱机理又会有自身的特点。

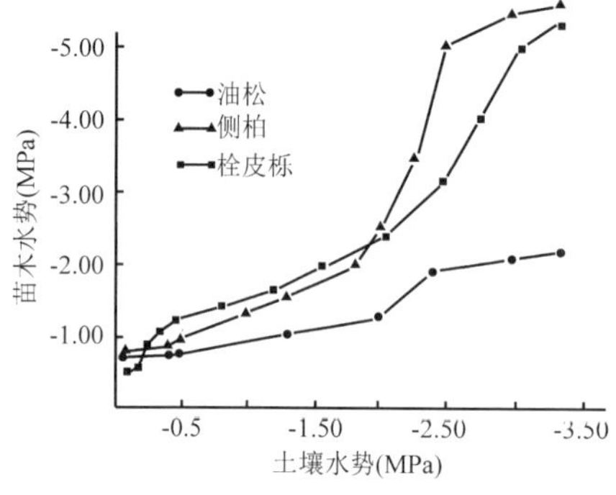

图1　油松、侧柏、栓皮栎苗木水势与土壤水势的关系

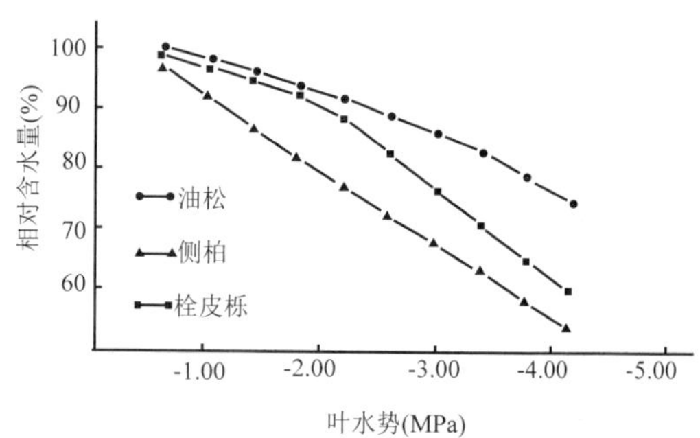

图2　油松、侧柏、栓皮栎苗木水分释放曲线

我们在研究中还发现，当土壤比较干旱时(土壤水势低于－1.00MPa)，油松的苗木水势便开始高于土壤水势，这种现象在我们研究的其他树种中都未发现。从能量平衡的观点来看，这时的油松苗木不但不能再从土壤中吸收水分，反而应该向土壤“吐水”，如果情况真是如此，油松苗木就会随着土壤水势的急剧下降而很快死亡，然而事实上随着土壤水势的降低，油松苗木水势仍然保持较高而与土壤水势的差值越来越大，当土壤水势低于－4.00±0.30MPa、油松苗木水势为－2.65±0.10MPa时，油松才开始死亡(表1)，这充分表明：在干旱过程中，虽然油松处于低水势的大气和土壤之中，但由于某种生物物理的保护机制，使得油松并不像单纯的物理过程那样不断地向大气和土壤中失水，而是把水分牢牢保持在体内。这种生物物理的保护机制是如何起作用的，目前尚不清楚。但这一现象进一步证明，延迟脱水是油松最主要的耐旱机制，而这种被动的耐旱机制也许正是限制油松耐旱能力的原因。

2. 水分释放曲线的变化

人们早已注意到光合组织的水分释放曲线的斜率与抗旱性的关系。水分释放曲线是通过相对含水量(*RWC*)与对应的水势(Ψw)而绘制的关系曲线(即*RWC*—Ψw曲线)。由于水分释放曲线的斜率大小与许多因素有关，比如：充分膨胀时的渗透势大小(Ψ_x^{100}值)；组织含水量下降时积累溶质的能力(渗透调节)；组织的弹性(弹性模量ε)以及自由水与束缚水比例等等，因此，可根据不同树种之间的*RWC*—Ψw曲线斜率的差异，来初步了解各树种的水分生理生态特点。通常认为*RWC*—Ψw曲线的斜率较小的植物，其含水量在一定范围内具有较大的水势梯度而有利于吸收水分，因而具有较强的抗旱性。

图2表明，油松的水分释放曲线的斜率最小，侧柏最大，栓皮栎居中。但是，依据水分释放曲线来评价抗旱性，如果比较不同的生命形式或具有不同的抗旱机理的植物是没有意义的。由于油松与侧柏、栓皮栎具有不同的抗旱机理，因此，用水分释放曲线来比较油松与侧柏、栓皮栎的耐旱性强弱已失去意义，但是，从水分释放曲线的斜率差异上，更进一步说明油松的水分生理生态特点与侧柏、栓皮栎有很大差异，而这些水分生理生态特点集中反映在影响水分释放曲线斜率大小的那些因素上，对这些因素的作用和变化还需要进一步探讨。栓皮栎的水分释放曲线很有特点，当苗木水势高于－2.00MPa左右时，其斜率与油松相差不大，大大小于侧柏，一旦苗木水势低于－2.00MPa时，它的斜率又稍大于侧柏。这说明在比较干旱的条件下，栓皮栎表现出较侧柏更为有利的耐

旱特点，而在严重的干旱条件下，栓皮栎便失去了耐旱的优势，而侧柏则表现出较栓皮栎更强的耐旱能力。栓皮栎的水分释放曲线的独特变化也说明，栓皮栎不但具有低水势耐旱机理的特点，同时也兼有高水势耐旱机理的某些特征。

3. 保水力的比较

业已证明，2 年生油松苗具有很强的抗脱水能力，而 2 年生侧柏苗的抗脱水能力相对较差。图 3 更加充分地说明了这一点。在同一年龄条件下，保水力大小的排序总是油松 > 侧柏 > 栓皮栎。虽然栓皮栎缺乏抗脱水能力，但在受旱时却可以通过落叶的方式来保持体内的水分平衡。另外，随着年龄的增加，油松的抗脱水能力减弱，而侧柏的抗脱水能力则有所加强。这对于以抗脱水为主要耐旱特征的油松来说，抗脱水能力的降低无疑会削弱油松的耐旱能力，而对侧柏来说，抗脱水能力的提高有助于增强耐旱的能力。据此，我们初步推断，随着年龄的增加，油松的耐旱能力可能会有所下降，而侧柏则有所增强。

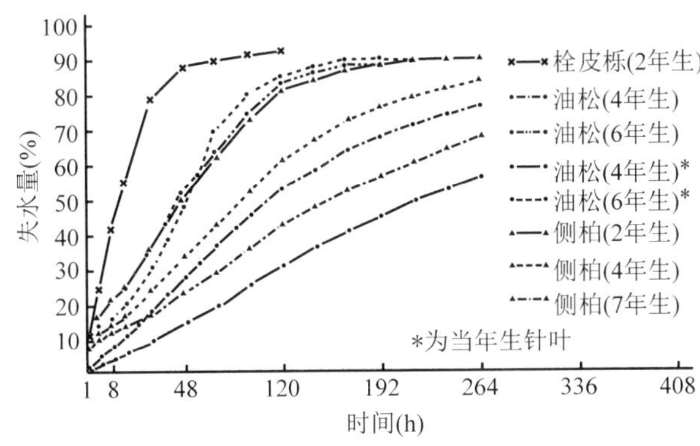

图 3　油松、侧柏、栓皮栎保水力比较

注：4 年生油松和侧柏及 2 年生栓皮栎为盆栽苗木

(二)油松、侧柏、栓皮栎苗木对干旱逆境的生理反应

1. 蒸腾作用

植物受旱是由于环境中缺水导致吸水不足或失水过多而使组织脱水，影响生理生化过程，以致组织受害，甚至死亡。失水主要是由于蒸腾，植物可借增加吸水或减少蒸腾来抵抗干旱。Ausscnae and Levy (1983) 发现，当土壤水势稍微降低，Quercus rober 的蒸腾速率就会大幅度下降，气孔阻力迅速增加。Kramer 也认为，因蒸腾大于水分吸收而受害或死亡的植物多于其他原因所造成的危害和死亡。但是，蒸腾作用与耐旱性的关系比较复杂，一般认为旱生植物在干旱时期蒸腾作用较弱，但在水分充足的条件下又表现出显著

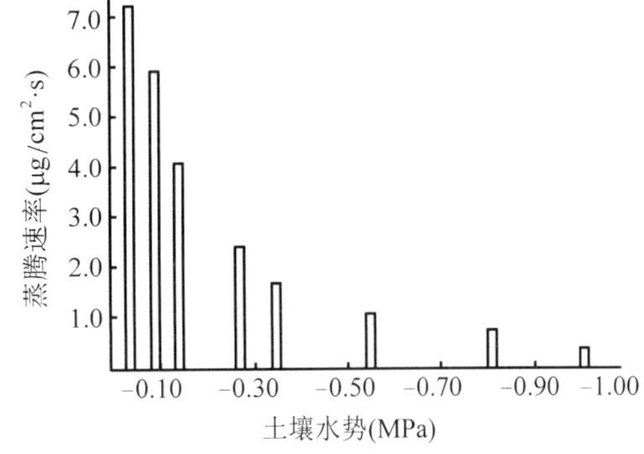

图 4　栓皮栎苗木蒸腾速率的变化

的蒸腾量。油松和侧柏苗木的蒸腾作用都随土壤水势的降低而下降，其下降趋势与其苗木水势的降低趋势是一致的。当土壤水势在 -0.04 ~ -0.45MPa 时，油松、侧柏苗木的蒸腾速率下降缓慢，一旦土壤水势低于 -0.45MPa，其蒸腾速率就急剧下降。而图 4 表明，栓皮栎苗木蒸腾速率的下降趋势也与其苗木水势的下降趋势一致，但其急剧下降时的土壤水势(-0.10MPa 左右)却远高于油松和侧柏，说明栓皮栎苗木的蒸腾作用对土壤干旱的反应与其苗木水势一样都较油松和侧柏敏感，即当土壤轻度干旱时，栓皮栎苗木就迅速降低其蒸腾而减少水分的丧失，这充分表明栓皮栎苗木具有高水势耐旱机理中减少水分损失的耐旱特性。

2. 气孔调节

随着水分逆境的发展，气孔关闭是植物蒸腾下降的主要原因，这就是所谓气孔调节，它是陆生植物在适应干旱环境过程中发展的一套气孔反馈体系。在水分亏缺时，可以通过关闭气孔来减少和防止继续失水，这种调节在植物耐旱性中占有重要的地位。气孔调节有两种反应方式：反馈式反应和正向式反应。反馈式反应是气孔对叶水势变化的反应，它的反馈作用在于叶子水势低于临界值后气孔关闭，气孔关闭反过来又防止水分丧失，有助于叶水势的恢复。正向式反应是气孔对空气相对湿度变化的反应，当空气湿度下降，引起气孔关闭，此时叶子其余部分水势并无多大变化，从而防止叶子进一步失水。油松的气孔反馈式反应较侧柏敏感，其气孔关闭的临界水势为 -1.60 ±0.40MPa(土壤水势为 -2.30 ±0.40MPa)，侧柏气孔关闭的临界水势低于 -5.33MPa 左右(土壤水势为 -2.76MPa)。而从图 4 我们可以看出：当栓皮栎苗木水势为 -1.50 ±0.05MPa(土壤水势为 -1.00 ±0.20MPa)时，其蒸腾速率就下降了 95% 左右[从 7.20μg/(cm^2 · s)]降到 0.44μg/(cm^2 · s)]，说明此时气孔已经关闭，表明栓皮栎苗木的气孔反馈式反应较油松和侧柏更为灵敏，这对于减少水分丧失、保持体内水分平衡是有利的，但是，较早地关闭气孔也会截断 CO_2 的供应而影响光合作用。侧柏在比较低的叶水势下才关闭，在一定程度上反映了侧柏气孔对水分亏缺有较大的忍耐能力。

在叶子水分亏缺的初始阶段，远没达到萎蔫之前，由于保卫细胞的膨压逐渐降低(低于表皮细胞膨压时)，气孔便开始关闭。油松和栓皮栎气孔关闭的临界水势值都远高于膨压为零时的水势值(Ψ_0)(油松的 Ψ_0 值为 -3.35 ±0.10MPa，栓皮栎为 -3.50 ±0.15MPa)，表明它们在膨压丧失前就关闭了气孔，这在很大程度上可能是由于保卫细胞的失水而降低其膨压所致。而对于侧柏来说，气孔关闭则是在膨压完全丧失之后(其 Ψ_0 值为 -3.40 ±0.15MPa，远高于气孔关闭的临界水势值)，目前的研究表明：引起气孔关闭的原因除了保卫细胞的直接作用以外，激素 ABA 在气孔调节中也起着重要作用。干旱引起 ABA 累积有利于气孔关闭和增加根对水的透性。Pierce 和 Raschke(1978)指出 ABA 逐渐的累积是膨压降低的函数，玉米、高粱中 ABA 开始累积时相当于零膨压，菜豆、苍耳等叶子失去膨压后 ABA 及其代谢产物菜豆酸等也都在累积。由此我们认为，侧柏的气孔关闭可能与 ABA 或其他激素的作用有关。应当指出的是，仅用蒸腾作用的减弱来判断气孔的关闭是不全面的，特别是在严重的干旱条件下更应谨慎。因为在严重的干旱条件下，气孔关闭已不是导致蒸腾降低的唯一原因，植物体内本身相当缺少(如侧柏)也能引起蒸腾的大幅度下降。当然，对于像油松和侧柏这样难观察到气孔运动的树种来说，利用蒸腾作用或气孔阻力等因素来判断气孔的开闭仍具有一定的参考价值。

3. 光合作用

在干旱条件下，随着叶子不断失水，光合作用逐渐下降，当水分亏缺严重时，光合作用可以下降到零。但是，开始降低光合作用的临界土壤水势因树种不同而异。有些树种当土壤发生轻度干旱时其光合作用就开始降低，也有些树种在大部分土壤可利用水耗尽之前，光合作用不会有明显降低。实验表明，油松、侧柏和栓皮栎皆属于前一类树种(图5)。当土壤水势降至 -0.45MPa 时，油松、侧柏苗木的水势和蒸腾并无多大变化，但光合作用却分别下降 17% 和 35% 左右，表明在干旱初期，油松、侧柏的光合能力首先受到影响，而栓皮栎苗木的光合作用与其苗木水势和蒸腾是同步受到影响的，在相应阶段其光合速率下降了 28% 左右。随着干旱逆境的发展，栓皮栎较早地开始关闭气孔，因而当土壤水势降 -1.16MPa 左右时(此时为栓皮栎气孔关闭的临界土壤水势)，其光合作用急剧下降了 90% 左右，而油松和侧柏的光合作用的下降趋势却较缓和，这充分说明气孔调节虽然有利于控制蒸腾，减少水分的丧失，但同时也影响了光合作用，这种双重作用对植物的耐旱性究竟是利多弊少还是相反，目前尚不十分清楚。

光合作用与耐旱性的关系也比较复杂，通常认为适应干旱地区生长的植物比中生植物能在更低的水势条件下进行光合作用。现在常用水合补偿点(即植物净光合速率为零时的植物水势或土壤水势)来表示光合作用与耐旱性的关系。水合补偿点越低，植物的耐旱性就越强。对于不同耐旱机理的树种来说，仅用植物水合补偿点来说明耐旱性是不全面的，虽然油松的植物水合补偿点(-2.20 ± 0.20MPa)大大高于栓皮栎(-4.30 ± 0.10MPa)，但它的土壤水合补偿点(-2.80 ± 0.40MPa)却与栓皮栎(-2.85 ± 0.15MPa)相差不大，表明油松和栓皮栎的耐旱能力并没有显著差异。侧柏的植物水合补偿点(-7.00 ± 0.20MPa)和土壤水合补偿点(-4.00 ± 0.20MPa)都远低于油松和栓皮栎，因而表明侧柏具有较油松和栓皮栎更强的耐旱能力。

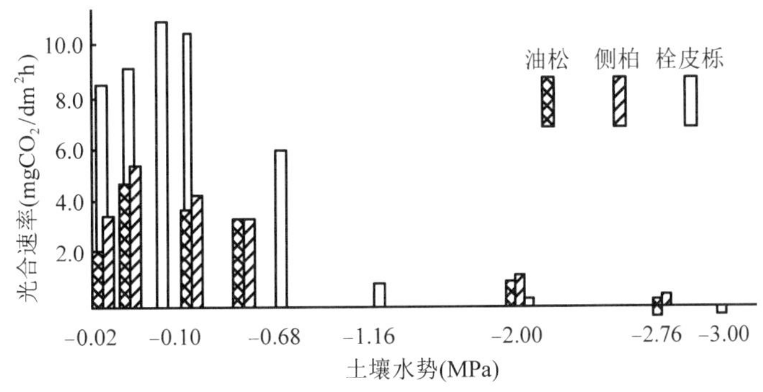

图5 油松、侧柏、栓皮栎光合作用比较

4. 叶绿素 a 荧光

叶绿素 a 荧光是研究光合作用能量传递的重要手段，20 世纪 70 年代末人们才开始用荧光方法研究植物对各种逆境的抗性。Govindjee 等(1981)在研究中发现,当欧洲夹竹桃受到水分胁迫时,F_0 并无显著变化,而 F_p 有所降低。当叶水势为 -8bar时,*P/O* 值为4;当叶水势降至 -39bar 时,*P/O* 值下降为1.1,重新浇水可使之恢复。因此,他们认为 *P/O* 值可作为叶水势的数量指标。但我们的实验表明(表1):当油松、侧柏和栓皮栎苗木遭受土壤干旱时,其荧光产量都不会直接下降,*P/O* 值的变化总趋势都是先上升,然后到某一临界值时才下降。这与武宝玕等的研究结果是一致的。在正常水分条件下,栓皮栎的 *P/O* 值(2.00±0.20)高于油松和侧柏(油松当年生针叶为1.40±0.15,油松老叶为1.30±0.10,侧柏为1.35±0.10),表明栓皮栎的光合潜力大于油松和侧柏,油松当年生叶的光合潜力大于老叶。随着土壤干旱逆境的发展,它们的 *P/O* 值都开始上升(均上升0.20左右),这可能是由于干旱导致光合作用的暗反应受阻,使光能大都以荧光释放,因而 *P/O* 值提高。当油松达到水合补偿点以后,*P/O* 值仍保持在较高水平上,说明此时虽然光合作用已经完全停止,但是光合器官并未受到严重破坏,仍具有进行光合作用的潜力。而当油松苗木水势低于 -2.70MPa 时,*P/O* 值就突然下降至1.10±0.07左右,此时复水已不能使 *P/O* 值再回升了,说明其光合器官已遭受不可逆转的彻底破坏,此时的油松苗木也基本上不能再复活了(表2)。对于侧柏苗木来说,在接近水合补偿点时 *P/O* 值就略有下降,当达到水合补偿点时,大部分苗木的 *P/O* 值下降较快(降为1.10±0.05),但此时复水能使 *P/O* 值回升到原来的水平。一旦土壤水势低于 -4.50MPa 左右,侧柏苗木的光合器官就开始遭受严重破坏,而使 *P/O* 值降至1.05±0.02,此时有部分苗木不能再复活了(表2)。栓皮栎的荧光变化更有特点,*P/O* 值的变化与水势的关系并不十分明显。在水合补偿点左右时,大部分植株上的部分叶片(大部分为老叶,已有变色迹象)的 *P/O* 值降至最低点(1.00左右),一旦重新浇水这些叶片便很快变色、死亡和脱落,而同株上未变色叶片(大部分为当年长出的新叶)的 *P/O* 值仍然保持对照水平左右。有趣的是,在同一片叶子上,虽然变色的一半叶子已经死亡,但另一半未变色叶仍有较高的 *P/O* 值。在严重的干旱条件下,即使未变色叶的 *P/O* 降至最低点1.00左右,只要叶片还稍带有灰绿色,复水后 *P/O* 值仍能回升到对照水平。这种光合器官并未遭受严重破坏而 *P/O* 值又降得很低的原因,可能是PSⅡ的电子供体(水)一侧的电子流被截断,使Q不能还原所造成。虽然叶绿素a荧光的 *P/O* 值对油松、侧柏和栓皮栎的受旱程度有一定指示作用,但由于这些树种的 *P/O* 值较小,而且 *P/O* 比值本身比较粗放,因此,用P/O值作为水势的数量指标是不恰当的。另外,我们认为,用叶绿素a荧光研究针叶树对环境胁迫的反应较阔叶树更有意义。前面的研究结果表明,针叶树的针叶光合器官的破坏往往意味着整株植物的死亡。光合作用虽然可以反映植物光合能力的大小,但却不能说明光合器官的受害程度,而叶绿素a荧光强度的变化却可以起到这样的作用。因此,用叶绿素a荧光比光合作用更能准确反映针叶树受到干旱逆境的危害情况。但是,对阔叶树,特别是落叶阔叶树来说,叶片在受到干旱逆境时总会较早地脱落,因而,叶绿素a荧光的指示作用反而不如光合作用更有意义。

表 1 油松、侧柏、栓皮栎叶绿素 a 荧光与水势的关系

油松				侧柏			栓皮栎		
土壤水势 (－MPa)	苗木水势 (－MPa)	P/O 当年生叶	P/O 老叶	土壤水势 (－MPa)	苗木水势 (－MPa)	P/O	土壤水势 (－MPa)	苗木水势 (－MPa)	P/O
0.06	0.87	1.40	1.30	0.06	0.80	1.35	0.09	0.64	2.00
0.61	1.11	1.60	1.33	3.17	4.76	1.42	1.57	1.74	2.06
3.31	1.67	1.58	1.45	3.55	5.08	1.38	2.63△	3.16	1.00*
4.43	2.16	1.62	1.53	3.83	5.50	1.36			1.84
4.32	2.48	1.36	1.48	4.00	7.06	1.25	2.81△	4.67	1.01*
4.35	2.70*	1.09	1.25	4.33	>8.00	1.17			1.56
2.95	3.12*	1.10	1.29	4.43	>8.00	1.12	3.57	3.27	2.11
2.90	3.61*	1.03	1.18	4.50	>8.00	1.06	3.53**	5.88	2.04
4.50	4.08*	1.13	1.25	4.68*	>8.00	1.03			1.00*
4.35	>8.00*	1.08	1.16	4.72*	>8.00	1.01	3.45△△	6.08	0.99

注：*复水后不能再复活的苗木。

*受旱后变色叶子。

**同一叶片，一半变色，一半色泽基本正常。

△同一植株上不同叶子。

△△受旱很严重，但叶子还始终稍带绿色。

表 2 油松、侧柏、栓皮栎苗木存活能力比较

油松(4 年生)					栓皮栎(2 年生)				侧柏(4 年生)				
复水时间	编号	土壤水势 (－MPa)	苗木水势 (－MPa)	调查情况	复水时间	编号	土壤水势 (－MPa)	调查情况	复水时间	编号	土壤水势 (－MPa)	荧光 (*P-O*)	调查情况
7月12日	16	4.34	>8.00	－	6月12日*	13		+	6月23日	11	4.54	302	+
	14	4.56	3.53	－		20		+		14	4.50	113	+
	07	2.89	3.61	－		11		+		18	4.72	48	－
	02	4.47	>8.00	－		18	<3.08	+		13	4.60	156	+
	04	4.50	4.08	－		10		+	7月1日	12	4.84	－19	－
	12	4.68	2.72	+		03		+		05	4.11	255	+
	01	3.67	2.61	+		19		+		08	4.51	493	+
	13	4.35	2.70	－	6月23日	07	3.60	+		17	/	37	－
	15	4.54	3.12	－		23	3.71	－	7月12日	09	4.94	－16	－
7月23日	17	/	1.78	+		17	3.59	－		03	4.68	46	－
	09	/	2.42	+		14	3.62	+		15	4.72	112	－
	03	/	2.37	+	7月12日	08	3.44	+		02	4.71	137	－
	08	/	2.85	－		26	3.61	－		07	4.72	128	－
	10	/	2.25	+		16	3.57	－					－

说明：①干旱处理从 1988 年 6 月 4 日在温室自然干燥条件下进行。

②6 月 11 日遇到突然的高温(室温超过 50℃)，栓皮栎受害较严重，但仍能全部复活；侧柏稍有发干；油松则没有异常现象。

③油松存活时间长，这主要是由于叶量少，土壤失水缓慢所致。

④复水前的栓皮栎、侧柏苗木水势均低于－8.00MPa。

⑤“+”表示复活，“－”表示死亡。

*苗木水势高于－5.00MPa。

（三）油松、侧柏和栓皮栎苗木的存活能力

植物耐旱能力的大小最终要反映到植物在干旱条件下的存活问题上，对农作物来说，耐旱能力最终应表现在产量收获上而不只是存活问题，因为即使农作物能忍耐相当严重的干旱，但如果不能获得产量收获也就失去了任何意义。而对林业来说，在严重的干旱条件下，树木的存活就远比收获更有意义。因此，林学上耐旱性所表示的意义与农业上所表示的意义是不尽相同的。存活能力的大小直接反映了植物抗旱性的强弱，因此有人提出用致死50%植物的水分逆境来表示该植物的总抗旱性，也有人用存活时间来表示植物抗旱性的大小。时间并不是产生干旱的原因，即使抗旱能力相同的树种，其存活时间也会由于树木本身的生长状况、环境胁迫条件的差异等不同而异，但是无论时间长短，引起植物不能存活的水分逆境的临界值却比较一致，因此，我们认为用水分逆境来表示植物的存活能力较存活时间更为合理。反映存活能力的指标既能指示植物耐旱能力的大小，也是苗木复水的临界值，因此确定存活能力的指标必须遵循这样的原则：根据树种的耐旱机理的特点，结合生产实际选定生产上容易接受、便于测定的指标。从表1可以看出，对高水势耐旱机理的油松来说，用苗木水势作为存活能力指标是合理的，既稳定，又便于测定；而对于低水势耐旱机理的侧柏和栓皮栎来说，由于苗木水势下降得很低（通常低于-8.00MPa），一般压力室无法测定，因此只能用土壤水势作为存活能力指标，但是，在实际生产中难以直接测定土壤水势，只能通过测定土壤含水量再从土壤水分特征曲线上查出土壤水势。另外，我们发现侧柏的叶绿素a荧光的*P-O*值也可作为侧柏的存活能力指标，用苗木本身的指标比用土壤水势更为有利。表2表明，油松苗木死亡的临界苗木水势为-2.65±0.10MPa左右；侧柏死亡的临界荧光*P-O*值为150左右，土壤水势为-4.60MPa；栓皮栎死亡的临界土壤水势为-3.60MPa左右。当环境胁迫低于死亡临界阈值时，苗木基本不能恢复生长而死亡，反之苗木则基本能够复活，可见，用死亡临界阈值作为复水的临界值是可行的。当然，这还需要在生产实际中进一步证明和修正。用死亡临界阈值比较耐旱性的强弱，必须使用统一的指标才能比较。这时，用土壤水势指标是比较理想的。侧柏的临界土壤水势值大大低于栓皮栎，表明侧柏苗木的耐旱性更强于栓皮栎。虽然油松死亡的临界苗木水势与土壤水势的关系并没有十分明显的相关性，但从多数情况来看，达到死亡临界值的土壤水势为-4.00±0.30MPa左右，比栓皮栎还低一些，表明在苗期油松的耐旱能力可能较栓皮栎更强，但值得一提的是，栓皮栎具有强大的根系，其根茎比值大大高于油松和侧柏，这对增强栓皮栎的耐旱能力无疑是有利的。

三、小　结

1. 油松苗木属于高水势耐旱机理的树种，但吸收水分的能力丧失较早，而以很强的抗脱水为其主要耐旱特征：针叶具有很强的保水能力和比较敏感的气孔反馈式反应，以及某种生物物理保护机制防止水分从根部向土壤外流。侧柏属于典型的低水势耐旱机理的树种，主要以原生质忍耐脱水和主要生理器官忍耐损伤为其耐旱特征，其气孔及光合器官对水分亏缺的忍耐能力都强于油松和栓皮栎。栓皮栎虽然属于低水势耐旱机理的树种，具有一定的原生质耐脱水能力，但同时也兼有高水势耐旱机理的某些耐旱特征：灵敏的气孔反馈式反应和受旱时落叶有助于减少水分的丧失，强大的根系有利于吸收水分，但主要生理器官（如光合器官等）对水分亏缺的忍耐能力较差。

2. 栓皮栎具有两种耐旱机理的部分耐旱特征，因而在中度干旱时表现出较侧柏更为有利的耐旱性，但是，由于栓皮栎苗木的原生质、气孔及光合器官等对水分亏缺的忍耐能力较侧柏差，所以其水合补偿点和死亡临界土壤水势都较侧柏高，因此，在严重的干旱条件下，栓皮栎的耐旱能力显然不如侧柏强。由于油松的耐旱机理不同于侧柏和栓皮栎，因此许多指标失去了可比性，但从土壤水合补偿点和死亡临界土壤水势来看，油松苗木的耐旱能力较侧柏差，而与栓皮栎苗木相差不大。然而，栓皮栎强大的根系，从另一方面又弥补了在耐旱生理上的某些不足。随着年龄的增加，油松的抗脱水能力减弱，侧柏的抗脱水能增强，因而初步推论，油松的耐旱能力可能会随着年龄的增加而下降，侧柏则正相反。

3. 油松苗木死亡的临界苗木水势为 -2.65 ±0.10MPa，侧柏苗木死亡的临界荧光 P-O 值为 150 ~200、临界土壤水势为 -4.60MPa，栓皮栎苗木死亡的临界水势为 -3.60MPa。这些死亡临界值既反映了苗木存活能力的大小，也可作为复水的临界值。如果把临界值乘上 10% 的保险系数，那么就能基本保证苗木复活。当然，要进一步地推广应用还需在生产实践中加以证明和修正。

沈国舫　李吉跃（执笔人）　　　武康生
（北京林业大学）　　（山西省林业科学研究所）

北京西山地区油松人工混交林的研究(Ⅱ)

——混交林的生产力、根系及养分循环的研究*

北京市西山地区指的是以北京市西山试验林场(俗称小西山)为主，包括北京林业大学妙峰山教学试验林场、门头沟、房山(周口店)一带(俗称大西山)。这些地方从20世纪50年代起就陆续有意识地营造了一批以油松为主的人工混交林，在此期间也因某些原因无意识地形成了一批混交林。从60年代起北京林学院造林教研室与西山试验林场合作，对这些混交林进行了逐步深入的调查研究。第一轮研究报告发表于《林业科学》，以后在沈国舫的指导下，由3届研究生分别对3种主要的混交林进行了细致的研究，陆续发表了一系列论文，并于1986年秋汇总写成第二轮研究报告，通过了技术鉴定，获北京市科技进步奖。由于这个第二轮研究报告篇幅很大，印数有限，传播不广，而且从1986年以后又做了一些补充调查研究工作，特撰写此文，作为油松混交林研究第二轮研究报告的经修正补充的综述，与全国造林学界交流。

北京市西山地区处于暖温带半湿润地区的石质山区，但严重的春旱(包括初夏旱)常使它带有某些半干旱地区的特征。1980年以来连续少雨更使这个特征有所突出。北京市西山地区又处于人口众多的首都近郊，开发早、破坏重、土层薄，既增进了造林绿化的难度，同时又对造林绿化有很高的要求。油松是这个地区绿化造林中最常用的针叶树种，但油松纯林在一些地方生长不良，或虫害严重、干形弯曲、景观单调。能不能通过树种混交在一定程度上改变这种状况，丰富树种组成，改善生态环境，美化风景，以增强造林的经济效益、生态效益和社会效益，是一个值得探索研究的问题。本研究试图从人工林生态系统的几个主要环节上阐明客观规律，探索正确的营造混交林的技术，既能为本地区造林生产提供依据，又能为普遍的混交造林理论问题提供例证。

---

* 本文来源：中国林学会. 中国林学会造林学会第二届学术讨论会造林论文集. 北京：中国林业出版社，1990：48-54.

一、研究内容

本系列研究的对象主要为油松侧柏混交林、油松栓皮栎混交林、油松元宝枫混交林和油松灌木(紫穗槐、黄栌等)混交林。这些混交林都分布在低山地带，林龄均为30年左右，林分生长发育状况基本稳定。研究主要是以树种种间关系为基础，将混交林作为一个生态系统而进行工作的。主要研究项目包括根系、光照、生物量与元素循环、元素吸收节律与生长表现等。该研究虽经不同人员在不同时间进行，但所用的研究方法基本相同，具体细节可参阅有关论文。下面仅就各种混交林的生长状况、根系、应用^{32}P示踪法研究种间关系、生物量及营养元素的生物循环等几个方面的结果进行综合论述。

二、结果和讨论

(一)林分生长状况

1. 混交林和纯林林学特性比较

由各种混交林林学特性的调查结果表明，在两树种都较适生的立地条件下，混交林的生长状况要优于相似立地上的纯林(表1)。在低山上部阴坡厚土层适宜的立地上，可以形成具有较高生产能力的以油松为主元宝枫为辅的混交林，蓄积量可高达87.26m^3/hm^2，超过了相同立地条件下的油松纯林及其他立地条件下的混交林。

表1 不同林分林木生长情况

林分	标准地数量	树种	年龄(a)	密度(株/hm^2)	树高(H)(m)	胸径($D_{1.8}$)(cm)	蓄积量(M)(m^3/hm^2)
油松侧柏	4	油松	30	611	6.62	11.4	23.89
混交林		侧柏	30	697	6.71	10.0	15.10
油松纯林	4	油松	30	1408	5.86	10.3	33.35
侧柏纯林	4	侧柏	30	1423	6.39	9.3	26.61

各立地条件和密度相同的4块油松灌木混交林的调查资料表明：油松的平均高、平均胸径均大于纯林油松，且前者的蓄积量也要大于后者。油松紫穗槐的混交林效果尤为明显，蓄积量为38.04~52.72m^2/hm^2，高出纯林7.80%~46.36%。

对于油松栓皮栎混交林来说，在相类似的立地条件上，混交林油松的上层木平均高和林分平均高均大于纯林油松，而混交林栓皮栎的上述指标均小于纯林栓皮栎。蓄积量统计资料表明：混交林蓄积量比油松纯林大1.9%~23.1%，比栓皮栎纯林大5.0%~14.7%。这一点与上述3种混交林是一致的，即在适生立地条件上，混交林有利于提高林分群体的生产能力。

2. 各种混交林与立地条件的关系

适地适树对于营造纯林来说比较简单，对于营造混交林就复杂一些。也就是说，适应两个树种生长的立地才能形成生长稳定、生产能力高的混交林。不同立地条件下的林分生长表现不同。在西山地区，油松侧柏混交林均处在100～300m海拔高度范围内，所以海拔高度对生长的影响极小。林地土层厚度和坡向的组合对林分生长的作用较大。例如，阴坡厚层土的魏混1标准地蓄积量达48.11m^3/hm^2，相同密度下阳坡中土层黑混2标准地蓄积量仅34.43m^3/hm^2，除侧柏平均高外各项生长指标均明显小于魏混1标准地。薄土层上的周口店混1、混2标准地蓄积量仅11.27m^3/hm^2和19.58m^3/hm^2，远低于中、厚层土壤上所有标准地。

油松元宝枫混交林分布范围，在海拔高度上要比油松侧柏混交林要广一些，从低山下部到低山上部均有，但以低山上部阴坡厚土层为最适宜的立地条件。如具有此立地条件的北长岭固1标准地蓄积量高达87.26m^3/hm^2；低山下部阴坡厚层土壤上的混交林，两树种关系基本协调，无相互压抑现象，蓄积量可达49.32m^3/hm^2（如无梁殿）；低山下部阳坡薄土层（如杨家花园）条件下油松严重受元宝枫压抑，平均高仅3.53m，而元宝枫平均高达7.99m，其蓄积量仅24.39m^3/hm^2，为诸立地条件下生产能力最低的油松元宝枫混交林。

由油松栓皮栎混交林的调查表明：该种林分在低山下部的阳坡、阴坡，在低山上部的阳坡、半阴坡均可生长；但土层厚度是影响林分生长的首要因子。这是因为在上述各立地因子组合中，栓皮栎均能适生，而油松只有在具较深厚土壤的立地上才能良好生长，并与栓皮栎竞争，形成较稳定的林分。如魏混3标准地虽处于阳坡，但因地势平坦，土层深厚，林木各项生长指标远大于其他标准地，其蓄积量高达99.89m^3/hm^2。这虽与密度较大有关，但立地条件的影响还是主要的。与之形成鲜明对比的卧混1标准地因处于阳坡薄土层而林分生长不良，蓄积量仅26.59m^3/hm^2。从不同立地条件下混交林生长状况还可看出，土层较薄的阳坡种间竞争有利于栓皮栎，而不利于油松；立地条件较好的地方种间关系协调，松栎均可旺盛生长，且混交林的生长均优于油松纯林和栓皮栎纯林。

油松灌木混交林的生长规律与油松纯林相类似。其主要影响因素为土层厚度、海拔和坡向。如深厚层土壤（80cm以上）蓄积量可达40m^3/hm^2以上，而厚层土（50～79cm）蓄积量只有31～34.13m^3/hm^2。海拔高度和坡向的影响也很大。如400m以上油松×紫穗槐混交林最大蓄积可达75.89m^3/hm^2，而同海拔同土层情况下阴坡混交林的生长优于阳坡。

由上述讨论可知，营造混交林选择立地条件时，要考虑组成混交林所有树种的生物学特性；如果有适应能力强的树种和适应能力弱的树种时，则要考虑适应能力弱的树种；如果有主要树种和次要树种之分，则应首先考虑主要树种。

（二）林分的根系

1. 混交林树种的根系间关系

调查结果表明：油松和侧柏的基本根型与前人的调查结果一致，均与林分组成关系不大。侧柏为水平根型。发达的水平根分布在30cm左右深的土层里，水平根上不着生下垂根，仅有少量斜生根，侧柏主根较明显，但远不如水平根发达。油松为复合根型，既有发达的主根和较发达的副主根，也有发育较好的水平根，但细根显然不如侧柏那样密集。

栓皮栎主根极为发达，在土层2m深处根径达3.5cm，水平根发育良好，最长者达7.9m。在与油松的混交林中两树种根系在土层中相互穿插，且观察到一条细油松根从一较粗栓皮栎根中径直而过的现象。另外，油松灌木混交林内油松形态与在其他混交林内无明显差异。紫穗槐垂直根比较发达，分布可达1.4m深，1级侧根长达1～1.5m。在油松元宝枫混交林内，油松根系的深度和广度均大于纯林。元宝枫主根和侧根虽较明显但远不如油松根系发达。

观察结果表明：4种混交林内，每两种树种的根系接触部位，形态发育正常，根系内相互穿插、交织，没有任何相互排斥现象。

2. 根量在土壤中的分布

在油松侧柏混交林内，侧柏细根量大于油松，两树种细根量分别占总细根量的57.5%和42.5%。但侧柏细根分布的土层要比油松浅，51.1%的细根分布于20cm以内土层，而油松在该土层的细根量仅占31.8%。

不同林分栓皮栎油松单株细根量的分布特点基本一致，栓皮栎以30～45cm土层为最多，油松以10～20cm为最多，这说明两树种对土壤养分、水分的吸收层次有较大差异。

对于油松灌木混交林来说，混交林根量的垂直分布比纯林更为合理，油松细根量的60%分布在10～40cm土层范围内，而0～10cm土层只占11.27%；紫穗槐细根量的分布比油松浅，其中0～10cm土层的细根量占细根总量的25.6%。这种镶嵌分布现象对两树种分层利用营养空间提供了有利条件。以油松根量水平分布看，细根量的36.99%居紫穗槐行内，27.93%居油松行内，也可说明紫穗槐有促进油松细根发育的积极作用。

细根（根径小于2mm）的主要功能之一是吸收水分和养分。在上述四种混交林内，不同树种主要细根量在水平、垂直方向的镶嵌分布，能为林分对水分和养分的吸收利用，提供有利条件。

3. 混交林中的根量

对各种混交林的根量调查表明：油松侧柏混交林、油松元宝枫混交林和油松灌木混交林中，各树种的细根量均有不同程度的提高。例如，在油松侧柏混交林中，各级根量均大于纯林。细根量（<2mm）为1528kg/hm^2，比油松纯林和侧柏纯林分别高16.65%和4.91%。小于10mm的全根量为3559.35kg/hm^2，分别比油松纯林和侧

柏纯林高 24.79% 和 47.24%。

在油松元宝枫混交林中，混交林油松平均单株细根量和全根量分别为1301.63g 和 2560.89g，均高于对照纯林 14% 左右。混交林元宝枫细根量和全根量分别为 621.92g 和 1237.17g，均小于油松，其原因是元宝枫树体较小。若以单位胸高断面积上平均根量相比较，元宝枫为 276.11kg/m^2，大于混交林油松(211.41kg/m^2)和纯林油松(205.52kg/m^2)。

在油松灌木混交林也是如此，混交林油松单株细根量和全根量分别为 731.95g 和 1830.24g，分别比纯林油松高 43.66% 和 18.84%，经 t 检验，这种差异是显著的。油松根量的增加对其吸收土壤水分和养分是有益的。

但是，在油松栓皮栎混交林中，是一个树种的细根量有所提高，而另一树种细根量有所降低。调查表明：混交林栓皮栎单株细根量和粗根量分别比纯林栓皮栎高 14.53% 和 44.51%，混交林油松单株细根量和粗根量分别比纯林油松低 29.68% 和 18.95%；混交林中各树种的单株细根量与全根量比值，也略小于各纯林树种。在混交林内出现这种情况，前苏联也曾有报道。我们认为，在这种立地条件上和当时几年的气候条件下，栓皮栎竞争力强于油松，后者的根系和地上部分一样有受压现象。因此，在营造混交林时，既要看到利用土壤合理性能增加根量的一面，也要看到由于竞争，减少根量的一方，并设法采用林学措施来避免这种影响。

(三)应用^{32}P 研究种间关系

利用^{32}P 示踪法测定混交林的种间关系和树种的混交效应，是一种简便而有用的方法，能与其他的研究结果互相印证，并在一定意义上可将种间关系进行数量化。

由研究结果表明：在所进行实验的 3 种混交林内，一般都是一个树种吸收^{32}P 的能力高，而另一个树种吸收能力低；另外，与相应的纯林树种相比，一般是混交林内一个树种的吸收^{32}P 能力有提高，而另一个树种的吸收能力有所降低；并且，与前面细根量的研究结果相比较可以发现，树种吸收^{32}P 的能力与其细根量多少及生物学特性是相一致的。

例如在油松元宝枫混交林中^{32}P 引入树体 90 天内分期采集叶样的分析结果表明：混交林油松比纯林油松吸收^{32}P 的速度快、数量大。混交林油松施^{32}P 第 3 天树冠的放射性脉冲即达 1108cpm/g，此后随时间推移而增大，30 天达最高峰 4680cpm/g，此后下降，90 天几近本底；元宝枫吸收^{32}P 的能力远低于油松，第 10 ~ 30天的吸收量仅为油松的 10.24% ~46.9%。纯林油松树对^{32}P 的吸收曲线同混交林油松，但水平低且高峰出现得晚，这说明混交提高了油松吸收^{32}P 的能力，而元宝枫相对于油松的竞争能力要小得多。

在油松侧柏混交林中，混交林油松叶样品在 3、7、14 天时的放射性脉冲分别为 387、1734、9281dpm/3g，均高于同期纯林油松叶的放射性脉冲，表明混交林提高了油松对磷的吸收量。而混交林侧柏叶样在同期的^{32}P 吸收量分别为 512dpm/3g、

1949dpm/3g 和 14883dpm/3g，均低于相应时间纯林侧柏的吸收量。这说明在整个测定时期内侧柏吸收^{32}P 的能力均大于油松，也与侧柏具有较强抗旱耐瘠薄能力有关。

在油松栓皮栎混交林中，^{32}P 引入树体 1 个月后出现吸收高峰，此时混交林栓皮栎放射性脉冲高于纯林栓皮栎 135. 31% ~347. 51%，高于混交林油松 1. 06 ~9. 78 倍。另外，纯林油松放射性脉冲要高于混交林油松。这是因为混交林栓皮栎单株细根量既高于混交林油松又高于纯林栓皮栎。同时，混交林 0 ~45cm 土层中油松细根量占全部细根量 64. 54%，而纯林中要占 84. 15%，混交林油松细根量比纯林少 29. 68%，这种细根数量的减少和易吸收^{32}P 土层中细根比例的降低，使得油松在混交林中竞争^{32}P 的能力远低于栓皮栎。

(四)林分生物量、生长量与营养元素循环

1. 林分生物量和生长量

由各种混交林与纯林的调查结果表明：前者的生物量和生长量均大于后者。例如，在油松侧柏混交林与油松纯林和侧柏纯林相比，混交林生物量高达 64. 63t/hm^2，分别比油松纯林和侧柏纯林高 13. 63% 和 31. 31%。各林分林木生长量亦以混交林为最高，达 10. 7t/(hm^2 · a)，均高于油松 9. 18t/(hm^2 · a)和侧柏纯林 9. 70t/(hm^2 · a)。

28 年生油松栓皮栎混交林、油松纯林、栓皮栎纯林的生物量分别为 67. 54 t/hm^2、57. 01t/hm^2 和 57. 78t/hm^2，混交林高出纯林 18%；3 种林分的生长量分别为 8. 64t/(hm^2 · a)、5. 52t/(hm^2 · a)和 6. 32t/(hm^2 · a)。

30 年生油松紫穗槐混交林和油松纯林现存生物量(仅油松)分别为 68. 75t/hm^2 和 63. 66 t/hm^2，前者比后者大 8%，生物量中树干、树枝的量差别较大，混交林分别比纯林高 1. 52t/hm^2 和 1. 48t/hm^2。

25 年生油松元宝枫混交林和纯林的生物量分别为 69. 94t/hm^2 和 74. 49t/hm^2，混交林中油松株数太少导致生物量偏低，直到 29 年生时混交林生物量超过纯林。混交林生物量中油松叶所占比例大于纯林，分别为 8. 13% 和 7. 06%，说明混交林有利于群体光合作用的进行，从而表现出生长量高于纯林 44. 57%。

林分的生物量和生长量是衡量一个森林生态系统结构合理性和功能优劣的主要标志之一。由此看来，上述四种混交林内，虽存在各种不利因素，但从总体上看还是较好的生态系统。

2. 林分营养元素的积累和循环

调查结果表明：油松侧柏混交林生物量中 Ca、N、K、Fe、Mg、Zn 等营养元素的累积最高，分别为 530. 73、257. 77、167. 03、9. 40、4. 02、1. 28kg/hm^2，而油松纯林 P、Mg 的贮存量分别为 44. 21 和 48. 47kg/hm^2，均高于混交林(P 42. 45kg/hm^2，Mg 44. 21kg/hm^2)和侧柏纯林(P 35. 10kg/hm^2，Mg 26. 86kg/hm^2)。

油松元宝枫混交林的年存留量和年归还量(除 K 的归还量外)均大于油松纯林。N、P、K 和 Ash 的存留量分别大 26. 92%、142. 47%、40. 58% 和 101. 89%，N、P、

Ash 的归还量分别大 8.24%、13.00%和 37.28%，K 低于纯林 5.98%。这种归还量与存留量的数值说明混交林的养分循环速度加快，从而使林地土壤中元素的有效含量增加。以混交林 A 层土壤速效性 N、P、K 为例，分别比纯林相同土层提高 222.7%、31.58% 和 22.5%。还需指出，元宝枫的元素年归还量比油松大 23.38% ~125.8%(以单株计)，若以单位胸高断面积占有的元素归还量计算，则比油松大 1.8 ~4.2 倍，因而是个占据营养空间小而改土性能很强的树种，在加速林分营养元素循环方面具有强大作用。

在油松栓皮栎混交林中，各树种营养元素含量有显著差异，而不同林分中同一树种相应器官中元素含量差别小。

混交林和纯林的营养元素循环有很大差异，混交林中栓皮栎株数仅为油松的 1/2，而栓皮栎的元素存留量(138.47kg/hm^2)和归还量(40.83kg/hm^2)约为油松的 2 倍(存留量 62.17kg/hm^2，归还量 23.83kg/hm^2)。这说明混交林两树种营养元素的竞争关系中栓皮栎占据优势。但混交林油松单株的元素存留量(0.0358kg)和归还量(0.0137kg)与纯林油松相近(存留量 0.0312kg/株，归还量 0.0179kg/株)。说明在该立地条件下和经营条件下混交林油松在营养元素吸收方面并未受到明显压抑。

在油松灌木混交林中，油松叶 N、P 含量分别比纯林油松叶高 3%和 13%，K 含量相差不大。灌木树种黄栌和紫穗槐叶的 N、P、K 含量分别比油松叶高 2 倍以上。混交林土壤中 N、P、K 和有机质的含量分别比纯林高 14.3%、10.7%、-33%和 17.7%。

三、结论与建议

根据以上结果与分析可作如下结论与建议：

(1)对任何一种混交林都应该从地上部分生长、根系分布、树种间竞争关系以及混交林的经济、生态、社会效益来综合评价。本文所研究的几种混交林与油松纯林相比都有一定的优势性，如总生长量大、根系协调，都能形成较为复杂稳定的生态系统并且具有较好的改良土壤的性能。油松×元宝枫、油松×栓皮栎都是典型的针阔混交林，由于阔叶树落叶量大、枯落物的营养元素丰富、分解较快，其改良土壤性能是明显的。油松和侧柏虽然都为针叶树，但侧柏恰具有不同于一般针叶树的特点，其枯落物量大、营养元素含量高，它的分解速度不慢于一般阔叶树，改良土壤的效果也是显著的。油松灌木(紫穗槐、黄栌)混交林在生长初期(约 15 年生以前)有很好的效益，林冠上层郁闭后，灌木生长逐渐衰退，影响减弱。但直至 30 年生左右混交林还是保持着一定的生长优势。

(2)北京西山地区是以培育风景林为主的地区。从风景林的要求来衡量，这几种混交林也各有特色。混交林无论从其丰富的树种组成，多样的叶形叶色(特别是秋季，元宝枫叶色黄，栓皮栎叶色橙，黄栌叶色红)，还是从林分良好的稳定性来说，都能明显增加其观赏及游憩价值。油松、侧柏虽同为针叶树，但其冠形差别大

(中龄时侧柏尖削而油松圆钝)，不但能使其充分利用光照，而且能形成别有情趣的林冠层。

(3)混交林中的种间矛盾是始终存在的，问题在于如何处理调节。从与油松相对的种间竞争能力来看，最强的是栓皮栎，其次是元宝枫，侧柏的竞争力不强。两种灌木的竞争力，黄栌大于紫穗槐。两者对于油松的威胁都仅限于幼林阶段，只要掌握保持一定行距并能及时平茬，即可调节。根据种间的竞争关系，对不同的混交林应采用不同的混交方法：油松×栓皮栎宜采用带状或块状(不规则群团状)混交，油松×元宝枫宜采用宽行距(2m)行间混交或带行(油松三行一带，元宝枫一行)混交，油松×侧柏则采用行间、株间或不规则混交均可。油松×灌木一般可用行间混交，以看红叶为主要培育的油松黄栌混交林也可采用大面积黄栌中散生混入少量油松(单株或群团)的做法。

(4)各种混交林只有在其适合的立地条件下才能发挥其优势，选地不当有时可能导致混交林生长还不如纯林。在研究的几种混交林中以油松×元宝枫对立地条件要求最严，一般应在阴坡和半阴坡Ⅱ级(厚层)以上的土壤上应用，海拔高一点(>400m)更好。油松×栓皮栎要兼顾两个树种的生态要求，一般可用于阳坡、半阳坡及某些背风的半阳坡Ⅲ级(中层)以上的土壤上，海拔在800m以下。其中在立地条件偏差的地方，栓皮栎将在林中占优势，而油松处于从属地位。油松×侧柏对坡向要求不严，但要避免迎风的坡，土壤应在Ⅲ级以上，在石灰岩山地上也可应用。油松×灌木对立地条件要求不严，一般适合于油松生长的地方均可。

沈国舫　翟明普　刘春江　姚延梼
(北京林业大学)

森林的社会、文化和景观功能及巴黎的城市森林*

一、森林和树木的社会、文化和景观功能

“森林和树木的社会、文化和景观功能”是第十届世界林业大会讨论领域C中的第十个专题。这个专题的主报告人是法国巴黎农村工程、林业和水利局的总工程师J. C. Guerin先生。他指出，随着城市人口的急剧增多，城市建筑越来越密集和拥挤，城市居民对于回归较舒适的自然环境的要求越来越迫切，因此，城市林业(urban forestry)的概念应运而生。他在扼要分析了树木在城市环境中所起的作用和居民对绿色的需求后指出，原来在城市规划中用得很多的“绿地”(green area)概念，现在看来有些过时了。除了城市内部各种类型的绿地外，还必须在城市周围(城乡结合部)建设以森林为主体的绿色地带(green belt zone)，这些都可纳入城市森林的范畴。绿带既可改善城市生态环境，为市区居民提供野外游憩场外，又可作为城乡结合部的界定位置，控制城市的自发的发展。作者高度评价了英国林业委员会在经营城市森林方面所做的工作：不但大大扩展了森林面积、满足了城市居民的需求，而且还创造了很好的经济效益。在森林的景观功能方面，作者先介绍了几种景观的定义，进而论述了树木在形成景观中的作用及景观设计应遵循的原则。最后，作者又分析了森林与文化和社会的关系，指出城市森林原来只为富有者服务(指皇家园林及私人园林)，现在则要“民主化”，要向公众开放，同时也要吸引更多的公众参与管理。

这个专题下设4个论题。第一个论题是“城市环境中的树木和绿地”，报告人是美国林业协会负责城市林业方面的副主席Q. Moll先生。他指出，城市林业还只是年青的羽毛初丰的学科，近10年来在北美发展较快。城市林业不能只被看作是林

---

* 本文来源：《世界林业研究》，1992，5(2)：7-12.

业的一个分支，实际上它是在许多学科（城市规划、风景园林、园艺、生态学等）的基础上建立的。它把土地利用的探讨放在很重要的位置上，在投资上与其他城建项目有竞争。作者给城市森林所下的定义是："城市内及其周围的树木和相关植被"。城市森林的经营目标不是生产木材，而是发挥其生态、社会和公共卫生功能。如何评价这些功能是很困难的。美国林业协会曾经作过尝试，仅就树木通过遮荫覆盖、吸水蒸腾及调节空气可降低空调能耗一项，每年就为美国节约了20亿美元，此外还有20亿美元的潜力可以开发。R. Ulrich 做的实验证明，绿色树木的存在可使病人在手术后恢复更快；住院期平均可缩短8%，从而每年能节约12亿美元。城市的"热岛"效应（白天增温3～5℃）可因有树木而削弱，空气混浊度可因有树木而降低，雨水排泄状况可因有树木而改善。城市的树木覆盖率达到30%，可以减少雨水排泄量的14%，从而可降低排水能耗或降低排水设施的标准。报告还述及城市森林的种植和养护问题，认为市区土壤空间的限制及物理性状的恶化，需要通过树种选择、良种选育、改善土壤结构等综合措施来解决。美国于1988年提出了一个"地球解放"（Global Relief）计划，要求把城市的树木覆盖率从30%提高到60%，需要在全球增植6亿～10亿株树。此计划已得到若干国家的响应。

第二个论题是"城市-野地交接地带：大城市附近的未来森林经营"，报告人是美国林务局太平洋沿岸西南林业试验站的 A. Ewert 博士。他指出，许多大城市周围有所谓野地（wildland），这个野地的概念包括森林和其他自然状态的植被（灌丛、草场、沼泽等）。这些野地如处在大城市周围，对它的经营就提出了新的要求。城市和野地交接地带一般可分为3个亚带，即城市发展地带、改造过的自然地带及真正的森林地带。这个交接地带是一个过渡地带，因而带有过渡双方的特点：社会的、地理的、生态的及管理上的特点。这个过渡带本身的特点是自然区域的高密度游憩利用，访问这个地区的人群在文化及种族上的多样性，以及土地经营更倾向于利用其防治及游憩功能，而不是为了商品生产。研究指出，人们的环境意识和户外游憩活动关系密切，户外游憩活动能改变人们对生活方式的态度及对环境的轻视行为。许多大城市的存在已是地球上的既成事实，必然会影响森林和其他野地的经营，交接带则首当其冲。在这里早已存在着资源矛盾、文化冲突、群落不稳定等问题，需要对这些问题进行研究，这也是未来自然资源经营的研究方向之一。林学家们通常忽视社会问题，以为只要是机智的森林经营，就自然会得到可接受的社会效益，实则不然。因此，今后必须把社会因素纳入森林生态系统的研究领域中去，要研究人为干涉对自然的生态影响。城市-野地交接地带正是研究社会变革对自然资源影响的良好场所。

第三个论题是"欧洲景观中的森林"，报告人是法国的工程师 B. Fischesser 和 P. Breman。他们指出，欧洲的城市居民剧增，要求城市森林应具有很高的质量，为城市起到"解毒"作用。研究分析证明，有可能把景观建设与育林结合起来而又不损害林地生产力的发挥及森林的防护功能，也不会使育林措施大变样。报告中提出了一些景观开发原则，包括远视森林的视觉通道，林缘处理及从林内看森林本身的景观等几个方面。在这个论题下有一篇自投论文，是由英国林业委员会的 G. Patterson 撰写的，名为“森林景观设计”。文中指出，英国采纳了多目标营林的政策，要求林业委员会在木材生产和环境功能方面保持平衡，首先要进行景观规划，以便使土地利用的经济、生态、社会三大效益达到最佳状态，在规划的基础上再进行景观设计。英国林业委员会的景观设计原则，是建立在 25 年前由著名风景师 D. S. Crowe 提出的景观视觉效应原理的基础之上的。英国林业委员会于 1989 年制订了“森林景观设计指南”，最近又出版了一本“森林景观设计”的专著(Lucas，1990)。森林景观设计的主要原则是：新造人工林的形象要接近天然林，并与周围景观相协调，要保持水面、沟谷、峭壁等自然景观，要用不同树种育成异龄混交林，林缘要避免用不自然的直线及正规几何图形布局，要有一定的道路及步道设施，还要有能看到著名地物地标的空间等等。作者认为，在这方面还要加强研究，对林务官要进行广泛的培训，使多目标营林得以实现。

第四个论题是“森林、文化和社会”，报告人是联合国教科文组织的 B. Von Droste 和 K. Schreckenberg。报告从历史的角度分析了森林环境对人类进化和社会发展所起过的重大作用。历史上不同文化背景的社会对森林的态度各异：有些地方把森林当作神来崇拜(类似于中国的神树之类)，从而保护了一些森林；有些地方把森林看作是和谐、多样化和永恒生活的象征；有些地方把森林作为衣食的来源，还有些民族把森林看作是魔鬼群聚的地方。近代的森林意识充满了功利主义的内涵，从养猪(吃橡实)到伐木，最近又发展到强调环境及社会功能。现在应当增强全球意识，把森林看作是全球的遗产，妥善地传给后代享用。森林作为地球资源(像臭氧层、大气、南极洲一样)，应当由全球负起保护责任。可是现在具有丰富森林资源(主要指热带森林)的国家，正好是比较穷的发展中国家。因此，应当采取国际资助行动，并把主要的利益留给资源拥有国，且大部分应留给林区居民。

上述第十专题是最近十多年才发展起来的领域。城市林业对中国来说是一个较新的概念。在我国大中城市，市区绿化一般由园林部门负责，属城建系统，而郊区绿化则归林业部门负责，两个部门各司其职。虽有绿化委员会统一协调，但终归在专业上缺乏交流渗透。因此，在一些城市林业问题上，如统一布局、合理规划、城乡交接处的经营特点、郊区林业如何为市民服务等，尚需林业和园林两方面的专业人员协作努力作深入的探索。在这些方面，北美及欧洲有关城市林业的理论和实际经验可供参考。

二、法国巴黎的城市森林

(一)诺曼底地区的橡林

诺曼底地区有 Belleme 和 Reno-Valdieu 两片国有林，总面积约 4000hm^2，离巴黎市区 100km 多。这里生长着典型的欧洲橡林(以 *Quercus petrea* 为主，也有

Q. robur），常与欧洲山毛榉（*Fagus sylvatica*）及其他阔叶伴生树种混生。由于这里气候温和（年平均温度为10℃），雨量充沛（年平均降水量为800mm），土壤肥沃，橡树生长很好，最高可达40m，最大胸径可达120cm，平均年生长量可达7～9 m^3/hm^2，而且树干通直，材质极佳，是传统的建筑、工艺用材及旋切单板用材，相当数量供出口之用。这里的橡林主要采用渐伐作业方式经营，伐期龄为180～220年，依靠天然下种更新，通过多次除伐及疏伐（平均8年1次）进行培育。例如：Belleme国有林有正在进行渐伐作业（下种伐后）的老龄林地；有大量的天然下种幼橡林；以及处在各个生长阶段的橡林，包括伐后更新起来的稠密的幼橡林（15年生左右）、开始进行疏伐的竿材林（25年生左右）、经过几次疏伐的中龄林（80年生左右，平均胸径25cm，平均蓄积量300m^3/hm^2）以及主伐前的成熟林[200年生左右，主林木1000株/hm^2，平均胸径为80cm，平均蓄积量为500$m^3/(hm^2 \cdot a)$]。可以看出，森林得到了很好的经营，而且整个森林经营是建立在永续利用的原则基础之上的。

诺曼底的这两片国有林虽然是以生产大径级珍贵用材（以生产旋切单板材为主）为主要目标，但它们同时具有重要的防护功能和提供狩猎及游憩场所的社会功能，因此，法国林学家是按照多目标营林的原则对其实行经营的。在这两片森林内到处都有提供游憩活动的设施，如方便的道路网、停车场及挡车横杠、明显的路标及导游指示牌等。

（二）枫丹白露森林

枫丹白露（Fontainebleau）意译为蓝色的泉水，指森林中流出的清清的泉水。闻名世界的枫丹白露森林是法国面积居第二位的连片国有林，总面积为1.7万hm^2，离巴黎市中心60km。这里的主要树种为橡树（44%）、欧洲赤松（41%）和山毛榉（10%），还有云杉、花旗松、海岸松、落叶松、巨杉、美洲红橡等乡土及引进树种。这片森林有很长的经营历史，历来是法国王室的狩猎场地，著名的枫丹白露王宫及其宫廷花园就在这片森林的中心地区。1820年左右，法国一批以描绘自然风景为主要特色的著名画家来此长期写生作画，形成了独特的流派，也使枫丹白露森林增添了艺术价值。现在，枫丹白露森林已成为巴黎市民最喜爱的郊游场所，每年进入森林游憩的人数达1000万人次，其中有70%是在周末及节假日来玩的。

枫丹白露森林仍由法国国家森林局（ONF）经营管理。虽然经营目标主要是为游憩服务，森林中还区划出了415hm^2的自然保护区，但森林的主体部分（15434hm^2）仍进行着正常的营林活动。由于大部分林龄较老，所以要进行相当规模的更新采伐。近年来每年生产木材约7万m^3，销售木材所得占此林区开支的45%。橡林的更新方式也像诺曼底的橡林一样，采用渐伐作业，以天然下种更新为主，仅在缺乏天然更新苗木处辅之以人工更新。采伐更新区都用铁丝网围起来，以便妥善保护。天然更新有利于形成自然景观，再加上在枫丹白露林区的特殊地质条件下（砂岩沉降切割地貌）形成的峡谷峭壁及局部岩石露头（仅在石缝间散生桦木和松树）呈现出别具一格的荒野景观。巴黎市民喜欢的正是这种野趣，可见久居闹市的人们对回归大自然的渴求。

（三）法里叶森林及勃里凡提森林

这两片森林目前都是首都大区（Region EIle de France）绿地管理局（Agence des Espaces Verts）的财产。法国的首都大区（巴黎市区在其中心）面积为1.2万km^2，人口1000万，可以说和北京市的状况很近似。首都大区的面积只占法国总面积的1/50强，而在这里却集中了全国人口的1/5，可谓人口高度密集地区。近几十年，首都大区内的市区不断扩大，新城镇不断形成，市镇面积发展很快，由1935年的5.6万hm^2发展到1985年的12.75万hm^2。大量人口居住在建筑密集的市镇内，必然对郊区绿化建设提出迫切的要求。首都绿地管理局就是在这种形势下于1976年成立的。这个局的主要任务是，对首都大区的绿地规划、游憩林的设置进行研究，提出建议并采取行动。绿地管理局成立以后即参考英国的绿带建设经验，对巴黎郊区在离市中心10～30km的环带内进行绿带规划及建设。他们的目标是，在这个环带内建设成一条以森林为主体，由农田、牧场相连接的绿带（green belt）。为了建成这个能向公众开放的绿带，绿地管理局不惜以重金从私人手中购置林地加以改造，或购置农田牧场重新造林绿化。但绿地管理局自己不直接经营这些新老林地，一般是委托国有林管理局代为经营，由绿管局提出要求并提供资金。

法里叶森林面积为2872hm^2，在巴黎市区以东25km处。这片森林是首都大区于1973年从Rothschild家族那里买来的。这里原来营造了大面积的杨树人工林（以黑杨派为主），是为了培育用材的，现对其逐步改造，以适应游憩的需要。主要经营树种为橡树，与椴树、白蜡、槭树、板栗、野樱桃等树种混生。林中有良好的道路网，供游人步行、骑车或骑马用；有与干线公路相连的众多停车场，以便吸引远来游客；有许多导游路线指示图和科普知识宣传栏供游人使用；还有排水设施以改良土壤。特别是一处风景优美的池塘，周围有小桥、树丛及钓鱼台相配，给人以美的享受。国有林管理部门在这里配备有身穿深绿色制服、骑着高头大马的护林员，他们的传统的护林方式也给游人以和谐感及安全感。这片森林一年到头都有游客，特别是春季溪谷边百合花盛开及秋季板栗成熟的时候游客更多。

勃里凡提森林位于巴黎东南30km处的郊区县城梅隆的北面，面积为165hm^2。这片森林原属教堂产业，1972年由政府购入，按远景计划还要继续购置附近的林地，使之扩大到1000hm^2左右。这片森林也是以橡林为主，混有许多别的阔叶树，另外还有20hm^2针叶树人工林（云杉、冷杉、花旗松、欧洲赤松等）。这片森林虽然面积不大，但离居民点较近，经营得比较细致，实际上像个郊区公园。森林中除了一般设施外，还有构思奇巧、设备完善的野餐区及儿童游乐园。更令人感兴趣的是林内还有一个小小树木园，在1hm^2左右的面积上收集了174种乡土树种和外来树种。树木园中的园路、树种名称及用途标志、导游路线图等都处于良好状态，还有印刷精良的科普宣传品。另外，还有一个可供盲人通过触觉感知的植物园区。这些寓科普教育于游憩之中的设施很值得称道。这片森林的游人每年达20万人次。

(四)巴黎市鲍罗尼森林

巴黎市区内由市政府园林管理处(Direction des Parcs, Jardins et Espaces Verts)管理的有378处公园和花园，还有3片森林。其中两片森林，即鲍罗尼(Boulogne)森林及维塞尼斯(Vincennes)森林的面积较大，一东一西，被称为巴黎的两片肺叶。特别是鲍罗尼森林，面积为846hm^2，直插市中心，离大会堂(Palais des Congres，本届世界林业大会会场)和凯旋门都很近，这样的森林布局在全世界大都会中实属罕见。

鲍罗尼森林原为皇家狩猎及娱乐场所，拿破仑失败后这里曾驻扎过外国军队，遭到过破坏。共和国成立后将此森林收归市有，经改建供广大市民享用。这里本来也是以橡树为主要树种的森林，现在实际上已成为森林、湖泊、公园、小花园、运动场、跑马场及各种服务设施(餐厅、小卖部、科普站等)交叉分布的大游憩中心，是巴黎市民常去的地方，也是外地游客必到之处。这里呈现一片林水相间、花草芳菲、活动丰富、游人安闲的祥和景象。特别是在鲍罗尼森林一角单独辟出的巴加呆尔(Bagatelle)公园(面积24hm^2，1905年由市政府购置建设)，排列规则、修剪整齐的各类法式专题花园(月季园、杜鹃园等)散落在浓荫树丛、湖沼水域及绿茵草地之间，造景植物与古典宫殿式建筑自然结合，又可借不远处拉第芳斯(La Defense)新开发区的各色宏伟新建筑为背景，使巴加呆尔公园不愧为鲍罗尼森林中的一颗明珠，也是世界城市公园中的佼佼者。

三、几点感想

从法国通过120年的不断努力使全国森林覆盖率将近翻一番(现为27%)这个事实，从全国森林单位面积蓄积量达107m^3/hm^2、年平均生长量达3.6m^3/hm^{2}这两个主要生产力指标，可以看出，法国林业工作者经过长期努力、苦心经营所取得的巨大成就是实实在在的。他们用200年左右的长轮伐期经营大径级优质橡林，而且能做到永续生产，也给面临森林资源危机的中国林业工作者以深刻的印象。

法国首都大区的绿带规划值得学习。他们肯下决心，花巨资购地营林造林来完成绿带设想，而且在完善经营充实设施方面作出了很大的努力。这一方面表明，在一个工业发达的社会中，城镇居民对游憩的需求已形成一股巨大的压力，营建游憩林不是可办可不办的事，而是非办不可的事；另一方面也表明，发达国家有足够的财力来办这件事。一个资本主义国家尚能做到这一点，那么像我们这样的，以为人民服务为宗旨的社会主义社会，该如何认真对待这件事就不言而喻了。由于经济还不够发达，现在我国城市居民首先关心的可能还是住房、交通等问题，但下一步就该轮到游憩需求了，对此应该有足够的预见性。当然，由于有土地公有这个基础，我们在绿地规划实施方面可能会容易一些，但财力不足是一大限制因素。北京市这几年的绿化成果巨大，是有目共睹的，但还须进一步扩大可供游憩的范围。充分发挥北面、西面山峦环抱的优势，向纵深发展。要改变那种每到节假日都蜂拥到少数几个名胜地区(如春日的颐和园和秋日的香山)，以致拥挤不堪而令人扫兴的状况。北京的潜力很大，任重而道远。全国其他许多大中城市比北京还差一大步，是到了该认真对待这个问题的时候了。

沈国舫
(北京林业大学)

对发展我国速生丰产林有关问题的思考*

摘　要　本文在明确速生丰产林概念的基础上，着重探讨了发展速生丰产林在我国林业建设中的地位，澄清了国内外不同林业发展战略思路(如接近自然的林业，林业分工论，新林业学说和生态林业等)与发展速生丰产林的关系。最后根据园内外发展速生丰产林(工业人工林)的经验和教训，指出今后我国速生丰产林的发展道路及应注意的问题。
关键词　速生丰产林；林业发展战略；持续；稳定

我国自1958年开始提倡营造速生丰产林以来，速生丰产林建设已经经历了若干个发展阶段，积累了不少经验和教训。改革开放后营造的速生丰产林，无论在规模上，还是在技术上，都比以前有了很大的进步，取得了显著的成绩。尽管如此，对于该不该发展速生丰产林，应当把速生丰产林放在什么位置上，发展前景如何这样一些根本问题，在林业学术界，甚至在一些林业管理层内，都还有不同的看法。这些问题事关大局，值得探讨，我也愿提出个人看法，与关心此问题的同志们共同讨论。

一、速生丰产林的概念

营造速生丰产林从一开始就是针对我国森林资源少，木材供需矛盾大这样一个基本情况而提出来的一种培育用材林的发展方向。最初对速生丰产的概念认识比较笼统，顾名思义，既要生长快，又要产量高，以满足对木材的日益增长的需求。随着生产的发展和研究的深入，人们逐步认识到，速生和丰产两者之间，既是紧密相关，又是有严格区别的。速生主要是指能较快地使培育的林木达到可利用的标准，因此必须与定向的培育目标相联系。而丰产泛指单位面积的木材产量或生产力水平，它既与一定立地条件下的林木生长速度有关，又与林分结构及培育年限等因素

* 本文来源：《世界林业研究》，1992，5(4)：67-74.

有关。速生和丰产都是相对的概念，但作为速生丰产林却应有一个低限的界定，超过这个低限才能算作速生丰产林。这个问题在1973年全国造林工作会议上正式提出，后来在造林学教科书中进行了探讨，在制订造林技术规程和制订速生丰产林的专业标准中也不断进行了修正和完善。现在我国已经有了一批按地区、按主要树种、按材种目标而制定的速生丰产标准，这在全世界的人工育林工作中也算是个创造性的发展。

要使林木速生丰产，既要涉及自然的因素（立地及树种的自然潜力），又要涉及人工栽培的因素，这两方面是紧密交叉发生作用的。依靠纯自然因素也能使林木速生丰产，但产生这种情况的范围较窄，水平也不太高。要真正在较大范围内取得较高水平的丰产效果，就必须加上在现代科学技术支持下的人工栽培措施（或称速生丰产措施），措施包括良种的选育和应用、林地的选择和改良、林分结构的合理设计以及适当的集约栽培措施等。因此，单纯依靠自然力的高产林还不能算是现代意义上的速生丰产林，只有采取了科学的集约栽培措施（其集约度随经济及科技发展水平而变动），并取得立地和树种生产潜力的高水平发挥的人工林，才能算是真正的速生丰产林。

我国发展速生丰产林的动向是和国际上在二次世界大战后的造林发展动向一致的，但在名称上并不完全对应。我国的速生丰产林（fast-growing and high-yield plantation）大致上和国际上的工业用材林（industrial plantation）相当，但国外的工业用材林大多数还是为了培育大径材，采用集约栽培措施，追求高生产力，因此有时也用高产人工林（high-yield plantation）或集约育林（intensive silviculture）等概念。但20世纪60年代以后，在生产生物能源或生产供造纸及人造板工业用的纤维用材时，也强调了速生的一面，这时他们都只提用速生树种造林，有的国家称之为短轮伐期（生物量）人工林（short rotation biomass plantation）或生物能源林（biomass energy plantation）。为此，美国还有一个短轮伐期集约育林项目（SRIC）。由此看来，我国的速生丰产林范畴，既包括了工业人工林，也包括了短轮伐期人工林部分。但在发展过程中，我们与国外相比，对大径级材种的定向培育以及对材质培育要求考虑较少，与对口工业的发展扣得不严，不能不说是一种偏向和弱点。

二、速生丰产林在我国林业生产中的位置

从1958年以来，特别是改革开放以来的十几年，我国林业主管部门一向重视发展速生丰产林。1983～1984年间，由国家科委、计委和经委联合主持制定了国家12个领域的技术政策，其中包括发展速生丰产用材林的技术政策，发表在《国家科委蓝皮书第十号》上。在这个技术政策的要点说明中，系统阐述了发展速生丰产林的必要性，可能性、目标和布局、主要技术措施及有关经济政策。这就促使速生丰产林的发展在“七五”至“八五”期间加快了步伐。在林业部制定的“1989～2000年全国造林绿化规划纲要”中，也明确提出了建设速生丰产用材林基地的任务，到2000

年，预计在292个基地县、905个国营林场及82个森工企业中共营造速生丰产用材林798万hm^2。按远景规划30年时间营造速生丰产用材林2000万hm^2。这个规划已得到了国务院的原则同意。1989年，国务院正式把发展速生丰产林列入国家的产业政策。

近几年林业学术界大部分专家在对我国林业发展战略的讨论中，也是同意把发展速生丰产林放在重要位置上的。其中比较有影响的有以下几批。中国社会科学院以李克亮为首的一些经济专家在《中国林业发展战略研究》一书中，把发展速生丰产用材林作为调整木材生产布局、缓和木材供应紧张局面的战略措施之一。在1986～1987年，由中国林学会组织的、吸引了许多专家学者的"当前影响我国林业发展的主要矛盾及其对策"的书面讨论中，不少专家谈到了发展速生丰产林问题。在由中国林学会起草的讨论总结中，把"全面发展高度集约化的人工林，包括狠抓速生丰产用材林建设"作为近期的林业发展战略部署。在以前林业部部长雍文涛为首的一批林业经济专家提出的"中国林业发展道路"的研究报告中，明确提出了"林业分工论"、"木材培育论"、"产品结构合理化"——所谓"两论一化"的林业新格局的基本思路，其中"木材培育论"的主要基础就是发展速生丰产林。在世界银行速生丰产林贷款项目的立项论证过程中，在认识上对速生丰产林建设问题有了新的提高。最近，由国家计委委托中国国际工程咨询公司所进行的"我国速生丰产林建设研究"项目已经完成，对发展速生丰产林从必要性到规模、进度、投资、政策等方面又进行了新一轮的充分论证。

但是，在发展速生丰产林问题上并不都是持赞同的态度。这些年来，不断地出现过不同意在我国发展速生丰产林，或不同意把发展速生丰产林放在重要战略位置的论调。归纳起来，大致有以下4种论点。

(1)在发展速生丰产林初期就产生了"向集约经营的速生丰产林集中投资不一定合算，这些钱不如用来普遍提高营林水平"这一观点。持这种意见的人的主要根据是营造速生丰产林要选好的林地，好的林地上不用多投工投资也能获得较高产量，资金可用在别的地方。这种说法有一定道理，问题涉及营造速生丰产林的投资效益如何。一般来说，由于林木的培育周期长，造林的投资效益是不高的，不能和其他快速周转的行业相比。但是，营造速生丰产林比一般造林和经营天然林有较大的优越性，这已被我国发展速生丰产林的实践所证明，因此，易于被基层营林单位及林区群众所接受。国外的许多经营工业人工林的实践也证明，随着育林措施的集约化、科学化，林木产量可成倍提高，取得良好的经济效益。美国惠好公司经营的火炬松高产人工林能很好地说明这个问题。巴西著名的Araeruz林业公司的E. Campinhos Jr.先生在最近召开的第十届世界林业大会上展示了这个公司在营造桉树速生丰产林方面所取得的巨大成绩，其中列出数据说明，随着营林投入的增加，林木生产水平就以更大幅度增加(表1)。

表1　造林初始费用与生产力水平的关系

生产力水平	生产力 [$m^3/(hm^2 \cdot a)$]	造林费用(美元/hm^2)		
		高	中	低
高	49.4	2000	1750	1500
高/中	38.1	1620	1400	1170
中	27.5	1270	1060	860
中/低	17.7	940	750	570
低	4.9	500	350	200

注：从 E. Campinhos 的原表中以吨计的数据转换而来。

值得指出的是，森林培育集约化程度的提高决不仅意味着单位面积劳动力和资金投入的增加，而且意味着科技的投入，如高产优势抗病的良种、优良无性系大规模繁殖的技术及科学的培育制度等等。林业应当逐渐发展成为知识密集型的产业，这是钱学森同志对林业发展做出的科学展望。另外，速生丰产林的经济效益决不能仅就培育阶段而言。合理的速生丰产林发展应当和相应的高增值的木材加工企业紧密联系在一起。速生丰产林作为木质原料的稳定供应基地就会产生更大的效益。当然，最根本的道理还在于，在中国的具体国情下，采用均匀使用财力物力于所有林地的做法，也就是采用普遍低水平投入的做法，已经无法满足生产和生活对林产品的需求。唯一的出路是集中有限的经济投入到选择的部分较好条件的林地，使之大幅度提高林木生产力水平。

(2)"人工林的弊病很多，不如天然林稳定，也不如天然林的生态效益高，应当走以经营天然林为主的道路，控制发展人工林，包括速生丰产林"，这是国外已有呼声(如"接近自然的林业"的提出)，国内也有人响应的一种看法。

诚然，在现实的人工林中确实能看到不少弊病，如种群结构简单、多样性差、易遭病虫危害、林地肥力下降、有的人工林产量和质量都差，等等。但这些现象大多是对科学规律掌握不够、营造技术不得法的结果，并不都是人工林的固有属性。现实生活中也有不少各方面表现都好的人工林。随着科学技术的进步和组织生产的完善，林业工作者完全有可能克服大多数弊病，创造出生产力比天然林成倍提高、材质和效益也比天然林有明显改善的人工林来。已经达到的每年每公顷 30～50m^3 的人工林生产力对于天然林来说是高不可攀的。正如农业上不可能从亩产吨粮的生产力水平退回到采集野生植物的低效生产水平一样，为了支持现代人类社会生存，林业也不可能完全从对一部分森林进行作物化经营的道路上后退了*。当然，林业和农业有所不同，发展人工林并不排除保护和经营好天然林。天然林的巨大生态效益需要发挥，它作为物种多样性的保存基地及人类休息游乐的场所应当受到保护。在早已变成无林地且已经无法自然恢复天然林的地方进行人工造林，是扩大和提高

* 有些国家资源多而人口压力小，或经济富裕，可以用进口木材的方法来保护本国的资源和环境，走回归天然林的道路。但这不适合中国国情。

森林综合效益的重要途径，是完全必要的。问题是一部分天然林采伐之后要不要进行人工更新，有些低产低效的天然次生林要不要进行人工改造，在某些合适的地方有没有必要造些速生丰产林。这些问题都涉及林业大计，限于篇幅在这里不可能详尽探讨。我个人的明确观点是：①各种典型的森林生态系统应设立自然保护区予以保护，保护区的面积还应再扩大，并形成网络。②有些天然更新良好的天然林可以按天然更新的途径来经营，采伐方式因林制宜，但目前规划的更新比例（按全国造林绿化规划纲要，人工更新占60%，天然更新和促进天然更新占40%）基本上是适合我国国情的。东北一些老林业局凡过去人工更新搞得好的，现在都有上百万亩人工林的后备资源，虽然树种组成和林分结构不甚理想，但毕竟是林区持续稳定发展的重要资源基础，功不可没。③优质的防护功能强的天然林，特别是南方一些珍贵树种天然阔叶林，应当很好保护并持续经营，砍伐这类林子去造速生丰产林是不对的，但对一些疏密不均、低产劣质的天然次生林，有力量时应当进行人工改造，适合的地方也可用来发展速生丰产林。④速生丰产林只占全部森林面积的较小比例（全国规划约占6%～10%），不致影响全部森林的生态效益和社会效益的发挥，另一方面也应充分利用自然规律，通过合理布局、适地适树、抗逆育种、优化结构、维持地力、补充营养等途径，使速生丰产林也能稳定生长，在取得优异的经济效益的同时兼有良好的生态效益和社会效益。⑤在第十届世界林业大会上占有明显倾向的观点——发展工业人工林有利于减少天然林的破坏（减轻对天然林的压力），而且高产人工林长久利用是促进大气中 CO_2 的固定、减缓地球温室效应的重要途径，因此人工林在这方面比天然老林更为优越。

（3）“美国的新林业学说是国际上林业学术界的一种新动向，它似乎是与发展速生丰产林的思路相抵触的”。这是最近一些专家在介绍美国新林业学说时字里行间提出的问题。我不否认 J. F. Franklin 教授从景观生态学的角度提出的林业经营新思路的某些合理性。我曾经去过他所工作的地区，也曾为美国西北部的高大茂密的天然林以如此速度开发利用而造成的支离破碎的自然景观感到担忧。“新林业学说”代表了一种想摆脱困境的新探索。但我也同意沈照仁同志对此作出的基本评价：“新林业学说只是木材生产与自然保护之间的折中立场”，而且“只适用于太平洋沿岸西北部地区的天然林，并不能成为处理全美林业的理论基础”。我想再加一句“更不用说全世界了”。我国的林业基本状况与美国的相距甚远，与其他发达国家和发展中国家的林业基本状况也很不一样。他们的经营林业的合理思路应该参考。但更要下工夫针对我国的国情、林情来探索自己的发展道路。

对于中国林业的发展道路，我是既拥护“林业分工论”，又拥护“多效益综合经营论”的。按照林业分工论的思路，把我国林地按其主要经营目标划分为不同林种，切块分头经营，其中必须有一块是以培育木材为主业的集约经营的用材林。而任何一片森林都同时兼有多种效益，如果经营得好，在不影响主导利用方向充分发挥效益的同时，其他效益也可以有较高水平的发挥。我国近年的林业生产实践提供了这方面的有益经验。如大多数防护林建设都在向生态经济型防护林体系的方向发展，而发展用材林也要尽量兼顾防护和游憩等需要。辩证唯物主义哲学中有关主要矛盾和次要矛盾相互关系的学说也可以用到处理林业的经营战略上来。美国的新林业学说在兼顾各种矛盾上下了功夫，对我们有启发，但它并没有解决如何提高森林生产力以满足日益增长的对森林效益多方面的需求问题。没有森林的及时更新及扩展，没有森林生产力的逐代提高，要解决现已50多亿世界人口的各种需要，又要把自然环境保护好、不恶化，这几乎是办不到的。环境和发展是当代全世界社会发展的重大矛盾。单纯追求物质生产发展而不顾资源环境问题必然要走入死胡同，但单纯的不顾发展需要的环境保护主义也是脱离实际的、行不通的。我们的任务是利用对自然规律的深刻认识和科学技术的最新进步，处理好环境和发展之间的复杂矛盾，包括控制人口在内，在不太长的时间内保住地球上的资源与环境，同时使人民生活有所提高。

(4)“生态林业发展方向和发展速生丰产林有什么关系?”这是近年来不少人在探索生态林业发展方向时很自然地提出的问题。生态林业作为发展方向虽已酝酿多年，但迄今为止还没有得出一个完善的、大家都能接受的说法，对生态林业的标准和它所包括的范围都还没有明确的界定。有人把生态林业就理解为以生态学为指导的林业，就是传统林业；也有人把生态林业只理解为立体的或多层次复合经营的林业。对这些我都认为有失偏颇。在这里我们不准备展开来探讨生态林业的内涵——这不是本文的目的，而是来探讨生态林业与发展速生丰产林的关系。生态林业作为发展方向，它起码应当具有以下特征：①森林多种效益的高度统一；②森林综合效益的高水平发挥；③生态学意义上的良性循环和持续生产；④以林为主的生态系统的复合经营。从这个意义上来讲，生态林业并不排斥对发展速生丰产林的规模、布局、结构、生态适应性、物种及种群的多样性、生产力水平等方面提出更严格的要求，而最重要的挑战是培育森林在达到速生丰产标准的同时，能否做到多种效益的持续稳定的发挥。从理论上讲，这不是不可能的。当然，对速生丰产林只能要求它作为全部林地的一个组分来充分发挥作用，而不是代替所有其他林种来全面发挥作用。如果是这样，则通过合理规划确定速生丰产林的适度规模和合理布局(局部集中和镶嵌分散相结合的布局)，通过优良设计来保证选用树种(种源、品种)的生态适应性和种群多样性以及能提供高生产力和良好生态效益的合理林分结构(密度、组成、年龄、层次)，通过精心施工来实现速生丰产优质以及创造持续生产所必要的条件(如补充营养防止地力衰退)。把这样的速生丰产林与其他各类森林一起纳入到经合理配置、科学经营所形成的林业体系中去，使多种森林效益在同一地球内高水平的综合发挥。这是科学的理想，也是科学家前进的追求。为了达到这个理想目标，时代呼唤着要对大自然有更深的理解，科学技术要发展到一个新的高度。

从以上几方面的探讨无非想说明，尽管近年来对林业发展道路从不同角度提出了许多看法和思路，对于我们全面认识问题的实质都有不同程度的帮助，但这都不能动摇发展速生丰产林在我国林业中的重要地位，相反，更加深了对速生丰产林所起作用的认识，明确了发展速生丰产林应走的技术路线。

三、速生丰产林的发展方向

在我国已经延续了30多年的速生丰产林发展史必然要继续写下去。而且，由于社会发展的迫切需要，科学技术的发展提供了可能，速生丰产林无论在规模上还是在效益上都将比前一阶段有更快的发展。我国发展667万hm^2(1亿亩)速生丰产林的规划，虽在林地提供及投资强度等方面遇到一些困难，但我们总得想办法，从完善土地利用规划方面，从提高育林科学技术方面，以及从提高认识、完善政策、用好投资、加强管理等方面克服困难，全面实现规划目标。至于在21世纪头20年，能否实现发展速生丰产林2000万hm^2(累计3亿亩)，尚需在总结发展667万hm^2的基础上，根据21世纪的科学技术水平及社会发展目标，作进一步的论证。考虑到迄今为止已积累起的发展速生丰产林的经验和问题，考虑到当今世界上的环境与发展之间的矛盾及其在我国的表现，还考虑到现代科学技术的迅速发展可能给林业生产提供的生产力发展前景，我认为今后我国在发展速生丰产林时应当注意以下几个问题。

(1)加强速生丰产林定向培育的研究和实践已经刻不容缓。为此，必须加快林纸联合步伐及与速生丰产林布局相适应的木材加工企业的合理配置。如果再议而不决或推而不动，我们将丧失良机，给发展速生丰产林事业及整个林产业带来很大的危害。

(2)速生丰产林只能解决部分大批量的中小径级材种的需求问题，国民经济和人民生活对木材的需求是多样化的，而且是在不断变动中的。我们一方面要不断研究这种需求变化，使速生丰产林的培育与之相适应；另一方面还要建立一批多树种多功能的用材林基地，使之能弹性地对需求变化作出反应。从这个意义上讲，把短周期的速生丰产林与长周期的一般用材林相结合，一般用材林与珍贵树种用材林相结合，用材林与其他多功能的林种相结合是至关重要的。速生丰产林虽然重要，但只是一个局部，要摆好这个局部在全局中的位置。

(3)速生丰产林的发展规模取决于适于发展速生丰产林的林地面积，也取决于科技水平和投资能力，处于动态发展之中。这个问题虽已有人研究，也做出了规划，但目前的基础并不很牢靠，意见还有分歧。不断出现的“反对毁林造林”的呼声就是存在问题的一种反映。这个问题必须加紧调查研究，否则将从根本上影响速生丰产林事业的健康发展。这也是林业长远规划所必须解决的问题之一。

(4)速生丰产林这个名词沿用至今，意在强调“速”和“丰”两个方面。但国内外育林实践的经验和教训一再提示我们，仅有这方面是不够的，必须还要强调定向目标下的优质、生态学意义上的持续稳定，有了这些才能取得高经济效益，也能兼顾一定水平的生态效益和社会效益。因此，最近有人提出速生丰产林应具有“定向、速生、丰产、优质、稳定、高效”6方面的特征，我是很支持的。名词可以不改，还叫速生丰产林，但目标要全面，内容特征也要与之相适应。

(5)为了使速生丰产林达到我们期望的全面目标，就必须应用各种现代科学技术，包括生物技术在内的良种繁育技术，有充分科学根据的适地适树、合理结构及立地调控技术，在全面生态学观点指导下的病虫害管理技术，以及精巧的机械化、新型化学及生物制剂的应用等等。充分应用新的科学技术使我们有可能把森林的生产力提高到一个新的前所未有的水平，从而加大了我们在解决资源、环境和发展之间矛盾的自由度。近年来提倡的无性系育林技术可能成为很有前途的发展方向之一，但同时对此应持慎重态度。要保存好原有种质资源，加宽选择的遗传型幅度，避免出现遗传基础过窄可能引起的各种风险。

(6)正因为经营林业的长期性，导致营林理论发展中具有考虑持续生产的优良传统，“永续利用”早已成为营林的一个理想目标。在当今世界面临资源环境和生存发展之间的矛盾尖锐化的时候，永续(或持续 sustainable)原则更具有了战略性的意义。发展速生丰产林一定要坚持永续原则，排除一切有碍于实现持续经营的技术导向或经营策略，这是一项严重的、我们必须面对的挑战。

总之，发展速生丰产林，有需要，有可能，有困难，也有前途。我们的责任是使这项事业发展得更健康、更有效，少走弯路，多出成果。

沈国舫
(北京林业大学)

代　序

——在中国林学会城市林业学术研讨会上的总结发言摘要*

在会议结束之前，请允许我代表中国林学会讲几句话。

第一，这次由天津市林学会创议和支持的，被列为中国林学会1992年重点学术活动的城市林业学术研讨会，完全按原定计划顺利进行，取得了丰硕的成果。在这三天半的论文宣读、专题研讨、现场考察等活动中，所有与会代表都积极主动，思想活跃，勤于切磋，既交流了情况，学习了经验(特别是学习了天津市城市林业建设的好经验)，又探索了问题，提高了认识。会议成果必将对全国城市林业建设的发展产生较好的效果。这次研讨会可能作为中国的第一次城市林业的学术会议，作为中国的“城市林业”分支学科的发展起点而载入史册。

第二，正因为城市林业是一项新兴事业，它的概念、范畴、功能、效益的认识也还在发展形成中，因此，对它有一些不同看法是很自然的。不过，从这次会议上大家讨论的情况分析，看法的一致部分大大超过分歧部分。我在大家发言的启发下，想就城市林业的有关问题发表几点个人看法。

1.“城市林业”的名称

从这次会议筹备开始，对会议的名称就一直有不同看法，归纳起来有城市森林、城市林业、都市林业、城郊林业、城乡绿化等不同名称。推敲再三，我们认为还是采用“城市林业”这个名称为好。城市森林指的是城市的(包括市区和郊区)树木及其他相关植被(草地、灌丛、花坛、垂直绿化面等)，它是城市林业的经营对象而不是事业本身。用“城市林业”这个名称，便于与国际上近年通用的术语(urban forestry)相对应，它比城乡绿化更严格，又比城郊林业(suburban forestry)和都市林业(metropolitan forestry)含意更全面。在林业系统使用城市林业这个名称的同时，并不排斥园林系统可以用其他名称来表述类似的内容，如生态园林等。

* 本文来源：中国林学会，全国绿化委员会办公室. 城市林业——92’首届城市林业学术研讨会文集. 北京：中国林业出版社，1993：1－2.

2. 城市林业的学科位置

从大林业的角度看，城市林业是现代林业的一个分支。我们说大林业是强调现代林业不同于传统上只着重经营用材林的那种狭义林业，有其扩大了的更丰富的内涵。为了便于分类指导，现代林业可按林种分类(如用材林业、经济林业、防护林业等)，也可按地区分类(如热带林业、平原林业、干旱地区林业等)，但更重要的是应当按经营特点(林种组合和地区特点的结合)综合分类。我国林业可以分为林区林业(包括国有林区林业和集体林区林业)、农区林业(包括平原农区林业、草原牧区林业、庭院林业等)、城市林业和特殊地区林业(包括矿区林业、自然保护区及风景名胜区林业等)等几大模块。城市林业是其中一个范围明确、特点突出的一个模块，它既是大林业向致力于改善城市环境方向的延伸，又是城市园林事业面向更大空间范围的扩展，可以说是两个学科交汇的结晶。对城市林业的实施范围，大家都有共识，主要是指大中城市的全部管辖范围，包括市区和郊区，重点则在城乡交接地带。

3. 城市林业的目标和效益

城市林业的主要目标是通过绿化、美化、净化来改善城市的生态环境，同时也要兼顾城乡经济发展的需求。正像会议上有的同志所说的那样，城市林业追求的是在改善城市环境主导目标下的生态、社会、经济效益的高度统一。主导目标一定要坚持，天津市外环林带的建设正是从这个目标出发的，这涉及了一些利益的调整，克服了许多困难，坚持发展到现在，可以说当初的决心是下对的。北京市在这方面也是很重视的。如果忽视主导目标，就会出现城市绿化规划难于实现、现有绿地常被侵占等坏现象，也有可能在公园绿地引入过多的商业内容而使之变质，缩小并恶化市民的休息空间。不少城市已经出现了这类问题。在明确主导目标的前提下，其他效益也可兼顾。有些效益是直接的和有形的，如绿带建设和果树培育、养鱼相结合，经营游憩活动的直接经济收入等；有些效益则是间接的和无形的，如由于绿化美化水平提高而使附近的房地产增值，投资环境的改善，居民健康的增强和病后康复期的缩短，减灾防灾费用降低，等等。我们对城市林业的全面效益还应做深入地研究，使效益评价能更科学化、数量化。

4. 城市林业的发展战略

在这方面各位代表说了很多好意见，也提供了一些范例，我就不重复了，只想再强调几句，就是：①要因地制宜，各具特色；②要博采众长，创造发挥；③要立足现在，面向将来。城市林业是一项长远建设，从事这项建设要站得高，看得远，依据城市生态系统的科学认识，吸取国内外有益经验，创造性地工作，以力所能及的代价，争取最大的效益。城市林业建设的主力是林业部门和园林部门，由各市绿委及城市规划办公室来协调，广泛吸收水利、交通、旅游、文物等有关部门及广大群众中的积极分子参加。

第三，在这次研讨会已经取得成果的基础上，所有与会代表还要在会后继续努力做开创局面的工作。首先，要利用各种机会扩大宣传，确立城市林业的地位；其次，要向各级政府传达信息，作为决策时参考；第三方面，要争取成立城市林业二级学会组织，统筹今后学术交流及学科发展事宜；第四方面，要筹集资金出版这次研讨会的论文集，以扩大交流面。至于今后通讯交流问题，暂时可利用《国土绿化》杂志上开辟专栏研讨，待时机成熟后再办正式期刊。

我同意大家在讨论中做出的评价，这次会议开得很成功，这与大家的共同努力是分不开的。会议的气氛融洽，内容充实，不少报告有经验体会和真知灼见。我们感到高兴的是林业、园林、绿化几路人马汇在一起，有共同追求和彼此理解，而不强调门户之见，这正是城市林业建设所需要的精神。

中国林学会副理事长 沈国舫

北方及温带森林的持续发展问题

——CSCE 北方及温带森林持续发展专家研讨会情况介绍*

摘　要　作者综述了有关北方及温带森林持续发展问题的高层次专家研讨会的情况；介绍了对可持续性概念的认识和有关术语的应用，以及用于检验森林持续经营的指标体系的讨论情况；概述了温带及北方森林的增减情况。
关键词　温带森林；持续发展；经营

1993 年 9 月 27 日至 10 月 1 日，欧洲安全合作会议(CSCE)为了更好地贯彻 1992 年 6 月联合国环发大会(UNCED)通过的“关于森林问题的原则声明”，探讨森林持续发展问题，在加拿大蒙特利尔市召开了北方及温带森林持续发展专家研讨会。这是一次高层次的专家研讨会，参加会议的除了欧安会各成员国(包括前苏联范围内各国在内的所有欧洲国家及北美的美国和加拿大)的林业专家代表外，还邀请了联合国各有关组织及许多与环境问题有关的非政府组织(NGO)的代表参加。会议还特别邀请了国际热带木材组织(ITTO)总部(设在日本横滨)及部分成员国的代表参加，中国是被指名受邀的国家。我受林业部委派，作为 ITTO 代表之一参加了这次专家研讨会。

一

为了充分认识这次会议的目标和内容，首先有必要对召开这次会议的背景情况有所了解。20 世纪 80 年代以来，全球环境问题的日益严峻以及环境和发展问题之间的矛盾日益突出，引发了联合国环发大会——里约热内卢首脑会议(Rio Summit)的召开，并由此提出了对今后世界环境和发展问题的要求，这当然是大背景中的主线。森林的持续发展问题是环境和发展问题交织在一起的关键问题之一，越来越受到世界各国的重视。里约热内卢会议之后，世界各国都有所行动，或修订森林法规，或制订新的林业发展规划，在不同程度上对森林的持续发展目标作了承诺。欧

* 本文来源：《世界林业研究》. 1994，7(1)：18-24.

洲国家还于1993年6月在赫尔辛基召开了保护欧洲森林的部长级会议，重点讨论了森林持续经营问题。1993年9月在新德里召开的发展中国家林业部长级会议上，森林的持续发展问题也是主要议题。

热带森林在保护全球生态环境方面起着重大的作用，近几十年来热带森林的加速消失引起了有识之士的普遍忧虑。以发展中国家为主体的热带森林国家在开发和经营自己的森林时承受着很大的国际压力。1983年国际热带木材协议(ITTA)的签订及随后的国际木材组织的成立，标志着要在热带森林的合理经营上做出协调一致的努力。在1990年召开的第八届国际热带木材理事会上通过了要在2000年达到"所有进入交易的热带木材都必须来自持续经营的森林"的目标。一些热带木材消费国(主要是发达国家)还要求所有出售的热带木材都必须贴上生态标签(eco-labelled)，否则将受到抵制，热带木材生产国还应定期向世界报告其森林持续经营方面的进展。在经营一国所属的森林是这个国家的主权问题，以及在限制开发热带森林以控制温室效应气体的增加应当得到温室效应气体排放国家(主要是发达国家)的经济补偿等问题上，一直存在很大的争论。但不管存在多少争论，对于为了保护地球生态环境而应当持续经营森林这个观点已经取得了共识。一些热带森林国家提出，不仅对热带森林，而且也要对温带森林及北方森林(boreal forest，相当于我国的寒温带森林)提出持续经营的要求。从某种意义上讲，这次专家研讨会的召开也算是温带及北方森林国家(主要是发达国家)对热带森林国家提出的挑战的答复，表示了他们对森林持续发展问题的关切。由主要讨论安全、裁军等政治问题的欧安会出面来主持森林持续发展问题的研讨，更突出了这个问题的重要地位。

二

这次专家研讨会是在森林持续发展原则进入行动过程中提出了一系列问题的情况下召开的。会议为世界各国的专家提供交换意见的场所来试图回答这些问题，其具体目标是：①统一对可持续性(sustainability)概念的理解和认识，并据此对当前北方及温带森林状况作出描述和分析；②提出一套既有科学根据，又能为国际上普遍接受的衡量森林持续发展的标准和指标；③审视为判断森林持续发展所需的数据的搜集及监测活动状况。

关于可持续性概念的认识及有关术语的应用，一些专家追溯了这个概念的发展历史。大会主席加拿大的J. C. Mercier先生在其报告中把迄今为止的森林经营的历史划分为4个时期，即狩猎—采集时期、农业时期、科学—工业—贸易时期及全球经营时期。森林永续收获(sustained yield)概念形成于第3个时期的17~18世纪，由德国的Geoge Hartig于1957年做出了明确的表述，并成为了普遍接受的经营森林的指导原则。现在森林经营已经从第3时期向第4时期过渡，引发这个发展的主要因素是资源的不足，对增长是有限的以及世界各国在经济上和生态上是相互依赖的认识，因此大家都接受了必须持续发展的要求，这个持续发展在深度上和广度上都大大地超出了原来的木材永续收获的含意。

持续发展(sustainable development)和持续经营(sustainable management)是两个相似又略有不同的用词，但不同的人有不同的理解。有人认为，持续经营是达到持续发展目标的手段，另有人从另一角度认为，持续经营不一定有发展变化的含意，而持续发展则指满足持续条件的前进式变化，是更深层次的要求。对于森林的持续经营的定义，在前阶段众多议论的基础上，1993 年 6 月欧洲林业部长级会议取得了共识，提出"森林持续经营是指以某种方式和强度对森林进行经营(原词为 stewardship，意为扶持、管理)和利用，使之能保持生物多样性、生产力、更新能力、生活力以及现在和将来在地区、国家及全球水平上发挥有关生态、经济和社会功能的能力。"这个定义在这次专家研讨会上也被大家接受。至于对森林的持续发展，还得不出一个大家公认的定义，由英国专家 D. Poore 在这次会议上提出并被少数人引用的定义可供参考：森林的持续发展是指"用前后一贯的、深思熟虑的、持续而又灵活的行动来维持森林的物产和服务，使之处于平衡状态，并用它来增加森林对社会福利的贡献。"从以上这些定义所反映出来的现代的"持续观"和以前的木材永续利用原则相比，所体现的巨大的超越和发展是显而易见的。

既然大家都接受了必须持续发展的原则并愿意付诸行动，那么就很自然会提出如何来检验一个地区或国家的森林是否做到了持续经营或达到了什么程度，这就需要有一套合适的、可操作的指标体系。在专家研讨会上，加拿大专家代表团团长 J. S. Maini 先生对森林持续发展的常用术语构筑了一个层序关系，包括目标(objective)、原则(principle)、标准(criterion)、方针(guideline)、指标(indicator)和监测(monitoring)等，并逐个给予定义及范例，在此基础上提出了森林持续发展的 7 项标准，并为每项标准举出若干个指标为例。他的建议成为了大会讨论标准和指标问题的基础。大会分社会经济(A)和生态环境(B)两个分会场，对持续发展的标准和指标问题进行了热烈的讨论。从讨论中可见，各个国家由于所处的自然和社会经济情况的不同而对持续发展标准有不同的认识或侧重点，各个非政府组织代表着国际社会中不同层次或角度的利害集团(如绿色和平组织、野生动物组织、拯救泰加林组织、宗教组织、少数民族权益组织等)也对讨论进程有较大的影响。由于是专家会议，要发扬学术民主，各种意见都要予以保护，而又缺乏归纳或排除不同意见的权威，因而其结果只能使指标体系越来越庞杂。最后的结论性建议指标体系在会后才寄到，也免不了庞杂的缺陷。但尽管如此，这个指标体系体现了森林持续发展的全局性、多面性和深刻性。现将作为大会成果的建议标准列于附录 2(限于篇幅，不具体到指标，仅指出指标项目数)，供有兴趣者参考。

要使用标准和指标体系来判断分析森林经营状况，就必然涉及数据的采集及监测工作的实施。在这次会上有几个报告涉及这个方面的内容，还有一些国家代表在发言中描述了本国(或国家集团，如东欧)的森林资源状况。联合国粮农组织代表 J. P. Lanly 先生介绍了联合国粮农组织和欧洲经济委员会合作进行的最近一次温带森林资源评价 FRA—90 的内容，同时也说明了 1993 年 5 月在芬兰 Kotka 会议上开始了下一轮全球森林资源评价(FRA—2000)的部署。为了与世界环发大会精神和持续发展的要求相适应，下一轮清查评价工作将大大扩充数据采集内容和改进工作方法，要扩充的内容主要涉及环境参数、森林的健康活力状况、森林的功能效益(包括非木材产品在内)，而且所有数据将按热带林、温带森林、北方森林分别统计(以前只把热带林单分统计)。在分组讨论时，由于大部时间被指标体系的讨论所占用，因此对数据采集及监测问题的讨论就显得不够充分，可能这还需要资源清查及监测方面的专家进行更专业性的讨论。

三

从持续发展的要求角度来看，世界上的温带及北方森林经营状况如何，这是大家都关心的问题。德国专家 P. Schroeder 代表联合国欧洲经济委员会(ECE)对此做了全面分析。温带及北方森林约占全世界森林资源的50%(不包括中国)，总的情况还是可以放心的。在20世纪80年代的10年间，温带及北方森林的面积(前苏联未统计在内)扩大了380万 hm^2，损失了180万 hm^2，净增约200万 hm^2。前苏联声称在同期内增加了2260万 hm^2 林地，但需核实。在所有温带国家中，仅美国的林地面积明显减少(-316万 hm^2)，日本也有少量损失(-4.8万 hm^2)。欧洲(前苏联除外)可利用森林的年生长量5.77亿 m^3，前苏联为7亿 m^3。年采伐量与年生长量的比值：美国为0.81，加拿大0.73，前苏联0.74，欧洲(不计前苏联)0.71，澳大利亚0.57，新西兰0.52。一般认为，这个比值在0.8以内是安全的，而温带和北方森林国家的总体比值为0.79，属安全范围。欧洲每年生长量超过采伐量结余1.4亿 m^3，相当于木材产品从外域年进口量的2倍，言外之意，如不进口木材欧洲也能过得去。所以，从表面上看，温带及北方森林的状况是不错的，但是这里掩盖着不少矛盾和问题。首先，这个区域的内部情况是相当不平衡的，有很多木材出口国，如前苏联、加拿大、瑞典、芬兰等国，也有许多木材净进口国，如英国、德国及一些西欧小国。美国也是木材净进口国(所需纸浆的12%、锯材的16%需进口)，主要来自加拿大。其次，发达国家消费的木质燃料比较少，所以才能保住森林资源，但他们所消费的矿质燃料(油、气、煤)有相当一部分来自海湾地区及其他发展中国家，这是一种转嫁了的资源负担。再次，发达国家消费了大量的自然资源，所造成的对全球环境的不良影响(温室气体释放过量，大气污染使森林的健康水平及活力下降等)，还不能由他们自己来实现扭转。在这方面美国最典型，他们过的是一种资源浪费型的生活，美国的木材消费(含纸及纸板)水平相当于一般发达国家的1.5倍，相当于一些非工业化国家的100倍，其他能源消费也是这样，而美国的森林只能固定全美国所释放出的 CO_2 总量的9%(引自1992年美国林务局向第16届北美洲林业委员会的报告)。从这个角度看，发达国家单方面要求热带森林国家为吸收多余的温室效应气体而付出代价是不合理的。

世界环发大会前后，温带和北方森林国家都纷纷修正自己的林业发展战略，力求全面满足森林持续发展的要求。瑞典重新修订了森林法，还对各林区强行规定了必须保留的阔叶林的最低比例。加拿大为了协调环境与发展之间的关系，于1990年提出了一个在6年内投入30亿加元的“绿色计划”，它包括的8个领域中的一个就是“加拿大可更新资源的持续利用”。在“绿色计划”的框架内于1991年提出了“示范林网络计划”(Model Forest Network Program)，执行期5年，经费1亿加元，要为森林的全面持续经营提供可靠的样板。现已建立起分布在8个省的10片示范林，覆盖林地面积约600万 hm^2。加拿大政府还正在拟定在国外设示范林的计划。美国也在1993年6月的赫尔辛基会议上做出了到2000年达到森林持续发展的承诺，他们的森林经营方针将从传统的木材永续利用及20世纪60～70年代开始的多用途协调经营转移到以生态系统经营为基础的森林持续经营上来。

四

这次会议给我国林业工作者最主要的启示无疑是：森林的持续发展已是当今世界林业的最热门话题和最基本的要求。而我们中的多数人(除少数敏感者以外)对这个问题的重要地位及确切含意还认识不足，不少人的认识还停留在林木生长量与采伐量(消耗量)的平衡关系这个传统命题上，而对于大大扩展和深化了的持续发展要求理解不深。撰写本文的目的之一是想引起广大林业工作者对持续发展问题的关心和注意，并提供一些这方面的信息和参考资料。

由于改革开放以来10多年的持续努力，我国的森林资源状况正在发生一些积极的变化。实现了有林地面积和林木蓄积双增长，在我们这样一个人口众多、资源基础薄弱、科学经营历史短暂的国家是难能可贵的。我通过在会上的发言也曾把这个信息传递给世界各国专家。但是，即使仅仅从木材生产狭窄的角度来看，我国取得的这种进展也是很脆弱的，还存在着许多危险环节。如果人口继续超计划增长，如果需求随着经济发展而大幅度提高，如果可采资源确实用完，如果木材进口因各种原因受阻……后果将如何？该采取什么对策？一系列问题要求回答。更何况持续发展的要求还要扩展到生物多样性的保护、水土资源的保护、森林健康活力的保持、林区居民及林业从业人员生活水平的提高、广大人民在与森林有关方面的经济、文化、精神需求的满足等等广阔层面，要全面达到持续发展标准更是难上加难了。对所有这些我们应当有一个充分而客观的估计。

世界林业发展到今天，可持续性已经成了一切问题的焦点，也成了发展的主要目标。为了当代人民和子孙后代的利益，达到森林的持续发展目标是我们林业工作者无法推卸、义不容辞的责任。我们虽然面临巨大困难，仍应鼓足勇气，树立信心，发展科技，认真实践，经过几代人的不懈努力，力争使中国的林业全面达到持续发展的境界。

沈国舫
(中国林学会)

附录1

大会报告清单

1. Jean C. Mercier(Canada). Sustanable Forests：A Global Challenge.(可持续的森林：全球的挑战)

2. Peter Schoreder(Germany). Overview of Boreal and Temperate Zone Forests.(对北方及温带森林的总览)

3. Brabander(Germany) H. D. The Value of Forests in Economic and Noneconomic Terms.(森林在经济及非经济方面的价值)

4. Roger Lafouge(France). Changes in Public Perceptions of the Forest and Effects of the Changes on Forest Policies.(公众对森林意识的变化及其对林业政策的影响)

5. Pekka E. Kauppi(Finland). Ecological and Environmental Challenges to Boreal and Temperate Forests.(对北方及温带森林的生态环境挑战)

6. Vaichys M. and Kenstavicius J.(Lithuania). The State and Special Features of Forest Management in the Boreal and Temperate Zone of Eastern Europe.(东欧的北方及温带森林经营状况及其特点)

7. Duncan Poore(England). Criteria for the Sustainable Developments of Forests.(森林持续发展的准则)

8. Maini(Canada) J. S. Sustainable Development of Forests：A Systematic Approach to Defining Criteria，Guidelines，and Indicators.(森林的持续发展：定义准则、指针及指标的系统方法)

9. Anatoly Shvidcnko(LIASA). Information Support for Forest Management and Sustainable Development：Overview of the Situation in the Countries of the Former Soviet Union.(对森林经营及持续发展的信息支持：前苏联各国状况的总览)

10. Giovanni Preto(Italy). Global Monitering：Problems and Constraints.(全球监控：问题及限制)

11. Lanly(FAO) J. P. International Assessments of the Temperate and Boreal Forests：the Experience of FAO/ECE.(对北方及温带森林的国际评估：联合国粮农组织及欧洲经济委员会的经验)

附录2

北方温带森林持续发展的标准及指标

1　森林持续发展的社会经济标准(无级别及优先度，应作为整体)

Social and Economic Criteria for the Sustainable Development of forests(No ranking or priority, must be taken as an entire set)

(1)Recognition of the full spectrum of forest functions and uses

对全部森林功能及用途的认可(下列指标8项，略)

(2)Long term supply of social benefits

社会效益的长期提供(下列指标7项，略)

(3)Long term output of multiple economic benefits

多种经济效益的长期产出(下列指标6项，略)

(4)Institutions and infrastructure to provide for sustainable forests

为可持续森林提供的机构及基础设施(下列指标5项，略)

(5)Recognition of and respect for indigenous rights and knowledge, history and archaeological sites

对原有的权利、知识、历史和考古场地的承认和尊重(下列指标7项，略)

2　森林持续发展的环境标准

Environmental Griteria/Indicators for the Sustainable Development of forests

(1)Biodiversity(Species diversity, landscape diversity)

生物多样性(物种多样性，景观多样性)(下列指标12项，略)

(2)Productivity(of the ecosystem)

生产力(生态系统的生产力)(下列指标12项，略)

(3)Soil conservation(including erosion and natural hazards)

土壤保持(包括侵蚀及自然灾害)(下列指标7项，略)

(4)Water conservation(including erosion and natural hazards)

水的保持(包括水的数量和质量)(下列指标3项，略)

(5)Forest ecosystem health and vitality(ecosystem functioning)

森林生态系统的健康和活力(生态系统功能)(下列指标8项，略)

(6)Contribution to global ecological cycles

对全球生态循环的贡献(下列指标6项，略)

(7)Ability of the forest ecosystem to fulfill socio-economic functions

森林生态系统完成其社会经济功能的能力(下列指标3项，略)

北方及温带森林持续发展的标准及指标*

（1993 年 9 月蒙特利尔森林持续发展研讨会汇总意见）

1　森林持续发展的社会经济标准（无级别及优先度，应作为整体）

1.1　对全部森林功能及用途的认可

指标：

——森林的功能及防护作用

——森林作为独特生命系统的保存

——多样的、稳定的地方社区及以林业为基础的就业

——工人健康和安全的保证

——为保证森林的全部功能和利用的保存措施

——为农业社区和当地居民的利益提供原材料和生态系统服务

——森林面积、森林利用及状况的测定

——为了达到森林持续经营而进行的环境成本和效益的自我体现（internalization）

1.2　社会效益的长期提供

指标：

——文化的、精神的和美学的价值

历史纪念性场地

医药的

景观的

——游憩和旅游

森林的可及性

——多种补充性森林功能和利用

提供

狩猎

放牧

——以防护为目的的森林（空气和水的质量，滑坡等）

——工人健康和安全的保证

——多样的、稳定的地方社区及以林业为基础的就业

——生存必需的利用

1.3　多种经济效益的长期产出

指标：

——为满足广阔社会需求有效地提供物品和服务的能力

——产生并维持长期多样的收入及就业机会

——为了达到森林持续经营而进行的环境成本和效益的自我体现

* 本文来源：《世界林业研究》，1994，7（4）：81-83.

——是否存在效益评价及全部成本体现的机制

——木材及非木材林业生产的活力和效率

非木材产品的充分流通

木材的充分流通

——公正性

1.4 为可持续森林提供的机构及基础设施

指标：

——规划

森林面积、森林利用及林况的测定

公众参与及社会接受的过程

跨部门规划的能力

——法制

是否存在适当的条例框架

——经济

应对建立和维持建筑的森林及高效、多样化和机动的林业有适当的激励措施

林业部门政策与其他部门公众政策相结合的程度

——参与

公众有效参与的过程

——研究与教育

有没有可用的支持森林持续经营的教育和研究计划

有没有可用的联系林业部门和公众部门的渠道

1.5 对原有权利、知识、历史和考古场地的承认和尊重

指标：

——传统利用、物品及服务项目的提供

与已有的条约及其他承诺的一致性

与联合国公约及协定的一致性

原有传统知识与生态系统经营和规划的结合

2 森林持续发展的环境标准

2.1 生物多样性(种的多样性、景观多样性)

指标：

——生态系统的结构成分

——与天然生态系统相比较的实际多样性

——森林景观的连贯性

——森林景观破碎程度和速度

——野生动物迁移走廊的提供

——生境的变化

——创造或维持多样性事业的规模和速度

——单位面积的景观多样性

——单位面积的生态系统多样性

——单位面积和林型内的种的多样性，包含种的消失速度

——单位面积和林型内的基因多样性

——生态系统的更新能力

2.2 生产力(生态系统的生产力)

指标：

——特定森林类型的面积

——生态系统总生物量

——选定生物种的种群监测

——生物量的转移及破坏

——选定有机体的生长速度

——监测样地(向正常放牧制度开放的)内更新的性质和多变

——有机体的生殖力

——生态系统受干扰的速度

——土壤养分状况

——相对于临界负荷/水平的特定大气污染物的水平

3 土壤保持(包括侵蚀及自然灾害)

指标：

——土体快速移动的事件（如泥石流、滑坡等）

——其他自然灾害的事件

——土体缓慢移动的事件（如土体蠕动、山体变形等）

——土壤侵蚀（按过程分项）

——土壤养分状况

——土壤微植物区系及微动物区系

——土壤质量

4　水的保持（包括水的数量和质量）

指标：

——水的数量

——水的化学质量（如 pH、DOC、阴离子组成）

——水的生物质量（如水生生态系统多样性）

5　森林生态系统的健康和活力（生态系统功能）

指标：

——昆虫、病害和非生物灾害事件

——生态系统组分的健康和活力的特定指标

——生态系统的恢复力、抗逆性及粗壮性

——生态系统的适应能力

——种和基因的多样性

——人为潜在干扰影响的水平（如污染、UV—B 辐射、气候变化等）

——更新

——捕食者种群的活力

6　对全球生态循环的贡献

指标：

——森林对大气质量、水质影响的专门研究

——森林的放射性气体散发

——总的碳收支量、包括计算森林散发及吸收二氧化碳量

——营林实践对敏感生态系统（如沼泽地）的干扰

——水文循环

——种间相互作用，包括种的越界迁移

7　森林生态系统完成其社会经济功能的能力

指标：

——长期持续利用的森林的商品材收获与现行允许采伐速度下的商品材收获的比较

——森林旅游和游憩的利用总能力与现实利用状况的比较

——与期望值相对而言的现实森林结构和多样性。

译者注：以上的森林持续发展的指标体系是专家研讨会上讨论的结果，其中指标部分带有举例性质，尚需经过审慎的修订。指标体系中有些术语的应用也并不符合中国人的习惯。尽管如此，我们还是可以从这个指标体系中品味出世界各国的专家们在考虑森林持续发展问题时的思路和着眼点，也反映了可持续性问题本身的复杂性，这些对我们都是有参考价值的。

沈国舫

从美国林学会年会看林业持续发展问题*

近年来，特别是1992年联合国环发大会(UNCED)以来，国际林业界对于林业持续发展问题有过多次研讨，形成了3个研讨中心，即以国际热带木材组织(ITTO，总部设在日本)为代表的热带木材生产国及消费国；以欧洲经济共同体(EEC)为代表的欧洲国家(因为在赫尔辛基开会研讨并发表成果，被称之为Helsinki Process)；以及以美国和加拿大为代表的温带及北方森林国家(因为在蒙特利尔开会研讨并发表成果，被称之为Montreal Process)。这3支力量都在加紧工作：明确概念和范畴，制定标准和指标，并调整各自的林业经营策略，使之与持续发展的目标相符。

美国林学会和加拿大林学会(CIE)于1934年9月18~23日在美国联合召开了学术年会，在这次年会上，主要报告及几个分会场的发言和讨论都涉及了林业持续发展问题。会上有专人对前几次国际研讨林业持续发展的情况进行了介绍，也有专人阐述了自己的观点，然后与会者进行了热烈的讨论。通过听报告和讨论，我感到对于美、加林业工作者来说，持续发展问题已不仅是一个理想目标或理论问题，而且已是与当前林业经营密切相关的现实问题。许多代表，特别是代表私营林业公司的那部分人，非常关心林业持续经营的标准及其在现实中如何实施的问题。美国曾因墨西哥的海洋捕捞业超过了持续极限的规定而抵制过墨西哥的水产品。因而对他们来说，如果他们的森林未能持续经营而使其林产品在市场上受到抵制也是理所当然的。但是，什么是持续经营的标准，由谁来确定标准，由谁来检验经营单位并颁发绿色证书(certificate)或生态标签(ecolabel)？这些问题对于那些从事林产品(包括纸产品)生产或交易的公司来说是十分紧迫的。尽管目前这个体制尚未明确建立起来，但这毕竟是迟早要出现的事物。处在这样一种气氛中，我才进一步理解了为什么加拿大林务局如此卖力地通过“示范林计划”在国际上树立提倡持续经营的形象，美国林务局也在不断宣传他所采纳的在生态系统经营的基础上达到林业持续发展的新林业方针，也更理解了为什么几个大林业公司都在会上散发了他们公司如何按持

* 本文来源：《世界林业研究》，1995，8(2)：36-37.

续原则经营其森林的材料。

关于林业持续发展的标准，有人在会上指出这和国际标准组织(ISO)的工作有关，而且加拿大标准协会(CSA)和国际标准组织已经行动起来，在制定商品质量标准中加入可持续性的内容。这个提示要求我们要更加注意ISO在这方面的动向并要积极参与这方面的活动，因为中国也是ISO的成员国，而且中国在国际林产品贸易中占有重要的地位。在这次会上涉及木材贸易的讨论过程中，有几个发言人把远东(主要指日本、中国和韩国)称为绿洞(green hole)，意思是大量吞进木材产品的无底洞。我作为中国林学会的理事长在国际上听到这样的议论感到震动。这个"绿洞"意味着中国在相当长的一段时间内都要依靠进口木材及林产品来维持本身的生存和发展。中国的林业活动不仅局限于本国，而且也将对其他国家的资源与环境的可持续性产生影响。这将增加我们肩负的道义责任。

在这次年会上我也处处感觉到，在一些发达国家，林业工作者与社会上的以环境主义者(如绿色和平组织)为代表的压力集团之间，既有观点共同的地方，也有意见相左的地方。最明显的差别出现在对皆伐作业的态度上，这就影响了立法机构及政府机关，并使他们对之做出反应。在北美，皆伐问题引起了一场大争论，美国总统克林顿不得不于1993年在美国西北地区召开林业会议并在会上阐明他的林业政策，美国林务局在这种形势下也做出了在国有林范围内压缩皆伐作业的承诺，而且从1990年开始皆伐面积已不断下降，其面积比重每年约下降3%(从1993年的21.5%下降到18.1%)。这种趋势还在继续。对于私有林，虽然在法律上仍保证林主有处置的自由权，但在实际上也对它提出了越来越严格的经营要求。如在太平洋沿岸的华盛顿州，州林业活动理事会最近就在原有的《林业实践规则》(Forest Practice Rules)的基础上又制订了名为《持续林业规则集》(Sustainable Forestry Package)，在这个规则集中对皆伐作业的面积、连续间隔期、迹地边界及山溪水温的变幅都做了严格的规定。但是，有些林业工作者对如此限制皆伐也是有看法的，他们认为，有些居民不懂林业又与林区就业无关，他们的意向有脱离实际的地方。皆伐作业还是符合某些森林的自然特性的，也可以做到持续经营。作为国家林业主管机关的美国林务局就必须协调各方面的意见，并根据美国的国情、林情以及对森林功能和作用的科学认识来决定工作方针。看来，美国国会对美国林业经营方针的决策具有重大影响。

从这次会上及会后了解到，美国林学会曾经组织了一个由11人组成的专家组，专门对林业持续发展问题进行了调研，并于1993年提出了"森林健康和生产力的长期持续问题"的专题报告(参见《世界林业研究》1994年第4期83~86页)。这个报告已成为美国林务局做出经营决策的重要依据。最近，美国和加拿大的林业当局都在加紧完成林业持续发展指标体系的制定工作，准备在1995年3月罗马召开的林业部长级会议上拿出成果。

上述这些情况无疑对我国都有重要的参考价值。我国林业系统最近对林业持续发展问题也在进行探讨，北京林业大学的森林经理学科还出了研究专集，走在了前面。这次森林经理分会把林业持续发展问题作为学术年会的主题之一是很合时宜的。但是，我们应该看到，我国林业界对于林业持续发展问题接触较迟，外来的信息也较少。有不少人，包括林业管理层中的一些人，对于林业持续发展的理解还停留在木材永续利用的老框架内，没有充分认识其丰富的内涵及最新的发展。对此我们要多做宣传工作，还要做联系中国实际的研究工作。

沈国舫
（中国林学会）

大兴安岭1987年特大火灾后的生态环境变化及森林更新进展*

摘　要　本文在简述了大兴安岭林区1987年特大火灾的规模、强度及损害等情况后，分别就灾后的生态环境变化及森林更新进展进行了介绍和分析。在生态环境变化方面着重论述了火灾对林区小气候、土壤、水文、植被、病虫害发生及野生动物的影响及其随灾后时间的演变，在森林更新进展方面着重论述了针对该次大火灾情采取的主要对策，不同森林更新方式尤其是人工更新所采用的主要技术以及9年后所取得的良好更新成绩。文章展示了按不同火烧强度及林分状况采用人工更新和天然更新相配合的正确策略，以及在地处寒温带的大兴安岭林区火烧迹地上采用大面积人工更新措施的有效性，改变了在该地区只能依靠天然更新的传统观念。

关键词　火灾；生态环境；森林更新；大兴安岭

1987年5~6月间在大兴安岭北部林区发生的一场大火，以其巨大规模、特高的强度及引起惨重的损失而震惊中外。火灾后不久，国务院曾组织以国内闻名的林学家和生态学家组成的专家组对火灾地区进行了深入的实地考察，对这场火灾的各项后果及环境影响进行了客观估量。并对灾后如何清理火烧林木恢复生态环境，更新森林资源，加强营林生产等，提出了方针性的意见和建议。这些意见和建议受到了政府的重视，得到了采纳并被付诸实施。如今这场大火已经过去十年了，究竟灾后的情况发展得怎样，生态环境是否已得到恢复？火烧迹地是否得到更新？林业生产是否又有所发展？这都是国人普遍关心的问题。本文将主要以1996年对灾区森林资源恢复更新的检查总结为依据对这些问题给予简要的说明。

---

* 本文来源：姜家华，黄丽春主编. 海峡两岸生物技术和森林生态学术交流会论文集. 台北：1997，378－385.

一、大兴安岭林区1987特大火灾的基本情况

大兴安岭是我国重点林区和主要木材生产基地之一，总面积22868万hm^2，总蓄积量约12.5亿m^3。这里的气候属寒温带季风气候类型，冬季漫长少雪，夏季极短或无夏。年平均气温-4～-2℃，1月平均气温-30～-20℃(极端最低气温为-52.3℃)，7月平均气温为17～20℃，生长期为80～120天。全年降水量为350～500mm，5～8月雨量占全年的70%以上，大兴安岭地区的平均海拔在300～800m之间，山地起伏不大，地势平缓(仅少数阳坡较陡)，河谷开阔。大兴安岭植被属于达乌里植物区系，主要植被为寒温带的明亮针叶林，谷地有泥炭沼泽发育，主要树种为兴安落叶松(*Larix gmelinii*)，其蓄积量占总蓄积量的69%，其次为白桦(*Betula platyphylla*)和樟子松(*Pinus sylvestris* var. *mongolica*)，还有少量的红皮云杉(*Picea koraiensis*)、黑桦(*Betula dahurica*)、山杨(*Populus davidiana*)和钻天柳(*Chosenia macrolepis*)等。大兴安岭地带性土壤为棕色针叶林土为主，土层较厚，一般为20～40cm，河谷低洼处有沼泽土及泥炭土，土下有岛状分布的永冻层。

大兴安岭林区分属两个林业管理局，一个在内蒙古自治区，另一个在黑龙江省。1987年5月6日开始延续了28天的特大火灾发生在黑龙江省的大兴安岭林管局北部的4个林业局(西林吉、图强、阿木尔及塔河)境内。火烧范围1.33万hm^2，过火有林地及疏林地面积114万hm^2，其中受害面积87万hm^2，过火森林蓄积8025万m^3。其中烧死森林蓄积3960万m^3，受害有林地及疏林地面积按不同火烧程度分：严重火烧35万hm^2，占40.2%，中度火烧21万hm^2，占24.1%，弱度火烧31万hm^2，占35.7%。火烧后受害用材林面积按树种分：落叶松占77.8%，白桦占17.5%，樟子松占4.6%；按龄级组分：幼龄林占23.2%，中龄林占23.7%，成过熟林占53.1%。

这场火灾的特点是过火面积大，损失森林蓄积多，房屋设施的损失也特别严重，还有人员伤亡；火烧强度大，火头多个并进，主火带宽达10～20km，在主火带内的林火都已由地面火发展为林冠火，顺风迅速推进，过火林木几乎全被烧死，不但需作大量迹地清理工作，而且有的地方上无下种母树，下无更新幼树，给森林更新带来难度，也给森林的可持续经营带来严重不利影响，置四个受灾林业局于极度困境之中。

二、1987特大火灾对森林环境的影响及生态环境的恢复

1987特大森林火灾后，尽管下垫面发生了较大变化，但是，从整个地区看，尚未出现明显的干扰大气环流和天气过程的现象，整体森林生态环境也未发生明显变化，对周边区域的生态环境也未发生明显影响。但是，对火灾区局部景观特征和生态产生了一定影响，这种影响在火灾后表现强烈，而随着植被的逐步恢复而渐趋缓解。

1. 景观的变化

火灾前该地区以兴安落叶松占优势的原始森林景观，由于森林火灾而发生了明显变化，目前已经成为森林、灌丛、次生林、造林地等组成的复合森林景观；原有的基质(原始林)已成为剩余斑块；昔日的廊道(河谷、沼泽)明显加宽；旱化景观比较突出。

2. 小气候的变化

火灾后并经过皆伐处理，由于地面失去森林的保护，下垫面白天吸收的太阳辐射增加，地面温度明显升高，地表呈现旱化，更新幼苗出现不同程度的日灼伤害，晚间长波辐射相应增加，致使低平地更新幼苗出现一定的霜冻危害，火烧当年晚霜比历年推迟了近20天。这种现象随着植被的自然恢复和人工更新面积的增加而逐步缓解。空气相对湿度显著减小，火烧当年空气相对湿度比常年减少6%～12%，出现局地干燥化现象。

3. 森林水文的变化

受灾区由于特大森林火灾和连续多年的森林皆伐，森林覆被率降低了14.5%，森林的蓄水和保水能力随之下降，调查发现，这场大火直接影响到呼玛河、盘古河和额木尔河等流域的水质和水量，其泥沙含量和浑浊度有不同程度的增加，1991年7月塔河暴发了历史上罕见的洪灾，可能和大面积火烧迹地及采伐迹地的出现有着密切的关系，山坡上部已经出现了水土流失，尤其是干旱阳坡和坡度较大的山顶部水土流失比较严重，出现了石砾覆盖度高达60%以上的林地，加大了植被恢复与森林更新的难度。火灾后10年来，随着植被的恢复和森林更新面积的不断扩大，江河水质有了一定的改善，但是，蓄水和保水能力还远未恢复到原有的水平。

4. 植被的变化

特大森林火灾直接影响了森林植被。在森林群落分类中，大兴安岭的原生森林植被包括杜香落叶松林、丛桦落叶松林、杜鹃落叶松林、越橘落叶松林、偃松落叶松林、草类落叶松林、石塘落叶松林、杜鹃樟子松林、白桦林和柳树灌丛等类型。这场大火绝大部分属速行地表火，发生时有些树木尚处于休眠状态，加之这场大火有些地上部分虽被烧死，但地下部分根系却未死。火灾后森林植被的演替大致出现了如下趋势：火灾后乔木层中樟子松、落叶树针叶树被火烧死，但林下灌木和草本很快即恢复，山杨通过根蘖，桦树通过根基萌蘖很快占据优势，即火灾加速了落叶松林、樟子松林向次生白桦林转化的进程。从山杨白桦林向樟子松林或落叶松林的转化要完全依靠自然力和种群天然生长过程来实现，因而需要几十年甚至几百年的时间。从这个意义上讲，采用一些人为措施加速森林更新和恢复过程是完全必要的。由于火烧迹地的活、死地被物被烧后，白桦种子能接触土壤，只要土壤水分条件较好，种子能萌发长出实生苗，所以火烧使白桦实生苗与白桦更新幼苗的比例有所增加。火灾区内某些植物的数量特征发生了较大变化，如绢毛绣线菊、越橘，小叶樟、高粱菊等旱生植物的盖度在各种群落植物中均有一定的提高。在局部极端生境的向阳陡坡，被中旱生草木植被所占据，有些地段甚至出现了干旱碎石坡。但是，从总体上讲，林下原生森林植物群落均可辨识，说明原生植被的生态环境及植物区系组成尚未瓦解。

5. 土壤的变化

森林土壤类型和结构虽未发生明显的变化，但是，某些土壤性质发生了一系列变化。

（1）土壤上部有机质层被全部或部分烧掉，表土层特别是枯落物层的组成结构和营状况发生了一定变化，枯落物蓄积量明显减少，原来由难分解的松针为主的枯落物层被那些容易分解的阔叶树种枯叶和枯草所取代，加速了养分循环。

（2）土壤温度的变化火烧后地面一片焦黑，能吸收较多的热量，土壤温度提高。例如，火烧和未被火烧的水藓层温度分别为57℃和37.5℃，两者相差19.5℃，5cm深处分别为26℃和23.5℃，相差2.5℃。由于火烧后土壤温度提高，加速了土壤冻层的融化。据调查，泥炭土水藓层下43cm处出现冻层，而在被烧掉的泥炭层下50cm处仍未见冻层。然而，森林火灾与岛状冻土特性的关系是长期的和复杂的，需进一步研究方可阐明其内在联系。

（3）土壤pH值的变化。据测定，火后土壤表层碱度提高，炭屑层的pH值在8.0~8.5之间，其下半分解的毡状凋落物层pH值为6.0~6.5，腐殖质层pH值为5.5，淀积层为5.0~5.5，而未烧过的杜鹃樟子松林下未分解的凋落物层pH值为5.5，半分解毡状凋落物层pH为5.8，腐殖质层为6.0，淀积层为5.5，这些灰分随水的下渗可以中和原来土壤的酸性，有利于林木更新。

（4）土壤微生物的数量及活性。在火烧后有所增加，土壤真菌、放线菌和细菌组成数量亦发生了一定变化，枯落物层中的数量明显高于未烧林地，而在土壤层中除细菌之外则相反。

（5）林下土壤动物种类在火烧后减少，群落组成单调，多样性指数降低，个体大的捕食性动物种类和数量明显减少，而个体小的自由生活型动物种类和数量有增加的趋势。

6. 病、虫、鼠、兽害的变化

森林大火改变了森林组成和生态环境，导致昆虫、动物和菌类的生存条件及食物链也发生了一系列变化，因而出现了新的环境条件下的生物灾害。樟子松主要病害有瘤锈病和腐朽菌，落叶松和白桦大径级立木主要病害是腐朽。过火后的前3年，森林害虫以烧死木中的蛀干害虫为主，优势种有西伯利亚吉丁虫（*Buprestis sibirica*）、落叶松八齿小蠹（*Ips subelongatus*）和松六齿小蠹（*I. acuminatus*）、云杉大墨天牛（*Monochamus urussovi*）和云杉小墨天牛（*M. sutor*）等。过火林木的危害率达100%。由于生态环境的突发性变化，以前从未在林区出现的农业害虫也侵入并产生极大危害，1988年在受灾局出现了未见记载的黑地狼叶蛾，严重危害人工幼林，同时，松大蚜的数量有增多的趋势。

火烧后动物组成及区系有一定变化，兽类变化的总趋势是，大型兽类特别是肉食性动物的数量减少，小型草食性动物如雪兔、狍子的数量增加，尤其是啮齿类动物的数量是猛增，它们对幼树的啃食给造林更新带来困难。但是，由于采取了有效的防治措施，并加之森林环境的恢复，林区有害生物种群数量控制在一定水平下，基本上做到“有害不成灾”。

三、1987 年特大火灾后的森林更新进展

1. 更新概况

据 1996 年的调查，4 个受灾林业局火烧迹地森林更新总面积达 96.43 万 hm^2，其中人工更新保存 18.65 万 hm^2，占人工更新规划面积的 108.1%；人工促进天然更新有成效面积 11.35 万 hm^2，占人工促进天然更新规划面积的 98.5%，天然更新和封山育林有成效面积 66.4 万 hm^2，占天然更新和封山育林规划面积的 87.9%。

森林更新总面积中，针叶树(兴安落叶松、樟子松)和针叶树为主的更新林地总面积为 67.91 万 hm^2，占森林更新总面积的 70.4%。其中人工更新林地面积 1.87 万 hm^2 以针叶树为主的占 100%，人工促进天然更新有效林地中，以针叶树为主的占 51.4%；在天然更新和封山育林有效林地中，以针叶树为主的占 65.4%。

2. 各种方式的更新成果

根据国务院专家组的建议和随后进行的规划设计方案，火灾区因地制宜地采取了天然更新、人工更新及人工促进天然更新 3 种更新方式。对该 3 种更新方式的效果作如下分析评价。

(1)天然更新　这是占森林更新面积最大的一种更新方式，主要适用于轻度和中度的火烧迹地以及附近有天然下种种源或火烧前原为杨桦林的重火烧迹地，火烧后历经 9 年时间检查，天然更新有成效面积占规划留作天然更新面积的 87.9%，说明尚有相当面积的火烧迹地，主要是重火烧迹地，未能有效地进行天然更新。在已天然更新的火烧迹地上幼林已开始郁闭成林，但其郁闭程度一般都比较低，有一半左右的幼林郁闭度在 0.2 ~ 0.5 之间。从树种组成看，以针叶树为主的天然更新幼林占天然更新有效面积 65.4%，其余都形成白桦林、山杨林及阔叶树为主的混交林。樟子松林下无论重度还是轻度火烧迹地上樟子松幼苗更新普遍良好，且萌生山杨、桦条很少。白桦以萌生为主，实生白桦不足 10%，萌生株的 65% 以上呈丛生状，质量较差。大兴安岭林区山杨林面积不大，多在阳坡或半阴半阳坡形成，呈块状分布，多为根蘖萌生，质量较差。

大兴安岭地区气候条件是影响天然更新成效的原因之一。由于气候寒冷，热量不足，针叶母树需间隔 4 ~ 5 年才有一次结实丰年，一般完成迹地更新过程需 2 个以上结实丰年，而 1987 年大火以后的 9 年时间未遇一次结实丰年，有限的种源也成为天然更新的主要限制因子。

总之，大兴安岭火灾区的天然更新效果是可以肯定的，更新的面积大，幼林已覆盖了大面积土地，生态条件得到一定程度的恢复，但是同时也应注意，天然更新形成的幼林质量较差，主要表现在生长过程比较缓慢，密度不足，分布不均匀，树

种组成中针叶树的比重小，萌生阔叶树的比重大，难以满足用材林基地的要求。

(2)人工促进天然更新　在保留有部分针叶树下种母树的中重度火烧迹地上，经松土整地可促进天然下种更新，这种方法在大兴安岭火灾区还是行之有效的。据调查，有更新幼苗的整地穴达90%以上，平均每穴有更新幼苗1～2株。有足够数量针叶树更新的面积，占人工促进天然更新总面积的51.4%，比率偏低的原因也是针叶树大小年现象严重，鸟兽危害等而形成的种源不足。实践证明，人工天然更新只有在结实丰富的种子年，在种子成熟前进行去草皮或翻垦土壤才有较好的效果。在由于人为或自然力形成的裸露地表，不必进行整地促进天然更新。

(3)人工更新　人工更新以针叶树植苗方式为主，它虽然在整个森林更新的面积上并不占主要地位，但就其需求的人力物力和资金投入以所发挥的作用来说却是举足轻重的，特别是在连片无母树的重度及极重度火烧迹地上几乎是实现森林及时更新的唯一选择。大兴安岭火灾区的人工更新条件良好，只要认真执行技术规程，造林成活率一般可以达到90%以上，以后保存率逐年下降，到第四年稳定下来，保存率可达85%以上。兴安落叶松的植苗成活率和保存率一般高于樟子松和红皮云杉，其原因主要是苗木质量的保证和生活力的维持。由于林地上保留有少量桦、杨等阔叶树，所以针叶树的造林密度一般为每公顷2000株左右即可。从生长表现看，8～9年生兴安落叶松已接近全林郁闭，平均高可达2.5～2.8m，平均胸径1.5cm左右，个别地段的平均高达4.0m左右，平均胸径3.0cm左右，个别单株年高生长量可达70～100cm。这样高的生长量应该说树种的表现是很好的。大兴安岭火灾区大面积的人工幼林已经郁郁葱葱，茁壮生长，显示出人工更新幼林在建成商品用材林基地中的重要性。

3. 人工更新的主要技术经验

大兴安岭北四局营林基础差，技术积累少，设施严重不足，给开展大面积人工更新带来难度，林业部和大兴安岭林管局及时组织了国内几个知名林业科技单位：北京林业大学、东北林业大学、中国林业科学研究院、中国科学院应用生态研究所等，对四个受灾局进行对口科技支援。经过对口支援单位与大兴安岭当地营林科技林干部的通力协作，在学习外地经验的基础上，不断探索研究，逐步形成了一整套适合于本地区的人工更新技术体系。这个技术系列包括人工更新立地选择，树种选择、密度调控、人工更新和天然更新的结合，针叶混交林培育等。

(1)人工更新的立地选择　通过大量标准地调查并使用数量化理论方法得出影响人工更新的主导立地因子。例如，得出影响该地区兴安落叶松人工林生长的主导因子是土壤厚度，其次是坡位，列出不同立地条件下林木上层高生长的预测表，并提出林种树种安排的建议，对造林更新调查设计和营林具有指导意义。

(2)人工更新的选择　本地区主要造林树种有兴安落叶松、樟子松、红皮云杉、白桦和甜杨等，这是人工更新最可靠的树种。兴安落叶松是最主要的成林树种，以其为优势的林分面积，占有林地总面积的71.1%。且具喜光、耐寒、耐水湿、耐贫瘠和早期速生等优点，当列为第一位更新树种，人工更新面积可达70%。樟子松喜光，耐干旱瘠薄，但不耐水湿和黏重土壤。木材经济价值高，颇受欢迎，人工更新面积可控制在 20% 以上，对其造林成活率低，保存率低和鼠害严重的问题当加强研究。红皮云杉、白桦和甜杨也应适当发展，面积一般应占 5% ~10% 。

(3)密度控制　通过对不同立地条件的人工林生长发育进程的研究，根据不同林种材种的规格要求提出本地区兴安落叶松、樟子松的合理造林密度为每公顷 3300 株，红皮云杉为每公顷 4400 株。在进行“人工混”局部造林时，视现有白桦的有效株数每公顷栽植针叶树 1500 ~ 2000 株。

(4)人工更新与天然更新的结合及针阔混交林的培育　大兴安岭林区天然更新，尤其是阔叶树的天然更新良好，所以在立地较好并进行人工更新的地段，往往也是有杨桦更新幼树的地段，应根据杨桦幼树的更新频度，采用不同密度的局部植苗，“栽针保阔”，以“人天混”方式使其形成结构合理的针阔混交林，在幼林抚育中应砍去山杨、白桦生长不良的植株，每丛应保留 1 ~ 2 株健壮的萌条，绝对不应全部砍光。混交林中针叶树和阔叶树的比例一般应为 7∶3 或 8∶2。

(5)优质壮苗的培育　由于苗木是人工植苗更新的基础，所以优质壮苗培育是火灾区森林资源恢复的重要内容，并进行苗木生长规律、容器苗、与移植容器苗培育、出圃苗龄型、贮藏方法、稀土元素应用及苗木质量化学调控等系列研究工作。结果表明，应用有序样品聚类分析方法对兴安落叶松和樟子松 5 种主要苗木类型的年生长期进行定量划分，为培育苗木提供了理论依据；容器苗尤其是移植容器苗具有根系完整，无缓苗期，造林成活率高等特点，并找出保证造林成功和使苗木濒危致死的临界值；在比较了苗木不同贮藏方法后，肯定了窖藏法，废弃当地生产上沿用的露天假植 + 草帘法；用 200mg/kg 的硝酸稀土和螯合稀土 - 钼浸种 4h，能显著促进兴安落叶松种子萌发出土，稀土的效果最好，可提高实验室发芽率 15.1% ，场圃出苗率 14% ~27% ；药物处理可抑制落叶松苗木茎的高生长，提高木质化程度，缩小茎根比，促进须根发育，从而减少造林后苗木枯梢率。这些研究都对指导苗木生产起到了良好作用。

(6)营林机械选型及设备配备　分别对苗圃机械配备的原则、方法及其实践进行探讨，根据苗圃规模、地理环境条件，苗木种类、生产工艺、作业方式、管理人员及生产人员的素质，经济条件及机械设备的现状等多种因素，提出 19 种育苗机械的设备配备方案；通过浇灌系统的类型选择，主要技术参数的确定，喷灌系统的布置，喷头及管道的选型，管道的水力计算，水泵的选择等分析计算，制订了中心苗圃喷灌系统规划设计；研制了既能够保护母树又能提高种子品质的樟子松球果 6 种采摘机具，经过生产试验并通过技术成果鉴定；进行了人工促进天然更新机械的选型，并提出了自制简易设备的方案。此项工作大大提高了火烧区营林的机械化水平。

四、第二期恢复与发展工程展望

大兴安岭 1987 火灾区的森林资源恢复工作，由于中外各界人士的关心支持和鼎力协作，取得了可喜可贺的成绩，但是这些成绩是初步的，森林资源恢复工作则是长期的艰巨的，必须尽快启动第二期工程，将此项工作继续开展下去。第二期工程的主要任务是：

1. 加速火烧迹地未造林地段森林资源的更新恢复

第一期工程规划设计的104.3万hm^2范围内还有7万hm^2火烧迹地由于交通、立地、母树等种种原因而尚未更新，在原规划设计之外，尚有6.2万hm^2疏林地和13.6万hm^2无林地未列入原更新规划总量，以上几项合计25万hm^2尚需进行人工更新。在旱生现象比较严重的阳坡，需加强植被保护和建设，待条件具备时采用人工更新，加速恢复进程。

2. 加强现有林的经营力度

大兴安岭特大火灾后经过9年艰苦奋斗，已经有96.43万hm^2林分面积达到恢复和更新标准，以森林资源恢复更新为主的生态建设，遏制了生态条件恶化的趋势，今后的营林工作要巩固和扩大已有成果，还必须制订科学的营林规划措施，加强营林工作。密度不足或组成不合理的幼林需要初植加密或引入针叶树种加以改造。全力填补受灾后森林资源龄级结构中已经出现的断档和缺口。因地制宜地通过多种抚育管理措施提高森林生产力。实现森林资源的永续利用和高质量的森林资源恢复将集中体现在森林生产力的显著提高上，要努力把大兴安岭北四局的森林生产力从目前每年每公顷1.5m^3左右的水平提高到这个地区自然条件下可以达到的每年每公顷3m^3左右的水平，这将是林业工作者长期奋斗的目标，我们从现在开始向这个目标迈进。整个地区林业的可持续发展，把北四局真正建成国家大径级商品用材林基地，并做到生态环境的良性循环。大兴安岭林区的营林水平已经从火灾前的粗放经营走了出来，要不失时机地利用现在已经掌握的更新成功经验，只能前进不能后退，不断开创营林工作新局面。

3. 增加科技含量，注重质量要求

第二期工程在质量上要坚持高标准严要求，首先要提高良种优化水平，提供真正的优质苗木，提高容器苗的比重；改善树种结构，在人工更新中适当增加樟子松和红皮云杉的比重；扩大优质树种的引种试验，加快白桦良种选育及实生苗繁育的步伐；及时进行科学定向的抚育管理，有效地实现高产优质针阔叶混交林的培育。

大兴安岭林区是我国北方地区重要的商品材基地，又是松嫩平原乃至整个东北平原和呼伦贝尔草原的天然绿色生态屏障，是黑龙江和嫩江的天然水源林，在我国的国计民生中占有非常重要的地位，通过全面恢复森林资源和生态环境的二期工程，将使已取得的更新成果得以巩固和发展，使这颗北方绿色明珠为当代人民和子孙后代安居乐业提供保障，为林业企业的兴旺发达奠定坚实的基础，为我国的林业事业的可持续发展做出贡献。

沈国舫　翟明普　　　王凤友
（北京林业大学）　（东北林业大学）

下　篇
后期的学术论文（1996～2012）

这里选登的论文都是在沈国舫当选为中国工程院院士，特别是在当选为中国工程院副院长(1998)之后发表的。这些论文的内容大多已超出林业研究的范畴，而涉及了农业、水资源、生态保护和建设、环境保护等广阔领域的战略咨询研究。论文反映了他在推动天然林保护工程、退耕还林工程、水资源可持续利用及环境保护工程等方面所发挥的重要作用。有一些未曾公开发表的关键性文字以论文的附件形式刊出，更能说明问题。这些论文也显示了沈国舫从一名林学家发展成为一名农林水环大领域的战略科学家的历程。

云、贵、川资源“金三角”地区的生态环境建设战略探析*

地处云、贵、川三省接壤地带的西南资源“金三角”地区是我国著名的矿产和水能资源丰富、气候生物资源潜力很大的地区，但同时又是一个工农业发展失衡、农业开发滞后、生态环境恶化、居民相对贫困的地区，而且这个地区的生态环境状况对于长江、珠江中下游地区又有着重大的影响。因此，在这个地区进行自然生态环境建设极为迫切。

一、云、贵、川资源“金三角”的地区生态环境状况

云、贵、川资源“金三角”地区的自然生态环境在许多专著及论文中曾经有过详尽的描述，概括来说，这是在高原及中高山地貌上形成的一个中亚热带湿润地区（西部亚区），其热量充足，雨量充沛，垂直带明显，本是生长亚热带常绿阔叶林及

* 本文来源：中国工程院农业、轻纺与环境工程学部．中国区域发展战略与工程科技咨询研究．北京：中国农业出版社，2003：18-22.

暖温带针阔混交林的适宜地区，也是适合多种农作物及特种经济作物种植的很有生产潜力的地区。区内有一条具有南亚热带气候特征的低海拔河谷地带，以其丰富的光热资源及相对静风的环境条件，而具有特殊的开发价值。总的来说，这个地区在历史上曾经是森林密布、草场广袤，山清水秀，适于居民生息的好地方，同时又是为长江和珠江提供充足、稳定而且洁净水源的地区。但是，在这块高原山地新构造运动强烈提升所引起的外营力作用的背景下，由于长时期的不治理开发利用，出现了强烈的土壤侵蚀，近现代生态环境明显退化，有些地方的自然植被破坏殆尽，水土流失严重，泥石流频发，石漠化面积扩展，造成了局部穷山恶水的景观，给当地居民的生产生活造成了严重的困难。

由于气候、地质、地貌和植被等条件的不同，云、贵、川资源“金三角”内部的生态环境存在着差异，据此可区分出几个不同的自然地理区域，其核心地带是云南高原山地，包括滇中高原湖盆地区及其周围的川西南(攀西)高原山地、滇东北高原山地及黔西高原山地，是西南资源“金三角”的主体，所占面积也最大。云南高原山地向东为向黔中高原山地的过渡带，向西则为向青藏高原过渡的川西滇西北高山峡谷地区，在其东北是属于四川盆周的川南和滇东北地区。在生态环境退化方面，以滇东北及黔西高原山地的情况为最突出。

云南楚雄州原为森林植被较好的地方，由于不合理地开发和垦殖，森林覆盖率已由20世纪50年代初期的55%下降到24%，这在这个地区具有典型性。至于地处滇东北的东川市的情况，就更严重，水土流失面积占全市总土地面积的62.3%，为全云南省水土流失最严重地区。昭通地区森林覆盖率只有9.1%，而水土流失面积1.36万km^2，占其总面积的59.5%。在云南省境内整个金沙江流域内水土流失等自然灾害发生频率高，规模大，水土流失面积达5万km^2，约占该区国土总面积的50%，年输沙量高达1.53亿吨。三峡库区泥沙量的62.5%来自金沙江。云南省的曲靖地区是珠江源头，区内珠江流域面积为1.94万km^2，水土流失面积占该流域面积的44.13%，每年向珠江中下游输送泥沙总量高达690.86万吨。

在贵州省六盘水市，水土流失面积为6146.7平方千米，占全市总面积的62%，1985年森林覆盖率仅为7.55%。经过10年努力，到1995年全市森林覆盖率达到16.36%；毕节地区森林覆盖率仅为16.27%，水土流失面积高达16 830平方千米，占全地区总面积的62.7%，年侵蚀模数为4 952t/(km^2·a)，石漠化的裸石山地面积已达15.33万hm^2，中低产田土面积83.49万hm^2；黔西南自治州的情况稍好，水土流失面积为5617.4平方千米，占该州总土地面积的33.4%，每年流失泥沙约2453万吨，即每年有相当于1.26万hm^2耕地的15cm厚的表土被冲走。截止到1996年全州森林覆盖率达到26.5%。

四川省的攀西地区原是森林生长茂密的地方，由于长期不合理开发利用，森林覆盖率曾大幅减少，森林质量也显著下降。“八五”期间林业虽得到迅速发展，但攀西的森林覆盖率也仅达到28.9%，现仍是全国水土流失严重和泥石流高发地区，以安宁河流域为例，水土流失面积高达5080km^2，占其总面积的45.6%，流域平均侵蚀模数为1361t/(km^2·a)，安宁河年平均输沙量达1120万吨。枯水期平均流量十年内减少了40%。严重水土流失，再加之河水受工业污染，使水分状况恶化，提高了旱涝灾害频度，直接影响到农业生产和生态环境条件。

综上所述，云、贵、川资源“金三角”地区的自然条件原本优越，但由于森林资源的过度开发，毁林开荒、陡坡耕种等不合理人为活动，生态环境已严重退化，虽经近年几项防护林工程及水保工程的努力整治，情况有所好转，但由于面上的土地利用状况还没有得到根本的扭转，局部地区的土壤侵蚀仍有加剧的趋势。因此，对本地区生态环境变化趋势的总的估计，也只能说是处于治理和破坏的相持阶段，或是说刚迈进了扭转恶化趋势的初级阶段，离开根本改善这个地区生态环境还有很大的差距。

二、云、贵、川资源“金三角”地区生态环境建设的意义和目标

云、贵、川资源“金三角”地区以植被破坏和水土流失为中心内容的生态环境退化，给当地居民生产生活带来了严重危害，也给下游地区造成了严重的威胁。人口膨胀和环境恶化的双重压力迫使一部分地方继续出现“越穷越垦，越垦越穷”的恶性循环。显然，这种情况再也不能继续下去了。这个地区的生态环境建设是整个地区工农业生产和社会经济可持续发展的必不可少的基础建设，也是当地人民从脱贫走向小康的必要条件和下游地区安全发展的迫切要求。

生态环境建设就本地区而言，首先带有恢复重建的含意。但是，在经过了这么长时期的生态环境破坏之后，在这个地区已经形成了如此庞大的人口基数的现实情况下，要原原本本地恢复原有的生态环境已经是不可能的了。现代生态环境建设的任务在于在科学的认识和预测的指导下，充分利用现代科技的强大手段，通过人们劳动、物质和技术的投入，调整自然环境各成分之间及自然环境与人类活动之间相互依存的关系，使之有利于生态环境的协调优化，扩大环境的人口容量，在新的基础上达到新的平衡，创造出能满足人类生产生活高层次需求的新的景观格局和环境条件。这个任务是宏伟的，也是艰巨的。

进行生态环境建设首先应当树立一个宏观的长期目标，我们称之为景观目标。通俗地讲，就是要从宏观的地理学和生态学的角度来明确把这个地区建设成什么样子，形成什么样的景观格局。从这个地区的亚热带湿润气候及高原山地的地貌基础出发，这个地区应该建设成以森林植被为主要背景，亚高山地带林草交错，缓坡山脚梯田经济林果园农林间作，河谷及高平原为高产基本农田，层层保水蓄水，塘坝水库成串，水电充分开发，交通纵横便利，优美景点旅游开发，工矿城镇散布其间的景观格局。当然，由于区内不同地方有不同的自然环境特点，这个景观格局中各个景观成分的属性、比例及布局都应该具有各自的区域特点。

在生态环境的景观目标中，植被建设特别是森林植被建设具有举足轻重的位置，因为森林植被是这里原生植被的主体，又是生态功能最强大的生态系统。关于

森林覆盖率的建设目标，在1986年发布的《中华人民共和国森林法实施细则》中有过规定。《细则》提出，森林覆盖率在一般山区应达到70%以上，在丘陵区应达到40%以上，在平原地区应达到10%以上，全国平均要达到30%的目标。这是根据各地植被分布规律及农林牧各业合理布局所得出的结论要求，至今仍有指导意义。但经过这几年的发展变化，现在看来这个目标可能定得高了。由于人口增多，可耕地发展需要及城镇工矿交通建设占地的扩大，在我国现实情况下要达到这么高的森林覆盖率确有很多困难，但也不是不可能。我国台湾省(有2/3的山地)的森林覆盖率已达到了58.53%(1995年数据)，我国福建、广东、江西、浙江等省的森林覆盖率已经超过或接近50%，其中有几个山区地市(如广东省的河源市、福建的南平地区等)的森林覆盖率已达到了70%以上，这和我们西南资源“金三角”地区只有百分之十几到二十几的低森林覆盖率形成了巨大的反差。造成本地区森林覆盖率低的原因，不在于气候条件或地貌基础的限制，而主要在于历史上不合理开发利用所造成的后果及当代不合理土地利用格局的影响。如能改变这些不合理的起因，这个地区的森林覆盖率是有可能大大提高的。对于这个地区长期的森林覆盖率建设目标，究竟可达到多高还需进行进一步的调研，但近期(指到21世纪初)这个地区的森林覆盖率应该达到30%～40%，以后再分阶段继续提高。在提高森林覆盖率的同时还要建立合理的林种结构，培育优质高效的森林，才能为生态环境改善作出更大的贡献。考虑到这个地区一些陡坡上良好的灌木植被也不失为涵养水源、保持水土的重要植被，而在亚高山地带生长良好的天然草场及人工草场也能起到很好的防护作用，则这个地区包括乔灌草在内的林草植被覆盖率应当在不久的将来达到70%以上。

水是生命的源泉、农业的命脉，水资源是这个地区的宝贵财富，但如果处理不当，水又能成为这个地区引起环境灾害的主要动力。因此，水土保持和水利建设是这个地区生态环境建设的重要组成部分。这个地区平均有1000～1500mm的年降水量，应当充分加以利用，大部分用来维持和促进当地森林、草地、果园及农作物的生长发育，力争高产高效；一部分要以稳定平和的径流方式及优良的水质状况，通过层层集、容、用、放的水保及水利工程体系，进入各分支河流系统，汇入长江、珠江为中下游安全使用。水资源管理的长远目标应该是全部水量和水能的充分有效利用以及清洁水质(低泥沙含量、无化学污染)的保证，这又是一项艰巨的任务。就这个地区来说，近期目标应放在广泛的以小流域为单元的水土保持治理(覆盖面应争取到70%以上)和全部基本农田的稳定水分供应(包括旱季补充水的提供)，逐步扩大流域内水分蓄存及水能利用的能力。

涉及生态环境建设的其他内容还包括地区内的城镇建设、工矿建设及交通建设的合理布局，在建设过程中应尽量少占用耕地和林地，尽量少破坏原有植被，做好建设后的环境复原工作，做好城镇垃圾及工矿废弃物的堆放处理工作，控制废气污水对环境的污染等。

三、云、贵、川资源“金三角”地区生态环境建设道路探析

进行生态环境建设的关键在于要解开在这个地区已积重很久的人口—资源—环境—发展之间矛盾扭结的扣。我国社会主义建设要遵循的经济建设与环境(保护)建设必须同步进行的可持续发展战略，为我们提供了重要的依据。最近江泽民同志为姜春云“关于陕北地区治理水土流失建设生态农业的调查报告”所作的重要批示给予了我们指导和鼓舞。姜春云在现场经验交流会的讲话中所归纳的生态环境治理的路子，即“要以大流域重点治理为骨干，小流域综合治理为单元，生物措施和工程措施相结合，实现生态效益、经济效益、社会效益相统一。由片面追求短期效益、掠夺自然资源，转变为恢复优化生态环境，建设生态农业；由注重治理下游，转变为上下游兼治，从上游治起；由单一工程措施零散治理，转变为以流域为单元全面规划、综合治理、集中连片治理；由偏重大、中型工程转变为大、中、小微型工程相结合；由单纯防护性治理转为防护与开发相结合，与农民脱贫致富相结合”。这段话也完全适合云、贵、川资源“金三角”地区的生态环境建设。联系这个地区的一些特点，提出以下几点思考意见。

(一)合理调整土地利用结构，大大增加有效植被覆盖，是生态环境建设的主要途径

由于历史上不合理开发利用(滥伐、滥垦、滥牧)所造成的植被破坏是引起这个地区严重水土流失及环境恶化的主要根源。要改变这种状况就必须根据自然规律及经济规律，重新科学地合理调整土地利用结构，建设好基本农田，根除毁林开荒、改变广种薄收的局面，陡坡逐步退耕还林还草。在植被建设方面要保护和培育相结合，保护好区内已残存不多的原始林，改变原有以伐木为主的林业局为以营林为主的林业局，严格控制采伐量，制止乱砍滥伐。要保护好区内珍贵的森林植被类型及珍稀动植物(如丽江迪庆的高山森林，攀枝花的苏铁林，黔西的百里杜鹃等)，经营好自然保护区。要加速进行以建设长江中上游防护林及珠江上游防护林为中心内容的造林育林工作，因地制宜地把植树造林与封山育林、飞机播种结合起来，把森林培育与草场建设结合起来，大大增加有效的植被覆盖，从根本上改变环境面貌。

(二)大力提高农业单产，提高食物供应水平及人民生活水平，是生态环境建设的必要前提

要改变这个地区广种薄收、陡坡垦种的局面，必须通过科技进步大力提高基本农田的农业单产，促进种植业、养殖业的发展，提高结构合理的食物总供给量，才能为陡坡退耕还林还草创造条件。在这个地区内粮食生产的情况是不平衡的，有的地方可提供商品粮，有的地方可以达到农业人口自给，有的地方则不一定能达到粮食自给，但可通过其他途径提供食物及收入来源。不管什么情况，都要种好基本

农田，把不该种的地方退下来，这是搞好生态环境建设的重要前提。

（三）加速进行以坡改梯为主的农田基本建设和以小微水利设施为主的水利建设是生态环境建设的重要入口

坡地种植特别是陡坡垦种是引起水土流失的最主要根源，也是粮食单产低的重要原因。在这个地区进行生态环境建设，首先要提高农业单产，解决群众温饱问题。因此，加速进行以坡地改为梯田为主的农田基本建设以及以建小型和微型（水窖）水利设施为主的水利建设就成为了重要的入口。坡改梯要逐步提高建设标准，以适应全面机械化半机械化作业及规模种植的需要。水利建设要大中小微型工程相结合，而在近期面上加速进行小微型水利建设。在投资不多的情况下有利于保证基本农田的稳产高产。但只有在国力更充实的情况下进行流域梯级开发，在农村充分发展小水电，与国家的成系列的大中型水利及水电建设相配套，才能较彻底地改善这里的生态环境。

（四）在大幅度提高森林覆盖率的同时，注意林种结构调整，发展高效林业，是生态环境建设的重大课题

在植被建设中，林业建设无疑具有举足轻重的地位。搞林业建设，不仅要增加森林资源的培植总量，提高森林覆盖率，而且要调整合理的林种结构，培育优质林分，发展高效林业。在这个地区，以涵养水源、保持水土为主的防护林应当是主要的林种成分。但有些地方迫切需要培育薪炭林，有些地方有条件培育速生用材林（直干桉、杉木、马尾松、云南松、华山松等），还有些地方宜于发展风景游憩林，都要因地制宜地适当安排。发展经济（果木）林具有见效快、效益高、适应面广的优势，政府、群众都有积极性，是当前本地区发展最快的林种，还是可以理解的，也是值得支持的。但在发展经济林时，一要注意选好树种及其品种，提高质量，加强产销和加工，努力开发市场；二要注意经济林的合理布局，加强培育，搞好经济林本身的水土保持，促进其可持续发展。

（五）以保持水土为中心要求的小流域综合治理是生态环境建设的运行基础

生物多样性保护和水土保持是这个地区生态环境建设中的两个核心要求，前者只有通过植被建设来解决，后者则要通过保持水土的综合措施才能达到目的。而要进行这项综合治理，就必须以小流域为单元（一般至少有几千平方米面积），逐片组织运行，逐步扩展累积，最终达到全流域或地区综合治理的目标。

水土保持涉及面很广，农业、林业、牧业和城镇、工矿、交通、水利等基本建设都与水土保持密切相关，各项建设的合理性都要以是否利于保持水土作为重要的衡量标准。反过来说，能否实现水土保持又要以各项建设的合理配置协调运行为依托，而这种合理配置协调运行只有在以小流域为单元的地域内组织才便于推进和监

控。从这个角度来讲，以保持水土为中心要求的小流域综合治理是生态环境建设的运行基础，这一点是完全适应西南资源“金三角”地区的地理特点的，并为地区内已有开发治理实践经验所证实。

云、贵、川资源“金三角”地区的生态环境建设是直接关系到这个地区居民生存生活的保障和农村经济可持续发展的重要建设项目，也是关系到长江、珠江中下游安全发展的保证措施。这项建设宏伟艰巨，但正像江总书记在最近的批示中所讲的那几句，也完全适用于云、贵、川资源“金三角”地区，靠我们发挥社会主义制度的优越性，发扬艰苦创业的精神，齐心协力地大抓这个地区的生态环境建设，经过一代一代人长期地、持续地奋斗，再造一个山川秀美的云、贵、川“金三角”，应该是可以实现的。

沈国舫　张洪江　关君蔚

附件

沈国舫委员呼吁保护西南地区原始老林*

全国政协委员、中国工程院院士、北京林业大学校长沈国舫反映，地处我国西南地区长江上游的川西、滇西北和甘肃白龙江流域原有大片原始森林分布，这片原始森林以老龄的云冷杉林为代表，具有巨大的水源涵养和水土保持功能，并能生产大量大径级的优质用材，是该地区生物多样性的巨大宝库。但是经过自20世纪50年代以来的陆续开发，现在，原始森林的大部分已经消失，然而，在川西，国家及民间的商业性采伐仍在继续，采伐区四处分布，运载粗大云冷杉原木的汽车不时向山外驶去。如果这种状况继续下去，用不了多少年，这片原始老林将不复存在！现在，长江中上游的水土流失问题日趋严重，客观上要求这片森林是以水源涵养为主的公益林，不应再作为用材林来强度采伐利用。而正在兴建的三峡、二滩等特大型水利工程需要这片森林是公益林，防止水土流失对水利工程的危害。沈国舫委员说，美国公众为保护美国西北部太平洋沿岸的花旗松原始老林而奔走呼号，并迫使克林顿总统1993年亲自到俄勒冈州主持林业会议，协调森林利用和保护的关系。在政府和人民亲密无间的中国，政府应主动认识和维护人民大众的长远利益。我们过去向西南原始森林索取的很多，现在到了该适当补偿的时候了。

沈国舫委员希望国家把此事看成涉及半壁江山(长江流域)的大事来抓，把西南原始老林全部转为公益林，制止大面积的商业性采伐，强化森林经营管理，转移林业多余劳力到其他行业就业。沈国舫委员说，这件事做起来有相当难度，不是一个省或一个部门所能办到的，需要国家统一协调、指导，建议中央尽快出台有关文件，并采取坚决措施保证贯彻执行。

* 本文来源：《政协信息》，1996(53)：1-2.

山区综合开发治理与林业可持续发展*

摘　要　山区林业可持续发展是整个山区可持续发展的重要基础。山区林业相对于林业整体而言在其可持续发展的内涵上有一定特点。在此前提下的山区综合开发治理应该树立一个总的目标。在具体发展目标中应该有景观目标和森林覆被要求；应确定合理的林种结构特别是要探讨经济林的比例安排。水土资源的保护和保存是山区综合开发治理和林业可持续发展的关键要求。

我国是一个多山国家，如何开发利用和治理建设好山区，是国土整治中的头等大事，也是社会可持续发展的重要基础。山区综合开发治理，治理是前提，开发是主体，综合是关键。在山区的农、林、牧、水、交、电等各业有序结合、综合协调的开发治理系统中，林业占有很重要的地位，这不仅是因为在我国大多数山区，森林本该是地带性原生植被的主要成分，经营森林是山地合理利用的主要方式，还因为森林是平仰山地灾害、改善区域环境、保障各业发展的主要手段。因此，林业可持续发展也必然要成为整个山区可持续发展的重要基础。

一、山区林业可持续发展的内涵和特点

由于气候地貌及人文历史的原因，我国林业的主体是山地林业。我国现有的主要林区都在山区，如大、小兴安岭，长白山区，川西、滇西北及藏东高山峡谷区，南方山地丘陵区等。耸立于西北草原荒漠之上的几条大山，如天山、祁连山、贺兰山、阴山以及黄土高原之上的六盘山、子午岭等山区也都是重要的水源涵养林基地。许多开发较早的山区，如太行山区、燕山山区、沂蒙山区、吕梁山区、秦岭伏牛山区等等，本应是森林密布的地方，经过几千年的干扰破坏，原生森林已残存不多，恢复重建这些地区的森林仍是当代林业的重大奋斗目标。我国林业的主要基地在山区，这是我国林业区别于北美、俄罗斯、欧洲等许多重要地区和国家林业的一

---

* 本文来源：《林业经济》，1997(6)：5－9.

大特点。

林业，以森林生态系统的经营为基础，是一项既能生产可再生资源，又能改善生态环境的特别产业。由于森林经营具有地域广阔、周期较长而且易受损害的特点，以及由于森林在保护全球生态环境中越来越重要的地位，林业可持续发展已成为取得世界广泛共识的越来越迫切的要求。林业可持续发展的内涵不仅包括维持和发展森林资源本身的数量、质量和功能效益，而且还包括森林中生物多样性的保护、水土资源的保持、对全球碳循环稳定运转的贡献及社会功效的发挥等。这些内容经全世界林学家的广泛讨论，已经被列入了衡量林业可持续发展的标准和指标体系之中。

山区林业相对于林业整体而言，在其可持续发展的内涵上有一定的特点。其一是基于山地生态环境的立体性、多样性而衍生的生物多样性更为突出，这包括森林生态系统本身的多样性以及森林生态系统中的动物、植物、微生物的物种多样性和这些物种内部的遗传多样性，山地森林的生物多样性是自然界和人类的宝贵财富，是应该刻意护存和留传后代的重要遗产。其二是由于山地水土资源的有限性和不稳定性及其一般处于流域上游的位置，要求山地森林具有更高的水分涵蓄和土壤保持功能，水土保持的要求要渗透到一切山地森林(不拘林种)的所有经营活动之中去。其三是山地的人口环境容量低、交通不便和文教相对落后，这和一些山区不适当的人口膨胀形成了尖锐的矛盾，严重制约着山区林业可持续发展的进程，人口、就业、收入等社会问题成为山区林业可持续发展必须考虑的重要因素。

二、山区综合开发治理的景观目标和森林覆被要求

在可持续发展原则指导下的山区综合开发治理应该树立一个总的目标，这个总目标在文字上如何表述可以再仔细推敲，其内容大致上应包括：生产层次上要结构合理，持续高效；环境层次上要稳定少灾，方便优美；经济发展层次上要能达到小康，趋向富足；社会进步层次上要能充分安定，祥和文明。各个山区有各自不同的自然及社会特点，处于不同的发展阶段，应该树立各自的具体发展目标。

在山区综合开发治理的众多目标中，我们认为应该有一个景观层次的建设目标，也就是指明要把某特定山区建成一个什么样的景观面貌。过去我们在进行山区发展规划时曾经用过这样一类词句，如“远山深山森林山，近山浅山花果山”，这实际上就是一种简易的模式化的景观目标描述，如果在此基础上再加上诸如高山草甸夏季牧场，河川两岸基本农田这类内容，这个景观面貌就更为清晰了。实际上，在不同的山区，作为建设目标的景观模式是很不一样的。有的大山区，森林要占山地的极大比例，只有少量农田散布河谷底部；有的亚高山区宜牧草场面积很大，林牧交错是重要特色；有的山区则丘陵广布，河谷宽阔，这里的农耕地比重较大，经济林发展也有充足的余地；而有的山区虽山高坡陡，但人口过多，不得不把农耕地范围扩展到一切可及的缓坡山脚，农林牧用地矛盾如何在合理安排中得到协调是一个

突出问题。因此，每一个特定山区的开发治理，都应从自然的、社会的、历史的和现实的角度进行充分的科学论证，确定各自的合理土地利用方案，包括它的分配原则、结构比例和立体布局，并由此得出一个景观目标的概念。我们提出用景观目标概念来作为抽象的山地利用方案的补充，目的在于更好地从客观上并更形象地把握山区开发治理的发展方向和重点，不致因一些具体小项目的建设而模糊了总的发展目标。在现实生活中这种情况是经常发生的。

在山区建设的景观目标中有一个很重要的问题就是森林覆盖率的建设目标。森林的多少和布局实际上是形成山区景观的主体，当然也是山区林业可持续发展的基础。处于林区的山区，其林业用地应在90%以上，森林覆盖率超过80%才是正常现象。一般山区，按照1986年发布的《中华人民共和国森林法实施细则》的规定，森林覆盖率的目标应定在70%以上，而丘陵区应定在40%以上，这是根据山地植被分布规律及农林牧各业合理布局要求得出的结论，至今仍是有指导意义的。近年来，由于人口的增多以及城镇交通建设占地扩大较快，对山区土地利用方向有了明显的影响，但仍不应对森林覆盖率的目标要求有过多的松动。造林灭荒运动本是为了加快森林资源重建的速度，但在追求灭荒达标的过程中出现了一些降低指标要求的倾向。广东、福建、浙江等多山地区经过多年努力，全省森林覆盖率已经达到了50%左右，这是可喜可贺的事情，但同时不要忘了，与同在湿润地区同是多山而且人口众多、经济发达的日本的森林覆盖率68%相比，差距还是很大的。云贵高原上有一个条件相对不错的县，20世纪50年代森林覆盖率还有58%（历史上曾经更高），经过30多年的不合理经营利用，到1986年包括灌木在内的林木覆盖率只剩下20%了。经过最近10来年的努力，其林木覆盖率回升到了28%，恢复速度也算不慢，但距离历史上曾经有过的森林覆盖率还相差甚远。这个县宣称其造林灭荒任务已经基本完成，这使我们联想到有些山区远看荒山面貌依旧，近看长着一些稀疏的幼树，陡坡开荒还时有可见，水土流失未得控制，竟然也说是已基本消灭了荒山。这样的低标准是无法与山区综合开发治理应当树立的景观目标和山区林业可持续发展的基本要求相衔接的。

诚然，一个山区要使其景观面貌达到较为理想的境界，使森林覆盖率达到理想的目标，是需要一个较长的奋斗过程的。从全国来讲，据专家们研究推算，由于我国有大面积的干旱半干旱地区存在，史前时期的森林总覆盖率大致上也只有50%左右，经过长期农耕开发利用及历代的破坏掠夺，全国森林覆盖率在1950年前夕曾经跌到10%左右的低谷。1949年后的几十年，前期有起有落，后期（特别是改革开放以来）增大于耗，在森林资源总量上有所恢复，森林覆盖率提高到了现在的14%左右，平均每5年增长一个百分点。根据我国现在的自然、社会及土地利用状况，全国森林覆盖率比较现实一点的目标可定在25%左右，这样的覆盖率目标是要以各个丘陵山区的较高森林覆盖率作支撑的。达到这个总目标要进行世纪性的努力，各山区的林业建设因此也要树立长期的森林覆被目标，可分阶段实施来接近这个目标，但不能因当前一些实际困难障碍而迷失了这个长期目标。

三、合理的林种比例是山区林业可持续发展的架构基础

在这世纪之交人口剧增、经济发展、资源过耗、环境恶化的大背景下，对林业的要求越来越高，这个要求表现在对木材及各类林产品的需求，对生物能源的需求，对保护自然改善环境的需求及对森林游憩的需求等各个方面。为了满足这些需求，林业建设不仅要在森林资源总量建设上下工夫，而且也要有一个合理的林种结构安排。在各个特定的山区，这个问题同样存在。林种结构是全面实现林业可持续发展的架构基础。

从我国全局看，在可预见的将来，各种森林有不同的发展趋势。以保护生物多样性为主要任务的自然保护区面积必然要继续扩大，各类防护林的面积因水源涵养、水土保持、防风固沙及荒漠化治理的强烈需求也必然要大幅度增长；以经济发展以及人口城市化加速等因素而导致的强劲的森林游憩需求必然要求扩大集中在各级森林公园之内的风景游憩林面积；发展在较短期内能获得经济收益并满足社会多种物质需求的经济林，是山区综合开发的重要项目及山区群众脱贫致富的重要门路，其发展规模也可预期是巨大的。所有这些发展趋势，在全国林业用地总量有限的大背景下，必然会对用材林的发展造成巨大的压力，从而使将来的木材供需矛盾更趋尖锐。国家为了协调满足全社会对林业的多种需求，必须对全国森林的林种比例做出规划并予以政策性调控，这部分地已反映在林业部制订的《中国21世纪议程——林业行动计划》之中，当然今后随着形势发展也还要作局部的调整。各个山区在综合开发治理中在确定各林种发展规模时都必须要接受这个全局性的宏观指导。

在林种结构是否合理的诸多问题中，当前对经济林发展比例的安排是最值得探讨的。现在有许多山区都把发展经济林作为开发治理山区增加经济收入的主要项目来抓，有些地方把经济林的比例提得很高，高达林业用地面积的50%以上。经济林的合理比例及发展规模到底应多大，这是不能一概而论的，不但因地区条件而不同，而且还要进行一物一议，就某种经济林的发展条件和产品市场前景来单独论证，但是我们认为还是可以提出几条原则来界定发展经济林的比例和规模的。第一，在市场导向的基本原则作用下，还要服从国家宏观调控的指导。国家从全局利益出发，对国有重点林区的经营方向，对用材林基地的布局，对重点防护林工程的建设，对自然保护区的设置都有规划性的安排，这些安排对各山区的开发方向都是有指导意义的。第二，在山区林业发展中，一些对当地有重要意义的林业项目要优先进行安排，除了国家规定的或国际合作的项目外，还有如局部有特殊价值的森林生态系统的防护小区或风景游憩林的设置，依靠生物能源为主的山区的薪炭林的培育，有特殊防护需求地段的防护林建设等。经济林的发展要在以上项目优先安排的基础上进行。第三，经济林的发展应当受到地形、土壤、原有植被等条件的制约，地形过陡，土壤过薄的地方不宜发展经济林，原有森林植被好的地段一般不应以

“毁林再造林”的方式发展经济林。第四，发展经济林还要服从于山区水源涵养及水土保持的大目标。一般山区如经济林比例过大可能有损于这个大目标的实现，因为一般的经济林都是以不紧密郁闭的纯林方式来经营的，林下一般也不保留下木和地被物。因此，经济林实际上是一种水分涵养及水土保持功能较差的林种。只有在经济林的布局合理，并与一系列水土保持措施，特别是坡面工程措施结合得好，才能在发展经济林的同时保持好水土，减免因经济林比例过大所可能产生的不利影响。在这方面，我国有过不少成功的经验，如河北邢台及迁西在修水平梯田及“围山转”工程的基础上发展板栗林，以及山西昕水河流域及其他黄土典型地区在小流域水土保持综合治理的基础上发展苹果园和其他经济林等都是很好的典范。可是近年来有些山区发展经济林速度过快而投入不足，与水土保持配套不够，这是会成为水土流失的隐患的，对山区林业可持续发展会有不利影响，值得引起注意。

四、水土资源的保护和保存是山区综合开发治理和林业可持续发展的关键要求

在山区综合开发治理中，水是命脉，土是基础，水土保持的要求，包含有水土资源的保护和保存的全部含意，既是山区及其林业可持续发展所必需，又是保护下游地区减灾免灾并为之提供充足的洁净水源的重要环节。

我国许多山区都处于大江大河的上游，负有涵养水源和减灾防灾的重大使命。这些地区本应是大面积保留或恢复森林植被，并对它进行保护性经营的地方。但是实际上我们做不到这样，对森林的工业性采伐已经做过了头，对山地的不合理开垦还在延续。人口众多、可耕地少、经济底子薄、文化素质低，这些不利因素严重威胁着江河上游山区的可持续发展并对下游地区造成危害。对于这样一种基本格局我们必须牢记在心并努力促使其向良性方向转变，这其中的关键就在于水土保持。水土保持成为林业可持续发展的重要标准之一，这是必然的，也是得到公认的。

发展林业是保持水土的重要手段，这已经成为常识。但从保存水土资源的角度看，还有一个观点必须明确，那就是并不是所有的森林都有良好的水土保持作用。林种不同，树种不同，年龄不同，林分结构不同，经营管护的方式不同，森林的涵养水分与保持土壤的功能就不同，而且差别还很大。水文功能最好的森林应该是那些中龄以上，复层混交，充分郁闭，并具有发达下木地被层和深厚枯落物及腐殖土层的森林。这样的森林较多见于原始天然林，但森林起源不是限制因素，而适宜的气候和土壤条件以及合理的经营方式才是形成这种高生态效益的森林的必要条件。森林的速生丰产与生态高效相互有关，但并不同步；至于森林的经济高效与生态高效就更不一定是相一致的。认识这一点很重要，因为山区综合开发治理，作为山区可持续发展的行动，对水土保持应该有严格的要求，而我们为了追求近期利益为群众脱贫解困的许多开发项目，包括林业项目中的速生丰产用材林、经济林、风景游憩林都并不一定是最有利于保持水土的。如果处理不当的话，有的还会不利于保持

水土，甚至可能引起水土流失。这就再次提出了合理的土地利用，合理的林种比例，治理的树种选择及培育措施，以及与各类水土保持措施相结合等问题的重要性。在山区综合开发中的每一个项目的合理性都要以是否有利于保持水土这个标准作一番衡量，这应当成为一条规矩。

我国有许多水土流失严重的山区，大面积恢复或建设林草植被，是保存水土资源，制止水土流失的有效途径，而在许多地方进行人工封禁又是恢复林草植被的有效方法之一。这一方法在适当的地区是应该充分加以利用的。但毕竟由于中国的国情所致，众多的人口还要在山区取得足够的生存空间，有些山地还要进行集约开发利用为当地提供粮食和经济收益，这就加重了水土保持的负担和紧迫性，单纯的封禁已不能成为主要的依靠，而要探求更积极、更快速有效的可与各种土地利用方式相结合的方法和技术，而这是需要大量投入的。从这个角度看，中国拥有巨大人力资源和集体智慧，加上社会主义的基本制度，又能成为促进山区综合开发治理，提高其人口环境容量，真正走出社会经济和环境保护协调发展道路的力量源泉。充分利用这一点，我们能够做出令许多外国人认为不可思议的奇迹，在困难的山区环境中引导众多的人口从脱贫并走向小康。在 21 世纪中当我们有可能以更强的国力为基础，为山区提供更强有力的经济支持和更高层次的科技投入，配以适当的人口动态调控、跨界分流就业等措施，可以把我国山区建设成更为富足、更为文明、更为优美的乐土。

中国工程院院士　沈国舫

把营林工作的重点转移到以提高森林生产力为中心的基础上来*

由于我国森林资源很少，森林培育是林业工作的一项主要任务，而当前育林工作中最突出的仍然是质量问题。经过努力，近几年情况已经有了很大的变化，造林的合格率和成活率都有了较大的提高，在许多地方已经稳定在一个较高的水平上(90%以上)，只是造林保存率还低一些，还需加强抚育把它促上去。总体上看，“活”的问题已经基本解决，现在应该不失时机地提出以提高森林生产力为中心的营林目标。

提高森林生产力，就像农业上要提高单产一样，是一个长青不朽的课题。在当今全世界的森林资源不断枯竭，木材和林产品的供需矛盾日益突出，保护天然林的压力越来越大的情况下，许多国家都在着力提高森林生产力，其中重要的办法之一就是培育一定面积的高产人工林，以满足各种社会需求，缓解森林保护和利用的矛盾。人工林的生产力应大大高于天然林的生产力，这是一般规律。但在中国，用人工营造的人工林的生产力水平却相当低下，林分平均单位面积蓄积量仅 $33.31m^3/hm^2$，其他质量指标(生长量、林种材质、其他效益)也很差，这不能不说是一种中国特有的怪异现象，也是我国林业发展中一个重大缺陷。

为什么我国人工林的生产力水平处于这样的低下状态，有各种解释，有的说是造林地立地条件太差，有的说是年龄结构太偏低，也有的说是树种选择不当或造林技术粗放，这都有道理，但究竟应如何客观地综合评价，判定有多少影响因素，各占多大比重(贡献率)，就国家全局来说，还没有一个完整的答案。很显然，对森林生产力低的不同成因需要采取不同措施来对付，因此应彻底把它弄清。

当然，我们的行动已不能等待研究的答案，而应针对目前的情况采取措施，在保证高成活率的前提下，大大提高森林培育的水平，争取人工林稳定高产优质。在这个领域里，我国在抓速生丰产用材林的建设中，特别是在世行贷款方面，是有成

* 本文来源：《林业月报》，1997(5)：3.

绩的。这一部分人工林的生产力水平不低，达到部颁速丰标准的占大多数。我最近看到广西“良种桉短周期工业用材林综合技术开发”星火计划项目的成果，他们在大面积(达百万亩以上)集中推广了近年来积累起来的较先进而且成熟的桉树造林配套技术，平均生长量达到了18.9m^3/(hm^2·a)，最高产的几片桉树人工林的平均生长量都超过了45m^3/(hm^2·a)的高水平，取得了很好的经济效益和社会效益，是值得称赞的。这样大面积人工林培育取得高产的主要基础在于它有较高的科技含量。从选择适宜的造林地，百分之百地应用最新高产良种(尾叶桉、巨尾桉杂种)及使用包括组培措施在内的工厂化育苗技术育成的均一壮苗，到机耕深翻施基地，合理配置细栽植，还加适时追施及有力的抚育保护措施。这样培育出来的人工林6~7年即可采伐，供制浆造纸及出口之用。这套培育技术措施是和国际上的先进水平相当的，也是可以和现代农业生产技术相提并论的。还存在的问题是如何进一步搞好森林的养分管理，保持林地肥力，保护好林内及周边的生物多样性，以保证森林的可持续发展。培育桉树人工林的优势在于能在较短时间内有较大的经济收益，从而鼓励了多管道的经济投入和劳动投入。没有足够的投入，许多科技措施也是用不上的。这一点给我们以启示，在营林工作中如何保证有足够的投入，又要通过政策调整及其他措施来保证林农(或其他经营者)有足够高的经济回报，以提高他们的积极性。只有在这样的基础上才能有效地把现已积累的适用技术推广应用到生产中去，实现森林高产优质高效的目标。

速生丰产林作为一个重要项目当然还要继续扎实地抓下去，使之能全部达到速丰标准。但若要全面提高我国的森林生产力水平，只抓这一点是不够的。到2000年建成的速生丰产林规模是1亿亩左右，虽然还有3亿亩的长远设想，但是能否找到足够面积的适合于营造速生丰产林的优质林地，这是个不小的问题。占我国森林中林分面积大部分的还是普通的林分，这里既包括用材林，也包括防护林、薪炭林及一些特种用途林。如果不能大大提高这些普通森林的生产力水平，要想根本解决中国林业的问题仍旧是无望的。而要解决这个问题，就必须大大提高我国整体的营林水平。

提高全国森林的生产力水平，提高我国整体的营林水平，这是涉及面非常广的大问题，这里既有科技问题，又有管理问题，还有政策导向问题，显然在一篇短文中无法一一展开，但我建议作为一项基础要求，国家是否可以像造林灭荒扩大森林面积一样，对各省(自治区、直辖市)及营林单位提出提高森林生产力的目标要求。关于衡量森林生产力的指标体系，是用单位面积平均蓄积量(或生物量)好，还是用平均生长量(MAI)或平均生产率好，是用全部林分平均指标好，还是用分林种、分龄级组的平均指标好，这都可以从长计议。反正要给各级营林单位在下达营林(包括造林)任务量的同时，还应下达提高森林生产力的指标要求。这可以作为五年计划的指标要求，也可以作为一个任期或一个森林资源复查期的指标要求。由于立地条件及经营条件的差别，全国各地区森林生产力水平差距很大，因此要求提高森林生产力水平的指标主要应体现为相对于原有的生产力水平的提高百分率上。如果能做到这一点，则森林经营单位将不得不严格对待所有的营林活动，不论是造林更新、中幼林抚育、低价林分改造，还是森林保护、主伐利用，各项业绩都将最终表现在生产力指标上。如果一个森林经营者在任期内经营失当，或更新不及时、造林粗放；或森林抚育不当，林相败坏；或保护不力、采伐失控等等，都会在森林生产力指标上反映出来。也只有这样严格地要求每一个森林经营单位，才能真正使我国森林在可持续发展的轨道上更上一层楼。

中国工程院院士
中国林学会理事长　沈国舫
北京林业大学教授

全国混交林与树种间关系学术讨论会纪要(代前言)*

由中国林学会造林分会和森林生态分会联合举办的"全国混交林与树种间关系学术讨论会"，于1996年8月13～15日在哈尔滨市东北林业大学召开。参加这次会议的有来自全国14个省、直辖市科研、教学、生产和行政管理部门的代表42人，他们提交了学术论文44篇，有27人在讨论会上报告了自己的研究成果，与会者畅所欲言，会议开得生动活泼。

中国林学会对这次会议很重视，把它作为1996年的重点学术活动之一，并给予关心、指导与扶持。各省(直辖市、自治区)林学会也很重视这次会议，四川等省林学会专门发出通知征集论文，研究混交林的科技人员积极参与，对于这次会议充满高度热情，寄予很大希望，有的代表由于时间安排不开或经费紧缺等原因不能到会，委派他人参加或寄送论文。

中国林学会理事长兼造林分会主任、中国工程院院士沈国舫教授亲自主持了会议并在闭幕式上作了总结发言。

一

大家一致认为，这次会议由于与会代表和有关方面的努力，按照预定计划取得了圆满的成功。

1. 会议选题正确，符合学科发展方向和生产需求

由于混交林与单纯林相比在林分稳定性、抗御病虫害以及发挥森林多种效益等方面表现出的明显优势，关于混交林及其树种间关系的研究已经成为当今林学界和生态学界关注的热点之一。我国经历了40多年的研究，积累了一大批研究成果，尤其是近年来的研究发展迅速，从量的增加过渡到质的飞跃；造林生产上对于营造混交林的呼声日益高涨，需要相应的科学研究的配合，有些地区混交林营造面积已达到造林总面积的20%左右，但总的来说对如何营造混交林还不太清楚，生产中带

* 本文来源：沈国舫，翟明普. 混交林研究. 北京：中国林业出版社，1997：1-4.

有一定盲目性；国家自然科学基金和国家科技攻关等一系列研究项目中也资助了有关混交林和树种间关系的研究内容。造林生产和学科发展都迫切需要开辟关于混交林与树种间关系学术交流的园地。我们的会议就是在这样的形势下召开的。

2. 会议代表面广，意义深远

参加会议的代表来自广东、湖南、河南、福建、浙江、安徽、山东、黑龙江、辽宁、陕西、甘肃、四川、贵州、北京等14个省、直辖市。他们曾经或正在从事混交林与树种间关系的研究，是我国该领域研究的主力军和先锋队，无论是从地域范围(从热带、亚热带到温带、寒温带，从西部山地到东部沿海)，或从主要造林树种与主要混交林类型(红松、落叶松、油松、马尾松、杉木、刺槐、桉树、杨树、红树等与多伴生树种)，还是从研究的范畴(生长表现、生理生态、微生物以及生化它感作用)和论文的水平看，都能够代表我国混交林与树种间关系的研究现状和研究水平。

这次会议是新中国成立以来召开的首次全国性混交林与树种间关系的研讨会，全面地检阅了我国该领域的研究成果，总结了混交林生产中的成绩与经验，对于推动我国混交林的生产与科学研究将会产生深远的影响。

3. 会议内容充实而新颖

会议收到44篇论文，有27位代表在大会上进行了交流。大家还充分利用3天多的与会时间，在会下进行广泛的交流。会议组织考察了东北林业大学帽儿山教学试验林场，代表们对于该场设置的落叶松水曲柳混交林和其他人工林的试验项目表现出高度的热情和浓厚的兴趣，并进行了充分的学术交流和探讨。在44篇论文中，有43篇研究报告和1篇文献综述。研究报告中比较集中的是北京林业大学对于华北平原沙地杨树刺槐混交林的研究和东北林业大学对于东北山地兴安落叶松水曲柳混交林的研究，这两项研究是国家自然科学基金重点资助项目“混交林中树种间作用的机制”的两个组成部分。经过近4年的研究，在混交林的生理生态、树种间的营养关系、生化它感作用、微生物的参与等方面均取得明显进展。如仅杨树刺槐混交林的根分泌物中就提取出87种有机物质，并揭示了树种间的N、P交换关系，还发现杨树能够直接利用矿物K；落叶松和水曲柳根系分泌物所含的有机物质有较大差别，落叶松根系分泌物、淋洗物及枯枝落叶分解产物与树体挥发物质对水曲柳的生长作用不同；不同组成林分的土壤微生物和土壤酶活性各异，这些对于生化它感作用和营养关系认识的深化，推动该领域的研究无疑是非常重要的。山东省混交林协作组周长瑞高级工程师在多年研究的基础上提出的关于混交林和树种间关系的12条基本观点和结论，是对于混交林和树种间关系认识的概括和提高；华南农业大学古炎坤教授根据景观生态学的观点对于白云山风景名胜区马尾松林林分改造及其树种配置的研究，是混交林在城市林业中的应用，拓宽和丰富了混交林与树种间关系的研究内容；中国林业科学研究院热带林业研究所郑松发等的论文“三种红树林乔木树种在桐花树+角果木灌木群落中定居和竞争的研究”，揭示了3个红树树种的耐荫特性及引进前疏伐灌木措施对它们定居的影响，为发展我国珍贵树种红树寻求了有效的途径；对于桉树与相思，杉木与光皮桦、桤木，马尾松与木荷、刺栲、栎类、枫香，湿地松与枫香，油松与侧柏、沙棘、紫穗槐，侧柏与沙棘等多树种多方式混交组合的多方位研究，基本上能够代表我国混交林的主要类型以及主要研究成果。

二

与会代表回顾了我国对于混交林的研究，大家认为，我国对于混交林的研究大体上可以划分为 3 个阶段，即准备阶段、发展阶段和提高阶段。

1. 准备阶段

我国在 1950 年以前几乎没有什么混交林方面的研究，从 20 世纪 50 年代初到 70 年代末为混交林研究的准备阶段，主要是引进和传播国外尤其是前苏联的技术和经验，有些单位有计划地布置了生产性或供科学研究的人工混交试验林，并进行了生长状况等基本调查研究，也开展了少量的生物量与枯落物方面的研究；翻译出版了有关混交林和树种间关系的研究报告或专著。

2. 发展阶段

从 20 世纪 70 年代末到 90 年代初为混交林研究的发展阶段。随着造林生产规模的扩大和纯林弱点的暴露，对于造林技术提出越来越多的要求，其中包括对于混交林营造技术的要求；前期营造的混交林也陆续郁闭成林，混交效果和树种之间的关系也逐步表现出来；这些问题也引起政府主管部门的关注和支持，研究的范围逐步扩大，有的立项进行专门研究。在试验手段方面，先进测试仪器的出现和运用，为研究工作开创了新的局面。南方混交林研究协作组的成立及研究课题立项可以说是开了这个发展阶段的先河，这个协作组中的许多单位和研究人员对于杉木、马尾松、桉树等混交林的研究提供了大量研究成果，为混交林研究的发展做出了重要贡献。除此之外，这一时期代表性的研究单位和研究工作，华北地区有北京林业大学对于油松混交林和杨树刺槐混交林的研究，山东省混交林协作组对省内多种类型混交林的研究；东北地区有东北林业大学和黑龙江省林业科学院等对于落叶松、红松和其他树种混交林的研究。研究的内容除了生长效果外，营养循环方面的报道增多，也出现了生化它感作用方面的初步探讨。这些研究发表了大量研究报告，出版了若干专著，也促进了混交林营造的推广。

3. 提高阶段

进入 20 世纪 90 年代以后，特别是在国家自然科学基金对于混交林研究的重点项目立项以后，对于混交林的试验研究内容更为全面，试验地的布设更为正规，试验研究手段更为先进，试验研究和林业生产的联系更加紧密。理论研究的深化，为指导林业生产避免盲目性提供了依据。这一阶段才刚刚开始，已可看出我国混交林的研究从总体上正在向世界先进水平靠拢。代表性的研究成果主要有杨树刺槐混交林、松栎混交林、杉桤混交林和落叶松水曲柳混交林的研究等。例如，在杨树刺槐混交林研究中，发现两树种在 N、P 营养关系和 N、K 营养关系方面的特异性与互补性；杨树刺槐混交林、落叶松水曲柳混交林都从分泌物中提取、分离和鉴定出多种化学物质，并初步揭示了几类物质的生化作用。

三

在充分进行研究成果学术交流的基础上，与会代表对我国今后如何发展混交林培育方面进行了探讨，发表了一系列有益的意见。

(1)为了维护和改进林地生产力，保护和发展生物多样性，保证森林稳产高效，仍应大力提倡发展混交林的培育，并从宣传认识上、生产管理上、科学技术上多做工作，以促使其实现。但提倡混交林也不应绝对化，客观上仍旧存在着在某些地区及立地上，对某些林种或树种，在一定的年龄范围内，适宜以纯林方式进行培育经营。森林培育中存在的一些矛盾和问题，可以通过许多方法和途径去解决，培育混交林只是重要途径之一。

(2)当前对发展混交林培育已经有了更大的需求动力，也有了更多的知识积累，可以提出有较坚实科学基础的可供推广的混交类型和方法。但也必须看到限制发展混交林的种种因素依然存在，例如，培育混交林的成本高、难度大，对一些混交类型认识上的局限性以及成效的不确定性等等。这就要求科技工作者更广泛深入地开展试验研究，特别是在摸清树种间错综复杂的相互关系的机制，以及在不同立地条件下混交树种在整个培育周期内的相互关系发展规律等方面要下苦工夫，以便把混交林培育放在更可靠的科学基础上，同时提出更切合地区条件及培育目标的实用可行的混交林培育技术方案。

(3)在混交林培育中更多地注意自然力及自然植被成分的利用是一个重要的发展方向。过去由于受学科分割的影响，把“造林”与“经营”割裂开来，把混交林培育完全纳入人工造林的范畴之内，这是不适当的。随着森林培育学的学科概念和范畴的确定，以及把人工林培育和天然林培育纳入到同一个学科轨道上来统筹安排，混交林培育也应从单纯的人工造林框架中解放出来。在造林工作中，充分利用天然植被成分，这在传统的经典林业中也早有考虑，前苏联的局部造林方式(廊状造林、块状密集造林等)就是这方面的范例。“人天混”本不是什么新概念，在今天我们又不能仅仅停留在“人天混”的简单实践之上，而要充分依靠对树种间相互关系的深刻认识和科学预测，运用人工培育(有时可能用的是全新的树种)技术和自然力作用的密切协调，把从原有天然植被留存的及林下可能预期天然更新的植株也包括在内，按生长发育阶段统一形成合理的林分结构，最终达到定向培育的目标。林农复合经营中的间作套种等立体种植方式及多种林农作物循环轮作等运行方式是混交林培育的另一重要分支。天然次生林改造及低价值人工林改造中的造林措施也是充分运用混交林培育技术的重要领域。

(4)混交林的概念应用近年来有一些混淆。经典测树学中的混交林概念，要求在一个林分范围内混交树种的组成比(按胸高断面积计算)必须占10%以上，而且组成比中不包括灌木。人工林是允许灌木进入组成的，而且在幼林期间都以株数比表达组成比，但也是在林分范围内，即组成树种之间存在着明显的相互作用。即使是块状混交的林分，其块的大小也是以树种间有明显相互作用为前提的。现在有人把不同地形部位(或局部立地)采用不同树种的镶嵌布局也称之为块状混交，如果这个块的大小已经足够形成独立林分的话，这样的称谓是不合适的。以景观为单元，不同树种按立地分布及功能需求镶嵌配置以取得最佳的综合效益，这是我们应当提倡的现代林业技术之一，是更高层次的问题，但它不是混交。如果把这种情况也简单归入块状混交，反而不便于管理(如在森林经营中不便于反映)和调控(如不同块的树种和功能灵活变化)，也由于把景观层次的问题降低到林分层次的问题而会忽略景观层次的内部结构及功能效益方面的研究实践。

四

在当前科技飞速发展的世纪转换年代，我国林业建设正在向现代林业的方向快步转变。森林培育是林业建设的核心和基础，而混交林培育则是森林培育中的一个重大的理论和实践问题，与会代表都表达了继续攀登的勇气和信心，要在混交林研究和推广方面做出新成绩，为建设我国的现代林业做出贡献。

沈国舫、翟明普(执笔)

1996年8月

现代高效持续林业——中国林业发展道路的抉择*

提　要　文章首先扼要剖析了林业发展的3个历史阶段：农耕前及农业时代(古代)的原始林业，工业化时代(近代)的传统林业以及后工业时代的现代林业，强调了真正的现代林业只能从全世界范围内开始生态觉醒的20世纪中叶算起，现在还处在过渡和形成阶段。文章对从传统林业向现代林业过渡中产生的几种森林经营理论进行了评说，其中包括多用途林业、林业分工论、新林业、近自然林业、生态林业等等。在对各种林业理论的评述中指出了各自的产生背景、合理内核及应用局限。文中指出与进入后工业(知识经济)时代的社会经济发展相适应的林业发展道路应当是现代高效持续林业。在中国的现实条件下，现代高效持续林业必须做到：①保护原有森林、扩建新的森林资源和全面提高森林生产力相结合；②护存林业、自然化林业和集约化培育林业相结合；③多林种的合理配置和多功能的综合经营相结合；④高新科学技术和高效的传统科技相结合，把现代林业发展成知识密集型的产业和事业。高效和可持续是中国现代林业应具有的主要特征。

新中国成立以来，特别是改革开放以来，中国的林业建设已经取得了突飞猛进的进展。但是，由于底子的薄弱，认识的局限以及人口和社会需求的种种压力，再加上这一阶段的林业建设中有过一些决策的失误及执行的偏离，使得我们没能摆脱资源不足和环境恶化的困境，在局部地区及领域面临巨大的难题。要使中国的林业能够顺利地发展，以迎接新世纪的挑战，满足中国社会经济和科教文化全面发展的需要，为全国人民及其后续世代创造良好的生存及生活环境，有必要对新世纪的中国林业发展道路作一次理论性的探索。这个问题在前几年已有不少专家学者论及，国际上近年来也曾推出过不少战略思想和试验典型，但总的来说还缺乏足够的共识。本文试图在吸收各家所长的基础上针对新时代的特点及中国的国情和林情，提

* 本文来源：《世界科技研究与发展》，1998，20(2)：38-45.

出一些自己的看法，以便与各方专家学者共同切磋，并供领导层决策参考。

一、对林业发展的历史剖析

为了明确现代林业的实质，首先要回顾一下林业发展的历史进程。

对于林业发展的历史不少专家有过专门的分析论述，比较普遍的意见是划分为3个不同历史时期：古代的原始林业，近代的传统林业和现代林业（张建国、吴静和，1996）。我在基本同意他们划分的基础上提出一些补充和修正。

古代林业又称之为原始林业，因为在这个时期经营森林作为一种"业"实际上还没有完全形成或处于雏形状态。我认为古代林业要明确分出两个不同的时期，第一个时期是与人类以狩猎采集为生相对应的历史阶段，在西方有人称之为农耕前时期（preagricultural period）。在这个阶段中人口数量少，对森林的依赖大，对森林及环境的影响力弱，因此大量与当地气候地文环境相对应的地带性森林植被得以保留下来，被称之为原始森林。原始森林不是没人的，而是有人的——那就是在原始森林中居住的原始部落，他们的生活方式是与森林息息相关的，他们本身可视为森林生态系统中的一个组分，这种情况直到现在在地球上的局部地区仍旧存在。我们现代人往往有兴趣探究一下我们居住的这块地方原来到底有多少森林，是什么样的森林，这实质上就是要回溯探究在农耕前时期的森林状况。应该说，在这个时期人类活动和森林植被是相对协调平衡的。第二个时期是与人类的农业文明相对应的历史阶段，即从农耕开始发展一直到工业化前的阶段。在这个历史时期里我们可以看到最初的游耕农业（shifting agriculture，相当于我们称谓的刀耕火种）对森林的破坏，大面积固定经营农田和牧场向森林的垦殖扩展，从分散的毁林开荒到规模的农业侵占（agricutural encroachment），这个过程实质上在现代世界的发展中国家还在延续。农业文明的发展促进了人口的增多和需求的扩张，对保留下来的森林也提出了更多的索取，从燃料到建筑材料，从食物到药材等等。历代王朝兴旺时期的大兴土木和战乱时期的焚烧掠夺，都对森林构成了巨大的冲击。我国的森林植被实际上正是在这个时期大量丧失的，森林覆盖率从原来的60%左右下降到10%左右，其中不少局部地区还有过多次反复。但是农耕时期的林业也不全是破坏性的，随着毁林所引起的各种矛盾尖锐化及农业文明在知识技艺上的提高，在不同时期也曾提出过保护森林的法令，植树造林的倡导，在一些地区依靠林木为生计的产业也得到过一定的发展，以现代林业所涵盖的范围来看，我国的蚕桑业、茶业、果业、花卉园林业都有悠久的发展历史并曾创造过灿烂的文明。甚至以培育木材为主的育林业，如我国南方杉木的培育也有了上千年的历史并积累了丰富的经验，这在世界林业史上也堪称一朵奇葩。

近代林业又可称之为传统林业，真正意义上的林业是从这个时期开始的。这个时期是与社会生产的工业化相联系的，因此原则上可以以18世纪中叶的产业革命作为这个时期的开端，一直延续到向后工业时期（知识经济时代、信息时代或生态化时代)过渡的20世纪中叶。但在我国这个时期的开端要晚得多，大致上只能从民国初期算起，一直延续到20世纪末，现在还只处在向现代林业的过渡状态。近代林业以木材生产的大发展作为主要标志，木材利用方式从薪材利用向工业用材(建筑用材、纤维造纸用材)转移，木材生产方式从小规模手工作业向大规模机械化作业转变。大规模、多层次、高效率的木材加工工业的发展大大加速了林业产业发展速度，也大大加速了森林消失和环境受损的速度和程度。虽然在这个时期内由于科技的发展和知识的积累，对森林本质和效用的认识有了很大的提高，森林培育和保护事业有了很大的进步，对森林防护作用的认识和需求也导致了防护林的区划和营造工作的发端(大致上始于19世纪中叶)，但总的来说，森林恢复重建的速度大大低于破坏的速度。只有在局部自然条件较好、人口压力较轻，营林传统较强的国家或地区，森林的破坏得到了较早的遏制，森林植被稳定下来或缓慢地恢复。这个转折点在欧洲大陆大致上在19世纪中叶，而在美国则滞后到20世纪初叶，在大多数发展中国家至今仍没有达到这个转折点。近代传统林业从单纯的“采掘式”开采林业逐渐向采育结合的方向发展，其经营思想的杰出代表是以木材为主产品的森林“永续利用”思想，这个在18世纪末在德国开始提出并逐步成形的经营思想反映了当时以木材利用为林业主业的实际情况，体现了经营者长期永续利用森林资源的良好愿望，也包含了可以促成木材永续利用的技术体系，是林业理论的划时代的进步。但是，尽管这种进步思想原则上为当时各国林业界普遍接受，但只有在少数条件较好的国家和地区得到贯彻落实，实现了“采育结合，永续利用”的所谓“育成林业”(姚鹤年，1994)，而在大多数国家和地区，这只是一个良好的愿望而已。还有一些森林经营较好的发达国家，他们是以开发利用他国(主要是发展中国家)森林资源来满足自己的需求，以保护好自己的森林的，这种状况实际上一直延续到现代。

现代林业从什么时候开始，它的主要标志是什么，对这个问题有许多不同的见解。不少人是以进入20世纪起计，以森林的培育、采伐及产品加工达到较为发达的工业化状态作为标志的。我个人持有另一种观点，认为现代林业发展时期最早只能从20世纪中叶第二次世界大战之后算起，是在工业化时期向后工业时期的过渡中，以信息化的发展促成全球经济一体化以及人口和社会的发展对全球环境产生了巨大破坏性影响的背景下，林业从以生产木材为主体的产业转化为森林的多功能利用并把森林的环境功能放在主导地位上来考虑的产业和事业为标志。在一些发达国家，这样的林业发展方向和格局已经形成；在另一些发达国家，林业也正在向这个方向转化。我国作为世界上最大的发展中国家，林业发展滞后是可以理解的，但我们要实现林业现代化决不应再去走发达国家在19世纪及20世纪初叶已走过的老路，而是直接以对应于生态化的信息社会的现代林业作为发展目标。

林业生产的机械化、集约化、高产化当然是现代林业的必要基础，但光有这些还构不成林业的现代化。在全球经济向一体化发展的趋势明显及全球环境已开始恶化到威胁人类生存和社会发展的大形势下，现代林业作为经营着陆地上最大的生态系统——森林并对全球环境有重大影响的事业，要回答如何才能高效地、持续地满足人类世世代代生存下去并维持其物质文明和精神文明延续发展所需要的物产、生态环境及其他服务需求的问题。林业只有依靠对大自然与人类活动之间关系的深刻认识，依靠高度发展的科学技术，正确地发展、保护、培育和利用森林，充分发挥其经济、生态和社会的综合效益，才能满足这个时代的需求。高效持续应该是现代林业最本质的特征。

二、从传统林业向现代林业过渡中的几种经营理论评说

如果把木材的“永续收获”(sustained yield)利用作为近代传统林业的经典，曾经在林业发展中起过重大的历史作用，那么在现代条件下这个经典理论已不再能满足全社会对林业的要求了。

从第二次世界大战以来，随着人口、资源、环境和社会发展中出现的种种矛盾的展现，在世界范围及我国都提出过多种应付这种局面的林业经营理论，其中较为重要的有森林多用途利用(multiple use forestry)，森林分工论和木材培育论，新林业(new forestry)、近自然林业(natureable forestry)、生态林业(ecological forestry)、可持续林业(sustainable forestry)等等，各种论说都有它自己的产生背景和发展方向。为了弄清我国林业到底应该向何处发展，对各种已有的理论加以研究分析，从中吸取有益的精髓，无疑是非常必要的。

森林的多功能利用问题早在19世纪就有人提出，但真正把它和永续利用原则结合在一起作为一个国家的林业发展战略则是20世纪50年代以后的事(关百钧，1992)。德国是这个方向的倡导者，然后欧洲其他国家、美国、日本、印度在50~60年代也相继采取了这种经营思想。这种经营思想的产生反映了20世纪以来林业在认识和实践上的深化：一方面森林的环境和社会服务功能被越来越深刻地认识和重视；另一方面森林的物产利用也具有了越来越大的规模和深度，有必要使这两个方面协调综合地发展(沈国舫，1995)。在森林物产方面，除了木材利用向深层次快速发展以外，森林的非木材产品也迅速地扩大其利用的种类、规模和层次，从而脱离了林副产品利用的从属地位，而发展成了相对独立的产业分支，在我国称为经济林业，在国外则称为非木材林产品(non-wood forest product，简称NWFP)，并在新近召开的第Ⅺ届世界林业大会上第一次作为一个独立分支课题来研讨。但是，在70~80年代以后，在一系列发达国家多用途林业的战略地位逐渐被其他林业经营思想所取代，其根本原因在于提出和运行多用途林业时，对森林生态系统的认识还不够完整和普及，世界上的环境问题也没有达到当前如此尖锐的地步。随着这些情况的出现，原来的多用途林业框架和着重点已不能完全适应新形势的需要，虽然它的合理内核仍将成为新的经营思想的内涵之一而继承下来。

在把森林的物产和环境社会功能放在并重地位的多用途林业框架内，既可以通过以森林的多功能利用为目标进行综合经营来实施，也可以通过对森林进行适当分类并分别按各自的重点目标来经营实施。这后者就逐渐演化为我国的林业分工论

（雍文涛等，1992）。其实，雏形的林业分工在前苏联已经存在，森林被分为三类经营，而分工论的典型实践国家是新西兰。新西兰从20世纪60年代开始，在成功地引种了辐射松并建立了培育高产优质辐射松人工林的技术体系的基础上，大面积发展了以辐射松人工林为主体的木材培育业（tree crops）。木材培育业的建立不但使新西兰从一个木材进口国转变成为纯出口国，而且保住了原有的占90%森林面积的天然林，对它不再进行强度采伐，使它主要发挥环境社会功能，从而形成了森林分工的格局。在新西兰之后还有不少国家（如智利、巴西、南非、印度尼西亚等）走上了这样的发展道路。新西兰等国的林业发展道路对我国有很大的启示意义。我国以前林业部长雍文涛为首的一批专家，在这样的启示下，经过系统总结我国1949年以来林业发展的经验和教训，又经过缜密的思考，提出以两论一化（林业分工论、木材培育论、产业结构合理化）为内容的林业经营理论体系。应该承认，这是我国林业经营思想方面的一大成就，对林业的实践有巨大的指导作用。实际上，我国当前的林业发展格局是在林业分工论的思想指导下形成的。但是，我国现在虽然仍承认林业分工论的历史功绩和合理内核，显然已经不能满足于用这个理论体系来指导了。理由很简单，这个理论体系主要产生于20世纪80年代，是以木材的供需作为重点来加以研究的。对于当前环境问题的紧迫性以及把林业发展作为生态环境建设的主要支柱的认识在其中没有得到足够的反映。由于当时可持续发展思想还没有取得公众的共识，更还没有作为国家发展战略提出，因而在林业分工论体系中也还涉及不多。显然，这些新的认识提高必然要求对原有经营理论作必要的调整和革新。

生态林业是向现代林业过渡时期的另一种重要林业经营思想，我国在20世纪80年代末90年代初有过较多的讨论（董智勇等，1994）。“生态林业”思想的产生无疑是与“生态农业”思想的产生相关联的，有的甚至认为它就是生态农业的组成部分。而20世纪70年代国际上“生态农业”思潮（包括与之相近的“自然农业”、“有机农业”）的产生是作为对以机械化、化学化为主要内容的“石油”农业的逆反（刘巽浩，1997）；同样，“生态林业”思潮的产生也可视为在环境问题日益突出的当代对以工业化的手段单纯追求短期经济效益的林业经营状况的逆反。“生态林业其本质涵义可简释为生态与经济协调发展的林业”（张建国等，1996）。但是，由于对生态林业的原则、范畴和内涵还缺乏权威性的定义和界定，不同专家学者对它的理解还有相当大的差别。有的认为生态林业就是传统林业，传统的林业就是生态的（徐化成，1991）；有的认为生态林业就是现代林业，或者是实现林业现代化的方法或模式（张建国，1994、1996）；还有不少人认为生态林业只是以追求生态效益为主体的林业经营模式，是诸多林业经营模式之一。认识上差别虽然很大，但都承认要用生态经济学的理论来指导，依据森林生态系统的规律来经营森林，这是认识上的一大进步，也是今后发展林业必须遵循的原则（张嘉宾，1986、1992）。生态林业的思想是先进的，提法也是时髦的，但为什么迄今还不能明确地被国家林业主管接受为发展中国林业的主通道？对此我曾做过长期思考，延续到现在，我认为情况已经明朗化了。一方面是生态林业范畴内涵的界定一直不够明确，另一方面又受到一些生态至上主义者的推崇而给人以"返归自然"的意向，却在现实生活中缺乏实际可操作性。这个问题和农业上的情况相类似，如把生态农业、有机农业作为发展农业的一种特殊模式，或把生态农业当作在生态环境脆弱地区发展农业的模式，甚至进一步认为是在保护生态环境的基础上利用生态学原理发展农业的模式，这是能够得到普遍接受的。但中国农业的主题是在21世纪如何在不破坏生态环境的条件下养活16亿人口，光靠现在所推行的某些生态农业模式是很难完全做到的。林业上也是这样，如何在努力不断改善生态环境的同时保证为这么庞大的人口持续地提供符合其不断提高的生活文化水平所需的木材、林产品和各种服务，这是任何一个当家人都必须考虑的问题。而正是在这个方面，如在如何对待速生丰产用材林的营建和各类经济林的发展问题上，生态林业论显得模棱两可，或只提出问题而缺乏切实可行的答案，个别人则陷入了悲观。

生态林业还有几个在特定条件下的变种，如新林业、近自然林业等。由美国J. F. Franklin教授于20世纪80年代末所倡导的新林业，曾经在我国得到一定的传播，它的实质在于在美国西北地区花旗松等树种天然老林的条件下如何协调好森林采伐利用和自然保护(特别是斑点猫头鹰的保护)的一种经营模式(赵士洞等，1991)。后来这种经营思想被美国林务局所接受而扩展为林业"新远景"(new perspectives)计划(1990)，并演变为以木材培育林业(tree crop forestry)、多用途林业(multiple benefit forestry)和护存(保育)林业(conservation forestry)作为模块的林业经营系统。到了1992年世界环境与发展大会前后，这个经营思想就自然而然地被以森林生态系统经营为基础的可持续林业思想所取代①。

近自然林业也可认为是生态林业的一个分支(沈照仁，1997)，主要在20世纪80~90年代流行于欧洲大陆，特别是中欧地区(德国、奥地利、瑞典等国)。近自然林业的概念可表述为"在确保森林结构关系自我保存能力的前提下遵循自然条件的林业活动"(邵青远，1995)，是兼容林业生产和森林生态保护的一种经营模式。产生这种经营思想的背景，除了越来越重视环境保护要求外，从19世纪以来经营人工林所产生的一系列弊病(不适地适树、人工林结构简单、不够稳定、生物多样性降低、环境效益较低等)也是重要促成因素。近自然林业思潮要求森林"回归自然"，降低人工林的比例(德国的人工林比例曾高达80%)，对现有人工林进行自然化的经营和更新，在无林地上进行"生态基础上的造林"。据有些学者估测，对温带地区人工林进行自然化的经营不会降低林地的生产力，甚至还可提高。在近自然林业思想的影响下，日本也修正了原定的大幅度提高人工林比重以提高森林生长量的规划，而准备在21世纪增加天然林经营的比重以更好地保护山地流域的生态环境。近自然林业思想无疑也给我们很大的启示，使我们重新认识保护天然林的重要性并重新认识一些顺应自然的森林经营技术措施(如择伐方式)的价值。但我们也不得不同时看到，提倡近自然林业的国家都是地处温带、人口不多而森林资源相对丰富的

① 美国林务局是在1992年6月宣告其国有林的生态系统经营原则和框架的。

国家(瑞士、奥地利等)以及虽然人口较多，需材量也较大但可依靠其经济实力大量进口木材及其他资源来满足需求的国家(德国、日本等)。如果不具备这样的条件而盲目提倡近自然林业可能是行不通的。至于在热带国家，由于热带天然林的一些特殊性(如结构复杂但单位面积可用的产材量低，培育时间长，难于满足发展中国家的近期迫切经济需求等)，发展人工林仍是一种重要的选择。而且发展热带的速生人工林由于它的高产而且快速吸收固定 CO_2 温室气体的特点而在全球气候环境保护中视为一项重大的战略措施(参见第 11 届世界林业大会论文集卷 3)。可见，近自然林业并不是到处都可以使用的经营模式，虽然我们承认充分利用自然力及顺应自然规律行事的原则具有无可争议的普遍价值。

三、现代高效持续林业——进入后工业(知识经济)时代的林业发展道路

1992 年在巴西里约热内卢召开的世界环境发展大会的讨论主题及在会上通过的“关于森林问题的原则声明”等一系列文件对于世界各国的林业发展战略都产生了巨大的，甚至可以说是划时代的影响。在这里，林业不再被视为一个狭窄封闭的追求内在自我调节平衡的产业，而被视为在全球人口、环境与发展格局中具有举足轻重地位和广泛影响的事业，人类的生存延续需要有可利用的资源和良好的环境，而这又要求有数量足够的处于良好状态的森林来做保障。可持续发展原则被提到了空前未有的高度，被接纳为地区的和国家的发展战略，而森林的可持续发展又成为其相当重要的内容。正是从这个全球环境和人类社会发展的大视角来看林业，给林业提出了很高的发展目标和要求，也指出了必须遵循的发展方向和道路。

在这个世纪之交的年代，作为第一生产力的科学技术正在加速发展，强烈改变着人类社会的面貌，从经济格局到产业结构，从物质生产到精神文化。不同的专家学者对于我们正在进入的社会的本质和特征有不同的理解和阐述，如后工业时代、知识经济时代、智能化信息时代、生态社会、第六次产业革命等等，但无论怎样理解，都离不开可持续发展的原则。在这个时代的林业——可以称之为真正的“现代林业”的首要特征就必须是可持续的。

自从 1992 年世界环境与发展大会以来，关于林业的可持续发展原则、内涵、标准和指标，在全世界都作了广泛的研讨(沈国舫，1994；蒋有绪，1997)，取得了大量的共识，也由于国家的经济地位及森林状况的不同而存在着一些分歧意见。当然，我国已经有了一个《中国 21 世纪议程林业行动计划》，这个《行动计划》的内容是很好的，在相当程度上是可操作的。但由于形成这个《行动计划》的时间比较仓促，讨论不够广泛，一些理论观点还有待明确，一些实践指标还有待商榷，需要补充完善。

针对我国的国情、林情，我们认为，中国现代林业的发展必须做到以下几个方面。

(一)保护原有森林，扩建新的森林和全面提高森林生产力相结合

原有的森林，特别是其中有重要防护功能及生物多样性护存价值的天然林，要得到充分的保护，这在当前已是刻不容缓的了。不能允许在大江大河上游留存下来已经为数不多的森林还要继续毁在当代人手中。同时，我们也很清楚，在中国的条件下，仅仅靠保护原有的森林是极为不够的，我们还要为我们祖宗前辈还旧债，要尽量把森林植被恢复到现代社会可持续发展所要求的起码程度，那就是把森林覆盖率从现在的14%左右提高到26%左右，甚至更高，这是当代人及我们的后代不可推卸的责任。再进一步，森林的生产力水平普遍低下，这是我国林业不能满足可持续需求的最薄弱环节，没有高的森林生产力，也就满足不了我国庞大人口迅速提高的发展需求，这是不争自明的道理。保护、扩展、提高三结合，这是我们发展森林资源满足可持续发展需求的唯一出路。

(二)护存林业(conservation forestry)、自然化林业(naturalized forestry)和集约化培育林业(intensive plantation forestry)相结合的发展路线

中国农业的持续发展要走集约化道路，但林业的情况和农业很不相同，它的结构是多态的，功能是多方面的，发展路线也必须是复合的。一部分森林要作为纯自然体系护存下来，一部分森林要在充分利用自然力的基础上依靠自然的(生物学及生态学的)规律经营好，还有一部分森林必须应用高度发展的科学技术采用集约方式培育经营以追求高的效益产出。没有这后一部分，在中国的条件下前两部分也将难于保证实现。中国森林的这三个部分实际上是相辅相成的，不理解这一点而片面强调某一种经营方式是一条走不通的路线。

(三)多林种的合理配置和多功能的综合经营的结合

任何一片森林都是多功能的，同时任何一片森林按其树种组成、结构特征及所处位置的不同而有其主导的功能特点。这是符合唯物辩证法的矛盾的普遍性和特殊性以及主要矛盾的观点的。森林按其主要的功能特点或要求而划分为林种，分别林种而定向培育和分类经营，这既反映了中国林业的复杂结构和对中国林业的多样化要求，也是中国林业得到了一定发展的优良传统。但是在定向培育、分类经营的同时一定不能忘掉事物的另一面——森林的多功能性。“在主导分工的定向基础上，通过对森林生态系统的综合经营，对森林资源实行全方位的培育、保护和开发利用”，并把它“恰如其分地纳入到区域(或流域)综合开发和治理的主渠道中去”(沈国舫，1997)，这是中国林业另一个潜力所在，也是在新时期发展林业的必要趋向。

（四）高新科学技术和有效的传统科技相结合，把现代林业发展成知识密集型的产业和事业

现代科学技术日新月异的发展，特别是其中信息技术、生物技术、生态科学和材料科学等高新科技，是林业得以大幅度提高其森林生产力水平，显著提高其经济、生态和社会的综合效益，并在流域和区域层次上合理布局和与其他相关各业协调发展的主要依靠。不过还要着重强调，高新技术的开发应用要与许多行之有效的传统技术紧密结合起来，充分依据自然规律，发挥人的主观能动作用。森林的经营宜细则细，宜粗则粗，“粗”和“细”都建立在对各层次森林生态系统的组分、结构、功能、演替和发展的客观规律深刻认识的基础上。“粗”到森林自然保护区核心区的“任其自然”的护存（保育），那也是建立在对森林中各组分（植物、动物、微生物、气候、土壤、地质、水文等）的系统认识及由它们构成的生态系统的动态认识的基础之上的，建立在人们可以动态监测所依据的多种自动化仪器仪表的使用以及现代遥感技术、地理信息系统（GIS）、全球定位系统（GPS）等信息技术应用的基础之上的。“细”到像种植农作物一样地甚至比种农作物更集约地培育森林，那就必须依靠生理学科和生态学科知识的综合应用，依靠生物技术和传统技术的综合应用，依靠分析技术、测试技术和信息遥感技术的支持应用。无论处于何种情况，林业的发展模式，既不成其为劳动密集型产业，又不成其为资本密集型产业（此意不包括对森林资源的资产化管理），而应该成为正像钱学森院士所说的那种知识密集型产业和事业。从总体上说，林业应当成为国家生态环境建设和社会福利事业的一个重要部分，而同时产业部分也应得到充分的发展，以满足全社会的多方面持续要求。

在以上4个方面全面运行的基础上，对于现代林业发展的各个具体领域，从防护林体系的建设到木材生产和加工利用产业的发展，从各类经济林的培育到自然保护区、风景游憩林的设置和科学经营，对各个领域合理发展的规模、布局、指标和进度等都要作出过细的斟酌和安排。这些都已超出本文要涵盖的范围了。但不管如何安排，对现代林业发展的指导思想必须明确，现代林业应该是多功能高效益的，应当是把环境效益放在首位从而有利于全社会可持续发展的。现代林业的本质应是可持续的，而在我国，为了达到可持续就必须高效，这个高效是多功能综合的高效，是发达的现代科学技术支持下才能得到的高效。在这样理解的基础上，为了便于表述，我们用高效可持续作为中国现代林业的主要标志。现代高效持续林业，这是中国林业发展道路的抉择。

中国工程院院士、北京林业大学教授　沈国舫

写在“西部大开发中的生态环境建设问题”笔谈之前*

生态环境建设是西部大开发计划和行动中的基本重点，这是中央已经认定了的指导思想，也得到政治、经济、科教等各界的认同，我们林业科技界当然举双手赞成。赞成之余，细想如何落实此项壮举，不由感到肩上负着历史的责任。仿佛我们的子孙后代在看着我们：在国家和民族发展振兴的大好年代，究竟把什么样的生存环境留给我们的后代？我们既要还历史的生态“旧债”，又要还今世形成的生态“新债”，让子孙后代能生活在无“亏空”的环境里，为此只有全力以赴，责无旁贷。

鉴于我国西部地区生态环境的脆弱特点，这里的生态环境建设是全国生态环境建设的重中之重，规模宏大、任务艰巨、影响深远，这也是有共识的。但在如何采取行动对策方面，客观上确实存在着认识不清和不一致的地方。认识不清的地方部分来自于当前的科技水平还不能对一些问题提供明确的答案：诸如西部地区生态环境的历史成因及发展趋势如何；人类活动，包括下垫面植被的人为变迁，究竟能在多大程度上影响大气环流和地质过程；水资源不同部分(大气降水、冰雪融水、地下水等)的相互关系及其变动的量化评定，以及如何确切评价不同类型和结构的植被(森林、灌丛、草地、园地等)的水文效应等。对这些问题都需要加紧研究探索，提供科学的答案。认识不一致的地方，除了对上述科学认识还不清的问题影响外，也还有人群各自的行业、学科、知识水平及经济社会地位局限的作用。陷于经济和生态困境的人群易于只追求眼前利益而顾不上生态环境建设的长期目标；基层的官员领导层易倾向于追求局部利益而顾不上生态环境建设的整体目标；知识水平局限使人们或手无良策，或机械照搬，在生态环境建设中缺乏综合协调的驾驭能力和发展创新的开拓能力；从事行业(林、农、水、环、计等)的局限往往使人们出于部门利益的驱动及认识的局限而过于强调本行业的作用，而不重视与其他行业的协同配合；如此等等。至于学科局限造成的认识不一致也有所显露。我们林业科技工作者

---

* 本文来源：《林业科学》，2000，36(5)：2.

当然热衷于强调森林的作用和效益，这也是需要的，但有时自觉不自觉地也出现宣传过头、夸大其辞的现象。据我看来，林学以外的一些科技工作者，在评价森林和林业在西部地区生态环境建设中的作用和做法时，既有恳切求实的一面(这是大多数)，但确也存在着某些不大了解实际情况的偏见。我认为，在当前西部地区生态环境建设的光荣艰巨任务就要压到我们身上之际，我们有必要再一次虚心学习，认真思考，用科学的实事求是的态度，排除各种倾向的干扰，来弄清西部地区生态环境建设问题的实质、内容、步骤、方法、技术和管理，以便于做好准备为此项历史壮举多做贡献。为迎接西部大开发中生态环境建设高潮的到来，《林业科学》编委会组织一轮笔谈，请各方专家畅谈认识，分析问题，提供思路，交流看法。我们对此寄予厚望。

中国工程院院士、《林业科学》主编　沈国舫

西部大开发中的生态环境建设问题*

——代笔谈小结

摘　要　本文是在《林业科学》上连续登载的“在西部大开发中的生态环境建设问题”笔谈的阶段小结。文中概略阐述了生态环境建设的概念和内涵，生态环境建设在西部大开发中的位置，提出了西部地区生态环境建设应遵循的6项原则，即因地制宜，因害设防；保护先行，善待自然；多样措施，林草为本；生态经济，密切结合；全面规划，综合治理；加大投入，群策群力。最后对当前生态环境建设中存在的及有不同看法的一些问题进行了分析探讨，这些问题包括：天然林保护工程的导向问题，退耕还林还草的选向问题，林草植被建设的方式和技术问题，以及生态环境建设与水资源的关系问题。

关键词　西部地区；生态环境建设；生态恢复重建

在中央决定推行西部大开发的发展战略后，西部地区的生态环境建设问题一直是各界热心探讨的重点问题之一。《林业科学》编辑部及时地组织了国内一批知名专家在刊物上进行有关“西部大开发中的生态环境建设问题”的笔谈，已连续两期在《林业科学》上发表了14篇颇有见地的笔谈文章，对我也很有启发（沈国舫等，2000；唐守正等，2000）。我也愿就此问题提出我个人的一些思考见解，供读者们参考。

一、生态环境建设的概念和内涵

“生态环境建设”这个词在中国已经用得相当普遍，但却很难与国际接轨。国际上现在对中国的西部大开发问题很为关注，但不大理解我们所说的生态环境建设的确切含义。据我理解，作为中国的常用词，生态环境建设应该是一切旨在恢复和改

---

* 本文来源：《林业科学》，2001，37（1）：1－6.

善生态环境的行动的总称。和生态环境建设相近似的概念有生态环境的保护(protection)或保育(conservation),恢复重建(restoration, rehabilitation & reallocation)。显然,保护的概念较窄,主要指现有的状况不再遭破坏;保育的概念稍宽,除了保护之外还要加适当培育的含义,也主要针对现有的植被或生态系统而言;恢复重建的概念更宽一些,主要着眼于按自然演替规律恢复原有的(破坏前的)生态系统,研究其恢复演替的途径和措施。但对于像我国这样一个农业文明历史悠久,对原有的地理景观面貌改变太多,而单位面积需要承载的人口负荷又太大的大国,对原有面貌的生态恢复重建只能从趋势上、规律上加以考虑,不大可能成为完整的目标。客观的情况和需要使"生态环境建设"的概念应运而生。建设(construction)正好是破坏(destruction)的对立词,生态环境建设涵盖了比生态恢复重建更为广泛的内容,更加强调了改善生态环境的积极行动;它重视生态系统的演替规律,但又不拘泥于自然的演替阶段序列;它把改善生态环境的行动提到了与农业建设、工业建设、科教文化建设等相对应的层次高度,从而更突出了它的重要地位。

生态环境建设的内容,按照《全国生态环境建设规划》中的叙述,就我国陆地部分而言,包括天然林等自然资源保护、植树种草、水土保持、防治荒漠化、草原建设、生态农业等6项。如果再延伸一下,还可以加上城市园林建设和工矿交通建设区的生态恢复重建等内容。在这些内容中,水土保持和防治荒漠化是两项最重要的综合措施,而植被建设又是贯穿于所有生态环境建设内容的核心问题。

二、生态环境建设在西部大开发中的位置

我国西部地区的生态环境本来就比较严酷、脆弱,加上长期自然资源的不合理利用,过伐、过垦、过牧、过采(集)等多头并进使原有的天然植被遭到了严重的破坏,而近年来城镇扩展和工矿交通等基本建设后缺乏足够有效的生态复原措施更是雪上加霜。森林锐减、草地退化、水土流失加剧、荒漠化趋势严重等成为了西部大开发的主要障碍,威胁着可持续发展的前景,也对处于下游、下风方向的东中部地区产生不良的影响。据水利部水土保持监测中心与中科院遥感所联合进行的全国第二次土壤侵蚀调查,全国各省(自治区、直辖市)如以中度以上水蚀面积占本省(自治区、直辖市)国土面积的比例排序,前10名为重庆(47.37%)、山西(40.10%)、陕西(36.15%)、甘肃(21.97%)、宁夏(21.24%)、四川(21.14%)、贵州(18.04%)、湖北(17.78%)、山东(16.26%)和云南(16.25%),基本都在西部。全国风蚀范围涉及17个省(自治区、直辖市),如以风蚀面积占本省(自治区、直辖市)国土面积的比例排序,前5名为新疆(56.1%)、内蒙古(52.0%)、甘肃(35.1%)、宁夏(30.8%)、青海(18.0%),全在西部,主要在西北。可见西部地区生态环境问题的严重性。更有甚者,经过近20年的努力治理,全国土壤侵蚀状况由于边治理边破坏的结果不但未见好转,局部还有所加重,加重的恰恰就在西部。仍据上述遥感调查,20世纪90年代中期与80年代中期相比,全国水土流失面

积仍有扩展，但呈现出明显的区域性，其中水蚀面积东部减少了29.3个百分点，中部也减少了21.7个百分点，而西部不但没有减少，反而增加了2.7个百分点。全国风蚀面积也稍有增加，主要在西北。西部地区持高不下的水土流失和荒漠化问题是西部大开发必须面对的重大问题，这些生态环境问题能否在较大程度上得到缓解将决定西部大开发的成败。因此中央在西部大开发战略上明确把生态环境建设作为西部大开发的根本和切入点，这是符合实际的，也是反映广大民意的重要决策。

三、西部生态环境建设应遵循的基本原则

这个问题近来许多学者在不同的场合都在进行探讨，其看法大致上是趋同的。我据此归纳为以下6项基本原则。

(一)因地制宜，因害设防

这是体现实事求是科学精神的一条首要原则。西部地区很大，内部情况也很复杂，必须区别对待。首先西部地区生态环境建设要防治的对象主要是水土流失(以水蚀为主)和荒漠化(以风蚀为主)，地质灾害参与其中。在风沙带与黄土高原之间以及荒漠和山地之间存在着一条水蚀和风蚀的交错带，情况更为复杂。其次，西部地区的自然地理环境很多样，从南亚热带性的干热河谷到寒温带湿润的高山森林和草甸，从暖温带半湿润的落叶阔叶林到温带极干旱的荒漠戈壁，表现出带谱很宽的水平地带性和垂直地带性及其相互交汇，加上大起大伏的地形地貌，形成众多各有特点的自然区域，有各自适宜的植被类型、生物种群及其配置格局。只有顺应这些区域特点因势利导，才能收事半功倍及稳定持续之效。再次，西部地区虽然在总体上有社会经济发展滞后的特点，但在人口密度、经济发展水平、优势产业及文化传统等方面内部差异仍很大，必然会对生态环境建设产生深刻影响。

(二)保护优先，善待自然

在西部地区进行生态环境建设，有一个正确对待自然的原则问题。长期以来以人类为中心的自然观及所谓“人定胜天”的思想被实践证明是片面的，甚至是有害的。人类从做过的许多蠢事中得出了一个重要教训，就是人类不管有多大能耐，都要学会和大自然和谐相处，顺应善待。从这个原则出发，我们对西部地区目前还保存的自然资源和地带性生态系统都要进行保护。只有以保护为前提，再加上一些积极的生态环境建设措施，才能消除边建设边破坏的现象，加速改善生态环境的进程。

（三）多样措施，林草为本

西部地区生态环境建设必须采取多种多样的措施，包括在生物措施、工程措施及农（林、园）艺措施3大类别中。从过去的治理实践中总结出的生物措施和工程措施相结合，以生物措施（含农艺措施）为主的原则，至今仍然有效。在众多措施中，林草植被建设，包括天然森林和草原植被的保护、恢复，造林种草以及林草植被的培育管理等，是治本的措施，在生态环境建设的措施体系中具有普遍性的根本意义。由于西部地区生态环境的严酷、脆弱，林草植被建设也是主要的难点所在。

（四）生态经济，密切配合

西部地区生态环境建设必须优先考虑生态效益，这是建设目标的体现，是不应有争议的。但我国西部地区的生态环境建设是在环境的人口负荷相对较大，广大的农牧民依赖自然资源环境而生存的条件下进行的。所以在生态环境建设中必须适当照顾当地居民的生存和发展的需要，部分措施应与当地的社会经济发展紧密结合，为区域的可持续发展创造良好的条件，为居民的脱贫致富提供可靠的保障，这样的生态环境建设才是有生命力的、可持续的。生态效益和经济效益之间有时有矛盾，但也有一致的地方，要善于找出生态和经济的结合点，在不同的利益格局和支撑强度下，采取有利于综合发挥生态、经济和社会效益的措施，坚持全局利益，照顾地方利益，引导和满足群众的利益。

（五）全面规划，综合治理

生态环境建设具有区域性、综合性，应当面向区域的不同层次（景观、小流域、生态经济区域等）综合考虑。以小流域综合治理为基础的水土保持方针对于整个生态环境建设工作仍是适宜的。当然，从生态经济相结合以及宏观治理目标的角度还要考虑更大的区域层次，其中，作为生态环境建设的综合执行区域单元的县（市）具有关键的意义。以县为单位进行全面规划，执行各项政策，落实综合治理的各项措施，其政策水平和协调能力，工作质量和实际效果，在整个生态环境建设中起关键作用。

（六）加大投入，群策群力

生态环境建设需要相当大的投入，它既有还历史旧债的含义，又有生态补偿的新意，在国家经济实力增强的条件下，应当刻意予以保证，并逐步加大力度。生态环境建设又是关系到千百万人民群众生产生活的大事，没有群众的积极参与，建设投入也不能产生足够强的积极效果。瞄准目标，依靠政策，加大投入，组织群众，科技支撑，群策群力，这是西部地区生态环境建设得以顺利推进的必由之路。

四、对西部生态环境建设中几个问题的思考

对于西部地区的生态环境建设，学术界是有许多共识的，例如它的重要性，自然地带性，以生态效益为主，生态、经济和社会效益相结合的综合目标，以及生物措施和工程措施相结合，生态系统的保护、恢复和培育相结合的实施方式等。但是当前我国西部地区生态环境建设中还有一些问题在专业人员中有不同的认识，需要本着实事求是的精神交流讨论以取得基本共识。以下是我对几个基本问题的思考。

(一)天然林保护工程的导向问题

天然林保护工程无疑是我国生态环境建设工作中一项极其重要的基础工程(张佩昌等，1999)。特别是在西部地区，天然林大多分布在大江大河的上游或在主要内陆河流的水源区，具有很高的防护功能和生态价值，以前对它的采伐利用失控，造成灾难性后果，是一项重大失误。但亡羊补牢，犹有未晚，现政府对天然林实行重点保护政策，并花大力气解决由此带来的社会和经济问题，是值得称颂的。

但是，在天然林保护工程的执行过程中，也显现出了一系列问题，涉及天然林保护的范围、方法、技术以及解决木材生产从业人员的分流就业、解决林区以林为生群众的收入保障及林区地方(县、乡)政府财政收入补贴等问题。这其中，我们认为特别值得提出一个涉及天然林保护工程全局的森林经营导向问题。针对西部地区森林资源的珍贵性、脆弱性和多样性的特点，天然林保护的政策应该具有坚定性和灵活性相结合的特点。坚定性应表现在坚决制止乱砍滥伐、超额采伐、对林地无节制侵犯等现象，采用天然与人工相结合的手段加速恢复和更新森林，提高其生态及社会功能。灵活性则表现在对于不同起源(原始天然林、天然次生林和人工林)、不同树种组成、不同年龄阶段及生长状况、处于不同地形条件(陡坡、缓坡、河谷、滩地等)以及具有不同社会属性(国有、集体所有、个人承包、合作造林、世行项目造林等)的森林应该区别对待。而现在普遍出现的问题则是执行项目的坚定性不足，乱砍滥伐时有发生，对林地非法侵乱更是相当频繁；而执行项目的灵活性则更差之甚远，许多地方不管对什么森林都是禁伐一刀切的，而许多与此相关的社会和经济问题都却很少下功夫去处理。而灵活性的不足反过来又可能冲击天然林保护工程的坚定性，造成许多纠纷。我们认为，为了彻底扭转过去西部森林采伐利用失控的状况，以全流域的生态利益为重，在实施天然林保护工程中以禁伐先行，堵住继续破坏的源头，提供休养生息的机会，在一个时期内是完全必要的。但我们同时也认为，森林具有生态经济和社会的综合效益，是一种可再生的重要自然资源，西部地区的森林也不例外。鉴于中国的总体森林资源有限，而对木材及其他林产品需求甚

大，不可能大量依靠进口，而主要应靠中国自己的林地生产提供。在这样的情况下，要把占全国森林资源30%左右(林分面积占31.64%，林分蓄积占51.63%)的西部地区森林资源完全排除在可利用范围之外，是不明智的，也是不必要的。这里有一个基本观点，就是森林采伐利用，特别是山地森林的采伐利用，是否一定与其发挥生态功能相抵触，答案应该是否定的。我们认为除了为保护生物多样性而设置的自然保护区外，一般森林可以适当采伐利用，关键在于利用的数量、方法和技术是否适当。如果采伐利用的数量上是节制的，伐区小而分散，山地森林以经营择伐为主，伐后保证及时有效更新，那么森林保护和利用是可以和谐相处的。我国东北以择伐经营方式为主的一些林业局有这样的实例。大家知道，北欧芬兰和瑞典是林业大国，对森林的保护和利用处理得比较和谐，使得林业成为这两个国家的经济支柱，而地处中欧阿尔卑斯山区的一些国家和地区在重视发挥森林生态功能的同时，森林的利用强度还维持在相当高的水平(奥地利全国森林每公顷平均利用量达5.9m^3，相应的瑞士为5.0m^3，德国为5.3m^3)，但均低于平均生长量，这些国家的实际情况是值得我们借鉴的。

当然，森林的合理经营不仅涉及木材的主伐利用，也涉及森林病虫害防治、防火、森林抚育等经营措施所必须进行的林分干预，包括卫生伐、拯救伐、防火隔离、疏伐、林下可燃物的数量控制等，还涉及非木材林产品(松脂、野果、野菜、菌类、药材等等)的利用及游憩、保健等服务功能的利用。总之，森林作为一种可再生的自然资源，在对其实施保护的同时，也应该按可持续发展的要求对其进行科学的、有效的经营，同时实现合理的综合利用，这样也有利于缓解森林保护和林区人民生活之间的矛盾。因此，从长远来看，必须对西部地区的森林根据其自然和社会属性有区别地对待，在以追求生态目标为主的天然林保护政策指导下，把各类森林纳入到可持续森林经营的轨道上去。建立在科学基础上的森林可持续经营是比简单的禁伐一刀切更为复杂得多的事，但为了生态安全和持续发展的总体利益，必须这样做。我们必须现在就对此在科学认识上、技术贮备上及经济政策研究上做好必要的准备。

(二)退耕还林还草的选向问题

当前正在推行的退耕还林还草工作，无疑是减少水土流失、恢复和改善生态环境的重大举措，对水土流失严重、生态环境脆弱的西部地区意义更为重大。但退耕还林还草工作在运行过程中也出现了一系列问题，如退耕的规模和速度、优先退耕的耕地类型、退耕后粮食及现金补助的数量、期限及监控手段等等，其中最突出的当是退耕后如何进行植被建设：还林还是还草、还什么林、还什么草、采用什么手段还林还草，这些都是科技和政策导向上的大问题，对此也有一些不同看法。

退耕还林还草的国家目标，可用一句简单的话来表述，那就是“以粮食换生态”，因此退耕后还林还是还草，首先要用生态标准来衡量。森林(包括乔木和灌木)与草地(包括旱生的草原及湿生的草甸)都是主要的植被类型，从生态功能的角度看，它们各有其优缺点。森林的体量大、寿命长、结构复杂，一般来说它的生态功能（防风固沙、保持水土、涵养水源、固定 CO_2 等）较强，但它对气候和土壤条件要求较高，消耗水分也较多（旱生灌丛除外）。草地则体量较小，层次结构较单一，一般来说它的生态功能不如森林，但生长密集繁茂的草地也有很好的保土护土功能。旱生草原的耗水量较森林少，比较适应较干旱的地理环境。以上所指仅为一般的判断，实际上森林和草地的生态功能都因其种类（林种、树种、草种）、结构和生长状况而异，不宜做出过简的结论。因此退耕后还林还是还草，还是需要根据当地的自然条件、社会需求及适应的植被类型作具体的分析。

退耕还林还草要因地制宜，这是一条基本原则。从地区自然条件来看，西南和西北有很大差异。西南地区，基本上是亚热带湿润地区向青藏高原的过渡，退耕还林还草主要集中在亚热带湿润山丘地区及其上的温带湿润高山峡谷地区，原生植被主要是森林，退耕后也主要应当还林。但在海拔较高处的森林与草甸交叉区及山丘顶部处于夷平原的地方，退耕后可以多还一点草，发挥南方草地发展草畜业的优势。在一些干热河谷地区还林和还草并重。

相对而言，西北地区要更复杂，实际横跨4个地带。最南面的秦岭以南，包括陕南地区及甘肃武都地区，与相邻的西南地区相似，是湿润的森林地带，退耕后自然以还林为主。在这以北直到离石—延安—庆阳—天水一线，是半湿润的森林草原地带，退耕后应还林（包括经济林）还草并重，但在这一带一些海拔较高的土石山区，如黄龙山、关山、桥山、子午岭以及邻近的关帝山、六盘山等，实际是偏湿润林区，残存着大量天然次生林，又是许多中小河流（泾河、渭河、洛河、汾河等）的发源地，这些地方退耕后仍应以还林为主，以充分发挥森林的水源涵养和保持水土的作用。

从半湿润区往北到陕甘宁长城（风沙）沿线以及青海以东为半干旱地带，这里的典型植被应是草原，仅阴坡凹地及沟边河谷才有森林生长。因此这个地区的陡坡退耕后应以还草为主，也可适当发展一些旱生型的林木（枣树、仁用杏、沙棘、柠条等）。在这个地区的风沙沿线局部地方（如榆林地区）有较好的水源条件（含地下水），在沙地退耕还草时利用带状林木的防护作用局部造林也是需要和可能的。

在更偏西北的广大干旱及极干旱地区，其自然植被为荒漠灌丛、河滩绿洲及盐碱地灌草，也还有一些以农为主的人工绿洲。这里的主要问题是根据水资源状况在大范围内实施控制过垦或过牧、节水灌溉及恢复天然绿洲植被及荒漠植被。在干旱地区之内也有几条大山，包括贺兰山、祁连山、天山和阿尔泰山，在海拔较高处有一条森林带，与亚高山草甸交错存在。这些地方的主要问题是林牧矛盾，侵害森林，影响其水源涵养作用的发挥。这里的生态恢复工作属于天然林保护工作范畴。

退耕还林还草问题不仅与地区的自然条件有关，也与地区的社会经济状况，如人口密度、城镇化水平、产业（林果业、草畜业、农产品加工业等）发展基础、种苗准备状况等有关。正因为退耕还林还草问题相当复杂，因此很难定出一个具体的林草比例标准，要按县乡两级在调查研究的基础上制订规划中作出安排，要强调因地制宜而避免公式化、雷同化的倾向。

(三)林草植被建设的方式和技术问题

恢复重建林草植被可有两种基本方式，一是充分利用自然力的封山(沙)育林(草)方式，可简称为封育方式；二是人工造林种草，两种方式也各有其优缺点。已有许多实验和实践证明，在大部分地区是可以通过封育来恢复林草植被的，但恢复的时间要长一些，有时要经历若干个演替阶段，不一定能达到理想的组成结构，但都是比较稳定的。人工造林种草见效快但需较多投入，在技术掌握不当时，人工林草植被有可能与当地自然条件不相适应而呈现不稳定状态。飞机播种是较粗放的一种人工造林种草方式，只有在合适的条件下采用适当的树种、草种及相应的飞播技术(地点及时机选择、种子处理及播种量、播前播后的封育措施等)才能奏效。封(育)、飞(播)、造(林草)3 者应配合应用，互为补充。当前的问题是对封育强调得不够，应用得不广，这与资助的政策有关，对此应做适当调整。

在确定进行人工造林种草的地方，首当其冲的是树种和草种的选择问题。在这方面，过去有过不少试验研究成果可以利用，在草种选择方面研究还较薄弱。目前在树种选择方面的问题主要在于适地适树的选择方案不一定能充分满足人们迫切要求经济回报的愿望。于是就产生了经济林比例过大以及勉强应用一些有较快经济回报或绿化显眼的树种而达不到适地适树要求，这样的例子很多。问题的核心是如何正确理解西部地区林草植被建设要以生态目标为优先的原则，以及如何正确认识地区条件的局限而不能提出过高的期望。要求在半干旱的黄土坡上长出像湿润地区原始天然林那样的复层林分是不现实的，要求在瘠薄的石山地上长出有高经济回报的林木来也是不现实的。科学的态度应当是实事求是，适地适树就要顺其自然，争取得到略高于自然状态的效益就很好，不能求之过高过急。有了这种科学的态度，适地适树适草问题在科技工作继续探索支撑的条件下就较易解决。

人工造林种草还有一个如何提高成活率和保存率问题。在西南地区一般问题不大，只有在其中的干旱河谷地区问题比较突出。在这方面也有专门的研究，如何在完全按照适地适树原则选择树种的基础上，通过集水整地，良种壮苗、适时细致种植、有条件时适当补水等措施，造林成功应该没有问题。出问题的地方大多是技术措施不当或没有认真去做，问题主要在政策导向上和组织管理上。在西北的干旱半干旱地区，人工造林种草难度要大一些。在这里，选择适当的树种草种并使用健壮优良种苗仍然是关键，在此基础上要采取一整套抗旱保墒的技术措施。在半干旱地区采用宽行距、低密度的径流汇集的造林措施(也可用于种草)，可以取得良好的效果，即使在雨量只有 300～400mm 的地方，也能取得成功，当前很多地方造林成活率不高的情况，除了在特殊条件干旱年份情况外，本是可以避免的。

因此，从技术层面看人工造林种草问题，目前已有的技术积累是可以解决问题的，关键在于提供较好的技术推广和组织管理。但为了使林草植被建设更快速高效，还要进一步对新树种的引进，优良类型(或品种)的选育推广，抗旱节水新技术的应用，林木与其他植物的复合培育，林草植被的经营管理等一系列技术问题进一步进行试验研究。特别要在探索如何使林草植被建设与当地群众收益更好地结合起来，在模式上和技术上下更大的功夫去研究。

(四)生态环境建设与水资源的关系问题

生态环境建设的内容和方法，既受水资源状况的制约，又对水资源的保护和合理利用起积极作用。关于这方面的问题，我最近曾写过"生态环境建设与水资源的保护和利用"论文，已公开发表(沈国舫，2000)，限于篇幅，这里就不再重复。近来在森林与大气降水的关系方面又出现了不同看法。我个人认为这个问题相当复杂。特别是关于森林与垂直降水的关系问题，现在已有的一些观测结果，由于观测期短，方法不严密，对比区域小等因素，都不足以得出令人信服的科学结论。现代科学在理论上也还不能作出森林植被能在大尺度区域大幅度影响大气环流增加大气降水的结论。因此，这一点当前不能成为指导我们行动的决策依据。尽管森林的其他有利的水文效应是明显的、公认的，实际上已经成为生态环境建设的科学依据。关于森林与气候、森林与水文的关系还应继续进行广泛的、基础性的观测和研究工作；对于生态环境建设所必需的生态用水份额，也应该分类型、分区域地予以探讨论证。

沈国舫
(中国工程院)

附件 1

期待西部山川秀美时*

——第 153 次香山科学会议研讨"西部大开发中的林草植被建设问题"

今年，江总书记发出了"再造一个山川秀美的西部"的号召。但如何在具体的操作层面来全面、准确地理解这一号召并制定出切实可行的实施策略，却是值得科技界思考的问题。

11 月 28～30 日，由中国工程院副院长沈国舫院士倡议的第 153 次香山科学会议就是针对上述问题召开的。会议聘请沈国舫、任继周、李文华三位院士担任会议执行主席，来自研究院所和高校的专家以及相关管理人员近 30 人进行了为期 3 天的研讨。

---

* 本文来源：《科学时报》，2001－12－8(3).

一、问　题

在中央决策层的高度重视下，西部各省、自治区的退耕还林还草工程已经全面展开。这之中，暴露出的问题却不容忽视。与会专家们分析的结果如下。

天然林保护工程的导向问题：天然林大多分布在大江大河的上游或在主要内陆河流的水源区，具有很高的保护功能与生态价值，以前对它的采伐利用失控，造成灾难性后果，是一个政策性失误的重大教训。今天的禁止砍伐天然林，是国家不得已而为之的做法！

要注意到森林的生态价值和社会价值。一旦达到了生态保护的要求，森林经营问题就会提高到应有的高度。专家们建议，针对西部地区森林资源的珍贵性、脆弱性和多样性的特点，推行天然林保护工程要注意灵活性和坚定性相结合。坚定性认识不足，就会导致砍伐现象难以禁止；灵活性认识不到位，就会引起相关的社会和经济问题。虽然现在处于禁伐阶段，但从长远看，建立起科学的保护和利用机制将是人类追求的最终目标。

退耕还林还草的选向问题：在退耕还林的过程中，还林还是还草、还什么林、还什么草，采用什么手段还林还草，需要谨慎对待。与会专家认为，从生态功能的角度讲，森林和草地各有其优缺点。还林还是还草，要根据当地的自然条件、社会需求和适应的植被类型作具体的分析。西部地区生态环境各异，关键是因地制宜地进行科学分析。

林草植被建设的方式和技术问题：恢复重建林草植被可以有两种方式，利用自然力的封山育林和人工造林种草。当前的问题是封山育林强调得不够，原因与政府资助的强度有关，建议做相应调整。

专家们认为，从技术层面看人工造林种草问题，目前已有的技术积累是可以解决的，关键在于技术推广体系和组织管理体系的合理性。

综合规划与实施问题：西部地区的生态环境建设是一个综合性很强的系统工程，其中所包含的水土保持和荒漠化治理两项内容本身综合性就很强。目前的林草植被建设体现在若干个工程计划中，如天然林保护工程、防沙治沙工程、基本农田建设和防护林建设工程、生态县建设工程等。这样的分散管理，虽然有助于发挥多方面的积极性，但已经显示出重复用功、互不协调、形不成区域治理等弊病。

与会者认为，林草植被建设不单是一个技术问题，更是一个政策性很强的工作。在这一过程中，领导干部要以国家利益为重，要体现科技干部的领导决策权。

二、对　策

针对现今存在的问题，本着服务于决策的目的，专家们提出了诸多很有价值的建议：

对于天然林保护工程，国家应在国力允许的情况下，加大支持力度，同时要注意政策的长期性；天然林保护工程开局良好，但至于什么时候开始从全面禁伐向可持续森林经营的方面转移以及如何实现这个转移，仍需认真地分析；退耕还林还草问题需要长期地分阶段分批实施，在林草植被建设中，关键问题是要以科技为指导，这之中，既要避免领导干部的瞎指挥，科技工作者也要从国家利益角度出发，谨防“科技骗子”！

科学时报记者　赵彦

附件 2

西北地区退耕还林还草的选向问题*

在退耕还林还草工作中，退耕后究竟是还林还是还草，采用什么样的比例才算合理，并进一步确定还什么林，还什么草，这些都是科技和政策导向方面的大问题。特别西北地区，由于水资源状况的局限，究竟选择还林还是还草显得更为重要。

森林（包括乔木和灌木）与草地（包括旱生草原和湿生草甸）的生态功能各有其优缺点。森林的体量大、寿命长、结构复杂，一般来说其防风固沙、保持水土、涵养水源等生态功能较强，但它对气候和土壤条件要求较高、消耗水分也较多（旱生灌丛除外）。草地则体量较小、层次结构较单一，一般来说它的生态功能不如森林，但生长密集繁茂的草地也有很好的生态功能。旱生草原的耗水量较森林少，比较适应更干旱的地理环境。以上所指仅为一般的判断，实际上森林和草地的生态功能都因其种类（林种、树种、草种）、结构和生长状况而异，不宜作出过简的结论。

西北地区包括陕甘宁青新 5 省、自治区、内蒙古和山西的西部，总体上属于温带干旱半干旱地区，但内部差异很大。

地处秦岭以南的陕南地区及陇东南的武都地区是西北的湿润地区，其典型的自然植被是森林，因此这个地区的陡坡退耕之后应以还林为主，也可适当还草（特别在海拔较高处）以促进草畜业的发展。从秦岭以北到 500mm 等雨量线之间（大致上在离石—延安—庆阳—天水一线）属于半湿润地区，其典型的自然植被是森林（主要在阴坡）与草原（其中有不少灌木）交错。这个地区的陡坡退耕之后应是还林还草并重。但这个地区之内有一连串海拔较高（ >1500m）的土石山区，如关帝山、黄龙山、关山、桥山、子午岭及相隔不远的六盘山等，是偏湿润的地区，残存着大量的天然次生林，又是许多中小河流的发源地。这些地方退耕后仍应以还林为主，以充分发挥森林涵养水源和保持水土的作用。另外，地处这个区内的渭北高原是我国温带水果（以苹果为主）的适宜地区，退耕后在地形允许的条件下发展经济林木是一个

* 本文来源：《参阅资料》. 北京：中央办公厅秘书局，2000(47)：1－3.

重要选择。

从半湿润区以北到长城沿线之间的地区为半干旱区，其自然植被以草原为主，仅阴坡凹地及沟边河谷才有森林，因此这个地区的陡坡退耕后应以还草为主，也可适当发展一些旱生型林木（枣树、山杏、沙棘、柠条等）。在这个地区的风沙沿线一带（如榆林地区）有较好的水源条件（包括地下水），在沙地退耕还牧（草）时利用带状林木的防护作用局部（片带状）造林也是需要和可能的。

更偏西北的干旱地区，其自然植被为荒漠灌丛（梭梭、白刺等）、河滩绿洲（胡杨、沙枣等）及盐碱地灌草（红柳、藜科植物等）。这里基本不存在狭义的退耕问题，需要大力控制垦殖和放牧，实施节水灌溉，恢复天然绿洲植被及荒漠植被。在干旱地区之内也有几大山系，包括贺兰山、祁连山、天山和阿尔泰山等，它们是许多内陆河流的水源区。在较高海拔地带（一般在海拔1700～2700m）有一条森林带，与亚高山草甸交错存在。这一地区的主要问题是林牧矛盾，侵害森林，影响其水源涵养作用的发挥。这里的生态恢复工作主要是加强天然林保护。

退耕还林还草问题相当复杂，不仅与该地区的自然条件有关，也与它的社会经济状况，如人口密度、城镇化水平、产业（林果业、草畜业等）发展基础、种苗准备状况等有关，因此很难定出一个具体的林草比例关系。以上所说的“为主”大致为60%～80%，“并重”则大致为40%～60%。这只不过是导向性的判断，具体的还林还草比例关系要按县乡两级在调查研究的基础上，因地制宜制订合理的规划，避免公式化、雷同化倾向。

中国工程院副院长　沈国舫

中国林业可持续发展及其关键科学问题*

摘　要　在扼要介绍和分析中国森林资源的状况、演变和存在问题的基础上，着重探讨了中国林业可持续发展的战略和为实现林业可持续发展所必需研究解决的关键科学问题。在林业可持续发展战略部分全面论述了它的前提、目标、方针和六项对策措施。在关键科学问题部分则分别从森林的环境功能、森林的生产功能、林木遗传改良、森林保护和森林资源管理等5个方面列出所需要研究解决的关键科学问题，为制订今后的科学研究规划提供参考。

关键词　林业；可持续发展；关键科学问题；中国
中图分类号：S71；X22　**文献标识码**：A　**文章编号**：1001—8166(2000)01-0010-09

在全球陆地生态系统中，森林生态系统无论按其所占面积，还是按其所积存的生物量来看，都具有举足轻重的主体地位。森林是一种自然资源，能为人类生存和发展提供多种丰富的物产；同时，森林又是构成生态环境的主要组分，它的巨大的环境功能是为人类生存提供重要保障。森林的这种既是资源又是环境的双重属性，使得林业即培育、保护、管理和利用森林的产业和事业，成为了独特的跨越大农业和资源环境事业的重要行业。在全球自然资源趋于枯竭、生态环境迅速恶化的大背景下，人类必须采用可持续发展战略已取得共识，在这其中，林业的可持续发展也成为重要课题之一。

一、中国森林资源状况及存在问题

森林资源是林业可持续发展的基础，这是不言自明的道理。为了探究林业可持续发展的途径，首先要弄清森林资源的状况及存在问题，然后才能有针对性地提出对策。

---

* 本文来源：《地球科学进展》，2000，15(1)：10-18.

(一)中国森林的类型及其地理分布概况

我国幅员辽阔，而且纬向、经向和垂直三维空间的跨度都很大，加之地史变迁、地形复杂，形成了多样的气候条件及多样的植被类型。我国的森林植被主要分布在400mm等雨量线以东以南的国土上。从北至南依次有寒温带针叶林(兴安落叶松林、樟子松林、桦木林等)、温带针阔混交林(红松阔叶混交林、暗针叶林、落叶松林、杨桦杂木林等)、暖温带落叶阔叶林(落叶栎林、油松林、侧柏林、杨桦杂木林等)、亚热带常绿阔叶林(常绿阔叶林、常绿及落叶阔叶混交林、杉木林、柏木林、松林、竹林等)、热带南亚热带季雨林(落叶季雨林、半常绿季雨林、南亚松林等)。在400mm等雨量线以西以北的国土上，主要植被类型为荒漠、草原及高寒湿地，但在其间的高山上及内陆河流的冲积区也分布有一定数量的森林，如天山、祁连山上的云杉林、落叶松林、圆柏林和野果林、塔里木河滩地上的胡杨林，半荒漠上的梭梭林等。至于在青藏高原东缘川西、滇西北山地及藏南大峡谷地区，则由于得天独厚的水热条件，生长有高大茂密的各类暗针叶林、高山栎林、高山松林及常绿阔叶林。所有这些森林，在现代气候条件下，构成了我国陆地生态系统的主体。

(二)中国森林破坏的历史进程

如前所述，从自然条件来看，中国的大多数地方是适合于森林生长的。据估算，在四五千年前的史前时期(主要指农耕前时期)，在中国目前的疆土范围内，约有60%的面积为森林所覆盖，但分布很不均匀。在湿润的东南地区，森林覆盖率可达到80%～90%，在半湿润半干旱的中部地区(如黄土高原)森林覆盖率达到40%～50%，而在干旱半干旱的大西北地区及高寒的青藏高原，只有在高山带或河谷部位才有森林分布，森林覆盖率只有10%～20%。在农耕前时期，我国人口还较少，对森林的依赖大而破坏少，大量与当地气候和地文环境相对应的地带性森林植被得以保存下来，与其他植被(灌丛、草原、湿地等)镶嵌部分，互有进退，处于相对平衡的状态。

中国农业文明的发展，对森林有着巨大的破坏性的影响。为了满足对大面积农耕地的需求，从小规模的毁林开荒到大规模的农业垦殖，侵占林地是主要途径，历几千年而至今仍保持着很大的压力。农业文明促进了人口的增长和需求的扩张，对森林也提出了更多的索取，从燃料到建筑材料，从食物到药材，多种多样。在这个时期中，历代封建王朝兴旺时期的大兴土木和战乱时期的焚烧掠夺，加上为戒备民族冲突而戍边屯垦的需要，都对森林造成了巨大的冲击。据中国林学会的回推分析到2000年前的汉朝时，由于平原森林因农业侵占而大量消失，长城沿线森林因战乱而受到严重破坏，森林覆盖率已降到50%以下；到大约1000年前的唐宋年间，晋、陕、甘及川中的森林遭到严重破坏，长城以外的阴山、贺兰山等地的森林已所剩无几，森林覆盖率下降到40%以下；再到300多年前的明末清初，华北山地的森林基本都遭破坏，南方山地交通方便的地方的森林也遭严重损伤，森林覆盖率下降到21%左右，再往下直到中华人民共和国成立前，东北的森林又遭日、俄掠夺破坏，西南地区的森林也遭农垦蚕食，其他地方的森林进一步退化，森林覆盖率进一步下降到12.5%。由此可见，一直到新中国成立前，我国森林的破坏是在不断加速的，不但森林面积减缩，质量也有所下降(大径级的佳木良材被选伐运走)。当然农业文明时期的古代林业也有建设性的一面，曾颁布过保护森林的法令，倡导过植树造林，也积累了一些技术经验，但终究抵挡不了森林破坏的历史进程。

(三)新中国成立以后森林资源的动态变化

新中国成立以后，我国林业取得了长足的进展，但也经历了一些曲折。一方面是不断倡导和组织植树造林、保护森林，使一些地方的森林得以恢复，在少林地区尤为显著；另一方面则是因经济建设和积累资金的需要而大面积采伐森林，再加上有些地区存在毁林开荒的现象，使一些主要林区的森林遭到严重损害，在大跃进时期及文革时期这个问题尤为突出。根据我国森林资源清查材料及新中国成立初期的估算材料，在1949~1993年间的森林资源的变化情况见表1。

表1 中国森林资源的变化(1949~1993)

时 期	森林面积 (10^6hm^2)	森林覆盖率 (%)	成、过熟林面积 (10^6hm^2)	总蓄积量 (10^8m^3)	数据来源
1950年以前	≈120	12.5	≈48	116	估算值
1950~1962	113.36	11.8	41.71	110	局部调查加估算
1973~1976	121.86	12.7	28.12	105	第一次全国清查
1977~1981	115.28	12.0	22.05	102.6	第二次全国清查
1984~1988	124.65	12.98	14.20	105.7	第三次全国清查
1989~1993	133.70	13.92	13.49	117.8	第四次全国清查

在1994~1998年间已经进行了第五次全国森林资源清查，结果尚未公布。据已得的信息判断，这期间森林资源总量增长的趋势还在，但势头已大不如前，主要是因为近期各种因素毁林造成的损失抵消了绿化增进的成果，前景仍是堪忧的。

(四)森林资源的演变及存在问题分析

从以上所列的森林资源变化数据，可见我国森林资源变化存在着以下一些趋势与问题。

(1)在过去的50年中，前30年的森林资源数量有起有落，受到建设和破坏两方面因素的影响；后20年森林资源总量开始回升，建设速度超过了破坏速度，最好的时期森林覆盖率每5年增加1个百分点。对于我们这样一个发展中大国来说，这个增长速度还算是比较高的，但存在着抑制这个增长势头的破坏性因素，对此应予高度重视。

(2)在后期森林资源总量增长的情况下，幼龄林和中龄林居多，而可利用的成、过熟林资源趋于枯竭，虽还有一定的成、过熟林存量，但大多是分布在不可及的边远山区或处在紧要的自然保护区和防护林之内，是不能开采利用的。这种状况对我国林业的可持续发展和林产品的市场供销有极为严重的影响。

(3)我国森林的质量，从其经济价值(从材种出材率、出材径级及优质材的比重等角度看)、环境和社会功能(从平均疏密度、森林组成结构、森林的防护功能、游憩价值角度看)角度衡量，都有下降的趋势。该保护的自然保护区没有充分保护好；供游憩利用的森林负担过重、经营不善；大面积的人工林(包括用材林和经济林)存在着树种(或品种)不符合要求、结构简单、生产力不高、地力维持不佳等问题，在生产功能和环境功能方面都有不足之处。森林生产力的总体水平一直在低水平处徘徊，距林业发达国家的高生产力水平有很大差距。

(4)近年来林地逆转问题很突出，包括有林地逆转为疏林地或荒地，林业用地逆转为非林业用地。建设用地(修路、开矿、城建等)占用林地的数量很大，控制不够；而毁林开荒在某些地区仍在继续，陡坡退耕还林政策的执行力度不够，速度很慢。这些问题叠加起来，使我国当前每年林地逆转为非林地的总量达到 44 万 hm^2 之巨，如此下去将难以为继。

从以上列出的我国森林资源的一些问题来看，对林业能否可持续发展存在着很大的威胁，对此必须认真对待。

二、中国林业可持续发展的战略探讨

1992 年在巴西里约热内卢召开的联合国环境与发展大会的讨论主题及在会上通过的《关于森林问题的原则声明》等一系列文件对于世界各国的林业发展战略都产生了巨大的甚至可以说是划时代的影响。在这里，林业不再被视为一个狭窄封闭的追求内在自我调节平衡的产业，而被视为在全球人口、环境与发展格局中具有举足轻重地位和广泛影响的事业，人类的生存延续需要有可利用的资源和良好的环境，而这又要求有数量足够的处于良好状态的森林来做保障。可持续发展原则被提到了前所未有的高度，被接纳为地区的和国家的发展战略，而森林的可持续发展又成为其相当重要的内容。正是从这个全球环境和人类社会发展的大视角来看林业，给林业提出了很高的发展目标和要求，也指出了必须遵循的发展方向和道路，这就是走高效可持续的现代林业的道路。

自联合国环境与发展大会以来，关于林业可持续发展的原则、内涵、标准和指标，在全世界都作了广泛的研讨，取得了大量的共识，也由于国家的经济地位及森林状况的不同而存在着一些分歧意见。从实践的角度看，我国在联合国环发大会的后续行动方面是跟得很紧的，不仅很快制定了《中国 21 世纪议程》(1994)，而且也很快制定了《中国 21 世纪议程林业行动计划》、《中国生物多样性保护行动计划》(1994)，签署了《联合国防治荒漠化公约》(1996)，制定并公布了《中国生态环境建设规划》(1998)。在这些文件中，特别是在《中国 21 世纪议程林业行动计划》中，已经把我国林业可持续发展的目标、方针、任务和措施作了较为详细的交代，有相当部分是可操作的。但是从近几年我国生态环境建设和林业发展的实际情况看，特别是由于 1998 年特大洪水灾害所引起的反思和采取的行动来看，对已制定的《林业行动计划》尚需作较多的补充和修正。本文将从较为宏观的角度对中国的林业可持续发展问题提出一些导向性的看法，并把重点放在我国森林资源的保护、培育和管理方面。

(一)前提

在探讨中国林业可持续发展问题前必须明确两个基本前提。一是林业问题是人口—资源—环境格局中的一个重要组成部分。对于人类来说，森林既是自然资源，又是构成生态环境的主体。林业问题的解决离不开人口的严格控制和优化、资源的合理配置和利用、环境的有效监控和改善等全局问题，要求林业单枪匹马去实现可持续发展是不可能的。二是林业问题是全社会经济和文化发展的一个重要组成部分，由于森林经营的广域性、长期性和多目标的特点，它更着眼于为全社会的长远利益服务，因此要经常地超越于狭隘的市场利益的局限而得到全社会的关注和支持，没有这一点，林业也很难实现可持续发展。

(二)目标

林业可持续发展的目标是建立可持续发展林业的社会、经济、技术保障体系，以及满足中国社会需要并可与中国经济、社会发展时空特征相适应的、可持续经营的资源、环境和产业基础。在这里，必须明确：森林资源是林业可持续发展的基础，生态环境建设是林业可持续发展的重点，而林业产业是林业可持续发展的保障，三者是紧密联系在一起的，而且这三方面的建设都必须综合高效，才能保证其可持续性的实现。

(三)方针

要实现林业可持续发展必须遵守以下 3 条指导方针：一是保护现有森林、扩建新的森林资源和全面提高森林质量与生产力相结合，为尽可能地增加森林覆盖和实现森林的高产、优质、高效打下基础；二是在兼顾森林的生态、经济、社会三大效益的原则下实现森林的分类经营，把封禁性经营的护存林业、自然化经营的多用途林业、自然与人文相结合经营的游憩林业和集约化培育的商品林业结合起来；三是在区域或流域层次上实行多林种的合理配置并和森林多功能的综合经营相结合，在主导分工的定向基础上，通过对森林生态系统的综合经营，对森林资源实行全方位的培育、保护和开发利用，并把它与农、牧、水、交通、电等各行业合理配置，恰如其分地纳入到区域(或流域)综合治理和开发的主渠道中去。

(四)对策

为了实现上述目标，执行上述指导方针，需要一系列对策并加以实施。

1. 天然林保护

占我国森林资源2/3以上的天然林，包括原始林和次生林，是我国森林资源的主要基础，它们发挥着巨大的生态防护功能，具有巨大的经济和社会文化价值。多年来对天然林区的不合理开发和破坏，是导致我国森林质量急剧下降、生态环境迅速恶化的主要原因，现在已经到了必须加以制止的紧要关头。由国务院和林业主管部门于1997年提出并从1998年开始执行的"天然林保护工程"，在我国森林经营史上具有划时代的意义，并作为世界第五森林大国和主要木材进口国的重大举措，具有重大的国际影响。保护天然林工程包括大江大河源头和上游地区天然林的禁伐保护和一些主要林区的限伐保护(纳入分类经营框架)及相应的配套措施，与我国原来设置的各类自然保护区的经营保护相结合，形成了一个保护我国天然林的巨大网络，无疑将对扭转我国生态环境的恶化趋势、充分发挥森林的水源涵养和水土保持等防护作用、维持森林作为生物多样性宝库的作用、保护森林的历史文化和美景游憩价值等都起到不可替代的关键作用。同时，我们也必须认识到，这一项重大举措将对我国一些主要林区的生产结构、地方财政、就业门路和社会生活等产生巨大的影响，必将对我国的木材和其他相关林产品的供应状况、市场和外贸的变动产生深刻的影响。如何在坚定地执行保护天然林方针政策的前提下，充分发挥其正面效益，抑制或分流其负面作用，是摆在广大林业工作者和林区人民面前的艰巨任务。有关保护天然林的一些技术层次的问题，如适当的禁伐范围和限伐数额、禁限伐区的合理森林经营技术、替代产业的开发技术及发展工业人工林来顶替限伐天然林的技术等，都需要不失时机地进行充分研究和探讨。关于部分天然林的禁伐问题，现在社会上有一些误解，以为禁伐就是一棵树都不能砍，这是不确切的。禁伐主要指的是禁止主伐利用，但为了更好地培育保护天然林，需要时可以采用抚育伐、卫生伐、拯救伐等作业方式，以使天然林能处于健康生长、结构合理、综合高效的优良状态。

2. 大面积造林育林和林业生态工程建设

由于我国森林资源曾遭长期的历史性破坏而所剩不多，因此光靠保护我国现有的森林远不足以完全解决我国面临的生态环境问题，继续开展大面积造林育林仍是一项历史性的重大任务。我国的大面积造林育林带有森林"收复失地"的意义，首先要把历史上曾经有过森林(即自然条件允许生长森林)、经破坏后已沦为荒山荒地的地方恢复森林植被。但是由于全国人口基数已如此庞大，林地逆转为农地和其他建设用地在不少地方已经无法再收回，因此，我国恢复森林的面积目标已经不可能回归到农耕前时期或人口相对少的历史时期的覆盖水平。根据实际的测算，在我国如此巨大人口存在及社会经济发展趋势的情况下，恢复森林植被的高限只能定在25%左右的国土覆盖水平。即使要达到这样不高的森林覆盖率水平，也要付出世纪性的努力，因为人口压力及由于社会发展对土地利用竞争的压力还非常强劲，陡坡退耕还林(草)的进程只能分阶段实现，我国大量剩下来未绿化的土地由于所处地域特点及长期的水土流失和不合理利用而相当干旱瘠薄，造林(含飞播造林)和封山(沙)育林的难度越来越大。所有这一切都说明，要恢复重建我国森林植被(有些地方包括灌木和草被)仍是一项十分艰巨的历史任务。在我国大面积造林育林的任务中，主体应该是各类防护林建设。我国目前正在实施跨世纪的十大林业生态工程，这十大林业生态工程是我国生态环境规划内容的骨干工程，是我国跨世纪林业建设的主体，也是需要动员亿万人民进行几代持续努力来实现的宏大工程。

3. 提高森林的质量和生产力水平要提高到当前的主要议事日程

我国的森林资源数量不足、质量更差，严重地影响着我国整个社会和经济的可持续发展。森林的质量差，首先表现在生产力水平低，以单位面积蓄积量和生物量计，只及世界平均水平的2/3，比林业发达国家的平均水平(如德国、瑞典、新西兰等)低1~2倍；如以单位面积生长量计，也只有$3m^3/(hm^2 \cdot a)$多一点，大大低于林业发达国家$5\sim7m^3/(hm^2 \cdot a)$的水平。这种低生产力水平是和我国主要林区处于东南地区较好的自然条件(热量、水分等)的地理位置很不相称的。森林的生产力水平是和森林质量的许多其他指标相关联的。如森林的涵养水分和保水保土能力，森林的防风固沙能力，森林的长期生产力维持能力，森林的吸收固定CO_2的能力，森林的经济出材能力、材种规格大小及等级水平，森林的林副特产提供能力等，无不与森林的生产力水平挂钩。随着我国人口的增多和社会经济的发展，对森林的物产和环境社会服务功能的需求越来越高，而森林的面积扩展又受限制，这就对单位面积森林要担负的功能效益指标要求很高，对森林功能效益的要求和现有森林低产低效状况形成了当代的尖锐矛盾。如何通过合理的规划布局和科技措施来迅速提高我国森林的质量和生产力水平，使之达到综合效益角度的高效，实在是我们面临的比扩大森林面积更艰巨的历史任务。但正是在这里，我们也可以看到我国林业的潜力所在。

4. 商品林的建设和产业建设

在强调森林是支持生态环境系统的主体并具有巨大的生态和社会功能的同时，一定不能忘记森林也是提供社会所需求的木材制品(含纸制品)和许多其他林产品的生产基地，具有和农田、牧场、水产养殖水域等相同的地位。森林地位的双重特性要正确把握，不能偏废。在人民群众生态觉悟不高的时候，宣传强调森林的巨大生态作用是非常必要的，现在做得还很不够，还要把有关知识普及到更广更深(基层和管理)的层次。但有一部分已经有了生态觉悟的人又有把森林的生产功能视为可有可无的偏向，这对正确、科学地把握林业发展方向是不利的。实际上，森林的生态、经济和社会三大效益是绞在一起、互为支持的。可以宏观地讲，如果不能正确地为林区人民(包括广大山区群众)找到可靠的生活之路和发展领域，要想严格地保护好现有森林也是不可能的，更不用说还要扩大和提高森林资源了。另一方面，社会的需求又是一切发展的动力，社会对木材、其他林产品以及对环境和游憩的需求也是林业发展的动力。这个需求还在不断扩大，而且对我们这样一个巨大的发展中国家来说，不可能一切都依靠进口来解决。生态环境是不能进口的，森林物产也是不能全都依靠进口的。为此，中国必须发展一定数量的商品林，包括工业用材林和经济林，也在一定程度上包括能源林(薪炭林)。这就要求为这些林种选择或分配适合的林地，选择适当的树种和品种，采用先进适用的定向培育技术保证其高产稳产、优质高效。商品林资源的建设又是和林产业的发展密不可分的。商品林资源的培育和保护，木材及其他森林物产的采收、加工到形成多层次的终端产品，林产品的市场营销和外贸，这些都是形成林产业的不可缺少的环节。建设好节约资源、环境优先、优质高效的林产业是使我国林业可持续发展的重要条件。

5. 科教兴林，把现代林业发展成为知识密集型的产业和事业

信息技术、生物技术、生态科学和材料科学等现代高新科技，是林业得以大幅度提高其森林生产力水平，显著提高其经济、生态和社会的综合效益，并在流域和区域层次上合理布局和与其他相关各业协调发展的主要依靠。不过还要着重强调，高新技术的开发应用要与许多行之有效的传统技术紧密结合起来，充分依据自然规律，发挥人的主观能动作用。森林的经营宜细则细，宜粗则粗，“粗”和“细”都是建立在对各层次森林生态系统的组分结构、功能、演替和发展的客观规律深刻认识的基础上。“粗”到森林自然保护区核心区的“任其自然”的护存(保育)。那也是建立在对森林中各组分(植物、动物、微生物、气候、土壤、地质、水文等)的系统认识及由它们构成的生态系统的动态认识的基础之上的，建立在人们可以动态监测所依据的多种自动化仪器仪表的使用以及现代遥感技术、地理信息系统(GIS)、全球定位系统(GPS)等信息技术应用的基础之上的。“细”到像种植农作物一样甚至比种农作物更集约地培育森林和高效多层次深加工充分利用森林提供的物产资源，那就必须依靠生理学科和生态学科知识的综合应用，依靠生物技术、信息技术、新材料技术和常规工业技术的结合应用，依靠分析技术、测试技术和现代遥感技术的支持应用。无论处于何种情况，林业的发展模式，既不成其为劳动密集型产业，又不成其为资本密集型产业(此意不包括对森林资源的资产化管理)。而应该成为像钱学森院士所说的那种知识密集型产业和事业。

6. 继续加强立法，严格依法治林

近年来，林业立法工作取得了很大的进展，新《森林法》(1998)的颁布以及其他相关法规的付诸实施为林业可持续发展提供了良好的法律环境。现在还要在制定合适的实施细则等方面继续做工作。从近年林业发展的实际情况看，目前在这方面的主要问题还是有法不依、执法不严，在乱砍滥伐破坏森林等方面的违法乱纪事件还是大量发生。这一方面要求切实加强对广大群众的法制教育和生态意识教育，另一方面也要求我们建设好一支强有力的、高素质的森林执法队伍。各级资源林政系统和森林公安队伍肩负着保卫我国近1/4国土面积的林地及生长在其上的宝贵的森林资源的光荣任务，他们的执法应当得到广大群众的理解和支持。

以上6个方面的对策的综合运行，是我国森林可持续发展的基本保证。我国的林业现在正处在一个紧要的转变关头，森林资源的总体状况不允许再恶化下去。森林的多种效益要明显地提高上来。为了我国的生态环境建设能够取得实质性的进展，为了我国的社会主义现代化建设能够得到持续健康发展，林业工作要自觉地挑起大梁，在实现高效可持续发展，建设现代林业的道路上迈出坚定的步伐。

三、为支持林业可持续发展需要解决的关键科学问题

为实现林业可持续发展，需要有科学技术方面的强有力的支持，其中有不少需要解决的是关于基础科学和应用基础方面的问题。

(一)森林在环境功能方面的关键科学问题

持续发挥森林的环境功能是当前林业可持续发展中的首要问题，但是对于森林在不同尺度上与各个方面的环境变化的相互关系的机理还不是很清楚的。弄不清这些问题将使我们在生态环境建设方面的行动有许多盲目性。

(1)森林与局地气候、区域气候及全球气候变化的关系问题。过去的研究往往局限于单项、分散、小尺度(林分层次)的研究。有必要提高到景观和区域的层次，研究中尺度的森林植被分布格局与大气环境之间的物质与能量交换及其动态平衡规律。在此基础上研制森林景观与大气环境之间的耦合模型，模拟森林景观与大气环境之间的CO_2、水汽通量和能量变化，预测和评价森林对区域气候的影响。通过模拟森林植被下垫面与大气环境间的水、热、碳的交换速度和通量变化，研究维持多大规模、何种结构的森林植被才能有效地发挥改善气候、调节生态环境作用的理论，特别是在区域尺度的森林植被与降水量变化的关系上，希望在较短期内有所突破；在全球气候变化方面，希望在森林吸收调控大气中CO_2等温室气体进而影响气候变化方面更进一步阐明机理并作出更为精确的估算。

(2)森林在不同地区和不同尺度流域的水文效应问题。这是一个全社会都关心的热点问题，但迄今为止的研究，限于观测材料不足(时间短、布点少、方法旧、不可及)及理论概括不佳，往往不能给出满意的问答。要以不同尺度的流域为单元，研究不同类型的森林与相关植被在不同气候带(热带、温带、寒带、高山带)、不同地区(湿润、半湿润、半干旱、干旱)、不同地质条件下(岩溶地区、黄土地区、结晶岩类地区等)的水文效应。要通过较为深入的理论概括，较为确切地、量化地阐明森林的水源涵养和水土保持作用。包括森林的涵蓄水分、调节径流、削洪补枯、

保土减沙的作用及其对河川总径流量、地下水补给量的影响。要对目前存在的一些比较矛盾的观测数据及说法作出科学的分析和判断，通过土壤动力水文学、流域场汇流过程数值计算和计算模拟等方法，开发基于物理过程的水文生态模型，为林业生态工程建设在小尺度上的森林培育技术和大尺度上的布局配置提供理论依据，实现森林的经营利用和区域水资源相协调的可持续发展。

(3)森林在地球化学物质循环和成土过程中的作用问题。对一些森林类型的生态系统养分循环(N素及矿质元素)进行了观测和研究，尚需进一步丰富和扩展。要提高到景观层次认识景观成分或斑块之间的物质交换现象，为制订景观和流域层次的土地利用规划并提高其综合效益提供科学依据。要深入研究微生物，特别是固氮菌和菌根菌在森林土壤发育和养分供应中的特殊作用。要在已有少量针叶纯林引起土壤地力衰退的研究基础上进一步扩大和加深，阐明不同组成结构的森林对土壤发育产生的不同影响及其作用机理，明确是否真有“生物毒害”物质及其毒害机理。要加强土环境地球化学的研究，对森林土壤中元素迁移运动、分散富集程度及其与成土母质的相互关系作进一步研究。对在森林植被作用下流失土和幼年土的恢复发育速度作出量化的研究判断，以便更科学地评价森林的改良土壤功能。

(4)森林在净化环境、过滤和吸纳污染物质方面的作用问题。在环境污染越来越严重的年代，森林在净化环境方面的作用更为引人注目，但迄今为止对此作用的诠释还是相当粗浅的。森林植被对大气、土壤和水中污染物质的过滤、降解、吸附、吸收等作用十分复杂，其中包括一系列相互作用和相互影响的物理过程、化学过程和生物过程。必须对这些过程及其作用机理进行充分的研究，为在不同地质条件、不同空间尺度上合理配置和经营森林植被，为取得森林绿化环境的最佳效益提供科学依据。

(5)森林的美学价值和游憩利用中的科学问题。这是一个自然科学与人文科学相结合的研究方向，当前正是应该加以提倡的。人口城市化的发展及城镇人口对保健游憩的强烈要求，城市林业的发展及其对风景游憩林建设的迫切要求，都是林业可持续发展以满足社会需求的重要方面。为此，要求用森林生物学与社会心理学相结合的方法研究森林风景美学的评价标准和体系，用森林生物学与公共卫生学相结合的方法研究森林保健功能的机理和评价，并在此基础上研究森林如何才能达到风景美学和保健游憩等方面的高效或提出培育高级风景游憩林的基准要求，为相关的技术层次的研究提供依据。

(二)森林在生产功能方面的关键科学问题

森林的生产功能不仅是提供森林物产的基础，而且也和森林的环境功能紧密相关。森林的生产功能涉及不同层次和不同方面的科学问题。

(1)森林群落结构(组成、层次、密度和年龄结构)和森林生产力的关系问题。这是个经典的林学问题，过去在这方面做过不少研究，但从现代的眼光看都还不够深入。在群落结构和光合效率之间的关系方面，林学研究比农作物研究还差很大一个档次，这应该是必须予以补足的。森林群落结构又有树种组成多样、种间关系复杂、层次结构发达、密度变幅(空间和时间)很大、与年龄结构交织在一起等一系列特殊问题，这些问题还没有从机理上得到解释，大大影响了通过培育合理结构的森林(包括天然林和人工林)来达到提高生产力和环境功能的进展。

(2)森林的演替规律、对干扰的响应与森林合理经营的关系问题。这也是一些经典的林学问题，但在当前实施天然林保护工程的要求下，以前的研究基础又显得很薄弱而不能适应。天然林保护并不意味着全部采用消极的保护措施，而是为了追求较高的综合效益要求把它建立在合理经营的基础上。森林本身是处在动态变化之中的，它处于某一个演替阶段，又在对许多干扰因素不断作出响应，我们如何利用这些动态规律来达到当前的经营要求，就必须对这些规律有较透彻的全面的了解。正是在这些方面(针对不同地区不同的森林类型还需要做一系列更深入的研究)，为天然林的保护和合理经营提供依据，也可为人工林的自然化培育提供参照。

(3)森林的生产功能和困难地区森林培育的生理学问题。常规条件下森林生产功能的生理问题，包括树木生长发育的生理生化机理，树木内源激素对各生理过程的调控机理，树木与环境相互作用的生态生理机制，林木群体生理生态的运作机制，这些都是研究如何提高森林生产力的基础课题，许多生理过程是与树木的内在基因组成和结构相关的，但目前的研究还都相当薄弱。大面积的绿化造林还迫使树木必须在较为困难的条件下(干旱、盐碱、干热、高寒等)存活、生长和繁衍，为此对各种抗性生理机制要有较透彻的了解，并掌握不同树种或种源、品种的抗性生理特点。

(4)森林生产力的潜力分析及提高森林生产力的总体战略问题。这是一个以软为主、软硬结合、对当前研究林业可持续发展有十分重要的作用的课题，中国森林的低生产力水平是影响其可持续发展的关键因素之一。如何大幅度提高森林生产力，潜力在何处、有多大，要从光合生产潜力、水生产潜力、土地生产潜力及遗传生产潜力等多方面去探索，也要从中国的气候资源、土地资源、生物资源等多方面去核算。在中国，扩大森林面积与提高森林生产力在提高森林总的物产量(以木材为主)方面所作的可能贡献各有多大，能否在21世纪做到林产品基本自给，或者必须在多大程度上依赖进口，以保证有足够面积的森林划归生态公益林(主要起防护作用)。这样一些现代林业宏观战略决策问题必须要有对森林生产力的深入研究结果提供依据。

(5)以木材为主的林产品加工利用方面的科学问题。以木材为主的多种林产品的加工利用问题，主要是技术层次上的问题，但也需要基础科学和应用基础研究的支撑。对木材的材性研究以及对其他多种森林物产的性状、有效成分和品质、存贮和加工特性的研究，这些性状与立地条件、种源品种和培育措施的关系等，这些基础性研究都是发展高效的林产业所必需的。对各地各类森林中可利用资源探索的本身，新的食用、药用、工业用资源的发现与开发也都是林业可持续发展的依靠源泉。

(三)林木遗传改良方面的关键科学问题

无论是森林的环境功能还是森林的生产功能，都涉及林木内在的遗传品质问题。在林木遗传改良方面的研究是相对落后于农作物遗传改良研究的，这方面的差距应当在较短的时间内弥补上。

(1)林木遗传规律和常规林木遗传改良方面的研究。在森林遗传资源日益枯竭，遗传多样性不断散失的紧迫形势下，加强研究林木群体遗传变异规律，林木种质资源遗传多样性、树种不同层次(种、种源、家系、个体、细胞、分子)的重要形状变异，林木群体经济性状和适应性与遗传多样性的关系等，仍然是林木遗传资源的保护和合理开发利用的主要理论和技术依据。研究不同类型天然林的遗传结构、遗传多样性水平、基因流动、各种干扰对天然林基因库的影响、进化遗传机理等，则是天然林保护和合理经营所必需的理论依据。

在相当长的一段时间内常规林木遗传改良仍旧是一条主要途径，而且也是高新技术遗传改良发展所必需的工作基础，因此这方面的研究工作不能放松。要在对上述遗传规律研究的基础上加强对林木引种驯化遗传学理论和改良技术基础的研究、林木生殖遗传学与杂交育种理论基础的研究、林木良种繁育的遗传学理论与技术基础的研究、经济林木主要经济性状的遗传控制机理和优质高效人工林培育的遗传控制机理的研究。

(2)非常规林木遗传改良方面的研究。在这方面要展开林木重要性状变异诱导的遗传学基础与技术途径的研究，林木染色体加倍的细胞遗传学与倍性育种理论的研究，林木抗性遗传学基础和改良技术途径的研究。林木核外遗传机制与体细胞遗传变异及林木雄性不育的细胞和分子遗传学理论基础的研究等。

(3)高新技术应用于林木遗传改良方面的研究。这方面的研究无疑具有非常远大的前途。林木遗传改良不一定从最基础的基因工程理论和方法研究做起，可以充分应用相邻学科的已有成果。但对于一些重要树种的分子遗传图谱的构建和特定基因定位等基础性研究工作是必须从头做起的。目前国外在控制木素合成基因的识别、定位、分离、克隆和基因转移方面已有了突破性进展，鉴于这项工作对纸浆材的培育具有非常重大的应用价值，我国在这方面也要急起直追。生物技术在林业中的应用可大大缩短育种周期，加快扩繁速度，实现林木的工厂化繁育，是高效集约培育速生丰产优质人工林的主要技术基础，对实现林业可持续发展具有战略意义，必须加强进行研究工作。此外，卫生搭载林木性状诱变的细胞和分子遗传学基础以及信息技术在林木遗传改良中的应用等也都是值得研究的课题。

(四)森林保护方面的关键科学问题

(1)森林病虫害防治方面的关键科学问题。过去的研究比较集中在一些主要病虫害发生、发展的规律及防治措施上，今后应着重从生态学角度研究灾害形成及控灭机制，包括研究森林生态系统自我调控生物灾害的机制，森林有害生物—寄主互作关系中的适应性变异规律，人为措施对森林生态系统自我调控生物灾害的作用及其机理等，为森林病虫害防治工作提供理论依据。当然，对于一些主要有害生物以及一些新上升为灾害性的有害生物本身的形态、解剖、分类、生理、生态、遗传等方面的基础性研究工作也需要不断充实提高。

(2)林火管理方面的关键科学问题。要把森林防火方面的研究进一步提到生态学的高度，把林火作为森林生态系统中由大气环境和人类活动交相形成的干扰因子，研究重大火灾的发生机理、时空格局、火行为规律及成因机制。要从预测预报、生物防火和以火防火等方面入手研究预防重大森林火灾的机理，提出预防重大森林火灾的系统工程理论；还要从空气污染、温室效应、水土流失、林地退化、生物多样性丧失等方面研究重大森林火灾对环境的影响。

(3)森林生物多样性保护方面的关键科学问题。这还是一个相对来说新兴的研究领域。要对森林中遗传、物种和群落/生态系统 3 个层次的生物多样性，从形成和维持机制，演化、格局、测量与评价等方面进行基础性研究。对一些从生物进化和经济性状角度看比较重要的濒危物种，从濒危发生、发展和趋势的外部和内部机制等方面进行重点研究，提出减缓和阻止物种灭绝的技术体系。还要在保护生物学的基础研究框架内，着重对退化生态系统的恢复与重建的机制，自然保护区的设置与区划、濒危物种迁地保护的生物学基础、濒危物种的基因储藏机理和技术等进行基础性研究。在野生动物保护方面还有一些特殊的研究需求，此处不另赘述。

(五)森林资源调查、监控和管理方面的关键科学问题

森林资源是林业可持续发展的基础。作为一项广域分布的可再生能源，其调查、监控和管理工作有许多特点，也需要一系列基础科学的支持。

(1)森林资源调查的理论和方法。随着森林资源概念的扩大及对资源调查精度要求的提高，要进一步研究改进在不同范围(全国、地方及基层经营单位)、不同类型(一类清查、二类清查及三类施工调查设计)森林调查的理论和方法，包括抽样调查理论和方法的改进，3S 技术(RS、GIS、GPS)的深入应用及其与地面调查的合理配套等等。虽然在这方面主要是技术层次的问题，但也含有不少需要进行理论探索的基础性工作。

(2)森林资源动态监控的理论与方法。在研究改进森林资源调查的理论与方法的基础上，要进一步发展森林资源动态监控的体系，充分应用现代计算机及 GIS 技术，保证森林资源数据全国联网，及时更新，动态清晰，为各层次调控决策提供依据。在这方面要做不少森林资源动态监控系统设计和运行机理等方面的基础性工作。

(3)森林资源管理的理论和方法。这方面的工作带有更多的软科学成分，但确

是非常必需的。这里涉及森林资源三大效益综合的理想状态模式的探索、森林分类经营的理论和实践、森林资源动态变化的预测、森林可持续发展理论的研究、林业与其他相关事业在流域或区域层次协同发展的模式探讨、森林资源管理的系统设计及法律支撑等。把硬的自然科学研究（森林资源研究）与软的社会、人文科学的研究相结合，把森林资源管理提高到管理科学层次来运行，这是科学发展的大趋势。

致谢：本文在撰写过程中参考了北京林业大学余新晓、骆有庆、蒋湘宁、张志毅、孙向阳等教授提供的有关资料，特此致谢。

沈国舫
（中国工程院、北京林业大学）

生态环境建设与水资源的保护和利用*

摘　要　从植被建设、水土保持和荒漠化防治3个方面阐明了它们在涵蓄保持水分、调节径流、防洪增枯、改善水质及本身的水分消耗对河川径流量的影响等作用和影响，充分肯定了生态环境建设的有利水文效益，也指出了应面对的水资源限制问题，强调了保证提供生态环境用水的迫切性。

关键词　生态环境建设；水资源；生态恢复重建；植被建设；水土保持

我国水资源的日益紧缺使得人们把水资源的保护和合理开发利用摆在了重要的议事日程，在这方面生态环境建设具有重要的影响和作用。尽管从总体上看，对于生态环境建设的水文作用在学界有比较一致的认识，但由于目前在这方面的观测数据还不够充分以及看问题的视角不同，对这个问题的某些局部环节还是有不同看法的。而在社会一般层面上，由于新的科学知识不够普及和在宣传教育上存在着一定的简单化倾向，有些群众在这方面的认识比较模糊或片面。为此，有必要对生态环境与水资源保护和利用的关系问题，从概念上、理论上和实际判断上作一些探讨，对一些模糊的或有分歧的认识问题予以澄清。

一、生态环境建设的概念和内涵

生态环境建设是我国可持续发展战略中一项十分重要的内容，也是当前我国西部大开发战略部署中一个重点建设项目。生态环境建设是一个具有中国特色的新词，对它的概念和范畴正在逐步确定中，但它的实际应用已经相当广泛。一般来说，生态环境这个词相当于"自然环境"或"自然地理环境"。在人类的环境问题越来越突出的现况下，作为研究生物之间及生物与非生物环境之间相互关系的生态学科得到了重视和发展，"生态环境"一词成了时髦用语。当人们乐于应用"生态环境"一词来替代"自然环境"时，实际上在强调其中生物与环境相互关系的一面，即

* 本文来源：《中国水利》，2000(8)：26－30.

与生物特别是与人类有关的自然环境，这样就更表达了人类对其生存环境的关切。虽然有人对应用“生态环境”这个术语也有不同看法，但看来已难以改变业已相当普及的这个用语了。

生态环境因人口增多、人类活动对环境压力加重、人为污染发展到严重地步而加速恶化，于是人们提出保护和改善生态环境的要求。这个改善的要求在生态学中归结为生态环境或生态系统(含生态环境)的恢复重建(rehabilitation 或 restoration)，为此还形成了一门叫做恢复生态学(restoration ecology)的分支学科。但是生态恢复重建往往着眼于恢复(或接近恢复)原有的(破坏前的)生态系统，研究其恢复演替的途径和措施。这当然是一门有用的学科，但对于像我国这样一个农业文明历史悠久，对原有地理景观改变太多(有些地方原有面貌已无法考证)，而单位面积需要承载的人口负荷又太大的人口大国，对原有的面貌的生态恢复重建只能从趋势上、规律上加以考虑，而不大可能成为完整的目标。就这样，客观的情况和需要使“生态环境建设”这个概念应运而生。我们把一切旨在保护、恢复和改善自然(生态)环境及生态系统的建设工作统称为生态环境建设。生态环境建设更加强调了改善生态环境的积极行动，也涵盖了比“生态恢复重建”更为广泛的内容；它重视生态系统正向和逆向的演替规律但又不拘泥于自然的演替阶段和目标(达到顶极阶段)，而且它把改善生态环境的行动提到了与农业建设、工业建设、科教文化建设等相对应层次的高度，这样就更有利于与人类社会经济发展相协调。

生态环境建设有时可简称为生态建设(但这种说法并不规范)，但不能与环境建设混同，因为后者主要偏指人为环境方面的工程建设，如水污染、排气污染的治理等。生态环境建设的内容，按照《全国生态环境建设规划》中的表述，就我国陆地部分而言，包括天然林等自然资源保护、植树种草、水土保持、防治荒漠化、草原建设、生态农业等。如果再考虑全面一些的话，还可以加上城市园林建设和工矿交通建设区的生态环境恢复重建等内容，这些内容自有其显著特色而有别于一般的生态环境建设项目。在生态环境建设内容中以其重点手段的不同可区分为两大类，一类是以生物措施为主要手段的植被建设，另一类是以工程措施为主要手段的工程建设，两者的密切配合、综合应用构成综合治理和建设，如水土保持和荒漠化防治，就是我国生态环境建设中的两大重点。

二、植被建设与水资源的保护和利用

生态环境的破坏主要起因于人类不合理的活动，如滥垦、乱捕、滥伐、工程破坏及污染物质排放等等，其后果影响到大气、地貌、水文、土壤、植被和生物资源等许多方面，其中植被破坏是关键所在，因为其他多方面的变化都与植被状况密切相关。反过来说，要恢复改善生态环境，植被又处在关键的地位，因为植被能对近地小气候起重要的调节作用，又是控制大气中温室气体浓度的重要手段，是一系列污染物质的吸收者和积存所；植被能缓冲地表受外营力冲击，防风固沙，涵养水源，保持水土，改良土壤；植被还是一切陆地生物种群的贮藏库、避难所。只有恢复建设好植被，才能使生态环境中各个方面协调起来进入良性循环。植被建设居于生态环境建设中的关键地位是毋庸置疑的。植被建设包括森林、灌丛、草原、荒漠植被、湿地植被等各种类型的植被建设，其中森林植被建设应处于主导地位。这不仅因为森林是体量最高大、结构最完备的生态系统，具有最大的生物量(因而是最巨大的碳库)和对环境最强的影响力，而且还因为在广大湿润半湿润地区以及干旱半干旱地区中的高山地带，森林是最适生、最稳定的植被类型。进行植被建设意味着全国半数以上的地方要以森林植被建设为主，而在另一小半地方森林植被和带块状林木也要在和其他植被结合之中起关键作用。森林植被建设应当包括天然林的保护、无林地的封育、人工林的营建以及不良森林植被改造和更替等内容。退耕还林(草)为植被建设作出有力的推动。

植被建设，尤其是其中的森林植被建设与水资源的保护和利用的关系，要以森林生态系统中的水分循环机理作为其基本理论依据。大气降水通过森林的林冠层和林下灌草层被部分截持并分别通过干流和穿透方式下降到地面，再被林下枯枝落叶层、腐殖质层及底土层逐层吸持、分流(成地表径流及壤中流)及下渗(补给地下水及河川)，部分截持在植物表面及吸持在土壤中的水分又通过物理蒸发和植物蒸腾(统称为蒸发散)返回大气。森林生态系统水分循环的各个过程的水量大小和比例关系决定于降水量和降水过程的特点、降水前期的状况、森林的组成和结构、林地土壤和地貌地质状况等多项因素。但是，尽管森林的水文作用因许多变量因素的存在而有很大的变动，但由于森林总的来说具有体量大、结构复杂、地表粗糙度大以及林下土壤(包括枯枝落叶层)渗透性强、树根固土能力强等特点，其水文作用较之其他植被类型及裸露地是具有很大优越性的，可分解为以下几个方面。

(1)森林生态系统能涵蓄较多的水分。森林生态系统通过其植被和土层各层的拦截、吸收和保持，有较强的涵蓄水分的能力。根据森林生态定位监测，4 个气候带 54 种森林的综合涵蓄降水能力的值在 40. 93 ~ 165. 84mm 之间，复层紧密天然林涵蓄能力较强，单层稀疏人工林涵蓄能力较弱，中间值约 100mm，即 $1hm^2$ 森林可以涵蓄降水约 $1000m^3$ 的水，前期涵蓄水分多少会影响后期蓄水能力。

(2)森林有调节河川径流的作用。森林由于它对降水的多层拦截涵蓄，能阻止或延缓地表径流的产生，把部分地表径流转变为壤中流及地下补给，在暴雨期间有削弱河川洪峰流量和推迟洪峰到来的功能，同时也能增加河川枯水期流量和推迟枯水期到来的时间，从而有利于提高水资源的有效利用率。森林的这个有利的调节径流作用在小流域表现较明显，削弱洪峰能力可达 50% 以上，在黄土高原更为明显。随着流域面积扩大，由于降水时空分布不均及各支流调蓄滞洪时间不一定错开等因素，森林对河川径流的调节作用被部分掩盖或削弱。

(3)森林对河川总径流量的影响。森林植被和其他植被一样，为维持其生命系统是需要消耗一定量水分的。在森林的存在能在多大程度上影响大气降水分配这个问题尚无明确科学结论的情况下，森林对河川总径流量的作用取决于森林的蒸发散水量与裸露地物理蒸发量相对大小关系。根据一系列定位观测资料，在湿润地区森林对河川总径流量没有明显影响，而在干旱半干旱地区，由森林植被蒸腾耗水在生态系统水分平衡中占的比重较大，森林有明显减少径流总量的作用，可使中小流域的径流系数下降几个百分点。这部分水用于维持生命系统，建造生物质，是有效的水分利用。

(4)森林能控制土壤侵蚀，减少河川泥沙。森林植被通过对水文过程的调节和对土壤改良的作用，能显著减轻土壤侵蚀，减少流域产沙量及河川泥沙含量。这种减蚀能力的大小又取决于森林的分布、结构和年龄等多种因素。足够密闭及多层结构的森林可减少土壤侵蚀量90%以上，森林分布合理的山地多林流域可以把土壤侵蚀模数降到安全水平($<1000t/km^2$)，但结构不良的森林也可能完全没有减蚀功能。

(5)森林能保护水质，改善流域水环境。森林不仅能通过减少土壤侵蚀，减少河川径流中的泥沙含量，而且能通过森林生态系统养分循环中的各个过程，过滤、吸收或吸附各种营养元素和污染物质，减少细菌数量，保护和改善水质。这是经过大量观察和化验证明了的，也是世界各国都以森林流域作为人类清洁用水源地的主要根据。

以上森林植被的各项有利水文功能，也程度不同地存在于灌丛及草地植被。森林、灌丛、草地3种植被的水文功能大小均取决于其种类、结构及生长状况，它们各有其适生地区，应当使之合理布局，优势互补。

三、水土保持综合治理与水资源的保护和利用

在水土流失地区进行的水土保持工作是一项综合治理性质的生态环境建设工程。水土保持工作内容包括植被建设，但不能涵盖所有地区各种类型的植被建设。因此，水土保持和植被建设是两个互有交叉又各有重点的生态环境建设工程。

水土保持工作以保水保土为中心，综合采取合理利用土地(含退耕还林还草)、生物措施、工程措施和农业技术措施等手段，来达到改善生态环境和区域社会经济可持续发展的目标。水土保持以水蚀为主要防治对象，自然对水资源的各个方面有深刻的作用和影响。比起同地区单项的植被建设来，水土保持综合治理对水资源的作用和影响更为全面显著，可从以下几个方面加以分述。

(1)增加蓄水能力，提高降水资源的有效利用率。水土保持综合治理可更有效地拦蓄降水，有利于缓解山丘区农村饮水困难，增加土壤水分存贮，提高抗御旱灾能力。同时，水土保持综合治理大大增加了植被(含作物)的面积和生物产量，改变水分无效蒸发为有效蒸腾，提高了降水资源的利用率。黄河流域中上游部分地区经水土保持综合治理后，20世纪90年代与50~60年代相比，平均每年多拦蓄了3.17万 m^3/km^2 降水，相当于32mm的降水量，这个效应是相当显著的。地处半湿润地区的海河流域和湿润地区的长江流域，水土保持增加拦蓄降水能力比黄河流域还要成倍增加，但目前仅有小流域观察结果。海河流域的北京市延庆县汉家川流域，水

土保持综合治理增加拦蓄降水能力 112mm，长江流域的江西省兴国县塘背河流域，水土保持综合治理增加拦蓄降水能力 210mm，尚无全流域统计数据。

(2)减洪增枯，提高河川水资源的有效利用率。由于水土流失综合治理增加了拦蓄流域内降水的能力，改变了地表径流和地下径流的分配格局和时序，从而能在一定程度上改变河川径流的年内分配，减少洪峰流量，增加枯水流量。水土保持综合治理的削洪效应大小决定于雨情、地形土壤、措施实效及流域大小等许多因素，但总起来看，在中小流域尺度内，这个削洪效应是显著的，可达 30% ~70%。在大江大河的大流域内，洪峰形成决定于多项因素和条件，雨情(雨区范围、暴雨强度和持续时间、各支流降雨的时差等)成为洪峰形成的决定性因素，局部地区的水土保持削峰效应往往被掩盖起来而不能显示。但随着大流域内水土保持综合治理的区域显著增大和措施成效提高，它的削峰效应也必将在大流域内也显示出来。

(3)对河川年总径流量的影响。水土保持综合治理要多拦蓄降水用于当地的生产和生活，这就必然在一定程度上减少进入河川的总径流量。这个问题对于湿润地区的河川影响不大，因为当地的年降水量大，河川径流量也大，即使水土保持治理区的减少径流量达到现已观测到的 10% 左右的水平，对全流域的影响也显不出来。但这个问题对于像黄河流域这样大部分处于干旱半干旱地区的河川，水土保持综合治理减少河川年总径流量的影响是显著的。据统计分析，目前黄土高原在水土保持综合治理面积约为总面积的 1/3 且治理水平还不高的情况下，由于水土保持措施而减少的河川径流量约为 8 亿 ~10 亿 m^3，在黄河总径流量中(约 580 亿 m^3)的比重并不大，而且水土保持拦蓄的主要是难以利用的暴雨洪水径流，主要发生在 7 ~9 月的汛期，因此对黄河断流的影响是不大的。更何况黄河流域的水土保持工作主要集中在多粗沙的河龙区间，减少径流的同时也减少大量泥沙入河，可明显减少干流冲沙需要的水量，对水资源的综合效应是正面的、积极的。

(4)控制土壤侵蚀，减少河流泥沙。水土保持综合治理对于土壤水蚀采取了层层设防的手段，通过以坡改梯为主体的基本农田建设、林草植被建设、土壤耕作制的改进及沟底以淤地坝为主体的工程建设，可大大降低侵蚀模数，减少进入河川的泥沙量，效益是很显著的。在土厚易蚀的黄土高原，水土综合治理的减沙效应极为显著，一般小流域经过综合治理后，侵蚀模数可从每平方千米 1 万 ~2 万 t 下降到 0. 3 万 ~0. 5 万 t 的水平，如果治理措施得当而且治理年限足够长，把侵蚀模数降到 $1000t/km^2$ 的允许水平以下是有可能的。在治理初始阶段，沟底工程及河川工程对拦沙起决定性作用，随着时间推移，基本农田建设工程及植被建设会起越来越大的作用。在中尺度流域，水保的减蚀效应仍很显著，如黄河中游一级支流无定河流域，面积 $30261km^2$，治理面积占水土流失面积的 56. 76%，20 世纪 90 年代与治理前相比，已减少河流泥沙 59. 0%。而对于黄河干流，由于治理率较低，目前的水土保持减蚀效应还不很高。据观测统计分析，黄河流域因水土保持综合治理而减少的入黄泥沙年均约 3 亿 t，占黄河多年平均输沙量的 18%。水土保持的减蚀效益在其他区域的河川也是显著的。但因地质气候条件不同，数值上有较大差异。长江流域的小流域综合治理后侵蚀模数可下降70%左右，中流域治理也可达到下降40%～50%的水平。但对长江干流的泥沙含量，由于目前水土保持综合治理的面积还不大，时间还不长，以及大流域内区域分异情况复杂等因素，水土保持的减蚀效应还没有显著地表现出来。但从长江各一级支流由于不合理人为活动而使水土流失加剧的反向来看，水土保持工作的大面积有效推进必然也将使其减蚀效应在大流域范围内显示出来。水土保持工作是治理大江大河的不可或缺的基础工作。

(5)改善水环境，促进区域(流域)社会经济可持续发展。水土保持工作在保护水质、改善水环境等方面的功能、效益与植被建设在这方面的功能、效益是一致的。水土保持综合治理增加植被保护，拦蓄更多降水，减少土壤侵蚀，改善水源水质，能为治理区域(流域)的农林牧业生产发展创造良好的条件，也为增加群众收入，加快脱贫步伐，走上致富道路提供有力的支撑。这方面的事例不胜枚举。这再一次说明，水土保持对水资源保护和利用具有重要的积极的作用，即使水土保持综合治理要多利用一些水资源是也是必要的、合理的。

四、荒漠化防治与水资源的保护和利用

土地荒漠化按照国际上通行的概念，是指干旱半干旱地区及干旱的亚湿润区的土地退化，包括风蚀荒漠化、水蚀荒漠化、冰融荒漠化及土壤盐渍化等，其中部分内容与水土流失相重叠，但区域范围不尽相同。荒漠化土地中，以风蚀荒漠化土地占份额最大，也最具特色。为与干旱半干旱地区的水土保持相区分，下面所述荒漠化防治概以风蚀荒漠化为其主要防治对象。

干旱缺水是土地荒漠化的自然基础，但在长期的自然历史演变过程中，已经形成与干旱半干旱地区的自然条件相适应的植被类型，如半干旱地区的草原植被，干旱地区的荒漠植被和盐渍地植被，以及内陆河流滩地的森林植被(胡杨、沙枣、柽柳林等)。干旱地区高山上的森林植被(以云杉林为主)及草甸植被与此不同性质，不在此讨论。这些植被本来是与干旱半干旱地区的自然环境处于相对平衡状态，不会引起明显的土地荒漠化扩张。现代条件下土地之所以产生荒漠化(扩张)现象，主要是人类长期不合理活动(过垦、过牧、乱挖、过度樵采、不合理开发建设等)的后果。要防治荒漠化，首先就要消除这些引起土地荒漠化的动因，保护和恢复原有植被，在必要时还要引水拉沙，造林种草，通过适度的水利化、围栏化建设经营人工草场。所有这些措施都与水资源有密切的关系。

荒漠化防治工作必须适应干旱半干旱地区水资源不足这个限制因子，主要保护好天然植被，利用好天然降水，需要时选择适合当地干旱条件的树种(含灌木)和草种，建设起能充分覆盖土地、抵挡风沙推进的各类植被。在这个地区植被在改善近地小气候、减少水分物理蒸发的同时，也不可避免地要耗用一部分水资源。为了保护和恢复内陆地区河流滩地天然林植被，需要留出足够量的河川生态用水，控制上中游灌溉及城市工业用水。为了经营好绿洲农业，需要营建绿洲周围防沙林带及绿

洲内的护田林网，所需用水可与绿洲农业灌溉用水统一考虑。在风沙沿线为了阻挡沙漠扩展入侵，必要时还要恢复沙压失地，需要采取应用乔灌草合理搭配的防沙固沙措施，以及引水拉沙、林网护农等系列措施，根据当地水资源状况量力而行。至于广大草原的保护和建设，除了固定牧场、以草定牧、适当轮牧等组织保护性措施外，还要应用优良草种，建设人工草场(草库伦)及适当的饲料基地，需要一定的地表水及地下水支持。总之，荒漠化防治工作要求对现有水资源进行合理的分配和利用。这项工作不至于影响全国水资源开发利用的格局，但对水资源极为宝贵的干旱半干旱地区来说，却也是需要认真安排对待的。

五、生态环境用水的估计

在全国水资源开发利用的格局中，除了农业用水、工业用水、城市生活用水等重要项目外，生态环境用水(也可简称为生态用水)正在越来越成为引人注目的用水项目。从广义上来讲，维持全球生物地理生态系统水分平衡所需用的水，包括水热平衡、生物平衡、水沙平衡、水盐平衡等所需用的水都是生态用水。我国降水资源总量为62000亿m^3，其中相当一大部分是用于植被(包括人工林)蒸腾，土壤、地下水和地表自由水面的蒸发，以及为维持水沙平衡及水盐平衡而必需的入海水量。这部分用水在水资源丰富的湿润地区并不构成问题，而在水资源短缺的干旱半干旱地区及季节性干旱的亚湿润地区，生态用水的保证成为了严重问题。由于在工业化、城市化的进程中对水的竞争使用，一般形成城市用水和工业用水挤占农业用水，农业用水又挤占生态用水的格局，造成自然植被衰退(以西北胡杨林衰退最为典型)、河床淤积(缺乏冲沙水)及地下水大面积超采(以海河流域为最)等严重后果。保证生态用水问题提到议事日程，在这里，人们特别关注的正是在干旱半干旱地区为改善生态环境所作的各种努力需用的水量，这是需要探讨的重点。

在生态用水中，首先要保证干旱半干旱地区保护和恢复自然植被及生态环境所需的水。估计为维持和恢复塔里木河下游的植被和生态环境，以及满足新疆、青海柴达木、河西走廊、内蒙古阿拉善等地区及其他内陆河流的类似需求，需要留出河川径流生态用水约200亿m^3。

其次，在干旱半干旱及干旱的亚湿润地区，如能全面开展水土保持工作，必将减少该地区进入河川的径流量。这一部分预计要减少的径流量当算作生态用水。估计在黄河流域全面开展水土保持工作需要生态用水约100亿m^3，海河流域相应约63亿m^3。

第三，在干旱半干旱及干旱的亚湿润地区，在水土保持范围之外的其他林草植被建设，包括水源涵养林、新封育的林草植被、防风固沙林、绿洲农田防护林、人工草场建设等也需要一定量的生态用水，估计也在100亿m^3左右，但其中西北绿洲地区防护林建设所需水约40亿m^3可计入绿洲地区农业需水项目内。

第四，维持河流水沙平衡及生态基流所需用的水也是生态用水。这个问题以黄河流域最为突出，从其上中游多年平均下输的泥沙量为16亿t，目前由于水土保持措施效应，已减沙3亿t。要维持黄河下游及出海口的泥沙平衡，汛期需要耗用一定量的冲沙用水，仅为此就需生态用水约170亿m^3。如果水土保持工作继续扩展并保持增效，则还可再把冲沙用水降至100亿m^3左右，加上维持枯水期黄河的生态基流及蒸发消耗，共需生态用水160亿m^3。海河流域为此目的需要的生态用水估计约65亿m^3。

其他生态用水项目，包括维持黄淮海平原的土壤水盐平衡需用的洗盐排水约140亿m^3，此项需水也可计入该地区农业需水项目内；为回补黄淮海平原、辽河流域、汾渭平原、雷州半岛、四川盆地等地超采的地下水估计年需水约80亿m^3；为维持干旱半干旱地区城市园林绿地及周围湖泊淀洼需用水约15亿m^3，此项需水也可计入城市用水项目内。

以上各项生态用水量仅为粗线条的推算，实际上的生态用水量将与恢复和建设生态环境的标准有密切关系，标准要求高则生态需水量增大。作为生态用水的低限，全国的估算值当在800亿m^3到1000亿m^3之间，其中约有200多亿m^3用水与农业用水、城市用水项目有交叉，需明确归属。生态用水应在全国水资源开发利用的平衡安排中予以保证。

六、需要继续研究探讨的问题

从以上各节所述可见，我国生态环境建设工作与水资源的保护和利用有着非常密切的关系。对这些密切关系存在着一些认识模糊或不一致的地方，在各种关系的量化方面更缺乏观测及理论依据。为了进一步处理好水资源保护和利用的各个方面，更科学有效地进行环境建设，还需要在一些基本问题上进行进一步的观测试验和研究探索。从生态环境建设的角度，以下几个问题是值得在今后重点加以研究探讨的。

(1)森林和其他植被类型与气候和水文的关系是一个值得关注的领域。以往，对森林的研究虽较多，但至今仍说明不了许多问题。如森林与小气候的关系是比较明确的，对林带的小气候效应研究已经扩展到连续的(几十平方千米)林网效应，但至今仍不能确切阐明大面积森林植被与区域气候的关系，特别是无法实证广为流传的森林能增加所在地区大气降水的说法。森林与水文的关系在一些林区的小范围(小流域)有一些试验观测材料，但还不能说是中尺度区域(几千平方千米)以上的森林水文效应，更难以推论处于不同气候带和地貌条件下的不同组成结构森林的水文效应。至于对森林以外的其他植被类型(灌丛、草原、荒漠、湿地、园地、农田)的这些关系的认识则更为薄弱了，因而也缺乏不同植被类型的气候水文效应的比较概念。这些方面的基础研究薄弱限制了应用植被手段去进行生态环境建设的自觉性和有效性。

(2)水土保持和荒漠化防治都是生态环境建设中的综合治理重点工程。所谓综合治理都要包括土地利用的合理组织、农林牧渔的各业配置、生物措施和工程措施

(农田和水利建设工程)的密切配合、现代农林技术措施的应用以及政策法规的保障实施等内容。从水资源保护和利用的角度看，现在无论是对各个单项措施的水文作用评价，还是对综合措施应用的总体水文评价，都缺乏足够的实测资料和科学依据，在中流域以上范围更是如此。这个情况也妨碍了水土保持和荒漠化防治工作的进一步有效开展。

(3)从水资源问题的角度看，生态环境建设中的各项水土保持工程和植被建设工程(包括天然林保护、防护林建设、草原建设等)对水资源保护和利用的影响，特别是对河川总径流量的影响十分重要。要保证(留出)足够的生态环境用水量是对这种影响评价的直接成果。但目前这种生态环境建设对河川径流量影响的数量化评价的基础十分薄弱。必须在布置观测网络及理论研究两方面予以加强。

(4)"生态环境用水"还是一个新近提出来的概念，这个概念的提出是开展生态环境建设的必然需要。但对于"生态环境用水"的内涵究竟应当包括哪些项目，在多大数量范围，生态用水项目与其他用水项目的交叉关系等，都需要进一步研究探讨。这是全面安排水资源可持续利用不可或缺的一环。

中国工程院副院长、院士，北京林业大学教授　沈国舫

黄土高原生态环境建设与农业可持续发展战略研究综合报告*

世纪之交，党和政府已将西部大开发作为全国发展的一个大战略、大思路，正在组织实施。生态环境建设和农业可持续发展是西部开发的基础和重要组成部分。以黄土高原为主的黄河上中游地区在国务院颁布的《全国生态环境建设规划》中，被列为规划实施的重点地区。

江泽民总书记指出："改善生态环境，是西部地区的开发建设必须首先研究和解决的一个重大课题。如要不从现在起，努力使生态环境有一个明显的改善，在西部地区实现可持续发展的战略就会落空"，这不仅指明了生态环境建设在西部大开发中的战略地位，也阐明了生态环境建设对西部经济发展的重大意义。朱镕基总理也对生态环境建设作了多次重要讲话和指示，提出了"退耕还林(草)、封山绿化、个体承包、以粮代赈"的生态环境建设的运作机制。为配合西部大开发战略的实施和黄河中上游生态环境建设规划的落实，中国工程院根据院士的倡议，设立了"黄土高原生态环境建设与农业可持续发展战略研究"的咨询项目。项目组由沈国舫、山仑、李文华院士主持，多位院士和专家参加。中国科学院、水利部水土保持研究所和北京林业大学作为项目的主要依托单位，在项目的研究和实施中做了大量工作。陕、甘、宁、晋等黄土高原主要省、自治区的有关部门对项目的实施给予了积极的支持与配合。

项目组在近两年的时间内，采取对该地区已有科技积累和研究成果的总结分析，对典型区域和不同治理与发展模式的实地考察，与省、市、县、乡有关领导和各级专家、技术人员交流意见，实地调查当地农民生产生活情况及对生态环境建设及农业持续发展的看法等多种方式进行研究和调查，并组织了多次讨论和研讨，交流不同观点，形成共同意见。

黄土高原自然环境复杂，地貌类型多样。长期以来，关于黄土高原范围的划

---

* 本文来源：中国工程院农业、轻纺与环境工程学部．中国区域发展战略与工程科技咨询研究．北京：中国农业出版社，2003：121-133.

分，由于研究目的不同，确立的范围也不相同。典型黄土高原区——是指东起太行山西坡，西至乌鞘岭和日月山东坡，南抵秦岭北麓，北至长城一线，面积38万km^2。黄河中游流域——是指从青海的龙羊峡到河南的桃花峪，黄河水系所覆盖的流域，面积64万km^2。“七五”期间，考虑到区域治理与经济发展的整体性和黄河中游的完整性，提出了黄土高原地区的概念，将典型黄土高原的北界推至阴山南麓，面积达到62.68万km^2。另外，为了突出黄土高原水土流失与生态环境建设的问题，又提出水土流失严重区的概念，包括黄土丘陵沟壑区、风沙丘陵区和黄土高塬沟壑区的大部分区域，地理范围指吕梁山以西，长城以南，兰州以东，泾渭阶地以北的区域，含106个县，面积28万km^2，为黄河流域的主要产沙区和国家进行以水土流失治理为主的生态环境建设重点区。本项目的研究以水土流失严重区为重点，部分问题的研究也扩展到整个黄土高原地区。

一、黄土高原生态环境建设与农业可持续发展的现状与问题

(一)黄土高原作为我国独特的自然地理单元，丰富的自然资源优势，在西部大开发和生态环境建设中占有重要地位

1. 黄土高原地处我国东西部的结合处，是我国重要的能源重化工基地

黄土高原地处我国东、西部的结合处，具有承东启西，外引内联的重要战略地位。黄土高原资源丰富，除悠久的农业开发历史和丰富的生物资源外，区内有世界上罕见的大煤田，煤炭储量占全国的2/3，天然气资源也占全国的1/10，是我国新兴和重要的能源与重化工基地。黄河流域又是中华民族的发祥地，本区西部是少数民族的聚居之地，加速本区发展，对缩小东西部差距，促进社会稳定和加强民族团结以及巩固边疆都具有重要的意义。

2. 黄土高原地区是全国生态环境建设的重中之重

黄土高原生态环境建设的主体是水土流失治理。根据全国生态环境建设规划的总体部署，国家已把黄河上中游地区、长江上中游地区、风沙区和草原区作为全国生态环境建设的重点地区。其中位于黄河上中游地区的黄土高原是生态环境问题最为严峻的地区之一，它是世界上面积最大的黄土覆盖地区，历史上曾有广袤的森林和草原。随着人口增加和不合理的生产行为，导致植被稀疏，干旱和水土流失加剧，水土流失面积约占总面积(62万km^2)的70%。这一地区农业生产结构单一，广种薄收，产量长期低而不稳，群众生活困难，贫困人口量多面广，加快这一地区水土流失治理，是解决农村贫困问题，改善生存发展环境的根本措施。

3. 黄土高原生态环境建设是解决黄河下游泥沙的根本措施

黄土高原是黄河泥沙的主要来源地，多年平均年输入黄河的泥沙量达16亿t，其中约4亿t沉积在下游河床，现在黄河下游河床平均高出地面4~6m，形成了举世闻名的地上悬河，直接威胁着下游两岸数千万人民生命财产的安全。总结新中国

成立50年来黄土高原生态环境建设的实践经验，以水土保持为主体的综合治理是解决黄河下游泥沙问题的根本措施。20世纪70年代以来，通过水土保持综合治理黄河年均减沙达3亿t。

（二）黄土高原生态环境建设与农业可持续发展的现状

1. 生态环境综合治理得到了各级政府和群众的广泛响应

一个良好的适宜人类生存和发展的生态环境是经济和社会发展的基础。由于近一二十年的宣传教育和当地人口文化素质的提高，从目前来看，地方各级政府和多数群众已逐步认识了生态环境建设和农业可持续发展的重要性。“再造一个山川秀美的西北地区”的号召和“退耕还林（草）、封山绿化、个体承包、以粮代赈”的治理措施与机制得到广泛响应和贯彻实施。生态环境建设已列入了各级政府的重要工作议程，广大干部、群众参加生态环境建设的积极性日益提高。在国家及地方的重点治理区，农民已从生态环境建设中得到实惠，摆脱了贫困，解决了温饱。泥沙的下泄及对下游的危害也有所减轻。

2. 生态环境建设在原有基础上有了新的发展

进入20世纪90年代以来，以小流域综合治理为重点的水土保持工作进入快速发展的阶段。涌现出一批大规模、高标准、快速度开发治理的典型或模式，如正在实施的无定河及延河流域水土保持世界银行贷款项目，已取得了显著的生态、经济效益。这一方面使人们看到了黄土高原治理的希望和前景，另一方面也显示了黄土高原综合治理不仅在技术上而且在政策和组织管理上均有新的进展，主要包括：

（1）多数地区通过以梯田、坝地为主体的基本农田建设为突破口，治理与开发相结合，实现了温饱，为退耕还林还草创造了条件，局部地区已开始实施陡坡地退耕。

（2）在治理中，注重增加科技含量，引进新技术，并将有关的技术组装配套和高度综合，如把机修梯田与地膜覆盖旱作技术相结合，建设基本农田与发展旱井集雨补灌技术相结合等，显著地提高了粮食单产。

（3）从小尺度流域治理向中尺度流域综合治理发展。

3. 实施扶贫移民工程，对根除局部区域生态环境继续恶化起到一定作用

局部区域由于人口过密、自然灾害等因素影响，造成土地承载负荷过大、生态环境持续恶化，粮食不能自给，温饱与脱贫长期得不到解决。这些地区要实现农民的脱贫致富与生态环境的改善，困难多，投入大，效益差。实践证明扶贫移民工程，是摆脱贫困、根除局部区域生态环境恶化的有效途径之一。如宁夏回族自治区开展的扬黄扶贫移民工程，既是一项移民工程，又是一项生态建设工程和可持续发展的工程，它一方面通过人口迁移减轻对土地的压力，使退耕还林还草和生态环境建设成为可能；另一方面，改善迁入区生态环境，建立由农田防护林、经济林、人工草地等形成的防风固沙绿色屏障体系，使目前脆弱的半荒漠草原生态系统向人工绿洲农业生态系统转变，经过3～5年即可解决温饱、脱贫致富，从而实现人口、资源、环境与经济的协调发展。

4. 以经济林果及其加工业振兴地方经济，使生态效益与经济效益相结合

由于黄土高原光热条件优越，种质资源丰富，适于经济林发展。目前，全区经济林总面积已达72.9万hm^2，其中黄土高原中、南部苹果、梨的生产，黄河沿岸红枣生产已形成一定的规模，特别是苹果基地的建设与生产，已跻身我国三大优质苹果生产基地之一，围绕苹果、枣的深加工产业也已初步形成。目前黄土丘陵区仁用杏基地、长城沿线葡萄基地也正在建设中，经济林果的建设与加工已经并将继续促进地方经济的发展与生态环境的改善。

5. 封山育林育草、天然植被保护在生态环境建设中具有不可忽视的作用

在黄土高原生态环境建设中，目前还有5万km^2坡耕地需要修成梯田，6万km^2土地需要造林，7万km^2天然草场需要改良，因而，黄土高原生态环境建设是一项任重而道远的综合工程。从黄土高原科技攻关的研究结果可以看出，封山育林草、保护天然植被不失为一项投入低而行之有效的措施。诸如内蒙古准格尔旗试验示范区通过20年的植被建设和人工封育措施，试验区的植被得到了很好的恢复。表现为：①植物种数显著增加。试验区的植物种数是未治理区的1.5倍，与阿贵庙自然保护区相当；②旱生植物种类减少，中生植物种类增加。试验区的旱生和中生植物种类所占比例分别比未治理区少13.5%，多6.4%。荒山荒坡的封禁与治理获得了很好的水土保持效益。

另据陕西安塞试验示范区研究，通过20年的封禁，植被已恢复到亚顶极演替阶段；宁夏固原试验示范区长期观测结果，破坏的草地植被经自然封禁一定年限，基本可恢复到原有的草地类型。

(三)黄土高原生态环境建设与农业可持续发展存在的主要问题

1. 不合理的土地利用是导致生态环境严重破坏的主要原因，人为破坏造成新的水土流失尚未得到有效遏制

近3000年来，黄土高原自然环境本身发生了重大变迁，人为活动的影响日趋加剧。恒山—子午岭—六盘山以北地区，原有森林有限。随着农牧业生产方式的变化，森林和草原被严重破坏。恒山—子午岭—六盘山以南地区，虽原来林草茂密，但人类活动影响更加深刻而广泛，平原区早在战国时期已鲜见森林，山地森林在秦汉时已遭到很大破坏，随着人口的增长，致使原来人口密度已较高的地区土地垦殖率更高，而原来人口较少的山地，人口大量迁入，植被破坏迅速，土壤侵蚀加剧。黄土高原生态环境受到如此严重破坏，原因是多方面的，但究其根源，主要是不合理农业结构所致。黄土高原历史沿革表明，自先秦时期以来，该区域重谷物生产的“垦草”思想一直占主导地位，加之广种薄收、倒山种植生产方式在该地区沿袭，致使黄土高原的水土流失随着单一谷物农业系统的发展愈演愈烈。

（1）黄土高原水蚀面积近10年还在扩大，边治理、边破坏的现象依然存在。据遥感调查，1989年黄河流域土壤侵蚀面积为46.50万km^2（90%以上集中在黄土高原），其中水蚀面积34.52万km^2，风蚀面积11.98万km^2。1999年土壤侵蚀面积为41.11万km^2，其中水蚀面积35.05万km^2，风蚀面积6.06万km^2。从两次遥感调查结果对比看出，黄土高原水土流失经十年治理，治理面积增长7.11万km^2。与此同时，由于在地下资源开发、交通建设和冶金、化工、建材等生产建设开发中，没有重视水土流失治理，出现了新的生态环境破坏现象。例如，晋、陕、蒙煤炭开发区，大量的废弃土石和矿渣排入河道，造成河道淤塞，泥沙下泄，严重危害黄河下游的安全。一些地方出现一方治理多方破坏，治理速度赶不上破坏速度。因而，黄土高原水土流失的现状是风蚀面积虽然有所减少，水蚀面积却有所增加*。

（2）大部分25°以上的坡耕地还在继续耕种。黄土高原部分地区群众温饱问题才刚刚得以解决，个别地区温饱问题尚未解决，人们生活还十分困难，大部分25°以上的坡耕地还在继续耕种。据调查，山西省目前还有66.67万hm^2左右25°以上的坡耕地在耕种，全省多年平均向黄河输砂量为3.66亿t；陕西省黄土高原区目前还有约42万$hm^2$25°以上的坡耕地在耕种，多年平均向黄河输砂量在4亿t以上；甘肃省有31.27万$hm^2$25°以上的坡地在耕种。大面积的陡坡地仍在继续耕种的原因，除了20%～30%的农民尚未解决温饱、粮食生产需求较大外，产业结构调整严重滞后、耕作习惯和认识水平也起着相当的作用，如部分区域人均基本农田已达到0.2～0.33hm^2，粮食自给有余，但对退耕还林还草仍存在顾虑。

（3）有规模的退耕还林还草尚存在诸多问题。多年来，在水土保持综合治理中虽然数次开展了大规模的林草植被建设，但由于认识、技术和管理方面存在诸多问题，长期以来难以实现有规模的退耕还林还草，林草植被建设几起几落，成效不大。分析其原因：一是农民的温饱问题没有彻底解决；二是退耕还林还草的利益驱动机制没有建立；三是农业系统的社会经济结构没有调整。

2. 生态环境建设投入不足，条块分割的投资与管理机制存在弊端

（1）投资过低，治理质量难以保证。近年来，国家已加大了对黄土高原生态环境建设的投入，无疑将有力地推动黄土高原的生态环境建设的进程。但跟广大的黄土高原面积以及治理任务的艰巨性相比，国家投入的资金还是十分有限。治理经验和研究结果业已表明，该地区生态环境建设需加大投入力度。国际组织援助的黄土高原治理项目，每平方千米投资在20万～40万元以上，而国内项目仅有1万～3万元，投资过低，治理的质量与进度难以保证。这也是黄土高原近年来治理“局部有变化，全局变化不大”的原因之一。

（2）条块分割、投资分散、管理不力。生态环境建设参与部门众多、涉及面广，且在多数地区肩负着改善生态环境和发展经济的双重使命。目前由计划、农业、林业、水利水保、土地、环保等多部门，以条块分割的形式所形成的分散投资、各自

* 两次遥感调查的技术条件有所差异，其结果只有相对的可比性。

实施的局面，不仅严重降低国家生态环境建设投资效率，而且由于各部门更多地强调行业特点，致使本应高度综合的生态环境建设往往具有单一化的现象。不少地区部门间尚缺乏相互协调和有机联系，条块分割的投资与管理机制的弊端，已对生态环境建设造成不利的影响，致使本来就十分有限的生态环境建设资金投入难以真正发挥效益，应引起高度重视。

3. 农业产出效益差，产业化困难重重

长期以来，黄土高原以种植业特别是粮食种植为主，经济作物种植较为薄弱，高产值、高附加值的经济作物及畜牧业比例更低，导致整体农业产出效益差。农业产业化对经济发展的重要带动作用已成为当地干部群众的共识，但目前尚处于探索和起步阶段。主要问题一方面是产业化的思路尚不清晰，缺乏龙头企业的带动和产业基地的保障。从大范围看，黄土高原产业化的项目趋同，如发展苹果基地、种植洋芋发展淀粉加工业等。充分利用不同类型区的自然条件特点和资源优势发展各自的支柱产业，尚需进一步研究。另一方面，黄土高原地区经济社会发展相对滞后，大部分群众的主要投入及大部分耕地资源用来生产粮食，以解决温饱问题，尚未从小农经济生产模式中解脱出来，缺乏产业化意识和资金投入。

4. 当前一些地方生态环境建设规划目标有不切实际的倾向

一些建设项目着眼于向国家争取资金在黄土高原生态环境建设的规划与实践中，我们注意到存在若干方面的问题：一是“量力而行，集中治理，先易后难”的原则在执行过程中自觉不自觉地被违背；二是摊子铺得过大或规划的规模过大，着眼点在于怎样向国家争取到更多的资金；三是规划的实施具有短期性，一届政府一个战略，一个领导一种打算，缺乏保障一届一届连续实施的制约机制。

政府目标和农民利益尚需协调，从农民的角度出发，更多地考虑当前的经济利益，即生产粮食和增加收入。一些现有的水土保持和生态环境建设措施，由于短期内没有直接的经济利益，农民难以接受。如黄土高原适生灌木柠条、牧草等的种植推广十分困难。政府在生态环境建设中如何注重农民利益和经济效益提高，同时加强生态意识和可持续发展战略的宣传教育，尚需做出巨大努力。

5. 水资源供需矛盾依然突出

黄土高原目前年用水总量为326亿m^3。其中，利用河川径流量占河川径流总量的56%，高于黄河流域平均开发利用率的极限值；开发利用地下水79亿m^3，占地下天然水资源的71%；城市地区水资源的过量开采已使地下水位大幅度下降，出现地面下沉，甚至出现地表裂缝等环境问题，尤以西安、太原为最。由此可见水资源开发潜力不大。预测未来水资源的压力将继续增加，在考虑节水的条件下，未来农业用水（指灌溉用水）需要334亿m^3，比现在农业灌溉用水要多出51亿m^3，未来30年该区的总用水量不会低于497亿m^3，比起目前的用水量要多出171亿m^3。因此，大力推广旱地农业和节水灌溉技术是黄土高原缓解水资源供需矛盾，实现农业可持续发展的必然选择。

二、黄土高原生态环境建设与农业可持续发展的指导思想与目标

(一)指导思想

1. 生态环境建设与农业可持续发展相结合，生态优先

黄土高原农业的可持续发展要以生态环境建设为基础，依靠科技进步，促进社会、经济、人口、资源和环境的协调发展。通过生态环境建设与农业可持续发展的有机结合，建立经济与社会协调发展、互相促进的新机制，不断改善生存环境，提高所有社会成员的科学文化素质，满足人民群众日益增长的物质生活和精神生活的需要。

2. 以市场为导向，调整农业结构

黄土高原农业生产结构性矛盾日益突出，难以适应市场对农产品优质化和多样化的需求。农业区域性结构趋同，地区特色和优势未能充分发挥。退耕还林还草措施能否有效实施，并不仅仅取决于粮食，在有粮无钱的情况下做到全面退耕仍具有一定困难。因此，国家除了“以粮代赈”投入粮食和资金、促进生态环境建设之外，还要积极推动农业生产结构调整和农业产业化进程，扶持和引导这些地区以市场为导向，大力发展二、三产业。既要适应农产品市场的现实需要，又要研究和预测潜在的、未来的市场需求趋势，以满足社会对农产品的数量及多样化、多层次、优质化和动态发展的需求。

3. 因地制宜，分类指导

黄土高原虽然是一个独立的自然地理单元，但其地貌类型、生物气候特征、经济社会状况等内部分异显著，对于黄土高原不同生态类型区的治理开发，应坚持因地制宜、分类指导的原则。诸如晋陕蒙接壤多沙粗沙区，陕北和晋西黄土丘陵地区是水土流失异常严重的地区，应加大退耕还林还草的力度；在绥德、米脂、离石、甘谷、秦安等人口密度高和地形破碎的区域退耕还林草后，粮食生产难以自给，应列入以粮代赈的重点区域；在风沙交错的沙黄绵土区，土壤沙粒含量高，结持性差，风蚀严重，易沙化，梯田埂高时易垮埂，在该区水土保持耕作法应与梯田建设同等对待；而对于水土流失相对较轻的高原沟壑区和其他地区，通过建设基本农田，在保障粮食自给或自给有余的基础上，进一步增加林草覆被。同时因地制宜发挥资源、经济、市场、技术等方面的区域比较优势，发展本地优势农产品，逐步形成具有区域特色的农业主导产品和支柱产业。

(二)战略目标

黄土高原生态环境建设和农业可持续发展的总体目标是：用大约50年左右的

时间，依靠各级政府和人民群众，依靠科学技术，首先加强现有天然林和天然草地的保护，通过封育让大面积荒山荒沟的植被得以有效恢复；加强基本农田建设，大力开展退耕还林还草，治理水土流失，建设生态农业，彻底扭转黄土高原生态环境恶化的势头，实现区域可持续发展。力争在21世纪中叶使黄土高原植被（林草）得到恢复，水土流失得到整治，一个和谐的黄土高原生态—社会—经济系统得以建立。近期、中期、远期三个阶段的目标分别为：

1. 近期目标——遏制生态环境恶化（2000～2010年）

用10年左右时间遏制生态环境恶化的趋势，坚决控制住人为造成的水土流失，使水土流失面积不再扩大。25°以上坡耕地退耕还林还草，通过水土保持措施使年平均入黄泥沙减少4亿～5亿t，有效林草覆被率提高到25%，人均基本农田0.13～0.2hm^2，粮食占有量达到人均350～400kg，水土流失治理度达到40%。

2. 中期目标——生态环境明显改观（2011～2030年）

在遏制生态环境恶化势头之后，再用20年左右时间，使黄土高原的生态环境有一个明显的改观。部分15°以上坡耕地退耕还林还草，水土流失治理面积占流失面积的60%以上，有效林草覆被率达到35%～40%，退化、沙化、碱化的草地基本得到恢复，人为水土流失全面得到制止，已产生的人为水土流失80%以上得到恢复治理，通过水土保持措施，使多年平均年入黄泥沙减少6亿t左右，农村人民生活水平初步达到或接近全国平均水平，水土流失治理度达到80%。

3. 远期目标——建立和谐的生态—社会—经济系统（2031～2050年）

到2050年，建立起适应社会经济可持续发展的良性生态系统。退化、沙化、碱化的草地得到改良，绝大部分荒山的自然植被得以恢复，宜林地全部绿化，有效林草覆被率达到50%～60%，坡耕地实现梯田化，水土流失和沙漠化基本得到控制，水土保持措施使多年平均年入黄泥沙减少8亿t左右，建立起基本适应社会经济可持续发展的良性生态系统，黄土高原大部分地区实现环境优美、农林果牧全面发展、人民富裕的目标。

三、黄土高原生态环境建设中农林牧业定位及产业结构调整问题

随着西部大开发战略的实施，黄土高原的经济社会及人们的生产生活方式等诸方面，都将发生深刻的变革，特别是随着市场经济的进一步完善和贸易全球化的发展，区域经济的发展必须成为一个开放的体系，传统的自给自足的小农经济是没有出路的，必须通过产业化过程实现自身的可持续发展。因此，黄土高原生态环境建设与农业可持续发展中的农林牧业定位，简言之可表述为建设自给性农业、防护性林业和商品性的畜牧业与果业，实际上还有更丰富的内涵。

（一）黄土高原的粮食问题

从世界范围看，人们正逐步从传统的粮食安全观念转变为食物安全观念，以利

于广辟食物来源。而对于黄土高原这样一个自然环境严酷、人民生活水平低下的区域，解决食物安全又是关系到建设生态环境，实现区域可持续发展的大事。但从黄土高原水土流失区的经济发展水平、人民膳食结构以及区位、交通的现状看，当前及今后相当一段时间内黄土高原的食物安全问题的主体还是粮食安全问题，考虑到粮食是一种特殊的战略物资，从国家安全角度出发，中国人只有靠自己来养活，主要依靠进口是不可行的；从粮食生产比较效益分析，我国的粮食生产在今后一定时期内仍然是一个低效益的产业，各区域粮食生产面积会随着市场经济的发育逐步下调，仅依靠国家的几个粮食基地进行大规模的供给也是困难的。从宏观战略角度来分析，在有条件自给或经过努力可实现自给的地区，国家应倡导自给，并进行必要的调剂。因而，根据国家黄土高原十五年来科技攻关的研究结论以及国家对该区生态环境建设的要求，该区既不追求"高产再高产"，"建设大粮仓"，也要避免从外地每年调入大批粮食。当前粮食生产目标的定位应是：立足区域，基本自给，适当调剂，以丰补歉，突出特色。

1. 立足区域，基本自给

目前黄土高原水土流失严重区人口增长率约为13‰，人口数量为2942.34万人，按统计数字，目前粮食总产为90亿kg左右，人均粮食占有量为315kg，与实现粮食自给目标(人均350kg粮食)尚差13亿kg。假设未来黄土高原人口增长率为零、13‰(目前自然增长率)和15‰(机械增长率)，据分析，2010年黄土高原粮食需求量分别为103亿kg、117亿kg和120亿kg，同时考虑到15°以上坡耕地退耕后，粮食生产能力损失约17.41亿kg，届时粮食自给的缺口将分别为30亿kg、45亿kg和47亿kg。

根据国家黄土高原科技攻关11个试验示范区研究，通过15年来的努力，人均占有粮食较攻关前提高了39%，达到626.16kg，证明黄土高原的粮食生产，在现有的条件下，只要增加科技与资金投入，开展水土流失综合治理，建设稳产高产基本农田，粮食有较大的增产潜力，实现粮食自给是可以做到的。考虑到区域生态环境建设的重要性和退耕还林还草的需求，黄土高原15°以上坡耕地退耕后将使现有粮食生产能力降低20%，占各种水平下粮食需求总量的10%左右。由于黄土高原的农业生产条件、技术水平、化肥、农药、农膜等投入能力的差异，特别是农民科技素质和文化素质低等制约因素在今后相当一段时间内很难改变，在21世纪前期人口过多与农业自然资源短缺的矛盾将比过去更为尖锐，在经济高度市场化、区域竞争激烈的条件下，黄土高原粮食生产将面临更多的困难。从供求关系和粮食生产潜力看，黄土高原粮食发展目标定位于"立足区域、基本自给"，是比较适当的。

2. 适当调剂

适当调剂主要指区域间的品种调剂和人口高密度区的需求调剂两个方面。在粮食生产方面，由于气候条件大多适宜小杂粮的生长，因而存在区域间粮食需求品种的差异，在品种方面需要进行区域间的适当调剂。在人口空间分布方面，由于陕西省米脂、子洲、绥德、吴堡、清涧及甘肃省的甘谷、秦安、庄浪、天水、武山等地，一般每平方千米人口在150～300人，特别是在米脂、子洲、绥德等黄土峁状丘陵区，陡坡地占总土地面积的54.34%，实施退耕后，依靠自身无法保障区内粮食生产自给，在粮食需求方面，对这些地区需要进行供需调剂。

3. 以丰补歉

黄土高原的农业主要为雨养农业，农业基础设施差，科技保障能力低，粮食产量表现出明显的波动性，1949～1995年的47年间，就形成了9个粮食生产周期，每个周期长4～8年，平均为5年，波动频率(0.277/年)高于全国(0.167/年)。每个生产周期大约有1～2个丰收或歉收年，2～3个平年。比如，1993年与1992相比，增产幅度达28.30%；而1995年与1994年相比，减产幅度达25.01%；与1993年相比，减产幅度达47.32%。可见，该区粮食生产的稳定性极差，波动性强，抗逆应变能力较弱。但随着基本农田建设发展和生产技术水平的提高，这种波动性将有一定缓解。总体来看，黄土高原通过以丰补歉实现区域内粮食基本自给是可行的。

4. 突出特色

黄土高原种植业历史悠久，种质资源丰富，土特产较多，杂粮、杂豆、薯类、药材等品种多，种植比重高、面积大，具有形成较大规模生产能力的基础。其中谷子、糜子、荞麦、燕麦、扁豆、豌豆、马铃薯等作物均属我国传统的保健食品原料作物，在国内外市场享有较高声誉。因此，适当增加这些特色作物种植面积，改良品种，改进栽培技术，提高品质，建立名、特、优农产品生产基地，增加商品生产成分，是发挥黄土高原农业地域资源优势的一个重要方面。

(二)黄土高原植被建设问题

黄土高原需要建设一个水源涵养、防风固沙、防蚀减沙的生态屏障，针对黄土高原水热条件区域性差异显著的特点，黄土高原植被建设应遵循因地制宜，适地适树适草的原则，植被建设目标宜定位在建设乔灌草相结合的防护性为主的植被体系。

1. 在半湿润地区保护、恢复和扩大森林植被

在石楼—延安—庆阳一线以南的半湿润地区，年降水量在550mm左右或更多，可以满足一些旱中生型森林植被的生长条件。特别是在这个地区的一些土石山区，本来就残存有天然次生林，如关帝山、吕梁山、关山、黄龙、桥山、子午岭、六盘山等，它们是许多中小河流的发源地。在这一地区保护已有的森林植被，同时加快植树造林的步伐，使之发挥更大的防护作用是完全必要和可能的。

2. 在半干旱地区建造以灌草为主的植被，并合理配置灌草比例

在半湿润以北的半干旱地区，降水量在400mm上下或更少，植被建设应以灌草为主。在这个地区范围内，有两个主要类型区，一个是以无定河流域为代表的黄土丘陵沟壑区，另一个是府谷—榆林—靖边—盐池一带的黄土高原和毛乌素沙漠交错区，两个类型区内都有建设林草植被的需要，但情况各不相同。黄土丘陵沟壑区是水土流失最严重的地区，这里最需要有植被覆盖。坡地耕种是引起水土流失的主因，而要改变这种情况，除了在一些坡度较缓的地方（<15°）修建梯田，并培育成基本农田外，大部分坡耕地都应退耕还林（主要指灌木林）还草，进行植被建设。林草比例安排应因地制宜，合理搭配，控制密度。经济林果除在南部稍湿润的地方适宜发展苹果、梨、花椒外，其他区域在阴坡凹地，沟底川边，或采用径流林业集中雨水培育的办法发展旱生型的仁用杏、枣、枸杞及其他一些果木，也是一项很有前途的产业。在黄土高原丘陵沟壑区干旱的坡地，植被建设以草灌为主，并与水土保持工程措施相结合，综合发挥保持水土的作用。

3. 风沙沿线区林业是农业的屏障

在黄土高原丘陵沟壑区以北的风沙沿线区，有许多沙盖黄土，这是过去沙漠南进的后果。这个类型区的降水量进一步下降到350mm以下，生态环境极为脆弱。但部分区域有丰富的地下水资源，多年来采用的造林固沙、引水拉沙，在防护林带的保护下开辟农田，用地表水及地下水支持高产农业，已经形成了一套行之有效的向沙漠收回“失地”（即人进沙退）的办法。在这里，植树造林主要发挥生态屏障的作用，保护农业的发展。特别需要指出的是目前这一地区正在进行大规模工矿业及农业开发，水资源开采量日趋加大，必须有所控制保证一定比例的生态需水，以保障生态屏障的稳定性。

4. 植被建设中存在的成活率低、保存率低、效益低的“三低”问题

黄土高原长期以来造林成活、保存率低。目前黄土高原天然林单位面积蓄积量只是全国平均量的53%，人工林更低。以至于动摇了一些人植树造林种草恢复植被的信心，分析植被建设的“三低”问题，主要由几方面造成：一是植树建设中不能严格执行技术规程，存在苗木不对路，种苗质量差等问题；二是过于追求经济效益，并没有真正做到适地适树；三是植树造林缺乏规模，人工林地、草地多零星分布，不成规模，难以发挥整体防护效益而且不利于管护。实际上，黄土高原植被建设除了存在上述问题外，还有一些深层次的社会与机制问题，诸如土地的使用权、造林地的所有权不清或易发生变化；有人造林无人管护，边造林边破坏现象十分严重；土地承包实施植树造林合同期满后，能否采伐利用，以及与森林保护法的一致性问题；在国家植树造林投入机制中，只有造林费，没有管理抚育费，也是造成有人造林无人管护，效益低下的一个重要原因。

（三）草畜业发展问题

从世界发达国家类似黄土高原区域的农业发展经验看，多实行农牧业相结合，农畜产值约各占一半，是其成功之处。黄土高原20世纪80年代初期也曾大力倡导种草养畜，建立商品畜牧业基地，但效果不甚理想，至今仍是黄土高原综合治理开发中最为薄弱的一个环节。究其原因主要有三：一是长期以来经济发展滞后，多数区域农民的温饱问题尚未解决，工作的重心是怎样提高粮食产量，而粮食不能自给本身对畜牧业的发展也是一种严重制约；二是各级政府并没有像抓粮食一样下大力气把畜牧业作为一个产业来抓，一方面缺乏技术支撑，另一方面缺乏投入和科学的管理；三是缺乏一个支持商品性畜牧业的运作机制，首先是土地使用权不清晰，大量的荒山荒坡及天然草场有人使用无人管理，造成天然草场过牧严重，长期处于掠夺式经营状态；其次黄土高原长期以来运行的是单一的农业生态系统，牧草生产没有纳入到种植制度中，难以支持草畜业的发展；第三是缺乏一个集基地建设、技术服务、畜产品深加工、市场开拓等一套运行机制和模式。目前，随着黄土高原农村经济的发展和市场经济体系的不断完善，已逐步解决了温饱，面对的主要问题是如何进行产业结构调整，走高效、优质的道路。就整体而言，经过努力草畜业可望成为黄土高原生态环境建设与农业可持续发展的结合点和具有开发前景的产业。黄土高原草畜业可作为农业产业结构调整的一个重要方面，应建立商品性草畜业基地。

1. 建立黄土高原商品性的草畜业

黄土高原畜牧业，在农业总产值中仅占20%左右，而草食性畜牧业的产值所占比例更低。黄土高原土地资源较广阔，多数地区为草原和森林草原地带，是发展草食性畜牧业的适宜地区。因而，对于在黄土高原发展草业及以草食为主的畜牧业是今后发展的一个方向，但黄土高原目前的畜牧业特别是草食性畜牧业在该区的发展严重滞后，怎样确定黄土高原的畜牧业特别是草食性畜牧业发展策略，实现单一的农业生态系统向农牧生态系统的转变，需要进行总体规划，有序实施。

2. 大畜牧业基地设想

(1) 黄土高原必须是一个开放的体系，进入国际大市场。黄土高原不能搞封闭建设，生态系统本身具有不断外延的趋势，贸易的全球一体化势不可挡。必须以黄土高原为基础，立足全国，放眼世界。否则难以自存，更谈不到持续发展。

(2) 大畜牧业基地的设想。从区位看黄土高原位于青藏高原、蒙古高原和华北平原之间，扼欧亚大陆桥要冲，有开展外向型农业的可能，从长远看，有充分利用黄土高原的特殊区位优势建立以黄土高原为核心的"河西走廊—青藏高原—蒙古高原—华北平原—黄土高原的农业耦合系统"的可能性。在这一耦合系统中，黄土高原应在谷物生产基本自给的基础上，以生产饲草料为主，西向和东向引入河西走廊、华北平原的精饲料，南向和北向引入蒙古高原、青藏高原的家畜，建成全国意义的畜牧业基地。这个基地将以肉奶类食品业、皮毛业、饲料业鼎足而立的三大支柱产业体系为主干，带动草产品、生物制品以及畜牧业生产的机械、电子、信息等行业。

(3) 黄土高原发展畜牧业的前提。①植物性产品必须有1/2以上转化为动物产品，才符合农业生态系统的基本规律，否则只能是事倍功半，低效率的生产水平；②把一些地区谷物生产为主的农业系统改为营养体为主的草地农业系统，通过提高草畜转化率，再加上动物生产的转化，总产值应该提高2倍以上。

(4) 农牧生态系统具有以下几方面特点。①营养体农业可以使抗灾能力大为加强，西部十年九旱，对谷物生产危害较大。不收获籽粒的饲用植物抗灾性较强；②草地农业系统可以把土地利用面积从有限的宜农耕地上解放出来，可以极大地提高土地利用率；③实验和生产经验证明，把现有耕地面积减少20%～30%，甚至更多，只要增加科技投入，实施集约化经营，不但不会降低谷物产量，反而可以大幅度提高其单产和总产。这样才能把种草种树，退耕还林还草与生态系统的改善，与农业结构的改善结合起来，并能持续发展。否则难以持久。

3. 开发性畜牧业需要进行总体规划，有序实施

目前黄土高原的单一农业生态系统需要逐步改革，农牧业生态系统的建设需要结合区域生态环境的改善逐步开展。而建设一个真正产业化的畜牧业，需要大量资源、技术、人才、资金等多方积蓄和储备。从黄土高原的实际看，大规模的建设草地生态系统、发展商品性畜牧业，目前诸多条件尚不具备，国家应先行选择有基础的地区，进行初试和中试完成技术储备、人才培训及单一农业生态系统向农牧业生态系统转换，为迎接畜牧业的大发展奠定基础。发展道路可走小规模、多群体、专业村、基地乡、产业带之路；发展模式可选择草食牧业和农副牧业相结合的农牧结合型发展模式，重点发展肉牛、肉羊，兼顾绒山羊、细毛羊的发展，与此同时国家可充分利用市场的驱动，利用政策的杠杆作用，建立畜牧产品的加工基地，以开拓市场，带动畜牧业健康发展，特别是利用当前国际草业市场的驱动作用，大力发展草产业。

(四)农村产业结构调整与特色产业问题

黄土高原自然环境严酷，经济区位偏僻，1949年以来，人口增长迅猛，平均年增38.87万人，全区人口倍增时间为27年。为了解决众多的人口吃饭问题，乱垦、乱牧、乱樵问题十分突出，致使生态环境恶化，产业结构失调，因而急需通过发展特色产业，促进农村产业结构调整和农村经济的发展。

1. 建立种植业的三元结构

旱作农业、人工草地和天然草场并存是半干旱地区土地合理利用的特征，农牧结合是国内外半干旱地区发展的成功模式。但目前黄土高原的种植业结构基本上是粮食作物与经济作物的二元结构，应抓住目前退耕还林还草的大好时机，加快种植业结构向粮食作物、经济作物和饲料作物有机结合的三元结构体系发展。

2. 调整农、林、牧结构，发展特色产品促使传统农业向现代生态农业转变

(1)在种植业内部着重发展马铃薯、小杂粮、中药材等特色产品。黄土高原深厚而疏松黄土及其水热特征，适于马铃薯、小杂粮、中药材等特色农产品生长，且具有长期的栽培历史，部分产品也是该区传统的出口产品，极具区域特色，市场前景看好，可建立商品化的生产加工基地。

(2)进一步强化经济林果生产和加工，建设国际一流的以苹果为主的生产加工基地。目前，全区经济林总面积达72.9万hm^2，已形成一定规模。其中，位于中部和南部的苹果生产，已成为区域经济发展的支柱，极大地促进了地方经济，今后主要是解决优质、高效与进一步开拓国内外市场的问题。

(3)积极发展牛羊为主的草食性畜牧业，逐步实现单一的农业生态系统向农牧业生态系统的转变，建设商品性的畜牧业。

在政策和投资上扶持龙头企业的发展，按照产业化的思路强化农业生产的产前、产后环节，加速产业升级。选择黄土高原粮食和畜产品、果品生产大县，建设一批农畜果产品精深加工企业，实现粮食、畜产品、果品的就地转化增值。通过养殖、加工和流通等二、三产业把粮食、饲料转化增值，使增产、增收、增效相统一，生态、经济和社会效益相协调，国家、地方和农民利益相一致。发展以粮食为重点的食物产业，促使初级产品增值，促使农业相关产业的发展，加长农业产业链。对加工业实行战略性调整，在确保粮食总量基本平衡的前提下，重点发展杂粮、果品、草食畜牧业和蔬菜四大优势产业，达到农林牧平衡发展，粮、经、饲结构协调，畜牧业总产值比重达到农业总产值的50%左右，使传统农业向专业化、社会化、商品化和现代化的农业产业化方向发展。

四、建议

(一)重视历史经验，坚持综合治理

根治黄土高原水土流失，实现生态环境建设目标，必须坚持综合治理方针。综合治理的核心内容是促使降水就地、就近拦蓄、入渗，做到各类土地的合理利用。历史经验说明，以县为基本单位，以小流域为治理单元，以修建基本农田和发展经济果木为突破口，山、水、田、林、路、沟综合治理的做法是成功的，应当加以肯定。但长期以来，有规模的退耕还林还草和有计划地封山育林育草，这一综合治理中的关键环节未能取得突破，如近年来，一些地方的小流域综合治理或示范样板往往被简化为"梯田加果园"模式，回避了综合治理中的难点。因此，利用当前有利时机紧紧抓住植树种草、封山绿化这一综合治理中的薄弱环节，也是实现"山川秀美"的主体工程，是完全必要的。不过同时要注意另外一种情况，即当前一些地方在指导与规划造林种草时综合治理思想体现不够，综合治理措施安排太少。我们认为，将治理建设重点放在"退耕还林还草"和"荒山绿化"的同时，必须坚持以水土保持综合治理为基础。这里所说的综合治理，一是要综合运用生物措施、工程措施和耕作措施；二是退耕还林还草应与农田改制和农业产业结构调整紧密结合。工程措施和耕作措施既是治理水土流失综合措施中的重要组成部分，又是有效实施造林种草的必要条件；特别在半干旱区进行人工造林(包括灌木)时必须强调以工程整地为前提；而在发展人工种草的同时，如果不将草纳入正式种植制度之中，并与发展畜牧业与饲草加工业相结合则很难持久下去。这些历史经验和教训应当很好吸取，所以建议各地制定的生态环境建设规划必须是一个全面的综合治理规划，而不是单一的

农田基本建设或林草建设规划，或名为综合实为单一的规划。

（二）生态经济协调发展，生态优先

生态、经济协调发展是可持续发展的基础。在黄土高原水土流失严重地区，长期以来虽也强调两者结合，但实际上是以近期经济效益为中心，近年来有所好转，但在生态环境如此脆弱的地区，再不“调整思路”，明确“生态优先”的原则，将会贻误时机，造成无法挽救的后果。客观上，目前已经具备了大力实施生态建设工程的基本条件：①经过多年以基本农田建设为主的治理，黄土高原水土流失严重区多数地方的温饱问题得到基本解决；②黄河下游防洪和经济发展迫切需要加速解决中游地区的水土流失问题；③国家经济实力增强，有能力加大对黄土高原治理的投入，并对大量退耕地区采取“以粮代赈”等补偿措施。

实行退耕还林还草无疑是扭转生态环境恶化的关键，但如何具体实施却大有讲究。我们认为，在实施过程中仍需不断强调生态效益为主的原则，如对于25°以上的陡坡地，不是退耕后不再种粮就算完成了任务，而是要强调退耕后主要应作为营造水土保持林、灌、草的生态保护用地，即在一定期限内不再进行任何方式的收获和采伐。为此，必须进一步完善生态效益补偿机制，加大补偿力度。

前一时期在“四荒”拍卖中，一些地方有将牧荒坡地翻耕改种经济林果、药材，甚至粮食的做法，实际上是将天然植被变为生产用地了，应考虑其可能产生的不良后果并加以控制。至于25°以下坡地退耕后的利用问题，则应根据具体情况分别处置，继续作为生产经营的土地则必须加大水土保持措施，同样遵循生态保护为主的原则。对于地少人多、特别困难的少数地方，为保证群众生活和保护生态环境，则应考虑采取移民搬迁工程的办法加以解决。

（三）把对天然植被保护封育放在与退耕还林还草同等重要位置

人工植树种草无疑是使黄土高原生态环境和农业发展步入良性循环的一个关键步骤，但必须把天然植被保护放在同等重要位置才能达到既定目标。原因有二：一是需要治理的面积大，除坡耕地外，天然草场（牧荒坡）平均占到水土流失严重地区土地面积的1/4强，大部分退化严重，如不切实加以保护和治理，仅靠人工营造，难以从根本上解决全区的水土流失问题；二是水土流失严重区的大部属典型半干旱区，目前人工造林保存率较低，人工种草虽受水分条件限制较小，但由于受当前种植制度、农业结构、市场等因素制约，真正能持续下来的更少，在这种情况下，尤不可忽视残存天然林草植被在黄土高原生态平衡中所起的重要作用。

黄土高原人工造林种草要取得成功很重要的一条是要依据植被地带分布规律和地形地貌条件确定适宜的乔灌草植被类型，选择适生树种，特别乡土树种，以及在本地区经长期种植并取得成果的树草种，培育新的速生多抗树草种当然十分重要，但不是马上能够实现的。相比之下，保护和恢复天然林草植被的措施就比较简单，最主要的一条是封育，其次是补播、补植。根据在陕西安塞、宁夏固原长期实验结果，在年降水量400mm以上地区，对天然草场采取封育措施数年后即可收到明显成效，最终建成可被持续利用的稳定植被类型。至于分布在子午岭、黄龙山、六盘山等地的次生林区，面积虽小，但发挥着不可代替的水源涵养和水土保持功能，是黄土高原最为珍贵的生物资源库和防护体系，应作为自然保护区对待，在生态优先的前提下兼顾林副产品的合理经营，确保这些次生林区得到完整保护。

如上所述，为使黄土高原植被得以恢复，不仅要坚决通过退耕还林还草措施解决滥垦问题，同时要通过严格的封育措施解决滥牧、滥伐问题，建议在制定综合治理规划时对此给予充分重视，并切实采取有效补救措施。

(四)积极引导，规模经营，逐步建立畜牧业主导产业

黄土高原水土流失严重地区是适合于广泛发展林草的地方，草地畜牧业理应成为这个地区的一项重要的产业，只有通过积极发展种草养畜，才能使黄土高原地区发挥出“区域优势”，从而成为国民经济新的增长点和我国重要的畜牧业基地。但到目前为止，黄土高原畜牧业产值仅占到农业总产值的20%左右，20世纪80年代以来几经努力，至今仍是该地区综合治理开发中的一个难点。究其原因是多方面的，与发展阶段、管理体制、投资强度、市场需求以及科学技术都有着密切关系，但关键的一条是长期以来以粮食生产为主业，把畜牧业作为副业，没有形成草—畜业的生产系统。黄土高原发展畜牧业必须以草业作基础，但如果孤立提倡种草，不与发展畜牧紧密联系起来不可能获得成功，退耕种草也将难以巩固，这一教训应很好加以吸取。当前，发展草—畜业的有利时机已经到来，要解决的主要问题是如何将退耕种草与种植制度改革以及产业结构调整统一起来，实施畜牧业的规模化经营，推行公司+基地+农户模式。要做到这一点，仅采取“退耕还林还草”和“以粮代赈”措施是不够的，必须着眼于建立草—畜业(包括加工、流通)的生产系统，因而要加大政府扶植力度，包括资金投入和人员培训。从某种意义上讲，这是一项必须通过深刻改革才能形成的新兴主导产业，需要先行试点，逐步推行。

发展黄土高原商品性畜牧业的基础在于建设稳定的饲料基地以及将放牧为主改为舍饲、半舍饲为主的饲养方式。未来的饲料基地应由三个方面组成：一是退耕地种草；二是农田中发展饲料作物；三是改良的天然草场。有待解决的问题多，要取得成功都必须经过一番努力。因此，有必要成立草畜业建设专门机构来抓好这件关系黄土高原发展全局的大事。

(五)充分挖掘降水生产潜力，实行“以丰补歉”对策

为解决不断加剧的水资源紧缺问题，就农田生产而言，首要途径应当是挖掘自

然降水生产潜力。目前，水土流失严重区旱作农田对降水的有效利用率仅30%，水分生产潜力开发值45%左右，作物水分利用效率约为4.5kg/(mm·hm^2)，利用已有技术近期内分别提高到45%、55%和7.5kg/(mm·hm^2)，使每667m^2产量达到150kg左右是可能的。但是，由于该地区气候多变，年际间降水差异很大，农业因遭受严重干旱大幅度减产的年份不可避免，局部农田虽可采取覆盖、集雨补灌等集约栽培技术减少损失，但在大范围内作用还是有限。为此建议，为保持该地区自身粮食供给的相对稳定，在积极采取提高降水利用率和利用效率技术措施的同时，还必须采取"以丰补歉"的种植业发展策略，以3~5年为一个周期制定粮食(也包括畜牧业、林果业)生产和供应计划，而不完全着眼于当年收成如何，这一计划思路的转变，对于促进该地区生产、生态的良性循环，以及保持社会稳定都是有益的。

(六)加速小城镇建设进程，推动二、三产业发展

黄土高原恶劣的生态环境、低下的农业生产力和经济社会发展水平等现状，均与城镇化比例低、农业人口所占比例大具有密切的关系。目前黄土高原部分地区的人口密度已大大超过了环境、土地允许承载量。根据黄土高原的自然和社会经济条件，依靠农业可以解决温饱，条件好一点的地方靠农业可以达到小康，但仅靠农业致富困难较大。要达到一定的富裕程度，必须有相应的支撑条件，其中城镇化的发展是推动农业产业化、消化分散农村人口、减轻土地和环境承载力所必需的。

城镇化的发展是一个地区经济社会发展的主要标志之一，目前我国西部地区城市数量少、非农业人口比例低。1999年西部地区城市化水平为17%，低于东部地区47.4%近30个百分点，城市密度相差56倍。西部农村人口占总人口的80%左右，东西部的差距问题突出表现为农村的差距。黄土高原综合治理的理论与实践业已证明，逐步减少农业人口的数量和提高人口素质是改善生态环境和实现农业可持续发展的重要基础。因此，必须一方面严格控制人口(据调查，部分地区一对夫妇生3个以上孩子是常见现象)，另一方面应创造条件，结合生态环境建设整体规划和综合治理的战略部署，有计划、有步骤地进行人口转移，使一定比例的人口摆脱对土地的依赖。这一方面可促进退耕还林还草的进程，减少对生态环境的巨大压力；另一方面也有利于黄土高原大规模产业化的发展，使区域内外在物资交流、交通运输、通讯、科技和文化教育等方面实现跨越式的发展。

(七)改革生态环境建设项目管理办法，提高投资效果

为了克服条块分割治理、各部门各自为政、投资效率不高、统计数据重复计算及容易为腐败现象提供条件等现状，贯彻生态系统恢复与重建的"整体性"原则，加强生态环境建设这项跨行业、跨部门的宏伟工程的领导，建议在生态环境脆弱区、恶化区，设立专职机构，加强统一规划和统一管理，协调农、林、牧、水等职能部

门，明确责任，分工合作，避免重复投资，重复设计，重复估算治理效益的弊端。对于水土流失严重区纳入国家重点生态环境建设计划的项目，由上述专职机构负责管理，按基本建设要求，进行申请立项、可行性研究、规划、设计等程序，严格审批手续；项目实施中，采取法人负责制、招标投标制、工程监理制，严格检查验收，保证各项治理措施与工程的质量与进度；同时明确规定上述过程中必须有水土保持和农、林、牧、水等有关的科研、教学部门参加，促进水土保持与生态环境建设，提高科技含量，提高投资效益。

（八）将科学技术与专业科技力量直接切入生态环境建设，充分发挥支撑作用

当前，黄土高原生态环境建设工作正处于全面规划和试点阶段，如何充分发挥科技的支撑作用，专业科技力量如何有效投入是一个十分重要的问题，关系到事业的成败。建立专家咨询组织是目前各地的一般做法，但作用不大，有的甚而流于形式；通过科教部门立项，不失为一种参与办法，但仅限于一些基础调查、前期研究和孤立试点，难以直接进入生态环境建设主战场。据此我们建议，应以生态环境建设决策或主管部门为中心组织和部署科技工作，根据实际需求将生态环境建设与科技纳入一体，形成直接为生态环境建设服务的科技体系，把国家的需求与教学、科研单位的生存和发展用责权利联系起来，此举一方面可以保障规划及实施的科学性；另一方面可提高治理项目的质量，同时也可使科研教学单位多年的科技成果在项目区中得到应用和推广。

专业科技机构可采取以下三种形式为生态环境建设服务：一是咨询。为了更好发挥作用，建议抽调有经验的专家组建常设的黄土高原生态环境建设咨询中心，通过这个中心，联合各地、各部门有关专家形成网络，对省级和一些重要生态环境建设规划及其实施，从科学技术角度行使评审、监督与验收权；同时建立各级咨询专家小组，协助当地主管部门指导工作。二是组织攻关。科技攻关应以解决科技难题为目标，而不以完成生态治理和经济发展指标为衡量标准，同时在立项时即应明确直接使用该项攻关成果的用户，无明确用户的不予立项，应当说，最大的用户就是各级生态环境建设主管部门。三是实施。建议结合科教体制改革，组织一部分专业力量进入黄土高原生态环境建设的一线直接承担治理责任。为此，可采取专业科研单位和有关大学向县、市派遣科技副职以及鼓励科技人员通过技术入股、技术承包等办法，参与治理与开发建设活动。另外，按照国际项目管理经验，专业研究机构应作为技术依托单位参加区域或大型生态环境建设项目，从规划、实施、直到评估验收的全程工作。为有效发挥科技的作用，在生态建设项目中增设“科技专项”是十分必要的。到目前为止，因缺乏必要的专门资金以及体制和管理机制等方面的问题，专业科研机构直接参与生态建设的渠道尚不畅通。

在黄土高原生态环境建设和农业可持续发展中仍然存在一些重大基础和应用问题，需要研究解决，例如，黄土高原植被演替历史与环境，黄土高原大量造林种草

与持续增产条件下的水资源承载力及水文效应，市场经济条件下土地合理利用原则与模式，不同类型植物(乔、灌、草、作物)在不同区域不同土地条件下的适应性与生产力评价，以及多抗、速生树草种的选育，还有实用低成本微灌设备研制，集雨补灌技术、人工增雨技术、少耕覆盖技术、化控技术大面积应用等。另外，为确切掌握生态环境建设进程与成效，急需建立定点监测与现代空间信息技术相结合的黄土高原生态环境监测网络与治理效益评价体系。以上问题的解决或进一步明确，对于实现生态环境建设的既定目标是至关重要的，建议纳入有关计划，组织优势科技力量进行攻关，力争短期内取得新的突破。

沈国舫　山仑

从“造林学”到“森林培育学”*

我正在从事《森林培育学》教材的撰写工作。这是国家教委(现教育部)确定的一部重点教材，却是第一次用这个名称，它的前身叫做《造林学》。为什么要作这样的改变，在名词术语应用上确有一段值得深思的变化过程。

我国的“造林学”这个词是从日文借用过来的，而日文的造林学又是从德文“Waldbau”直译过来的。德文中 wald 是森林，bau 为建造的意思，这样的翻译似乎是顺理成章的，因此“造林学”这个词在日本和中国都用了很长时间。但是，许多学者认为“造林学”这个词用得不很贴切，容易引起误解。因为“造”字在中文里是从无到有的“制作”或“建造”的意思，用了这个“造”字就很容易把造林理解为纯粹的人为过程，从而疏漏了依靠自然力来培育森林方面的涵义，这是与德文 waldbau，及其英文的对应词 silviculture 的本意不符的。waldbau 或 silviculture 的本意是指各类森林(包括天然林和人工林)从种苗到成林成熟的整个培育过程，人工造林只是其中的一个局部过程。

把“造林学”偏解为“人工造林学”在新中国成立后的头 30 年显得尤为突出，这与我们在新中国成立初期全面学习前苏联有关。在前苏联的林学体系中，人工造林和天然林培育是分设在两门不同的课程中的。论述人工造林的课程叫“лесные кулbтуры”，其内容从种苗经人工造林到人工幼林郁闭前为止。所有天然林的培育以及人工林郁闭后的培育则在另一门课“лесоволство”(当时译作“森林学”)的下篇中，篇名也叫“лесоволство”，内容包括森林抚育、修枝、主伐、更新等，中文当时译作“森林经营学”。其实，俄文中的“лесоволство”才是与英文中的“silviculture”相对应的。在英文中 silva 源自拉丁文，意为森林，culture 为栽培、培育的意思，而俄文中“лес”是森林，“волитb”为培植、照料的意思，“ - ство”是抽象名词的字尾。这两个词的中文原意都是森林培育学。而把森林培育学分割成造林学和森林经营学就把统一的森林培育过程割裂了开来，在理论体系上造成了不良后果，对实际生产也有不利影响。我国林业生产上长期把“造林”和“经营”分割开来，重“造”轻

* 本文来源：《科技术语研究》，2001，3(2)：33 - 34.

“抚”严重，忽视天然林的合理培育，与此是不无关系的。

还有一个附带问题，就是把森林培育的后半段（成林培育）译成“森林经营学”更是错误的。“森林经营”（forest management）是大概念，包括森林的培育、保护、管理和利用，这个大概念现在我国用“营林”来概括。把本为“森林经营”的简略词“营林”作为大概念，而把“森林经营”本词反而作为小概念，名词术语应用上的混乱可想而知。

改革开放以后，首先在一次全国林业教育会议上（1977），多数“造林”学者认为，把人工造林和天然林培育分割开来，把人工林培育局限于郁闭前阶段是不合理的，当时建议把原森林学的上篇“林理学”（лесоведение）改造为“森林生态学”，而把下篇“森林经营学”返回“造林学”，以恢复造林学的本来面貌，与世界上大多数国家的概念一致起来。这次会议后出版的教材（1981，1992）就是按这个体系编写的。在教材体系改变之后就愈发感到“造林学”这个词不贴切产生的后果。由于历史原因使我国林学界对“造林”二字存在3种不同层次的理解：最广泛的理解就是森林培育，即各类森林从种苗、造林到成林成熟的全部培育过程；中等范畴的理解为原苏联体系的造林范畴，即仅限于人工林从种苗到幼林郁闭前的培育过程；狭义理解的造林就是森林营造本身，不包括种苗，甚至把造林仅理解为栽苗或播种这个工序。如此不稳定，不确切的名词含义对工作带来不利影响，如对造林技术、造林措施、造林政策等等概念都可以有不同范畴的理解。

20世纪80年代末，在全国科学技术名词审定委员会林学名词审定分委员会开展了《林学名词》的审定工作。这次审定中，专家们经慎重考虑，决定把与英文silviculture和德文waldbau相对应的名词定为“森林培育学”，简称“育林学”。“造林”一词仍保留，用于狭义的范畴。差不多与此前后时间，在日本和台湾地区的林学界，也有把“造林学”改为“育林学”的尝试。这个名称的改变逐渐为社会所接受。20世纪90年代中制定的学科分类方案中，已把“森林培育学”正式替代“造林学”作为林学的二级学科，国家教委制定的九五教材编写计划中也正式列上了《森林培育学》，在一些专业论文中也越来越多地应用广泛的森林培育的名词概念。但是，目前政府文件及机构名称的用词还相对保守，需要我们做工作予以阐明、澄清。

从“造林学”改为“森林培育学”，反映了科学发展历史和工作重点的变化，以及用词科学化的追求，这里有不少经验教训是值得吸取的。

沈国舫

（中国工程院、北京林业大学）

21 世纪——中国绿化的新纪元及首都绿化的新高地*

即将过去的20 世纪在人类历史上是一个重要的里程碑。在 20 世纪中，人类社会的政治、经济、科技、文化等都经历了巨大的、迅速的、具有历史转折意义的变化，其中全球生态环境的变化也是牵动全局、影响深远的变化之一。20 世纪全球生态环境的变化，从基本性质上来说是严重恶化，包含着许多层面，主要有全球气候变化(大气中温室气体含量增多、增温效应明显、大气污染严重、臭氧层的破坏等)，全球淡水资源紧缺及水污染严重，土壤侵蚀及土地荒漠化的规模扩大和程度加深，陆地植被的严重破坏(森林消失加快、湿地减少、草原退化)及生物多样性的加速损失，海洋生态环境也局部出现严重问题，等等。这种全球生态环境加速恶化的趋势至今未得到有效的遏制。

从 20 世纪的发展进程看，生态环境问题对农业生产正起着越来越强的制约作用，对工业生产和水利、交通、能源等基础设施建设也通过直接和间接的途径从资源限制、清洁生产和污染治理的要求、环境建设的协调等许多方面对其规模、工艺和成本等产生越来越大的影响。生态环境问题对人类的生活质量造成了严重的威胁，对卫生保健工作提出了越来越多越高的要求。所有这一切都必然对各个国家和地区的政治、外交、文化、教育等上层建筑产生实质性的影响，尤其是对科学技术的发展提出严重的挑战。正像 1992 年在里约热内卢召开的世界环境与发展大会所显示的那样，环境和发展问题将成为新世纪的突出的主题。在即将到来的 21 世纪中，我们不得不面对如何控制人口膨胀，如何节约使用资源和能源，如何使资源和能源再生化和清洁化，如何恢复重建生态环境，并在流域、区域和全球的层次上和人类的社会发展相协调。巨大的、严重的挑战摆在我们面前，要求我们从不同领域和不同角度去采取对策和措施，解决这些问题。中国的国土绿化问题，包括首都绿化问题在内，正是在这样的大背景下，在这样的大棋盘上的一步棋。从宏观战略角

---

* 本文来源：《绿化与生活》，2001(1)：4 -6.

度上正确认识这步棋的位置、意义和走法是十分必要的。

一、从中国森林的变迁看中国绿化建设的重任

生态环境的变化是一个综合的概念，包含有许多具体内容，森林植被的变迁是其内容之一。但森林植被的变迁本身也可视为能综合反映生态环境变化的明显标志，在区域或国家层次上的气候变化、土壤侵蚀进展、大气污染程度等都可以通过森林的分布、组成结构及生长状况的变化来得到反映。

我国的生态环境变化，特别是自农耕文明开始以来的生态环境变化，都是和森林的进退兴亡联系在一起的。根据多位专家按照历史文字记载及自然植被对应关系的研究推测，大致在4000年以前(夏朝之前)，刚刚出现农耕文明，绝大部分植被还处于原始覆盖状态，那时全国(按现在的疆土范围估计)的森林覆盖率大致上在60%左右，而且种类繁多、生长茂盛。自此以后，在一个很长的历史时期内，森林遭到不断的干扰破坏，有的消亡，有的退化。毁林的因素大多是人为的，主要有4个，即农牧侵占、战争屯垦、大兴土木及薪柴樵采。估计到2000年以前的西汉时期，北方的平原森林已大部消失，长城沿线山地森林严重受损，总森林覆盖率降到了50%以下。至约1000年前唐宋之间的年代，陕西、甘肃及四川盆周山地上的森林严重受损，长城一线以外的阴山、贺兰山上的森林遭受破坏，总森林覆盖率降到40%以下。再下至300~500年前的明末清初的年代，北方(华北、西北)山地森林已所剩无几，而南方森林在交通方便地区也遭严重破坏，总森林覆盖率降到20%左右。自那时到50年前的中华人民共和国成立前夕，东北山地森林的周边遭到掠夺性的破坏，西南山地森林由于人口膨胀、农垦樵采而遭蚕食，局部地区损失严重，总森林覆盖率降到12%的低谷。森林的这种萎缩消亡，成了水土流失的加剧、土地退化的进展、河川灾变的频增的直接原因，森林的变迁和生态环境整体恶化是在同步加速进行的。中国因其长期历史文明而得到了很多荣耀，也因其森林植被的长期破坏而背上了沉重的包袱，摆在我们面前的生态恢复重建工作任重而道远。

近50年的森林变迁情况又怎样呢?根据原林业部资源林政司和调查规划院提供的数字，结合近年清查的预估，归集于附表中。根据表中数据及近50年的历史进程，基本上可以得出以下几点主要的趋势性结论：一是前30年森林资源的建设(造林、封山育林)和破坏(大面积采伐、毁林开垦樵采)并存，在1958年"大跃进"年代及"文革"失控年代森林资源损失惨重，总森林覆盖率一直在12%左右徘徊，森林质量已趋下降；二是后20年森林资源总量从面积到蓄积量相继出现回升趋势，近10年回升加速，但天然成过熟林可利用资源持续下降，不少林区已近枯竭；三是森林总生产力水平低下，且近期无提高迹象，森林植被质量从其生态效益和经济价值来看都严重下降，但一些原来无林少林的省(自治区、直辖市)的森林有了明显的恢复扩增，产生了良性影响。可以说，我国当前的森林状况，也像整个生态环境状况一样，处于建设与破坏的相持阶段。森林植被面临着巨大的人口和发展的压

力，同时其恢复重建又得到政府和人民的广泛的支持。十大林业生态工程的建设，天然林保护工程的起步，封山育林、退耕还林、治山治水的倡导，林业科技事业的发展，再加上近年来国力递增和生态觉醒所展示的给生态环境建设更大力度支持的前景，都表明了我们有可能突破这个相持阶段，而在生态环境建设方面，也包括绿化建设方面，较快地进入一个可持续的良性发展的阶段。祖国秀美山川的恢复重建有日可待，但我们也不要不顾客观实际，操之过急地期待这个局面的早日到来，这是一个长期的，可能是世纪性的奋斗过程。用21世纪整个世纪的努力来恢复重建已经破坏了数千年的生态环境，而且使之达到更高层次协调秀美的标准，这仍是一项十分伟大、艰巨而且光荣的任务。

二、首都绿化建设和城市林业的新高地

从全国看北京，从历史看今天，首都绿化事业肩负着重大的历史使命。北京具有类似于全国的地理结构，山区面积约占总土地面积的2/3，其余为平原。北京地区有2000多年的开发历史，又处于东南湿润半湿润地区和西北干旱半干旱地区的交壤地带，文明荣耀和历史负担并存，在全国很有典型意义。北京作为一个人口众多的大国首都，她的政治中心、文教中心、科技中心和国际交往中心的地位，以及她也可能成为知识经济发展中心的趋向，都对其绿化建设提出了突出的很高的要求。

20世纪50年代以来，北京的绿化建设是取得了很大的成绩的，这方面当然有大量的官方数据可以引证，也可以从普通北京人的亲身感受中得到反映，本文在这方面不想赘述，但有两点突出印象可以指出。其一是北京周围地区的森林植被的历史破坏是全国最严重的地区之一，50年代初除极少数名胜庙宇周围外，一片童山秃岭，景象极其凄惨，当时的森林覆盖率只有2.6%（另一说为1.3%）；经过几十年的努力，以小西山绿化和永定河下游（大兴）治沙造林为发端，以大面积植树造林和封山育林、飞机播种相结合为手段，绿化建设取得了巨大飞跃。到1995年森林覆盖率已达到27.88%，加上果园、林带、散生木及灌木林覆盖计算的林木覆盖率已达36.26%，近年来每年的森林覆盖率增长都在1个百分点以上，大大超出全国平均水平。这个成绩相当突出，也得到了国际友人的赞赏。其二是北京作为文明古都有非常丰富的文化遗产，其中也包括园林遗产，这些遗产在20世纪50年代初也处于破坏、凋蔽的状态：经过几十年的努力，以皇家园林的修复和一系列文化遗址（长城、明十三陵等）的公园化开发为发端，以中心公园、专题公园、区县级公园及其间小型绿地、林带为网络，发展到现在进行的以隔离片林连接为围城绿带建设的格局，这也是绿化建设的飞跃。虽然由于人口的大量集中和城建用地的高度紧张，使绿化建设在用地上碰到很多困难，但在这样的情况下人均公共绿地面积仍在持续增长，达到了7m^2以上，也是很不容易的。北京的园林，甚至包括北京的行道树，不仅为全国人民所喜爱，在国际上也享有盛誉。

但是，首都绿化中存在的问题仍不少。首先是北京的环境质量仍然很差，风沙日数虽然减少了，但是扬尘问题仍很严重，大气中悬浮物及氮氧化物、硫化物的含量高，污染严重；水资源亏缺及水系不畅，加上水环境管理不善，常见垃圾浮面及浊水横流。环境问题已经上升为现代大都市建设和管理的关键问题之一，而北京在这方面还处于落后的境地，与大国首都的名分更不相符。这些问题当然要靠城市建设的综合措施方能解决，而绿化建设也在其中负有不可推卸的责任。为此，首都绿化建设的规模和速度问题，布局和功能问题都要与此相联系而作进一步的探索。特别是北京在21世纪的发展前景，以及开始由小康走向富裕的已经生态觉醒并有回归大自然游憩迫切要求的市民，和有强烈旅游要求的国内外来京人员，对首都绿化建设都提出了越来越高的要求。首都绿化建设在21世纪必须达到新的高度，这是时代的客观要求。

绿化建设是一个相当广泛的概念，从家庭养花到大范围植被建设都可包括在内，但在其中最主要的当数北京市的城市林业建设和城市园林建设两大块，可比作两支强大的翅膀，支起首都绿化建设的大业。

城市林业(urban forestry)是国际上近20年来兴起的一个林业分支，虽有各种定义性的解释，但归结起来还是可表述为“以服务城市为主旨的林业”。最近，由于城市化的趋势越来越突出，已经影响到林业经营的全局，一些发达国家的林学家们已经在开始探讨“在一个城市化世界里的林业”(forestry in the urbanized world)。我国的城市化进程近年来也发展很快，一些大中型城市(实际上也包括小城镇，只是辐射距离不同)对其周围的林业提出了十分不同于传统经营的要求，满足这种要求是客观需要。因此在中国，城市林业也已登堂入室成为林业分类经营的一个很重要的组成部分。

城市化的发展也促成了城市农业(也译作都市农业)的形成和发展，它以技术密集、特产供应、环境优美、与游憩和科普教育相紧密结合为其主要特色，实际上也在布局上起到隔离建设密集区及调节环境的作用。城市农业如以大农业为着眼点，也可包括部分林业；而城市林业以生态环境建设为着眼点，也可包括部分农业。因此，城市林业和城市农业之间的关系，可说是你中有我，我中有你互相包容的。

城市(包括卫星城在内)的迅速扩张及环境的迫切需求，迫使森林要进入城市，而园林要冲出城外。林业要为城市服务，而园林要向生态园林方向发展，这是相辅相成的两大趋势。林业和园林要多些合作共建，少些部门界限。北京由于地理位置及自然条件的局限，不适于成为森林城市(或森林中的城市)，建设园林城市的口号是合适的，但这个“园林”，应理解为“大地园林化”的“园林”，而不是园林局的“园林”，这当成为首都绿化工作者的共识。

北京市的城市林业，其范围适当(北京市的管辖区1.68万km^2，最远点均在一天游憩汽车来回的路程之内)，结构多样(2/3的山区，且高差甚大，1/3的平川)，内容丰富(生产和生态功能的紧密结合，自然景观与人文景观的多态结合)，在全国是很典型、很有特色的。主要的缺陷是水资源不足，山地土壤浅薄，季节性干旱严重，郊区需负担的人口太多，都制约其发展和成效。综合起来，还是有利因素为主，再加上社会主义市场经济的优越体制，国家和北京市实力的增强，可期望的需求强劲，支持到位，科技储备充足，人员训练有素等，北京市的城市林业是大有可为的。北京市的城市林业应具有三大主要功能。首先是环境功能，即保护城市水源、改善大气质量、保护农牧生产、保护水土资源、治理风沙灾害、吸收隔离污染等功能；其次是风景游憩功能，即美化自然环境，提供居民优良的游憩场所，便于开展森林旅游等服务的功能；第三是经济生产功能，即以生产有特色的优质干鲜果品及其他林产品，适当生产木材及木制品，保障山区群众的就业和收入等功能。这三方面的功能要协调好、发挥好，在21世纪内达到高标准，这是一项艰巨复杂的任务。

为了完成这样艰巨的任务，在21世纪达到新的高地，北京市的城市林业必须做好以下几方面的工作。

(1)在保护好原有天然林的基础上，以封山育林、植树造林、飞机播种为手段，全面恢复乔灌草相结合的森林植被，使全市的森林覆盖率在可预见的土地利用结构变化的情况下达到45%～50%，其中对纳入林木覆盖计算的灌木林要提出适当的更为严格的标准。

(2)北部山区(燕山)水库上游水源保护林的建设应始终成为北京市城市林业建设的重点。在扩大覆盖面积的同时，要着重改善组成结构，提高其水源涵养、保持水土的功能，在提高森林质量上下大工夫。这项工作又必须与永定河、潮白河上游的河北省山区的绿化工作相配合，共同搞好京津绿化项目。

(3)建设和改进重点区域的风景游憩林，丰富树种组成，改善林分结构，提高生物多样性和景观多样性。提高风景游憩林的美景度和满足游憩需要的程度(暂称之为宜游度)。要以"自然、清新、美观、方便"为其共同发展目标，又要使各个风景游憩区域更好地与当地历史人文景观相配合、与其他地理景观成分(山体、水面、草甸等)相结合，做到景色多样，各有特色。

(4)对北京市几个集中的风沙区(康庄、南口、永定河和潮白河沿岸等)进行彻底治理和合理开发，以植树造林为主要手段，配合其他措施，使风沙区成为环境优美的特色农业及风景游憩基地。局部条件较好的沿河沙地也可营造速生丰产林，但必须走混交、复层的方向，使之成为风沙区中生产与美化相结合的特色景观。

(5)完善平原

农区农田防护林网的建设，提高其完整度和防护功能，提高其经营强度和生产力水平，并使之与交通干线、河道两旁绿化和农村居民点绿化相结合，形成一道京郊农村林茂粮丰、安详舒适的风景线。

(6)在充分保证森林的环境功能的前提下，重视森林的生产功能，搞好经济林的合理布局，提高其经营水平，提供数量充足、质量上乘、具有京郊特色的干鲜果品及其他林副特产(蜂产品、蚕产品、野果、林菜、药材等等)，适当开发适于京郊的木材制品和生物能源，特别要为山区群众开拓就业和致富的门路。

(7)与城建园林部门充分协作，做好北京市的卫星城镇的绿化美化工作。同时要为北京市的重点风景区提供良好的绿化大背景(远眺所及)，形成完整的观赏景观。

(8)与城建园林部门充分协作，做好北京城区周边绿带(green belt)隔离片林的建设，充分发挥其防护、隔离、净化和美化的功能，为城区居民提供更多的就近风景游憩去处(半日游可达)。

21世纪即将来临，北京市民和来北京的国内外客人对首都绿化有殷切的期望，城市发展本身也对首都绿化提出了迫切的要求。现在，各方面的条件都近具备，政府支持力度可望加强，只要我们首都的绿化工作者与广大北京市民共同努力，首都绿化在新的世纪里完全可以按照高标准达到新高度。

附表：中国森林资源的变化(1949～1998年)

时期(年)	森林面积(10^6hm^2)	森林覆盖率(%)	成过熟林面积(10^6hm^2)	总蓄积量(10^8m^3)	数据来源
1949年以前	≈120	12.5	≈48	116	估算值
1950～1962	113.36	11.8	41.71	110	局部调查加估算
1973～1976	121.86	12.7	28.12	105	第一次全国清查
1977～1981	115.28	12.0	22.05	102.6	第二次全国清查
1984～1988	124.65	12.98	14.20	105.7	第三次全国清查
1989～1993	133.70	13.92	13.49	117.8	第四次全国清查
1994～1998	≈144	15.0	≈12.00	≈130	据前几年清查预估

中国工程院院士、北京林业大学教授　沈国舫

瑞士、奥地利的山地森林经营和我国的天然林保护*

山地森林是我国森林资源的主体。长时间的无节制的森林采伐和不合理的林地利用已经给我国的山地森林造成了巨大的伤害，面积锐减，林相破败，林分质量下降，并严重威胁流域中下游地区的生态安全。从 1998 年开始实施的天然林保护工程为我国山地森林提供了良好的休养生息机会，但大面积禁伐措施的推行也引起了不少的矛盾和冲突。在山地森林经营方面积累了许多经验，值得我们在实施天然林保护工程时学习借鉴。

一、瑞士山地森林经营状况

瑞士的国土面积为 4.13 万 km^2，人口 730 万。瑞士的地貌以山地和高原为主，间有许多高山和湖泊。垂直高差大，海拔从 400m 左右到高达 4634m 的阿尔卑斯山中的杜富乐峰，有许多高山终年积雪。大部分地区的年平均气温在 4 ~ 9.5℃之间，年降水量 1000 ~ 2800mm。气候温和，降水充沛，很有利于森林的生长。

瑞士现有森林面积 118 万 hm^2，森林覆盖率达 28%。在海拔较低处主要为水青冈（山毛榉）为主的落叶阔叶林。在海拔较高处主要为以云杉和冷杉为主的针叶林。森林生产力很高，平均生长量（MAI）一般在 4 ~ 8m^3/(hm^2 · a)，最高可达 18m^3/(hm^2 · a)。林龄结构偏高，120 年生以上的森林面积占森林总面积的 30% 以上，单位面积平均林分蓄积量也很高（ > 200m^3/hm^2）。

瑞士的草畜业很发达，林草相间是其景观的基本特征。森林大部分为村社所有（67%）和私有（27%）。19 世纪中叶前由于盲目发展草地养畜，森林破坏严重。后来通过科学认识森林的作用和森林立法（1876 年）而扭转了局面，森林资源得以有效恢复。

---

* 本文来源：《中国绿色时报》，2001 - 11 - 16（4）.

由于山地环境的特点，瑞士的几乎全部森林(96%)均归属于防护林，但大部分防护林仍可用谨慎的方式进行木材生产，生产林达100万hm^2，约占森林总面积的85%。可见，瑞士的防护林和生产林木不是对立的。山地森林，尤其是云冷杉林主要采用近自然的异龄林经营方式，以择伐作业为主，也采用渐伐，对皆伐有严格限制，伐区面积不得大于1.5hm^2。林道发达，密度达每公顷40m左右，有利于集约经营及择伐作业。大部分用架空索道集材，可大大减轻对林地的负面影响，也有直升机集材的试验。

瑞士的木材年采伐量达480万m^3(1998年)，平均每公顷生产林生产5m^3左右，仍大大低于平均生长量。但由于对采伐作业有种种限制，加上人力昂贵，即使是机械化作业，木材生产成本仍很高。作为对保护性经营的森林采伐设置众多限制的补偿，政府对木材生产及林道修建均有高额补贴，可占生产成本的一半以上。木材加工以中小型企业为主，规模不大。

二、奥地利山地森林经营的状况

奥地利的国土面积8.39万km^2，人口820万。阿尔卑斯山横贯东西，在东部转为丘陵、高原和盆地。海拔从300m左右到阿尔卑斯山在奥地利境内的最高峰3797m(大格洛克纳山)，也有大量终年积雪的山峰及冰川。大部分地区的年平均气温在7~10℃，年降水量700~2400mm，除东部少量地区外，大部分地区降水充沛，气温适度，很有利于森林的生长。

奥地利现有森林面积387.8万hm^2，森林覆盖率达46.2%。从海拔低处往高方向，依次有橡栎林、松林(欧洲赤松和黑松)、水青冈林、云冷杉林和落叶松林分布。森林生产力很高，平均生长量(MAI)达9.4$m^3/(hm^2 \cdot a)$。林龄结构也偏高，单位面积蓄积量很大，平均为292m^3/hm^2。

奥地利的山地利用结构与瑞士相似，也是林草相间。但森林的比重要更大一些。森林大多为私有(69.7%)及村社所有(9.8%)，公有林仅占20.5%。森林在历史上也有被破坏和恢复的波动，但幅度不及瑞士大。

奥地利的林种区划与瑞士略有不同，用材林占76.5%，而防护林仅占21.8%，其他1.7%。即使在这有限的防护林中仍有9%是可用于木材生产的，因此总加起来可生产商品材的森林面积达333.1万hm^2，占全部森林面积的86%，这个情况和瑞士是类似的。森林经营的方式也和瑞士相似，以近自然的异龄林择伐为主，对皆伐也有严格限制，伐区不得大于2hm^2，伐区大于0.6hm^2就要向林政部门申请报批。林道密度也很大，国有林(在边远处居多)平均27m/hm^2，私有林平均38m/hm^2，有利于集约经营。

奥地利森林的年采伐量达1980万m^3，平均每公顷生产林利用量为5.9m^3，仍大大低于年生长量，有继续提高木材产量的潜力和要求。政府对木材采伐也给林主予以补助，使之有利可图，但补助额度似乎比瑞士要少一点。木材加工业也以中小型为主，近年来建设了一些大型木材加工厂和造纸厂。林业机具的设计和生产很发达，有许多机具适合于小规模的山地木材生产，很有参考价值。

奥地利的山地灾害也很多，滑坡、泥石流、雪崩等危害都要采用生物与工程相结合的措施来防治。近年来也频遭风灾，风倒木的拯救伐任务重。即使在维也纳的水源林区也有大量清理风倒木和虫害木的采伐任务，平常年份也有采伐任务，以改善林龄结构及健康状况，确保林地少受破坏和及时更新。用架空索道集材(有专门的集材机组)和尽量把枝桠留在林地上是其关键措施。水源林区的供水收入足够支付各种经营费用。

三、瑞士、奥地利山地森林经营对我国天然林保护的启示

上述两个国家山地森林经营的基本情况是根据短时期的访问所得，对照我国的山地森林经营情况及天然林保护工程的初步实施情况，可以从他们那里得到以下几点启示。

(1)瑞士和奥地利两国的自然条件优越，形成了大面积高生产力高蓄积量的林分。以奥地利与中国相比，奥地利的森林单位面积蓄积量为292m^3/hm^2，平均生长量为9.4$m^3/(hm^2 \cdot a)$；而中国相应的只有78.1m^3/hm^2及3.3$m^3/(hm^2 \cdot a)$，两者相差很大。我国森林生长的自然条件虽然总体上不如人家，但我们也有自己的优势，造成森林生产力方面如此大的差距，不能不说关键还在于经营水平。如何努力提高森林的质量和生产力，这是搞好森林经营的基础，也正是我们要向这两个国家学习的主要方面。

(2)瑞士和奥地利两国都很注意保护森林以发挥森林的防护作用。虽然他们也有过一个破坏时期，但一旦觉悟以后，就长期坚持恢复和培育森林资源，以法治林，科学营林，上百年而不敢稍有懈怠。我国森林破坏历史很长，后果严重，已经“伤筋动骨”，林地退化，恢复森林所需的时间要更长，政策更需稳定有力，要更强调依靠科学技术的发展才能奏效。

(3)两国山地森林经营的特点都是经营强度大，林道密度大，机械化程度高。但他们所用的经营技术大多都是传统的，只是在现代的条件下更加强调森林的防护功能和保护生物多样性，因而森林经营中更加强调了“近自然”的色彩(如用择伐代替皆伐)。两国都没有把森林的防护作用和森林的采伐利用对立起来，在充分发挥森林的防护作用的同时，森林利用仍维持在相当高的水平。这样两个面积仅相当于台湾省和浙江省的国家，每年能生产木材500万~2000万m^3，而且还有增产潜力，这不能不令我们惊羡。他们始终认为木材是可再生的生态友好的原材料，是自然的恩施而应加以积极审慎地利用。这实际上是可持续经营森林的理念，对我们应当有所触动。

(4)瑞士和奥地利两国在保护和发展本国森林资源方面没有把禁伐放在重要的地位。他们当然也有实施禁伐的地方，但大多在相当于自然保护区和风景名胜区的

地方，面积有限。在大面积也具有防护功能的森林中允许采伐利用。他们把重点放在根据科学规律设置种种限制性规定（具有法制性质）上，以大幅度减少采伐利用的负面影响。这些限制性规定包括采伐年龄的限定、采伐方式的限定、集材方式及采伐剩余物处置的规定、林道建设标准的规定等等，同时还开发了大量适应这些规定的机具和工艺。这些规定、机具和工艺保证了森林保护和利用之间的协调成为可能。由这些限制性规定所造成的生产成本提高（成本高的另一原因是当地劳动力成本高）由政府予以补助（联邦政府和省政府分担），使林主生产木材仍有利可图，保持了他们合理经营森林的积极性。这种补助实际上就是一种生态补偿。政府把纳税人的钱用在这方面，既保护了森林使其发挥生态作用，又促进了木材生产和经济发展，还增加了林主（大部分是小林主，也是农民）的收入，反过来对地区经济产生良好影响。这样的林业发展思路对我们有很大的参考价值。

（5）我国的林业发展还处在较为原始的阶段，与瑞、奥两国有许多不可比性，他们的经验不能直接搬用。但他们的山地森林经营基本理念和一些做法仍值得我们参考和深思。我国森林经长时期过量采伐，确需休养生息，天然林保护政策无疑是方向正确、适时可行的政策。但我们在天然林保护方面的一些具体做法有没有急于求成、范围扩得过大的毛病；有没有把“采伐”简单地视为“洪水猛兽”，把禁伐代替一切的偏向；有没有忽视林区群众实际利益，以行政命令作为主要实施手段的问题。我曾经是天然林保护的主要倡议人之一，提出这些质疑实属有据而发。对照瑞、奥两国的营林理念和做法，我们能不能更加强调把天然林保护工作纳入到整个林业可持续发展的轨道上来，这些问题都值得深思。

沈国舫

对陕西、宁夏的天然林保护和退耕还林情况的考察报告*

2002年4月21日至4月30日中国工程院副院长、“西北地区水资源配置、生态环境建设和可持续发展战略研究”咨询项目组常务副组长沈国舫院士率生态环境建设考察组一行6人赴陕西、宁夏进行以天然林保护和退耕还林为主题的实地考察与调研，顺路也到了甘肃的庆阳地区。项目组“农牧业”课题组副组长甘肃农业大学王辉教授、“生态环境”课题组专家北京林业大学翟明普教授以及中国科学院水土保持研究所原所长田均良研究员、项目组秘书王振海高工、沈院长的秘书徐程扬副教授等参加了此次考察调研活动。考察组先后到了陕西省延安市黄龙县的黄龙林区、宝塔区、吴旗县、宁夏回族自治区的盐池县、贺兰山林区、彭阳县、泾源县的六盘山林区、跨甘肃省庆阳地区和陕西省富县的子午岭林区（合水林业总场和乔北林业局）进行了实地考察，在考察过程中还组织了一系列座谈会听取当地的情况介绍和问题反映。以陕西省林业厅郝福才副厅长和宁夏回族自治区林业厅刘荣光副厅长为首的数名地方和技术干部分别在各省区全程陪同考察。宁夏回族自治区的陈建国书记和马启智主席亲切接见了考察组全体成员，陕西省王寿森副省长因出差在外，专门委托省林业厅权志长厅长向考察组代为致意。途经甘肃省时也受到了甘肃省农业厅、庆阳地区地委和行署领导的热情接待。考察工作在9天的时间里进行了密集的安排，边走边看边谈，行程3000km，在各地政府和林业部门的精心安排和热情支持下，考察组全体成员不辞辛劳，虚心请教，以饱满的热情完成了考察任务，取得了很大收获。

---

* 本文来源：“西北水资源”项目生态环境建设考察组.《西北地区水资源配置、生态环境建设和可持续发展战略研究简报》. 2002-5-26(28).

一、关于天然林保护工程的考察

这次考察路线经过了四个林区，即黄龙林区(黄龙山林业局)、六盘山林区(六盘山林业局)、子午岭林区(庆阳地区的国营林场群及延安市的乔北林业局)和贺兰山林区，其中前三个是地处黄土高原腹地的林区，后一个是地处荒漠半荒漠地带中的高山林区。

地处黄土高原腹地的三个林区有一些共同的特点：都是处在黄土高原中部偏南位置海拔较高的地方，大多为土石山区，降水量略多于周围地区，在600mm上下，属半湿润地区。这里的典型植被应是暖温带的落叶阔叶林——(油)松(辽东)栎混交林，由于在历史上几经破坏，形成了杂有大量山杨、白桦的次生林。新中国成立后经过封育保护及人工补植(播)，有林地面积有所扩大，蓄积量有所提高，且培育出了不小面积的油松和华北落叶松的人工针叶林或人工针叶和天然阔叶的混交林，有的单位面积蓄积量已达100m^3甚至200m^3以上(如黄龙山林业局的油松阔叶混交林和子午岑和尚源林场的柴松林)。

这三个地区的森林面积加起来达1000万亩以上，林区的森林覆盖率都在70%以上，其森林水源涵养作用十分明显。它们是黄土高原包括洛河、泾河、云岩河等在内的多条中小河流(都是黄河支流)的源头。在黄土高原有这么几颗绿色明珠点缀其间，从其中流出清清山泉，滋润着下游两岸的高产川滩地和主要城镇，是十分宝贵的绿色财富。仅从小小的泾源县(国土面积仅112.6万亩)就流出了2亿m^3水，供下游享用，其贡献十分突出。

这几个林区从1999年起陆续都进入了天然林保护工程范围，各种森林采伐活动都已停止，封育保护和公益林营造工作有所加强。我们在考察过程中看到大面积森林处于良好的生长状态，林业职工的保育奉献功不可没。但我们也看到由于林区周边各地开始禁牧而存在把羊群集中到林区放牧的现象，对森林的破坏作用不可低估。

从天然林保护工程实施以来，各林区都得到了一定的资金投入，安置了一部分职工，支持了管护和造林等森林经营活动，是一项受人欢迎的政策。但由于种种原因，天然林保护工程的投入明显不足，停止木材采伐所产生的经济减收后果远远得不到补偿，各林区向考察组反映了一系列问题和困难，祈求上级给予解决。我们在考察中看到这些林区职工的生活相当清苦。原有职工没有得到充分安置，而替代的生产门路在这些深山地区又不多，以至出现了工资长期拖欠，债务长期清理不了以及部分职工的“轮岗”现象(即一半职工上岗领工资另一半职工待岗失业，过一定时期再轮换过来，实质上是只得到了本就相当低的工资的一半)。我们认为这样的状况对几十年来培育了大量森林资源的林区职工来说是十分不公的，对此将在后面作专门的探讨。

贺兰山林区位于银川平原和阿拉善高原之间的贺兰山上。贺兰山以其高大的山体阻挡了腾格里沙漠的东侵和西伯利亚寒流的侵袭，是银川平原的一道天然屏障。在这个地处荒漠半荒漠地带的高山中（最高海拔 3556m），在海拔较高处（>2200m），虽然降水量仍不到 400mm，却生长着相对茂密的油松林和青海云杉林，及它们与山杨的混交林，为众多野生动物，包括珍稀的岩羊和马鹿，提供了栖息地，十分难能可贵。这个林区早在 1950 年就成立了专门的管理机构并在 1988 年成为国家级自然保护区，几十年来一直受到重点保护。特别是实施天然林保护工程以来，自治区下了大决心支持保护区从区内迁出 15 万头羊并加大了林政管理力度，效果十分明显。我们在考察中看到贺兰山的森林处于良好的保护之下，浅山区的半荒漠植被在免受过度放牧危害后已出现了恢复转机，而且岩羊的头数已恢复到了相当多，甚至超过了自然平衡所需的程度，情况相当可喜。这个林区离银川市较近，适于在加强管护的基础上适度开展森林旅游活动，并且不排除在适当的时候有控制地开放商业性狩猎的可能。森林旅游既可为人民群众提供游憩服务，也可成为进一步开展好森林管护活动的经济支撑。

二、关于退耕还林工程的考察

这次考察地区除了盐池以外主要为黄土高原的丘陵沟壑区。这里是我国最严重的水土流失地区，也是实施退耕还林最重点的地区。在考察过程中看到的和听到的都表明中央制定的退耕还林方针政策深得人心，实施三年来效果明显，积累了许多宝贵经验，出现了一些可喜的苗头，当然也不可避免地存在着一些亟待解决的困难和问题。

黄土高原是我国最早实施退耕还林的地区之一。迄今已积累了大量的包括规划设计、组织实施、项目管理、政策调控等方面的经验，为今后进一步进展工作打下了良好的基础。许多经验已形成文字，通过媒体或组织系统有所传播或上报，我们无意于对此进行全面复述，仅提出我们接触到的印象最深的几个方面作为例证。

以延安市宝塔区为代表的退耕还林工作带有明显的综合治理的特征。宝塔区的干部们认识到要控制当地水土流失，改善生态环境，必须堵住“三口”，即人口、牲口和灶口。人口多，要生存，在过去生产力水平低下的条件下，开展了广种薄收的开垦活动；发展牲口（尤其是山羊）为了增加收入，产生了无节制过牧行为；烧饭取暖缺燃料，在收入水平不高的情况下只能向自然植被索取，有的地方把草根都挖起来烧了。为了满足这“三口”而采取的过垦、过牧、过樵行为，导致了生态环境的恶性循环，要使这个过程逆转过来必须综合治理，而退耕还林还草正是开展综合治理的重要而又力度很大的契机。为此，退耕工作必须与修建基本农田相结合，以保证平均每人有 2 ~2. 5 亩高产稳产的基本农田解决人口吃粮问题。退耕工作还要与发展林果业和畜牧业相结合，采用营造生态林和经济林，建设人工草地，禁牧舍饲等措施，在增加有效林草植被的基础上增加群众收入；退耕工作还要与建设沼气池（一般与发展大棚蔬菜和养猪相结合）、发展薪炭林和利用太阳能等能源建设相结合，以杜绝对天然植被的樵采性破坏，保证天然植被的有效封育。在这个综合治理的措施体系中(除上述之外还要加上田间道路网的建设)退耕还林起着关键的牵动全局的作用。其中退耕补助粮钱起到了短期内增加了农民收入，安定了民心，为长期的生态环境建设提供了必要资金的重要作用。有了这样一条正确的客观思路，才能使宝塔区的退耕还林工作有了正确的部署，加上精心的组织和指导，搞一片成一片，走在健康发展的道路上。

吴旗县的退耕还林工作以其坚定的退耕禁牧舍饲而独树一帜，其做法和经验也已见于相关报道。在这里必须看到吴旗县的特点是气候偏旱(平均年降水量478mm)而山场广大，地多人少。过去的农民广种薄收而依然受穷，少数户养羊增收(仅占农户的百分之十几)却破坏了广大的山场。从自然条件看，发展畜牧业应该成为这个地区的主产业，但过去的随意放养做法是不可持续的。以几个典型户人工种草舍饲小尾寒羊取得良好的生态效益和经济效益为突破口，吴旗县从1999年起即已开始了严格的禁牧措施。我们在考察过程中看到经过3年禁牧而在黄土沟壑中恢复的自然植被已经有了足以抵御侵蚀的盖度，在退耕地上种的苜蓿(与灌木间作)也开始覆盖土壤并预期有一定的产量。我们的顾虑只在于因水资源短缺的局限而不能对退耕地上的苜蓿产量估计过高。目前该县舍饲小尾寒羊因良好的经济效益而扩展到了50%以上的农户，为保证饲草供应还利用了部分基本农田来种草，实行草田轮作。吴旗县的经验对于处于半干旱地区的黄土高原具有普遍意义。

彭阳县的退耕还林工作又有自己的特色，以其扎实的工作而在自治区名列前茅。彭阳县也处在较为干旱(年降水量仅400mm)的黄土丘陵沟壑区，但人口密度较大(每平方千米近百人，是延安宝塔区的2倍，吴旗县的3倍)，脱贫任务艰巨。彭阳县退耕还林工作的显著特点是退耕与修建基本农田结合紧密，连片发展，还林还草相间进行，而且整地规格质量很高。我们在考察过程中看到(因为雾而受一定影响)，大片连续的梁峁坡上退(耕)下推(机修水平梯田)，保证人均有4亩基本农田(因当地平均产量低而定的平均基本农田面积高于其他县)，退耕坡地上采用“88542”较大规格的隔坡反坡水平沟整地，沟底植树(山桃、山杏等)，埂外坡种灌木(柠条)，隔坡上种草(苜蓿)，既保持了水土，又充分利用了土地，取得了良好的效益。彭阳的这些做法工作量大，投劳量大。过去靠县领导机关干部的义务劳动示范带头作用及农民的“两工”(义务工和积累工)使用解决了问题。今后在新的政策环境下(如不再提倡使用“两工”)如何坚持扩展现已取得的成果，是一个有待研究的课题。

盐池县处于半干旱的农牧交错风沙地带，其退耕工作另有特点。我们因时间关系没有作深入的调查研究，但通过短暂考察，对当地采用的大面积自然封育与飞播沙生植物相结合，禁止采挖野生药材与人工种植药材相结合，退耕地上种植灌木带(柠条为主，带距6～8m)以及局部流沙地的综合治理等留下了深刻的印象。

在各地考察中还都提到了对于少数生态环境极端恶劣地区坚决采取生态移民的办法。在一些与林区相邻的地方还要通过退耕还林政策来引导农民退出林区，使过去逐年侵占开垦的林地恢复森林植被，可视为天然林保护工程和退耕还林工程的结合部。

总体来看，在考察地区实施的退耕还林工作其运行是正常的，是取得了实效的。黄土高原经历了连续3年旱灾之后仍人心稳定，持续前进，退耕还林政策立了大功。在退耕还林及相应政策的推动下，黄土地区出现了一些好的苗头：生态环境要综合治理的概念深入人心；农业产业结构的调整从"以粮为纲"向农、林、牧全面发展(自给性的粮食种植业；防护性的生态林业和商品性的果业和畜牧业)转移已经启动，其中草业和舍饲畜牧业发展有了一个良好的开端；黄土地区农业如何产业化，农村多余的人口如何转移，黄土地区如何实现城市化，以及如何利用好新开发的矿产优势(油、气、煤)来促进地区经济的发展等，都已提上议事日程，预示着这一大片国土也会有美好的未来。

但是在退耕还林中也出现了不少困难和问题，有些地方向我们考察组反映，有数十条之多。这些问题有不少属于实施中的细节问题或某个地方的特殊问题，但也有不少是带有普遍性的问题，归纳起来，大致有以下几个方面。

1. 退耕的规模和速度问题

退耕还林工作使农民和地方得到实惠，深受欢迎，各地都希望扩大退耕规模，加快退耕速度。最近国务院〔2002〕10号文件中提出"能退多少退多少"，实际上无法操作，因为补助粮款还得要有国家计划。虽然退耕还林已在全国范围推开，但还是应向黄土高原这样的重点地区倾斜。黄土高原各地方也要在种苗培育，其他配套工作的实施方面作好加大退耕规模的准备。

2. 退耕还林的补助粮款标准问题

各地反映在补助粮食数量方面南方北方有差异这是合理的。但在补助种苗款方面南方北方一律是50元则是不合理的。因为北方(如黄土高原)十年九旱，自然条件差，造林不易成活，对整地质量及苗木规格(希望用容器苗)要求高，而且造林后2～3年内要进行补植(特别是遇到旱年)几乎成了常规。这样要真正把林造好，成活率达到验收标准，每亩50元钱是很不够的。群众生活困难，没有可能贴钱进去，不得已就只能降低整地和苗木规格标准，勉强对付，影响成效。另外每退耕一亩补助的20元现金，没有明确性质用途。有些地方将一部分用作管护新造幼林的费用(支付补助集体的护林员)效果很好，却缺乏根据。

3. 林草及林种比例问题

这是争议最大的问题，不同部门，不同地方，不同学界有不同的看法。比较普遍的反应是生态林占80%以上的比例要求偏高了，把种草(如苜蓿)纳入经济林(草)的20%比例内，而且退耕还草补助只按2年计算，对还草作了过多的限制，不利于黄土高原应当把草畜业作为主要发展方向的实施。当然也有人赞成维持这个比例标准，指出退耕后多种草可能带来的隐患。我们认为国务院及林业主管部门应该多听各方面的意见，作出更科学的分析和决断，我们也将在后面提出我们自己的看法。

4. 退耕还林与其他工程项目的配套问题

理论上退耕还林只是生态环境进程中的一环，还应与基本农田建设、草畜业发展、水土保持、扶贫开发等其他项目配套协同前进，才能收到事半功倍之效。但实际上这个配套很不落实，只停留在号召上。如果某个地方领导班子强一点，多有一点战略眼光和较强的组织能力，情况能稍好一些。而在多数情况下却显示出各项目齐头并进并不配套的劣势。这个问题应当引起中央的注意。

5. 有关计划下达及验收操作的时机问题

各地方普遍反映退耕还林目前还是完全按计划经济的模式在运作。计划任务下达的时间晚，各地的准备工作来不及做，各年度下达任务的变化也没有早给安民告示，因此在工作安排上往往很被动。验收程序过于繁琐，基层干部疲于奔命。看来在整个项目管理中如何少点官僚主义，多为基层解决实际困难，确实还有许多工作要做。

6. 退耕还林工程的运作经费及队伍建设问题

退耕还林工程实施以来，补助粮款都是直接给退耕农民，一切工程运作从前期的规划设计，中期的合同签订到后期的检查验收都没有经费支持(据说只给了一次临时补助)，这是不符合工程项目运作常规的。我们在考察过程中多次听到，实施退耕还林是“喜了粮食部门的，苦了林业部门的”。林业部门为了完成繁重的退耕任务，不得不借调干部(需适当补助)，增加出差(需增加交通及误餐支出)，大量增加印刷(文件、合同文本等)支出，等等。不少县林业局已欠款几十万元，而且没有还清的指望，这样的情况难以为继。而且从实施退耕还林工程中可以看到各地方的林业干部在数量上和素质上都满足不了要求。没有一支好的运作队伍，要搞好退耕还林工程也是很困难的。

以上反映的种种问题，有的已在国务院最近发布的〔2002〕10 号文件得到说明或解决，有的虽有说法还没有见具体解决办法，有的还在说法上都有分歧，需进一步加强调查研究。

三、几个值得探讨的问题

(一)黄土高原天然次生林区的保护和经营问题

出乎很多人的意料，黄土高原不仅是有林的，而且林区还有相当大的范围，达千万亩之巨。这些森林虽在历史上几经破坏，总的质量不高，但由于它们的位置特殊，生态功能和作用十分巨大，是黄土高原上的多颗绿色明珠。还值得提出的是这几片森林在建国以后得到了很好的保护和培育，从来没有把它们当作主要的木材生产基地，因此即使在天然林保护计划实施之前森林资源也一直在发展壮大。如黄龙林业局的森林资源 1998 年与 1964 年相比有林地面积扩大了 5.27 万 hm^2，森林覆盖率提高了24个百分点(现为84.6%)，活立木蓄积量增加了203.7万m^3。其他几个林区情况也类似。这几个林区职工(其中还有一部分是参加过抗美援朝战争的军垦老战士及其子弟)为国家创造了巨大的财富，是有功之臣，不该在当前重视生态环境建设的时代反而受穷。出现这种情况必须重新审视现行的天然林保护工程的政策、办法和投入力度。其次在天然林保护工程中，禁伐成为了唯一实质性的硬杠杠。“禁伐”本应是在一定时期内禁止进行以生产木材为主旨的收获式采伐(主伐)，却成为了禁止一切形式采伐的信条，把一切旨在改进林分质量，减少病虫灾害的抚育伐、卫生伐等统统拒之门外。这样做只是迎合了社会上一部分人的极端心理，并没有正确的科学依据，反而限制了林区的正常经营活动及充分利用林地资源潜力的发挥，这种情况也必须改变。

(二)退耕还林政策既要有刚性，也要有弹性

退耕还林是深受群众欢迎的方针政策。它的覆盖面很大，涉及问题很多，地区差异明显，自然要在坚持基本目标和方针的前提下在政策上有一定的弹性或适应性，也给基层干部留有一定根据本地区特点开展工作的灵活余地。而目前的退耕还林政策是刚性有余而弹性不足，如在补助标准的设定及使用方法的规定，植被恢复的方式，生态林比例的硬性规定等方面都反映了这个问题，值得进一步研究。例如，在退耕还林的十六字方针中有“封山绿化”四个字，许多人也都认为在生态环境恶劣的地方进行自然封育是一条行之有效的恢复植被的办法。可是在实际工作中退耕地上如果不进行人工造林就不得验收，就不能兑现补助，于是封山绿化就不能与退耕挂钩，只能在退耕地以外地方实施。这样做是过分强调人工造林的作用，有片面性。有的地方还根据中央文件精神(第10条)加码到退一还二、退一还三，把还二与还三与退耕验收兑现挂钩，问题也不少。实际上有的地方的退耕地完全可以靠自然封育来恢复植被，不必人工造林，退耕户只要求粮食补助与少量管护补助，而不要种苗补助，但这样合情合理的事在现行政策下就是行不通，个中原委值得探讨。又例如，关于生态林必须占80%以上(按县范围计)的要求，从中反映出中央主要关心退耕的生态效益问题可以理解，过去退耕后过多搞经济林的偏差也确实存在过。但矫枉不必过正。经济林能有较好的经济效益，所以受地方和农民的欢迎也是可以理解的，问题是如何要求培育经济林也能收到较好的生态效益，如加上相应减蚀措施，适当密植，提倡间作，修水平梯田或地埂，也是可以达到原来要求的。现在是上面对生态林比例要求严，下面在验收标准上钻空子做文章，何苦如此？有没有可能采取别的比较灵活的解决办法，也值得进一步探讨。

(三)退耕后还林和还草的比例问题

这是学术界争议最大的一个问题，也是迄今没有解决好的一个问题。我们这次

考察后才见到国务院的〔2002〕10 号文件（“国务院关于进一步完善退耕还林政策措施的若干意见”）。这是一个好文件，对二年退耕试点中提出来的许多问题都有所反映并逐个解决了，唯独在还草问题上给人以更加严格控制的印象。退耕还林还是还草必须因地制宜。就黄土高原而言，在延安以西以北的半干旱地区，自然原生植被就是以灌草为主，少量森林只能存在于河川两岸（现均为农耕地）及阴坡凹地。有的树种（如油松、侧柏）也能在年降水量 400 ~ 500mm 的地区生长，但要受立地限制，且密度不宜过大。因此在这个地区退耕后应还林还草并重，还林以种植耐旱灌木（柠条、沙棘等）为主，还草应占较大份额，局限在 20% 以下（按经济林草对待）是不行的。这样做既不适应当地的自然条件，又不能对促进当地应该发展的草畜主导产业有所帮助。有些主管部门的同志强调退耕后还草容易造成将来复垦的隐患，并举出西吉县出现过的反复作为例证。我们认为这种担心是没有必要的。西吉县出现反复的历史条件与现在是大不一样的，当时主要是粮食问题和农民收入问题没有很好解决，草畜业的发展也没有打开局面，现在我们完全可以在国家的强力支持下把这些问题解决好，而要解决好这个问题的途径之一正好是要把黄土高原的草畜业促上去。现在地方上和农民群众对此已经开始有了一定认识，种草积极性大大提高。你要限制，他们就搞间作，在草带间栽了一定数量的灌木也作为生态林来验收，而实质上在宽大的行间上都是草。这种上有政策下有对策的局面难道是正常的吗？

（四）关于各项生态环境建设工程协调运作问题

尽管退耕还林工作非常重要，但毕竟还只是生态环境建设的一个方面。从区域治理的角度，要搞好生态环境建设必须走综合治理的路子。在这次考察中下面提出的许多问题都与综合协调有关。例如退耕还林工程就应当与天然林保护工程相协调，退耕应有利于天然林区的恢复与发展，而不能因退耕区禁牧却把山羊群压进林区来。又例如退耕要与修建基本农田相结合，我们现在虽然不必过于强调小范围地区的粮食自给，但没有一定的粮食安全，退耕工作也是难于推动和持续的。退耕工作与草地建设、畜牧业发展也密切相关，理由已见前述。退耕还林本来就是流域综合治理的一项重要内容，退耕还林与水土保持工作的密切关系更不待言。但是现在这些生态环境建设的项目都是各个部门把着。正好现在由林业部门主管的退耕还林工作热度最高，力度最大，其他项目配套上则出现差距。于是其他部门不是都想往上靠，就是产生竞争、埋怨，各自为政的局面。要协调好这些方面，地方领导是关键。但站在中央的层面也该想一想，各项工程下达的任务如何更好地配套，如何促进地方上的协调，如何更好地贯彻综合治理的理念，而不致让林业部门陷入“孤军深入”的局面，在这方面也是有很多工作可做的。

（五）关于工程项目的运作经费问题

这个问题在前面已作为基层的反映提出来了。我们完全同情在基层工作的林业干部的艰辛，感到政府没有理由在工程运行中不留出足够的运作经费，置基层于两难境地。因为搞这些工程的地方都是穷地方，财政本就吃补助，再要求地方政府自己出钱来补足项目运作经费是不大现实的。问题已经提得如此明显，只能期待上级政府早作决断，作出安排了。

以上探讨的一些问题都是我们在考察过程中感受到的重要问题。这次考察作为“西北水资源”咨询项目的一次活动，同时也作为中国环境与发展国际合作委员会林草课题组的一次活动，所得成果和认识都将纳入各课题最终报告中去。基于这次考察中所得的认识将考虑得出一些可供政府决策参考的建议。这个考察报告只是作为中间成果供有关部门及课题组参考。

“西北水资源”项目生态环境建设考察组（沈国舫执笔）

考察新西兰所得的一些启示*

在去新西兰考察之前，我已经看了不少有关新西兰林业的介绍材料，对它的特点是有所了解的。这次考察访问不仅使我能亲眼看到新西兰林业的实际情况，而且对形成这种情况的历史背景和今后的发展趋势也有了进一步的了解。这将有助于我们从更深层次上理解新西兰林业的实质，并从中吸取有益于我国林业发展的经验和教训。

一、新西兰林业的基本情况和成就

新西兰的国土面积为27.05万km^2，是一个岛国。他们自己愿与日本(37.78万km^2)相比，但如与中国相比，则相当于我国浙江省、福建省和台湾省面积的总和(25.6万km^2)，而它的人口则只有380万，大大低于浙、闽、台三地人口的总和(约1亿人)，可见是一个开发较晚、地广人稀、人均土地资源极为丰富的国家。

新西兰地处南纬34°~47°之间，海洋性气候，温和湿润，年降水量在500~2500mm之间，大部分地区均在1000mm以上，可以说是雨量充沛。历史上火山活动地区较广，地热丰富，土壤肥沃。所有这些都极有利于森林植被和草甸植被的生长。因此，草地畜牧业和林业就成为新西兰的支柱产业。新西兰原来有很多森林，后来因发展草地畜牧业而砍伐了许多森林，到2000年时，有林地面积只剩下国土面积的39.7%，其中23.1%为天然林，10.0%为灌木林，6.6%为人工用材林，而牧场草地和耕用地则达到了国土面积的51.3%。

新西兰的森林植被属于独特的大洋洲区系，有许多独特和古老珍稀的树种，其中如南洋杉科的贝壳杉Kauri（*Agathis australis*）、罗汉松科的陆均松Rimu（*Dacrydium cupressium*）和罗汉松Tatare（*Podocarpus totare*）以及壳斗科的假水青冈(*Nothofagus* spp.)等均为生长高大(有的树高可达50m、胸径可达2m以上)、材质优良的树种。新西兰的原始天然林，特别是西海岸的森林，带有温带雨林的特征。据我们对少量残存的原始天然林考察所见，都是高大茂密、多层结构、组成丰富、藤本缠绕的针

* 本文来源：江泽慧．中国可持续发展林业战略研究调研报告(下)．北京：中国林业出版社，2002：203-205.

阔混交林，古老的树蕨随处可见，是不可多得的生物资源。

可惜的是从欧洲殖民者进入新西兰的200多年中，天然林面积大量缩减，天然林中的优良树木也被大量采伐出口或自用。到20世纪初，新西兰变成了木材净进口国，引起了政府和社会的高度重视，此时，从1970年开始的人工造林试验已取得初步成果，筛选出从美国加州引入的辐射松(*Pinus radiata*)为最适应、最高产稳定的树种。从20世纪20年代开始了人工造林的第一次高潮和1970年后开始的人工造林第二次高潮，直到最近仍在持续发展，以辐射松和花旗松为主体的人工用材林已发展到近180万hm^2。这些人工林非常高产，每年每公顷的材积生长量可达25m^3以上，而且高大挺直，经修枝等措施而使干材少节均匀，提供了大量的大径级优质用材，年采伐量达到了1810万m^3(2000年)，不但满足了本土要求，而且大量出口到亚太地区及美国，出口总值达到35.67亿新西兰元(每1新西兰元约合0.5美元)。利用木材资源的木材加工业和制浆造纸工业也相应快速发展，整个林业系统雇用了2.36万劳动力，对国家的GDP贡献达到4.0%。

在发展人工林的同时，新西兰对保留下来的天然林开展了有效的保护，天然林面积(680万hm^2)中的77%为国家所有，基本上都归属自然保护区和国家公园的范畴而保护起来。天然林中有21%属于私有，大部分也归属自然保护范围，少部分允许采伐，但在方法和技术上有严格要求，不允许皆伐，只允许择伐。故近年天然林的采伐量下降，只有10多万m^3，但产值却是上升的。

新西兰的人工林原来大部分属于国有，从1987年起实施林业的私有化改革，现国有人工林绝大部分已出售给私有公司经营。一部分土著毛利人所有的人工林也通过股份信托公司形式实施联营，效果很好。

发展人工林，保护天然林是新西兰林业的特色。用持续的科技进步促进人工林的优质高产，积极调整兼顾国家、土著居民和投资者之间的利益关系，紧抓森林的培育、经营、加工、贸易等一条龙业务体系，用国内外的市场导向指导木业加工业和林产品出口业的高效发展，由人工林面积继续扩大和生产力继续提高来保证整个林业还将有更大的发展前景，这都是新西兰林业的优势所在。

在技术层面上，新西兰还有许多具体经验，特别是在辐射松的育种和栽培方面，在世界上享有盛誉。他们在培育技术的执行上一丝不苟的认真精神，都是值得我们学习的。

二、新西兰林业发展面临的挑战

正像所有事物一样，堪称典范的新西兰林业在发展中也不是没有问题的。欧洲人殖民初期的大量砍伐天然林已经给当地天然森林植被造成了严重的创伤，不仅面积缩小，而且天然林中的优良树种组成比例也显著减少，其恢复尚需很长时间。现在推行的用人工林来生产木材以减除对天然林的压力的方式，效果很好。但这种发展人工用材林和为生态目的保护天然林的分类经营思想(他们自己不用这个词)实际上也面临着挑战。

第一，目前以辐射松纯林为主(占全部人工林面积的90%)的人工用材林培育，虽然当前还没有什么问题，但从长远看，不能忽视发生病虫害的威胁。目前，完全依靠岛国的隔离优势及加强边境检疫工作来实施保护，但已经开始发现辐射松林有病虫害侵染(据 M. Welcox 教授)，将来也不能保证不发生其他问题。

第二，大面积单树种纯林经营可能对土壤肥力产生负面影响。新西兰林业界已经开始重视这个问题，强调采伐后的剩余有机物全部分散留在林地，目前还没有发现生产力递减现象。有些地方已经根据土壤实际情况进行林地豆科植物种植及施用化肥。这个人工纯林经营的土壤营养管理问题将长期成为一个可持续发展的重点问题。

第三，国际国内的木材市场始终是一个变数，随着消费需求及工艺进步而改变。目前辐射松生产瞄准的主要还是住房结构用材和纸浆用材这两大项，当然还可以通过木材改性和层压等手段来适应其他用途。但毕竟辐射松的材性有一定的局限性，而市场对木材消费的需求是多样化的。新西兰不但对原有天然林中生产的优质木材有明显需求，而且实际上还从东南亚进口一些热带优质木材作为补充。为了适应木材市场变化，新西兰已经预计在继续发展辐射松人工林的同时，要加大花旗松林的面积比例(目前仅占5.3%)，也要适当发展优质阔叶树种。但发展其他树种，尤其是优质树种，都要以降低生产力为代价。新西兰林业将如何适应新情况值得我们关注。

第四，即使在新西兰这样一个人工林生产的木材数量很丰富的国家，不可能、也不必要把天然林中的木材生产完全停止下来。一方面是因为还有对天然林中生产的优质木材的需求；另一方面是因为在严格控制的条件下天然林中的木材利用并不一定与天然林保护的目标相矛盾。他们并不信奉“一棵树也不砍”的信条。

第五，虽然新西兰发展人工林主要是为了生产木材，而且大多数林地的地势平坦，无水土流失即使如此，新西兰政府对人工林的经营仍提出了许多环境要求，一切人工林培育及采伐利用作业都必须严格遵循这些环境要求。这是森林可持续经营的必然趋势。

从以上几个方面来看，新西兰的有识之士已经意识到了他们目前的这种“分类经营”方式所面临的挑战，而且正在采取措施来解决这些问题，这从正反两方面都是对我们有启示意义的。

除了上面这个带有挑战性的问题外，新西兰林业还面临着其他一些问题的挑战，如：①新西兰引种的外来生物种太多，有些种引进当时看来效果不错，但后来却成为生物入侵的典型和林业经营中的大敌，像 gorse，broom 及野生动物 possum 等。②新西兰土著毛利人近年来不断对土地提出要求，其中也包括一部分人工林地。林地产权的纠纷可能对经营方式、利益分配带来一定的影响，需要作必要的适应性改革。③国有人工林的私有化现在看来还是没有什么大问题，但还要从国家的大局利益出发继续考察其实际效果和影响。④新西兰林业科研机构的企业化对促进一些开发应用性研究是有好处的，但对一些需要长期从事的基础性研究工作可能产生不利影响，也应该注意。

三、新西兰林业发展对中国林业的一些启示

(1)制定林业发展战略必须从当地的国情和林情出发。新西兰无论在自然条件

方面还是社会经济条件方面，都与中国有很大的区别。例如，适应于冬雨性高降水量气候的辐射松经试验对中国的自然条件不大适应。丰富的土地资源和辐射松人工林的高生产力是其人工林发展战略的基础，而在我国这个基础不足，而且问题也复杂得多。在学习新西兰林业的经验时，必须对国情林情差异有足够的认识。

(2)如何处理好"保护(育)"和"发展"的关系是所有国家林业可持续发展面临的共同问题。以发展工业人工林来满足对林产品的需求和保护天然林以维护和改善生态环境，据此而对森林进行"分类经营"是一种可用的选择，但不一定适用于所有国家。分类经营不必绝对化，对发展人工林要提出严格的环境要求，保护天然林也不排除可持续地利用。保护和利用不是绝对相互排斥的，明智的(有节制的、符合科学规律的)利用不仅不损伤天然林的生态功能，有时还是优化天然林结构、使其充分发挥生态功能的必要措施(如抚育伐、卫生伐和附加补植珍贵树种的林分改造等)。森林所有者及林区社群的利益也必须考虑在内，才能保证保护性经营的可持续性。这就是为什么新西兰(以及其他一些国家)在大力发展人工林的同时仍允许部分天然林进行采伐利用的原因。但他们为这部分利用所做出的约束性规定是很严格的。从这个角度看，森林的多目标经营不是一个过时的概念，而应作为构成现代林的组成部分之一。

(3)新西兰的国有林和私有化经营有其内在的动因及社会制度的根基，在我国，国有林的管理问题是个大问题。要从国家土地制度、自然资源管理制度、中央和地方相对权限分割、国有企业改革等许多方面去研究解决。但新西兰的国有林私有化经营的做法可作为一种选择的范例。林地产权的拍卖或租赁制度，股份制林业企业的运作机制，以及集营林、采伐、加工和贸易(包括出口)于一体的林业企业经营模式，都对我国有一定的参考价值。

(4)新西兰土著毛利人所有的森林经营问题和我国广大集体林及专业户承包林的经营有一定的相似之处。如何通过一定的组织形式，如新西兰的林业信托公司，把许多小私有林联合起来，由现代化的公司用较科学的技术体系来经营好非国有林。这是一个重大的课题，解决不好这个问题，我国的非国有林经营将长期受生产关系不顺的制约。

(5)林业管理的法制化建设非常重要。新西兰林业也处在转变阶段，但实施转变的法律依据是充分的、有效的，因此林业转制的进行也是有序的。相比之下，我国的林业管理法制不很健全，而且经常产生侵犯群众利益的政府指令性干涉。在这方面要作出极大的努力来改进。

(6)长期稳定的林业科学研究是林业顺利发展的重要支撑。这在新西兰林业发展历史及所取得的成就中可以明显看出来。最近新西兰国家林业科研机构的改制还在初始阶段，已经出现了一些长期基础性研究项目受影响的反映。对这个问题还要继续密切观察，以作为我国科研机构改革的参考。

中国工程院副院长、院士，北京林业大学教授　沈国舫

关于林业作为一个产业的几点认识*

在最近发布的《中共中央 国务院关于加快林业发展的决定》中，对林业作出了科学的定位，指出“森林是陆地生态系统的主体，林业是一项重要的公益事业和基础产业，承担着生态建设和林产品供给的重要任务，做好林业工作意义十分重大。”《决定》再次肯定了林业是兼有从事生态建设的公益事业和从事林产品生产的基础产业的双重属性，为发展林业产业指明了方向。本文着重对林业作为一个产业提供一些认识和探讨。

一、林业产业的名称和范畴

产业(Industry)是指各种生产的事业。依托森林的生产功能来进行生产事业，就是林业产业，实际上应该称之为林业产业(Forest Industry)更为恰当，也可视为是从事生产活动的那部分林业(Forestry)。林业产业容易与森林工业相混淆。我国原沿用的森林工业是建国初期照搬学习前苏联经济体制时所用的名称，与林业相对应，逼迫后者缩称为营林业，这是不合理的。前苏联的森林工业(леюя промышленность)是纯粹工业形态的，只包括森林采运业、木材加工业、林产化工业等工业内容，这只是林业产业的一部分，虽然是重要的部分。问题在于Industry含义较广，既指产业，也特指工业，这与俄文中的промышленность是有差别的。林产业包括了森林工业，又大大超出了森林工业的范畴，它是培育和利用森林资源(包括林内的植物、动物和微生物资源以及一些非生物的资源)的生产功能的基础产业。森林资源除了生产功能之外，还有重要的服务功能，管理和利用森林的服务功能也能发展成为产业，也当在林产业范畴之内。

---

* 本文来源：《中国林业产业》，2004(1)：1－3.

二、林业产业的地位

人类很久以前就利用森林资源来维持和改善生活，并进行一定的生产活动，但只是在产业革命之后的近代社会里，这项生产活动才逐步发展形成具有一定规模的产业。在相当长的时间里，人类以木材利用为主的森林资源利用带有很大的盲目性，造成森林的破坏和消失，生态环境恶化，人类受到大自然的报复。大自然敲响的警钟和人们对自然规律科学认识的提高，迫使林业要转变方向，走可持续发展的道路。世界各国为此进行了许多探索和实践。中国林学界在吸取了国内外许多理论探索和实践经验的基础上，进行了深入的可持续发展林业战略的研究，其成果为中央决策提供了科学依据。在《中共中央、国务院关于加快林业发展的决定》中，明确了中国林业发展的指导思想、基本方针和主要任务，其中很重要的一点就是要“明确以生态建设为主的林业可持续发展道路，建立以森林资源为主体、林草结合的国土安全体系，建设山川秀美的生态文明社会”为目标的生态优先方针。针对我国的实际情况，这是正确的决策，毋庸置疑。但是要全面理解《决定》的精神，这个生态优先是“坚持生态效益、经济效益和社会效益相统一”基础上的优先。优先不是唯一，没有其他内容的衬托，也无所谓优先。发展林业产业是要追求经济效益的，有了经济效益也会产生相应的社会效益，但都必须服从生态效益优先的大局。从实际工作的层面看，要保证生态效益优先的实现，必须要有一定的保障和补偿为条件。因此，林业的三大效益必须在分清主次的基础上统一兼顾，这才符合十六届三中全会上提出的科学的发展观和五个统筹的基本精神。发展林业产业也正是保证实现生态优先目标的重大举措。

森林具有多功能性是林产业存在和发展的源泉。森林的生产功能是以森林植物用大气和土壤中的CO_2、水和矿物质为原料，利用日光能生产生物物质作为原材料和能源为基础的，这是真正意义上的清洁生产。森林的主产品木材，是人类使用的四大主要材料（金属、水泥、木材和塑料）之一，具有自然性、可再生性、低能耗性和环境友好性（可重复利用，易分解，不污染环境）的优势，以木材为基础各种制成品（包括纸在内）符合人类的长期生存生活需要，许多方面不可替代，这已为现代生产历史发展所证实。以木材为主要基础的生物能源还可能成为未来满足能源需求的重要补充。森林中还有许多其他资源，丰富多彩，是满足人民生产、生活多种需求的必需产品，其发展前景方兴未艾。森林在游憩、保健等方面的服务功能在当代及未来更有着越来越大的需求。总之，林产业虽然比较古老，但不是夕阳产业，而是朝阳产业。

过去，以木材生产为主的林业产业发展所造成的不良后果，不是命定的必然结果，而是认识上和行动上的盲目和无知造成的。如何处理好保护、培育和利用森林资源的关系是世界性的课题。这次中央《决定》中提出的“坚持严格保护、积极发展、科学经营、持续利用森林资源”的方针，如能贯彻落实，必将保证林产业高效、健康、可持续地发展。

三、林业产业的内容

林业产业包括哪些内容，这是一个正在发展的概念，许多专家学者都在探讨论述，作者无意在此更多地着墨。需要强调的是林业产业应该是一个完整的产业体系，以森林或林木资源为主要对象，包括产前、产中、产后的产业链。按这个链条顺序，作者认为林业产业至少应该包括以下各种产业：

▲林木种植业

▲林业规划设计业

▲森林培育业

▲林果、林药、菌类等的培育利用业

▲森林动物驯养业

▲森林狩猎业（在自然及法律允许的范围内）

▲森林采伐运输业

▲木材（含竹材）加工业（包括精深加工的各个层次）

▲林产化工业（包括精深加工的各个层次）

▲森林旅游业（生态旅游业）

▲森林保健业

▲林产品市场营销业

需要说明的是林业产业按其自然属性的范围与按照行政事权划分的范围是不完全一致的。比如，沙产业本身是独立的，但固沙治沙工作行政上归属林业部门管辖，因而也可作为林业产业的一部分；而草业虽与林业密切相关，山区草地在美国是归属林业部门管理的，但在我国则基本上归属农业部门管理，因此也未列入林业产业序列之内。

四、用科学的发展观来指导林业产业的发展

党的十六届三中全会通过的《中共中央关于完善社会主义市场经济体制若干问题的决定》中明确了要“坚持以人为本，树立全面、协调、可持续发展观，促进经济社会和人的全面发展”。《决定》中又阐明了“统筹城乡发展、统筹区域发展、统筹经济社会发展、统筹人与自然和谐发展、统筹国内发展和对外开放”的要求。这个科学的发展观和五个统筹的要求都是指导林业产业发展的根本指针。发展林业产业特别要强调统筹经济社会发展和统筹人与自然和谐发展。林业产业是一个涉及广大人民群众的产业，发展林业产业在追求经济效益的同时必须兼顾社会效益，特别是要照顾好广大林农和林区社区的群众利益，促进其稳定和繁荣。林业产业又是一个与大自然打交道的产业，不能单纯强调人类需求而忽视自然资源和环境的制约。过去因违背自然规律而一意蛮干，从而遭到大自然的惩罚的教训已经很多，今后必须

在统筹人与自然和谐发展的基础上发展林业产业，才能取得健康和可持续发展的前景。

中国工程院副院长、院士　沈国舫

附件：

在“中国林业发展战略研究”成果向温家宝总理汇报会上的发言提纲*

我参与了这项战略研究，同意其中的主要论点，愿在林业产业建设方面作些补充说明。

第一，中国林业发展要扛生态大旗，提出“生态建设、生态安全和生态文明”的生态优先思想，我是同意的。但生态优先是林业的三大效益(生态、经济、社会)综合之中的优先，它并不排除林业是兼有从事生态建设的公益事业和从事物质生产的基础产业的基本属性。

第二，森林具有巨大的环境功能，这是全世界从20世纪中叶以来得到显著提升的认识成就，发挥好这个功能已经成为森林可持续经营的主要支柱。但同时我们也要看到，森林具有重要的物质生产功能，仍然得到世界各国的公认。林产业 Forest Industry 不能狭义地理解为木材采伐运输加工的工业(过去我们称之为森林工业)，而应该理解为包括产前产中产后的完整产业体系，从规划设计、种苗准备、森林培育等等一直到包括木材在内的多种林产品的加工利用、营销贸易、生态旅游及其他与森林有关的服务产业。对林业产业的这种认识也反映在近两次世界环发大会(1992，2002)有关森林的文件中，也反映在联合国部长级森林论坛的宣言中。世界各国都重视林业产业的发展。美国是世界上最大的木材生产国和消费国(住房、纸张)，有发达的林产业；北欧的芬兰、瑞典等国，还有加拿大，是林业在国民经济中占比重很大的国家，也是森林可持续经营先进的国家。日本尽管是森林保护大国和木材进口大国，但其林业产业发展受到限制的状况是被迫的，主要是因为劳力成本太高，他们最近进行的森林价值指标体系，仍把森林的物质生产利用作为其两类森林利用的目标之一。

第三，林业产业是常青产业，不是夕阳产业。因为：

(1)林业产业的基础是利用日光能转化为生物物质和生物能源的绿色产业，这项产业必然是常青的，前途无量；

(2)林产品丰富多彩，从森林果品蔬菜、饮料到工业原料生物能源和药材，是满足人民生产、生活多种需求的必需产品，这方面的进展方兴未艾；

---

* 在中国林业发展战略研究成果向温家宝总理汇报会上的发言提纲.

(3)木材作为四大主要材料(钢材、水泥、木材和塑料)之一，具有自然性、可再生性、低能耗性和环境友好性的优势。虽然木材的一些应用方向可以被其他材料所取代，但木材及基于木材的各种加工产品(包括木材复合材料)又不断开拓新的用途。据联合国FAO统计，1999年的世界人均消费木材约0.6m^3，虽比1961年略降低(0.67m^3)，但全世界对木材的需求总量1999年仍比1961年增加了65%，对未来的预测表明木材的总需求量还要上升。为此，林产业还要沿着增产、优质、低耗、高效的方向继续发展。

第四，处理好保护森林和利用森林之间的关系是世界各国林业发展面临的主要难题，在中国形势更为严峻，但也有解题可能。

(1)在新的形势下，必然要有更多的森林留作保护地(自然保护区)或用于其他生态目的，留下可供从事物质生产的森林面积越来越少，这是严峻的挑战。

(2)绝对保护地(类似于自然保护区的核心区)的面积多大为合适？在一般的保护地(如一般的防护林)有没有可能在主要满足环境需求的前提下，开展适当的不影响环境的(low impact)利用？世界各国都在探索，一些先进国家已经做得较好(芬兰、瑞典、奥地利等)，他们都对森林的保护和利用，在战略上做好平衡安排。

(3)发展工业人工林以满足木材及纤维造纸的需求是许多国家的努力方向。增加科技投入，不断提高人工林的速生、丰产、优质水平，一些国家(如新西兰)已经取得优异成绩。

(4)中国面临的形势更为严峻：森林少、质量低、环境差、需求高(生态需求及物质需求)，为此，更需要有一套科学的、正确的、可持续的长期发展战略来指导。战略一经确定，就要长期坚持、毫不动摇。“严格保护，积极发展，科学经营，持续利用”十六字方针要全面贯彻，以六大林业重点工程为骨干的林业建设方案要充分落实。有中央的高度重视，有广大群众的支持努力，在一套正确的战略方针指导下，坚持不懈地工作，中国的林业前景是大有希望的。

沈国舫
(中国工程院)

实施森林科学经营　振兴东北林业基地*

东北地区的林业在全国具有举足轻重的地位。其中有林地面积 4393.3 万 hm^2，活立木蓄积量 37.4 亿 m^3，分别占全国的 23% 和 26.7%，即在 13% 左右的国土面积上拥有了全国 1/4 的森林资源。

东北林业发展目前有不少问题。从林区林业看，现行采伐量仍超过了森林资源承载能力，如再延续下去，极有可能丧失森林资源恢复的前景。林区的湿地和林地也受到不同程度的侵占。木材生产和基于木材的加工业的衰落和缺位造成了林区产业链的巨大空缺。在长期计划经济体制下形成的国有林业企业运行机制及政企合一的林区社会显示了巨大的不合理性，强烈要求体制改革和外力干预。

从农区林业看，农田防护林网的建设成效显著。有些地方的农田防护林网残缺不全，树种选择不当或管护不力，生长不良，急需补充改造。部分林网的树木已过熟，病虫害多，急需更新换代。防护林网采伐更新在认识上和机制上存在障碍。

从草原沙区林业看，主要问题是对该地区干旱缺水的自然本底以及自然封育的有效性认识不足，在沙地治理中过于重视乔木，特别是喜水的杨树，而对灌木和草本植物重视不够，存在大量的生长不良和效益低下的人工林。农、林、牧、水几方面的配合不够，不能充分发挥综合治理的威力。

恢复和发展东北林业的思路。要充分重视发挥东北森林在保障生态安全中的作用，同时也要充分认识到东北林区从长远来看仍将是我国重要的林业产业基地，以木材生产和加工(含制浆造纸)为主的林产业仍将是东北地区的支柱产业之一。当前应在确保林区森林资源得到休养生息的同时，全面实施森林资源的科学经营和管理，加大森林后备资源培育和营林基础设施建设的力度，大力发展林产精深加工和非木质产业，最终实现森林资源的可持续经营利用和林区经济和社会的可持续发展。

首先，强力推进林区政企分离进程。要紧紧抓住天然林保护工程取得初步成果

---

* 本文来源：《科学时报》，2006-3-9(A02).

的有利时机，立即着手推进林区体制改革。第二，延长天保工程的实施期限，扩大工程覆盖范围，提高补助标准，并彻底转变制定采伐限额的运行机制。要把东北林区的森林资源年龄结构调整到合理的可持续经营的状态，考虑到不同地区林情的差别，总体上需要20～40年的时间。第三，增设森林培育专项资金，把中幼林抚育提到战略高度。中幼林抚育应成为主要的措施，国家应该设专项基金予以扶持。第四，对天保工程实施以外的政府划定的公益林实施生态补偿。第五，加强农区和牧区林业建设，实施农、林、草、牧一体化经营，兼顾生态与经济效益。东北地区的农田防护林网，在保护农田免受灾害的同时，也可以发挥速生用材生产的经济效益。草原牧(沙)区要以发展灌草为主，农、林、牧、水综合治理。发展沙地桑产业也是良好的途径之一。

综合组副组长　沈国舫

附件1

实施森林科学经营，振兴东北林业基地*

一、东北地区林业的地位和作用

东北地区的林业在全国具有举足轻重的地位。其中有林地面积4393.3万hm^2，活立木蓄积量37.4亿m^3，分别占全国的23%和26.7%，即在13%左右的国土面积上拥有了全国1/4的森林资源。

东北的森林具有优良的自然本性(气候、土壤、潜在生产力)，在全世界温带、寒温带森林中占有重要的地位。

东北地区的林业按其性质可分为3个模块：

(1)国有林区的林业，过去以采伐为主，现在实施天然林保护；地方林区的林业，大多为以前的过伐林区和次生林区，人工林比重大。

(2)中部农区的农田防护林。

(3)西部草原沙区的治沙林业。

东北的森林具有重大的水源涵养、保持水土、防风固沙的生态保护功能，是东北农区和牧区的生态屏障。

东北的森林曾经是我国主要的商品用材基地，今后仍将在木材生产和林产工业发展中起重要的作用。

---

* 向温家宝总理汇报东北水资源项目成果时的补充发言提纲. 2006-6

二、东北地区林业的现状和问题

1. 林区林业发展的现状和问题

东北林区长期以木材生产为主业，经营方针执行不当，超采过伐，重取轻予，造成森林资源枯竭，林业经济危困的严重局面。但自1998年天然林保护工程实施以来，采伐量大幅度下降，森林资源得到了有效的保护和恢复；产业结构有所调整，林业经济危困情况有所缓解，但大多数林业企业仍步履维艰，没有完全走出困境。

当前东北林区存在的主要问题可以从3个层面来看：

第一是森林资源层面：由于过去长期以不可持续的发展方式来经营利用，资源危机慎重，需要长期休养生息，非一时的保护恢复能奏效。当前的资源状况仍然是幼中龄林多，近成熟林少；低产残次林多，高产复层林少。现行采伐量仍超过了森林资源承载能力，不得不大量采伐中龄林，如再延续下去，极有可能丧失森林资源恢复的前景。林区的湿地和林地也受到不同程度的侵占。

第二个是林业产业层面：木材生产和基于木材的加工业是林区的主业，主业的衰落和缺位造成了林区产业链的巨大空缺。林区产业结构刚刚开始，发展不平衡。林区(种植、养殖、采集)产业和生态旅游等服务业虽有良好的发展势头，但总体上尚不能弥补主业的空缺。

第三个是林业体制和林区社会层面：在长期计划经济体制下形成的国有林业企业运行机制及政企合一的林区社会显示了巨大的不合理性。限伐以后的职工人数过多，企业负担过重，管理机制过死，职工收入过低(月收入仅400元左右，还要轮岗)，强烈要求体制改革和外力干预。

地方林区的林业处境和国有林区相似。相对而言，单位规模较小，负担较轻，调整较易，而弱点在于资源状况更差，经济实力更弱，而且得不到天保工程的覆盖和支持，有些林场陷入了更大的贫困当中。

2. 农区林业发展的现状和问题

农田防护林网的建设，成效显著。有些地方的农田防护林网残缺不全，树种不当或关乎不力，生长不良，急需补充改造。部分林网的树木已经过熟，病虫害多，急需更新换代。防护林网采伐更新在认识上和机制上存在障碍。

3. 草原沙区林业发展的现状和问题

东北西部和内蒙古东部在治沙造林和草原护牧林的建设方面已经取得一定的经验和成效。主要问题是对该地区干旱缺水的自然本底以及自然封育的有效性认识不足，在沙地治理中过于重视乔木，特别是喜水的杨树，而对灌木和草本植物重视不够，存在大量的生长不良和效益低下的人工林。农、林、牧、水几方面的配合不够，不能充分发挥综合治理的威力。

三、恢复和发展东北林业的思路和建议

1. 总体思路

东北林区是我国的主要林区，要充分重视发挥东北森林在保障生态安全(水源涵养、保持水土、防风固沙)中的作用，同时也要充分认识到东北林区长远来看仍将是我国重要的林业产业基地，以木材生产和加工(含制浆造纸)为主的林产业仍将是东北地区的支柱产业之一。

当前应在确保林区森林资源得到休养生息的同时，全面实施森林资源的科学经营和管理，加大森林后备资源培育和营林基础设施建设的力度，大力发展林产精深加工和非木质产业，形成合理的产业结构布局，最终实现森林资源的可持续经营利用和林区经济和社会的可持续发展。

在恢复和发展国有林区林业的同时，也要加强地方林业，包括农区林业和牧(沙)区林业的发展，形成一个完整而强大的林业体系，充分发挥其生态、经济和社会三大效益。

2. 建议

(1)强力推进林区政企分离的进程

要紧紧抓住天然林保护工程取得初步成果的有利时机，立即着手推进林区体制改革，包括：政(府)企(业)分开、资(源管理)企(业管理)分开和事(业)企(业)分开。

(2)延长天保工程的实施期限，扩大工程覆盖范围，提高补助标准，并彻底转变制定采伐限额的运行机制

根据东北地区的自然条件和林木生长状况，要把东北林区的森林资源年龄结构调整到合理的可持续经营的状态，考虑到不同地区林情的差别，总体上需要20~40年的时间。

(3)增设森林培育专项资金，把中幼林抚育提到战略高度

天然林保护不应该只是被动的保护，它的更大的战略意义在于培育起后备森林资源，实行可持续经营。因此，中幼林抚育(含部分低价值林分改造)就应成为主要的措施，国家应该设专项基金予以扶持。

(4)对天保工程实施以外政府划定的公益林，实施生态补偿

这对于支持地方林业建设，保障林农收入十分重要。

(5)加强农区和牧区林业建设，实施农林草牧一体化经营，兼顾生态与经济效益

东北地区的农田防护网，在保护农田免受灾害的同时，也可以发挥速生用材生产的经济效益，两者可以兼顾。草原牧(沙)区要以发展灌草为主，农林牧水综合治理。发展沙地桑产业也是良好的途径之一。

沈国舫

附件 2

在温家宝总理主持召开的关于沙尘暴问题讨论会上的发言提纲*

(1)我已在最近中国工程院领导班子换届时下来了，不再担任工程院副院长之职，但中国工程院仍要求我代表工程院来出席这次会议。我年轻时曾经学过一点防沙治沙方面的课程，后来长期没有在这个领域工作，因此也没有积累这方面的资料。我虽然在近年来一直关心这个问题，但也只能利用看到的有关资料，根据自己的一般科学知识来分析判断这个问题，说的不合适的地方，还请大家谅解。

(2)关于沙尘暴的成因，虽然众说纷纭，但主流意见还是明确的，那就是主要还是大气环流的自然作用，如强劲的西伯利亚寒流，干旱少雨造成的地表易受风蚀等等。这方面应该由气象学家及自然地理学家做出判断。如果说这个自然作用中也可能有人为因素影响，那就是人类活动造成的过多的温室气体排放导致了全球气候变化，出现极端性天气过程的几率增加，但那是另外一个层面的问题，我们必须对全球气候变化问题予以密切关注。人为因素肯定对沙尘暴的影响程度起了作用，最主要的还是在强寒流途经的区域内植被差，破坏性因素犹在，保护不力，恢复不快，使地表土沙易于扬起、漂移，加剧了沙尘暴的危害。

(3)虽然今年我国沙尘暴的次数多、强度大、危害重，但依我看来仍然没有超出历史上出现过的变动范围。大气环流有周期性变化的特点，我们人类对此的影响作用很有限。因此，对沙尘暴的年内发生情况，不要因为哪几年比较轻了，就沾沾自喜，把功劳归于自己；也不要因为哪几年比较重了，又悲观失望，互相埋怨。要有一个顺其自然的心理准备，采取措施力争减少沙尘暴影响的范围和程度，能做到这一点就不错了。目前还不能设想我国北方能改变自然界沙尘暴的发生和通行。今年 5 月 18 日《中国绿色时报》上发表了国家林业局治沙中心杨维西总工撰写的文章："客观看待今春的沙尘天气"，我基本上同意他的观点。

(4)在目前人力所能及的范围主要是改善沙尘暴通经地区的地表情况，尽量维持适当的植被覆盖使其发挥保护作用。这项工作的重点地区应当在半干旱的农牧交错地带及几大沙漠及沙地周边的草原地区。在这些区域要彻底改变草原超载过牧的状况，让草原能休养生息，自然恢复，同时要适当建设人工优良饲草基地，以支持当地的牧业生产。植树造林在沙漠(地)边缘地区及较湿润的沙区也是必要的，但必须以灌木为主，灌草结合。只有在少数灌溉绿洲的内部和周边才适合用乔木树种来建立防护林网。另外，关于我国西北地区荒漠化防治问题，中国工程院"西北水资源合理配置，生态环境建设和可持续发展"咨询研究项目，对此曾作过全面充分的分析，也曾经在 2003 年春向国务院领导作过汇报。现在看来，该报告中所阐述的

---

* 在温家宝总理召开的关于沙尘暴问题讨论会上的发言提纲. 2006.

观点和内容至今仍完全适用。燕山山脉和太行山脉是京津冀发达地区的屏障，对沙尘暴的前进起到了阻滞作用，要尽力提高其绿化覆盖和水平，使其在生态和经济结合的角度发挥更好的作用。京津冀等沙尘暴侵害地区的地表也应有较好的植被覆盖。要注意冬季农田留茬，多种多年生作物（如苜蓿），补齐建好农田防护林网，加强监控土地开发地段的地表裸露情况，防止出现尘土飞扬的后果。所有这些工作都必须本着人和自然和谐相处的原则，要切实依据大自然的地带性规律办事，充分利用自然力，但又要加上适当的人为措施以加速形成地表的保护体系。

（5）与沙尘暴相关最密切的是草原地带的有关问题。草原退化目前仍普遍存在，少数地方有所好转，而大多数地方仍没能遏制这个退化趋势。这实际上涉及牧区经济和社会发展的一系列问题。政策调整的目标应当是首先遏制超载过牧（局部也有开垦破坏现象）引起的草原退化，同时安置好牧民的生产和生活使他们的收入有所提高，国家和地方都应当拿出一些资金投入，这实际上带有生态补偿性质。具体做法我并不熟悉，因此也不便随意发表意见。

沈国舫
（中国工程院）

中国的生态建设工程：概念、范畴和成就*

摘　要　对“生态建设”和“生态工程”两个概念进行了阐述，认为二者强调的重点不同，其使用上可以约定俗成。提出：中国的生态建设工程范畴应扩大，城市园林建设和工矿交通建设区域的植被恢复重建应纳入其中。近年中国生态建设工程成就和贡献说明，其确实已在抑制自然灾害影响、改善生态状况方面起到了积极的作用。

关键词　生态工程；生态建设；环境；保护

中图分类号：F316.22　文献标识码：A

文章编号：1673－338X(2007)11－0003－03

1978年，中国的“三北防护林体系建设”工程首次以工程建设项目的面貌，随着中国改革开放的春风应运而生。到目前，在中国已经进行了大大小小数十个全国性或跨区域性的生态建设工程项目。这些项目的运行和完成，为中国的生态和环境改善做出了巨大的贡献，也积累了宝贵的经验，为今后长时期内按科学规律办生态和环境方面的大事打下了良好的基础。

一、环境、生态、生态建设和生态工程的概念

在谈论生态建设和生态工程之前有必要先来理清一下有关这方面的一些概念问题。

“生态”和“环境”是两个互相关联覆盖又各有侧重的概念。按照我的理解，“环境”是指某个主体周围的物理的、化学的、生物的实体及其状态的总和；而“生态”则主要指包括人类在内的各个层次的生态系统中生物与周围自然环境相互关系的总和。这两个词虽关系密切，但各有其自身的涵义，也可用于不同的情景中，这一点大家都是清楚的。

---

* 本文来源：《林业经济》，2007(11)：3-5.

但是，把“生态”和“环境”两个词联结起来用时，在认识上就有了分歧。“生态环境”可以理解为“生态的环境”(ecological environment)，就是与生态有关的环境。有人说几乎所有环境都与生态有关，这两个概念是重复的，没必要，生态环境就是环境。也有人说既然说是生态环境，就是强调与生物群落或人类有关的环境，也有好处。但这个词在国际上用的并不普遍，许多外国学者并不理解。另外“生态环境”也可理解成“生态和环境”(ecology and environment)，包括了两个方面，比较全面。但这样的分别理解往往把生态问题归到与大的自然系统有关的问题，而把环境问题理解为人为造成的一些环境问题，如水污染、大气污染、固体物污染等等。这样就把环境问题理解窄了。从实际情况看，生态问题与环境问题之间的界限已经越来越难划分。酸雨问题是大气污染问题，也是生态问题；温室气体排放更是如此，涉及全球生态变化。因此我个人赞成这样一种意见：在专业性强的情况下，把“生态”与“环境”分别用于恰当的地方，不要联起来用；而在一般性的文件中，把“生态环境”联在一起用，把两种理解都包含在内，也无不可。

接着就是有关“生态环境建设”的问题。“生态环境建设”这个词组自从国家计委1999年作了生态环境建设规划之后，国内曾经用得很广泛，但与国际也不接轨，很难确切找到对应翻译词。问题不仅出“生态环境”联用上，更出在“建设”两个词上。在中国，“建设”两字用的非常广泛，不仅用于物质方面的产业建设和工程建设，而且也用于人文社会方面，如思想建设、队伍建设等等。在国际上很难找到与它完全相对应的词，只能在不同情况下不同处理，如construction，building up，improvement等等。另外，“建设”这两个字往往含有较强烈的从无到有的人为过程，把“建设”两字与“生态环境”联在一起，就强调了这个建设是一个人为的过程，这与当今许多人的生态理念和意向相违背，因为解决生态问题，突出的是要依靠自然规律及自然修复的能力，不宜把人为活动放得过重。对这个问题我们曾经通过多次讨论，大部分人都认为，首先要把“生态”和“环境”分开，即分别为生态建设和环境建设。说环境建设，特别是环境工程建设，没有多少人有意见。但对于生态问题，宜根据实际需要使用保护(protection)、保育(conservation)、恢复重建(rehabilitation，restoration)等词，只有在主要采用人工措施(植树造林、种草、人工湿地等等)时才可用“生态建设”一词。这些意见发表后已经影响了当前文字应用规范，如在文件中很少再出现“生态环境建设”一词，而更多地出现了“生态保护”或“生态保护和建设”等用词，但这里仍离不开用上“建设”两字。我个人认为现在中国应用“生态建设”已经相当广泛，它可理解为一切旨在改善生态状况的行动的总称，应当是涵盖生态系统保护、保育、恢复重建及人工植被建设等内容在内的。这就可以约定俗成了，不必完全拘泥于中外文的对应关系。也许将来国际学界也会习惯于中国人所称的“生态建设”含义的。

最后来看看应该怎样正确看待“生态工程”这个概念。“工程”两字在中国也是应用得很广泛的词。工程(engineering)本来的意思应该是众多具有科学依据的应用技术综合应用于某个对象物而有相应的产出的一个系统。可是现代中国用的“工程”

两字兼有工程技术（engineering technology）和项目（project、program）两个含义。所以既有“三峡水利枢纽工程”、“奥体场馆建设工程”这样的工程，又有“希望工程”、“人才工程”这样的工程。后面的工程实际上只是项目，但用工程两字来强调它的复杂性和系统性。

生态工程与一般的建设工程相比，有它的特殊性①。因为它主要是与大自然和生态系统打交道的，必须遵循人和自然和谐的理念，必须依据生物和生态系统的发生、生长发育与更新演替的科学规律，特别是其物质循环、能流运动和结构与功能协调的规律，有很强的区域地带性（必须因地制宜）和灵活性（不能机械行事）。尽管如此，它仍是一种工程，具有作为工程的许多共同特征。按照这个理解，一定区域的生态保护修复，一个沟系的水土保持体系建设，都可认为是生态工程。至于更大范围的工程，如天然林保护工程、退耕还林工程、防风固沙工程、三北防护林体系建设工程等等，这都属于大工程范畴，是一个拥有理念、方针、规划、设计、技术、组织运行、政策保障、效益产出等复杂而又完整的系统工程。

二、中国生态建设工程的范畴

在中国，首次明确提出生态环境建设项目并纳入全国经济社会发展规划的当是国家计委于1998年底出台的《全国生态环境建设规划》。在这个规划中，国家计委提出了以下六项作为中国生态环境建设的主要内容，即：自然保护（包括生态系统、野生动植物和自然景观的保护）、植树造林、水土保持、荒漠化防治、草原建设和生态农业。我认为还应当把城市园林建设和工矿交通建设区域的生态恢复重建也列入内，共计八项。

实际上，这个规划出台之后，在中国又推出了好几个大的生态工程，最主要的如天然林保护工程、退耕还林（草）工程、退（休、轮）牧还草工程。

天然林保护工程不是一项简单的自然保护工程，它兼有森林生态系统保护、停减木材采伐、培育森林后备资源、建设林区替代产业和安置林区多余职工等内容，是一项政策性很强又要采用多种行政和技术措施的大系统工程。

同样，退耕还林（草）工程也不是一项简单的造林种草工程，而是涉及土地利用模式优化、植被恢复保护、生态补偿、后续产业建设等内容，也是一项政策性很强又要采用多种行政和技术措施的大系统工程。

遵循人和自然和谐的理念，依据客观的自然规律特别是生态科学规律，采用成套的技术和行政措施，组织广大群众参与并提供巨大的政府财政投入（以千亿计）和系列的政策保障，这是中国正在进行的生态建设大工程的共同特征。

① 我国著名生态学家马世骏先生将生态工程定义为“是利用生态系统中物种共生与物质循环再生原理及结构与功能协调原则，结合结构最优化方法设计的分层多级利用物质的生产工艺系统”。

三、中国生态建设工程的成就和贡献

自1978年改革开放以来，中国的生态建设工程已经取得了巨大的成绩，举世瞩目。在这里，我不想重复列举各项生态建设工程取得的成果数据，几乎每个工程每年都有总结性的成果发布，见诸报端，也比较容易从统计年鉴及网上获取。我认为有必要审视这些生态建设工程运行所产生的综合效应，并探讨究竟如何对此做出客观评价。

我国的生态建设工程大多是追求取得生态、经济和社会综合效益的，因此全面评价也要从生态、经济和社会，甚至从政治的角度去分析衡量。当然，所有生态建设工程又是以追求生态效益为其主要目标的，因此生态评价是最主要的评价。对于各项生态建设工程的综合生态效益评价，可以从植被覆盖率、水土流失、土地荒漠化及碳汇增长等几个角度去分析。

植被覆盖率是一个非常重要的衡量生态状况的指标。在中国通用的有森林覆盖率、林木覆盖率（森林+散生林木）和林草覆盖率（森林+散生林木+草地）等，其中只有森林覆盖率有较长期的系统的测定数据。中国现有的森林面积是1.749亿hm^2，森林覆盖率18.21%。从历次森林资源清查结果列表（表1）可见，从改革开放以来，森林资源有了很快的增长，成绩是很显著的，这里也反映了各项生态建设工程所做出的贡献。

水土流失是生态恶化的一个重要表现形式。据最近全国水土流失综合考察所提供的资料，我国的水土流失仍很严重，水土流失面积161.22万km^2，占国土面积的比例达17.0%，比上世纪80年代中期（179.42km^2）略有减少。在这个流失面积中，不同强度的面积所占比例有了调整，强度流失（包括剧烈、极强度）面积比例有了明显减少（表2）。各主要江河土壤流失总量均有明显下降，从建国初期的年均50亿t下降到近期的年均28亿t。最典型的是黄河流域，过去的常年平均流失量是16亿t，但近年来鲜有超过8亿t的，扣除降水量变动及水利建设的影响，初步估算水土保持能力至少增加了3亿t以上。这也是各项生态工程综合作用的结果。

表1　历次森林资源清查结果主要指标

清查期	森林面积（万hm^2）	森林蓄积（万m^3）	森林覆盖率（%）
第一次（1973～1976年）	12186.00	865579.00	12.7
第二次（1977～1981年）	11527.74	902795.33	12.0
第二次（1984～1988年）	12465.28	914107.64	12.98
第四次（1989～1993年）	13370.35	1013700.00	13.92
第五次（1994～1998年）	15894.09	1126659.14	16.55
第六次（1999～2003年）	17490.92	1245584.58	18.21

资料来源：国家林业局。

表 2 近 20 年水土流失动态变化

面积（万 km^2）	20 世纪 80 年代中期	21 世纪初	20 年间增减量
水土流失	179.42	161.22	-18.20
其中：轻度侵蚀	91.91	82.95	-8.96
中度侵蚀	49.78	52.77	+2.99
强度侵蚀	24.46	17.20	-7.26
极强度侵蚀	9.14	5.94	-3.20
剧烈侵蚀	4.12	2.35	-1.77

资料来源：水利部水利司。

土地荒漠化是干旱、半干旱化地区土地退化的综合表现，全国荒漠化土地面积 263.62 万 km^2，占国土面积 27.46%，这个面积与水土流失面积有不少是重叠的。这其中风蚀荒漠化面积为 183.94 万 km^2（沙化面积为 173.97 万 km^2），是重点关注对象。经过多年的努力，我国的沙化土地面积由扩张转为缩减，从 1999 年到 2004 年沙化土地面积净减少 6416km^2，年均减少 1283km^2。不仅如此，从荒漠化程度（沙化程度）来看，也存在重度和极重度荒漠化面积所占比例在减少的现象。在沙化土地治理方面，以毛乌素沙地和科尔沁沙地的治理成效最为显著。

由于植被覆盖率及单位面积生物产量的增加，也必然反映在我国碳汇总量的增长上。仅以检测较为系统的森林资源变化来估算，2004 年中国森林净吸收了约 5 亿 t CO_2，相当于同期工业排放量的 8%。而且这个靠森林吸收的碳汇量还在随着中国森林面积继续扩大（计划到 2010 年森林覆盖率达到 20%，本世纪中期最终目标达到 25% ~26%）及单位面积蓄积量的不断提高（从当前的 84.73m^3/hm^2 增加到 100m^3/hm^2 以上）而不断增长，对减缓全球气候变化可以做出积极的贡献。

从以上 4 个方面分析来看，中国的各项生态建设工程确实已经在抑制自然灾害影响、改善生态状况方面起到了积极的作用。当然，中国总的生态和环境状况是严峻的，中国的经济和社会迅速发展对于生态和环境的压力很大，而且还要持续相当长的时间。但中国为了改善生态和环境状况而进行的生态建设工程，已经产生了明显的效益，积累了大量的经验，并以其巨大的规模、丰富的多样性及其与社会经济发展的紧密联系在国际上堪称范例。我们应该努力把这些生态建设工程继续推向前进，使其能对中国，也对全世界做出更大的贡献。

沈国舫

（中国工程院、北京林业大学）

《中国环境与发展回顾和展望》引言(代序)*

自1978年末改革开放以来，中国的经济和社会快速发展，取得了举世瞩目的成就。中国在工业化和现代化的道路上全面迈进，用不到30年的时间取得了世界上许多发达国家用了上百年的时间才取得的进步，给中国国力的增强、人民生活的改善带来了有力的推动，同时也对世界经济和社会的格局产生了一定的影响。但基本上还是依据粗放型的经济增长方式所取得的发展成果，在经济快速增长的同时，对资源与环境也造成了巨大的压力，产生了不利的影响，并由此也引出了一系列社会问题。单从环境问题的角度看，我国当前的环境形势已十分严峻。按照《国务院关于落实科学发展观加强环境保护的决定》(国发【2005】39号文件)中概括描述："……重要污染物排放量超过承载能力，流经城市的河段普遍受到污染，许多城市空气污染严重，酸雨污染加重，持久性有机物(POPs)的危害开始显现，土壤污染面积扩大，近岸海域污染加剧，核与辐射环境安全存在隐患。生态破坏严重，水土流失量大面广，石漠化、草原退化加剧，生物多样性减少，生态系统功能退化。发达国家上百年工业化过程中分阶段出现的环境问题，在我国近20多年来集中出现，呈现结构型、复合型、压缩型的特点。"

中国政府和社会公众对于环境与发展之间关系的认识有一个不断探索和逐步深化的过程。由不自觉到逐步自觉，由无机构专管到设立专职环境机构并逐步加强管理，由基本无法可依到逐步建立并完善环境管理方面的法律体系，由单部门少数人行动到多部门协作行动和群众团体扩大参与，这个环境事业的发展进程还是历历在目，非常清晰的。1992年里约热内卢大会召开前夕，中国政府与各国际友好政府和环境界著名人士协商，建立了中国环境与发展国际合作委员会(简称国合会，CCICED)，对一系列环境与发展问题开展调查研究，广泛吸收国际上在这方面的先进经验，定期向中国政府提出改进和协调环境与发展问题的相关政策建议，得到了中

* 本文来源：中国环境与发展回顾和展望高层课题组. 中国环境与发展回顾和展望. 北京：中国环境科学出版社，2007.

国政府和各有关部门的重视，取得了良好的效果。可以说，这十多年来，中国在环境与发展问题上所取得的进步，几乎都与国合会组织的活动相关：从认识到理念，从问题到对策，从经验到创新，在所有的这些方面的进步中无不融入了国合会中外方专家学者集体智慧的贡献。同时，国合会的独特机制和运作模式也对国际环境界产生了良好的影响。

进入21世纪后，特别是2003年本届政府就职以来，随着中国的经济社会发展到了一个新的更高层次的阶段，而且在发展中出现的环境问题愈益凸显，也随着中国领导集体在中外经验教训的基础上对环境与发展问题的认识愈益深化，中国政府提出了一系列新的发展理念、发展目标和指导方针。首先是在2003年秋的中国共产党十六届三中全会上明确提出了："坚持以人为本，树立全面、协调、可持续的科学发展观"，强调按照"统筹城乡发展，统筹区域发展，统筹经济社会发展，统筹人与自然和谐发展，统筹国内发展和对外开放"的要求推动改革和发展。然后，在2005年中共中央根据当时资源消耗过大，环境影响递增的现象，先后提出了"建设资源节约型、环境友好型社会"，"建设社会主义新农村"以及"建设社会主义和谐社会"的要求，为先前已经提出的到2020年全面建成小康社会的伟大发展目标注入了新的内容和新的要求。所有上述这些要求都从精神上和具体指标上纳入到了从2006年开始执行的中国第十一个经济社会发展五年规划之中，特别是一些人口、资源与环境发展指标都已作为需要强制执行的约束性指标列入"十一五"规划之中。

环境与发展问题已经成为中国当前及今后相当长的一段时期的突出问题，也是在全球化的国际背景下中国和世界各国共同面临的重大问题。温家宝总理在2006年4月23日第六次全国环境保护大会上提出"贯彻落实科学发展观，促进人与社会和谐发展，必须加强环境保护；实现全面建设小康社会的目标，必须加强环境保护；提高人民群众的生活质量和健康水平，必须加强环境保护；为中华民族的生存和长远发展着想，必须加强环境保护"。温总理在同一个报告中又指出："做好新形势下的环保工作，关键是加快实现三个转变：一是从重经济增长轻环境保护转变为保护环境与经济增长并重，把加强环境保护作为调整经济结构、转变经济增长方式的重要手段，在保护环境中求发展。二是从环境保护滞后于经济发展转变为环境保护与经济发展同步，做到不欠新账，多还旧账，改变先污染后治理、边治理边破坏的状况。三是从主要用行政办法保护环境转变为综合运用法律、经济、技术和必要的行政办法解决环境问题，自觉遵循经济规律和自然规律，提高环境保护工作水平。"这四个"必须"和三个"转变"反映了时代的呼声，体现了政府总的政策导向，是我们应该为之奋斗的巨大任务。

正是在这个伟大的环境与发展转折时期到来的年代，国合会即将完成其第三个阶段的工作，并将审视未来的工作需求和挑战。国合会成立15年以来所做的大量工作和经验值得总结，国合会所面临的中国环境与发展的新的形势和问题需要分析，中国在未来发展过程之中将要面对的新的挑战需要有个总体的评估和把握。为此，国合会主席团决定设立一个专门的高层课题组，由国合会第一任主席，前任国务委员宋健院士和加拿大国际发展署前任署长，国合会前任外方副主席拉贝尔女士领衔，组织一批中外方著名专家进行研究探讨，以国合会过去15年的回顾及未来15年的展望为主题，以总结过去经验，认清当前形势，指导未来发展为任务，进行了将近一年的紧张工作。整个工作分为回顾、展望、政策建议和针对第四届国合会工作建议3个部分进行，以下将3个部分的研究分析结果作扼要的报告，另外还附有“回顾”与“展望”两个部分的详细分报告以及一系列对专项问题的调查研究专题报告。

报告的研究与编写工作得到了各方面的大力支持，特别是国合会秘书处的鼎力协助，这里就不一一列举，在此谨表示衷心的感谢！

宋健　沈国舫

2006年11月

新疆伊犁地区考察报告*

8月下旬，我随中国工程院新疆水资源项目组到新疆考察。出于我个人的专业背景和关注重点，我选择了以天山西段的伊宁市和南疆南部的和田地区为考察重点。前后共七天的考察，时间很仓促，但由于当地陪同(以新疆林业厅英胜副厅长为首)的有效配合及现代交通工具的便捷，还是让我们看到了关键的地方、听到了关键的信息，使我们对问题的认识有所深化和提升，现先以伊犁地区的考察为主提出报告如下：

在伊犁地区(伊犁自治州内的伊宁市范围)我们主要关注的是天然林保护状况和天然草场的使用状况及其对伊犁河流域的水源涵养作用。伊犁河的上游特克斯河来自境外，在天山西段这个三角地带转了一圈，再由伊犁河干流出境回到哈萨克斯坦，在转这一圈的过程中，从西天山大小支流汇集的地表径流大约100亿m^3，占伊犁河总流量的2/3。而在这个三角地带内主要的植被就是森林(雪岭云杉林、阔叶林)和草原(从干草原到亚高山草甸)，再加上雪山冰川，这些就是伊犁河水补给的主要来源，他们的状态如何，对于伊犁河水资源的可持续开发利用至关重要。

在气候变暖的趋势下，西天山的雪山冰川如何变化当另作专题讨论，我们主要关注的是森林和草原的状况，特别是森林的状况更是列为重点。今年伊犁适逢大旱，本该在这个季节里呈现绿色的山麓草原一片枯黄景象，但我们经过看到的伊犁河及其主要支流(特克斯河、巩乃斯河、喀什河等)还是有相当充裕的流量，从林区流出来的溪流水量还相当充足，森林的水源涵养作用功不可没。

但是当我们深入了解当地森林的状况后，认识到这里存在着不少问题。伊犁地区的森林主要有三大类，一是在中高山上(海拔1500~2800m)的雪岭云杉林，二是前山地段(海拔1200~1500m)的天然阔叶林(野果林、野核桃林)，三是河谷地带的小叶白蜡林及杨树林，后者大多是人工林。西天山的雪岭云杉林(以下简称云杉林)受到从西面(欧洲)来的比较湿润的大气流的影响，得天独厚，生长特别高大。200~300年生的云杉最高可长到50m多，胸径达到1m以上的大树并不少见。好的

* 本文来源：新疆可持续发展水资源战略研究项目简报第8期，中国工程院，2008年10月.

云杉林的木材蓄积量也可达到每公顷1000m^3 以上，与全国天然林每公顷蓄积量仅80多m^3 的水平相比，堪称高产，在国内仅川西部分原有的原始天然林及西藏雅鲁藏布江峡谷的原始天然林可与其媲美，在干旱的新疆，应该是特别宝贵的。伊犁的成大片的云杉林都归属天西林业局经营，现已纳入天然林保护工程，从2000年起全面停止了采伐。在林业局范围内还设立了一个西天山雪岭云杉自然保护区，主要任务就是保护珍贵的雪岭云杉森林生态系统。在实施天然林保护工程中存在着机构转型问题(从企业单位变为事业单位)、多余职工安置问题、财政投入的力度问题等诸多问题，这里不便细述。但只从天然林的可持续发展这个角度看，本来天然林保护应该是提供了最好的基础，但在实践过程中却发现也存在许多问题。根据我们的观察最主要的问题出在这样的森林保护状态不可持续。从表面上看，云杉林上层还是很茂盛，但仔细一看，这些云杉林缺乏它应有的复层机构，而且林下除个别树桩附近外，缺乏幼树，西天山的云杉林大部分是过熟林，树龄老，随时有风倒及虫害(小蠹虫)使上层林木死亡，森林火灾也很常见，按自然规律在火烧迹地及风倒木林窗下可由幼树更新接替。没有了幼树就意味着这片林子难以为继。我们问当地林业局的人，据说这种现象很普遍，主要问题出在林牧关系上。这里的每一块林地同时都有两个证，一个是林权证，一个是牧权证。对当地哈萨克牧民来说，林下放牧似乎是天经地义。林下放牧不但毁伤已有幼树，而且一旦老林木倒伏开出林中空地，就会生长出草来，这就是当地最好的牧场，因此幼苗幼树也长不出来。由于近年来牧民人口增加很快(伊犁地区从解放初的17万牧民增至40多万)，为了发展经济，牲畜头数也增加多倍，而草原数量有限，草场严重过牧，即使是与林区相邻的较好的草地也可看出已严重退化。这里的林地和草地本来就是插花分布的，草场供草不足，牲畜就往林子里赶，就是在云杉林自然保护区的林地里也到处都是牲畜粪便，别处更可想而知。因此云杉林虽被保护，却后继无树，不可持续，这是这里的普遍现象。

西天山的云杉林大多是过熟老林，开发较晚，不像东北林区那样，还有可利用的资源基础。刚开始实施天然林保护时，林业部考虑到这个实际情况还是给这里保留了一定的可采伐额度的。但当时出于保护天然林的热情，也可能对天然云杉林(属暗针叶林)的特性掌握不够，自治区主动放弃了这个额度。于是这个林区只能遣散原有职工，用下拨的少量管护费消极保护这片森林。原有的苗圃荒芜了，原来已有成熟经验的云杉人工更新也因没有新的更新任务(没有投资)而不做了，林道建设也停止开展了。近几年云山老林风倒了一大片，本来理应赶快抢救出来(林业上称作救生筏)，一方面可以利用，另一方面也可改善林区卫生状况，避免次生虫灾蔓延，还可腾出地来更新幼树。这一项传统的森林经营措施，却因禁伐思维过强而一再被拖延、限制。不但坐失良机，而且还给林区增加了灾变(火、虫)威胁。

这一切都是怎么造成的呢？我认为很大的一个原因是一些人对于天然林保护工程认识片面。特别是有一些偏执的环境主义者总是认为什么都是天然的好，天然林只要禁伐保护，让它自生自灭，就能保证它发挥最好的生态功能。我本人是天然林保护工程的创议者之一，但我并不赞成单纯依靠消极保护。森林资源也是大自然给人类的恩施，适度的聪明的利用是完全可能的。我们在一段时期内提倡的禁伐限伐为核心的天然林保护，主要是因为有些地方的森林资源长期遭受了粗放的过度的采伐利用，需要让它休养生息，恢复生气。老龄树，特别是高大的暗针叶林，火灾或风倒然后虫灾，这是一个自然过程，欧洲阿尔卑斯山上的暗针叶林近些年来都经受了这个过程，人家瑞士、奥地利，也包括法国都是在风灾后及时组织力量抢伐倒木运出来并清理林地环境促进更新。而我们却听之任之，任其生虫及腐烂。再加上伊犁地区草地退化压力及哈萨克牧民的林内放牧传统（瑞士人也在阿尔卑斯山上放牧，可不会侵害林地）结果就造成了上层林木保护了，但生态系统被破坏了，林下和林中空地上没有幼树更新，森林资源难以为继。

同样的局面也出现在伊犁地区的天然阔叶林（野果林、野核桃林）内。这是一种非常独特的森林类型，全世界仅此一地（和中亚地区其他诸国天山山脉上的野果林算在一起）是许多果树种类的珍贵野生种质资源库。对这些野果林也实施了天然林保护，但覆盖不全。森林和草原接壤交错，林下放牧非常普遍，有大树而无小树的现象也很突出。只有上层林木的保护而没有整个生态系统的保护，更没有正常的森林经营活动（除防火外）。也说明这些森林的前景并不乐观。

出现了这些情况该怎么办。我们呼吁国家林业局领导和新疆维吾尔自治区领导充分重视这个问题。首先要端正对天然林保护的全面认识，要用森林的科学经营来支持森林保护。其次，林牧矛盾在这个地区是长期存在的，要从人民长远利益出发想法解开这个扣。要是像现在这样仅靠天然草场发展牧业，因超载过牧而使草场退化，这种做法也是难以为继的。要从人口、资源、环境协调发展的更高层次看待当地的牧业发展问题，走改善天然草场和建设高质量人工草场相结合的路子，并且还要给牧民找出更广阔的就业和发展途径来解决牧民致富问题，连带着也解决好林业问题。林下放牧不是完全不可以用，但要有区域及林龄、林况限制，要有人管理，世界上林业、牧业发展先进的国家都是这样做的，我们也应该努力去做，协调好林牧关系。

作为临时应急措施，我认为应该请自治区再次强烈提请国家林业局批准，赶紧把近年的风倒木（据说有几十万立方米）运出来，清理好场地，封禁起来（可以考虑围栏）进行人工更新或天然更新。以后还要立下规矩，倒一块（或烧一块）就清一块、封一块、更新一块，更新林地严禁放牧。这样才能保证森林资源青山常在，永续不息。在将来，适度地开放主伐也是可考虑的选项之一。要相信当地的林业管理人员和技术人员是能够把此事办好的。当然为此要有一系列相应的政策调整、项目设置和投入配套。自治区要制定一整套应对措施。

沈国舫

天然林保护工程与森林可持续经营*

摘　要　论述了天然林保护工程与森林可持续经营的关系，强调只有保护没有科学的经营，林业不可能实现可持续发展；只强调生态效益不注重经济效益和社会效益也是片面的，偏执的。要按客观的科学规律行事，统筹森林经营目标，实现森林可持续利用

关键词　天然林保护；科学经营；经济效益

从1998年开始试点，2000年开始正式实施的天然林资源保护工程(简称天保工程)，和退耕还林工程一起可以说是21世纪初中国实施的最伟大的生态工程，在全世界也有其深远的影响。天保工程的实施是对1998年长江及嫩江流域发生特大洪水的及时反馈，是对当时在东北内蒙古林区已经深陷资源和经济双重危机的有力应对，也是党和国家领导试图扭转旧的发展模式(以牺牲资源和环境为代价的粗放型发展模式)，探索科学发展道路所发出的先声。

天保工程的实施，全面停止了长江上游、黄河上中游地区天然林的商品性采伐，在东北、内蒙古国有林区实施了分类经营，大大调减了木材采伐量，加大了森林管护力度，分流安置了因减产而造成的林业企业富余职工，取得了明显的积极效果。中国的森林资源在近10多年来得以有较快的恢复增长，所积聚的碳汇量也大大增加了，天保工程功不可没。但是，实施天保工程之后，林业发展问题是否都解决了呢？当然是大不尽然的。一方面是天保工程实施过程中还存在着不少问题，如覆盖面还不够全，投入力度还不够大，林区替代产业的发展还不够好等等；另一方面天保工程就其属性来说只是一个阶段性的、过渡性的工程，可能还要实施10年、20年，但终究要结束的。天然林保护的目的是为了建立更多更好的森林资源，更好地发挥森林的多种功能，产生更好的综合效益，这就要求对森林进行高水平的、科学的可持续经营(含利用)。天然林保护是走向森林可持续经营的一个重要步骤和支撑。

* 本文来源：《林业经济》，2009(11)：15-16.

明确天然林保护的目的很重要。现在有些人有一种倾向，只要保护就行，一棵树也不砍，长得郁郁葱葱，能发挥良好的生态功能，就万事大吉。这种倾向有片面性。以西天山天然云杉林保护区为例，当地天然林禁伐是严格地执行了，雪岭云杉长得高大挺拔，很壮观。但细看林下，只有牛粪，没有幼树。风倒木没有及时清理，林中空地没有及时更新(因为没有计划安排)，林牧矛盾没有得到合理解决。这样消极的单纯保护，其后果只能是老林木按自然规律逐渐死去，没有幼林可以接替上去，前景堪忧，不可持续。又如，地处陕北的黄龙林区，是黄土高原上的一块绿宝石，新中国成立后几十年经营得也还可以，但实施天保工程后反而把本来很有效的林分改造工作停了下来，这也是单纯禁伐思想的后遗症。

森林的效益是多方面的，生态效益固然重要，放在第一位，但不能说森林的经济效益和社会效益就不重要。过去林业发展走过一条只重经济效益的路是错误的，必须改正，但也不能走到另一个极端，只讲生态，不讲经济。本来生态和经济是可以兼顾的，做得好的话，还能相互促进。过去我们因为采用了错误的森林经营方式，为了发展经济而损害了森林的生态功能，需要纠正。但这并不等于下一道禁伐令就解决了所有问题。被破坏了的森林需要休养生息，充分利用森林生态系统的自然修复能力，这是应该的。但修复的目的是为了使其更好地发挥作用。森林是可再生的自然资源，是可以利用的资源财富，需要科学的、可持续的经营。林木采伐既是一种利用手段，又是一种经营手段。做不好可能伤害森林，做好了反而可以促进森林生态系统的恢复和发展。当然要做好森林的科学经营，这是比单纯禁伐保护要难得多的事，但又是必须做的事。

我国的东北内蒙古林区是自然条件相当优越的林区。在当今世界上北欧是森林资源经营得比较好的地区，我国的东北内蒙古林区从自然禀赋上来看，并不比北欧林区差。拿大兴安岭林区与芬兰比，拿小兴安岭—长白山林区与瑞典比，不但不差，甚至还更有优势。但我们森林经营水平与他们比还差得太远，林区对国民经济的贡献也比他们差得远。他们能够每年从每公顷森林拿出 3 ~ 5m^3 木材，然后进行深加工，而且还不影响森林生态功能的正常发挥。而我们为什么做不到，差距就在长期的、科学的经营。现在东北内蒙古林区正在通过实施天然林保护工程来休养生息，但10年、20年后该怎么办？我们该不该从现在开始就认清目标，创造条件，开展试验，勇于实践，为全面振兴东北内蒙古林区做好准备。

开展森林的科学经营，使森林长得越来越多，越来越好，现在的关键在一个“好”字上。“好”的含义，其核心是一个生产力标准，其次还有一个生物多样性。10多年前，我就在黑龙江省的《林业月报》(1997年5月号)上发表过一篇小文章，题目是：“把营林工作的重点转移到以提高森林生产力为中心的基础上来”。当时我就呼吁要以提高森林质量和生产力水平为中心，这个问题在今天需要再次强化提出。“有毛不算秃”不是我们的追求，低产的森林不是好的森林。怎样才能提高森林生产力，使森林有多种途径，要综合应用。良种化还是要提倡，自然力的利用与人为措施要相互配合，纯林和混交林、同龄林和异龄林的经营要各得其所，要确定多种效益相协调的经营目标，要树立全周期多目标森林培育的思想。

林区是复杂的，林地和树种是多样的，我们也应以开放的心态对待这个复杂的事物，不要简单化，不要片面偏执，而要按客观的科学规律行事。有了高生产力的森林，有了森林资源优良的林区，再来统筹我们的森林经营目标，兼顾森林多种功能的发挥就有了可靠的基础。

天然林保护的理念是永恒的，但实施天然林保护工程只是一个阶段性的措施。它是一座很好的桥梁，应该把我们送到科学的森林可持续经营的彼岸。

沈国舫

（中国工程院、北京林业大学）

在“中国多功能森林经营与多功能林业发展模式研讨会”上的即席发言[*]

首先，我今天到这里来，是因为看到了《世界林业动态》对哈尔滨近自然育林的报道，这个报道一下子就吸引了我。

我从 1993 年不再当“北林大”的校长了，此后担任中国林学会理事长，一直到 1997 年。作为中国林学会理事长，我关心全国林业。大家还都记得吧，那个时候广东省提倡灭荒，好多省都响应。消灭荒山，当然那是好事，但那时候稀稀拉拉地栽上几棵树就算是消灭荒山了，对此我不想全面否定，但有一种感触。针对当时中国的情况，黑龙江省林学会请我在他们的杂志上写篇文章，我就写《我们应该把主要力量集中在提高森林生产力上来》。文章指出如此灭荒，不解决大问题，更重要的是要提高森林生产力。我作为一个林学学者，为我们国家森林质量如此低下，感到惭愧。1995 年我当上了院士，在做工程院的咨询研究项目的时候，1996 年到了西南，看到那个时候的西南还在大量地采伐森林，就向中央提出赶快要禁伐西南高山原始林。林业部这就开始研究如何开展天然林保护，后来朱总理也来到西南作出了保护天然林的决定。天然林保护工作从长江中上游开始，最后扩大到东北内蒙古林区。1998 年长江发大水促进了天然林保护工程的上马，2000 年正式上马，所以说我在这方面起到了一定的促进作用。

但是，天然林保护工程完成得怎样呢，当然主流是好的，采伐量下来了，植被恢复了，对我们的森林面积和森林蓄积增长都有好处，但是有很多的问题。20 世纪 90 年代，我到陕西黄龙林区，那是在西安以北、延安南部的一个次生林区，原来经营得比较好，可是“天保”后，把原来森林改造和抚育的那些项目全给砍了，不经营了，光保护了，都成公益林了。大概甘肃的小陇山林区也是这个状况。这样并不妥当。

---

* 本文来源：《世界林业动态》，2010(10)：3-8.

前年又到新疆去，新疆西天山的云杉天然林，本来是有主伐任务的，因为那里是过熟林为主，可以采伐一些木材，但新疆主动申请完全停止采伐。我也去看了。天然林保护当然有好处，但也产生了很多弊病。那里原来的造林项目都停止了，不要更新了，育的苗也没用了，而林下由于放牧而没有幼树生长。前几年，我到瑞士、奥地利考察，忘记是哪一年，刮了一场大风，包括法国，刮倒了很多树。风倒以后，几个国家都抓紧把风倒木拉出来，销售、利用，然后再恢复森林。而我们的西天山前几年也发生了一场大风灾，由于一种纯保护观念，没有及时处理，大树倒了就倒了，烂在里头，就不怕长虫子，风倒木不及时拉出来，更新项目也没跟上去。整个西天山林区，有很高的大树，天山云杉能长到40m高，1m粗，可是林下没有幼树。这个林子你保护下来最后怎么样？最后是老的终归要死掉，倒的也不管它，幼树更新没有，是不可持续的。

2004年，我随着老水利部长钱正英院士，到黑龙江来过2次，我们有一个东北地区水土资源和生态建设的调研项目。吉林也去了，几个林区都去了，伊春林区也去了。伊春林区虽然因为天然林保护，使得资源危机和经济危困的“两危”缓和了一下，可是森林经营状况毫无起色，单纯地保护。看上去满山是绿的，郁郁葱葱是不错，可是里面没有几棵能成材的，将来这个林子变成什么样？非常危险，没有前途。所以，我们提出来要把伊春林区，和东北其他林区一样，应该建设成我国未来的用材基地。以前当用材基地，过伐了，那不对，那是当时建国初期为了原始积累资金，过度开发了。现在应该怎么办呢？还是要积极想办法加以经营，提高它的生长量，培育出好的林子，它仍应成为我们国家未来的主要用材林基地。

我们这片温带森林和欧洲比，自然条件并不差，为什么他们的森林年生长量可到每公顷6～7m^3，而我们总是停留3m^3左右，甚至还不到。这是我们向温家宝总理汇报过的。到现在，国家林业局还是把我们这个报告作为主要参考，来参考天然林保护政策应该怎么做。当然，看来天然林保护10年不够，我们提出20～40年的延期。但是，天然林保护不能像现在这么消极的保护。这是我们的担忧。

我年纪大了，做不动了，可是我呼吁，呼吁你们来做这个提高森林生产力的工作，来真正踏踏实实地经营森林，让它既发挥生态效益又发挥经济效益和社会效益。当然，你如果仅从生态效益这个角度想，把次生林保护下来，不管有没有好树种，不管是不是低效杂木林，那倒省事。把大量的林子都当公益林，拿国家补助，自己可以不做工作了。但长期这样下去不行。长期以来我有这样一个担忧。

所以，这次看到你们这个典型，一下子就吸引我了。你们是走出了一条既发挥森林的综合效益，也提高森林质量的路。这才是哈尔滨市林业局这3个林场吸引我来的原因。这是我为什么看到了报道，马上想来的原因。

第二点，看了以后，我的感想一个是赞赏，一个是亲切，一个是学习。

赞赏，就是说，你们确实做了很好的森林经营工作，确实做到了既发挥了森林的多种效益，同时又改善了森林资源状况，这两点结合好了。我觉得评价一个森林，一个林业管理者，或者一个森林单位，怎么评价，就是这两条。效益好，当然是指综合效益，生态效益、经济效益、社会效益都好。刚才三个演示报告，已经说明 3 个林场三方面效益都提高了，我觉得非常好。那么这个典型，就说明了它既发挥了这个效益，同时森林的数量和质量都大大提高了，总蓄积量提高了 100 多万 m^3，年生长量也提高了。所以我很赞赏。但是，如果来个败家子主持林业局，又开始挑好的伐，剩下的随它去，重复我们 20 世纪 50～60 年代在林区的老路，尽管他短时间能取得很高的经济效益，可是森林资源就再次被破坏了。

第二个就是我感到很亲切。为什么亲切呢，我是搞森林培育的。在座有好几个人跟我说，他们是学过我的教科书的。我的教科书以前叫《造林学》，现在叫《森林培育学》，造林学这个概念太窄了。现在已经有三代教科书了，1961 年是第一代，1981 年和 2001 年又出了第二代和第三代教科书。书里面讲了很多道理，当然，这些道理也是在逐渐进化，但是我看很多生产实际并不按书上的做。教科书强调要适地适树，要合理密度，要适当混交，要提高生产力，抚育时要留好的、去差的。但实际上往往做的相反。所以有的时候我们说怪话，按理，理论总是落后于实践，但在林业实际上是实践落后于理论。我们的生产实践离理论差得太远了。现在看到这个样板，他们真正按照正确的理论去做了，而且还有发展。

我刚才交代了我的背景，我是留学苏联，在圣彼得堡林学院学习了 5 年。大家对苏联的林业有各种评价。俄罗斯的林学有许多是从欧洲传过来的，俄罗斯林学内容有很多是与欧洲相通的，实际上老根在德国。包括日本、美国的林学根基，也是从欧洲学来的，欧洲才是传统林业科学的老根。俄罗斯的森林多，分 3 类，第一类是保护林，第二类是真正要好好经营的，第三类是可以大面积采伐的粗放经营的森林。我们学习了人家粗放的一面，没学到人家细致经营的一面。所以你们请了德国、法国的专家一起来研究，大家一讲都很容易互相理解。实际上道理是一致的。所以我感到亲切，因为我也是这么提倡的，当然要不断地适应新的条件，创造新的做法，有所前进，但是道理是一贯的。

第三，我是学习。今年我 77 岁，但是还要学到老，我也要跟着时代前进。很多具体技术有新的进展，有新的科学技术产生。搞学科的，要不断吸收营养。现在我的学生们正在写下一版《森林培育学》教材，希望能够反映你们的新情况，以便于充实我们新的教材。这本书 2011 年出版。

由于时间有限，不能太展开，但是我还要再说一点，有两个联想。

一个是我们今天做的工作，实际上跟现行的林业政策，在有些地方是矛盾的。现行的政策是分类经营、限额采伐，按这样的机制来管理的。当时搞分类经营，我也是投赞成票的，因为林业部定这些政策时总是要征求我们这些人的意见吧。但是当时我就说明，分类经营可以，哪些是搞公益的，哪些是搞商品的，哪些是自然保护区。但是不能绝对化。因为森林本身是多功能的，任何一片森林都是多功能的，你再怎么分类，只能是把它的主要功能确定下来。但是，主要功能确定以后，这片森林它还是多功能的。任何一片林子，它有它的生态功能、它有它的经济功能，它有它的社会文化功能，所以不能绝对化，而现在呢，绝对化了。这样不好。尤其是有这样的倾向，由于这个林区贫困，当时已经是“两危”了，因此有意识地要扩大公益林的比例。比如伊春，还有其他几个大林区，重点公益林和一般公益林的比重，要达到60%左右，商品林占森林面积的40%还不到。东北地区是山比较缓，坡不太陡，土壤比较肥沃，适合于生长森林，也适合于经营木材。商品林地只占40%，为什么？扩大公益林，可以跟国家多要点钱。这不是一个正常的办法。

我的看法，像小兴安岭、长白山这种林区，有10%作为绝对保护的自然保护区，来保护生物多样性集中的地方；另外拿出10%来搞速生丰产商品林；其余80%应该是一般的、正常经营的林子，叫“多功能森林”。这样的比例才差不多。现在是60%的公益林，40%的商品林。这不符合实际。我们不能从一个极端走到另一个极端。20世纪50～60年代奖励采伐，不讲究生态效益，现在反过来了，什么都要保护了，都不许砍，把采伐视为仇敌，把正常的采育活动作为错误对待。小麦可以收获，林木就不让收获，宁可使我们国家50%以上的木材进口。我国粮食自给率到95%以上了，可木材自给率50%都不到。这样的状况，能够长期下去吗？能够生产木材的地方为什么不生产？生产木材不一定是对生态效益有损伤，搞得好的它不损伤生态效益，同时有经济效益。这样对于保护好林子更有积极性，这就是现状。

我们在政策上仍然存在这个毛病。但是要扭转这个，不是很容易的。在这方面你们起码闯出一条路了，虽然你们也受这个束缚。在现场我看了，对划定的公益林你们怎么对待，商品林怎么对待。实际上，这个界线，在你们这个地区，是很难划分的。总的来说都应该以多功能的目标来经营，既生产木材，又发挥生态效益。像你们这样的地方，对采伐量过多地限制，没有必要。真正有责任心的科学的营林人在这里管，你就不用担心他们过伐。他们砍的都是差的，差的就是要早点砍掉，因为它们会影响目标树的生长。我看，这里走出这条路子，对全国应该是有启示的。所以这是我的一点联想，联想到国家大政策，将来国家的林业政策该怎么调整。但这得慢慢来，因为涉及面很大，急不得。

另外一点是，我还要强调，还得因林制宜。我觉得这里经营得好，一个很重要的经验，就是比较细致，比较灵活，针对不同的林况，哪些该拿掉，哪些该保留，是因林制宜的。从小范围来说，你们做得很好。但从大范围来说，你们有些具体做法，不一定全国都合适。要注意这一点。比如你这套做法拿到大兴安岭，那里是以落叶松纯林和樟子松纯林为主的，就不合适，它没有那么多的阔叶树资源。拿到南方也不行，拿到西南高山更不行，那里山高、坡陡，不行。

你们这里有些方法，用在速生林上，也不合适。如南方的桉树，有它另外一套经营方式。我们的桉树速生丰产林、杨树速生丰产林，这些现在都是被一些人攻击的对象。但我们国家总还应当有一些速生丰产林啊。问题不在于是否发展速生丰产林，问题在于如何发展。我为海南省当了5年的顾问，他们那时规划要搞300万亩桉树林。我说不反对你们搞桉树林，但是要搞300万亩也太多了，对海南这个小省来说，有100万亩足矣，要留出足够的地方给天然林，给其他热带作物和热带果树。这就像弹钢琴，凡事要有个度，超过这个度就不行。我一直主张，速生丰产林这一块要有，但面积要适当，10%就可以了。

所以，你们这个森林经营案例，它有全局性意义，但技术上有地域局限性。我们要强调因林制宜。

在这里，说这些是否恰当，请多批评。

沈国舫

第三部分
高等教育与教学研究论文选登

森林培育学的教材建设是沈国舫学术生涯中的重头戏。他从1961年起参与并主导了三代森林培育学教材的编撰工作(1961，1981及2001~2011)。这里特意选登了早期(1961)教材的一章，1974年发表的林业技术讲座和最新森林培育学教材的绪论(2011)来展示教材发展的历史进程。此外，作为曾经担任北京林业大学校长的林业教育家，他也在一些教育论文中显示了自己对于发展林业高等教育的一些观点。

《造林学》第三篇第六章　造林地的整地*

林木栽培也像其他植物栽培事业一样需要以“土”为基础。造林整地是人为地控制和改变环境条件(主要是土壤条件)，使它适合于林木生长需要的一种重要手段。细致整地是造林的六项基本措施之一。在当前，细致整地尤其对提高大面积造林成活率，改善幼林生长状况具有特别重大的意义。

一、造林整地的特点和任务

造林整地和农业整地以及育苗的整地等具有很多的共同点。关于整地的一般原理在本书第二篇育苗部分已经有过介绍，此处不再重复。为了深刻理解林木栽培中的整地工作，还必须了解它不同于其他植物栽培事业中整地的特点，也就是掌握它的矛盾的特殊性。在一般情况下造林整地至少有以下几个特点。

第一，由于作为造林地使用的土地一般都是各种各样的未经耕作的土地(荒地)大部分为有坡的山地，即使是平地，也往往是不便于其他植物栽培利用的砂地，盐碱地等。这些造林地的条件是极端多样化的，并且一般是比较恶劣的。林地土壤的人为作用影响较少(比如农业)，表现出自然土壤的特性，在其上生长着较茂密的自然植被。这一切都深刻地影响着造林整地的任务和方法，引起它的多样性和复杂性。由于条件的限制，造林整地往往不能全面整地而采取局部整地的方式。

第二，由于林木栽培的对象都是多年生植物，因此不能每年进行翻耕整地，而往往要隔几年甚至几十年才进行一次。在对整地的要求上也由于木本植物根系深大等特点而与其他整地有所不同。

正因为如此，造林整地的任务与其他整地有所不同，在完成这些任务的具体方法上也有很大差异。归纳起来，造林整地应完成以下三项任务：①改善人工林生长的立地条件；②保持水土；③保证合理密植与配置。下面对此分别进行分析。

---

* 本文来源：北京林学院选林教研组．造林学．北京：农业出版社，1961：231－243.

（一）改善立地条件

如前所述，所有整地的主要任务是改善植物生长的立地条件，但造林整地在达到这个目的的途径上反映出了固有的特点。一般整地时只改变土壤条件，但造林整地除此以外还能显著地改变小气候条件，尤其是光照条件。造林整地几乎可以影响到绿色植物生活的所有因子，现在我们从各生活因子的变化状况来分析造林整地的作用。

1. 造林整地对光照条件的作用

造林地上一般生长着茂密的自然植被，造林整地的重要任务之一就是要调节自然植被与人工幼林之间对于光的竞争关系。这样的任务在农业与苗圃整地时是不存在的，而在造林整地时，尤其在水分充足的林区造林地上整地时，解决人工幼林的光照营养问题往往成为一个首要突出任务。造林整地首先是通过造林的清理（火烧、全割、带割等），来达到这个目的的。其次，整地面积（块状地面积）的大小也是调节光照条件的途径之一。较大的整地面积可以使幼苗充分见光，这往往是考虑高草灌木坡如何整地的一个重要出发点（当然同时还考虑到根系的竞争问题）。最后，在山地上可以通过造林整地改变原有的小地形，因而改变局部光照条件，关于这一点在下一段中再作扼要分析。

2. 造林整地对温度条件的作用

在一定地区的一定条件下，温度条件是随着光照条件的改变而改变的。整地时除去自然植被，使林地透光、地表裸露，就能使地温升高，温差也增大，有利于幼苗发芽生根，也有利于土壤中微生物的活动以及营养物质的分解。另外，有时在整地时也可以故意保留部分自然植被（在种植点的周围或南面），保护幼苗免受日灼、霜冻之害。山地整地能改变小地形使原来的坡地在局部地方变成平地（如水平梯田、水平阶等），使原来的阳坡在局部地方变成小阴坡（如鱼鳞坑及水平沟整地的内侧斜面、反坡梯田），结果就显著地改变了日光的照射角度，也改变了种植点附近的温度条件，这一点在干旱山地造林时往往有很重要的意义。其他如平地的埝窩式整地、深犁沟整地等也都具有改变小气候条件（包括温度条件）的目的。

3. 造林整地对土壤水分状况的作用

整地对于改善土壤水分状况的作用很大，它主要是通过以下几条途径起作用的：①在降水总量不变的情况下，整地时铲除自然植被，减少了降水被截留在枝叶表面的可能性，使更多的降水直接达到土壤；②整地创造了一定的小地形，有利于截住上坡流下来的地表径流，也有利于积雪，这实际上是增加了局部地方土壤水分的来源；③整地时清除了土壤中的石块，松动了土壤，提高了土壤的透水性能，增加了土壤的总孔隙度（尤其是非毛细管孔隙度）及最大田间持水量，这样，土壤就能更好地接受和容纳截留的水分，即改善了土壤的蓄水能力；④整地松土后减少了地表蒸发，也减少了杂草蒸腾的损耗，节约了水分支出，使整地后的土壤有可能保持更多的水分。由于以上几点的综合作用，使一般整过的土壤含水量总是比未经整地的较高。但有时造林整地的任务在于排除过多的土壤水分，如在水分充足及过剩地段，整地时应造成一定的小地形(高台、垄状)，以便排水。

应该指出，土壤中空气状况是与水分状况的密切关系的。造林整地在改善土壤水分状况的同时也改善了土壤的通气状况。这一方面利于幼苗根系的呼吸，另一方面又能通过微生物的活动的加剧而增强土壤养分转化的过程。

4. 造林整地对土壤养分状况的作用

造林地土壤中矿物养分的多少决定于细土层厚度、土层中石砾含量(前二点对石质山地特别重要)、土壤机械组成、结构及腐殖质含量等因子，而造林整地几乎能改变所有这些因子。造林整地是通过下列途径来改善土壤养分状况的：①整地时把表层细土集中堆放在种植点附近，并挖去了土中石块，这样就增加了细土层厚度、减少了土中石砾含量(以上两项改善了土壤的容量因素)，同时也改变了种植点附近的土壤质地及腐殖质含量(质量因素)，这条途径基本上是山地局部整地所独有的；②由于土壤温度及土壤空气状况的改善，使土壤微生物的活动加剧，促进了腐殖质及生物残体的分解(矿物化)，解放出有效养分；③由于土壤翻动而促进了土壤中矿物体的物理及化学风化，解放出可溶性盐类；④减少了杂草对土壤养分的无效损耗。

造林整地除了能显著地改变以上4个主要生活因子外，还能为林木根系的发育创造良好的条件。林木根系的发育状况有很大的实际意义：林木的根系能否深扎是它能否抗旱及抗风的重要基础之一，林木的表层吸收根是否发育良好决定着林木的速生丰产程度。在造林整地时挖去了大石块、松动了土壤，这就减少了根系发育时所受的机械阻力。对于落叶松、刺槐等树种的根系调查说明，正是在疏松的土层范围内，这些树种才能形成稠密的吸收根网。

通过以上分析证明，造林整地是改善人工林生长的立地条件的有力措施。所有这些生活因子的改变，其总的结果就能保证造林后有较高的成活率，而且能促进人工林的生长和发育。全国各地有很多实例说明细致整地能加速人工幼林的生长20%~30%(北京小西山的油松)甚至100%(河南禹县的刺槐)不等。至于造林前的整地对于人工林生长的后期有什么影响，在这方面有不同的看法以及互相矛盾的试验结果。在一种情况下，随着人工林年龄的增长，不同整地对生长引起的差异逐渐拉平；在另一种情况下，这种差异能保持很久而且越来越大。这两种情况表明在不同的地区整地的效果是不同的。前一种情况基本上是在林区立地条件好、成活率较有保证的条件下形成的；后一种情况则基本上是在立地条件较恶劣的条件下形成的。总的说来，立地条件越差，越应细致整地，以便更强烈地改变立地条件。

(二)保持水土

正因为造林地往往分布在水土流失地区及风沙危害地区内，所以整地的另一重要任务就是要保持水土。人工林本身就是保持水土的有利因素，但它只有在林冠郁闭之后才能起显著作用，因此在幼林郁闭之前需要采用其他措施来保持水土。另外，为了人工林生长好、郁闭快，也要求在造林头几年保持住水土。造林整地的任务就是在人工林郁闭前的几年中保水保土，同时给人工幼林创造免受冲刷及风沙危害的条件。造林整地既是水土保持生物措施中(造林)的一环；同时它本身又是一种坡面的简易水工措施。因此可以说，造林整地是保持水土中生物措施与工程措施相结合的纽带，其重要意义可想而知。

在山区，造林整地的保持水土作用首先是通过局部地改变小地形，变坡地为平地或倒坡，截断地表径流线，改变径流条件等途径来实现的。其次，通过整地在山坡上造成一定的积水容积(鱼鳞坑、水平沟等)，使得截下的地表径流分散保存在各个容体之中。最后，通过整地松动土壤，改善了水分渗漏入土壤内部的条件；由于小地形的改变而减缓了径流速度、延长了水分在地表停留的时间，这样就更形成了水分下渗的实际可能性。

因此，每一种整地方法的保持水土的效果大小决定于它截断地表径流的性能、容水量的大小及土壤渗水性能。一般情况下，整地所形成的容水量应保证存下全部地表径流量，即做到所谓“一亩地包一亩天”。为此可以作一些简单的计算，其程序如下：

应该被截住的每公顷最大地表径流量为 W

$$W = 10HR$$

其中：

W 用每公顷立方米数表示；

H 为设计地区一昼夜最大降水深度，用毫米表示；

R 为在设计条件下的平均径流系数，用百分数表示；

设计每公顷整地的蓄水容量为 V。

$$V = nv$$

其中：

V 也用每公顷立方米数表示；

n 为每公顷整地个数或长度(m)；

V 为单个(单位长度)整地容量，决定于整地的几何图形及规格，以立方米表示。保持水土的任务就是要使

$$W = V$$

因此，可以在每种条件下提出几种方案进行计算，保证 V 等于或稍大于 W。

需要附带说明，不能认为整地有了足够的容量就够了。实际上各地水土保持试验还证明，每一种整地方法的保持水土性能还决定于整地本身的质量：底土是否疏松，埂是否牢固，面是否水平，淤积影响是否严重等等。只有在保证质量的条件下，容量因素才起决定作用。

最后，还值得指出，不宜过于夸大整地的保持水土的作用。造林整地的保水设计标准不宜过高，如遇特大降水可以考虑适当修筑排水工程以及与沟谷水利工程的结合。各地的观测证明，大部分水土保持整地方法都能减少85%以上的地表径流量以及90%以上的冲刷量，效果都很显著。但总还有部分径流形成。因此造林整地只

能认为是整个水土保持工作中的重要一环，而不是唯一措施。

（三）保证合理密植与配置

造林整地，与农业整地，苗圃整地的突出不同点之一就在于造林整地往往与密度配置有密切的关系。例如，大规格的鱼鳞坑每亩能整 80 个，这种整地方法只能满足经济林（干果类）对密度的要求。如果要营造用材林及水土保持林，即使每坑栽 2～3 株，仍不能满足密度的要求。而且还显示出配置不均匀的缺陷。又如水平沟整地时往往行距太大，因此应和别的整地方法结合使用。在用水平阶（条）整地时基本上能满足用材林及水土保持林对密度的要求，但在配置上仍有些不均匀的现象，阶内株距小，阶间株距大，幼林不能同时郁闭，但水平阶的这个缺陷在程度上并不严重。比较起来，小鱼鳞坑及穴状整地在密度配置方面比较灵活，至于全面整地当然更能任意合理配置。

整地对密度配置的另一方面影响在于在石质山区整地的数量往往不能达到设计的数量。整地规格越大，则实际整地数量与计算数量之间的差别也越大。根据北京市的造林经验，在一般石质低山条件下进行 3m 长的水平条整地，实际数量只能达到计算数量的 50%～70%。对单位面积整地数量起主要影响的除了整地者的主观上的努力程度之外，还有坡度、土层厚度、岩石裸露程度及散生树木分布状况等客观因子。坡度越陡、土层越薄、岩石露头越多或散生树木越多，则按一定规格的单位面积整地数量也越少。

正因为造林整地对密度配置有如此重大影响，因此在山地造林实践中常运用整地密度的概念。造林密度决定于整地密度，种植点配置决定于整地的配置，种苗需用量也应通过整地密度来计算。因此在考虑地方法与规格时一定要考虑如何更好地保证合理的造林密度与种植点配置。

上述的造林整地三大任务也就是设计或衡量各种整地方法的三大技术指标。其中第一项任务是主导的。上述三大指标应当在具体条件下综合起来考虑。在一般情况下第一与第二个任务基本上是统一的。能有力地保持水土，也就是很好地改善立地条件，但由于考虑出发点不同，有时也会有些矛盾，如水平沟的保持水土效能大，但从改善人工林的立地条件方面看并不一定最理想，造林时容易遇到生土，不过如果施工时注意起来，也能使这个矛盾统一起来。第三个任务和前两个任务之间的矛盾较大，规格大对保持水土及改善立地条件有利，但和合理密植往往有矛盾。所以应当在具体条件下按地形土壤、林种树种、混交情况等的不同，综合上述三大任务的要求分别提出最合理的整地方法来。在这方面应再一次强调因地制宜，不能千篇一律。

最后，在设计或衡量各种整地方法时还应考虑到经济方面的指标。目前造林整地尤其是山地的造林整地还是很少采用机械化，而整地要求投入劳动量较多、劳动强度也较大，因此如何在整地中节省劳力是一个重要问题。这个要求往往与上述三个技术要求存在着矛盾，因此也应当把它们辩证地结合起来考虑。在一定的具体条件下最合理的整地方法应当是最好地完成技术任务的同时又是最省工的方法，这两方面不能偏废。前一时期由于在某些地方群众造林中单从省工出发，整地较粗放，结果造林成活率不高，需要大量补植重造，反而形成更大的浪费。因此在目前阶段主要应强调细致整地，提高造林质量，而节省劳力问题主要应从机械化、半机械化(如牛犁山)方面去解决。

为了完满地完成造林整地的技术经济任务，除了采用合理的整地方法以外，还应采用合理的规格、操作技术以及合理的整地季节，下面就分别来探讨这些问题。

二、造林整地的方法

由于造林地的条件是多种多样的，因此整地的方法是多种多样的。我国劳动人民在长期的林木栽培过程中积累了许多经验，尤其是新中国成立以后在整地方法和技术方面有更多的创造和提高。但由于总结不够，也还有同法异名、同名异法或基本上同法，只是由于规格不同而有不同名称等现象。下面着重介绍一下我国最常用的几种造林整地方法，并且尽量地统一名称。

(一)造林地清理

造林地清理是整地时在翻耕土壤(翻土)之前的工序。并不是所有的造林地在任何情况下都需要进行清理的，而且造林地的清理在方法上有其特殊之处，因此对它单独进行叙述。

造林地清理的主要目的是改良造林地卫生状况及为展开造林整地工作创造条件。在未经清理的采伐迹地、灌木丛及杂草茂密的造林地上，造林之前都必须经过清理。清理的内容包括采伐剩余物(梢头木、枝丫等)的处理、挖除伐根、割除灌木杂草等。

采伐剩余物的清理(伐区清理)的内容在森林学中的专门介绍。这里值得提出的是清理伐区对造林工作有多方面的重要意义。首先，清理伐区能提高造林密度，因为残余物的丢散严重影响着整地数量(减少 30% ~50%)。在东北小兴安岭林区，采伐残余物的四处散布，往往成为限制密植的主要因素。其次，伐区清理和幼林的卫生状况有关。许多观察证明、红松直播的鼠害以及落叶松幼林的象鼻虫为害都与伐区清理不良有关。因此在采伐迹地上进行人工更新时必须注意这个问题。

伐根也是进行造林工作的障碍，在伐根多的造林地上就不便于全面整地，甚至带状整地也很困难。但要挖除伐根是一件很费劳力的工作，而且伐根挖除后往往造成地面不平，也不利于造林工作。因此，在目前挖除伐根工作还没有机械化之前，除了要利用伐根的情况外，一般都不进行此项工作。

在杂灌木生长茂密的造林地上整地前必须先进行割灌工作。一般采用带状割灌(带割)的方法，带的方向在平地缓坡上尽量作南北向，以保证将来幼树通风透光；在陡坡上应沿等高方向割带。带宽一般为 0.7 ~1.2m，随杂灌木高度不同而有增减。割灌时留茬应尽量低，割下的杂灌木顺放于带内一侧，在少林地区可外运作薪柴之用。在割灌时注意保留原有珍贵树种的幼树。在这些方面，割灌工作都与廊状造林(下面还要作专门介绍)有相似之处。在少林地区有一些生产单位认为带割不如全割。全割时便于操作，而且割下的柴草运输也方便，只要捆好后滚下山坡即可。

全割并不会引起水土流失，杂灌木的根系仍牢固地固定着土壤。

对杂灌木的另一个处理办法是火烧清理，在我国南方林农栽培杉木林有此传统。首先将造林地上的杂灌木全部砍下，即进行所谓“劈山”工作。造林地四周砍出防火道，然后把砍下的杂灌木按水平方向均匀铺开，根向上梢向下，适当地往中间集中。待劈下的杂灌木适当干燥后就可以进行烧山。烧山最好在劈山一个月后选择无风的阴天，在早晨或晚间进行。烧山时应从山坡上部开始往下烧，要注意烧得尽、透、安全，必须严格遵守一切防火条例。经过这样清理的造林地，不但卫生状况好，杂草少，而且增加了土壤中矿物养料（等于草木灰施肥），提高了地温，加剧了微生物的活动、促进了有机物质的分解，为幼林生长创造了良好的条件。近年来这种烧山办法在北方（如辽宁东部地区）也有应用。

（二）全面整地

全面整地是农业及苗圃中常用的整地方法，是一种完整而且彻底的整地方法，但在林木栽培事业中它的应用有一定的局限性。全面整地的应用主要受地形条件的限制，其次也受造林地状况（伐根分布情况、更新情况等）的限制。所以只能在下列情况下进行全面整地：

（1）平地　农耕地、撂荒地、草原、盐碱地、无风蚀危险的固定砂地、无（或少）伐根无更新的迹地及荒地等；

（2）坡度8°以下的平整缓坡地及连片的梯田；

（3）坡度<30°的南方杉木林地。

由此可见，全面整地主要应用于平原地区：砂地、盐碱地及小块荒地等等。在禁区内适于全面整地的条件是不多的，而且由于一般造林地的立地条件较好，所以除了少量丰产林外，通常不采用全面整地。比较大面积采用全面整地的地方是在草原地区（如东北西部草原、坝上草原等）。另外在农地内营造农田防护林时也和农业一样采用全面整地。

平地造林地全面整地的方法和农业上及苗圃内一般采用的方法没有原则区别，也同样分为浅耕、深耕、耙、压等步骤，在草原地区也可采用秋耕休闲制的方法。由于这些耕作方法已在苗圃部分作过详细介绍，这里不再重复。至于在各具体条件下（砂地、盐碱地等）的整地特点，将在各地区造林特点一章中作专门叙述。

南方杉木林地的全面整地是在坡度较陡的条件下进行的。在造林地上预先进行劈山炼山，然后才进行全面开垦（开山）。一般采用手工操作，自上而下用山镐翻土并打碎，整地深度约为20～25cm。最近各地正在推广牛犁山的方法来代替手工操作，可大大地提高效率。

在蓄水保墒、消灭杂草等改善立地条件方面，全面整地比起其他整地方法都有优越性。很多数字说明全垦比带垦及穴垦对杉木、油茶等树种的生长有利得多。但如果山坡过陡或整地时间不当（雨季），全垦会引起水土流失，因此在应用上也有一定限制。

(三)局部整地

由于造林地条件的限制，在栽培林木时大多采用局部整地。一般地说，局部整地的改善立地条件效果不如全面整地，但它比较省工，灵活，能适用于各种条件，而且最主要的是它有良好的保持水土作用。

局部整地还可分为带状整地及块状整地，但有时这两者之间有过渡类型，因而很难区分。无论是带状整地还是块状整地，在平地使用的方法与山地使用的方法均有很大差别，因此在下面分别进行叙述。

1. 平地的局部整地方法

这里指的平地包括8°~10°以下的平地缓坡地。凡是不适合全面整地的地方都可以采用局部整地，其中带状整地主要用于水分条件较好的荒地和有少量伐根的迹地，以及风蚀危害较轻的半固定砂地。在半固定砂地上进行带状整地时，带向应与主风方向垂直。块状整地应用于伐根较多或天然更新良好的迹地，不便于带状整地的荒地以及风蚀较严重的地区。应该指出，平地的带状整地比较容易机械化、半机械化，而且在改善立地条件的效果方面也比较好，因此只要条件允许，应尽量采用带状整地。

为了明了起见，把平地各种主要的局部整地方法的特征、规格、模式图式及应用条件列表如下(表1)。由表1可见，无论是带状整地、还是块状整地，基本上都可按照其种植面在断面上所处的不同而分为三种类型；种植面与地面平的(一般的带状及块状整地)，种植面低于地面的(犁沟整地及坑状整地)及种植面高出于地面的(高垄整地及丘陵整地等)。这三种类地面的点及其应用条件基本上和苗圃中对于平床、低床及高床的概念相似。

各种整地方法的常用规格大小如图表中所示。在具体条件下各整地方法的规格大小一方面决定于造林地的条件；另一方面决定于树种要求及整地机具的性能。关于这一方面的问题在下一节内将作专门分析。

2. 山地的局部整地方法

在山地造林一般都采用局部整地(南方山地个别情况除外)，其中在坡度较缓、坡面较平整，土层较厚的条件下可采用带状整地，但有此带状整地(如水平条)也可用于较陡的山坡。块状整地在应用上比带状整地更为灵活，几乎能应用于各种条件，但它在改善立地条件及截断地表径流的性能方面一般不如带状整地。在山地带状整地实际上不一定都是连续带状的，为了施工方便及避免径流集中的可能性，在大部分情况下都修成断续带状，在带在长度较大时，中间每隔一定距离还要留横挡。有时断续的带状整地的长度不大(2~3m)，但它仍可区别于块状整地，因为它在截住地表径流、防止杂草侧向蔓延及便于种植点在带内灵活配置(可确定不同的株距)等方面仍表现出带状整地的一切特点。

也为了明了起见，把山地各种主要的局部整地方法的特征、规格、模式图式及应用条件如表2所示。由表2可见，在山地无论是带状整地，还是块状整地，基本上也可分为三种类型：一种是种植面与原来山坡斜面相平行的(即种植面也是向外

表 1　平地的局部整地方法

带状整地				块状整地			
名称	特征及规格	模式图式	应用条件	名称	特征及规格	模式图式	应用条件
带状整地	连续带状，种植面(整地的带面)基本上与地面平，带宽自 0.5m 至3～5m不等，随立地条件而定，间隔带宽一般等于或大于整地带的宽度。	60 cm　90 cm　60 cm	一般风蚀不严重的半固定砂地及砂壤土，平整缓坡地，水分充足而又排水良好的林中空地及荒地等。	块状或穴状整地	块状(方形)或穴状(圆形)，种植面基本上与地面平，块状地的边长(或穴径)，自 0.3～2.0m 不等，根据立地条件、杂草生长情况及配置的需要、树种的要求而定。	40 cm	与带状整地适用的条件相似，但由于地形、伐根及其他一些障碍物不便于进行带状整地的地方。
犁沟整地	连续带状，种植面为单铧犁或双铧犁所作成的犁沟底部，其宽度决定于机具性能，约为 0.3～0.7m，在多风地区，犁沟方向应与主风方向垂直 犁沟深 15～30cm。	70 cm	上述各种造林地的比较干旱的类型，在一定程度上也可用于草原造林，要求造林地的上层较厚，在厚层砂地应用更为合适。	坑状(凹穴状)整地	方形或圆形，种植面低于地面 10～30cm，有时也可只有穴的阳面或向风面堆土成念窝状，以增加改善小气候的效益，块状地边长(坑径)0.3～1.0m。	50 cm	与犁沟整地的适用条件相似，但由于某些原因不能进行犁沟整地的地方，如有风蚀的干旱砂地。
高垄整地	连续带状，种植面为单铧犁一次或二次(来回)所形成的高垄顶部，其宽度也决定于机具性能，约为 0.3～0.7m，垄高 20～30cm，高垄的方向最好能便于其旁的犁沟起到排水沟的作用。	60 cm	水分充足或过多的各种迹地及荒地、草甸子、水湿地、盐碱地(但要避免把灰化层或含盐层的土壤翻到垄上来)。	丘状整地(扣草皮子，高台，高床)	方形或圆形，种植面均高出于地面，或堆土成丘状，或只把草皮子倒扣于地面，其中整地部位高出地面较多(20～30cm)，面积也较大的(1m×1m，1m×2m)称为高台或高床(面积更大)整地。	50 cm	与高垄整地的适用条件相似，但由于某些原因(地形障碍物，面积太小)不能进行高垄整地的地方。

表 2　山地的局部整地方法

带状整地				块状整地			
名称	特征及规格	模式图式	应用条件	名称	特征及规格	模式图式	应用条件
水平带状（环山水平带）整地	连续带状，整地面与坡面平，带宽决定于立地条件，机具性能及保持水土的需要自0.5至2～3m不等。留带宽1～2m，坡越缓或条件越干旱，整地带宽可越大，有条件时可畜力整地。	90cm	平整的中缓坡，水分条件越好，杂草茂密，土层较厚，无水土流失的造林地，南方山地的较陡造林地（>30°）也可适用。	斜块（穴）状整地（顺坡块状）	块状（方形）或穴状（圆形），块面与坡面平或稍向外倾斜，一般情况下无埂，而且块状地面积较小（0.2～0.5m）。	40cm	杂草茂密，水分充足或过多造林后有冻拔害威胁的造林地，一般在高寒山区。
水平阶整地（水平条，窄条梯田，反坡梯田等）	连续或断续带状，阶面水平或稍内倾斜（10°左右），有埂或无埂，阶面宽度一般在1m以内（石质山地0.3～0.6m，黄土山地0.5～1.0m），阶宽在1m以上的称为窄条梯田，梯田反坡较大时称为反坡梯田，反坡很大时近似三角形水平沟。	50cm	一般干旱的石质山地及黄土山地的造林地，陡坡缓坡均可（阶面宽度可变），在地形过于破碎，岩石裸头多的地方不适用，窄条梯田及反坡梯田主要适用于黄土山地。	块状整地	方形或长方形块面水平或稍向内倾斜，一般都有外埂，高10～15cm左右，块状地边长可自0.3～2.0m不等，根据立地条件，杂灌木生长情况、配置需要及树种的要求而定。	1.0m	一般山地的条件，各种坡度及土壤植被状况下均可用，但在各种条件下，规格大小可有较大差别，小块状适用于一般造林的粗放整地，尤其适用于地形破碎地段，大块状适用于经济林及群状配置的人工林。
水平沟整地（水平线）	连续或断续带状，其纵断面为三角形、长方形或梯形沟状，沟内每隔一定距离有横埂，种植点在外埂的内侧坡或沟底上，沟的深浅大小根据所控制的径流量来确定水平线为内侧坡较缓的梯形或三角形水平沟。		水土流失较重或急需迅速制止水土流失的地方，要求有较厚的土层，在黄土山区较为适用，适合于在35°以下的中陡坡使用，费工较多，水土保持效能较大，常与其他方法结合使用。	鱼鳞坑整地（大坑整地）	半圆形，鱼鳞状排列，坑底近于水平或稍向内倾斜，有一定的容水深度，规格大小也决定于需要控制的径流量及配置的要求，有时坑侧可有角鬓，出水口、坑间有引水沟相连（青海的大坑整地，坑较深）。	70cm 1.2m	干旱及有水土流失的山地，适用于各种条件，其中大鱼鳞坑主要适用于在较平缓坡上种植经济林，中、小鱼鳞坑可适用于在较陡坡上种植用材林及防护林。水土保持效能较大，但不如水平沟及反坡梯田。

倾斜的，如水平带状及斜块状整地），这种类型一般用在山坡不陡、水分充足、杂草茂密，不会引起水土流失的地方。在水分充足地区，为了防止冻拔，整地时应尽量不造成积水的条件，甚至要创造排除多余水分的条件，也可采用此法。第二种是种植面呈水平台状或稍向内倾斜（反坡一般不大于10°，如水平阶及一般山地块状整地），这类型能截住一定量的地表径流，并能存住一定量的水分，可以用于较干旱地区。第三种是整地断面呈沟状，种植点在向内倾斜的斜面上或沟底部（水平沟、鱼鳞坑等整地方法），这种类型有较大的蓄水深度，能截住大量地表径流，因此可应用于更干旱或水土流失更严重的地区。各种整地方法的常用规格大小如图中所示。实际上只有把方法和规格大小结合起来才能确定其具体应用条件。如大鱼鳞坑和小鱼鳞坑（坑长在1m以下）虽同属鱼鳞坑整地方法，但它们的各种性能及具体应用条件都是有不同的。

三、造林整地的技术规格及机械化途径

选择合适的整地方法只是完成造林整地的技术经济任务的一个方面，除此以外还必须明确此整地方法的规格大小及技术要求。在本节中主要分析局部整地的规格大小及技术要求问题。

整地的规格问题中的主要环节之一是整地的深度问题。如果纯粹从生物学角度来看，一般整地深度越大，就能形成较厚的疏松耕作层（活土层），土壤的水分状况及养分状况也越好。在北京市小西山进行的试验说明，整地深度35cm深的比25cm深的，其土壤平均含水量多30%左右[①]。由于林木的根系一般较深广，所以对整地深度的要求也较大。但是加大整地也有一系列的困难：首先是费工多；其次是林业机具及曳引机动力（或畜力）有限；再其次是有些造林地条件，如土层薄、腐殖质层下有贫瘠的灰化层不宜上翻等等，也都限制了整地的深度。

一般整地深度至少要能保证苗木的根系处在松土层内不窝根，因此整地深度应大于苗根长度，达到20～25cm。造林地的立地条件越干旱，苗木根系越长，只要土壤条件及技术条件允许，整地深度也应越大。但深度过大总是要费工很多的。据许多地区营造丰产试验林的观察材料说明，林木（以杨树为例）主要的吸收根分布在40cm以上的土层内。所以，在目前的技术水平下，深翻40～50cm可作为整地深度的上限。在深翻时要注意土壤层次不乱，最好能结合整地分层施肥，为林木适当密植和丰产打下基础。有时山地土层很薄，其下即为石块，无法深整地，在这种情况下如技术经济条件许可，可以用客土来增加耕作层厚度。在没有条件进行客土法整地时，也要播种根系穿透力较强的树种（在此情况下植苗有困难），以便充分地利用造林地的潜力。

在局部整地时还存在着整地面积的问题。总的来说，整地面积越大，即带越宽

① 北京市农林局："小西山造林技术经验总结"。

或块状地面积越大，则其改善立地条件的性能也越好。关于这方面的试验观测材料很多，如在北京市小西山的观测结果，60cm 宽的水平条的平均含水量比 40cm 宽的水平条多2% ~3%。所以造林地的立地条件越差，整地面积也应该越大。但是，局部整地的面积也有一定的限制。在风沙地区如果带过宽就会引起风蚀，在山坡上如整地面积(裸露地表面积)过大，则未被翻耕的保留带就较窄，自然植被保留少，容易引起土壤流失或冲刷。在这方面，黄土山又和石质山有所不同，黄土山上原来植被就很稀少，无所谓保留带的问题，再加上黄土具有立土性，所以可以允许较大的整地面积。此外，整地面积也和造林地其他条件有关，造林地的坡度越陡，整地的宽度应越小，否则需工太多(因断面向内切得太深)，而且土体不稳定，土埂容易泻溜下来。整地面积也和林地上杂灌木生长情况关，杂灌木越密越高，则整地面积也应越大。通过增减整地面积可以调节新栽幼树和杂灌木之间对于光及地下部分的竞争关系。整地面积还与造林密度及配置有关，关于这个问题，前面已经有过分析，在这里还需要补充的是，群状配置要求较大的单个整地面积(1m×1m，1m×2m)。当然，整地面积也与树种对土壤营养的要求以及经营强度有关，果树及集约经营的其他树种就要求较大的整地面积(大穴、大坑)。苗木根系大时，为了保证栽植不窝根，也要求较大整地面积。总之，整地面积(长与宽的规格)的大小是与很多因子有关的，应在具体情况下具体考虑，不能千篇一律。按一般意见，局部整地的总面积应不超过造林地全面积的 50%。在平原地区，超过 50% 的局部整地并不比全面整地经济。在山地，尤其在黄土山地，局部整地的总面积也可超过造林地全面积为 50%。一般石质山地采用的水平条整地面积约为造林地面积的 15%。至于各种整地方法的具体使用规格可参看表 90 及表 91。

除了方法与规格以外，在施工时保证整地质量也是整地好坏的重要指标之一。所谓整地质量，首先就是指整地的长、宽、深以及间隔距离都符合设计规格要求；其次，要保证拣尽松土范围内的石块、草根，地埂要叠齐踏实，种植面要平坦。此外，还应把较肥沃的表土集中在预定的(设计的)种植点附近。因此一般整地时先把表土搁在一边，挖出心土叠埂，再把表土填入穴(坑、条)内。

最后，要附带说明一下造林整地机械化的问题。平地全面整地的机械化和农业上差不多，尤其在草原地区(东北西部，河北省坝上等地)，我国在以拖拉机为动力进行机械化造林整地方面已积累了一些经验，今后尚可试验绳索牵引犁的应用。在平地进行带状整地时除了可采用一般的农业用的耕作机具外，还可以用专门林业用的吊掛式单铧或双铧犁。在山地进行全面及带状整地时可以利用畜力曳引的出地犁。最近大力推广的牛犁山(湖南、辽宁)以及西北黄土地区的套二犁整地方法都是造林整地半机械化的重要技术革新。但在此基础上如何进一步地机械化，目前经验还不多。在国外有用山地拖拉机以及类似推土机的梯田修筑机进行山地机械化整地的。但这些机器只有在坡面较平整、土层较厚的条件下才能工作，而且还要求在山区建立通达的道路网，因此在我国目前的山区条件下还很难实行，尚需摸索新的途径。

块状整地的机械化问题更为复杂，目前主要有两个方向，一个是利用炸药爆炸松土，然后再人工修整。用这种方法可以进行大穴及大坑整地，在电动一次引火的条件下工作效率还是很高的，能节约劳力，但成本太贵，因此目前还不能大量推广。另一个方向是应用电钻或油钻等工具行进整地。由于进行整地的地点一般远离电源，而且整地工作的流动性大，因此用电作为动力不甚便利；使用油钻的方向现在正在加强研究。

总之，造林整地的机械化问题是重要的、困难的，但在党的领导下经过我们的共同努力之后是完全可能实现的。

四、整地季节

整地季节也是保证完成整地技术经济任务的重要环节，尤其在干旱地区，其重要性就更为突出。在一般情况下，应该强调提前整地，因为只有提前整地才能充分发挥整地的蓄水保墒作用。例如，北京市小西山雨季前整的地，到秋季调查，土壤含水量为 19.5%，而当时整地的只有 17.8%①。如果在春季临时整地，其差别会更大。此外，提前整地还能保证及时造林，尤其能保证春季造林在最适合的早春短时期内完成。如果是随整随栽，则会把林活挤在一起，耽误造林时间，影响成活率。

在一般情况下，整地时间应比造林提前 3～6 个月以上，在此间隔期内最好有一个降水较多的季节，如在北方准备进行秋季造林的地方最好于雨季前整地。整地后疏松的土壤获得雨季大量的降水，而且蓄存起来，就能大大提高土壤含水量。准备进行春季造林的地方最好也能在头年雨季前或至少在头年秋季整地。秋季整地还能创造一定积雪及贮存融雪水的条件，而且能保证来年及时造林。有些整地方法，如高垄整地、扣草皮子整地等，要求在整地后过一时期，待草皮子腐烂、土壤变得坚实、毛细管体系恢复后才能进行造林。这种整地方法必须提前一年执行。

在实际工作中，确定整地季节牵涉劳动力安排问题。在群众造林时，整地季节最好与农忙错开。在可能的条件下，整地最好由林业专业队伍以长期作业形式完成。

以上分析了造林整地的方法、规格及季节的一般规律。在各个具体地区内，由于气候、地形等条件的不同，在造林整地方面还有特殊的规律，将在本篇第十章中另作介绍。

① 北京市农林局："小西山造林技术经验总结"。

林业技术讲座：造林部分

第一讲　几个基本概念*

造林包括在荒山荒地及其他无林地上进行人工造林以及在各种森林迹地（采伐迹地、火烧迹地等）上进行人工更新。此外，对已有的天然次生林及人工幼林用人工种植的方法进行低价值林分改造也可归入造林的范畴。

一、人工林的种类

用人工种植的方法营造的森林称为人工林。人工林因其主要营造目的的不同可分为不同种类（林种）：用材林、特用经济林、防护林及卫生风景林等。在宅旁、村旁、路旁、水旁及一切间隙空地上零星或成行地栽植各种树木称为四旁植树，它在国民经济计划中的地位也相当于一个林种。

培育用材林的主要目的是生产国家建设及人民生活所需的各种木材。木材是林业的主产品，因此用材林是最主要的一个林种。一般用材林在生产大径级材种（锯材、电柱、枕资等）的同时也能生产中、小径级材种（纤维造纸材、坑木等）及薪炭材。有时有必要营造专用的用材林，如在矿区附近营造坑木（矿柱）林，在人造纤维厂、造纸厂附近营造纤维用材林等作为这些厂矿企业的原料基地。这样做在避免长途运输、就地供应原材料、按用材规格采取育林措施（树种选择、造林密度、轮伐期等）、充分利用厂矿的经济能力和劳力资源等方面都有很大好处。在我国某些农村地区还有经营专用的农具用材林（桑杈、白蜡杆等）的传统。专门为了生产燃料而营造的人工林称为薪炭林，有时把它与用材林相区别而单独成为一个林种。

培育特用经济林的主要目的是生产除木材以外的其他林产品，这里包括品种繁

* 本文来源：《林业实用技术》，1974(11)：19－20.

多的各种木本粮食(板栗、枣等)、木本油料(核桃、油茶、油桐等)、橡胶、虫胶、栲胶、木栓、药材等等，它们都具有很大的经济价值。有些地方把茶、桑、柞(供放养蚕用)、水果树也列入特用经济林范围内统一计划安排。

培育防护林的主要目的是利用森林防风固沙、保持水土、改造自然的各种有利性能。防护林以其主要防护对象的不同又进一步区分为水土保持林(包括水源涵养林)、固沙林、护田林、护路林及海防林等。

培育卫生风景林的主要目的是净化及美化生活环境，增进人民的身心健康。它是环境保护工作中的重要一环，并正日益显示其重大的作用。

四旁植树是与成片造林相对而言的，它往往兼有生产、防护及美化的性能。四旁植树的潜力很大，据估计，1km 长的路旁植树具有相当于 $1hm^2$ 林地的木材生产能力。许多先进的平原地区的县、社、队(如河南省鄢陵县、山西省夏县等)，虽然没有大面积荒山荒地，单靠四旁植树一项即能做到木材自给有余，并改善了自然环境，达到了林茂粮丰。

以上各个林种的划分虽具有一定的相对性，如用材林也能起一定的防护作用，防护林也能生产一定量的木材等等，但因其主要培育目的不同，因此在森林的配置、树种的选择、林木的结构等方面都有不同的要求。每个地区、每个林业生产基层单位在制订林业生产计划时，都要根据上级指示及当地条件，确定一个合理的林种比例。确定林种比例是一件带有方针性的事情，它既要体现国民经济发展对该地区(单位)的要求，又要体现长短结合、以短养长、因地制宜、因害设防等原则。大部分国营林场的主要任务是为国家培育建设用材，它应贯彻“以林为主、多种经营”的方针，保证营造用材林为主，同时营造一定数量的特用经济林和其他林种，以满足多种经营的需要。

二、人工林的特点

无论是什么林种的人工林，在它的营造及生长发育过程中都受到人为有意识活动的强烈影响，因而产生不同于天然林的许多特点。伟大领袖毛主席教导我们：“对于物质的每一种运动形式，必须注意它和其他各种运动形式的共同点，但是，尤其重要的，成为我们认识事物的基础的东西，则是必须注意它的特殊点，就是说，注意它和其他运动形式的质的区别。”为了更好地培育人工林，我们必须掌握人工林的特殊性。

在分析任何一片森林时，一般有 3 个基本着眼点，即林地环境、树木个体及由它组成的具有一定结构的林木群体。与天然林相比，人工林的树木个体是经过人为选择的，是健壮而同龄的(有意识地营造异龄林除外)；人工林的群体结构是经过人为安排的，是均匀而合理的；人工林的林地环境是经过人为改善的，是比较能适应林木生长发育的要求的。因此，人工林显现出不同于天然林的若干特点：林木分化较不明显，速生早熟，产量较高。

人工林中的树木个体生长均匀而不易分化，这给确定造林密度及其后的密度调节(抚育间伐)带来一定的特点。

人工林比较速生。所谓速生性是指林木达到一定成材标准所需的年限而言。据调查，我国东北地区的红松、落叶松人工林的成材年限可比同地天然林缩短2~3个龄级。南方各省的杉木、马尾松、云南松人工林生长更为迅速，20~30年生时即可达到成材利用。有些速生树种的人工林，如杨树、桉树等，还可更进一步缩短成材年限。在某些条件下经营杨树或桉树的中、小径级纤维用材林时，轮伐期可定为10年左右。由此可见，人工林的速生性具有重大的意义。人工林在速生的同时，一般还有早熟的特点，即提早结实，这对于培育种子林及特用经济林具有一定意义。但在培育用材林时，林木提早结实往往不是一种有利的性状。

人工林的产量较高，这是已经有许多事例证明的。一般较好的天然林在成熟年龄时的单位面积蓄积量在每公顷200~300m^3左右，也有个别蓄积量更高的。如东北的红松林，西南高山的云、冷杉林，但这些天然林的林龄都很大。大部分云南松天然林的每公顷蓄积量只有100m^3左右。而较好的人工林单位面积蓄积量可达每公顷300~400m^3，个别有达到1000m^3以上的(如福建南平溪后的杉木丰产林)。如果从单位面积年平均材积生长量来比较，人工林的增产效果和潜力更为可观。一般天然林的每公顷年平均材积生长量在2~3m^3左右，而人工林可以达到5~10m^3左右，有些速生树种人工林(杉木、杨树、桉树)甚至可达到20~30m^3，或更多一些。

人工林在保持速生丰产的同时，还能提供优质的产品。对于几个主要树种(杉木、红松、落叶松、杨树等)人工林的材性试验结果表明，人工林中的木材机械力学特性没有降低，有些指标(如容重、晚材率)反而有所提高。

不言而喻，人工林的这些优异效果只有在我们的培育措施基本上符合客观自然规律的基础上才能取得。我们对客观自然规律掌握得越透彻，我们采取的栽培技术措施越正确、越集约，人工林的速生丰产优质等特性也将表现得越突出。如果说在过去，培育天然林(依靠天然更新)好还是人工林好这个问题，在林学界曾经有过长期的争论，那么今天我们已经有足够的证据来说明培育人工林的优越性了。以人工更新为主，人工更新和天然更新相结合，这是我国营林工作的既定方针。至于在大面积无林地区更只能依靠人工造林来扩大森林资源。近年来，为了进一步提高林业生产水平，满足国民经济对林业的要求(特别是解决木材的供应问题)，在号召普遍造林的基础上，进一步提出了在交通方便的地区建立速生用材林基地的目标，在许多省内已经取得一定的成绩。采取高标准的种植园式的集约栽培措施，培育速生人工林，这是造林工作发展到新阶段的标志。

三、造林基本技术措施

为了使造林成活率高，人工林能速生丰产优质，必须采用正确的造林技术措施。而正确的造林技术措施必须符合森林生长发育的客观规律，首先是林木与林地环境相辩证统一的规律。为此，也应该从树木个体、林木群体和林地环境 3 个方面去着手。首先，我们必须在深刻认识造林树种的林学特性和造林地立地条件的基础上做到“适地适树”，这是造林成败的前提。其次要通过选用“良种壮苗”，进行“认真种植”来获得健壮均匀的树木个体；通过“合理密度”及“合理混交”来使林木具有良好的群体结构；再通过“细致整地”及“抚育保护”来为林木生长创造良好的林地环境。这些造林基本技术措施的有机配合是使造林工作取得成功的技术保证。这也就是农业“八字宪法”在造林工作中的具体应用。这些造林基本技术措施将在以后各讲中予以分别阐明。

第二讲 适地适树*

适地适树就是根据既定的经营目的和造林地，选择适宜的造林树种，或根据既定的树种选择合适的造林地。它是造林能否成功的一项关键措施。新中国成立以来的大量造林实践证明，如果能做到适地适树，再加上一些其他必要的措施，造林就能基本成功；如果做不到适地适树，即便其他措施都好，造林也难以成功，往往表现为成活而不能成林，或成林而不能成材。这不但造成巨大的经济损失，而且还耽误了完成绿化祖国任务的宝贵时间。为了要做到适地适树，首先要掌握“地”和“树”的客观规律，也就是要掌握造林地的立地条件和造林树种对环境条件的要求(生态学特性)，然后使它们在符合造林目的要求的基础上辩证地统一起来。

一、适地适树的途径

为了使“地”和“树”达到辩证统一，一般有三条途径。第一条途径，就是选择具有一定生态学特性的树种(或品种)，安排在适合于它生长的立地条件下，以便于最充分地发挥造林地及造林树种的生产潜力。如南方山地的杉木要求湿润肥沃的条件，一般应选择在土层深厚的坡脚山洼地段造林，而马尾松比较耐干旱瘠薄，可安排在土层较薄的山坡中上部及岭脊部位，使它们各得其所。

第二条途径是改良树种，即通过引种、育种等方法改变树种的本性，使之适合于在原来不适应的立地条件下生长。例如，毛竹北移是我国当前采取的比较大规模的引种措施，使原来生长在南方的毛竹，通过一系列步骤逐步适应北方(黄河流域)较寒冷的气候条件。通过育种达到适地适树的例子也很多，如原来小叶杨不适应天津滨海盐土的条件，原北京林学院育种教研组与天津市稻作研究所协作，通过有性杂交培育出抗盐型的杨树杂种小×美12，它能在盐碱地上迅速生长。

第三条途径是改变造林地的立地条件，使之适应于造林树种的要求。严格地

* 本文来源：《林业实用技术》，1974(11)：20；1974(12)：25-27.

说，要使树种特性和立地条件达到完全统一（和谐）是不可能的，因为矛盾的“同一性是有条件的，相对的”，而“矛盾的斗争性是无条件的，绝对的”。“地”和“树”两者之间总会有矛盾、有斗争，我们的全部造林技术措施都是围绕着解决这些矛盾而进行的。如整地、灌溉、施肥、遮荫、松土、除草、覆盖，等等都是改善立地条件，使之适合于林木生长的强有力的措施。近年来营造速生用材林的许多经验为我们在这方面提供了范例。如原来杉木不适于在土壤干旱坚实的红土丘陵上生长，但湖北省广济县和湖南省朱石杉木林基地的广大农民通过抽槽整地、全垦及深松土抚育等措施，改良了红土丘陵的土壤，获得了杉木速生丰产的良好效果。

这3条途径应当是互为补充、配合使用的，而且第一条途径是后两条途径的基础。如毛竹北移必须尽量选择背风向阳的局部环境，丘陵植杉应当尽量选择背阴土厚的山凹，才易于得到成功。我们既要防止那种用静止的观点看待适地适树的自然主义倾向，同时也要警惕那种不顾客观规律的盲动主义倾向。在生产斗争和科学实验过程中，逐步掌握自然规律，利用自然规律，尽量通过选择和人为措施做到基本上适地适树，在此基础上再加上其他经营管理措施，以达到林木速生丰产优质的目的。

二、适地适树的分析

分析的方法就是辩证的方法。所谓分析，就是分析事物的矛盾。造林地和造林树种之间的相互关系是相当复杂的。造林树种在生长发育过程中需要光、热、空气、水分、矿物养分等各项生活因子，造林地在满足这些要求的过程中，与造林树种之间发生着多种多样的矛盾。为了达到适地适树，就有必要分别分析这些矛盾，找出在一定条件下存在的主要矛盾，着手加以解决。

造林地体现着相当复杂的各种条件的综合。为了方便，我们区分造林地区和造林地段两个概念。每一块造林地都在一定的地区内存在，它的特性带有地区特性（主要是大气候条件）的深刻印记。在一定的造林地区内，每一个造林地段又由于它所处的地形、土壤、水文等条件的不同而具有不同的特点。

（一）造林地区和造林树种的关系

造林地区的特点主要表现在它的大气候条件和地貌，其他植被、土壤等条件的变化是受前者的制约的。在大气候条件中，与造林树种有密切关系的主要是它的水分（降水量，蒸发量及其年内分配规律等）及热量（平均温度、极端最高及最低温度、活动积温等）状况，其次还有日照及风、雹等灾害性因子。每一个造林树种都有对一定的气候条件的适应性，因而在自然界都分布在一定的地区内。如我国的二针松中，耐寒的樟子松主要分布在大兴安岭，较喜温的油松主要分布在华北一带，更喜暖的马尾松主要分布在南方山地，而同样喜暖且适应干湿季分明的气候的云南松则分布在云贵高原。

凡在一个地区有天然分布的树种我们称之为该地区的乡土树种。乡土树种在长期的种的形成过程中已充分适应本地区的气候条件，因此选用乡土树种造林是比较可靠的，而且种源也有保证。只有当外来树种在某些方面比乡土树种有明显的优越性时，才值得考虑外来树种的引种问题。

一般说来，应用某树种在其中心分布区造林是最合适的，在其分布边缘区造林往往受到一些条件的限制。如杉木在湘、黔、桂、闽等中心分布区造林较易成功，杉木北移至淮北要受到寒冷的限制，杉木南移至桂南、闽南等地要受到高温(并随之而来的干旱)的限制，杉木西移至滇中高原要受到季节性干旱的限制。要善于采取措施克服这些限制因素的影响。也有个别树种在其分布的边缘地区或引种到外地比在中心产区或原产地长得更好。如水杉在长江中、下游的河网地区长得比原产地(鄂西北山地)更好，巴西橡胶在东南亚也比原产地巴西长得更好。引起这种情况的原因很多，有的是物种形成的历史特点所致，有的是在新条件下避开了在原产地存在的克制因子(如病虫害等)，也有技术措施上的原因。

造林地区的地貌特点对选择造林树种也有明显影响。不同地貌类型(山地、丘陵、平原、湖沼等等)上形成不同的自然条件的组合，因而有不同的与之相适应的树种。例如，一般把松、杉、栎、檫等列为山地树种，而把杨、柳、榆、(国)槐等列为平原树种，这是有道理的。但它们之间不存在不可逾越的鸿沟，有些山地树种亦可下平原，有些平原树种亦可上山，还应对具体情况进行具体的分析。

不同造林地区有不同的特点，因此需要进行区划，以便区别对待。在各个造林地区内，可通过对树种天然分布的调查，树种特性的分析以及既往的造林经验总结，确定适用的造林树种。

(二)造林地(段)和造林树种的关系

在同一造林地区内的不同造林地段，因其地形，土壤、水文等条件的不同，具有不同的小气候及土壤水分、养分状况，因而需要选用不同的造林树种。分析不同造林地(段)的立地条件特点及不同树种的生态学特性是做好适地适树的基础。

造林地的地形条件(海拔高度、坡向、坡位、小地形等)首先影响小气候的形成，其次也影响土壤、植被的分布，因此地形位置的不同对造林树种选择有很大影响。如华北低山阳坡温暖而干旱，可用侧柏和栓皮栎造林，中山(海拔 800m 以上)阴坡寒冷而较湿润，可用落叶松和山杨造林，油松的要求介于其间，如用它来造用材林，则在低山地带宜在阴坡，在中山地带可以转到阳坡。在这里起主导作用的还是造林地的水、热状况。大多数特用经济树种，为了更多地结实，需要充足的阳光及温暖的环境，一般要安排在背风向阳的坡上，光照及热量条件在这里起了主导作用。

土壤的水分、养分状况也与造林树种选择有密切的关系。先从土壤水分方面来分析，每个造林树种对土壤水分条件的要求都客观存在着 3 个点，即最适点、最低点及最高点(指适应范围的最低、最高极限)。我们要掌握这 3 个点，以便与造林地的条件相对照。如我们知道马尾松耐旱，杉木中等，落羽松喜湿，但这还不够，还必须了解各种树种的适应范围，以及它在各个区间的反应。典型的旱生树种，如沙漠中的梭梭，根系特别庞大，叶片已经退化，因而特别耐旱，如水分过多了它反而会长不好。典型的湿生树种，如海滩上的红树类，它们离开了定期的海潮淹没也是活不成的。大部分树种就其最适点来说都属中生植物，即在土壤中等湿润程度时生长最好。但同是中生树种，由于它们的生态幅度不同，表现很不一样。杉木和华山松的生态幅度较窄，因此要求土壤水分条件比较严格。马尾松和麻栎有旱生构造，虽然也在适当的土壤水分条件下生长最好，但土壤水分的减少对它们的生长影响较小。刺槐和沙棘同样是耐干旱的树种，但刺槐不耐水淹，而沙棘却不怕水淹。

在树种和土壤养分条件的关系方面也是这样。所不同的是土壤养分的高限在自然界很难遇到；因此一般树种的表现都是最适点偏于较肥的一边。有些树种在肥沃土壤上生长反而不好，其原因往往不在于树种要求本身，而在于种间竞争的作用。各个树种的耐瘠性是很不相同的。如水曲柳是典型的喜肥(喜氮)树种，在瘠薄土壤上生长不良。云杉的单株树木吸收土壤养分并不多，但由于它在单位面积上株数多(适于密生)，根系浅而且较弱，对土壤中缺氧比较敏感，因此仍显得对土壤养分条件要求高。大部分两针松类在枝叶中灰分元素含量少，消耗土壤养分也少，而且根系发达，比较耐土壤瘠薄。刺槐虽对土壤中灰分元素吸收量很大，但由于它的单位面积株数少(不适于密生)，根系深广，根上又有能固氮的根瘤菌，因此也显得比较耐土壤贫瘠。

土壤的酸碱度及土壤盐渍化程度是土壤养分条件的另一个侧面，不同树种对它有不同的适应性。油茶、马尾松适宜在酸性土壤上生长，一般树种适宜微酸性及中性土壤上生长，有些树种(柏木、女贞等)则在石灰性土壤上生长较好。柽柳、胡杨、沙枣是耐盐碱较强的树种，白榆、紫穗槐及小叶杨等次之，大部分树种抗盐碱能力较弱。由于土壤中所含盐碱的成分不同(硫酸盐、重碳酸盐、氯化物、碳酸盐等)，它的危害程度不同，各树种的适应性也有所不同。

从上面大量事例可见，造林地的立地条件变化多端，造林树种的生态学特性也各不相同，必须充分掌握这些客观规律，我们才能取得造林工作中的自由。我们对这些客观规律的认识只能来源于实践，还必须回到生产实践中去检验。尤其是林木的生长周期长，对它的正确认识往往要经过较长的时间，多次的反复才能取得。新中国成立以来我国的大面积造林工作积累了很多经验，也有过不少教训。一个树种在当地是否适合，往往不能单凭幼林时的片断表现所断定。如华北低山阳坡的油松在7~8年生时长势很好，但到20年生左右时生长已明显不如侧柏和栓皮栎，甚至不如元宝枫。滇中高原低海拔地带的华山松人工林，随着年龄增长也有逐渐落后于云南松的趋势。因此，对于适地适树问题，不要根据片断印象匆忙下结论，必须强调不断总结生产经验的重要性。

(三)适地适树的落实

通过分析可见，“地”和“树”之间的相互关系是相当复杂的，存在着许多矛盾，我们要善于找出其中的主要矛盾和主要矛盾方面，从解决主要矛盾入手来落实适地适树方案。如华北石质低山的主要矛盾方面是土壤干旱瘠薄，滨海盐碱地的主要矛盾方面是土壤含盐量过高，南方红土丘陵的主要矛盾方面是土壤黏重坚实(同时影响土壤通气及水肥状况)。有时候，某些灾害性因子，如台风、病虫害等可能成为限制使用某些树种的主导因子。必须沿着这些主要线索入手去解决适地适树问题。

当一种造林地同时有几种造林树种适合生长时，要善于进行对比鉴别。这时，要把树种的生态学特性和经济性状结合起来分析，把条件好的造林地留给经济价值高而且要求条件严格的珍贵树种，把条件较差的造林地留给生态幅度较广的一般树种。在一个地区或一个单位，需要通过分析确定几个重点发展的造林树种，同时也要考虑一些少量发展的树种与之搭配，以满足国民经济对林业的多样化要求。例如东北林区在重点发展红松、落叶松等针叶用材树种的同时，也应适当发展水曲柳、黄菠萝等珍贵阔叶树种；同样，南方山地在重点发展杉、檫等速生树种的同时，也应适当发展樟、楠等珍贵树种。有时，需要根据当地条件确定一个发展造林树种的比例。这时，就有必要对这些树种按照其经济性状及生态学特性进行对比排队，分别安排在各自适宜的造林地上。

同一个树种，当它的造林主要目的不同时，也要为它选择不同的造林地。如用刺槐营造水土保持林时，可选择较干旱瘠薄的造林地；而用刺槐营造速生矿柱林时，则必须选择较好的造林地。落叶栎类的几个树种，既可用来放养柞蚕，又可用来营造薪炭林，这两种不同情况也要求选择不同的造林地。

总之，在落实适地适树方案时，既要考虑树种的生态学特性，以适应造林地的立地条件，又要考虑树种的经济性状，以满足国民经济的要求。这两方面必须结合起来。

归纳以上所述，我们得出以下几句话作为本讲的结语：分析立地条件，对照生态特性，抓住主要矛盾，进行对比排队，结合经济要求，落实适地适树。

第三讲　合理结构*

森林并不是许多树木的简单总和，而是具有一定结构的群体。树木在林地上的一定数量(密度)及其排列方式(配置)形成一定的水平结构，同一林分中的不同树种(组成)或不同年龄的同一树种在森林纵断面上发育为不同的林层，形成一定的垂直结构。森林的结构就是其水平结构和垂直结构的结合。

人工林为了更好地发挥作用，需要有一定的合理的群体结构。用材林的群体结构应能保证树木个体之间的相互关系(包括种内的和种间的)可以得到较好的调节，由这些个体所组成的群体能最充分地利用营养空间，发挥最大的生产潜力，使人工

* 本文来源：《林业实用技术》，1975(1)：17，20-21；1975(2)：19-20.

林尽可能地速生、丰产、优质。因此，理想的用材林应当具有分布均匀、稀密适中、复层林冠(或林冠层较厚)的群体结构。以利用果实为主要目的的特用经济林，为了使每株树都能充分透光通风，均匀生长发育，一般只要求单层的、较松散的群体结构。防护林为了更好地发挥防护作用，对其群体结构有特殊的要求：如水土保持林一般要求紧密郁闭，最好是乔灌木混交，能形成良好的枯枝落叶层，以便于阻拦、吸收地表径流；防风固沙林一般要求林带断面上不同部位有一定的透风系数，以便于更有效地降低风速，扩大影响距离，防止林缘堆砂。卫生风景林为了完成它的净化大气，吸收噪音，美化环境等任务，对林分结构也有它的专门要求。

下面就分别介绍形成人工林结构的几个主要因子。

一、造林密度

人工林的密度是形成一定群体结构的数量基础。人工林的密度一般是随着年龄增长而逐渐减少的。造林当时的单位面积株数(或种植点数量)称为造林密度。它对人工林后期的密度变化具有深刻的影响。造林密度越大，人工林的郁闭(主要指树冠相接)就来得越早。随即林木因生长过密而开始分化，强树占据林冠上层，弱树逐渐形成被压木，甚至逐渐死亡，即造成所谓自然稀疏。但是由于人工林中的树木个体的生长和配置都比较均匀，自然分化就比较地困难，往往需要及时加以人为干涉(间伐)，否则将严重影响人工林后期的生长。

人工林的密度对林木的生长及产量都有明显的影响。密度对林木的高生长一般影响较小。但当人工林密度过稀时，适当地增加密度有利于加大郁闭度，改善林地环境，抑制侧枝的伸展，因而有利于某些树种的高生长；相反，当人工林过密时，可能出现由于林木分化不良而引起生长普遍衰退，树高生长也会受到影响。密度对林木直径生长的影响较大，随着密度的增加，直径生长显著减小。树木的单株材积在较大程度上取决于直径生长，因此它也是随着密度的加大而减小的。人工林的群体产量，即蓄积量取决于单位面积株数及单株材积两个相互矛盾着的因素。当密度过小时，虽单株材积较大，但由于株数太少，蓄积量也比较小；当密度过大时，虽然株数多，但由于单株材积太小，蓄积量(特别是商品材的蓄积量)也不大；只有在适当的密度范围内，人工林才能达到它的最高产量。

密度对人工林的干材质量也有明显影响。密度大的人工林中，树干容易通直、圆满、分枝细小，这在一定程度上对提高干材质量有利。但如林分过密，树干高径比过大，树干纤细，容易风倒、雪折及遭病虫危害，不利方面就占主导地位了。对于某些直干性较强的树种(如杉木、毛白杨)，即使在相对稀植的条件下也能形成良好的树干，密度在这方面的作用就不明显。

综合上述可见，从人工林速生、丰产、优质的综合要求来看，密度过大或过小都是不利的。对每一种具体的人工林来说，客观上存在着一个最适的密度范围，需要我们去进行探索。还必须指出，合理的造林密度并不是一个常数，它是随着许多因素的变化而变化的。在确定造林密度时必须考虑以下几方面的因素：

（一）培育的目的要求

林种不同，对造林密度的要求也不同，已如前述。同为用材林，培育的材种不同，对造林密度也有影响。培育小径材的造林密度应大一些，培育大径材的造林密度可小一些，或初期密度较大而后期通过强度间伐保留较小的密度。培育速生用材林时，为了加速林木直径生长。提早成材，造林密度应小一些，为了使林分有较高产量（丰产型），而对成材年限要求不严时，一般造林密度可大一些。

（二）造林树种的特性

不同树种的林学特性不同，首先是喜光性和生长速度不同，应当适用不同的造林密度。喜光树种及幼年速生的树种（如泡桐、落叶松）都要求较小的造林密度。其次还要考虑树种的树干及树冠特性。直干性强、整枝性能良好或树冠较宽的树种（如毛白杨、檫树）可以适当稀植；相反，直干性差、侧枝粗壮或树冠较窄的树种（如云南松、箭杆杨）应适当密植。

（三）造林地条件

造林地的立地条件好，林木生长快，造林密度可以小些；造林地的立地条件差，造林成活困难，生长较慢，为了增加幼林保存株数，提前郁闭，增强幼林的抗性，必须增加造林密度。立地条件较差的地方一般只适于培育中、小径级用材，这也是增加造林密度的一个原因。造林密度还受造林地环境状况的制约。森林迹地上的伐根、采伐剩余物、母树的数量和分布状况都影响实际造林密度。石质山地上的裸岩分布也同样影响造林密度。

（四）造林技术

总的来说，造林技术愈细致，林木生长愈迅速，造林密度就应愈小。因此，集约经营的速生丰产林都应采用相对较小的造林密度。从单项造林技术措施来看，整地、造林方法、苗木规格、混交间作情况等都对造林密度有不同程度的影响。

（五）经济条件及造林成本

不同造林密度的造林成本是不同的。尤其在局部整地的情况下，整地、栽植和种苗的费用几乎与造林密度成正比，密度越大，造林成本越高。但密度大的幼林郁闭早，可以减少幼林抚育次数，还可提前修枝间伐，这在劳力可得保证而且小径材有销路的条件下是有利的。因此，造林密度是否合理还必须从造林成本、幼林抚育及成林抚育等方面的经济指标来综合衡量。

在具体确定造林密度时，必须综合考虑以上各项因素，分别不同情况提出合理的造林密度范围。通常，在林业生产上可能遇到 3 类不同的情况，在考虑确定造林密度时各有不同的侧重点。第一类是造林地立地条件较差，但经济条件较好，小径材及薪柴都有销路，有早期进行间伐的可能。在这种情况下营造防护林、薪炭林或中小径级用材林，初植密度宜大，一般以幼林在一定期限内能达到郁闭为标准。例如华北低山地区油松栽植造林，用每公顷 8888 ~ 10000 株的造林密度，即可保证造林后 5 ~ 6 年达到幼林郁闭，起保持水土作用，再过 3 ~ 4 年即可通过修枝间伐为当地群众部分解决薪柴问题。第二类是造林地立地条件较好，幼林生长较为稳定，但经济条件有一定限制，只有一定径级的小径材才有出路。在这种情况下确定造林密度应以在第一次间伐时即能生产一定规格的材种为标准。例如抚顺地区的落叶松矿柱林，采用每公顷 4444 ~ 6666 株的造林密度，到 12 年生左右需要进行第一次间伐，此时人工林的平均胸径约 9cm，可生产 2m 长，小头直径 8cm 以上的小矿柱及顶板用材。第三类是造林地立地条件好，采用速生树种造林，造林技术措施也很集约(包括林粮间作)，小径材没有出路或生产小径材在经济上很不合算，在这种情况下确定造林密度往往直接以成材主伐时期的合理密度为标准。例如某些杉木中心产区的群众营造杉木速生用材林，头几年进行林粮间作，一般在培育期内不再间伐，用每公顷 1800 ~ 3000 株的造林密度，保证人工林在 20 年生左右达到胸径 18cm 以上的成材标准。

二、种植点的配置

在确定造林密度的同时，还必须确定这些数量的植株(或种植点)在林地上的配置方式。不同的配置方式对与林木之间相互关系、树冠发育及光能利用有关，也与幼林抚育甚至成林抚育的施工条件有关。种植点配置方式可分为两大类：一类为均匀的或称为行状的配置；另一类为不均匀的或称为群状的配置。

行状配置是造林时最普遍应用的配置方式，它的优点是可以使林木均匀地分布于林地，充分利用营养空间，树干发育较易于通直圆满，也便于抚育管理。行状配置有长方形、正方形、正三角形 3 种配置方法。其中，正三角形配置是最均匀的一种配置方法，但实现这种配置比较麻烦，只在经营特用经济林时才有一定用途。正方形配置(行距等于株距)也比较均匀，而且实施方便，用途较广。但最常用的还是长方形配置，它的行距较大而株距较小，虽然在均匀程度上有所减色，但它能使行内株间提前郁闭，增强幼林稳定性，在较宽的行间便于幼林抚育以及修枝间伐的施工。近来，特别是在机械化造林时更有扩大行间距离(至 3m 左右)的发展趋势。长方形配置时对种植行的方向有一定要求。在山区营造水土保持林时，行的方向宜与等高线相一致；在风沙地区行向宜与有害风方向垂直；在高纬度的平坦地区，南北向的行比东西向的行更有利于充分利用光能。山地造林时，要求相邻行的种植点成品字形，也叫作品字形配置。

群状配置也称为簇式配置，它的特点在于种植点集中分布成群(簇)，群之间的距离较大，而群内植株密集，有利于迅速达到郁闭，对不良环境因子(干旱、日灼、杂草等)有较大的抵抗能力。群状配置的人工林在光能利用及树干发育等方面不如行状配置的工人林，因而它的产量也比较低，但由于它具备抗性强、稳定、易于管理等特点，因此在防护林营造(风沙地区造林、石质山地造林)、迹地更新及低价值林分改造中有一定的应用价值。

三、树种组成

人工林只由一个造林树种组成的称为纯林。人工林由两个以上造林树种组成的称为混交林。纯林和混交林各有其优缺点。纯林的结构简单，营造和管理都较容易，单位面积主要树种的产量高。但是纯林对环境条件的利用不够充分，易遭病虫危害，针叶树种纯林的火险性较大，又容易引起地力衰退，因此，在这些矛盾表现得尖锐的地方，营造混交林日益成为生产上的迫切要求。实践证明，成功的混交林在充分利用环境、改良土壤、增加林分总产量、提高树干质量、减少病虫危害、降低火险性等方面都表现出一定的优越性，有必要加以推广。

营造混交林的成败关键在于正确处理人工林中树种之间的相互关系，为此，要抓住以下几个主要环节：

(1)为既定的主要树种(目的树种)选好合适的混交树种(伴生树种)，使混交林中有合理的树种搭配，如针叶树种与阔叶树种搭配，喜光树种与耐荫树种搭配，深根性树种与浅根性树种搭配，喜肥树种与改良土壤树种(固氮树种)搭配等等。在选择混交树种时还要特别注意它们的生长速度和竞争能力，原则上要保证对主要树种不起压制作用。同时混交树种本身还能正常地生存下去，生产一定的产品和发挥预期的混交作用。

(2)确定各混交树种的合理混交比例，这个比例就是人工林的初期树种组成比例。确定混交比例时要考虑混交树种的相互关系，保证主要树种在林分中始终占优势地位，而伴生树种也有足够的数量去发挥其辅佐、改良土壤或隔离等作用。

(3)确定适宜的混交方法。常用的混交方法有行内株间混交、行间混交、带状混交及块状混交等4种。一般乔木和灌木混交可采用株间或行间的混交方法；阳性树种和生长较慢的耐阴树种混交可采用行间或带行相间的混交方法；种间矛盾较大的树种相混交则要采用带状或块状的混交方法。

(4)在营造混交林时，还可以通过采用不同规格的苗木(竞争能力弱的树种用较大规格的苗木)和不同造林时间(初期生长快的树种可晚几年栽入人工林)来作为调节种间关系的手段。

(5)混交林建立起来以后，还可以通过幼林抚育、平茬、间伐等措施继续调节种间关系，使混交林能形成预期的理想结构。

培育混交林有许多优点，但也是一件比较复杂的工作，我们在这方面的经验还比较少，需要通过试验实践不断总结提高。

四、造林图式

造林密度、种植点配置和树种组成都确定以后，实际上就完成了人工林结构的设计，把这个设计方案用图面形式表示出来，即为造林图式。下面举一个例子加以说明(图 1)。

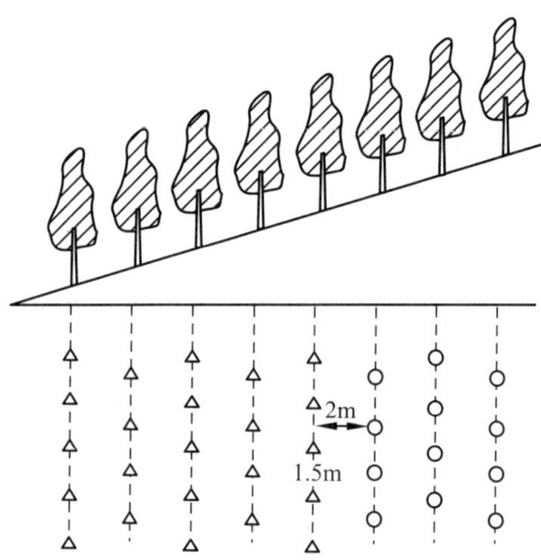

图 1 杉木和檫树带状混交造林图式

△为杉木(62. 5%)；○为檫树(37. 5%)

第四讲 细致整地*

在处理“地”和“树”这对矛盾之中，整地是改善造林地环境条件，使之有利于树木成活生长的最有力的基本措施，整地粗放或失当往往是造林成活率低、幼林生长不良的重要原因。而根据地区特点进行因地制宜的细致整地则是使林木速生丰产的重要保证。

一、整地的作用

造林地整地也像苗圃地整地及农用地整地一样，主要是通过翻土、松土等环节来改变土壤原有的理化性质，从而改善林木成活生长的条件。但是，由于造林地大多为长有自然植被的生荒地，并且具有较为复杂的地形条件，在这种情况下进行整地，和在平坦而裸露的苗圃地、农用地上整地不同，它还必须附带有改变小地形，调节与自然植被的关系、改善小气候及保持水土等任务。从某种意义上来讲，造林

* 本文来源：《林业实用技术》，1975(3)：20；1975(4)：19-20.

地的整地对造林地环境的改变要更为深刻有力得多。

造林地的整地从收入和支出两个方面来改变土壤的水分状况。整地时清除自然植被，可使更多的降水到达地面；把坡地局部地改为平地(如各种水平带状整地)，可截住从坡上流下的地表径流；整地时疏松土壤，又增加了水分渗入土壤底层的速度，这几项综合起来就大大地增加了土壤水分的收入。疏松土壤的孔隙度(主要是非毛管孔隙度)增加，加大了土壤的保水能力，减少了地表的物理蒸发，再加上消除了自然植被的蒸腾消耗这一项，使土壤水分的支出也显著减少。这样收多支少，就能有效地改善土壤对林木的水分供应，这在干旱(包括季节性干旱)地区特别重要。在土壤水分过多并且通气不良的地方，则可通过整地形成有利于排水的小地形(如高台整地)，同时通过改变土壤结构来改善它的通气状况。

整地如果结合施肥，可以提高土壤的绝对肥力。在不施肥的情况下，整地主要起着提高土壤相对肥力的作用，即通过调节土壤水、气、热状况及改善微生物的活动条件，使更多的土壤养分处于可利用状态。造林地的整地还可以把种植点附近的土层加厚，石块拣尽(这样可增加土壤的可利用体积)，把较肥沃的表土集中到林木根系周围，使林木生长的养分条件进一步得到显著的改善。

整地时清除一定范围的自然植被，改变局部小地形，就可以改变种植点附近的日照时间和强度，并在一定程度上改变其他小气候因子。如用反坡梯田(或三角形水平沟)整地就能在干旱阳坡上整出小阴坡，从而创造较为有利的热量及水分条件。

由于整地对造林地环境的综合改造，为幼树的成活生长创造了有利条件。许多地区的经验证明，细致整地能使幼林生长提高20%～30%。而广东怀集的大撩壕整地，湖北广济的抽槽整地，都有提高幼林生长近1倍的记录。整地对幼林生长的影响可持续好几年。整地越细致，则其影响维持得越长久。特别在干旱的水土流失地区，整地同时又是保持水土的坡面工程措施，整地的好坏往往成为造林成败的决定性因素。因此对造林地的整地必须予以充分的重视。

二、整地的方法

不同造林地的条件有很大差异，不同造林树种又有各不相同的习性，因此必须强调因地因树种制宜，选用不同的整地方法。

有些造林地上有茂密的自然植被、伐根和枝桠堆等障碍物，必须在整地之前进行清理，以利于开展整地作业，改善造林地卫生状况及保证所需的造林密度。采伐迹地和火烧迹地在造林整地前必须因地制宜地采用堆放、平铺及火烧等方法进行伐区清理。南方山地的杂灌木坡造林地，一般采用劈山(砍倒)和炼山(火烧)的方法进行清理。这种清理方法比较彻底，有利于改良土壤及事后开展全面整地，但在施工中要注意防火。在杂灌木较矮小及劳力较少的地区，也可采用割带(带状割灌)的清理方法，其带宽需视植被高度及造林密度(行距)而定。

经清理后的造林地即可进行整地。整地方法一般可分为全面整地、带状整地及块状整地3类。

全面整地的整地面积大，对林木生长比较有利。平原地区营造农田防护林时，造林地和农田地一样，都是采用全面整地的。北方山地造林由于保持水土的需要，较少应用全面整地。但南方山地由于土层深厚，植被恢复及幼林生长都比较迅速，又有林粮间作的传统，采用全面整地的情况也较多(但也要有坡度的限制)。如湖南、福建、广西等省(自治区)培育杉木速生用材林时，广泛应用全面整地，即在劈山、炼山的基础上进行全垦，整地深度一般在20~30cm之间。在坡度较陡时应每隔一定距离设置水平土埂或柴草挡壁等以保持水土。

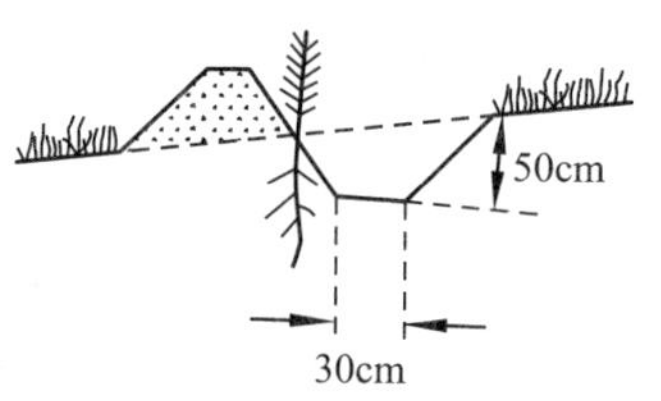

图2　水平阶整地

带状整地时在整地带之间保留一定宽度的生草带，这在风沙地区有利于防止流沙，而在山坡上有利于截留地表径流、保持水土。带状整地对林木生长的作用效果取决于它的规格和具体做法。一般的带状整地(不改变小地形)的效果不如全面整地。在整地时把局部地形改变为台阶状[水平阶(图2)，窄带梯田]或沟埂状[水平沟(图3)、反坡梯田]能收到较好的保水保肥，促进林木生长的效果，规格较大的其效果也更显著。广东省怀集的撂壕整地和湖北省广济的抽槽整地，实质上都是一种规格较大的水平沟带整地，其特点是松土深度大，土埂作得窄，肥表土集中填在壕(槽)中，有时还结合施基肥，比较彻底地改良了土壤，因此取得了优异的效果。在水土流失地区，水平阶或水平沟整地都是较好的保持水土坡面工程，它们可以是断续的，也可以是连续的，但每隔一定水平距离要设一横挡，以免暴雨时存水在阶面或沟底上集中流动而引起冲刷。各种带状整地的具体规格要根据风沙或水土流失的危害程度、径流量的大小、造林密度的要求等因素而定，其变动幅度是比较大的。整地带(动土带)宽自0.5m至5m不等，保护草带宽自0.5m至2m。

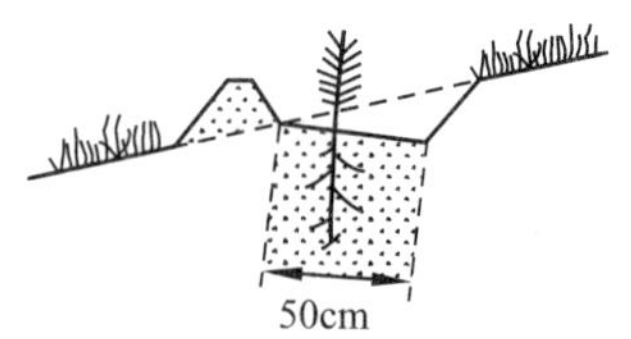

图3　水平沟整地

块状整地的动土面积最小，它的整地效果虽一般不如前两类(还要视具体规格来判断)，但恰具有省工及机动灵活的优点，比较适用于破碎的地形。在自然条件较好的造林地上大面积造林时，只要认真细致，采用大块状整地(块状地边长0.3~0.5m)也能取得良好的效果。在水分充足地区块状整地要注意排水，可采用丘状整地、高台整地及扣草皮子等整地方法。在水土流失地区块状整地以采用各种大小的鱼鳞坑(图4)为宜。在培育特用经济林时则宜于应用大块状整地(直径1m左右)。

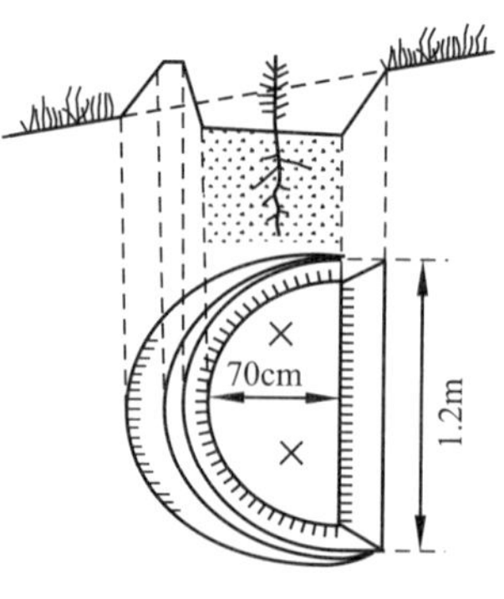

图4　鱼鳞坑整地

无论采用什么整地方法，都必须讲究整地质量，它包括如下要求：实际整地的长、宽、深度和断面形状都要符合设计的规格，土埂要筑牢，土壤要松碎，石块、草根要拣尽，肥沃表土要集中在种植点附近等。

三、整地季节

整地可以和造林同时进行，但在许多情况下，还是以提前整地为好。提前整地有促进土壤风化，充分保蓄水分，杂灌草根得以腐烂，避免过于集中使用劳力等优点。至于具体的整地季节因各地条件而异。南方山地经过炼山的造林地可在冬季整地，而没有炼山的造林地则以伏天整地来春造林为好，这样做有利于杂草腐烂及土壤结构的改善，干旱地区的整地最好在雨季之前进行，以便保蓄雨水。过湿地区进行扣草皮整地时，为了使草皮上下的土壤密接，需提前一年左右整地。整地季节应尽量与农忙错开，或采用专业队伍常年整地，为发动群众短期突击造林做好准备。在这方面还要善于处理一些个别的情况。如在干旱地区由于某种原因没能做到提前预整地的情况下，则应抓紧在土壤墒情好的时机随整随栽，一次完成。此时应避免因短期内两次翻动土壤而失墒。

第五讲　认真种植*

开展绿化造林，种苗工作必须先行。良种壮苗不仅是实现造林计划的物质基础，也是使林木能够速生、丰产、优质的前提之一（此内容在种苗部分介绍，本讲略）。

有了良种壮苗，还必须进行认真的种植，才能确保造林有较高的成活率和良好的生长效果。在这方面重要的是正确选择造林方法和造林季节，并认真细致地进行种植工作。

一、造林方法的选定

常用的造林方法有播种、植苗和分殖 3 种。

播种造林比较符合于树种的自然本性。树木自种子发芽起就开始适应造林地的条件，中间不经移栽，根系不受损伤变形，因此成活后生长较稳定。但由于种子发芽及幼苗生长要求较好的条件（主要是水分条件），对外界不良环境因子（干旱、杂草、风沙、鸟兽害、冻拔害等）的抵抗能力较弱，从造林到幼林郁闭所需的年限也较长，因此对造林地的选择及幼林抚育管理有较严格的要求。播种造林省去了育苗工序，施工技术比较简单，但比较费种。

植苗造林正好相反。苗木的幼苗期是在条件较好的苗圃中度过的，栽植时苗木已具有完整的根系，对造林地条件要求不严，对外界不良环境因子的抵抗能力较

* 本文来源：《林业实用技术》，1975（5）：21-22；1975（6）：19-20.

强，幼林能较早地达到郁闭。植苗造林的工序比较复杂，但省种子，也可缩短幼林抚育的年限。

播种造林与植苗造林各有其优缺点，但这些优缺点都是相对的。一般播种造林较适用于种源丰富的大粒种子(如栎、核桃、油桐等)以及直根性较强、移植后根系难于恢复的树种(如樟、楠等)；所适用的造林地也有一定的局限性，要求较湿润但又不过湿，杂草及鸟兽的危害都较轻。植苗造林的适用树种及造林地条件一般没有什么限制。有些地区(湿润及半湿润地区)，有些树种(如各种松树)，两种造林方法都能成功，此时主要从种源条件及经济指标来考虑。种源丰富及经济上合算时可用播种造林，而种源有限(特别是应用精选良种造林时)及播种造林成本没有显著降低时应当用植苗造林。随着造林事业的不断发展，造林技术不断提高，植苗造林在整个造林工作中的比重越来越大，这是造林技术发展的共同趋势。

分殖造林只适用于有较强营养繁殖能力的树种，如杉木、杨树、竹类等等。与植苗造林相比，分殖造林也能节省育苗的时间和费用，施工技术比较简单。但分殖造林用的材料没有已形成的根系，需在造林地上完成生根过程，因此也要求较湿润的立地条件。另外，分殖造林用的繁殖材料受母树分布的限制，故在缺少母树地区不便于大面积分殖造林。在四旁植树需用大苗时，分殖也不如植苗的效果好。

二、造林季节

造林是时间性很强的一项工作。虽然说，只要措施得当，任何时候都可以造林；但是，为了能取得多快好省的效果，应该选择最适合的造林时机。适时造林是提高造林成活率的重要因素之一。

什么时候造林最合适？主要应从各地区的气候特点及种苗特点两方面去分析。从气候方面看，合适的造林季节应该具有适合于种子萌发及苗木生根所需的温度条件及充足的水分条件，而较少灾害性因子(曝晒、霜冻、害风等)。从种苗方面看，合适的造林季节应该是种苗具有较强的发芽生根能力而且易于保持幼苗内部水分平衡的时间。除此以外，选择造林季节还要考虑到鸟兽、病虫危害的节令及劳动力状况等因素。不言而喻，在不同的地区，对不同的造林树种和造林方法，有不同的最适的造林时间。下面就从这几方面来分析各造林季节的特点。

1. 春季造林

春季天气回暖、土壤解冻返潮或地温增高，树木种子开始萌动，苗木也开始生根发芽，是较好的造林季节。全国大部分地区都适宜春季造林，特别是在冬季漫长严寒、土壤湿重的地区(如东北林区及各地高寒山区)以及降水分布均匀、初夏前雨水(梅雨)较多的地区，更适于春季造林。

春季造林的具体时间具有重要意义。一般要求在地温上升到种子能够萌动及苗木生根，而苗木地上部分尚未萌动之前造林。许多地区的经验证明，春季造林要掌握一个"早"字，这对于加强苗木对后期高温干旱的抵抗能力，提高造林成活率很为有利。因此，北方许多地区提倡"顶凌造林"，即在土壤化冻到刚能栽入苗根的深度时就开始造林；而在南方许多地区把春季造林提前到冬春进行(1、2 月)，都取得了良好的效果。但是春季造林要早这一点也不是绝对的，在某些春季回暖较慢，晚霜害较严重的地区或年份，对霜害较敏感的一些树种，造林时间不宜过早。

2. 夏季造林

夏季造林主要适用于夏季降水集中的地区(华北、西北、云南)，这些地区夏季正值雨季，所以也称为雨季造林。雨季造林时土壤水分充足，大气湿度较高，这是有利的一面；另外温度也较高，有利于加速种子萌发。但此时苗木正处在生长期内，水分蒸腾很快，移植时如损伤根系，影响吸水，容易引起苗木失水过多而死亡。对播种造林来说，夏季造林缩短了幼苗第一年的生长期，对它的越冬和抗来年春旱不利，这些是雨季造林不利的一面。为了充分利用有利因素，克服不利因素，就要掌握好雨季造林时机及采取其他一些配合措施。

雨季造林主要要掌握好雨情。一般应在透雨之后的连阴天及再一次降雨之前造林，也可以冒着小雨造林。栽植造林对天气状况的要求更严格些。从降水的角度来看，一般雨季中期的雨水更稳定些，两个降水过程之间的间歇期较短，对开展雨季造林有利。但从苗木本身的角度看，正在雨季前期有一个二次生根的过程，根系愈合得较快，有利于成活。因此，雨季栽植造林一般要掌握适时偏早的原则。播种造林为了争取当年有较长的生长期，也要求提早造林，有时甚至在雨季来临前即播下干种子等待雨水。雨季造林有机动性较大的特点，造林组织工作必须相应地跟上去。

3. 秋季造林

秋季气温下降，土壤水分虽不及雨季充足，但在不少地区往往仍多于春季。当苗木落叶或降低其生理活动强度后，地上部分蒸腾量即大大减少，而在一定时期内根系尚有一定活动能力，栽后容易愈合，来年春季苗木生根发芽早，有利于抗旱。秋季播种造林也有第二年春季萌发早的特点，而且可以省去种实贮藏及催芽工序，这些都是秋季造林的优点。但秋季造林易受寒风(生理干旱)、冻拔、鸟兽的危害，在这些危害严重的地区，秋季造林应用受到一定限制。在我国主要在华北、西北地区秋季造林应用较广，尤其是阔叶树种截干栽植在秋季进行比较有效，在时间上也比较充裕。

冬季造林主要是对冬季土壤不结冻的地区而言的，实质上相当于春季造林的提前或秋季造林的延后。

三、种植技术

在确定了造林方法和季节以后，还必须讲究种植技术。3 种造林方法各自都有许多具体做法，如播种造林可有撒播(包括飞机播种)、条播、穴播(块播)等方法；植苗造林有穴植、缝植、靠壁栽植、带土栽植等方法；分殖造林也有插条、埋干、分根、分蘖、移母竹等方法。它们各有不同的技术要求，也各有不同的适用树种和条件，必须根据造林树种的特性及造林地的具体条件因地制宜地采取适当的种植技术。本讲仅就最常用的穴播和穴植的技术要求作一些介绍。

穴播就是在造林地上按点(或小块地)开穴播种。它的主要技术要求是对种子的适当处理、合理确定播种点的位置、掌握适当的播种量和播种深度等。播种造林前对种子是否进行处理取决于种子特性及造林地土壤水分条件。在土壤水分充足的条件下，对发芽期较长的种子进行催芽处理，有利于提前生根发芽，减少鸟兽危害的机会，延长幼苗当年生长时间，加强其抗寒抗旱能力。但在土壤水分不稳定的情况下，播种催过芽的种子将是一种冒险的做法。此外，在病虫、鸟兽害严重地区，还要对种子进行适当的药剂处理。播种点的位置一般在块状地的中央或整地(鱼鳞坑、反坡梯田等)的内侧坡上。当造林地(山地)比较干旱时，播种点位置可适当靠里；相反，当影响成活的主导因子是冲淤及过度遮荫(坡度陡或周周杂草过密)时，播种点的位置应适当偏外。在鸟兽害成为播种成活的主要限制因子时，也可采用将播种点在块状地上适当分散的做法。穴播的播种量主要决定于树种特性。一般大粒种子(如核桃)每穴2~3粒，中粒种子(如华山松)每穴5~10粒，小粒种子(如马尾松)每穴15~20粒。种子品质较低，造林地条件较差时，播种量要适当加大。播种深度即播后的覆土厚度也取决于种粒大小及立地条件。一般要求播种造林的覆土厚度比在苗圃中播种育苗时略深一些，立地条件越干旱，覆土也应适当加厚。除上述技术要求外，还应注意播种时种子要与土壤密接，做到上虚下实；播种后穴面保持平整，或根据需要略成坑形或丘形；在有需要和可能的情况下对播种点进行覆盖，待幼苗出土后适时撤除覆盖物。

裸根苗的穴植是最常用的植苗造林方法。它的主要技术要求是对苗木的保护及适当的处理，掌握好穴植技术及适当的栽植深度。栽植前，在起苗、假植、运苗、取苗等一系列工序中充分保护好苗木，特别是保护好苗根，使之不受风吹日晒的影响，保持苗木的新鲜湿润及生命机能，是最为重要的。在这方面要求当事者进行认真细致的组织工作并严格贯彻技术要求。栽前还可对苗木进行适当的处理，如对苗根可进行修根(避免根系过长窝根)，蘸根(用稀泥浆以保湿)甚至浸根(于流水中或营养液中使苗木吸足水肥)处理，对苗干在必要时则可进行修枝、剪叶(对常绿阔叶树种)，甚至切干(用于有萌蘖性的阔叶树种)处理，使苗木地上地下部分易于达到水分平衡。穴植技术的关键是保证苗木根系舒展而不受挤压变形，并与土壤密接。为此，要求坑大底平，端正苗干，掌握深度，分层填细土，分层踩紧。有些地区总结出穴植要“三埋二踩一提苗”，也就是这个意思。栽植深度的掌握要依条件而定，湿润地区宜浅，掌握在埋到苗茎原土印之上1~2cm即可，在干旱地区宜于深栽，深埋到原土印之上5~6cm甚至更多。有些树种(如杉木)需深栽，为的是减少苗基萌蘖。穴植造林也要注意合理安排栽植点在块状地上的位置，栽后保持穴面平整细碎等问题，其道理和穴播是一样的。

由以上可见，无论采用什么造林方法，在技术要求上有共同的方面，也有特殊的方面，都要掌握因树因地制宜的原则。在技术要求确定之后，还要讲究“认真”二字。要使参加造林的每个群众都有强烈的为革命造林的责任感，同时了解每项技术要求的意义和做法，自觉地去认真执行，这才能保证高质量地完成造林施工任务。

第六讲　抚育管理*

造林之后的幼林抚育管理工作是一项很重要的工作。常言说：“三分造，七分管”。造而不管，等于白造，既浪费人力物力，又挫伤群众的积极性，不少地方是有过这种教训的。很多地方加强了幼林抚育管理，如湖南省朱石杉木林基地，会同县金龙林场对生长不良的人工幼林进行了深翻抚育，使“小老头林”返老还童；湖北省广济县更提出了“管杉如管棉”的细致抚育措施，促进了林木速生丰产，都为我们提供了宝贵的经验。

人工幼林的抚育管理是继整地和造林之后人为调节林木与林地环境之间的矛盾的多种措施的综合，它主要包括林地土壤管理、林木抚育管理、幼林保护等三大项内容。有时，也把幼林检查和补植工作列为抚育管理的内容之一。

一、林地土壤管理

林地土壤管理主要包括松土、除草、覆盖、灌溉、施肥、林粮间作等直接作用于林地环境的措施。

(一)松土、除草

松土和除草是最常用的抚育措施，它们两者往往是结合进行的，但在不同情况下有不同的侧重面。松土的主要目的是减少地表蒸发，保持土壤水分，并改善土壤通气状况以促进根系发育。有时候松土要与培土相结合。培土可促使某些树种(如落叶松)生长不定根，抑制某些树种(如杉木)的萌蘖，改善幼树附近土壤的养分条件及排水条件，后者对于容易产生冻拔害的地方是很重要的。除草的主要目的是排除杂草对幼树在光照和土壤水分养分方面的竞争，这种竞争往往是使幼树生长不良甚至致死的重要原因。但在一定距离外的适度杂草覆盖有时也能起到减少地表蒸发，降低地温，减免幼树日灼危害的有利作用，在某种情况下可加以利用。

在人工林中松土、除草必须连续进行几年。一般情况下松土、除草要进行到幼林郁闭为止，为期约3~5年。在水分充足地区及劳力较少时，松土、除草可以到幼林已稳定超出杂草层高度时即停止。集约经营的速生人工林及特用经济林，松土、除草需要长期反复进行，不以郁闭为限。在一年之内松土、除草的次数和进行

* 本文来源：《林业实用技术》，1975(7)：20-21.

时期要根据幼树年生育规律和林地环境的年变化规律来决定，当然也要考虑劳动力许可程度。一般说来，对新造幼林以每年进行 3 次左右为宜，第一次宜在早春进行，以松土为主，为了保墒抗旱；第二、第三次在初夏及雨季前期进行，松土与除草相结合或以除草为主；如除草进行过晚，在生长后期使幼树骤然透光，对幼树生长反而不利(特别在有秋旱的地区)。对于生长快、抗性强的树种，或在自然条件好而劳力又缺乏的地区，每年松土、除草可减少到 1～2 次。随着幼树年龄增大，抵抗力增强，松土、除草次数可逐年减少。个别情况有例外，如在湿润地区的新采伐迹地上的人工更新，头 1～2 年林地土壤疏松，杂草不多，可少抚育甚至不抚育，以后，林地上阳性杂草逐渐增加，才有必要加强抚育，重点在除草。

在全面整地的情况下应进行全面的松土、除草，有条件时应尽量采用机械。在局部整地的情况下，松土范围在初年往往仅限于整地范围，必要时松土可和周围的割草相结合。随着幼树长大，可逐年扩大松土范围，以改善幼树的营养条件。松土、除草的深度根据保墒的需要及杂草根系分布深度来决定，注意不要伤害幼树根系，掌握里浅外深的原则。在土壤黏重板结的地方要求深松土(深 12～15cm)，或隔 1～2 年深松土(20cm 以上)1 次，以改善土壤物理性状。根据幼林具体情况，在松土、除草同时，可结合进行扶苗、去淤、除蘖等工作。在某些情况下，土壤水分供应充足，杂草对幼树的遮光是主要矛盾，此时抚育可仅限于拔草或割草而不必松土。在这种情况下使用选择性的除草剂将具有很广阔的前途，应当试验推广。

(二)林地覆盖

林地覆盖能降低地表高温、防止土壤板结、减少水分蒸发及抑制杂草生长，作用是很明显的。但造林地的覆盖牵涉到面积广大，交通不便，覆盖物用量较多等因素，因而较难于大面积实施。但在局部地区利用当地材料(石块、灌木条等)进行覆盖还是有可能的，如广东省怀集县林科所在杉木幼林地进行了覆盖(所谓加罩)取得了良好效果。

(三)林地灌溉与施肥

灌溉与施肥是改善林地土壤水肥状况的积极措施。在造林工作中由于经营条件的局限，灌溉与施肥的应用目前还不很普遍，但从方向上看，这些措施是很有前途的。

林地灌溉在干旱或水分不稳定地区能大大加速林木的生长。许多干旱地区绿洲中的农田防护林都是在灌溉条件下营建的。沙漠地区的引水拉沙后造林，盐碱地的人工洗盐后造林也都是林地灌溉的应用实例。在四旁绿化中大力发展水旁(包括渠道旁)植树，实质上相当于灌溉地造林，具有重要的防护效果及巨大的生产潜力。

林地施肥是改善土壤肥力状况、提高林木生长量、缩短成材年限、促进林木结实的有力措施。在幼林期间进行施肥也有加速生长，提早幼林郁闭的功效。从 20 世纪 60 年代以来，世界上许多国家(日本、德国、北欧诸国等)普遍开展林地施肥，大都施用氮肥或氮磷钾完全肥料，有时在酸性土壤上施用石灰及矿渣粉等，现正趋向于制作高肥效颗粒状的林业专用肥料。施肥方法大都用人工撒施的方法。北欧国家用飞机撒肥较为普遍。我国近年来在林地施肥方面也有所发展。除了在集约经营的特用经济林内施肥外，有些地方在营造速生杉木林时也进行了施肥。在我国化肥生产进一步大发展之后，林地施肥必将有较大规模的开展，从现在起必须有所准备。此外，在人工林行间间种豆科绿肥作物也是一种很有前途的林地施肥方法。

(四)林粮间作

利用未郁闭幼林中的行间空隙间种粮食或其他农作物，它本身具有重要的经济意义。通过林粮间作可合理地利用土地和劳力，增产粮食和其他农产品，使长远利益和当前利益相结合，部分地解决林农争地及争劳力的矛盾，有利于巩固林业专业队伍，加速林业的发展。在间作时结合对农作物的抚育管理，也对幼林进行抚育管理，保证幼林顺利生长。合理地间作农作物还能利用种间关系有利的一面为幼树生长创造一定的良好条件(如适度侧方遮荫、改善小气候、改良土壤等)。但在实际生产中也可看到某些间作不合理的情况，使幼林生长由于过度遮荫、根系竞争及机械损伤等原因而受到一定挫折。因此，必须讲究执行正确的间作技术，其中尤以正确选择间作作物及保持合理的间作距离最为关键。

选择间作作物要考虑到造林树种的特性和年龄以及造林地的条件。树种生长迅速、树冠稠密或年龄较大时要选择矮小耐阴的作物(红薯、豆类等)；相反，树种生长较慢，需要侧方遮荫或年龄较小时可选用高秆作物(玉米、高粱，向日葵等)。在水分充足的造林地可以间作麦类及蔬菜，在水分不足地区应以间作中耕作物(玉米、马铃薯等)及耐旱作物(谷子、高粱)为主。在土壤肥沃的地方可间作药材等经济作物，在土壤瘠薄地方可以间作豆类及牧草等绿肥作物。

一般在株行距较宽的经济林中(包括果树)需要进行长期的间作，在用材林及防护林中一般只在幼林郁闭前进行间作，当幼林郁闭度达到0.5以上时即应停止间作。间作作物与幼树间的距离视幼树大小及作物的高矮而定，以不影响幼树生长为原则。对间作作物进行的栽培管理措施一定也要同时照顾到幼林生长的需要。

二、林木抚育管理

林木抚育管理是通过对林木直接进行干涉，改善它们的生长条件，以保证人工林的稳定性和速生丰产优质的一种抚育措施，它主要包括修枝、除蘖、平茬、间苗等内容。

(一)修枝和除蘖

人工修枝是一项提高树干质量、促进林木生长、减少森林火灾及病虫害发生的抚育措施，同时还可以利用枝条获得一定经济收益，满足当地对薪柴的需要。进行修枝主要要掌握适度。修枝过轻起不到应起的作用，修枝过强则过分地缩小了进行光合作用的树冠体积，必然影响生长。在当前，后面一种倾向是主要的，应设法加以制止。为了正确地进行修枝抚育，应当通过试验为每个树种在各个年龄阶段（或高度）确定合理的修枝强度，一般以一定的冠高比（树冠长度与树高的比例）为标准。在培育用材林时要特别着重通过修枝把最下面一段原木（长度6～7m）培育成为无节或少节良材，应当为之确定一套专用的修枝制度。从幼林郁闭后下层枝开始萎缩或自然枯死时开始第一次修枝起，分几次定期地进行修枝抚育，完成培育优质树干的任务。有些阔叶用材树种的树干发育不很理想，近年来，有些地区总结出了群众通过修枝培育阔叶树种优质树干的经验，如河北省武清县的白榆修枝经验、浙江省临海县的苦楝修枝经验、河南省鄢陵县的泡桐“接干”经验等，都可作类似情况下的参考。

有些树种的萌蘖力很强，初栽后常从根颈部长出许多萌蘖条；另外在截干造林时也容易从干基部同时长出几个萌蘖条，这样对于主干的生长是不利的，因此需要在造林后1～2年内进行除蘖，每株树只留一个生长健壮的主干。有时，除蘖工作可能要延续较长时期反复进行。

（二）平茬

当幼树的地上部分由于某种原因（机械损伤、霜冻、病虫兽害等）而生长不良，丧失培育前途，而且该树种又有根株萌蘖能力时，就可以截去幼树的地上部分，促使长出新茎干，这个措施称为平茬。经平茬后，幼树能在根颈以上长出几条生长迅速、光滑圆直的萌蘖条，以后选留其中最好的一条作为培育对象。经验证明，如幼树年龄不大，而且平茬次数不多，则平茬后的萌条能在生长上赶上甚至超过相邻的未平茬植株，因此这一点有时也用来作为培育优质主干（如泡桐）的一项措施。另外，平茬也是促进灌木（紫穗槐、柠条等）丛生，使它更好地发挥护土遮荫等作用的一种手段，同时也进行了割条利用。在混交林中为了调节种间关系，保护主要树种免受压抑，也可对其相邻的伴生树种或灌木进行平茬。

（三）间苗

在群状配置的人工幼林中，每个种植点有多数植株丛生，这种幼树群在初期生长良好，但随着年龄的增长，个体所需营养面积增大，在分化不良的群内生长普遍受到抑制，此时为了保证优势株的顺利生长，就有必要减少群内个体数量，进行间疏。一般在幼林全面郁闭之前（即幼树阶段）就有必要开展此项工作，故称为间苗，以便与成林阶段的间伐相区别。对于间苗工作的必要性是有不同看法的，但近来的多数研究都证明，人工林在长到一定年龄后，其树群内的株数愈多，其中优势株的生长也愈小。在群内进行间苗对优势株的生长，尤其对它的直径生长有良好的促进作用。间苗的具体时间、强度和次数主要应根据幼林生长情况及树群密集程度而定。在好立地条件下生长的阳性速生树种的幼树群应早些进行间苗，强度也可大些。在立地条件较差、树种生长较慢的情况下可以晚些间苗，强度也可小些。个别情况下，如立地条件很恶劣，而幼树群之间的配置较稀，或群内分化明显时，也可以不间苗。

三、幼林保护

人工幼林的保护工作内容包括防火、防治病虫害、防鸟兽害、防霜寒冻拔、防风沙吹埋、防人畜破坏等等。

关于防火及防治病，虫、鸟、兽害的有关内容在森林保护部分介绍，此处省略。

对于霜寒等危害，在大面积造林时主要只能采用预防措施，如应用不怕霜冻及寒冷的树种或品种造林，为不耐霜寒的树种选择一定的地形部位，利用其他树种包围所形成的小气候，采取措施促进枝条尽快木质化等等。在经营强度较高的特用经济林中可应用烟幕法、灌溉法等措施，防止霜冻。有些树种主要在幼苗期怕寒或易受冬季生理干旱危害，可采用培土(埋防寒土)、覆草、平茬、包扎等防寒措施。对于高寒地区的冻拔害必须在树种选择、整地、造林方法和季节、苗木规格等多方面采取综合防治措施，只有在最必要时才采用冬季覆草、培土及覆草皮土等花费劳力较多的方法。无论是为了防寒，还是为了防冻拔，在采用覆土或覆草时都必须注意及时覆盖和撤除，否则覆盖过晚或撤除过早都会影响防护效果，而过早覆盖及过迟撤除又会影响幼树呼吸，引起溃烂以致死亡。在春季可结合撤防寒物进行第一次松土除草。

人畜破坏，包括不合理的樵采滥伐、不合理的放牧等，对人工幼林的威胁很大。尤其在造林后的头几年，必须组织封山，对附近居民加强宣传教育工作。造林单位应有一定数量的护林专业人员，严格执行各项护林措施，巩固造林成果。

沈国舫
(云南林学院)

《中国主要树种造林技术》：油松*

别名：黑松（东北）、短叶松（《中国树木志略》）

学名：*Pinus tabulaeformis* Carz.

科名：松科（Pinaceae）

油松是我国北方广大地区最主要的造林树种之一。木材坚实，富松脂，耐腐朽，是优良的建筑、电杆、枕木、矿柱等用材。它分布广，适应性强，根系发达，树姿雄伟，枝叶繁茂，有良好的保持水土和保护环境的效能。我国劳动人民栽培油松历史悠久，新中国成立以来，广泛开展了油松造林，取得了显著成绩，为进一步扩大油松造林提供了宝贵经验。

一、形态特征

常绿乔木，高达30m，直径1.8m；树冠塔形或卵圆形，孤立老树的树冠平顶，扁圆形或伞形。一年生枝淡灰黄色或淡褐红色；冬芽褐色。叶二针一束，长6.5～15cm，粗硬。一年生小球果的种鳞顶部有刺，球果卵圆形，长4～9cm，鳞盾肥厚，横脊显著，鳞脐有刺，熟时暗褐色，常宿存树上数年不落；种子卵形，长6～8mm，翅长约1cm，有褐色条纹（图10）。

油松的种内变异较大，常见的有黑皮油松（*Pinus tabulaeformis* var. *mukdensis* Uyeki）变种，树皮黑灰色，皮厚，呈纵裂，或皮薄，呈龟纹状浅裂，大致分布在承德以东至沈阳、鞍山等地区。

二、分　布

油松的自然分布范围很广，北至内蒙古的阴山；西至宁夏的贺兰山，青海的祁连山、大通河、湟水流域一带；南至川甘接壤地区向东而达陕西的秦岭、黄龙山，

* 本文来源：中国树木志编委会．中国主要树种造林技术．北京：农业出版社，1978，103－116.

河南的伏牛山，山西的太行山、吕梁山；东至山东的蒙山。陕西、山西为其分布中心，有较大面积的纯林。油松在河北东北部、辽宁西部及山西海拔较高的山地，由于降水较多，湿度大，阴坡、阳坡均有分布。到了河北西部、山西吕梁山以西及海拔较低的山地，因降水较少，湿度小，油松只分布在阴坡、半阴坡。

油松的垂直分布因地而异，在辽宁，油松分布于海拔500m以下；华北山区分布于海拔1500(燕山)~1900m(吕梁山)以下，2000m以上仅有个别散生树木；在青海，则可分布到海拔2700m左右。

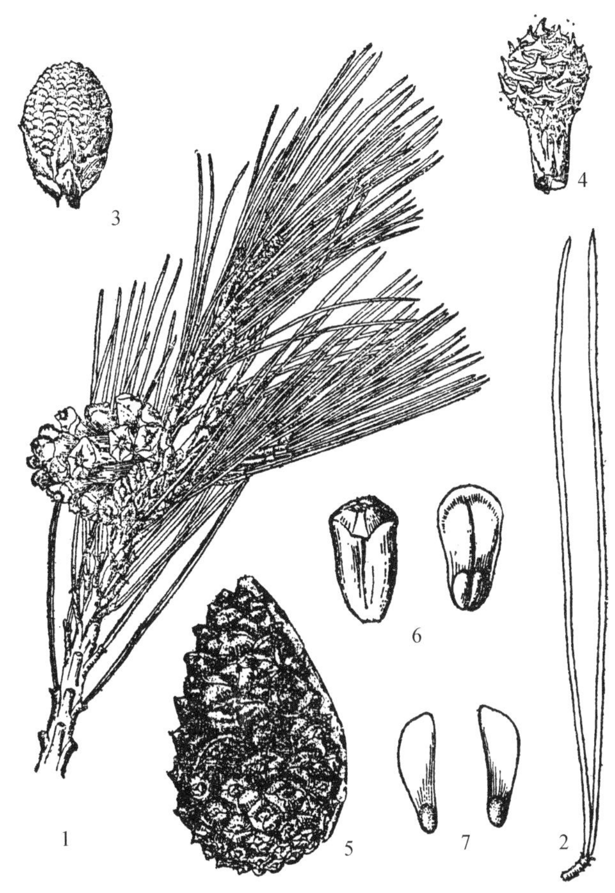

图1　油　松

1. 球果枝；2. 一束针叶；3. 雄球花；4. 雌球花；5. 球果；6. 种鳞背腹面；7. 种子

在华北山地，天然油松林多分布在海拔1200~1800m之间，在1500m以上，油松常与白桦、辽东栎、蒙古栎等树种混交，在其下，油松常与山杨、花楸、栓皮栎、小叶椴等树种混交。由于林业生产发展的需要，油松造林范围不断扩大，主要向低海拔(1200m以下)的荒山丘陵和西北黄土地区发展。

三、生物学特性

(1)油松是温带树种。

抗寒能力较强，可耐-25℃的低温。分布区以北的哈尔滨，引种的油松在个别年份有枝条冻死现象。在分布区内的高寒地带，如太行山海拔1500m以上，恒山1800m以上，油松生长不良。海拔过低或水平分布偏南地区，高温及季节性干旱对油松生长也有不良影响，表现在：高生长不旺，病虫害多。油松适应大陆性气候，在年降水量仅有300mm左右的地方(如大青山)，也能正常生长。在年降水量较多的地方生长良好。

(2)油松是喜光树种，在全光条件下能天然更新，为荒山造林的先锋树种。1~2年生，幼苗稍耐庇荫，在郁闭度0.3~0.4的林冠下天然更新幼苗较多，但4~5年生以上的幼树则要求充足的光照。过度庇荫常生长不良，甚至枯死。在混交林中，由于喜光，常处于第一林层。在低海拔地带，大多分布在阴坡，这主要是由于土壤水分条件较好起了决定性作用。但在一些“死阴坡”(日照时间极短的阴向陡坡)上，即使有良好的土壤水分条件，由于光照不足，油松生长极为不良。

(3)油松适生于森林棕壤、褐色土及黑垆土，以在深厚肥沃的棕壤及淋溶褐土上生长最好。油松的根系发达，蒸腾强度较低，所以较耐土壤干旱，在山顶陡崖上能正常生长。但土壤过旱，对幼树成活不利，生长缓慢。在个别干旱年份，油松幼林甚至成片旱死。油松要求土壤通气状况良好，故在轻质土上生长较好；如土壤黏结或水分过多，通气不良，油松就长不好，表现在早期就干梢；在地下水位过高的平地或有季节性积水的地方则不能生长。

油松对土壤养分条件要求不高。从土壤中吸收氮素及灰分元素的数量较其他树种少，枝叶中氮素及灰分元素含量也少(落叶中灰分含量2%~3.5%)，故改良土壤的性能较差。油松根系能伸入岩石缝隙，利用成土母质层内分解出来的养分，因此母质层是否多裂隙而疏松对于油松生长是很重要的。在花岗岩、片麻岩、砂岩等母岩的深厚风化母质层上，即使上层土壤贫瘠，也能生长。油松幼年时对土壤养分条件差异的反应不甚灵敏，随着林龄增长而反应显著。在过于瘠薄土壤上虽能成林，但由于早衰而不易成材，或只能长成小径材。

油松喜微酸性及中性土壤，土壤pH值7.5以上即生长不良，故不耐盐碱，在平原地区栽植油松尤应注意。在酸性母岩风化的土壤上生长良好；在石灰岩山地，如土层较深厚，有机质含量高，降水量较多，油松也能生长良好。

(4)油松的生长速度中等。幼年时生长较慢，一般2年生苗高20~30cm，第三年开始长侧枝，从第四或第五年起开始加速高生长，连年生长量可达40~70cm，一直维持到30年生左右，以后高生长减缓。在气候干热或立地条件较差的地方，20年生后高生长即衰退；而在立地条件好的地方，树高速生阶段的持续期长，生长量也大，有些年份的高生长量可达1m以上。油松的径向生长高峰出现略迟，一般在15～20年后胸径生长加速，在良好条件下旺盛生长期可维持到50年生左右，胸径连年生长量最大可达1～1.5cm。人工栽植的油松林，一般在造林后5～7年进入郁闭，15年生后林木分化显著，开始自然稀疏，需要及时抚育间伐。在合理经营的情况下，20年生时能长成椽材，30～40年生时能长成檩材及中等矿柱，50～60年生时能长成大径级用材，可以进行主伐。高产人工林的年平均材积生长量可达每公顷7～10m^3。在适生的条件下能形成通直圆满的树干，但在条件较差时，树冠则有过早出现平顶的现象。

(5)油松的高生长集中在春季，在北京附近约从3月下旬开始芽膨胀，到5月上旬前生长迅速，到5月下旬停止生长，形成新顶芽，生长期约60天。有时部分植株的当年新生顶芽在7～8月间再进行延伸，出现第二次生长，但二次抽梢往往不能形成顶芽或顶芽瘦小，对第二年高生长有不利影响。油松的径生长从5月中下旬开始，7月中下旬有一段停顿，8、9月出现第二次高峰，延续生长到11月初结束，生长期约五个半月。油松的针叶生长从4月下旬开始，5月继续，6月高生长停止后针叶生长旺盛，7月份针叶基本定型，到8月完全停止生长。不同地区及不同地形部位的油松，其生长始末期可相差1个月左右。

(6)油松为深根性树种，主根明显，侧根伸展较广。根系发育有较大的可塑性，在深厚沙土及多裂隙母岩的山地土壤上形成深根系，主根深可达3m以下；但在少裂隙母岩的薄层土上则形成浅根系，主根伸入母质层后遇到机械阻力，迅速变细。吸收根群仅分布在地表30～40cm的土层内，吸收根上有菌根菌共生。

根系在土壤解冻时开始生长，4～5月生长旺盛，分生大量新根，初夏干旱时期生长停顿，8月又加速生长，延至11月以后土壤结冻时停止。未经移植的苗木，根的生长以原有根系延伸为主，分生新根很少。苗木经移植后，原有根多数被切断，分生组织活动加强，以分生新根为主。新根主要从较细的须根腋间分生，在水分充足的情况下，造林后5天就能长出新根。因此造林时保护好细小的须根，对提高造林成活率是十分重要的。

(7)油松6～17年生时，即有开花结实的林木。但结实的头几年球果小，瘪籽多，发芽率低。15～20年生后结实增多，种子质量也显著提高。30～60年为结实盛期。直至百年之后仍有大量结实，但过老母树上所产种子的质量很差。结实有丰、歉年之分，种子年间隔期2～3年。阳坡、半阳坡母树结实量多，种子质量也较高。油松在4月末至5月上旬开花，当年授粉，翌年春受精后球果开始发育，到9～10月球果成熟。

四、造林技术

(一)良种选育

油松造林的范围广，面积大，用种量多，过去由于各地产种量不平衡，种子质量不一，有的好，有的差，许多地方选用良种，造林效果好；有的未经选种，种子质量差，新造幼林生长缓慢，过早结实，干形生长不良、病虫害也多。因此，在生产上加强良种选育，建立高产稳产的良种基地非常必要。“文化大革命”以来，良种选育工作得到了较大规模的发展。北方各省相继开展了生态类型的研究、优树选择、改建母树林、建立种子园等工作，并已取得了一定的成绩。

油松在长期自然选择过程中，产生不少的变异类型，是进行人工选择的基础。近年来普遍进行了油松优良单株选择，划定为优树，单独采种、采穗繁殖，已在生产上推广。这些优树比一般树木具有生长快、干形好的特点。从树皮的颜色和厚薄程度等差异来分，山西的油松分为“细皮”(薄皮)和“粗皮”(厚皮)两种明显的自然类型。

细皮类型树冠变化小，冠窄，干形挺直，枝条细，树皮薄(1.1～1.5cm)而平滑，呈龟纹状开裂，松脂产量较低。

粗皮类型树冠变化大，冠宽，干形有时弯曲，枝条粗，树皮厚(1.8～4.1cm)而粗糙，呈条状开裂，松脂产量较高。

细皮类型高生长比粗皮类型多10%～15%。油松优树选择方法同红松。

1. 母树林

一般都是从现有林中选择优质林分，改造为母树林。太岳山林区选择Ⅱ～Ⅲ龄级的优质天然林进行改造，有些地区从较好的Ⅰ～Ⅱ龄级人工林中选择培育。选择母树林要注意立地条件适于油松的生长，最好在平缓的土层深厚的阳坡和半阳坡，林分本身又基本同龄，林相整齐、生长旺盛、干形端直、无病虫害。

区划母树林后要采取以疏伐为主的一系列抚育管理措施。疏伐既是一种留优去劣的人工选择，又是一种促进林木结实、培养低干宽冠母树的措施。疏伐的强度要根据林龄及生长状况来决定，一般在伐后使郁闭度降到0.4～0.5，树冠间距0.5～1m。原有密度的林分要分数次疏伐；冠幅达到2m的每亩保留60～70株；冠幅3m的每亩保留40～50株，冠幅4m的每亩保留25～30株；最终以冠幅达到7～8m，每亩保留10株左右为标准。结合疏伐还可对保留树进行修枝，疏去过密的轮生枝以改善光照条件，增加结实部位。

油松虽是雌雄同株，但不同植株有偏雌性及偏雄性表现，在选定保留母树时应选择偏雄性植株。

此外，还应加强抚育，进行松土、培土、除草、压青、施肥、保持水土、防治病虫害等工作。

上述措施对提高种子产量、质量是有效的，如河北省东陵林场1973年在18年生人工林中采取了以疏伐为主的改造措施，1974年种子产量相当于1973年的2.5倍，1975年种子产量相当于1973年的7倍。一般林分产的种子千粒重37.3g，母树林产的种子千粒重44.6g，提高了19.6%。

2. 种子园

建立油松种子园，为造林提供更优质可靠的种子，是一项具有长远意义的工作，目前此项工作还处于生产性试验阶段。河北、山西、陕西、山东及辽宁等省相继开展了油松选优工作，主要采用5株大树对比法。选出优树后编号立标，采穗繁育。建立油松无性系种子园主要采用嫁接的办法，以采用髓心形成层对接法较为普遍，成活率可达80%以上。有关种子园的区划，隔离带的设置，无性系的排列等均同一般规定。

(二)采种

在专营母树林、种子园尚未能完全满足生产所需种子的期间，还有必要在现有林及散生木中采种。为避免采集劣种，须严格选择适龄(20～50年生)、健壮、干形好、抗性强、病虫害少的树木作为采种母树。不要不分树木好坏，见种就采。

油松在9月间球果成熟，其特征是球果由深绿色变为黄褐色，果鳞微裂，种子为黑褐色，种仁饱满。一般在9月下旬至10月上旬是采种的最适宜时期。采种过早，种子成熟度不够，球果出种率低，种子发芽率也低。采种过迟，则球果已在树上开裂，种子飞散，采不到种子。油松树体高大，球果在枝上着生较牢，采摘比较费力，要注意安全，并保护好母树，不要损伤大枝、新梢及当年幼果，以免影响以后的种子产量。

采回的球果放在通风良好的场地，摊开晾晒，每天翻动1～2次，晚上堆积覆盖可加速果鳞裂开脱粒。种子脱出后集中起来，揉搓脱翅，风选去杂，晒干后即可贮藏备用。用一般干藏法，注意贮藏室应事前用三氯硝基甲烷消毒。低温干燥，通风良好，种子发芽力可保存2～3年。如需长期贮藏，应当用密封贮藏法，盛种容器要用福尔马林液洗刷。调制得当的优质种子，纯度可在95%以上，发芽率在90%以上。种子千粒重33.9～49.2g(每千克21000～30000粒)。

(三)育苗

油松可在平地固定苗圃育苗，也可在山地临时苗圃育苗，近年来有些地区还用容器育苗。

1. 平地苗圃育苗

油松育苗地应选择排水良好、灌溉方便、土层深厚的沙壤土或壤土。土壤酸碱度为微酸性或中性。重黏土、盐碱地、地下水位过高(<1m)的低洼地，在未经充分改良之前均不适用，土壤pH值超过7.5时也不宜用来育油松苗。

油松育苗连作的效果较好，不但苗木生长茁壮，而且增加了抗病能力。但已罹猝倒病的不宜再行连作。油松苗在前作为杨树、板栗、柞树、芝麻、线麻等地上生长良好，而不适于前茬为刺槐、白榆、黑枣、大豆、马铃薯、蔬菜等地育苗。

育苗地应深翻整平，施入基肥，以厩肥、堆肥等有机肥为主，拌入适量过磷酸钙(每亩15kg左右)。为预防猝倒病及地下害虫，在施肥同时可混用硫酸亚铁(每亩5kg)和六六六粉(每亩2.5kg左右)进行土壤消毒。

油松一般用苗床育苗，在灌溉方便地方采用高床。苗床长10m，宽1m。在辽宁、河北承德地区和北京市等地，多采用高垄育苗，垄宽(底宽)60～70cm，高15～20cm，在垄面上纵行条播。高垄育苗便于侧方灌溉、机械化抚育及起苗，且通风透光良好，有利于苗木生长，但是单位面积产苗量不如床作高。

播种季节春秋均可，一般以春播为好，时间掌握上应宁早毋晚。播前要进行种子消毒及催芽处理。通常用0.5%的福尔马林溶液浸泡15～30分钟，或用0.5%高锰酸钾溶液浸泡2小时(用2%溶液浸半小时也可)，然后进行催芽处理。催芽方法有多种，最常用的是温水(45～60℃)浸种一昼夜，水温自然冷却，种子吸足水后捞出，放入容器内置于温暖处用“生豆芽”的方法催芽，每天用温水淘洗1次，5～6天后大部种子的种皮开裂(或称裂嘴)即可用来播种。也可在播前1个月用混湿沙埋藏法或层积催芽法处理，定期翻动检查，待种子有三分之一裂嘴时即可用来播种。

播种方法以条播为主，播幅3～7cm，条中心距20cm左右。每亩播种量15～20kg，覆土厚度1～1.5cm，覆后稍加镇压。在灌足底水的前提下，一般在播种后出苗前不必灌水，也不必覆盖。可在床面喷土壤增温剂以保持水分，提高地温，加速发芽。在保水性差的沙地苗圃有时必须在播后灌溉才能保证发芽，宜用喷灌或侧方灌溉。催过芽的种子一般播后7～10天即发芽出土。在发芽出土后，种壳脱落前要注意防鸟害。油松幼苗宜适当密生，因此间苗不要太早，以6～7月间生长旺盛时期较为适宜。油松苗过稀(每米长播种沟少于50株)时生长不良，过密(每米超过200株)则生长纤细，达不到出圃要求。如以亩产1年生规格苗15～20万株为目标，则每米长播种沟留苗100～150株较为合适。

油松幼苗耐旱、怕淤、怕涝，故对灌溉要适当控制，要勤松土除草，也可施用除草剂(以除草醚为宜)。每次灌溉或暴雨后要为油松苗扒淤脱“泥裤”。经验证明，在生长期内合理施用追肥，前期用氮肥，后期用磷钾肥，对加速苗木生长，提高成苗率很起作用。为防治猝倒病，在苗木出齐后1周开始，每隔7～10天喷0.5～1.0%等量式波尔多液或0.5～1.5%硫酸亚铁溶液。至7月苗茎基部半木质化，不见病症蔓延时即停止喷药。

油松苗一般在1.5年生或2年时出圃，中间不必经过移植，要求苗高15cm以上，地径0.4cm以上。有些地区为加速绿化步伐，节约育苗地，力争油松一年成苗出圃，其规格要求是苗高8cm以上，地径0.25cm以上。实践证明，在采取综合措施的基础上适当施用追肥和合理控制苗木密度，这个指标是可以达到的。如需用2.5年生以上大苗造林时，应进行移植培育。

2. 山地育苗

油松山地育苗具有育苗地离造林地近、便于起苗时带宿土、运苗时保护苗根、节约苗圃用地及管理费用低等一系列优点。临时育苗地起苗时留适量苗木继续生长，能迅速郁闭成林。这种育苗方式已在许多地区推广应用。

山地育苗技术与平地育苗技术大致相似，只是在选地、整地等方面反映了山地育苗的一些特点。选好育苗地是油松山地育苗是否成功的一项关键性措施。选地的原则首先应是油松的适生范围(地区、海拔高度)，而且离造林地近；其次要选比较平缓（坡度在30°以下）的阴坡、半阴坡，土层深厚、腐殖质含量较高的地方。选阴坡主要为的是有良好的土壤水分条件，因山地育苗一般不灌溉；选缓坡为的是便于整地及其他作业，也有利于得到较多的光照。生荒地（草坡、灌木坡）、多年的老撂荒地均可选作育苗地，而新撂荒地则由于土壤较瘠薄，苗木易得病而不甚相宜。此外，切忌选择山顶、风口、常年不见阳光的死阴坡及水土冲刷严重的地段作育苗地。

山地育苗最好在头年雨季杂草未结籽前进行深翻，当年秋末或来年春季松碎搂平。地面上杂草、灌木较茂密时也可先行炼山。整地方法应因地制宜。地形较平整时，可作不同宽度的水平梯田或反坡梯田，梯田间留一定宽度的自然植被保护带；在梯田上筑苗床，内侧挖一小排水沟，以防苗床淤土积水。在地形较陡时可用一般的水平阶整地，阶面上纵行条播。在岩石较多的山坡，地形较破碎时也可作大小为1～2m^2 的块状整地。比较干旱的地方可在梯田上用垄播，早春将催过芽的种子播下，覆土成垄（高20cm），可保持土壤水分，减少土壤水分蒸发，出苗前经常检查，在种子萌芽时轻轻扒去土垄。

山地育苗除春播外，还可雨季播种。雨播要适当提前，使苗木当年有两个月以上的生长时间，能够越冬。种子也要经过催芽处理。秋播只适于在没有鸟兽害的地区应用。山地育苗时鸟兽危害较重，要采取切实措施加以防止。在床面上覆盖带刺的灌木条（就地取材）是较好的措施之一。在油松幼苗越冬易遭生理干旱危害的地方应采用苗木埋土防寒的措施。

3. 容器育苗

近年来有些地区（河北省的遵化、迁安，青海省西宁市，山西省寿阳等地）用容器育苗，省地省种，育苗时间短，栽后缓苗快，成活率高，很有推广价值。各地所用的容器育苗方法大同小异，要点是选择向阳背风、靠近水源、靠近造林地的地段作育苗地，小规模育苗可利用村旁、沟边隙地。土地经翻耕后筑成低床或平床。用旧报纸、塑料薄膜制作容器或直接用木模、铁皮模压制营养杯（钵），规格为高7～10cm，径4～7cm，上面留一径2cm，深1cm的种窝。营养土配料以不沙不黏，有营养，无病菌为原则。青海省试用了8种配方，以火烧土60%，山坡心土30%，过磷酸钙10%的效果最好。忌用未腐熟有机肥料及蔬菜地熟土。将营养杯（袋）整齐排列在苗床上（先铺5cm左右的细沙），每杯播7～8粒种子，播后覆沙填缝盖面，超出杯面1cm。以后要经常喷水，保持营养土湿润。一般在晚春播种，雨季（7～8月）即可上山造林。平均每亩造林用种150～200g，造林成活率常达90%以上。

（四）造林

1. 造林地的选择

油松主要在其自然分布区范围内的山地造林，分布区外因有其他适生的松树，故引种油松的必要性不大。扩大油松栽培范围主要是沙地和干旱黄土高原沟壑地，在辽宁省章古台沙地及陕西省榆林地区种植的油松，生长不如樟子松，应以发展樟子松为主。而在暖温带半湿润(半干旱)沙地上发展油松则很有前途，如河南省睢杞林场榆厢铺林区有黏土间层的平沙地上(地下水位3m)，35年生油松平均树高13.1m，平均胸径25.0cm，生长良好。干旱黄土高原沟壑地区原来主要发展刺槐、白榆、山杏、杨树等阔叶树种，表现得不够稳定，难于成材。近年来扩大栽植油松、侧柏等针叶树种。甘肃省巉口林场1960年在干旱黄土地(年降水量仅390mm)上试验造林，12年生油松平均高1.47m，平均地径4.01cm，生长量虽不如中心产区，但已超过当地其他树种，而且比较稳定。

油松造林，要重视选择适宜的地形部位。在较干旱的低山丘陵及西北黄土地区，土壤水分是油松成活、生长的重要因子，因此，一般只能在阴坡、半阴坡造林。低山阳坡上油松人工林生长缓慢、稳定性差，病虫害比较多，难于长成规格材，不如改用侧柏、栓皮栎等树种。如北京妙峰山林场低山阳坡上，23年生油松人工林平均高仅4.2m，平均胸径5.9cm；而同地21年生栓皮栎人工林，平均高6.8m，平均胸径7.3cm。海拔较高地段(华北800m以上)，油松对坡向的选择就不太严格，在薄土(土层厚度小于25cm)上阴坡生长优于阳坡，在厚土层的阳坡生长反优于阴坡。辽宁省东部山区纬度偏北，雨量较多，与华北的中山地带相似，油松造林也以阳坡为主，在抚顺五龙林场的中层土上，22年生油松人工林平均高9.6m，平均胸径10.5cm，每亩蓄积量13.1m^3，比较高产。为培育油松大径级用材林，应选择土壤深厚肥沃、排水通气良好的造林地。而在一般情况下，往往把土壤较好的造林地留给对土壤条件要求较严格的树种，如落叶松、华山松、核桃楸、白蜡等，而把油松安排在相对瘠薄的造林地上。

2. 细致整地

造林地的整地是人为地控制和改善环境条件，使它适合于林木生长的一种手段。北方气候干旱，雨量稀少，分配不均，是不利于造林的主要矛盾。林木生长所需要的水分全靠天然降水。如何将有限的天然降水蓄存起来，并使林木得到充分利用，细致整地则是解决这一矛盾的重要措施。油松造林的整地方法比较多样，主要取决于造林地条件。常用的方法有：

(1)水平条(水平阶)整地　石质山区多采用，如北京西山油松造林广泛应用，规格一般长3m左右，宽50cm，深30cm，埂高15~20cm，呈品字形沿山坡等高线交错排列，条与条间的边缘距离为1m，上下边距为1~1.5m。要求埂牢，土松，草根、石块拣尽。

(2)鱼鳞坑整地　华北山区油松造林，一般采用鱼鳞坑整地，长1~1.2m，宽60~70cm，深30~40cm，每坑栽2丛。

(3)水平沟整地　黄土高原地区多采用，一般规格长3~4m，上口宽70~80cm，下底宽50~60cm，深40~60cm。挖法和水平条相同。每沟内栽4~6丛。

(4)反坡梯田整地　在甘肃定西黄土丘陵干旱地区，巉口林场试验推广此整地方法。即在山坡上沿等高线自上而下，里切外垫，将生土石块筑沿，修成里低外高的梯田，使田面形成10°~20°的反坡，保持30~50cm深的活土层，宽度1.2~2m。

上下两个反坡梯田保留0.3～1.0m的间隔。

(5)带状整地　在已固定的平沙地上栽油松，应尽量应用机械化或半机械化的全面整地。容易风蚀，存在重新起沙的威胁时，则用带状整地。带宽不等，因地制宜，一般1～3m。带向与主风向垂直，带间留1～2m宽的原生植被作保护带。在沙梁地可沿水平等高带进行整地。在半流动沙地上要先栽沙蒿、沙柳等固沙先锋草种、树种，然后在其行间再栽油松。

为了提高土壤含水量，增强抗旱保墒能力，提高造林成活率，最好提前半年至一年整地，无论哪种整地方法，均应将表土放在坑的上方，心土放在下方或做埂。反坡梯田整地是黄土高原地区造林的好方法。

3. 造林密度

油松幼年时生长较慢，干形不够端直，侧枝又较粗壮，再加上造林地的立地条件一般较差，所以要适当密植，华北地区油松造林多采用丛植(2～5株一丛)。在近山、低山接近居民点的地方，群众对薪柴及小径级用材有迫切要求，造林密度可大些，每亩440～666株(株行距1m×1m，0.7m×1.5m或1m×1.5m)。在中山地带深厚土壤上培育大、中径级用材时，造林密度可小些，每亩240～440株。密度过小，则难于郁闭成林或难于培育通直良材。

4. 混交造林

目前在生产上习惯于营造油松纯林，具有火险性大、病虫害多、改良土壤的效果差等缺点，已越来越充分地表现出来。近年来，许多地区提倡营造混交林。

营造混交林有下列几种方式：

(1)油松与灌木行间混交　可采用的灌木有紫穗槐、胡枝子、荆条、黄栌、沙棘等。据原北京林学院造林教研组试验，这类混交林在初年有良好的生长效果，10年生时较同地纯林高径生长快10%～15%。混交林下土壤腐殖质增多，根系发育良好，保持水土效益增强，且早得收益。据辽宁建平造林试验站试验，油松紫穗槐混交林下土壤渗水速度比纯林下快5倍。油松灌木混交林适于在比较瘠薄的水土流失地上营造，要防止灌木生长过旺而压抑油松生长，因此行距应保持在1.2m以上，必要时对灌木进行平茬。15年生后，喜光灌木在油松林冠下逐渐消失，为油松生长让出了空间；中龄林(25～30年)后，只要有种源，灌木层在油松林下又能恢复起来。

(2)油松与阔叶伴生树种作行间或带状混交　可用树种有元宝枫、椴树、花曲柳、山杏等。这种混交林能更好地起到改良土壤及防火、防虫等作用，但种间关系较难于调节。大多数阔叶树种初期生长比油松快。为保证油松在混交林中的优势，油松带应在3行以上，油松与阔叶树种的行距应在1.5m以上。北京西山地区有油松和元宝枫作株间及行间(行距1.0～1.2m)混交的，油松受压，效果不好。另外，这类混交林对造林地条件要求高，只有为它选用较好的造林地才能发挥其优越性。

(3)油松与栎类作带状或块状混交　栎类树种中按不同立地条件可分别用栓皮栎、麻栎、槲栎、蒙古栎、辽东栎等。松栎混交林在自然界分布较普遍，优点也较多。但这两个树种同属阳性第一林层树种，要保证它们同时成长起来，必须采用带状或块状混交方法。一般在5年生以前油松生长快于栎类，此时林分尚未郁闭，问题不大；5年以后栎类生长又快于油松，要善于调节处理。如北京妙峰山林场海拔600m的阳坡上，18年生油松栓皮栎带状(各3行)混交林，油松平均高4.4m，平均胸径7.5cm，栓皮栎平均高6.6m，平均胸径9.0cm，林相整齐，长势旺盛。在靠近栓皮栎的油松边行有部分受压现象，可通过间伐调节，继续保持混交林相。

(4)油松与其他针叶树种混交。在低山地区，油松与侧柏混交的效果较好，可提高林分稳定性，减少病虫害。油松侧方遮荫，对侧柏生长有利。在中山地带或偏北地区油松可与落叶松作带状混交，辽宁省大伙房林场的油松与落叶松混交林生长良好，其长期效果待继续观察。

5. 造林方法

油松可用植苗及播种两种方法造林。播种造林省工，幼林生长好，但用种量大，对造林地条件要求高，鸟兽害严重，成活率不稳定，所以应用上受到一定限制。植苗造林适用于各种条件，成活率较稳定，应用最为广泛。

(1)植苗造林　油松植苗造林通常选用顶芽饱满、根系发达、叶色浓绿、高径规格符合标准，没有病虫害的1~2年生播种苗。春、秋造林用2年生苗把握较大，但用1年生苗只要措施得当，也能取得良好效果。雨季造林则常用1.5年生苗(或2.5年生山地育的苗)。

油松春季造林应用较广，一般情况都能适用。春季植苗要掌握适时偏早的原则，在土壤解冻到一定深度开始泛浆时造林最好。栽植过晚，根系来不及愈合深扎，易遭旱害。过早栽植，土壤解冻层薄，栽时填土不实，地温低，根系不能活动，也会产生生理干旱现象。雨季造林要掌握好雨情，一般在雨季前期，透雨之后的连阴天栽植。最好不晚于7月下旬，这样可利用根系生长的第二次高峰，加速愈合再生，有利成活。雨季晴天造林(用带土坨的苗)应在早晨、傍晚时间栽植，连晴3天后即应暂停，待再次降雨后继续栽植。秋季造林时间较长，在阔叶树落叶后到土壤结冻前均可，但有些地区要防止新栽苗越冬受寒风侵袭而干枯，最好在栽后入冬前采用覆土防“寒”措施，把油松苗地上部分用土盖严，来春土壤解冻后将防寒土扒开，结合进行第一次松土抚育。北京妙峰山林场曾用这种方法大面积造林，取得良好效果。高寒山区有冻拔害的地方不宜采用秋季造林。

油松栽植方法以穴植法为主，要求穴大根舒，深栽(在干旱地区以不埋进针叶为准)实埋。辽宁、山西一些地区常采用靠壁栽植法，有利于掌握栽植深度及使土壤和根系密接。河北省承德地区不少地方及甘肃省西坡林场等地，土壤比较湿润、疏松，采用专用的植树锹窄缝栽植，工效可提高1倍左右，成活率也很高。不论采用何种栽植方法，都要求在起苗、运苗及栽植过程中保护好苗根，不受风吹日晒，这是保证成活的关键。栽植时都要注意防止窝根，窝根苗即使当时成活了，以后也会由于根系发育不良而严重影响生长，在干旱年份窝根的幼树也易死亡。

用小苗栽植造林时常用丛植方法，每丛栽2~4株。特别是用山地育的苗，采用丛起丛植，适当带宿土，效果最好。丛植有利于提高成活率及促进初期生长。北京市九龙山林场，采用带宿土丛植造林，成活率在80%以上。

(2)播种造林　播种造林要求土层深厚、土壤水分充足而稳定的造林地，一般以阴坡为主。有冻拔害及鸟兽害的地方，不宜采用。

播种造林通常应用穴播，在已整好的地上开穴播种，每穴播15～25粒种子，如播种量过少则不利于幼苗的保存及生长。山西省安泽林场的经验，穴播时种子放置以集中为好，以不重叠为度。油松苗“脑袋大，芽子软，顶土能力弱”，集中播有利于发芽出土及幼时抵抗不良环境因子(高温、干旱、风等)的作用。但易受鸟兽害的地方，则宜适当分散。覆土1.5～2cm，不宜过厚，有条件时上面覆盖灌木条。播种季节以春季为主，适当早播，在水分稳定地区用催过芽的种子，使幼苗早些发芽出土，有利于抗初夏的高温、干旱。雨季播种也要提早但要准确掌握雨情，及时抢播，造林地要选择海拔较高(1000～1600m)的半阳坡、阳坡，采用小穴直播20cm×20cm，随整地，随播种，种子在播种前一天进行温水浸种，捞出后用6%的六六六粉拌种，以防鸟兽害。秋播造林易遭鸟兽害，一般不采用。

在植被茂密的灌丛地，宜用大块地簇播。如山西省关帝山林业局，在沙棘灌丛地上用1m×1m大块状整地，每块地播5穴1丛，呈梅花状排列，效果很好。块丛过小，油松不易钻出灌丛，保存率就降低。相反，在植被较稀，比较干旱的地方，则小穴播种反而比大穴效果好，利用自然植被起侧方遮荫作用有利于保苗，但后期应扩穴抚育。

鸟兽害是油松直播造林的一大威胁。除在选地、催芽处理、盖灌木条等方面预防外，也可采用药剂防治方法。可在造林前用毒饵预先灭鼠，也可用六六六粉、磷化锌等拌种处理。陕西省终南林场用3911及1059拌种，500kg种子加0.5kg 1059和4kg水，基本解决了鸟兽害问题。

近年来，河北、陕西等省应用油松飞机播种造林。飞播适用于海拔较高、人烟较少的大片宜林地，以阴坡为主，植被盖度在0.3～0.7之间，雨季前期进行，播种量平均每亩0.5kg。据河北隆化县观察，1974年7月中旬飞播后，至8月10日幼苗基本出齐，每平方米平均有苗2～12株，阴坡较多，半阴坡次之，阳坡最少。幼苗越冬情况良好，但局部死阴坡上幼苗过于细弱，越冬保存率仅20%～30%。

6. 抚育管理

造林后头几年要加强抚育管理工作，搞好松土除草，改善土壤蓄水保墒情况，免除杂草竞争，为幼树成活生长创造有利条件。松土除草一般进行3年左右。幼树超出杂草层时即可停止，有条件时也可进行到油松行内达到郁闭时结束(约5～6年)。1年内松土除草2～3次，其中以春季及初夏两次较为重要。春季土壤解冻泛浆是油松高生长盛期，要松土保墒，保证油松旺盛的高生长。初夏进入雨季，杂草开始滋生，油松的直径生长也正值盛期，要及时消灭杂草，改善土壤吸水性能及通气状况，促进油松径向生长及顶芽的充实发育。此外，直播油松在雨季还要及时扶苗扒淤。

油松丛生(穴播或丛植)因加强了对不良环境因子的抵抗作用，对初期生长(特别是高生长)有利。但到了一定年龄后，丛生的有利作用退而为次，而多量植株对光及土壤营养的竞争作用上升为主要矛盾，对生长开始不利。先是直径生长减弱，以后高生长也减弱。这个转折点出现在4~5年或7~8年，随丛生株数多少及立地条件而变动。丛生株根系达到生理连生，一般要在12年生以后，根系连生对生长没有明显的促进作用。因此，应当在丛生开始对生长不利的转折年代进行间苗。丛生株数少的可在6~7年生时，相当于幼林开始进入郁闭肘进行一次间苗定株。丛生株数多的(多于5株)可在4~5年生及17~18年生时分两次间苗定株。

油松测枝粗壮，高生长优势不很突出，需要人工修枝。修枝强度要适当，切不可过量，影响生长。树高2~4m的，树冠保持树高的三分之二；4~8m的，保持二分之一；8m以上的，保持三分之一以上。修枝季节以冬季为好。宜修平，切勿伤皮。

油松幼林郁闭后开始分化，需要间伐调整密度。油松造林密度一般较大，但立地条件又较差，在单位面积上只能供养较少植株成长，如不及时间伐，势必引起全林生长衰退。间伐强度也要适当，一般在9~1 0年生时进行第一次间伐，每亩保留250~300株，间伐间隔期5~7年，到20年生时每亩保留130~180株。河北省清东陵林场对阴坡油松林进行强度间伐，到19年生时已间伐3次，从原来每亩666株降到每亩80株，效果良好，平均高已达7.6m，平均胸径11.5cm，冠幅3.5m，比间伐强度弱的生长好。这个例子对于低山地区培育油松林是有启示意义的。在水肥条件较好的中山地带，可望在类似年龄阶段保留较大的疏密度。

五、主要病虫害防治

1. 松苗猝倒病：危害情况和防治方法见马尾松苗猝倒病。

2. 油松毛虫(*Dendrolimus tabulaeformis* Tsai et Liu)：以幼虫危害针叶，大发生时常把针叶全部吃光，影响树木生长，严重的使松树成片死亡。

成虫全体灰褐色至深褐色，前翅外缘呈弧形弓出，横线纹深褐色，内横线与中横线靠近，外横线为两条。亚外缘斑列黑褐色，斑列内侧淡棕色，中室白斑较小。初龄幼虫头部棕黄色，体背黄绿色，体侧灰黑色。老熟幼虫头部黄褐色，胸部背面有两条深蓝色天鹅绒状的毒毛带，腹面棕黄色，体长60mm左右。蛹为纺锤形，棕褐色，长26~33mm。

一年发生1代，少数2代。每年10月，当林内日平均气温降到5℃以下时幼虫即开始下树爬到树根周围1m范围内的石块下、石缝、杂草或树干基部较深的树皮裂缝中过冬。次年3月中下旬，当林内日平均气温回到5℃以上时，幼虫又开始爬回树冠上取食。卵块多产在林冠外缘针叶上。

防治方法：①冬季发动群众捕杀越冬幼虫。②在幼虫越冬前，于树干胸高处束草诱杀越冬幼虫。③在幼虫下树越冬前或越冬后上树前于树干基部周围撒1%六六六粉剂或6%六六六可湿性剂，以毒杀幼虫，以在春季上树前撒粉效果最好。④近年来，河北应用白僵菌和赤眼蜂防治松毛虫效果很好，正在逐步推广。山东省应用每毫升1亿孢子的松毛虫杆菌液秋季防治3、4龄幼虫，杀虫率达96%～98%。

3. 油松球果小卷蛾（*Grayitarmata margartana* Hein.）：成虫体灰褐色。前翅有灰褐、赤褐、黑褐三色鳞毛相间组成的云状斑纹，顶角处有一似弧形的白斑纹；后翅灰褐色，外缘暗褐色，缘毛淡灰色。

在陕西乔山林区一年发生1代，以蛹越夏过冬。翌年4月下旬至5月上旬为成虫盛发期，卵数多，主要产于先年生球果上，间或产于嫩梢及针叶上。5月中旬幼虫盛孵，6月幼虫开始老熟在地面枯枝落叶层及杂草丛下结茧化蛹。幼虫孵化初盛期正是油松开花初盛期。

防治方法：营造混交林，改疏林为密林，提高林分郁闭度；人工摘除虫害果，集中处理，杀死幼虫，又可用25%滴滴涕乳剂或50%滴滴涕可湿性剂200～400倍液于幼虫孵化初盛期各喷1次，灭虫保果作用显著；或用飞机喷25%滴滴涕乳剂100倍液效果较好。

4. 油松球果螟（*Dioryctria mendacella* Stgr.）：成虫前翅花纹不如松梢螟明显；幼虫黑色。

一年发生1代，以幼龄幼虫在松梢和球果里越冬。4月上旬取食，5月中旬转移到嫩梢上危害，6月中旬老熟幼虫开始在球果内化蛹，7月上旬为羽化盛期。成虫在枯黄干缩的球果上产卵，7月中旬孵化出幼虫，10月下旬越冬。

防治方法：①在幼虫转移危害期喷洒40%乐果乳剂400倍液。②成虫出现后每隔7天喷1次25%滴滴涕乳剂200倍液。③卵期每公顷施放15万头赤眼蜂。

5. 松树红蜘蛛

松树红蜘蛛是松树常见的一种有害动物，主要危害松柏树，能使成片松林针叶变黄，生长不良，甚至造成死亡。

一年可繁殖20代左右。以卵在当年生枝条基部树皮裂缝中越冬。4月上旬孵化出幼螨，在嫩枝上刺吸危害。受害的枝条上布满白色霜霉状物。危害到11月份，以卵在枝条上越冬。

防治方法：①用40%乐果2000倍液喷杀成螨和幼螨。②喷洒1605乳剂5000倍液。

六、木材性质和利用

油松木材属硬松类，其主要物理力学特性指标如下：

容积重0.54g/m^3，干缩系数（体积）0.451%。端面硬度256kg/cm^2，顺纹抗压强度389kg/cm^2，静曲（弦向）极限强度750kg/cm^2。

油松木材较坚硬，强度大，耐摩擦，纹理直，可作建筑、桥梁、矿柱、枕木、电杆、车辆、农具、造纸和人造纤维等用材。

油松可采松脂提炼松节油和松香，是工业的重要原料。

营造速生丰产林的几个技术问题*

世界林业的发展，在第二次世界大战后，出现了一个新的趋势，即各国人工造林的规模越来越大；人工更新的比例越来越大；从人工林中生产的木材在全部工业用材中的比重也越来越大。据联合国粮农组织的统计，1972 年全世界已有人工林 1 亿hm^2，估计到 1985 年可达 1. 6 亿 hm^2，以每公顷每年平均出材 $5m^3$ 计，到 1985 年从人工林中可生产 5 亿 m^3 木材，估计将占当时木材生产量的 15% ~20%。人工造林不但在缺材少林的国家和地区，如南欧、南非、南美、大洋洲等地的一些国家有了大规模的发展；而且在一些森林资源丰富，过去传统依靠天然更新的国家如美国、加拿大、苏联及北欧各国也有了大幅度增长。日本是一个多林国家，他们也规划通过营造人工速生丰产林来大幅度提高木材产量，到 2021 年人工林面积将从 1973 年的 890 万 hm^2 增加到 1314 万 hm^2，人工林蓄积量将占全部蓄积量的 54%。

人工造林有可能运用各种先进科学技术和机械化施工，使树木个体优良健壮，林木群体结构合理，林地条件得到充分改善，从而获得速生丰产优质的效果。同时人工造林还可以在无林地区增加森林覆被，改进用材布局及改造自然环境，支援农牧业的发展。又可以和工业建设的布局相结合，形成专门的厂矿用材基地。这些都促使了近年来世界各国人工造林工作的大规模发展。

林木速生丰产优质都是相对的概念。人工林能速生丰产优质是指与同条件下的天然林相比较而言的。例如，在较好的立地条件下，东北的红松天然林 200 年生可达每公顷 $400m^3$ 的蓄积量，平均生长量为每公顷 $2m^3$；华北山地的次生林（油松林、山杨林等），平均材积生长量每公顷 3 ~ $5m^3$（宽城县都山林场平均生长量 $4.5m^3$）；南方山地的马尾松天然林，平均生长量每公顷 5 ~ $7m^3$；西南地区的云南松天然林平均生长量每公顷 4 ~ $5m^3$（全云南省的云南松天然成熟林平均蓄积量仅每公顷 $118m^3$）；而西南高山的云、冷杉天然林，蓄积量平均每公顷可达 $269m^3$，最高达 $1000m^3$以上，但由于年龄大，平均生长量每公顷也仅为 2 ~ $3m^3$。这些天然林的成

* 本文来源：国家林业局森林经营局．林业发展趋势与丰产林经验．北京：国家林业总局森林经营局，1978：26-108.

材年限都比较长，北方100～120年，南方40～50年。

培育人工林可以大大缩短成材年限，北方可缩短到60～80年，南方可缩短到10(桉)～20(杉)年。产量水平也高于天然林。这已为国内外大量的生产实践所证明。为了便于对比，我们收集了一些国内外生长较好的速生用材林的材料，列表于后(表1及表2)。

表1　国内速生用材林生长情况

树种	地区	年龄	造林密度 / 保存株数 株/亩(hm^2)	平均高 / 平均胸径 m/cm	蓄积量 / 总生长量 m^3/亩(hm^2)	平均材积生长量 / 同上(按总生长量) m^3/亩(hm^2)	资料来源	备注
红松 *Pinus koraiensis*	辽宁草河口	29	240(3600) / 81(1207)	12.8 / 17.5	12.8(192.0) / 16.6(249.2)	0.44(6.6) / 0.57(8.6)	草河口林场 1962	
长白落叶松 *Larix olgensis*	黑龙江 伊春带岭	21	167(2500) / 120(1804)	15.0 / 14.2	15.2(228.3) / 15.7(234.8)	0.73(10.9) / 0.75(11.2)	带岭林业局 1972	密度试验林
日本落叶松 *Larix leptolepis*	辽宁 本溪连山关	22	220(3300) / 118(1770)	18.6 / 13.5	15.3(230) / 178.8(268)	0.70(10.4) / 0.82(12.2)	辽宁省林科所 1959	
华北落叶松 *Larix principis-rupprechtii*	河北滦平 靳家沟	20	444(6666) / 120(1800)	11.7 / 12.1	10.83(162.5) / 12.78(191.7)	0.54(8.1) / 0.64(9.6)	河北林业科技 1976.4	
油松 *Pinus tabulaeformis*	辽宁 托顺马古林场	21	— / 123(1486)	10.4 / 14.0	10.2(153.0) / —	0.49(7.3) / —	北林 1961	
毛白杨 *Populus tomentosa*	河北易县	18	37(560) / —	27.9 / 23.5	31.0(465) / —	1.72(25.8) / —	河北林业科技 1974.2	
加杨 *Populus canadensis*	辽宁盖县 杨树研究所	9	27(400) / —	25.5 / 31.8	19.7(290) / —	2.15(32.2) / —	辽宁林业科技 1974.2	
	山东沂沅织女洞林场	15			28.9(433.5) / —	1.93(28.9) / —	山东林业科技资料 1976.2	
杉木 *Cunninghamia lanceolata*	贵州锦屏	18	136(2040) / —	22 / 20.1	48.6(729) / —	2.7(40.1) / —	林木丰产现场会 1958	
	湖南 会同疏溪口	32	181(2715) / —	20.1 / 19.5	70.67( )1060 / —	2.21(33.2) / —	翟其骅等 1960	
	福建 南平溪后	39	— / 114(1710)	29.2 / 25.6	78(1170) / —	2.0(30.4) / —	林木丰产现场会 1958	
	福建南平溪后	18		17.2 / 17.2	36.5(547.5) / —	2.05(30.4) / —	福建林讯 1972	
	湖南江华	17	600(9000) / 165(2475)	14.0 / 18.5	32.1(481.5) / —	1.89(28.4) / —	湖南林业科技 1973	
华山松 *Pinus armandii*	云南 宜良花园林场	16	666(10000) / 410(6150)	10.7 / 9.4	16.5(2475) / —	1.03(15.5) / —	云林 1976	丰产试验林
冲天柏 *Cupressus duclouxiana*	云南 昆明海口林场	18	666(10000) / 318(4770)	12.5 / 9.7	18.2(273) / —	1.01(15.2) / —	云林 1976	丰产试验林
	云南 昆明黑龙潭	32	— / 69(1035)	24.4 / 33.6	36.4(546) / —	1.14(17.1) / —	云林 1974	

（续）

树种	地区	年龄	造林密度 保存株数 株/亩(hm^2)	平均高 平均胸径 m/cm	蓄积量 总生长量 m^3/亩(hm^2)	平均材积生长量 同上(按总生长量) m^3/亩(hm^2)	资料来源	备注
湿地松 *Pinus elliottii*	江西吉安	15		8. 43 11. 32	12. 58(188. 7) —	0. 84(12. 9) —	施兴华 1965	蓄积量为 16年生时
	江苏老山	23		13. 0 22. 5	12. 07(181. 1) —	0. 52(7. 8) —	江苏林业科技 1974. 1	
加勒比松 (古)*Pinus caribaea*	广东湛江	10	— 123(1845)	10. 07 15. 43	11. 32(168. 8) —	1. 13(16. 9) —	湛江林业科技 1974. 1	
木麻黄 *Casuarina equisetifolia*	广东电白	4	167(2500) —	12. 5 10. 4	5. 28(79. 2) —	1. 32(19. 8) —	湛江林业科技 1972	三八林
雷林1号桉 *Eucalyptus* spp.	广东 雷州林业局	$3\frac{1}{2}$	125(1875) —	11. 0 8. 5	6. 5(97. 5)	1. 86(27. 9)	雷州林业局 1976	
草莓桉 *Eucalyptus* spp.	广东 雷州林业局	$7\frac{1}{2}$	157(2255)	16. 3 12. 6	9. 52(142. 8)	127. (19. 0)	1976	高径为 最大的

总生长量包括中间利用的间伐量在内，未包括枯损量，因为人工林中极少。

表2　国外速生用材林生长情况

树种	地区	年龄	造林密度 保存株数 株/亩(hm^2)	平均高 平均胸径 m/cm	蓄积量 总生长量 m^3/亩(hm^2)	平均材积生长量 同上(按总生长量) m^3/亩(hm^2)	资料来源	备注
欧洲松 *Pinus sylvestris*	苏联 莫斯科州	33	310(4650) —		12. 8(192) 24. 4(367)	0. 39(5. 8) 0. 74(11. 1)	1957	与上为同 一林分
		89	310(4650) 54(818)	30. 0 32. 0	41. 6(625) —	0. 47(7. 0) —		
欧洲云杉 *Picea excelsa*	苏联 卡鲁兹州	40	147(2200) —	23. 4 23. 0	30. 5(457) —	0. 76(11. 4) —	1957	
西脱卡云杉 *P. sitchensis*	德国	70		33. 5 —		— 1. 28(19. 3)	1959	
欧洲落叶松 *Laris europaea*	苏联 莫斯科州	68	— 43(640)	28. 0 36. 0	74(1107) —	1. 08(16. 3) —	1957	
日本落叶松 *Larix leptolepis*	德国	62	— 17(252)	29. 0 —	27. 5(413) 44. 1(662)	0. 45(6. 7) 0. 71(10. 6)	1959	
花旗松 *Pseudotsuga taxifolia*	美国 华盛顿州	35			54. 6(819) —	1. 56(23. 4) —		
柳杉 *Cryptomeria japanica*	日本 熊本小国	42	— 96(1437)	26. 0 38. 0	85(1276) —	2. 03(30. 4) —	访日报告 1974	
加杨 *Populus canadensis*	苏联 乌克兰	23	56(833) —	29. 6 32. 6	45. 5(680) —	1. 97(29. 6) —		
杨树 *Populus* spp.	匈牙利	37		33. 0 57. 0	74. 9(1120) —	2. 02(30. 3) —	吴中伦 1957	
欧美杨 *P. euroamericana*	意大利	25	27(400) —		43. 3(650) —	1. 73(26. 0) —		密度试 验林
		25	17(250) —		58. 4(876) —	2. 33(35. 0) —		

（续）

树种	地区	年龄	造林密度/保存株数 株/亩(hm^2)	平均高/平均胸径 m/cm	蓄积量/总生长量 m^3/亩(hm^2)	平均材积生长量/同上(按总生长量) m^3/亩(hm^2)	资料来源	备注
桉树 *Eucalyptus* spp.	阿根廷	16	133(2000)/—	20~25/30		2.67(40)/—	国外营林水平 1974	
	巴西	8		17.2/15.8	16.3(245)/—	2.04(30.6)/—		
蓝桉 *E. globulus*	印度	15				3.23(48.5)/—	广林通讯 1977.1	
湿地松 *Pinus elliottii*	阿根廷	25				2.13(32)/— 1.46(22)/—		最高产 一般林
加勒比松 *Pinus caribaea*	南非	$14\frac{1}{2}$	231(3200)/100(1500)	19.8/28.7	16.2(243.6)/20.3(304.6)	1.12(16.8)/1.4(21.0)		
加勒比松（洪都拉斯变种）	澳大利亚昆士兰	20		28.2/—	24.2(363.1)/—	1.2(18.2)/—	国外林业科技资料 1974.4	树高为上层高
	沙巴	12				3.22(48.3)/—	广林通讯 1977.1	
火炬松 *Pinus taeda*	日本	13		10.2/12.3		1.02(15.3)/—	国外营林水平 1974	
辐射松 *Pinus radiata*	新西兰	30		40/50	3.6(54.0)/—	1.2(18)/—	国外营林水平 1974	
展松 *Pinus patula*	印度西孟加拉	38	49(735)		62.5(937.7)/—	2.47(37.01)/—	国外松 15	
南洋杉 *Araucaria* spp.	阿根廷	40				1.16(17.5)/—		
柏木 *Cupressus funebris*	哥伦比亚	20				1.2(18)/—	国外松 15	
团花 *Anthocephalas chinensis*	菲律宾	49		9.5-26.7/19.4-42		5.3-6.0(80-90)/—	国外营林水平 1974	可能推算有误差

总生长量包括中间利用的间伐量在内，未包括枯损量，因为人工林中极少。

从这些材料可看出以下几点：

(1)人工林较天然林产量高。在适合的立地条件下，采用先进的营林技术措施，人工林可以达到很高的产量水平，平均生长量每公顷6~40m^3，比同等立地条件的一般天然林的生长量可高2~7倍。

(2)人工林的产量水平有一定的地带性。在温带，针叶人工林的产量可达每公顷6~15m^3，亚热带可达15~30m^3，热带可达40m^3。杨、桉等速生阔叶人工林比同地区针叶人工林表现得更为速生。

(3)我国特有针叶树种，杉木的速生丰产水平是相当高的，在世界上可以名列前茅。杨树速生丰产最高水平与世界水平相比也相差不远。其他如红松、华山松、柏木的产量水平与类似地区类似树种相比差距比不太大。但是，我国的落叶松类、二针松类(樟子松、油松与欧洲松相比)、南方松类、桉树类人工林的产量水平还是偏低的。

(4)当前我国大面积人工林的平均产量水平还处于比较落后的地位。由于资料缺乏，难于作出全面估计，按整个森林的平均生长量来看，我国每公顷仅 1.6m^3 左右，而日本为 3.1m^3，前西德为 5.5m^3，新西兰为 6.6m^3。后两个国家的高产水平主要是通过营造速生林而取得的。

(5)表中所列先进生产水平的产量已相当高，但绝不是到了顶，还是有潜力可挖的。从光能利用率的角度看，目前最高每年达到每公顷 50t 的生物产量(根、干、枝、叶在内)，也只相当于利用了当地日光辐射能的 1.5% ~2%。如何选育出光合效率更高的良种，如何创造出最有利于积累生物产量的环境条件，向生产的深度和广度进军，要研究的课题还相当多，潜力也是无止境的。

人工林速生丰产指标可分为成材年限和产量水平两个方面。成材年限要根据林木生长速度、材种要求来确定，不但要分地区、分树种，而且还要考虑不同立地条件和不同培育目的。一般可以按南方不超过 30 年，北方不超过 60 年作为速生用材林的成材年限。

产量水平指标，一般以采伐时的单位面积蓄积量除以林龄得出的单位面积平均蓄积生长量为准。这里还需说明两点：第一点，如果人工林培育期限较长，中间利用的间伐量所占比重较大，则合理的产量指标应以总生长量即成熟林蓄积量 + 间伐量为基础去推算。速生用材林培育期限短，初植密度小，间伐量不大，也可以成熟林蓄积量为基础去计算。第二点，林龄应从造林年代算起，不包括苗龄，以鼓励多用大苗造林。

人工林的产量水平指标应是一种大面积平均先进指标。它既不能是最高产量水平，也不能只是现有的大面积平均水平。这个指标应是在一定的时期内，在可以预见到的技术、经济条件的发展情况下，经过努力在大面积人工林中可以达到的产量水平。经过对各地区人工林产量水平的分析，现提出速生人工林产量指标，以供参考。

①东北林区及其边缘山地属温带湿润地区，造林树种以红松、落叶松、樟子松为主，还有红皮云杉、沙松、水曲柳、核桃楸、大青杨等，要求平均生长量达到每亩 0.5m^3(每公顷 7.5m^3)。

②华北山地及秦岭北坡(辽西、辽南及山东丘陵山地包括在内)属温暖带半湿润地区，造林树种以油松、华山松、落叶松、刺槐为主，还有侧柏、栎类等，要求平均生长量达到每亩 0.3m^3(每公顷 4.5m^3)。

③华北平原、松辽平原及关中平原也属暖温带半湿润地区，造林树种以各种杨树、泡桐、刺槐、榆树为主，要求平均生长量达到每亩 0.7m^3(每公顷 10.5m^3)。

④南方山地属北、中亚热带湿润地区，造林树种以杉木为主，还有马尾松、柏木、檫树、毛竹、国外松等，要求平均生长量达到每亩 0.7m^3(每公顷 10.5m^3)。

⑤云贵高原属干湿季明显的高原暖温带及亚热带地区，造林树种以云南松、思茅松、华山松为主，还有杉木、冲天柏、蓝桉等，要求平均生长量每亩达到 0.5m^3(每公顷 7.5m^3)。

我国的南亚热带及热带地区，地域较窄，干湿条件差异较大，难于作出规定指标，可参照南方山地要求。西北干旱地区及青藏高原暂不作速生用材林基地安排。

上述各区的内部差异很大，各个基地或林场还可根据自己的条件作适当的调整，提出自己的奋斗目标。

为了达到上述指标要求，实现林木速生丰产，必须采取适当的造林技术措施。例如，在适地适树的基础上，以良种壮苗、认真种植来保证树木个体优良健壮，以合理密度配置、合理组成来保证林木群体有合理的结构，以细致整地、抚育保护、可能条件下的施肥灌水(或排水)以保证有良好的林地生长环境等等。现在着重讲讲适地适树、造林密度、树种组成三个问题。

一、适地适树

(一)适地适树的意义

适地适树就是要使造林树种的特性和造林地条件相适应，以充分发挥其生产潜力，达到该立地在当前经济技术条件下较好的产量水平。这是造林工作的一项基本原则。随着林业生产的发展，适地适树的概念和要求，也在进一步发展。现代的造林工作不但要求造林地和造林树种相适应，而且要求造林地和一定树种的一定类型。(地理种源、生态类型)或品种相适应，即适地适类型。

在20多年的造林实践中，适地适树方面的经验教训是很多的。实践证明，如果能做到适地适树，再加上一些必要的措施，造林就基本成功。也有的地方，造林时没有做到适地适树，就基本失败，有的成活不成林，有的成林不成材，慢生低产，树干扭曲，枝丫丛生，过早结实，成了“小老头”树。不仅造成了很大的经济损失，而且影响了国家建设对木材的迫切需要。因此，在这个问题上，必须慎重对待。

(二)适地适树的标准

适地适树的标准要根据造林目的和需求来确定。对于用材林来说，起码要达到成活、成林、成材，还要有一定的稳定性，即对间歇性灾害性天气、病虫害等有一定的抗御能力。从成材这一基本要求出发，还应当有一个数量标准。

成材指标有产量和材质两个方面，其中产量指标是主要的。有些国家曾对不同立地条件下某一树种，在一定年龄阶段(基准年龄)的上层树高(每50～100m^2内选出的上层树平均高度，或用优势木的平均高代替)作为立地指数，划分地位级，以此来判断适地适树的程度(表3、图1及表4)。这种方法是可行的。我们也应当在各种立地条件下对各树种的生长进行调查研究，确定其基准年龄的立地指数，作为适地适树的参考指标。也可直接用分地区的速生用材林产量指标来作为衡量适地适树的标准。以南方速生用材林基地为例，平均生长量每亩0.7m^3，可以作为中等林地(按福建的标准为Ⅱ类林，表5)的适地适树的标准。达到这个标准的，算作适地适树，否则就要考虑选用能达到这个指标的其他树种。同样，上等林地（Ⅰ类）可用每亩1.0m^3 的生长量指标，下等林地（Ⅲ、Ⅳ类）可用每亩0.4m^3 的生长量指标。这套标准如用于杉木中心产区（闽北、黔东南等），则Ⅰ、Ⅱ、Ⅲ类林地均可栽杉，在Ⅳ类林地上杉木生长不良，达不到标准，就要更换别的树种（马尾松、湿地松、火炬松等）。如在杉木边缘产区，则Ⅲ类林地就不适于栽杉（广西桂中、桂南丘陵地区Ⅲ类杉木人工林的平均生长量均在每亩0.3m^3 以下）。引种地区的杉木选地就更严了。以地处滇中高原的宜良县花园林场为例，只有少数土厚阴凹（Ⅰ类林地）适于栽杉，其他地方杉木生长就不如华山松和云南松（表6）。当然，材积生长不仅和立地条件有关，而且和造林技术（包括造林密度）有关，如有的地方，分别不同经营水平，将不同林分按其产量水平加以分类，就考虑了这个因素。

表3　美国西方落叶松平均优势及亚优势木的总高生长

年龄（年）	S.i立地指数（基准年龄50）					
	30呎[①]	40呎	50呎	60呎	70呎	80呎
20	7	9	12	14	17	19
30	15	22	26	32	37	42
40	24	31	38	47	55	63
50	30	40	50	60	70	80
60	35	47	59	70	83	94
70	40	53	66	79	93	106
80	43	57	72	86	100	115
90	46	61	77	92	107	123
100	48	65	81	97	113	130
110	51	68	85	101	118	136
120	53	70	98	105	123	140
130	54	72	90	108	127	144
140	56	74	93	111	130	149
150	57	76	95	114	133	152

$\text{Log}H=\text{Log}S.i-20.902\left(\frac{1}{A}-\frac{1}{50}\right)$。$R^2=0.97$ 标准误差S.E.＝1.08呎，根据142块标准地材料。

表4　在同一立地上不同树种的高生长比较

树种＼树高（呎）＼年龄	30	60	90	立地
五叉松	30	73	109	五叉松立地指数60（基准年龄50）
西方落叶松	38	77	105	
小干松	40	75	104	
花旗松	30	69	95	
大冷杉	32	71	100	
加州铁杉	28	67	100	

① 呎即英尺，1英尺＝0.3048米，下同。

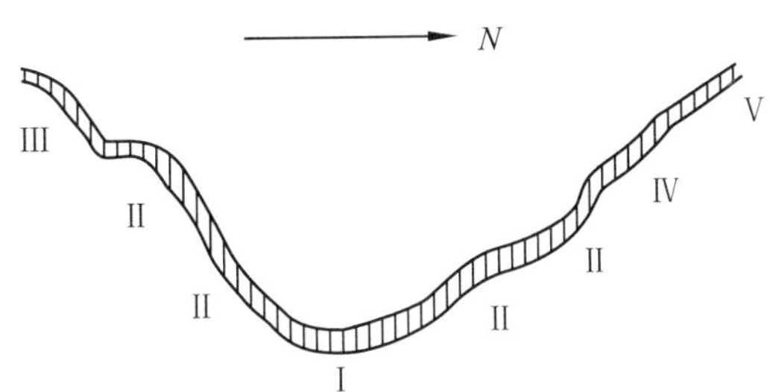

图 1　地貌级与西方落叶松立地指数的关系

地貌级		立地指数
Ⅰ	山谷底部及山麓缓坡	62 ±2.7
Ⅱ	北坡及东坡中部，南坡及西坡下部	59 ±1.6
Ⅲ	北坡及东坡上部	57 ±6.2
Ⅳ	南坡及西坡中部	53 ±4.4
Ⅴ	南坡及西坡上部	44 ±5.1

表 5　闽北地区杉木生长过程

立地类型	15 年生		20 年生				25 年生			
	树高（m）	胸径（cm）	树高（m）	胸径（cm）	蓄积量（m^3/亩）	生长量（m^3/亩）	树高（m）	胸径（cm）	蓄积量（m^3/亩）	生长量（m^3/亩）
Ⅰ	14.00	16.90	16.8	19.9	26.67	1.33	18.7	21.8	34.05	1.36
Ⅱ	11.80	13.50	14.1	16.0	17.77	0.89	15.5	17.5	23.00	0.92
Ⅲ	8.50	11.00	10.4	13.1	11.40	0.57	11.5	14.2	15.04	0.60

表 6　宜良县花园林场小哨林区不同树种生长比较

类别	地点	立地条件	树种	年龄	平均生长指标				注
					树高（m）	胸径（cm）	蓄积量（m^3/亩）	生长量（m^3/亩）	
Ⅰ	一碗水	阴坡厚层，多腐殖质，轻壤土	杉　木	16	8.8	9.0	16.5	1.03	均经一次间伐为丰产林
			华山松	16	10.7	9.4	13.3	0.95	
Ⅱ	检查站	平坦坡顶厚层，少腐殖质，中壤土	杉　木	16	5.2	6.4	4.5	0.38	均为一般造林
			华山松	20	11.2	12.4	14.5	0.72	
Ⅲ	油茶林附近	半阴坡凸起部位厚层，干瘠土	杉　木	16	1.3	2.7	—	—	为地径一般造林
			云南林	20	6.6	7.7	5.7	0.29	

（三）适地适树的途径

地和树是矛盾对立的统一，适地适树是相对的。为了达到“地”和“树”之间基本相适应，可以综合为三个办法。一是选树适地。就是选择在生物学、生态学特性方面与立地条件相适应的树种类型造林。以充分地发挥造林地及造林树种的生产潜力；二是改树适地。即通过选种、引种、育种等方法改变树种的某些特性，使其逐渐适合于在原来不相适应的立地条件下生长；三是改地适树。即通过整地、施肥、灌溉、混交、土壤管理等措施改变造林地的立地条件，使其适合于原来不适应的树种生长。

这三条是互相补充，相辅相成的。在当前技术经济条件下，改树、改地的程度都是有限的，主要是通过选择树种的措施使地和树之间基本相适应。下面重点分析以选树适地为中心内容的办法：

1. 掌握造林地的立地条件特点

立地条件是作用于森林植物的各个环境因子的综合。对各个立地因子(气候、地形、土壤、水文、植被、人为因子等)的相互关系及其对林木的作用，在此，暂不进行全面分析，只讲一下造林区划及立地条件类型的划分。

(1)造林区划　不同造林地区，各有不同的大气候条件(以热量条件及水分条件为主)、地貌类型(山区、丘陵、平原、高原、湖沼等)及社会经济条件。不同地区的不同自然条件要求选用不同的造林树种。分析不同造林地区气候条件中的热量及水分条件(冷、热、干、湿的平均水平、极端值及年内分布规律等)以及造林树种对这些条件的要求和适应性乃是这项工作的重点。1955 年林业部颁发的《造林技术规程》，把全国划分为 18 个造林地区，1958～1959 年间，各省大都做过本省的造林类型区划。这在历史上都起过一定的作用，但由于技术经济条件的变化，造林事业的发展，这些区划已趋过时。因此，需要重新进行造林区划工作。根据以往的经验，在区划时应遵循以下原则：

①造林区划主要依据造林地区的气候条件、地貌类型及社会经济条件，参考土壤、植被的分布状况及主要造林树种的分在布界限。

②为适应不同级别的地区的需要，应采用多级次的区划。在全国一级的区划之下，以省为单位进行二级区划，根据需要还可在地区及县之内进行三级区划。上下级区划的界限要求相协调。为便于工作，区划界限要适当照顾行政区域的边界，如一级区划照顾地区的界限，二级区划照顾县的界限，三级区划照顾公社的界限。

③要总结 20 多年来造林及引种经验，为各地区选择适宜的造林树种。同时拟定各地区速生用材林的产量指标。

现以原全国造林区划草案为基础，结合中国科学院拟定的综合自然区划研究成果及各地的造林经验，提出全国新的一级造林区划及各区适用造林树种草案以供参考(表 7)。

(2)立地条件类型的划分　在同一造林地区内，立地条件也常常是不相同的。主要反映在中、小气候条件及土壤水肥条件的差异上，而这些差异是由于地形因子如：海拔高度、坡向、坡度、坡位、小地形等的不同形成的。造林地的立地条件千差万别，为便于开 展造林工作，有必要按照它与造林树种的主要共同性归纳为一定的类型。这些类型就称为立地条件类型。

表7　造林区划及各地区适宜造林树种参考表

大区	造林地区	适宜造林树种
东北区	大兴安岭地区	兴安落叶松、樟子松
	小兴安岭、长白山地区	红松、兴安落叶松、长白落叶松、日本落叶松、樟子松、红皮云杉、沙松、水曲柳、黄波罗、核桃楸、紫椴、香杨、大青杨
	东北平原地区(包括东北西部风沙地区)	樟子松、黑皮油松(南部)、兴安落叶松、长白落叶松、小青杨、小黑杨、白城杨、加杨(南部)、小叶杨、赤峰杨、北京杨、白柳、圆头柳、白榆、黄榆、水曲柳、花曲柳、文冠果、紫穗槐、沙柳
	辽东半岛地区	黑皮油松、日本黑松、长白落叶松、日本落叶松、加杨、群众杨、健杨、沙兰杨、麻栎、水曲柳、核桃楸、紫椴、刺槐、水杉(旅大地区)、雪松(旅大地区)、核桃、板栗、丹东栗、紫穗槐
华北区	晋冀山区	油松、华山松、白皮松、华北落叶松、日本落叶松(高海拔地带)、侧柏、刺槐、臭椿、香椿、楸树、麻栎、栓皮栎、槲栎、槲树、元宝枫、青杨、毛白杨、核桃、花椒、黄连木、文冠果、翅果油树、板栗、柿树、枣树、桑树、紫穗槐、沙棘、黄栌
	华北平原地区(淮河流域以北)	侧柏、白皮松、水杉、银杏、毛白杨、加杨、沙兰杨、意大利214杨、群众杨、北京杨、小美杨、旱杨、垂杨、白榆、黄榆、槐树、刺槐、枫杨、泡桐、臭椿、悬铃木、香椿、楸树、楝树、白蜡树、绒毛白蜡、核桃、柿树、枣树、薄壳山核桃、淡竹(南部)、紫穗槐、杞柳、柽柳
	山东半岛地区	油松、黑松、日本落叶松(高海拔地带)、水杉、侧柏、刺槐、槐树、麻栎、栓皮栎、泡桐、香椿、楸树、核桃、板栗、枣树、柿树、毛梾、漆树、黄连木、茶树、毛竹(引种试验)、淡竹、紫穗槐
	内蒙古草原河套地区	油松、樟子松、华北落叶松(大青山等地)、小叶杨、群众杨、小黑杨、北京杨、箭杆杨、胡杨、旱杨、白杨、沙枣、沙棘、文冠果、柽柳、沙柳、梭梭
西北区	西北黄土高原地区	油松、华山松、华北落叶松(高山地区)、侧柏、刺槐、槐树、臭椿、白榆、小叶杨、小黑杨、青杨、旱杨、泡桐、香椿、楸树、元宝枫、核桃、花椒、翅果油树、枣树、文冠果、沙枣、沙棘、杞柳、柠条、毛条、枸杞
	关中平原地区	水杉、侧柏、毛白杨、箭杆杨、群众杨、小黑杨、北京杨、新疆杨、旱柳、泡桐、白榆、楝树、悬铃木、香椿、槐树、楸树、臭椿、核桃、花椒、桑树、刚竹、杞柳、紫穗槐
	陕甘宁风沙地区	樟子松、油松、小叶杨、二白杨(河西走廊)、群众杨、小黑杨、新疆杨、旱柳、白榆、沙枣、柠条、毛条、花棒、沙柳、柽柳、沙棘、枸杞、文冠果
	西北高山地区阿尔太山地区天山地区	新疆落叶松、天山云杉、疣枝桦、白榆、新疆大叶榆、青杨、银白杨、白柳、天山云杉、新疆落叶松(东部)、樟子松(引种试验)、疣枝桦、大叶白蜡、小叶白蜡、白榆、沙枣、青杨、银白杨、箭杆杨、白柳、垂柳、核桃、文冠果、沙棘
	祁连山地区	云杉、青海云杉、华北落叶松、油松、青杨、沙棘
	西北内陆盆地(包括南疆盆地、北疆盆地、柴达木盆地)	新疆杨、银白杨、箭杆杨、小黑杨、群众杨、胡杨、白柳、垂柳、白榆、新疆大叶榆、大叶白蜡、臭椿、核桃、巴旦杏、文冠果、阿月浑子、桑树、枸杞、花椒、沙枣、沙棘、梭梭、白梭梭、柽柳、多枝柽柳、花棒

（续）

大区	造林地区	适宜造林树种
华东华中区	华中山区(秦巴山地及淮阳山地)	杉木、马尾松、华山松、油松、华北落叶松、侧柏、水杉、麻栎、栓皮栎、刺槐、皂荚、香椿、楸树、泡桐、青杨、箭杆杨、毛白杨、垂柳、楝树、核桃、板栗、毛梾、油橄榄、油桐、漆树、杜仲、毛竹、淡竹
	南方山地(南岭以北、四川盆地以东)	杉木、柳杉、水杉、池杉、马尾松、黄山松、湿地松、火炬松、黑松、海南五针松、雪松、金钱松、柏木、福建柏、竹柏、香椿、银杏、麻栎、栓皮栎、青勾栲、锥栗、樟树、楠木、檫木、鹅掌楸、楸树、楝树、川楝、香椿、红椿、红豆树、皂荚、大叶桉、赤桉、喜树、悬铃木、木荷、黄连木、毛竹、刚竹、淡竹、桂竹、毛金竹、苦竹、油茶、薄壳山核桃、油橄榄、油桐、乌桕、板栗、柿树、茶树、桑树、漆树、杜仲、厚朴、黑荆树、白蜡树、棕榈
	长江中下游水网地区	杉木、水杉、落羽杉、池杉、墨杉、雪松、银杏、枫杨、垂柳、加杨、意大利214杨、泡桐、悬铃木、楸树、楝树、喜树、香椿、大叶榉、白榆、刺槐、槐树、臭椿、毛竹、薄壳山核桃、桑树、柽柳、杞柳
	四川盆地	杉木、马尾松、柏木、樟树、楠木、檫木、枫杨、桤木、白花泡桐、香椿、楸树、滇楸、川楝、麻栎、栓皮栎、锥栗、大叶桉、赤桉、多枝桉、葡萄桉、蓝桉、毛竹、慈竹、核桃、油桐、乌桕、油橄榄、板栗、茶树、桑树、漆树、棕榈
	台湾地区	马尾松、黄山松、红桧、樟树、楠木、台湾相思、黑荆树、南洋楹、青勾栲、大叶桃花心木、木麻黄、橡胶树
华南区	广东、广西、福建南部地区	马尾松、湿地松、加勒比松、火炬松、南亚松(湛江、浦北、钦州)、杉木、水杉、池杉、落羽杉、竹柏、窿缘桉、柠檬桉、雷林1号桉、麻栎、红椎、红椿、格木、台湾相思、南洋楹、火力楠、米老排、木麻黄、木波罗、红花天料木、木荷、红荷木、蚬木、荔枝、扁桃、银桦、团花、柚木、青皮竹、撑篙竹、粉箪竹、茶杆竹、油茶、千年桐、乌榄、蝴蝶果、橡胶树(湛江南部、广西南部、福建南部)、八角、肉桂、黑荆树、蒲葵、南岭黄檀
	海南岛及南海诸岛地区	南亚松、湿地松、加勒比松、思茅松、海南五针松、杉木(尖峰岭)、陆均松、竹柏、窿缘桉、柠檬桉、大叶桉、红花天料木、乌墨、麻栎、红椎、绿楠、火力楠、红椿、大叶桃花心木、非洲桃花心木、降香黄檀、台湾相思、南洋楹、象耳豆、格木、楝树、麻楝、木麻黄、木波罗、木荷、荔枝、青皮、坡垒、鸡尖、琼崖海棠、海南石梓、柚木、银桦、青皮竹、粉箪竹、麻竹、油茶、乌榄、橡胶树、油棕、椰子、槟榔、腰果
	云贵高原地区	云南松、思茅松、华山松、湿地松、火炬松、杉木、柳杉、黄杉、冲天柏、银杏、滇杨、麻栎、栓皮栎、红椎、滇楸、香椿、红椿、红荷木、旱冬瓜、蓝桉、直干桉、赤桉、银桦、悬铃木、泡桐、樟树、鹅掌楸、楝树、喜树、慈竹、油茶、腾冲红、花油茶、漾濞核桃、油橄榄、油桐、乌桕、板栗、柿树、茶树、桑树、漆树、八角、花茇、杜仲、黑荆树、棕榈
西南区	滇南地区(海拔1000m以下)	思茅松、红椿、红荷木、蚬木、团花、柚木、铁刀木、南洋楹、柠檬桉、麻竹、橡胶树、油棕、槟榔、牛肋巴、秧青、泡火绳、腰果、儿茶
	西南高山地区(包括甘南白龙江流域)	云南松、华山松、高山松、油松、红杉、华北落叶松(甘南)、雪松、冷杉、云杉
	青藏高原地区	乔松、云南松、云杉、青海云杉、小叶杨、垂柳、沙棘

立地条件类型的划分，有多种方法，在我国主要应用两种。一是以苏联的波氏林型网格为基础，按水分和养分两个主导生活因子的不同等级来划分(表8)。二是按地形和土壤等主导因子的不同组合来划分(表9)。这两种方法在林业生产中都起

了一定作用。但也有一定的局限性。第一种方法在反映山地立地条件中的小气候变化方面不甚灵敏，把土壤水分级与造林地的光、热状况联系起来的意图没有取得应有成效。此外，要把水肥等级网格套用到各种气候带及地貌类型，以建立全国性甚至是世界性的统一体系的意图，也没有取得成功。而每一网格内根据土壤化学性质进一步划分酸性、钙质、富硝及盐碱等变型的进展又使工作复杂化，使网格法简单明了的优点有所减色。第二种方法抓住直接的主导环境因子，易于鉴定和掌握。但此法本身不灵活，难以适应主导因子、次主导因子和非主导因子在一定条件下可能变换的情况；由于抓环境因子过多而不进行综合分析则又显得繁琐。这两种方法的共同弱点是缺乏林木生长与各立地因子之间相互关系的基础研究和资料积累，因而使各种划分方法难免有一定的主观成分。

立地条件类型的研究，是一项重要的基础工作。近来由于营造速生用材林和改造低产林的需要，对立地条件类型的研究又开始重视起来。有的单位以林木产量水平为基础，结合立地条件的描述，划分立地条件类型；有的单位则以立地指数为指标，应用数理统计方法统计分析各立地因子与林木高生长的关系，来探索立地条件类型的划分。这个问题在世界各国的研究，特别是联邦德国、前苏联、日本等国最近的研究也是值得我们借鉴的。

表8　华北石质山地的立地条件类型表

水分级 养分级	0—极干	1—干	2—潮润	3—湿润
A—贫瘠	A_0	A_1	A_2	—
B—中等	B_0	B_1	B_2	B_3
C—肥沃	—	C_1	C_2	C_3

表9　冀北山地立地条件类型组

序号	海拔高度	坡向	土层厚度
Ⅰ	<800m	阳，半阳	厚
Ⅱ	<800m	阳，半阳	中
Ⅲ	<800m	阳，半阳	薄
Ⅳ	<800m	阴，半阴	厚
Ⅴ	<800m	阴，半阴	中
Ⅵ	<800m	阴，半阴	薄
Ⅶ	7800m	阳，半阳	厚
Ⅷ	7800m	阳，半阳	中
Ⅸ	7800m	阴，半阴	厚
Ⅹ	7800m	阴，半阴	中

2. 掌握树种的生态学特性

树种的生态学特性就是树种对外界环境的要求和反应的特性。从适地适树的要求来看，主要的应掌握下列特性：喜光性(耐阴性)，对生长季内日照时间长短的适应性，对气温的要求，耐热性及抗寒性(对极端最高、最低温度及其持续期的适应性)，抗霜冻、冰挂的性能，抗风性及抗生理干旱的特性；对大气湿度的要求，抗旱性及耐湿性，对土壤养分的要求(耐瘠性)及对土壤反应的要求和适应能力，耐盐及耐碱特性；对土壤通气性的要求及根系穿透能力等等。

要掌握这些方面的特性，就要进行一系列的调查研究工作。例如，调查树种的自然分布和天然林的林型可以为我们了解这些特性提供许多基本知识。调查分析各树种的人工林在不同条件下的生长效应，就可以掌握这些树种的生态学特性。这样的认识比树种自然分布及天然林林型调查所得的认识提高了一步，即可以作为适地适树的依据。由此可见，对各种人工林(包括各种试验林及生产林)进行调查研究，对我们来说具有重要意义。

无论是调查天然林，还是调查人工林，在调查分析时主要是应用比较生态学的方法，也就是调查某一立地因子在不同等级(或发展程度)情况下树木生长的效果，并以此判断树种对立地因子的要求特性。例如树种对土壤水分的要求可以调查不同土壤水分条件的林地上(不同坡向、不同土壤保水能力、不同地下水位深度、不同的侧方浸润及上方淹水的条件等等，测定土壤常年含水量)林木生长的效果。通过调查，我们认识到杨树是比较喜湿的，松树(二针松类)是比较耐旱的，但到底喜湿和耐旱到什么程度？为什么会有这种表现？为了弄清这些问题，一方面通过进一步的调查，应用数理统计的方法，探索某一立地因子的等级(如土壤水分等级)与树种生长量之间的相关关系的数学模型，以此作为树种对某一立地因子要求的数量表达方式；另一方面又要从形态学、解剖学、特别是生理生态学方面来剖析测定树种对某一立地因子的要求，用内在的解剖结构和生理机制来解释外在的生态要求。例如，杨树喜湿的内在原因就在于杨树具有很高的蒸腾强度，而且越是高产的杨树其蒸腾量也越大，每生产 1kg 有机物(黑杨派)约需蒸腾 500kg 水，而松树仅蒸腾 170kg 水。正因为如此，在干旱的造林地上本来速生的杨树长不起来，而代替它的油松恰能正常生长(参见表 10)，足见掌握树种的生理生态特性对于适地适树是十分重要的。

表 10　山西省大泉山干旱黄土坡上油松、小叶杨生长情况

造林年度	树种	树高(m)			地径(cm)		
		平均	最高	最低	平均	最粗	最细
1956	小叶杨	1.39	2.25	1.00	3.75	7.2	1.8
1958	油　松	4.10	6.40	3.28	6.7	12.1	4.5

(摘自“林业科技通讯”1976，4)

在掌握了树种特性的基础上，还要继续研究了解种内的变异，掌握其不同地理种源和生态类型以至品种的不同特性，更好地为适地适树服务。

3. 树种选择

同一种立地条件上可能有几个适用的造林树种，同一树种又可能适用于几种立地条件。选择造林树种，就是根据造林的目的要求及造林地的立地条件，将最适生、最高产、经济价值又最大的树种列为主要造林树种，其他树种或经济价值很高但要求条件过苛，或适应性很强但经济价值较低，列为次要的造林树种。为满足国民经济的要求，速生树种和珍贵树种，要求严的树种和广域性树种，针叶树种和阔叶树种都要保持一定的发展比例。

不同立地条件上的树种选择，应本着立地条件好的，首先留给经济价值高对立地条件要求严的树种，立地条件较次的留给适应性较强而经济价值较低的树种。对同一个树种有不同要求，应分配给不同的立地条件。如培育刺槐的速生矿柱材，就要提供较好的造林地；培育刺槐的水土保持林和薪炭林就可以分配一般的或较差的造林地。任何用材树种，如要培育大径级用材，都要提供较好的造林地，而培育中、小径级用材则可满足于较差的造林地。

在适于发展的树种中，有乡土树种和外来树种之分，乡土树种又有中心产区和边缘产区之分。一般来说，乡土树种在其中心产区大面积造林是最有把握的，因为这个树种最适应当地的条件。一个树种在其分布边缘地区造林就要注意分析它与边缘地区立地条件之间的主要矛盾，如杉木在其北部边缘低温和春旱是主要矛盾，在南部边缘高温强光及间歇性干旱是主要矛盾，在西南边缘旱季过长及雨季热量不足是主要矛盾，了解这些矛盾，就可以在选择造林地、采取造林技术措施时予以适当调节。

引种外来树种时，要对原产地区和引种地区的条件进行对比分析，确定其适宜程度及存在矛盾。然后，还要选择适当的种源或类型，采用必要的驯化措施进行试验，基本成功后，再进行生产性试验，然后大面积推广。如刺槐、桉树都是外来树种，现在已基本驯化，表现很好。有的树种，在原产地分布很窄，而实际上的适生范围却很广，比原产地生长还好。如我国的水杉，由于历史上冰川的挤迫，自然分布区很小，但古代广域分布的特性在遗传性中保存了下来，所以引种范围较广，生长也好。而另有一些树种，引种初期生长还好，但到后来病虫害越来越多，生长也越来越不理想，如美国的复叶槭(*Acer negunco*)引种到我国后就有这种情况。总之，引用外来树种应采取既积极又慎重的态度。

(四)适地适树的研究方法

广义地说，研究立地条件，树种特性都可属于这个范畴。常用的研究方法，是调查总结现有人工林。

1. 单因子比较的方法

在某一树种的人工林中，选择造林历史及其他立地因子均相同，而只有一个要研究的立地因子(如海拔高度、细土层厚度等)不同的林分，设置一套标准地，根据调查结果分析比较该树种对此立地因子的要求和反应程度。按这种方法对各立地因子的生长效应进行调查分析，就可得出该树种较完整的适生立地条件的概念，为适地适树提供依据。

这种研究方法比较简单，也可得到许多规律性的知识。但是有一定的缺点。在自然界，各立地因子之间关系很密切，往往一个因子的变化引起一系列因子的变化，如不同海拔高度不但气象因子(中气候)发生变化，甚至土壤厚度、水分状况以及土壤类型均可发生变化。因此，很难选出其他因子均相同，只有一个因子不同的林分。

为了从这样的调查研究工作中得出比较可靠的结论，必须按数理统计的规则去进行工作。标准地要有足够的面积，包括足够的调查株数，量测工作有一定的精度要求，调查结果的比较要有差异显著性的统计分析，同类标准地要有一定的重复数量，以便于应用方差分析的方法，保证结论的可靠性。

2. 分类型(等级)单树种或多树种的生长调查对比方法

把几个主导立地因子结合成类型，或按人工林生长量的大小划分成等级(实际上是地位级)，按类型或等级进行单树种或多树种生长调查，对比调查结果，确定各类型(或等级)林地的适生树种。这种方法的优点是避免了分割单因子的困难，又减少了工作量。福建省林科所、福建林学院把杉木林地分为三类，分别进行生长过程调查，归纳出生长预测表。用这样的方法也可以比较同条件下不同树种的生长，为适地适树提供依据。浙江省长乐林场把本场全部林地划分为三类，在每一类林地上分别调查各种树种的生长(共 39 个树种)，将其分类排队，得出各类林地上的适生树种的结论。都是用这种方法进行研究工作的范例。

这种方法也有缺点。研究工作以既定的类型作出发点，但在类型的组合上还缺乏客观的依据，而且类型的数量较少(划分较粗)，地方性太强，难于概括全地区林地环境的多样性，也难于把结论向更大范围推广。按类型作生长调查在可靠的情况下也只能得出树种生长与综合立地因子的关系，不能揭示树种生长与各个立地因子之间的内在联系。

3. 运用数理统计中的多因子回归分析方法

在研究生物学的工作中越来越多地运用数理统计方法，使研究工作从描述阶段发展到定量化的阶段，这是科技工作现代化的一个趋势。前面提到的单因子对比及分类型对比的研究方法也都应当应用数理统计的方法，但这些方法还只限于应用总体平均数之差的抽样估计、差值的显著性检验以及单因子均匀复合体的方差分析等较为简易的方法。

在研究单个立地因子与树种生长的关系时，也可运用单因子相关分析的方法找出生长与某立地因子之间的数量关系。需要时，也可进行两个立地因子同时与树种生长之间的复相关分析(二元方程)。但是，影响立地条件的因子是很多的，要想建立各立地因子综合与树种生长之间复相关的数学模型，同时又要判断在这个综合中各立地因子所占的位置。(偏相关)以及各因子之间的相互作用，就必须运用多元回归分析的方法，运用电子计算机，使我们有可能把适地适树的研究工作更深入一步。

这个研究方法在国外已有应用，在国内有些单位也开始探索。如吉林省林科所对长白落叶松(抓4个立地因子)，林科院富阳亚林站对杉木(也抓4个立地因子)都进行了探索工作。用这种方法进行研究所用的主要生长指标是树高生长，因为树高生长在更大程度上取决于立地条件而在较小程度上受密度等其他因素的影响。树高生长又以一定年龄(基准年龄)时的上层高(优势木亚优势木平均高)作为立地指数的标准，在一定的范围内进行大量的标准地调查，用此材料作多元回归的分析。为了不致抽象，今列举日本上田落叶松人工林的研究成果作为这方面的范例(表11)。

表11　日本上田落叶松林推定地位指数环境因子数值表

因子项目	类　别	各因子数值								偏相关系数数值范围
		X_1	X_2	X_3	X_4	X_5	X_6	X_7	X_8	
(X_1)土壤型及A_1层厚度	1. B_1(b)型A_1层薄	12.28	17.97	6.97	5.90	14.56	14.84	15.90	16.10	0.604/501
	2. B_1(b)型A_1层厚	14.31	13.45	6.43	6.61	13.92	14.54	15.94	15.98	
	3. B_1型薄	15.64	14.39	8.65	2.96	12.80	13.40	14.40	14.47	
	4. B_1型厚	18.18	16.66	10.59	3.90	13.33	14.53	15.91	15.95	
	5. B_1型A_1层颇厚	21.27	19.75	15.10	7.65	15.96	15.83	16.89	16.84	
	6. B_1(w)型A_1层厚	22.20	20.48	14.66	7.03	17.32	17.13	18.12	18.20	
	7. B_1(w)型A_1层颇厚	26.62	21.09	16.81	8.09	17.64	18.16	19.36	19.48	
(X_2)有效土层	1. 0～30cm		0.00	0.00	0.00	0.00	0.00	0.00	0.00	0.524/3.69
	2. 31～50cm		0.10	2.40	2.33	2.80	3.06	2.75	2.65	
	3. 51cm以上		1.52	3.79	3.26	3.67	4.55	3.97	3.69	
(X_3)腐殖质量(上—下)	1. 颇富—颇富			0.00	0.00	0.00	0.00	0.00	0.00	0.629/4.57
	2. 颇富—富			1.82	2.88	-0.26	0.18	0.05	-0.01	
	3. 颇富—含有			4.25	4.43	1.98	2.50	2.29	2.33	
	4. 富—含有			7.92	7.12	4.93	4.21	3.63	3.76	
	5. 颇富—少			7.98	8.49	5.83	5.61	4.88	4.56	
	6. 富—少			4.68	5.13	0.60	1.81	1.18	1.76	
(X_4)成土母质类型及石砾	1. 残积体(干)				0.00	0.00	0.00	0.00	0.00	0.694/5.48
	2. 残积体(润)				7.63	4.05	3.29	3.45	3.67	
	3. 坡积体				5.59	4.54	3.71	3.98	4.21	
	4. 坡积体(石砾)				7.81	3.68	3.62	2.80	2.90	
	5. 山麓坡积体				9.62	5.96	4.89	5.24	5.48	
	6. 山麓坡体积(石砾)				8.42	4.03	3.54	3.64	3.61	
(X_5)土壤构造(上—下)	1. 团粒状—团粒状					0.00	0.00	0.00	0.00	0.632/7.22
	2. 团粒状—块状					-3.78	-2.66	-2.76	-2.54	
	3. 团粒状—混无					-4.02	-2.20	-2.79	-2.81	
	4. 团粒状—壁状					-10.17	-7.01	-7.46	-7.22	
	5. 粒状—黏粒状					5.98	-2.89	-3.49	-3.46	
(X_6)海拔高度	1. 1200～1400m						0.00	0.00	0.00	0.732/6.24
	2. 1401～1600m						-3.21	-3.35	-3.37	
	3. 1601m以上						-6.51	-6.17	-6.24	
(X_7)方位	1. 北(东北)							0.00	0.00	0.379/2.78
	2. 东							-0.40	-0.27	
	3. 东南							-1.20	-1.26	
	4. 南							1.45	1.58	
	5. 西南							-0.16	-0.11	
	6. 西(西北)							0.28	0.36	

（续）

因子项目	类别	各因子数值								偏相关系数数值范围
		X_1	X_2	X_3	X_4	X_5	X_6	X_7	X_8	
(X_8)倾斜度	1. 0～8° 2. 9°～22° 3. 23°～35°								0. 00 －0. 27 0. 03	$\frac{0.155}{0.01}$
	复相关系数	0. 689	0. 694	0. 787	0. 840	0. 891	0. 945	0. 951	0. 952	

注：根据92个标准地推定，基准年龄40年；推定立地指数 $\bar{y} = X_1 + X_2 + X_3 + X_4 + X_5 + X_6 + X_7 + X_8$。

二、造林密度

（一）造林密度的意义

单位面积的造林株数或种植点数称为造林密度或初植密度，它是人工林各期密度的基础。一般随着年龄的增加而递减，它本身具有重要的生物学意义和经济意义，对林木速生丰产优质具有重大作用。“密”是农业八字宪法之一，也是造林基本技术措施之一。

为了使人工林速生丰产优质，应该使它具备合理的结构。密度和配置是决定水平结构状态的主要因子。密度是形成一定水平结构的数量基础，配置是这一定数量的树木在地面上的分布形式，两者是紧密相连的。

（二）造林密度的作用

造林密度以及由它发展成的后期密度在人工林整个成林成材过程中起着巨大的作用。了解、掌握这种作用的规律，将有助于确定合理的造林密度，争取林木速生丰产优质。

1. 造林密度在苗木成活过程中的作用

造林密度的大小，在一定的成活率水平下，与单位面积成活株数的多少成正比。因此，在条件差、成活率低的情况下，可适当增加造林密度以保证足够的成活株数。但一般情况下，造林密度与成活率无关，不宜过于强调，而主要应在苗木质量及种植技术上下工夫。

2. 造林密度在郁闭成林过程中的作用

郁闭是人工林成长过程中的一个重要转折点，它能加强幼林对不良环境因子的抗性，消除杂草的竞争，保持林分的稳定性，增强对林地环境的作用，更好地起各种防护作用。加大造林密度有利于提前郁闭成林。但郁闭并不是越早越好。过密，必然引起起林木过早的分化及自然稀疏。无论在生物学及经济方面，都是不利的。何时达到郁闭较为合理，应从树种特性、林地条件及育林目标等多方面加以考虑。

3. 造林密度对林木生长的作用

这是密度作用规律的核心问题，今就掌握的材料，来探讨密度对林木生长的作用。

(1)密度对树高生长的作用　英国的G·J·Hamilfon和J·M·Chrisfie(1974)总结全英从1935～1936年开始统一安排的6个树种，134个系列的密度试验林，所得出的结论是“有越密越高的趋势”(表12)，这种差别是在顶高(上层高)6～8m时形成的，以后就保持了下来。

表12　英国六种针叶树种的造林密度与高生长的关系

树种	平均顶高(m)	各植距的平均顶高(m)				与平均顶高之差(m)				测定系列数	注
		0.9	1.4	1.8	2.4	0.9	1.4	1.8	2.4		
欧洲松	9.1	9.45	9.24	9.11	8.59	+0.35	+0.14	+0.01	-0.51	16	＊为植距1.2m及1.4m的混合统计表—表示量少从略
西脱卡云杉	12.2	12.55	12.32	12.25	11.72	+0.35	+0.12	+0.05	-0.48	12	
挪威云杉	12.2	12.16	12.32	12.30	12.02	-0.04	+0.12	+0.10	-0.18	19	
欧洲落叶松	12.2	—	12.03*	12.30	12.34	—	-0.17	+0.10	+0.14	6	
日本落叶松	13.7	—	13.70*	13.77	13.56	—	0.0	+0.07	+0.14	13	
花旗松	15.2	—	15.99*	14.77	14.75	—	+0.79*	-0.43	-0.45	4	

与此相反，澳大利亚的辐射松造林密度试验(Cromer和pawsey，1957)，美国夏威夷的柳桉密度试验，意大利的杨树密度实验，以及我国的杨树、落叶松、杉木等一系列密度试验，证明正是稀植的人工林具有较大的树高生长(图2)苏联对欧洲松造林密度多年试验的结果，表明在一定的较稀密度范围内，由稀到密对高生长有促进作用；而在过密的状态下，密度大对高生长又起抑制作用(图2)。1967年丹麦的J·Sjolte-Jorgensen分析了世界各国(未包括中国、日本及苏联)针叶树密度试验结果，他的结论是在一定的密度范围内，在多数情况下，树高生长随密度加大而下降(图3)。

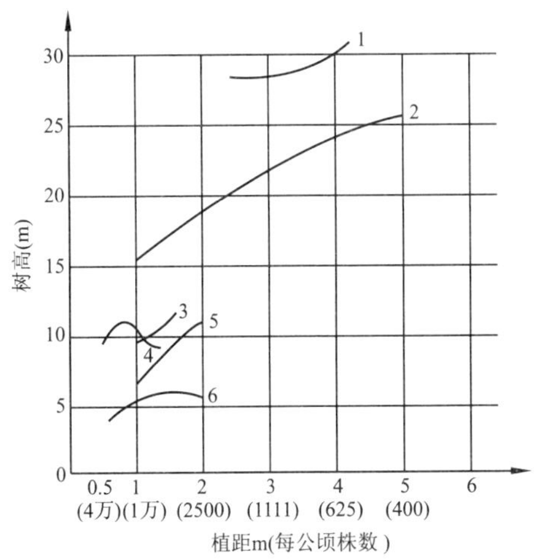

1. 柳桉(夏威夷)；2. 加杨(盖县)；3. 落叶松(带岭)；
4. 欧洲松(布佐鲁克)；5. 杉木(江西)；6. 欧洲松(基辅)

图2　不同造林密度对生长的作用

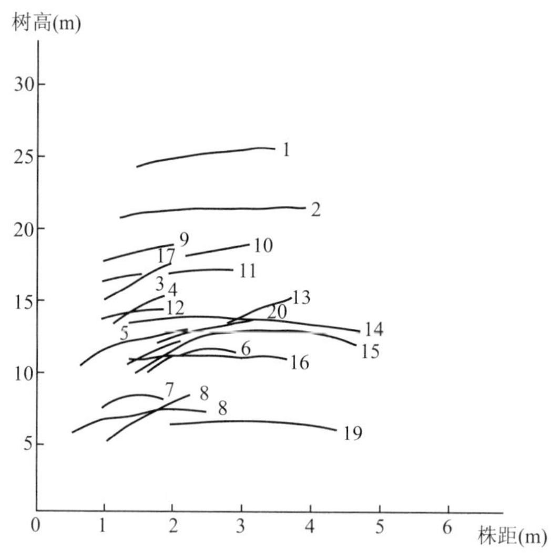

图 3　不同造林密度对高生长的作用

1. 云杉(挪威)；2. 云杉(联邦德国)；3. 云杉(联邦德国)；4. 云杉(瑞典)；5. 云杉(丹麦)；6. 云杉(瑞典)；7. 云杉(联邦德国)；8. 云杉(丹麦)；9. 欧洲松(联邦德国)；10. 辐射松(澳大利亚)；11. 欧洲松(瑞典)；12. 欧洲松(联邦德国)；13. 花旗松(美国)；14. 湿地松(美国)；15. 火炬松(美国)；16. 火炬松(美国)；17. 长叶松(美国)；18. 美国赤松(美国)；19. 湿地松(美国)；20. 美国赤松(美国)

怎样看待这种错综复杂的情况呢？我们认为客观事物本身就是复杂的。影响树高生长的因素有很多，有树种的特性(顶端优势、喜光性)，有地区的气候特点，有其他乔灌木及杂草的竞争，有林地土壤的肥力状态，特别是土壤水分供应等，因此要作具体分析，而不要追求统一的答案。统一的答案也可以有，那只是确认密度对高生长的影响程度及相关性要比对其他生长指标要小。

苏联研究亚松林型的松树人工林密度效果的结论是密度与树高生长的相关系数仅为 $r=0.625\sim0.821$，而同时密度与直径生长的相关系数 $r=0.823\sim0.915$，与材积生长的相关系数 $r=0.826$。至于是如何影响和相关的，要看树种、立地条件及密的程度。

云、冷杉类最适于密生，初期密生对其高生长有一定的促进作用，以后随着年龄增加不同密度的高生长逐渐拉平；欧洲松、杉木等树种不太适于密生，有利于高生长的密植幅度及持续期限均较小；而落叶松、南方松派松树、杨树、桉树等强阳性速生树种最不适于密生，由于过密而对高生长的抑制作用来得最早，表现得也最强烈。

在不同的立地条件下，密度对高生长的作用也不一样。一些研究材料表明，在湿润的林地上密度对高生长的作用不明显，而在干旱的林地上密度对高生长的作用就比较突出，如过稀时杂草滋生，其竞争作用往往造成林木生长的减退，高生长也受影响；而过密时则同种个体间对土壤水分的竞争激烈，在分化不顺利的时候林木生长普遍受抑制，在分化顺利时形成大量被压木，使林分的平均高度也随之降低。

苏联布佐鲁克松林的密度试验正是在这样一种干旱砂地上进行的，因此密度对高生长的作用也表现得比较突出。英国的密度试验则大多是在水分充足的林地上进行的，因此密度对高生长的作用程度并不明显，但由于树木对光的竞争促使了幼林高生长有随密度增加而增加的趋势。

最后，密度对高生长的作用还要看林分处于什么样的密度范围。有些互相矛盾的结论正是在不同的密度范围内得出的，实际上并不矛盾。北京林学院造林组 1959 年在调查了湘西黔东南不同密度杉木人工林后得出结论，认为在每亩 200 株以下时，增加密度有利于高生长，超过这个密度界限则起相反作用。福建省莱州试验林场及洋口林场的密度试验结果也大致上符合这个结论。而江西省梅岭的杉木密度试验结果则不完全一致，这可能是由于江西梅岭的红土丘陵立地条件与杉木中心产区的立地条件有所不同的结果。苏联莫斯科季米里亚席夫农学院 1901 年的欧洲松密度试验，在 13 年生时最适于高生长的密度是每公顷 10000 株，在 24 年生时最适于高生长的密度为每公顷 6000 株，在 55 年生时则每公顷 2640 株的密度具有最好的高生长量。即使像杨树这样的喜光速生树种，在幼小时也是在较大的密度下才有较好的高生长。随着年龄增长，最适于高生长的密度下移(表 13)。

表 13　河南郑虎屯五年生毛白杨密度试验林逐年高生长量

株行距 (m×m)	苗高 (m)	五年后总高(m)	逐年高生长量(m)					注
			1959	1960	1961	1962	1963	
1×1	3.24	10.17	0.88	3.19	1.99	0.38	0.49	1962 年部分高生长量已归入 1961 年内，1963 年遭虫害
2×2	3.21	10.98	0.14	2.34	2.47	2.07	0.75	
3×3	3.30	10.95	0.06	1.95	2.06	2.38	1.20	

余建普、杨树基，1965 年

综上所述，密度对树高生长的影响比较复杂。但总的来看，在一定的密度范围内，密度对高生长的作用不明显，所以才利用树高生长作为立地性能的指标。另外，树高生长在培育长材、大材时是很重要的生长指标，弄清这个问题有助于我们采用正确的技术措施(如调节密度)以促进高生长，完成培育长材、大材的任务。

(2)密度对直径生长的作用　在一般情况下，直径生长与树冠大小(以冠幅为主要指标)密切相关，而冠幅伸展又与造林密度密切相关。密度大限制了树冠发育，也必然影响直径生长。因此，在到一定郁闭程度的范围内，直径生长随着密度的增长而减小(图 4)。

这一点具有很大的实际意义，可以用密度调节来促进直径生长，为提早成材及培育大径材打下基础。

根据不同密度下林木直径生长情况的大量调查，有人把林分的密度 N 作为林分平均胸径 $\bar{D}$ 的函数，用方程式来表示，其中莱涅克研究制定的方程式是 $\mathrm{Log}N = -1.605\mathrm{Log}D + K$(式中 N 为每公顷株数，D 以厘米为单位，K 为因树种而异的常数)。此式在双对数坐标上成向下斜的直线，不受立地条件和年龄的限制。黑龙江省林科所为落叶松人工林确立了 $N = 100.97 + \dfrac{23036.67}{D}$的回归方程，相关系数 $r =$

0.99，经过检验也证明此式与立地无关。如果我们能够通过大量调查研究工作，研究出各树种的 N/D 回归方程及其相应参数，则将十分方便于确定不同树种的造林密度与管理密度。

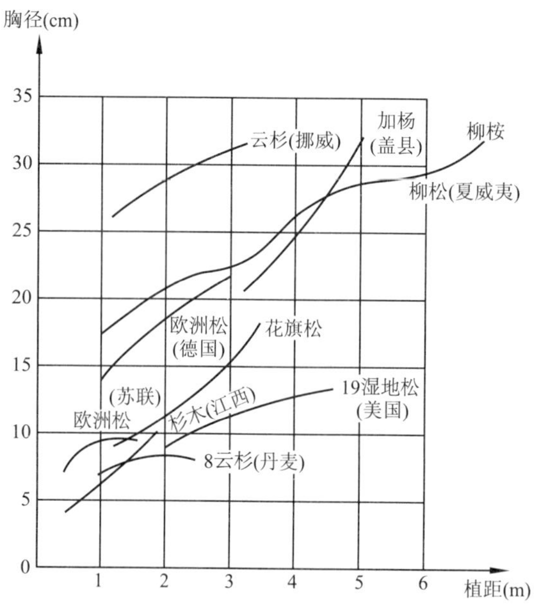

图4　不同造林密度对直径生长的作用

但是，对于 N/D 函数关系式不受立地条件限制的结论，还应持慎重态度。有些树种，如东北的落叶松林所在的立地差异变幅较小，在树冠发育和直径生长方面的规律可能比较一致。但是否别的树种也是如此，就不一定。在开始研究工作时，还是根据不同立地条件分别调查分析为好。

(3)密度对材积生长的作用。单株材积(V)决定于树高(H)、胸高断面积(G)和形数(f)三个因子。密度对于形数的作用是形数随密度加大而加大(刚生长达到胸高的头几年除外)，但差数不大。如在前苏联基辅博亚尔林区的欧洲松密度试验林中，密度从每公顷2500株增至30000株，形数从0.618增至0.689。在树高、胸高断面积和形数三个因子中，由于直径受密度的影响最大，而断面积又和直径的平方成正比，因而成为不同密度下单株材积的决定性因子。密度对单株材积的作用规律基本与直径生长的作用规律相同，而密度越大，单株材积越小。日本学者用 $V=KN^{-a}$ 公式来表示 V 与 N 两者之间的关系，称作竞争密度效果幂乘式，式中 K、a 均为因树种而变的常数，a 值通常近似1.5，故又称为 $\frac{3}{2}$ 乘则。

密度对单位面积蓄积量(M)的作用，与对单株材积的作用截然不同，因为它同时决定于单株材积 V 与密度本身 N 两个因素，而这两个因素之间的关系是互为消长的。大量的试验证明，针叶树种在小密度的情况下单位面积蓄积量随密度增大而成比例地增加；随着密度继续增大，蓄积量的增加逐渐减少；达到一定密度之后，蓄积量就稳定在一个水平上(表14)。

表 14　杉木造林密度与单株材积及蓄积量之间的关系　（单位：m^3、m^3/亩）

林场	林龄（年）	不同造林密度上的单株材积及蓄积量（单株材积/蓄积量）					
		150～167	200	250	300	400	600
福建洋口	9	0.0387/6.30	0.0314/7.09		0.0250/7.10	0.0176/7.23	
江西梅岭	10	0.0425/6.89		0.0313/7.14	0.0233/7.02	0.0178/7.39	0.0108/7.15
福建莱舟山洼	17～18		0.1060/18.23	0.1052/18.62	0.0788/17.50	0.0711/18.08	
福建莱舟山坡	17～18		0.0711/9.89	0.0555/10.50	0.0464/11.92	0.0433/12.01	

江西省林科所对不同密度的三次重复试验，进行方差分析结果表明，密度影响蓄积量的 F 值仅为0.89，属不显著差异。对未经间伐任其自然枯损（只作卫生伐）的林分是如此。对进行间伐的林分，间伐后的林分蓄积量将有所降低，但加上间伐量的总生长量仍维持在一定水平上，这就叫最终收获一定法则。日本安藤贵 1965 年通过研究认为，总生长量可随造林密度增加而增大，伐期越短，其增加的比值越大，但这应当看成是在一定密度范围内早期充分利用地力的结果。这种提法与上述法则并不矛盾。

对于最终收获一定法则，是有争论的。兹举一些例子，在苏联布佐鲁克欧洲松密度试验林中，32 年生时以造林密度每公顷 13200 株（保存密度每公顷 3620 株）的蓄积量最高，达每公顷 171m^3，而造林密度每公顷 39500 株（保存密度每公顷 7200 株）的蓄积量低了很多，每公顷仅 135m^3。季米里亚席夫农学院的欧洲松密度试验林中也有类似情况，不过差别没有这么大。过密林分产量低的原因在于个体竞争中水肥供应不足，在分化不顺利的情况下生长普遍衰退，林分变得极不稳定，易遭雪压及病虫危害，成群团状稀疏而造成林窗，以至单株生长不好，降低了蓄积量，甚至降低了总生长量。立地条件越差，出现这种情况的可能性越大。这不是偶然性因子对试验的破坏，而是一种规律性的现象。

有一些强阳性的速生树种，如杨树、落叶松等，往往与上述法则相反。稀植的人工林虽在幼年时较密植的低产，但到一定年龄阶段后，后而得到更高产量。意大利的杨树密度试验是一个典型例子（表 15）。稀植在欧美杨人工林不仅蓄积量大，而且随着年龄增长，差距还在继续扩大。

表 15　意大利欧美杨不同密度下的蓄积量变化　（单位：m^3）

造林密度（株/hm^2）	20 年		25 年	
	蓄积量	平均生长量	蓄积量	平均生长量
250	675	33.8	876	35.0
400	540	27.0	650	26.0

我国盖县杨树研究所的加杨密度试验林，到 9 年生时也出现了这种情况，以最

稀植的（株行距 5m×5m，每公顷 400 株）总生长量最高，达每公顷 290m^3，比中等密度的（株行距 3m×3m——每公顷 246m^3）及最密植的（株行距 1m×1m——每公顷 209m^3）高出许多。黑龙江省带岭林业局落叶松人工林也是这样，15 年生时的单位面积蓄积量以每公顷 3300 株的为最高，达 123m^3，而每公顷 6600 株的只有 100m^3，每公顷 8800 株的只有 96m^3。这些结果都不是试验方法上的误差造成的，而是规律性的现象。因为杨树和落叶松都有这样的特性，如在幼年期树冠及根系发育良好，虽然暂时因株数少而材积生长量低一些，但到一定年龄阶段就能充分发挥速生丰产性能，而且速生期可维持很长。事实上，不仅是杨树、落叶松，就是松树、杉木在某处程度上也出现类似规律。前述季米里亚席夫农学院欧洲松密度试验林中，在 35 年生时蓄积量以初植密度每公顷 6000 株的为最高，但到 55 年生时，初植密度最稀的（每公顷 2640 株）竟一跃而居上，成为最高产的。南京林产工业学院在福建洋口林场的试验也是如此，16 年生的杉木，最稀植林分（每亩 167 株）的蓄积量已超过中等的，接近最密的林分，预计到 20 年生时最稀的将在产量上占首位。举这些例子只是为了说明最终收获一定法则并不能成为普遍性的规律。

我们认为这个理论和当前迅速发展的营造速生用材林的大量实践是相矛盾的，也是和当前关于种内变异，以及调节林分结构改变林分内生态条件的大量研究成果相矛盾的。最终收获量一定法则束缚了人们的手脚，似乎除了施肥灌溉等彻底改造立地条件之外无法通过群体结构的调节来提高产量。实际上并非如此，正确的结论应该是，人工林只有在适当的密度范围内才能获得最高产量，过稀或过密都不行，这个适当的密度范围随树种、立地条件及年龄而异。今后随着营林技术的发展，用调节密度的间伐措施来提高林木产量，将越来越普遍的为人们所认识。

上面说的是密度与总的材积生长量的关系。如果以较大径级的材种的材积生长量作为标准的话，则过密林分的缺陷就更多了。在同样的年龄及条件下，密林的平均直径小，径阶分布较分散，与相对稀植林分比较，大径级材种的材积比重相应降低，而小径级材种的材积比重相应增多。这个规律也是普遍存在的。

（4）密度对生物总产量的作用。在现代森林生态学的发展中，对林内物质与能量循环的研究占重要地位。生物总产量包括初级生物产量和次级生物产量。初级生物产量是指绿色植物及其他自养生物通过光合作用形成和积累起来的生物产量，在森林中除了干材积（干重）以外，主要还包括枝、叶、皮、根、果等部分的产量。经研究，密度对单位面积枝丫材积的作用规律与对干材积的作用规律大致类似，即在小密度时随密度增大枝材积也增大，但到一定密度后，密度再增大反而引起枝材积下降。干材积在干枝总材积中占的比例随密度增大而加大。密度对叶量的作用规律也相似，初期随密度增大而叶量增大，到一定密度后，则叶量及叶面积系数不再增加，保持在一定水平。密度对根作用的研究更少，仅知道在过密林分中根幅窄小，根的分布也浅，营养根系发育不良。相对稀的林分中单株根发育良好，但单位林地土壤体积中的根量少。适中密度的林分中群体根量最大，同时单株根的发育也较正常。

把干、枝、叶、根加起来，我们得到的是林木生物产量，以单位面积干物质重来表示。日本学者认为最大收获一定法则也适用于密度与生物产量之间的关系（图5）。基于上节同样原因，这们对此持保留态度。

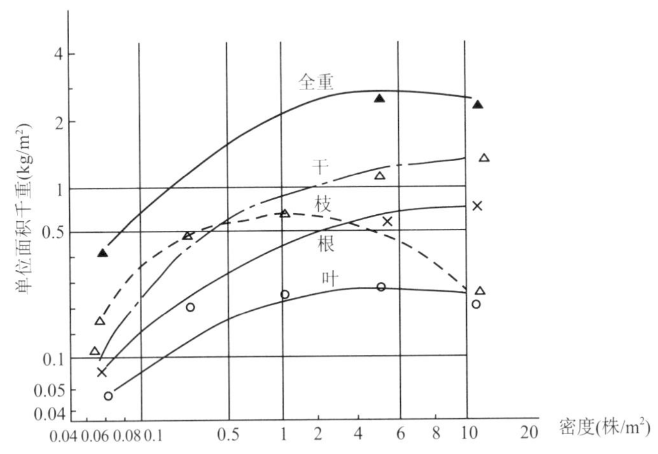

图5　7年生落叶松林收获密度效果

4. 造林密度与后期密度的关系

造林密度是后期林分密度的基础。在只等待自然枯损后进行卫生伐的密度试验林中，各种不同密度人工林到后期，其密度有逐渐拉平的趋势。林分越密，其分化越强烈，自然稀疏的死亡率也越高。这是种内个体间矛盾发展的结果。

20世纪50年代苏联李森科的"种内无斗争论"在我国传播，给人以造林越密越好，可以依靠自然调节的假象。现已证明，这种论点在理论上是错误的，在实践上是有害的。林木群体密度的自然调节并不能很顺利地进行，而是在剧烈的斗争中实现的。群体密度的自然调节往往产生"反馈"作用，就是使密度冲过最适界限，待过密现象起一定时期的作用，削弱了个体生长后，再通过自然稀疏回降下来。我们当然不能依靠这样的自然调节。特别是人工林，经营越集约，个体越均匀，分化就越困难，过密所起的坏作用也就越严重。当然，造林密度也可以通过人工间疏来调节。但也不能因此作出造林密度大小无关紧要的结论。这里面既有个经济问题，也有个生物学规律问题。过稀的人工林如长期不得郁闭，就有被毁灭的危险，在立地条件恶劣的地方尤为突出。过密而过早郁闭的人工林，个体生长受到抑制，树冠及根系发育受到影响，也不是通过间伐能及时弥补过来的。例如杉木人工林就有这个特点，初期过于密植，每亩超过400株以上，即使早期进行间伐（且不管这种早期间伐的经济效益如何），也往往难以弥补。由过密而引起的生长损失，特别是难于恢复其营养根系的扩展能力。所以，即使在有条件进行抚育间伐的情况下，对造林密度的大小仍需慎重考虑。

5. 造林密度与干材质量的关系

密度对树干形数的作用已如前述。密植林分中侧枝细、节疤小、自然整枝好，干形饱满；但如果过密，则树干虽饱满而纤细，不符合用材要求。稀植的林分则正相反，树干尖削度也大。

密度对干材的物理力学性质也有影响。稀植的年轮幅加宽，大多数针叶树种如杉木，年轮中春材比例因此加大，春材管胞的孔径大、胞壁薄，对材质有不利影响。有些树种如落叶松、杨树、栎类等年内生长周期长的树种，在年轮中春材和夏材保持一定比例增长，对散孔材树种，年轮加宽没有什么不利影响。稀植速生人工林的成材期短，幼年材比较松软(所谓材质尚未成熟)，容重低于窄年轮的老材，这一点在当前木材加工业发达的情况下影响并不严重。

6. 造林密度与林分稳定性的关系

林业上要求速生而又稳定，才能获得最后的高产效果。不同密度的林分创造不同的林内生态条件。在北方湿润地区，过密林分内地温偏低，枯枝落叶层积累较厚，分解不良，土壤易于酸化、灰化。过稀林分内则土壤生草化程度强，杂草竞争激烈。过密林分扎根浅，树干纤细，易遭风倒、雪压及根腐病侵染。过希林分则也有利于某些害虫(如金龟子)的繁殖滋生。因此，从林分稳定性的角度看，也是以保持适中的密度为好。

总之，在人工材生长发育的全过程中，造林密度的作用。是多方面的。客观上，各树种在一定的立地条件及一定的年龄阶段，都存在着一个最适密度范围，过密和过稀都不好。我们的任务是通过试验，调查等方法把这个最适密度找出来。

(三)确定造林密度的原则

最适宜的造林密度不是一个常数，而是一个随树种、立地条件、栽培技术、培育目标等因素变动而变化的数量范围。为了确定最适造林密度，还要弄清造林密度与这些因素之间的具体关系。这就是我们平常所说的确定造林密度的原则。

1. 造林密度与造林树种特性之间的关系

造林密度的大小与树种的喜光性、速生性、树冠特征、干形特点、分枝特性及自然整枝性能等一系列特性有关。喜光而速生的树种宜稀，如落叶松、杨树等；耐阴而初期生长缓慢的宜密，如云杉、红松等。干形通直而且自然整枝性能良好地可稀，如杉木、檫树等；干形易弯曲而且自然整枝性能不良的宜密，如部分栎类、油松等。树冠宽阔的宜稀，如毛白杨、团花等；而树冠狭窄的宜密，如箭杆杨、冲天柏等。

2. 造林密度与造林地条件的关系

这个关系比较复杂。从单位面积上能够容纳一定径级的(不计年龄)林木株数多少来看，立地条件好的地方能够容纳这种径级的林木株数多，立地条件差的地方则少。从经营要求来看，立地条件好而宜于培育大径材的宜稀，立地条件差而只能培育中、小径级用材的宜密。如果两种立地条件，一个培育目标，则反过来立地条件差的地方应相对稀值，或初期密植以保证林分及时郁闭增加稳定性，而以后保持较大的间伐强度，使它也能较迅速地长成一定材种，采伐时的单位面积保留株数将低于立地条件较好的林分。

其次，造林密度还要考虑立地条件好坏的具体内容。如高纬度、高海拔地区，温度低、生长期短、立地性能差，可以相对密植一些。在根茎、根蘖性杂草竞争激烈的地方，更应强调相对密植，以加速幼林郁闭，压抑杂草生长。土壤干旱瘠薄的沙地、草原、山坡等地方，干旱程度不十分严重时也可初期适当密植以提早郁闭，降低地表物理蒸发，以利保持水土。但在生长后期要强度间伐以保证树木有足够的营养空间。为了在这种情况下兼顾密植有利于抗灾及稀植有利于生长两个方面，可采用群丛状配置或带状造林的方法(带内密、带间距大、带间常中耕、保持无杂草竞争)。干旱程度十分严重时，树木根幅往往大大超过冠幅，如沙漠中的梭梭、沙拐枣，根幅可超过冠幅10倍以上，在这种情况下根本不能以树冠郁闭为前提，条件越差，株数应越少。

3. 造林密度与栽培技术的关系

就栽培技术的总体而言，栽培技术越细致，越集约，林木就越速生，就越没有必要密植。20世纪50年代末期有些地方在高度集约经营的栽培条件下，还想利用高密度以获得特高产量，其结果是很不理想的。这是忽略了光因子和密度作用规律的结果，应当引以为戒。

就栽培技术中的各项措施而言，也可看到类似规律。整地越细致，供水供肥越充足，苗木规格越大，质量越高，抚育管理越加强，就越要求相对地稀植。林农间作结合幼林抚育的培育方法也要求造林密度适当减少。但所有这些都必须和培育目标结合起来考虑。如在短轮伐期内生产小规格纤维用材的培育要求，在集约栽培措施中就可采用高密度措施及萌芽更新作业，采用类似甘蔗种植园的经营方式。

4. 造林密度与林种、材种的关系

造林密度取决于造林目的。同一树种，营造防护林宜密，营造用材林宜稀。以防风为主的农田防护林，密度和配置要与所需的林带透风系数相适应；水土保持林，密度和配置则要有利于迅速遮盖林地，林下能形成较厚的枯枝落叶层，一般应保持较大密度。特用经济林的密度要有利于主要利用部位或器官的产量，以产果为主的特用经济林普遍要求稀植，原则上培育期内不再间疏。卫生风景林，环境保护林对造林密度各有其特殊要求。

在培育用材林时，不同的培育材种目标对造林密度有不同要求。培育大径级用材可相对稀植，或先密后稀(后者针对干形不良的树种)，而培育中、小径级用材时可始终保持较大密度；培育薪炭林则更宜于密植。以快速成材为主要目标时可相对稀植，而以高产量为主要目标时可适当密一些。

5. 造林密度与经济因素的关系

影响造林密度的经济因素主要有两大方面，一方面是造林与幼林抚育的成本核算，另一方面是间伐材的运输销售条件。

从成本的角度看，在局部整地、种价昂贵、育苗成本也较高的情况下，增加造林密度则显著地提高造林成本；在机械化整地栽植、种苗价格不高的情况下，增加造林密度，对造林成本影响较小。在较差的立地条件下，增加造林密度可减少幼林抚育年限的次数，降低总的育林成本。

从间伐产品的运输销售条件看，在小径间伐材(包括烧柴的内)有良好的运输及销售条件的地方，早期间伐在经济上有利，可以适当密植。相反，在小径间伐材运不出来也销售不出去的地方，早期间伐只作为生物学的必要措施，在经济上不合算，则不宜密植。有些地方，不但小径材没有销路，而且山多田少，则可以降低造林密度，实行林粮间作。

在确定造林密度时，要把以上五个方面综合起来考虑。

(四)确定和研究造林密度的方法

为了掌握不同树种在不同立地条件下的密度作用规律，以作为确定造林密度的理论根据，最好建立专门的造林密度试验林，进行长期的定位观察。这种密度试验林要求在同一系列内立地条件相对一致，要有一定数量的不同密度处理，每一处理要有足够大的面积，以保证到采伐年龄时，小区内保留株数一般不少于100株，并且最好要有2~3次重复，以保证研究结果有足够的可靠性。

如果除去密度这个单因素之外，还同时研究不同立地条件，不同经营措施强度的作用，即进行多因素试验，就要用正交设计的方法设计试验方案，包括不同措施的组合及各处理小区的排列方式(按拉丁方或错位排列法)等，试验林用的苗木、造林技术措施都要一致。对试验林的调查观察方法和精度也要符合数理统计的要求。

但是，由于常规的密度试验林要求条件高，得出结论的时间长，有人就采用了小块地高密度试验的方法，设法在较短时间的密度幼林阶段的不同密度作用规律来推断成林期间的作用规律。这种方法在观察分化进程、不同密度作用的方向、生物产量等方向取得了一些成果。但幼林期不同密度作用的数量指标(如各种回归方程的参数)，有多大应用价值是否可以推广到成林阶段，尚需继续探讨。

利用大量的具有不同初植及保留密度的人工林进行调查、统计、分析，也可以得出一定的可靠结论，而且这种结论和具体生产条件扣得较紧。但这项工作要求调查数量要多，调查对象要经过严格挑选，统计分析时要排除立地条件差异及其他非统计因子差异的作用。

通过对试验及调查结果的统计分析，就可以归纳出一些定量的规律和应用的结论，这些规律和结论既可直接为确定造林密度服务，又可为确定后期的管理密度服务。如日本发展了莱涅克的研究成果，通过调查统计得到了不同树种的最大密度与胸高直径及单株材积的回归方程，以此确定林木不同平均胸高直径或不同平均单株材积时的最大密度线(在对数坐标上或直线)，取平行于最大密度线的不同株数密度比(SDR，与最大密度的相应比值，如0.8，0.7等)的线作为管理密度线。我国黑龙江省、吉林省、河北省承德地区等地也在制作密度管理图及密度管理表。

近来，有人试图用更简单的方法来探索密度的规律。苏联1972年在亚松林林型内研究了树木营养面积(以平均木株距乘积为准)和生长量之间的关系，推算出能产生最大单位面积材积生长量的最适单株营养面积，建立了欧洲松在此条件下的年龄和适宜营养面积的回归方程($S=448-0.129A+0.00295A^2$，式中S为营养面积，A为年龄)，确定最适郁闭度为0.78，以此来确定不同年龄阶段的适宜密度。我国江西省林科所利用树冠发育大小(以树冠投影面积为准)与直径生长紧密相关的规律，在杉木人工林内进行大量调查统计，得出单株营养面积(Y)和胸高直径(D)之间的回归方程($Y=\frac{D}{2.8617-0.03498D}$)，作为确定不同胸径大小时适宜密度的依据。我们认为这些方法都可以继续探索，但要注意不同立地条件及不同培育方法(密植、稀植+间作、先密后稀等等)的影响，不要过分迷恋于统一的回归方程。

掌握了密度作用规律，在用它来确定造林密度时，还要考虑各项因素对密度大小的影响。可以分三类情况，第一、立地条件差，缺林少材地区，力求人工林能及时郁闭，提前间伐利用，造林密度可根据适当的郁闭年限为准，速生树种以在造林后2~4年郁闭，一般树种以造林后5~7年郁闭较为合理。也可根据不同树种在不同立地条件下的树冠扩展进程来推定造林密度。如在华北低山阴坡中等土壤的条件下，油松小苗造林，5年后达到行内树冠相接的间距约为80cm，行距1.5m时，第7年行间也郁闭，造林密度为每公顷8300株。第二、立地条件较好，应以第一次间伐时就能伐出一定径级的材种作为确定造林密度的标准。可利用调查研究所得的密度作用规律，找出该树种在此立地条件下达到一定平均胸高直径及一定树高时的适宜密度作为造林密度(要加上适当的百分比作为对平均死亡率的补偿)。这种数据在有了N—D回归方程或最大密度线后是很容易得到的。第三、深山、远山、木材以水运为主、立地条件很好的地方，可以考虑直接以采伐时的适宜密度作为造林密度(也要加上适当的增值作保险)。

以上三类情况是根据立地条件与经济条件的组合来划分的。随着经济条件、加工技术、立地条件的变化，造林密度也应有所改变。

(五)种植点的配置

种植点的配置是一定密度的植株在造林地面的分布形式。每一种造林密度必须以某种配置方式来体现，同一种造林密度采用不同的配置方式具有不同的生物学意义及经济意义。一般将种植点配置方式分为行列状和群丛状两大类。

1. 行列状配置

即行状配置。采用这种配置方式能充分地利用林地空间，树冠和根系的发育也较均匀，有利于速生丰产，便于机械化造林及抚育施工。行列状配置又可分为正方形、长方形、品字形、正三角形等配置方式(图6)。正方形配置，行距和株距相等，国外统称为植距(Spacing)，相邻株连线组成正方形。这种配置方式比较均匀，具有一切行列状配置的典型特点，是营造用材林，特用经济林时较为常用的配置方式。长方形配置行距大于株距，相邻株连线组成长方形。

此种配置方式在均匀程度上不如正方形，但行距大于株距，有利于行内提前郁闭和行间进行机械化中耕除草，在林区还有利于行间更新天然阔叶树。以前对这种配置方式有人担心会形成偏冠及椭圆树干断面，实践证明这种担心对大多数树种来说是不必要的。

图6 行列按种植点配置方式

1. 正方形；2. 长方形；3. 品字形；4. 正三角形

a—株距 b—行距

东德近来从机械化作业及快速成材的角度出发，E·Wagenknecht1970 把行距与株距大于 2:1 的配置方式从长方形配置中区分出来，叫做单行式配置。品字形配置实际上是长方形配置而相邻的植株交错排列。这样有利于保持水土，防风固沙，也有利于树冠均匀发育。正三角形配置是最均匀的配置方式。要求各相邻株的株距都相等，行距小于株距，为株距的 0.866 倍（即 sin60°）。这种配置具有一切均匀配置的优点，但定点技术较复杂，仅用于特用经济林的培育。

当行距明显地大于株距时，还有一个行的走向问题。试验证明，在高纬度的平地上，南北行向更有利于光合作用进程，可提高生长量 15% 左右（Копим кoda，1958）。这个结论在低纬度地区如何，尚待试验证明。在山区，行的方向取决于坡向，有顺坡行和水平行两种方式。水平行有利于蓄水保墒、保持水土，而顺坡行有利于通风透光及排水。这两种行向各适用于不同的环境。

2. 群丛状配置

或称群状配置、簇式配置、植生组配置等。植株在造林地上呈不均匀的群丛状分布，群内植株密集，间距很小，而群间距离很大。这种配置方式的特点是群内能很早达到郁闭，有利于抗御外界不良环境因子的危害（极端温度、日灼、干旱、风害、杂草竞争等）。随着年龄增长，群内植株明显分化，可间伐利用，一直维持到群间郁闭成林。

群丛状配置在利用林地空间方面不如行列状配置，所以产量也不高，但在适应恶劣环境方面有显著优点，故适用于较差的立地条件及幼年较耐阴或生长较慢以的树种。在杂草灌木竞争比较剧烈的地方，用群丛状配置方式引入针叶树种，每公顷 200～400 块（群），块间允许保留天然更新的珍贵阔叶树种，这是林区人工更新、栽针保阔、形成针阔混交林的好方法，不少林业局经过试点已取得了成效。这种方式也可应用于次生林改造。

群丛状配置既有有利方面，也有不利方面。在幼年时，有利作用方面占主导地位，但到一定年龄阶段后，群内过密，光、水、肥的供应紧张，不利作用可能上升为主要矛盾方面，要求及时地定株和间伐。

群丛状配置可采用多种方法，如多粒种子大穴密播、簇播、块状密植等。群的大小要从环境的需要出发，从 3～5 株到几十株。群的数量一般应和当于采伐年龄时单位面积适宜株数，如混交还可减少。群的排列可以是规整的，也可随地形及天然植被变化而作不规则的排列。

三、树种组成

树种组成是指各树种在林分内所占的比例。成林的组成只包括乔木，组成比按各树种的胸高断面积在全林胸高断面积中所占比重确定，通常用十分法表示。造林时的树种组成则既包括乔木又包括灌木，组成比按其在全林中所占株数多少确定，通常用百分率表示。在林分中只有一个树种的叫纯林，有两个以上树种的叫混交林。下面着重讲混交林的问题。

（一）树种混交的意义

树种混交在形成林分群体结构中起着重要的作用。人工纯林在一般情况下只能形成单层的、结构较简单的林相，而人工混交林则可形成复层林相或结构较复杂的单层林相。

营造混交林有许多优越性，归纳起来有以下五个方面：

1. 充分利用林地条件

混交林，特别是复层混交林，能充分地利用林地的光照及土壤条件。混交林中喜光树种和耐阴树种搭配，能分层地，充分地利用光谱中的生理活性部分（以红黄光为主）；混交林内能形成较优越的小气候，温差缩小，湿度加大，CO_2 在空气中的含量增多，有利于光合作用的进行，合成更多的有机物质（表 16，表 17）。

表 16　不同树种的光合作用强度（温度 18 ~ 22℃时 1 克鲜重叶子每小时吸收 CO_2 的毫克数）

树种			阴叶	阳叶	
相对光照强度			1%（弱）	30%（中）	100%（强）
针叶树	喜光	松	-0.08	2.4	3.3
		落叶松	-0.06	3.1	4.4
	耐荫	云杉	-0.06	1.6	1.7
		冷杉	0.13	3.4	2.6
阔叶树	喜光	栎	-0.12	2.5	4.1
		柳	0.03	4.2	8.0
		桦	0.18	6.0	9.4
	耐荫	槭	0.69	4.9	5.0
		椴	0.54	6.3	8.3

表 17　复层落叶松混交林下的生态条件

高度(m)	光照强度		大气温度相对湿度			
	Lux	%	℃	%	%	%
9—落叶松的高度	44400	100	20.8	100	29	100
6.7—落叶松树冠中部，椴、槭树冠上部	30520	70	18.8	90	49	120
5.5—落叶松树冠下部，椴、槭树冠上部	10740	25	17.9	86	53	283
1.95—接骨木高度	2014	5	16.8	79	71	245
0.20　下木之下的空间	428	1	15.8	76	80	276

不同根型和不同吸收性能的树种合理搭配，能充分利用林地土壤。辽宁建平造林试验站测定，10 年生油松、紫穗槐混交林的根量密度比同龄油松纯林多出 4 倍以上。北京市西山林场的油松、紫穗槐及油松、黄栌混交林内的油松根系，与纯林相比，在不增加全根重量的情况下，细于 2mm 的吸收根量增加了 65% ~88%(见本书《营造油松混交林效果的研究》表 3)。深根性树种(如栎类)与浅根性树种(如云杉)搭配，吸收根散布类型的树种(如马尾松、油松)和吸收根密集类型的树种(如杉木、侧柏)搭配，对土壤养分元素有不同要求的树种搭配能充分利用土壤肥力。所有这些都有利于提高林分的生产率。

2. 有效地改良林地环境

混交林能形成特殊的小气候。我们可以利用这点来培育某些对气候环境要求较高的树种。如在杉木分布的南缘地区，高温强日照，再加上间歇性干旱都不利于杉木生长，而混交、套种马尾松就能显著地改变这些不良环境因子，创造较有利于杉木生长的条件。据福建林学院在同安县祥溪林场调查(表 18)，就可看到马尾松与杉木混交林的生长要优于杉木纯林，这几乎是普遍现象。广西合浦县的樟树与台湾相思、木麻黄等树种的混交，台湾相思等对樟树也起着类似的保护作用。

混交林改良土壤的作用更为突出。纯林，特别是松树、云杉等针叶纯林，由于落叶中含氧及灰分元素少，枯枝落叶层结构紧密，土壤中微生物区系量少而单纯，有机物分解缓慢，以嫌气性的微生物分解为主，分解物呈酸性，造成养分元素循环不良，土壤酸化甚至灰化等后果。在林中混入一些具有改良土壤性能的阔叶树种后，情况就大不一样。这些树种的落叶量丰富，含养分较多(表 19)，能形成较松软的枯枝落叶层，有利于好气性微生物的活动，分解速度较快，(见本书《营造油松混交林效果的研究》一文表 5)，加速了养分周转。

表 18　杉木纯林与杉 × 马混交林下的小气候及生长情况比较

项目	10 年生杉木纯林，郁闭度 0.8	10 年生杉木、马尾松混交林，郁闭度 0.9
小气候：		
地表温度	27.7℃	26.5℃
林冠层温度	28.1℃	26.3℃
1m 高处湿度	73.3%	76.7%

（续）

项目	10年生杉木纯林，郁闭度0.8	10年生杉木、马尾松混交林，郁闭度0.9		
林冠层湿度	70.6%	83.0%		
生长情况：		杉木	马尾松	合计
平均高(m)	3.0	5.5	7.25	
平均胸径(cm)	4.0	6.3	7.1	
保存密度(株/亩)	417	237	282	519
蓄积量(m^3/亩)	0.7548	1.495	3.646	5.141

据日本研究，不同树种当年落叶的平均分解度率差异很大，赤松为17.0%，冷杉仅5.3%，而水青冈、栎、柯等阔叶树种达40.0%～84.5%。

表19 不同树种的叶中氮素及灰分元素含量（占干叶重百分比） （%）

树种	N	灰分元素总量	其中			
			P_2O_5	K_2O	CaO	MgO
油松	2.07	3.07～3.29	0.34	0.69	0.20	0.28
紫穗槐	3.02	8.24～10.10	0.68	1.81	—	—
刺槐	4.08	9.31	0.24～0.45	0.78～1.10	2.04	0.38
桤木	2.94	—	0.41	1.10	—	—
杨树	2.52	—	1.40	2.50	—	—
蒙古柞	2.93	7.76	0.44	1.10	0.86	0.30
马桑	3.2	—	1.67	1.40	—	—

如果在林分中混入具有固氮根瘤菌的树种，如豆科，胡颓子科、桤木属、马桑科、木麻黄科、杨梅属等，则能提高林分氮素营养水平。据国外测定，一株6年生的桤木每个生长季内可固氮30g，每公顷有10000株2.5m高的桤木一年内可供氮200kg，这个数字甚至高于一般的草本绿肥作物。

混交林改良林地环境的作用，还表现在某些混交树种有较好的抑制杂草的作用，通常称为护土作用。大部分混交灌木初期速生，分枝低而茂密，抑制杂草作用明显。刺槐具有较强的抑制茅草的作用，这可能与其根分泌物有关。刺槐与杨树混交既能增进氮素营养，又能抑制杂草生长，一举两得。

3. 显著增进抗灾性能

针叶纯林的火险性较大，混入部分阔叶树种，可增加地表枯枝落叶层湿度，降低其易燃性，既可减缓地表火的蔓延速度，又可阻碍地表火发展成林冠火，起防火隔离作用。

混交林比纯林有较好的减免病虫危害的作用。这主要由于混交是一个较为复杂的生态系统，其中有较多的相互制约的组成部分达与生态平衡。如混交林中温度变幅小、湿度大、食物来源多样，有利于寄生性昆虫和菌类繁殖，也有利于鸟类栖息，这样使某些害虫只能保持不致害的数量。混交林中树木生长健壮也是它能抗病、抗虫的原因之一。如果相邻地区病虫害大发生，混交林当然也会涉及，但发生晚、蔓延慢、害虫在为害过程中路途长、遭天敌扑灭的机会增多。因此，受害就轻，也较容易恢复。

混交林对风倒、雪压、凌害、雹灾等气象灾害也有较强的抗御能力。

4. 提高防护效益

森林的防风固沙、涵养水源、保持水土、防止污染等性能，在很大程度上取决于林分的结构状态。乔灌木的混交能形成均匀的稀疏结构林带，有利于发挥防风护田作用。复层混交林具有较紧密的林冠和较好的枯枝落叶层，可减少雨滴直接冲击地表，分散、吸收地表径流，涵蓄大量的土壤水分，并迅速使之渗入土壤下层。据辽宁省建平造林试验站测定，油松、紫穗槐混交林的枯落物容水量及林地渗水速度均较纯林有明显的提高(表 20)。

表 20　混交林与纯林水土保持性能比较

因　子	林地渗水速度(mm/h)	枯落物容水量(t/hm^2)
10 年生油松 × 紫行混	380.6	5.3
10 年生油松纯林	63.8	3.2
混交林为纯林的%	597	166

摘自“辽宁科技情报”，1973。

不同树种对有毒气体有不同的敏感性及吸收能力，适当地搭配树种可使林分既能起监测作用，又能起吸收作用。

5. 促进林木速生丰产稳产优质

混交林还有调节密度的作用。与一些中等乔木或灌木混交，可以减少第一林层主要树种的初植密度，延缓第一次间伐的年限。这种特点对那些喜光、速生、高大的主要树种如落叶松、桉树是十分有利的。

有关混交林速生丰产的效果，国内外有不少报道，现选择一部分供参考。(表 21)。

许多纯林，只要措施得当同样能取得这种效果。但由于纯林，特别是针叶纯林对土壤的不利作用，往往使林地产量逐代递减。据德国报导，第一代人工云杉纯林每公顷获得 700 ~ 800m^3 的蓄积量，第二代降到 400 ~ 500m^3，第三代竟降到 300m^3。欧洲松人工纯林从第一代的Ⅱ地位级下降到第二、三代的Ⅳ ~ Ⅴ地位级。这个教训是值得记取的。我国的造林历史悠久的杉木产区早就观察到类似规律：三耕土不如二耕土，二耕土不如一耕土，纯林连作产量也是逐代递减的。按老林农经验，必须使杉木林的采伐后丢荒一定时期，实际上让它长上阔叶杂木林，然后再烧垦栽杉，才能恢复一耕土的产量。我国东北地区，也有这种实例。抚顺矿务局林场苍石分场，在 1963 年采伐的 24 年生落叶松纯林皆伐迹地上，1965 年人工更新的第二代落叶松林生长很差，7 年生仅高 1.67m。可见，针叶纯林产量逐代递减的现象相当普遍。如何解决这个问题，争取高产稳产，其中，营造混交林是重要途径之一。

在合理搭配的混交林中，如果能发挥伴生树种对主要树种的辅佐作用，就能使其主干通直、圆满、枝细、疤少，促进林木优质。

必须强调，所有上述优点只是以正确采取混交措施时才能表出来的，而要做到这点并不容易。另外，在一些条件极差的地方，只有一个树种比较适应，只能营造造林。有些树种(如桉树)难于混交，我们还缺乏经验，在生产上暂时也只能以营造纯林为主。有些树种的纯林生长良好，蓄积量高，出材率也高，如(杉木、毛竹)我们也应利用这点来继续营造一些纯林。

表 21　混交林的速生丰产效果

地点	林分组成	年龄	初植密度（株/hm²）	保存株数（株/hm²）	平均高（m）	平均胸径（cm）	蓄积量（m³/hm²）	备注
北京 西山林场	油松纯林	14	—	—	2. 53	3. 9	—	纯林近三年高生长量 0. 90m 混交林近三年高生长量 1. 12m 北林 1965
	油松 × 紫穗槐	13	—	—	3. 53	5. 4	—	
北京 妙峰山林场	油松纯林	23	—	—	4. 2	8. 3	—	北林 1977
	油松 × 栓皮栎（带混）	23	—	—	5. 2	9. 8	—	
		22	—	—	8. 5	14. 0	—	
河北 海滨林场	小叶杨纯林	8	—	—	5. 5	4. 41	—	河北 1973. 1
	小叶杨 × 刺槐	8	—	—	9. 0	7. 29	—	
		8	—	—	9. 0	7. 58	—	
比利时	杨树纯林	—	—	—	19. 5	43. 4	176	T. I. Pogbko 1975
	杨树 × 黑桤木	—	—	—	19. 5	53. 5	272	
广东 肇庆	杉木纯林	12	—	—	3. 3	5. 9	—	肇庆 1975. 2
	杉木 × 马尾松	12	—	—	5. 5	7. 5	—	
		10	—	—	5. 0	6. 0	—	
广西 六万林场	杉木纯林	6	—	—	4. 51	5. 51	—	广西 1977
	杉木 × 火力楠（行间）	6	—	—	4. 60	6. 50		
		6	—	—	4. 30	3. 30	—	
	火力楠纯林	6	—	—	3. 60	2. 49	—	
广西 合浦县	樟树纯林	6	—	—	3. 27	3. 8	—	广西 1974
	樟树 × 台湾相思	6	—	—	4. 87	5. 3	—	
		6	—	—	5. 47	6. 7	—	
福建 三明	杉木纯林	12	—	1845	11. 7	14. 5	140. 1	福建 1977
	杉木 × 檫树	12	—	945	12. 6	16. 8	96. 6	
		12	—	795	16. 3	13. 3	65. 1	
	共计			1640			161. 7	
苏联 季米里 亚席夫 农学院	欧洲松纯林	47	8790	845	—	16. 8	165. 3	B. Л. TиMoфeeв， 1961
	混交林 Ⅰ 层：							
	欧洲松	48	9940	1186	—	18. 5	301. 2	
	落叶松	46		154	—	18. 9	46. 6	
	Ⅱ 层：橡	35		153	—	5. 0	2. 0	
	槭	25		538	—	3. 9	5. 5	
	椴	—		99	—	3. 6	1. 0	
	合计			2130	—		356. 3	
苏联 季米里 亚席夫 农学院	混交林 Ⅰ 层：欧洲松	54	4920	1068	—	21. 6	394. 8	
	Ⅱ 层：椴	55		1205	—	9. 7	49. 0	
	橡			11	—	15. 2	1. 4	
	合计			2284			445. 2	

（二）树种间相互关系的分析与调节

混交林树种间的相互作用是它不同于纯林的主要特点，正确认识和处理各树种间的相互关系是营造混交林的一个重要问题。

1. 树种间相互作用的方式

不同学者对种间相互作用的方式有不同的见解和分类方法。我们联系造林工作的实际，把相互作用的方式归纳为以下几种：

（1）机械作用　包括根系挤压、树干摩擦、树冠撞击、蔓生植物的缠绞等。其中树冠撞击，特别是宽冠软枝树种（如桦木）在风的作用下对针叶树顶芽的撞击致断是营造混交林要注意的问题。蔓生植物一般不是人工引入的混交对象，在幼林抚育中应以除去。

（2）生理性作用　包括树种间的杂交授粉、种间的根系连生、共生及寄生现象等。如树种混交对某些树种菌根的形成和发育可能有影响，这些问题沿在研究探索中。

（3）生物化学作用　树种和枝叶有气态分泌物，根系有根分泌物，这是普遍的现象。这些分泌物的成分很复杂，往往有很高的生理活性，对相邻树种有促进或抑制代谢的作用。这方面的研究形成了一个新兴的课题，叫 Allelopathy。有些研究表明糖槭的根分泌物对黄桦的根生长有抑制作用（C. H. Tubbs，1973），黑核桃的分泌物对白桦生长也有明显作用（W. J. Gabriel，1975），欧洲松和落叶松大树的分泌物对对方的幼苗生长均有促进作用（M. B. KoNecHNueHko，1964）等。但是，目前的试验都是在实验室进行的。分泌物象生长素一样，不同深度有促进或抑制两种作用。再加上分泌物可通过微生物区系的传递发生作用，问题就更复杂了。有待于继续研究。

（4）通过环境因子变化的间接作用　一个树种对光照、土壤水分、矿物质养分的摄取，减少了这个生活因子对其他树种的供应数量，这是一方面。另一方面一个树种通过凋落物归还林地的养分被另一个树种所利用，即这个树种为另一个树种起了改良土壤的作用。有时，两个树种之间的相互关系通过许多中间环节，包括动物及微生物在内。如混交林的抗御病虫害能力就是通过许多中间环节的复杂的相互作用的结果。

2. 树种间关系的发展变化

树种间通过各种途径互相作的结果，可能是彼此有利或彼此有害，也可能对一方有利而对另一方有害。实际上有利因素和有害因素始终是同时存在的。而这个树种之间既不可能有绝对的融洽，也不可能只有百害而无一利。

种间关系的利和害，像一切事物一样，也是随时间、地点、条件而变化的。例如：紫穗槐和油松行间混交初期，幼林郁闭前后，有利作用为主。但在过于干旱、行距过小（近 1m）的情况下，紫穗槐高于油松，遮光争水，抑制油松生长。这是立地条件和间隔距离变化所引起的种间关系的变化。当林龄继续增长，油松在紫穗槐上方郁闭，紫穗槐受压而只能萌出细条，不能结实，甚至死亡，而油松占据了紫穗槐的空间发育树冠，利用紫穗槐残留根系分解的养分，生长甚速。随着紫穗槐在林冠下逐渐消失，使混交林转变了纯林，原来的有利因素不再起作用，待到油松林经过分化、稀疏及树冠部位上升，林下重新透光，此时只要附近还有紫穗槐的种源或老根桩，就有重新出现的可能，而且在透光度30%左右的林下能正常抽条生长。这是种间关系随时间而变化的典型例子。

3. 混交林中树种竞争能力的评定

在混交林中，要保证目的树种充分受益，又要保证伴生树种起它应起的作用。必须掌握这些树种的竞争能力及其表现形式，估计到种间关系的发展进程，才能更好地调节种间关系，使混交林获得成功。

苏联乌克兰林科所的ДДЛаВриненко 1965年提出了树种潜在竞争能力的指标，是有参考价值的。他们认为，树种的竞争潜能的指标可分两个方面，一是生物生态学指标，二是林学指标。在生物生态学指标中主要有喜光性、耐旱 性、对土壤要求、生长发育规律及各种生理活动强度(光合、蒸腾、吸磷速度等)。林学指标有在一定立地条件下的平均地位级、挤压邻树利用空间的能力(可用平均克拉夫脱生长级表示)、不同年龄阶段的生长过程以及抗病虫害的能力等等。根据各树种的上述指标，把它们分别归入五个竞争潜能等级，并为每个等级的树种指出主要特征及其在混交林中的应用。例如杨树，特别是速生种类，喜光、速生、树体高大，生长季内的生长周期长，光合强度及蒸腾强度都是属最高一级的，吸肥能力强而通过凋落物归还的也多，养分循环快，地位级高，在林中只能居第一林层，因此，它是属于Ⅰ级竞争潜能的树种。落叶松也是属于Ⅰ级的，欧洲松属于Ⅱ级，夏橡则属于Ⅲ级。这样的分级有助于在搭配混交树种时作出适当的安排。

4. 调节种间关系的途径

根据上述种间作用的规律可以采取以下几条处理和调节种间关系的途径：

(1)选择适当的混交树种；

(2)采用合理的混交比例和混交方法；

(3)使用缓冲隔离树种和适宜的间隔距离；

(4)利用混交时间或苗木年龄上的差异；

(5)应用某种促使定向发展的造林技术措施及平茬、修枝、间伐等直接干涉措施。

(三)营适混交林的技术环节

根据混交林树种间相互关系的规律，注意掌握以下几个技术环节。

1. 混交树种的选择及混交类型

在营造混交林时，主要树种根据培育目的和适地适树原则已经确定。尚需解决的是选择适宜的混交树种(伴生树种)。混交树种因其所起的作用不同，分为辅佐树树种、改良土壤树种(肥料木)、遮阴树种、护土灌木、隔离树种等。有时混交树种也是目的树种。

辅佐树种的主要作用是抑制主要树种下层侧枝的扩展，促进其高生长，改善主要树种的干形及自然整枝状况，培育优质良材。这类树种一般是属于第二林层，应选择适度耐阴的中等乔木。

改良土壤树种(肥料木)的主要作用是通过大量的落叶和细根的更替分解，改良土壤理化性质，加速森林中养分元素的循环，为主要树种的持续快速生长创造条件。所以应选择落叶量丰富的阔叶树种，尤其是那些有根瘤菌共生的树种。

遮荫树种(荫木)的主要作用是利用其速生、喜光、抗性强等特点，首先引入林地，改变林地环境，为主要树种生长创造条件。在主要树种生长稳定以后，此树种即可采伐利用。

护土灌木的主要作用是加速幼林郁闭，遮蔽林地，抑制杂草，保持水土，防风固沙。一般选用树冠浓密、分蘖力强、耐阴兼有改良土壤性能的灌木树种。

隔离树种的主要作用是防火、防病虫害蔓延。当用它来隔离两个种间矛盾较大的树种时，称作缓冲树种，一般选用树冠和落叶不易点燃、有利于病虫天敌(如鸟类)繁殖又有一定经济价值的阔叶的树种。

上述混交树种的作用绝不只一个方面，但是选用某一混交树种时，总有一种主要意图；我们应根据这种意图去选择树种，采用不同的混交比例和混交方法。

选用混交树种要遵循下列原则：①根据混交意图选用最理想的混交树种；②选择混交树种也要适地适树；③混交树种和主要树种之间的关系要尽量协调，也要考虑混交树种的竞争潜能等级。

人工林的混交主要有以下几个类型：

(1)乔灌木混交类型　主要树种为乔木，混交树种为灌木，起护土作用及初期的辅佐作用。这种类型中的种间矛盾较缓和，只要在主要树种高度尚未超出灌木的生长初期，注意保护好主要树种，其后的关系就易于调节，也易于成功。适用于农田防护林、固沙林、水土保持林及立地条件较差的地方营造用材林。

(2)主辅混交类型　也称为阴阳性树种混交类型。主要树种一般为喜光大乔木，混交树种为第二林层的辅佐树种，起辅佐及改良土壤作用。主辅混交能形成紧密的复层林冠结构，利用林地充分，能够稳产高产。这种混交类型的种间关系相对地要紧张一些，尤其是混交树种的初期生长较快，竞争能力较强时就更为突出，要善于处置。适用于立地条件较好的地方营造用材林及水源涵养林。

(3)综合性混交类型　混交林中有一级大乔木、中等乔木及灌木一起形成多层结构的林分，造林技术比较复杂，但优点也突出。可用于造用材林及水源涵养林。

(4)乔木混交类型　也叫主—主混交类型，林中各树种都是第一林层大乔木，经济价值高，搭配得好也能起较好的改良土壤作用及隔离作用。这类型可形成单层镶嵌式林冠，种间矛盾比较突出。适用于营造用材林。

(5)荫木混交类型　混交树种为速生疏树冠的乔木树种，居于上层，主要树种为幼年生长较慢且耐阴的乔木树种，暂居下层。待上层荫木逐渐老化采伐利用后，主要树种才转入上层。在这种类型中要保证主要树种只受荫木之益，而不致受荫木之欺。适用于在较干热的气候条件下营造用材林及特用经济林。

在实际工作中，有时把针叶树种与阔叶乔木相混交亦作为一个类型，称针阔混交类型。这种混交类型从种间关系的实质看，既可属主辅混交型，也可属乔木混交型或荫木混交型，特点是混交树种基本上是阔叶树种，在改良土壤及隔离等方面效果较好，应当提倡。针叶树种之间的混交有进也能取得很好的效果，如落叶松和云杉混交、落叶松和松树混交、油松和侧柏混交、马尾松和杉木混交、云南松和华山松混交、杉木和华山松混交等等，都表现出稳定和产量较高的特点。另外，也不是所有针叶树种都引起土壤恶化。据观察，侧柏、柏木等树种在混交林中有一定的改良土壤作用。

2. 混交比例

各树种在混交林中的组成比例，既影响种间关系的发展及混交作用的发挥，又影响最终产量。一般来说，要保证主要树种的林分中自始至终占优势，在采伐利用前要形成以它为主(7 成以上)的林分，因此，在一般情况下，主要树种的混交比例要大些。但对于一些速生喜光大乔木(如落叶松、杨树)，即使造林时的混交比例较小，到后来仍能形成以它为主的林分。

混交树种的混交比例要根据它所起的作用来确定。护土灌木的比例可大些，达 50%，辅佐树种的比例也应大些，一般 40%～50%，在综合性混交类型中辅佐树种加上灌木的混交比例可达 75%。单纯起改良土壤作用的树种，混交比例应维持在 20%～30%，只起隔离作用的树种，混交比例可以更小些。

混交比例的大小，影响种间关系的发展进程。竞争能力强的树种如在混交林中所占比例过大，则必然要影响其他树种生长。同样，竞争能力弱的树种，如果混交比例小，则几乎难于保存。在人工林生长发育过程中，树体高大而速生的树种，其组成比将越来越大，树体较小而生长较慢的树种，其组成比将越来越小。掌握这些规律对于确定适宜混交比例是有用的。

3. 混交的方式方法

混交方法是各树种在林地上的相对配置形式，一般分为 5 种(图 7)。

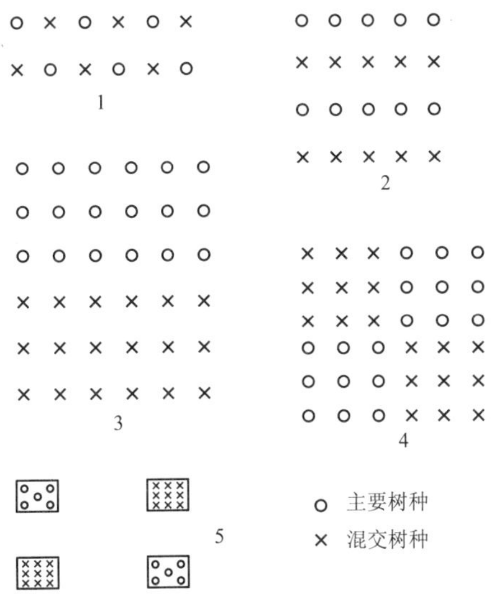

图 7　混交方式

1. 株间混交　2. 行间混交　3. 带状混交

4. 块状混交　5. 植生组混交

(1) 行内隔株混交　简称株间混交，这种混交方法，树种间靠得最近，有利于发挥辅佐等作用，但种间矛盾大，难于调节，造林时也比较麻烦。可应用于乔灌木混交或种间关系较协调的树种之间的混交。

(2) 行间混交　也称隔行混交。采用这种混交方法既有利于发挥各种交作用，又便于调节种间关系，是比较常用的一种方法。应用于乔灌木混交及主辅类型的混交。这种方法对种间矛盾较大的树种，会出现其中一个树种完全受压的情况，达不到混交目的。

(3) 带状混交　主要树种和混交树种成带状混交，树种之间只在带间接触。这种方法可起隔离作用，种间矛盾易于调节，常用于乔木混交类型。如果混交树种竞争能力强、混交树种和主要树种可以采取行、带状混交。

(4) 块状混交　这种方法和带状混交相似，但更均匀些。块的排列可以是均匀整齐的(称棋盘格式混交)，也可依自然小地形排列。块的大小根据实际情况确定。此法主要应用于乔木混交类型。

(5) 植生组混交　是一种群丛状配置的混交方法。植生组内为同种，不同树种的植生组交叉排列。这种混交方法发挥混交作用较迟，但比较稳定，易于调节种间关系。可用于治沙造林、林区人工更新及次生林改造。

总之，不同性质的树种混交，应采用不同的混交方法。考虑混交方法时要落实混交比例，还要确定合适的行距及株距。

4. 混交时间及苗龄

混交时间上的差异会影响种间关系的发展。生长慢的树种早造几年就能相对地提高竞争能力。竞争能力强的树种晚造几年就可避免它对相邻树种的过度压抑。有时利用两个树种的某一阶段的混交关系来达到一定的目的。如荫木混交类型、杉桐混交就是利用前期混交关系的典型例子；而在林下种植肥料木则是利用后期混交关系的例子。有的时候，主要树种和混交树种造林年代相同，但方法不一(一为播种、另一为植苗)或苗龄不一，这样造成的差异也可作为调节种间关系的一种手段。

5. 其他调节措施

以上 4 项是营造混交林时需要掌握的技术环节。但不要认为在采取了上述措施之后，混交林的成长就会毫无问题。实际上混交林在成长过程中还可能产生种种矛盾，有必要采取其他干涉调节措施。如，为保证主要树种正常生长，对生长过旺的灌木或辅佐阔叶树种进行平茬，以缩减其初期生长优势。还要从平茬后萌蘖条中选留优良主干加以培育，以继续保持混交关系。又如，混交林在全面郁闭之后，开始分化和自然稀疏过程，这个过程可能比纯林进行得更为激烈，竞争的结果可能使一个树种占优势，而另一个树种被淘汰。因此，一方面保证主要树种不受威胁，另一方面也要适当保留住一定比例的混交树种，使它发挥作用。再如，荫木的适时伐除，下木的后期引进或清除，偏施肥料或松土除草以加强某一树种的生长势等等，都应在混交造林设计时有所预见和准备。

6. 混交图式和造林图式

营造混交林的各项技术措施用图面形式表达出来，就是混交图式。而造林图式既包括混交图式，又包括纯林图式(如图8)。

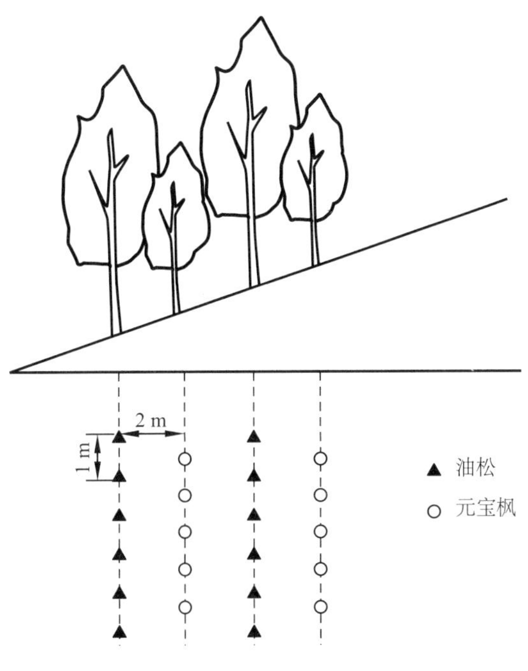

图8　造林图式举例

立地条件：华北山地、海拔400～700m，阴坡、半阴坡、深厚层淋溶褐土(C^2)。

造林树种：主要树种油松，50%，2500株/hm^2；

辅佐树种元宝枫，50%，2500株/hm^2。

混交方法及株行距：行间混交，行距2m，株距1m。

(四)树种混交的研究方法

研究树种混交的原理和技术，最主要的方法是营造各种类型的混交试验林，进行长期的定位观察。研究内容是混交树种的选择、不同的混交比例和方法等，以纯林为对照。

为了在小面积的试验地上，在较短的时间内得出所需的规律性结论，国外有些地方采用了高密度棋盘格式混交试验方法，即在每一小块面积上(例如5m×5m)集中栽植大量同种植株(株距20～50cm)，而在相邻块安排各种不同的树种。在试验多量混交树种间相互关系时，要按正交拉丁方安排足够数量的地块，使每一树种的块能与所有其他树种的块在不同的方位(东西、南北)都有邻边接触。这种试验林能较早地郁闭并较早地表现出种间关系，可以进行不同树种生长势的对比观测和生理指标的测定，包括用同位素P^{32}进行不同树种吸磷速度的示踪观测等。这些观测结果对于理解掌握种间关系是很有用的，但在应用于造林实际时，要考虑到不同间距的影响，因为有时不同间距对种间关系的作用方向和程度有显著影响。

另外，也可对大面积生产性的人工混交林或天然混交林进行调查总结。在比较分析调查结果时应排除不同立地条件、不同造林技术的影响，要有足够的调查统计数量以保证分析结论的可靠性。

无论是试验林，还是生产性人工林，调查观察的项目除了高、径、干形、材积等测树指标外，应当尽可能增加对树冠（冠幅、冠长、冠形）及根系（根型、根深、根幅、不同层次的根量等）的调查研究。对混交林更深一步的研究，如混交林中物质和能量的转换，林内各种生态因子的测定，林木生理指标的测定，树木和土壤养分元素循环的测定，光合产量、生物产量的测定等等。实质上相当于森林生态系统的基础研究。

（五）人工林的轮作

人工针叶纯林连作引起土壤恶化，林木产量递减，是相当普遍的现象。在原始天然林区里，这种现象并不存在，这是因为一方面形成了大面积的天然针阔混交林（如我国小兴安岭、长白山区的红松阔叶混交林），另一方面则由于森林火灾、其他自然灾害及森林演替的内在规律所致，造成了一定时期内的树种更替，实现了天然针阔叶树种轮作（如云、冷杉和山杨、桦木的树种更替）。这种情况对我们是有启示意义的。在森林培育工作中要多提倡营造混交林，这是对策之一。但即使如此，纯林由于其培育技术简单、单位面积主要树种的蓄积量较高，采伐利用方便，必将在当今育林工作中仍占有很大比重。因此，人工林的轮作问题已提到议事日程上来了。

过去，由于森林培育周期较长，对人工林的轮作问题认识不足。随着造林技术不断提高，育林年限逐步缩短，怎样在同一块林地上培育第二代或第三代人工林已是现实问题。因此，要研究在不同地区不同立地条件下，各树种纯林连续的变化，提出树种更替方案。一般针叶纯林后更替阔叶树种较好，但不能影响国家对不同材种比例的要求。德、奥等西欧国家现在都有针叶纯林之后营造针阔混交林，为各种立地类型拟定了理想组成，既照顾适地适树，又保证一定的混交比例。

不同针叶树种之间能否轮作更替？对土壤会有什么影响？施肥在这方面能起什么作用？也是值得探讨的问题。

由于这种研究方法刚刚开始，还难于对它作出全面的评价。但有几点是毫无疑问的，这种方法能为我们提供更多更深入的规律性知识，如果对同地区许多树种都作这样的研究，就可以用电子计算机自动选择造林树种提供基础。数理统计方法有许多优越性，它的作用的发挥，一要靠精确的原始调查数据，二要与生物学的分析密切结合。至于用基准年龄的上层高作为分析用的主要生长指标，这方面存在什么问题，还有待不断总结和探索。

云南林学院讲师　沈国舫

《中国造林技术》第二章　造林技术概论*

造林就是用人为手段培育森林，反映其技术内容的学科即为造林学，近来趋向于用森林培育学(简称育林学)来代替造林学这个名称，以便使名称更符合其内容，也便于与国外的术语(英文 silviculture，德文 waldbau)相对应，日本与我国台湾地区也存在这样一种改名趋势。造林工作的内容，从分布面上说，包括无林地区的人工造林；有林地区的人工更新以及采用造林方法的低价值林分改造；从工序上说，则包括种子经营、育苗、造林(此处是狭义的)、森林抚育以及采伐后的更新(不包括采伐工艺和设备)等。造林是整个林业工作中的一项最主要的基础性工作。

新中国成立40多年来的大量实践证明，我国这样一个幅员辽阔、自然条件复杂的国家的林业工作，是一项复杂的系统工程。造林的成败取决于许多因素，其中主要的有国家的方针政策、社会各界对林业的认识和参与、财政资助或集资状况、计划及管理部门的工作效率、造林基层单位及从事造林工作的人员素质以及造林科学技术水平等。由此可见，造林技术仅是决定造林成败的因素之一，没有其他各项因素的协调配合，只靠造林技术是解决不了根本问题的。但在得到其他因素协调配合的基础上，造林技术的正确与否又成为一个关键问题。从这个意义上来讲，总结新中国成立以来我国大规模植树造林的技术经验，探索具有中国特色的造林技术体系，是一件很重要的事情。本章试图从总结经验教训的角度纵观我国应用的造林技术，给予扼要的分析和评价。

第一节　造林目的及定向培育

众所周知，森林具有多种效益，包括经济效益、生态效益和社会效益。造林作为培育森林的基本过程，也追求着多种目的效益，但每一项具体造林工程，它所追求的目的效益又各有侧重。森林法规定，森林按其主要经营目的可分为防护林、用材林、(特用)经济林、薪炭林及特种用途林等五个一级林种。一级林种又可按其具

* 本文来源：黄枢，沈国舫主编. 中国造林技术. 北京：中国林业出版社，1993：32－55.

体的功能效益而细分为二级林种，如防护林可因其防护对象及功能的不同而细分为水源涵养林、水土保持林、防风固沙林、农田防护林、护岸林、护路林等；而用材林也可因其培育目标的不同而细分为一般用材林、纤维造纸林、矿柱林、胶合板用材林及珍贵用材林等。这些林种也就是造林工作培育目标的体现。

“第二次世界大战”以后，世界林业发展出现了两种相互关联的趋势，即林业分工的趋势及同时追求多种效益的趋势。第一种趋势是林业的分工，即对不同的林区或林地，根据需要与可能，明确规定它们的不同培育目的。在森林的生态效益及社会效益日益受到重视的情况下，许多国家明确划出相当大面积的林区或林地，作为防护林、风景林或自然保护区来培育和经营，而把以生产木材为主要目的的用材林（商品用材林）集中安排在一些自然条件及社会经济条件比较有利的部分地区。美国的木材生产基地几度迁移，最后决定把自然条件优越的东南各州作为发展新的用材林（被称为第三森林）基地，以大型木材加工厂及造纸厂为中心规划并培育大面积的专用用材林，就是一例。在新西兰、巴西、意大利及其他一些国家，这种把生产商品材为主的森林与起生态防护作用的森林明确分工的做法也都有所体现。我国在森林资源面临枯竭、生态环境逐渐恶化的压力下，受到国外林业发展趋势的启示，结合中国的具体情况，对全国的林业布局也根据分工的思想作出了全面安排（如20片用材林基地及五大生态林业工程的布局）。在这种情况下，每造一片林都应当在统一的规划下有具体的培育目标，而所采用的造林技术措施应在最大程度上有利于实现这个目标，这就是定向培育的原则。林业分工后必然要求定向培育，这是贯穿在整个造林技术体系中的一条红线。例如，在同样一个地方，究竟是培育大径级用材林（如胶合板用材林、建筑用材林），还是培育薪炭林或其他林种，在树种选择、造林密度、抚育管理、培育年限等方面的整套技术都是不相同的。这些问题在下面还将作进一步的阐述。

与此同时存在的第二种趋势是追求多种效益。即使在有明确分工的情况下，每一片森林，甚至每一个林分，所能具有的效益也是多方面的，例如用材林也具有一定的生态效益及观赏价值，防护林也能生产一定数量的木材及其他林产品。因此，培育森林的技术措施在主要针对某个培育目标的同时，也要适当照顾其他可能达到的从属目标，使森林能全面发挥作用。另外，在某些情况下，在进行造林规划时有可能一开始就明确所培育的森林具有复合的培育目的，如水源涵养林兼用材林，木材果实兼用的经济林（核桃、银杏等），薪炭林兼水土保持林等。有人甚至建议在这种情况下应起复合的林种名称，如水土保持薪炭林、水源涵养用材林等。这些复合林种名称的前一半为定语，表示从属培育目的，后一半为名词，表示主要培育目的，在统计上按后者确定归属。在培育具有复合目标的森林时，仍旧需要考虑定向培育问题，只不过这个“向”是个复合的“向”。因此，定向培育是针对某个特定林区或林分而言，它既要体现林业分工所要求的主体培育目标，又要指导实现多种效益的结合，在任何情况下，制定造林技术措施时都要体现定向培育的原则。

近年来人们开始意识到，由于人类经济活动无控制的发展所造成的大气污染

（包括大气中 CO_2 浓度的增加）以及与此相关的地球温室效应，构成了对人类生存环境的严重威胁。学术界普遍认为，增加森林植被，特别是在植被已退化了的土地上营造速生的、高生产力的人工林是加速固定大气中 CO_2 的浓度、减轻地球温室效应的有效措施之一。因此，在森林经营中强调宏观生态效益已成为时代的迫切要求。这种要求似乎涉及所有林种，即所有森林都应在保护地球大环境的斗争中作出贡献。但这种要求并不抹杀各林种之间在培育目标上的差异性，而只是给育林附加了保护地球环境的责任，从而更突出了扩大森林面积、提高森林生产力的共性目标。这并不影响定向培育原则在育林实践中的地位。

第二节　造林的理论基础和技术系统

造林既是一个以林木和林地为主要对象，以培育具有一定结构和功能的森林为主要目标的生产技术系统，又是一项涉及政策、人员、经费和物资的人为经营活动。

作为一个生产技术系统，造林工作必须以对林木的生物学、生态学特性和林地的生态环境本质的深刻理解为基础。这个基础主要涉及生物学和地学的范畴，重点有关的学科有树木学、植物生理学、气象学、土壤学（含地质学的基础）等。造林工作要应用林木良种选育的成果，因此林木遗传学和育种学也是造林学不可缺少的基础。而最重要的是，造林的培育目标是森林，必须深刻了解林木相互之间及其与周围环境之间的密切关系，了解森林的发生、生长、发育和演替的规律，了解森林的结构及其内在的能流、物流的功能体系，才能采取正确的措施使它沿着实现既定培育目标的方向发展。反映这一系列专门知识的学科就是现代的以森林生态系统为主要研究对象的森林生态学。还在很久以前，很多造林学家都曾明确造林学要以森林生态学为基础的道理，有些学者还专门写了以生态学为基础的造林学的专著。发展到现在，生态学科本身取得了长足的进步，正在各个方面吸引系统科学思想的渗透，从定性向定性和定量相结合的方向发展。在这期间，造林工作者也饱尝了因违反自然规律（其中主要是生态学的规律）开展行动时（如不适地适树、大面积纯林、粗放的抚育管理等）所造成的恶果，逐渐认识到森林生态学对于造林工作的重要性。造林学科的发展也越来越离不开森林生态学的基础。简述之，森林生态学是造林学的主要理论基础。

作为一项经营活动，造林工作必然要受到森林经理（调查规划）工作的调控，而且还要以林政学、林业经济学及企事业管理学的知识作指导，这也是当前需要强调的一个方面。经营管理的许多方面对造林工作常产生决定性的影响，不懂得经营管理的造林工作者不是一个完全胜任的造林工作者。

当然，本书主要阐述造林生产技术，本章的分析也以此为重点。作为一项复杂的系统工程，造林必须以工程管理的观念和方法来加以分析和管理。从程序上看，造林工作主要可分为三个循序推进的阶段，即规划设计阶段、造林施工阶段和检查验收阶段，各阶段的主要内容可参见图1。

造林技术的确定、实施和改进都贯穿在这三个阶段中。规划设计阶段主要确定适用的造林技术，它必须依据已有的科研成果及生产经验，针对设计对象的具体情况作出技术决策。造林施工阶段主要组织实施各项造林技术，在实施中既要严格按设计要求完成作业，又要在设计允许的范围内根据实地情况有灵活变通的处理。检查验收阶段主要检查施工的成果，除了核查面积、统计成活率(保存率)及生长指标外，更要进一步评价分析原定造林技术措施的执行情况及适用程度，反馈信息，以便在下一轮的设计和施工中作出改进。

造林技术的内容有许多项，各项相互关联也形成一个系统，其主要内容及相互关系可参见图2。从图2可见，要使得造林获得成功，即达到培育的目标要求，要从几个方面综合采取措施。首先要通过正确的树种选择(或为既定的造林树种选择适宜的造林地)。

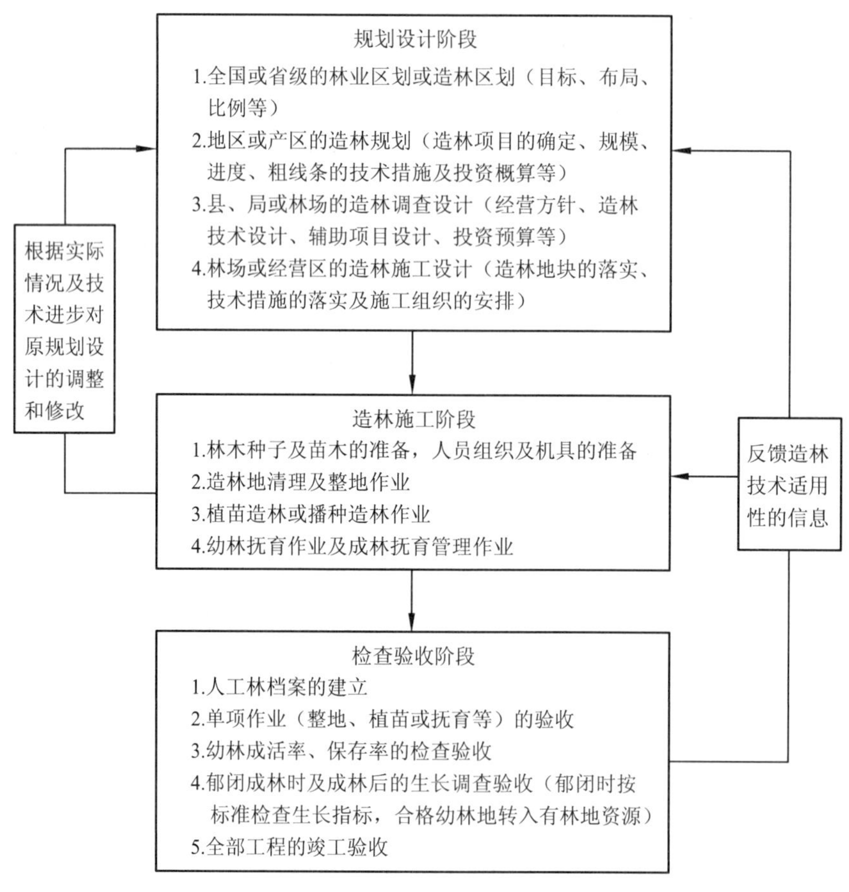

图1 造林工作分阶段的主要内容

达到适地适树，这是生物与其环境辩证统一的客观规律所要求的，是造林成功的基础。在这个基础上要从树木个体品质、林分群体结构及林地生长环境三方面来采取措施。用于造林的各树木个体应当具有优良的遗传品质，且健壮均匀。为此要应用已有的良种选育的成果，并采用正确的种子生产和苗木培育的措施，以生产出良种壮苗供造林使用。造林前的苗木贮藏、包装、运输过程中搞好苗木保护也是保证苗木个体健壮的重要一环。造林的培育对象通常是作为群体存在的林分，有了优良的树木个体后，还必须有合理的林木群体结构，才能符合要求。林木群体结构包括林分的水平结构、垂直结构和年龄结构，它们分别由造林密度、种植点配置、树种组成以及异龄培育措施所调控。造林地的立地环境状况对造林成效有决定性的作用，必须在造林前、造林期间及造林以后不断采取措施来改善林地环境，这包括造林前的造林地清理和整地，造林种植过程中的局部环境处理(为种子、苗木创造良好的成活小环境)，以及造林后的松土、除草、林木保护等内容。有条件的情况下采取更集约的灌溉(或排水)、施肥措施可使人工林的生产力得到更大幅度的提高。

所有上述这些措施联合起来构成一个造林技术系统。在这个系统中，每一项措施都有一定的地位，起一定的作用。各项措施相互之间也有影响，在复杂的生态系统中，这种影响通常是双向的。在这个系统中任何一项措施的空缺或错误执行都会影响人工林培育的全局，这正是以活体为对象的生物生产的重要特征。在以下各节中将扼要分析几项主要的造林技术措施，种子生产和苗木培育是两个相对独立的子系统，将在各专章中论述。

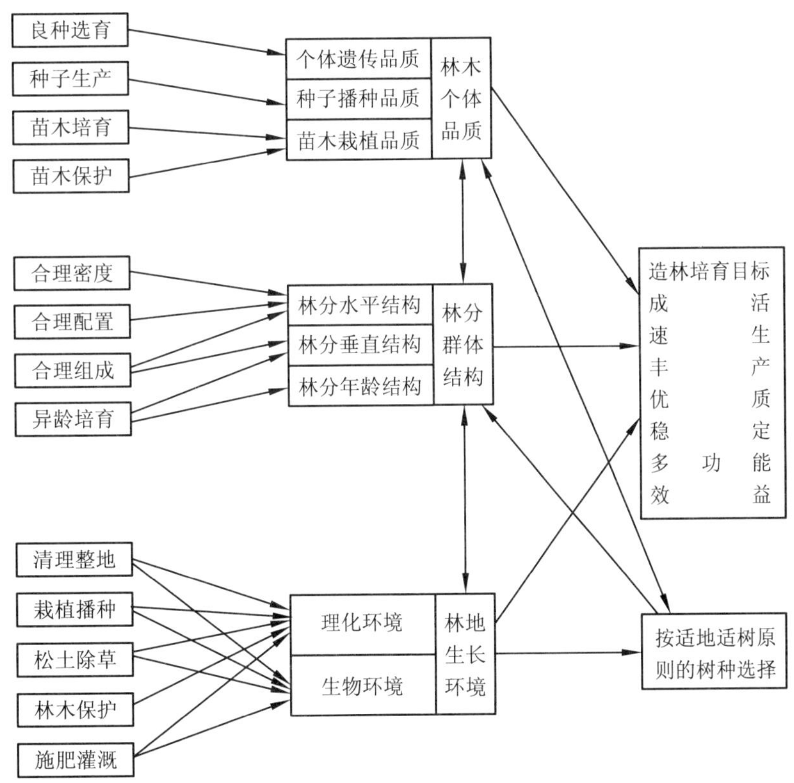

图2　造林技术系统模式图

第三节　造林树种的选择

一、造林树种选择的意义

造林树种选择是整个造林技术系统中第一项，也是最重要的一项基本工作。选择的正确与否将决定所造人工林能否顺利成活、成林、成材或发挥其他目标效益。在我国，这个问题显得更为突出。因为，如果在一个范围不大、自然条件较为单一的国家里，树种选择的问题虽也重要，却并不突出；在这种地方实际上可供选择的树种并不多，解决这个问题的难度并不大。但在我国，一方面国土面积大，另一方面自然条件复杂，造林工作几乎要涉及在地球上可能存在的、代表性较大的各种地貌、气候和土壤类型，再加上树种资源也很丰富，可供选择的造林树种有很多，不但在全国范围如此，在某个地区范围也是如此。由于我国近代科学技术发展落后了一步，使我们对自己的自然资源研究得还不够透彻，科学经营林业的历史还不长，以致对各地区造林地的立地性能特点及各造林树种的生物学生态学特性知之不多，这就更增加了正确选择造林树种的难度。

由于树种选择不当而使造林工作遭受损失的事例是很多的。例如，从20世纪50年代起就存在着在华北石质山地到处都用油松造林及而在黄土高原丘陵地区到处都用杨树(以小叶杨为主)造林的情况。实践证明，这两个树种在当地不是不能用，但不能普遍用，它们在某些立地条件下生长不好，效益很差。而这种不正确的树种选择直到70年代才开始得到纠正，实际上在局部地区至今还在继续发生。又如，南方山地在60年代及70年代几度掀起的营造速生丰产林的高潮中，曾过分强调了连片栽杉木，以至于在许多本来不适于栽杉木的地方也栽了杉木，造成了慢生低产的不良后果。这个问题也只是到80年代逐步得到纠正。在华北中原平原地区也曾出现过几度发展“良种”杨树的热潮，一会儿是加杨热，一会儿是大官杨热，又一会儿是沙兰杨热，不讲究因地制宜，也不经过科学试验，造成了不少林木干形不良、病虫害严重的恶果。所有这些问题究其产生的原因，主要在于没有科学地采用适地适树的原则和方法，而是盲目地追求近期效益和整齐划一的形式。有些情况下不仅缺乏足够的科学知识，而且也缺乏科学的态度；在思想方法上过于强调了人的主观能动作用而忽略了客观自然规律的约束；在生产指挥上热衷于“一刀切”而忽略了造林这项生物生产的特殊性。在树种选择上作出错误决策的后果一般不容易很快就显示出来，而要经过一段生长表现，少则几年，多则几十年，才可最后下结论。其后果如与培育一年生作物的农业上的类似问题相比，也就更为严重。

近10多年来，通过端正思想认识和总结正反两方面的经验，在造林树种选择问题上的认识水平有了很大的提高。但要积累起足够的科学知识及生产经验，以便于在各种情况下都能作出正确的选择，还有很长一段路要走，而且随着造林生产向深度和广度发展，树种选择方面也会提出新的问题。

二、造林树种选择的原则

造林树种的选择必须依据两条基本原则。第一要求造林树种的各项性状(以经济性状及效益性状为主)必须定向地符合既定的育林目标的要求，可简称为定向的原则。第二要求造林树种的生态习性必须与造林地的立地条件相适应，可简称为适地适树的原则。这两条原则是相辅相成、缺一不可的。定向要求的森林效益是目的，适地适树是手段。无目的的适地适树是没有意义的；而如果没有适地适树，则任何树种的效益性状(指潜能)也无法变为现实，还是达不到既定目的。造林树种选择的正确与否既要用适地适树的程度来检验，也要用定向目标的满足程度来检验。人工林的生产力(productivity)水平应是检验树种选择的主要指标，同时也要考虑其他经济效益、生态效益和社会效益的综合满足程度。

在阐述适地适树原则的时候还应该说明，以往通常说的适地适树中的“树”字指的是一个生物学的种，如杉木、毛白杨、柠檬桉等，选择造林树种就是要按照适地适树原则选择一个种。现代林业科技发展表明，一个物种内的个体或种群在许多性状上还是有相当差异的，而且经过人工选育又会出现许多新的品种或类型。树种选择仅局限于物种已不能满足生产要求，因而必须发展到选择种内的种源、生态型和品种。适地适树也必须进一步理解为适地适种源、适类型或适品种。本节以下的各种论述均以扩大了的概念为准。

选择造林树种，除了应用上述定向要求及适地适树两条基本原则外，还要应用两条辅助的原则。第一条辅助原则可称为稳定性(stability)原则，即中选树种形成的林分应该长期稳定。这条原则近年来在世界各国都备受重视，因为它是在一系列惨痛教训的基础上产生的。第二次世界大战后在世界各地都曾大力开展人工造林，选用了一些新造林树种(包括当地的乡土树种及引进的外来树种)。有些树种在生长初期表现良好，但到后期情况就发生变化，有的经不住几十年一遇的极端性气象灾害因子的考验，有的经不住毁灭性病虫害的侵袭，有的产生了意想不到的环境副作用(使立地变干或变瘠等)。因此，有些学者在选择造林树种时强调了稳定性的原则，即不仅要看树种表现的一时，而且要看树种表现的一世(一个世代、一个轮伐期)及对下一世代的影响。这种强调在我国的情况下也是完全适用的。稳定性本来应该是评价适地适树的标准之一，在这里单独上升为一项原则，以突出对这个问题的重视。

另一条辅助原则可称为可行性(feasibility)原则。有些树种(或类型、品种)从各方面看都很好，可以中选，但其种子或苗木的来源有限，不可能大面积应用。有些树种栽培技术复杂，或需较大工料投入，虽生长效果很好，但因其成本高，最终经济效益不一定高。还有些树种的原木入水后易下沉，限制了在水(漂)运地区的应用等。因此，在各种情况下，正确选择造林树种都要考虑可行性的原则，使之经济有利，现实可行。

以上两条基本原则、两条辅助原则在选择造林树种时应统筹考虑、灵活运用。在生产上有时有可能出现反方向的问题，即为既定的符合一定培育目的的树种选择造林地。这个问题表面上是反向的，其实质是和造林树种选择一样的，以上各项原则同样适用，其中适地适树原则更显得重要。

三、造林树种选择的方法和步骤

选择造林树种实际上没有一套固定的方法和步骤，但为了避免不科学的主观臆断，应尽量使树种选择的决策过程科学化，为此特拟定一套程序和方法供应用参考（图3）。

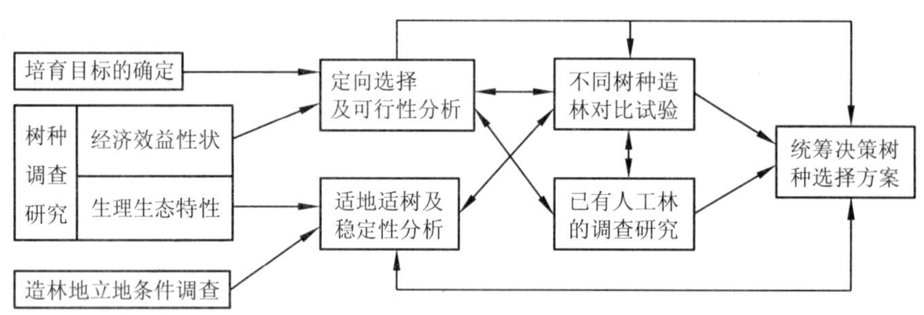

图3 造林树种选择的理想决策程序

（一）按培育目标定向选择造林树种

森林按其培育目标的不同而划分为林种，按培育目标定向选择造林树种，首先就是按林种（一级或二级）选择造林树种[①]。各林种对造林树种有不同的要求。例如，用材林对造林树种的基本要求是生长快、成材早（速生性）、单位面积产量高或生产力高（丰产性）、干形材质好（优质性）或适于某种特殊用途等。各项性能的具体要求指标则又因其培育材种规格而有所不同。以培育中小径材为主的林种对树种的初期速生性能有较高要求，而培育大径材为主的林种则同时重视后期的丰产性。各种用材林虽然都要求树种的干形材质好（干形通直圆满，材质坚实均匀，不翘不裂，易于加工等），但不同的材种对材质要求有不同的侧重点。因此，应当根据用材林中的二级林种或材种的各自特点对造林树种提出特殊的要求，同时了解分析各可能应选树种的有关性状，经过对比鉴别，提出选择方案。对于经济林、防护林、薪炭林、风景林等其他林种的树种选择，要求各不相同，但道理也是一样，此处不作详述。

（二）按适地适树原则选择造林树种

在选择之前首先要弄清造林地区及具体造林地段的立地性能，也要深刻了解各

① 这方面内容较多，本文不作详述，可参考造林学教科书的有关章节。

造林树种的生态学特性，然后进行对比分析。在一定的造林地区内，选择其长期适生的有天然分布的乡土树种造林是比较有把握的。为此，在必要时可作些乡土树种的分布及习性的调查，供选择时参考。但有时引用外来树种造林也能取得良好的效果。我国有不少引种外来树种成功的例子(如刺槐、桉树、欧美杨、火炬松等)。但大量引种外来树种时必须经过充分的分析论证，(原产地和引进地的生态相似性、反映树种进化历史的树种遗传性能的广谱适应性、可能发生的病虫害的潜在危险性等)，还要经过一定的试验程序，待中试成功后才能做大面积的推广。按适地适树要求选择造林树种，更大量的工作在于在一定的地区内为不同立地性能的造林地选用不同的树种。为此，要为一定的地区做好立地评价及分类工作，也要做好各树种的适生立地调查，有时要辅以对一些重要树种的生理生态学特性的研究，待得出明确结论后再对号入座。在一些对树种的适生立地性能了解已经有了一定基础的地方更深入地进行树种的生理生态学特性的研究已经成为进一步提高生产水平及学科水平的重要研究方向。

(三)造林树种选择的对比试验

为了得到有关造林树种选择的科学结论，在一定造林地区的典型立地上进行树种选择对比试验是最可靠的方法。这种方法特别适用于一些可选树种不多的造林困难地区，如盐碱地、干草原、南方流失红壤、石灰岩裸露山地等。进行这种试验时要尽量收集有可能作为入选对象的树种，包括适合的引进树种；在试验选地上要保证立地的典型性和均匀性；在试验设计上要妥善安排各树种试验小区的面积大小、排列方式及重复次数，以便从数理统计角度保证将来得出结论的可靠性。新中国成立以来，有一些地区曾经作过这样的造林树种对比试验，为当地筛选出了一些有前途的造林树种，剔除了一些易遭失败的树种，起到了积极的作用。用对比试验的方法选择树种也有明显的缺陷，主要是试验的要求比较高，试验时间比较长，需要投入的人力物力比较多。要从这类对比试验得出可靠的结论，一般至少需要经过半个轮伐期(培育周期)，最好是在整个培育周期之后。这样需要的时间太长，往往要好几十年，生产上等不及。因此，树种对比试验虽好，却不能成为大范围造林选择树种的主要方法，而只能作为某些造林树种适用性的验证试验及为筛选一些新的以前没有栽培习惯的造林树种之用。对于一些速生树种，为选择适用的种源、品种或无性系用于推广造林时，对这些种源、品种或无性系进行区域性对比试验应是推广造林前必不可少的步骤。

(四)现有人工林的调查研究

由于森林培育周期长的特点，不可能各树种都通过试验后再造林，有时就凭树种的天然分布及生长状况，根据对树种生态学特性的分析及过去已有的零星造林经验，就决定取舍进行生产规模的造林。实际上，这样的造林本身就是一种试验，对所造人工林在成活、生长过程中的一系列表现如能记载下来，对后人都是宝贵的资料。因此，调查研究已有的生产性人工林，掌握不同树种人工林在各种立地条件下的生长状况就成为选择造林树种的一种较常用的方法。由于各树种的生产性人工林通常缺乏严格的可比性(如立地条件、造林技术及经营历史的不一致性)，因此做这种调查研究工作就要求做大量的标准地调查，以便于统计分析，得出可靠结论。

调查现有人工林通常可分为几个步骤进行。首先大量调查一个树种在不同立地条件下的生长效益，对各种立地(类型)以上层高或材积生长量为主要指标，作出该树种的生产力评价，得出这个树种的适生立地范围。其次要对同一立地(类型)做多树种的调查，作出多树种的立地评价，这样就便于就在某一立地上选用哪个树种可以更好地发挥林地生产力作出判断。到目前为止，我国各地进行了不少单树种立地评价的调查研究，但在多树种立地评价方面做的研究工作还不多，主要原因是缺乏合适的调查对象。

上述两种调查研究主要着眼于生产力的评价，对用材林关系较大，对其他林种的树种选择显然是不够的。因此在上述调查研究基础上还应该再作其他效益的评价调查，如防风固沙效益、水源涵养效益、水土保持效益、观赏游憩效益的评价等。即使对于用材林，只有木材生长量的比较评价也还是不够的，因为不同树种的单位木材数量是不等价的，如大径级红松的木材市场价格就要比同径级的落叶松高出一倍左右。因此要辅之以不同树种造林的经济效益评价，才能为选择造林树种提供完整的依据。

(五)树种选择方案的统筹决策

经过以上几个步骤的工作，已经为造林树种选择提供了基本的依据，最后需要作出统筹的决策。这里特别强调了“统筹”二字，主要是因为树种选择不仅是针对一块造林地的，而且经常是针对一个营林单位或一个造林地区的。在后面这种情况下，树种选择的决策过程就要复杂得多，因为：第一，对于一个营林单位或地区来说，森林培育的目标往往不是单一的，而是几种目标并存或以一种目标为主兼顾其他，为了经营利益，还要考虑长短结合、以短养长的原则；第二，在一个营林单位和地区内各种立地条件的造林地面积不是均匀分布的，需要考虑如何与培育目标相协调，从而确定不同树种应占有的适当比例；第三，从生态学角度看，要求在一个营林单位或地区内树种不要太单调，最好是针叶树种和阔叶树种、用材树种和经济树种、速生树种和珍贵树种各有一个合理的搭配，使整个林区形成一个比较协调比较稳定的大的生态系统。因此，在制定一个营林单位或一个造林地区的树种选择方案时，就必须统筹兼顾以上几方面的要求，以谋求在最大程度上达到规定的培育目标，形成经济效益高、生态上稳定、多树种搭配合理的森林布局。线性规划可以成为统筹决策的有用数学手段，但为此必须积累足够的基础数据(如多树种立地评价数据)，并在量化生态效益和社会效益指标等方面作出努力。

第四节　人工林结构的设计和培育

造林树种确定以后，下一个问题就要考虑如何使由这个树种所形成的林分具有合理的群体结构，能够尽可能地产生良好的效益，满足定向培育的目的要求。林分结构可以从空间和时间两个角度去观察，从水平结构、垂直(层次)结构和年龄结构三个方面去分析。人工林结构通常是由密度、配置、组成、异龄性及造林树种本身的生物学特性等几个要素综合作用所规定的。下面将分别扼要介绍如何确定形成林分结构的各要素及有关培育问题。

一、造林密度

造林密度是指造林时单位面积上的株(穴)数，是形成一定结构林分的数量基础。造林密度的大小不但影响林分形成的速度和状态，而且通过和后期林分密度的延续关系影响林分的生长、发育和稳定性，从而对林分的产量、质量和生态效益均有明显的作用。造林密度的大小也与种苗需用量、造林用工量及造林成本密切相关。因此，确定造林密度是造林技术设计中的一项重要内容。

在大多数情况下，确定造林密度首先要考虑如何及时形成稳定的林分。幼林郁闭是林分形成的关键时刻，达到郁闭的早晚与林分稳定性有一定关系，特别是在立地条件较差的地方这一点更为重要。由于造林密度的大小直接影响幼林郁闭的进程，因此确定造林密度必须要考虑幼林郁闭的合理年限问题。必要时要对不同立地条件及栽培条件下幼树树冠扩张的进程进行调查，为确定造林密度提供依据。

造林密度也影响幼林郁闭后的林木分化及密度调节(自然稀疏或人工疏伐)进程。进行第一次抚育间伐的时间取决于造林密度的大小及林木生长状况。对于纯林来说，一般以林分形态上是否显得过密(郁闭度、林木分化程度及林木自然整枝状况等)以及林分生长量(主要是直径及断面积生长量)是否存在急剧下降趋势等作为判断的依据；对于混交林来说，除此以外还要看树种间的相互关系，特别是主要树种受竞争威胁的程度。进行第一次抚育间伐的时间既决定于生物学上的必要性，也决定于经济上的合理性。过晚间伐会使林分生长遭受损失，甚至影响林分的稳定性；过早间伐则由于间伐下来的林木径级小，利用价值低而影响间伐的经济效益。而生物学及经济上均属合理的初始间伐年龄恰恰在很大程度上取决于造林密度的大小，这是确定造林密度需要考虑的关键问题。为此，就要调查研究在不同立地条件及不同密度情况下林木的生长进程(高生长、直径生长、材积生长)及密度对树木干形材质的影响，根据当地经济条件下合理的，即间伐产品销售可以得到合理报酬的起始间伐径级来反推合理的造林密度。各地已经研制的不同树种密度管理图或密度管理表可在这方面为确定造林密度提供依据。

确定造林密度要兼顾幼林郁闭形成及初始间伐期两方面的合理要求，但在不同情况下要有不同的侧重点。在幼林郁闭不成其为大问题的多数林区条件下培育用材林时，确定造林密度应侧重考虑第一次间伐时林木应该达到一定径级的要求。在幼林郁闭成为严重问题的某些立地条件较为严酷(干旱、风沙等)情况下，特别是在营造迫切要求及时郁闭的防护林及风景林时，确定造林密度可能主要应考虑及时郁闭的需要，对于防护林带同时要考虑形成林带断面结构的需要。但在立地条件极为严酷的荒漠半荒漠地带，水分条件不允许林木地上部分达到充分郁闭，这时就不能考虑以树冠郁闭为标准，而要考虑地下部分(根系)的“郁闭”需要及水分这个限制因子究竟可支持多大的种群数量生存为原则。

在培育大多数以收获果实为主要目的的经济林时，确定造林密度的出发点完全不同。因为培育这样的经济林一般是以每个树冠都充分见光为原则，因此既不必考虑树冠充分郁闭问题，又不必考虑疏伐调节问题，而要根据该树种(品种)盛果期时的树冠大小来确定造林密度。但近年来由于考虑到提高经济林早期收益的需要，在努力培育矮干、早实、丰产品种的同时，有时也以早期密植形式作为达到此目的的手段之一。当然，如果以早实早衰品种与晚实晚衰品种相搭配来代替单品种密植的形式可能是另一种解决办法。

在培育薪炭林(能源林)或纸浆林时，由于对产品径级的要求不严，收获期限短，故一般不考虑间伐问题，确定造林密度以收获期单位面积能生产最大的生物产量为标准。

确定造林密度的另一个特例是以间作其他作物作为早期密植形式的不间伐育林方式，在培育杨树、杉木等速生树种时都存在这种情况。确定造林密度也是按主伐时要求的径级大小及单位面积上能容纳这样大小的合理林木株数为标准。

综合以上所述可见，确定合理的造林密度要分别情况以林分郁闭期、第一次间伐期或主伐收获期的单位面积合理株数为基数。考虑到不同条件下造林保存率的不同，还要分别适当增加一定的造林株数以补偿这部分的损失。不言而喻，合理设计的造林密度必然是因培育的林种材种与树种的特性、造林地的立地条件及栽培技术集约程度而不同。而经济条件的制约及收益的考虑是最后确定造林密度的又一关键。

二、种植点配置

种植点配置，即种植点在造林地上的排列方式和间距，也是决定林分结构的要素之一。对于同样一种造林密度，如其种植点配置的方式不同，其效果也是不同的。一般将种植点配置分为行状配置和群状配置两大类。

行状配置使种植点在造林地上分布比较均匀，有利于充分利用林地空间。株距和行距相等的正方形配置是典型的行状配置方式，常应用于用材林及经济林的营造。行距略大于株距的长方形配置有利于行内林木提前郁闭及行间机械化中耕和间作利用，在各林种造林中应用都很广泛。当行距大于株距的二倍以上时，可称作单行式配置，这种配置方式不仅可用于机械化作业的场合，而且为在行间保留天然更新幼树及灌木创造了条件，可用于低价值次生林改造及林区人工更新。在防护林中为了更好地发挥防风固沙、保持水土的作用，常把相邻行植株错开排列，故称为品字形配置。品字形配置中的一个特例是正三角形配置，这样配置时各个相邻株距相等，行距实际上小于株距，仅相当于株距的 0.86 倍，这样的排列方式最均匀，但其定点也最麻烦，仅少量用于经济林营造。

行状配置时行的方向有一定生产意义。与种植农作物一样，平地造林时保持南北行向有利于利用早晚有效光能（在高纬度地区较显著）。但如为了防风固沙，行向一般与主要害风方向垂直，在农田防护林中则行向与带向一致。在山地造林，行向与坡向的关系值得探讨。在较干旱地区为了蓄水保土，行向宜于与坡向垂直，即横坡种植，以便截持地表径流。但在水分充足、植被茂密的林区，顺坡行比横坡行更有利于通风透光，且更便于组织施工，因而应用也很广泛。在各具体山区造林究竟用什么行向好，需权衡上述利弊来定。

群状配置是一种特殊的配置方式。典型的如块状密植（播），块状地面积 1～2m^2，块间距离很大，一般以林木达到成熟时的平均株距为准，约 5m 左右，而块内则进行密集种植，一般为 5～16 株，平均株距仅 0.3m 左右。这样的配置方式有利于群内林木提早郁闭，抵抗不良环境及种间竞争，将来群内逐步疏伐留育 1～2 株成为主要收获木。群状配置的缺点是对林地环境的利用不充分（尤其在幼年阶段），对某些树种易引起树干倾斜及偏冠。群状配置方式可适当用于低价值次生林改造及林区人工更新，更适用于初期生长缓慢且较耐荫的树种（红松、云杉、冷杉等）。在有可能利用局部有利小地形或需局部改良土壤的地方，如沼泽地造林及沙地造林，也可用此配置方式。

在造林密度和种植点配置方式的综合考虑下确定具体的株距和行距，反过来，确定造林株行距也就落实了造林密度和种植点配置的原则要求。两者之间的对应关系是显然的。

三、树种组成

树种组成是形成林分结构的重要因素，既影响水平结构，又影响垂直结构。纯林的林分结构简单，容易调节，有些树种的纯林结构也是很稳定的。由于营造纯林具有主要树种（通常是符合一定工艺要求的目的树种）的产量高，操作管理方便等优点，因此在用材林及经济林营造中应用很广泛。但同龄纯林形成的单种单层结构也造成了功能上的缺点，主要表现为：利用林地环境不充分，生物产量不高，生态效益较差，容易发生病虫等灾害，自然景色也比较单调等。一些由多树种组成的混交林在这些方面正相反，具有较多优点。多年的实践经验及大自然的启示使人们日益重视培育混交林。培育混交林的技术关键在于正确认识和调节林分内不同树种之间的种间关系。只有种间关系处理得当，混交林才能真正发挥其理论上的优越性，而不合理的混交常使造林遭到失败。营造混交林必须按照科学规律，处理好以下几个环节。

（一）选择混交树种

为既定的主要树种，即培育目的树种，选择混交树种，除了也要考虑树种的利用价值及适地适树原则外，还要着重考虑混交树种和主要树种之间的种间关系。种间关系是树种间机械的、物理的、化学的和生物的相互作用的综合，它总是同时表现为有利和有害两个方面。如何使种间关系的有利方面起主导作用；同时又采取适当措施控制种间关系的有害方面，这是培育混交林的要诀，选择合适的混交树种是落实这个要诀的重要一环。混交树种与主要树种之间应当尽量在生态关系上有互补性，如在喜光与耐荫，常绿与落叶，深根与浅根，树冠的不同位置和形状，对营养元素有不同偏爱等方面互补，而在种间竞争方面不激烈或易于调节。

主要树种与混交树种之间的关系可以有四种基本类型：第一类是两者都属于第一林层的乔木树种，通常都较喜光，这种类型可称为乔木混交型，经济价值较高，但种间关系较为紧张；第二类是第一林层大乔木（主要树种）和第二林层小乔木（伴生树种或辅佐树种）之间的混交关系，可称为主辅混交型（过去曾译作阴阳性树种混交型，不够确切），混交结构较为稳定，种间关系也比较缓和；第三类是主要乔木树种和起改良土壤及护土作用的灌木树种之间的混交关系，可称为乔灌混交型，树种关系仅初期（刚郁闭时）较紧张，后期趋稳定，但不耐荫的灌木起混交作用的时间短；第四类是较耐荫的主要树种和初期速生的树种之间的混交关系，可称为乔速混交型。这种类型中一般先伐去速生树种，留育主要树种，因此种间关系仅在混交初期时较为紧张。除上述四种基本类型外，还可能有过渡性的以及综合性的混交关系类型。区分混交类型主要为了从总体上把握混交关系。实际上，每一对或一套具体树种的搭配都有其自己的特殊性，对混交树种的选配还是应该做具体分析。总之，选择混交树种要以能促进主要树种生长，更好地发挥人工林的整体效益为目标，以把握住树种间的动态关系为关键，可参考天然林分中的种间关系并加以适当的理论分析来辅助。在选择一个新的树种作为混交伙伴而又缺乏足够的依据时，必须强调先做试验后推广的原则。

（二）确定合理的混交比例

在造林时，混交比例以在人工林中不同树种的株数百分比来表示，这与形成林分后的树种组成比的表示方法（以不同树种的胸高断面积占林分总断面积的成数来表示）是不一样的。确定混交比例首先要树立一个目标组成比，即符合培育目的要求的未来林分的树种组成比，然后根据各树种在混交林中的地位和作用，以及在目标组成形成过程中各树种所占份额的变化趋势来作出决定。一般来说，在培育林分中起主导作用的主要树种应具有较大的组成比（≥50%），而其次要辅佐作用的树种的组成比较小（30%～50%），仅起改良土壤作用的混交树种只占20%～30%即可，而仅起防病虫、防火隔离作用的混交树种组成比还可以更低。另一方面，从种间关系的发展趋势来看，从混交比例发展到一定阶段的树种组成比是一个不断变化的进程。一个初期生长快、喜光，在混交林中容易达到上层主林冠的树种，它在混交林中的组成比是在不断提高的，因此即使造林当时它的混交比例不大，到后来也能在林分中占较大的组成比，发挥较大的作用；相反，一个初期生长慢、耐荫，在混交林中易被竞争排挤或退入下层林冠的树种，它在混交林中的组成比是在不断下降的，因此在造林设计时确定的混交比例不能太小，以便使它在将来的目标组成中占有所需的份额。有时，树种间关系的发展变化比较复杂，且呈阶段性，造林工作者必须在认识掌握不同阶段种间关系发展变化规律的基础上安排好混交比例。

(三)设计合理的混交方法

混交方法是不同树种在混交林中的配置方法。一定的混交比例可以由不同的混交方法来体现，而混交方法确定之后，混交比例也就实际上定下来了。混交方法主要有行内株间、行间、带状、块状(规则的及不规则的)、星状(散点状)及群状(植生组)混交等几种，当然还可以有各种形式的过渡和结合，如行间株间混交结合、带状与行间结合、单株与植生组结合等。关于各种混交方法的具体排列方法可以顾名思义地去理解，在各种造林学教科书中也都有所阐明，这里不再赘述。把具有不同生物学特性的树种按一定的混交方法配置起来，这就不仅是一个机械的排列组合问题，而是一个对种间关系的发展具有重大影响的群落结构设计问题。设想两个生长速度差异较大或种间矛盾比较尖锐的树种，配置得很靠近(如小株行距的株间混交)，有可能造成两败俱伤或一存一亡的后果，达不到混交目的。又如意欲培育成种间紧密相处的复层混交林结构(水土保持林、风景林等)，树种间的配置方式就必须相对靠近或镶嵌串插。因此，在设计混交方法时，必须先明确培育的目标结构，根据树种的生物学特性和种间关系的发展变化规律来落实安排。研究天然混交林中的种间关系及总结已有营造人工混交林的经验教训均能为设计合理的混交方法提供良好的启示。

(四)利用天然起源幼树培育混交林

有些地区，特别是在原始天然林区及次生林区，造林地上经常存留有健康的前更幼树，或者可以估计到造林后还能继续出现天然下种或萌蘖更新的幼树，这些幼树以阔叶树种居多，有可能利用来与人工造林相配合，形成新一代的林分，这是培育混交林的一个重要途径。在东北林区，曾提出过通过“栽针保阔”进行“人天混”的概念。其实，这样的做法，即利用天然更新的幼树(以阔叶树为主)，加上人工栽植的主要培育树种(一般以针叶树为主)，形成混交幼林，然后在抚育间伐过程中不断调节树种组成，使之形成高产或高效益的林分，是由来已久的。20 世纪 50 年代从欧美介绍到我国的局部造林法、廊状造林法、块状密集造林法等，基本上都遵循了利用天然起源幼树的原则。但虽然这种做法并不新，在我国造林工作中曾长期追求单一人工纯林的背景下，再次强调利用天然幼树形成混交林的可能性和必要性，以及为某些具体林区探索栽针保阔的具体做法以确保其成功，也是很有意义的。

不管在哪种情况下，要利用天然起源幼树与人工造林结合培育混交林，都必须注意两件事：一件是必须充分了解人工种植的树种和已有（或即将更新的）天然幼树的种间关系发展规律，特别是在年龄、生长高度已存在差别的情况下的种间关系表现特点，据此确定人工引入的树种、数量和配置方式；另一件是必须掌握及时采用透光伐、除伐等措施来干预种间关系的发展，使之符合培育的目标要求。当前，在东北林区用各种"栽针保阔"的办法来培育红松阔叶混交林及落叶松白桦混交林已显示出有较广阔的应用前景。在华北石质山区，在已造人工纯幼林中用其他树种补植的办法培育油松栎类混交林及油松侧柏混交林也有异曲同工之妙。在其他地区也可在这方面作进一步的探索。

四、异龄性的利用

用渐伐或择伐作业方式培育异龄林（或有限异龄范围的相对同龄林）不是本文要涉及的内容。在本章要说明的是在人工造林过程中如何利用同一树种或不同树种的年龄差别来培育符合一定目的要求的林分。人工造林通常都用同一批苗木营造同龄林，并且希望一次成功，尽量避免补植。同一树种异龄造林，除了作为伐前人工更新的方式在林冠下造林外，比较少见。但不同树种的异龄造林还是有一定的应用范围的。前面提到的利用天然幼树和人工造林结合培育混交林的做法，以及利用不同树种人工补植培育混交林的做法，都具有利用异龄性的特点。在营造人工混交林时还可遇到这样的情况，即两个树种从长远来看可以搭配，但在幼年期间生长速度差别大，种间关系不易调节，如一般松树和栎树的关系就是这样的典型。在处理这种情况时可以有两种办法，一种是利用混交方法或缓冲树种，使两个树种隔得远一些，避开幼年期不利的种间关系；另一种就是利用"时间差"，即让幼年生长较慢的树种早栽几年或用大龄苗木，而让幼年生长较快的树种晚栽几年或用小苗（或播种造林），以此来谋取种间竞争的均势或保证某一树种的优势。

利用异龄性的另一个途径是先栽某个先锋树种以改善林地环境，然后再栽对立地条件较高或较耐荫的珍贵树种。这种做法在热带林业中有一定应用，如先栽桉树林网，然后在网眼中栽橡胶树，橡胶树长起来后再在林冠下栽耐荫经济树种或药用作物（大叶茶、砂仁等）。这种做法也可在立地条件较差的地区应用，如发展乔灌草相结合的立体林业，大有发展前途。

另外还有一种只利用一段时间的混交关系的相当于农业上间作套种的做法，如传统的杉（木）桐（三年桐）间作，着眼于利用头 7～8 年的间作效应，以后油桐衰退而形成杉木纯林。一些成熟期不同的树种混交造林，如乔速混交型中的杉×檫混交、刺槐×侧柏混交等，也有类似之处。

林木还可与一年生或多年生草本植物（农作物、牧草、药用植物等）在空间上或时序上进行综合经营。这种农林复合经营体系具有更复杂的结构和功能，将在第十二章中作专门介绍。

五、人工林结构的培育

人工林结构的设计包括在造林前确定造林密度、种植点配置、树种组成及种植的时间顺序等技术环节，也包括对造林后林分结构的形成、发展及最终目标的预测。为了保证人工林结构能沿着预先设想的途径发展，达到终极目标的要求，除了严格按原设计的方案施工外，还需要采取一些定向培育的措施。

在幼林生长初期，当某些次要的阔叶树种出现长势过盛，有可能压抑目的树种的时候，可对这些阔叶树种特别是灌木树种，采用平茬措施。平茬既可保持原有的混交格局，又调整了不同树种的相对生长高度，为主要树种创造较好的生长环境。平茬还可使灌木加强基部萌蘖丛生；从而可及时形成较好的地面覆盖，控制某些喜光性杂草的生长。

林分郁闭形成后，其冠层的厚度可通过人工整枝措施加以控制。正确实施人工整枝有利于树干形质的提高，也有利于干、枝、叶之间的合理物质分配。在混交林中也可利用整枝在一定程度上调节种间关系，保证主要树种顺利生长。

抚育间伐是调节引导林分结构发展的主要技术措施。以调节密度为主要目的的疏伐可贯穿整个林分培育过程。随着林木的不断长大，分阶段地进行疏伐，以保持林地上有适当的与其大小相适应的林木株数，既不致因过密而影响生长和稳定，也不致因过稀而破坏郁闭和降低人工林生产力，还要使各阶段的林木密度有利于优质材的形成和其他效益的发挥，这是人工林培育中的重大课题。以调节树种组成为主要目的的透光伐和除伐主要在林分培育的前半期内进行。在人工混交林中当次要树种因某种原因开始压抑主要树种生长的时候(主要是上方遮荫形式)，必须及时采取透光伐措施，以解放主要树种的林木，使之顺利进入主林层，发挥主导作用。当混交林中虽无明显压抑现象，但树种组成不符合培育目标要求时，也可通过抚育间伐(有时称之为除伐)砍去数量过多的某些树种的植株，保护数量不足的另一些树种的植株，以此来调节树种组成，向目标组成方向发展。当然，在这种情况下，在调整组成的同时也调整了密度。透光伐与除伐有时不易区分开而统称为透光伐(也有统称为除伐的)。在采用“栽针保阔”培育“人天混”的林分时这项措施特别重要。在这种情况下如不能为主要树种及时透光并保护它们逐步进入主林层，这种混交林的培育就会以失败而告终。

有关抚育间伐问题是森林培育学(亦称育林学或造林学)中的重大课题，本章只是从培育人工林结构的需要角度提出来，详细内容以后一些专章内都有论述。

第五节　造林施工技术

为了培育一片森林，选定造林树种，确定未来林分结构的蓝图，还只是处在设计阶段。要使设计变成现实，就要进行现场的施工。造林施工的主要内容，除了种子、苗木的准备以外，就是造林地整理、种植造林及幼林抚育三大工序。幼林郁闭之后的成林抚育则可视作广义的育林技术的组成部分。

一、造林地整理

造林地整理，就是把造林地从它的初始状态转变为适于种植造林的状态的施工过程，也可简称为造林整地，实际上包含造林地清理和整地两道工序。

（一）造林地清理

造林地清理主要指采取措施，改善造林地的环境状况，使之适于造林，但不涉及土壤耕作。典型的造林地清理是人工更新前的采伐迹地或火烧迹地清理。这些迹地上往往有一定数量的站干、倒木或未采尽的小径木，还有伐前更新幼树、采伐剩余物、伐根以及被废弃的土壤结构受严重破坏的集材道和装车场等。有时迹地的环境状况很差，使树苗无处可栽，机具难于通行，卫生状况不佳，如不经清理就难于满足造林要求。伐区清理本应是采伐作业的一环，但现实情况下不少伐区清理得不好，从便于造林施工的需要出发，要重新清理，包括清理站干倒木、清理采伐剩余物(归堆、切碎撒开或焚烧，视条件而定)，必要时还要挖出部分伐根，为机械化作业创造条件。另一类需要清理的造林地是稠密的杂灌木地，这种植被的存在不仅有碍整地的进行，而且会给新栽入的树苗造成过度的遮荫或根系竞争，影响新造幼林的成长。在这类造林地上视原有植被状况及新造幼林的要求，可采用两种清理方法。一种是割带清理，即每隔一定距离割开一定宽度的带，在带内进行整地和造林。带间距离及割带宽度取决于原有植被的高度和竞争性能、保留某些阔叶树的需要以及新栽幼树的喜光性、生长速度和造林密度要求等因素。另一种清理方法是全割及焚烧，南方称之为劈山和炼山。这种做法能较彻底地改善环境状况、消除竞争，还能增加土壤中的速效养分，对新造幼林生长有利。但炼山有引起水土流失的危险，应用时应有坡度和坡长的限制。炼山既要求烧尽，又要严格防止山火的失控，因此在使用时间及防范措施等方面都要根据当地条件有所安排。除了割和烧的清理方法外，为了节省劳力还可以采用化学药剂处理的方法。

（二）造林地整地

整地主要指对造林地土壤进行操作处理，当然同时也会涉及土壤上生长的植被，尤其是土壤中的根系。造林整地与一般的农耕地整地、苗圃地整地有许多不同的特点：第一，由于地形、植被、风沙威胁或含石量多等因素的限制，只有少数情况下才能采用全面整地的方式，而在多数情况下采用局部整地的方式；第二，由于我国的造林地条件复杂，一般以山地居多，整地时必须考虑保持水土的要求，也有些低湿地、盐碱地，则又要考虑排水排盐的要求，因此造林整地时经常要改变原有地形，形成有利于蓄水或排水的小地形，整地方法相当多样；第三，由于树木生长的需要，整地深度一般都比较大，起码要超出苗木主根的长度，单个局部整地面积范围虽然有限，但在局部范围内的环境条件改变比较深刻。这种改变不仅是土壤疏松、含石量减少、肥土集中于种植点附近等因素使土壤条件有明显改善，而且由于小地形变化而引起光、热等微域气候变化以及截持吸收地表径流的可能性使苗木生长局部环境进一步优化。造林整地的这些特点要求人们必须因地制宜地采取整地措施。

造林整地的方式可先分为全面整地和局部整地两种，局部整地又可再分为带状整地和块状整地两类。每种整地方式在复杂的具体使用条件下又有必要细分为不同的整地方法。全面整地主要用于平坦的、无障碍物(伐根、石块、幼树等)的造林地以及坡度和坡长都不大的南方丘陵山地。平坦造林地的全面整地与农耕地整地近似，可尽量机械化。有时根据土壤条件及造林需要可附加深松底土或全面耕翻和局部(栽植穴)深挖相结合。南方丘陵山地的全面整地(全垦)目前都还主要用手工操作。为了保持水土及改善条件，有时还需在全面翻挖的基础上局部加深并修成水平阶(梯)形。南方山地的全垦一般是与劈山、炼山紧接配套的。

带状整地常应用于风沙地区(草原及干草原)或伐根及其他障碍物不太多的采伐迹地。在前者条件下常用机械化带状整地；可按不同需要整成垄沟状；在后者条件下已有可进行带状整地的机械设备，作高垅整地或浅耕碎土，但在我国目前应用还不广。南方丘陵山地坡度较陡的地方(>25°)也常改用带状整地的方法(带垦)，方法与全垦相似，只不过每隔一定距离要保留生土带以防水土流失，带向与等高线并行，带面也可整成梯形。局部加深并成梯的撩壕整地也是一种带状整地方法，适用于土壤较紧实的丘陵地区，需投工较多，因而主要用于需集约培育的速生丰产林及经济林。北方山地，特别是黄土地区也可用带状整地，常用的整地方法有水平阶、水平沟、反坡梯田等，大多要根据保持水土的需求程度及种植点配置要求来选定。为利于保持水土，整地带常作断续状，或每隔一定距离设横档，以避免地表径流的集中。在整齐的黄土坡上修筑水平梯田或反坡梯田也可用机械化作业。

块状整地的应用较为广泛，从林区的采伐迹地到各种荒山荒地都可应用。它比较省工、灵活，但在改善环境条件方面一般不如带状整地。块状整地也可因使用地区条件的不同而选用不同整地方法，如水湿地的高台整地，水分稳定地区的小块状整地，干旱条件下的大坑整地，水土流失地区的鱼鳞坑整地等。块状整地的大小往往根据周围竞争植被的高矮、造林地立地条件(特别是水分条件)的好坏以及造林树种生物学特性的要求而定。水分条件越差，周围植被的竞争性越强，造林树种对立地条件的要求越严，块状地的破土面积也越大。当然，这也要与劳力、成本等因素相协调。

从以上所说的各方面来看，造林地整地是造林生产过程中一项重要的基础工作，也是最费工的一个工序。整地方法选得是否正确，整地规格质量是否符合要求，都对新造幼林的成活、生长有重大影响，有时这种影响要延续许多年。除了因地制宜地确定适当的整地方法、规格和质量要求外，整地的时间也有一定的意义。一般希望整地和种植造林之间有一定的间隔期，称作提前整地。如扣草皮子高台整地或高垅整地要求提前一年进行，以便草根层来得及腐烂并使土壤上下层得以恢复紧密联系。又如各种保持水土整地方法比较理想的是提前半年至一年进行，使整地后造林前有一个蓄积土壤水分的过程。在南方多雨湿润地区，万不得已时，也可随整随栽，但要注意整地和栽植时间紧接，避免跑墒影响苗木成活。

二、种植造林

种植造林是播种造林和植苗造林的简称。除了这两种造林方法外，还有一种分殖造林，但一般习惯于把分殖造林归入植苗造林范畴之内，或统称为栽植造林。

造林树种确定之后，对于每一个树种都要明确采用什么造林方法。每种造林方法都各有其优缺点。播种造林省工易行，免去了育苗工序，但对造林地条件要求高，且易遭鸟兽危害；而植苗造林省种易活，虽多了一项育苗工序，但对各种造林地的适应性强，对各种灾害因子的抗性也比较强；分殖造林的特点介于两者之间，但只适用于无性繁殖的树种。对这三种造林方法从经济上如何评价，要作具体分析，而不能一概而论。在种子价格低而且播种造林成活率有保证，幼林抚育又不费事的情况下，可能播种造林的成本较低，而在种子稀缺又价格高(特别是经过遗传改良的种子)，播种造林成活的可靠度低(有时播多次才能成功 1 次)，又要求更长时间更多次幼林抚育的情况下，可能出现播种造林的总成本反而高于植苗造林的结果。分殖造林与植苗造林之间也有类似情况，是直接用穗条扦插造林还是用穗条培育成有根的苗木后再植苗造林，哪种方法经济效益好，将取决于造林地立地条件、穗条来源及价格、扦插成活的难易等一系列因素。从世界各国当前造林发展趋势来看，植苗造林比重越来越大，而播种造林比重越来越小。分殖造林的份额更无足轻重，因为在无性系育林这一发展新动向中都是把珍贵的无性系良种材料培育成苗木后再造林的。我国造林工作中也存在着以植苗造林为主的倾向，例外的只是飞播造林及竹类造林。现将三种造林方法的技术要点作一简述。

(一)播种造林技术要点

播种造林又称直播造林，指直接把林木种子播于造林地的一种造林方法，主要用于种粒大、易发芽成活而且种源又较丰富的树种。要使播种造林成功需掌握以下几个主要技术环节：

1. 选好造林地并整好地

首先当然要求造林地的立地条件适于树种的特性，在此基础上还要精选适合于播种造林的造林地。由于种子直接在造林地上发芽生根，要求造林地有稳定的适宜的水分及温度条件。土壤水分不能过多或过少，季节差异也不能太大；贴地层气温和地温也要适宜于种子萌发并免受日灼、霜冻等危害。播种造林长出的幼苗嫩弱，与造林地上原有植被的相对竞争能力弱，因此要求选择植被竞争不太强的造林地，或通过清理整地为种子顺利发芽生根及幼苗健壮生长创造条件。鸟兽害是播种造林的一大克星，要选择鸟兽害少的造林地并配以其他防治措施。

2. 选用良种并作好种子处理

播种造林应选用遗传品质、播种品质均为优良的种子，这是造林成功的基础。种子在播前一般要经过处理，如浸种、催芽或拌药等处理，以保证种子在造林地上及时萌发，也可减少鸟兽危害的几率。但当造林地上水分条件不稳定，对雨情发展没有把握的时候，如播下催过芽的种子有使幼根回干的危险，在这种情况下也可播干种子，等雨后再萌发。但无论如何，这样做也是要冒一定风险的。久旱不雨使干种子在土中滞留过久，既增加了鸟兽危害的机会，又可能造成种子发芽过晚，幼苗易遭后期高温或霜冻的危害。这种两难境地经常也是限制播种造林应用的原因。

3. 适时播种

按一般树种的生物学特性来看，播种造林的正常季节应该是早春。此时，种子随地温升高土壤水分化冻返浆而获得良好的萌发条件，在夏季高温到来之前幼苗来得及适当硬化，苗根也能扎到一定深度而避免旱死。有些情况下为避免春季作业忙乱而误了农时，也为了避免种子催芽的专门工序，也可在晚秋播干种子，待来春更早萌发。在春旱比较严重的地区，雨季或雨季前(一般在初夏)播种也是可行的，但要掌握好时机，不要太晚，一般要求幼苗出土后至少生长两个月才能使其安全越冬。有些树种的种实不宜久藏，可随采随播，如榆树在初夏、橡栎类在早秋。栎类早秋播种以掌握在当年能扎根而幼芽不出土为最适度。

4. 采用适当的播种方法和技术

播种造林有撒播、条播、块(穴)播之分。撒播主要用于飞机播种(详见第十三章)。人工模拟飞播的手工撒播与飞播的规律是相似的，条播除可用于少数灌木树种(如柠条、紫穗槐等)外，一般很少用。所以，一般最常用的是块播，又可分为块内撒播、多穴簇播和单穴播种(穴播)等方法。前两种方法属于群状配置的造林方法，能形成强大的植生组，有利于幼树初期生长及在种间竞争中取得优势，在林区更新及次生林改造中有一定应用。穴播是最常用的播种方法。穴内播的种子粒数因树种而异，从1粒(如椰子、核桃)到数十粒(如云南松、油松)不等。穴的位置一般在块状地中央或微气候较有利的地方。穴播要求穴底平整、深浅适度、上虚下实。有条件时播种造林后用草皮、碎石、杂灌木枝条等方便材料作适当覆盖，既可保持优良的发芽条件，又可减少鸟兽危害，很有好处。但待幼苗出齐后须及时分批(或一次)撤除或挪移覆盖物，以保证幼苗适度见光。如用塑料薄膜与其他覆盖物配合使用，当可取得更好效果。

(二)植苗造林技术要点

植苗造林又称栽植造林，指把具有完整根系的苗木栽植于造林地的造林方法。植苗造林可应用于绝大多数树种，其成功关键在于保持苗木内部的水分平衡，为此需掌握以下几个主要技术环节。

1. 造林地选择

除根据适地适树原则外，一般无特殊要求。至于土层太薄或含石量太高不适于植苗的地方，以及边远地区人力达不到的地方，可考虑改用播种造林（特别是飞播），或采用封山育林的措施。特殊困难的造林地段需采用高集约度整地（包括用爆炸法整地）及其他土壤改良措施后再植苗造林。

2. 选用壮苗及苗木保护

壮苗是植苗造林的主要物质基础。苗木质量不但对植苗成活，而且对林木的初期生长都有重大影响，苗木的遗传品质还将影响林木整个世代。当前应要求在植苗造林时采用符合国家或地区标准的合格苗木，不要担心因舍弃弱苗或不规格苗而造成浪费，因为如采用这类苗木会造成更大的浪费。在营造速生丰产林及集约经营的其他林种时，应强调使用经过遗传改良的一级苗木。标准苗也有不同的种类、年龄及规格，供不同情况下选用。目前多数情况下还是用裸根苗，但容器苗的应用有逐步扩大的趋势。特别是工厂化生产的容器苗的应用有广阔的前景。在目前裸根苗还是主要应用的苗木种类的情况下，还要进一步根据不同要求选好苗木的年龄及规格。一般大面积造林常用较小的苗木，通常是播种苗。营造速生丰产林及其他形式的集约造林要用较大的苗木，而且有些树种（如红松、落叶松、云杉、冷杉等）最好用移植苗。四旁植树、营造风景林更应以采用大规格的移植苗为佳。

有了优质壮苗之后，还必须在苗木的起苗、分级、包装、运输、假植、贮藏等一系列生产过程中保护好苗木，特别要保护好苗根及针叶树苗的顶芽，防止苗木丧失水分。这些工序在技术上并不复杂，但要特别认真对待，切不可马虎从事，造成栽植"死"苗、劳而无功的局面。最好能采用一些先进的装备，如可调温的苗木贮藏库（冷库）、特殊的苗木包装及运苗材料等，以便随时有可用的新鲜苗木。

3. 栽前苗木处理

在一般情况下苗木在栽植前只作简单处理，如剪去过长的主根或侧根，以避免栽后窝根。对某些树种的大苗还可修去部分枝条，缩小树冠，使之与修整后的根系大小相匹配，以利于保持苗木内部水分平衡。在水分条件不稳定的立地营造有萌蘖能力的阔叶树种时，可切去苗木的全部地上部分，只剩下根系和残桩用来栽植。这项措施称为截干，对在困难条件下某些阔叶树苗（如刺槐）成活是有好处的。截干有时也可在栽后进行，留干高度视条件而定，大多以在地面似露不露为原则。苗木的进一步处理包括浸水、蘸根及喷药。苗木浸水对某些需水较多或保存过程中失水过多的苗木有利。浸多长时间，怎样浸要根据树种特点及试验而定，目前还缺乏各种苗木最佳含水量的标准。苗根蘸泥浆或其他保湿物质对保护苗根有利。近来据有些地方试验，把苗根浸在有一定营养物质（氮或磷肥）或一定浓度的生长激素溶液中（或用粉剂）处理，对促进苗木分生新根极为有利，可进一步试验推广。对苗木根部施放高分子吸水剂及对苗木地上部分喷洒蒸腾抑制剂，能保证苗木吸水、减少苗木蒸腾，从而保持苗木内部水分平衡。以上一些较为集约的苗木处理措施一般用于较困难的造林环境。在北方大部分有春旱的地区，如能采取措施帮助苗木延长抗旱期1～1.5个月，使苗木能活到雨季来临，就能对提高植苗成活率起重大作用。

4. 适时栽植

栽植的时机对植苗造林成功很为重要。一般情况下，在土壤化冻后苗木发芽前的早春栽植最符合大多数树种的生物学特性，因为一般根系生长要求的温度较低，如能创造早生根后发芽的条件，将对成活有利。但也有个别树种的根系分生要求较高的温度（如椿树、枣树），可以晚一点栽，避免苗木地上部分在发芽前蒸腾耗水过多。晚秋造林如能保证苗木越冬时不受损伤，也是一个有利时机；最好的造林时机从理论上讲应是苗木地上部分生理活动已大大减弱（阔叶树种落叶后）而苗根尚有愈合恢复能力的时候。有些树种，如泡桐，在秋季树叶尚未全落时就造林，也能取得良好效果。有些树种的秋季造林如和截干造林相结合，效果更佳。在春旱严重、雨季明显的地区（华北、云南）利用雨季土壤水分充足时造林是可行的，这主要适用于针叶树种（特别是侧柏和柏木）及某些常绿阔叶树种（如蓝桉）。雨季造林要注意掌握雨情、避开晴天并加强苗木保护。无论在什么季节造林，在一个地区或一个单位，往往有许多块造林地及多个树种都要进行作业，此时要安排一个合理顺序。植苗造林的施工先后顺序要按造林地的气候、土壤特点（如化冻的早晚、土壤水分状况）、树种的生物学特性（对温度、水分的要求）及苗木的特点（裸根苗或容器苗、苗木贮藏条件等），结合交通、劳力等状况，作出科学的安排。

5. 讲究栽植技术

植苗的位置要严格按设计的株行距配置来定。在局部整地的情况下，栽植点的位置一般在带或块的中央，或在肥土集中、水分适当、小气候较好的部位。如在干旱地区要在水分集中的地方或整地（反坡梯田、鱼鳞坑）的内侧坡上，在水湿地及易冻拔地段要在垅背、丘顶等排水良好的部位。栽植裸根苗因苗木大小及立地条件不同而可分别采用穴植法、缝植法及靠边栽植法。穴植法是栽植针、阔叶树大苗及在水分不稳定地区造林最常用的方法。缝植法主要用于水分状况良好地区栽针叶树小苗。而靠边栽植法则是一种过渡性方法，也主要用于栽针叶树小苗。各种栽植方法的要点可参考各种造林手册，此处不再赘述。不论采用何种栽植方法，都要求栽植深浅合度、不窝根、根系与土壤密接。这里重要的不是技术本身，而是认真的态度和严密的组织工作，包括培训和检查。栽植裸根苗一般都栽单株苗木，对针叶树种小苗，也可采用丛起丛植的办法。丛植可减少须根破坏，增加成活机会，幼年时还能及时创造丛内郁闭的小环境，有利于抵抗灾害性因子及杂草竞争。但丛植较费苗，且成长后要求及时间苗定株，利弊同存，需酌情使用。栽植容器苗或带土苗的技术较为简单，以掌握好深度，埋实及不使容器介质松散为原则。对容器本身如何处理，或全埋，或撕开，或取走，视容器性质而定。机械化植苗是以把土壤向苗根挤压为特点的，对埋植的深度，挤压的紧实度都有专门要求，栽后需有检查及扶正措施配合。

（三）分殖造林技术要点

分殖造林又称分生造林，指利用树木的某段营养器官（茎干、根、蘖、地下茎等）直接栽植于造林地的造林方法。分殖造林因所用的营养器官及栽植方法不同而可分为插条（干）造林、埋条（干）造林、分根造林、分蘖造林及地下茎造林等多种方法。插条造林技术近似于插条育苗技术，适用于干茎易于生根的树种，其特点是造林地条件一般比育苗地条件较严酷，所以所用插穗的规格一般比育苗用的大，插植也比较深。有时也可用大规格的干枝插植，如用粗 4～6cm 的柳树干枝（俗称柳杠）高干造林，地上留高 1 m 以上。插条造林也可丛植，称为窝墩，在沿河沙地造林中曾起过一定作用。插条造林在插穗的选截、处理及插植技术方面一般都类似于插条育苗的要求。由于造林逐步往集约化方向发展，插条造林应用的规模也越来越小，而让位于用营养繁殖苗进行植苗造林。埋条造林也同样类似于埋条育苗，其特点也与插条造林相同。分根造林主要适用于根系萌蘖能力强的树种，如泡桐、漆树、楸树、白杨派杨树等，近来也逐渐被埋根苗的植苗造林所替代。分蘖造林适合于能产生桩蘖及根蘖的树种，如杉木、枣树及一些花木类观赏树种，因造林材料有限，仅用于零星植树及小片造林。地下茎造林是散生竹类的主要造林方法。竹类的地下茎称为竹鞭，它在土中蔓延，从鞭芽每年抽笋成竹。地下茎造林就是利用竹鞭造林，一般需带母竹，详见第十章竹林栽培。

三、幼林抚育管理

幼林抚育管理通常是指种植造林后至幼林达到郁闭前这一阶段里所进行的各项技术及管理措施。新造幼林在这一阶段里尚处于散生状态，一般要经过恢复（缓苗）、扎根、地上部分加速生长、树冠扩展的过程，在这个过程中幼树的生物学特性要求与其周围环境条件的矛盾是主要矛盾，幼林抚育管理的主要任务就是要处理好这对矛盾，使之有利于幼树的成活和生长，及时达到郁闭，为其后的速生丰产优质稳定打下良好的基础。幼林抚育管理措施因地因树而异，大致可分为林地土壤管理、幼树管理、幼林保护及检查验收等四大类。

（一）林地土壤管理

造林后的林地土壤管理主要内容是松土和除草，两者通常结合进行。松土除草的主要目的是蓄水保墒、调温通气、减免杂草（包括杂灌木）对幼树的竞争，一般用机械或手工操作的方法松翻土壤，结合除草。松土深度以能破除土表结皮达到保墒效果，又不致伤及幼树根系为原则，里浅外深，松及湿土层。当土壤水分充足稳定，保墒不作为主要任务时，除草的要求加强，松土除草的范围和深度要以能减免杂草竞争为目标，除早、除小、除了。松土除草的次数和每次进行的时间要视林地状况、幼树要求、经营强度及劳力安排的方便等因素酌情而定，一般造林后第一年 2～5 次，以后可逐年适当减少，到幼林郁闭或幼树稳定超出杂草层后停止。但在少数集约经营的幼林内，如杉木速生丰产林、毛竹林、油茶林等，在林分郁闭后仍需隔几年深松土一次，以改善林木的生长条件。在劳力紧缺而杂草竞争又是主要矛盾的时候，也可用化学除草措施代替松土除草。在幼树周围杂草生长过旺，过度遮荫成为突出问题时，也可用割草（灌）代替除草，或与块内小面积除草相结合。在水分过剩容易引起冻拔害的造林地，在松土除草时要为幼树根际培土踏实，必要时还要作扶正幼树（早春）的工作。

除松土除草外，集约的土壤管理措施还包括施肥和灌溉。这两项措施的有效性是毋庸置疑的，但科学地进行施肥和灌溉涉及对各树种幼树年生长规律的掌握及土壤水肥动态的了解，也涉及投入和产出的经济效益分析。有关施肥和灌溉的时间、方法和技术，因目前一般还处于试用阶段，尚无一定之规可循，需要进行深入的基础性的研究和试验。

（二）幼林管理

造林后对幼树生长也需要进行一定的控制和引导，包括采用平茬、修枝除蘖、摘芽、间苗定株等措施。

平茬可用来调节幼林内的种间关系，已见前述。平茬还可用来促进某些树种的主干培育。如幼树茎干受机械损伤、遭病虫害，或因其他原因生长弯曲停滞，只要这个树种是具萌蘖能力的，就可采取平茬措施切去其地上部分，调整地上地下部分的平衡关系，从来年所得速生的萌蘖条中，选留1～2株通直健壮的萌条培育成主干。

有些树种（如杉木、刺槐）从幼年起就有许多萌蘖或分枝过多过低，既分散营养，又影响主干形成，这时就要采取修枝除蘖的措施予以调节。除蘖需定期重复进行。修枝程度要以保留足够大的活树冠为准，具体干冠比的掌握因树种特性及年龄阶段而定。经济树种的修枝整形工作更各有其特殊要求。有些树种还可以用摘芽（或称抹芽）代替修枝来作为调整枝关系的手段。修枝和抹芽相结合还可为主干低矮的一些树种（如泡桐、苦楝、楸树等）培育高干良材。

用丛植、多粒种子穴播或用其他群状配置方法营造的幼林，初期提前郁闭，有利成活生长；后期则因各个体营养空间受限，影响生长，特别是影响直径生长。这个有利为主转变成有害为主的转折点的到来时间因树种、立地及群体的大小而异，要善于判别和抓住这个转折点的到来，分几次或一次进行间苗定株，促进保留树的后期生长。

（三）幼林保护

幼林保护是幼林抚育管理的重要一环，这一环如不抓住，会遭到前功尽弃的后果。幼林保护包括防火、防病虫兽害、防不利气象因子危害以及防人畜破坏等，都要采取以防为主、防治结合、技术措施和组织宣传措施相结合的办法，还要依靠法制来保证。幼林保护有时要花高昂的代价，如因防鹿害而采用把人工幼林用铁丝网围起的做法，就是一例。各地危害幼林的因素很多，防治方法各异，分别成为单独学科的内容。

（四）幼林检查验收

幼林检查验收可认为是幼林抚育管理的一环，也可认为是造林工程管理及森林资源管理的一环。近年来越来越趋向于把重要的、有一定规模的造林工作作为一个工程项目来对待，事前要有立项手续，要经过调查设计，然后按设计施工，造林后则要检查验收。检查验收是保证造林质量的重要措施。

造林验收可分为单项施工(整地、播种或栽植、松土除草等)验收，幼林检查验收及全部工程竣工验收，这里只介绍有关幼林检查验收问题。幼林检查验收可以分数次进行，但关键的是幼林成活阶段及郁闭阶段两次。成活阶段的造林检查验收一般在造林当年的或第二年的秋季进行，原则上幼林在造林后必须经过一次当地最严重的自然考验(如春旱、越冬等)后才能检查验收。检查内容以造林成活率为主，附加检查幼树生长情况并分析死亡原因，目的是为了评定造林成绩，总结造林经验教训，确定以后必须采取的抚育及补植措施。检查方法以标准行或标准样地随机抽查为主，抽查面积应占造林面积的2% ~5%(详见《造林技术规程》)。检查后按原合同标准作出评价，确定验收是否合格，并填写报表逐级上报。

根据造林成活率检查结果，单块造林地(一般以小班为单位)成活率不足85%，或虽高于85%，但分布不均匀的均需采取补植措施；而成活率低于40%的则需重造。补植须用原设计树种的大苗进行，有时还需重新整地。特殊情况欲通过补植促成树种混交的可另安排树种。补植容易造成林木生长不整齐，且代价昂贵，应尽量设法避免，使造林一次成功。在初植密度较大，且幼树成活后即能稳定下来(不再死亡)的情况下，可适当降低需补植的成活率标准。

有的地区某些树种的幼林，在经过头1~2年的成活阶段后还不断出现幼树死亡现象，这就需要作定期检查，并研究确定对策：有的需加强土壤管理，有的则需加强保护(如防虫害、鼠害等)，在不得已情况下(如遇连续旱年)则需进行多次补植，以提高保存率(指幼林后期成活保存株数占栽植总株数的百分比)。这里需附带说明一点，保存率有两种概念，上面所说的是幼林的株数保存率，另外还有一个面积保存率，指造林成活保存面积(按地块或小班统计)占总造林面积的百分比，这是评价整个地区(单位)整批造林工作的指标。

当幼林达到郁闭时作最后一次检查，检查合格的，就要将该幼林面积从新造幼林地类划归有林地地类，育林工作转入成林抚育阶段。关手成林阶段的育林任务，可详见第六章。

对每块造林地从整地造林开始就要建立档案，每次幼林检查和成林调查结果也需登记到档案中去。人工林的登记档案应成为整个森林资源档案的重要组成部分，为科学的森林资源管理服务。

办好有中国特色的林业高等教育*

林业高等教育是我国高等教育的重要组成部分。作为一个行业的高等教育，除了要满足国家社会主义建设的总体要求之外，还必须要满足行业发展的特殊要求。办好林业高等教育，就必须使它能适应国情和林情，具有中国的特色，更好地为中国的社会主义林业建设服务。

我国的疆土辽阔，人口众多，发展水平较低而且不平衡，这是办整个高等教育都必须考虑的国情。我们奉行的有中国特色的社会主义制度则为办好高等教育规定了明确的方向，提供了发展的条件。在这个基础上，办好林业高等教育还必须考虑中国的特殊林情。中国的林业建设，简单地说，具有以下几个主要特点：①森林覆盖率低(12.98%)，人均占有资源量很少(相当于世界人均水平的七分之一)，而且资源分布很不均匀。但从资源的绝对数量来看(1.2亿 hm^2 有林地面积，95亿 m^3 活立木蓄积)还是相当可观的，需要有相当大的经营规模。②自然条件复杂，森林树种多样，地区差异很大。我国的林业生产，就其内容的多样性、技术的复杂性和地区的差异性来看，可以说在世界上是独一无二的。③由于长期的历史原因，森林资源被破坏的程度严重，荒山荒地多，自然灾害频繁，这就使得在中国的林业建设中，造林工作具有突出的重要地位，对各种防护林建设有非常迫切的需要。④中国的林业生产有古老的历史传统，在品种和技术等方面有丰富的历史遗产，但由于近代经济文化落后了，林业生产也很落后，林业教育起步晚(20世纪初才开始)。新中国成立后虽奋起直追发展林业，至今在不少领域仍未脱离相对相落后的境地。落后的现状要求我们加快发展林业科学技术的步伐，特别是要加快发展作为基础的林业教育。⑤中国的社会主义制度保证了土地的公有制、人民群众的高度组织性以及集体主义为人民服务为主导的意识形态，为发展林业提供了良好的条件。林业教育要为充分发挥社会主义优越性做好工作。

根据以上我国的实际情况，我认为有必要处理好以下几个方面的问题，为办好有中国特色的林业高等教育打好基础。

---

* 本文来源：张岂之主编．中国大学校长论教育．北京：中国人事出版社，1992，387－396.

一、林业高等教育的规模

林业教育的规模决定于林业生产的规模。我国较大规模的林业生产建设要求有一个与此相适应的较大规模的林业教育。我国的林业高等教育经过了近40年的发展已经达到了有全日制在校生约2.3万人的规模，在世界上仅次于苏联(森林资源最多)而与美国相近。对于这样一个规模现在有两种不尽相同的看法：一种看法认为这个规模还太小，为了适应林业建设发展的需要，林业高等教育到2000年之前还需要有个大发展；另一种看法则认为这个规模已经基本适应当前林业建设发展的形势，到2000年之前林业高等教育只要有个适度发展就可以了。观点的差异来自于对当前人才分布及人才预测的不同看法，我个人的观点偏于后者。限于篇幅在这里难于对人才预测数字进行展开的分析，仅想提出一些粗略的看法。首先，林业高等教育的发展规模不应该只靠大学生应占人口的比例及材料大学生应占大学生总数的比例这样一些标准去推算，而应该更着重于营林、造林任务对科技人才的需求以及林业管理及企事业单位需要大学生的岗位数来推算。1983年进行的人才预测工作也考虑到了这些因素，但当时正处于改革开放后的高速发展时期，百废待兴的状况还在继续，急于求成的情绪还比较普遍，对我国的实际国力考虑不够，因而当时对人才预测提供的数字一般偏高。现在应回过头来进行冷静的分析。其次，从当前林科大学毕业生供需状况分析，可以说基本上是持平的。这种持平既掩盖了边远地区林业基层人才需求并未满足的真相，也掩盖了经济发达地区条件好的单位大学生堆积过多人浮于事的实情。一些大学生正在干只需要中专生就能干的事，这不能不说是一种浪费。但这样的问题不是靠扩大规模能解决的，而要靠思想教育及政策调动。最后，从现在到2000年国民生产总值要再翻一番，必然要求投入更多的人才资源。但人才数量的增长速度应低于产值的增长速度，要更多地着眼于提高劳动生产率及人才利用率。因此，从林业建设的现状及发展前景来看，当前保持稳定的办学规模，到“八五”后期以后再适度增长的做法是可行的。

二、林业高等教育的布局

在全国各大区及重点林业省(区)设置独立的高等林业院校和在一般省(区)的农业院校中设置林业系(院)，这是中国林业高等教育布局的特色和优点。

当前林业高等教育共有11个独立的林学院校(其中部属6个，省属5个)，19个在农业高等院校中的林业系(院)，分布在全国27个省、直辖市、自治区(缺青海省和天津市，台湾省的未计在内)，从总体来看，应该说是分布均匀(比苏联、美国都更均匀一些)，符合我国林业生产地区性差异大的特点的。但如果从这几年办学的实际问题去仔细分析，也还可以看出一些问题。一是局部地区(如华北、华东)办学显得过于密集，地方办学的升级实际上限制了一些老校的发展空间，降低了办学的规模效益。二是独立的林业院校过多，加深了当年学习苏联进行院系调整时造成的一些高校专业面窄、综合性弱的缺陷，不利于人才的培养。一般省(自治区)的林学系设在农业院校内，在加强基础、沟通与农业系科的联系和提高办学的规模效益等方面都有好处。所以在一般情况下，没有必要再从农业院校中分离出规模较小的独立的林业院校来。上述存在问题实际上都是和高等教育的管理体制上的条块分割的缺陷密切相关的。这个问题仍是今后需要调整的一个大问题。

三、林业高等教育的专业结构

我国的林业高等教育采取分专业培育人才的方式，这是和原来运行的计划经济体制相适应的。经过了多年的演变和发展，形成了目前执行的六大类(林学基础、营林、资源环境、森林工程、林产加工、经济管理)20 种专业的林科专业科目，其中的林学基础类 2 个专业实际上至今尚未招生。与世界上其他几个主要林业国家相比，我国林业高等教育的专业结构比较复杂。专业划分的细致程度不但超过了日本和联邦德国等林业发达国家，而且还超过了林业大国苏联，而与美国的专业选择重点(option 或 emphasis)相似。当然我国林业教育的专业覆盖面与美国的不尽相同，我们有许多自己的特色，如有经济林专业及治沙专业；包容了水土保持教育等，反映了中国林业复杂的任务和内容的特色。但我国林业教育的专业划分不但过细，而且过死，这和美国的专业选择可随需变换是很不相同的。随着我国经济体制改革的不断深入，市场调节因素不断增长，严格按现行专业框架培养人才显示出了一定的弊端，表现为培养的人才专业面太窄，适应性不广，专业的比例结构经常跟不上人才需求形势的变化。我认为，在中国的现实条件下，按需设置专业，按专业培养人才的做法还是必要的。但除少数特色专业外，大多数专业的面必须拓宽，允许专业间的交叉渗透，建立起可从一种专业向与其相近似的专业快速转移的机制，以适应人才需求的变化。当前在一些学校试行的按系招生、高年级时按需分流的做法(如北京林业大学的经济管理学院)，是有前途的，还应继续推广。专业结构还有一个专业布点和布局问题。一些宽口径的需求多的专业(如林学)可广泛布点，而一些窄口径、需求少的专业应当集中在少数条件好的重点院校办。当前有些院校存在着盲目扩大办学的专业面，追求小而全的倾向，致使某些专业(如森保、园林)不必要地布点过多，布局不合理，还是应当予以控制调整的。

四、林业高等教育的层次结构

林业生产建设需要不同层次的专业科技及管理人员，这在各个国家都是如此。应该说，由于我国的科技和文化较为落后，教育经费又不充裕，因此对专业教育要有一个合理的层次结构的要求更为迫切。合理的层次结构是提高办学效益，使教育适应社会主义建设需要的重要基础。在林业教育的层次结构中需要处理好 3 方面的关系：高等林业教育和中等林业教育之间的关系；研究生教育和本科生教育的关系以及本科生教育与专科生(大专)教育的关系。

当前高等林业教育与中等林业教育在校人数比例约为1:1.1。考虑到我国当前林业生产发展水平还比较低，中专生是林业科技人员宝塔的基础，大量的基层林业生产单位(包括4000多个国营林场、27000多个乡级林业工作站，17万个乡村林场等)的生产第一线的技术工作应主要由中专生去承担，就是县级林场以上的管理单位也应有一定比例的中专生。联合国粮农组织对发展中国家的林业教育的看法也非常强调发展中等林业教育这个层次。一般认为中专生与大学生的比例保持在3:1左右比较合适。看来，目前我国的林业教育层次结构的重心偏高，在一定时期内应控制林业高等教育规模，而重点发展中等林业教育，使中专生与大学生比例调整到2:1左右为宜。

我国的林业高等教育中的研究生教育起步较晚，但80年代中期曾有一个快速发展的阶段。当前研究生在校人数相当于在校大学生人数的3.1%，这无论与国际上的林业教育相比，还是与国内其他行业的教育相比，都是偏低的。研究生教育层次的发展反映一个国家的科技水平，当前我国的林业研究生比例是反映了我国的国情，基本上能满足当前的需要。但今后随着我国林业科技发展水平的进一步提高，必将对高校师资、科研人员及生产管理指挥人员提出更高的要求，研究生教育层次必须要有新的发展。为顺应这个发展趋势，研究生的培养目标还要从单纯的学术型(教学科研型)向工程型、管理型的方向扩展，在培养数量上也应在“八五”后期至2000年期间有个较大发展(提高到在校生人数的6%的水平)。在研究生中，目前博士生的人数太少，仅占在校研究生总数的7%。为适应林业科技发展的需要，达到自力更生培养高级林业科技人才的目标，到2000年，博士生的培养数量也应有较大的增长。

在高等林业教育中，四年制的本科生和二或三年制和专科生之间的比例关系应如何确定，一直是有争论的。因为这个问题和本科生与中专生、全日制与成人教育的关系相交叉的。大专生与中专生的适宜工作岗位有不少是重叠的，许多中专生又可以通过函授、夜大学等成人教育途径也达到大专或本科水平。因此在总体上我认为，在当前我国林业科技及教育发展的水平下，在强调重点发展中等林业教育的同时，就不必过分强调发展大专层次的比重了。一些广口径专业可适当办大专层次教育，一些窄口径专业则不一定要办大专层次教育。目前在校林业大专生占全部在校大学生的21%(预计毕业生占33%)，这样的比例可在一定时期内继续维持下去。

五、人才思想政治素质的培养在林业教育中的重要地位

在社会主义的中国，林业高等教育也和其他行业教育一样，必须为社会主义现代化服务。要培养德、智、体全面发展的建设者和接班人，必须把德育放在首位，加强思想政治工作，培养出忠于社会主义事业、忠于祖国和人民的一代新人，这是近年来从正反两方面经验中总结出来的所有高等学校的共同努力方向。除了这个共性任务以外，林业高等教育对培养人才的思想政治素质还有其特殊要求。由于林业是一个艰苦行业，大量基层单位都分布在边远的，自然条件较严酷、经济发展较落后的地区，又

由于林业是一项涉及长远利益的事业，相当一部分群众(包括部分领导)限于文化知识水平及重视眼前利益的倾向，对林业没有正确的认识，容易对它轻视或忽视。在这种情况下，对一个林业工作者的思想政治素质又提出了更高的要求。我们要培养他们具有让“黄河流碧水，赤地变青山”的崇高理想，具有“宁苦我一人，幸福全国人”的奉献精神，具有长期在较艰苦的环境下从事工作的坚强意志和毅力，还要具有乐于和善于和人民群众打成一片的工作作风。绿化祖国的事业是千百万人民群众的事业，未来的林业工作者要善于和人民群众相结合，既要向人民群众学习，又要善于组织群众，帮助群众掌握林业科学技术，去共同完成国家林业建设的艰巨任务，不能想象一个把个人利益奉为至上的人，一个时时处处讲究吃穿和个人生活享受的人，一个孤芳自赏、脱离群众的人能成为一个很好的林业工作者。因此，林业高等教育必须真正落实德育首位，把思想政治工作贯穿到整个教育过程中去。

六、教学、科研、生产实践三结合是办好林业高等教育的重要途径

林业既是一个艰苦的行业，又是一个实践性强的行业。我们要培养的林业工作者既要有坚定正确的政治方向和乐于奉献的思想情操，又要有坚实的林学理论知识和从事实际工作的能力。经过多年实践，只有通过教学、科研和生产实践的密切结合才能培养出符合要求的人才。北京林业大学水土保持系师生近十年来在宁夏自治区西吉县长期从事水土流失综合治理结合扶贫的工作，取得了显著的成效。这项工作不仅使西吉县人民群众的生产和生活有了很大的提高，科研取得了丰硕的成果，而且还锻炼了师生。特别是一些青年教师和学生，从这项工作中亲身体会了真正的国情和人民群众的需要，端正了自己的专业思想，提高了学习和工作的积极性，也增强了实际从事水土保持工作的能力，收获是全面的、巨大的。类似这样的例子还有许多。针对当前大学生中比较普遍地存在着脱离实际、脱离工农的倾向，实行教学、科研、生产实践三结合的做法，实在是一剂良药。当然在组织三结合的活动时，还要掌握好一些关键环节：首先是三结合的地点和任务性质要选准，要符合培养人才的多方面的要求；其次是任务大小及各项活动量的比例要适当，既要保证系统理论教学的完成，又要使教学和科研、生产真正有机地紧密地结合；最后，还必须为三结合活动创造一些基本的物质生活及教学科研活动条件。在三结合活动中，教师在思想政治工作及业务工作中的主导作用的发挥是这项活动能否成功的关键，必须在组织师资力量及计划安排活动中予以充分的保证。

以上从 6 个方面扼要阐述了如何办好有中国特色的林业高等教育的一些基本看法。真正把中国的林业高等教育办出特色来，使之能充分地满足社会主义林业建设的要求，并在世界上占有较高的地位，还有待于广大林业教育工作者的实践努力及创造性的工作。

沈国舫

走向 21 世纪的林业学科发展趋势和高等人才的培养*

林业教育在世界上已有 200 多年的历史，而在中国则只有 80 年左右的历史。在这个 80 年中，特别是在它的后 40 年中，中国的林业教育取得了快速的发展，不但在办学的规模上，而且在学科体系的建设、学术研究的深度和培养人才的质量方面，都在迅速向国际上的先进水平靠拢，而且在某些局部显示了中国自有的特色。当然，不能否认，目前中国的林业教育水平与国际先进的林业教育水平相比，在总体上还是有差距的。展望在科技以突飞猛进的速度发展的 21 世纪中，这个差距有可能再扩大，也有可能缩小以臻消除，关键在于我们能否把握好形势，认清方向，付出努力，脚踏实地地去做工作。正是在这个意义上，我们要在如何适应科技迅猛发展形势做好林业人才培养方面作一番探讨。

一、林业的位置及其变化

一般认为，林业是大农业的组成部分，与农业中的种植业相似，只不过林业的种植对象是木本植物。这种认识迄今仍可基本上得到认可，但已经显得不很全面了，问题在于林业的范畴和内涵在近一二十年正在发生着明显的变化。

林业，顾名思义，是培育、管理和利用森林的事业。20 世纪以前的传统林业是以木材生产为中心的，还有些其他内容，但比重不大。在 20 世纪内，林业正沿着三个方向加速发展。一个方向是仍继续以木材生产作为主要经营目标，但其培育走向定向化、集约化，管理走向科学化、系统化，利用走向高效化、深层化，展示了可以从有限的林地面积生产出大量多样的木材制品（包括纸产品）以满足人类物质和文化的需求的前景。第二个方向是培育、开发和利用森林中除木材以外的其他物产资源。这原来也有一些传统的利用方式，但现代科技的发展使得这方面的利用方式

* 本文来源：《中国林业教育》，1995(4)：13－17.

得到了日新月异的发展，无论在广度上还是在深度上都与过去无法比拟，因而已经难于用林副产品利用来加以概括。这方面的资源利用门类繁多(包括干果、鲜果、浆果、茶叶及其他森林饮料、桑柞蚕、油脂、松香、树汁、橡胶、生漆、栲胶、紫胶、森林蔬菜、食用菌、药材、调料、香料、花卉等等)，而且这张单子随着人们对自然认识的进步还在不断延长。正像近年对杜仲、银杏、红豆杉等的开发进展状况所表明，每年都可能有新的资源被认识，被开发利用，然后新的一套培育和经营方法跟进，为满足人类需求作出更大的贡献。第三个方向是研究认识和发挥利用森林所具有的各种公益效能。这个方向在20世纪下半叶取得了巨大的进展，使得人们对森林的防风固沙、保持水土、涵养水源、净化大气、美化风景等公益性功能有了越来越深入的理解，对森林是地球上生物多样性的最大宝库和生物圈中维持大气成分平衡的最基本的因素也有了一定的认识。可以毫不夸张地说，对森林作用的认识，或称为绿色意识，是20世纪后期人类的生态觉醒的主要组成部分。正是在这样的认识基础上才产生了自然保护区网络的设置，大规模防护林体系的建设、大量森林公园的设立和经营、城镇绿化步伐的迅速推进等一系列规划和行动，而这些行动反过来又推进了相应学科的快速发展。

在以上林业的三个发展方向中，第三个方向是分量最大的发展方向。到了20世纪80年代以后，许多学者，特别是在发达国家，已经把森林的公益性效益放在森林的经济效益之上，成为培育和经营森林的主要目的。到了90年代，在联合国环发大会的推进下，森林问题已成为世界性的资源和环境问题的一个重点问题。这样林业的地位就从大农业的一部分演变为跨越大农业和资源环境事业的重要行业。在一个自然资源日益枯竭，生态环境日益恶化的世界上，林业几乎是唯一的既能改善生态环境，又能生产可再生资源的特别产业，从而在未来世界上将占有越来越重要的地位。

二、走向21世纪的林业及其学科的发展趋势

纵观20世纪林业的发展演变，参考总的科技发展趋势及相邻行业的发展方向，可以看到在走向21世纪的发展中林业及其学科的几个发展趋势。

1. 在全球人口压力继续增大的形势下，森林资源的总量下降的趋势暂时还无法逆转，森林资源相对于需求的亏缺将越来越严重，实际上对留存的森林的单位面积功能效益的要求将越来越高。森林的可持续发展已经成为并将长期成为对林业经营的核心要求。为了满足这个要求需要做多方面的努力，其中很重要的一方面就是如何掌握好森林发生发展的科学规律，利用高新技术和传统技术的结合，更充分地发挥林地及林木的生产潜力，提供优质产品，并以更优化的结构和配置来得到更高效的功能发挥。

2. 在一个处于发展中阶段的国家里，解决环境与发展矛盾统一关系有相当的难度。林业是一个兼有物质生产功能和公益环境功能的双重性行业，在我国这个行

业中公益性林业的比重必将越来越大，这种服务于全社会的公益性林业理应受到政府和社会的广泛支持。但在林业行业内部也必然要摆好公益性林业的建设和林业经济效益追求这两者之间的关系，在可能的情况下要使两者更好结合起来。森林的分工经营和森林的多功能综合效益的发挥两个方向同时并存、相互渗透，在主导分工的定向基础上对森林资源实行全方位的培育、保护和综合开发利用必然会摆在越来越突出的地位。

3. 林业越来越成为区域性开发治理，特别是山区和沙区的综合开发治理中的重要环节，因为发展林业既是减灾防灾的重要手段，又是兴业致富的重要门路。在这方面，过去仅仅从单个行业的角度，或者局限于林分层次来探索三大效益的发挥已经是大大的不够了。必须提高到景观和流域的层次上来合理组织林业与其他事业（农业、牧业、水产、水利、旅游等）的优化配置和复合经营，追求经济、生态、社会的最大综合效益，这将成为作为国民经济的区域发展战略的重大课题。林业学科的行业性限框将被进一步突破。

4. 森林在全球性环境保护和治理中的作用，将受到越来越大的重视。因此，将对森林在大气和水文等方面的宏观调控作用进行进一步的研究和监测，也将对森林与其他植被类型和地理景观（农田、草原、荒漠、水域、城镇等）的分布格局及其与综合功能效应之间的关系作进一步的探索，最终为寻求地球上人类生存环境的最佳配置模式打下基础。森林功能研究的区域性限框也将被进一步突破。

5. 林业的发展促进了林学的学科发展和体系构成。到本世纪末逐步形成的林学学科体系包含了森林培育（含林木育种、造林更新、森林抚育改造和经济林培育等学科）、森林环境整治（含水土保持、沙漠化治理、农（牧）区林业、城市林业、森林游憩等学科）、森林保护（含森林病害防治、森林虫害防治、林火防治、野生动物管理等学科）、森林资源管理（含森林资源清查、森林资源信息管理、森林经营规划与决策等学科）、森林利用工程（含木材采运工程、木材机械加工工程、纸浆造纸、林产化学加工工程、森林资源综合利用工程等学科）、林业经营管理（含林业经济学、林业统计、林业财会、林产品贸易及林业法规等学科）等六个模块。森林资源管理作为自然资源管理的一个重要分支，在林学体系中逐步形成了一个相对独立的模块，可以说是林学近期发展的重要成果。以应用生物技术来充实提高的林木育种、以区域综合治理开发及保护全球生态环境为主要目标的森林环境整治，以及与可持续森林经营相配合的森林资源综合利用这三个方向可能成为新时期的主要学科生长点。

6. 基础学科的发展是林学发展的主要依托。林学未来发展仰赖的主要基础学科是生命科学中的植物科学（含植物生理学）、遗传学和生态学，环境科学中的气象学、水文学、地质学和土壤学，工程技术科学中的生物工程、信息工程和新材料工程等学科。依靠这些学科的支持，林学学科在新世纪中加紧发展自己的一些应用基础，对树木的生态习性、生理活动和遗传规律，对从树木个体到种群、群落、生境、生态系统和地理景观的各个层次各个环节的自然特性和变化规律进行透彻的研究。应该看到，目前林学的基础研究是比较薄弱的，其发展是相对滞后的。这部分地是由于林学在我国的发展历史短暂，起步晚，力量弱；部分地也由于林业迄今所面对的任务繁重而使研究力量疲于应付，还来不及做一系列必需的基础研究积累工作。正因为如此，林学的目前状况在不少领域还处于经验积累阶段，知其然而不知其所以然，大大落后于农学和医学的基础研究水平。这种状况在新时期必须首先得到弥补，以减少林业发展的盲目性，增强其科学性。然而，林学在新时期发展更艰巨的任务还在于要紧紧跟上总的科技发展步伐，使我们对森林的认识能保持在基础科学的支持(包括理论上的、方法上的及仪器设备上的支持)所能达到的宏观、中观及微观(直到分子水平)的通彻水平。这意味着不能单纯用急功近利的态度来对待林学的发展，而要做大量的基础科学的学习、引进、消化、吸收工作以及大量的林学应用基础研究工作。只有在取得了对森林的完整深化的认识之后，才能保证人类社会与森林及整个自然界的协调发展，才能自由操纵(包括顺应)森林的发生发展为人类提供尽可能多的物质和精神福利，满足林业可持续发展的基本要求。

7. 高新技术的应用是发展林业科技的重要途径。面对日益严峻的资源环境形势及不断提高的社会需求，林业科技必须在科学的基础上，吸收利用高新技术，发展完善传统技术，把两者很好地结合起来，去迎接时代的挑战。展望对林业科技能起重要作用的新技术，主要有生物技术、信息技术和新材料技术等方面。生物技术将在林木的优势高产抗逆新品种的育成、森林主要病虫害的防治、森林生物多样的保护、部分林产品的深精加工和林产中特有物质(特别是天然药物)的开发利用等方面起越来越大的作用。如果说21世纪将成为充分利用日光能来满足人类社会需求的时代，那么通过生物技术的应用来成倍地提高林木的光能利用效率(从目前的1%~2%可望提高到5%~10%)，将能在有利于保护地球生态环境的前提下为人类提供清洁的能源和可再生的原材料等方面具有举足轻重的地位。信息技术的应用，包括其中的计算机数据和图像处理方面的新技术、自动化控制技术、遥感技术和规划决策技术等的应用，将渗透到林业从培育到加工到管理的各个领域，特别是在森林资源的清查、信息管理和规划决策等方面，将起到关键的作用。新材料技术将在以木质材料为基础的各种新型材料的开发和各种木基复合材料的研制等方面起指导作用。

在前述林业必然走向目标分工和综合经营并存互渗的道路上，以现代科学所提供的对森林的深化认识为基础，以不断扩大的高新技术应用和改进了的传统技术为技术积累，针对不同景观、流域或区域层次的治理开发需求及不同林种、树种的培育保护需求来组装林业应用技术，并随着总的科技水平的提高来不断充实和优化这些组装起来的成套技术，与相邻学科(如农学、水利)及其相应技术协同配合应用，以期在可持续的条件达到更高层次的森林生产力水平和综合效益水平，这仍将是21世纪林业科技发展的主要途径。

限于时间及本文的写作目的，上面对走向21世纪的林业及林学的发展趋势仅作了总体上的粗略分析，没有深入到林业的各个功能分支及生产环节。即使从这个粗略分析中也可看出，林业及林学在进入21世纪后的变化将是全面的、深刻的，而且是要有相当的智力和经济投入才能实现的。变化进步的目标能否实现将直接关系到我国在林业领域能否在21世纪真正站到世界的前列。

三、新世纪林业高等人才的培养

根据上述林业及林学的发展趋势可见，中国在新的21世纪的林业发展任务是艰巨的，不但要求有相当大量的高等人才，而且对人才的素质，包括其知识结构和能力水平，都有很高的要求。

1. 按照比较现实的发展速度估计，至少到21世纪中叶之前，林业基层所处的大部分地区仍属于交通不便的边远地区，林业工作仍属于一种艰苦行业，林业的现实经济收益，与同时期的其他行业相比，不可能很高，而林业所追求的服务目标，更着眼于公众的长远利益和子孙后代的利益这样的高尚目标。所有这些都要求新一代的林业工作者仍然要发扬老一辈的艰苦奋斗的传统，树立正确的人生价值观，具有真诚的奉献精神、较强的意志力量以及较好的体魄条件。

2. 林业的范围扩展和内涵深化，要求林业教育的培养面必须拓宽。现在的林业教育，除了营林和森林工业的本底外，已经包括了水土保持、沙漠治理、野生动物、经济林木、花卉园艺和和风景园林等相关领域，其覆盖面实际上已经超过了林业的行业范围。历史证明这种超越行业范围的覆盖面是合理可行的，是符合教育改革的潮流的。展望到21世纪，林业高等教育的覆盖面还应继续向环境科学及环保事业倾斜，扩展有关自然环境监测、区域综合治理、自然保护和森林游憩等方面的培养方向(有的已有试点，但还很弱)。在办学方面，林业部门应与农业部门、水利部门、环保部门、城建部门进一步加强合作，着眼于提高办学的整体效益，弱化事业管理部门的条条框架。今后应不再分设单科的林业院校，而对已分设的林业院校也要分别具体情况加以改造，或扩展其专业覆盖面，或与其他院校实行不同层次的联合办学甚至合并。

3. 如前所述，未来的林业工作的涉及面越来越宽，针对这个扩大了的服务面适当增设几个急需的缺档专业是可以考虑的。但为了克服当前专业划分过细(在全世界最突出)，培养出来的人知识面太窄的缺陷，也可按需扩大原有的专业口径，或把近似的专业合并，或按大专业(系)招生随人才市场灵活变动内部的培养侧重面，不要单纯去追求院系多、专业多的表面效果，在众多的专业中必须保证适应面广的基本专业，如林学专业和水土保持专业，有生存和发展的空间。要改变某些用人单位沿袭老的计划经济的传统按窄专业的口径录用人才的状况，鼓励宽专业的人才去适应更广阔的人才市场。学校中的人才适应性培养要与企事业单位的上岗前培训更好地结合起来。

4. 鉴于21世纪林业所面向的任务的广泛性和复杂性，林业工作者应具备较宽的知识面，这不仅是指要有较扎实的基础科学知识(数理化及生命科学、环境科学方面的基本知识），也是指应掌握较宽的林业行业覆盖面内（从培育到利用的不同生产及服务方向）及有关相邻行业的基本知识。近一二十年来迅速发展的生态学知识应该成为这个知识结构的核心。对于宽面专业的学员来说，这种宽面知识结构的需求是自不待言的。就是对于专业面窄的学员，也应要求他们对林业整体所面临的形势、任务和发展战略有较充分的了解，以利于将来不同专业的人员协同工作，联合解决区域开发治理乃至全球变化调控等大问题。林业工作者还应在掌握林业传统技术的同时，了解以生物技术为中心的高新科技的发展动向，并学会几项与本专业有关的可用新技术，如分子生物学的某些分析技术、遗传工程的某些操作技术、计算机数据及图像处理中的某些新技术以及某些新材料新工艺的应用技术等。要善于把高新技术和传统技术结合起来，去解决提高森林生产力移森林综合效益的关键问题。

5. 新世纪的林业工作者应具备较强的治学及工作能力，这正是当前林业教育的薄弱环节。对于一个高等林业科技人员来说，像植物—树木的分类识别能力、森林立地环境的分析判断能力、测绘成果使用及遥感像片的判读能力、科技资料查询综合能力、一般仪器仪表的使用能力、普通林业机械（包括汽车和拖拉机）的驾驭运行能力等等，本应是看家本领，但对目前一些大学生来说，却还掌握得不好。这是长期只着重书面知识的传授而忽视能力的培养和缺乏必要的支持条件的不良后果，在走向新世纪的发展过程中，这种状况必须彻底改变。除此以外，还要再加强语言文字表达能力、外语交流能力、计算机操作能力、统计分析及经济核算的能力、人际关系处理及组织群众工作的能力、自学提高及进行科研的能力等方面的培养，以适应2 l世纪更加快速发展、更加对外开放、更需要协同共事的林业工作环境。

6. 新世纪的林业教育应当有适当的层次结构，以适应新时期林业工作对不同层次人才的需要。从中国的实际情况出发，普及义务教育的实现还需有个过程，包括4 千多个国营林场、3 万多个县乡级林业工作站及17 万多个乡村林场在内的林业基层仍需大量实用性的专科（中专、大专）人才，中等专科人才的培养比例还应继续扩大（达到2:1），然后再通过函授、夜大学、电大等学历教育方式为他们提供向高等人才过渡的途径。鉴于21 世纪的林业工作的科技含量提高，复杂性增强，对研究生教育提出了更多的要求，要培养有足够数量的高层次林业科研、教育、工程技术及指挥管理方面的人才，林业研究生教育的比重及其中的博士生比重都应有较大幅度的提高。

沈国舫

在一片“废墟”上建设一所全国重点高校*

——忆北林回迁北京后的奋斗历程

北京林业大学(以下简称北林)的前身北京林学院从20世纪60年代起就是一所全国重点高校。“文化大革命”中北京林学院受到了严重的摧残：停课搞运动，被迫迁至云南，师生们3年多的颠沛流离(1969～1973年)，图书、仪器在千里运输中的严重损失，更名为云南林业学院复招后的勉强应付，一所好端端的重点高校已经变得不成样子。所幸的是我们师资队伍中的骨干力量还在坚守岗位，他们忠于林业教育事业，并盼望着学校有朝一日东山再起。

粉碎“四人帮”后开始了拨乱反正的进程。在1978年全国科学大会的春风吹拂下，北林要回迁北京办校自然就提上了议事日程。如果不回迁北京就办不成一所全国重点高校，这个很明显的道理在当时要得到理解并付诸实施也不那么容易。这个过程充满着曲折和艰辛。学校回迁成为事实，我们看到的原北京林学院校址却已是满目疮痍，令人心酸。北林校园已经在“文革”中被瓜分了，连对校园土地的控制权也已丧失了。尽管当时已经明令禁止占用搬迁的高校校园，但命令并未得到完全执行，对农林院校的歧视心态仍未清除，占用者的既得利益仍起着重要作用，有一些“交易”就是在学校回迁前夕作出的。偌大一个校园内我们当时能使用的房子仅仅是专业楼和教室楼(现信息楼)的一部分以及一号、六号学生宿舍和一些平房而已，其他房舍都被别的单位占用了。

1979年，几百户教职工和几百名在云南已招收的学生迁回北京，在居住、教学用房等方面都遇到了困难，实验设备、图书资料更是无法安置。复校的难题就这样摆在了学校领导和全体师生面前，是迎难而上还是知难而退？大家都作出了积极肯定的回答：我们不仅要复好校，还要把北林重建成一所名副其实的全国重点高校。当时与南京林学院和东北林学院等兄弟院校相比，虽然我们北林处于明显的劣势，但我们不甘落于人后，仍要争得林业教育“领头羊”的地位。我本人就是在这种情况

---

* 本文来源：《中国林业教育》，2002(5)：5－7.

下被选入北林的领导集体：1980 年被选为院党委委员，1981 年被任命为主管教学的副教务长，1984 年任副院长(即 1985 年后的副校长)，1986 年任北京林业大学校长、党委常委。直到 1993 年离开校长岗位，我与大家一起为恢复重建北林尽了自己的一份力量。

在一片“废墟”上要重新建设一所名副其实的全国重点高校，需要做全方位的努力，其中最重要的是校园土地产权的回收，学校房产的回收和扩展，仪器设备的补充和更新，师资队伍的强化建设以及教学科研水平的提高。以下是我自己亲身经历的一些事实和情况，作为一段历史的记录，供后人了解，并从中吸取经验教训。有些历史纠纷虽已得到妥协解决，况且与这些兄弟单位之间的纠纷也不必再去论个是非，但历史毕竟是历史，仍应以其本来面目出现。

复校工作中遇到的最严峻的问题莫过于我们已经失去了对校园土地的控制权。校园土地产权落在了从怀柔迁进北林校园的环境化学研究所(后演变成生态环境研究中心)为代表的中国科学院手里。北林没有自己校园的土地产权，就不能在其上正式盖房子，也不享有其上已被占用的房屋的产权。如果不取回这些产权，北林将永无翻身之日。北林回迁北京是中央正式批准的，但土地产权问题却拖而不决，因为对回迁政策有不同的理解，也因为与占用单位的既得利益有关系，因此就引发出了几次抗争。北林部分师生为了阻止一些单位要利用学校大操场来搞基建而进行了卧地阻拦斗争，部分师生与正在使用林业楼开办研究生院的中国科技大学(现为中科院研究生院)进行了占房抗争，部分师生也为了阻挡在我校园内的树木园区域建设中科院半导体所及其附设变电站而发生了抗争活动。我本人也曾直接上书中央纪检委控告中科院强占北林校园土地的不公行为。经过这几次抗争之后，在中央的调停下我们与各方达成了妥协的决定：操场上不再搞基建，科大研究生院迁回复兴路的原址办学而把林业楼还给北林，环化所由北林从苗圃划出 70 亩地供其重建而把原占房及校园地权交还北林，而占用树木园建设的半导体研究所终于成为事实而无法改变。总之，经过这些交涉和抗争，我们北林争回了大部分土地权和全部房产权，到腾出最后的占用房(工厂区)花了将近 10 年的时间。最可惜的是，我们一共损失了将近 300 亩的校园土地，对学校后来的扩大规模及校园建设留下很大的障碍和遗憾。

房舍问题是回迁后办学中最困难的问题。大部分原有房舍被占用，而新盖房又因为没有土地产权而不能进行。所幸的是，同属农林系统和教育系统的原占房单位中国农科院作物所和蔬菜所以及清华大学和北京大学比较快地把占用的森工楼和一些宿舍房退还给北林，在一定的程度上缓解了燃眉之急。地震大队占用的专业楼部分房子也较快地还了回来。但房子还是大大不够用，没有别的办法只能在校园的空地上搭建大批简易木板房作为居住、办公甚至教学的临时用房。学校内出现大片板房的“奇观”延续了好多年，林业楼前作为教室用的木板房直至 20 世纪 90 年代初第一教室楼建成后才最后拆除。为了解决学生住宿用房，我们还采用了加固同时加层的办法把学生宿舍 1 ~ 5 号楼由 3 层改建为 5 层，大大缓解了学生及单身职工的住宿用房。为了较好地解决住房问题，我们一方面利用临建板房，另一方面加紧交涉和抗争。最先争回来的是林业楼，最后争回来的则是环化所占用的基础楼和工厂区的房子。同时我们也在积极争取收回地权以便盖新房。除了在西家属区盖新的宿舍用房外，还先在没有地权争议的东区(原为蔬菜所的菜地)盖了外语楼和北林宾馆，然后又盖起了图书馆和第一教室楼。后来，我们又经过了竭力的争取，得到了当时林业部的支持，1990 年动工兴建了建筑面积达 2.5 万 m^2 的教学主楼，教学主楼在 1992 年北林 40 周年校庆时基本完工，1993 年夏正式进楼办公。至此，北林恢复建校在房舍方面才告一段落，搭起了一个像样的全国重点高等学校的架子。

在解决土地和房舍问题的同时必须把办学的水平提高上去，而仪器设备问题成为了首先遇到的突出矛盾。这不仅是因为北林的原有仪器设备经过长途搬运遭受了巨大损伤，而且六七十年代正是国际上科学技术迅猛发展的年代，北林的原有仪器设备大多已过时老化，急需添置新一代的仪器，以赶上国际上前进的步伐。这时，北林碰到了一个极好的机遇，实际上也是中国采用改革开放政策的必然步骤，我们得到了世界银行农业教育贷款(是国家包还的软贷款)的支持。当然能使用上这笔贷款也不容易，我当时具体负责此项目工作，深知工作的艰辛。当时我们并不熟悉世界银行运作的特点，也不了解世界上先进仪器设备的行情。在当时农业部世行贷款办的协调下经过了几轮艰苦的谈判，接待了多次世行评估团的评估，完成了大量的执行方案的编制工作之后，我们终于取得了世行贷款的使用权。前后两期世行贷款，加上举办外语培训中心的贷款，共约 700 万美元，这在当时可是一笔很大的数目。利用这笔贷款，我们在仪器设备方面集中办了几件大事：建立了计算机中心、仪器分析中心、显微技术中心 3 个为全校服务的中心实验室和外语培训中心语言实验室，不仅为之购置了当时最先进的计算机、各种分析仪器、电子显微镜、语音设备等高档仪器，而且还在房舍很困难的条件下为这些设备提供了适当的房屋并进行了较好的装修。在集中装备中心实验室的同时，也利用贷款和配套资金兼顾了解决各学科急需的一些仪器设备购置。在 20 世纪 80 年代中期这短短几年里，北林所拥有的仪器设备更新换代，焕然一新，在价值上成十倍地增长。这些仪器设备不但为北林的教学科研上一个新档次提供了物质基础，而且装备一新的实验室的现代化面貌在林业高校中率先出现，也确实对北林全体师生在精神上起了很大的鼓舞作用。

办好学校的关键在于有一支高素质的师资队伍，这是最明白不过的道理。北林以拥有一支较强的师资队伍而著称于林学界，但这支队伍当时无论在年龄结构上还是在知识结构上已经开始老化，一方面急需自我提高，另一方面也急需补充新鲜血液。我当时在班子中分工负责师资工作，就在 77 级、78 级学生毕业之际曾经作过一个师资培养规划，然后逐步实施。很明确，当时我们的目标就是要建设一支具有现代水平的老中青相结合的高素质师资队伍。针对当时的具体情况，着重要求我们提高教师的外语水平，掌握国内外学术动态，并努力做好教学和科学研究工作。为此，我们为原有教师办了不少各类培训班，特别是利用我校开办农林院校外语培训中心（全国仅有两个，另一个在华中农业大学）的有利条件，对大多数教师进行了外语培训。我们还利用世界银行贷款，从各学科抽调精干人员以考察团或访问学者的名义派出国外考察和培训。这批教师后来绝大多数都及时回校工作，在各个学科中发挥了很大作用。另一方面我们又从 1982 年开始选择优秀毕业生，留作师资，对他们也进行了各种培养活动，包括老教师一对一的帮助，在职攻读博士学位以及送出国读学位等。这批年青教师中有一部分及时学成回国，发挥了很好的作用；但也有一部分滞外未归，这对学校当然是个损失，但从执行国家的“来去自由”的政策的长远目标来看，这部分人还是可以从另一途径发挥作用的。我作为选送这些年轻人出去的校领导，对此虽不无遗憾，但也只能从中接受经验教训。加强对青年教师的爱国主义教育，重视改善青年教师工作和生活条件，再加上必要的感情投入，对一些学科建设良好的梯队起了好的作用。除了利用世行贷款之外，我们在一些引用外资项目中也开展了促进师资队伍培养的工作。其中作用最显著的是日本协力事业团（JICA）的黄土高原培训中心项目。这个项目差一点就被 1989 年“6・4”风波以后形成的对我国不利的国际形势所冲掉，是我们尽了最大的努力，争取到了日本一些明智人士的理解和信任，总算把这个项目拿下来了。这个项目由于资金充足，目标明确，紧密结合中国实际，为水土保持教师队伍的建设起到了突出作用。

一支良好的师资队伍必须在一定的学科范畴中发挥作用，学科建设要靠师资队伍集体功能的发挥。北林是以建设成一个名副其实的全国重点高校为目标的，对一些学科自然提出了很高的要求：必须有比较完整的老中青结合的梯队，必须实施教学科研两个中心的战略，必须能站在国内本学科的前沿，必须有突出的教学和科研成果。重点高校不是自封的，必须得到同行的认可，而一个学科被全国同行认可处于领先地位，必须有实实在在的成绩。北林在回迁后艰难的恢复重建过程中充分认识到学科建设的重要性，并做了大量工作以提升一些骨干学科的学术地位。我们鼓励组织各学科教师进行教学研究，编写通用教材，提高教学水平；我们组织各学科教师积极申请并参与科技攻关课题研究及自然科学基金课题研究，并取得成绩；我们也组织各学科教师建好实验室和实验基地，为教学科研提供良好条件。工夫不负有心人，经过一段时间的冲刺，北林逐渐从刚回迁时的劣势中解脱出来，许多学科成为了硕士学位和博士学位授予点，科研成果奖从 20 世纪 80 年代初的低沉期转入大量丰收期，并连续得到了多次大奖（部省级一等奖、国家级二等奖以上），在教学研究及教材建设方面也获得了几次大奖。值得指出的是，到 20 世纪 80 年代后期和 90 年代，北林在林业院校中成为院士数量最多、国家级重点学科最多（水土保持、森林培育和森林经理 3 个）和获科研大奖最多的学校。至此，北林这个全国重点院校才算达到了名副其实的标准。

回顾往事，这些成就来之不易，展望未来，新的形势和要求也非常紧迫。北林回迁到北京已经有 20 多年了。我在这里所回顾的主要是前一半的历程，那是一个在“废墟”上恢复重建一所全国重点高校的过程，虽有闪闪光辉，但毕竟已成过去。今天我们面临的是更好的发展机遇，更大规模建设，更高的时代要求。相信北林新一代的领导班子有能力带领全体师生员工，在过去已经取得的成绩的基础上，攀登更高的高峰，取得更加辉煌的成就。

中国工程院副院长、北京林业大学原校长　沈国舫

关于森林培育学教材建设的一些历史回顾*

森林培育学是林学的骨干学科，是研究所有森林(包括天然林和人工林)从无到有、从小到大整个培育过程的学科。“森林培育学”，原来称为“造林学”，实际上比原来“造林学”有所扩大和更新，并与德语中的 Waldbau、英语中的 Silviculture 和俄语中的 ЛеСОВОЛСТВО 相对应。关于森林培育学与造林学在字源上及内涵上的异同，我在 2001 年新版《森林培育学》教材的绪论中有过详细介绍。我们可以把“森林培育学”看做是对原来“造林学”的继承与扩展。

森林培育学是一门生产应用学科，它的发展与森林培育生产事业的发展紧密相关。得益于工业化的先行发展和科学技术的快速发展，欧洲发达国家在规模化的森林培育工作方面走在了世界前列，森林培育学的教材也首先于 18 世纪在欧洲出现。一直到 20 世纪初，欧洲在这方面的发展始终处于领先地位。到了 20 世纪，美国和日本等国在经济和科学技术方面的崛起才使森林培育学在其他大陆也迅速传播和提高。中国由于长期受半封建、半殖民地社会制度的束缚，在 20 世纪之前科学技术发展滞缓，作为林学主要分支的森林培育学的发展也不例外。直到 20 世纪 30 年代后，才有留日、留美归国的陈嵘先生编著的《造林学概要》和《造林学各论》问世(1933 年)。1946 年，曾经留德的郝景盛先生也编著了一本《造林学》。他们可以说是为我国森林培育学发展作了奠基工作。值得一提的是，郝景盛先生曾担任过北京林业大学的前身——北京大学农学院的教授。1950 ~ 1951 年间，我在原北京农业大学森林系上学时曾听过郝景盛先生为我们讲的育苗课。在 20 世纪 50 ~ 60 年代陈嵘先生担任中央林业研究所所长期间，我也曾多次得到陈嵘先生的教诲。

我国森林培育学的大发展是在 1949 年中华人民共和国成立后才开始的。一方面是建国后林业生产事业的快速发展、大面积造林绿化工作的开展成为森林培育学迅速发展的事业基础，另一方面科学技术事业的发展和大量建设人才培养的需求又为森林培育学的迅速发展提供了良好的环境。借鉴和吸收西方林业发达国家(含前苏联和日本)的森林培育学理论和知识，对我国森林培育学的发展起了很大的促进

* 本文来源：《北京林业大学学报》，2002，24(5/6)：280 - 283.

作用。在20世纪50年代，一些老一代的留美学者，如时任林业部造林司总工程师的吴中伦先生(1980年当选为院士)和南京林学院院长马大浦先生，回国后积极活动，为森林培育学的学科建设和发展发挥了重要作用。吴中伦先生曾几次应邀到北京林学院授课，我当时有幸作为助教聆听过他带有浓厚乡音的精彩讲解。同时，20世纪50年代也正是我国大量学习吸收前苏联科学技术的年代。前苏联继承了俄罗斯的传统，又有丰富多样的森林资源，在林业科学技术方面是有独到之处的，当时在世界上也是有较高水平的。我国林业工作者在学习前苏联科学技术过程中先后翻译出版了前苏联的林学名著聂斯切洛夫教授的《森林学》、奥基也夫斯基教授的《造林学》和特卡钦柯教授的《森林学》等名著，大大开拓了我国林学家的视野，也学习和吸收了不少有用的知识。20世纪50年代中期，我国高教部又陆续邀请了一些苏联专家到中国来讲学，其中邀请了前苏联列宁格勒林学院林业系副主任布列奥布拉任斯基教授到北京林学院(北京林业大学的前身)进行为期两年(1955～1957)的讲学。他为一个研究生班和一个进修教师班完整地讲授了《造林学》和《森林改良土壤学》两门课，并带领完成了种子实验、课程设计、教学实习、生产实习、毕业论文(设计)等全部教学环节，为我国培养出一大批高素质的造林教学和研究人才，其讲稿后来由中国林业出版社以教材形式正式出版(1957年)。这本教材是我国建国后出版的第一本造林学教材，虽然它更多地介绍了前苏联的造林理论与知识，但对我国造林学科的发展也曾起到重要的作用。北京林学院后来逐步成为我国森林培育学科发展的重要基地与这段历史也不无关系。我于1956年留苏回国后立即担任了专家助手，在协助布教授完成所有教学任务的同时，自己也得到了很大的收获。

20世纪50年代学习吸收前苏联的林业科学技术，对我国林业科技的发展主要起了促进作用，但也有一些负面影响——在一定程度上存在着教条主义倾向。中国的自然地理条件和森林状况和前苏联有很大差别，森林培育的对象是活体，有些技术不能随便套用。我国林业生产的发展和林业人才的培养迫切要求我们有更加符合中国实际的本土教材。这件事在1958年起就开始着手进行，由林业部教育司组织了华东、华中协作组(以南京林学院为中心)和华北、西北协作组(以北京林学院为中心)，着手编写我国自己的林学教材系列。华东、华中协作组率先完成了这项工作的任务，以马大浦教授为首组织编写的华东、华中协作组教材《造林学》(当时不署作者名)于1959年正式出版。而华北、西北协作组编写的教材只部分地写出了初稿，却因1958年下半年政治形势急转直下，编书的教师立即与学生一起下放劳动，从而中断了编写的进程。下放劳动虽然于1959年夏结束，但政治运动接踵而来，直到1961年高教六十条出台，才恢复了正常的教学秩序。这时，林业部教育司根据形势要求提出要迅速编出一套全国通用的林学教材，这个任务立即落实到了北京林学院头上。我就是在当时这个形势下，受命以编写小组组长的名义组织本教研组一批教师编写全国通用交流讲义《造林学》，我主要负责编写第三篇及全书的统编工作，其他主要参编人还有梁玉堂、王九龄和宋廷茂等人。1961年正处于三年困难时期，在生活相当清苦的条件下，教师们的热情极高，利用前几年已经积累的部分初稿及调查研究所得，在不到半年的时间内完成了初稿，出版社的责任编辑(徐宏祥同志)采用驻点与编著者合作、用流水作业的方式快速完成了编辑工作，这本《造林学》书稿于当年就由农业出版社(当时中国林业出版社已合并在其内)正式出版(1961.8)。这本书反映了我国当时已积累的造林学方面的经验和成就，初步满足了当时培养人才的需求，在我国森林培育学科的发展史上具有里程碑的意义。

在全国通用交流讲义《造林学》出版后的几年，我们一方面听取各方面的反馈意见，另一方面自己也在不断积累新的研究成果和知识的基础上逐个章节地审读这本新教材，作进一步完善它的准备。同时我们还下大力气编写各个教学环节的指导书，汇总成集后在学校内部印刷发行。1963 年初夏，在林学各门课程的教材大致已出齐的基础上，林业部教育司曾在北京林学院召开了一个教材工作会议，与会人员包括了全国各地各门林学课程的主讲教师。当时马大浦教授带着吕士行同志也专程从南京赶来与会，并与我们(当时北京林学院的造林学教研室主任是富有实际生产经验的王林教授)共同探讨今后的造林学教材建设问题。当时认为可以由北京林学院造林教研组牵头来完善《造林学》教材，也鼓励其他院校编写地方性的教材。另外，当时就曾设想要编写一本大型的造林学树种各论，作为主要的教学参考书。1965 年，林业部教育司还组织了部分教师下到各个林区开展调查研究、收集资料的工作。记得当时造林教研组的王九龄和朱堃元同志去东北林区蹲点调研；而我和孙时轩、梁玉堂等人则到河北承德地区的林场进行蹲点调研，可惜这方面的努力不久就被“文化大革命”所打断，教材建设也进入了一个相当长的停滞期。

1973 年，北京林学院(当时迁到云南改名为云南林业学院)开始招收工农兵学员复课，为此需要编写一部适合当时环境及学员文化程度的新教材。我接受了教学任务，与梁淑群同志一起编写了一部讲义，在校内部印刷使用。但这时社会上对传播科技知识已有迫切的需求。我应那时在国内出版的唯一的林业杂志《林业科技通讯》月刊编辑部的邀请，总结了当时已积累的各方面技术经验，编写了长篇的《造林技术知识讲座》，以多期(从 1974 年第 10 期到 1975 年第 8 期)连载的形式发表，得到了多方面的好评。

“文革”结束后，沉寂十年之久的林业各界对科技知识的需求十分迫切。1978 年春，在全国科学大会的感召下，当时的国家林业总局在广东湛江雷州林业局组织了一次规模很大的全国国营林场技术人员的培训班，并邀请我到培训班讲授造林课程。为此，我广泛收集了当时能够到手的资料，包括部分国外资料(如国际林联大会的论文集等)，进行了分析思考，结合我国实际，写出了《营造速生丰产林的几个技术问题》的讲稿。培训班上的讲课取得了很好的效果，讲稿也由国家林业总局汇总在《林业发展趋势与丰产林经验》中发表。以上这些可以说是为新一代的森林培育学教材建设作了准备。

在“文革”结束前后，教材建设中的另一件大事是《中国主要树种造林技术》的编写。当时中国林业科学研究院的树木分类学家郑万钧教授(1955 年被选为中国科学院学部委员，即院士)已着意要组织编写一部《中国树木志》巨著，但他发现作为第一步，为了满足生产需要，还是先编写一本比较完整的主要树种造林各论为好，这与1963年我们的想法不谋而合。于是，在1976年，郑万钧先生以他的学识和威望，发动了全国各地数百名专家协作编写。在第一批初稿已完成的时候，郑先生召集了一大批编撰人员于同年8月先是在中国林业科学研究院院内，后因唐山地震而转移到南京林学院（当时名为南京林产工业学院）集中修改、编辑。由于初稿出自多人之手，水平、风格相差各异。因此，对统稿的要求很高。而这时集中来的20多名统稿者大多是全国林学界的顶尖人物，除主编郑万钧先生外，还包括南京林学院马大浦先生、福建的俞新妥先生、沈阳林土所的王战先生、中国林业科学研究院的萧刚柔先生、南京林学院的李传道先生等，我当时作为一名中年学者也积极参与其中，在南京一共工作了两个多月。这部书稿的文字量很大，内容涉及面也很广，对全书还要作进一步的集中统稿工作。经过商讨，郑万钧先生邀请我和山东农学院的许慕农同志作为他的主要助手完成此书的最后统稿工作。我们在1977年又集中工作了整整一个暑假，才把完整的书稿交到出版社，并于次年正式出版（农业出版社，1978）。这部巨著的出版也可以说是森林培育学教材建设中具有里程碑意义的事件。

"文革"结束，拨乱反正后，全国高校恢复高考招生。为此，教育部门做了各种准备工作。1977年冬，林业部在昆明召开了教育计划会议，制定了各专业新的教学计划，并提出了新的教材建设计划。1978年夏，还是在昆明召开了林学专业课程的教学大纲会议，具体讨论了各课程的教材编写大纲。当时，与会者一致认为原来的《造林学》教材受苏联的影响，过于偏重人工造林，而与林木的后期培育割裂开来，这既不能与国际接轨，也不便于全面考虑森林培育问题。因此，决定把原来属于《森林学》后半部的内容全部并入《造林学》，但名称仍保持不变。这部《造林学》教材仍决定由北京林学院造林教研室主编，但也请了南京林学院、东北林业大学的教师们一起参编。当时，请孙时轩先生担任主编，我则担任主要负责第三篇的副主编。这本新教材的初稿是1979年完成的，但真正出版则拖延到了1981年，正好赶上了第一批恢复高考招收的学生（77级和78级）学习造林学的需要。这本新教材基本上反映了"文革"前乃至"文革"中积累的新经验和新知识，也吸收了部分新鲜的国外经验。它的出版与前一本全国通用交流讲义的出版整整隔了20年，可称为森林培育学教材建设的新里程碑。

1981年版《造林学》用得比较多，在20世纪80年代后期就有编写此书第二版的要求。考虑到一本书由很多人参编在当时有此必要，但并不是良策，于是决定在参编者数量上作适当收缩，对原教材内容作一次全面修订，仍由孙时轩先生担任主编，我和王九龄、罗菊春等人参编完成了此书第二版的修订工作，并于1992年出版。第二版与第一版相比，其内容在反映生产实际和科技新成果方面有不少进步，但在体系上仍基本遵循第一版的框架不变。

改革开放后的年代是林业建设大发展的年代，也是林业科学技术大发展的年代。同时，开放的环境使国际交流频繁，一些林业先进国家的林业科技信息大量涌入。这一切使得森林培育学的教学内容要不断反映林业科技的新成就与新要求，要和国际较好地接轨。在这期间，中国科协进行了全国科技术语的统一工作，在组织全国专家讨论《林学名词》(科学出版社，1989)编辑过程中，大家一致同意把“造林学”正式更名为“森林培育学”，而把“造林”两字仅用于较窄的范畴(详见2001年版《森林培育学》绪论)。接着国务院学位委员会正式接受把森林培育学作为林学系统中的二级学科名称。

新学科名称的改变也涉及在内容和框架上作进一步的改变，当时林业部教育司就提出要编写一本新的教材，并正式列入国家教委的“九五”规划，作为国家重点教材，编写此书的任务交给了我来完成。在酝酿此任务时，我正与林业部原造林司司长黄枢同志合作编写《中国造林技术》一书。这是一本分林种撰写的反映中国造林实践经验的巨著，也是一本很好的教学参考书。此书于1993年正式出版。考虑到第二版《造林学》刚出版不久，《中国造林技术》一书又接着出版，因此我在接受编写新教科书任务时，就提出可把编书时间适当往后放一放，一方面可以做更多的积累，另一方面也要为较大的变革做些准备。1995年，中国林学会造林分会曾经在吉林市召开专门会议，重点研究造林学的教学改革问题，也提出了教材编写的新的改革意见。我在会议上作的报告刊登于1996年第4期的《中国林业教育》上，这可以说是为编写新教材准备工作的开始。这以后因为我当选为中国工程院副院长(1998)，工作骤然繁忙，《森林培育学》新教材的编写工作一直拖到1999年后才开始。考虑到我当时年事已高、精力不足，而且正值世纪之交，人才也要换代，因此我决定编写新书要较多地吸收年轻一代参加。我组织了我的一批老学生(罗菊春、翟明普作为副主编)和新学生(马履一、刘勇、李吉跃、贾黎明等)来共同编写，由我来策划，撰写编书提纲，按个人专长分工编写，我自己只写“绪论”及少数几章。这本书在体系上作了较大的变动，在内容上更能反映国内外现代林业特色。经过众人努力和我的统稿，全书于2000年底完成书稿，由中国林业出版社于2001年正式出版发行。这本书编写的效果如何，当由后人评说。从1961年我接手编写第二代教材起，已经过了整整40年，这一段历史在林学发展史上也是一个重要的篇章。

《森林培育学》(造林学)的教材建设历来是林业教育中的一些大事。因为，这是一门主干学科，又涉及林业建设的诸多方面，我这里回顾的只是我所知道的教材主要系列的编写出版情况，并主要阐述了北京林业大学的森林培育学科集体对此项建设作出的贡献。在这之外，各地各校还编写了不少有地方特色的教材与讲义，也对学科发展作出了很大贡献。在新世纪，我国林业建设正在大好形势下迅猛发展，作为林业科技发展重要一环的林学教材建设也必须与时俱进，不断创新与发展。我愿把这一小段历史提供给后来人留作参考，希望他们能承前启后、不断进取，为我国林业科技及整个科技事业的发展繁荣做出自己的贡献。

沈国舫

(北京林业大学资源与环境学院)

森林培育学概论(代绪论)*

一、森林培育学的概念和范畴

森林培育是从林木种子、苗木、造林更新到林木成林、成熟的整个培育过程中按既定培育目标和客观自然规律所进行的综合培育活动，它是森林经营活动的主要组成部分，是其不可或缺的基础环节。森林培育学是研究森林培育的理论和实践的学科，是林学的主要二级学科。

森林培育学原名造林学。造林学这个词是从日文借用过来的，而日文的造林学又是从德文“waldbau”直译过来的(德文 wald 为森林，bau 为建造的意思)。“造林”这个词虽然在中国已沿用很久，但许多学者认为其词义不很贴切。因为“造”字在中文中是从无到有的“制作”或“建造”的意思，这样就很容易把造林理解为纯粹的人为过程，从而疏漏了依靠自然力来培育森林方面的内容。这个问题在新中国成立后的前 30 年间显得尤为突出。由于受到前苏联林学体系中把人工造林与天然林培育分立为两个不同课程的影响，把造林学偏解为人工造林学的倾向就更明显了，而这是与“waldbau”的本意不符的，也是与国际上现在通用的英文对应名词“silviculture”的概念不符的。

英文“silviculture”源自拉丁文(silva 意为森林，culture 则有栽培或培育的意思)，按词义及内涵译成森林培育较为恰当。与此同类的词还有“horticulture”(园艺)，“floriculture”(花卉栽培)等。其实，俄文里的“ Лесоводство”(Лес 为森林，Водить 有经营、照料的意思，ство 为抽象名词的词尾)才是英文“silviculture”的对应词，与此同类的还有“Плодоводство ”(果树栽培学)，“ Пчеловодство ”(养蜂学)等。新中国成立初期我国学者把内容涉及森林抚育和主伐更新的“Лесоводство ”译为“森林经营学”，现在看来是不妥的。森林经营的含义很广，森

* 本文来源：沈国舫，翟明普主编．森林培育学(第二版)．北京：中国林业出版社，2011：1-14.

林的培育、保护和利用都包括在内，应与英文的“forest management”相对应，这与森林培育(silviculture)有很大区别。由于俄罗斯林学体系的特点及新中国成立初期误译的影响，使我国在林业名词应用上产生了一定的混乱，至今仍有不少人把造林和森林经营分别理解为人工造林和天然林培育，把森林培育的完整体系割裂开来。

改革开放以后，首先在云南昆明召开的全国林业教学会议上(1977)，多数造林学者认为把人工林和天然林培育分割开来是不合适的，把人工造林的内容局限在人工林郁闭前的培育活动也是不合适的。因此，当时建议改革原来沿用的前苏联造林学体系，把原来森林学的上篇林理学(Лесоведение)改造为森林生态学，而把下篇森林经营学返回造林学中来，以恢复造林学的本来面貌，与世界上大多数国家的概念一致。这次会议后编写出版的《造林学》教材就是按这个改变后的体系编写的。在教材体系改变之后就愈发感到“造林学”这个词不贴切的后果。由于历史原因使我国林学界和社会上一般群众对“造林”二字有3个不同层次的理解。对“造林”最广泛的理解就是森林培育，即各类森林从种苗、造林更新到成林成熟的全部培育过程；中等范畴的理解为前苏联体系的造林范畴，即人工林从种苗、造林到幼林郁闭成林的培育过程，人工林郁闭后的培育不属造林范畴；狭义理解的造林就是森林营造本身，不包括前期的种苗和后期的抚育，甚至还有把造林仅理解为播种或植苗这个工序。“造林”这个名词的不贴切与内涵的不稳定搅在了一起。20世纪80年代末，在全国科学技术名词审定委员会的指导下，中国林学会主持了《林学名词》修订工作。在修订中经慎重考虑，为了名词的统一和确切表达，并与国际通用名词接轨，决定把与英文“silviculture”相对应的名词定为森林培育学，简称育林学，而把“造林”一词用于较为狭义的范畴。差不多同时，在日本及台湾地区的林学界，也有把“造林学”改为“育林学”的尝试。在20世纪90年代制定学科分类方案中，已把“森林培育学”正式替代“造林学”作为林学的二级学科。《森林培育学》(第一版)就是正式以森林培育学来命名的第一本全国统编教材。由于前一时期用词混乱造成的影响还会延续一些时间，故在此再把有关名词及其内涵的变化渊源作一简单介绍，通过介绍有助读者对森林培育学的概念和范畴有进一步的了解。

森林培育学既然是涉及森林培育全过程的理论和实践的学科，它的内容就必然应该包括涉及培育全过程的理论问题，如森林立地和树种选择或培育目标树种的确定、森林结构及其培育、森林生长发育及其调控等基本理论问题，也包括全培育过程各个工序的技术问题，如林木种子生产和经营、苗木培育、森林营造、森林抚育及改造、森林主伐更新等。森林培育可按林种区别不同的培育目标，技术体系应与培育目标相适应。一些特定林种的培育科技问题，由于事业发展需要和培育特点明显，已陆续独立为单独的课程，如经济林学、防护林学等，它们统属于森林培育学科群，成为其三级学科。

二、森林培育学的发展历史

森林培育学是一门生产应用学科，它的发展必然是与森林培育生产事业的发展紧密相关的。在古代，人类农耕社会发展阶段之前，各地有足够的森林为人类提供庇护和物产，并没有培育森林的需求。在人类农耕社会发展之后，特别是进入了较为发达的封建王朝社会之后，由于农垦及放牧的侵占、大兴土木的消耗、战争屯垦的破坏，以及薪柴燃料的樵采，森林破坏加速，森林面积迅速缩小，森林质量也在不断下降，部分地区已经显示缺少森林的后果：自然灾害频发、水土流失严重、生活燃料缺乏、珍贵用材稀有，这也对重新培育森林提出了客观要求。我国由于长期处于农耕文明时代，森林被破坏的历史更长，破坏程度也更严重。全国范围的森林覆盖率大致从农耕前的60%左右下降到中华人民共和国成立前的12%左右，中原人口众多的地区出现了大范围无林少林的现象。无林带来的灾难性后果促使人们提出保护、恢复和重新培育森林的需求，因此在中国古代很早就有了植树造林的记载。秦始皇“为弛道于天下，道广五十步，三丈而树，树以青松”(《汉书·贾山传》)，秦将蒙恬“以河为竟，累石为城，树榆为塞”(《汉书·韩安国传》)，都已有2 000多年的历史了。其后西汉《氾胜之书》、北魏《齐民要术》和明代的《群芳谱》等书中都对植树造林的技术有了较为详尽的记述。我国古代对种桑养蚕、经济林木栽培、植树造园等方面都有许多独到的技艺，就是对一些用材树种的造林，如杉木栽培、毛竹栽培等，也都可追溯上千年的历史，积累了丰富的经验。但是，毕竟这些知识和经验的积累还处于零散无系统的状态，没能形成一门学科。

森林培育学成为一门学科是和工业文明的到来及总的科学技术发展相关联的。欧洲的文艺复兴促进了科学技术的发展，导致了18世纪的第一次产业革命。由产业革命导致的工业化、城市化的发展，在初期造成了对森林的更大破坏，使木材成为稀缺商品，生态环境也逐渐恶化，产生了恢复和培育森林的强烈需求。科学技术的发展也使人们对森林的种类、分布、生长发育和环境影响有了越来越深入的了解，为森林培育学的形成提供了科学支撑，而恢复和培育森林的需求则直接促进了森林培育学的诞生。1764年，德国的Hager R. 编写出世界上第一部森林培育学教材《Unterricht von dem Waldbau》，而1865年德国的Cotta H. 编著的《Anweisung zum Waldbau》(《森林培育学导论》)则是一本更全面、更丰富的森林培育学著作。19世纪德国的林学理论和实践成就成为了世界林学界的先声，森林培育学也包括在内，对欧美各国及亚洲地区都有深刻的影响。

大约到19世纪中叶，欧洲各国的工业化进程已经使森林破坏走到了低谷。得益于对森林作用认识的提高和森林培育实践的成功，从这以后欧洲大陆各国的森林(以德国、瑞士、法国为代表)进入了逐渐恢复发展的阶段。美国由于新大陆殖民发展的特殊条件，这个转折点推迟到了20世纪初。在这个森林逐渐恢复发展的进程中，森林培育的实践得到很大的丰富和提高，森林培育的理论也有了长足的进步。因此，在20世纪上半叶，世界上出现了几部森林培育学的名著，如美国Hawley R. C. 的《The Practice of Silviculture》(1921年第一版)，日本本多静六的《造林学要论》(1928)，美国Toumey J. W. 和Korstian C. F. 的《Seeding and Planting in the Practice of Silviculture》(1931)，英国Dengeler A. 的《Silviculture on an Ecological Basis》(1935)

以及前苏联 Огиевский В. 的《Лесные культуры》(1949)，等等。这些森林培育学的教科书，不但内容丰富、理论联系实际，而且已经形成了一定的体系，反映了各自的地区特点和森林特点，对我国森林培育学的形成有很大影响。

中国由于近代科学技术的落后和社会生产事业发展的滞后，包括森林培育学在内的整个林学的形成和发展都比较晚，直到 20 世纪 20 年代以后才陆续由一批从欧、美、日归国的留学生对林学各个学科作了系统介绍。在森林培育学方面，以陈嵘先生于 1933 年完成并发表的《造林学概要》和《造林学各论》最为突出，完成了奠基性的工作。它不但系统论述了造林学科知识(受日本的本多静六影响较大)，而且和中国实际(区域特点、树种特点)相结合，成为一代林业人学习的代表作。此书到新中国成立初期还曾再版。另一本重要的代表作是郝景盛先生于 1944 年完成出版的《造林学》，也在西方(尤其是德国)森林培育学理论与中国实际相结合的方面有所突破。

1949 年中华人民共和国成立后，由于林业生产及科教事业的蓬勃发展，中国的林学研究进入了一个全面发展的阶段，森林培育学是其中发展最快的学科之一。大面积绿化造林工作的开展是森林培育学迅速发展的基础，而不断学习并消化西方(含前苏联和日本)林业发达国家的森林培育理论和知识成为森林培育学发展的重要助力。在 20 世纪五六十年代，一方面是老一代留美学者(如时任林业部总工程师吴中伦先生和南京林学院院长马大浦先生)回国后积极活动，在造林学科建设及科技进展方面发挥了重要作用；另一方面则是前苏联林业科学的全面介绍和一批留苏青年学者(沈国舫、王九龄、石家琛、吕士行等)的努力工作，对我国造林学科发展也有重大影响。从引进先进林业科学技术到自己进行科学研究，并与广阔的中国造林实践相结合，这中间有一个过程，也走过一些弯路，但经过一大批人在不同领域的奋斗(例如，黄枢、涂光涵、徐燕千、俞新妥、周政贤、蒋建平等人的工作)，终于有所成就。在这方面标志性的进展当推 1959 年由华东、华中协作组(以马大浦为主)编写的《造林学》教材及 1961 年由北京林学院造林教研组(沈国舫任编写组组长)编写的全国统编教材《造林学》的出版，此外 1976～1977 年由中国树木志编委会(郑万钧主编，沈国舫、许慕农为主要助手的庞大作者群)组织编写的《中国主要树种造林技术》(1978)，可作为森林培育学发展的里程碑。

20 世纪六七十年代中国科技界与国际外界的隔绝以及“文化大革命”对整个科教事业的冲击，对各个学科发展都产生了极为不利的影响，而 1979 年后开始的改革开放为各学科的繁荣发展创造了良好的条件，森林培育学也不例外。如果说 1981 年出版的新版《造林学》(孙时轩任主编、沈国舫任副主编)还主要反映了“文化大革命”前积累的科技成就，刚开始吸收了一点外来新知识，那么在这之后无论在系统引进介绍国外森林培育学科技成就方面，还是在自主进行森林培育各领域的科学研究方面，都在林业生产大发展的基础上呈现了前所未有的繁荣局面。改革开放以后，国外科技与知识通过书刊及学者交流互访大量引进涌入，在森林培育著作方面有代表性的有如：日本佐藤敬二等编著的《造林学》(1984 年译成出版)，前苏联

Редько Г. И. 编著的《Лесные Культуры》(《造林学》，未译)，美国 Smith D.(前述 Hawley R. C. 的学术继承人)编著的第八版《The Practice of Silviculture》(《实用育林学》，1990 年译成出版)以及由奥地利的 Mayer H. 编著的《Waldbau：auf Soziologisch-okologisch Grundlage》(《造林学：以群落学与生态学为基础》，1989 年译成出版)等等。此外，还有一系列有关森林生态学方面的专著及教材被引进介绍(如 Danial，Halms & Baker，1979；Spurr S. & Barnes B.，1980；Forman R. T. & Godron M，1990；Kimmins J.，1987，1997，2004 等)都对森林培育学理论和技术的发展起了很好的促进作用。近年来由 Nyland R. D. 编著的《Silviculture：Concepts and Applications》(《森林培育学：观念和应用》，1996)及由 Manuel C. Molles Jr. 编著的《Ecology：Concepts and Applications》第四版(《生态学：观念和应用》，2008)又为在森林可持续经营要求下的森林培育的理论和技术应用提供了重要的借鉴。

改革开放以来的林业生产，特别是在大面积绿化造林，速生丰产林、防护林体系建设及多种经济林栽培方面有了快速的进展。由国家科委(现科技部)和林业部(现国家林业局)组织的连续多年科研攻关和重点研究项目，以及各级各地组织进行的科研项目，在森林培育学的各个领域进行了大规模的实验和研究、大大提高了我国森林培育学的学术水平。在某些领域，如立地评价和树种选择，混交林营造、干旱地区造林、防护林体系的作用、配置和培育技术、无性系育苗造林、杉木栽培、竹藤培育等，都已进入了国际先进行列。在大量科研资料及生产经验积累的基础上，森林培育学在总体理论框架和实用技术配套方面理应要上一个新台阶。由黄枢和沈国舫主编的《中国造林技术》(1993)及由俞新妥主编的《杉木栽培学》(1997)在这方面可以说迈出了重要的一步。我国台湾学者郭宝章编著的《育林学各论》(1989)是继王子定的《育林学原理》(1962)及《应用造林学》(1966)之后的台湾森林培育方面的重要著作，对中国森林培育学的发展也作出了积极的贡献。《森林培育学》第一版于 2001 年正式出版，集中反映了 20 世纪中国在森林培育方面积累的经验和知识，在理论认识上也有所提高，这样的良好发展趋势必将在 21 世纪延续下去。

三、森林培育的目的与对象

(一)森林培育的目的与林种

森林作为一种生态系统是具有多种功能的。现代对生态系统功能的认识一般归结为四类功能。第一类是供给功能(provisional)，即生态系统通过物质生产过程可为人类提供各种产品，如食物、材料、能源、药物等。第二类是支持功能(supportive)，即生态系统通过其生存状态和生命活动支持着地球上人类生存必需的自然系统，如大气中各种组分的浓度(尤其是 CO_2浓度)、水分循环、生物多样性等。第三类是调节功能(regulatory)，即生态系统通过其生物群落与环境的交互作用。对一系列环境因子起到的调节作用，如水源涵养、水土保持、防风固沙等。第四类是文化功能(cultural)，即生态系统通过其结构和影响在社会文化方面所具有的功能，如观赏功能、保健功能、游憩功能、教育功能和就业功能等。森林生态系统具有上述所有功能，而且和其他生态系统相比(如农作物、草地、湿地、荒漠、冰川、海洋等)，森林的功能是比较全面而巨大的。

人类培育森林的目的就在于要合理地、明智地发挥森林生态系统的功能，为人类生存和良好的生活服务。这种利用应该是有限的、有序的，以不损害森林生态系统本身为前提的，因而也是可持续的。森林生态系统这些功能的发挥必然产生巨大的效益，可归纳为经济效益、生态效益和社会文化效益，这些效益的获取也必须是均衡的、互补的、可持续的。由于森林本身是多功能的，因此，森林培育也应以获取多功能的效益为主要目的。

但是，森林由于其所处的环境及其本身的组成结构的多样性而具有不同的功能侧重。人们在利用每一片森林时在功能祈求上也有不同的侧重。由于对不同森林主导功能的培育目的不同，可以把森林分为若干林种，在现行的森林法中把森林分为五大林种，即以生产木材为主产品的用材林，以发挥森林调节功能为主的防护林，以生产木材之外的其他林产品为主的经济林(原称特用经济林)，以生产薪柴能源为主的薪炭林，以及以提供森林的保健、观赏、游憩及自然保护为主的特种用途林。每个林种又可细分为若干二级林种，如用材林可细分为一般用材林、专用用材林(工业用材林)、速生丰产用材林、珍贵用材林等；防护林可细分为水源涵养林、水土保持林、防风固沙林、海防林等；特种用途林也有更细的划分。目前我国的森林分类系统和世界其他国家的分类系统是大同小异的，我国的特色是比较全面、分得较细。随着科技发展和社会进步，这个分类系统还有可能要改进，如由于森林能源利用方式的发展可能把薪炭林改为能源林。这些将由正在制订的新《森林法》予以规定。当前林业工作中有把森林划分为生态公益林和商品用材林两类的做法，这主要是为了划分投资渠道及管理上的方便，与上述的林种划分不是同一性质的，在划分的实践中还存在不少问题，应予继续探索。

森林培育对林种划分有实际的需求，因为不同种的森林在培育树种、组成结构、经营方式等方面有很大的不同。但同时我们不要忘记所有森林都是多功能兼有的，大部分森林的多功能性质是很明显的，因此有必要把它们培育成多功能林，有些森林可能有两个以上突出的功能定位，也可以用双名法来表示其主要培育目的，如防护用材林、固沙能源林等。树种的定向培育和森林的多功能培育是可以相辅相成的，应该同时成为森林培育的主要原则。

(二)森林培育的对象和森林起源

森林的起源可分为天然林和人工林，其间也可以有各种过渡状态。天然林可以细分为原始天然林、天然次生林及其过渡类型的原始次生林；人工林也可因其培育方式不同而细分为飞播林、粗放经营的人工林、集约经营的人工林、近自然经营的人工林以及人工林培育中充分利用了天然更新的人工林，有人称之为人天混森林。人类原来经营利用的森林都是天然林，随着天然林的紧缺及科技的发展，人工培育森林逐渐成为需要与可能。天然林和人工林都是森林培育的对象。

从19世纪以来，人工林在森林中的比重是逐渐提高的。人工林的表现，在满足人类需求(特别是对用材的需求)方面具有优势，而得到一些国家(尤其是中欧一些国家)的青睐。20世纪中叶第二次世界大战以后，人工林培育的发展趋势加强，人工林的速生高产效应使一些国家以少量的人工林面积满足了大部分用材需求，甚至可供出口(如新西兰)，一些国家曾经计划要把森林面积50%左右改变为人工林(如日本)，一些国家以经营人工林为主体发展社区林业(如印度)，20世纪六七十年代有几次世界林业大会都是以发展人工林作为主要内容的。但是，随着时间的推移及人工林面积的扩大，培育人工林的一些弊病也逐渐表现出来：生物多样性降低，生态功能减弱，林地肥力退化(二代效应)，个别引进树种演变为外来入侵种(invasive species)起负面作用，等等，尤其是桉树速生人工林的发展在某些地方起到了不良的水文效应，引起广泛关注。因此，到底是应该培育天然林还是人工林，又成了世界林学界热点讨论的一个问题。

天然林和人工林各有优缺点，归纳起来大概有几个方面，详见表1。

表1　天然林与人工林的比较

比较项目	天然林	人工林
生物多样性	较丰富	较贫乏
生态功能(保水、保土、防灾)	较强	较弱，但针对性强，有时也很强
碳汇功能	一般中性	提高潜力大
生产力水平	与经营水平相关，从一般到较高	两极分化，可能很高，但有的也很低
地力维持	较强	偏弱
对区域及立地的适应性	较强，但限于原自然地带	可适应各种不同地区和立地，但适应程度不如天然林

从表1中可见，所提及的比较项目都采用了相对的语言，这反映了事物的复杂性。天然林有各种各样的，有高产的，也有低产的；有功能齐全的，也有功能退化的。人工林也一样，由于认识、技术及经营水平的不同，有各种各样的人工林。但总的来说，还是可以看出相对程度的优缺点，在个别具体情况下还要作具体分析。

既然天然林和人工林各有优缺点，我们应该充分利用各自的优势，因地制宜地、适当平衡地同等关注天然林和人工林的培育。要用人和自然和谐的理念来看待这个问题，同时又要利用人的智慧和科技能力把森林培育工作提高到更高的水平。从林种的角度看，培育用材林和经济林，也包括能源林，可能培育人工林的份额更大一些；而培育防护林和特种用途林可能更多地侧重于培育天然林。但这里必须要有辩证的思维，毕竟还有相当大量的木材是产自于多功能的天然林的，而也有许多需要防护的土地上是没有天然林的，只能求助于人工培育。天然林和人工林培育比翼齐飞，互为补充，各展优势，才是我们追求的最终目标。

四、森林培育学的基本内容——理论基础和技术体系

森林培育是把以树木为主体的生物群落作为生产经营对象，它的活动必须在生物群落与其生态环境相协调统一的基础上进行，因此对生物体(以树木为主)及其群落的本质和系统的认识，以及对生态环境(包括非生物环境和生物环境)的本质和系统的认识就是森林培育必需的基础知识。生命科学，尤其是其中的植物学、生理学、遗传学、群落学等，以及环境科学，尤其是其中的气象学、地质学、水文学、土壤学等，是为森林培育提供基础理论和知识的主要源泉。

把生物体及其群落与生态环境相结合起来研究的生态学科，是近几十年来迅猛发展的一门学科，这是人类关切自己赖以生存的生物资源和生态环境的需要，而微观世界与宏观世界科学研究的进展，以及系统科学的渗透使生态学科向广度和深度发展成为可能。生态学科按生物界别、系统领域、组织层次(个体、群体、生态系统、地理景观等)及功能重点(干扰、污染、恢复、保护等)又发展形成了一系列次级学科，这是从基础学科向应用学科过渡的一个学科群，是一切以生物群落为生产经营对象的应用学科必须依靠的基础。因此，森林培育学把森林生态学及其相关学科作为自己的学科基础是理所当然的。从20世纪30年代起，许多森林培育学的著作都明确表明以生态学为基础，一直发展到当前，这一认识并没有改变。

在生命科学、环境科学及其交叉形成的生态科学的基础上发展起来的森林培育学，在本质上是一门栽培学科，与作物栽培学、果树栽培学、花卉栽培学等处于同等地位。森林培育学与其他栽培学的不同特点主要是由于森林的特点引起的，那就是它所涉及的种类多(物种的层次及生态系统的层次)、体量大、面积广、培育时间长、培育目标多样、内部结构复杂、与自然环境的依存度大等。因此，森林培育措施要更多地依据自然规律、依靠自然力，要更多地考虑目标定向及体系框架，在集约度上有很大的分异，从很粗放到很集约，只要符合培育目标，都是适用的。

森林培育的对象既可以是天然林，又可以是人工林，还可以是天然、人工起源结合形成的森林，实际工作中还包括不呈森林状态存在的带状林木及散生树木。由于森林培育是一个很长的过程，从几年到一二百年，而且所培育的世代之间又有很强的相互影响，因此，对森林培育必须有一个完整的技术体系的概念。森林培育过程大致可以分为前期阶段(pre - establishment planning)、更新营造阶段(establishment)、抚育管理阶段(tending)和收获利用阶段(harvesting and utilization)。各阶段所采用的培育措施不同，但必须前后连贯，形成体系，指向既定的培育目标。

森林培育的前期规划阶段是非常重要的阶段，因为这是一个决策设计的阶段，在很大程度上影响整个培育工作的成败。这个阶段的主要技术工作包括培育目标的论证和审定、更新造林地的调查、更新造林树种及其组成的确定(包括天然更新的预期调查)、培育森林的结构设计及整体培育技术体系的审定等。在森林培育前期工作中很重要的一项工作是种子、苗木的准备。林木种子的生产和苗木的培育各有

一套技术体系，它们也要服从总的培育目标。

森林培育的更新营造阶段是把规划设计付诸实施的关键施工阶段，它的主要技术工作包括：旨在促进更新的自然封育及改善幼树生长环境的林地清理和整地，为实现森林结构设计而进行的种植点配置，为保证幼树健康成活而实施的植苗（或播种）系列技术，以及在幼林形成郁闭前为保持幼树顺利成活生长的物理环境和生物环境而采取的系列幼林抚育保护技术。

森林培育的抚育管理阶段是时间延续最长的阶段，在这个阶段内为了保证幼林按预期要求（速生、优质、高产、稳定以及多功能效益的高效）成长，需要不断调整林木与林木之间以及林木与环境之间的关系，使之始终处于理想的林分结构状态（密度、组成、树龄分布）及有利于生长发育的环境状态，为此，需要采取有一定间隔期的多次重复的培育措施，包括透光伐、疏伐、修枝、卫生伐、林木施肥、垦复、林下植被处理及复合经营等。林木结构的调控及林木生长的调控都要服从于培育的定向目标。

森林的收获利用阶段（或称主伐利用阶段）也作为森林培育的一个阶段来提出，这是森林培育的特点所致。无论森林的木材主伐利用还是森林的生态防护功能利用，都要密切考虑下一世代森林更新的需要。明智的森林利用要考虑合理利用的规模、时间、形式及利用时的林分状态，要把森林利用的需要和森林恢复更新的需要，或更宏观地说是森林可持续发展的需要密切结合起来，这些都是决定森林收获利用的方式（择伐、渐伐、皆伐、更新伐、拯救伐、任其自然的保护等）和技术措施的基本准则。

纵观森林培育的全过程，各项培育技术措施无非是通过对林木的遗传调控（林木个体遗传素质的调控及林木群体遗传结构的调控）、林分的结构调控（组成结构、水平结构、垂直结构及年龄结构）、林地的环境调控（理化环境、生物环境）这三方面，在森林生长的各个阶段培育健壮优良的林木个体（指培育目标的个体）、结构优化的林分群体以及适生优越的林地环境，达到预期的培育目标。根据培育目标，各项培育措施必须配套协调，形成体系，有时把它称为森林培育制度（silvicultural regime）。为了便于理解，把上述主要内容归结为一个框架图，详见图1。

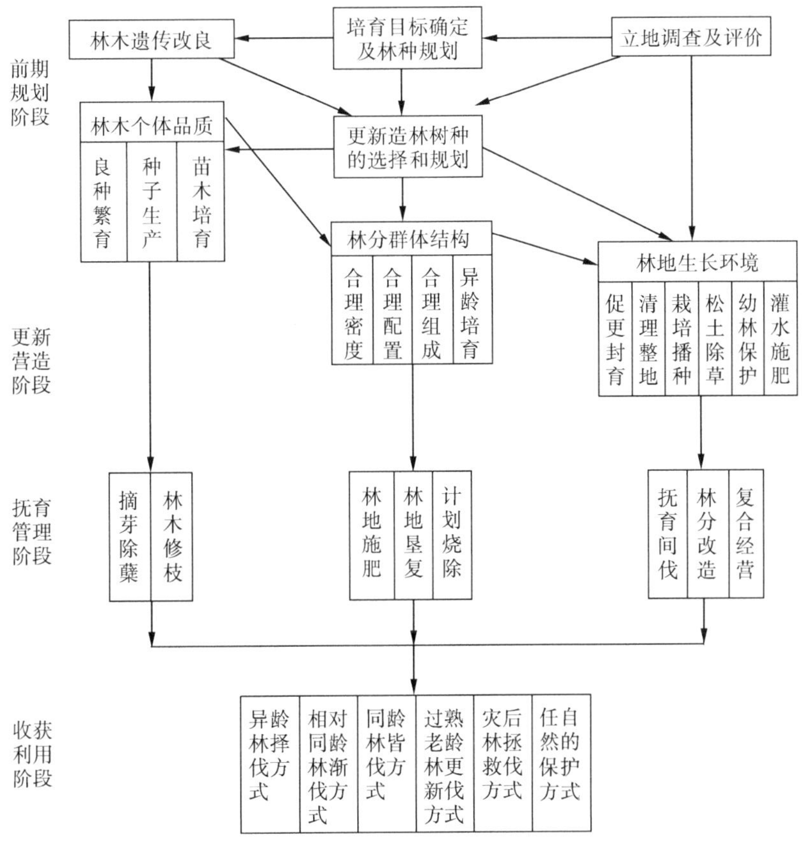

图1　森林培育的技术体系

五、当前中国森林培育的问题和展望

(一)问题

当前，中国的林业可以说是处于历史上的最佳时期，森林的多功能作用被广泛认可，林业在社会经济中地位的不断提升，林业经济投入的不断增加，都可以作为标志。但是，从林业工作本身来看，虽然近年来的进步可圈可点，但也确实存在着一些不足和问题，集中表现在我们的林业发展总体上还处在较低的水平；森林资源总量不足，质量及生产力水平低下；森林的功能，包括其生态调节功能及木材和其他林产品的供应功能，都远远不足，与国家和人民的需求相比还有很大的差距。本书无意对林业问题整体上做进一步分析，而要在森林培育领域探求一些需要认真对待的问题。归纳起来，有以下几个方面。

1. 对地理(立地)多样性(geodiversity)认识不足和处置失当

地理(立地)多样性指的是森林所处的或需要培育森林的地方的非生物自然环境的多样性，包括气候的多样性、地质水文的多样性、土壤的多样性等。由于我国的疆域广大，地貌气候内部差异很大，地理多样性特别突出，在世界上也是位居前列的。地理多样性要求森林培育对策的多样性，一切措施都必须因地制宜。但在过去几十年，我们在森林培育工作中往往有以主观意志来引导的统一处方倾向。大到区域造林规划，不管是湿润地区还是干旱地区，一律要求造乔木林，而且经常以高耗水的速生树种为首选，忽视草原及荒漠植被的生态功能，于是不少情况下不是树长不起来，就是环境特别是水环境遭受退化，造成了事与愿违的结果。即使在同一个区域内，不注意内部的立地差异，造林时往往采用同一个树种，整个一面坡、一块山地用同样的方法连片种植，不讲究精细的适地适树，这样自然也会产生不良的效果。应该说，森林培育工作者最重要的基本功之一就是要能善于分析地理区域特点，深刻认识立地特点，以便于采用因地制宜的育林措施，而这一点往往在培育生产实践中没有被给予足够的重视。

2. 对维护生物多样性(biodiversity)的要求认识不足和处置失当

生物多样性包括遗传多样性、物种多样性和生物群落及生态系统的多样性 3 个层次，实际上生态系统的多样性还包含了景观多样性和区域(流域)多样性的内容。生物多样性是支持全球生态系统正常运转的关键因素之一，也是人类生存、生活所必须依靠的有待发掘的重要自然资源。森林生态系统的生物多样性相对于其他生态系统来说尤为丰富、尤为重要，而森林的破坏和退化则是生物多样性减少的主要起因。在森林培育过程中能维护生物多样性、增进多样性是搞好森林培育的重要原则。可惜的是，在过去很长时期内，森林培育在促进森林植被的复原以维护生物多样性同时，也存在着减少生物多样性的倾向。出于单项的、近视的利益驱动，在一些本来有可能恢复重建地带性原生森林类型的情况下，人们都乐于营造单树种的(经常是外来树种)、结构简单的人工林，或采用不利于促进生物多样性的同龄单层森林经营方式。另外，在一个区域的森林培育规划中，乐于采用同树种集中成片的分布格局，忽视区域内基于立地多样性的景观多样性需求。在营造集约度较高的速生丰产林及经济林时，特别是在大量采用无性繁殖方式进行无性系造林时，乐于采取少数几个无性系(或种源)进行集中式的培育，而忽视对保持种群遗传多样性的要求。目前，这些违反保护生物多样性的不良倾向还相当广泛地存在着。

3. 关于处理好森林保护和森林培育的关系

森林的保护和培育都是可持续森林经营的重要内涵，两者是相辅相成、不可偏废的。只讲森林培育而不重视保护，培育的成果会难以为继甚至不复存在；只讲森林保护而不采取森林培育措施，就只能使森林恢复过程过于缓慢，或使森林长期处在低产、低效的状态，不能满足人类对森林经营的需求。在近年来的林业实践中，后一种倾向是带有普遍性的。实施天然林保护工程是一项扭转森林长期遭受破坏，保护森林资源，改变林区资源与经济“两危”的重大决策，是一项带有全局性和系统性的重大工程，实施十多年来已经产生了显著的效果。但是，在某些地方某些人的心目中，仅仅把天然林保护视为禁伐、限伐单纯保护的政策措施，甚至产生了只要生态效益弱化经济效益的追求，以及只看当前局部不看长远全局的倾向。没有把天然林保护视为培育未来森林资源的重大机遇，没有树立起显著提高森林质量的目标以迎接未来对森林多种功能重大需求的挑战的思想，在政策实施中也没有给予森林培育以足够的项目和资金支持。由于一些关心林业的人士的一再呼吁，最近在国家林业政策中已经出现了可喜的变化，多功能森林的可持续经营，以强化森林培育经营为其重点已经提上议事日程。但要使上述不良倾向的携带者及社会上部分公众的心态发生转变，还需要一个教育和认识的过程。

4. 关于处理好森林数量和质量的关系

森林的数量通常以森林面积、森林覆盖率及森林蓄积量和生物量(兼有质量内涵)等数量指标来表达，而森林的质量则通常以森林生产力(单位面积林木蓄积量或生物量、森林的年生长量、森林的生长率)，林木及森林的年龄及空间结构，森林的生态、经济和社会文化的功能效益，森林的生物多样性等质量范畴来描述。两者都是森林培育追求的目标。由于我国的森林在历史上遭到长时间的过度利用和破坏，在许多原来生长森林的地方出现了荒山秃岭的现象，因此在恢复森林的初始阶段，以增加森林面积、提高森林覆盖率为主要奋斗目标是可以理解的，而且这方面已经取得了长足的进步，森林面积和蓄积量从 20 世纪 80 年代起已开始了双增长，森林覆盖率从 12% 左右提高到 2008 年的 20.36%，取得了举世瞩目的成绩。但是，在看到成绩的同时，我们必须关注，中国森林的质量，不论从生产力、结构、功能上讲，还是从生物多样性上讲都还相当低下。当前，我们应该认识到，从我国宜林地的数量和布局来看，进一步的数量扩张已潜力有限，而森林质量的提高由于起点较低而潜力巨大。现在已经到了重视森林质量的程度要超过对森林面积扩展的转折时期，而在提高森林质量的各个方面，森林培育肩负着无可推卸的重大责任。如何通过各种森林培育措施来提高森林质量应该是今后森林培育研究的重点课题。

5. 关于培育天然林和人工林的关系问题

无论是天然林还是人工林，都是森林培育的对象。在过去相当长的一段时期内，森林培育学(特别是造林学的发展阶段)把重点放在人工林培育上，而忽视了天然林培育的问题，这是需要继续扭转的一种倾向。从中国的森林资源统计资料看(表2)，虽然人工林的数量很大，在世界上可列首位，但天然林的数量仍占大多数，达 66%，而且大多数天然林都分布在立地条件较好且适于生长森林的地方，这是一笔巨大的森林资产。一些低价低效的天然次生林有很大的提高产量质量的潜力，完全可以通过各种抚育、改造、更新等培育措施来挖掘出来。需要指出的是，在过去 30 多年历程中，人工林面积增长迅速，主要是依靠在无林地上造林。虽然也存在毁坏天然林，用人工林代替的现象，但这种现象只是局部的，因为总体上天然林的面积仍在不断增长。人工林的生产力水平仍很低，这是我国森林培育工作的突出问题。不过，在过去 30 多年，人工林的单位面积蓄积量仍是增长很快的，出现了一些相当高产的人工林，这其中有林木平均年龄增长的因素，也有培育效益的因素。强化有针对性的培育措施仍是重要一环。从方向上看，今后应兼顾发挥天然林和人工林的优势，吸取恢复生态学的理论和实践经验来充实森林培育的内容。要充分重视发展近自然育林的理念和实践，可以发展各种兼有天然林和人工林成分的育林措施，以取得更好的多功能综合效益。

表2　近30年3个阶段我国森林资源连续清查成果

项　目	1976年	2003年	2008年
有林地面积($\times10^4hm^2$)	12 186	16 902	18 138
天然林	9 817	11 576	11 969
人工林	2 369	5 326	6 169
其中：人工林林分面积	1 781	3 229	3 702
人工林比重(%)	19.4	31.5	34.0
森林蓄积(10^6m^3)	8 655.8	12 097.6	13 721.0
其中：人工林林分蓄积	164.4	1 504.5	1 961.0
人工林单位面积蓄积(m^3/hm^2)	9.2	46.5	52.9
森林覆盖率(%)	12.7	18.21	20.36

(二)展望

1992年在巴西里约热内卢召开的世界环境与发展大会，对全世界的社会和经济的可持续发展起到了划时代的推进作用。在这次会议上通过的《里约热内卢宣言》《21世纪议程》《关于森林问题的原则声明》，以及在会后各国政府联署的《生物多样性公约》《防止荒漠化公约》及《全球气候变化框架公约》等，都对林业的可持续发展提出了迫切的要求。一项国际性林业发展公约也在酝酿讨论中，将对林业发展的方向、目标和措施作出更为具体的规定。中国政府在里约环发大会之后采取了积极的行动，较早地推出了《中国21世纪议程》及其《林业行动计划》(1995)和《生物多样性保护计划》(1994)，这些行动计划都对未来林业的发展作了纲领性的规划。中国学术界在1993年以后参加了林业可持续发展蒙特利尔进程的讨论以及国际热带木材组织(ITTO，中国为成员国)内部的讨论，并借此推动了国内有关林业可持续发展战略的讨论。所有这些都说明，一个林业必须走可持续发展道路的时代已经到来；一个与国家工业化和知识经济发展并进且相适应的现代林业，必须以生态优先、高效持续为其主要特征。

进入21世纪以后，国际上对于可持续发展的呼声更加强烈。联合国在约翰内斯堡峰会上制定了"千年发展目标"，强调了保护地球环境和减少贫困的大方向。为了改变地球因温室效应而变暖的趋势而进行的应对气候变化谈判多次形成高潮，这其中林业问题始终成为重要议题之一。在此期间，中国林业也进入了一个崭新的发展时期，林业在社会经济中的地位更加明确和提高，温家宝总理把此表达为："林业在贯彻可持续发展战略中具有重要地位，在生态建设中具有首要地位，在西部大开发中具有基础地位，在应对气候变化中具有特殊地位。”(2009)是很好的概括。在此认识的基础上国家加大了对林业的投入，一些重大的林业生态工程，包括天然林保护工程、退耕还林(草)工程、京津风沙源治理工程、三北防护林工程(四期)等相继推出，大大推进了整个林业的发展进程。2003年中共中央、国务院《关于加快林业发展的决定》的发表标志着林业发展进入了新的发展阶段，单纯的木材经济为主导的时代已经一去不复返，代之以满足生态需求为主导的追求林业生态、经济、社会、文化效益协同并进的新阶段。所有这些都对森林培育工作提出了新的方向、新的目标和新的要求。

本节前面关于当前中国森林培育存在问题的探讨中实质上已指出了我国的森林培育实践存在着与新的形势要求不相适应的地方。从国家的林业发展大方向角度进行展望，可以指出今后中国的森林培育工作必须关注的几个方面：

1. 多目标定向培育与多功能培育的结合

今后的森林培育工作，无论是培育天然林还是人工林，按林种要求进行定向培育仍是主要原则。但是不能忽视的是，大多数森林具有多功能性质，只关注主要定向功能，而忽略森林应该具备的其他功能是不恰当的。具体地说，定向培育用材林，不要忘记它同时具备各种生态和社会功能，要尽量兼顾，必要时甚至要牺牲一点用材生产的功能效益。除少数情况外，尽量少用单纯的“林木作物”(tree crop)培育路线。同样，培育防护林时也可兼顾森林的其他功能，尤其是一些农田防护林，既是在立地条件较好的农耕地上培育，又是多数选用速生树种，其木材生产功能是可观的，应当加以利用。

2. 森林培育要以提高森林质量和生产力为重点

过去我国的森林培育工作着重在数量上的扩张，甚至要求限时消灭荒山，这些举措在取得一定的正面效应的同时，也产生了一些负面效应，出现了大面积的低效低价的森林，尤其是人工林。现在应该到了更加注重森林质量和生产力的转折点了。今后，林业的业绩考核，除了森林覆盖率外，更要注重质量和生产力指标。对于森林培育工作来说，这是难得多的任务，但又是必须完成的任务。不同林种当然有不同的质量标准，但是生产力标准应该是各林种都要有的，因为森林的生产力与森林的其他功能往往保持着高度的一致性。要提高森林质量和生产力不能单靠某一项培育措施，而应依靠整套森林培育技术体系，内容包括从良种壮苗和遗传多样性到森林抚育和经营作业的确定。

3. 集约化培育和自然化培育的统一

为了提高森林质量和生产力，需要加大必要的智力和物力的投入，采用一些集约的培育措施，如良种壮苗、细致整地、林地培肥、抚育修枝等。但森林培育工作者必须记住，森林培育在其长期性、广泛性及多功能需求方面不同于农作物栽培。要在充分了解自然规律的基础上，紧紧依靠自然力，顺其自然培育森林，而不是与大自然“对着干”。欧洲(以德国为代表)的近自然育林方向是在吸收了大部分森林人工化产生不良后果的教训后形成的，这对我们是很好的借鉴。近自然育林不等于完全任其自然，而是要顺应自然规律，加上必要的人工培育措施，使森林达到更加高产、高效的目的。

4. 森林培育必须因地制宜，适当多样化

工业化的特征是标准化和规模化，农业现代化也体现某些工业化的特征，追求标准化和规模化。那么现代的森林培育是否也要遵循工业化的模式呢？对此需要作审慎的分析。首先，森林是分布在极其不同的自然环境条件下的，不同的气候条件、地形条件和土壤条件下形成不同的森林具有不同的特征，我们不能违背自然规律去追求标准化和规模化。不同的自然环境条件，不同的森林需要采取不同的培育措施，因地制宜、因林制宜，始终是森林培育的首要原则。对森林多功能的需求也要求森林培育措施要适当的多样化。一个适应多样化环境的适当多样化的森林生态系统才可能是稳定的、高效的生态系统，这个稳定表现在它具有较强的抗逆性、较强的自我调控和恢复能力，这正是现代森林培育所追求的目标之一。脆弱的、多病的森林系统，即使它在某一方面是高效的，也不能成为我们森林培育的目标。森林培育的科学理念应该是基于生态系统的综合管理，追求生态系统的最高综合价值。

5. 处理好森林培育与其他森林经营措施及其他相邻行业的关系

森林培育是整个森林经营中的主要环节，森林培育和森林保护要相辅相成，森林培育和森林利用(指多功能利用)要首尾相接，互为支撑。森林保护、培育和利用要有机结合形成森林可持续经营体系，为发展健康、高效、可持续的林业服务。同时，林业并不是面对大自然的唯一行业，林业必须与农业、草业、沙产业、水产业互相配合，协同并进，并与在城市和农村环境中的建筑业、工矿业、交通运输业协调发展，才能共同面对全球的自然环境，为人类生存和生活提供更好的支撑。搞森林培育的人必须有这样的全局眼光。

我们处在一个伟大的变革时代，一个中华民族复兴的时代，森林培育工作在这样的时代应该是大有作为的。

沈国舫

第四部分
科普作品及其他作品选登

科技工作者应该重视科学普及工作。沈国舫历来对科普有着浓厚的兴趣，在1962年《人民日报》上连续发表了两篇科普文章，展示了他这方面的才华。他在担任中国林学会理事长期间，曾经兼任了科普杂志《森林与人类》的主编，后来改为名誉主编一直至今。除了在北京林业大学之外，他还在北京大学、清华大学、中国科协、北京科协等单位作过一系列带有科普性质的学术报告，对相当广泛的听者都有启示意义。

树木的生长速度*

许多树种在天然林中，要生长100年左右，才能达到成材利用的标准。怎样人为地扩大森林面积，使林木生长快、产量高，在较短期内达到成材标准呢？选择生长快、材质好的树种，加以精细栽培，是达到这个目的的重要途径。

落叶松是我国北方生长的速生针叶树种，它适应北方冬季严寒、多风等条件，而且春季发芽早，生长持续期长，能充分利用北方生长季内长日照的有利条件，一般在气温较高、土壤水分充足的7月，树高生长量每天能达到2cm以上，一个生长季内高生长量常常超过1m，个别植株有超过2m的。落叶松不但幼年生长迅速，而且壮年时期它的单位面积产量也很高。目前世界上最大的落叶松人工林(200年生左右)，每亩地可产木材120m^3，可供建设1000m^2混合结构的厂房之用。

杉木和马尾松是我国南方特有的速生针叶树种。杉木平均每年高生长1m，直径生长1cm，18～20年生时可以成材利用。在良好的栽培条件下，尤其在生长旺盛的年龄(4～10年)，每年高生长能达2m以上，直径生长可达3cm，8～10年生时就达到成材标准。30～40年生的杉木人工林，每亩可产木材60m^3左右，用作电杆，可架设15km电线。

在阔叶树中有更多的速生树种，在北方温带地区的杨树，是世界上公认的一种，目前各国对它正进行广泛的研究和栽培。我国杨树种类很多，其中生长最迅速的有大青杨、毛白杨、加杨、箭杆杨等。杨树的生长期长，生长势也很强。例如北京地区的加杨，一年中的高生长期有100多天，7月上中旬生长最快，在丰产林中有一天生长6cm甚至8cm以上的最高纪录。杨树幼年时生长很快，在丰产林中1年生树干(截干造林)就高达4m甚至5m以上，直径超过4cm。每亩杨树培育10年就能生产20m^3木材，用它制成人造纤维，相当于150亩棉花的年产量。

在我国北方及中部地区还有许多速生的落叶阔叶树种，如旱柳、白榆、刺槐、臭椿、泡桐、楸树、香椿、苦楝、枫杨等等。这些树种各有其适宜生长的条件，它们的木材也各有不同用途，可在不同条件下选择应用，广泛栽培。在这些树种中，

---

* 本文来源：《人民日报》，1962-2-13(5).

泡桐的直径生长势最旺盛，一般5年生时就粗达16~20cm；它的木材特别适于制造乐器、图板等物。

在我国南方，速生阔叶树的种类更为丰富。除了上面所说的落叶阔叶树种外，还有一些南方特有的常绿阔叶树种，如檫树、木荷、桉树、木麻黄等。檫树和木荷在幼年时的生长速度都能超过杉木和马尾松，但其速生的持续期不太长。桉树和木麻黄都是热带的速生树种，原产澳洲，在我国已有多年种植历史，其中桉树的速生特性是举世闻名的。桉树的种类很多，有些桉树（蓝桉、大叶桉等）25年生时高可达37m，直径达65cm。在其原产地最大的一株桉树的树干体积有76m^3，可制成400多根枕木。桉树的木材坚硬而有弹性，特别能抗腐朽，是做枕木的理想材料。

毛竹是我国特产的木本植物，它的生长特点与众不同。一般树种的直径是随着年龄增加而加粗的，但是竹子只是在发笋时长成一定粗度，以后就不再加粗了；因为它属于单子叶植物，茎内没有形成层。毛竹的高生长也是在第一个生长季内定型，从竹笋出土到高生长停止前后只有三四十天。在这个时期内，毛竹的高生长速度可以说是树木世界的冠军，它在生长旺盛期充分利用了鞭根中储存的大量养分，细胞分裂速度极快，细胞伸长也很快，生长最快时一昼夜就能长高100cm左右，相当于其他速生树种的全年高生长量。高生长停止后，再经过4~5年充实竹秆内部木质，就能采伐利用。竹材的用途非常广，在某些场合甚至能代替钢筋，它还是造纸的好原料，竹笋可以食用，因此大量发展毛竹有很大的意义。

速生树种的速生特性，只有在适合它所要求的生长条件时才能表现出来。例如落叶松喜欢生长在光照充足、土壤肥沃湿润、排水良好的地方，如果它的上方有遮荫，土壤干燥瘠薄或排水不良，就是长了七八十年也不过长成五六米高，人们把这种树称为“小老头树”。又如桉树是喜暖的树种，在它未经驯化之前，栽种在冬季寒冷地区也不能速生，甚至可能死亡。我们不但要选择有速生本能的树种，而且要摸透各种树种的特殊要求，为它选择适宜的造林地，采用精细的适合于各树种本性的栽培措施，这样才能有把握地培育出符合国民经济要求的速生林。

沈国舫

从刨坑栽树谈起[①]

有些人以为刨坑、栽树就是造林的全部内容。其实，这不过是造林的两道工序。整个造林的内容还要丰富得多。而且即便是“刨坑栽树”，刨什么坑，什么时候刨，怎样刨，栽什么树，什么时候栽，怎样栽，也有许多科学道理。

譬如在北京西山造林，在造林前要刨坑(也称整地)。刨什么样的坑呢？西山是一个石质山，坡陡土薄，如果坑刨得太小，土壤就很干，坑边杂草还要欺负树苗；坑刨得太大，既费工，又过多地破坏了自然植被，容易引起水土流失，而且也不利于密植。应该根据造林地的条件采用适当的规格。一般坑可以长一些，以利于截住山上流水，但在坡面不平整的地方又不宜过长。坑的宽度在很大程度上受坡度的限制，坡越陡，坑越窄。坑的外缘要修起石埂(或土埂)，坑要稍洼，以便蓄水，土要刨松到一定深度，草根、石块要拣尽。经过长期经验的积累，产生了鱼鳞坑、水平阶、反坡梯田等整地方法。应用这些方法时还要根据坡度、土层厚度、植被等不同条件分别采取适当的规格。

这些整地方法，拿到平地上去就不适用，拿到其他地方的山地，例如东北地区的山地，也不完全适用。因为那里的土壤水分很充足，植被茂密，对树苗来说“光”的竞争问题更为重要。在这种地方如果坑中积水过多，反会引起树苗的冻拔害[②]，因此在当地要采取排水性能较好的高台整地、扣草皮土整地等。在我国其他各地也都有各自适宜的整地方法。

什么时候刨坑比较适宜？刨坑最好比栽树早一些。提早多少时间，各地又不一样。华北地区最好提前半年，在雨季之前刨坑。刨好的坑经过雨水滋润，造林成活就有把握。在东北林区，扣草皮土整地时最好能提前一年，待草皮开始腐烂，土壤恢复紧实后才能造林。选择整地时间还要考虑到劳动力的统一安排等问题。

刨坑以后，下一步是决定栽什么树。造用材林要选用生长快、材质好的树种；造油料林要选种子产量高、含油量高、油的品质好的树种；造防护林要选根大、叶

---

① 本文来源:《人民日报》, 1962 - 3 - 4(5).

② 土壤水分结冰时土体膨胀，几冻几化把苗根从土中拔出或拉断，引起树苗枯死。

茂、能起防风固沙、保持水土作用的树种。以用材林而言，建筑用材、纤维材、矿柱材、薪炭材又都要求不同，因此也要选不同树种才能满足。杨树最适于作纤维材，作矿柱就有些勉强；刺槐可以用作矿柱，但要把它培育成大建筑用材就不太合适；松树可养成建筑用材，但由于木材内含油脂多，因此用来造纸时就不如云杉。

还要根据造林地的条件来选择造林树种。比如在北京西山的一个阴坡造林，就不能选用在平地上生长迅速的杨树，因为山地土层薄，土壤水分不够多；也不能用在阳坡上生长迅速的刺槐，因为山上温度不够高，风太大；也不能用一般的果树（苹果、梨等），因为那里光照及热量不足。在这种地方造用材林时就要选择抗性较强、生长较快的油松；在土壤肥厚而且不太挡风的地方，可以选用白蜡。各地可供造林的地方很多。这些造林地有的在北方，有的在南方；有的在高山，有的在平原；有的在海边，有的在内陆。这些地方的气候、土壤、水文等条件各不相同。只有深入了解各种造林地和造林树种的特性以后，才能正确解决树种的选择问题。

什么时候栽树比较适宜？在树苗地上部分蒸发少（落叶后，发芽前），地下根系容易愈合，土壤水分比较充足的时候栽树最好。一般说来春季是良好的造林季节，但有些地区（如华北）秋冬季造林也很好，尤其对种子长期休眠或可以截干造林的树种更为合适。在雨量集中的地区，还可在雨季造林。但雨季造林仅适于某些针叶树种；阔叶树种的叶面蒸发大，在温度较高的雨季造林不太合适。造林时间还应与农忙季节适当错开，以便合理使用劳动力。另外，栽树的操作技术也要按土壤条件、树苗根系的发育状况、使用工具等不同情况而有所变化。

刨坑、栽树不过是造林的两道工序。大面积的造林，事前要有调查设计，造林时要考虑树种混交、林粮间作，确定适当密度，合理配置，造林后要长期进行细致的抚育管理，后期还要正确地组织间伐和主伐利用。但是刨坑、栽树又是整个造林的“基本功”，它的对象是变化多端的活体，因此不能等闲视之。

沈国舫

在政协农业界座谈会上的发言*

非常欢迎李鹏总理到我们政协农业界来，这使我们很受鼓舞。这也可以说是中央重视农业的标志之一。

我们农业界的政协委员在前天听了李鹏总理的政府工作报告，以及昨天又听了3个(计划、财政、机构改革)报告后，总的来说都很满意，觉得报告充分体现了实事求是的精神，系统总结了前五年的实际情况和经验体会，指出了问题和矛盾，对1998年的政府工作提出了很好的建议。这个报告使我们看清了国家全局，看到了发展前景，坚定了我们的信心，有利于动员全国人民为实现既定目标去努力奋斗。

知道您的到来，我们农业界的委员有许多话要说，可能从几个不同的角度。我自己是搞林业的，1951年国家送我到苏联学林业，1956年回国工作，到今天也已经有40多年了，对林业是有很深的感情的。在今年的政府工作报告中，也有几处提到林业，但我总觉得提到的程度与前几年的政府工作报告相比，相对弱了一些，对此，我很有点担心。对农业来说，不要因为近年连续丰收就忽视了农业的基础仍很薄弱的问题；同样，对林业来说，也不要因为这几年没有发生森林大火，森林覆盖率还有所上升而忽视了我国林业以及生态环境建设的严重问题。

林业是一个很特殊的行业，从培育木本植物这个角度来讲，它是大农业的一部分。但它的产品很多样，主要是原材料。如果说农业上有个21世纪能否养活16亿人口的问题，在林业上也有着21世纪能否满足16亿人不断增长的物质文化需求的问题。要住得好、休息得好，要多读书看报，光是木材以及以木材为原料的纸张，我看就很难满足，从实际情况来看比粮食还难。我因时间关系不想展开。但要想靠进口，或到别的国家砍树来满足，这两条道路要作为主道是行不通的。

林业的特殊性是它不但有生产功能，同时还有防护功能和社会功能。它不仅是农业的一部分，也是资源与环境事业的一部分，林业建设应是生态环境建设的主体部分。1992年世界环境与发展大会后不少人已经开始认识到了这一点，但对它的长期性、艰巨性认识不足。我认为近几年林业部说成绩多了，说问题少了，新闻媒介

---

* 本文未发表。

也有此倾向。于是给人一个印象，好像一切都很顺利。许多人不清楚我们的森林资源很少，生产力水平很低，质量很差，远远挡不住水旱风沙灾害。一面建设又一面破坏，水土流失仍然严重，荒漠化面积还在扩展。每年有3000多万亩森林退化为无林地，近700多万亩逆转为非林地，也就是说成为不可逆的损失，还有好多人把斧头对准我们的森林，问题是非常严重的。

我不想抹杀这几年的成绩，在林业上，社会主义优越性表现得最充分。当前，作为一个发展中大国，森林资源还能增长，在世界上少有。因为党和政府关心人民的长远利益，这个政府有强大的组织动员、社会控制能力，可以说这几年的林业形势是历史上最好的，要把这个势头发展下去，希望还是有的。

但我担心这次国务院机构改革把林业部撤销了，降格为国家林业局，使我产生了担忧。我赞成机构改革，支持精兵简政，但涉及林业部的设置要特别慎重。有没有林业部对我个人(作为院士)已经没有切身利益关系了，我已60多岁了，又是教书的，但对林业事业影响很大。林业特殊，中国的林业更特殊，具体表现在与其他国家不同，与其他工业部门不同。因为中国人口太多，森林破坏历史太长，底子太薄，压力太大，任务太重，而且是与全民打交道，涉及长远利益，必须有强大的政府干预。想想当年毛主席、周总理为什么在新中国成立之初就要设立林业部，想想老一辈革命家对林业的关心，不要把好不容易积累的基础拆了。农、林、水三方协调，农业是基础，水利是命脉，林业是屏障，单单把林业降下来了，这就降低了它在全国以及人们心目中的地位。本来《森林法》就有点管不住人，撤了林业部，下面的体系也要跟着减弱，那些想侵占森林的地方、单位和个人就更不买账了，事情也就更难办了。因此我们这些热爱林业的人，听到这个都很着急，基层的同志更是如此，可以说是忧心如焚。农业其他领域的人也都很同情我们，包括我们的老对手搞水利的同志。因此我想紧急动议，通过这个决议之前，再组织一些调研。不要追求名义上砍了几个单位，而要看实质，也要看是否三个有利于。作为缓冲，至少应把林业部改为林业总局，人员可以精简，但在国内、国际要有权威。我的发言可能不中听，但为了历史责任，也要说出来，不要在一二十年后出了毛病，后人指责我们在关键时刻没有向国家领导说清楚，没死顶住。

因为时间太紧，下面还有许多人要讲，就说到这里。

沈国舫
1998年3月7日

《中国森林资源与可持续发展》第一章　森林——人类的摇篮和家园*

森林，在中国文字中包含了五个木，明显表示是由众多树木组成的。独木不成林，丛聚的树木才是林，繁密的树林才称森。树木虽然是森林的主体，但也不过是森林的局部。森林是以乔木为主体，还包括其他植物(灌木、草本、藤本、苔藓等)、动物及微生物在内组成的生物群落与其所处的非生物环境(气候、岩石、土壤等)紧密联系在一起的综合体，现代人称之为生物地理群落或者是生态系统。关于对森林这个自然综合体的科学认识，关于它的组成、结构、功能和演替等内容，下面还要有专门章节来介绍。

一、森林是人类的摇篮

森林的存在大大先于人类。早在距今约3亿年的古生代石炭纪就已有以木本石松、蕨类组成的茂密的森林广布，并成为以后形成大面积煤层的物质基础；从古生代末的二叠纪出现以银杏为代表的原始裸子植物；到中生代三叠纪、侏罗纪裸子植物森林发育繁盛，为恐龙等爬行动物提供了食物及生活环境；在中生代白垩纪又出现了现今仍孑遗的水杉和一系列被子植物科目；再发展到新生代第三纪(距今6700万~250万年前)被子植物进一步繁育进化，哺乳类动物发展昌盛。可以说，在漫长的地质年代里，森林一直是地球陆地上的主要景观，正是在森林里孕育了人类的繁衍和进化。

人类的始祖，无论是爪哇直立猿人、非洲直立猿人，还是中国的元谋猿人和北京猿人，大多诞生于新生代第四纪的更新世早期或中期(距今200万~100万年前)的森林环境中，和他们的远亲灵长目的猿猴类一样，都是典型的森林动物。他们不同于其他动物的主要特点是学会了劳动，直起了身躯，发达了头脑。他们使用的工

---

* 本文来源：沈国舫主编．中国森林资源与可持续发展．南宁：广西科学技术出版社，2000，1－9.

具或武器中，除了捡拾的石器、骨器之外，最容易到手的就是树木枝干做的棍棒了。森林为早期的人类提供了隐蔽的住所、丰富的食物、遮体的材料和工具的原坯。人类在森林中采集谷果、狩猎打鱼、篝火驱兽、营筑篷舍、结社群居、繁衍进化。可以说，这个时期的人类是与森林共存的。实际上可以把人类看做是森林群落的一个组成部分，参与了森林中的物质循环和能流运转，对森林的生长发育和更新演替产生着一定的影响，但这种影响在范围上和程度上还是相当轻微的。在更新世发生的冰期和冰后期的几次交替中，人类和其他许多物种一起经受住了严酷的考验而协同进化，以至在距今约1.2万年的全新世(冰退后的冲击世)开始后形成了现代植被景观的格局。在这里，大量的(约三分之二)地球陆地为原始森林所覆盖，人类(相当于周口店山顶洞人的发展阶段)就生活繁衍在这些原始森林中。我们现在说的原始森林一般不是指古老地质年代存在过的森林，而是当前的地质年代(全新世)在自然力控制下形成并发展的森林，或称为史前时期或农耕前时期(Preagricultural Period)森林，在这种原始森林中不是没有人的，而是有人的。新中国成立初期大兴安岭的原始森林中还有鄂伦春族人在生息，西南山地丛林中也有几个处于原始共产主义发展阶段的少数民族在生息，在巴西亚马孙河流域的热带雨林中至今仍有一些人类原始部落在生息。这些人群的数量少、生产力水平低，还无力对周围环境作出重大的改变，相反还要依赖周围的森林为之提供衣食庇护。因此，这个时期的人类和森林基本上是和谐相处的。森林在多层次的意义上是人类发展的摇篮，人类的祖先是逐步从森林里走出来的。

二、人类对森林的侵占和破坏

人类祖先在长期劳作积累经验的基础上，为了生存和繁衍而采用的生产方式，由狩猎逐步发展到了驯养，由采集逐步发展到了种植，这是一个大飞跃，这个飞跃也大大改变了人和森林的关系。

为了驯养动物，人们需要找到阳光更为充足、水草更为丰盛的地方。森林中分散存在的小片林中空地已经不能满足需要，人们走向草原，开始了逐水草而居的游牧生活。这部分人后来发展成了草原民族。但即使作为草原民族，他们也不能住得离森林太远(背靠大森林或者与草原上的岛状森林为邻)，因为他们还需要从森林中取得构建帐篷、制作车辆所需的木料，他们还需要一定数量的木质燃料(后来有些地方不得已而用牛粪干代替)，他们还需要利用森林庇护下的湿草地或在森林线之上的高山草甸作为夏季牧场，至于从森林中流淌出来的清澈山泉更是牧民不可缺少的生存条件。仔细观察一下现代大兴安岭周边的蒙古族牧民或新疆天山的哈萨克族牧民，从他们的生活方式及流动规律，无不显示了他们与森林紧密相依的渊源和关系。

为了种植繁育植物，特别是禾谷类农作物，森林环境也变得不适应了。人们需要到阳光更为充足、土地更为适宜农作物生长的地方。于是，人们走出了森林，走到了林缘和河川冲积平原接壤的地方，那里有广阔的草地和湿地，更适于耕作。我国华夏民族新石器时代的仰韶文化、马家窑文化和龙山文化(公元前5000年~公元前2000年)遗址表明，特别是仰韶文化的西安半坡遗址充分显示，先民们已经以农为主，渔猎为辅，并饲养猪、狗等家畜。他们的居住地也已搬到了林缘、河川旁的宽阔地带了。而森林所提供的建屋材料、燃料、猎物和水源依然是生活中必不可少的。

但是随着生产力的提高和人类的繁衍，原有的适于种植农作物的土地不够用了，要扩充土地，只有向森林开拓。开拓的对象首先是冲积平原上生长的阔叶丛林，以后又向邻近的阶地缓坡上发展，而在平地面积很少的山区，有肥厚土壤的山坡地也成了垦殖的对象。农耕方式的发展从森林中局部地块的烧荒轮种〔这种刀耕火种的方式又称为游耕农业(Shifting Agriculture)〕，到大面积被烧垦后开拓为固定农耕用地的侵占(Agricultural Encroachment)，再到大规模有成套设施(包括排灌体系、防护林体系及道路体系等)的农(垦)区建设，这个过程经历了几千年。我们不无遗憾地指出，这种农业进、森林退的农业侵占过程，在一系列发展中国家，包括现代中国在内，至今没有停止。在农业文明历史很长，森林已残存不多的中国，农业继续侵占森林的现象(我们称之为林地逆转现象)，确实是应该引起各界密切注意的。

当然，森林减少的原因不仅仅在于农业侵占，更重要的是历代无节制的砍伐和破坏。森林的砍伐和破坏是两个不同的概念。在地域上、数量上和间隔时间上有节制的砍伐，加上其他一些必要的保护、培育措施，是可以保证森林的更新繁衍从而不构成破坏的。但是在我国一直延续到近代的森林砍伐都是无节制的，从而导致了森林被破坏的严重恶果。人类离开了森林之后，仍不断地向森林索取，除了传统的野生动物的肉食、皮毛及山果、药材之外，最重要的索取对象是木材。木材是农业文明时期人类最重要的燃料来源，曾经占到农村能源消耗的90%以上，进入近现代文明后这个比例逐步下降，但到目前为止，我们农村人口50%以上的能源消费仍然依靠木材，而我国每年木材消耗总量的50%仍是作为燃料。随着人口的增长和生产力水平的提高，对能源的消耗也越来越多。不要小看这把进林樵采薪材用的刀斧的作用，我们眼看着一些山区农村，在一两代人的时间里，就把有樵采资源的森林从村边逼着向大山后退了几千米到几十千米。森林稀疏了、萎缩了、大大后退了，致使一些农村把打柴作为头等劳力干的活，甚至连壮劳力也打不到薪材，只能搂草皮挖草根来烧，从而引起剧烈的水土流失。人们的劳动力浪费了，生活水平下降了，消逝退却到远方的森林只能向它的人类朋友发出同情的叹息。

木材是人们营造居所的主要材料。从比较原始的以原木为构筑基材的各式木屋(木克楞)到以木材为主要支架构材的木结构或砖木结构建筑，直到现代化的以各种实木锯材和人造板装修用材相结合的住宅、别墅建筑，都要消耗大量的优质木材。以取得优质建筑用材而进行的森林采伐，特别是历史上几次为了大规模宫廷殿堂的修筑而进行的大面积、无节制的森林采伐，在我国森林破坏史上书写了特殊的一笔。秦始皇大兴土木，修建阿房宫，使关中南北二山上的森林遭到严重的摧残；汉、唐、宋和元、明、清各朝宫殿修建和城市建设，不但耗尽了华北、西北各山头（秦岭、伏牛山、吕梁山、太行山、燕山）的林木资源，使许多森林沦为荒山，而且也殃及了南方各地。寻觅、采伐并运送珍贵巨木既劳民伤财，又损耗了当地的珍贵林木资源。

在世界上其他地区，人类侵占和破坏森林的过程大致相似，但也因地区的自然特点、开发历史及社会经济所处的阶段不同而各有特点。在东南亚、拉丁美洲和非洲的许多发展中国家，由于开发滞后及热带森林的自然特点，保存下来的森林还比较多，但森林被侵占及破坏的速度和程度相当严重，而且这个过程一直延续到当代，在一些地区还有加剧的趋势。在欧洲的发达国家，历史上也有过森林被大量侵占和破坏的过程，除了城镇及农业发展侵占林地之外，林下养牧的传统（如栎类水青冈林下养猪及养羊业的发展）也曾使森林严重地退化，而航海造船业（木质船队发展时期）的兴起需要大量的优质木材，更为森林的衰败和破坏火上加油，这可以说是欧洲的特色。中世纪欧洲的封建领主为自己的狩猎娱乐曾经客观上对部分森林起到了保护作用，但资本主义工业发展的初期，既对优质木材有了巨大的需求并开辟了广大的交易市场，又为开发利用远处森林提供了高效的生产和运输机具和条件，因此森林消失的速度就更快了。森林消失的程度以英国最为严重，为发展毛纺业所引起的圈地运动及其他破坏活动，使英国的森林大量消失，到20世纪初森林覆盖率下降到5%左右。法国也有类似经历，其森林覆盖率从原始的60%～70%下降到19世纪中叶的13%左右。由于欧洲科学的发展，人们对森林的作用有了更深刻的认识，木材的短缺前景也迫使各国去保护和恢复自己的森林资源。这个觉醒在德国（普鲁士）来得比较早，在18世纪早期已有议论，而在18世纪末形成了在林学发展上具有重大意义的木材"永续利用"（Sustained Yield）思想和与此相应的法正林理论。从19世纪中叶开始，多数欧洲国家已经控制住了森林继续消失的势头，而逐步走上了恢复森林的道路。在20世纪的两次世界大战之间及第二次世界大战之后的年代里，森林恢复速度加快，使法、德等国的森林覆盖率达到25%～30%的水平，连英国的森林覆盖率也恢复到了9%左右。在当代欧洲发达国家农产品过剩的情况下，森林面积在近年仍有所上升，但森林的质量和健康状况却因大气污染（特别是酸雨）的影响而有所下降。北美洲的情况与欧洲略有不同。以美国为例，在殖民以前，当地印第安人的人口少，生产和生活水平低，保留了新大陆上的大面积森林（60%左右），处于原始状态。欧洲移民从16世纪开始大量涌入，由于耕地开拓、城镇建设的需要和木材出口换取工业品的需要，使这块大陆上的森林由东向西大量消失，现代工业的发展更加速了森林消失的进程。但美国的特点是开发时间短，森林资源丰富而人口相对少，森林开发有回旋的余地，当东部的森林资源开始枯竭时，他们有条件把开发重点向中西部及西海岸转移，同时进口加拿大的木材，从而使东部地区得以休养生息而森林又得到恢复。到20世纪初，科学的营林得以开展，从而使美国既是一个世界上最大的木材生产国和消费国，又能把当代森林覆盖率保持在30%

以上，而且森林生长量在近年还有所上升。

造成森林破坏的另一个重要的原因是战乱。战争造成的森林破坏，古今中外都一样。古罗马与北方日耳曼民族的战争曾破坏了阿尔卑斯山大面积的森林。中国古代本土汉族与北方游牧民族之间延续数百年的拉锯式的战争也曾破坏了大面积的森林。为了战争的需要，要消灭敌人的隐蔽场所，要供应战争用的建筑用材，还要饲养战马，供应给养，于是烧砍结合，向森林开刀。再加上修建工事(包括长城)、戍边屯垦的需要，也要向森林要材、要地、要收入。我国长城沿线的森林有不少就是在这种情况下被破坏的，并且波及邻近的阴山和贺兰山上的森林。"安史之乱"导致西北地区大面积的森林被破坏，辽宋对峙使雁北和燕山一带的森林受到致命的损伤。我国历史上这样的例子是不胜枚举的。延续至近代沙皇俄国和日本侵略我国东北地区和台湾地区，也曾多次掠夺式地采伐、破坏当地的森林资源，使长白山区、小兴安岭及台湾中央山脉的森林遭到严重的破坏。农业的不断侵占、燃料木材的巨额消费再加上战乱的破坏、帝国主义的掠夺，使我们这个文明古国的森林资源遭到严重的损失。从全国的尺度来看，我国的森林覆盖率从最初的60%左右(史前)降到了新中国成立前夕的10%左右，损失了原有森林面积的80%以上。这段惨痛的历史我们应该铭记在心，吸取教训。

综观人类对森林的侵占和破坏的历史进程，可见人类为了自身发展的需要和基于对大自然的无知，使大面积的森林消失或退化，所造成的后果是严重的。在全世界的尺度上，森林面积已消失了一半以上，而且还在以每年$1.5 \times 10^7 hm^2$左右的速度减退，森林质量也显著下降，对人类自己的生存基础造成了严重威胁。人们现在虽然已经开始觉醒，但很不均衡，更不普及，人类的家园仍处在危险的边缘。

三、人类还是离不开森林

人类的社会经济生活走向现代化使人类和森林的关系又发生了很大的变化。首先，森林更加明确地有了为人类提供各种森林物产和提供生态环境保护和游憩服务的双重任务。其次，人类越来越认识到在地球上生活不能没有森林，在自然界，人类和森林是平等的，必须和谐发展才能实现可持续发展的目标。

在森林物产方面，木材始终是主要的林产品，不过人类消费木材的用途和结构已经发生了很大的变化。最初，木材以燃料的消费作为主要用途，逐渐地直接把木材(实木)用于建筑、家具、交通(枕木、车船及桥梁建造)、采矿(坑木)及电力建设(电杆)等方面的用途取得了主导地位。进入20世纪以后，特别在20世纪后半叶，可以看到这样一个趋势，即许多木材的传统用途逐渐被其他的材料和能源所代替：如用钢材、铝材、水泥、塑料等材料代替木材用于建筑、交通和电力等设施；用煤、石油、天然气等能源代替木材用于工业及民用燃料。而与此同时，木材却不断以其多层次加工产品的形式开拓出越来越多的新用途和新用法。如以各种纤维板、刨花板和胶合板为主体的人造板及其与其他材料(塑料、石膏、水泥)的复合制品在建筑、室内装修、家具、车船甚至飞机制造上找到了越来越多的新用途，而以纤维素、半纤维素和木质素为主要成分的木材又找到了越来越多的化学利用途径，其中以利用木材纤维素为主要成分的木材制浆造纸事业更成为了提供高质量纸张和纸产品的主要来源，从而构成了支持现代文明的主要支柱之一。在一系列发达国家中，用于纸浆造纸的木材消费量已占木材总消费量的一半以上。近年来，在自然环境不断恶化的冲击下，木材作为天然物的一系列性能重新受到人们的青睐，不少人又恢复了对实木产品的爱好。而石化燃料(煤、石油、天然气等)大量消耗可能引起短缺的前景(特别是20世纪70年代能源危机时的显示)迫使人们又重新考虑可再生的生物能源(其中木材占主要份额)的重大利用价值。用速生高产方式培育出大量木材并使之转化为液体或气体燃料，是人类利用无穷尽的太阳能来作为能源的又一选择，而用人工培育速生木材作为发电燃料的产业在一些地方已经开始建立。所有以上这些情况，在世界人口不断增加、物质和文化需求不断增长的背景下，使得全世界的木材消费总量在现代条件下不但没有下降，而且还有逐年增长的趋势。

除了木材以外，森林还可以为人类提供许多其他物产。在森林中采集野果、浆果、蘑菇、野菜，猎取兽肉、皮毛等是人类利用森林的最原始的方式，这些产品过去统称为林副产品。随着认识自然水平的提高，人们逐渐懂得了森林中还有许多可利用的好东西，如药材、松香、饮料、油料、香料、染料等等。时至今日，除木材以外的林产品的种类、品种及其用途层出不穷，它们的培育和加工的工艺技术也已发展到一个很高的水平，与过去在利用的规模和深度上相比已不可同日而语了。这部分林产品已不能再用林副产品来概括了，国际上逐渐形成了非木材林产品(Non-wood Forest Products)的概念，并且登堂入室作为独立分支成为林业事业的组成部分。我国习惯于把这部分称为特用经济林产品，后来省略了“特用”两字，而且形成了产业，称为经济林产业。关于木材产业和经济林产业问题本书有专门的章节介绍分析，在这里只需说明，经济林产业是一个现代迅速发展的领域。随着科学技术水平的迅速提高，近年来不断有新的资源被认识和开发利用。如古老的银杏，自从人们认识到它的果和叶内含有大量对心血管病有重要保养和治疗价值的黄酮醇甙类物质后立即身价倍增，各种培育、保护、提炼、加工的技术迅速跟进，在不长的时间内就形成了新的银杏产业。又如稀有的红豆杉，在被人们确认它所含的紫杉醇有医治癌症的显著疗效后也在迅速扩展成为一个重要的栽培树种。而我们知道，在具有很高的生物多样性的大森林里，目前被人类掌握的有用资源只是很小的一部分，大量的生物资源还有待认识和开发，在这方面的发展前景是很广阔的。

人类对于森林在自然生态环境中的作用的认识深化可以说是20世纪特别是20世纪下半叶中人类科技进步的一大突破。在20世纪之前，人类对森林的环境作用的认识已经有了开端。对森林的涵蓄水分、固持土壤、防风固沙的原始初步认识由来已久，到了近代科学迅速发展的19世纪形成了较为系统的认识。这一点可以从19世纪中叶开始的防护林的区划和营造(如法国对阿尔卑斯山区的造林治理、德国北海岸的固沙造林、乌克兰的草原造林及俄罗斯石头草原的护田林网的营造等)工作的开展中得到反映，也可以从恩格斯《自然辩证法》中对森林破坏后果所作的著名警句中得到反映。但19世纪对森林作用的认识毕竟还是粗浅的，对这些作用缺乏机制性的深入研究，达不到量化的标准，更缺乏对大系统的完整认识。进入20世纪后，人们对森林的种类、分布、结构、功能、生长、发育、演替和更新等许多方面进行了越来越深入的研究，许多发达国家都建立了森林的定位研究站，进行长期连续系统的研究，森林观测分析的仪器设备也日益完善、精确，为人类对森林的环境作用的机理性过程认识及量化评估作出了重要贡献。另一方面，生态环境研究本身也大大促进和完善了对森林环境作用的认识。到了20世纪下半叶，在全球生态环境逐步恶化的大背景下，生态科学和环境科学的迅速发展，促进了对森林认识的飞跃。从20世纪60年代开始延续至今，国际生物学研究计划(IBP)、人和生物圈研究计划(MAB)及国际地理生物圈研究计划(IGBP)等国际性联动、网络性布置的研究计划的实施，使人类对自然资源和环境的认识达到了新的高度；而对全球环境变化现实的认识，包括森林的消失、荒漠化的发展、大气污染和水污染的加深、地球温室效应引起的气候变化、大气臭氧层出现的空洞等等，又把森林在保护全球环境中的作用摆到了相当突出的地位。把这些深化的认识付诸实践，就产生了20世纪30年代的美国罗斯福防护林建设工程、20世纪50年代苏联的斯大林防护林建设工程、20世纪70年代我国的三北防护林建设工程和20世纪80年代北非的绿带工程等等，其目的都是为了用林业的手段和其他手段相结合来保护和改善地区的生态环境，保障人类生产和生活的安全。而在全世界范围的保护热带雨林行动、大量自然保护区的区划和设置、大面积人工造林的计划，也包括中国正在执行的十大林业生态工程和保护天然林工程在内，形成了全球性保护生态环境的巨大行动，1992年巴西里约热内卢召开世界环境和发展大会之后，森林的可持续发展更成为了全球关注的与人类可持续发展密切相关的中心议题。人类离不开森林是必然的结论。

除了森林的环境作用以外，森林为人类提供优美的游憩场所这个服务功能也受到了越来越多的重视。城市化是随着现代化而来的一个人口集中过程。大量人口集中在拥挤嘈杂、污染严重的城市(在发达国家城市人口达到本国人口的80%以上)，虽然满足了某些社会、经济发展的需要，但也带来了一系列问题。突出的问题之一就是人们长期居住在以钢筋水泥建筑为主的高楼林立的城市中，常感到身心压抑、神经紧张，急需回归到风光绮丽的大自然中去，特别向往空气清新、绿荫遍地、花草虫鸟、生机盎然的森林环境，于是“森林浴”逐渐成了一种时髦。利用闲暇时间到郊区山林之间休闲游憩，恢复体力和精神的生活方式，将成为经济水平转入小康之后的人们的普遍追求。所有这些都离不开要有个森林的环境，要有大量树木与其他景观要素(花草、山石、水域和野生动物等)构成景色多样、美观悦目、开阔幽静的活动空间。从离开森林发展到向往回归森林，是人类必然的归宿。

四、保护森林——人类的家园

人类在森林中进化，在离开森林后取得了繁荣和发展。人类由于生存所迫及愚昧局限而把毁坏森林作为了取得发展的代价，从而多次遭到了大自然的报复。人类的生态觉醒又使大家认识到人类离不开森林，而且在精神文明需要上向往森林，这就在认识人类与森林的关系上完成了一次飞跃循环。森林过去是人类的家园，现在从广义上看也是人类的家园。保护家园就要保护森林，这是历史的抉择。

人类现在觉悟到要保护森林是否有点晚了？是的，是有点晚了。我们理想的地球家园应该是大约在陆地面积的三分之一的土地上有森林覆盖，而现在只剩下26%了。古老的中华文明除了荣耀之外也给我们带来了一些历史包袱，其中之一就是森林消失过度。虽经我们在新中国成立后特别是改革开放后的连续努力，到现在也只有14%左右的森林覆盖率，而且质量不佳，离理想目标相距甚远。但是亡羊补牢，犹未为晚，我们必须用加倍的努力赶上去，还历史旧债，为当前谋利，为子孙造福。

保护和发展森林资源，持续满足人类生存发展在物质上、环境上、精神上和文化上的多层面需求，这是人类必须要走的一条路。本书中将有专门篇章来论述在中国条件下走这条道路的战略方针和纲领任务。在这里，我们特别强调的是，正确的实践要有正确的认识来指导，保护和发展森林是一次涉及面广、持续时间长、要有大众参与的长征，更需要有认识的科学性和坚定性。过去，森林的大量破坏消失源于认识上的愚昧，那么今后，确立人类与森林的关系的正确认识，使之普及到广大群众中去，成为正确行动的指导，就是我们首先要做的。这件事尤其重要，因为这种认识理念以这个“地球村”全体成员的长期利益为目标，不具有短期功利色彩，它所需要的恰好是要求人类不要放纵自己，而要适当地约束自己，自觉控制人口，自觉珍惜资源，自觉爱护环境，自觉采用适应环境容量的生活方式，自觉讲究顺应生态原则的伦理道德。从爱护一草一木开始，到热爱大森林大自然，从爱护环境卫生开始到呵护人类赖以生存的大生态环境，通过对森林的科学认识，通过对中国走林业可持续发展道路的认识，把自己的思想提高到热爱祖国、热爱人民的境界，为广大人民长远利益而追求人类和自然和谐发展的格局和进程。这就是本书立言的主旨。

沈国舫

有效发挥院士群体重要智力资源的作用*

两院院士群体是我国自然科学界及工程科技界最高层次的代表，他们的存在本身就起着重要的导向和示范作用。他们拥有大量、精深的科学知识和科技实践经验，可以为国家和地方各项建设提供有科学依据的决策咨询意见，已经受到各方面的重视。在贯彻实施科教兴国战略过程中，中国科学院和中国工程院的院士群体这一重要智力资源正在发挥着越来越大的作用。当前，院士中的大多数仍旧活跃在各自的领域和科技活动中，他们继续为促进学科发展、科技进步及培养年轻一代的科技人才做着卓越贡献。

中国工程院近年来完成了大量咨询研究项目，其中如“中国可持续发展水资源战略研究”，“新世纪如何提高和发展我国的制造业”，“西北地区水资源合理配置、生态环境建设和可持续发展战略研究”等项目均得到国务院领导的重视和高度评价，并在实际工作中发挥了重要的作用。

两院院士群体受到社会各界的重视和爱戴，这是社会进步和兴旺发达的标志之一。不过，通过近几年的院士活动实践，我感到有一些情况还有待改进，有一些认识也有待与社会各界取得共识。

首先，院士们大多是各个特定方面的专家，虽然有的院士知识面很宽，但毕竟有限度。院士和普通人一样，他们各有专长，却不可能是万能的。现在社会上有许多活动为了显示档次，总喜欢邀请几位院士参加。这些邀请有些是合适的，有些并不合适。其实，院士们有时不出席并不是架子大、请不动，更不是什么“要高价”。把院士们只当作摆设般供着，既浪费了他们的时间和精力，又不能取得任何实效。因此，我们希望如果院士们表示因某种原因不愿或不适于参加某类活动，应得到社会各界的谅解。

其次，院士们大多有自己的本职工作。他们要做具体的研究、教学或工程管理工作；要追踪科技前沿；要了解发展现状；要读书学习；要著书写作；还要照顾好自己的学术梯队。他们的精力有限，时间是很宝贵的。应该让他们把时间、精力用

* 本文来源：《中国政协》，2003(8)：34－35.

在“刀刃”上，更好地发挥实质性的作用，而不宜分散用在一些礼仪性或与其专业领域没有多大关系的各种活动上。事实上，院士们各有特点，他们中有的兼具较强的组织管理能力，可以参与适当的组织领导工作；有的则不具备组织管理能力，即使勉强让他们做领导工作却恰是用其所短，不但会造成人才的浪费，而且对事业也没有好处。而少数资深院士因年事已高，体弱多病，理应充分保证其颐养休息，所以就更不适于承担过多的活动。

再次，院士们经常受到各类媒体的关注。许多院士学有所长，毕生奉献，有高尚的思想情操，确有不少值得宣扬的地方。但人无完人，院士也如此。有些媒体宣扬的话过了头，甚至会招致一些人的非议，从而引起院士们的烦恼。毕竟院士们是很讲科学的，他们对科技成果和工程建设的评价要求客观公正，对院士本人的评价更要求恰如其分。说过头了的炒作起到的作用适得其反，应该设法避免。

另外，社会各界对院士群体的推崇，要求院士们必须时刻保持一颗平常心，要正确对待荣誉，并更加严格地自律。两院院士的数量在千人之上，所以社会上的某些现象也会在院士群体中有所反映。鉴于此，每个院士都应该严肃地思考这个问题，并身体力行，用自己的思想和行动来维护院士群体的集体荣誉。中国工程院代表工程院院士的集体意志。我们要求每个院士都要用“三个代表”重要思想高标准地要求自己，为民鞠躬尽瘁，贡献聪明才智，科学评价自己，自觉接受监督，远离名利追逐，热诚提携后人，团结科技各界，维护一方净土。尤其在当今科技界和社会上一些地方正日益呈现浮躁倾向之际，作为院士更应该严于律己，戒骄戒躁，脚踏实地，奋发创新，力争为社会进步、民族兴旺、国家强盛做出更大的贡献。为了规范院士们的自律行动，中国工程院早在1998年4月就制订了《中国工程院院士科学道德行为准则》，后来根据实际执行中显现出的一些问题，又于2001年12月补充制订了《中国工程院院士科学道德行为准则若干自律规定》。为了建设好院士队伍，把好入口关，中国工程院还在院士增选工作中加强了公开性、提高了透明度，并在实施中从严要求，以期使院士增选达到客观、公正、公平的标准，尽量避免将不适合的人选进院士队伍中来。

总之，要发挥好院士群体这一重要智力资源的作用，离不开院士们自身的努力，更离不开社会各界的理解与支持。我们有理由相信，在中共十六大指引的全面建设小康社会的伟大进程中，院士们一定会和全国广大人民群众一道，创建更新的丰功伟绩。

沈国舫

大家都来学点树木学知识[①]

近年来，由于受自然环境变化的影响以及科学知识的普及，人们的生态意识有所提高，对“绿色”“树木”“森林”的兴趣也浓厚起来了。绿色文学或生态文学的兴起也反映了时代的特色和需求。但是，由于教育、文化、习俗等多方面的原因，我国公众，包括青少年在内，对于自然界的知识还是很贫乏的，其中对一些常见树木也缺乏起码的常识，有时甚至闹出一些笑话，这是很遗憾的一件事情。

在日常生活中，我经常碰到这样一些人，他们的文化教育水平不低，政治、经济、技术各方面的知识面也还说得过去，但他们对于常见的树木却是“松柏不分”“杨柳混同”，对房前屋后的常见树木，也叫不出几个正确的名称来，更谈不上对它的基本习性有什么了解了。一次，我在上鹫峰(位于北京市海淀区北安河村西侧)的山路上遇到一群青年人，就在一片侧柏林旁，却高呼着：“这么多的松树啊!”我在一旁忍不住地插上了话，告诉他们这不是松树，而是柏树，而且是北京市的市树——侧柏。松树和柏树，虽然同是常绿的针叶树，但差别还是相当大，分类上不仅不同属，而且是不同科的。松树是松科下的一个属，属名 *Pinus*，下面还有许多种。在北京常见的有油松和白皮松，不常见的还有华山松、樟子松、乔松等。而同样带着“松”字的落叶松和雪松，严格地讲不能说它们是松树。因为，在分类上分别属于松科之下的落叶松属(*Larix*)和雪松属(*Cedrus*)，它们还各有许多种。柏树则是柏科下一些树种的统称，在北京常见的柏树有侧柏、桧柏和沙地柏。前者属于侧柏属(*Platycladus*)，后两者属于圆柏属(*Sabina*)。松树和柏树不仅形态上差异很大，在生殖、习性、适生地等方面也有很大差别，是不应该混淆的。

杨树和柳树有相似之处，所以，同属杨柳科，但它们之间又有许多差别，归不同属。杨树，属名 *Populus*，下面有许多种，是一个大家族。北京街上最常见的高大的杨树是毛白杨，其他还有青杨、小叶杨、黑杨(美杨、加杨)、银白杨等等。由于杨树易杂交，几十年来经杂交培育出了许多新的品种和类型，又从国外引进了许多种和品种。因此，杨树的名称就非常多了，如北京杨、合作杨、沙兰杨、美洲黑

---

① 本文来源：《森林与人类》，2003(9)：28－29.

杨、新疆杨、三毛杨等等。有些品种形态很相似，不掌握来源底细的话，连专家也难以分辨，对一般的公众就不必分得太细了。但终归不应把杨树和柳树混同起来，误把“柳絮”作“杨花”。柳树，属名 *Salix*，叶窄，柄短，花序直立，而与杨树不同。柳树也是一个大家族，北京最常见的是旱柳和垂柳，现在绿化上用的大多是它们的栽培品种，如馒头柳、金丝柳等。

树木在文学作品中应该有比较准确的名称和描述。鲁迅、屠格涅夫、契柯夫等著名作家在他们的作品中对树木的描述都是比较确切的。但我发现，现在我国有些作家这方面的素养太差，他们的一些风景描述经常是不符合自然规律的，对读者会产生不好的影响。例如，明明在描述我国北方某种景观，却“冒”出来了一株马尾松，而马尾松只有在秦岭—淮河以南才有分布生长。同样，在南方典型景观描述中出来了只有北方或高山上才有的白桦树。我估计这可能是“银桦”之误称。“银桦”不是“桦”，原产大洋洲，在南方的一些城市（如昆明、广州）引种来作行道树。“银”和“白”一字之差，景观却是大不一样的。文学作品中出现这样的谬误是挺煞风景的。

不仅是在一般的文学作品中，甚至在一些绿色文学作品中也常出现这类常识性的错误。例如，最近我在《森林与人类》杂志上（2003 年 5 期）读到了一篇文章，内容是赞扬美国西雅图的森林的。这篇文章内容很好，文字也不错，但就是在树种名称上会给人误解。文章中特别介绍了西雅图的冷杉。不错，西雅图是有冷杉的，但很少，长得也没有那么高大，而且并不生长在低海拔处，与文中描述不符。细想一下怎么回事，我估计就是因为作者缺乏必要的植物学知识而误译所致。文章中描述的应该是花旗松，而不是冷杉。冷杉，学名 *Abies*，英文叫 Fir，有的时候要注明是 true fir，而花旗松的英文名称是 Douglas fir，它不是 true fir 的冷杉，而是黄杉属 *Pseudotsuga* 的一个种。中国人把它称作花旗松可能是从木材贸易过程中得来的，因为，它是我国大量进口的一种木材，其材似松，又来自美国，故叫花旗松。这不是字源考证，而只是我的猜想。

总之，我认为还应该在公众之中更多地普及一些树木知识。我们不能要求人人都有很高的植物学素养，也不能要求文学作品都像科技书那样“较真”。但常识还是应该有的，错误还是应该避免，这也是一种文明的表现。

沈国舫

贯彻落实科学发展观 建设资源节约、环境友好型的和谐社会*

引 言

党的十六届三中全会明确提出了："坚持以人为本，树立全面、协调、可持续的发展观，促进经济社会和人的全面发展"；强调"按照统筹城乡发展，统筹区域发展，统筹经济社会发展，统筹人与自然和谐发展，统筹国内发展和对外开放的要求"推动改革和发展。

胡锦涛总书记 2005 年 3 月 12 日在中央人口资源环境工作座谈会上强调指出："要加快调整不合理的经济结构，彻底转变粗放型的经济增长方式，使经济增长建立在提高人口素质、高效利用资源、减少环境污染、注重质量效益的基础上，努力建设资源节约型、环境友好型社会"。

以邓小平理论和"三个代表"重要思想为指导，树立和落实科学发展观，以提高资源生产率和减少废物排放为目标，以技术创新和制度创新为动力，强化节约资源和保护环境意识，加强法制建设，完善政策措施，发挥市场机制作用，促进循环经济发展。

树立和落实以人为本、全面协调可持续的发展观，坚持资源开发与节约并重，把节约放在首位的方针，紧紧围绕实现经济增长方式的根本性改变，以提高资源利用效率为核心，以节能、节水、节材、节地、资源综合利用和发展循环经济为重点，加快结构调整，推进技术进步，加强法制建设，完善政策措施，尽快建立健全促进节约型社会建设的体制和机制，逐步形成节约型的增长方式和消费模式，以资源的高效利用促进经济社会可持续发展。

人口、资源和环境之间的紧张关系是在相当长的一段时间内制约我国发展的重

---

* 本文来源：《国土资源》，2005(9)：4－9.

大因素，也是实现我国经济社会可持续发展的重大障碍，应予以认真对待。

一、我国人口与资源的现状和前景

1. 人口

截至2004年年底，我国人口总数为129998万人，比2003年增长761万人，增长率5.87‰。与前一时期相比，增长率下降十分明显，1990年增长1629万人，增长率14.39‰；1995年增长1271万人，增长率10.55‰；2000年增长957万人，增长率7.58‰。尽管如此，我国人口众多仍是不容忽视的事实。有限的耕地、有限的资源和众多的人口给我国未来可持续发展带来一定的压力。虽然到21世纪中叶，我国人口高峰值将有望控制在15亿之内，但还是会带来一些新的问题。

2. 土地资源

(1)耕地　根据遥感测量资料确定，1996年10月我国保有耕地面积为13003.9万hm^2(19.5亿亩)，人均耕地0.106hm^2(1.59亩)；到2003年年底，全国耕地面积降为12339.22万hm^2(18.5亿亩)，人均耕地0.095hm^2(1.43亩)，当年就净减少耕地253.33万hm^2(3800万亩)，当年的粮食产量也跌入低谷。2004年，由于我国政府采取了严格的耕地保护政策，情况有所缓和，根据当年10月遥感测量资料确定，全国耕地面积为12247万hm^2(18.37亿亩)，较上年净减少耕地80万hm^2(1200万亩)，人均耕地0.094hm^2(1.41亩)。专家认为，我国的耕地面积要以18亿亩为警戒线，16亿亩为生存线，只有保持足够的耕地，才能解决和保证13亿~15亿人口的吃饭问题。

(2)森林　根据《2003中国森林资源报告》(第六次全国森林资源清查结果)，2003年全国林业用地面积28280.34万hm^2。其中：林地面积17490.92万hm^2，占世界森林面积的4.5%，列世界第五位；森林覆盖率18.21%，世界平均29.6%，列世界第130位；活立木总蓄积量136.16亿m^3，其中森林蓄积量124.56亿m^3，占世界森林总蓄积量的3.2%，列世界第六位。

世界人均森林面积为0.6hm^2，中国为0.132hm^2，列世界第134位；世界人均森林蓄积为64.627m^3，中国为9.421m^3，列世界第122位。

我国森林资源年龄结构偏轻，质量和生产力偏低，可用资源极少。经过长期努力，我国的森林覆盖率可提高到26%，生产力可提高一倍以上。

(3)草地　我国是草原大国，全国天然草地面积39301.74万hm^2(58.95亿亩)，占国土面积的41%，占世界草原面积的13%，位居世界第一，但人均面积却只有0.3hm^2。我国的草地主要分布在青藏高寒草原区（34.50%）、西北荒漠灌丛区(22.53%)、蒙宁干旱草原区(14.54%)，草原干旱瘠薄、生产率低下，仅相当于45087万个羊单位。由于超载过牧，我国的草原退化十分严重。

(4)湿地　我国天然湿地面积为3620万hm^2(5.43亿亩)，列亚洲第一位，世界第四位。其中，沼泽地约1400万hm^2，浅水湖泊湿地1200万hm^2，盐沼及滨海滩涂 210 万 hm^2。我国湿地资源类型多、面积大、分布广泛、物种资源十分丰富。目前，我国约有 40% 的天然湿地已被纳入 353 处自然保护区管理范围，21 块湿地列入《国际重要湿地名录》。但一个不容忽视的事实是，相当一部分湿地因干旱缺水而退化严重。

3. 水资源

我国多年年平均降水总量为 6.2 万亿 m^3（平均降水量 628mm），多年平均水资源量为 2.8 万亿 m^3，按 1997 年人口计算，人均水资源量 2200m^3（世界排名第 121 位）；按 2030 年人口计算，人均 1760m^3，接近 1700m^3 的用水紧张线。其中，黄、淮海流域人口占全国的 35%，土地面积占全国国土面积的 13.4%，耕地占全国耕地的 39%，GDP 占全国的 32%，而这一地区的水资源仅占全国水资源的 7.7%，人均 500m^3（海河流域人均仅为 343m^3）。

由于地域条件特点所致，我国水能资源丰富，全国可开发水能资源装机容量 3.786 亿千瓦，发电量可达 19253 亿千瓦·时，但开发水能仍有相当的难度。

4. 生物资源

我国物种丰富，生物多样性高，特有性高，起源古老。植物约有 3 万种，占世界总数的 12%；动物约有 4.5 万种，尚有未定名昆虫约 10 万种，占世界总数的 5.6% ~18%；微生物约有 1.4 万种（未计病毒，大量土壤微生物未定名），占世界总数的 17.5%。我国的生物多样性仅次于巴西和马来西亚，居世界第三位。同时，我国物种的濒危及灭绝情况非常严重，15% ~20% 的高等植物濒危，7.7% 的脊椎动物濒危，已灭绝的有四川崖柏、雁荡润楠、犀牛、高鼻羚羊等，麋鹿本已在我国灭绝，经过我国科研人员的长期努力，又从英国引回种群并繁殖成功。

5. 能源矿产资源

（1）*石油* 我国石油可采资源量总量相对丰富。截至 2003 年年底，我国石油探明率为 43%，预计到 2020 年可达 60%，相当于现阶段世界平均水平。2003 年年底，我国已累计生产原油 41.5 亿 t。其中 2003 年生产原油 1.7 亿 t，而消费量却达到 2.67 亿 t。预计到 2020 年，我国原油消费量会大致控制在 4.5 亿 t 以内，即用翻一番的消费量支持 GDP 翻两番。

（2）*天然气* 截至 2003 年年底，我国天然气可采资源量探明率仅为 20%。2003 年，我国天然气产量为 341 亿 m^3，预计到 2020 年可达 1200 亿 m^3，那时的天然气年消费量可能达到 2000 亿 m^3，将占我国一次能源消费量的 10%（2003 年为 3%）。

（3）*煤* 我国的煤炭资源丰富，已探明煤炭储量约 1 万亿 t 之多，据第三次全国煤炭资源预测与评价显示，我国煤炭总量约 5.57 万亿 t，居世界第三位。2004 年全年煤产量 17.6 亿 t，较上年增长 19.47%，在我国一次能源消耗中占 70% 左右的份额，预计未来生产及消费总量还要上升，在一次能源消费中的相对份额到 2020 年可降至 60% 左右。在我国，依靠煤作为主要能源还要延续很长时间，这也是我国的特色和难处。

6. 非能源矿产资源

我国矿产资源种类齐全，总量较大，但人均拥有量不足（表 1）。

表1　中国重要矿产资源禀赋

矿种	中国基础储量	世界基础储量	中国所占比例(%)
铁矿石(亿t)	212	3000	7
铜　矿(万t)	2641	65000	4
铝土矿(亿t)	6.96	340	2
稀土矿(万t)	2708	11000	24.6
磷矿石(亿t)	66.4	360	18.4
钾盐矿(亿t)	1.44	170	0.84

7. 海洋资源

我国有37万km^2的领海和近300万km^2的管辖海域，海岸线总长1.8万km(不计小岛岸线)。

我国海洋生物资源非常丰富，有鱼类、虾类、贝类、蟹类上万种，经济价值较高的鱼类有百余种；同时，我国又是海洋养殖大国，海洋水产品产量接近3000万t，居世界首位。

我国海洋油气资源也十分丰富，海域石油远景资源量可达40亿~180亿t，天然气、天然气水化物蕴藏量也十分丰富。

含锰、有色金属、贵重和稀有金属的大洋锰结核是今后重要的金属来源。我国已取得了国际海底15万km^2的开辟区和7.5万km^2区域的多金属结核勘探和开采权。通过科学考察，其前景非常乐观。

海洋蕴藏着巨大的动能，潮汐、波浪、风、海流、温差能为我们提供洁净的能源，其开发前景十分广阔。

蓝色的海洋和岛屿，绵长的海岸线，为旅游业也提供了广阔的发展空间。

二、自然资源开发利用的环境影响

自然资源与环境密切相关，有些自然资源本身就是环境的一部分。

1. 土地资源开发利用的环境影响

历史上耕地的开垦都是以改变森林、草原、湿地荒漠的植被景观为其后果的，过度开垦造成其他植被景观的退化和萎缩，过度放牧(包括林下放牧)造成草原和森林的退化，土地资源不合理开发利用造成严重的水土流失和土地荒漠化。我国水土流失面积达356万km^2，荒漠化面积267.4万km^2，其中土地沙化面积174.3万km^2，这些都对人类生存造成严重的威胁。

2. 水资源开发利用的环境影响

我国河川径流的过度开发利用(超过40%~50%)对河道环境及水生物造成灾难性影响，并造成江河水流减少和断流。在1991年到1998年的8年时间里，黄河下游年年断流，断流河段长达700km；地下水过度开发利用造成地面沉降、植被退化及地表沙化，地下水资源利用难以为继的严重后果。

不合理的水资源利用造成水体污染，严重影响环境质量和人类生产生活。我国流经城市的90%的河段都受到严重污染，75%的湖水出现了富营养化（COD过高）问题，近3亿农村人口饮用不合格的水，沿海地区赤潮发生次数比20世纪80年代增长了3倍多。

3. 生物资源开发利用的环境影响

森林资源不合理及过度开发利用造成森林的衰败和消失，自然环境恶化。木材的需求、林地经济的开发及旅游需求对森林资源的压力很大，木材缺口巨大。如何处理好开发与保护的矛盾是个突出问题。乱挖滥采野生植物（药材、薪材、其他经济植物）对林地、草原及荒漠的破坏，是引起土地荒漠化的重要原因之一。野生动物的非法捕猎给生物多样性造成了毁灭性影响。不合理的土地利用造成的森林、草原、湿地及荒漠生态系统退化、景观分割破碎化及环境变化引起种群的衰退。由多种原因引起的有害生物侵入造成巨大的生态破坏和经济损失。

4. 能源开发利用的环境影响

矿质燃料利用形成的 CO_2，SO_2，NO_x 及其他有害气体的释放，造成了大气污染，严重影响了环境质量。我国已是世界上第一大 SO_2 排放国和第二大 CO_2 排放国（仅次于美国），不仅对地球环境造成不良影响，而且使我国在环境外交上常处于不利地位，对我国发展形成制约。由于 SO_2 的排放所引起的酸雨问题越来越严重，已覆盖我国1/3的国土面积，对森林、农作物及土壤都造成有害影响。水电开发在生产清洁能源的同时，其环境影响问题也越来越凸显，包括引发地震及地质灾害、淹没土地及移民问题，一些水生生物的繁育受阻问题，水土流失和泥沙问题，污染水的稀释、输送等问题。核电开发中的放射性物质泄露问题，核废料的处置问题亦应高度重视。

5. 矿产资源开发利用的环境影响

矿山建设及所需交通设施的土地占用及原生植被和景观的破坏，采矿废弃物（如煤矸石）的堆放及矿区土地塌陷所引起的环境和安全问题，采矿选矿过程的耗水、水污染及引起地下水漏泄等环境问题，虽然党和政府高度重视，但要遏止和解决还需要相当长的时间，并需要加大资金投入。

6. 海洋资源开发利用的环境影响

过度的海洋捕捞造成海产品的质量下降；大量未经处理的工业用废水直接排放到沿海，使我国近海14万～17万 km^2 的范围受到污染；滩涂围海造田，使红树林减少了73%，海岸湿地已丧失过半；海滨采沙、珊瑚礁的大量破坏、盲目性沿海开发，不仅破坏了沿岸自然景观和生态，还会诱发各种自然灾害。

综上可见，人类的一切与开发利用自然资源有关的活动都不可避免地产生一定的或重或轻的环境影响，在计划实施一些重大项目时必须依法对它作出环境影响评估，并按评估结果采取决策和应对措施。

三、建设资源节约、环境友好型社会

1. 必要性与可行性分析

我们只有一个地球，自然资源是有限的，自然环境是脆弱的，随着我国经济的快速发展，对自然资源的消耗越来越大，有些资源已经达到无法承受的地步，自然环境恶化的趋势也远没有得到有效遏制，必须采取科学的应对措施。科学的发展观是在人口、资源、环境约束的条件下如何取得快速、健康、可持续发展的指导思想，科学技术将为这个发展提供有力的支撑。建设资源节约、环境友好型社会这个目标和行动是落实科学发展观的重要组成部分。

2. 出路与途径

控制人口总量，提高人口素质，调整经济结构，城乡协同发展，人与自然和谐，建立资源节约型社会是唯一的选择。

(1)控制污染、调整能源结构　减少和改造污染型产业，尤其在环境脆弱地区。增加第二产业中资源消耗少、环境影响小的高新技术产业的比重。提高第三产业的比重。发展第三产业也要避免污染和破坏环境，特别是餐饮服务、旅游服务等行业。因地制宜地调整能源结构，增加清洁能源及可再生能源的比重。

(2)提高资源利用率和资源利用效率　降低单位产品的资源消耗量。与10年前相比，我国每吨钢材的平均能耗下降了50%，水耗下降了50%，废水排量下降了58%，但仍比国际先进水平多耗能15%左右，还有潜力可挖。降低百万元GDP的资源消耗率。我国的能源利用率现在还处于很差的水平，与先进国家差距巨大。提倡节能建筑(建筑物能源消耗大，占城市耗电40%左右)，节能汽车及尽可能发展和使用一切节能产品。推进节水农业、节水工业，建设节水社会。

(3)提倡清洁生产，发展循环经济　发展清洁生产，实现污染物的低排放和零排放，煤的清洁燃烧应该列为重点。污染的源头治理与末端治理相结合，以源头治理为先导，合理处置固体废弃物。采用reduce(减量化)、reuse(再利用)、recycle(再循环)，remanufacturing(再制造)的“4R”原则发展循环经济。钢铁产业演变成金属冶炼、能源生产、建材生产和废物处理的综合企业。

(4)生物资源的保护和合理利用　在生态系统、物种和遗传3个层次上加强生物多样性的保护；全面落实天然林保护工程及木材减产限产措施，遏制乱采滥挖；通过完善和建设植物园、动物园、种质资源库加强种质资源的异地保存；防止生物入侵。

(5)生态和环境综合治理　通过及时有效、因地制宜地开展和实施各项工程和手段恢复生态环境，再造秀美家园。主要有：开展水土保持综合治理，如天保工程、退耕还林(草)工程，封山育林、多沙粗沙地区淤地坝工程，小流域治理工程等；开展荒漠化防治，如京津周围防治沙漠工程，退牧还草工程，三北防护林工程等；开展工矿区生态修复工程、城市绿化(园林及林业)工程；开展大气污染治理工程，如减控燃煤及煤质要求、汽车尾气治理、工地扬尘治理等；开展水污染治理工程，如节水为先、源头治理、污水处理、中水利用，等等；合理处理固体废弃物（生活垃圾，工业废渣、废车废纸废料回收、废旧电子产品回收等）。

（6）提高生态觉悟，推行合理的生活方式和消费方式　提高公众的环境意识及公共道德水平，提高公众的生态伦理观念及人和自然和谐共处的意识，但同时也避免走到“敬畏自然”的极端。认识环境保护是实现社会公平和代际公平的可持续和谐社会的必然要素；推行合理的生活方式和消费方式，从一点一滴做起，如倡导经济适用房的建设，避免过度装修，多使用自行车和公共交通，或家庭选购小排量汽车，合理调节室温，节水节电，减少产生生活垃圾及配合分类处理等等。

（7）制度和法制保障　完善环境法制；健全环境经济政策（包括生态补偿机制）；引进绿色 GDP 概念，建立包含环境责任内容的政绩考核制度；健全环境监管体制，加强环境执法力度。

四、结　语

发展是执政兴国的第一要务，关键是紧紧抓住并用好重要战略机遇期，坚持以经济建设为中心，聚精会神搞建设，一心一意谋发展，推动经济社会持续快速健康发展。

我们要用科学的发展观统筹安排各项关系和措施，把建设资源节约、环境友好型社会的任务放在恰当位置，既不能再搞粗放型的拼资源、毁环境的发展，也不要因资源环境问题的约束而悲观失望、裹足不前。

中国工程院院士、副院长　沈国舫

附件

贯彻落实科学发展观、正确处理和协调资源环境与发展的相互关系*

一、热点案例分析

近年来，社会上出现了有关资源、环境与发展的多个热点问题，引起了大家广泛的关注和争论。在此，选取几个有代表性的热点进行剖析，来阐述科学发展观在实际中的巨大指导意义。

1. 三江平原湿地的保护与利用

（1）三江平原的位置　三江平原位于黑龙江省东部，黑龙江、乌苏里江和松花江之间，总面积 10.89 万 km^2，冲积低平原（其中约一半为湿地）占总面积的

* 本文来源：叶文虎．可持续发展的新进展（第1卷）．北京：科学出版社，2007，144－162.

61.2%，其余为横亘其中的完达山脉的山地丘陵。

(2)三江平原的现状　经过50年的几轮开垦，三江平原的耕地面积已由原来的78.6万 km^2(1949年)发展到524万 km^2，而湿地面积则由原来的534万 km^2 锐减到134万 km^2。

三江平原上有大块的农田(图1，图2)，可以种植水稻、玉米和大豆等农作物。水稻是最主要的农作物，种植面积达1430万亩。最近几年全球气候变暖给三江平原带来利处，它缓解了以前东北频发的早霜及低温灾害，使农作物的生长周期延长，保证了成熟率，提高了产量。

图1　三江平原上大块的耕地

图2　三江平原上大片稻田

(3)三江平原的重要性　三江平原是我国优质大米的生产基地，主要供应京、津及南方一些大中城市。三江平原所处的黑龙江省是我国的农业大省，是主要的商品粮供应基地，扩大水稻等农作物的种植面积有利于提高当地的粮食总产量和粮食商品率，也有利于提高当地的农民收入，同时，对国家的粮食安全也是重要的保证。

众所周知，湿地是地球的"肾"，在生态系统中占有极其重要的位置。三江平原是我国重要的湿地分布区，是亚洲最大的一块湿地，如图3所示。目前，在三江平原上已建成4个国家级湿地自然保护区：三江湿地、兴凯湖湿地、洪湖湿地和七星河湿地。

图3　三江平原上的湿地

(4)存在的问题　目前，农田侵占湿地的现象在三江平原上已既成事实，从而产生提高粮食产量和保护湿地的矛盾。

同时，由于农作物种植，尤其是水稻种植灌溉用水的不断增长，而这里大部分采用地下水作为灌溉用水，所以由于地下水的超采而引起的水位下降明显，使得湿地呈现萎缩趋势。有人认为水稻田也是人工湿地，但由于水稻田内的生态系统过于简单，与天然湿地生态系统的复杂状况相差甚远，因此，它的功能远不如天然湿地。

(5)解决办法　首先，目前的土地利用状况不宜再改变，既不要再开垦湿地以扩大耕地，也不宜大规模“退耕还湿”，只能作局部调整。要加大科技支持，努力提高单产，以达到粮食产量增加的目的。

其次，可引用黑龙江、乌苏里江和兴凯湖的地上水代替地下水作为灌溉用水，扩大水稻种植面积。这样一来，既满足了农田灌溉，增加了粮食产量，又提高了地下水位，同时灌溉尾水又为湿地补水，保育湿地，实现双赢的目的。

2. 西南地区水能资源的开发利用

在可预见的将来，随着我国经济的进一步发展，电能将逐步成为我国能源最重要的组成部分，人均用电量也会大大增加，同时，水电是清洁的，在其产生过程中不排放 CO_2 和 SO_2 等污染物。因此，水电开发将是解决我国能源问题的重要的、也是最符合科学发展观的途径。

(1)基本情况　西南地区是我国水能资源蕴藏量最大的地方，该地区包括西部地区的长江流域及西南诸河流域(涉及9省、自治区、直辖市)，其面积占西部地区的19.3%、人口占西部地区的47.4%、GDP占西部地区的46.1%；该地区多年平均降水深973mm，地表水资源达10 173亿 m^3(其中雅江、怒江、澜沧江、红河5466亿 m^3)，人均水资源5786 m^3，亩均水资源5652 m^3，是全国平均水平的2～3倍。水能资源丰富，仅长江上游就可开发水电17075万kW。

(2)开发该地区水能存在的环境问题　西南地区旱涝不均，降水地域分布不均匀，季节分布也不均匀，既是多水的地区又是缺水的地方，洪灾与旱灾并存；水土流失很严重，该地区水土流失面积占其总土地面积的 36.1%，达 38.04 万 km^2；岩溶地区存在严重的石漠化问题；大坝的建立阻碍了部分鱼类洄游产卵的通道，如白鲟、胭脂鱼等；还有水污染以及水库移民所引起的环境问题。

(3)三峡工程的基本情况及其启示　目前，三峡二期工程已全部结束，三期正在进行。明年汛后蓄水要到 150m 以上。三峡的发电机组安装已过半，而且已逐步实现国产化。三峡工程吸引了国内外广泛的关注。

通过三峡发电，这两年的用电荒得到了极大的缓解。三峡的防洪作用也很明显，洪水来临时，大坝进行适当拦洪，就缓解了下游的压力。

三峡最严重的潜在问题是水污染问题。这里的水污染不是三峡大坝本身引起的，而是指三峡上游及支流的水污染。因为三峡建起来以后，水流不通畅了，稀释作用减弱，造成污水大量集中在水库里。为此，国家也下大力气进行整治，在上游的各个城市都建了污水处理厂。但是，由于经济等原因，污水处理厂没有做到充分运营。

三峡工程的移民问题很重大。目前这项工作已经完成了大部分并仍在进行中。虽然局部存在问题，但是整体还是良好的。

三峡大坝的安全问题，这个国家已经作了充分的考虑，并进行了周密的部署，三峡大坝如图 4 所示。

图 5　三峡大坝

三峡的水生物问题。主要是中华鲟的洄游通道问题。因为它需要到上游来产卵然后回到海洋中生活，而三峡大坝(含葛洲坝)的建立阻碍了它的洄游鱼道。解决这个问题可以通过人工饲养的方法，将人工养成的小鱼苗放归长江进入大海；与此同时，充分利用鱼类自身适应环境变化的特性，据调查发现，目前中华鲟已经在大坝下找到了新的产卵地点，为此，我们要做好保护工作。

当年要建三峡的时候，争议也非常大，但是从开工到现在已经 10 年了，凡是去参观的人，都感觉到了它的宏大。三峡工程是一个伟大的工程，衡量得与失，应该是得大于失。

(4) 金沙江水能资源的开发　金沙江是世界上少有的水能富集的河流。金沙江流经的地区，天然落差达到5100m，水能资源理论蕴藏量4000多万kW，约占全国的17%。目前，金沙江水能开发主要有溪洛渡水电站和向家坝水电站。这两个大坝的发电量总和达1900多万kW，相当于一个三峡大坝。

溪洛渡水电站位于金沙江干流上，是一座以发电为主，兼有防洪、拦沙和改善下游航运条件的工程。溪洛渡水电站装机容量1260万kW，位居世界第三。向家坝水电站位于金沙江下游最末一个梯级，装机近期容量600万kW（远期为720万kW），单机容量75万kW，为目前世界水电装机单机容量最大的水电站。

该地区水能开发的移民问题很小，因为人口分布很少。也存在水生物问题，主要是白鲟和胭脂鱼。其中，白鲟在江面上已经很多年不见了，所以不能将它的消失归罪于未来大坝的建立。有些人认为，生物是无价之宝，失去了就无法挽回。但是，生物的生生灭灭是自然规律，如果某种生物的生存和繁殖能力非常脆弱，那么这种生物的灭绝也是无法避免的。大自然就存在这样一个优胜劣汰的自然规律，我们无法去改变这个规律。虽然如此，还是建议在开发时，将长江的一个支流留出来，作为鱼类的洄游场地，而赤水河比较合适。

(5) 怒江水能资源的开发　怒江是三江（澜沧江、怒江和金沙江）并流中的一条江，全长1540km，天然落差达1578m，水能蕴藏量达3600万kW，其中下游八个梯级加起来的水能开发量是2100万kW。相当于三峡大坝的发电量，这是天赐能源。

有人认为，怒江开发就影响了三江并流的壮观景观。实际情况是，那里全是高山峡谷，落差很大，峡谷深度超过2000m，而坝高呢？只有逾100m，这对景观的影响微乎其微。

还有一种观点认为，大坝建立起来后，景观开发就受到极大影响。而事实正相反，以三峡为例，大坝修成后，来旅游者络绎不绝，参观人数累计到现在已经达50多万了。而且，大坝建成后，不但峡谷面貌没有改变，而且有的地方水面更加开阔了，景观因此更优美了，更加有利于旅游开发。

第三种反对观点是要保持当地的原始生态。反驳这一观点的最简单而且有力的理由就是，如果让你（反对者）去那个地方定居试一试，那种恶劣的生存环境，恐怕你承受不了几天。而且，事实表明，当地政府和人民急切地想改变落后的面貌，提高生活水平，而开发当地的水能资源就是最好的方式之一。一方面，利用电能会改变当地居民烧柴和刀耕火种的落后生活方式，间接地保护了植被，更好地保持了水土；另一方面，水能开发所带来的基础设施建设能增加就业机会，提高当地居民的收入水平。最重要的意义还在于，提高了当地少数民族的生活水平，对国家的民族政策也是极大的支持和最好的诠释。

(6) 总体思考　发展是硬道理，搞发展没有一点环境影响是不可能的。如何将环境影响和资源破坏降到最低，是我们应该仔细思考的。

在建设大坝问题上，我们认识到，在没有找到替代能源(如海洋中的水化物、月球上的核能原料)之前，国家发展对油气、电能的需求是必须满足的。而且，让水能利用在国内能源的利用中占的份额大一些，是有很大好处的，因为它能减少污染物的排放。

至于大坝的建造问题，有人举例，国外发达国家现在都开始拆坝了。这的确是事实。但是，他们为什么拆呢？因为他们的水能利用已经达到80%甚至更高了，而我们只有不到20%。并且，他们要拆的大坝都是有上百年坝龄了，有的已经没有什么价值了，拆了也无所谓了，我们跟他们不具有可比性。而且，还可以这样看，假如在将来，真找到了很好的替代能源，那时候再把大坝拆掉也是可以的。

因此，我国的水能开发才刚刚起步，还要加大力气发展。

3. 圆明园湖底防渗工程的争议

(1)圆明园的基本情况　历史上圆明园由圆明、长春、绮春三园组成，占地5200余亩(350hm^2)，有著名景群上百处。自清代康熙四十六年(1707年)起，共有5位皇帝前后经过151年将其建成。圆明园曾以其宏大的地域规模、杰出的造园艺术、精美的建筑和丰富的文化收藏闻名于世，被誉为“万园之园”、“世界园林的典范”。

圆明园所在地北京市海淀区，原来是一块大的湿地，这也正是海淀的含义，圆明园正是在这块湿地上堆土成山而形成的园。

圆明园的所在地区从清初到20世纪再到现在，水环境发生了剧变。海淀区建成了密集的居民区，地上水源切断，地下水超采，水位急剧下降(原水位在湖底处)；园内湖泊多为砂质湖底(为古清河河床)，渗水速度快；近年来北京地区连续干旱，而且该园集水不足50万m^3，但要全部满足园内湖泊补给需要900万m^3，以上多方面因素造成了园内湖泊补给水大量缺乏，湖泊(尤其是长春园部分)长期干涸，湖底草化、沙化，景观极为难看。

(2)防渗工程的争议　圆明园之所以称其为圆明园，就是因为里面有湖、有水。而现在因为缺水造成了湖底沙化和草化，圆明园本身所具有的历史文化功能和景观功能就受到极大影响。采取什么措施来解决这个问题呢？圆明园采取了铺设防渗膜的方法。这项工程规模并不大。但是，由于圆明园所具有的影响力，是重要的文化遗产，因此就引起了社会广泛的关注。

通过铺设防渗膜来防渗是无奈之举，核心问题就是缺水。经过研究证明，所采用的防渗膜是没有毒性的，事实也证明，防渗膜对控制水下渗效果很好。成功的先例有：中央党校内的湖铺设防渗膜已经达10年，虽然该湖的铺设有缺点，就是膜上盖的土层过薄且土质不好，但是，保水的目的已经达到。植物园新挖的湖也采取了防渗膜的措施，经过3年的考验，效果良好。圆明园自己也提前1年做了实验，事实证明，效果是很好的，水生生物恢复得很好，水质也很好，为圆明园已经做过防渗实验的26号湖，其岸边植物长势良好(图5，图6)。

图 5　圆明园已经做过防渗实验的 26 号湖

图 6　26 号湖岸边茂盛的植物

圆明园防渗工程确有不足之处，首先是防渗工程开工之前没有进行环境影响评价工作，违反了国家的相关规定；圆明园是著名的历史遗产，广大人民群众非常关注，但是防渗工程没有给群众知情权；从生态角度讲，铺设一层防渗膜对生物以及周边环境存在或多或少的不良影响。

防渗工程对水生生物是有影响的，但是，经过实验证明，经过 1 年多时间，大约 90% 的水生生物可以恢复；对水岸边的植物是有影响的，但是，如果将防渗膜的高度降低，那么影响将很小，如图 6 所示；对远离岸边的植物，如湖周围小山上的植物，那基本上是没有影响的，因为它们本身就是旱生植物，是靠降水生存，不依靠湖里的水源来补给；防渗工程对于地下水有一定影响，但据调查，圆明园地区并不是补给地下水的重要地区，这个问题并不大。

有人认为，抛弃防渗膜而采用黏土防渗，这样更环保。但是，这同样面临一个很难的问题，这么多黏土从哪里来？并且黏土也是资源，从任何一个地方挖取这么多黏土都是对当地环境的极大破坏，北京市已明令禁止在建筑中使用黏土实心砖就说明这个问题。

因此，由清华大学环境研究所承担的环境影响评价报告得出结论：园内在砂底湖区铺设的防渗膜不必撤掉，而一小部分黏土质的湖底则可以适当撤除防渗膜；大量采用中水补充，同时采取措施促进水体流动，防止富营养化。这份环境影响评价报告得到了负责审查的专家组的压倒多数的支持。

（3）争议带来的思考　圆明园湖底防渗工程为什么从媒体披露的第一天开始就形成如此一边倒的舆论环境呢？究其原因就是群众对事情的真相了解得不够充分，被部分态度偏执的人所误导；另外，国家的主管部门在听证会上过早地表态，并且，在环境影响评价结束后的公布会上，没有采取实事求是的态度，闭口不谈环境影响评价报告的主要结论和专家组的意见，这在一定程度上再次误导了群众。

4. 在林纸一体化的形势下，南方发展桉树人工林的有关环境问题

（1）纸浆造纸行业的基本情况　2004 年全国纸浆产量 1516.2 万 t（世界产量约 1.8 亿 t），比上年增长 17.28%，排名世界第二，当然，这大部分是草浆。2004 年全国机制纸产量 2873.6 万 t（世界产量约 3.4 亿 t），比上年增长 19.50%，排名世界第三；目前中国年人均消费纸张和纸板仅 30kg，远远低于美国、日本等发达国家的 300kg，还有很大的需求增长空间；国产纸浆中木浆比重不超过 20%，而世界上先进造纸国家木浆比重在 90% 以上。自产木浆数量不足，所以大量进口木浆、旧纸及纸产品。

（2）林纸一体化是林产工业发展的必经之路　林纸一体化是解决国家对木浆需求大量增加的唯一方法。木材过去在我国主要应用于建筑、矿业（巷道支柱）、铁路（枕木）等行业。只有小径材用于木浆造纸。目前，由于经济发展，人民生活水平的提高，加之在其他领域木材替代品的出现，木材的主要应用领域变换集中于造纸、建筑装修和家具等行业。同时，木浆比草浆对环境的污染程度要低得多。因此，目前我国面临的最大问题是如何提高木浆比重，增加纸产量来满足国民经济发展的需求。

林纸一体化是将林业生态工程和林业产业协调起来发展。一方面，虽然森林的生态功能非常重要，但生态功能和生产功能仍是可以兼顾的，木材工业仍旧是林产业的主体，用木材制浆造纸已成为木材消费的主要门类；另一方面，建立适应市场需求的商品用材林，形成造纸工业所需要的稳定的原料基地，让用材林的培育和经营成为造纸业的第一车间。

（3）速生丰产纸浆用材林的营造——桉树成为南方（粤、琼、桂、滇等地）的首选树种　传统的木浆主要是用针叶材，如云杉、冷杉、松树等，但是随着纸浆需求量的增加，这样的来源已经不能满足造纸业的需求了。那么，怎么来解决呢？主要方法有：一是提高造纸技术，提高纸浆原料的利用率；二是选用生长更快的阔叶树种。在南方，最合适的树种就是桉树。

桉树，原产于澳大利亚，是速生树种，如图 7 所示。适应性广、生长快、木材纤维素含量高、纤维长度适中，并且可以通过遗传改良进一步提高其速生性能和材质性能（增加纤维素含量和纤维长度），可为发展制浆造纸提供优质原料。因此，它是一种很好的造纸用材。

桉树引种到我国有很悠久的历史，但是，由于以前我们经济发展的限制，没有很好的利用它，基本上是削成木片出口到日本，为日本提供了优质的造纸用材。现在，我们的经济发展已经到了一定高度，已经有能力建立自己的造纸厂。而且，众所周知，造纸厂是存在明显的规模效益的，规模越大，效益越高，防治污染也易于跟上。目前，我国南方已经建成了数个大规模的造纸厂，因此，对桉树木材的需求量是巨大的。

图7　澳大利亚桉树天然林

(4)发展桉树人工林的问题和对策　从环境角度看，大面积营造桉树林是有负面影响的。桉树人工林的种植改变了地理景观，在部分地区侵犯了天然林等其他植被；桉树因为生长速度快，对水的消耗量巨大，所以对水源地的影响大；桉树人工林的改良土壤性能及林地的可持续经营较差；发展桉树人工林对保持生物多样性有影响，林下植被发育普遍较差。

应该如何看待和解决以上这些问题呢？首先，地理景观的概念是多样化的。一片稻田是景观，一片小麦田也是景观，虽然这是人工景观。只要我们不去破坏天然林，而是在非天然林地里种植桉树人工林地，同样也是地理景观。关键是怎么样去合理布局。

其次，桉树是耗水的，这是因为它生长快。但如果从单位干物质生产所需要的水量来看，桉树并不是最耗水的。所以，只要我们在雨量充沛的地方，避开主要水源地，桉树还是可以发展的。

最后，桉树土壤改良性能差是很多人反对在南方发展桉树人工林的重要理由。可是，通过对比调查我们可以清楚地发现，图7是澳大利亚的桉树天然林下同样存在茂密的植被。我国海南远离人们聚居区桉树人工林的林下植被也还可以。那么为什么我国许多桉树人工林的林底下是光板一块呢？最主要的原因就是造林的土地是水土流失严重的、贫瘠的红壤撂荒地，当地群众将林下的枯枝落叶都搂光作为薪柴了，人为地造成桉树养分循环的中断。这样的情况下很难期望林下有良好的植被并具有改良土壤的功能。

根据以上分析，我们认为桉树人工林还是应该适当发展的，但要有所控制，对它的面积、分布都要统筹安排。首先，要避开主要水源地及陡坡地，不要侵犯天然林；其次，要综合安排桉树人工林和其他热带作物交错种植，形成复杂的景观分布；最后，也是最重要的，要合理的培育，包括合理的水、肥调控。

二、结　语

发展是党执政兴国的第一要务，要用科学的发展观统筹安排各项关系和措施。目前，最关键的是紧紧抓住和用好重要战略机遇期，坚持以经济建设为中心，聚精会神搞建设，一心一意谋发展，推动经济社会持续快速健康发展。与此同时，还要把建设资源节约、环境友好型社会的任务放在恰当位置，既不能再搞粗放型的拼资源毁环境的发展，也不要因资源环境问题的约束而悲观失望、裹足不前。

因此，我们要科学地、实事求是地研究问题，用科学的发展观来武装我们的头脑，来分析具体问题，协调好资源、环境和发展之间的关系，走我们应该走的发展道路。

【学生提问部分】

学生：您讲的 4 个例子都很好，从您的讲述中可以看到，很多人之所以做出不正确的判断是因为知识信息不够，而您的解决方法来源于您在各个学科的知识和实践经验。能否谈谈您对"科学发展观"中的"科学"是怎么看的，是自然科学、社会科学还是其他的范式？

沈国舫（下文简称沈）：当然既是自然科学也有社会科学，还有哲学。主要的就是实事求是地看问题，要做到这一点就需要不断地学习和调查。

学生：2003 年国家有一个加快林业发展的计划和法案，您如何看待我国目前的经济用材林？

沈：一大批专家作了报告，提交给中央，强调林业的主要功能是保护生态，但也有生产功能，即经济效应方面的价值。林业产业主要集中在木材方面。现在我国的木材不多了，以前砍得差不多了。进口木材的方法不仅不可持续，而且遭到国际上一系列指责。我们必须发展自给的能力。要恢复东北林区还需要 40 年的时间，亚热带的南方，树木生长快，可以提供一些。由于林业的特殊性，同时兼有环境保护的功能，所以要分类经营，有的可砍，有的不能砍，每片林子都有自己的功能。现在最主要的问题是有没有好的林地，也就是高生产率的土地，这受土地资源的限制。当初提出 1 亿亩时还是有足够保障的。

学生：第一个问题是，我认为发展是多种多样的，有科学的，有不科学的，更多的是兼而有之的。现在提出科学的发展观，在这种情况下，就只有科学和不科学之分了，我觉得这样的说法很霸道。您认为怎样才是科学的发展观。第二个问题是，在您说到桉树的问题时，我就在想，桉树在澳大利亚是原生树种，但引进到我国是否还能够有一个稳定的生长环境，诸如病虫害之类的综合因素会影响其生长？

沈：第一个问题不太好回答。我是支持中央的提法的，以人为本，不是以自然为本。就具体内容来说，它是可以不断补充的，不是排他的。只要实事求是就行。你提的第二个问题是有道理的，我们引进树种时非常谨慎，怕引进入侵树种。但是，第一，桉树不是自然扩张型的。第二，到目前为止没有什么天敌，它自身的树汁很特别。我们引进的是它的树种，而不是整个系统。我也对相关人员说过，你们应该多看看其他树种的生长环境。这样的引种还是很需要的，最成功的典型是洋槐，早就已经被中国同化了。中国引进的农作物更多，我们不用太拘泥于引进的问题。

学生：您在圆明园事件中提到舆论一边倒的问题，能否谈谈您认为舆论应该如何参与这样的事件？

沈：公众参与是应该的，但教育水平和对称的信息很重要。只有一面的信息，看不到另一面就会产生不正确的判断。专家论证了半天却不公布结果，不同的声音被压制下去了。我们欢迎大家参与，但不能凭一时的热情，应该冷静一点，搞清楚了问题再发言。

学生：第一，您谈三江问题时为什么没提松花江？第二是抽水的问题，从两江一湖（兴凯湖）抽水会不会产生中俄的纠纷？

沈：耕地主要靠那两条江（黑龙江和乌苏里江），松花江离得远。

现在还没谈这个事，已经开始引了，但我们没有抽那个湖，而是在里面挖了一个湖，把水引到里面来。说实话，引的水也就是一二十亿立方米，对黑龙江这样的大河来说比例非常小。俄罗斯远东地区没有灌溉农业，非常粗放。下一步开发黑龙江要共同修建水电站和水库，倒是需要谈判。

学生：听您的讲座最大的启发是，科学发展观不光是基于知识，更是一种实事求是的态度，不是靠一时的热情，而是了解我国的实际情况。您刚才提到的圆明园事件，其实我认为从中也可以看到我国民主的进步，公众的参与意识和环保意识在大大提高，问题在于有时候好心办坏事，您认为该如何进行引导？

沈：公众的环保意识、参与意识在国外发展较快，我国刚开始，应该鼓励。现在不是也成立了环境联合会嘛。但是需要引导，不是所有的环境组织都能够理性地对待一些具体问题。我同意你的意见。大家可能会认为我在指责舆论的参与，其实不是指责，是恨铁不成钢。比如，校园里禁止一次性筷子的使用，其实问题不在使用而在于回收。一次性筷子的制造可以增加就业机会，用过的可以回收变成纸浆，没有什么不好。问题在于大家只知其一不知其二，所以要更多地学习和思考。

院士制度：在实践中完善*

在 2005 年新增选院士名单公布前后，社会上对院士制度有过不少议论。我也曾通过媒体发表了我个人的一些看法，但由于一些媒体对我的原意表述总有不周到的地方，再加上自己也觉得意犹未尽，所以写此文以做进一步的阐述。

院士制度是近代科学和工程技术产生和发展的产物，并伴随着实践的积累不断改进和完善。从世界范围来讲，院士制度已经有近 400 年的历史，几乎所有科技发达的国家都设立了院士制度。实践证明，在国家的经济、科技、国防等方面的发展中，院士们都起到了重要的推动作用。

随着近代科学和工程技术的产生和发展，院士制度应运而生。1660 年，英国建立了世界上第一个科学院。紧随其后，法国、俄罗斯等国也相继建立了科学院。到 18 世纪下半叶，近代工程科学技术蓬勃发展起来。瑞典于 1919 年建立了世界上第一个工程院。之后，美国、英国、澳大利亚等国也相继建立了工程院。

虽然名称各不相同，可世界各国的科学院、工程院都把推动国家的科学技术发展、促进经济社会进步作为自己的建院宗旨，也都对其所在国家的经济、科学、技术、国防等各方面的发展作出了突出贡献。

中国科学院设立于 1949 年。随着中国工程科技的发展，也为了方便国际交流，在院士们的倡议下，经中共中央批准，中国工程院于 1994 年正式建立。

同大多数国家一样，我国把“院士”定位于最高荣誉性称号。它不仅是对科技工作者所作出成就的肯定和褒奖，也是对他们一贯坚持的高尚的学风道德的肯定和褒奖。它不但代表了一种科学精神，也代表了全社会对科学、知识、人才的尊重。

通过严格程序选举出的院士，不仅是各学科最顶尖的人才，在自主创新、咨询建议、学科建设等方面也承担着重要的工作，还在推广科学知识、普及科学精神、激励人才成长等方面作出了卓越的贡献。

在我国，院士称号使用较普遍，其社会地位和影响力相对较高。在各个国家，

---

* 本文来源：《光明日报》，2006－1－5(6).

由于所作出的突出贡献，院士们普遍受到尊敬和礼遇。

院士是终身荣誉，是对科技工作者过去所取得的成就的肯定和褒奖。然而，这并不意味着他们的科研工作就此止步。以中国工程院为例，80%以上的中国工程院院士目前还活跃在科研第一线。

院士在很多方面都发挥着重要作用，就中国工程院院士来说，总结起来主要有4点。首先，这种终身荣誉对中青年科技工作者来说有很大的激励作用。对于大多数科技工作者来说，更需要对自己工作的肯定，更希望得到对自身价值的肯定，而院士就成为他们的奋斗目标。其次，绝大部分院士在学风道德方面堪称楷模，给中青年科技工作者树立了很好的榜样。第三，很多工程院院士仍然活跃在科研第一线，在团队中起着核心作用。实践证明，在大部分院士周围都凝聚着一支很好的团队。所谓"名师出高徒"，在他们的直接培养下，涌现出了一大批优秀的中青年科技骨干。第四，院士们承担了不少国家重大科技项目和工程项目的咨询工作。院士们有深厚的学术背景，又在长期工作中积累了丰富的经验，他们普遍视野开阔，对于一系列工程科技方面的问题有独到的、具有战略性眼光的见解。中国工程院过去十几年的实践证明，在咨询活动中，院士们科学严谨、实事求是，起到了很好的作用，受到了各方面的高度评价。

工程科技有其自身的特点。一般说来，一名科技人员成长为工程院院士，在其专业学历结束之后，至少要经过20~25年的磨炼。首先，他要参加研究性工作，然后要参加大工程的实践，接下去还要成为工程的领军人物，并做出成果。最后，成果还要经过时间的检验，并得到业内认可。所以大部分工程院院士候选人的年龄都在50岁以上。

因此，对于部分工程院院士来说，他们的创作高峰是在过去，当选之后由于年龄或其他原因退出工作第一线，取得的成果不如之前突出，这是事实。但是院士荣誉是对其之前所取得成绩的肯定，这两者之间并不矛盾。

某些舆论说院士制度扼杀了创造力，当选院士后就没有成果，这种说法是片面的。有些院士的创新能力维持时间长，他们能在新的领域不断开拓。2004年，空缺多年的科技发明一等奖终于花开蒂落，两位获奖人都是工程院院士，这就是他们创新能力的明证。通过多年的积累，老院士们视野开阔，涉及领域广泛，更难得的是他们已经超脱部门和地方利益，更能高瞻远瞩，是国家进行科学决策很重要的智力资源。我一般不大同意"姜还是老的辣"的通俗说法，应该说科技创新主要还是要靠年轻人。老有老的长处，可以发挥引导、综合、支持、咨询的作用。用老人则应用其长，老中青相结合才是正确的用人之道。至于"老"的标准，对于不同人群应该有不一样的标准。对院士来说，真正"老"的年龄到的比较晚，这也是一种客观规律。

中国工程院几年来承担了国家很多重大咨询项目，完成的水资源、油气资源、矿产资源、装备制造业、城市化等战略咨询报告都受到了中央和各部门的高度重视。"十一五"规划的预研究报告中有6个专题也是由工程院组织人员调研、起草和提交的。这些咨询项目大都由老院士们牵头，虽然他们实际工作可能做得比较少，很多具体工作都是由中青年同志完成的，但项目的成功很大程度上取决于他们独到的眼光和合理的组织。任何一个项目成功的背后都有一支优秀的团队，我们不能把院士们的领军作用和中青年科技人员的作用割裂开来。

院士不是职称，不是岗位，只是一种终身荣誉称号。院士只有一个特殊之处，那就是终生都要为推动国家科技的发展作贡献。

院士制度与国家现行的人事制度并没有相左之处，院士在原单位的任职也没有特权，到年龄一样要退出实职岗位，只不过对院士何时办理退休手续，现在还没有明确规定。所谓资深院士，是指院士在 80 周岁之后，在院士增选或院士大会上没有选举权和被选举权，对于其他活动的参与也可以根据身体状况自行选择。这只是院士内部的规定，与其原单位任职情况无关。

院士垄断有限科研资源的说法也是片面的。科技部对专家担任“863”“973”等重大国家项目的首席科学家设置了年龄上限。应该说，绝大多数院士在奖掖后进上都堪称表率。很多院士不仅亲自带学生，还为在科研工作中有实际困难的青年多方奔走。从集体角度讲，为了培养新生力量，工程院不仅邀请很多中青年专家参与大课题，还为他们开设了工程科技论坛，使一些年轻的工程科技专家有展现才华的机会。

如果说院士有特殊之处，就是只要身体允许，他们就要一直工作。国家也需要他们的智力资源。两院院士侯祥麟就是很好的例子——他在 92 岁高龄时还牵头中国油气战略资源的咨询项目，为党和政府的决策提供了科学依据。

无论是中国工程院还是中国科学院，近几次增选的预期人数和实际人数都越来越少，有人对此曾作出了一些猜测。我认为造成这种情况的原因主要有 3 个：

第一，从群体来说，“文革”前大学毕业或者已经参加工作的科研人员现在至少也 60 岁以上了，这代人经过几次筛选，拔尖人才已经成为院士。现在再增选，选的就是学科中的二号、三号或四号人物，他们之间的水平比较接近，选择难度较大，得票容易分散。

第二，老院士中的很多人是所在学科的开创者或奠基人，在业内享有崇高的威望和地位。与他们相比，新当选的院士在知名度或学术地位上可能有些差距。但是，这并不是说新当选院士的学术水平低。科技是在不断发展的，他们中的很多人在学科的前沿作出了突出的成绩。

第三，如上所述，由一名工程人员成长为工程院院士至少需要 20 ~ 25 年的时间，但是十年“文革”造成了人才断层，这个年龄阶段的工程科技人员从总量上就偏少，所以增选人数的减少也是必然。不过我们一直对未来抱有乐观的态度。中国的工程科技发展迅速，有很多重大工程项目亟待完成，这必将造就一大批既有学术成就，又有实践经验的优秀的工程科技人才。同时，再过 5 年以后，大量现有院士要变成资深院士，各个学科都会出现大量空缺。据估计，到时增选人数会有一定幅度的上升。

院士也是普通人，也可能会受到社会各种风气、思潮的影响，出现这样或那样的问题。但是，这些问题产生的根源不是院士制度，而是对更深层次的社会问题的反映。2005 年，我们给新当选院士和院士所在单位各发出了一封信，一再强调院士要自律，也希望社会各界正确看待院士。

院士们并非生活在世外桃源，现在社会上的不正之风，也会对院士产生影响。目前的问题主要集中在院士增选过程和院士待遇两个方面。

在院士增选过程中，我们碰到过有些院士候选人存在有请所在单位领导出面打招呼，依靠媒体炒作，甚至于拉拢现任院士的不正当行为。为了维护院士队伍的纯洁性，为了维护院士称号的尊严，中国工程院采取各种方式，甚至可以说严厉的方式进行防范。工程院对院士有自律要求，公开选举过程，加大选举过程的透明性，并且认真对待投诉信，进行深入调查，一旦发现有影响选举的不正当行为，会向其所在学部的院士们公布材料，通过民主的程序使不正当候选人丧失候选资格。

现在有些舆论认为院士的待遇过高。对于这个问题，必须说明一点，国家给院士的待遇是每个月 200 元补助，这还是 20 世纪 90 年代初制定的标准，十多年来一直没变过。除此之外关于院士待遇并没有其他明文规定。至于个别院士收入较高，这并不是院士制度的问题，而是社会问题。一些省、市或单位为了招揽人才，给院士各种各样的待遇，导致他们收入增多，这只是个别行为。工程院并不能对这些单位的行为进行干涉，只能要求院士们要自律，不能接受与所承担工作不相称的过高待遇。

由于院士人数少，学术层次高，属于“稀缺资源”，很多单位或企业在搞活动时都希望能请到院士出席来抬高自己的地位，同时许诺高额的“出场费”。就此，工程院对院士们提出了严格的要求，希望他们避免参加各种与自己专业无关的活动，特别是为商业性活动或广告造势。

有些地方过度迷信院士，不合理地“炒作”院士，把院士人数当做评价科研单位或学校工作的一个重要指标，这也衍生出院士兼职的问题。工程院对这个问题早有警惕，在 2003 年的增选结果发布会上，徐匡迪院长提出“五个不希望”，明确表示希望院士们不要任不做实际工作的兼职，在院士中取得了极大共鸣和良好反响。

2005 年工程院向新当选院士和院士所在单位各发出一封信，并通过媒体发布。对于新当选院士，工程院提出婉拒过高的、不适当的待遇，平等待人，严于律己等 8 条建议共勉，一起保持院士称号的纯洁性，共同努力维护中国工程院的崇高声誉。对于院士所在单位，工程院提出了 3 条意见，希望他们能正确看待院士，不要过度“炒作”院士，把过高的、不适当的物质待遇加到院士身上。

应该说，绝大多数院士遵循了院士自律的要求，他们的学术成就和个人操守都受到了社会各界的承认和尊重。当然，从目前情况看，院士的待遇需要有标准，收入也要进一步规范。这还需要进一步深入地探讨和研究。

实践证明，院士制度在国家科技、经济、国防等方面发挥了重要咨询和推动作用，在科学精神普及、科学知识传播以及人才培养等方面作出了卓越贡献。中国的院士制度还很年轻，在选举程序、收入规范、年龄限制等很多地方需要在实践中不断摸索。我们会认真对待来自各方面的善意建议，不断完善院士制度。

中国工程院副院长　沈国舫

人与自然的和谐

——构建和谐社会的基础要求*

主持人：各位同学，我们今天的课现在开始。今天请来给各位讲课的专家是我们国家一个著名的科学家，中国工程院的副院长沈国舫院士，他曾经是北京林业大学的校长。他一直主持着很多项国家的重要项目，对人与自然的和谐，人与人的和谐，社会如何进步，贯彻落实科学发展观，推进和谐社会建设，从一个学者的角度有过多年的理论和实践的研究和体会，关于沈国舫院士的情况大家在网上都可以查到，不再做专门的介绍。下面我们大家以热烈的鼓掌欢迎沈院长给我们做报告。

沈国舫：首先我纠正一下，我曾经是中国工程院副院长，现在已经不是了，今年6月中国工程院换届，现在我是工程院主席团成员。我在这个讲台上作报告已经是第二次了，去年我讲环境友好社会的建设，今年我接到邀请想了一想，决定进一步讲人和自然的和谐，配合和谐社会建设方面说一点自己的看法。我今天讲的这些看法可能是从一些最基本的科普、一些基本知识开始，逐步深入联系到我们当前人和自然和谐方面存在的一些基本问题和一些专家的不同意见，说说我自己的一些看法，逐步地深入进去。

演讲正文：

今天的报告从引言开始，下面又分四个部分，从人和自然关系的历史演变，现代社会人类的生态觉醒，到现代中国的环境与发展的认识和行动。第四部分是正确把握人和自然和谐发展的准则，附一个案例分析，拿个例子出来分析一下不同看法，应该怎么看，这当然属于我的看法了。

引　言

对引言部分我想是主要说明一下，我这个题目“人和自然的和谐”是当前我国构

* 本文来源：叶文虎．可持续发展的新进展(第2卷)．北京：科学出版社，2008，117-147.

建和谐社会的一个基础要求。怎么说呢？首先现在中国在我看来是处在战略转变期，正在从原来的粗放的不协调发展模式向一个新的发展模式转变，这个新的发展模式以贯彻和落实科学发展观作为它的基本导向。科学发展观大家知道是2003年党的十六届三中全会提出的，坚持以人为本，树立全面协调和可持续的发展观。这里面包含了五个统筹，即“统筹城乡发展，统筹区域发展，统筹经济社会发展，统筹人和自然的和谐发展，统筹国内发展和对外开放的要求。”这五个统筹都要协调，是全面协调可持续发展的核心的内容。强调这个，说明过去在这五个统筹方面都存在问题，其中人和自然的和谐的方面也存在很多的问题。

刚刚过去的十六届六中全会，又提出了构建社会主义和谐社会的战略任务，决定是这样说的，“构建社会主义和谐社会是全面落实科学发展观，从中国特色的社会主义事业总体布局和全面建设小康社会全局出发提出的重大战略任务，反映了建设富强民主、文明和谐的社会主义现代化国家的内在要求，体现了全党全国各族人民的共同愿望。”那么明年两会之后肯定要贯彻这样的精神，而且要落实到我们行动当中去。而我今天这个讲座的主题“人和自然的和谐”，它既是科学发展观的重要组成部分，又是构建社会主义和谐社会的一个基础要求。这就说明，我这个主题和当前社会上提出的要求和我们需要采取的行动有密切关系。

一、人和自然关系的历史演变

(一)人类是自然生态系统的一个组分

首先是很简单的常识，就是人类本来就是自然生态系统的一部分，这个自然生态系统(图1)是由生物群落和它所处的自然环境共同组成的，而在这个生物群落里，有生产者、消费者、分解者这3个主要的组分，在它们之间形成了物质循环和能量流动的关系，这是生态学最基础的知识。我们人类属于消费者里面的一部分，在原始人类存在的时候，他们主要从事采集和捕猎活动，他们的数量有限，活动范围有限，因此没有对自然生态系统循环运转及其物质循环、能量流动和演替更新产生明显的影响。当然人类当时还处在蒙昧的时代，应该说与自然的关系只体现在对自然的敬畏。

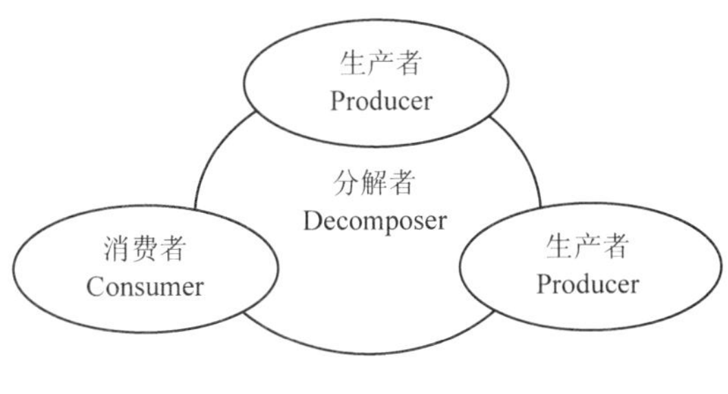

图1

（二）人类农业文明的发展逐渐加强了对自然的影响

自从人类进入了农业文明时代，就逐渐加强了对自然的影响。农业发展也是分阶段的，我是指原始农业、传统农业、近代农业、现代农业 4 个阶段。农业文明时代主要指原始农业和传统农业发展阶段，原始农业刚刚从采集和捕猎发展到种植和养殖，在中国大概是在 10000 年以前开始，现在大部分地区已经没有了，极少数偏僻的地区，以及个别的少数民族还有原始农业的遗留，这就是所谓的刀耕火种，或者是叫做“shifting agriculture”，就是流动的农业、迁移的农业，具体表现为这块土地好种它一下，时间长了土地不好了转移一个地方，原来的地方再慢慢恢复起来，到新的地方再开一块。目前在云南，几个少数民族散居的大山地区里还有。这种农业用到了火，破坏了植被，造成了水土流失，对自然损伤就加重了，不过毕竟那种状况的范围有限，对整个自然生态系统的影响不是很大。

进入到传统农业时代，种植和驯养的规模就扩大了，技术进步了，生产的水平提高了，这样就促进了人口发展的规模。传统农业在中国大概起始于 3000 多年前，那个时候农业基本上采取的是顺应自然的态度。所以中国传统农业是有机农业，农业内部进行了物质循环，牲畜的粪便包括人类的粪便回到大地里重新再进入循环。我想中国的古代天人合一的哲学思想也是在这样一个经济社会背景之下形成的。但是人口越来越多，需求越来越大，就需要扩大耕地面积，增加牲畜的数量。扩大耕地，耕地从哪里来？不外乎三个来源：一个是毁林，把林子砍了变成耕地；一个是开垦草原，把草原开垦出来变成耕地；还有就是把湿地改成农田，湿地种水稻是比较容易的事，这样对自然系统的分布格局产生很大影响。我是搞林业的，在农耕文明到来之前，我国的森林覆盖率大概为 50%~60%，另外一部分是草原，还有一部分是荒漠。因为欧亚大陆气候的格局是早就形成了的，内陆是干旱的，东南是湿润的，那时的森林覆盖率是 50% ~60%。但是大概到 2000 年和 1000 年前就逐步的下降到 40% 和 30%，到清朝初年已经下降到 20% 左右了，到新中国成立前只剩下 8% 了（又一说为 12%），下降速度就是这样快速。这样当然会对自然生态系统分布格局产生很大的影响，也引发了局部地区的水土流失问题，以及荒漠化问题。以后随着工业化的发展，农业就进入了近代农业发展阶段，这就不再是农业文明时代了，而是进入了工业文明时代。

（三）人类工业文明的发展大大加剧了对自然的影响

人类工业文明的发展大大加剧了对自然的影响。欧洲大概 250 年前发生工业革命，在中国什么时候起算工业文明？从各种角度来看，只能说从新中国成立以后算起。工业文明时代的生产活动以机械化为标志，农业还走上了化学化的道路，不用或少用有机肥，改用化肥、农药了，这样生产的水平大大提高。农业化肥的应用，农业营养学的发展应该说是一个革命，使我们整个农业生产水平大大提高了一步，也养活了更多的人口。但是由于对物质、能源的需求，而加大了对自然资源的索取，也大大加剧了对自然环境的影响。

人类在掌握了新的生产力之后对自然的态度变得狂妄了，不但提出了要征服大自然、要战胜大自然的口号，更是采取了一系列现在看来很是盲目的行动，包括大规模采伐森林、开垦农田、侵占森林、侵占草原、侵占湿地，甚至于侵占荒漠(荒漠也是一个自然系统)；大规模的开采矿产资源、消费化石能源，大规模的修建水库、堤坝，改变河道水系。高速快捷的交通运输系统大大扩展了人类的活动范围，现在地球上几乎没有以前所说的人迹罕至的地方了。再加上大规模的城镇建设，深刻地改变了区域的自然面貌。不用说别的地方，大家到长江三角洲、珠江三角洲一带去看一看，那里的城市已经连接起来了，大自然的原貌已经荡然无存了。

这些大规模、深层次的人类活动一方面支持了人类的生存和发展，提高了一部分人的生活质量。但是另一方面又改变、中断甚至破坏了原来自然生态系统的平衡，破坏了整体性、稳定性、多样性及和谐性，造成了十分严重的后果。大致有哪些呢？一是自然生态系统的破坏，表现有森林骤减、草原退化、超载过牧、自然系统的破碎化、生物多样性的迅速消失。二是水土流失加剧，土地荒漠化的扩展。三是资源枯竭造成能源危机。四是环境污染严重，包括大气污染和地表水污染，特别可怕的是地下水和土壤也被污染了。现在又提出了室内污染的问题，并已经成为一个新的重大问题。五是大气的臭氧层遭到破坏，温室效应造成全球气候变化，这个大家都很清楚。现在唯一一点可以安慰大家的是大气臭氧层破坏已经开始看到一些被逆转的迹象，这主要是因为我们现在氟利昂等东西用得少了，控制住了，起到了点作用。全球气候变化还在加剧。二氧化硫、二氧化碳、甲烷的排放仍在继续加剧恶化的趋势中。

图 2 表示的是从太空看地球的情况，图上清楚地表明我们中国荒漠化的面积已经相当大了。我们水土流失、大气污染状况相当严重(图 3，图 4)，尤其是黄土高原，这个是有名的。水污染也是触目惊心(图 5)，这个不是我的主题了，我想大家也应该是很清楚的，我就不展开讲了。

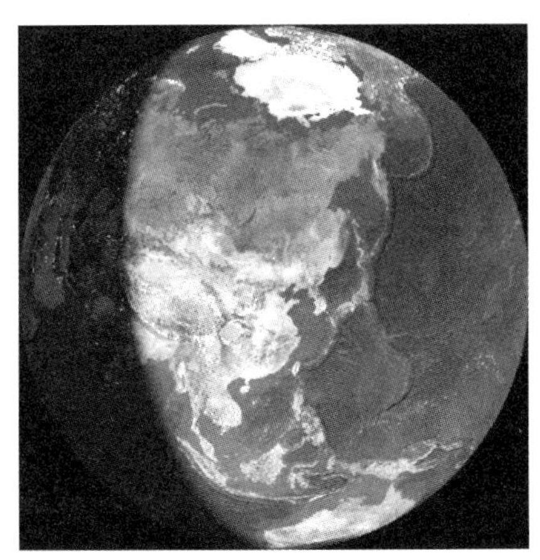

图 2　从太空看地球

图 3　水土流失

图4　大气污染

图5　水污染

恩格斯在19世纪末早就发出了警告："不要过分陶醉于我们人类对自然界的胜利，对于每一次这样的胜利，自然界都对我们进行了报复。"警告声尤在耳，但还没有敲醒所有的人们。人类近代和现代的许多活动是难以为继的，不但超支了自然资源，也超支了环境容量。最近有统计显示，我们现在已经差不多需要两个地球的资源来支持我们人类现在的消费。这不但为我们自己这一代，也为子孙后代的生存和发展造成了严重的威胁。

二、现代社会人类的生态觉醒和行动

（一）早期的认识和行动

这一部分首先说早期的一些认识和行动，因为现代社会真正理性的觉醒是从20世纪六七十年代才开始的，但在这之前有部分人已经觉醒，并采取一些行动。由于科学知识的积累和对自然界认识的深化，以及对一些遭大自然报复的后果的认识引起了早期的警觉并促进人们采取了一些行动。其中比较著名的例子，在此我列举一下。第一个是20世纪30年代的罗斯福计划。它主要是针对美国开发中西部的大草原所引起的黑风暴造成的灾难。这项工程又叫罗斯福"大平原各州林业工程"、防护林带工程，它是从1935年开始建设的，南北长1850km，东西宽160km，8年时间共营造防护林长度为28962km，保护农田162万hm^2。直到1992年，据统计美国人工营造防护林带总长度已达46万km，面积达65万hm^2。通过这个行动再加上美国政府对草原的管理，包括退耕、自然复原等因素，美国的黑风暴问题得到了基本控制。

第二例子是20世纪40年代末期开始的"斯大林改造大自然计划"。这个计划是1949年开始行动的，到1965年共建设成8条国家级防护林带，总长5320km，这些是比较宽的林带。在国家防护林带中间建设农田防护林网，共营造了防护林570万hm^2，保护农田4000万hm^2，牧场360万hm^2。这个计划应该说是部分取得成功的，也有部分教训，最大的一个教训就是当时所谓的改造大自然的一部分，即改造在当时苏联境内的土库曼卡拉库姆沙漠，通过挖掘大运河，把沙漠里面有些地方变成良田来种棉花，当时起到很好的效果。我曾经在前苏联学习的时候就亲自到这个运河考察过，当时正在建设，但是最后这项工程因为水资源不合理的利用而引起了更大的荒漠化，所以说“斯大林改造大自然计划”既有经验也有教训。

图 6　福建建瓯杉木丰产林

我们国家在 20 世纪五六十年代，曾经掀起绿化祖国的高潮和全国性的保持水土行动，也取得了一些良好的效果，比如说丰产林的建设。图 6 是福建建瓯杉木丰产林；图 7 是西昌地区的飞机播种造的林，也是那时候开始大面积进行的；图 8 可能对北京的学生更应该亲切一些，是北京西山的绿化造林，这是在秋末红叶季节照的，这不是香山，是香山之外西边的魏家村。这些地方在 50 年代前都是荒山，这一片大概是在 1957 ~ 1959 年建设起来的，如果你现在到西山地区看看，那里基本没有荒山，都是树了，所以说绿化造林起了很大的作用。我可以给你们列举数字，北京市在新中国成立初期的森林覆盖率是 3%，而现在是 40% 以上，由此可见这项工作的成果显著。

图 7　西昌地区的飞播造林

图 8　西山的绿化造林

（二）现代社会人类的生态觉醒

刚才所举的几个例子都是前期的觉醒，还没有成为系统，当时的人们也没有弄清人和自然到底应该怎么对待，应该如何觉醒。我举几个具有里程碑意义的事件（表 1）：1962 年《寂静的春天》出版，这是初次揭露污染对人类环境的可怕影响，引起巨大震动。1972 年联合国人类环境大会在斯德哥尔摩召开，号召全球都要采取行动，来保护环境。这个会很重要，但可惜的是当时中国还处在文化大革命时期，虽然派人参与了，但后续的行动有限，曲格平同志参加了这个会，他后来成为我国第一任国家环保局局长，这是一个里程碑性质的事情。另一个里程碑，应该是 1992 年在里约热内卢召开的联合国环境与发展大会，这是各国首脑参加的会议，专门研究环境与发展问题，我国是时任国家总理李鹏出席的，这个会影响很大。我们从这以后，才开始探讨可持续发展的问题。还有一个里程碑应该是在2002年召开的联合国可持续发展世界首脑会议，那次是时任国家总理朱镕基亲自参会的，那时我们中国已经在世界环境发展论坛上起着重要作用。由此可见这几个里程碑我们中国都逐步加深了参与。

表1　部分具有里程碑意义的事件汇总表

年份	名称	地点
1962年	《寂静的春天》	美国 Carson
1972年	《增长的极限》	罗马俱乐部
1972年	联合国人类环境大会	瑞典，斯德哥尔摩
1987年	《我们共同的未来》	罗马俱乐部
1992年	联合国环境与发展大会	巴西，里约热内卢
2000年	联合国千年宣言	美国纽约联合国总部
2002年	联合国可持续发展世界首脑会议	南非约翰内斯堡

（三）为保护生态和环境所采取的国际行动（公约）

关于现代社会人类的生态觉醒和行动，还包括一些国际性的行动。我请国合会一位同志帮我收集了一下，到底国际之间有哪些公约、条约、协定是跟环境问题有关系的，是我们参与的，他一共找了五六十个，我选择了几个与我国关系密切的，给大家列举一下（表2）。第一个《国际重要湿地公约》是最早的，1971年就签订了。然后是1972年的《防止倾倒废物及其他物质污染海洋公约》和《保护世界文化和自然遗产公约》，以及1973年的《濒危野生动植物物种国际贸易公约》，这个很重要的，它规定了禁止进行象牙、犀牛角、老虎等的贸易。《国际热带木材协定》签了两次，1983年是第一次，反映了大家对保护热带雨林的要求，1994年又重新签了一次。还有1985年的《保护臭氧层维也纳公约》、1989年的《控制危险废物越境转移及其处置巴塞尔公约》，这两个现在跟我们关系很大，因为现在好多国际的危险废弃物都在往中国倾倒，这是一个非常重要的事情。1991年签署了《关于环境保护的南极条约议定书》、1992年签署了《联合国气候变化框架公约》，在1997年又签订了京都议定书，现在世界上都在热烈讨论如何落实京都议定书。此外还有1992年的《生物多样性公约》、1994年的《联合国防治荒漠化公约》、《核安全公约》，通过以上介绍我们可以知道从20世纪60年代开始，一直到70、80、90年代，国际上采取了很多行动，签订了很多公约，表明了我们人类对生态、人和自然环境关系的觉醒和采取的行动。

表2 部分国际公约汇总表

年份	名称
1971 年	《关于特别是作为水禽栖息地的国际重要湿地公约》
1972 年	《防止倾倒废物及其他物质污染海洋公约》
1972 年	《保护世界文化和自然遗产公约》
1973 年	《濒危野生动植物物种国际贸易公约》
1983 ~ 1994 年	《国际热带木材协定》
1985 年	《保护臭氧层维也纳公约》
1989 年	《控制危险废物越境转移及其处置巴塞尔公约》
1991 年	《关于环境保护的南极条约议定书》
1992 年	《联合国气候变化框架公约》
1992 年	《生物多样性公约》
1994 年	《联合国防治荒漠化公约》
1994 年	《核安全公约》
1997 年	《联合国气候变化框架公约》之《京都议定书》

三、现代中国的环境与发展：认识和行动

（一）认识不断提高，行动不断发展（1978 ~ 2002）

第三部分我想分两个阶段来谈。“文革”之前的阶段，有早期的行动，也有一些成绩但是教训更多，破坏还是很严重的。那么改革开放以后呢？1978 ~ 2002 年算一个阶段，这一个阶段我们应该说认识是不断提高，行动是不断发展的。

第一，从抗灾防灾的认识起步，最早的一个就是 1978 年开始建设的三北防护林体系，它后来逐步发展到一系列的防护林工程，包括长江上游防护林工程，珠江上游防护林工程，太行山绿化工程，平原农田林网化工程等。

第二，逐步认识环境污染问题的严重性，把环境保护提升到国策，与人口政策并列。我国的基本国策一个是计划生育，另一个就是环境保护。

第三，在这样的形势下，我国在 1987 年设置了独立的环境保护政府机构，这以前环保部门是国家计委的一个分支机构，1998 年升格为环保总局，已经由副部级单位上升为正部级单位了，这说明国家对环境保护更加重视，最近又有建议将总局提升为环境部，也就是说总局的级别还不够，因为总局没有进入内阁，要更提高一步，成为环境部从而进入内阁。1992 年，我国又设置了具有独特机制的中国环境与发展国际合作委员会（CCICED），至今已经三届（15 年）了，今年（2006 年）是第三届的最后一年，我刚参加完这个活动，会议上有一个 15 年的总结和将来的展望，请国际上著名的环境方面的专家和中国的专家共同给政府提建议，指出在环境发展方面应该怎么做。应该说，国合会开展了有效的活动。

第四，积极参与自然保护和环境的国际活动，尤其在里约大会之后，国务院马上发布了“环境与发展十大对策”，把“实行持续发展战略，转变传统发展模式”列为十大对策之首，最初的时候我们翻译为“持续发展”，后来说这不合适，应该叫“可持续发展”，“可”是后来加的，这有个历史过程。

第五，在两年之后承诺履行《里约环境与发展宣言》的责任与义务，1994 年国务院制订并发布了《中国 21 世纪议程》，这是当时世界上第一个国家级的 21 世纪行动计划。

第六，再进一步，1998 年发生了长江和嫩江大洪灾，国家吸取了 1998 年大洪灾的教训，开展了一系列的生态建设工程。首先开始就是天然林保护工程，这是因为吸取长江上游的森林被破坏而导致水土流失的教训。然后是退耕还林工程，退牧还草工程，京津风沙源治理工程，一个一个很大规模的生态工程就开始了。图 9 就是退耕还林，在黄土高原上本来种的地，退耕以后开始造林，种上的灌木中间还有草。图 10 是陕西吴旗县搞的退耕还林和退牧还草相结合的封山育林育草的过程，本来是光秃秃的黄土高原，现在仅仅 3 年，已经恢复得很好。图 11 是天然林保护，当前我们东北天然林和长江上游天然林已经砍了很多，这片林是一片择伐的林子，就是大的和好的树已经砍掉了，中间留了很多的空档，这些林子都需要保护起来禁伐，不让再砍了，让它慢慢恢复起来。

图 9　退耕还林（黄土高原）

图 10　退耕还林和退牧还草结合的封山育林（草）（陕西吴旗）

图 11　天然林保护

第七，我们不断扩大了自然保护区的建设规模，并加强保护自然的力度。我们国家自 1956 年开始建立第一个自然保护区——广东肇庆的鼎湖山自然保护区（图 12），这个保护区为什么重要？它正好在回归线上，世界上大部分北回归线地带的特征都是荒漠，只有中国由于东南季风的影响它有一个比较好的植被带，也就是常绿阔叶林生长的地带，鼎湖山自然保护区有从针叶林到落叶阔叶林到常绿阔叶

图 12　广东鼎湖山自然保护区

林的垂直带谱，有非常好的代表性，因此，我国首先把它确定为第一个国家级的自然保护区。据统计从那时候开始截至现在共建立了 2349 个自然保护区，当然，这个数字是一直在变化的，一直在扩大的。目前，我国自然保护区总面积大概为 150 万 km^2，约占国土面积的 15%，已经形成了布局比较合理，类型比较齐全的自然保护区体系。同志们，达到 15% 很是不容易的，一般要求达到 10% 左右就可以了，因为我们现在有几个大家伙，三江源自然保护区这一家的面积就很大。尽管如此，我国自然保护区现在在管理、投入上还有一些问题，但不管怎么样，毕竟我们已经开始建立这样的体系，总体上是好的。

第八，我们确定了以三河三湖为重点的水污染防治区域。三河就是淮河、海河、辽河，三湖就是太湖、巢湖、滇池，这几个地方污染是最严重的。在"十一五"规划中，又加上了一库和一江，一库就是三峡的库区，一江就是松花江，因为最近松花江出了污染事故，所以把松花江也提上来了。总体上说，我们已经做了很多工作，但是这些措施还没有显著成效。这个问题很复杂，不但有防治技术上面的问题，还有更重要的是经济结构，防治力度和其他综合措施方面存在问题。

（二）把生态和环境问题提高到国家重要议程的新阶段（2003 年以后）

上一部分是我们在 1978 ~ 2002 年采取的行动。2003 年以后，也就是这一届政府成立后，胡锦涛、温家宝同志主持工作以后，我们更是把生态和环境问题提高到国家重要议事日程的新高度，在原来提出的到 2020 年中国建设小康社会的伟大目标的基础上，2003 年新的一届政府又采取了一系列新举措。

第一，刚才提到了，2003 年提出了科学发展观。

第二，2005 年春天，胡锦涛同志审时度势，顺应民意，适时提出了"建设资源节约型，环境友好型社会"的新目标，给全面建设小康社会的目标充实新的内容，原来前面建设小康社会没有这个内容，是后来加上的，为什么呢？因为 2004 年明显显示我们已经发展得太快，消耗资源太多、对环境影响太大，是典型的粗放型发展，要改变的呼声已经很高了。我们中国工程院就专门举办了一个建设资源节约型社会的大的系列研讨会，向政府反映了诸多情况和建议。

第三，2005 年末，国务院发布了《关于落实科学发展观，加强环境保护的决定》，2006 年 4 月中央召开全国环境保护大会，温家宝总理亲临会议并讲话，提出了对环保工作重要性的新认识和做好环保工作的总方针，概括为"四个必须"和"三个转变”。我觉得我们还应该了解一下其内容。“四个必须”就是“贯彻落实科学发展观，促进人与社会和谐发展，必须加强环境保护；实现全面建设小康社会的目标，必须加强环境保护；提高人民群众的生活质量和健康水平，必须加强环境保护；为中华民族的生存和长远发展着想，必须加强环境保护”。“三个转变”就是“做好新形势下的环保工作，关键是加快实现三个转变：一是从重经济增长轻环境保护转变为保护环境与经济增长并重，把加强环境保护作为调整经济结构、转变经济增长方式的重要手段，在保护环境中求发展；二是从环境保护滞后于经济发展转变为环境保护与经济发展同步，做到不欠新账，多还旧账，改变先污染后治理、边治理边破坏的状况；三是从主要用行政办法保护环境转变为综合运用法律、经济、技术和必要的行政办法解决环境问题，自觉遵循经济规律和自然规律，提高环境保护工作水平。“四个必须”和“三个转变”是温家宝总理在会上讲话中提出来的，代表了中央政府的态度，代表今后环境保护工作总的方针，非常重要。今后的问题是如何落实政策，虽然问题还很多，但既然已经提出来，我们就应该要努力加以落实。

第四，那么究竟应该怎么落实呢？首先就是把这个生态和环境问题列到“十一五”规划当中去。2006 年春天全国人大审议通过的第十一个五年规划里，突出地把节约资源，保护环境列为约束性的指标。在这里我摘出来“十一五”规划里面一系列指标的要求给大家看一下(表 3)。首先，人口的要求，全国总人口平均增长要小于 8‰，从目前来看，只要不改变我国现有政策，把现有政策延续下去就能实现，因为现在我国的人口增长率已经在 6‰左右，虽然如此，但也不要松懈。其次，单位国内生产总值的能源消耗要降低 20%，这个是非常难的。再次，单位工业增加值用水量降低 30%，农业灌溉用水有效利用系数从 0.45 增至 0.50，工业固体废物综合利用率要从 55.8% 增至 60%。第四是工业污染物排放总量减少 10%，这也是约束性指标，要实现也是非常难的，尤其是二氧化硫的排放的减少。第五，耕地保有量要从 1.22 亿 hm^2减至 1.2 亿 hm^2，减是没办法阻止的，因为现在城市基本建设是不断扩大的，要扩大就是要占地，耕地就必然要减少的。前几年，尤其是 2003 年一年就减少了数百万公顷，这几年还在减。我国以 18 亿亩耕地作为一个底线，但现在我们的耕地是多少呢？去年的数据是 18.3 亿亩，要到 2010 年保持到 18 亿亩很困难。但是这是我们生存的底线。因为我们农产品要达到基本自给。现在我们自给水平是 95%，随着人口增多、生活水平提高以及世界粮食市场的变化，稍微降低一点也是可以的，但不能降太多，因为我们人口太多。如果我们降低到 90%，每年就要进口 5000 万 t 粮食，如果还再下降，那就会把世界粮食市场搅乱了，粮价就要上涨，对我们很不利。我今年秋天刚到芝加哥的粮食期货市场上看了看，美国已经决定把大量的玉米改作为做酒精的原料，作为燃料来生产，必然导致粮食相对减少，所以这个问题是很大的。第六，森林覆盖率从 18.2% 升到 20%，我作为搞林业的，这个情况我了解，这个指标还是相对容易达到。在好的年份，我们一年能增加 1 个百分点。

表3　“十一五”时期经济社会发展的人口资源与环境方面指标

全国总人口平均增长 <8‰	约束性
单位国内生产总值能源消耗降低 20%	约束性
单位工业增加值用水量降低 30%	约束性
农业灌溉用水有效利用系数从 0.45 增至 0.50	预期性
工业固体废物综合利用率从 55.8% 增至 60%	预期性
主要污染物排放总量减少 10%	约束性
耕地保有量从 1.22 亿 hm^2 减至 1.2 亿 hm^2	约束性
森林覆盖率从 18.2% 增至 20%	约束性

在以上所列举的指标中，有几个关键性的问题，按照温家宝总理的讲话就是 30%、20%、10%。30% 指的工业增加值的用水量要降低 30%，这是节约水。20% 是指能耗降低 20%，还有一个 10% 就是污染物排放总量降低 10%，这三个数字他是牢记在心的。在与我们国合会外国专家谈话时，他恳切地承认：我今天跟大家说实话，“十一五”规划中提出的环境指标我们上半年没有达到，而且今年也达不到。作为“十一五”第一年能效指标和排放总量指标该降的没降，反而增了，这是因为原来经济的惯性在那里起作用。但是中央现在正在按部门、按地方层层加以落实，要在“十一五”规划末了达到规划的要求。

（三）存在问题

1. 当前环境形势依然严峻

通过以上讲述，我们可以看到当前的环境形势依然很严峻，严峻到什么程度？我这个话如果笼统说可以说很多，在这里，我引用中央关于环境保护的决定里面的一段话：“……重要污染物排放量超过承载能力，流经城市的河段普遍受到污染，许多城市空气污染严重，酸雨污染加重，持续性有机物（POPs）的危害开始显现，土壤污染面积扩大，近岸海域污染加剧，核与辐射环境安全存在隐患。生态破坏严重，水土流失量大面广，石漠化、草原退化加剧，生物多样性减少，生态系统功能退化。发达国家上百年工业化过程中分阶段出现的环境问题，在我国近 20 多年来集中出现，呈现结构型、复合型、压缩型的特点”。

2. 中国环境形势的国际比较

问题严重到什么程度呢？我们可以从国际上比较一下，表 4 是从 2005 年 6 月出版的杂志——《NATURE》上摘下来的一个表，比较了中国和 14 个国家的相关指标，表中我们人口增长率为 0.7，实际上我们是 0.6。印度是 1.5，俄罗斯是 -0.4，那也是个问题。另外，GDP 增长率他写的低，实际上我们的增长率更高，不知道他用的哪一年的数字。大家接着看环境可持续增长指数的排名，我们太低。它是以 140 多个统计国家里面的名次来算的，我们排 129 名，也就是说我们可持续的名次很低。

表 4 中国和其他 14 个主要国家的人口、经济和环境状况

国家	总人口（亿，2003）	人口增长率（%，2003）	年平均 GDP 增长率（%，1999～2003）	环境可持续指数排名（1～142，2002）	CO_2 总排放量（百万 t，2000）	人均 CO_2 排放（t/人，2000）	平均生存面积的 SO_2 排放量（kt/km^2，2000）	人均生态足迹（人均公顷，2001）
中　国	12.88	0.7	8.0	129	2780	2.2	2.7	1.5
孟加拉国	1.38	1.7	5.2	86	30	0.2	0.7	0.6
巴　西	1.77	1.2	1.6	20	310	1.8	0.4	2.2
印　度	10.64	1.5	5.8	116	1120	1.1	1.2	0.8
印度尼西亚	2.14	1.3	2.0	100	270	1.3	0.4	1.2
日　本	1.27	0	1.3	78	1180	9.3	1.0	4.3
马来西亚	0.25	1.9	4.9	68	140	6.2	1.6	3.0
墨西哥	1.02	1.4	2.4	92	420	4.3	1.0	2.5
尼日利亚	1.36	2.1	4.1	133	40	0.3	0.2	1.2
巴基斯坦	1.48	2.4	3.4	112	110	0.8	0.3	0.7
菲律宾	0.82	1.9	4.3	117	80	1.0	0.9	1.2
俄罗斯	1.43	-0.4	6.7	72	1440	9.9	0.9	4.4
泰　国	0.62	0.6	4.7	54	200	3.3	1.1	1.6
美　国	2.91	0.9	3.2	45	5590	19.8	1.7	9.5
越　南	0.81	1.1	6.5	94	55	0.7	0.3	0.8
世　界	62.71	1.2	2.5	…	24210	4.0	1.7	2.2

择译自《Nature》(2005 年 6 月 30 日出版)，p. 1181.

表 4 中的 SO_2 总排放量是按每平方千米千吨来说，我们是 2.7，比所有的国家都高，大家看见了吗？这表明我国已经成为世界上第一大 SO_2 排放国，为什么？因为我们用的燃料主要是煤，煤占能源 70% 的份额。CO_2 的排放量是 27.8 亿 t，排第二，最大的是美国(55.9 亿 t)。当然，如果按照人均来说，我们因为人口多，平均也就小了。

3. 中国生态足迹和人文发展

图 13 是前不久 WWF(世界自然基金组织)发表的，图中所示的是人均的生态足迹。随着生态足迹的提高，对资源消耗越来越多，需要消纳的环境污染也越来越多，图中是以占用的地球公顷作为单位来表达的。我国现在占 1.5～1.6hm^2。它还以人均 1.8 hm^{2}作为分界线，大家看图中横虚线。分界线之下的是生态足迹还不算太高的国家，说明人均占有的资源量和占用环境容量还不算太高。而生态足迹高的是哪些国家呢？大家可以看到，有点国家已经在分界线以上，甚至在 7、8、9 以上了。这个表是把纵坐标作为生态足迹——地球面积，横坐标作为人类发展指数，也就是受教育的程度，生活舒适、卫生保健等各方面的指标。当然，人类发展指标是越高越好，但是随着人类发展指数的提高，其生态足迹也要提高，这就形成了一个矛盾。现在的问题是人类发展指数要提高而生态足迹不能再扩大，有没有这个可能呢？这也就是为什么我们中国不能走美国的老路的原因。如果我国也像美国一样，每家有两三辆小汽车，这样消耗的能源就不得了了，几个地球也不够用。我国在图中的位置是什么样呢？大家看我箭头所指的地方，随着时间的变化，我国沿着这一

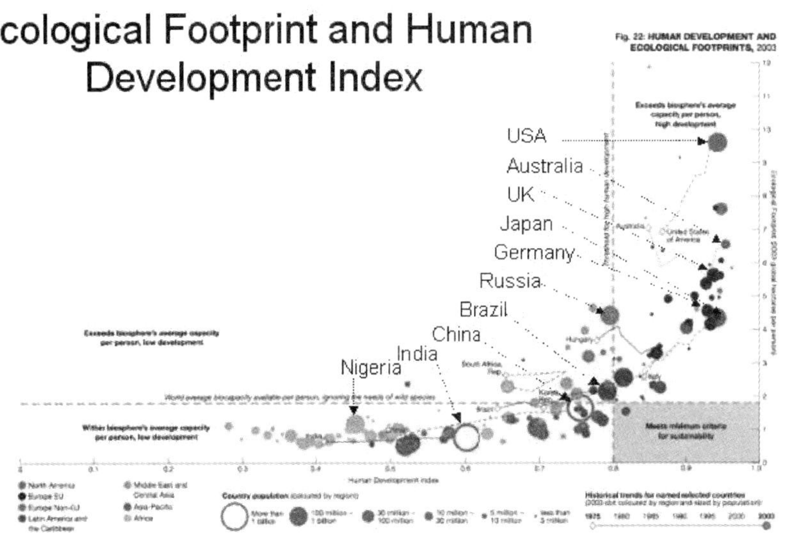

图 13　生态足迹与人类发展指数关系

条虚线发展，发展到接近分界线的地方了，但是目前还没有超过这个平均水平，也就是还在人类世界足迹平均水平之下，但是已经很接近了。试想，如果我国再发展下去，应该往何处去？如果继续沿着这条线往上走，那么地球就不够用了，因为我国人口的绝对量很大，达 13 亿。能不能让我国走不超过世界生态足迹的平均水平，而人类发展指数又发展得很好的路？这就需要我们的努力了，要确定我们今后的发展轨迹。如何在实现资源节约、友好型发展的基础上提高人民的生活水平和幸福指数，确实值得我们考虑。

4. 国合会环境与发展回顾和展望课题组的预测

我刚才说过，国合会（环境与发展国际合作委员会）今年在进行回顾与展望时（有这样一个课题组，宋健院士是国合会的第一任主任，也是这个课题组的组长），课题组研究了未来 15 年中国怎么样发展。国家原来要求 2020 年要实现全面小康，人均 GDP 要比 2000 年翻两番，达到人均 3000 美元，平均年增速是 7.2%。但是从 2001 年开始，第十个五年计划期间，平均经济增长已经是 9.5% 了，按国务院发展研究中心做的一般均衡模型（DRCCGE）测算，第十一个五年计划期间我们经济平均增速要达到 9.1%，大家知道去年的增速是 10.2%，今年看样子也要 10% 以上，具体是多少到明年两会时候就宣布了；“十二五”到 8.0%；“十三五”到 6.9%。这个测算估计比世界银行最近的估计还低，他们的估计比这个还要高。那么按照这样的实际水平发展下去，20 世纪的前 20 年经济的平均增速不是原来设想的 7.2%，而是 8.3%。如果按 2004 年的价格计算，GDP 总量达到 6.7 万亿美元，人均将达到 4700 美元而不是 3000 美元。这还是按照 2004 年的汇率计算的。大家知道 2005 年汇率已经有所变化了，在 2005～2006 年间人民币已经增值 5%，以后估计每年人民币的汇率差不多，也要每年增值 5%，那么再过几年这个 GDP 增量还要大。如果是按照世界银行的方式计算，就是按购买力来计算，那总量还要加几倍。在这样的经济发展形势下，我们的能源消耗，污染物排放将出现什么样的状况？如果说要实现 GDP 翻两番，而能源消耗也翻两番，那就不得了，我们国家受不了，不但中国受不了，世界也受不了，因此降低能耗是必然趋势，是必须做到的。

关于这个问题，我们一直在强调，并且我们这几年能耗也在下降。如图 14，能源强度标上有两条曲线，一条叫(BAU，即 businers as usual)，就是如果按照原来常规不变的那种趋势来计算，它虽然也在下降，但下降趋势很低。如果我们按照 10%

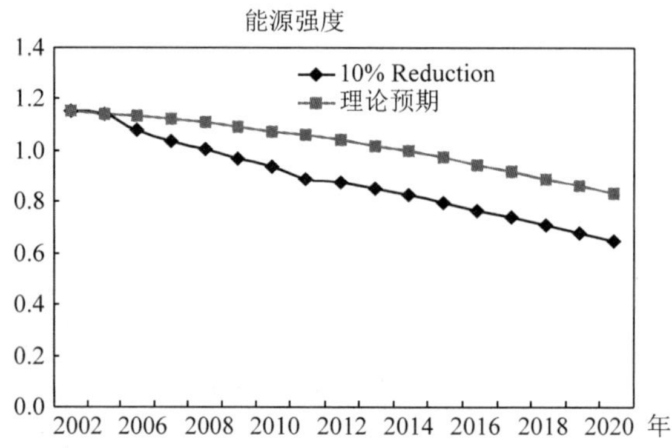

图 14 能源强度

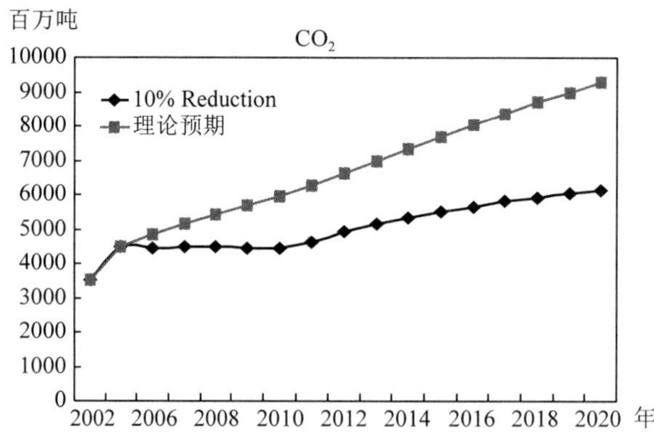

图 15 CO_2 排放状况

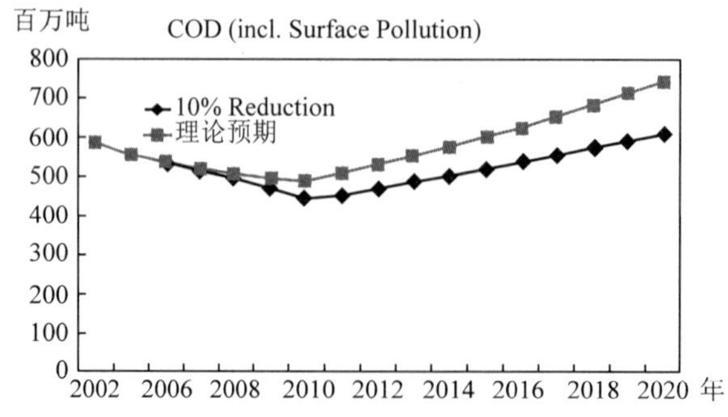

图 16 COD 排放量

Reduction 趋势发展，这条线下降还是相当可观的。图 15 显示 CO_2 排放也是这个状况，如果我们还是按照现在这样趋势下去那就不得了，现在这个曲线表示我们很快就要超过 80 亿 t 了。如果这样发展下去，估计 2016 年我们可能要超过美国。据最近有人估计，2009 年我们就要超过美国，这说明发展速度在不断的变化。图 16 显示的 COD 排放量也按 10% 下降的情景。通过以上三个图的预测给我们敲警钟了，我们必须要采取措施，实现资源节约，环境友好。

(四)出路——实施资源节约、环境友好、社会和谐的可持续发展战略

那么该怎么办，出路何在？这就要求我们实施资源节约，环境友好，社会和谐的可持续发展战略。在这里我提出几点。

第一，首先我们必须把“十一五”规划中提出的环境指标作为硬指标，它是扭转环境恶化战略步骤，在当前务必努力实施。现在中央正在跟各个部门、省签约，要求你要降多少你就必须做到。

第二，要实施发展战略关键措施有以下六点，这是国合会研究报告里面提出来的六个必备条件，(1)要全方位推动可持续生产、消费与贸易，加速增长模式的转变。过去我们只提出可持续生产，现在光是可持续生产不行，还要可持续消费，还要可持续贸易，国际上称之为 SCPT。(2)保持可持续增长，积极调整产业结构，优先提高效率。(3)建立完善、可持续发展的价格税收和财政体系。我们现在资源价格的定价太低，对污染排放的税收太低，生态补偿太低，这是不行的，既然我们没有做到资源节约，那么就必须用经济杠杆来调整它。(4)要建立与完善可持续发展的技术创新体系。我们要有新的创新思路，发展清洁生产和循环经济都必须靠这个。(5)加强环境管理，提高环境的执政能力，也就是 governance。现在 governance 在国际上很热门，我们想准确翻译成中文，但大家翻译出来的不一样，并且现在我们这方面观念很差。你想一下，一个县环保局局长在县政府领导下工作，县长让他必须把这个事做到他就得做到，县长首先关心的是 GDP，搞那些东西的时候，要环保局局长不迁就这些方面，真正能硬顶着不上影响环境而增加 GDP 的项目，恐怕很难。所以整个管理体系怎么改变来适应这样的大要求是个大课题。(6)要加强环境领域的软实力来确保和平发展。和平发展从世界角度来看，也是保障我们取得成功的重点。

第三，我们必须要综合应用法律、经济、技术和必要行政手段为实施可持续发展提供支撑。这是刚才说的三个转变里的一项，这几个手段必须综合，光靠一个行政手段是不行的。所以立法要跟上，财政税收体系、科学技术进步都要跟上。

第四，加强对企业的社会责任(ESR)的要求，企业要有社会责任，要组织全民参与，只有这样才能够做好这个工作。

四、正确把握人和自然和谐发展的准则

最后我想讲一讲把握人和自然和谐发展的一些准则，怎么样把握好这两个方面

的关系有难度。现在学术界，政府各个方面对这个问题都还有不同的看法。在这里，我谈谈我自己的看法。

（一）以“人”为本还是以“自然为本”——生态伦理学的思辨

以“人”为本还是以“自然”为本？我是主张坚持科学发展观的，那就是以人为本。以人为本不只是科学发展观的第一要义，而且我们现在也只能以人为本。说实话，如果纯粹以自然为本，说所有的生物都有同等的权利，连自然界一个微生物也有公平的生存权利，那我们有好多事情就没法办了。但是尽管要以人为本，我们仍然要努力争取与自然的和谐，必要时候要改变和限制人的一些生产及消费行为，不能任其无限扩大下去，人的物质欲望也不能无限扩大下去。这个问题是属于生态伦理学的问题，我不在这里详细地加以延伸讲解。

（二）为和谐而限制发展还是在发展中求和谐——艰难的平衡

为了和谐而限制发展，还是在发展中求和谐，这是一个艰难的平衡。有些地方如果坚持目前这样粗放型的发展，那是需要限制的，因此限制发展也不是绝对不可以做，但是总的来说还必须要一边发展一边求和谐，在发展中求和谐。因为没有发展就没有做好保护环境的本钱，就没有这个能力，所以还应该坚持在发展中做好环保工作，达到和自然的和谐。如果不发展甚至于倒退那是没有出路的。

（三）对经济发展的方向、模式、规模及内容的导向和规范——要与人口、资源、环境的国情相适应

要对经济发展的方向、模式、规模和内容的导向和规范，与人口、资源、环境的国情相适应。首先我们必须坚持社会主义发展方向，那就是坚持体制和谐，这应该说是我们社会主义的核心理念，一定要提到这么一个高度。其次，要发展资本和知识密集型的高新技术产业，这样才能有利于减少能源消耗，也比较容易达到环境保护的目的。并且，在中国国情下也要发展一些劳动密集型、高就业型的产业，这两个必须协调起来。我们国家跟那些小国家不一样，我们有 13 亿人口得养活，得让他们有事干，也就是就业，这就是国情。第三，要限制资源高耗型、环境污染型产业的发展，或者把它们进行充分的改造，将其纳入到清洁生产的轨道里面去。例如，冶金、能源、建材、化工等行业，有些是有问题的，虽然现在有些已经看到曙光，比如冶金钢铁生产行业，好的钢铁生产企业已经前进了一大步，但是钢铁企业同时也是能源企业，也是建筑材料企业，把这几个结合起来发展才能有前途。第四，要慎重区别对待出口导向型产业的发展，加强自主创新的力度，扩大内需导向。目前在我们的经济发展中出口是很重要的内容，现在要把它区别对待，有些产业要加强自主创新的力度，要增加自己的市场份额，不能总给人家打工，我们赚小钱，人家赚大钱，这样长期下去是不行的。另外，有些产业我们还是要有点限制的，任其自由发展，我们是很吃亏的。我举两个例子，一个是焦炭行业，就是炼钢

用的炭。我们用煤炼成焦炭后出口，而西方早已经不生产焦炭了，就进口中国的焦炭使用。但是炼焦炭会将很大的污染留给自己了，包括硫化物等污染物。我们把污染留下了，而把好东西给人家了，这值得不值得？还譬如说电解铝，这是高耗电的产业。虽然我们国家在有些地方电还不够用呢，但是由于我国电力分布不均匀，局部地区的电能资源是比较多的，这些地方就搞电解铝的工业，然后出口铝。而电哪来的？大家都清楚，我们国家大部分电还是靠烧煤烧出来的，这样，排放的二氧化硫我们国家留下了，炼出来的铝却让人家拿走了，得不偿失啊。中央现在已经注意到这些情况，并开始对某些产品出口进行了限制，况且我们老是有一个很大的外贸的顺差也不是好事，目前我们外汇储备已经超过1万亿美元，外汇储备太多也是个负担。并且我们是用赚来的钱来买美国的债券，然后把钱让美国人消费，这毕竟不是长远之计。最后，就是经济建设必须要与政治、文化、社会相协调。

（四）在生态建设中要研究认识自然，适当顺应自然，充分利用自然的自我修复能力，但也要辅以必要的人工措施。

在生态建设当中，要研究、认识自然，要适当顺应自然，要充分利用自然的自我修复能力，但也要辅以必要的人工措施。这个观点目前有争论，就是到底是完全放任自然自己修复，还是辅以人工措施，人工措施又应该是怎么个搞法？这方面我还是比较熟悉的，今天我就以三北防护林体系作为我们国家第一项最大的生态工程为例来说一下。因为目前针对三北防护林有很多争论，在此，我阐述一下我的观点。

1. 建设规划

三北防护林体系工程是1978年11月由党中央、国务院共同批准建设的。“三北”指的是西北、华北和东北西部，包括13个省（自治区、直辖市）551个县，它的覆盖面积达406.9万km^2，占国土面积的42.4%，这是非常大的，它包括了我们国家北方主要风沙危害地区和黄土高原水土流失严重地区，就是图17显示的黑色粗线以上的地区。这些地方从自然条件来说是干旱、半干旱和干旱的半湿润地区，包括西北的几乎全部、华北的大部分和东北的西部（即吉林、辽宁、黑龙江三省的西部）。三北防护林工程的主要任务是在这个范围内大力造林种草，特别是有计划地营造带、片、网结合的防护林体系，规划造林面积3560万hm^2。规划的目标是工程完成以后，三北地区森林覆盖率要从1977年的5.05%提高到14.95%，风沙危害和水土流失得到有效控制，生态环境根本好转，广大人民群众的生产生活条件从根本上得到改善。三北防护林工程规划从1978年开始到2050年结束，共73年时间，它分三个阶段、八期工程来组织实施，现在已经进入第四阶段。大家觉得这个时间是不是很长，实际上为扭转这样一个自然恶化的趋势并得到改善，用一个世纪也是需要的，73年可能还不够。

2. 完成情况

三北防护林工程从1978年实施到现在已接近30年，此期间的持续建设累计完

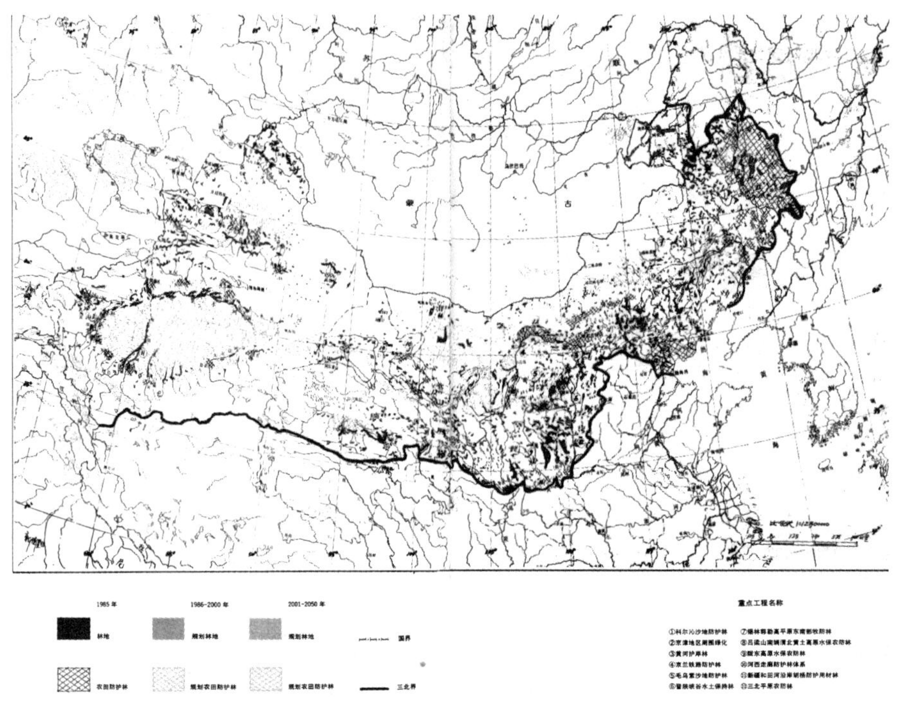

图 17　三北防护林体系建设总体规划图

成造林保存面积 2580 万 hm^2，从西北到东北这个万里风沙线上，采取封沙育草、飞播造林或者飞播种草和人工造林相结合的措施，营造带片网、乔灌草相结合的防风固沙林近 500 万 hm^2，重点治理了两个比较容易治理的沙地，一个是毛乌素沙地，即陕北和内蒙古交界的地区，另一个是科尔沁沙地，即内蒙古、辽宁和吉林的交界地带。这两个沙地相对来说是比较容易治理的，因为这两个地方年降水量在 400mm 左右。目前，这两个地方的林草覆盖率已经达到了 29%，远优于从前，率先实现了土地沙化的逆转。另外从新疆的绿洲到河西走廊，再到东北西部已经营造了农田防护林 253 万 hm^2，使 57% 的农田实现了林网化，庇护了农田 1756 万 hm^2。图 18 至图 22 是治理成果，在这里展示给大家。图 18 是科尔沁沙地，大家可从图中看到沙丘地区的治理成果；图 19 是草原上的盐碱地，草原荒漠化了，后来建成苜蓿采种基地；图 20 是最近的，经过自然封育围栏、禁牧、看住，围一片地盖一个房，围一圈铁丝网，三年以后变成这样，草原已经得到逐步的恢复，现在情况还是不错；图 21 是农田防护林网；图 22 是双层结构的农田防护林。

三北防护林与黄土高原水土保持综合治理相结合，在 18 万 km^2 面积上营造了各类水土保持林，初步控制了 30% 的水土流失。目前黄河流域的泥沙量确实减少了，但减少有两个原因，一个是这些年降水量少了，河水径流量也就减少了；另一个就是治理起了效果，黄河含沙量现在已经从 16 亿 t 下降到八九亿吨。图 23 是山西西部的黄土高原，这是黄土高原的造林种草治理的情况。图 24 是另外一个水土流失比较严重的地区——黑龙江省的黑土带。黑土带的流失对我们也是心腹之患，因为黑土带是我们国家最主要的农业地区，它是很肥沃的，但现在黑土流失量很大，有些地区已经开始有侵蚀沟出现。图 30 所示的就是一个大侵蚀沟。我们现在看到图上有树地方之前就是侵蚀沟，目前侵蚀沟已经得到治理，说明三北防护林在水土保持方面做了很多工作。

图 18　科尔沁沙地

图 19　草原盐碱地上的苜蓿采种基地

图 20　禁牧后恢复的草原

图 21　农田防护林网

图 22　双层结构的农田防护林

图 23　山西西部黄土高原治理

图 24 黑龙江黑土带侵蚀沟治理

三北防护林工程坚持走生态与经济相结合的防护林建设道路，在取得良好的生态效益的同时，也产生了良好的经济效益和社会效益，增加了农村的燃料供应，促进了林果业和沙产业的发展，保障了当地农业生产的增收，并为农民增收创造了良好的条件。

3. 评价和问题

三北防护林工程做的工作是有成绩的，那么究竟怎么去评价它呢？现在还存在什么问题？首先它的建设规模宏大，效果显著，当年被誉为“中国的绿色长城”。在1985 年召开的世界林业大会上，我跟三北局的一个领导一共参会并介绍了三北防护林工程的情况，得到了世界各国的赞许，被誉为“绿色长城”。但是，现在有的人简单理解三北防护林就是一条林带，其实不是，它是很多条各种各样林带的结合，是带、片、网的结合，是被誉为“生态工程的世界之最”的工程。1987 年，该项目主管单位——三北防护林局，被联合国环境规划署评为“全球环境保护先进单位”，三北防护林工程也荣获了联合国环境保护奖。说到存在的问题主要是投资严重不足，在这么困难的条件之下造一亩林补助就 3～5 元，怎么够用？工程初期主要依靠农民自己投入，在以前行政命令还行得通，现在则行不通了，因为义务工取消了。“十五”期间五年投资为 23.36 亿元，23 亿看起来也是不小的数字，但按这么大面积来看，是不够的。现在普普通通的单个项目上来就几百亿，而三北防护林这么大面积就这么点钱，所以进度很缓慢，“十五”期间每年治理面积也就 32 万 hm^2，而我们需要治理的面积达 4000 万 hm^2，由此看差距就很大了，如果按这个速度来治理就需要百年以上了，而治理过程中有没有反复是很难说的。

还有一个问题，尤其是工程开始前期，当年开始这项工作的时候，对区域的地带性认识不足，对水资源的制约认识不足，并且这个工作是由林业部门牵头搞的，所以重树轻草，重乔轻灌，以致在局部地区造成不良后果，种成小老头树，并因为树消耗水比较多造成地下水下降。到了后期认识提高了，做法有所改变，不但扩大灌木的数量，草也开始得到重视，所以后来有退牧还草工程。这里有两个典型的例子，一个是甘肃民勤青土湖（图 25），湖底现在是干的，已经荒漠化了，为什么？一方面，因为上流把水用完了，没有水补充到湖里了，另一方面就是因为抽地下水来造林，结果是越抽地下水越降，地面越缺水，最终造成恶果。还有甘肃环县，该地区年均降水量只有300mm左右，并不适合大量乔木的生长，而非要造林，结果变成小老树（图26），20世纪50年代种的树到现在还没长起来。当然有人会争辩，小老头树也是树总比没有好，这当然也是一种说法，但是我们总是还有更好的办法来避免产生这些小老树的。

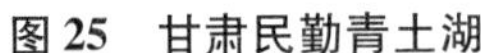

图25　甘肃民勤青土湖

图26　甘肃环县小老树

最后一点，就是三北防护林工程和其他并行工程、交叉工程的协调不足。在三北防护林工程之后又出现了很多工程，例如退耕还林工程、退牧还草工程、草场建设工程、水土保持工程等。我们国家存在很大一个缺陷就是部门主义，每个部门的部门观念非常强，这件事是我的由我来做，我不跟你配合，我的钱我自己用。从现实来看，很多事情具有同一个目标，如果联合起来搞的话会搞得更好，但这个联合总是实现不了，我们说了多少年了，许多地方还是没有改善。

4. 如何用"人和自然和谐发展"的角度看待三北防护林工程

如何用人与自然和谐发展的角度来看待三北防护林工程呢？

第一，由于刚才说的种种问题，因此学术界对此事有争议，政府部门也有犹豫，一直在讨论三北是否还继续搞下去。

第二，近些年来水土保持治理进展不快，虽然有点成效，但是还没实现根本扭转，并且有的地方还在加剧恶化，沙尘暴在局部地区和局部年份还很严重，农田防护林有好多已经进入老龄期需要更新改造，这一切都说明"三北"项目还需要继续实施。

第三，从人与自然和谐发展的角度看，首先要对治理的区域和对象有所辨识。比如说荒漠化治理，不是所有的荒漠都要治理，有的荒漠本来就是荒漠就不需要治理，除非要建沙漠公路去采油，那么沿公路那条带你可以治理一下。至于哪个作为重点治理，哪个是稍微采取一些措施，哪个让它自然恢复，哪个不要去动它，这要根据自然地带去判断。其次，要采取以预防为主的措施，最主要的是要调整好土地利用结构。刚才大家看到的吉林的生态草恢复得很好，两三年的封育后草就恢复起来了，这是为什么呢？因为没有放羊的去破坏它，不存在过牧问题。采取打草喂羊的方式，完全可保持羊的数量不变。现在还要特别强调严格控制工程性破坏。我最近通过水土流失考察，发现工程性破坏是引起水土流失主要原因之一，城镇发展、道路建设、矿山开采等破坏很厉害，而且现在国家还没有相应的严格措施来要求他们必须要对原状生态进行恢复。再次，要充分利用自然的修复能力，加强封育的广度和力度。有的地方能利用自然恢复的就要提倡自然恢复。但是话要辩证的说，不是所有地方自然恢复都是可以达到目标的，有些地方破坏太严重了，土壤流失过重了，不采取人为措施也不行。就算它能自然恢复，但可能要几十年甚至上百年的时间才能达到我们希望的程度，这样就无法实现目标了。最后，还要充分依据地带性的自然规律，草、灌、乔结合，在这里，我把词顺序调过来了，原来是乔、灌、草相结合现在是草、灌、乔结合，这是为什么呢？这是针对“三北”地区的，大家知道“三北”地区是干旱、半干旱为主的地区，这种区域草是要放在最重要的位置的。要采取封、飞、造配合的方式，也就是封育、飞播、造林配合，适地适树适法地进行治理。我刚才说到由于三北防护林是我们很重要的工程，而且在世界上也很出名，但由于最近存在一些问题，引起大家有些争论，产生一些不同看法，可是我们还是应该从人和自然和谐发展这个角度来看待这样一个工程，我是希望它继续搞下去，争取搞得更好、搞得更快，把自然环境恢复得更好。

第四，还要从环境发展统筹及生态补偿理念的角度来看待生态建设工程的投入需求，随着国家经济实力的增强，要大幅度加大包括三北防护林工程在内的生态环境建设的投入。目前我国的生态建设、环境治理投入力度都不大。虽然我们国家现在正在转型，但目前国家的收入、政府的收入的年增长率约为百分之二三十，相应的，我们也必须加大公共需求的投入。因此，生态环境投资必须要加大，目前这样的水平太低了。

最后一点就是继续加强生态环境工程的管理，利用市场机制吸引企业参加，鼓励和组织广大公众参与这项工作，只有这样才能做好。

今天课就讲到这里，谢谢大家。

叶文虎老师：各位同学有什么问题呢，可以提问。

（1）**同学**：我想问一下，听说三北防护林病虫害问题比较严重，我想了解这方面的情况，请您给介绍一下。

沈国舫（以下简称沈）：三北防护林病虫害问题比较严重，其中危害最大的是杨树的蛀干害虫，食叶害虫也有。尤其在农田防护林为杨树纯林的时候，又没有及时地加以抚育更新，杨树衰老了，害虫就容易侵染了，结果来不及治理就只能砍掉了，这种情况是存在的。这个问题产生以后，就有人质疑那些地方还需不需要栽杨树，还要不要搞防护林。应该说产生这些问题的地方集中在宁夏灌区，而这些地方是需要防护林带的，防护林带还是要搞的。杨树是优良树种，它生长很快能马上起到防风固沙作用，因此它还是需要的。问题在于一方面需要选抗虫的杨树的品种；另一方面要把杨树跟其他的树种搭配起来，进行混交造林；第三，要及时对林带进行抚育更新，衰老以后再补救是来不及的。

我还要告诉大家，我所在的北京林业大学有个专门的研究项目，在研究这个问题上，已经取得比较良好的效果，正在进行推广当中。

(2) **同学：**我想问一个问题，您刚才讲到三北防护林时说在过去是请农民义务工建设的，而现在市场化越来越快，形势在改变，所以我们现在投入机制的改革要采取市场化的策略，我想请问您在这方面有什么建议?

沈：这个机制必须要改变，但是我们要有一个统一的步伐，为什么在讲座里面提到这个问题，这个问题要从环境与发展的关系和生态补偿的原则角度来考虑，国家投入应该是主要的，这是政府应该做到的，因为这个投入是公共需求的投入，是国家应该承担的义务。实际上我们国家在执行退耕还林这项工作的时候，已经开始执行这项政策，并进行了大量的投入，正因为如此我才说如果把这几个项目配合起来运行可能效果会更好。

市场化措施目前也是存在的，各地都在尝试。比如由一个大户来承包某一个小流域来进行治理，国家给予相应的补助。目前就有人在外面赚了钱后回家搞这个产业，因为承包后产出的利润他自己掌握，所以治理条件好的地方已经产生了好的效果。

(3) **同学：**刚才您也提到了，现在好像国家也可以把改造荒山、沙漠这些项目承包给个人。我以前看到一个报道说，1978 年的时候国家建设三北防护林，很多农民响应号召，几十年之后树已经长成了，他想这个树是我自己承包的，我可以获得相应的经济效益，而这个时候生态问题又严重了，所以当地的林业局，以及当地政府又说这树不能砍，砍了以后影响生态环境，结果是农民他投了很多钱，而自己没有得到应得的利益，为此赔上了全部的身价。这个问题怎么保证?农民们的利益怎么保证?如果处理不好会影响到当地农民参与的积极性，因为三北防护林的参与者主要还是当地人。我比较关心是宁夏、内蒙古(特别是鄂尔多斯)这些地方，本来他们的平均降水量就是在 400mm 以下，是干旱地区，而这些地方大部分还养殖山羊，特别是对当地来讲有一个企业鄂尔多斯，它主要生产山羊绒，这个矛盾怎么解决?因为虽然山羊对草原的破坏确实挺大的，但是它的效益也挺高的。

沈：你这两个问题性质不一样。首先治理大户有这样的例子，也有取得利益的，但搞经济林的那些，主要在北边，黄土高原上搞杏和枣产业的农民是取得利益的，当然也有一些造林欠了钱还上的例子。问题在哪里?一方面，当初参与有一定的盲目性，无论政府还是他个人，觉得治理就是栽树，树长起来就可以卖钱，而有的问题他就没有考虑到。例如，你那块地能不能栽树，别的地方可能长得很快，而你那个地方水资源有限，种树就不能长得很快，或小部分长得很快，大部分长得不快，有的就干脆长成小老树了。目前，我国对生态林是有控制政策的，是不让砍的，而当初建立这个项目的时候没有这个规定，后来政策制定了以后，不让砍了，这个对农民是有影响的，这个方面政府是有责任的，毕竟当初是政府承包给人家的嘛，这个矛盾不仅“三北”有，全国范围内都有。现在就要划分一下，确认哪些真的不让砍，真的不让砍的部分，政府就要给他补偿；而哪些是能砍的，政府还是要放松一点。目前，有的地方是限制过死了，这是政策方面的问题。

你的第二个问题是关于陕甘宁那些干旱地区山羊发展的问题，尤其是内蒙古鄂尔多斯半干旱地区，我有同样的关切，这就是发展与环境的矛盾的一个体现。我们从环境角度还是希望不要太多地发展山羊，但羊绒的需求量很大，世界上别的地方需要羊绒，但他们又不愿意破坏自己的环境，都从我国进口了，因此这个生产集中到我们中国来了，结果是把这个环境灾害留在我们自己这儿，这与刚才在讲座里我说的出口导向是一个道理，这是同样的问题。但是这个问题不是绝对不可以解决的，如果采取建设人工草场，加上圈养等积极措施，是可以解决的。还有就是羊品种的改变，虽然现在圈养的都是小尾寒羊，羊绒的数量少一点，但还是有的，所以这个问题可以从很多途径来加以解决的。但是关键在于如何能够更好的落实，使发展和环境能够更好地协调起来。

叶文虎老师：这是很典型的环境和发展的问题。

(4)**同学：**老师好，我想问两个问题，第一个问题是现在三北防护林工程在我国国家决策中的地位是怎么样？第二个问题是，现在有一些与其比较相似的或有关的工程，比如退耕还林工程等，前面说到有一个很大的困难就是协调不好，现在有没有比较好的一些合作，如果没有以后有没有什么打算？

沈：三北防护林体系的建设现在还继续在国家规划之内，还存在，只是说国家投入不大，力度不够。我们希望它跟其他几个项目结合得更亲密一些，但这个需要在机构的设置和调整上、在政策的运用上采取一些措施。因为退耕还林也是林业部门管的，但是他完全由另外一个办公室主管，三北防护林管理局设在银川也是国家林业局的下设单位，而退耕还林主管部门在北京。三北防护林工程和退耕还林工程是由不同部门管的，那么如何协调呢？这是需要做一些工作的。大家知道水土保持工程是水利部管的，我们跟水利部也提过意见，水土保持也是综合性措施，退耕还林也为你服务，人工造林也为你服务，你怎么才能把它们结合好？这需要大家都提倡这样一个精神来合作，需要从权利、义务和合作的机制上去改进，这个问题涉及当前体制方面深层次的问题，不是很容易做到的，但国家还是努力在做。

我还有一个观点，再增加回答一句，我这个观点是说，要实现突破关键在于县，因为每个项目要执行都要落实到县这个层次，如果这个县的领导胸有全局，把治理全县的土地看做一个完整的盘子来考虑，把它配合起来，它完全有权利把他下面所管的林业局、农业局、水保局等所有资金结合起来，调整好，一个流域一个流域的把它治理好。当然如果你这个县领导只是当官僚，不好好思考这些问题，而让各个局长自己干去，各自管各自的，那就不能实现好的局面。我们看很多例子凡是县领导事业心很强，对自己家乡有全局观的，这几方面都治理的很好，因此关键在县这一层。

(5)**同学：**从你最后补充的一句话讲述一点观点，国家有没有对县长或者是对三北防护林有关的一些人进行过培训，告诉他们可以进行各个部门综合之类的做法。我也接触过一些县一级的领导，他们说他们的思想有些闭塞，他们自己说好像有些比较新的观点他们自己都掌握不到，也就是说比较缺乏人才，通过中央往下对他们进行思想的培训应该是更好一点。

沈：这个观点是对的，县领导需要培训，尤其是他主管这方面工作。我们也曾做过这样的培训工作，我也曾给县长们讲过课，尤其是80年代比较多一点，现在少了。县领导也变化得很快，原来培训那批人最后不知道到哪去工作了，这就需要经常对他们进行培训，让他们能够跟上这个时代的发展，你说的是对的。

(6) **同学：**沈教授刚才讲了，三北防护林存在的问题有很多原因，其中一点在于忽略了当地水资源的平衡，没有做好，我观察这个问题有三到四年，我到现在一直在想，这样重要的问题为什么在当初被忽略，因为在常人来看水资源平衡不应该被忽略掉，这么大的问题是不应该被忽略的，那么这个教训对以后国家级的大型生态建设、大型决策能不能起到积极的作用。

沈：我们在工作初期确实有这样的缺点，是通过实践慢慢认识到的。而在理论上这个问题一直就是没有弄得很清楚，森林和水分的关系是世界性的争论问题，到现在仍然在争论，前天我刚看到一本杂志里面还在讨论到底森林对水有什么关系，是增多了水还是消耗了水？因为这个自然现象是非常复杂的，不同的林子，不同的密度，不同的树种在不同地区跟水分的关系是不一样的。过去有过一阵子，因为我们受前苏联的影响，其林学中主导的思想是森林是能够增加水分的，所以包括我们一些国家领导在内也是这么认为的，这种认识影响很大。针对这个问题，我曾亲自给朱镕基总理写过报告，说明“森林引水论”是不科学的，是夸大的，不能用这样的理论指挥实际生产的。这个问题一直到20世纪90年代也还没有弄得很清楚。正如很多东西都是要通过实践积累经验一样，在处理这个问题时，还应考虑森林要消耗水，对地下水位会产生影响。既然这个问题在理论上并不清楚，而通过实践我们要接受教训，我们也是逐渐通过总结既往的经验教训来改进我们的认识。

中国工程院、北京林业大学　沈国舫

做生态文明建设的排头兵*

提出生态文明建设的任务无疑是十七大报告的新点和亮点。十七大报告中说："在十六大确立的全面建设小康社会目标的基础上对我国发展提出新的更高要求。"这个更高要求包括许多方面，如 GDP 翻两番之前加上"人均"二字，要求发展又好又快，基层群众自治机制的建立，推进以改善民生为重点的社会建设等等。但提出建设生态文明无疑是这次报告中最鲜明的更高要求之一。

人类文明的发展，从采集渔猎的原始文明到耕牧和手工业发达的农业文明，再到机、电、化、冶等全面发展的工业文明，创造了灿烂的文明成果，但由于过度地开发了自然资源，过分地破坏了自然环境，已经走到了我们赖以生存的大自然能否维持恢复的极限边缘，对人类文明的可持续性形成了极大的威胁。人类文明该如何继续发展下去，这是全球性的大问题。而对于中国来说，由于众多的人口，有限的自然资源，快速但又相对粗放的经济增长，巨大的社会需求，近年来已经使得人口及其经济社会发展与自然资源和环境之间的矛盾日益尖锐化，保护生态和改善环境已经成为经济社会继续发展的必要前提，也成为广大人民群众的迫切要求。在这个时代和国情背景下，中共中央适时地在贯彻落实科学发展观的战略方针的指导下提出了建设生态文明的进一步要求，既有其深刻的时代性、紧迫性，也有广泛的群众基础。应该说，确定走中国特色社会主义道路，提出全面建设小康社会目标，确立以人为本、全面协调可持续的科学发展观，建设社会主义和谐社会，生态文明建设本是其中应有的内涵，到今天把这个要求明确提上日程，反映了基本国情和广大群众的要求，也反映了实事求是和与时俱进的思想光辉。

关于生态文明的内涵，在这次十七大报告中提出以后，必然会引起学术界和公众的极大关注，也会有一番大的讨论。十七大报告中有一段简明的表述，要求"基本形成节约能源资源和保护生态环境的产业结构、增长方式、消费方式。"又提到了发展循环经济，提升可再生能源比重，控制污染物排放，改善生态环境，树立生态文明理念等方面，这些确实是最主要的内容。我在学习之后进一步认识到，生态

---

* 本文来源：《中国绿色时报》，2007－10－24(4).

文明的内涵非常丰富，可以归纳为四个方面：一是生态化的物质文明，那就是要建立资源节约、环境友好的，可持续的生产、贸易和消费方式，还要进行积极的生态建设；二是生态化的精神文明，那就是要普及科学的生态知识，确立生态理念，繁荣生态文化；三是生态化的制度建设，包括科学的决策，实施的考核（含人事考核），群众权利（知情权、参与权、监督权）保障，立法、司法和舆论的监督制约等都要符合生态文明的要求；四是生态和环境的全面改善。这里既要有局域的和区域的改善，又要有国家的和全球的改善；既要有单项环境因子的改善，又要有全面综合状况的改善。

建设生态文明，我们每一个公民都有义不容辞的责任。而作为一名林业大学的教师，一名与生态科学密切相关的学者，其责任更为重大。我们要成为建设生态文明的排头兵，首先要教育好自己的学生，普遍提高他们的生态理念，丰富他们的生态知识，使他们都成为生态文明建设的骨干，其次要积极参与促进生态文明方面的研究，包括理论（战略）研究，规划制定，政策建议及提供项目实施的科技支撑；最后我们自己也要身体力行，把生态文明的价值观、生活观、消费观体现到日常生活的各个方面，成为一个名副其实的生态文明的模范执行者。这是一个光荣的责任，我们愿为之而尽责、尽力。

中国工程院院士、原副院长　沈国舫

对一个大工程的综合“考察”*

——谈三峡工程及其对生态环境的影响

三峡工程最早是孙中山先生在《实业计划》中提到的初步设想，当时还邀请了美国专家进行勘察。新中国成立后，三峡工程被正式提上了议事日程。1994 年 12 月，在前期大量的调查研究工作基础上，三峡工程正式开工。2008 年 11 月，三峡工程基本建成。

如此举世瞩目的一项工程，它的突出效益体现在哪儿？除了取得防洪、发电、航运等预期的经济效益外，三峡工程是否存在问题？特别是对生态环境是否存在影响？

沈国舫院士的文章分别从三峡工程对气候、地震地质、库区的土地利用，植被、水土流失、生物多样性等多方面的影响来考察，全面认识三峡工程对生态环境的影响。

通过对一系列调研数据的精确分析，我们可以初步得出一些结论：三峡工程的实施的确对长江流域生态环境产生了一定程度的影响，但基本上没有超出原有的预测范围。个别问题虽然事先估计不足，但尚不会导致大的不良后果。而且，在不断深化对生态环境问题认识的同时，国家也高度重视三峡库区的生态建设与环境保护，并已积极采取一系列的应对和补救措施，生态环境恶化的趋势得到了有效的遏制和改善。

今天我们谈论的话题是三峡工程对生态和环境的影响。讲到三峡工程，我们就要对三峡工程有一个基本的了解。三峡工程不是某个人突发奇想，一拍脑袋就提出来的，它的提出到现在已经有近百年的历史了。

---

* 本文来源：周立军主编. 首都科学讲堂名家讲科普. 北京：科学普及出版社，2011，1-18.

一、三峡工程的策划和修建过程

1919 年，孙中山先生在他的《实业计划》中首次提出了要建设三峡工程的构想。1944 年抗日战争即将结束之时，国民党政府邀请了美国垦务局的专家萨凡奇博士专门到现场进行勘测，编写了《扬子江(长江)三峡计划之初步报告》，萨凡奇的报告比较粗略，只是认为这里有可能建三峡大水坝。

新中国成立之后，人民政府对这件事情非常重视。1950 年长江流域规划办公室成立。1958 年中共中央通过了关于三峡水利枢纽和长江流域规划的意见。1971 年底，中央决定先修葛洲坝工程，作为三峡工程的实战准备。该工程于 1985 年全部竣工。1986～1988 年，由水利电力部成立三峡工程论证小组，开展了全面深入的论证工作。当时的论证领导小组组长是长期担任我国水利部部长的钱正英同志。以上就是三峡工程的大致来由。

毛泽东主席在 1956 年畅游长江的时候挥笔写就《水调歌头·游泳》：“更立西江石壁，截断巫山云雨，高峡出平湖。”意思就是要建三峡工程。1992 年举行的全国人大七届五次会议，通过了批准兴建三峡工程的决议。

1986～1988 年进行了三峡工程论证工作，邀请了几百位专家，包括当时的中国科学院学部委员们，经过慎重的研究得出可行性报告，然后于 1992 年在全国人民代表大会上正式通过。1994 年 12 月三峡工程正式开工；1997 年 11 月实现大江截流；2002 年 11 月导流明渠截流；2003 年 6 月大坝建成，第一步实现蓄水 135m；2003 年 6 月三峡船闸修好，开始试通航；2003 年 7 月，三峡电站初装，电路分 3 部分，左岸电站 14 台发电机组，右岸电站 12 台发电机组，每台功率 70 万 kW，是当时世界上最大的发电机组；后来又增加了地下 6 台发电机组，每台功率 70 万 kW，至今还没有建成，所以装机总量是 32 台乘以 70 万 kW，另外还有 2 台 5 万 kW 的，共 2250 万千瓦，是世界上第一大水电站。

2005 年 9 月左岸电站提前一年全部投产；2006 年大坝全线浇灌到顶；2007 年 5 月三峡船闸完建并恢复通航；同年，三峡右岸电站的首批机组也开始投产；2008 年 11 月三峡水库基本建成，并进行试验性蓄水，目标 175m 水位高程，实际蓄水 172.8m。

2009 年 9 月，南方汛期过后开始重新蓄水，目标还是 175m。但由于长江中下游相继出现干旱缺水现象，据国务院的指示，三峡又开始加大放水，给下游补水，所以蓄水一直没有达到 175m。

二、三峡工程的巨大效益

这样一项举世瞩目的工程，它的突出效益体现在哪儿呢?

首先是建成后平均防洪效益非常大，可抵御百年一遇的大洪水。三峡工程的防洪库容 221.5 亿 m^3，所以上游有大洪水来袭时，它可以通过蓄水把洪峰削掉，因此就不会冲击下游。像 1998 年那样的大洪水，如果有三峡大坝在，应付起来就没有问题了。如果还可以把荆江分洪区再利用起来，那完全可以抵御千年一遇的大洪水，解除了我们中华民族的心腹大患。由此可见三峡工程的防洪效益特别巨大。

其次是发电效益也很大，即经济效益、环保效益巨大。仅 2007 年一年，三峡电站供电量就达到 611 亿 kW 时，相当于节约了火力发电的原煤 2260 万 t，同时减排了二氧化碳、二氧化硫、氮氧化物等大量污染物。

在全部机组投产后，三峡电站每年发电量可达 2000 多万千瓦，可以替代 5000 万 t 原煤。高效的发电能力大力支援了华南和华东地区电力缺乏地区的生产用电。

最后就是航运效益非常明显。三峡工程建成以后，重庆至宜昌的航道由三级升级到一级，可以实现重庆到汉口之间的船队排水量由 3000t 升级到 1 万 t；通行的单船排水量也由 1000t 升级到了 3000t。事实上，在三峡工程建成后，航运发展得非常快，原来预计要到 2015 年甚至更晚才能达到 5000 万 t 的单向航运量，实际上这两年就已经接近这个水平了。

上述这三大效益是最明显、最直观的，当然还有其他诸多效益，如前文提到的长江下游出现旱情了，三峡库区储的水就可以多放点，由原来每秒 6000m^3 水，增加到每秒 8000m^3 以缓解下游的旱情。这就是水库的两大作用：下游干旱的时候放水；上游要来洪水了可以蓄水。

北京是个很缺水的城市，将来要靠"南水北调"来解决水源问题。无论东线还是中线，水都是要靠长江中下游来供给的，而三峡工程无疑就保障了长江中下游的水源。

除了以上这些明显的经济效益以外，我想特别强调的是在建设三峡工程过程中，我们国家的自主创新能力得到了巨大的提升。修建这样一个世界最大的大坝，遇到的很多突出的工程问题，都被依次解决了。

首先，要装这么多大型的发电机组——最后定型的是 70 万 kW 的发电机组，当时世界上是没有的。原先我们国家只能制造 20 万 kW 的发电机组，世界上最大的也就 60 万 kW，但是我们需要的是 70 万 kW 的发电机组。我们自己做不了，就要面向全世界招标。

我们采取的办法是，谁来投标，必须要跟我们合作来做这个发电机组，而且在制作过程中，一系列的技术要点都要对我们公开。我国的工程师、科学家们也都很争气，通过头几台机组的国际合作，到了左岸发电机组的后几台发电机，我们就开始自己生产了。在装配右岸发电机组的时候，我们基本上完全可以自己生产了。现在我们国家已经完全掌握了 70 万 kW 水力发电机组的生产能力，而且可以达到 80 万 kW，将来还要生产 100 万 kW 的发电机组。这一生产能力的跨越式提升，是知识产权和能力的效益，这个效益也是很高的。

三、三峡工程对气候的影响

除了良好的经济和社会效益外，大家也关心三峡工程是否存在问题。许多人也提出了一系列的问题，其中最关心的就是三峡工程对于生态环境的影响。那么，我们就分别从三峡工程对气候、地震地质、库区的土地利用、植被、水土流失、生物多样性等方面的影响来考察、认识一下。

首先是对气候的影响。最近我国西南部地区以及东南亚地区发生旱灾，澜沧江水量较少，有些人埋怨这是受三峡工程的影响而造成的。其实，澜沧江是澜沧江、长江是长江，二者并不相关。那么，三峡工程是不是真的改变了气候，“制造”了我国西南地区的干旱呢?

让我们来科学地认识这个问题。经过对比三峡工程建成前后几年的各种气象因素，确定三峡水库修建后的水面面积扩大了，对库区的周边局部小气候，可能产生了一定的影响。尽管2004～2007年三峡库区的局部地区，部分气象要素的起伏变化较大，但是从长期变化看，这个变化仍在三峡地区气候的年际变率范围之内。这就是说，一个地方的气候、天气状况是年年在变的，今年干一点，明年湿一点，它的变化是有一定幅度的。而三峡建坝以后的变化，并没有超出原来这个变化幅度。

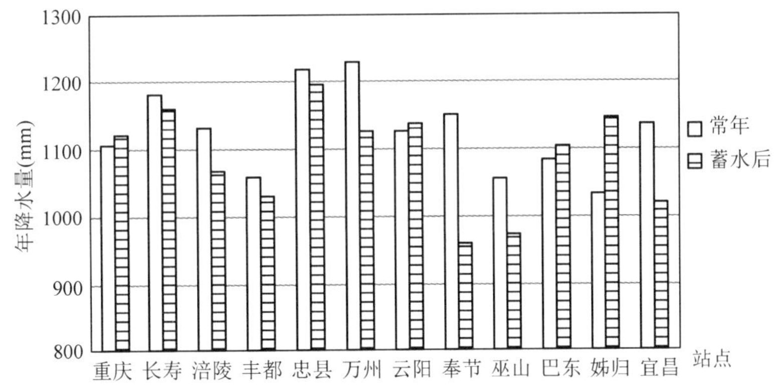

图1　地区年降水量趋势分析

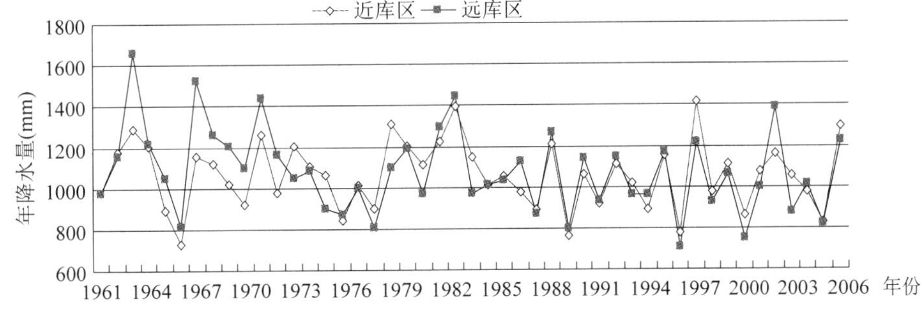

图2　年均降水量趋势分析

气候变化本身是一个波动的过程，蓄水以后短短几年的资料还难以反映出来。而且，有一些变化是由更大尺度上的气候变化和三峡工程的影响叠加起来的，并不是主要由三峡工程本身引起的，而主要是大气候的环境引起的。

根据降水量趋势分析图(图1)可以做一个简单的分析：大坝开始蓄水后，整个地区降水量有所减少，但不仅是三峡本身在减少，从整个大西南地区——云南、贵州、四川、重庆来看，这几年的降水量也是在减少。而这跟整个西南地区大气候背景的降水周期性偏少是一致的，不是三峡库区独有的现象。尤其是2006年曾经出现重庆大旱，2010年又出现了西南地区大旱(图2)。我们可以看出这么大范围的旱情并不是三峡库区所能影响的。

另外，这几年气温偏高了一些，而这是全球气候变暖和三峡水库蓄水共同影响的结果。也出现了相对湿度下降、平均风速减小的现象，但在整体上与大气候影响的强度相比来说并不算大。

其实，我们最担心的是雾的问题。离三峡库区很近的重庆是我国著名的“雾都”，但这几年雾在不断减少。三峡库区存在的两个多雾中心，受大气候变化和三峡地区降水量周期性变化的影响，蓄水以后多雾的范围明显缩小。库区的雾日具有明显的年代际振荡的特征，20世纪20～60年代到90年代经历了一个完整的年代际波动；但进入21世纪以后，雾日逐年减少，而且在未来的5～10年内，该地区可能还将维持雾偏少的状态。

至于极端天气事件，譬如2006年的四川和重庆特大高温干旱，据有关专家分析大致包括如下几个原因：一是受全球气候变暖影响；二是四川、重庆本来就是我国高温伏旱的主要频发区，历史上高温干旱事件也频繁发生；三是因为城市越来越扩大，热岛效应加剧了气候燥热；四是与下垫面的热状态和大气环流异常特征密切相关。那么，根据大型蓄水工程可能使得库区周边地区的湿度和降水都有所增加的一般规律，三峡水库的修建，应该是可以减缓周边地区干旱发生的强度的。

按道理讲，三峡水库的修建增加了周围地区的水表面积和水分蒸发量，应该能减少高温干旱天气的发生。可是2006年旱灾发生，有人就开始埋怨是三峡水库惹的祸；2007年重庆又发大水，也有人埋怨是修建水库造成的。这些推断其实并无道理。实际上从科学的角度看，这主要是受大气环流作用的影响，并不是一个小小的三峡水库所能影响的。三峡作为一个水库特别巨大，但是作为一个地域景观来说，放在西南云贵川地区这么大的范围下就只是一个很小的区域了，因而还不足以影响大气环流。

由于受更广大范围的大气环流的影响，2007年重庆出现了大暴雨。它形成的原因是高纬度冷空气活动频繁，为大范围的降水创造有利条件；中纬度低值系统和低纬度副热带高压系统影响，这几大系统结合起来相互作用影响，就造成了重庆大暴雨。所以，重庆地区的极端天气事件，与三峡水库蓄水并没有直接关系，而是更大尺度范围的大气环流影响的结果。目前还没有科学依据表明水库蓄水对极端天气气候有直接影响。

四、三峡工程对地震及地质灾害的影响

三峡水库这样庞大的工程对周边地区地震和地质灾害的影响也是公众很关心的问题。2001 年 10 月，以数字遥测台网为主体的三峡工程水库地震监测系统已经建成。此外在库区由坝址到巴东库段两岸 10km 范围为重点地段布设了 18 个人工值守的流动地震观测台。一般理论认为，修了大水库以后，由于突然增加了上百米厚度的水量，对于原来下面的地质构造产生了一定的影响，因而可能会引发一些小地震。这种情况肯定是有的，但也仅限于微震、小震。

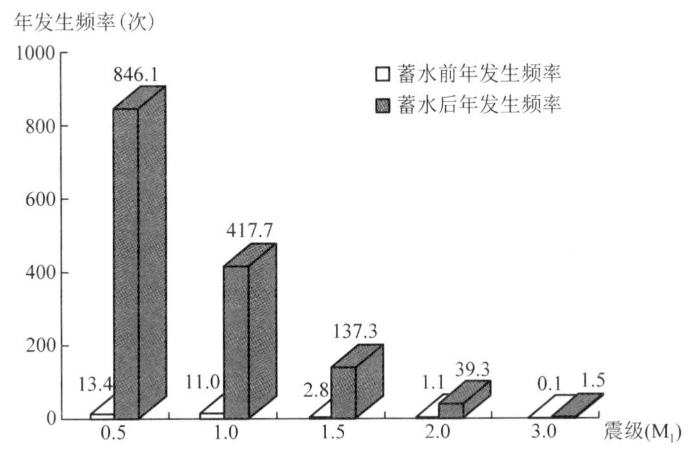

图 3　水库蓄水前后不同震级地震年发生频率对比

观察一下右侧的水库蓄水前后不同震级地震年发生频率的对比图(图 3)——蓄水前的是实底的，蓄水后的是划线的，可以发现发生地震的频率确实是增多了，尤其是刚蓄水的时候增加的速度还非常快。但是，随着震级的增加，发生频率增加的幅度越来越小，而且主要是 0.5～1.0 级的微震，3 级以上的地震基本上没有。事实就是这样，微震频率增加很多，但没有造成太大影响。

其实，在工程设计的时候专家们就考虑到水库修成以后，可能会发生最高 5.5 级的地震。但到目前为止，蓄水这么多年还没有发生过超过 5 级的地震，最高的一次是 4.2 级。经过科学的分析，我们可以看出这里没有引发大地震的条件。

从地质条件来看，5 年内分期蓄水至 156m 水位高程和蓄水、放水的水位涨落这一系列过程中，库区岩层应力场和渗透场经过了 109m 的水头变化，大部分已经逐步调整了。也就是说，在蓄水的时候突然增加了巨大的分量，下面的土、岩石等已经有了调整的过程，这就是微震的原因。那么，再从 156m 增加到 175m 的水头，就不会引起库区的地震、地质条件的重大改变。

预计蓄水到 175m 水位高程以后，库区地震的频度和强度会有所增加，但还是以微震为主，不会超过三峡工程论证中所预计的最大震级 5.5 级和对坝区影响烈度的结论。其实，三峡的大坝有一个特殊之处，它是建在一个整块的花岗岩石上的，

非常牢固。所以坝前16km的结晶岩库段预计仍是库区地震活动最弱的地段，只会有震级小于3级的浅地表的微破裂型微震。

2008年发生了汶川大地震，它跟三峡工程有没有关系呢？经过地震学家的专门研究，认为汶川大地震跟三峡工程没有关系。这是因为两者所处的区域构造条件截然不同，没有区域构造上的联系。汶川地震是由于青藏高原东面向四川盆地过渡区的龙门山断裂带中映秀—北川断裂带突然错动。龙门山断裂带属于青藏地震区中的龙门山地震带，三峡工程所在的黄陵背斜地区属于华南地震区中的长江中游地震带，两者无区域构造上的联系。而且，三峡库区有着厚度很大的隔水区环绕，封闭条件很好，与龙门山构造带没有直接的水力的联系。所以，汶川地震对整个三峡库区的影响非常小。根据强震仪台阵的记录及现场宏观调查，汶川地震对整个三峡库区的影响烈度均小于Ⅵ度。

另外，除了地震还有地质灾害。地质灾害包括滑坡、泥石流、库岸崩塌等。就整个库岸而言，三峡工程库岸稳定性总体来说是很好的，稳定条件好的和较好的岸段占库岸总长的90%左右；稳定条件较差的库岸有16.1km，只分布在几个局部地段。

三峡水库库岸很长，大部分是好的，小部分有点不稳定。这种情况在原来设计时就预见了，要通过专门加固的方法来解决。为什么要加固呢？水库蓄水后，库岸的一些泥和小碎石都被浸透；再遇缺水，这“一起一伏”就会造成部分库岸的不稳定。

事实上也有过滑坡事故的发生。三峡是一个很窄的峡谷，它没有修水库的时候就常有各种各样的滑坡事故发生。经过近20年的调查勘测，库区的地质灾害已经基本查清，对于存在威胁的地质灾害体进行了专门的加固处理。

图4　巫山龙潭沟移民小区

图4是巫山龙潭沟的一个移民小区，建的房子都是高楼大厦。而我们主张在这种情况下，不要建高楼大厦，不要修那么密。否则会加重我们加固库岸和崩塌坡的任务。

五、三峡工程对土地利用变化及生物多样性的影响

三峡蓄水后，因为人群往上迁移，还要开垦新的农田、道路等，植被处于退化状态。但是，由于做了天然林保护、退耕还林的工作，森林面积还是有所增加的，而且土壤侵蚀量明显处于减少状态。库区草地零星分布，面积锐减，中度与强度退化的草地面积为50万hm^2，每年扩展2%，库区的草地面积在减少，而且有退化。

这就是现状。

我们对此也做了很细致的遥感测定，利用十万分之一的遥感测图来对逐块土地进行分析，得到建坝前和建坝后土地利用状况的对比，总结出来各种土地的利用情况，包括林地、草地、湿地、水田旱地的变化状况等。总的来说，林地面积是增加的；建筑用地也是大大增加的；荒地减少了；水土流失也明显减少了。

三峡水库蓄水，对于该地区大部分物种影响较小，对个别物种产生了一定的负面影响，像荷叶铁线蕨、疏花水柏枝等几种植物受淹没影响恐怕以后就绝迹了。幸好已发现新的分布点且迁地保护后生长状况良好。对一些可能会造成影响的植物，我们都有监测。

蓄水对于陆生野生动物影响不是很大，它们受到的主要威胁还是来自人类的活动。林业工程对陆栖野生脊椎动物的栖息地保护和恢复作用明显。蓄水对鸟类的影响比较大，蓄水后鸟类群落结构发生了改变，人为干扰影响较大。

三峡蓄水对渔业及水生生物的影响就更大一些。虽然使水库的养殖面积扩大了，渔业产量可以增加，但是由于积水多了，水变凉了，鱼产卵的繁殖期要滞后20天左右，而且鱼类将移至库尾以上水域繁殖，鱼苗将大量被截留库内；库区鱼类病原体组成的变化将使流行性鱼病几率增加。

对于重点保护的物种资源，中华鲟属上溯产卵回游性鱼类，繁殖环境可能受到干扰；上游的白鲟和胭脂鱼幼苗不能漂到坝下，在中、下游难以形成较大规模的繁殖群体；扬子鳄、大鲵、江豚不会受到影响。

其实，我们在修建葛洲坝的时候，就已经注意到中华鲟的保护问题。中华鲟是我们国家相当于大熊猫这样级别的珍稀动物。当时专门建了人工养殖场进行繁殖、放流，而且在葛洲坝以下创造了一些条件，使它找到了新的回游区和新的产卵区，再加上人工培育和放流幼苗，取得了重要的成效。

有些物种像白鳍豚，本来在修三峡水库以前就已经好多年没有见到了，已经处于濒临灭绝的状态，也不能说是三峡水库本身影响了白鳍豚。

最后还有对浮游植物和藻类的影响。现在发现蓄水前后藻类是有变化的：物种数明显增加，群落发生演替。

六、三峡工程对水质的影响

说到污染水源，那么三峡工程对水环境到底有什么影响？我们从水文、泥沙、水质3个方面来看一看。从水文状态看，受全球气候变暖自然因素的影响，长江上游年径流量呈递减趋势，如1991～2007年的多年平均年径流量较多年平均值减少了$1000m^3/s$，这种状况如果继续下去，将会对长江中下游的用水带来一定的影响。

三峡工程可利用其已有的392亿m^3调节库容，与上游各干支流在建和拟建大型水库共计的800亿m^3的调节库容联合调度，可在一定程度上应对这一自然灾害，缓解长江中下游的缺水状况。

长江上游来水来沙是三峡工程泥沙研究的基础条件。长江干流历年的沙量基本上在多年平均值的上下浮动，并没有明显增加的趋势。随着上游水土保持工作的开展和上游水库的陆续兴建，三峡水库入库泥沙量将呈减少趋势。

另外这几年降水量总体减少，这也是泥沙减少的一个原因，再加上上游的许多水库，也挡住了部分泥沙，所以自从三峡水库蓄水以后，进入三峡水库的泥沙大大减少。而且三峡水库还有一个排沙的措施，如果沙太多就可以通过坝底排出去。由于这一系列因素的综合影响，三峡水库百年之内，调节洪水的库容是完全有效的。因而三峡水库不会成为另一个三门峡水库。

三峡工程对于长江水质又会有什么影响呢？看待水质要从两个方面考察，即干流水质和支流水质。总体看来，目前库区干流水质稳定良好，库湾、支流等局部水域呈现出富营养化状态，且发生水华现象的频次、范围和时间均呈上升态势。

从干流来说，水质是良好的。通过分别在几个段面取水来测量水质，发现大部分都是二类水质，所以三峡水库里的水现在是很清澈的，水质是稳定的。

库区的支流水质要差一点，属于三类到五类水质。丰水期水质要好些，平水、枯水期就差些，尤其是支流和干流交接的河口地方最差。因为原来长江的水流动得很快，现在水库建成后，流动速度慢了，水的自我清洁功能降低了，一些污染物质就容易留存在河口。

目前，长江上游的来水，水质是比较好的。金沙江、雅砻江、嘉陵江这几条主要支流的水质是非常不错的。综合分析一下上游支流的水质问题，总的来说还算是好的，个别河流有轻微污染现象。因此要治理三峡水库的水质，不但要治理水库本身，还要治理上游的河流。

最后一个问题是三峡水库对中下游水质有什么影响？水文影响，除了水源充足外，水质也基本上没有问题，可以继续成为下游各个城市的饮用水来源。长江中下游干流水质状况持续良好，除石油类时有超标外；高锰酸盐指数、氨氮、铅、汞、挥发酚等主要污染指标没有超标现象；三峡水库的蓄水运行没有对长江中下游水质带来明显变化。

虽然三峡库区也修建了许多污水处理厂，但是由于污水处理厂运营成本比较高，运营情况不好。

七、三峡工程对下游湖泊及河口的生态影响

三峡工程对下游湖泊及河口的生态影响分为 4 个方面：第一，水库改变了下泄流量、含沙量和水温，从而直接影响长江河床的变化和生态系统的演变；第二，江湖关系（地表水和沙量的直接交换），对洞庭湖、鄱阳湖等湖泊生态系统发生影响；第三，侧向补给和承压力传递影响荆北四湖地区的土壤潜育化、沼泽化；第四，水量变化加剧了秋冬季河口盐水入侵，并加快土壤盐渍化，影响了河口生态群落。

三峡工程在很大程度上影响了长江中下游平原湖区。对荆北四湖地区土壤潜育

化有直接的影响。三峡工程改变了长江的水位，进一步影响湖区的地下水位，对平原湖区的潜育化造成影响；荆江的侧向补给和承压力传递是主导了四湖地区的渍害，影响范围可波及 10～15km，而且与农田地下水有不同程度的沟通，直接影响土壤的发育和性状，涉及土壤面积约40 万 hm^2；减泄流量时，有利于缓解低洼农田渍害和土壤的脱潜。

另外，减少入湖泥沙，有助于延长湖泊寿命，对湖泊湿地结构、水体环境也将构成潜在影响。而且，据调查表明，越冬水鸟数量明显下降，鹤类等珍稀鸟类数量呈减少趋势，湖泊湿地的水鸟栖息地丧失严重。

当然，原因是多方面的。包括流域干旱、枯水季节提前来临，草洲提前枯死，水鸟原来的栖息地消失；湖区大面积栽种杨树和芦苇，侵占了水鸟的栖息地等多种原因。

八、三峡工程对文化遗产的影响

大家主要的疑虑就是建库后随着水位升高和水面展宽，峡谷景观相应减弱，景区特点发生一定改变。三峡库区历史文物较多，属于省级保护文物的有 6 处，地、市、县级保护文物有 10 余处，水库蓄水后将会部分淹没或全部淹没，如涪陵石鱼、云阳张飞庙、瞿塘峡的摩崖题刻、巴东秋江亭、秭归屈原祠等。

事实上，这些问题在修建三峡工程的时候就已经在考虑之中了，三峡文物保护分为四期进行；目前第三阶段的工作已完成，截至 2005 年年底，湖北和重庆两省(市)累计已开展文物保护项目 913 处(湖北 323 处，重庆 590 处)，其中地面项目 334 处，地下项目 579 处；大部分文物本着原地保护、搬迁保护、留取资料的原则进行保护。

那么三峡是不是修了大坝蓄了水以后就不像个峡了呢？长江三峡两岸山峰峰顶海拔都在 1000～1500m，三峡蓄水后，瞿塘峡和巫峡的水位仅升高 30～80m，影响不大。对于三峡中平均海拔最低的西陵峡，在蓄水后其峡谷景观有所减弱，但不影响其观赏性。

水位升高以后，另外还有一个好处：原来一些支流，本来是藏在“深闺无人知”的小三峡，本来水面很窄，稍大一些的船进不去，虽然风景很好，但知道的人较少。水库修好后，人们就可以坐船进入小三峡去观赏风景。还有一个小小三峡，需要再次提高水位后，才可以开发。事实证明，三峡大坝修好后，成为我们国家一个旅游的新热点，三峡大坝本身也成为一道亮丽的风景。

九、结　语

通过上述的分析，我们可以初步得出一些结论，三峡工程的实施的确对长江流域生态环境产生了一定程度的影响。但基本上没有超出原预测的范围。虽然在定量的预测上有些出入，比如污水的状况；农业上用大量的化肥农药也属预计不足；但尚不至于产生较大的不良后果。

工程建设过程中，在不断深化对生态环境问题认识的同时，国家高度重视三峡库区的生态建设与环境保护，已积极采取一系列的应对和补救措施加以解决，从而减轻了不利影响，生态环境恶化的趋势得到了有效的遏制和改善。

当然，也确实出现了一些需要进一步研究明确的问题，诸如：库区经济社会发展与生态环境污染矛盾突出；消落带、库区支流水华的治理；河口侵蚀与海水入侵。因此，要充分认识三峡水环境安全防护的艰巨性、长期性和复杂性，高度重视今后可能凸现或隐现的新的环境和生态问题，通过持久不懈的努力以求将不利影响降至最低。

总体上，三峡工程没有超出当初的设想，各项指标均达到或超过了设计标准。这是一个成功的工程，是一个中国特色社会主义大工程时代的工程代表作，“利大于弊，以利为主”。另外，三峡工程建设中有许多值得肯定和借鉴的经验；建设过程中出现了一些新情况、新问题；有待继续监测、研究和不断修正、改进。

答　问

问题：沈院士，听了您的讲座受益匪浅。我有几个问题，第一个，我一直想知道，三峡水位提高了100多米，但是实际上坝址到底海拔为多少？

回答：坝高是185m，不是海拔高度。蓄水提到175m是我们的目标水位高程，它上面还有十几米呢。

问题：三峡工程是全国人民的时代工程，修建水库之后，重金属是否会越来越多？在水质变化过程中，是否要考虑重金属的问题？太湖里面出现很严重的蓝藻事件，与三峡工程之间有没有联系？

回答：我们始终关心重金属问题。但不是所有的工业都产生重金属，只是有一部分，其实主要是在长江上游的攀枝花市，那才是产生重金属污染的地方。攀枝花市的重金属污染影响长江干流，现在还没有到这种地步，据说引起了很大的恐慌。

关于太湖的问题，是不是跟长江三峡水库有关。要说有关的话，太湖要解决水华污染的问题，是希望引用长江的干净的水来冲淡它的污染，而不是说长江会加重它的污染，长江的水本身是干净的。

问题：在对生态环境产生影响的6个方面中，您认为哪一个最重要，最值得引起重视？

回答：我们跟中央提的是3个问题。一个是地质灾害继续要关注，因为虽说大部分没有问题，但少部分还是有问题，在陡坡上盖大高楼是危险的。另一个是移民问题，大部分移民现在生活基本安定，但他们的就业门路还是窄，要致富是有困难的，政府必须要注意。还有一个最重要的问题是水污染的问题。目前的治理强度还不能减少污染，我们保持了长江干流的清洁，但是还不断有各种各样的水华事件产生，需要加大力度继续努力解决水污染问题。

问题：我想问的是三峡工程在阶段或最终评估过程中，评估团成员的组成是一直跟随项目在做项目的专家科学家，还是有第三方的评估者参与到最后的评估当中，以使评估更加客观？

回答：不能说我在做这个项目，我评估说它是好还是不好。而是要有第三方的人员介入。这次评估，我们工程院组织的专家大部分都不是原来做三峡工程的那些科学家。我刚才提到钱正英，钱正英在当时论证的时候，她是水利部部长，负责三峡工程的论证。她提请我们，也是她建议温家宝总理来做三峡工程评估，因为她年纪也大了，觉得在她有生之年，希望知道一个结论。确实，在三峡工程问题上，始终存在不同的意见，许多人都希望有一个公正客观的结论。

我没有参加过三峡工程，还有大部分参加评估的专家也没有参加。但是我们也吸收了一些参加过工程的老专家的意见，因为要了解情况，才能发表意见。我们分了10个组，每个组是一个领域，包括水文、泥沙、筑坝、电机等，由各种类型的专家组成。所以，应该说我们的结论是客观的、公正的。我们说是利大于弊，这不是随便说的，是有充分根据的。我们要按科学与事实说话。

附件

中国工程院院士沈国舫谈“三峡修建后对周边地区的影响”*

【沈国舫】：网友们大家好！我是沈国舫，是中国工程院院士，原中国工程院副院长。

三峡工程及其防洪措施可抵御千年一遇洪水。

［网友一天一地一广仔］：请问嘉宾，三峡大坝到底能抵御多少年一遇的洪水，为什么报道中有万年、有千年、有百年的说法，有没有科学根据啊？

【沈国舫】：到底多少年一遇，我不是水文专家，这里只能说说我的理解。百年一遇是肯定的。因为百年一遇有一个标准，千年也有一个标准，有多少秒立方的水量可能下来。防洪的库力是220亿m^3，百年一遇完全能吞下，来的洪水按照流量，高流量维持的时间长度一共来多少洪水，完全拦下来是没有问题的。千年一遇的说法指的不仅是一个三峡，还包括很多三峡修的水库，统一调度控制洪水，因为在长江上游，包括金沙江、雅砻江等还有很多水库，完全可以抵挡一千年一遇的洪水，现在有些水库已经建成，有的即将建成。我还没有听说过万年一遇的说法。还有另外一个说法，防洪不能单靠三峡，洪水来了，全放在水库里一点不放出来。如果是

* 本文来源：人民网（强国论坛），2011-5-26.

百年一遇的洪水没有问题，如果还能放一点水，两岸堤修得巩固一点，容量大一点，一边容蓄上面来的洪水，一边适当地放下去。如果千年一遇，把防洪措施综合算在一起，千年一遇也是可以的。这里指的是上游和下游综合起作用。去年的情况是，出现的洪峰到达每秒7万m^3，比1998年长江洪水每秒6万m^3高，但还能挡得住。如果采取综合措施，即使更大的洪水袭来也可以挡得住。就防洪作用而言，三峡的工程在去年已经起到了很明显的强大的防洪作用，一直到武汉，只要几个人去看水涨了没有就行了，不需要上万人去看护大堤，这就是防洪的作用。

[网友军徽闪烁]：请问嘉宾，您认为三峡大坝在安全上能否得以保障？它的建成据说一开始遭到了军方的反对。请您谈谈这个问题？

【沈国舫】：我没有直接了解军方的看法，只是通过间接的渠道进行了解。当时建坝的时候，或者说建坝之前，曾经有一部分担忧，担忧主要是怕受到军事攻击。从大坝专家的角度来说，这个坝是非常牢固的，而且是在一个整块花岗岩的岩基上建的大坝，加上采取了很多措施来保证它的坚固性，一般常规战争是没有办法动摇的。是不是核战争会影响它？我们不好说这个话，更不希望爆发核战争。核战争即使有影响也是局部的影响，这么大的大坝，钢筋水泥的结构也是有限的，破坏的首先是别的东西，而不是大坝本身。

[网友农科大123]：请问嘉宾：三峡工程与“南水北调中线”有没有关系？影响不影响“南水北调中线”的总体设想？

【沈国舫】：南水北调中线的取水点是丹江口水库，位于汉江上游，它不在三峡库区的范围内。汉江流出口在武汉，它在三峡的下面，它和三峡按道理是没有关系的。曾经议论过，北方缺水，需要有南水北调从南方调水，汉江流域是有雨水的，但是调水太多会影响汉江饮水口以下的汉江这一段的水位，对湖北这一段的生产和生活的航运有一定影响，曾经议论过三峡如果有多余水的话，是否可以通过其他途径调到汉江，来支援汉江。

三峡工程影响局部气候，未超出气候变化幅度。

[网友农科大123]：请问嘉宾：长江中下游50年以来最严重的干旱，是不是因为三峡工程而引起的？

【沈国舫】：我可以肯定地说，这不是三峡工程引起的。这个问题我事前征询过我们国家的顶级气象专家的看法，他们也是同样的态度，这样一个大范围气候的情况，并不是一个小小的三峡所能够引起的，而是由大气环流影响的结果。至于大气环流在今年有什么特点，各个地方的灾害频发，不仅仅是我们的干旱，也包括美国龙卷风的多次严重的出现，还包括其他的一些地方的灾害，我们都称其为极端性灾害性气象。这种现象出现的频率比较高，我们一般的认为这是气候变化的结果，大气变暖是温室效应的结果，并使得极端性气候频发，还有的归结为太平洋洋面气温升高。其实这是大气环流，那是几千平方千米、几千万平方千米的范围内发生的事情。三峡是世界上最大的水利工程，但你想一想以三峡的比例，它的水面范围为1000km^2。1000km^2 的范围，不要说从地球上或者卫星上，从几万千米高的地方看都算比较小的范围，不至于引起大范围的影响。对这个事情，气象学家有一致的看法，即三峡不会引起极端性灾害气候。

[网友静言思之]：三峡大坝建成之后，是不是已经影响到了中国气候的总体变化？具体对长江中下游环境的气候形成怎样的影响？

【沈国舫】：三峡建成以后，对气候有没有影响呢？从大范围来说不会有这么大范围的影响，如刚才说的长江中下游。局地气候有影响，指的是三峡水库周围数千米沿线的范围，是一个狭长地带，局地气候会受影响的。经过 2003 年蓄水以后，截止 2008 年我们研究认为，在这个过程当中，和蓄水之前来进行对比，变化是有的。在当年论证的时候也认为这个变化是有影响的，影响就是说温度要稍微提高一点，可能对风、湿度都有略微的影响。就我们在蓄水以后的气候变化而言，温度升高了一点，因为水的热容量大，水面宽了，尤其冬季温度升高得更明显一些。夏季温度没有怎么升高，甚至局部地区有时候降低了。总的升高比例，以整个年来说，升高 0.1 ~0.3℃，这样一种变化对于当地柑橘生产是有利的，因为冬天温暖一点，夏天凉快一点，应该是一件好事。这个期间降水量比以前少了，空气比以前干了一点，但发生范围不大，约有 5% 左右。是什么原因造成的呢？这并不是三峡水库起的作用，雨量减少 5% 左右，不是三峡水库本身有这个影响，整个西南地区都有这个情况，包括整个中国这几年有很多江湖水源降水不足，是大气环流的影响。它是跟三峡水库周边的变化和整个大西南地区的变化是同步的，说明这是大气环流的问题，而不是三峡水库的问题，三峡水库只对局部很窄的范围有影响，但是这个范围是局限的。至于是更大范围，我刚才说中下游，它没有那么大的能量可以影响到更大的范围。

[主持人]：对于局部的影响，有没有一些补救措施？

【沈国舫】：温度总体升高了，尤其冬天温度升高，这是好事，我们适应就行了。降水量减少了，每年年变率还是很大的。重庆 2006 年的大旱、2007 年的大水，是一年一年变化的，总的来说平均是减少了一点。将来估计到整个工作要考虑来水量，来水量减少的情况怎么办。这是长期的预期，气候专家还在那里研究，气候的变化有长期的振荡，比如200年的振荡，还有短周期的，如20年之间的振荡，这20年比较旱，那20年降水比较多，有一个变化周期。而我们是不是处在某一个周期里面，都是没有定论的。这些变化都没有超出气候原来变化的幅度之外。

［网友一天一地一广仔］：请问嘉宾，您是林业专家，能不能对我们国家目前林业的整体情况做个评估，干旱地区的植被现状如何？

【沈国舫】：我讲两个整体，一个是全国的整体，我们国家林业情况正处在比较强有力的森林植被的恢复过程当中。我说强有力的恢复，就是说如果当初祖国这块土地上没有人类的时候，大概森林覆盖率在50%左右，但是我们到新中国成立前夕，有两个说法，一个是减少到了12%，一个减少到了8%。大部分森林是几千年的过程中被销毁了，有的改为田，有的改为别的，甚至有的变为荒山了。现在经过逐步的努力，特别是改革开放30年的努力，逐步从12%恢复到现在的20.36%，这是巨大的进步。这个进步是得到联合国粮农组织表扬的。由于中国的森林增长抵消了整个亚洲地区的森林减退(比如印度尼西亚)，整个亚洲统计下来还是增加的。原因是什么呢？中国和印度，主要是中国，我们森林面积在扩张、在恢复。恢复到多少合适呢？现在来看恢复到将来最远的目标到百分之二十五六。恢复到50%是难以实现的。我们到2030年可能要恢复到百分之二十五六。这就是我们国家领导人对外的承诺，到2020年我们森林资源要增加6000万 hm^2 来改善气候变化，我们承诺了，叫增加林业碳汇。为什么有这个勇气，因为我们正处在这个过程中，现在还是比较顺利的，但应该说还是很艰巨的任务。

艰巨在哪呢？首先我们国家有一半的土地是干旱和半干旱地区，好的地方、湿润的地方、容易长林子的地方已经差不多了，难的是在干旱和半干旱地区。半干旱地区不需要长林子和森林植被，是应种植灌木植被和草本植被。现在干旱地区森林植被也恢复得很好。前天我刚参加了一个叫京津风沙源治理项目的会，前10年，即21世纪的第一个十年，这个项目启动以后，取得了很大的成绩，与会的专家一致肯定这个成绩很大，周围的绿色比过去多了。扬尘、风暴的天气大大减少，现在浮尘天气还有一些，这是植被恢复所起的作用。现在正在做第二个十年计划，在第二期的京津风沙源的治理工程中，专家建议还要适当扩大规模，一直推到贺兰山边。

［网友静言思之］：嘉宾您好！2010年12月底，中国工程院三峡工程阶段性评估项目组给出评估意见，称三峡工程生态环境问题及其影响基本上没有超出“原论证”报告的预测范围，“原论证”报告预测的范围是多少，预测的依据是什么？

【沈国舫】：因为讲气候，不同的东西有不同的范围。讲气候的话，刚才以温度为例，范围是说增加的幅度，要增温的。增温的幅度不超过0.1～0.3℃，这就是范围。已经测定的结果没有超出这个范围，指的是这个。当时参照什么依据，现在依然参照什么依据。预测是理论预测，水面增加了，水的热容量比较大，它可能对周围产生这个影响。现在是实证，经过取水以后实测的数据拿过来，经过分析确实是增加了，但增加的幅度也没有超过这个范围。

［网友想唱就唱］：嘉宾，据说当初很多专家强烈反对建三峡大坝，黄万里院士更是预言大坝终将被迫炸掉，有这事吗？为何这么多人反对，三峡工程还是照样上马？这是不是说明我国在重大工程立项方面没有实现充分的民主？

【沈国舫】：黄万里是不同意上三峡大坝的水利专家之一。我很尊重黄万里本人，他虽没有当选院士，但是作为一个水利专家，我们是很尊重他的。他对于三门峡的一些认识，我认为是很好的。但是他对三峡的一些认识，大部分水利专家是不同意的。不要认为好像是很多人反对三峡，在专家的层次里面反对三峡的人并不多。比较反对三峡的并不是搞水利的人，而是搞生态的人。三峡工程对生物多样性、对生态环境会有一些负面的影响，这是肯定的。这个影响不在于刚才讲的气候方面，而在于其他生态的方面。比如说水的清洁能不能维持、污染的问题、长江里面的鱼类的生存问题，主要是关心这个问题。从这个角度的反对是有一些的。我知道当年论证专家里面有的院士没有签字，他可能比黄万里更确切一点，他担心造成比较大的生态变化。我是搞林业的，也是搞生态的，对他也是非常尊重的。当时坚决不签字或者反对的也还是少数，即使就搞生态的人而言，这里面也只是一部分人反对。所以不要形成很多人反对的观点，当时不是这样的状况。在所有大工程里面，三峡工程经过了最民主的决策过程，是决策民主化的一个典范。想想三峡的历史，从 1919 年孙中山先生在建国方略中提出这个问题，有这个设想，到 1944 年国民党政府在抗日战争期间请水利专家来考察三峡的坝址，再到新中国成立以后成立长江水利委员会，1958 年想着要上三峡大坝，但是觉得还不成熟。一直拖到了 20 世纪 80 年代，国家才要求水利部，也就是以钱正英院士（时任水利部部长）为首的 400 多个专家来论证三峡应该怎样上法。论证了两年，到 1989 年还重新做可行性研究，最后根据论证和可行性研究，1992 年经过人民代表大会表决的形式来通过这个项目。所有工程里面还没有一个项目是经过如此长的酝酿、探讨、论证和可行性研究的过程才最终确定的。

［网友逃离京沪广深］：请问嘉宾，目前三峡库区移民工作进行得如何了，请大体介绍一下？

【沈国舫】：移民的数量是巨大的，当年论证的时候，在 1985 年，预计移民的人数是 72.55 万；随着人口的不断膨胀，到 1991 ~ 1992 年的时候，已经增加到 84.75 万人；等到 2003 年要开始蓄水了，开始真的要动手时，已经膨胀到 110.56

万人。最后一共迁移了多少人，到2008年6月底的统计数字是118.11万人。数量的不断膨胀，不但有自然增长率的原因，还有其他因素。愿意进入到移民队伍中来的，因为移民会给钱，还要盖房子。现在基本上全部移完了，其中100多万里面有20万是移到外省去，其他的是在当地消化的，叫后靠。20万移到外地的分布在8个省，也都安置完了。我们总的评价是，移民都得到了适当的安置，温饱没有问题，住房没有问题，现在主要的问题是如何致富。移民和全国农民一样都要致富，因为人口密度大，土地狭窄，就业门路小，如何致富是大问题。现在温饱问题不是主要问题，移民们生活得不错，和过去比生活质量没有降低。应该说移到外省都安置得很好，听说到上海崇明岛的移民是一点问题都没有。当年政策上有点缺陷，有七八十万人考虑在当地消化就地分、往后靠，后来感觉到这个问题不是那么容易解决的，就当地的土地资源而言，因为都是山区，人太多、土地少。我们跟政府提出来要往外移民，并得到了时任总理朱镕基的确认。往外移是好的，如果当年多移一点就更好了。现在又产生了另一方面的问题，我们移民以后，很多城市都移了。我最近到重庆的开县，这里是重庆有库区的一个100多万人口的大县，有几万移民出去了。现在重庆成为直辖市了，由于三峡的原因，这些县因为得到移民和政策的支持，经济发展的非常快。因此，城市建设都很好，并兴建了很多工厂。有些移民到外面的，比如跑到湖北的人，认为家乡建设的那么好，又想返回去。其实也没有必要这样，移民在当地并不是安排得很差，你回来的话，也不一定马上能致富，政府正在做这方面的工作来调节这些事情。反过来说，移民在当地安置的，加上建设的都很好。我们看到重庆库区周围一片繁荣景象，总体情况是好的。个别的移了以后影响了他的生活，反而是降低，那是极少的。家里有了病人了，出了灾祸了，因为这个而降低的，那是难免的。

三峡工程对水质影响不大，不影响周围饮用水源。

［网友老子是李刚］：请问嘉宾，三峡河段当前的水质如何，三峡库区的生活饮用水状况如何？水质分别在什么等级？

【沈国舫】：这个事情要分别说明。在三峡库区的这一段的水质，总的评价在一年中是在波动的。总的来看，一年里面大部分时间是二类水，建坝之前也是二类水，现在的干流部分仍旧维持在二类水，没有变，因此水质没有下降。当然下降是有担忧的，担忧的主要原因是建水库以后，水流往下游就放得慢了。本来放得快的时候，流水不腐，可以自己自然恢复，比如污染物在这个里面慢慢地消失了，会有这样一个功能。现在流得慢了，储流在这个地方时间长了，自然恢复比较慢，有这个担忧。至少到目前为止，8年间，干流的水质没有影响。但是依然受到上面污染的威胁。因为三峡水库本身不是污染源，不可能污染的。污染还是人类的活动导致的。人类活动主要是由工业化、城镇化，再加上农田里面过度使用肥料和农药的影响，主要是这个来源。在建库期间，包括长江整个上游，从金沙江一直往下来，经济发展非常快。经济发展快的同时，产生的污染物越来越多，包括农业的污染也是增加，因此它严重威胁了水质，这个是存在的问题。我们根据这个采取了重要的措施。在建设过程当中，生态环境专家已经向政府不断呼吁，因此加强了库区周围的污水处理工程的建设，现在三峡库区是我们国家大范围里面唯一一个县县都有污水处理厂的地区，这是国家大力支持而建起来的。现在污染源不仅在三峡库区周围，在重庆地区，上游还要治理，这是今后的工作，但力度远没有三峡库区周围县的力度大。建这么多污水处理厂，有一段时间运行不佳，因为运行要有成本的，我们有盖厂的钱，没有运行的钱。这个问题我们提出来了，政府也采纳了，不断加强这方面的工作。现在逐渐的在改善，已经初见成效了，这是最主要的。三峡库区光说干流还不行，三峡库区还有很多支流，支流的污染要比干流重一些。为什么重呢？因为干流水流得慢了，支流下来的水就不通畅了。尤其支流和干流交界的地方，水滞留的时间比较长，加上支流上游都有各个区县的一些大面积的农村农田的污染。现在农田的污染、农业的污染、畜禽养殖的污染，包括过去网箱养鱼的污染，总的来说污染源是扩大的。污染源扩大以后在三峡蓄水期，由于水流顶住了，上面的下不来，在这一个回旋的地方容易产生水华现象，这是蓝藻、绿藻大量繁殖的地方。蓝藻、绿藻大量死亡，水要变臭的。这是季节性的，在某支流的入口的地方出现这个现象，随着放水了，水马上下去了，这个问题马上消解了，就流走了，也能缓解，所以说它是季节性的。要解决这个问题，要解决更大范围的，尤其是农田地区、农村和养殖地区的污染防治措施进一步增强。这个问题要分开来说。到现在为止，作为饮用水源主要是干流，干流的水质不影响周围的饮用水源，二类水质是很好的水源。

[网友人民同志]：网友们忘记了一个重要问题：三峡大坝建成后，其下游还建了多少座以拦水发电为目的的大坝？国家有没有科学论证其合理性？层层建坝拦水对生态会没有影响吗？

【沈国舫】：不是三峡下游，是三峡上游。因为三峡下游已进入到平原地区，根本不存在再建坝的问题，没有从三峡往下建的问题，只有三峡上游或者三峡下游里面的其他支流上头比如湘江、赣江这些支流上要修水坝的问题。那些是中小型的水坝，不像三峡那么大，是支流上的调节水库。我认为有必要修。因为现在湖南、江西产生这样的旱灾，从另一个角度说明什么呢？一年里面降水是不均匀的，像去年湘江，春天是旱灾，夏天又是洪水了。如果有比较大的调节量，水多的时候蓄起来，水少的时候把它放出来，就像现在三峡那样，就更好了。显然这几条主要的支流，上头能够调控水量的能力不够，如果有调控能力的话，使得湘江的干流和赣江的干流不受到那么大的季节性影响，那可能更好。多数水利专家是这样一个意见。修水库有利有弊，世界上也存在两种看法：一种是根本反对修水坝的，有的是同意修水坝的，两者各有理由。实践证明，现在要河流完全按原来自然状态存在已经不太可能了，因为要在我们国土上养活十几亿人，世界上要养活70亿的人，完全依靠原来的状况已经做不到这一点。不可能不开农田，不可能不多养牲畜，要养这么多人，人们还要富裕，对自然资源有更多要求。如果想回到原来纯自然状态这是不可能的，要现实一点。我们只不过是想办法如何使人类活动对自然影响更小、更和谐，发挥它的有利方面，而不是让它有更多不利方面。我们只能这样做。

［网友小评小康小岗村］：请问嘉宾：前两天有位热心网友提出用上游冲击形成的生物质垃圾发电，你对此有何评价？

【沈国舫】：最主要是消灭垃圾。垃圾有两个主要来源，去年最后蓄水高度是175m，还在蓄水的试用期间，有些地方刚刚被淹没，淹没之前正进行库底清理，库底下有的树木、杂物清理得不干净，水涨了就飘下来了；还有一种是水退了以后，农民舍不得这块地，又种粮食，水退下来的消落带，留下了农作物的残秆。三峡库区要求建立垃圾的处理设施，每个城市都要有，但不能普及到每一个乡村和每一个农户。有很多零星的垃圾物，没有到完全收集起来。再加上我们老百姓以前长期的习惯是把长江当做是垃圾运输道，什么东西都往长江里扔，包括在轮船上，以及轮船的污水，现在要求轮船的污水不允许排到江里头，应该到了码头抽走，以前是直接排到江里面。怎么解决垃圾和污染的问题，这是一个系统工程。最后垃圾下来了，没有办法，只能捞上来。目前捞得不少，希望以后越来越少。漂浮物要越来越少才对。不要看现在还有一点漂浮物，我们的目的是要减少漂浮物才对。

若无三峡水电站“电荒”问题会严重得多。

［网友风儿飞］：三峡大坝修建以前宣传说建成后会降低全国的电价。为啥后面又说对电价没有太大影响，甚至最近有报道说三峡发电的成本实际上还比原先的增加了？为什么呢？

【沈国舫】：三峡的电价，如果你指的是三峡发了电以后卖给国家电网的电价，那是比火力发电厂和所有电厂都要低的。据2007年的估计，三峡如果充分发电，它相当于全国装机容量3%，即三峡的发电量是全国发电量的3%，占水电14%。如果说能降价的为3%，那97%能被3%拉动吗？当年我们国家用电很少的时候，一个三峡能解决很多问题，但毕竟只占全国的3%。当然全国1%也不得了。三峡2007年的装机容量为全国的3%，发电量是2.6%，容量是有这么多水轮机在这里发电，有水才发电，所以水力发电一年能发多少电是有一定比例的，各个水电站不一样，不像火力发电厂，一年里运行的时间比较长，当然也有维修的时候。这是两个概念，一个3%，一个是2.6%，是成本低了。电站拿到它的电价是低的，但是在全国电价怎么平衡呢？国家要平衡，起很大作用是不大可能的，要了解这个过程。

［网友小评小康小岗村］：请问嘉宾，你如何评价今年夏天必然要发生的电荒？三峡发电究竟起到了多大的缓解作用？

【沈国舫】：要想象一下如果没有三峡，问题会严重得多。因为毕竟三峡是在发电的。夏天正是三峡的封水时间，封水期间用的是1820万kW的装机容量，发电应该是847亿度，整个全部到达要到882亿度。这不是一个小数，几百亿度的电，大大缓解了电荒。如果没有它，情况将会大大复杂。但如果说有了三峡，就不会产生电荒的话，这未免对三峡的要求太高了，因为全国要求的电太多了。

［网友一天一地一广仔］：请问嘉宾，三峡的寿命是多长，如果“超期服役”会有怎样的后果？另外，为什么有了三峡，电价还是涨上去了？

【沈国舫】：我们在论证的时候没有涉及寿命的问题，因此我记忆不深。但是让我印象深刻的不是它的寿命，而是它能够防洪的时间有多长。防洪的时间，三峡现在的库容很大，为220亿m^3，叫防洪库容，有一部分死库容就蓄不了，大概为145~175亿m^3，是比较高的。有人担心，由于上面有泥沙下来，慢慢地就会把水库里面底下填满了，这是三门峡的教训。库容是否会缩小，防洪能力是否会下降了？寿命能维持多久？我们不说220亿m^3，200亿m^3库容能维持多久？经过论证，我们认为在可视的将来100年维持防洪库容没有问题。为什么呢？有几个问题，一是泥沙量，自从我们建了三峡大坝以后，上游来的泥沙量越来越少，越来越少的原因就是上面进行了天然林保护、退耕还林、水土保持这样一些工程。水土保持好了，泥沙就不会下来。上游各个支流上，如刚才说的金沙江、雅砻江等也建立了相应的水库，把它的上游的泥沙都拦住了，因此能够下来的泥沙就很少了。比起蓄水前，现在泥沙减少量在一半以上。尽管泥沙量减少，实际上建坝时没有考虑到有那么多泥沙。我们在大坝设计的时候，还考虑到水多要放水的时候可以适当排掉一些泥沙，底部把一些泥沙排掉，更加减少了泥沙的堆积量。所以据我们的统计，在金沙江上游还在进行开发的前提下，整个长江的库容能够维持200亿m^3的时间，一百年内没有问题；一百年以后再看，因为那个时候社会经济条件大大的不一样了。

三峡工程的现代化程度是世界一流的。

［网友露琪娅］：请问嘉宾，三峡工程的现代化程度能否算是世界一流？

【沈国舫】：肯定是世界一流的。从量上来说，是世界上最大的坝，这是全世界公认的。大坝设计和建设的先进程度都属于世界最高的一类，虽不是唯一的，却处于领先的水平。三峡的每个电机组是70万kW的。设计的时候要搞70万kW，但当时世界上还没有70万kW的发电机，最大的也只有60万kW。当时我们国家只能生产20万kW的发电机组，差距很大。所以，我们通过国际招标，引进世界上最先进的技术，但是给你的条件，不是独霸，这个钢材必须分包给中国，必须将部分技术要领要教给中国。因此在三峡建设过程中，我们以发电机组为例，最初只是纯粹的技术吸收，国外设计、我们参与并分包一些工程；到最后第十几台的时候，我们转移到自己设计。我们电厂有两个，一个在东岸，一个在西岸，东岸完全是我们自己设计、自己制造、自己安装的 70 万 kW 发电机组。我们的设备在完全消化吸收后，成为世界上一流的电机机组。而现在我们的电机制造，已经可以出口到其他国家建水坝去了。这可以说明我们是世界一流的。

［网友农科大 123］：请问嘉宾：国家为什么要修建三峡工程？三峡工程是给周边带来了巨大的发展机遇，还是给周边带来了巨大的发展困难？

【沈国舫】：国家要修建三峡工程，这是我们多代人，包括领导人，也包括专家们的梦想，现在梦想终于实现了。为什么是梦想呢？因为三峡工程会带来巨大的经济和社会效益。这个效益最主要是 3 个，一般来说，最主要的效益是防洪，因为长江的洪灾一直是我们的心腹之患，新中国成立以后已发生两次了，1954 年一次，1998 年一次，威胁了整整半个中国，这是最大的效益。其次是发电，它有大量的水能资源在里面。还有一个是航运。把上面的水位提高以后，原来浅的航道变为深的航道，现在可以行 3000t 的船，万吨级的船队可以在三峡一直通行到重庆了，放在过去是不可想象的。而且运输量也大量增加。这 3 个效益是最显著的。当然还有其他的效益，包括三峡的旅游效益。三峡现在正在成为国家旅游的热点。现在从重庆包船到三峡去，船票都不好买了，非常的火热。当然它也有问题，任何一件事情必然是有两面性的，有利也有弊。弊怎么看？能不能克服？和利的关系怎么样？弊，在我们的评估里面提出来了，主要也有 3 条，一个是三峡对环境的影响，不是生态、气候刚才说的那些事情，而主要是水质的问题，三峡工程对水质产生了不利的影响。目前这个问题还在解决中，没有到非常恶化的时候。第二是地质灾害，三峡泄了水以后，三峡峡谷的土地地质是不稳定的，再加上让水泡了以后土壤更不稳定，可能会引起一些滑坡、泥石流等等问题。这个问题到目前为止还不是很严重的问题，因为这个问题是预先知道的，采取很多防范措施，很多危险的坡都已进行了加固，所以也是在克服当中。第三是移民问题，大量的移民要安置好，也是非常困难的。我们知道最大的困难在这里。我们下了很大的力量，投了很多的资金，采取了各种各样的政策来安置好，总体来说还是顺利的。我们说三大弊病，但是相对来说这些弊病，是预见当中的。我们向中央提出来 3 个继续关注的问题，在中央国务院的常务会议当中也提出来要关注这几个问题。我们向中央建议，中央接纳了，并继续关注这几个问题。因此，三峡建设办公室还继续存在，还要进行后三峡行动，来处理这些问题。

总的来说，三峡工程是一个利多弊少的工程。我们有一个结论，40 多位院士，300 多位专家共同经过两年多的研究评价做出的结论：三峡工程规模宏大，效益显著，影响深远，利多弊少。三峡工程是一个伟大的工程，是我国建设社会主义新时代的杰出工程的代表。我们搞工程的人认为它是杰出的工程，是代表作。

[主持人]：由于时间关系，今天的访谈到此结束，谢谢各位网友。

【沈国舫】：很高兴跟大家来交流。我本人原来是搞林业的，后来到了工程院担任副院长，由于工作需要，我的领域大大拓宽，现在关心整个大农业和大环境的问题。正因为在这样的位置上，所以才让我来担任三峡工程评估的大量工作。作为一个专家组的组长，我了解一些情况，但有些情况，对于其他很多领域来说，我不是每一个领域的专家，我所说的一些问题和认识仅供大家参考。

水资源系列战略咨询研究的基本经验*

从1999年起，以钱正英院士为首的一批中国工程院院士，联合院外一大批知名专家，历时12载，连续承担了6项以水资源及区域开发为主题的战略咨询研究项目，取得了丰硕的成果，并得到了国务院主要领导的高度重视，许多战略性及政策性建议被采纳汇入国务院及下属相关部委的决策应用。这6项系列咨询研究工作在中国工程院作为“国家工程科技思想库”的重大使命中曾经发挥了重要的引领和示范作用。为了加强和建设好这个国家工程科技思想库，作为参加过水资源系列战略咨询研究的院士和专家们，谨以实事求是的态度，回顾过去12年来的工作过程，总结其中的成功经验，指出今后应继续改进的方向，以期对中国工程院今后还要进行的咨询研究工作，乃至思想库的建设有所裨益。

水资源系列咨询研究项目从最初的摸索推进到后期比较成熟的组织运行，积累了丰富的经验。有一些经验，实际上早已通过各种形式，传输或影响到工程院的其他许多项目咨询工作。尽管如此，还是有必要把这些经验，通过分析研究，把它汇总明确出来，以便于能更好地、自觉地运用到今后的咨询工作中去。

一、咨询研究项目的选定

中国工程院的咨询研究项目，在形式上有主动咨询项目和委托(被动)咨询项目之分。所谓主动咨询项目主要是院士们根据国家、区域或行业的客观需要主动提出的项目。而委托(被动)咨询项目则是有咨询需求的单位(区域或部门)向中国工程院及其学部提出来的项目。从立项背景情况来看，在6项水资源系列咨询研究中，两种形式都有，而且原则上没有什么大区别。因为主动咨询研究项目是认真研究了真实的客观需求后提出来的，一经提出来就会马上得到需求者(国务院，省、区、市或部门)的响应，正所谓一拍即合。而委托咨询项目当然来自于客观需求，但这种咨询需求是否适合于由工程院来承担，需要经过一定的考量。考量后如果认为是

* 本文来源：《中国工程院院士通讯》，2011(8)：25-29.

合适的，而且是力所能及的，那也可以产生一拍即合的效果。在这里咨询者和被咨询者有一个互动的过程。

实质性问题在于哪些项目是适合于由中国工程院来进行咨询研究的。我们认为由中国工程院主持来实施的咨询研究项目，应当具有以下几个特征：第一，它应该是有实质性的客观需求的，也就是说，有问题需要解决或者有分歧意见需要统一，或者有意向需要论证定位；第二，它应该是一个有战略性、方针性需求的，而不是一个十分具体的纯技术性层次的项目；第三，它应该是一个比较综合性的、工程性的项目，适合于工程院运用其工程科技多学科交叉优势来解决处置的项目。我们理解的工程性项目是一个具有明确对象的需要多项工程科技集成，与经济社会问题密切结合而进行研究的项目。我们把这些特征可以归结为针对性（problem oriented）、战略性（strategic）和综合性（comprehensive）。有时我们还提出要有前瞻性（forward sighted），而这个要求是和“战略性”密切联系的，是可以包容在战略性涵义之中的。

由于战略性范畴层次不同，因此咨询研究项目也可以有不同的层次，因此而产生需要动员几个学部的院士、专家共同进行的院级重大项目，以及以某一学部院士、专家为主进行的学部级项目。更小范畴层次的问题往往缺乏战略性内涵而需要具体解决局部的工艺和技术问题，可能不是中国工程院从事的咨询研究工作的主要方向。

中国工程院水资源系列咨询研究项目都是以大范围、全局性战略问题作为研究对象的，也是多学科综合研究的范例，因此一直都是工程院院级重大咨询研究项目。以钱正英院士为首的这支咨询专家队伍每次立新的项目都要经过认真研究、掂量，认识此项目的意义、战略需求和实施的可行性，经多次集体论证，才能确定立项。

二、咨询研究队伍的组织

在立项之后，如何组织好咨询研究专家队伍，是咨询研究工作成败的一个关键。组织队伍首先应起始于对咨询项目研究的课题分解，因为任何一个较大尺度的带有战略性的咨询研究项目，都必然是要在解决一系列不同领域工程科技问题集成的基础上才能完成的。把咨询研究项目适当地分解成若干必要的课题领域，这是重要的一步。而各课题为了完成其研究任务又往往需要再分解成为若干个具体专题，以便于发挥各专业人员的作用，打好解决问题的专业基础。就这样，项目—课题—专题的咨询研究组织结构就逐步形成了。我们是进行了 1 ~ 2 次咨询研究工作过程才逐步明确了这样一个组织结构，并逐步把它固定下来的。

有了这个组织结构，就要有相应的人员配备。项目组要有正、副组长作为推进咨询研究工作的总指挥。项目组往往设顾问组，以便于使一些层次很高，但工作太忙，或因年龄高、精力有限的院士专家，或在战略层面从系统角度需要征询的一些院士专家发挥顾问的作用。项目下设若干个课题组，选聘合适的课题组长十分关键。他们应该是各个领域的带头专家，有学识、有威望，同时还有组织能力。至于课题组以下专题组的研究工作，委托课题组长来组织一般没有什么大问题。因为每一个高层次的院士专家一般都有一批熟悉的专业合作者，其手下也都有一个中青年专家的梯队提供支持。

所以这样的咨询研究队伍就必然是一个多学科共事合作的，老、中、青多层次结合的专家队伍。在这里，我们认为还有几点需要注意。第一，课题组结构是按需而定的，因而不能保证每一个课题组长都由工程院院士来担任，工程院有些学科(主要指二级学科)的院士有空缺。这时就要聘请院外适当的专家来担任。第二是由于咨询工作的需要，有时有必要聘请中科院院士或社科方面的专家来任课题组长。水资源系列咨询队伍就多次聘请了中科院院士(如地质所的刘东生院士、刘嘉麒院士及电力领域的周孝信院士)和国家开发银行的经济学专家来担任课题组长，起到了很好的作用。与地方合作的项目请地方上的专家担任课题组副组长，也收到了很好的效果。第三，要注意院士专家梯队的稳定和逐步更替。最典型的是水资源(水文)方面我们有3位不同年龄段的院士(徐乾清、陈志恺、王浩)，先后更替出任课题组长；城规方面也有周干峙院士从课题组长逐步退居顾问，而邵益生从助手逐步成为副组长、组长的过程。

我们以上所说的大多是属于点“将”的范畴，而咨询研究队伍必须要有帅，当然也要有兵。一个大的咨询研究队伍必须有帅，我们这个水资源咨询研究队伍的帅就是钱正英院士。由于这个问题的突出重要性，我们将要在下面单独进行讨论。当然咨询研究队伍也必须有兵，那就是项目子课题层次的工作班子(可称为工作组)。因为院士和大专家们都很忙，有的年龄已偏高，必须要有一些精力充沛的年轻人来支撑做一些具体工作，如资料收集及整理工作，按专家指点做一些初稿的撰写工作，文字及PPT文件的整理工作，咨询经费使用的一些程序性工作等等。

我们希望所有参加工程院咨询研究工作的人员，不论上下、老少，除了学术上的需求外，都要对这项工作有充分的认识，有工作热情，肯付出精力，彼此能协作，也能把参与咨询研究工作过程作为一个自己学习提高的过程。一支高层次、素质优良的、多学科配合的、老中青结合的咨询研究工作队伍是咨询研究工作成功的保障。

三、咨询研究过程的把握和学术民主的实践

一项重大的咨询研究工作在立项完成之后，往往要经过确定工作大纲，展开调查研究，专题及课题层次的研究成果讨论和交流，项目综合报告的起草和讨论，综合研究报告和课题研究报告的定稿，汇报总结和出版推广等阶段。这样的工作流程也是经过多次摸索形成的。

(1)研究工作大纲的确定。在大项目立项通过以后，课题组的结构与分工已经明确，下面首先要明确的是各课题组要提出课题研究工作大纲，包括研究工作的背

景、目标、思路(或技术路线)、工作方法、专业组结构及人员分工、工作进程及成果预期等内容。这个工作大纲需要在课题组内仔细讨论后确定；问题较复杂时，也需要由项目组召开课题组组长联席会议来讨论和交流。研究工作大纲制定的是否成功，与后面进行的各项工作能否顺利进行，是关系极大的。因此，在咨询研究项目运作的初期，应该在这方面花必要的精力和时间，不要过于放手。

(2)调查研究工作的开展。咨询研究项目及各课题组研究工作大纲确定以后，就要开展各个层次的调研工作。很明显，这是搞好咨询研究工作的基础。调查研究工作首先要做的是现有相关资料的收集，这是由工程院咨询研究工作的性质所决定的。咨询研究工作不是一切从头开始，而是必须利用好前人已经积累的全部相关知识。各位咨询专家实际上是带着他全部知识积累来参与工作的，但也必须重视相关最新资料的收集，以满足咨询工作的需要。在收集资料的同时，还要进行实地现场考察。水资源系列咨询研究工作的一条成功经验是，在调研工作阶段之初，首先要组织一次全项目组的综合考察工作。从西北水资源项目开始，我们做的每一个咨询研究项目都组织了这样比较庞大的、长途跋涉的综合考察工作。现在看来，进行综合考察有以下几个好处：第一，全项目组包括各课题组主要人员都对项目研究对象有全面的、形象的认识；第二，通过考察可以对研究区域或领域存在什么优势和问题有比较清楚的认识；第三，考察过程也是进一步收集材料、与基层科技人才对接以及各课题之间相互了解的过程；第四，综合考察有助于加深或修正在立项时对各个层次研究对象的基本认识，有利于进一步确立研究重点，也有利于各课题进一步深化调研工作。我们的综合考察基本上采用“大集体、小自由”的工作方式，即基本上是项目组集体行动，共同听取情况介绍及现场考察，同时也允许个别课题组在某个节点上对其特别感兴趣的对象和问题进行单独考察和接触。这样做可以使综合考察工作取得更广泛的成效。在项目组综合考察之后，各课题组也要相继根据自己课题的需要分头进行单独的考察调研。这项工作有时还要反复进行，直到弄清问题的本质和明确解决问题的途径为止。

(3)专题及课题层次的研究成果形成。在调研工作的基础上，各课题及其专题就要经过分析研讨逐级起草研究报告的初稿。项目组在这个阶段就要不失时机地组织各课题对研究报告的初稿进行讨论和交流。这是一个很重要的阶段，通过全项目组(包括项目顾问、各课题组组长、骨干及工作组主要人员)集中听取各课题组的研究成果汇报，并对其进行评议，不但可以把握住各课题组的研究方向，而且可以在各课题组之间实现相互启发及主动对接，对各课题组的研究工作都能起到督促、推动作用。这是一个实施学术民主的好场所，也是相互学习的好机会。在对各课题组研究报告的评议过程中，要鼓励专家们能提出不同的意见和见解，项目组长们在这个过程中应当起到关键的作用。对于问题比较多的课题组，我们的项目组长钱正英院士有时还要与课题组长进行直接的对话(有时是个别谈话)，坦率地指出问题所在及努力方向。

(4)综合报告的形成及全部研究成果的完成。咨询研究项目的完成，要经过自下而上及自上而下两个步骤。作为研究报告的初稿，是自下而上的，即按专题—课题—项目的顺序逐级完成的，而作为全部研究成果，则又是自上而下先完成项目综合报告定稿，然后再按综合报告的基调完成课题报告的定稿。至于专题研究报告，则由于它的基础性和参考性，可以单独定稿，在观点上和数据上不一定和项目及课题完全保持一致。在这个过程中，项目综合研究报告的形成无疑是最关键的一步，因为主要的判断、观点、结论和建议都有待在项目综合研究报告中确定。水资源系列咨询研究项目在这个阶段都是要下很大工夫的。一个综合研究报告，从初稿提出到最后定稿，往往要经过多次集体讨论，一些主要论点和结论都要经过反复推敲。在集体讨论过程中，充分发扬学术民主，院士及专家们可以畅所欲言，自由争论，这样往往能迸发出集体智慧的火花，形成咨询报告中的亮点。而在这个过程中，项目组长特别是钱正英院士始终起着关键的引导作用。每次讨论会她的总结发言往往对全体项目组成员都会起到澄清观点、突出重点、明确结论的战略思维导向作用，使大家心悦诚服。如此，一个项目的综合研究报告往往要经过多次讨论，反复修改，直到最后定稿时已经并不清楚究竟是第几稿了。难能可贵的是，水资源系列咨询项目的综合研究报告都是项目组长钱正英院士亲自动手主持修改的，有一些关键段落都是她亲笔所写，她也会要求我们几个副组长或骨干人员对各自熟悉的关键段落亲自执笔起草或修改定稿。

(5)汇报总结和出版推广。待项目综合研究报告及各课题组研究报告完成之后，就开始了汇报总结阶段。由于国务院领导的重视，水资源系列咨询研究项目的6个项目，除新疆水资源项目的特殊情况外，都是向国务院领导直接汇报的。第一、第二个水资源项目，从立项到最后出成果一共向温家宝同志(时任国务院副总理)各汇报了两次，以后各项目都是在最后成果形成后向国务院领导汇报。听汇报的有总理、主管副总理，还有各综合部门和相关部门的主要领导和有关地方领导。在口头汇报的同时还提供书面的项目综合研究报告全文(一般是提前呈送)。因此每次汇报会实际上成为一个面向中央、部门和地方的，在情况分析、观点论述及政策建议等方面的全面决策咨询过程。当然，在汇报之后，根据中央领导的指示，还要把咨询研究报告分送到相关部门，有些内容还由中央批转直接分发到下属部门参考。除了这个官方渠道外，项目组还通过出版研究报告、组织专题工程科技论坛，甚至到基层直接宣讲的形式来扩大咨询研究项目的影响。对咨询研究报告的出版工作必须认真对待，要通过它来扩大影响，并立此存照，为后续相关工作打下现阶段的基础；另一方面，往往在最后的出版阶段又会出现一些局部的不协调、不确切等问题(往往发生在课题组研究报告层次)，需要认真修改加工。

四、战略思维和战略科学家的核心作用

水资源系列咨询项目取得成功的关键都是在于它们紧扣国计民生，而且渗透着关系全局的战略思维。无论是关于全国水资源的发展战略，人和自然要和谐共处的

战略方针，还是各个区域发展的战略定位，新疆水资源必须采取农业用水、工矿业用水、生活用水和生态用水的战略性调整等，无不闪耀着咨询研究中战略思维的光芒。可以说，正确的，即科学的、符合客观实际的战略思维是咨询研究工作的灵魂。

要运用战略思维来进行咨询研究，对每个参加咨询研究工作的院士和专家都是一个很高的要求。而对于一个大的咨询项目来说，就要求有久经考验的战略科学家来发挥领军作用。钱正英院士在水资源系列咨询研究工作中正是发挥着战略科学家的作用。项目组成员在总结这十几年所从事的咨询研究工作时，几乎一致肯定地提出钱正英院士所发挥的重大引领作用。钱正英院士作为战略科学家具有以下卓越的基础和特色；强烈的爱国爱人民的热忱，长久而宽广的政治阅历，深厚的专业实践基础和广博的知识面，再加上她以其年迈之身仍不辞辛劳乐于亲自调查研究，又热心好学，作风民主，知人善任，善于发挥集体智慧，善于认知和汲取新生事物和新生理念。正是这样，她才能充分胜任这个战略科学家的角色，带领一大批院士、专家(通常是几十名院士及几百名专家)出色地完成了一个又一个战略咨询研究工作任务。

从这个角度看，中国工程院要建设好工程科技思想库，完成好战略咨询研究工作的任务，就必须培养好一代又一代的战略科学家。当选中国工程院院士对每位院士来说都是学术人生的重点里程碑，但那也只是学术界对其在一定学科范围内(一般是二级学科)成为领头人物的承认，要成为战略科学家还有一个相当大的距离。当选院士之后，对每位院士提出了更高的要求，除了学术引领、道德楷模、培养后人等光荣任务外，还希望逐步向战略科学家的方向发展，在更大的领域(大学科或跨学科)发挥更大的作用。这就要求每位院士除了在本学科发挥作用之外，进一步扩大知识面，关心国家经济和社会大事，勤于调查研究，培育战略思维，承担更多更高层次的战略咨询研究工作。钱正英院士正是大家学习的榜样。

水资源系列咨询研究工作，经历了6个项目的历程，通过摸索总结，取得了一些成功的经验，可以成为中国工程院开展咨询研究工作集体财富的一部分。当然，水资源系列咨询研究工作在进行过程中，也存在这样或那样的不足之处，如对某些项目成果的推广宣传工作还不够，对有些项目还需要进行跟踪调查并逐步形成咨询系列，个别课题研究报告还有内容欠于推敲、文字不够精练的毛病等等。水资源系列咨询研究工作只是中国工程院咨询研究工作的一个局部，在中国工程院发展的历史长河中，还处于发展的初期阶段。我们在这里总结经验，更着眼于展望未来，希望今后中国工程院在咨询研究工作中能够站在前人的肩膀上，更上一层楼，发挥更大、更强的作用。

沈国舫

从“山楂树之恋”说起*

春天已经到了，山楂树马上就要开花了。20 世纪 50 年代一首俄罗斯歌曲“山楂树”流传我国大江南北，广受欢迎。的确，那山楂树的白色花丛下年轻姑娘对于爱情憧憬的诗意情怀，配上优美的曲调，实在能调动青年们的浓厚兴趣，乐意抒情传唱。现今，当年的年轻人已经垂垂老矣，但他们的歌情不减，还影响了下一代、下两代。不然还怎么会出现了一个以此歌曲为基调的《山楂树之恋》的电影呢！

笔者是在苏联留学的时候学会这首歌的，也很喜欢唱，但是只用俄文唱。因为不知为什么，这首歌的歌名和歌词都被翻译错了。这首歌的俄文名叫“Рябинушка”。Рябина 是一种树名，变成了 Рябинушка 就成了它的爱称。这个歌名中就带有了情感。更重要的是，Рябина 的拉丁名是 *Sorbus*，中文名应该是花楸树。花楸树是俄罗斯很常见的花木，我们中国的北方地区也有，只不过同属不同种，春季开白花，秋季结红果，鲜艳夺目。花楸树不同于山楂树，虽然同属于蔷薇科，但属于不同的属，而且两者的形态差别也很大。山楂树的叶片是单叶互生，有裂；而花楸树叶则是奇数羽状复叶有锯齿。山楂树的果大，红色，上有白色皮孔；而花楸树的果较小，但果序大，红色，较鲜亮。这两种树都可用于观赏，但如果从秋季赏果的角度来看，则花楸树优于山楂树。花楸树是北美和北欧很普遍的观赏树。笔者从美国的西雅图到加拿大的温哥华再到美国阿拉斯加州的安克雷奇，都看到挂满红果串的花楸树，成为一道风景。

笔者所以写这篇小文，因为每次唱“山楂树”这首歌，都有一种张冠李戴的别扭感。过去忙，不管这闲事，现今老了，到是有空管管这闲事了。笔者要为这首歌正名，更有意推出花楸树作为一种观赏花木加以推广。北京就有野生的花楸树，叫百花花楸，在门头沟的百花山和密云的雾灵山上都有分布。最近北京林业大学的老师们进行了北京市的植物种质资源清查，也有意把花楸树推出来，希望引起园林和林业界的响应。笔者写这篇小文还有一层意思，那就是我们的文艺界不少人生物学知识较欠缺，经常在文章、小说中做出错误的自然场景描述。明明在北方的情景中却

---

* 本文来源：《森林与人类》，2012(5)：1-2.

出现了南方的马尾松，明明在南方的情景中却出现了只有在北方及高山上才有的白桦树，至于对树木的精确命名更是少见了。对比之下，俄罗斯的文学家们在自然场景描述上是很科学到位的，从普希金到托尔斯泰都是这样。尤其是屠格涅夫对俄罗斯大自然的精湛描绘堪称一绝。这实在也是知识分子群体的文化素养的表现。俄罗斯歌曲中对树木名称都有准确的表述，除了“Рябинушка”以外，还有像很有名的“红莓花儿开”唱的是“калина”，中文名是荚蒾（琼花），而在“喀秋莎”的歌曲中则唱的是梨花。我希望我们中国的文艺工作者们也从中学点什么。

沈国舫

科学定位育林在生态文明建设中的地位*

2011年深秋某日，笔者访问了美国加州大学 Berkeley 分校，与自然资源学院的 J. Helmes 教授在该校俱乐部里共进午餐。餐间我们有过一次长时间的谈话，对笔者有很大的启发。J. Helmes 教授是美国著名的林学家，已是80岁高龄，他是我的小同行，曾和 Danial 教授一起作为美国老一代林学家 Baker 教授的学生，共同编著了美国林学名著 The Principles of Silviculture(《育林学原理》)第二版(1979)，国际国内影响很大。交谈中，笔者发现我们有一个共同的困惑，即作为林业工作者(forester)，特别是森林生态和培育工作者(forest ecologist & silviculturist)都天然地自认为自己也是生态保护事业的积极支持者，然而近来却常与一些环境主义者(environmentalist)意见相左，甚至引起争执，这到底是怎么回事？

针对分歧的辨析

回想当年，笔者确实是冲着森林有很多防护功能而选择进入林业系统的。到前苏联留学时，笔者的专业方向是造林(森林培育学的前身)，在学习过程中，笔者对林理学(后发展为森林生态学)和森林改良土壤学(后来在中国演变为防护林学、水土保持学及其他相关课程，也在广义的森林培育学范畴内)也产生了极大的兴趣，但回国后却最终定位在造林学中的造林部分，从此在这个领域"摸爬滚打"了大半辈子。笔者欣赏梁希老部长(我国首任林垦部部长)要"无山不绿，有水皆清"的宏大目标，并实实在在地为之奋斗过，但是近年来却不断听到这样的声音："植树造林是白费功夫，自然封育的效果要好得多"；"你们年年造林不见林"；"你们造的林是绿色的沙漠"；"你们造速生丰产林是违背自然规律"等等。怎样看待这些指责？笔者认为有必要再一次进行反思和辨析。之所以说是再次反思，是因为我们不回避曾经有过的不足和错误，但也不想因此迷失了前进的方向。

* 本文来源：《中国科学报》，2012-8-25(A3).

植树造林是白费功夫？是否可以用自然封育来替代？这个问题我们太熟悉了。记得1950年笔者在北京农业大学上学时听到的第一个专业报告，就是当时的林垦部副部长李范五给森林系学生作的有关封山育林的报告。旧社会给新中国留下的濯濯童山，石头裸露，植被稀疏，水土流失（当年的北京西山就是这个样子）。怎么办？在国家还没有足够的实力之前，先把它们封起来，停止破坏，让它们自然恢复。封山育林本就是恢复植被的手段之一。但是，能把封山育林与植树造林对立起来吗？笔者认为当然不能。事实证明，有些地方封山育林能起到很好的恢复植被的作用，但有些地方（如土壤比较贫瘠，附近没有种源）则成效太慢，几十年还成不了林，更达不到产生正常的生态、经济和观赏价值。所以，当条件允许时，我们还是采用了植树造林的措施，让荒山更快地绿化起来。北京西山从20世纪50年代起就开始植树造林，经过几代人的努力，使大面积的荒山变成了郁郁葱葱的城市森林景观。其他地方也有很多这样的实例，由此可见，植树造林功不可没。

年年造林不见林，中国的森林资源真的增多了吗？确实，在某些地方，在某些年代，曾经出现过年年造林不见林的情况，但是，那是局部地区在形式主义主导下一哄而上出现的恶果，其中有很多原因，但是这样的时代已经过去了。现在，造林面积的核实率以及造林的成活率、保存率都经过层层把关验收；全国森林资源清查数据都是地面调查和卫星图片（或航片）判读相结合，在几十万个样点分层抽样调查基础上得出的结果，其先进性和可靠性得到了国际上特别是联合国粮农组织的承认。历次森林资源清查数据都说明，中国的森林资源，无论是面积还是蓄积量，都在快速增长。那些还有偏见的人可以到各地走走，就能得到验证。

人工林是绿色的沙漠？强调生物多样性的一些生态学者提出了这样的批评。人们希望看到的森林都能像原始森林那样有良好的组成和结构，是复层混交林，这可以理解。但是，应该知道，不同的地带有不同的原始森林。如大兴安岭的原始森林和小兴安岭－长白山的原始森林就不一样。在大兴安岭北部，由于气候土壤条件的限制，一般都是纯林。有些地方森林早已被破坏殆尽，原始林是什么样都不清楚了。而且森林被破坏以后又经过多少年的火烧、开垦、过牧、樵采等活动影响，森林土壤早已经丧失。要在这种地方很快恢复原生态状态，显然并不现实。以北京西山绿化为例，当初造林就没有可靠的原始林榜样可供模仿。土壤贫瘠多石，只能以一些先锋树种开道，几十年后总结经验可以发现，有的树种可继续发展，有的树种就被淘汰了。想多种点原生的橡栎类树种，又谈何容易。林业工作者从50多年前就摸索着造混交林，虽有进展，但至今难成规模。总体来说，我们对大自然还了解不够，而民众的喜好（因为是风景林为主）也在发生变化，树种的选择和森林结构的培育还在不断总结中前进。树木生长得不够理想，不是人们不努力，实在是破坏历史太久，地力太差，再加上气候旱化，暂时只能这样了。其中不可否认的是，人工林也发挥了生态和社会效益，老百姓又多了许多休息的去处，总的目的还是达到了。至于有人把西昌地区由飞播形成的生物多样性不高的云南松纯林比喻为“绿色沙漠”，笔者认为持此论者应该做一些更为详尽的调查。比如，云南松是当地的乡土树种，飞播人工林的年龄阶段当时正处在竿材林时期，郁闭度大，林下植被少，但只要林龄再大些，经过自然稀疏或人工间伐，林下透光度增多，林下植被自然会繁茂起来。所以，把这种人工林形容为“绿色沙漠”，未免有言过其实之嫌。

营造速生人工林是违背自然规律？是，也不是。速生林一般都是单树种(而且经常引用外来树种)。强度经营的短轮伐期人工林，在原来的自然界不存在，正像现代农业的麦田、水稻田、玉米地原来大自然也没有过一样。这样的人工林是人类社会经济发展的需要。它速生(一般在20年以内可利用)、高产(生产力水平可为原生态森林的几倍)、好用(适应特定的培育目标)、高效(经济效益较高)，因而近半个多世纪以来有了快速的发展。国际林学界认为，发展速生人工林有利于在解决木材有效供给的同时减轻对天然林开发利用的压力，因而总体上对森林保护是有利的。这个结论至今没有改变，关键在于掌握一个“度”和一个“法”。“度”就是发展速生人工林要适度，在一个大的区域范畴内，一般不超过林地总面积的10%，就能兼顾好自然保护和木材利用的双重利益。“法”就是发展速生人工林要采用适当的方法。适当的方法既包括适当选择用地(不侵入生态保护的关键地区)，也包括选用适合的树种和培育措施。

在干旱、半干旱地区不应植树造林？按一般自然规律，自然景观是有地带性和地区性的，特别是水分保障程度对植被分布有决定性影响。湿润地区的地带性植被是森林，与半湿润地区相对应的是森林草原，与半干旱地区相对应的是典型草原和干旱草原，而与干旱地区相对应的是半荒漠和荒漠。从这个概念出发，干旱、半干旱地区的主要景观是草原和荒漠，而不是森林。但是自然界是复杂的，由于地形地貌的变化而使气候水热条件有个再分配的格局。这就是为什么在半湿润的山丘地区常出现阳坡是草原、阴坡是森林的景观，而在典型干旱地区隆起的高山上又出现了典型的森林地带的景象(如新疆天山上的雪岭云杉林带)。再者，干旱地区的周围高山上流下融雪水与雨水径流，形成河流、湖泊。河湖周边浸润的地段又长起了森林(如塔里木河滩的胡杨林)。人们用河水灌溉种地形成了绿洲，绿洲范围内就有了发展优质经济果树的条件及保护农田免受干热风害而建立防护林网的需要。就是在干旱、半干旱的典型沙漠里，也可以充分利用沙地灌木树种(柠条、沙柳、梭梭)来抑制风沙。因此，在干旱、半干旱地区不必植树造林的说法，太绝对了。当然，这种说法的产生有一定的事实依据，林业界也确实收到了一些造林不成林的事实教训。但目前这些偏差已经有了较大改变。所以，笔者认为，提高认识，顺应自然，而不是简单地否定、指责，这才是应该坚持的方向。

何为生态文明的科学内涵

对以上问题的辨析，可以归结为如何正确认识和落实科学发展观，以及如何建设生态文明的理念。

生态文明是继物质文明、精神文明、政治文明之后提出的第四个文明领域，这一点已获广泛共识。也有人把生态文明列为继原始文明、农耕文明、工业文明之后的新历史阶段的文明特征。对此，仍有不少争议。不管怎么诠释生态文明的历史定位，其主要内涵应该是比较明确的。笔者认为，生态文明的主要特征有以下几方面：首先是人和自然的和谐；其次是人类经济和社会的可持续性，包括资源节约、环境友好的两型社会的建立；第三是以物质文明和精神文明高度发展为前提，而不是回到生产力低下的原始文明；最后是要有全球一体化的格局，完整的生态文明不大可能是独善其身的。从这个角度来看，说林业在生态建设中具有重要地位，甚至首要地位，这是合理的；但要说把发展林业作为建设生态文明的首要任务，可能是言重了。因为这种说法是对生态文明内涵的狭义理解。生态建设只是生态文明建设中的一项重要任务而已。

自然保护，包括森林保护、湿地保护、野生动植物保护在内，旨在维护大自然协调、平衡的生态功能，这是一项大任务，但不是唯一的任务。林业还要用它的绿色的生产功能为人类社会提供所需的木材、能源、食物等各种林产品，还要为人类提供保健、休闲和游憩的服务功能。对于这些，单纯的森林保护显然是不够的。还需要提高森林质量和生产力，提高森林的多项服务功能。因此，森林是需要培育的，育林在生态文明建设中具有重要地位。

中国工程院院士、中国工程院原副院长　沈国舫

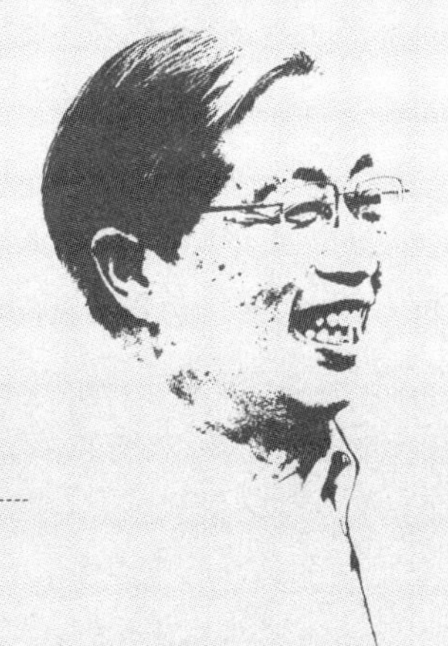

第五部分 外文著述选登

沈国舫曾经用外文写过多篇论文，他用俄文写的毕业论文“卡拉库姆大运河的治沙经验及其应用”曾经拿到列宁格勒市去展览。在20世纪八九十年代，他参加了一系列世界林业大会、国际林联世界大会、欧盟及联合国粮农组织召开的学术会议，都有所贡献。这里选登其中4篇英文论文，说明他代表中国林学界在国际交流中所发挥的作用。

THE INFLUENCE OF SITE FACTORS ON THE GROWTH OF PINUS TABULAEFORMIS*

INTRODUCTION

Pinus tabulaeformis is one of the most important native coniferous trees in the mountainous areas of North China. It has been widely used in afforestation since the establishment of the People's Republic of China. Western Hills, where our research work was carried out, are located to the west of Beijing city and characteristic, in terms of their natural conditions, of the typical low-elevation mountainous areas of North China. Climate of this region is mild and relatively dry with mean annual temperature of atmosphere 11.8℃ and annual precipitation of 630 mm. Relatively shallow and rocky soils, mainly eluvial brown soil according to their genesis, are developed on the mountain slopes with base rock composed of sandstone and shale. Layer of deposited loess as parent material can be found only in a limited area mostly at the foot of northern slopes. Western Hills had been deforested and soil erosion occurred frequently for a long time in the past. A project of afforestation in the whole area of Western Hills was completed in the fifties. More than 20 tree species have been tested, among them *Pinus tabulaeformis* was planted widely on about 1/3 of the total cultivated area. The growth of this coniferous tree species varies significantly with the various combination of site factors. The influence of those significant site factors on the growth of *Pinus tabulaeformis* was studied in order to determine the suitable site for pine plantation.

---

* 本文来源：MITT. D. FORSTL. BUNDESVERSUCHS-ANSTALT, WIEN, BAND, 140. 1981.
IUFRO(国际林业研究组织联盟)在维也纳召开的专题讨论会的论文集)

METHODS

Of 119 temporary plots established in even-aged pine plantation in Western Hills, 72 are in pure stands and 47 in mixed stands. The area of every plot was so designed that there were more than one hundred pine trees in each plot. The total height of trees, the height increment of the last 5 years, the diameter at breast height (1.3 m), and the length and width of tree crown were measured for every tree (or for 20% of total number) in the plot. The age of pine stands was in the range of 22-25 years. The average height of 8-10 dominant trees in each plot was taken as its top height. The top height of pine at the age of 25 for every plot was determined by revising its initial top height in accordance with the height increment in late years.

A soil pit was dug at the center of every plot. Site factors, such as elevation, aspect (exposure) of slope, position on slope, degree of inclination of slope, total soil depth, soil textures, condition of humus horizon, and condition of parent material were taken into consideration for each plot. Observation showed that soils of all plots were similar in texture and belonged to the texture class loam. Therefore, no further study on the influence of this factor has been done. In the process of investigation we encountered the difficulties in determining the condition of humus horizon quantitatively on spot. We only divided it into two grades: the soil with normally developed humus horizon and the soil with deteriorated humus horizon, that means the humus horizon is thinner than 10 cm and the content of humus in it is less than 2%. In such case the factor of condition of humus horizon can hardly be used independently. In previous research work on site classification we have used the concept of grade of soil fertility which is determined in this mountainous areas mainly according to the total soil depth with the revision according to the condition of humus horizon and parent material. The four-grade system of soil fertility, suggested by us, has been proved to be a successful indicator of productivity of the stand*). So we adapted the four-grade system in this research as a complex factor.

* Detail about the classification in grades of soil fertility can be found in the textbook "Silviculture" (in Chinese) published in 1961 by the senior author.

Table 1　Site Factors in Relation to the Growth of Pine Plantation

Variable	Symbol	Explanation
Elevation	El	Elevation in meters above sea level, 200 = 1, 201-400 = 2, 401-600 = 3, >601 = 4
Aspect (exposure) of slope	As	The 8 aspects are divided into 3 groups according to the humidity gradient: S(SW, S, W) = 1 E(SE, E) = 2 N(NW, N, NE) = 3
Degree of inclination of slope	Is	<10° = 1, 11°-20° = 2, 21°-30° = 3, >31° = 4
Position on slope	Ps	upper part of slope = 1, middle part of slope = 2, lower part of slope = 3
Total soil depth	Sd	Total soil depth in centimeters excluding the soil horizon with gravel content more than 70%
Grade of soil fertility	Sf	Expressed in effective soil depth in centimeters: 1 grade = 90, 2 grade = 65, 3 grade = 40, 4 grade = 15

The site factors that were investigated in relation to the growth of pine plantation are listed in Table 1.

All data of measurement collected from the plots were analysed with the application of various statistical methods including multiple regression method. In this paper only the data from pure stands have been analysed. Among all the growth parameters the top-height growth of stand has been chosen for calculation as it is the most sensitive parameter to the variation of site factors.

ANALYSIS AND RESULTS

The simple correlation coefficients between site variables and the top-height of pine plantation are presented as following:

Elevation to Ht	0.1475
Aspect of slope to Ht	0.3740
Degree of inclination to Ht	0.2577
Position on slope to Ht	0.1015
Total soil depth to Ht	0.6789
Grade of soil fertility to Ht	0.8123

The most significant single site factor that effects the growth of pine plantation is the total soil depth, which varies from 12 to 110 cm in all plots with an average of 60.8 cm. So it is because on the eroded slopes with relatively shallow soil depth the importance of the volume of soil in supplying the trees with water and nutrient mineral elements is ecologically evident. The complex factor of soil fertility which is shown by grades 1-4 and determined on the base of soil depth with supplementary information of the conditions of humus horizon and parent material shows more significant effect on the growth of pine plantation (0.8123) than soil depth alone (0.6789). In our Western Hills experiment not only the growth of *Pinus tabulaeformis*, but also the growth of *Platycladus orientalis*, *Robinia pseudoacacia*, and others is closely correlated with the grade of soil fertility. For instance, the single regression equation of Sf for the top-height growth of *Platycladus* at the age of 25 is as following:

$$Ht = 3.2545 + 0.0316Sf \qquad R = 0.894$$

The same equation for *Robinia* at the age of 22 is:

$$Ht = 8.611 + 0.03702Sf \qquad R = 0.533$$

The aspect of slope also shows some important effect on the growth of pine plantation. The analysis of variance for the top-heights of pine plantation growing on slopes with different aspects but with similar grade of Sf shows a high degree of significance (variance ratio $F = 45.47$, while $E_{0.01} = 3.32$) for the effect of aspect on the growth of pine. This is mainly due to the difference in moisture content on slopes facing various aspects. In mountainous areas of North China the deficit in soil moisture is one of the serious problems causing the stagnation in growth or even failure of pine plantation. Besides the volume and structure of soil, the aspect of slope is recognized as the important site factor influencing the soil-moisture content. On the warm and dry slopes facing South and Southwest, especially on the shallow and eroded soils, the height growth of *Pinus tabulaeformis* is slow and its current annual height increment at the age of 25 is scarcely over 15 cm, while that of pine on the slopes facing northern aspects is about 20-30 cm.

Elevation varying from 50-630 m above sea level in the investigated area shows less significant influence on the growth of pine plantation in comparison with the factors mentioned above. It seems at first contradictory to common knowledge. Ecologically speaking, elevation would have more significant influence on the growth of pine plantation. But it has not been observed in our experiment. The explanation is rather simple. Firstly, the difference of elevation in the investigated area is not large. Secondly, the elevation as a site factor shows different influence on the slopes with different aspects. On the southern slopes with increase of elevation the pine plantation grows better due to the increase in moisture supply. But on the northern slopes with increase of elevation the growth condition of pine plantation remains practically unchanged because of the combined effect of shorter growth period and better soil-moisture supply. This can be illustrated by the data of top-height growth of pine on slopes with different elevation and aspects (Table 2). From the data in Table 2 we come to the conclusion that elevation also has significant influence on the growth of pine plantation. But owing to the special feature of its different influence for the slopes with different aspects the correlation coefficient on the whole is relatively low.

Table 2　Top-height Growth of Pine Plantation (A = 24) on Slopes with Different Elevation and Aspects

Aspects	Grade of Sf	Elevation (m)	No. of plots	Average top height (m)	t value test
Southern	2	below 400	6	5.08	t = 4.80
		above 400	3	6.27	$t_{0.01}$ = 3.50
Northern	1	below 400	3	6.77	t = 1.95
		above 400	3	6.37	$t_{0.05}$ = 2.45

The topographical factors, degree of inclination of slope and position on slope, have not close correlation with the growth of pine plantation. Human disturbance in the past is the main cause. In the undisturbed area the tendency of increase of soil depth and soil fertility is noted with decrease of the degree of inclination of slope and its lowering in position. However, in most part of Western Hills the mountain slopes had been wrongly utilized in the past and the moderate and lower part of slopes was often more effected and subjected to erosion.

The multiple regression of site factors with the top height of *Pinus tabulaeformis* is shown in Table 3. This table evidently shows that the total soil depth is the most significant site factor and was first introduced into the equation (R = 0.6789). The grade of soil fertility gives a better representation of the soil condition and serve as an efficient substitute (R = 0.8123) for the soil depth. After that the aspect of slope was introduced into equation to improve the correlation between site factors and the top-height growht of pine plantation (R = 0.8607). The introduction of degree of inclination and elevation only slightly improved the equation (R = 0.8764). And the position on slope in this experiment was proved to be insignificant to the growth of pine plantation.

Table 3　Regression Coefficients for Estimating Top-height Growth of *Pinus tabulaeformis* (A = 25)

Variable		Steps along gradual regression				
		1	2	3	4	5
Elevation (El)						0.114
Aspect of slope (As)				0.3295	0.3457	0.3546
Degree of inclination of slope (Is)					-0.1920	-0.2031
Position on slope (Ps)						
Total soil depth (Sd)		0.03489				
Grade of soil fertility (Sf)			0.04204	0.04038	0.03895	0.03827
Intercept	a	3.5343	3.1797	2.5537	2.9926	2.8656
	R	0.6789	0.8123	0.8607	0.8724	0.8764

CONCLUSION

In the region of Western Hills in Beijing several site factors have significant influence on the top-height growth of *Pinus tabulaeformis*. In our case the top-height of pine is not used as its site index, because the average age of pine plantation (A = 25) is too young to be taken as standard age.

From the above data the following equation was selected to estimate the top height from site factors for *Pinus tabulaeformis* in Western Hills:

$$Ht = 2.8656 + 0.1114El + 0.3546As - 0.2031Is + 0.03827Sf$$

multiple correlation coefficient $R = 0.8764$

partial correlation coefficient $R_{Sf\text{-}Ht} = 0.8089$

$R_{As\text{-}Ht} = 0.5334$

$R_{Is\text{-}Ht} = 0.2965$

$R_{El\text{-}Ht} = 0.1731$

Obviously, this equation can be applied efficiently in site classification and in choice of species for afforestation. These problems are of great importance in investigated region as well as in all mountainous areas of North China.

Shen Cuo-Fang Guan Yu-Xiu
Department of Forestry, Beijing Forestry Institute

TECHNIQUES FOR REHABILITATION OF SYLVO-PASTORAL ECOSYSTEMS IN ARID ZONES*

Abstract: After briefly reviewing the situation and problems in combating desertification in arid zones, four categories of techniques have been presented for rehabilitation of sylvo-pastoral ecosystems. They are: establishment of shelterbelts and wood lots on pastureland, establishment of forage plantations with shrub species, sand stabilization with emphasis on pasture amelioration, and protection and rehabilitation of natural forests in arid zones. All these techniques should be used in combination in accordance with local conditions.

Keywords: sylvo-pastoral ecosystem, rehabilitation technique, arid zone, combating desertification

INTRODUCTION

The arid and semi-arid areas occupy 31 percent of the global land area (Baumer M. and Ben Salem, 1985). Geomorphologically they may be plains, plateaus or rugged terrain with mountains and hills. According to the nature of their vegetation, the semi-arid areas mainly represent the dry steppe on Eurasia continent, the prairie in North America and the savanna in tropical and subtropical zones, whereas the arid areas both in temperate and tropical zones represent different kinds of deserts, from sand dune to stone gobi inclusively.

The dryness of the climate and the sparseness of the vegetation in arid zones are the major constraints restricting intensive agricultural land use. Livestock breeding, especially sheep farming, is the main traditional occupation of people living in arid zones (except those living in oases within arid zones); but excessive utilization of the pasture land with low carrying capacity often causes serious damage in the form of desertification. Trees and

* 本文来源:《10th World Forestry Congress Proceedings》,1991,3:265-271.

forests may play important role in combating desertification, but the rehabilitation of efficient sylvo-pastoral ecosystems in accordance with the specific nature of each region is really a difficult task. Not much technical experience in this field has been accumulated in worldwide forestry practice. Just a few examples, such as the establishment of the so-called "Green Great Wall Project" in China and some other notable activities in the USSR, India, North Africa, etc. , can be summarized in order to make them accessible to all people engaged in combating desertification and making better living through rehabilitation of sylvopastoral ecosystems.

SHELTERBELTS AND WOODLOTS ON PASTURE LAND

There is quite a lot of experience in establishment of shelterbelt system on farmland in different regions, but the establishment of shelterbelt on pasture land in arid zones is somehow a new subject, the only experiences worth mentioning being the establishment of sylvo-pastoral systems in temperate humid region of New Zealand (Knowles R. and Leslie B. , 1990). Theoretically, shelterbelts on pasture land have the same beneficial protective effects as those on farmland: they reduce the wind speed, lower the temperature amplitude and evapotranspiration, increase air moisture, etc. , which results in higher yield (fodder in this case). Case study in Chifeng prefecture of east Inner-Mongolia showed that the yield of fodder herbs on the pasture land under the protection of shelterbelt increased by 20 percent and the yield of forage crops (corn in this case) increased by 25 percent. The yield of fodder herbs under the protection of shelterbelts can be increased further (up to 400 percent) if the artificial cultivation of grasses is effected under irrigation. The beneficial effect of shelterbelts also includes the protection of livestock from scalding heat of the sun or cold windstorm and snowstorm. Similar results have been reported from the coastal area of Caspian Sea in USSR (Kuligin C, 1979) and from Montana experimental station in USA (Ferber A, 1979).

Since the successful growth of trees requires some better sites, the shelterbelts on pasture land can be established on steppe or sandy plains with better moisture conditions, or at the periphery of oases where irrigation using surplus water is available. The main tree species for shelterbelts in northern part of China are some drought-resistant conifers and broad-leaved tree species such as *Pinus tabulaeformis*, *Pinus sylvestris* var. *mongolica*, *Ulmus pumila*, some drought-resistant hybrids of poplar in combination with some shrub species.

The ideal lay-out of sheterbelts on pasture land may be similar to that on farmland, that is: the main tree rows are nearly perpendicular to the direction of damage-causing wind; the distance between two adjacent main rows is about 15-20 times the height of the tree rows; the secondary tree rows are perpendicular to the main ones and form a network with them; their spacing is two times or more larger than the main rows. But more often the topography and soil conditions of pasture land do not permit the establishment of a regular network of shelterbelts; isolated individual shelterbelts or sometimes just artificial woodlots of compact structure are set up on better sites without forming a network. The woodlots may take the shape of a shortened belt, a square or a "["-shaped belt with the central part on the windward side. Sparse trees planted individually on pasture land can serve as "green umbrella" and also be beneficial to livestock. A new design of artificial woodlots on pasture land has been used in the Zhelimu prefecture in the Inner-Mongolia of China. It is called the "biological cattlepen" and takes the form of a "["-shaped tree-belt with densely planted shrubs at its periphery and sparsely planted trees (green umbrella) in the inner space. Every unit of such biological cattlepen can shelter about 1000 heads of cattle under its protection in case of need (e. g. at the time of windstorm). The biological cattlepens are established at 2 km apart from each other. 26 units have been established as yet and they promise great success (Pu Yongchang et al, 1989).

ESTABLISHMENT OF SHRUB FORAGE PLANTATIONS

On drier sites in arid zones, the land can not support satisfactory growth of trees. Xerophytic shrubs species are often used instead in plantations to prevent soil erosion and desertification, and to provide fodder for livestock and firewood for human livelihood. The leaves and twigs of many shrub species, especially those from the family *Papilionaceae*, are suitable fodder for livestock. The nutritional contents of some trees and shrubs are shown in table 1.

Table 1　Nutritional Composition of Some Woody Plants Suitable for Forage　%

species	part, state	water	crude protein	crude fate	crude fiber	crude ash	nitrogen-free extract
Salix matsudana	leaf, green	66. 80	5. 20	2. 00	4. 30	3. 20	18. 50
Ulmus pumila	leaf, green	69. 40	6. 80	1. 90	4. 10	4. 80	13. 00
Robinia pseudoacacia	leaf, green	71. 42	5. 99	1. 73	6. 27	1. 75	12. 84
Populus spp.	leaf, green	75. 12	1. 52	0. 38	0. 65	0. 98	21. 35
Monis alba	leaf, dry	10. 60	18. 90	4. 10	11. 70	9. 60	45. 10
Amorpha fruticosa	leaf, dry	10. 70	25. 02	5. 21	12. 50	5. 98	40. 59
Lespedeza bicolor	whole, dry	8. 70	14. 10	3. 60	24. 70	6. 30	57. 40
Elaeagnus angustifolia	leaf, dry	9. 80	14. 20	5. 90	15. 70	8. 00	46. 40
Haloxylon ammodendron	twig, dry	5. 35	12. 14	1. 69	21. 08	18. 36	46. 73
Calligonum spp.	shoot, dry	8. 23	6. 25	2. 35	28. 10	4. 95	58. 35
Eurotia ceratoides	shoot, dry	9. 25	22. 28	0. 70	22. 36	10. 03	34. 38
Kochia prastrata	shoot, dry	12. 21	16. 43	4. 80	33. 84	10. 18	22. 54
Caragana microphylla	leaf, dry	12. 27	31. 59	4. 48	23. 24	8. 80	19. 62
Hedysarum mongolicum	leef, dry	12. 13	25. 41	2. 84	35. 57	5. 93	18. 12

Shrubs are often planted densely in lines perpendicular to the direction of wind or to the direction of surface flow on slopes. The distance between adjacent lines are usually wide enough to permit successful growth of shrubs and at the same time to provide some space for growing grass. It was reported that in the year of severe drought when the yield of fodder grass was too low to support the living of large amount of livestock from starving, because the yield of the perenial shrubs is less sensitive to drought than that of grass species (Wang Xian, 1990).

The choice of shrub species compatible with certain sites is very important if any positive result is to be achieved. The species commonly used for forage, plantations in arid regions of China are shown in table 2.

Table 2 Main Shrub Species Used in Forage Plantations in Dry Regions of China

regions	names of shrub species
dry steppe	*Caragana microphylla*, *C. korshinskii*, *Lespedeza bicolor*, *Amorpha fruticosa*
loess plateau	*Caragana microphylla*, *Sophora viciifolia*, *Hippophae rhamnoides*, *Tamarix* spp.
sand area in arid and semiarid regions	*Hedysarum mongolicum*, *H. scoparium*, *Caragana microphylla*, *C. korshinskii*, *Calligonum* spp, *Haloxylon ammodendron*, *H. persicum*
desert area	*Haloxylon ammodendron*, *Eurotia ceratoides*, *Kochia prastrata*, *Tamarix* spp.

Some tree species like *Robinia pseudoacacia*, *Ulmus pumila*, *Salix matsudana* and *Morus alba* can also be grown in the shape of shrubs by using the sprouts from stumps (coppice method). They are more suitable as fodder plants than the mere dwarf trees prevailing on dry sites.

The common method for the establishment of shrub forage plantations is the planting of seedlings grown in tree nurseries. Some shrub species such as *Caragana microphylla* and *Hedysarum scoparium* may be established by seeding. The key measures to achieve high survival rate and normal growth of shrubs are different methods of water-conservative soil preparation, including deep ploughing, terracing and making scale-shaped holes (except on sandy areas).

SAND STABILIZATION WITH EMPHASIS ON PASTURE LAND AMELIORATION

The fixed sands with their psammophytic shrubs and herbs in the arid zone have been utilized as pasture land for sheep, camels and other livestock for a long time. The irrational land use to overgrazing may cause senous damage to such fragile ecosystem and transform the fixed sands into shifting ones. Many methods have been used successfully to stabilize the shifting sands. Among them seeding and planting of psammophytes, trees, shrubs or even some herbaceous plants which are the most effective ones, at improving the sandy pasture land and increasing its carrying capacity as well as stabilizing the shifting sands.

Various tree and shrub species are used in this respect depending on sites, regions and on the different parts of the sand dunes within one region. The commonly used tree-shrub species for sand stabilization and utilization in temperate arid zone of Eurasia are as follows: *Calligonum* spp. *Hedysarum* and *Haloxylon* spp. on the windward slopes, and *Eleanus angustifolia*, *Salix matsudana*, *Tamarix* spp. on the saline-alkaline lowland between the sand dunes. Methods of seeding and planting of these species have been widely described in the arid zone literature. The protective measures of prohibiting any kind of utilization (including grazing) during the first year of seeding and planting are essential. Due attention should be paid to the amelioration of the saline-alkaline lowlands among sand dunes, sometimes with high ground water table. These lowlands can be quite productive in the sense of tree growth and fodder grass yield if proper methods are used, including drainage, deep ploughing and the use of gypsum if necessary, planting suitable tree species in lines and seeding fodder grasses in-between the tree lines.

Air-seeding of psammophytes is one of the effective methods used for sand stabilization in areas with wide-spread shifting sands located in remote regions with few population. The experience of air-seeding in USSR and China shows that this is an effective method for sand stabilization if the proper species are chosen and seeded in proper time in accordance with the weather characteristics of local areas. It was stated, that air-seeding at the time when ground was covered with snow can achieve good results in rehabilitation of desert vegetation (Lian Yuanqiang et al, 1989).

PROTECTION AND REHABILITATION OF NATURAL FORESTS IN ARID ZONES

The grazing in the natural forests and nearby areas constitutes the simplest form of use of sylvopastoral ecosystem in arid zones. The regulation of grazing regime, the protection of the forests disturbed by grazing and the rehabilitation of forest ecosystems where destroyed or deforested are always the major concern in this area.

There are three major categories of natural forests growing in temperate arid zones; the coniferous forests (spruce, pine) on mountains with high elevation, the turanga forests (*Populus euphratica* and similar species) in the basin of some inland rivers with flooding water supply and the psammophytes-shrubs (*Haloxylon ammodendron* and others) in real desert areas. All these forests are usually mixed with or in proximity of pasture land and are also used for grazing in summer or in winter. The over-grazing in such forests often causes failure in regeneration due to compaction of soils and degradation in tree growth. Cutting for firewood in these forests accelerates the speed of deterioration and deforestation. In North West China alone, the area of turanga and Haloxylon forests have been reduced by more than 50 percent for the last 30 years. Many measures as part of the "Three-north Protective Forest Project" have been taken recently in China to rehabilitate the deteriorated forest land. The key elements of the techniques include: closing the area to any kind of utilization for some years; eliminating patches of old, slow growing trees and other gaps by replanting; establishing irrigation canals for using flood water (just for turanga forests) and seeding psammophytic shrubs on snow-covered ground. The results of these measures succeded in Xinjiang of China and some hundred thousands ha. of forest land have been regenerated and rejuvenated (Li huqun et al, 1989). The newly established forest ecosystem can then be used for grazing, but in a rational way with restricted number of livestock and properly organized regime of grazing in accordance with their carrying capacity.

CONCLUSION

Many techniques can be used in rehabilitation of sylvopastoral ecosystem in arid zones. It is very important that every technical measure is implemented in accordance with actual local characteristics and different measures should be used in combination to form a system in order to achieve the best results in establishing an efficient and ecologically sound sylvo-pastoral system. The international exchange of technical experiences and research findings in this respect should be encouraged and organized.

Shen Guofang, Wang Xian
Beijing Forestry University, Beijing China

CHOICE OF SPECIES IN CHINA'S PLANTATION FORESTRY*

Abstract: This paper reviews the new development of choice of tree species in China's plantation forestry in relation with forestry regionalization and site classification. After a brief descussion on the fundamental principles in choice of species, it gives the statistical data of the species composition of the established forest plantations and recomendation of suitable tree species for plantations in some important forestry regions. Results of studies in 3 different cases have been given to illustrate the research approach of choice of tree species in accordance with the planting sites.

Keywords: choice of species, forestry regionalization, site classification

INTRODUCTION

China has held the record of the biggest reforestattion and afforestation program for recent years. The area of annual tree planting (and seeding) is about 5 million hactres (5,350,000 ha in 1989). Because of the exceedingly diverse natural conditions in planting site and the difference in the aims of plantation establishment the tree species used in forest plantations are very diversified . More than 200 tree species have been commonly used in reforestation and afforestation and it is quite difficult to place all these tree species properly to achieve best results. Generations of Chinese forest scientists have worked on this subject both on the fundamental and practical sides (Wu Zhunglun. 1959, Shen Guofang. 1981). This problem can be regarded as basically solved in recent years, but further studies are still needed to define many minor aspects of the problem and to make deep-going progress in choosing the appropriate provenances or clones for certain tree species.

---

* 此文系沈国舫教授在1990年8月IUFRO Montreal 世界大会上宣读，并在会上分发，正式发表于《北京林业大学学报》(英文版)，1992(1).

FUNDAMENTAL PRINCIPLES

The fundamental principles in chosing tree species for forest plantations are almost the same in worldwide silvicultural literatures (Smith D. M. 1986, Redko G. I. 1985, Shen Guofang. 1981). Firstly, the species chosen should be adapted to the site, that is the climate, soil and biotic environment. This principle is worded in China as "suitable tree species for suitable sites" or "matching species with the site". It is simple in expression, but very complicated to realize. Long term experience of planting experiments and practices is needed to make certain the matching effect of different choices.

The second fundamental principle in choosing tree species is meeting the aim of plantation establishment as closely as possible. The purposes of plantation establishment may be different in different cases thus demand different tree species. For timber production the choice should be made with the targets of high productivity, superior wood quality, low cost of establishment and management, and sometimes short rotation period as well. For establishment of protective forest plantations the choice should be made with other targets such as wind – break or soil erosion control efficiency along with certain properties in economical aspects. For recreation and amenity purposes the targets for choice of species are quite different from previous ones and emphases are put on the selection of the form and colour of crowns, leaves and flowers of trees, their seasonal changes and relation to the wildlife habitants etc. In recent years as indicated by some scientists after generalizing the lessons of plantation forestry in many regions (Grossnickle S. et al, 1985), the criteria of stability or reliability, i. e. the ability of species to be resistant and resilient to all potential hazards, should be put forward in all cases. Dramatic climate change, fungal or pest damage, possible damage by fire, rodents and other biotic or abiotic agents should be always put into accounts while evaluating the suitability and profitability of certain tree species.

Thus, the choice of tree species should be done regionally and even locally in accordance with the site types and the forest categories (including multiple-purpose management) which the established plantations are aimed to belong to. In practice, the choice of species is done with additional considerations on seed or seedling supply, existence of the technical experiences in handling the tree species and some other practical aspects.

MAIN TREE SPECIES USED IN PLANTATION FORESTRY

Among more than 200 tree species used in China's plantation forestry, about 40 tree species are used in relatively large scale, and are reflected in the statistical data gathered during last forest inventory in 1984 – 1988 (Ministry of Forestry PRC, 1989). From the Table 1 we may easily draw the general idea of kinds of tree species used in China's plantation forestry.

Table 1　Areas of Forest Plantations in China According to Their Dominated Species

dominated tree species	areas(thous. ha.)	dominated tree species	areas(thous. ha.)
National Grand Total	31011	Subtotal for broadleaved	5923
Total for timber productive	18743	*Populus* spp.	2587
Subtotal for coniferous	12820	*Eucalyptus* spp.	287
Cunninghamia lanceolata	4498	*Quercus* and *Castanopsis*	161
Pinus massoniana(and south. pines)	3326	*Casuarina* spp.	89
Larix spp.	1519	*Paulounia* spp.	44
Pinus tabulaeformis	1234	*Betula* spp.	12
Cupressus and *Platycladus*	700	*Phoebe* spp.	6
Pinus yunnanensis	328	*Sassafras tzumu*	3
Pinus armandi	252	*Cinnamomum camphora*	2
Pinus koraiensis	243	Northeast hardwood(*Fraxinus*, *Juglans*, *Phellodendron*)	26
Picea spp.	167	Other soft broadleaved	1312
Pinus sylvestris var. *mongolica*	158	Other hard broadleaved	581
Abies spp.	55	Mixed broadleaved	813
Cryptomeria fortumei	40	Total for economical(nontimber productive) plantations	8722
Pinus thunbergii and *P. densiflora*	33	Oil-bearing species	6205
Pinus densata	19	Other economical species	2517
Metasequoia glyptostroboides	11	Total for bamboo plantations	3546
Pinus khasya	5	*Phyllostachys pubescens*	2526
Mixed coniferous	106	Other bamboo species	1020
Mixed coniferous with broadleaved	126		

CHOICE OF SPECIES AND FORESTRY REGIONALIZATION

China has vast territory with diversified natural and social – economic conditions. It is quite evident that the problem of choice of species should be solved regionally. The first attempt of such kind was made in 1955 by professor Wu Zhunglun, who divided China into 18 forestry regions and nominated suitable tree species in each region (Ministry of Forestry PRC 1955). Later in 1978 professor Zhen Wanjun and Shen Guofang, after summarizing the accumulated experiences in China's plantation forestry, presented more enriched spectrum of suitable species following more detailed regionalization (26 regions). It was published in the form of appendix in the voluminous monograph "The Silviculture of Main Tree Species in China" (Zhen Wanjun et al, 1978). The studies on forestry regionalization have been further developed in accordance with the fast development of plantation forestry in 1980s. It led to the publication of final project of national forestry regionalization with division into 8 great regions with 50 forestry regions of secondary rank (Ministry of Forestry PRC 1987). This project of regionalization serves the basis for establishing the system of site classification.

Suggestion of suitable tree species for plantations in each newly projected forestry region remains a matter of detailed study. Nevertherless, it is possible to suggest spectrum of suitable tree species for some important forestry regions on the basis of previous studies (Zhen Wanjun et al 1978, Shen Guofang et al 1989) and experiences (Table 2 and appendix).

Table 2 Natural characteristics and main suitable tree species for some important forestry regions

Forestry Regions and their Indexes	Locations and Natural Characteristics					Main Suitable Tree Species
	latitude (N)	elevation (m)	aver. temperature (℃)	aver. rainfall (mm)	typical vegetation	
I_1, Northern Part of Greater Xinan Mountain Range	46°-53°	100-1700	−6°- −2°	400-500	boreal conif. forest	*Larix gmelini*, *Pinus sylvestris* var. *mongolica*, *Picea koraiensis*, *Betula platyphylla*
I_4 and I_7, Minor Xinan and Changbai Mountain Ranges	40°-51°	50-2700	−2°-4°	450-1100	temperate mixed conif. and broadleaved forest	*Pinus koraiensis*, *Larix olgensis*, *L. gmelini*, *L. leptolepis*, *Picea koraiensis*, *Abies holophylla*, *Fraxinus mandshurica*, *Juglans mandshurica*, *Phellodendron amurense*, *Populus ussuriensis*, *P. koreana*, *P.* × *xiaohei*, *Tilia amurense*
II_9 and II_{11}, Northern and Southern Xinjian Basins with Oasis	37°-47°	250-1500	4°-12°	15-200	temperate brush desert and oasis farmland	*Populus bolleana*, *P. alba*, *P. nigra* v. *thevestina*, *P. euphratica*, *Salix alba*, *Ulmus pumila*, *U. laevis*, *Fraxinus americana*, *Juglans regia*, *Prunus amygdalus*, *Pistacia vera*, *Morus alba*, *Elaeagnus angustifolia*, *Hippophae rhamnoides*, *Haloxylon ammodendron*, *Tamarix chinensis*, *Hedysarun scoparium*

（续）

Forestry Regions and their Indexes	Locations and Natural Characteristics					Main Suitable Tree Species
	latitude (N)	elevation (m)	aver. temperature(℃)	aver. rainfall(mm)	typical vegetation	
Ⅱ $_{8}$, Ⅱ $_{10}$ and Ⅱ $_{13}$, Altai, Tian shan and Qilian Mountain Ranges	37°-49°	1000-7714	-5°-7°	260-800	subalpine conif. forest, alpine meadow	*Picea schrenkiana* var. *tianshanica*, *P. crassifolia*, *Larix sibirica*, *Pinus sylvestris* var. *mongolica*, *Populus alba*, *P. cathayana*, *Salix alba*, *Hippophae rhamnoides*
Ⅱ $_{16}$ and Ⅱ $_{17}$, Eastern Part of Inner-Mongolian plateau and Daqingshan Mountain	41°-47°	1000-2000	-1°-6°	150-450	temperate semidesert steppe, open conif forest	*Pinus tabulaeformis*, *P. sylvestris* var. *mongolica*, *Larix principis-rupprechtii*, *Juniperus rigida*, *Populus simonii*, *P.* × *beijingensis*, *P.* × *xiaozhanica*, *Salix matsudana*, *Ulmus pumila*, *Xanthoceras sorbifolia*, *Elaeagnus angustifolia*, *Hippophae rhamnoides*, *Caragana microphylla*, *Salix mongolica*
Ⅲ $_{19}$, Loess Plateau and Hills	35°-41°	400-2000	3°-13°	350-500	warmtemperate deciduous forest and eroded farmland	*Pinus tabulaeformis*, *Platycladus orientalis*, *Robinia pseudoacacia*, *Ailanthus altissima*, *Ulmus pumila*, *Populus hopeiensis*, *P. simonii*, *Salix matsudana*, *Juglans regia*, *Zanthoxylum bungeanum*, *Ziziphus jujuba*, *Hippophae rhamnoides*, *Caragana microphylla*, *C. korshinskii*
Ⅳ $_{22}$, Yanshan and Taihang mountain Ranges	34°-42°	50-3000	4°-14°	400-700	warm temperate decidious broadleaved forest	*Pinus tabulaeformis*, *P. armandi*, *P. bungeana*, *Larix principis-rupprechtii*, *Platycladus orientalis*, *Robinia pseudoacacia*, *Catalpa bungei*, *Quercus acutissima*, *Q. variabilis*, *Acer truncatum*, *Populus cathayana*, *P. tomentosa*, *Juglans regia*, *Castanea mollissima*, *Diospyros kaki*, *Ziziphus jujuba*, *Hippophae rhamnoides*, *Amorpha fruticosa*

（续）

Forestry Regions and their Indexes	Locations and Natural Characteristics					Main Suitable Tree Species
	latitude (N)	elevation (m)	aver. temperature(℃)	aver. rainfall(mm)	typical vegetation	
Ⅳ$_{23}$, North China plain	33°-42°	5-50	6.5°-14°	500-950	warm temperate deciduous broadleaved forest and farmland	*Platycladus orientalis*, *Pinus bungeana*, *Metasequoia glyptostroboides*, *Ginkgo biloba*, *Populus tomentosa*, *P.* × *canadensis*, *P.* × *xiaozhanica*, *P.* × *euramericana* cv. 'Sacrau 79', *Salix matsudana*, *Ulmus pumila*, *Sophora japonica*, *Robinia pseudoacacia*, *Paulownia elongata*, *Catalpa bungei*, *Fraxinus americana*, *Toona sinensis*, *Juglans regia*, *Diospyros kaki*, *Ziziphus jujuba*, *Amorpha fruticosa*
Ⅵ$_{27}$, High Mountains with Deep Gorges in South West China	26°-34°	200-6250	−3.2°-18.1°	500-1100	evergreen broadleaved forest, coniforest, alpine meadow	*Pinus densata*, *P. tabulaeformis*, *P armandi*, *Larix potaninii*, *Picea asperata*, *P. likiangensis*, *P. purpurea*, *Abies faberi*, *A. faxoniana*, *A. squamata*, *Populus cathayana*, *Pinus yunnanensis*
Ⅶ$_{33}$, Plain in Middle and Lower Reaches of Yangtse River	28°-34°	0-200	13.7°-18°	930-1800	mixed deciduous and evergreen broadleaved forest and paddy field	*Metasequoia glyptostroboides*, *Taxodium ascendens*, *T. disticum*, *Cedrus deodora*, *Ginkgo biloba*, *Populus euramericana* cv '1 – 214', *P. euramericana* cv. '1 – 72', *P. euramericana* cv '1 – 69', *Salix babylonica*, *Paulownia fortunei*, *Platanus hispanica*, *Melia azedarach*, *Catalpa bungei*, *Morus alba*
Ⅶ$_{36}$, Yunnan Plateau	24°-29°	1500-2500	15°-16°	800-1100	subtropical coniferous and evergreen broadleaved forest	*Pinus yunnanensis*, *P. khasya*, *P. armandi*, *Cunninghamia lanceolata*, *Cryptomeria fortunei*, *Cupressus duclouxiana*, *Populus yunnanensis*, *Catalpa duclouxii*, *Toona sureni*, *Schima wallichii*, *Alnus nepalensis*, *Eucalyptus globulus*, *E. maidenii*, *Liriodendron chinensis*, *Sinocalamus affinis*, *Camellia oleifera*, *Juglans sigillata*, *Acacia mearnsii*

（续）

Forestry Regions and their Indexes	Locations and Natural Characteristics					Main Suitable Tree Species
	latitude (N)	elevation (m)	aver. temperature(℃)	aver. rainfall(mm)	typical vegetation	
Ⅶ38 and Ⅶ41, Nanling and Wuyi Mountain Ranges	23°-29°	100-2100	16°-21°	1200-2100	Subtropical evergreen broad-leaved forest	*Cunninghamia lanceolata*, *Cryptomeria fortunei*, *Pinus massoniana*, *P. taiwanensis*, *P. taeda*, *P. elliottii*, *Cupressus funebris*, *Fokienia hodginsii*, *Sasafras tzumu*, *Castanopsis kawakamii*, *Cinnamomum camphora*, *Phoebe bournei*, *Phyllostachys pubescens*, *Camellia oleifera*, *C. sinensis*, *Aleurites fordii*, *Castanea mollissima*, *Acacia mearnsii*, *Rhus verniciflua*, *Trachycarpus fortunei*
Ⅷ49 Hills and plain along the sea Coast of Guangdong and Fujian Provinces	22°-26°	0-500	20°-22°	1100-2000	subtropical monsoon evergreen broad-leaved forest and paddy field	*Pinus massoniana*, *P. elliottii*, *P. caribaea*, *Cunninghamia lanceolata*, *Taxodium ascendens*, *T. disticum*, *Eucalyptus* spp., *Casuarina equisetifolia*, *Castanopsis hystrix*, *Acacia auriculaeformis*, *Aibizzia falcata*, *Bambosa textilis*, *B. pervariabilis*, *Camelia oleifera*, *Aleurites montana*, *Litchi chinensis*, *Acacia mearnsii*, *Livistana chinensis*

CHOICE OF SPECIES FOR PLANTING SITES

The planting sites are still quite diversified even within every forestry region mainly owing to their topographic and soil conditions. Vegetation ,its species composition and coverage has also some effect on the site condition. Choice of tree species should be made in accordance with the local site condition, where the forest plantation is planned to be established. Many researches recently have been focused on the effect of site factors,separately or in combination,on the growth and yield of certain tree species. Multiple regression analysis has been used for this purpose to determine the suitable sites for tree species in the region. The result of such study with *Pinus tabulaeformis* in northern part of Taihang Mountain region (Ⅳ 22) can serve as an example (Shen Guofang et al, 1981,1985). It is shown in Table 3.

Table 3 Top Heights of *Pinus tabulaeformis* Related to Site Factors at the Age of 25[①]

EL	<400m			400-800m			800-1200m			1200-1600m		
SD \ ASP	S,SW,W	E,SE	N,NE,NW	S,SW,W	E,SE	N,NE,NW	S,SW,W	E,SE	N,NE,NW	S,SW,W	E,SE	N,NE,NW
>81cm	5.61	6.01	6.42	6.00	6.41	6.81	6.39	6.80	7.20	6.78	7.19	7.59
51-80cm	4.93	5.34	5.74	5.32	5.73	6.13	5.72	6.12	6.52	6.11	6.51	6.92
31-50cm	4.26	4.66	5.06	4.65	5.05	5.45	5.04	5.44	5.85	5.43	5.83	6.42
<30cm	3.58	3.98	4.39	3.99	4.37	4.78	4.36	4.77	5.17	4.75	5.16	5.56

Comparing the result of this study with similar studies on *Larix principis-rupprechtii* and *Platycladus orientalis* (Shen Guofang, 1980, 1985), one may easily conclude that *Larix* grows better than pine on the planting sites with deep soils (>50cm) on the northern slopes of higher elevation (>800m), whereas the planting sites with shallow or middle-depth soil on the southern slopes of low elevation(<800m) are not suitable for *Pinus tabulaeformis* but bearable for *Platycladus*.

A parallel study (Fu Jun and Shen Guofang, 1988) on the effect of site factors on the growth and yield of *Cunninghamia lanceolata* and *Pinus massoniana* in a subtropical humid mountain region-Mufushan region (Ⅶ 34) shows that these two main tree species in the southern plantation forestry can be well separated to different planting sites according to their growth response (Table 4).

Table 4 Top Heights of *Cunninghamia lanceolata* and *Pinus massoniana* (Hc/Hp in m.) Related to Site Factors at the Age of 20 in Mufushan Region

unit: m

Position on slope	Form of slope	Soil depth and texture					
		<40cm		40-80cm		>80cm	
		clay	loam	clay	loam	clay	loam
upper and ridge	convex	8.9/9.9	10.1/10.6	10.3/10.7	11.5/11.4	11.1/11.2	12.3/11.9
	concave	9.3/10.1	10.4/10.8	10.6/10.9	11.8/11.4	11.5/11.4	12.6/12.1
	terrace	10.2/10.6	11.3/11.3	11.5/11.4	12.7/12.1	12.4/11.9	13.5/12.6
middle and low	convex	10.0/10.6	11.2/11.3	11.4/11.4	12.6/12.1	12.3/11.9	13.4/12.6
	concave	10.4/10.8	11.6/11.5	11.8/11.6	12.9/12.3	12.6/12.1	13.8/12.8
	terrace	11.3/11.3	12.5/12.0	12.7/12.1	13.8/12.8	13.5/12.6	14.7/13.3

From Table 4 we can distinguish 4 areas. Area 1 with Hc <9.9m. is the worst site for plantation. It occupies only 2% of total forest land area in the region and is suitable only for

① This table is based on the multiple regression equation;

$H_T = 2.1049 + 0.6773\ SD + 0.3917EL + 0.404SP$;

where SD-soil depth in 4 grades corrected with humus property of soil;

EL—elevation in 4 grades;

ASP—aspect in 3 grades。

plantations of *Pinus massoniana*. Area 2 with Hc at 10-11. 9m, occupying 11% of total forest land area is suitable for *Pinus massoniana*, *Camellia oleifera* or for mixed *Cunninghamia* × *Pinus* plantations. Recently more and more plantations of *Pinus teada* and *Pinus elliotii* are being established on this site allocated previously to *P. massoniana*. Area 3 with Hc at 11. 0-12. 9m. occupying 67% of total forest land area in the region is the main site for plantations of *Cunninghamia lanceolata* and some hardwood tree species. Area 4 with Hc >13m, occupying 20% of total forest land area in the region, is the basearea for high-yield plantations of *Cunninghamia*.

Simillar parallel study on the effect of site factors on the growth of some important Northeast tree species (*Pinus koraiensis*, *Larix olgensis*, *Pinus sylvestris* var. *mongolica*) gives the same basis to allocate these tree species to different planting sites (Li Qing-chao, 1988).

All of this kind of researches is very helpful to the site classification, which is being studied intensively in almost every more or less important forestry regions (Zhou Zhenxian and Yang Siyi 1987, Shen Guofang, 1987). A new effort has just appeared to summarize such kind of researches in order to establish a national system of site classification (Zhan Zhaoning et al, 1989).

Though certain progress has been achieved in this field, the economical aspect of choice of species is still a weak point of study and it is hopeful also to strengthen this field of study in order to make China's plantation forestry more productive, profitable and reliable.

Shen Guofang
Professor of Silviculture
Beijing Forestry University
Beijing , China

FOREST DEGRADATION AND REHABILITATION IN CHINA*

Abstract: This paper consists of four parts. The first part describes a historical profile of the forest degradation process in China from pre-agricultural period up to the middle of last century. The second part briefly introduced the reforestation efforts made in China to reverse the deforestation and degradation processes and to achieve some increasing of forest resources in the second half of last century. Both parts are illustrated by figures in two tables either by assumptions based on geobotanical analysis and historical reports or by the results of successive national surveys of forest resources in the last 30 years. In the third part the launching of two newly initiated forest rehabilitation protects named the Natural Forest Protection Project (NFPP) and Cropland Conversion to Forest Grassland Project (LCP), are expounded and some policies and implemental practices of these two projects are specified. These two projects constitute the mainstay of the great effort by the Chinese government and people to rehabilitate in the new century the eroded and degraded lands on a large scale. Following some statements on the positive results of successful implementation of the NFPP and LCP, some defects of their implementation exposed by recent project evaluation are indicated in the fourth part and some corresponding suggestions to improve the policies and their implementation are delivered. They are mainly related to taking more care of the local people's interest and getting more involvement of the people in policy formation and implementation. It is also suggested that the policies and their implementation should be more flexible and region specific and more room should be left to use natural force for rehabilitation. The financial input for implementing these two projects should be enlarged to fully compensate the loss induced by the logging ban and to cover more expenditure for obtaining better results of tree planting and grass sowing in arid and semiarid regions.

---

* 本文来源：FAO Regional Office for Asia and the Pacific. Bringing Back the Forests: Policies and Praetices for Degraded Lands and Forests, Proceedings of an International Conference. Bangkok: FAO RAP, 2003, 119-125.

A HISTORICAL PROFILE OF FOREST DEGRADATION IN CHINA

China in the range of recent national territory was rich in forest resources in the prehistorical period. It is assumed, based on the different sources of scientific knowledge ranging from climatology to archaeology, that the south east of China have totally humid and semihumid areas was covered with a high percentage by forests and the north west of China have mostly arid and semiarid areas still had some forests on the high mountains towering over the grasslands and deserts. The overall forest coverage of China's territory in the pre-historical or pre-agricultural period (about 4000-5000 years ago) is estimated by different authors at 50%-60%. Then the forest vegetation was destroyed or degraded in the long historical period up to the last century by agricultural and pastoral encroachment, overcutting for building material and fuel as well as by repeated wars and imperialist invasions. The historical profile of deforestation and forest degradation in China can be traced back by assumption based on climatic and landscape analogy and by using historical records with descriptions of the localities in different historical periods. The long history of China's civilization provides us with rich literature material for nearly every county settled initially in ancient times.

By summarizing all these historical records with supplemental geobotanical analysis, a historical profile of the deforestation process in China can be revealed in a sketchy manner as illustrated in the following table (Table 1).

Table 1 Deforestation Profile in the History of China

Historical period	Main damage in the past period	Forest coverage (%)
4000 years ago pre-agricultural period (Shang dynasty)	Balanced with other vegetation types, small changes by hunting and collecting activities	≈60
2000 years ago (Han dynasty)	Most of plain forests vanished, damage along the Great Wall	<50
1000 years ago (Between Tang and Song dynasties)	Heavy damage of forest in Shanxi, Sha'anxi, Gansu Provinces and east of Sichuan	<40
350 years ago (Beginning of Qing dynasty)	Most of the forests in north China destroyed, some damage of forests in south China	21
50 years ago (Before the establishment of the P. R. C.)	Serious damage of forest in northeast and southwest China	12.5

Source: *Shen* et al. (2000).

From Table 1 it can be inferred that the deforestation and degradation process has taken place in China for a long period of time in and accelerated manner up to the mid-20th century and it has always accompanied population growth and cropland expansion, with drastic acceleration during wars or at the shifting stage of two successive dynasties usually with social unrest and turmoil. Therefore, social stability and substantial economical growth combined with population control and restrained use of natural resources are essential to stop the deforestation process.

THE STRUGGLE FOR REVERSING THE DEGRADATION PROCESS IN THE SECOND HALF OF LAST CENTURY

Since the founding of the P. R. C. , the government has been aware of the lack of forest resources in China as a result of long-term deforestation in the past and has intended to reverse the degradation process by encouraging mass involvement in the afforestation campaign. Closing mountains for forest rehabilitation and establishment of shelterbelt systems in some eroded regions were practised widely in 1950s and 1960s and have received some positive results. But at the same time the need to support the national economy in the early years of industrialization, and because of the lack of scientific knowledge on rational forest management overcutting of forests, especially those in the Northeast, was practised and continued for quite a long time. The depletion of forest resources in general and the excessive exploitation of the forests in the upper reaches of the Yangtze River in the Southwest in particular have led to nagative ecological consequences and worsened the economical situation in local forestry enterprises. The national project of establishing Three-North Projective Forest System was initiated in 1978 as the first response to the environmental degradation in northern China. It was followed by several national forestry projects in the 1980s and 1990s on the upper reaches of the Yangtze River, in the coastal region, in the Taihang Mountain region, etc. Besides, targeting to meet the increasing demand for timber and paper products in line with economic development, a national project on establishing fast-growing and high-yielding forest plantations was also initiated and implemented with the help of the World Bank. All these efforts have made some compensations for past losses and the trend of decreasing forest resources in terms of land area and total growing stock was reversed in the period starting from the mid-1980s up to the end of last century. The results of all these efforts can be summarized and illustrated from the changes in forest resources at different periods during the second half of last century (Table 2). The periodical national forest inventories, beginning from the 1970s provided helpful information.

Table 2 Changes of Forest Resources in Modern China(1949-1998)

Period	Forest area ($\times 10^6 hm^2$)	Forest coverage(%)	Total growing stock($\times 10^8 m^3$)	Mature and overmature forest area($\times 10^6 hm^2$)
Before 1949	≈120	12.5	116	≈48
1950-1962	113.36	11.8	110	41.71
1973-1979 1st nat. inv.	121.86	12.7	105	28.12
1977-1981 2nd nat. inv.	115.28	12.0	102.6	22.05
1984-1988 3rd nat. inv.	124.65	12.98	105.7	14.20
1989-1993 4th nat. inv.	133.70 (145.23*)	13.92 (15.12*)	117.8	13.49
1994-1998 5th nat. inv.	158.94*	16.55*	124.9*	13.30*

* According to the new standard of forested area(above 0.2 crown density). nat. inv. is the abbreviation for national inventory.

From Table 2, it can be seen that the forest coverage in the first 30 years remained at almost the same level because of the compensatory effect of afforestation on overcutting in some forest regions, but the total growing stock was decreased. However, from the 1980s, the forest resources have increased significantly in terms of land area and total growing stock. But the available mature forest resource for timber production was still decreasing and the quality of forest resource was low with respect to age structure, productivity, valuable timber in species composition, etc. It should also be mentioned that environmental degradation in China has not been stopped despite the rehabilitation efforts. Additional concerns about global climate change and biodiversity conservation, which have been raised in the last decades, have made the Chinese Government more consistently consider environmental issues as a main task of modern forestry.

THE LAUNCHING OF NEW FOREST REHABILITATION PROJECTS

The big flooding by the Yangtz and other rivers in 1998 stimulated the environmental awareness of the government leaders and the public. In response, some immediate measures were taken including a logging ban in the forests located at the upper and middle reaches of the Yangtze and other big rivers. In fact, the policy on conservation of natural forests had been discussed at the central governmental level for several years especially in 1996-1997, and the big flood in 1998 stirred the policy-makers to make up their minds and accelerated the process of implementing the policy and adopting the project on natural forest protection (NFPP). It is also evident that a single project of protecting the existing forests is not enough to reverse the environmental defects; soil erosion control should be enforced especially on those croplands on steep slopes, which contributed more than 70% of the total eroded silts in river basins. Thus following the NFPP a new project on Cropland Conversion to Forest Grassland of Grain for Green Project(LCP) was initiated in 1999 to tackle another aspect of environmental degradation. These two projects, the NFPP and LCP combined, represent the mainstay of China's rehabilitation efforts in the new century.

The policy and implementation of the National Forest Protection Project (NFPP)

This project was inaugurated in 1998 and had gone through a pilot stage of implementation up to the year 2000. Now it is in the process of full implementation and has been included in the 10th national 5-year plan of economical and social development (2001 – 2005). The main tasks of the NFPP consist of two parts. The first part is the logging ban of natural forests in the upper reaches of the Yangtze River and upper and middle reaches of the Yellow River. These regions spread over 764 counties and forest enterprises within 13 west provinces (or autonomous regions), in which 30.38 million hm^2 of natural forest are strictly protected, while another 30.38 million hm^2 of forest land (including shrubs and newly planted areas) are under supervised management. The second part is the natural forest protection for national forests located in Northeast China and the eastern part of Inner Mongolia (Great Xing'an Mountain forests) on a differentiated management basis. Within the total area of 34.18 million hm^2 forested land, 14.09 million hm^2 are allocated for strict ecological protection, another share of 12.06 million hm^2 is allocated for balanced protection and management in the common protective zone, and only 8.03 million hm^2 of forested areas, that constitute 23.5 percent of the total are considered to be commercial forests. A diminished logging quota has been set up, that is 7.5 million m^3 less than 5 years ago in the region alone.

A large amount of financial resources has been put in the NFPP to support a substantially large staff for forest protection, reforestation and management and to compensate for the loss caused by reducing timber logging.

The policy and Implementation of Cropland Conversion to Forest/Grassland Project (LCP)

This project was inaugurated in late 1999 and had gone through 2 years (2000 – 2001) of the pilot stage of implementation in several provinces, and beginning from this year (2002) is getting into full implementation covering almost all provinces. It also has been included in the 10th national 5-year plan. The policy of the LCP is to convert those croplands exposed to erosion (on steep slopes or on other degraded lands) to forests of grasslands. As compensation for the loss of crop harvest the government provides subsidies to the farmers at 100 – 150 kg grain (depending on the regions) and 20 yuan cash for every *mu* (1/15 of hm^2) of land conversion. Besides, the government also provides 50 yuan for each *mu* of land conversion for the purchase of tree seeds or nursery stocks for afforestation. The LCP policy aimed at environmental rehabilitation, rural poverty alleviation and transformation of rural economical structure has been much welcomed by the farmers and grass root units. Up to the middle of 2002 year, more than 2.3 million hm^2 of eroded croplands have been converted. A 10-year plan of LCP has been worked out , which has set a target of more than 14.7 millions hm^2 of degraded lands to be converted to forests and grasslands with total financial input of about 350 billions yuan. By the end of the 10-year plan of the LCP the forest and grassland coverage in the projected regions should be increased by 5 percent and the land area of about 1.9 million km^2 will be thus protected to some degree.

These two newly launched rehabilitation projects, the NFPP and LCP, are functioning as the mainstay of a large-scale system of ecological construction in China, where some old projects like the Three-North Projection Forest System are still being implemented in a combined way. A new project on desertification control around the capital is in operation right now in response to the serious sand storm damage occurring in recent years.

SOME DEFECTS IN IMPLEMENTING THE REHABILITATION PROJECTS AND SUGGESTIONS FOR THEIR IMPROVEMENT

In general, these two new rehabilitation projects are being implemented quite successful. The natural forests, especially those in the west regions, are carefully protected and the logging ban has been realized under strict control. The land conversion has been carried out in large areas and most farmers are willing to get grain and money as compensation. Ecological conditions in some regions have been improving with reduced water and wind erosions. The planting of fruit trees, nut trees, and bamboo, etc. is promising to increase the income of the farmers, whereas the sowing of grass, alfalfa in many cases, has activated cattle and sheep breeding in villages. Nevertheless, there are defects or shortcomings in implementing these projects which should be regarded seriously.

Some defects in implementing the rehabilitation projects

(a) The coverage of the NFPP is too wide; not only are the national natural forests under the logging ban, but collectively owned forests (usually village community and private forests are also affected). Some of the community and private forests are of artificial origin, and were planted for commercial purposes using World Bank Loans and alike. The logging ban by the government undercuts the promising income and threatens the security of forest tenure and ownership.

(b) Logging ban in its conventional sense means only the banning of commercial logging but in reality the government officials, being afraid of illegal cuttings, have been imposing a ban of any kind of cutting, including intermediate and sanitary cuttings. Such kind of overall cutting ban has made forest management very difficult that will have negative impact on forest conditions.

(c) The government input for implementing the NFPP is not big enough to cover all the costs including the cost of reduced employment in the logging industry and the support sufficient staffs for rational forest management. There are evident signs of poverty in the forestry related communities due to losses of income related to logging.

(d) The policy of the LCP is too rigid for all regions which are quite varied in their natural and socio-economic conditions. Some people from certain regions are not satisfied with the amount of compensation they receive, while others would not accept the afforestation recommendations made by local governments. The imposed ratio between forests and grasslands being converted and the imposed limitation of economical (NFFP) forest ratio (no more than 20 percent of afforestated area) do not always correspond with the regional specifics.

(e) The artificial afforestation orientation after land conversion is exaggerated in some regions, especially in the arid and semiarid regions, where the afforestation effort should be conditioned by the water resource availability. The potential of natural rehabilitation has not been used fully, because the converted land under natural rehabilitation would not get the government subsidy.

(f) The NFPP and LCP are only parts of the regional ecological construction programme. Their implementation can be more effective through comprehensive coordination with other measures such as terracing and amelioration of the remaining croplands, improvement of irrigation, construction of check-dams for erosion control, use of agricultural techniques to increase crop yield, grassland fencing and amelioration, control of grazing, etc. But in reality, every project is run by a separate sector and there is lack of coordination among different sectors running different projects.

All these defects mentioned above may occur here or there and to some extent they have originated from the top-down nature of the policies and from the rigidity of the policies that does not allow the local implementing units some room for flexibility. Besides, there are some scientific uncertainties and technical difficulties regarding the interrelation between vegetation cover and water resource availability. There is also a lack of available techniques for successful afforestation in arid and semiarid regions.

Some suggestions for improvement in policies and their implementation

(a) The top-down rehabilitation policies should be further improved by collecting different opinions and responses from the local people and farmers and making adjustments according to local specifics.

(b)The NFPP should place more emphasis on sustainable management of natural forests. The logging ban should be clarified and incorporate transitional characteristic;a strict ban on harvest cuttings should be imposed only in restricted areas of ecologically sensitive natural forests,mostly national forests. Most of the natural forests should be oriented to rational management in a sustainable manner which allows sustainable use of forest resources, with rationalized intermediate cuttings and other improvement management prescriptions to be encouraged.

(c) More financial input for natural forest conservation should be allocated to support a sufficient and efficient force of forest management staff and to compensate for the loss of forest related activities caused by the logging ban.

(d) The policy of the Land Conversion Project (LCP) should have some flexibility for different regions. The ratio between economical forest(for NFPP) and socalled ecological forests should be determined forest and grassland to be converted and the ratio between scientifically and locally. The natural rehabilitation of lands after farming is stopped should be encouraged, especially in arid and semiarid regions.

(c) All those government projects oriented at forest rehabilitation and environment protection should be coordinated and run by people from different sections in a combined manner. The leading bodies of local governments, especially at the county level, may play a very important role in the coordination of comprehensive efforts. Some policies should be clarified giving the county government leaders some power in regulating and coordinating the different projects being implemented concurrently in the same regions.

Shen Guofang

Chinese Academy of Engineering,Beijing China

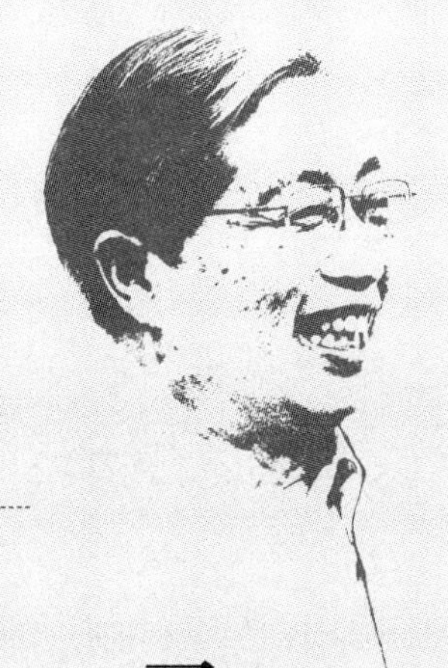

附　录

论文及著作目录

本部分收录了沈国舫发表的所有论文及著作的目录，包括期刊目录 163 条，所指导的学位论文及学术论文 67 条，报刊文章 49 条，著作 25 条，主要译作 8 条。每类均按时间顺序排列。

一、期刊文章

1. 沈国舫. 编制立地条件类型表及制定造林类型的理论基础[G]// 中华人民共和国林业部造林设计局. 编制立地条件类型表及设计造林类型：造林技术设计资料汇编第二辑. 北京：中国林业出版社，1958：17-25.
2. 中国林业科学研究院林研所造林研究室，北京市农林局西山造林所，北京林学院造林教研组. 油松造林技术的调查研究：研究报告 营林部分第6号[R]. 北京：中国林业科学研究院科学技术情报室，1959.
3. 沈国舫. 秋季造林[J]. 中国林业，1961(9)：16-17.
4. 沈国舫，陈义，富裕华. 油松群状造林问题的探讨[J]. 中国林业，1963(2)：12-14.
5. 沈国舫，白俊仪. 北京市西山地区油松灌木人工混交幼林的研究[G]// 北京市林学会. 北京市林学会1965年荒山造林经验交流会议资料汇编. 北京：北京市林学会，1965：1-24.
6. 沈国舫，富裕华，陈义. 丛生油松穴内间伐问题的研究[J]. 林业科学，1965，10(4)：292-298.
7. 云南林学院林业系林73班工农兵学员(沈国舫执笔). 安宁县华山松人工林调查报告[J]. 林业科技通讯，1974(5)：11-13.
8. 沈国舫. 林业技术讲座：造林部分：第一讲 几个基本概念[J]. 林业实用技术，1974(11)：19-20.
9. 沈国舫. 林业技术讲座：造林部分：第二讲 适地适树[J]. 林业实用技术，1974(11)：20；1974(12)：25-27.
10. 沈国舫. 林业技术讲座：造林部分：第三讲 合理结构[J]. 林业实用技术，1975(1)：17，20-21；1975(2)：19-20.
11. 沈国舫. 林业技术讲座：造林部分：第四讲 细致整地[J]. 林业实用技术，1975(3)：20；1975(4)：19-20.
12. 沈国舫. 林业技术讲座：造林部分：第五讲 认真种植[J]. 林业实用技术，1975(5)：21-22；1975(6)：19-20.
13. 沈国舫. 林业技术讲座：造林部分：第六讲 抚育管理[J]. 林业实用技术，1975(7)：20-21.
14. 沈国舫. 林业技术讲座：造林部分：第七讲 抚育管理[J]. 林业实用技术，1975(8)：19-20.
15. 沈国舫，邢北任. 油松侧柏混交林[J]. 林业实用技术，1978(6)：13.
16. 云南林学院林业系，北京市西山试验林场. 北京西山地区油松人工混交林的研究[J]. 中国林业科学，1978(3)：12-20.
17. 沈国舫. 营造速生丰产林的几个技术问题[C]// 国家林业总局森林经营局. 林业发展趋势与丰产林经验. 北京：国家林业总局森林经营局，1978：26-108.
18. 沈国舫，邢北任. 营造油松混交林效果的研究[C]// 国家林业总局森林经营局. 林业发展趋势与丰产林经验. 北京：国家林业总局森林经营局，1978：307-320.
19. 沈国舫，关玉秀，周沛村，邢北任. 影响北京市西山地区油松人工林生长的立地因子[J]. 北京林学院学报，1979(1)：96-104.
20. 沈国舫. 关于“适地适树”的几点看法[J]. 中国自然辩证法研究会通讯，1979，22.
21. 沈国舫，关玉秀，齐宗庆，冯令敏，陈义，邢北任，韩有钧，李平宜，张金生，薛守恩. 北京市西山地区适地适树问题的研究[J]. 北京林学院学报，1980(1)：32-46.
22. 沈国舫，邢北任. 北京市西山地区立地条件类型的划分及适地适树[J]. 林业科技通讯，1980(6)：11-16.
23. Shen Guofang，Guan Yuxiu. The Influence of Site Factors on the Growth of *Pinus tabulaeformis* [C].

IUFRO. IUFRO Proceedings, Vienna, 1981.
24. 沈国舫．印尼保护森林发展林业的措施[J]．世界农业，1982(12)：21-23.
25. Guofang Shen. The Present Situation and Development of Fuel Forest in China [C]. FAO-ESCAP Proceedings, Bangkok, 1983.
26. 沈国舫．浅谈中国林业教育应具有的特色[J]．林业教育研究，1983(试刊)：12-16.
27. 沈国舫，杨敏生，韩明波．京西山区油松人工林的适生立地条件及生长预测[J]．林业科学，1985，21(1)：10-19.
28. 沈国舫．浅谈提高造林质量的技术措施—在提高造林质量报告会上的讲话．中国林学会通讯，1985. 3. 12
29. Guofang Shen. Afforestation in Semiarid and Arid Regions of China[C]. FAO proceedings, Mexico. 1985.
30. 沈国舫．农业科学技术基础知识讲座 第十一讲 林学基本知识(上)[J]．中国水土保持，1985(3)：47-51.(原为1981年国家农委省长培训班教材)
31. 沈国舫．农业科学技术基础知识讲座 第十一讲 林学基本知识(中)[J]．中国水土保持，1985(4)：47-51.(原为1981年国家农委省长培训班教材)
32. 沈国舫．农业科学技术基础知识讲座 第十一讲 林学基本知识(下)[J]．中国水土保持，1985(5)：44-48.(原为1981年国家农委省长培训班教材)
33. 沈国舫．发展速生丰产用材林技术政策要点；发展速生丰产用材林技术政策背景材料；发展速生丰产林有关的几个问题[M]// 国家科学技术委员会．中国技术政策 农业：国家科委蓝皮书第10号．北京：国家科学技术委员会，1985：355-358，359-374，467-468.
34. 沈国舫，董世仁，聂道平．油松人工林养分循环的研究：Ⅰ．营养元素的含量及分布[J]．北京林学院学报，1985(4)：1-14.
35. 沈国舫，翟明普，刘春江，姚延梼．北京西山地区油松人工混交林的研究[R]．北京：北京林业大学，北京市林业局，1986.
36. 沈国舫．对《试论我国立地分类理论基础》一文的几点意见[J]．林业科学，1987，23(4)：463-467.
37. 国务院大兴安岭灾区恢复生产重建家园领导小组专家组．关于大兴安岭北部特大火灾后恢复森林资源和生态环境的考察报告[G]// 国务院大兴安岭灾区恢复生产重建家园领导小组专家组．大兴安岭特大火灾区恢复森林资源和生态环境考察报告汇编．北京：中国林业出版社，1987：1-20.
38. 沈国舫．加速绿化太行山学术考察报告[C]// 中国林学会．造林论文集．北京：中国林业出版社，1987：10-16.
39. 沈国舫．对世界造林发展新趋势的几点看法[J]．世界林业研究，1988，1(1)：21-27.
40. 沈国舫．学报十年[J]．北京林业大学学报，1989，11(1)：1-2.
41. 格·伊·列契柯，沈国舫，胡涌．苏联造林学理论与实践的现状和前景(摘编)[J]．北京林业大学学报，1989，11(4)：133-137.
42. 沈国舫，关君蔚．The Ordering of Land Use in Mountainous Areas in China [C]// 亚洲土地利用国际会议论文集，日本东京，1989.
43. 沈国舫．培养什么样的人的问题是高等教育需要解决的首要问题[J]．林业教育研究，1989(4)：1-2.
44. 沈国舫．人工林；树种选择[M]// 刘瑞龙主编．中国农业百科全书：林业卷．北京：农业出版社，1989：462，630-631.
45. 沈国舫．01 综论；02 造林[M]// 全国自然科学名词审定委员会．林学名词．北京：科学出版社，1989：1-9.

46. 沈国舫．适地适树；造林密度[M]// 中国大百科全书出版社编辑部．中国大百科全书：农业Ⅱ[M]．北京：中国大百科全书出版社，1990：1048-1049，1557-1558.
47. 沈国舫．《中国林学会造林学会第二届学术讨论会造林论文集》序言[C] // 中国林学会．中国林学会造林学会第二届学术讨论会造林论文集．北京：中国林业出版社，1990.
48. 沈国舫，李吉跃，武康生．京西山区主要造林树种抗旱特性的研究（Ⅰ）[C] // 中国林学会．中国林学会造林学会第二届学术讨论会造林论文集．北京：中国林业出版社，1990：3-12.
49. 沈国舫，翟明普，刘春江，姚延梼．北京西山地区油松人工混交林的研究（Ⅱ）——混交林的生产力、根系及养分循环的研究[C] // 中国林学会．中国林学会造林学会第二届学术讨论会造林论文集．北京：中国林业出版社，1990：48-54.
50. 沈国舫，刘佳．中国高等林业教育的结构及其调整[C]// 北京农业大学．农业教育的现状和展望国际讨论会论文集．北京：北京农业大学出版社，1991：186-193.
51. 沈国舫．集约育林——世界林业研究的主要课题[J]．世界林业研究，1991，4(3)：1-6.
52. Guofang Shen, Wang Xian. Techniques for Rehabilitation of Sylva-pastoral Ecosystem in Arid Zones [C]. FAO. The 10th World Forestry Congress proceedings, Paris, 1991, 265-271.
53. 董智勇，沈国舫，刘于鹤，等．90 年代林业科技发展展望研讨会发言摘要[J]．世界林业研究，1991(1)：1-21.
54. Shen Guofang. Choice of Species in China's Plantation Forestry [J]. Journal of Beijing Forestry University, 1992, 1(1): 15-24.
55. 沈国舫．对发展我国速生丰产林有关问题的思考[J]．世界林业研究，1992，5(4)：67-74.
56. 沈国舫．国土整治中的森林和树木[J]．世界林业研究，1992，5(1)：7-11.
57. 沈国舫．森林的社会、文化和景观功能及巴黎的城市森林[M]// 徐有芳主编．第十届世界林业大会文献选编．北京：中国林业出版社，1992：224-229.
58. 沈国舫．办好有中国特色的林业高等教育[M]// 张岂之主编．中国大学校长论教育．北京：中国人事出版社，1992：387-396.
59. 沈国舫．在庆祝北京林业大学建校四十周年大会上的讲话．1992.（自撰稿，校庆会上分发）
60. 沈国舫．第十二章 造林地的选择[M]// 徐化成主编．油松．北京：中国林业出版社，1993：292-304.
61. 沈国舫，翟明普．第十三章 造林密度和树种混交[M]// 徐化成主编．油松．北京：中国林业出版社，1993：305-323.
62. 沈国舫．代序——在中国林学会城市林业学术研讨会上的总结发言摘要[C]// 中国林学会，全国绿化委员会办公室．城市林业——92 首届城市林业学术研讨会文集．北京：中国林业出版社，1993：1-2.
63. 沈国舫．时代的呼唤——谈谈森林的持续发展[J]．森林与人类，1994(2)：4-5.
64. Guofang Shen. Studies on the Nutrient Cycling in a Pinus tabulaeformis Plantation [C]. Swedish Agriculture University. Proceedings of Nutrient cycling and uptake symposium, 1994, 177-185.
65. 谷方铮．沈国舫与造林学[M]// 卢嘉锡主编．中国当代科技精华 生物学卷．哈尔滨：黑龙江教育出版社，1994：218-228.（谷方铮为沈国舫与李铁铮合作用的笔名）
66. 沈国舫．北方及温带森林的持续发展问题——CSCE 北方及温带森林持续发展专家研讨会情况介绍[J]．世界林业研究，1994，7(1)：18-24.
67. 沈国舫．北方及温带森林持续发展的标准及指标(1993 年 9 月蒙特利尔森林持续发展研讨会汇总意见)[J]．世界林业研究，1994，7(4)：81-83.
68. 沈国舫．走向 21 世纪的林业学科发展趋势和高等人才的培养[C]// 中国国家教育委员会高等教育司．当代科学技术发展与教学改革：“面向21世纪教学内容和课程体系改革报告会”论文集．北京：高等教育出版社，1995：158-168.
69. 沈国舫．笑迎春风为绿来——喜迎全国科学技术大会召开[J]．森林与人类，1995(3)：4.
70. 沈国舫．从美国林学会年会看林业持续发展问题[J]．世界林业研究，1995，8(2)：36-37.
71. 沈国舫．图书馆和我的读书生活[J]．林业图书情报工作，1995(2)：5-7.
72. 沈国舫．前言[C]// 张守攻主编．中国青年绿色论坛——中国林学会第3届青年学术研讨及成果展示会论文精选．北京：中国林业出版社，1995.
73. 大兴安岭“5.6”特大火灾区森林资源恢复更新检查专家组．大兴安岭“5.6”特大火灾区森林资源恢复更新检查总结报告[R]．北京：中华人民共和国林业部，1996.
74. 政协全国委员会办公厅．沈国舫委员呼吁保护西南地区原始老林[J]．政协信息，1996(53)：1-2.
75. 沈国舫．绿色的忧思与呼唤——中国森林可持续发展问题探讨[J]．瞭望，1996(39)：36-37.
76. 沈国舫．在可持续发展战略指导下的中国林业分类经营——青年绿色论坛开幕词[J]．世界林业研究，1996，9(5)：1-2.
77. 沈国舫，翟明普．关于造林学教学改革的几点看法[J]．中国林业教育，1996(4)：3-7.
78. 沈国舫．山区综合开发治理与林业可持续发展[J]．林业经济，1997(6)：5-9.
79. 沈国舫．走向成熟 期盼辉煌——纪念中国林学会成立八十周年[J]．学会，1997(9)：12.
80. 沈国舫．中国森林可持续发展问题探讨[C]// 沈国舫主编．面向21世纪的林业国际学术讨论会论文集．北京：中国林学会，1997：1-8.
81. 沈国舫．关君蔚先生帮我迈开了第一步[J]．北京林业大学学报，1997，19(S1)：6-7
82. 沈国舫，翟明普，王凤友．大兴安岭1987年特大火灾后的生态环境变化及森林更新进展[C]// 姜家华，黄丽春主编．海峡两岸生物技术和森林生态学术交流会论文集．台北，1997：378-385.
83. 沈国舫．把营林工作的重点转移到提高森林生产力为中心的基础上来[J]．林业月报，1997(5)：3.
84. 沈国舫，翟明普．全国混交林与树种间关系学术讨论会纪要(代前言)[M]// 沈国舫，翟明普．混交林研究——全国混交林与树种间关系学术讨论会文集．北京：中国林业出版社，1997.
85. 沈国舫．现代高效持续林业——中国林业发展道路的抉择[J]．世界科技研究与发展，1998，20(2)：38-45.(《林业经济》1998年4期转载)
86. 沈国舫．中国林业发展道路的抉择[M]// 周光召主编．科技进步与学科发展．北京：中国科学技术出版社，1998：677-683.
87. 沈国舫，贾黎明，翟明普．沙地杨树刺槐人工混交林的改良土壤功能及养分互补关系[J]．林业科学，1998，34(5)：12-20.
88. 沈国舫．保护江河中上游森林植被刻不容缓——在《森林与人类》编辑部九八水灾研讨会上的发言[J]．森林与人类，1998(5)：23.
89. 沈国舫．沉痛反思 矢志护绿[J]．中国林业，1998(10)：5-6.
90. 沈国舫．我们做错了什么——特大洪灾的反思[J]．方法，1998(10)：6-7.
91. 沈国舫，宋长义．对教学、科研、生产三结合的再认识[M]// 全国高等农林教育研究会．高等农林教育研究与实践．北京：中国农业大学出版社，1998：201-211.
92. 沈国舫．《森林环境学》序[M]// 贺庆堂．森林环境学．北京：高等教育出版社，1999.
93. 沈国舫．中国林业可持续发展中的产业问题[C]．林业发展与融资国际研讨会论文集，1999(12)：15-16.
94. 沈国舫．写在“西部大开发中的生态环境建设问题”笔谈之前[J]．林业科学，2000，36(5)：2.
95. 沈国舫．中国林业可持续发展及其关键科学问题[J]．地球科学进展，2000，15(1)：10-18.

96. 沈国舫．生态环境建设与水资源的保护和利用[J]．中国水利，2000(8)：26-30.
97. 沈国舫．西北地区退耕还林还草的选向问题// 中央办公厅秘书局．参阅资料．北京：中央办公厅秘书局，2000(47)：1-3.
98. 沈国舫．林业高等教育如何面向 21 世纪[J]．中国林业教育，2000(1)：4-6.
99. 沈国舫．植被建设是我国生态环境建设的主题——兼论黄土高原地区的植被建设[M]// 沈国舫主编．中国环境问题院士谈．北京：中国纺织出版社，2001：214-224.
100. 沈国舫．在第二届国合会第四次会议上的发言[G]// 中国环境与发展国际合作委员会，国家环境保护总局．第二届中国环境与发展国际合作委员会第四次会议文件汇编．北京：华文出版社，2001：125-129.
101. 沈国舫．西部大开发中的生态环境建设问题——代笔谈小结[J]．林业科学，2001，37(1)：1-6.
102. 沈国舫．力戒浮躁，注重实践，脚踏实地搞科研[J]．求是，2001(4)：6.
103. 沈国舫．从"造林学"到"森林培育学"[J]．科技术语研究，2001，3(2)：33-34.
104. 沈国舫．21 世纪——中国绿化的新纪元及首都绿化的新高地[J]．绿化与生活，2001(1)：4-6.
105. 沈国舫．西北地区退耕还林还草如何选向[J]．科学新闻，2001(13)：5.
106. 沈国舫．生态环境建设与水资源的保护和利用[J]．中国水土保持，2001(1)：4-8.
107. 沈国舫．《走近绿色》序[J]．林业勘查设计，2001(4)：56-57.
108. 沈国舫．对中国果蔬产业化问题的几点思考[C]// 果蔬加工技术与产业化国际研讨会暨展览会组委会．第二届果蔬加工技术与产业化国际研讨会论文集．北京：中国科学技术出版社，2001：4-6.
109. 沈国舫，翟明普，贾黎明，张彦东．人工混交林中树种间关系的认识进展[C]// 熊耀国，翟明普．中国林学会造林分会第 4 届理事会暨学术讨论会造林论文集．北京：中国环境科学出版社，2001：7-19.
110. 沈国舫．农产品加工与科技创新[C]// 中国(天津)农产品加工及储藏保鲜国际研讨会组委会．中国(天津)农产品加工及储藏保鲜国际研讨会论文集．天津：南开大学出版社，2001：1-6.
111. 沈国舫．关于森林培育学教材建设的一些历史回顾[J]．北京林业大学学报，2002，24(5/6)：280-283.
112. 徐匡迪，沈国舫．依靠稻作科技创新，推动中国水稻产业发展——在首届国际水稻大会上作的主题报告[J]．中国稻米，2002(6)：8-11.(沈国舫定稿并宣读)
113. 沈国舫．在一片"废墟"上建设一所全国重点高校——忆北林回迁北京后的奋斗历程[J]．中国林业教育，2002(5)：5-7.
114. 沈国舫．水、植被与生态环境[J]．水利规划设计，2002(1)：11-13.
115. "西北水资源"项目生态环境建设考察组．对陕西、宁夏的天然林保护和退耕还林情况的考察报告．西北地区水资源配置、生态环境建设和可持续发展战略研究简报．2002(28).
116. 沈国舫．考察新西兰所得的一些启示[M]// 江泽慧主编．中国可持续发展林业战略研究调研报告(下)．北京：中国林业出版社，2002：203-205.
117. 沈国舫，张永利，李世东，等．第二篇 林业在中国可持续发展中的战略地位和作用[M]// 中国可持续发展林业战略研究项目组．中国可持续发展林业战略研究总论．北京：中国林业出版社，2002：65-131.
118. 沈国舫．林学(条目)[M]// 吴阶平，季羡林，石元春．20 世纪中国学术大典・农业科学卷．福州：福建教育出版社，2002：133-142.
119. Shen Guofang. Forest degradation and rehabilitation in China[C]// FAO Regional Office for Asia and the Pacific. Bringing Back the Forests：Policies and Practices for Degraded Lands and Forests，Proceedings of

an International Conference. Bangkok：FAO RAP，2003：119-125.
120. 沈国舫．发挥院士群体重要智力资源的作用[J]．中国青年科技，2003(4)：8.
121. 沈国舫．有效发挥院士群体重要智力资源的作用[J]．中国政协，2003(8)：34-35.
122. 沈国舫．大家都来学点树木学知识[J]．森林与人类，2003(9)：28-29.
123. 沈国舫．西北地区生态建设要充分依靠和利用自然力[J]．中国水利，2003(5)：26-27.
124. 沈国舫．尊重自然规律 建设生态环境[J]．中国水土保持科学，2003，1(1)：3-4.
125. 沈国舫，张洪江，关君蔚．云、贵、川资源“金三角”地区的生态环境建设战略探析[M]// 中国工程院农业、轻纺与环境工程学部．中国区域发展战略与工程科技咨询研究．北京：中国农业出版社，2003：18-22.
126. 沈国舫．《俞新妥文选》序一[M]// 俞新妥．俞新妥文选．北京：中国林业出版社，2003.
127. 沈国舫．黄土高原生态环境建设与农业可持续发展战略研究综合报告[M]// 中国工程院农业、轻纺与环境工程学部．中国区域发展战略与工程科技咨询研究．北京：中国农业出版社，2003：121-133.
128. 沈国舫．关于西北生态环境建设的建议[M]// 中国工程院农业、轻纺与环境工程学部．中国区域发展战略与工程科技咨询研究．北京：中国农业出版社，2003：134-137.
129. 沈国舫．三峡库区农村经济建设可持续发展研究综合报告[M]// 中国工程院农业、轻纺与环境工程学部．中国区域发展战略与工程科技咨询研究．北京：中国农业出版社，2003：277-327.
130. 刘鸿亮，沈国舫，石玉林，等．关于加强三峡库区环境保护的建议[M]// 中国工程院农业、轻纺与环境工程学部．中国区域发展战略与工程科技咨询研究．北京：中国农业出版社，2003：328-329.
131. 沈国舫．《汉拉英中国木本植物名录》序[M]//《汉拉英中国木本植物名录》编委会．汉拉英中国木本植物名录．北京：中国林业出版社，2003.
132. 沈国舫．关于林业作为一个产业的几点认识[J]．中国林业产业，2004(1)：1-3.
133. 沈国舫．《中国树木奇观》读后存言[J]．林业科学，2004，40(2)：136.
134. 沈国舫．《育林学》序[M]// 兆赖之．育林学．北京：中国环境科学出版社，2004.
135. 沈国舫．《绿色环境建设》序一[M]// 李芝喜，高常寿，李红旭．绿色环境建设．北京：科学出版社，2005.
136. 钱正英，沈国舫，刘昌明．建议逐步改正“生态环境建设”一词的提法[J]．科技术语研究，2005，7(2)：20-21.
137. 沈国舫．贯彻落实科学发展观 建设资源节约、环境友好型的和谐社会[J]．国土资源，2005(9)：4-9.
138. 沈国舫．国土绿化关乎国家生态安全——贺《国土绿化》杂志创刊20周年[J]．国土绿化，2005(12)：11.
139. 中国工程院“东北水资源”项目组．东北地区有关水土资源配置 生态与环境保护和可持续发展的若干战略问题研究[J]．中国工程科学，2006，8(5)：11-13.
140. 沈国舫．从环境与发展角度对首都绿化的几点思考[C] // 北京林学会．北京森林论坛论文集．北京：北京林学会，2006：15-21.
141. 张齐生，沈国舫，王明庥，等．14名院士专家建言：国家应继续鼓励和支持竹产品出口[J]．中国林业产业，2007(5)：9-11.
142. 沈国舫．发展林业产业要用科学发展观来统领[J]．中国林业产业，2007(2)：32-34.
143. 沈国舫．中国的生态建设工程：概念、范畴和成就[J]．林业经济，2007(11)：3-5.
144. 沈国舫．从多方面着手保证粮食安全[J]．群言，2007(4)：10-11.

145. 沈国舫．讲座十——贯彻落实科学发展观，正确处理和协调资源环境与发展的相互关系[M]// 叶文虎．可持续发展的新进展：第1卷．北京：科学出版社，2007：144-162.
146. 宋健，沈国舫(沈国舫执笔)．引言(代序)[M]// 中国环境与发展回顾和展望高层课题组．中国环境与发展回顾和展望．北京：中国环境科学出版社，2007.
147. 沈国舫．坚持用科学的发展观来正确对待人和自然的和谐相处．在全国政协十届三次会议上的发言材料，490页
148. 中国工程院《区域农业》项目组．中国农业可持续发展若干战略问题研究(综合汇报稿)[M]．北京：中国工程院《区域农业》项目组，2007.
149. 沈国舫．《蒋建平文集》序[M]// 蒋建平．蒋建平文集．北京：中国林业出版社，2008.
150. 沈国舫．《傅焕光文集》序[M]// 中国水土保持学会，中国老教授协会林业专业委员会．傅焕光文集．北京：中国林业出版社，2008.
151. 沈国舫．人与自然的和谐发展——构建和谐社会的基础要求[M]// 叶文虎．可持续发展的新进展：第2卷．北京：科学出版社，2008：117-147.
152. 沈国舫．关注重大雨雪冰冻灾害对我国林业的影响——主编的话[J]．林业科学，2008，44(3)：1.
153. 沈国舫．三峡考察诗三首．中国工程院院士通讯，2008(5)：40.
154. 沈国舫．新疆伊犁地区考察报告．新疆可持续发展水资源战略研究项目简报，2008(8).
155. 沈国舫．天然林保护工程与森林可持续经营[J]．林业经济，2009(11)：15-16.
156. 沈国舫．我参与中国工程院咨询研究工作的几点体会．中国工程院院士通讯，2009(12)：40-41.
157. 沈国舫．我和西山林场——代序[M]// 甘敬，周荣伍主编．北京西山森林培育理论与技术研究．北京：中国环境科学出版社，2010.
158. 沈国舫．在“中国多功能森林经营与多功能林业发展模式研讨会”上的讲话[J]．世界林业动态，2010(10)：3-8.
159. 沈国舫．关于三峡问题的访谈实录．人民网强国论坛，2011年5月26日．
160. 沈国舫．参加水资源系列咨询研究活动对我的专业领域一些认识的影响．中国工程院院士通讯，2011(5)：41-43.
161. 沈国舫．水资源战略咨询研究的基本经验．中国工程院院士通讯，2011(8)：25-29.(纳入中国工程院《水资源系列咨询研究的回顾与思考》报告集，2011)
162. 沈国舫．对一个大工程的综合“考察”[M]// 周立军主编．首都科学讲堂 名家讲科普 ⑥．北京：科学普及出版社，2011：1-18.
163. 沈国舫．从“山楂树之恋”说起[J]．森林与人类，2010(5)：1-2.

二、指导的学位论文及学术论文

1. 翟明普．北京西山地区油松元宝枫混交林的研究[D]．北京：北京林业大学，1981.
2. 甘敬．北京市西山地区油松人工林抚育间伐技术的研究[D]．北京：北京林业大学，1982.
3. 刘春江．北京西山地区人工油松栓皮栎混交林的研究[D]．北京：北京林业大学，1985.
4. 聂道平．河北隆化油松人工林营养元素的分布和循环[D]．北京：北京林业大学，1985.
5. 李庆超．长白山林区针叶速生丰产林的研究[D]．北京：北京林业大学，1985.
6. 刘建斌．京北山区立地分类及适地适树研究[D]．北京：北京林业大学，1987.
7. 王忠芝．电子计算机在造林调查设计中应用的研究[D]．北京：北京林业大学，1987.
8. 傅军．速生丰产林生产力研究——湖北桂花林场土地类型划分和速生丰产潜力探讨[D]．北京：北

京林业大学，1987.
9. 武康生．栓皮栎苗木水分关系及耐旱性的研究[D]．北京：北京林业大学，1988.
10. 姚延梼．京西山区油松侧柏人工混交林的研究[D]．北京：北京林业大学，1988.
11. 李吉跃．太行山区主要造林树种耐旱性研究[D]．北京：北京林业大学，1990.
12. 陈鑫峰．四川省洪雅县林场柳杉林多形指数曲线的拟合和立地分类与评价[D]．北京：北京林业大学，1992.
13. 张建国．中国北方主要造林树种耐旱特性及其机理的研究[D]．北京：北京林业大学，1993.
14. 刘勇．中国北方主要针叶造林树种苗木质量的研究[D]．北京：北京林业大学，1994.
15. 沈海龙．东北东部山地樟子松人工林定向培育的林学基础及技术体系研究[D]．北京：北京林业大学，1994.
16. 范少辉．杉木栽培营养的研究[D]．北京：北京林业大学，1994．
17. 马履一．山坡林地开放渗透系中土壤水分物理—生态的立地研究[D]．北京：北京林业大学，1995.
18. 贾黎明．杨树刺槐混交林生长及树种间营养关系的研究[D]．北京：北京林业大学，1996.
19. 张彦东．水曲柳落叶松混交林生长及种间营养关系的研究[D]．北京：北京林业大学，1997.
20. 丛日春．包头市环境保护林树种选择的研究[D]．北京：北京林业大学，1998.
21. 罗红艳．北京市房山区抗污染绿化树种选择[D]．北京：北京林业大学，1998.
22. 徐程扬．紫椴幼苗、幼树对光的响应与适应研究[D]．北京：北京林业大学，1999.
23. 陈鑫峰．京西山区森林景观评价和风景游憩林营建研究——兼论太行山区的森林游憩业建设[D]．北京：北京林业大学，2000.
24. 彭祚登．油松种源/家系抗旱性评价与选择的研究[D]．北京：北京林业大学，2000.
25. 李世东．退耕还林类型区划与优化模式研究[D]．北京：北京林业大学，2003.
26. 董世仁，沈国舫，聂道平．油松人工林养分循环的研究：Ⅱ．油松人工林养分元素的动态特性[J]．北京林业大学学报，1986(1)：11-22.
27. 聂道平，沈国舫，董世仁．油松人工林养分循环的研究：Ⅲ．养分元素生物循环和林分养分的平衡[J]．北京林业大学学报，1986(2)：8-19.
28. 聂道平，沈国舫，董世仁，等．油松人工林养分循环的研究[M]// 林业部科技司．中国森林生态系统定位研究．哈尔滨：东北林业大学出版社，1994：87-97.
29. 范少辉，俞新妥，盛炜彤，沈国舫等．杉木人工林栽培营养的研究[J]．林业科学研究，1996，9(杉木人工林栽培营养的研究专刊)：1-8.
30. 范少辉，盛炜彤，俞新妥，沈国舫等．人工林培育与地力衰退[J]．林业科学研究，1996，9(杉木人工林栽培营养的研究专刊)：18-25.
31. 范少辉，沈国舫，俞新妥，盛炜彤等．人工林的地力维持与营养管理[J]．林业科学研究，1996，9(杉木人工林栽培营养的研究专刊)：26-33.
32. 俞新妥，范少辉，盛炜彤，沈国舫等．杉木在我国人工林中的地位及其营养管理研究的现状[J]．林业科学研究，1996，9(杉木人工林栽培营养的研究专刊)：34-41.
33. 俞新妥，范少辉，刘平邵，沈国舫等．不同立地条件不同林龄杉木人工林的林地土壤肥力特性[J]．林业科学研究，1996，9(杉木人工林栽培营养的研究专刊)：42-49.
34. 范少辉，盛炜彤，刘玉宝，沈国舫等．不同立地条件不同林龄杉木人工林的林分生长状况[J]．林业科学研究，1996，9(杉木人工林栽培营养的研究专刊)：50-55.
35. 吴文德，范少辉，卢镜明，沈国舫等．不同立地条件不同林龄杉木人工林生理特性的研究 1．叶质重和叶绿素[J]．林业科学研究，1996，9(杉木人工林栽培营养的研究专刊)：55-59.

36. 范少辉，沈国舫，程仲辉，俞新妥等．不同立地条件不同林龄杉木人工林生理特性的研究 2. 光合特性[J]. 林业科学研究，1996，9(杉木人工林栽培营养的研究专刊)：60-65.

37. 范少辉，廖祖辉，陈建忠，沈国舫等．不同立地条件不同林龄杉木人工林林下植被消长规律的研究 1. 林下植被生长状况[J]. 林业科学研究，1996，9(杉木人工林栽培营养的研究专刊)：66-70.

38. 刘玉宝，范少辉，张伯聪，沈国舫等．不同立地条件不同林龄杉木人工林林下植被消长规律的研究 2. 林下植被种类动态[J]. 林业科学研究，1996，9(杉木人工林栽培营养的研究专刊)：71-77.

39. 范少辉，俞新妥，陈志庭，沈国舫等．不同立地条件不同林龄杉木人工林生物量的研究 1. 林分生物量积累[J]. 林业科学研究，1996，9(杉木人工林栽培营养的研究专刊)：78-85.

40. 吴文德，范少辉，王国礼，沈国舫等．不同立地条件不同林龄杉木人工林生物量的研究 2. 林分生产力分析[J]. 林业科学研究，1996，9(杉木人工林栽培营养的研究专刊)：86-91.

41. 程朝阳，范少辉，蔡伟民，沈国舫等．不同立地条件不同林龄杉木人工林生物量的研究 3. 地被物生物量积累[J]. 林业科学研究，1996，9(杉木人工林栽培营养的研究专刊)：92-95.

42. 廖祖辉，范少辉，俞新妥，沈国舫等．不同立地条件不同林龄杉木人工林生物量的研究 4. 枯损枝叶生物量积累[J]. 林业科学研究，1996，9(杉木人工林栽培营养的研究专刊)：96-99.

43. 范少辉，俞新妥，邹绍荣，沈国舫等．不同立地条件不同林龄杉木人工林生物量的研究 5. 枝叶生物量动态变化[J]. 林业科学研究，1996，9(杉木人工林栽培营养的研究专刊)：100-106.

44. 范少辉，廖祖辉，张艺华，沈国舫等．不同立地条件不同林龄杉木人工林养分动态的研究 1. 叶片养分含量变化规律[J]. 林业科学研究，1996，9(杉木人工林栽培营养的研究专刊)：107-115.

45. 刘平邵，范少辉，程朝阳，沈国舫等．不同立地条件不同林龄杉木人工林养分动态的研究 2. 林分养分含量变化规律[J]. 林业科学研究，1996，9(杉木人工林栽培营养的研究专刊)：116-123.

46. 陈华贵，范少辉，俞新妥，沈国舫等．不同立地条件不同林龄杉木人工林养分动态的研究 3. 地被物层养分含量变化规律[J]. 林业科学研究，1996，9(杉木人工林栽培营养的研究专刊)：124-130.

47. 郑临训，范少辉，陈华贵，沈国舫等．不同立地条件不同林龄杉木人工林养分动态的研究 4. 枯损枝叶养分含量变化规律[J]. 林业科学研究，1996，9(杉木人工林栽培营养的研究专刊)：131-137.

48. 邹绍荣，范少辉，吴文德，沈国舫等．不同立地条件不同林龄杉木人工林养分积累和分配的研究 1. 林分营养元素积累和分配[J]. 林业科学研究，1996，9(杉木人工林栽培营养的研究专刊)：138-146.

49. 范少辉，刘玉宝，蔡伟民，沈国舫等．不同立地条件不同林龄杉木人工林养分积累和分配的研究 2. 地被物营养元素积累和分配[J]. 林业科学研究，1996，9(杉木人工林栽培营养的研究专刊)：147-154.

50. 程仲辉，范少辉，俞新妥，沈国舫等．不同立地条件不同林龄杉木人工林养分积累和分配的研究 3. 枯损枝叶营养元素积累和分配[J]. 林业科学研究，1996，9(杉木人工林栽培营养的研究专刊)：155-161.

51. 范少辉，张艺华，郑临训，沈国舫等．不同立地条件不同林龄杉木人工林生态系统生物量及营养元素积累和分配的研究[J]. 林业科学研究，1996，9(杉木人工林栽培营养的研究专刊)：162-171.

52. 范少辉，刘玉宝，程仲辉，沈国舫等．不同立地条件不同林龄杉木人工林养分效率的研究[J]. 林业科学研究，1996，9(杉木人工林栽培营养的研究专刊)：172-176.

53. 范少辉，吴文德，程朝阳，沈国舫等．杉木人工林营养诊断技术的研究[J]．林业科学研究，1996，9(杉木人工林栽培营养的研究专刊)：177-184.

54. 沈海龙，丁宝永，沈国舫，陈爱民．樟子松人工林下针阔叶凋落物分解动态[J]．林业科学，1996，32(5)：393-402.

55. 聂道平，王兵，沈国舫，董世仁．油松—白桦混交林种间关系研究[J]．林业科学，1997，33(5)：394-402.

56. 翟明普，贾黎明，沈国舫．杨树刺槐混交林及树种间作用机制的研究[C]// 沈国舫，翟明普．混交林研究——全国混交林与树种间关系学术讨论会文集．北京：中国林业出版社，1997：3-10.

57. 李俊清，牛树奎，沈国舫．应用32P研究盆栽杨树刺槐的相互作用[C]// 沈国舫，翟明普．混交林研究——全国混交林与树种间关系学术讨论会文集．北京：中国林业出版社，1997：58-62.

58. 孙长忠，沈国舫．我国主要树种人工林生产力现状及潜力的调查研究Ⅰ．杉木、马尾松人工林生产力研究[J]．林业科学研究，2000，13(6)：613-621.

59. 陈鑫峰，沈国舫．森林游憩的几个重要概念辨析[J]．世界林业研究，2000，13(1)：69-76.

60. 张建国，李吉跃，沈国舫．树木耐旱特征及其机理研究[M]．北京：中国林业出版社，2000.

61. 孙长忠，沈国舫．我国人工林生产力问题的研究Ⅰ——影响我国人工林生产力的自然因素评价[J]．林业科学，2001，37(3)：72-77.

62. 孙长忠，沈国舫．我国人工林生产力问题的研究Ⅱ——影响我国人工林生产力的人为因素与社会因素探讨[J]．林业科学，2001，37(4)：27-34.

63. 孙长忠，沈国舫，李吉跃，贾黎明．我国主要树种人工林生产力现状及潜力的调查研究Ⅱ．桉树、落叶松及樟子松人工林生产力研究[J]．林业科学研究，2001，14(6)：657- 667.

64. 孙长忠，沈国舫．对我国人工林生产力评价与提高问题的几点认识[J]．世界林业研究，2001，14(1)：76-80.

65. 孙长忠，沈国舫．我国林业用地立地质量评估[C]// 熊耀国，翟明普．中国林学会造林分会第4届理事会暨学术讨论会造林论文集．北京：中国环境科学出版社，2001：20-32.

66. 孙长忠，沈国舫，李吉跃，贾黎明．我国桉树人工林生产力现状及潜力分析[C]// 熊耀国，翟明普．中国林学会造林分会第4届理事会暨学术讨论会造林论文集．北京：中国环境科学出版社，2001：132-142.

67. 李世东，沈国舫，翟明普，李俊清．退耕还林重点工程县立地分类定量化研究[J]．北京林业大学学报，2005，27(6)：9-13.

三、报刊文章

1. 沈国舫．树木的生长速度[N]．人民日报，1962-2-13(5).

2. 沈国舫．从刨坑栽树谈起[N]．人民日报，1962-3-4(5).

3. 沈国舫．造林的黄金季节[N]．北京晚报，1964-3-10(3).

4. 方舟．直播和栽植[N]．北京晚报，1964-3-10(3).（方舟为沈国舫笔名）

5. 沈国舫．造油松混交林[N]．科学小报，1964-10-18(3).

6. 沈国舫．造油松混交林的方法[N]．科学小报，1964-11-1(3).

7. 沈国舫．迎接严峻的挑战-东南亚地区解决农村薪材的措施[N]．中国农民报，1984-3-6(4).

8. 沈国舫．扩大森林面积，提高森林单产，发展我国林业[N]．光明日报，1987-3-13(2).

9. 沈国舫．沈国舫教授谈北京造林[N]．北京科技报，1987-4-22(2).

10. 沈国舫．学林的大学生要勇于到边远地区去[N]．光明日报，1987-6-10(2).

11. 沈国舫．培养科技人才，促进科技兴林[N]．科技日报，1990-2-12(1).
12. 沈国舫．让科技成果上山入林——“科技兴林”座谈发言摘要：兴林基础在教育[N]．光明日报，1990-2-26(2).
13. 沈国舫．在林业质量年里对造林质量的思考[N]．中国林业报，1990-3-12(3).
14. 沈国舫．为林业建设培养更多的合格人才[N]．中国林业报，1990-3-30(3).
15. 沈国舫，罗菊春．充分认识森林在生存环境中的作用[N]．中国环境报，1991-3-5(3).
16. 沈国舫．两次国际会议的联想[N]．人民日报(海外版)，1992-1-9(2).
17. 沈国舫．沈国舫、庄公惠、王学珍：也说“教授卖馅饼”[N]．光明日报，1993-3-20(2).
18. 沈国舫．关于开展新一轮林业发展战略讨论的思考[N]．中国林业报，1993-8-10(2).
19. 沈国舫．绿化中国造福人类[N]．人民日报(海外版)，1994-1-5(2).
20. 政协第八届全国委员会第二次会议秘书处．沈国舫委员的发言：森林的持续发展——未解的难题．北京：政协八届二次会议大会发言材料之九十二，1994-3-10.
21. 沈国舫．切实保护森林资源，制止林地逆转现象[N]．人民政协报，1996-8-15(1).
22. 沈国舫．山区发展经济林要注意水土保持[N]．中国林业报，1997-7-22(1).
23. 沈国舫．植被：生态环境建设的主题[N]．科学时报(农业周刊)，2000-1-25(B2).
24. 沈国舫．生态环境建设与水资源保护利用(上)[N]．科技日报，2000-9-12(7).
25. 沈国舫．生态环境建设与水资源保护利用(中)[N]．科技日报，2000-10-17(7).
26. 沈国舫．生态环境建设与水资源保护利用(下)[N]．科技日报，2000-11-07(7).
27. 沈国舫．序《走近绿色》[N]．黑龙江林业报，2000-12-8(4).
28. 沈国舫．2008 世界拥有绿色北京[N]．北京日报，2001-4-4(15)
29. 沈国舫．西部生态环境建设应遵循什么[N]．科技日报，2001-4-13(1).
30. 沈国舫．瑞士、奥地利的山地森林经营和我国的天然林保护[N]．中国绿色时报，2001-11-16(4).
31. 徐匡迪，沈国舫．创新推动中国水稻产业发展[N]．科学时报，2002-9-17(1).
32. 沈国舫．常青产业春常在[N]．科技日报，2002-10-22(8).
33. 沈国舫．林业产业是常青产业[N]．人民日报，2002-10-28(11).
34. 沈国舫．确立战略 长期坚持 中国林业发展前景大有希望[N]．中国绿色时报，2002-10-28(4).
35. 沈国舫．追捧院士之风不可长[N]．光明日报，2003-4-4(B1).
36. 沈国舫．2003 年中国工程院院士增选的十个问题[N]．光明日报，2003-8-1(B1).
37. 沈国舫．承载历史 积淀文化[N]．中国新闻出版报，2004-4-26(3).
38. 沈国舫．让母亲河清流长存[N]．人民日报，2004-12-21(14).
39. 沈国舫．保护森林资源是首要问题[N]．科学时报，2005-4-6(A4).
40. 沈国舫．“生态环境建设”一词使用不准确[N]．光明日报，2005-6-16(5).
41. 沈国舫．院士制度：在实践中完善[N]．光明日报，2006-1-5(6).
42. 钱正英，石玉林，沈国舫，等．构建资源节约环境友好的新东北[N]．光明日报，2006-3-3(10).
43. 沈国舫．实施森林科学经营 振兴东北林业基地[N]．科学时报，2006-3-9(A2).
44. 沈国舫．增加植被覆盖 减少尘土飞扬[N]．人民日报，2006-6-20(14).
45. 沈国舫，尹伟伦，冯宗炜．林业应对气候变暖专家如是说[N]．中国绿色时报，2007-3-6(A3).
46. 夏日，郑国光，沈国舫，等．富起来，如何“牵手”绿起来？[N]．中国绿色时报，2007-8-29(4).
47. 沈国舫．做生态文明建设的排头兵[N]．中国绿色时报，2007-10-24(4).
48. 沈国舫，张齐生，陈克复，等．关于鼓励和支持家具行业及其出口的建议[N]．中国绿色时报，2008-3-20(B01).
49. 沈国舫．科学定位育林在生态文明建设中的地位[N]．中国科学报，2012-08-25(A3).

四、著作

1. 北京林学院造林教研组(沈国舫任编写组组长). 造林学[M]. 北京：农业出版社，1961.
2. 中国树木志编委会(沈国舫任主要统稿人及部分章节作者). 中国主要树种造林技术[M]. 北京：农业出版社，1978.
3. 北京林学院(沈国舫任副主编). 造林学[M]. 北京：中国林业出版社，1981.
4. 沈国舫主编. 林学概论[M]. 北京：中国林业出版社，1989.
5. 沈国舫主编. 长江中上游防护林建设论文集[C]. 北京：中国林业出版社，1991.
6. 沈国舫主编. 营造一亿亩速生丰产用材林技术路线与对策论文集[C]. 沈阳：《辽宁林业科技》编辑部，1993.
7. 黄枢，沈国舫主编. 中国造林技术[M]. 北京：中国林业出版社，1993.
8. 沈国舫主编. 中国林学会造林分会第三届学术讨论会造林论文集[C]. 北京：中国林业出版社，1994.
9. 沈国舫主编. 中国林业如何走向21世纪：新一轮林业发展战略讨论文集[C]. 北京：中国林业出版社，1995.
10. 沈国舫，翟明普. 混交林研究——全国混交林与树种间关系学术讨论会文集[M]. 北京：中国林业出版社，1997.
11. 沈国舫主编. 中国森林资源与可持续发展[M]. 南宁：广西科学技术出版社，2000.
12. 沈国舫主编. 中国环境问题院士谈[M]. 北京：中国纺织出版社，2001.
13. 沈国舫主编. 森林培育学[M]. 北京：中国林业出版社，2001.
14. 沈国舫，王礼先. 中国可持续发展水资源战略研究报告集：第7卷 中国生态环境建设与水资源保护利用[M]. 北京：中国水利水电出版社，2001.
15. 沈国舫主编. 第三届果蔬加工技术与产业化国际研讨会论文集[C]. 北京：中国科学技术出版社，2002.
16. 钱正英，沈国舫，潘家铮，等. 西北地区水资源配置生态环境建设和可持续发展战略研究：综合卷[M]. 北京：科学出版社，2004.
17. 中国工程院农业、轻纺与环境工程学部."十一五"期间我国农业发展若干重大问题咨询研究[M]. 北京：中国农业出版社，2005.
18. 钱正英，沈国舫，石玉林，等. 东北地区有关水土资源配置、生态与环境保护和可持续发展的若干战略问题研究：综合卷[M]. 北京：科学出版社，2007.
19. 中国环境与发展回顾和展望高层课题组(沈国舫任主编). 中国环境与发展回顾和展望[M]. 北京：中国环境科学出版社，2007.
20. 沈国舫，石玉林. 综合报告：中国工程院重大咨询项目中国区域农业资源合理配置、环境综合治理和农业区域协调发展战略研究[M]. 北京：中国农业出版社，2008.
21. 沈国舫，汪懋华. 中国农业机械化发展战略研究 综合卷[M]. 北京：中国农业出版社，2008.
22. 钱正英，沈国舫，石玉林，庄来佑主编. 江苏沿海地区综合开发战略研究 综合卷[M]. 南京：江苏人民出版社，2008.
23. 中国工程院三峡工程阶段性评估项目组(沈国舫任专家组组长). 三峡工程阶段性评估报告 综合卷[M]. 北京：水利水电出版社，2010.
24. 中国工程院环境保护部(沈国舫任专家组组长). 中国环境宏观战略研究 综合报告卷[M]. 北京：中国环境科学出版社，2011.

25. 沈国舫，翟明普主编．森林培育学(第二版)[M]．北京：中国林业出版社，2011.

五、主要译作

1. (苏)克拉依聂夫．大阿那道尔百年草原造林经验[M]．沈国舫译．北京：中国林业出版社，1957.
2. (苏)拉夫利宁柯，Д.Д. 乌克兰的造林类型[M]．沈国舫等译．北京：中国林业出版社，1959.
3. (苏)В.П. 齐莫费也夫．林分的密度和成层性是提高林分生产力的条件[J]．沈国舫译．林业科学，1960(3)：249-261.
4. Thomas C. Nelson. 南方松的间伐强度和间伐方式对立木生长量的影响[J]．沈国舫译．林业科技译丛，1976(1)：21-24.
5. E. C. Steinbrenner. 影响加州铁杉林生产力的因子[M]．沈国舫译// 中国林业科学研究院科技情报研究所．立地分类和评价．北京：中国林业科学研究院，1980：88-95.
6. Jerry S. Olson. 森林生态系统的生产力[M]．沈国舫译// 于拔．植物生态学译丛 第四集．北京：科学出版社，1982：83-96.
7. (美)David M. Smith. 实用育林学[M]．王志明，刘春江，周祉，翟明普译．沈国舫总校．北京：中国林业出版社，1990.
8. C. Davis，K. Roberts. 人工林培育[M]．沈国舫译// 徐有芳主编．第十届世界林业大会文献选编．北京：中国林业出版社，1992：270-276.